TEXTOS COMUNS

I

Antes do Ofício, quando rezado a sós, pode-se dizer a seguinte oração:
Abri, Senhor, os meus lábios para bendizer o vosso santo nome. Purificai o meu coração de todos os pensamentos vãos, desordenados e estranhos. Iluminai o meu entendimento e inflamai minha vontade, para que eu possa rezar digna, atenta e devotamente este Ofício, e mereça ser atendido na presença da vossa divina Majestade. Por Cristo, nosso Senhor. Amém.

Invitatório

V. **Ab**ri os meus **láb**ios, ó **Se**nhor.
R. E minha **bo**ca anunciar**á** vosso lou**v**or.

Salmo 94(95)
Convite ao louvor de Deus

(Propõe-se e se repete a antífona)
– ¹ Vinde, exul**t**emos de ale**gr**ia no **Se**nhor, *
   acla**me**mos o rochedo que nos salva!
– ² Ao seu en**con**tro caminhemos com louvores, *
   e com **can**tos de alegria o celebremos!

(Repete-se a antífona)

– ³ Na ver**da**de, o Senhor é o grande Deus, *
   o grande **Rei**, muito maior que os deuses todos.
– ⁴ Tem nas **mãos** as profundezas dos abismos, *
   e as al**tu**ras das montanhas lhe pertencem;
– ⁵ o mar é **de**le, pois foi ele quem o fez, *
   e a terra **fir**me suas mãos a modelaram.

(Repete-se a antífona)

– ⁶Vinde adoremos e prostremo-nos por terra, *
e ajoelhemos ante o Deus que nos criou!
= ⁷Porque ele é o nosso Deus, nosso Pastor,†
e nós somos o seu povo e seu rebanho, *
as ovelhas que conduz com sua mão.

(Repete-se a antífona)

= ⁸Oxalá ouvísseis hoje a sua voz: †
"Não fecheis os corações como em Meriba, *
⁹como em Massa, no deserto, aquele dia,
– em que outrora vossos pais me provocaram, *
apesar de terem visto as minhas obras".

(Repete-se a antífona)

=¹⁰Quarenta anos desgostou-me aquela raça †
e eu disse: "Eis um povo transviado, *
¹¹seu coração não conheceu os meus caminhos!"
– E por isso lhes jurei na minha ira: *
"Não entrarão no meu repouso prometido!"

(Repete-se a antífona)

- Glória ao Pai e ao Filho e ao Espírito Santo. *
Como era no princípio, agora e sempre. Amém.

(Repete-se a antífona)

Ou:

Salmo 23(24)

Entrada do Senhor no templo

(Propõe-se e se repete a antífona)

– ¹Ao Senhor pertence a terra e o que ela encerra, *
o mundo inteiro com os seres que o povoam;
– ²porque ele a tornou firme sobre os mares, *
e sobre as águas a mantém inabalável.   R.

– ³"Quem subi**rá** até o monte do Senhor, *
quem fi**cará** em sua santa habitação?"
= ⁴"Quem tem mãos **pu**ras e inocente coração, †
quem não di**ri**ge sua mente para o crime, *
nem jura **fal**so para o dano de seu próximo. R.
– ⁵Sobre **es**te desce a bênção do Senhor *
e a recom**pen**sa de seu Deus e Salvador".
– ⁶"É as**sim** a geração dos que o procuram, *
e do **Deus** de Israel buscam a face". R.
= ⁷"Ó **por**tas, levantai vossos frontões! †
Ele**vai**-vos bem mais alto, antigas portas, *
a fim de **que** o Rei da glória possa entrar!" R.
= ⁸Dizei-nos: "Quem é este Rei da glória?" †
"É o Se**nhor**, o valoroso, o onipotente; *
o Se**nhor**, o poderoso nas batalhas!" R.
= ⁹"Ó **por**tas, levantai vossos frontões! †
Ele**vai**-vos bem mais alto, antigas portas, *
a fim de **que** o Rei da glória possa entrar!" R.
=¹⁰Di**zei**-nos: "Quem é este Rei da glória?" †
"O Rei da **gló**ria é o Senhor onipotente, *
o Rei da **gló**ria é o Senhor Deus do universo!" R.
– Glória ao **Pai** e ao **Fi**lho e ao Es**pí**rito **San**to. *
Como **e**ra no prin**cí**pio, a**go**ra e sempre. A**mém**. R.

Ou:

Salmo 66(67)
Todos os povos celebrem o Senhor
(Propõe-se e se repete a antífona)

– ²Que Deus nos **dê** a sua **gra**ça e sua **bên**ção, *
e sua **fa**ce resplandeça sobre nós!
– ³Que na **ter**ra se conheça o seu caminho *
e a **su**a salvação por entre os povos. R.

– ⁴Que as **nações** vos glorifiquem, ó Senhor, *
  que **to**das as nações vos glorifiquem! R.
– ⁵**Exul**te de alegria a terra inteira, *
  pois jul**gais** o universo com justiça;
– os **po**vos governais com retidão, *
  e gui**ais**, em toda a terra, as nações. R.
– ⁶Que as **na**ções vos glorifiquem, ó Senhor, *
  que **to**das as nações vos glorifiquem! R.
– ⁷A **terra** produziu sua colheita: *
  o Se**nhor** e nosso Deus nos abençoa.
– ⁸Que o Se**nhor** e nosso Deus nos abençoe, *
  e o res**pei**tem os confins de toda a terra! R.
– Glória ao **Pai** e ao **Filho** e ao Es**pí**rito **San**to. *
  Como era no prin**cí**pio, a**go**ra e sempre. **Amém**. R.

Ou:

Salmo 99(100)

Alegria dos que entram no templo

(Propõe-se e se repete a antífona)

= ²Acla**mai** o Se**nhor**, ó terra in**tei**ra, †
  ser**vi** ao Senhor com alegria, *
  ide a **e**le cantando jubilosos! R.

= ³Sa**bei** que o Senhor, só ele, é Deus! †
  Ele **mes**mo nos fez, e somos seus, *
  nós **so**mos seu povo e seu rebanho. R.

= ⁴En**trai** por suas portas dando graças, †
  e em seus **á**trios com hinos de louvor; *
  dai-lhe **gra**ças, seu nome bendizei! R.

= ⁵Sim, é **bom** o Senhor e nosso Deus, †
  sua bon**da**de perdura para sempre, *
  seu **a**mor é fiel eternamente! R.

– Glória ao **Pai** e ao **Filho**, e ao Es**pí**rito **San**to. *
  Como **e**ra no prin**cí**pio, a**go**ra e sempre. **Amém**. R.

Modalidades de "Glória ao Pai"

1º Comum (e para o canto com 2 ou 4 acentos):

V. Glória ao **Pai** e ao **Fi**lho e ao Espírito **San**to.
R. Como era no princípio, agora e sempre. Amém.

2º Para o Canto (com 3 acentos e estrofes de 2 versos) :

– Glória ao **Pai** e ao **Fi**lho e ao Espírito **San**to. *
Como era no princípio, agora e **sem**pre.

3º (Com 3 acentos e estrofes de 3 versos):

= Glória ao **Pai** e ao **Fi**lho e ao Espírito **San**to, †
ao Deus que **é**, que **e**ra e que **vem**, *
pelos **sé**culos dos **sé**culos. A**mém**.

4º (Com 3 acentos e estrofes de 4 versos):

= Demos **gló**ria a Deus **Pai** onipo**ten**te
e a seu **Fi**lho, Jesus **Cris**to, Senhor **no**sso, †
e ao Es**pí**rito que ha**bi**ta em nosso **pei**to, *
pelos **sé**culos dos **sé**culos. A**mém**.

5º (Com 3 + 2 acentos):

= Glória ao **Pai** e ao **Fi**lho e ao Espírito **San**to
desde a**go**ra e para **sem**pre, †
ao Deus que **é**, que **e**ra e que **vem**, *
pelos **sé**culos. A**mém**.

Início e conclusão das horas

Início

V. Vinde, ó **Deus**, em meu auxílio.
R. Soco**rrei**-me sem de**mo**ra.

Glória ao **Pai** e ao **Fi**lho e ao Espírito **San**to.*
Como **e**ra no princípio, a**go**ra e sempre. A**mém**. Ale**lui**a.

Na Quaresma, omite-se o Aleluia.

Omite-se a introdução acima no Ofício das Leituras e nas Laudes, quando o Invitatório precede imediatamente.

E segue-se o hino.

No fim das Laudes e Vésperas

Após a oração conclusiva, se um sacerdote ou diácono preside o Ofício, é ele quem despede o povo, dizendo:

O Senhor esteja convosco.
R. Ele está no meio de nós.
Abençoe-vos Deus todo-poderoso, Pai e Filho e Espírito Santo.
R. Amém.

Pode usar também outra fórmula de bênção, como no Apêndice.

Havendo despedida, acrescenta-se:

Ide em **paz** e o **Senhor** vos acompanhe.
R. **Graças a Deus.**

Não havendo sacerdote, ou diácono, e na recitação individual, conclui-se assim:

O **Senhor** nos aben**çoe**, nos **livre** de todo **mal**
e nos con**du**za à vida e**ter**na.
R. Amém.

No fim do Ofício das Leituras e da Hora Média

Após a oração conclusiva, pelo menos na celebração comunitária, acrescenta-se a aclamação:

Bendigamos ao **Senhor**.
R. **Graças a Deus.**

No fim das Completas

Após a oração conclusiva, segue-se a bênção, inclusive quando se reza sozinho:

O Senhor todo-poderoso nos conceda uma noite tranquila e, no fim da vida, uma morte santa.
R. Amém.

E acrescenta-se uma das antífonas de Nossa Senhora.

LITURGIA DAS HORAS

OFÍCIO DIVINO

**RENOVADO CONFORME O DECRETO
DO CONCÍLIO VATICANO II
E PROMULGADO PELO PAPA PAULO VI**

Tradução para o BRASIL
da
segunda edição típica

LITURGIA DAS HORAS
SEGUNDO O RITO ROMANO

IV

**TEMPO COMUM
18ª – 34ª SEMANA**

Editora Vozes
Paulinas
Paulus
Editora Ave-Maria
Edições CNBB

APROVAÇÃO

O texto da Liturgia das Horas, apresentado por Editora Vozes, Paulinas, Paulus e Editora Ave-Maria, concorda com os originais aprovados pela Comissão Episcopal de Textos Litúrgicos (CETEL) e confirmados pela Congregação do Culto Divino e Disciplina dos Sacramentos.

Rio de Janeiro, 24 de junho de 1994,
Solenidade do Nascimento de São João Batista

Frei Alberto Beckhäuser, OFM
Coordenador de Traduções e Edições
de Textos Litúrgicos da CNBB

Impressão e acabamento
PAULUS

1ª edição, 1996 (encadernada)
12ª reimpressão 2025 - corrigida
2ª edição, 2004 (simples)
10ª reimpressão 2025 - corrigida

SUMÁRIO

Promulgação 6

Apresentação 7

Decreto da Sagrada Congregação para o Culto Divino
11 de abril de 1971 9

Calendário Romano Geral 19

Próprio do Tempo 31

Ordinário 535

Saltério distribuído em Quatro Semanas 567

Completas 1113

Salmodia complementar 1132

Próprio dos Santos 1139

Comuns 1487

Ofício dos fiéis defuntos 1765

Apêndice 1799

PROMULGAÇÃO

Na qualidade de Presidente da Conferência Nacional dos Bispos do Brasil, tendo em vista a nova versão brasileira da Liturgia das Horas, aprovada pela Comissão Episcopal de Textos Litúrgicos (CETEL) e confirmada pela Congregação do Culto Divino e Disciplina dos Sacramentos mediante o Protocolo nº CD 1223/92, levamos ao conhecimento de todos e promulgamos os referidos atos para que produzam todos os seus efeitos a partir do dia 16 de abril de 1995, Páscoa do Senhor.

Brasília, Páscoa do Senhor, 11 de abril de 1993.

Luciano Pedro Mendes de Almeida, SJ
Presidente da Conferência Nacional dos Bispos do Brasil

APRESENTAÇÃO

A Liturgia das Horas, fruto da reforma e da renovação litúrgica do Concílio Vaticano II, nos é apresentada em quatro volumes, segundo a sua edição típica, de modo mais perfeito e manuseável.

A riquíssima Introdução Geral, que é um verdadeiro tratado de oração, torna dispensável ressaltar o valor desta coleção de quatro volumes. É o "livro da oração pública e comum do povo de Deus", da qual o clero tem especial responsabilidade na sua celebração.

Aqui encontrarão os salmos, os cânticos, sublinhados pelas antífonas, as leituras breves da Palavra de Deus, os responsórios e versículos. Os mais belos hinos da tradição da Igreja, mais ainda, e, sobretudo, as leituras bíblicas e patrísticas, sendo que estas são um verdadeiro tesouro de espiritualidade. Bem usada, a Liturgia das Horas dispensa livros de meditação e pode nutrir substancialmente a vida espiritual e ação apostólica de quem dela faz uso.

A presente edição da Liturgia das Horas requer uso inteligente e criativo. Para isso muito ajudará o canto, combinado com momentos de silêncio e a diversificada recitação dos salmos.

Longo foi o percurso para se chegar à tradução deste livro. Primeiro, foi aprovada em Roma a tradução dos Salmos, e, só há pouco tempo, a dos textos bíblicos e patrísticos. A Assembleia dos Bispos vacilou muito tempo entre o "tu" e o "vós", como tratamento dado a Deus e, posteriormente, sobre o uso da terceira pessoa. Tudo isto causou muitas delongas.

O texto latino, base para a tradução das leituras, foi, por determinação da Sé Apostólica, o da Neovulgata.

Como tudo neste mundo, a obra não é perfeita, nem poderia ser. Vão surgir críticas *fundamentadas* ou não. Não se desconheça o trabalho heroico e anônimo de cerca de dez colaboradores, assessores ou não da Linha 4, que passaram muitas horas a fio debruçados sobre esta tarefa, inclusive sacrificando horas de sono.

Só podemos desejar que esta Oração oficial da Igreja seja usada e valorizada pelo povo de Deus.

Páscoa de 1993.

D. Clemente José Carlos Isnard
Presidente da Comissão Episcopal de Liturgia

CONGREGAÇÃO DO CULTO DIVINO E DISCIPLINA DOS SACRAMENTOS

Prot. n. CD 1223/92

PARA AS DIOCESES DO BRASIL

Por solicitação do Exmo. Sr. Dom Clemente José Carlos Isnard, OSB, Bispo de Nova Friburgo, Presidente da Comissão Episcopal Brasileira de Liturgia, feita em requerimento datado de 23 de junho de 1992, em virtude das faculdades concedidas a esta Congregação pelo Sumo Pontífice JOÃO PAULO II, de bom grado confirmamos a tradução portuguesa da Liturgia das Horas conforme consta em exemplar a nós enviado.

No texto a ser impresso, inclua-se integralmente este Decreto pelo qual se concede a confirmação pedida à Sé Apostólica.

Além disso, sejam enviados a esta Congregação dois exemplares do texto impresso.

Revogam-se as disposições em contrário.

Dado na Sede da Congregação do Culto Divino e Disciplina dos Sacramentos, a 8 de julho de 1992.

ANTÔNIO M. Card. JAVIERRE
Prefeito

† Geraldo M. Agnelo
Arcebispo Secretário

SAGRADA CONGREGAÇÃO
PARA O CULTO DIVINO

Prot. n. 1000/71

DECRETO

A Igreja celebra a Liturgia das Horas no decorrer do dia, conforme antiga tradição. Assim, ela cumpre o mandato do Senhor de orar sem cessar e, ao mesmo tempo, canta os louvores a Deus Pai e interpela pela salvação do mundo.

Por isso, o Concílio Vaticano II valorizou o costume que a Igreja conservava. No desejo de renová-lo, ela procurou rever esta oração, a fim de que os padres e os outros membros da Igreja pudessem rezá-la melhor e mais perfeitamente, nas condições da vida de hoje (cf. Constituição sobre a Sagrada Liturgia *Sacrosanctum Concilium*, n. 84).

O trabalho de renovação está agora terminado e foi aprovado pelo Papa Paulo VI através da Constituição Apostólica *Laudis Canticum*, de 1º de novembro de 1970. Esta Congregação para o Culto Divino elaborou, em latim, o livro para a celebração da Liturgia das Horas, conforme o rito romano e agora o publica e o declara edição típica.

Revogam-se as disposições em contrário.

Da sede da Sagrada Congregação para o Culto Divino, no Domingo da Páscoa da Ressurreição do Senhor, 11 de abril de 1971.

ARTURUS Card. TABERA
Prefeito

A. BUGNINI
Secretário

CONGREGAÇÃO PARA O CULTO DIVINO

Prot. n. 1814/84

DECRETO

A Liturgia das Horas, restaurada no ano de 1971 em conformidade com o decreto do Sacrossanto Concílio Vaticano II, é a oração da Igreja pela qual são santificados, por cânticos de louvor, ações de graças e orações, tanto o curso completo das horas do dia, como a totalidade das atividades humanas (cf. *Instrução geral da Liturgia das Horas,* n°s. 2 e 11). Esta forma de oração requer que suas riquezas espirituais sejam mais profundamente penetradas por uma compreensão interior dos textos utilizados tradicionalmente na oração comunitária da Igreja de Rito Romano.

Para melhor alcançar tal finalidade, uma segunda edição da Liturgia das Horas, que sai catorze anos depois da primeira, apresenta como característica própria o texto da edição da "Nova Vulgata Bibliorum Sacrorum", a qual, em virtude de norma prescrita pela Constituição Apostólica *Scripturarum Thesaurus*, do Papa João Paulo II, do dia 25 de abril de 1979, substitui obrigatoriamente o texto da versão Vulgata até então utilizada.

As particularidades próprias à presente edição serão expressamente descritas a seguir:

1) A tradução da Nova Vulgata foi usada nas leituras bíblicas do Ofício das Leituras, ou seja, das Vigílias, e também nas leituras breves de Laudes, Vésperas, nas Orações das Nove, das Doze e das *Quinze Horas* e Completas, assim como em todos os Cânticos do Antigo e do Novo Testamento.

2) Alguns textos bíblicos existentes na primeira edição não se encontram na tradução da Nova Vulgata, ou nela se revestem

de um novo significado de modo a não mais corresponderem ao fim para o qual foram outrora escolhidos. Esses textos não são mais apresentados, mas em seu lugar foram escolhidos outros mais apropriados.

3) O texto dos Salmos, mais uma vez revisto na edição da Nova Vulgata, é reproduzido na mesma forma nesta Liturgia das Horas.

4) Os Responsórios do Ofício das Leituras foram revistos tendo em conta o texto da Nova Vulgata, a não ser que por razões peculiares de composição, tradição, melodia musical ou rubricas litúrgicas excluam mudanças do texto.

5) Foram reintroduzidas, nos Domingos e Solenidades, novas antífonas para o *Benedictus* e o *Magnificat* em conformidade com o texto dos Evangelhos de onde foram extraídas.

6) A redação dos hinos mereceu muito cuidado e polimento.

7) Tanto as leituras bíblicas mais longas como os Salmos e os Cânticos do Antigo e do Novo Testamento trazem, em cada versículo, a numeração bíblica comum.

8) Na presente edição, os Salmos vêm designados por dois números. O primeiro é o que sempre usaram tanto a tradução grega, denominada Septuaginta, como a antiga Vulgata, e também os Santos Padres e a Liturgia. Em segundo lugar, colocado entre parênteses, vem o número próprio ao texto hebraico e que muitas vezes é usado, em nossos dias, nas edições dos textos e trabalhos bíblicos.

9) Em apêndice foram acrescentados outros textos, como sejam fórmulas de bênçãos solenes e de atos penitenciais, tirados do Missal Romano.

As notas acima indicadas e algumas pequenas mudanças que foram introduzidas tiveram ainda por finalidade favorecer àquela delicada e proveitosa compreensão das ligações existentes entre a celebração da Liturgia das Horas e a da Sagrada Eucaristia, e também entre ambas e o ano litúrgico, o qual "encerra força peculiar e eficácia sacramental. Através dele, o próprio Cristo, quer nos seus ministros quer na memória dos Santos, e principalmente nas de sua Mãe, continua a sua via de imensa misericórdia, de tal modo que os fiéis de Cristo não só comemoram e meditam os mistérios da Redenção, mas entram mesmo em contato com eles, comungam neles e por eles vivem" (*Cerimonial dos Bispos*, n. 231).

O Sumo Pontífice João Paulo II aprovou com sua Autoridade Apostólica esta segunda edição da Liturgia das Horas, e a Congregação do Culto Divino agora a promulga, bem como declara ser ela a edição típica. Por conseguinte, esta mesma edição, feita em latim, entra em vigor logo ao sair. Quanto às edições em língua vernácula, feitas sobre esta segunda edição, passarão a vigorar no dia determinado pelas respectivas Conferências Episcopais.

Nada havendo em contrário.

Dado na sede da Congregação do Culto Divino, no dia 7 de abril de 1985, Domingo da Páscoa na Ressurreição do Senhor.

† Agostinho Mayer, OSB
Arcebispo titular de Satriano
Pró-prefeito

† Vergílio Noè
Arcebispo titular de Voncaria
Secretário

TABELA DOS DIAS LITÚRGICOS

Segundo as normas universais sobre o ano litúrgico e o calendário, n. 59-61

A precedência entre os dias litúrgicos, no que se refere à sua celebração, rege-se unicamente pela tabela seguinte:

I

1. Tríduo Pascal da Paixão e Ressurreição do Senhor.
2. Natal do Senhor, Epifania, Ascensão e Pentecostes.
   Domingos do Advento, da Quaresma e da Páscoa.
   Quarta-feira de Cinzas.
   Dias da Semana Santa, de Segunda a Quinta-feira inclusive.
   Dias dentro da oitava da Páscoa.
3. Solenidades do Senhor, da Bem-aventurada Virgem Maria e dos Santos inscritos no Calendário Geral.
   Comemoração de todos os fiéis defuntos.
4. Solenidades próprias, a saber:
   a) Solenidade do Padroeiro principal do lugar ou da cidade.
   b) Solenidade da Dedicação e do aniversário de Dedicação da igreja própria.
   c) Solenidade do Titular da igreja própria.
   d) Solenidade do Titular, do Fundador ou do Padroeiro principal da Ordem ou Congregação.

II

5. Festas do Senhor inscritas no Calendário geral.
6. Domingos do Tempo do Natal e domingos do Tempo Comum.
7. Festas da Bem-aventurada Virgem Maria e dos Santos do Calendário geral.
8. Festas próprias, a saber:
   a) Festa do Padroeiro principal da diocese.
   b) Festa do aniversário de Dedicação da igreja catedral.
   c) Festa do Padroeiro principal da região ou Estado, da nação ou de um território mais amplo.

d) Festa do Titular, do Fundador, do Padroeiro principal da Ordem ou Congregação e da província religiosa, salvo o prescrito no n. 4.
e) Outras festas próprias de uma Igreja.
f) Outras festas inscritas no Calendário de alguma diocese ou Ordem ou Congregação.

9. Os dias de semana do Advento, de 17 a 24 de dezembro inclusive.
Dias dentro da oitava do Natal.
Dias de semana da Quaresma.

III

10. Memórias obrigatórias do Calendário geral.
11. Memórias obrigatórias próprias, a saber:
    a) Memórias do Padroeiro secundário do lugar, da diocese, da região ou Estado, da nação, de um território mais amplo, da Ordem ou Congregação e da província religiosa.
    b) Outras memórias obrigatórias próprias de uma Igreja.
    c) Outras memórias obrigatórias inscritas no Calendário de uma Diocese, Ordem ou Congregação.
12. Memórias facultativas, que podem, contudo, ser celebradas também nos dias de que fala o n. 9, segundo o modo descrito nas Instruções sobre a Missa e o Ofício. Do mesmo modo, as memórias obrigatórias, que costumam ocorrer nos dias de semana da Quaresma, poderão ser celebradas como memórias facultativas.
13. Os dias de semana do Advento até 16 de dezembro inclusive.
Os dias de semana do Tempo do Natal, de 2 de janeiro até o sábado depois da Epifania.
Os dias de semana do Tempo Pascal, de segunda-feira depois da oitava da Páscoa até o sábado antes de Pentecostes inclusive.
Os dias de semana do Tempo Comum.

A OCORRÊNCIA E A CONCORRÊNCIA DAS CELEBRAÇÕES

Se várias celebrações ocorrem no mesmo dia, celebra-se aquela que ocupa lugar superior na tabela dos dias litúrgicos.

Entretanto, a solenidade impedida por um dia litúrgico que goze de precedência seja transferida para o dia livre mais próximo, fora dos dias fixados na tabela de precedência, nos n. 1-8, observado o que se prescreve no n. 5 das Normas do Ano Litúrgico. Omitem-se nesse ano as outras celebrações.

Se no mesmo dia devem celebrar-se as Vésperas do Ofício corrente e as Vésperas do dia seguinte, prevalecem as Vésperas da celebração que ocupa lugar superior na tabela dos dias litúrgicos; em caso de igualdade, porém, celebram-se as Vésperas do dia corrente.

TABELA DOS TEMPOS
e das principais festas móveis do ano litúrgico

Ano do Senhor	Ciclo Anual	Ciclo Ferial	Quarta-feira de Cinzas	Páscoa	Ascensão (no Brasil)	Pentecostes	SS. Sacramento do Corpo e Sangue de Cristo	Semanas do Tempo Comum Antes da Quaresma Até o dia	Semanas do Tempo Comum Antes da Quaresma Até a semana	Semanas do Tempo Comum Depois do Tempo Pascal Do dia	Semanas do Tempo Comum Depois do Tempo Pascal Da semana	Primeiro domingo do Advento
2018	g	B-C	14 fev.	1 abril	13 maio	20 maio	31 maio	13 fev.	6	21 maio	7	2 dez.
2019	f	C-A	6 março	21 abril	2 jun.	9 junho	20 junho	5 março	8	10 junho	10	1 dez.
2020*	e-d	A-B	26 fev.	12 abril	24 maio	31 maio	11 junho	24 fev.	7	1 junho	9	29 nov.
2021	c	B-C	17 fev.	4 abril	16 maio	23 maio	3 junho	16 fev.	6	24 maio	8	28 nov.
2022	b	C-A	2 março	17 abril	29 maio	5 junho	16 junho	1 março	8	6 junho	10	27 nov.
2023	A	A-B	22 fev.	9 abril	21 maio	28 maio	8 junho	21 fev.	7	29 maio	8	3 dez.
2024*	f-g	B-C	14 fev.	31 março	12 maio	19 maio	30 maio	13 fev.	6	20 maio	7	1 dez.
2025	e	C-A	5 março	20 abril	1 jun.	8 junho	19 junho	4 março	8	9 junho	10	30 nov.
2026	d	A-B	18 fev.	5 abril	17 maio	24 maio	4 junho	17 fev.	6	25 maio	8	29 nov.
2027	c	B-C	10 fev.	28 março	9 maio	16 maio	27 maio	9 fev.	5	17 maio	7	28 nov.
2028*	A,b	C-A	1 março	16 abril	28 maio	4 junho	15 junho	29 fev.	8	5 junho	9	3 dez.
2029	g	A-B	14 fev.	1 abril	13 maio	20 maio	31 maio	13 fev.	6	21 maio	8	2 dez.
2030	f	B-C	6 março	21 abril	2 jun.	9 junho	20 junho	5 março	8	10 junho	10	1 dez.
2031	e	C-A	26 fev.	13 abril	25 maio	1 junho	12 junho	25 fev.	8	2 junho	9	30 nov.
2032*	c-d	A-B	11 fev.	28 março	9 maio	16 maio	27 maio	10 fev.	5	17 maio	7	28 nov.
2033	b	B-C	2 março	17 abril	29 maio	5 junho	16 junho	1 março	8	6 junho	10	27 nov.

*Ano bissexto.

LETRA DOMINICAL

Cada um dos dias do ano é precedido de uma destas letras: **A,b,c,d,e,f,g,** que representam os sete dias da semana (cf. Calendário Geral, nas páginas seguintes, col. I). Entre essas letras, chama-se dominical aquela que em cada ano indica o domingo.

Por exemplo, ao ano de 2022 corresponde a letra dominical **b** (cf. Tabela dos tempos, col. II); portanto, todos os dias assinalados com esta letra são domingos: 2,9,16,23,30 de janeiro etc.

No ano bissexto, porém, há duas letras dominicais: a primeira indica os domingos até dia 24 de fevereiro, e a segunda desde 25 de fevereiro até ao fim do ano.

Por exemplo, no ano 2020, correspondem-lhe as letras **e,d**. A letra **e** indica os domingos até 24 de fevereiro: 5,12,19,26 de janeiro etc. A segunda letra dominical indica os domingos depois de 25 de fevereiro: 1,8,15,22,29 de março etc.

LETRA DO CICLO DOMINICAL

Na Tabela dos tempos e das principais festas móveis do ano litúrgico (cf. col. III) coloca-se também a letra do Ciclo das leituras bíblicas para os domingos e festas que indicam quais as antífonas do Cântico evangélico (*Benedictus*, *Magnificat*) a serem tomadas.

A primeira letra refere-se ao ano civil, por exemplo: 2022 é ano C; a segunda letra refere-se ao ano litúrgico que começa com o 1º Domingo do Advento. Por exemplo: 27 de novembro de 2022 é Ano A.

LETRA DOMINICAL

Cada um dos dias do ano é precedido de uma das letras A, b, c, d, e, f, g, que representam os sete dias da semana (cf. Calendário Geral nas páginas seguintes, col.). Entre estas letras chama-se dominical aquela que em cada ano indica os domingos.

Por exemplo, no ano de 2022 corresponde a letra dominical b (cf. Tabela dos domingos, col. 11), porque todos os dias assinalados com esta letra são domingos: 2, 9, 16, 23, 30 de janeiro etc. até ao fim do ano, porém, há duas letras dominicais: a primeira indica os domingos até dia 24 de fevereiro, e a segunda de 25 de fevereiro até ao fim do ano.

Por exemplo, no ano 2020, corresponderam-lhe as letras e, d. A letra e indica os domingos até 24 de fevereiro (cf. 5, 12, 19, 26 de janeiro etc.). A segunda letra dominical indica os domingos depois de 25 de fevereiro (cf. 1, 8, 15, 22, 29 de mar. etc.).

LETRA DO CICLO DOMINICAL

Na Tabela dos tempos e das Páscoas Pascalvas (col. 10) do Livro geral (col. 10) aparece também a letra do ciclo dominical, que só serve para os domingos e festas que ... ainda que em alguns dos Cânticos Evangélicos (Benedictus, Magnificat e Nunc dimittis).

A primeira letra refere-se ao ano civil, por exemplo, indica o ano de 2022; a segunda letra refere-se ao ano litúrgico, que começa com o 1.º Domingo do Advento. Por exemplo, 27 de novembro de 2022... ano a.

Calendário Romano Geral – Com o próprio do Brasil

JANEIRO

A	1	Oitava do Natal: SANTA MARIA, MÃE DE DEUS	Solenidade
b	2	S. Basílio e S. Gregório de Nazianzo, bispos e doutores da Igreja	Memória
c	3	*Santíssimo Nome de Jesus*	
d	4		
e	5		
f	6		
g	7	*S. Raimundo de Penyafort, presb.*	
A	8		
b	9		
c	10		
d	11		
e	12		
f	13	*St. Hilário, bispo e doutor da Igreja*	
g	14		
A	15		
b	16		
c	17	Sto. Antão, abade	Memória
d	18		
e	19		
f	20	S. Fabiano, papa e mártir S. Sebastião, mártir	
g	21	Sta. Inês, virgem e mártir	Memória
A	22	*S. Vicente, diácono e mártir*	
b	23		
c	24	S. Francisco de Sales, bispo e doutor da Igreja	Memória
d	25	CONVERSÃO DE SÃO PAULO, APÓSTOLO	Festa
e	26	S. Timóteo e S. Tito, bispos	Memória
f	27	*Sta. Ângela Mérici, virgem*	
g	28	Sto. Tomás de Aquino, presb. e doutor da Igreja	Memória
A	29		
b	30		
c	31	S. João Bosco, presb.	Memória

Domingo entre os dias 2 e 8 inclusive:
EPIFANIA DO SENHOR — Solenidade

Domingo entre os dias 9 e 13 inclusive:
BATISMO DO SENHOR — Festa

* Quando não se indica o grau da celebração, é Memória facultativa.
As comemorações marcadas, em vermelho não constam no *Próprio dos Santos*,
considerar o ofício correspondente no *Comuns*.

FEVEREIRO

d	1		
e	2	APRESENTAÇÃO DO SENHOR	Festa
f	3	*S. Brás, bispo e mártir*	
		Sto. Oscar, bispo	
g	4		
A	5	Sta. Águeda, virgem e mártir	Memória
b	6	Stos. Paulo Miki e companheiros, mártires	Memória
c	7		
d	8	*S. Jerônimo Emiliani, presbítero*	
		Santa Josefina Bakhita, virgem	Memória
e	9		
f	10	Santa Escolástica, virgem	Memória
g	11	*Nossa Senhora de Lourdes*	
A	12		
b	13		
c	14	S. Cirilo, monge, e S. Metódio, bispo	Memória
d	15		
e	16		
f	17	*Os Sete Santos Fundadores dos Servitas*	
g	18		
A	19		
b	20		
c	21	*S. Pedro Damião, bispo e doutor da Igreja*	
d	22	CÁTEDRA DE SÃO PEDRO, APÓSTOLO	Festa
e	23	S. Policarpo, bispo e mártir	Memória
f	24		
g	25		
A	26		
b	27	S. Gregório de Narek, abade e doutor da Igreja	
c	28		

MARÇO

d	1		
e	2		
f	3		
g	4	S. Casimiro	Memória
A	5		
b	6		
c	7	Sta. Perpétua e Sta. Felicidade, mártires	Memória
d	8	S. João de Deus, religioso	
e	9	Sta. Francisca Romana, religiosa	
f	10		
g	11		
A	12		
b	13		
c	14		
d	15		
e	16		
f	17	S. Patrício, bispo	
g	18	S. Cirilo de Jerusalém, bispo e doutor da Igreja	
A	19	S. JOSÉ, ESPOSO DE NOSSA SENHORA	Solenidade
b	20		
c	21		
d	22		
e	23	S. Turíbio de Mogrovejo, bispo	
f	24		
g	25	ANUNCIAÇÃO DO SENHOR	Solenidade
A	26		
b	27		
c	28		
d	29		
e	30		
f	31		

ABRIL

g	1		
A	2	*S. Francisco de Paula, eremita*	
b	3		
c	4	*Sto. Isidoro, bispo e doutor da Igreja*	
d	5	*S. Vicente Ferrer, presb.*	
e	6		
f	7	S. João Batista de La Salle, presb.	Memória
g	8		
A	9		
b	10		
c	11	Sto. Estanislau, bispo e mártir	Memória
d	12		
e	13	*S. Martinho I, papa e mártir*	
f	14		
g	15		
A	16		
b	17		
c	18		
d	19		
e	20		
f	21	*Sto. Anselmo, bispo e doutor da Igreja*	
g	22		
A	23	S. Jorge, mártir	
		S. Adalberto, bispo e mártir	
b	24	*S. Fidélis de Sigmaringa, presb. e mártir*	
c	25	S. MARCOS, EVANGELISTA	Festa
d	26		
e	27		
f	28	*S. Pedro Chanel, presb. e mártir*	
		S. Luís Grignion de Montfort, religioso	
g	29	Sta. Catarina de Sena, virgem e doutora da Igreja	Memória
A	30	*S. Pio V, papa*	

Calendário Romano geral

MAIO

b	1	S. José Operário	
c	2	Sto Atanásio, bispo e doutor da Igreja	Memória
d	3	S. FILIPE E S. TIAGO, APÓSTOLOS	Festa
e	4		
f	5		
g	6		
A	7		
b	8		
c	9		
d	10	*S. João de Ávila, presb. e doutor da Igreja*	
e	11		
f	12	*S. Nereu e Sto. Aquiles, mártires*	
		S. Pancrácio, mártir	
g	13	*N. Sra. de Fátima*	
A	14	S. MATIAS, APÓSTOLO	Festa
b	15		
c	16		
d	17		
e	18	*S. João I, papa e mártir*	
f	19		
g	20	*S. Bernardino de Sena, presb.*	
A	21		
b	22		
c	23		
d	24		
e	25	*S. Beda, o Venerável, presb. e doutor da Igreja*	
		S. Gregório VII, papa	
		Sta. Maria Madalena de Pazzi, virgem	
f	26	S. Filipe Néri, presb.	Memória
g	27	*Sto. Agostinho de Cantuária, bispo*	
A	28		
b	29	*São Paulo VI, papa*	
c	30		
d	31	VISITAÇÃO DE NOSSA SENHORA	Festa

7º Domingo da Páscoa: ASCENSÃO DO SENHOR — Solenidade
1º Domingo depois de Pentecostes: SS. TRINDADE — Solenidade
Quinta-feira depois do domingo da SS. TRINDADE:
SS. CORPO E SANGUE DE CRISTO — Solenidade

JUNHO

e	1	S. Justino, mártir	Memória
f	2	*S. Marcelino e S. Pedro, mártires*	
g	3	Stos. Carlos Lwanga e seus companheiros, mártires	Memória
A	4		
b	5	S. Bonifácio, bispo e mártir	Memória
c	6	Bem-avent. Virgem Maria, Mãe da Igreja S. Norberto, bispo	Memória
d	7		
e	8	*Sto. Efrém, diác. e doutor da Igreja*	
f	9	São José de Anchieta, presb.	Memória
g	10		
A	11	S. Barnabé, apóstolo	Memória
b	12		
c	13	Sto. Antônio de Pádua (de Lisboa), presb. e doutor da Igreja	Memória
d	14		
e	15		
f	16		
g	17		
A	18		
b	19	*S. Romualdo, abade*	
c	20		
d	21	S. Luís Gonzaga, religioso	Memória
e	22	*S. Paulino de Nola, bispo* *S. João Fisher, bispo, e São Tomás More, mártires*	
f	23		
g	24	NASCIMENTO DE S. JOÃO BATISTA	Solenidade
A	25		
b	26		
c	27	*S. Cirilo de Alexandria, bispo e doutor da Igreja*	
d	28	Sto. Irineu, bispo, mártir e doutor da Igreja	Memória
e	29	S. PEDRO E S. PAULO, APÓSTOLOS	Solenidade
f	30	*Santos Protomártires da Igreja de Roma*	

Sexta-feira depois do 2º Domingo depois de Pentecostes:
SAGRADO CORAÇÃO DE JESUS — Solenidade

Sábado depois do 2º Domingo depois de Pentecostes:
Imaculado Coração da Virgem Maria — Memória

JULHO

g	1		
A	2		
b	3	S. TOMÉ, APÓSTOLO	Festa
c	4	*Sta. Isabel de Portugal*	
d	5	*Sto. Antônio Maria Zacaria, presb.*	
e	6	*Sta. Maria Goretti, virgem e mártir*	
f	7		
g	8	*Sto. Agostinho Zhao Rong, presb., e comp. mártires*	
A	9	Sta. Paulina do Coração Agonizante de Jesus, virgem	Memória
b	10		
c	11	S. Bento, abade	Memória
d	12		
e	13	*Sto. Henrique*	
f	14	*S. Camilo de Lellis, presb.*	
g	15	S. Boaventura, bispo e doutor da Igreja	Memória
A	16	NOSSA SENHORA DO CARMO	Festa
b	17	Bv. Inácio de Azevedo, presb., e seus companheiros, mártires	Memória
c	18		
d	19		
e	20		
f	21	*S. Lourenço de Bríndisi, presb. e doutor da Igreja*	
g	22	STA. MARIA MADALENA	Festa
A	23	*Sta. Brígida, religiosa*	
b	24		
c	25	S. TIAGO Maior, APÓSTOLO	Festa
d	26	S. Joaquim e Sant'Ana, pais de Nossa Senhora	Memória
e	27		
f	28		
g	29	Santos Marta, Maria e Lázaro	Memória
A	30	*S. Pedro Crisólogo, bispo e doutor da Igreja*	
b	31	Sto. Inácio de Loyola, presb.	Memória

AGOSTO

c	1	Sto. Afonso Maria de Ligório, bispo e doutor da Igreja	Memória
d	2	*Sto. Eusébio de Vercelli, bispo*	
		S. Pedro Julião Eymard, presbítero	
e	3		
f	4	S. João Maria Vianney, presb.	Memória
g	5	Dedicação da Basílica de Santa Maria Maior	
A	6	TRANSFIGURAÇÃO DO SENHOR	Festa
b	7	*S. Sisto II, papa, e seus companheiros, mártires*	
		S. Caetano, presb.	
c	8	S. Domingos, presb.	Memória
d	9	*Sta. Teresa Benedita da Cruz, virgem e mártir*	
e	10	S. LOURENÇO, DIÁCONO E MÁRTIR	Festa
f	11	Sta. Clara, virgem	Memória
g	12	Santa Joana Francisca de Chantal, religiosa	Memória
A	13	*S. Ponciano, papa, e Sto. Hipólito,*	
		presb., mártires	
b	14	S. Maximiliano Maria Kolbe, presb. e mártir	Memória
c	15	ASSUNÇÃO DE NOSSA SENHORA**	Solenidade
d	16	*Sto. Estêvão da Hungria*	
e	17		
f	18		
g	19	*S. João Eudes, presb.*	
A	20	S. Bernardo, abade e doutor da Igreja	Memória
b	21	S. Pio X, papa	Memória
c	22	Nossa Senhora, Rainha	Memória
d	23	STA. ROSA DE LIMA, VIRGEM	Festa
e	24	S. BARTOLOMEU, APÓSTOLO	Festa
f	25	*S. Luís de França*	
		S. José de Calasanz, presb.	
g	26		
A	27	Sta. Mônica	Memória
b	28	Sto. Agostinho, bispo e doutor da Igreja	Memória
c	29	Martírio de S. João Batista	Memória
d	30		
e	31		

** Ou no domingo seguinte.

SETEMBRO

f	1		
g	2		
A	3	S. Gregório Magno, papa e doutor da Igreja	Memória
b	4		
c	5		
d	6		
e	7		
f	8	NATIVIDADE DE NOSSA SENHORA	Festa
g	9	*S. Pedro Claver, presbítero*	
A	10		
b	11		
c	12	*Santíssimo Nome de Maria*	
d	13	S. João Crisóstomo, bispo e doutor da Igreja	Memória
e	14	EXALTAÇÃO DA SANTA CRUZ	Festa
f	15	Nossa Senhora das Dores	Memória
g	16	S. Cornélio, papa, e S. Cipriano, bispo, mártires	Memória
A	17	*S. Roberto Belarmino, bispo e doutor da Igreja*	
		Santa Hildegarda de Bingen, virgem e doutora da Igreja	
b	18		
c	19	*S. Januário, bispo e mártir*	
d	20	Sto. André Kim Taegón, presb., e S. Paulo Chóng Hasang e seus companheiros, mártires	Memória
e	21	S. MATEUS, APÓSTOLO E EVANGELISTA	Festa
f	22		
g	23	São Pio de Pietrelcina, presbítero	Memória
A	24		
b	25		
c	26	*S. Cosme e S. Damião, mártires*	
d	27	S. Vicente de Paulo, presb.	Memória
e	28	*S. Venceslau, mártir*	
		S. Lourenço Ruiz, e seus companheiros, mártires	
f	29	S. MIGUEL, S. GABRIEL E S. RAFAEL ARCANJOS	Festa
g	30	S. Jerônimo, presb. e doutor da Igreja	Memória

OUTUBRO

A	1	Sta. Teresinha do Menino Jesus, virgem e doutora da Igreja	Memória
b	2	Stos. Anjos da Guarda	Memória
c	3	Stos. André, Ambrósio, prebs., e companheiros mártires	Memória
d	4	S. Francisco de Assis	Memória
e	5	*S. Benedito, o Negro, religioso*	
		Santa Faustina Kowalska, virgem	
f	6	*S. Bruno, presb.*	
g	7	Nossa Senhora do Rosário	Memória
A	8		
b	9	*S. Dionísio, bispo, e seus companheiros, mártires*	
		S. João Leonardi, presb.	
c	10		
d	11	*São João XXIII, papa*	
e	12	NOSSA SENHORA DA CONCEIÇÃO APARECIDA	Solenidade
f	13		
g	14	*S. Calisto I, papa e mártir*	
A	15	Sta. Teresa de Jesus, virgem e doutora da Igreja	Memória
b	16	*Sta. Edviges, religiosa*	
		Sta. Margarida Maria Alacoque, virgem	
c	17	Sto. Inácio de Antioquia, bispo e mártir	Memória
d	18	S. LUCAS, EVANGELISTA	Festa
e	19	*S. João de Brébeuf e Sto. Isaac Jogues, presbíteros, e seus companheiros, mártires*	
		S. Paulo da Cruz, presb.	
f	20		
g	21		
A	22	*São João Paulo II, papa*	
b	23	*S. João de Capistrano, presb.*	
c	24	*Sto. Antônio Maria Claret, bispo*	
d	25	Santo Antônio de Sant'Ana Galvão, religioso	Memória
e	26		
f	27		
g	28	S. SIMÃO E S. JUDAS, APÓSTOLOS	Festa
A	29		
b	30		
c	31		

NOVEMBRO

d	1	TODOS OS SANTOS	Solenidade
e	2	COMEMORAÇÃO DE TODOS OS FIÉIS DEFUNTOS	
f	3	*S. Martinho de Lima, religioso*	
g	4	S. Carlos Borromeu, bispo	Memória
A	5		
b	6		
c	7		
d	8		
e	9	DEDICAÇÃO DA BASÍLICA DO LATRÃO	Festa
f	10	S. Leão Magno, papa e doutor da Igreja	Memória
g	11	S. Martinho de Tours, bispo	Memória
A	12	S. Josafá, bispo e mártir	Memória
b	13		
c	14		
d	15	*Sto. Alberto Magno, bispo e doutor da Igreja*	
e	16	*Sta. Margarida da Escócia*	
		Sta. Gertrudes, virgem	
f	17	Sta. Isabel da Hungria	Memória
g	18	*Dedicação das Basílicas de S. Pedro e de S. Paulo, Apóstolos*	
A	19	S. Roque González, Sto. Afonso Rodríguez e S. João Del Castillo, presb. e mártires	Memória
b	20		
c	21	Apresentação de Nossa Senhora	Memória
d	22	Sta. Cecília, virgem e mártir	Memória
e	23	*S. Clemente I, papa e mártir*	
		S. Columbano, abade	
f	24	Sto. André Dung-Lac, presb., e seus companheiros, mártires	Memória
g	25	*Santa Catarina de Alexandria, virgem e mártir*	
A	26		
b	27		
c	28		
d	29		
e	30	STO. ANDRÉ, APÓSTOLO	Festa

Último domingo do Tempo comum:
NOSSO SENHOR JESUS CRISTO, REI DO UNIVERSO Solenidade

DEZEMBRO

f	1		
g	2		
A	3	S. Francisco Xavier, presb.	Memória
b	4	S. João Damasceno, presb. e doutor da Igreja	
c	5		
d	6	S. Nicolau, bispo	
e	7	Sto. Ambrósio, bispo e doutor da Igreja	Memória
f	8	IMACULADA CONCEIÇÃO DE N. SENHORA	Solenidade
g	9	São João Diego	
A	10	Bem-aventurada Virgem Maria de Loreto	
b	11	S. Dâmaso I, papa	
c	12	NOSSA SENHORA DE GUADALUPE	Festa
d	13	Sta. Luzia, virgem e mártir	Memória
e	14	S. João da Cruz, presb. e doutor da Igreja	Memória
f	15		
g	16		
A	17		
b	18		
c	19		
d	20		
e	21	S. Pedro Canísio, presb. e doutor da Igreja	
f	22		
g	23	S. João Câncio, presb.	
A	24		
b	25	NATAL DO SENHOR	Solenidade
c	26	STO. ESTÊVÃO, O PRIMEIRO MÁRTIR	Festa
d	27	S. JOÃO, APÓSTOLO E EVANGELISTA	Festa
e	28	OS STOS. INOCENTES, MÁRTIRES	Festa
f	29	S. Tomás Becket, bispo e mártir	
g	30		
A	31	S. Silvestre I, papa	

Domingo dentro da oitava do Natal, ou
    na sua falta, dia 30: SAGRADA FAMÍLIA   Festa

PRÓPRIO DO TEMPO

PRÓPRIO DO TEMPO

ORAÇÕES DOMINICAIS E COTIDIANAS

Nos domingos do Tempo Comum, em todas as Horas do Ofício do Tempo, diz-se a oração conclusiva que corresponde ao número do domingo.

Nos dias de semana, a oração do Ofício das Leituras é a oração própria do Domingo precedente ou qualquer outra tomada da série seguinte:

1

Ó Deus, atendei, como pai, às preces do vosso povo; dai-nos a compreensão dos nossos deveres e a força de cumpri-los. Por nosso Senhor Jesus Cristo, vosso Filho, na unidade do Espírito Santo.

2

Deus eterno e todo-poderoso, que governais o céu e a terra, escutai com bondade as preces do vosso povo e dai ao nosso tempo a vossa paz. Por nosso Senhor Jesus Cristo, vosso Filho, na unidade do Espírito Santo.

3

Deus eterno e todo-poderoso, dirigi a nossa vida segundo o vosso amor, para que possamos, em nome do vosso Filho, frutificar em boas obras. Por nosso Senhor Jesus Cristo, vosso Filho, na unidade do Espírito Santo.

4

Concedei-nos, Senhor, nosso Deus, adorar-vos de todo o coração e amar todas as pessoas com verdadeira caridade. Por nosso Senhor Jesus Cristo, vosso Filho, na unidade do Espírito Santo.

5

Velai, ó Deus, sobre a vossa família, com incansável amor; e, como só confiamos na vossa graça, guardai-nos sob a vossa proteção. Por nosso Senhor Jesus Cristo, vosso Filho, na unidade do Espírito Santo.

6

Ó Deus, que prometestes permanecer nos corações sinceros e retos, dai-nos, por vossa graça, viver de tal modo, que possais habitar em nós. Por nosso Senhor Jesus Cristo, vosso Filho, na unidade do Espírito Santo.

7

Concedei, ó Deus todo-poderoso, que, procurando conhecer sempre o que é reto, realizemos vossa vontade em nossas palavras e ações. Por nosso Senhor Jesus Cristo, vosso Filho, na unidade do Espírito Santo.

8

Fazei, ó Deus, que os acontecimentos deste mundo decorram na paz que desejais, e que vossa Igreja vos possa servir alegre e tranquila. Por nosso Senhor Jesus Cristo, vosso Filho, na unidade do Espírito Santo.

9

Ó Deus, cuja providência jamais falha, nós vos suplicamos humildemente: afastai de nós o que é nocivo e concedei-nos tudo o que for útil. Por nosso Senhor Jesus Cristo, vosso Filho, na unidade do Espírito Santo.

10

Ó Deus, fonte de todo bem, atendei ao nosso apelo e fazei-nos, por vossa inspiração, pensar o que é certo e realizá-lo com vossa ajuda. Por nosso Senhor Jesus Cristo, vosso Filho, na unidade do Espírito Santo.

11

Ó Deus, força daqueles que esperam em vós, sede favorável ao nosso apelo e, como nada podemos em nossa fraqueza, dai-nos sempre o socorro da vossa graça, para que possamos querer e agir conforme vossa vontade, seguindo os vossos mandamentos. Por nosso Senhor Jesus Cristo, vosso Filho, na unidade do Espírito Santo.

12

Senhor, nosso Deus, dai-nos por toda a vida a graça de vos amar e temer, pois nunca cessais de conduzir os que firmais no vosso amor. Por nosso Senhor Jesus Cristo, vosso Filho, na unidade do Espírito Santo.

13

Ó Deus, pela vossa graça, nos fizestes filhos da luz. Concedei que não sejamos envolvidos pelas trevas do erro, mas brilhe em nossas vidas a luz da vossa verdade. Por nosso Senhor Jesus Cristo, vosso Filho, na unidade do Espírito Santo.

14

Ó Deus, que pela humilhação do vosso Filho reerguestes o mundo decaído, enchei os vossos filhos e filhas de santa alegria e dai aos que libertastes da escravidão do pecado o gozo das alegrias eternas. Por nosso Senhor Jesus Cristo, vosso Filho, na unidade do Espírito Santo.

15

Ó Deus, que mostrais a luz da verdade aos que erram para retomarem o bom caminho, dai a todos os que professam a fé rejeitar o que não convém ao cristão e abraçar tudo o que é digno desse nome. Por nosso Senhor Jesus Cristo, vosso Filho, na unidade do Espírito Santo.

16

Ó Deus, sede generoso para com os vossos filhos e filhas e multiplicai em nós os dons da vossa graça, para que, repletos de fé, esperança e caridade, guardemos fielmente os vossos mandamentos. Por nosso Senhor Jesus Cristo, vosso Filho, na unidade do Espírito Santo.

17

Ó Deus, sois o amparo dos que em vós esperam e, sem vosso auxílio, ninguém é forte, ninguém é santo; redobrai de amor para conosco, para que, conduzidos por vós, usemos de tal modo os bens que passam, que possamos abraçar os que não passam. Por nosso Senhor Jesus Cristo, vosso Filho, na unidade do Espírito Santo.

18

Manifestai, ó Deus, vossa inesgotável bondade para com os filhos e filhas que vos imploram e se gloriam de vos ter como criador e guia, restaurando para eles a vossa criação e conservando-a renovada. Por nosso Senhor Jesus Cristo, vosso Filho, na unidade do Espírito Santo.

19

Deus eterno e todo-poderoso, a quem ousamos chamar de Pai, dai-nos cada vez mais um coração de filhos, para alcançarmos um dia a herança prometida. Por nosso Senhor Jesus Cristo, vosso Filho, na unidade do Espírito Santo.

20

Ó Deus, preparastes para quem vos ama bens que nossos olhos não podem ver; acendei em nossos corações a chama da caridade para que, amando-vos em tudo e acima de tudo, corramos ao encontro das vossas promessas, que superam todo desejo. Por nosso Senhor Jesus Cristo, vosso Filho, na unidade do Espírito Santo.

21

Ó Deus, que unis os corações dos vossos fiéis num só desejo, dai ao vosso povo amar o que ordenais e esperar o que prometeis, para que, na instabilidade deste mundo, fixemos os nossos corações onde se encontram as verdadeiras alegrias. Por nosso Senhor Jesus Cristo, vosso Filho, na unidade do Espírito Santo.

22

Deus do universo, fonte de todo bem, derramai em nossos corações o vosso amor e estreitai os laços que nos unem convosco para alimentar em nós o que é bom e guardar com solicitude o que nos destes. Por nosso Senhor Jesus Cristo, vosso Filho, na unidade do Espírito Santo.

23

Ó Deus, pai de bondade, que nos redimistes e adotastes como filhos e filhas, concedei aos que creem no Cristo a verdadeira liberdade e a herança eterna. Por nosso Senhor Jesus Cristo, vosso Filho, na unidade do Espírito Santo.

24

Ó Deus, criador de todas as coisas, volvei para nós o vosso olhar e, para sentirmos em nós a ação do vosso amor, fazei que vos sirvamos de todo o coração. Por nosso Senhor Jesus Cristo, vosso Filho, na unidade do Espírito Santo.

25

Ó Pai, que resumistes toda a lei no amor a Deus e ao próximo, fazei que, observando o vosso mandamento, consigamos chegar um dia à vida eterna. Por nosso Senhor Jesus Cristo, vosso Filho, na unidade do Espírito Santo.

26

Ó Deus, que mostrais vosso poder sobretudo no perdão e na misericórdia, derramai sempre em nós a vossa graça, para que, caminhando ao encontro das vossas promessas, alcancemos os bens que nos reservais. Por nosso Senhor Jesus Cristo, vosso Filho, na unidade do Espírito Santo.

27

Ó Deus eterno e todo-poderoso, que nos concedeis no vosso imenso amor de Pai mais do que merecemos e pedimos, derramai sobre nós a vossa misericórdia, perdoando o que nos pesa na consciência e dando-nos mais do que ousamos pedir. Por nosso Senhor Jesus Cristo, vosso Filho, na unidade do Espírito Santo.

28

Ó Deus, sempre nos preceda e acompanhe a vossa graça para que estejamos sempre atentos ao bem que devemos fazer. Por nosso Senhor Jesus Cristo, vosso Filho, na unidade do Espírito Santo.

29

Deus eterno e todo-poderoso, dai-nos a graça de estar sempre ao vosso dispor e vos servir de todo o coração. Por nosso Senhor Jesus Cristo, vosso Filho, na unidade do Espírito Santo.

30

Deus eterno e todo-poderoso, aumentai em nós a fé, a esperança e a caridade e dai-nos amar o que ordenais para *conseguirmos o que* prometeis. Por nosso Senhor Jesus Cristo, vosso Filho, na unidade do Espírito Santo.

31

Ó Deus de poder e misericórdia, que concedeis a vossos filhos e filhas a graça de vos servir como devem, fazei que corramos livremente ao encontro das vossas promessas. Por nosso Senhor Jesus Cristo, vosso Filho, na unidade do Espírito Santo.

32

Deus de poder e misericórdia, afastai de nós todo obstáculo para que, inteiramente disponíveis, nos dediquemos ao vosso serviço. Por nosso Senhor Jesus Cristo, vosso Filho, na unidade do Espírito Santo.

33

Senhor, nosso Deus, fazei que a nossa alegria consista em vos servir de todo o coração, pois só teremos felicidade completa servindo a vós, criador de todas as coisas. Por nosso Senhor Jesus Cristo, vosso Filho, na unidade do Espírito Santo.

34

Levantai, ó Deus, o ânimo dos vossos filhos e filhas, para que, aproveitando melhor as vossas graças, obtenham de vossa paternal bondade mais poderosos auxílios. Por nosso Senhor Jesus Cristo, vosso Filho, na unidade do Espírito Santo.

18º DOMINGO DO TEMPO COMUM

II Semana do Saltério

I Vésperas

Cântico evangélico, ant.
Ano A Uma **gran**de multi**dão** estava com **Je**sus
e não **ti**nha o que co**mer**.
Ele **dis**se aos seus dis**cí**pulos:
Tenho **pe**na deste **po**vo!
Ano B Traba**lhai**, não pelo **pão** que é pere**cí**vel,
mas por a**que**le que per**du**ra eterna**men**te.
Ano C Preca**vei**-vos da ava**re**za,
pois não **é** no muito **ter** que sal**vais** a vossa **vi**da.

Oração

Manifestai, ó Deus, vossa inesgotável bondade para com os filhos e filhas que vos imploram e se gloriam de vos ter como criador e guia, restaurando para eles a vossa criação e conservando-a renovada. Por nosso Senhor Jesus Cristo, vosso Filho, na unidade do Espírito Santo.

Ofício das Leituras

Primeira leitura
Início do Livro do Profeta Amós   1,1—2,3

Sentenças do Senhor contra as nações

¹,¹ Palavras de Amós, que foi um pastor de Técua: visão que teve sobre Israel, no tempo de Ozias, rei de Judá, e de Jeroboão, filho de Joás, rei de Israel, dois anos antes do terremoto.
² Disse ele:
"O Senhor ruge desde Sião,
faz ouvir sua voz desde Jerusalém;
choram os campos dos pastores,

e seca o topo do Carmelo".
³ Assim fala o Senhor:
"Pelos três crimes de Damasco,
pelos seus quatro crimes,
não retirarei a palavra:
pois eles esmagaram Galaad com carros de ferro.
⁴ Porei fogo na casa de Hazael
e o fogo queimará as casas de Ben-Adad;
⁵ quebrarei as trancas de Damasco
e destruirei a população de Biceat-Áven
e os chefes de Bet-Éden;
o povo da Síria será deportado para Quir",
diz o Senhor.
⁶ Assim fala o Senhor:
"Pelos três crimes de Gaza,
pelos seus quatro crimes,
não retirarei a palavra;
pois eles deportaram inúmeros prisioneiros,
para fazê-los cativos em Edom;
⁷ e porei fogo nos muros de Gaza,
e o fogo queimará suas casas;
⁸ destruirei a população de Azot
e os chefes de Ascalon;
voltarei minha mão contra Acaron,
e se acabarão os últimos filisteus",
diz o Senhor.
⁹ Assim fala o Senhor:
"Pelos três crimes de Tiro,
pelos seus quatro crimes; não retirarei a palavra:
pois eles entregaram inúmeros prisioneiros a Edom
e não se lembraram da aliança entre irmãos;
¹⁰ porei fogo nos muros de Tiro,
e o fogo queimará suas casas".
¹¹ Assim fala o Senhor:
"Pelos três crimes de Edom,

pelos seus quatro crimes, não retirarei a palavra:
pois ele perseguiu o irmão com a espada,
tratou-o sem dó nem piedade,
levou sua raiva ao excesso
e guarda rancor para sempre;
¹² porei fogo em Temã,
e o fogo queimará as casas de Bosra".
¹³ Assim fala o Senhor:
"Pelos três crimes dos filhos de Amon,
pelos seus quatro crimes, não retirarei a palavra:
porque eles rasgaram os ventres
das mulheres grávidas de Galaad,
para aumentar seu território;
¹⁴ vou pôr fogo nos muros de Rabá,
e o fogo queimará suas casas,
em meio ao fragor da batalha,
em meio ao turbilhão da tempestade;
¹⁵ o próprio rei deles irá para o cativeiro
junto com seus príncipes",
diz o Senhor.
2,1 Assim fala o Senhor:
"Pelos três crimes de Moab,
pelos seus quatro crimes, não retirarei a palavra:
pois eles queimaram os ossos do rei de Edom,
até se reduzirem a cinzas;
² porei fogo em Moab
e o fogo queimará as casas de Cariot;
Moab morrerá em meio à confusão,
entre estrondos e sons de trombeta;
³ expulsarei o juiz do meio deles
e junto com ele farei perecer todos os seus *príncipes*",
diz o Senhor.

18º Domingo do Tempo Comum

Responsório   Sl 9,8b.9; Am 1,2a

R. Deus sentou-se para sempre no seu trono,
preparou o tribunal do julgamento.
* Julgará o mundo inteiro com justiça.
E as nações há de julgar com equidade.
V. De Sião o Senhor Deus há de rugir
e de lá levantará a sua voz. * Julgará.

Segunda leitura
Início da chamada Carta de Barnabé

(Cap. 1,1-8; 2,1-5: Funk 1,3-7)   (Séc. II)

A esperança da vida é o início e o fim de nossa fé

Saúdo-vos na paz, filhos e filhas, em nome do Senhor que nos ama.

Por serem grandes e preciosas as liberalidades que Deus vos concedeu, mais que tudo e intensamente me alegro por vos saber felizes e esclarecidos. Pois assim acolhestes a graça do dom espiritual, enxertada na alma. Por isso ainda mais me felicito com a esperança de ser salvo, ao ver realmente derramado sobre vós o Espírito vindo da copiosa fonte do Senhor.

Estou plenamente convencido e consciente de que ao falar convosco vos ensinei muitas coisas, porque o Senhor me acompanhou no caminho da justiça; e sinto-me fortemente impelido a amar-vos mais do que a minha vida, porque são grandes a fé e a caridade que existem em vós pela esperança da vida. Tendo em consideração que, se é de meu interesse por vossa causa partilhar convosco algo do que recebi, será minha paga servir a tais pessoas. Decidi, então, escrever-vos poucas palavras, para que, *junto* com a fé, tenhais perfeita ciência.

São três os preceitos do Senhor: a esperança da vida, início e fim de nossa fé; a justiça, início e fim do direito; a caridade alegre e jovial, testemunho das obras de justiça.

Pelos profetas, o Senhor fez-nos conhecer as coisas passadas e as presentes, e deu-nos saborear as primícias das futuras. Ao vermos tudo acontecer por ordem, tal como falou, devemos nós, mais ricos e seguros, assimilar o seu temor.

Quanto a mim, não como mestre, mas como um de vós, mostrarei alguns poucos pontos, pelos quais vos alegrareis nas circunstâncias atuais.

Nestes dias maus, ele mostra seu poder; empenhemo-nos, pois, de coração em perscrutar os mandamentos do Senhor. Nossos auxiliares são o temor e a paciência; apoiam-nos a generosidade e a continência que, aos olhos do Senhor, permanecem castas, no convívio da sabedoria, inteligência, ciência e conhecimento.

Todos os profetas nos revelaram não ter ele necessidade de sacrifícios nem de holocaustos nem de oblações, dizendo: *Que tenho a ver com a multidão de vossos sacrifícios? diz o Senhor. Estou farto de holocaustos, de gorduras dos cordeiros; não quero o sangue de touros e de cabritos, mesmo que venhais à minha presença. Quem exige isto de vossas mãos? Não pisareis mais em meus átrios. Trazeis oblações de farinha? Será em vão. O incenso me é abominável; vossos novilúnios e solenidades, não as suporto* (cf. Is 1,11-13).

Responsório   Gl 2,16; Gn 15,6

R. Nenhum **ser** se torna **jus**to pela **prá**tica da **lei**,
   mas pela **fé** em Jesus **Cris**to.
 * **Nós**, tam**bém**, cremos em **Cris**to,
   a **fim** de nos tor**nar**mos justifi**ca**dos pela **fé**.
V. Abra**ão** creu no Se**nhor**, e isto **foi** qualifi**ca**do,
   em seu fa**vor**, como jus**ti**ça. * Nós tam**bém**.

HINO Te Deum, p. 543.

18º Domingo do Tempo Comum

Laudes

Cântico evangélico, ant.
Ano A O Se**nhor**, com cinco **pães** e com dois **peixes**,
saci**ou** as quase **cin**co mil pesso**as**.

Ano B Em ver**da**de eu vos **di**go:
Não foi Moi**sés** que deu ou**tro**ra
aquele **pão** que vem do **céu**,
porém meu **Pai** é quem vos **dá**
o verda**dei**ro pão do **céu**.

Ano C Ajun**tai** vosso te**sou**ro no **céu**, diz o Se**nhor**,
onde a **tra**ça e a fer**ru**gem
não es**tra**gam nem cor**ro**em.

Oração

Manifestai, ó Deus, vossa inesgotável bondade para com os filhos e filhas que vos imploram e se gloriam de vos ter como criador e guia, restaurando para eles a vossa criação e conservando-a renovada. Por nosso Senhor Jesus Cristo, vosso Filho, na unidade do Espírito Santo.

II Vésperas

Cântico evangélico, ant.
Ano A Todos co**me**ram e fi**ca**ram saci**a**dos,
e a**in**da reco**lhe**ram doze **ces**tos
re**ple**tos dos pedaços que so**bra**ram.

Ano B Eu **sou** o pão da **vi**da, diz Je**sus**.
Quem vem a **mim** nunca **mais** há de ter **fo**me;
quem crê em **mim** nunca **mais** há de ter **se**de.

Ano C Ir**mãos**, se que**reis** real**men**te ser **ri**cos,
amai as ri**que**zas que **são** verda**dei**ras.

SEGUNDA-FEIRA

Ofício das Leituras

Primeira leitura
Do Livro do Profeta Amós 2,4-16

Sentenças do Senhor sobre Judá e Israel

⁴ Assim fala o Senhor:
"Pelos três crimes de Judá,
pelos seus quatro crimes, não retirarei a palavra:
porque eles rejeitaram a lei do Senhor
e não guardaram seus mandamentos;
porque eles deixaram-se enganar pelos ídolos,
os mesmos que seus pais tinham seguido,
⁵ mandarei fogo contra Judá,
que consumirá os palácios de Jerusalém".
⁶ Isto diz o Senhor:
"Pelos três crimes de Israel,
pelos seus quatro crimes, não retirarei a palavra:
porque eles vendem o justo por dinheiro
e o indigente, pelo preço de um par de chinelos;
⁷ pisam, na poeira do chão, a cabeça dos pobres
e impedem o progresso dos humildes;
filho e pai vão à mesma mulher,
profanando meu santo nome;
⁸ deitando-se junto a qualquer altar,
usando roupas que foram entregues em penhor,
bebem vinho à custa de pessoas multadas,
na casa de Deus.
⁹ Entretanto, eu tinha aniquilado,
diante deles, os amorreus,
homens espadaúdos como cedros
e robustos como carvalhos,
destruindo-lhes os frutos na ramada
e arrancando-lhes as raízes.

¹⁰ Fui eu que vos fiz sair
da terra do Egito
e vos guiei pelo deserto,
durante quarenta anos,
para ocupardes a terra dos amorreus.
¹¹ Suscitei profetas dentre vossos filhos
e nazareus dentre vossos jovens.
Não é verdade, filhos de Israel?
diz o Senhor.
¹² No entanto, oferecestes vinho aos nazareus
e proibistes aos profetas, dizendo:
'Não deveis profetizar!'
¹³ Pois bem, eu vos calcarei aos pés,
como calca o chão a carroça carregada de feixes;
¹⁴ o mais ágil não conseguirá fugir,
o mais forte não achará força,
o valente não salvará a vida;
¹⁵ o arqueiro não resistirá de pé,
o corredor veloz não terá pernas para escapar,
nem se salvará o cavaleiro;
¹⁶ o mais corajoso dentre os corajosos
fugirá nu, naquele dia",
diz o Senhor.

Responsório   Am 2,10a.11a.12b; Sl 94(95),10b-11a

R. Fui **eu** que, do Egito, vos **ti**rei
   e vos gui**ei** quarenta **a**nos no de**ser**to.
 * E eu **dis**se: eis um **po**vo transviado,
   seu cora**ção** não conhe**ceu** os meus caminhos.
V. Pro**fe**tas fiz sur**gir** de vossos **fi**lhos,
   e não dei**xas**tes que os pro**fe**tas vos fa**las**sem.
   * E eu **dis**se.

Segunda leitura
Da chamada Carta de Barnabé
(Cap. 2,6-10; 3,1.3; 4,10-14: Funk 1,7-9.13) (Séc. II)
A nova lei de nosso Senhor

Deus ab-rogou, portanto, tudo, a fim de que a nova lei de nosso Senhor Jesus Cristo, não submetida ao jugo da necessidade, contenha a oblação não feita pelos homens. Pois disse-lhes em outro lugar: *Acaso mandei eu a vossos pais, ao saírem do Egito, que me oferecessem holocaustos e sacrifícios? Ao invés, ordenei-lhes: Que nenhum de vós excogite o mal em seu coração contra o próximo nem façais falso juramento* (cf. Jr 7,22-23).

Temos então de compreender, se não somos insensatos, o senso de bondade de nosso Pai. Mostra-nos o modo de nos aproximarmos dele, por não querer que, à semelhança dos antepassados, andemos errantes em sua busca. Por isso ele nos fala assim: *Sacrifícios para o Senhor são o coração contrito; odor de suavidade, o coração que glorifica aquele que o plasmou* (cf. Sl 50,19). Com todo o cuidado, irmãos, investiguemos o que se relaciona com a nossa salvação, para que o Maligno sedutor não se insinue em nós e nos lance fora de nossa vida.

Sobre isto lhes fala também em outra passagem: *Por que jejuais para mim, diz o Senhor, de modo que hoje se escute vossa voz aos brados? Não é este o jejum que escolhi, diz o Senhor, não é o homem a humilhar sua alma* (Is 58,4-5). A nós, porém, diz: *Eis o jejum que eu escolhi, diz o Senhor: quebra toda cadeia de injustiça, desata os laços dos pactos violentos, deixa ir livres os oprimidos e rasga todo contrato iníquo. Parte teu pão com os famintos; ao veres um nu, cobre-o; faze entrar em tua casa aqueles que não têm teto* (cf. Is 58,6-10).

Fujamos de toda vaidade, tenhamos ódio profundo pelas obras dos caminhos maus. Não vos isoleis, fechando-vos sobre vós mesmos, como se já estivésseis justificados. Ao contrário, congregados na unidade, buscai aquilo que é do proveito de todos. A Escritura ensina: *Ai dos prudentes para si mesmos e sábios aos próprios olhos* (Is 5,21). Tornemo-nos espirituais, sejamos perfeito templo de Deus. Na medida do possível, meditemos sobre o temor de Deus e lutemos por guardar seus mandamentos, para nos alegrar com seus juízos. O Senhor *julgará o mundo sem acepção de pessoas* (cf. 1Pd 1,17). Cada um receberá conforme viveu; se houver sido bom, sua justiça o precederá; se mau, a paga da maldade estará diante dele. Não aconteça que, descansando em nossa vocação, durmamos em nossos pecados e o príncipe do mal, tendo obtido poder sobre nós, nos arrebate do reino do Senhor.

Entendei ainda isto, irmãos meus: se, como vedes, depois de tantos sinais e prodígios feitos em Israel, no entanto, eles são abandonados, estejamos atentos para que não se cumpra em nós o que está escrito: *Muitos os chamados, poucos os escolhidos* (Mt 22,14)

Responsório   Gl 3,24-25.23

R. A lei foi **nos**so educa**dor**, que nos gui**ou** até o **Cris**to,
    a **fim** de que nós **fôs**semos justifi**ca**dos pela **fé**.
* Ao che**gar**, porém, a **fé**, não es**ta**mos mais su**jei**tos
    ao an**tigo** educa**dor**.
V. Mas, **an**tes que che**gas**se a **é**poca da **fé**,
    nós **é**ramos guar**da**dos, tute**la**dos sob a **lei**
    para a **fé** que che**ga**ria. * Ao che**gar**.

Oração

Manifestai, ó Deus, vossa inesgotável bondade para com os filhos e filhas que vos imploram e se gloriam de vos ter como criador e guia, restaurando para eles a vossa criação e conservando-a renovada. Por nosso Senhor Jesus Cristo, vosso Filho, na unidade do Espírito Santo.

TERÇA-FEIRA

Ofício das Leituras

Primeira leitura
Do Livro do Profeta Amós 7,1-17

Visões de ruínas

¹O Senhor mostrou-me esta visão: Eram formações de gafanhotos, que surgiam na época em que começam a brotar as plantações tardias – naquelas que nascem, depois da ceifa dos cereais, para uso do rei. ²Aconteceu que, quando a praga acabou de comer a erva da terra, eu disse: "Senhor Deus, peço-vos que sejais bondoso; como poderá Jacó resistir? Ele é tão fraco!" ³O Senhor compadeceu-se. "Isso não acontecerá", disse o Senhor Deus.

⁴O Senhor mostrou-me esta visão: O Senhor Deus ameaçava fazer justiça pelo fogo, um fogo que devorou o grande abismo e consumiu o campo. ⁵E eu disse: "Senhor Deus, acalmai-vos, eu vos rogo; como poderá Jacó resistir? Ele é tão fraco"! ⁶O Senhor compadeceu-se. "Isso também não acontecerá", diz o Senhor Deus.

⁷O Senhor Deus mostrou-me outra visão: era um homem de pé, junto ao muro rebocado, tendo na mão uma colher de pedreiro. ⁸Disse-me o Senhor: "Que estás vendo, Amós?" Respondi: "Uma colher de pedreiro". Disse o Senhor: "Pois eu vou pôr uma colher de pedreiro no meio do meu povo Israel; não lhe darei mais prazo para o perdão. ⁹As colinas de Isaac serão devastadas, e os santuários de Israel, demolidos; e atacarei com a espada a casa de Jeroboão".

¹⁰Então Amasias, sacerdote de Betel, mandou dizer a Jeroboão, rei de Israel: "Amós conspira contra ti, dentro da própria casa de Israel; o país não consegue evitar que se espalhem todas as suas palavras. ¹¹Ele anda dizendo: 'Jeroboão morrerá pela espada, e Israel será deportado de sua pátria, como escravo'". ¹²Disse depois Amasias a Amós:

"Vidente, sai e procura refúgio em Judá, onde possas ganhar teu pão e exercer a profecia;[13] mas em Betel não deverás insistir em profetizar, porque aí fica o santuário do rei e a corte do reino".[14] Respondeu Amós a Amasias, dizendo:
"Não sou profeta
nem sou filho de profeta;
sou pastor de gado e cultivo sicômoros.
[15] O Senhor chamou-me,
quando eu tangia o rebanho,
e o Senhor me disse:
'Vai profetizar para Israel, meu povo'.

[16] E agora ouve a palavra do Senhor. Tu dizes: 'Não profetizes contra Israel e não insinues palavras contra a casa de Isaac'.

[17] Pois bem, isto diz o Senhor: 'Tua mulher se prostituirá na cidade, teus filhos e filhas morrerão pela espada, tuas terras serão tomadas e loteadas; tu mesmo morrerás em terra poluída, e Israel será levado em cativeiro para longe de seu país'".

Responsório   Am 3,7.8b; 7,15
R. Nada **faz** o Senhor **Deus** sem reve**lar** os seus se**gre**dos
   aos pro**fe**tas, os seus **ser**vos.
 * Fa**lou** o Senhor **Deus**; quem não **profe**ti**zará**?
V. Ao se**guir** o meu re**ba**nho, to**mou**-me o Se**nhor**
   e fa**lou**-me nestes **ter**mos:
   Vai, **tu**, e profe**ti**za a meu **po**vo Israel.* Fa**lou**.

Segunda leitura
Da chamada Carta de Barnabé

(Cap. 5,1-8; 6,11-16: Funk 1,13-15.19-21)   (Séc. II)

A nova criação

O Senhor aceitou entregar seu corpo à destruição para sermos santificados pela remissão dos pecados que nos vem da aspersão de seu sangue. Sobre ele foi escrito tanto para Israel como para nós: *Foi ferido por causa de nossas iniquidades e atribulado por nossos pecados; por suas chagas fomos curados. Igual à ovelha, conduzido ao matadouro e como cordeiro diante do tosquiador* (cf. Is 53,5-7). Quantas e quão grandes graças devemos dar ao Senhor, que nos mostrou as coisas passadas, ensinou-nos as presentes e não pôs fora de nosso entendimento as futuras. Diz a Escritura: *Não se armam injustamente redes contra as aves* (cf. Pr 1,17). Quer dizer, perecerá, com justiça, o homem que possui o conhecimento do caminho da justiça e se volta para o caminho das trevas.

E ainda há mais, meus irmãos: se o Senhor aceitou padecer por nossa vida, apesar de ser o Senhor do mundo inteiro, ele a quem disse Deus na criação do mundo: *Façamos o homem à nossa imagem e semelhança* (Gn 1,26), como suportou o sofrimento por mão de homem? Aprendei. Os profetas, por sua graça, sobre ele profetizaram; ser-lhe-ia preciso aparecer na carne para destruir a morte e manifestar a ressurreição dos mortos. Ele tudo suportou para cumprir a promessa feita aos pais, preparar para si um povo novo enquanto estava na terra e revelar-se, depois da ressurreição, como o Juiz. Assim também ensinava, fazendo tão grandes prodígios e milagres, a Israel, que não o confessava nem amava.

Quando, pois, nos renovou pela remissão dos pecados, fez com que tivéssemos nova forma, uma alma como de meninos, como se nos tivesse criado de novo. A Escritura diz a nosso respeito, como fala o Pai ao Filho: *Façamos o homem à nossa imagem e semelhança, e domine os animais da terra, as aves do céu e os peixes do mar* (cf. Gn 1,26). E o Senhor, vendo a beleza de nossa forma, disse: *Crescei e multiplicai-vos e enchei a terra* (Gn 1,28). Tudo isso disse o Pai ao Filho.

Mas vou mostrar-te de novo como fala a nós. Realizou a segunda criação nos últimos tempos. Pois disse o Senhor: *Eis que faço as últimas como as primeiras* (cf. Ap 2,19). Contemplando-o, declara o profeta: *Entrai na terra onde correm o leite e o mel e dominai-a* (cf. Ex 33,3).

Assim fomos nós formados de novo, como também outro profeta fala: *Eis, diz o Senhor, que arrancarei deles,* isto é, daqueles que o Espírito do Senhor antevia, *os corações de pedra e porei corações de carne* (Ez 11,19). Ele quis aparecer na carne e habitar entre nós. Templo santo para o Senhor, meus irmãos, é a morada de nosso coração. E o Senhor reafirma: *Louvar-te-ei na reunião de meus irmãos e cantarei a ti no meio da assembleia dos santos* (cf. Sl 21,23). Na verdade somos nós aqueles que ele introduziu na terra boa.

Responsório   At 3,25; Gl 3,8a
R. Sois filhos dos profetas e filhos da Aliança,
   que Deus, nos tempos idos, firmou com nossos pais,
   quando disse a Abraão:
 * Na tua descendência serão abençoadas
   as nações de toda a terra.
V. Prevendo a Escritura que aos gentios Deus iria
   pela fé justificar, anunciou, de antemão,
   a Boa-nova a Abraão. * Na tua.

Oração

Manifestai, ó Deus, vossa inesgotável bondade para com os filhos e filhas que vos imploram e se gloriam de vos ter como criador e guia, restaurando para eles a vossa criação e conservando-a renovada. Por nosso Senhor Jesus Cristo, vosso Filho, na unidade do Espírito Santo.

QUARTA-FEIRA

Ofício das Leituras

Primeira leitura
Do Livro do Profeta Amós 9,1-15

A salvação dos justos

¹Vi o Senhor de pé sobre o altar,
e disse-me: "Derruba a coluna
e deixa desabar os umbrais;
quebra a cabeça a estes infiéis todos,
eu matarei com a espada o último deles;
ninguém conseguirá escapar,
não se salvará nenhum sobrevivente.
²Se tentarem descer aos infernos,
de lá os puxará minha mão;
e, se subirem até ao céu,
eu os arrastarei de lá.
³Se se esconderem no alto do monte Carmelo,
irei buscá-los e tirá-los daí;
e, se se ocultarem aos meus olhos no fundo do mar,
ordenarei à serpente que os morda;
⁴se forem levados prisioneiros por seus inimigos,
mandarei que os passem a fio de espada
e porei meus olhos sobre eles,
para seu mal, não para seu bem".
⁵É o Senhor, Deus dos exércitos,
que toca a terra, e ela se desfaz.
Todos os seus habitantes se afligem,
toda ela cresce como um rio
e decresce como o rio do Egito.
⁶Senhor é o nome
daquele que constrói no céu os degraus do seu trono
e assenta na terra sua abóbada,

reúne as águas do mar,
derramando-as sobre a face da terra.
⁷ "Ó filhos de Israel, acaso não sois para mim
como os filhos dos etíopes?,
diz o Senhor.
Acaso não fiz sair Israel
da terra do Egito,
e os filisteus de Cáftor,
e os sírios de Quir?
⁸ Os olhos do Senhor Deus
estão sobre um reino pecador,
eu vou suprimi-lo da face da terra;
todavia não destruirei totalmente a casa de Jacó,
diz o Senhor.
⁹ Pois eu já decidi:
vou sacudir a casa de Israel, entre todas as nações,
como se sacode trigo na peneira,
sem deixar um só grão cair por terra.
¹⁰ Morrerão pela espada todos os pecadores do meu povo,
os que dizem:
Ele não está perto, nem vai cair sobre nós desgraça alguma!
¹¹ Naquele dia, reerguerei
a tenda de Davi, em ruínas,
e consertarei seus estragos,
levantando-a dos escombros
e reconstruindo tudo, como nos dias de outrora;
¹² deste modo possuirão todos o resto de Edom
e das outras nações,
que são chamadas com o meu nome,
diz o Senhor, que tudo isso realiza.
¹³ Eis que dias virão,
diz o Senhor,
em que se seguirão de perto quem ara e quem ceifa,
o que pisa as uvas e o que lança a semente;
os montes destilarão vinho,
e as colinas parecerão liquefazer-se.

¹⁴ Mudarei a sorte de Israel, meu povo cativo;
eles reconstruirão as cidades devastadas
e as habitarão,
plantarão vinhas e tomarão o vinho,
cultivarão pomares e comerão seus frutos.
¹⁵ Eu os plantarei sobre o seu solo,
e eles nunca mais serão arrancados
de sua terra, que eu lhes dei",
diz o Senhor, teu Deus.

Responsório   At 15,17a.16a.14b.15b
R. A **fim** de que pro**cu**rem ao Se**nhor** todos os **ho**mens
e os **po**vos sobre os **quais** foi invo**ca**do o meu **no**me,
 * Volta**rei** e reergue**rei** a **ten**da de Da**vi**,
diz o Se**nhor** e o faz tam**bém**.
V. Deus, pri**mei**ro, esco**lheu** dentre os **gen**tios o seu **po**vo,
dedi**ca**do ao seu **no**me. * Volta**rei**.

Segunda leitura
Da chamada Carta de Barnabé
            (Cap. 19,1-3.5-7.8- 12: Funk 1,53-57)   (Séc. II)

O caminho da luz

   Eis o caminho da luz: se alguém deseja chegar a determinado lugar, que se esforce por seu modo de agir. Foi-nos dado saber como andar por este caminho: amarás quem te criou. Terás veneração por quem te formou; darás glória a quem te remiu da morte. Serás simples de coração e rico no espírito; não te juntarás aos que andam pelo caminho da morte. Terás aversão por tudo quanto desagrada a Deus; odiarás toda simulação; não desprezes os mandamentos do Senhor. Não te exaltes a ti mesmo, sê humilde em tudo; não procures tua glória. Não trames contra teu próximo; não te entregues à arrogância.

Ama teu próximo mais do que a tua vida. Não mates o feto por aborto, nem depois do nascimento. Não retires a mão de teu filho ou de tua filha e, desde a infância, ensina-lhes o temor do Senhor. Não cobices os bens de teu próximo nem sejas avaro; não te unas de coração aos soberbos, mas sê amigo dos humildes e justos.

Tudo quanto te acontecer, recebe-o como um bem, sabendo que nada se faz sem Deus. Não sejas inconstante nem usarás duplicidade no falar; na verdade, é laço de morte a língua dúplice.

Partilharás tudo com teu próximo e não dirás ser propriedade tua o que quer que seja; se sois coerdeiros das realidades incorruptíveis, quanto mais daquilo que se corrompe. Não serás precipitado no falar, pois a boca é um laço de morte. Tanto quanto puderes, em favor de tua alma, sê casto. Não tenhas a mão estendida para receber e encolhida para dar. Ama como à pupila dos olhos todo aquele que te dirigir a palavra do Senhor.

Relembra, dia e noite, o dia do juízo e procura diariamente a presença dos santos, estimulando pela palavra, exortando e meditando como salvar a alma por tua palavra ou como trabalhar com tuas mãos para a remissão dos teus pecados.

Não hesites em dar nem dês murmurando; bem sabes quem é o bom remunerador da dádiva. Guarda o que recebeste, sem tirar nem pôr. Seja-te perpetuamente odioso o Maligno. Julgarás com justiça. Não fomentes dissídios, mas esforça-te por restituir a paz, reconciliando os contendores. Confessa teus pecados. Não vás à oração de má consciência. Este é o caminho da luz.

Responsório Sl 118(119),101-102

R. De **to**do mau **ca**minho afasto os **pas**sos,
* Para que eu **si**ga, fiel**men**te, as **vos**sas **or**dens.
V. Dos **vos**sos julga**men**tos não me a**fas**to,
porque vós **mes**mo me ensi**nas**tes vossas **leis**. * Para.

Oração

Manifestai, ó Deus, vossa inesgotável bondade para com os filhos e filhas que vos imploram e se gloriam de vos ter como criador e guia, restaurando para eles a vossa criação e conservando-a renovada. Por nosso Senhor Jesus Cristo, vosso Filho, na unidade do Espírito Santo.

QUINTA-FEIRA

Ofício das Leituras

Primeira leitura
Início do Livro do Profeta Oseias 1,1-9; 3,1-5

O profeta é para o povo um sinal do amor de Deus

¹,¹Palavra do Senhor, como foi dita a Oseias, filho de Beeri, nos dias de Ozias, Joatão, Acaz e Ezequias, reis de Judá, e nos dias de Jeroboão, filho de Joás, rei de Israel. ²Início da palavra do Senhor, por meio de Oseias. Disse Senhor a Oseias:
"Vai, casa-te com uma meretriz
e gera filhos adulterinos,
porque a terra pratica o adultério contra o Senhor".
³Saiu e tomou por mulher Gomer, filha de Deblaim, que concebeu e deu à luz um filho. ⁴E disse-lhe o Senhor: "Põe-lhe o nome de 'Jezrael', pois em breve vingarei o sangue de Jezrael, derramado na casa de Jeul, e farei cessar o reino da casa de Israel; ⁵naquele dia, quebrarei o arco de Israel no vale de Jezrael".
⁶A mulher novamente concebeu e deu à luz uma filha; disse-lhe o Senhor: "Põe-lhe o nome de 'Não-Piedade', pois não tornarei mais a ter piedade da casa de Israel para lhes perdoar. ⁷Terei piedade dos da casa de Judá e os salvarei pelo Senhor, seu Deus; não os salvarei pelo arco e pela espada nem pela guerra, com seus cavalos e cavaleiros". ⁸Depois

que desmamou a filha chamada 'Não-Piedade', a mãe concebeu e deu à luz um filho.⁹ E disse o Senhor: "Põe-lhe o nome de 'Não-Povo-meu', porque vós não sois meu povo, e eu sou para vós um 'Não-sou'".

³,¹ E disse-me o Senhor: "Vai ainda, ama uma mulher ligada a um amante e adúltera, como o Senhor ama os filhos de Israel, que se voltam para os deuses estrangeiros e gostam de bolos sagrados de uvas".

² Comprei a mulher por quinze moedas de prata e uma medida e meia de cevada.³ Disse a ela: "Por muitos dias ficarás à minha espera; não fornicarás nem te entregarás a homem nenhum, eu também não te procurarei".⁴ Assim os filhos de Israel também passarão muitos dias sem rei nem governo, sem sacrifício nem altar, sem efod nem terafins. ⁵ Depois desses fatos, os filhos de Israel tornarão a procurar o Senhor, seu Deus, e Davi, seu rei, temerão o Senhor e honrarão seus bens até ao fim dos dias.

Responsório　　　　　　　　　　1Pd 2,9a.10a; Rm 9,26
R. Sois a **raça** esco**lhi**da, sacer**dó**cio **ré**gio;
* Vós, ou**tro**ra, não **po**vo, sois a**go**ra, de**ve**ras,
  o **po**vo de **Deus**.
V. No lu**gar** onde foi **di**to: Vós não **sois** o povo **meu**,
  mesmo a**li** serão cha**ma**dos de **fi**lhos do Deus **vi**vo.
* Vós, ou**tro**ra.

Segunda leitura
Dos Tratados de Balduíno de Cantuária, bispo

(Tract. 10: PL 204,513-514.516)　　　(Séc. XII)

O amor é forte como a morte

Forte é o amor, que tem poder para privar-nos do dom da vida. Forte é o amor, que tem poder para restituir-nos o gozo de uma vida melhor.

Forte é a morte, poderosa para despojar-nos do revestimento deste corpo. Forte é o amor, poderoso para roubar os despojos da morte e no-los entregar de novo.

Forte é a morte; a ela o homem não pode resistir. Forte é o amor, que pode vencê-la, embotar-lhe o aguilhão, travar-lhe o ímpeto, quebrantar-lhe a vitória. Assim será quando for insultada e ouvir: *Onde está, ó morte, teu aguilhão? Onde está, ó morte, a tua vitória?* (cf. Os 13,14; 1Cor 15,55).

O amor é forte como a morte (cf. Ct 8,6), porque é a morte da morte o amor de Cristo. Por isto diz: *Eu serei tua morte, ó morte; serei tua mordedura, ó inferno* (cf. Os 13,14). Também o amor com que amamos a Cristo é forte como a morte; é uma espécie de morte pela extinção da vida antiga, pela destruição dos vícios e pela rejeição das obras mortas.

Este nosso amor para com Cristo é uma espécie de intercâmbio, embora o seu amor por nós seja incomparável, e o nosso, uma semelhança à sua imagem. Pois *ele nos amou primeiro* (cf. 1Jo 4,10) e, pelo exemplo de amor que nos propôs, fez-se para nós um sinete que nos torna conformes à sua imagem. Depusemos a imagem terrena e nos revestimos da celeste; da forma como somos amados, assim amamos. *Nisto deixou-nos o exemplo para que sigamos suas pegadas* (cf. 1Pd 2,21).

Por isso ele diz: *Põe-me como um selo sobre teu coração* (Ct 8,6). Como se dissesse: "Ama-me como eu te amo. Conserva-me em tua mente e em tua memória; em tua vontade, em teu suspiro; no gemido e no soluço. Lembra-te, homem, de que forma te fiz, quando te pus acima das outras criaturas, com que dignidade te enobreci, como te coroei de glória e de honra, coloquei-te pouco abaixo dos anjos, como tudo submeti a teus pés. Lembra-te não apenas de quanto fiz por ti, mas de quantas crueldades e afrontas por ti suportei. Reconhece que ages mal contra mim quando não me amas. Quem assim te ama, senão eu? Quem te criou, senão eu? Quem te remiu, senão eu?"

Arranca de mim, Senhor, o coração de pedra. Tira o coração de pedra, tira o coração incircunciso; dá-me um coração novo, coração de carne, coração puro! Tu, purificador dos corações e amante dos corações puros, apossa-te de meu coração e nele habita, envolvendo-o e enchendo-o. Tu, superior ao que tenho de mais alto, interior ao que tenho de mais íntimo! Tu, forma da beleza e selo da santidade, marca meu coração com tua imagem. Sela meu coração sob tua misericórdia, *Deus de meu coração e meu quinhão, Deus para sempre* (cf. Sl 72,26). Amém.

Responsório   Ct 8,6b.c.7a; Jo 15,13

R. O **amor** é tão **for**te, como **for**te é a **mor**te.
    Seus **rai**os luzen**tes** são **cha**mas de **fo**go.
  * As tor**ren**tes não **po**dem apa**gar** o **amor**.
  V. Não há mai**or** prova de **amor**, que dar a **vi**da pelo **ami**go.
  * As tor**ren**tes.

Oração

Manifestai, ó Deus, vossa inesgotável bondade para com os filhos e filhas que vos imploram e se gloriam de vos ter como criador e guia, restaurando para eles a vossa criação e conservando-a renovada. Por nosso Senhor Jesus Cristo, vosso Filho, na unidade do Espírito Santo.

SEXTA-FEIRA

Ofício das Leituras

Primeira leitura
Do Livro do Profeta Oseias   2,4.8-26

Castigo e futura volta da esposa do Senhor

Eis o que diz o Senhor:
⁴Contestai a vossa mãe, contestai,
porque ela não é minha mulher,
nem eu seu marido;
que ela se afaste dessa vida devassa
e elimine do seu corpo os adultérios.
⁸Por isso, resolvi cercar
de espinhos o seu caminho,
vou fechá-lo com entulho
para impedir-lhe a passagem;
⁹ela irá atrás dos amantes,
mas não os alcançará,
procurá-los-á, mas não os achará,
e dirá: 'Vou voltar
para o meu primeiro marido,
quando eu era mais feliz do que agora'.
¹⁰Ela ignorava que era eu
quem lhe dava trigo, vinho e azeite,
lhe enchia as mãos de prata e de ouro,
de que Baal foi feito.
¹¹Por isso, vou tomar de novo
o meu trigo, a seu tempo,
e o meu vinho, a seu tempo;
vou retirar minha lã e meu linho,
que cobriam suas partes íntimas;
¹²agora vou mostrar sua vergonha
aos olhos dos seus amantes,
quero ver alguém arrancá-la de minhas mãos.

¹³ Vou acabar com a alegria dela,
suas solenidades, a lua nova,
o sábado e as ocasiões de festa.
¹⁴ Vou estragar suas vinhas e figueiras,
das quais ela dizia:
'São os presentes que me deram meus amantes'.
Vou deixá-la em mato para pasto dos animais.
¹⁵ Ela pagará pelos dias de culto aos Baals,
quando lhes queimava incenso,
punha brincos e joias
e ia atrás dos seus amantes,
enquanto se esquecia de mim, diz o Senhor.
¹⁶ Mas sou eu que a vou seduzir,
levando-a à solidão,
onde lhe falarei ao coração;
¹⁷ dar-lhe-ei suas vinhas, do mesmo lugar,
e o vale de Acor, porta da esperança,
e ela aí responderá ao compromisso,
como nos dias de sua juventude,
nos dias da sua vinda da terra do Egito.
¹⁸ Acontecerá nesse dia, diz o Senhor,
que ela me chamará 'Meu marido',
e não mais chamará 'Meu Baal'.
¹⁹ Tirarei de sua boca o nome dos Baals,
de tal modo que não se lembrará mais deles.
²⁰ Naquele dia, farei um pacto com os homens,
com os animais do campo,
as aves do céu e os répteis da terra;
quebrarei e lançarei fora
o arco, a espada e as outras armas,
e todos poderão repousar tranquilos.
²¹ Eu te desposarei para sempre;
eu te desposarei conforme as sanções da justiça
e conforme as práticas da misericórdia.

²²Eu te desposarei para manter fidelidade,
e tu conhecerás o Senhor.
²³Acontecerá, nesse dia, que eu atenderei,
diz o Senhor,
atenderei aos céus, e os céus atenderão à terra;
²⁴e a terra atenderá,
dando trigo, vinho e azeite,
conforme as preces de Jezrael.
²⁵E eu semearei a terra para mim
e terei piedade da filha que foi 'Não-Piedade';
²⁶direi ao 'Não-Povo-meu': Tu és 'Povo-meu',
e ele dirá: 'Tu és Meu-Deus'".

Responsório
Ap 19,7b.9a; Os 2,22

R. Eis que as **núp**cias do Cor**dei**ro redivivo se apro**xi**mam.
Sua Es**po**sa se enfei**tou**, se ves**tiu** de linho **pu**ro.
* São **bem**-aventu**ra**dos os que **fo**ram convi**da**dos
para a **Cei**a nupci**al** das **bo**das do Cor**dei**ro.
V. Eu i**rei** despo**sar**-te na fideli**da**de;
en**tão** sabe**rás** que sou **eu** o Se**nhor**.
* São **bem**-aventu**ra**dos.

Segunda leitura
Do Cântico espiritual, de São João da Cruz, presbítero

(Red. A, str. 38)   (Séc. XVI)

Desposar-te-ei para sempre

A alma, unida e transformada em Deus, respira em Deus para Deus, com profundíssima aspiração semelhante à divina que Deus, nela presente, respira em si mesmo; é este seu modelo. Tanto quanto entendo, foi isto que São Paulo quis dizer com estas palavras: *Porque sois filhos, enviou Deus a vossos corações o Espírito de seu Filho, que clama: Abá, Pai!* (Gl 4,6). É o que se dá com os perfeitos.

Não é de admirar que a alma possa realizar coisa tão sublime. Se Deus lhe concedeu o favor da união deiforme na Santíssima Trindade, por que, pergunto, será incrível que ela possa realizar sua vida de inteligência, conhecimento e amor na Trindade, unida à própria Trindade, assemelhando-se ao máximo a ela e tendo a viver nela o próprio Deus?

Nenhuma capacidade ou sabedoria poderá expressar melhor como isto se faz do que as palavras do Filho de Deus pedindo para nós este sublime estado e lugar e prometendo que seríamos filhos de Deus. Assim rogou ao Pai: *Pai, aqueles que me deste quero que, onde eu estou, estejam eles comigo* (Jo 17,24), realizando por participação aquilo mesmo que faço. Disse mais: *Não rogo apenas por eles, mas também por aqueles que crerão em mim, através de suas palavras; para que todos sejam um como tu, Pai, em mim e eu em ti, que também eles sejam um em nós; para que o mundo creia que tu me enviaste. E eu lhes dei a glória que me deste para que sejam um assim como nós somos um. Eu neles e tu em mim, a fim de que sejam consumados na unidade; e o mundo conheça que me enviaste e os amaste como também me amaste a mim* (Jo 17,20-23).

O Pai põe em comum com eles o mesmo amor que comunica ao Filho: não, no entanto, por natureza, como ao Filho, mas pela unidade e transformação operadas pelo amor. Também não se deve entender que o Filho peça ao Pai que os santos sejam um por essência, como são um o Pai e o Filho na unidade do amor. Os santos possuem assim, por participação, os mesmos bens que eles possuem por natureza. Por isso são verdadeiramente deuses por participação, feitos à semelhança e consortes do próprio Deus.

Daí dizer Pedro: *Graça e paz a vós em abundância no conhecimento de Deus e do Cristo Jesus, nosso Senhor. O poder divino nos concedeu tudo quanto se relaciona à vida e à piedade. Pelo conhecimento daquele que nos chamou por sua própria glória e virtude, por quem cumpriu para nós as maiores e mais preciosas promessas, para que por elas nos tornemos consortes da natureza divina* (2Pd 1,2-4).

Nesta união a alma é, pois, feita em seu agir participante da Trindade. Isto só se dará perfeitamente na vida futura; contudo já nesta vida se alcança não pequena parcela e antegozo.

Ó almas, criadas para o gozo de tão indizíveis dons, que fazeis? Para onde se voltam vossos esforços? Ó deplorável cegueira dos filhos de Adão, fecham-se os olhos à imensa luz envolvente e se tornam surdos a tão potentes palavras!

Responsório   1Jo 3,1.2b
R. Vede, **irmãos**, quanto **amor** Deus **Pai** nos **mostrou**:
* Que se**jamos** cha**ma**dos **filhos** de **Deus**,
   e o **somos** de **fa**to.
V. Sa**be**mos que, **quan**do se **manifestar**,
   nós ha**ve**mos de **ser** seme**lhan**tes a ele. * Que se**jamos**.

Oração

Manifestai, ó Deus, vossa inesgotável bondade para com os filhos e filhas que vos imploram e se gloriam de vos ter como criador e guia, restaurando para eles a vossa criação e conservando-a renovada. Por nosso Senhor Jesus Cristo, vosso Filho, na unidade do Espírito Santo.

SÁBADO

Ofício das Leituras

Primeira leitura
Do Livro do Profeta Oseias   5,14–7,2

Inutilidade da falsa conversão

Eis o que diz o Senhor:
5,14 "Pois eu serei como leoa para Efraim,
como filhote de leão para a casa de Judá;
eu, eu mesmo, farei a presa, irei e agarrá-la-ei,
e ninguém a tomará.

¹⁵ Irei de volta para o meu lugar
até que tenham cumprido as penas
e queiram encontrar-se comigo,
procurando-me em suas aflições".
⁶,¹ Vinde, voltemos para o Senhor,
ele nos feriu e há de tratar-nos,
ele nos machucou e há de curar-nos.
² Em dois dias, nos dará vida,
e, ao terceiro dia, há de restaurar-nos,
e viveremos em sua presença.
³ É preciso saber segui-lo
para reconhecer o Senhor.
Certa como a aurora é a sua vinda,
ele virá até nós como as primeiras chuvas,
como as chuvas tardias que regam o solo.
⁴ "Como vou tratar-te, Efraim?
Como vou tratar-te, Judá?
O vosso amor é como nuvem pela manhã,
como orvalho que cedo se desfaz.
⁵ Eu os desbastei por meio dos profetas,
arrasei-os com as palavras de minha boca,
mas, como luz, expandem-se meus juízos;
⁶ quero amor, e não sacrifícios,
conhecimento de Deus, mais do que holocaustos.
⁷ Mas eles violaram o pacto em Adam
e nesse lugar transgrediram a minha lei.
⁸ Galaad é cidade de malfeitores,
manchada de sangue.
⁹ O grupo de sacerdotes
é como uma quadrilha de salteadores;
eles matam, na estrada, os que viajam a Siquém
e entregam-se ao crime teimosamente.
¹⁰ Na casa de Israel vi algo horrível:
as obscenidades de Efraim,
de que Israel se contaminou.

¹¹Mas para ti também, Judá, está reservada
uma colheita de sofrimentos,
guando eu fizer mudar a sorte do meu povo.
⁷·¹Quando eu quis curar Israel,
manifestou-se a maldade de Efraim
e a perversidade da Samaria,
pois praticavam a mentira;
um ladrão ataca por dentro,
e o bando assalta por fora.
²E não dizem para si mesmos
que eu lembro toda a sua maldade.
Agora, estão cercados por suas obras,
consumadas diante de mim".

Responsório   Mt 9,13a; Os 6,6b.4c

R. Ide, **vós**, e apren**dei** o que quer di**zer**:
* Eu não **que**ro ofe**ren**da e sacri**fício**;
  quero a**mor** e a ciência do Se**nhor**.
V. Vosso a**mor** é como a **nu**vem da ma**nhã**,
  como o or**va**lho que de**pres**sa se dissi**pa**. * Eu não.

Segunda leitura
Do Tratado Contra as heresias, de Santo Irineu, bispo
      (Lib. 4,17,4-6: SCh 100,590-594)   (Séc. II)

Quero a misericórdia e não o sacrifício

Deus não queria dos israelitas sacrifícios e holocaustos, mas fé, obediência, justiça, em vista da salvação. Manifestando a sua vontade, pelo profeta Oseias Deus lhes dizia: *Quero a misericórdia mais que o sacrifício, e o conhecimento de Deus acima dos holocaustos* (Os 6,6). Também nosso Senhor advertia-os sobre o mesmo, ao dizer: *Se soubésseis o que significa 'Quero a misericórdia e não o sacrifício, nunca condenaríeis inocentes'* (Mt 12,7). Dava testemunho de que os profetas proclamavam a verdade e lhes censurava a insensatez da culpa.

Prescrevendo a seus discípulos oferecer a Deus primícias vindas de suas criaturas, não por delas precisar, mas para que não fossem eles estéreis nem ingratos, tomou dentre as criaturas o pão, deu graças e disse: *Isto é o meu corpo.* O mesmo com o cálice, também criatura como nós, declarou ser seu sangue e indicou a nova oblação da nova Aliança (cf. Mt 26,28). Recebendo-a dos apóstolos, a Igreja em todo o mundo a oferece a Deus, àquele que nos concede o alimento, primícias de seus dons no Novo Testamento. Sobre ela, Malaquias, um dos doze profetas, assim se exprimiu: *Minha benevolência não está em vós, diz o Senhor onipotente, e não aceitarei sacrifícios de vossas mãos. Porque do nascente ao poente meu nome será glorificado entre as nações, em todo lugar haverá incenso oferecido a meu nome e um sacrifício puro. Porque grande entre os povos é meu nome, diz o Senhor onipotente* (Ml 1,10-11). Com toda a evidência dá a entender que o primeiro povo cessará de oferecer a Deus. Mas que em todo lugar se lhe oferecerá um sacrifício que será puro, e todas as nações glorificarão seu nome.

Que nome é este, glorificado pelas nações? Haverá outro que não o de nosso Senhor, por quem o Pai é glorificado e glorificado o homem? E, sendo do seu Filho por ele feito homem, chama-o seu. É como se um rei pintasse a imagem de seu filho. Com razão diria ser sua de duas maneiras: é de seu filho e ele próprio a faz. Assim o nome de Jesus Cristo, glorificado na Igreja por todo o universo, o Pai declara ser o seu, porque é de seu Filho e por ter sido ele próprio a gravá-lo e a dá-lo para a salvação dos homens.

Já que o nome do Filho é próprio do Pai e a Igreja faz a oblação ao Pai onipotente por Jesus Cristo, diz- se com razão nos dois sentidos: *E em todo lugar se oferecerá incenso a meu nome e sacrifício puro.* O incenso, João no Apocalipse diz serem *as orações dos santos* (Ap 5,8).

Responsório
Cf. Lc 22,19.20; Pr 9,5

R. Isto é o meu **corpo**, entregue por **vós**;
este **cálice** é a nova Aliança em meu **sangue**,
por **vós** derramado.
* Fazei isto, diz **Cristo**, cada **vez** que o fizerdes,
em memória de **mim**.
V. O meu pão, vinde comer, bebei meu vinho misturado.
* Fazei.

Oração

Manifestai, ó Deus, vossa inesgotável bondade para com os filhos e filhas que vos imploram e se gloriam de vos ter como criador e guia, restaurando para eles a vossa criação e conservando-a renovada. Por nosso Senhor Jesus Cristo, vosso Filho, na unidade do Espírito Santo.

19º DOMINGO DO TEMPO COMUM

III Semana do Saltério

I Vésperas

Cântico evangélico, ant.

Ano A Despedida a multidão, Jesus subiu ao monte,
a fim de lá rezar sozinho na montanha;
e, caindo, já, a tarde, lá estava ele, só.

Ano B Ninguém poderá vir até mim
se meu Pai, que me enviou, não o atrair;
e eu o ressuscitarei no último dia.

Ano C Onde está o teu tesouro, ali está teu coração.

Oração

Deus eterno e todo-poderoso, a quem ousamos chamar de Pai, dai-nos cada vez mais um coração de filhos, para alcançarmos um dia a herança prometida. Por nosso Senhor Jesus Cristo, vosso Filho, na unidade do Espírito Santo.

Ofício das Leituras

Primeira leitura
Do Livro do Profeta Oseias   11,1-11

A misericórdia de Deus é infinita

Eis o que diz o Senhor:
¹"Quando Israel era criança, eu já o amava
e desde o Egito chamei meu filho.
²Quanto mais eu os chamava
tanto mais eles se afastavam de mim;
imolavam aos Baals e sacrificavam aos ídolos.
³Ensinei Efraim a dar os primeiros passos,
tomei-o em meus braços,

mas eles não reconheceram que eu cuidava deles.
⁴Eu os atraía com laços de humanidade,
com laços de amor;
era para eles como quem leva uma criança ao colo
e rebaixava-me a dar-lhes de comer.
⁵Voltarão à terra do Egito,
e Assur será seu rei,
porque não quiseram converter-se.
⁶A espada irromperá contra suas cidades
e destruirá seus habitantes
e os eliminará junto com suas más intenções.
⁷O meu povo inclina-se a pecar contra mim;
é chamado para o alto,
mas não faz por elevar-se.
⁸Como abandonar-te, Efraim?
Como entregar-te à tua sorte, Israel?
Vou abandonar-te, como fiz com Adamá,
e tratar-te como Seboim?
Meu coração comove-se no íntimo
e arde de compaixão.
⁹Não darei largas à minha ira,
não voltarei a destruir Efraim,
eu sou Deus, e não homem;
o santo no meio de vós,
e não me servirei do terror.
¹⁰Caminharão nas pegadas do Senhor;
ele rugirá como um leão,
e, quando rugir,
seus filhos acorrerão, pressurosos, do ocidente.
¹¹Voarão desde o Egito como aves
e desde a terra assíria como pombas;
e os colocarei em suas casas",
diz o Senhor.

Responsório
Os 11,8c.9a.b; Jr 31,3b

R. Meu **coração** bate de**pre**ssa dentro em **mim**,
e de **pena** e compai**xão** eu me co**mo**vo.
* Não darei **largas** ao ar**dor** da minha **ira**,
pois não **sou** um ser humano e, sim, **Deus**.
V. Com **eterna** carida**de** eu te a**mei**
e por **isso**, compassivo, te atraí. * Não darei.

Segunda leitura

Do Diálogo sobre a Divina Providência, de Santa Catarina de Sena, virgem

(4,13: ed. latina, Ingolstadii 1583, ff. 19v-20)   (Séc. XIV)

Nos vínculos da caridade

Meu dulcíssimo Senhor, volta complacente teus misericordiosos olhos para este povo e para o Corpo místico de tua Igreja; porque maior glória advirá a teu santo nome por perdoar a tamanha multidão de tuas criaturas do que só a mim, miserável, que tanto ofendo a tua majestade. Como poderei eu consolar-me, vendo-me possuir a vida, se teu povo está na morte? E vendo em tua diletíssima Esposa as trevas dos pecados brotadas de minhas faltas e das outras criaturas tuas?

Quero, pois, e para cada um peço aquela inestimável caridade que te levou a criar o ser humano à tua imagem e semelhança. Que coisa ou pessoa foi o motivo de colocares o ser humano em tão grande dignidade? Sem dúvida, só inapreciável amor que te fez olhar em ti mesmo tua criatura de quem te enamoraste. Mas reconheço abertamente que pela culpa do pecado com justiça perdeu a dignidade que lhe deras.

Tu, porém, movido pelo mesmo amor, desejando por graça reconciliar contigo o gênero humano, nos deste a palavra de teu Filho unigênito. Verdadeiro reconciliador e mediador entre ti e nós e também nossa justiça, que castigou e carregou em si todas as nossas injustiças e iniquidades, em obediência ao que tu, Pai eterno, lhe ordenaste, ao determinar-lhe assumir nossa humanidade. Ó abismo de indizível caridade! Que coração há tão duro que continue impassível sem se partir por ver a máxima sublimidade descer à máxima baixeza e abjeção, que é a nossa humanidade?

Nós somos tua imagem, e tu, nossa imagem, pela união que realizaste com o ser humano, velando a eterna Divindade com a mísera nuvem e infecta matéria da carne de Adão. Donde vem tudo isto? Unicamente teu inefável amor está em causa. É, pois, por este inestimável amor que humildemente imploro à tua majestade, com todas as forças de minha alma, que concedas gratuitamente às tuas miseráveis criaturas tua misericórdia.

Responsório   Sl 100(101),1-2
R. Eu **quero** cantar o **amor** e a **justiça,**
   cantar os meus **hinos** a **vós,** ó Senhor.
 * Desejo trilhar o caminho do **bem;**
   mas **quando** vireis até **mim,** ó Senhor?
V. Viverei na pureza do **meu** coração,
   no **meio** de **toda** a **minha família.** * Desejo.
HINO Te Deum, p. 543.

Laudes

Cântico evangélico, ant.
Ano A Jesus **disse** aos dis**cí**pulos que estavam apa**vo**rados:
       Coragem, confiai! Sou **eu,** não tenhais **medo!**
Ano B Em ver**dade** eu vos **digo:** Quem **tem** fé em **mim**
       tem a **vida** eterna. Ale**lu**ia.
Ano C Felizes os **ser**vos que o **Senhor,** ao vol**tar,**
       encon**trar** vigi**lan**tes.

Oração

Deus eterno e todo-poderoso, a quem ousamos chamar de Pai, dai-nos cada vez mais um coração de filhos, para alcançarmos um dia a herança prometida. Por nosso Senhor Jesus Cristo, vosso Filho, na unidade do Espírito Santo.

II Vésperas

Cântico evangélico, ant.

Ano A Senhor, mandai-me ao vosso encontro,
caminhando sobre as águas.
Estendeu Jesus a mão, segurou Pedro e lhe disse:
Ó homem de fé fraca, por que tu duvidaste?

Ano B É este o pão vivo, descido dos céus,
para que todo aquele que dele comer
não morra para sempre.

Ano C Vossas cinturas estejam cingidas,
tende acesas nas mãos vossas lâmpadas!

SEGUNDA-FEIRA

Ofício das Leituras

Primeira leitura
Do Livro do Profeta Oseias   14,2-10

Convite à conversão. Promessa de restauração

Assim fala o Senhor:
² "Volta, Israel, para o Senhor, teu Deus,
porque estavas caído em teu pecado.
³ Vós todos, encontrai palavras
e voltai para o Senhor;
dizei-lhe: 'Livra-nos de todo o mal
e aceita este bem que oferecemos;
o fruto de nossos lábios.

⁴ "A Assíria não nos salvará;
não queremos montar nossos cavalos,
não chamaremos mais 'Deuses nossos'
a produtos de nossas mãos;
em ti encontrará o órfão misericórdia".
⁵ "Hei de curar sua perversidade,
e me será fácil amá-los,
deles afastou-se a minha cólera.
⁶ Serei como orvalho para Israel;
ele florescerá como o lírio
e lançará raízes como plantas do Líbano.
⁷ Seus ramos hão de estender-se;
será seu esplendor como o da oliveira,
e seu perfume como o do Líbano.
⁸ Voltarão a sentar-se à minha sombra
e a cultivar o trigo,
e florescerão como a videira,
cuja fama se iguala à do vinho do Líbano.
⁹ Que tem ainda Efraim a ver com ídolos?
Sou eu que o atendo e que olho por ele.
Sou como o cipreste sempre verde:
de mim procede o teu fruto.
¹⁰ Compreenda estas palavras o homem sábio,
reflita sobre elas o bom entendedor!
São retos os caminhos do Senhor
e, por eles, andarão os justos,
enquanto os maus ali tropeçam e caem".

Responsório   Os 14,5; Jl 4,21

R. Cura**rei** a sua **in**fideli**da**de
   e de **to**do o cora**ção** amá-los-**ei**,
  * Porque **de**les se afas**tou** a minha ira.
V. O **san**gue eu i**rei** purifi**car**,
   de **quem** ainda não **foi** purificado,
   pois é em Si**ão** que o Se**nhor** habita**rá**. * Porque **de**les.

Segunda leitura

Do Tratado sobre a Encarnação do Senhor, de Teodoreto de Ciro, bispo

(Nn. 26-27: PG 75,1466-1467) (Séc. V)

Curarei os seus tormentos

Com liberdade, vai Jesus ao encontro dos sofrimentos preditos a seu respeito. Por várias vezes os prenunciou aos discípulos, tendo mesmo repreendido a Pedro, que repelia o anúncio da paixão, e declarou que por eles se daria a salvação do mundo. Por isso apresentou-se aos que vinham buscá-lo, dizendo: *Sou eu a quem procurais* (cf. Jo 18,5). Acusado, não respondeu. Podendo esconder-se, não o quis, embora por mais de uma vez se tenha furtado às ciladas dos perseguidores.

Chora sobre Jerusalém, que pela incredulidade atraía para si a ruína, e prediz a suprema destruição do templo, outrora famoso. Com toda a paciência suporta ser batido na cabeça por homem duplamente escravo. Esbofeteado, cuspido, injuriado, atormentado, flagelado e por fim crucificado e dado por companheiro de suplícios a dois ladrões, contado entre os homicidas e celerados. Bebe o vinagre e o fel produzidos pela má videira, coroado de espinhos em lugar de louros e cachos de uva. Escarnecido com a púrpura, batido com a cana, ferido o lado pela lança e enfim levado ao sepulcro.

Tudo isto sofreu enquanto operava nossa salvação. Pois àqueles que se haviam escravizado ao pecado eram devidos os castigos do pecado. Ele, isento de todo pecado, tendo cumprido toda a justiça, suportou a pena dos pecadores, destruindo por sua cruz o antigo decreto de maldição. *Cristo,* assim diz Paulo, *nos remiu da maldição da lei, feito maldição por nós; porque está escrito: Maldito todo aquele que pende do lenho* (Gl 3,13; cf. Dt 21,23). Com a coroa de espinhos põe fim ao castigo de Adão. Pois, após o pecado, este ouvira: *Maldita a terra em teus trabalhos; germinarão para ti espinhos e abrolhos* (cf. Gn 3,17-18).

Com o fel bebeu a amargura e a dor da vida humana passível e mortal. Pelo vinagre assumiu em si a mudança do ser humano para o pior e concedeu a volta ao melhor. A púrpura significava o reino; a cana, o frágil poder do diabo. A bofetada publicava nossa liberdade, tolerando as injúrias, flagelos e chagas a nós devidas.

O lado aberto, à semelhança de Adão, deixa sair, não a mulher que, por seu erro, gerou a morte, mas a fonte de vida que com dupla torrente vivifica o mundo. Uma, no batistério, nos renova e cobre com a veste imortal; outra, à mesa divina, alimenta os renascidos com o leite aos pequeninos.

Responsório   Is 53,5; 1Pd 2,24

R. Foi ferido por nossos pecados,
   esmagado por nossas maldades;
   sobre ele está o preço da paz.
* Por suas chagas nós fomos curados.
V. Carregou sobre si nossas culpas
   em seu corpo no lenho da cruz,
   para que, mortos aos nossos pecados,
   na justiça de Deus nós vivamos.* Por suas chagas.

Oração

Deus eterno e todo-poderoso, a quem ousamos chamar de Pai, dai-nos cada vez mais um coração de filhos, para alcançarmos um dia a herança prometida. Por nosso Senhor Jesus Cristo, vosso Filho, na unidade do Espírito Santo.

TERÇA-FEIRA

Ofício das Leituras

Primeira leitura
Do Livro do Profeta Miqueias 3,1-12

*Por causa dos pecados dos príncipes,
Jerusalém será destruída*

¹"Ouvi, príncipes de Jacó
e chefes da casa de Israel:
Acaso não cabe a vós conhecer o juízo de Deus?"
²Mas vós tendes ódio ao bem e amais o mal.
Arrancais com violência a pele do povo
e a carne de sobre os seus ossos.
³Os que comem a carne do meu povo
e lhe arrancam o couro;
os que lhe quebram os ossos
e o cortam como carne para o assado
ou para cozer na panela,
⁴um dia hão de invocar o Senhor,
mas ele não os atenderá;
esconderá a sua face naquele tempo,
por causa do mal que praticaram.
⁵Assim fala o Senhor contra os profetas
que seduzem o meu povo:
esses, quando têm o que pegar com os dentes,
dizem palavras de paz;
mas, se não lhes dão nada para a boca,
passam a agredir as pessoas.
⁶Por isso, não tereis visões de noite,
e o escuro não vos trará adivinhações;
para esses profetas virá o pôr do sol,
para eles o dia escurecerá.
⁷Os videntes se confundirão,
e se confundirão os adivinhos,

todos eles fecharão a boca,
porque não há resposta de Deus.
⁸Eu, em verdade, sinto em mim
a força do espírito do Senhor,
sua justiça e poder,
para denunciar a Jacó os seus crimes
e a Israel o seu pecado.
⁹Ouvi isto, chefes da casa de Jacó
e juízes da casa de Israel,
vós que abominais a justiça
e distorceis tudo que é reto,
¹⁰que edificais Sião com sangue
e Jerusalém com iniquidade.
¹¹Autoridades administram por propinas,
sacerdotes ensinam por salário,
profetas vaticinam por dinheiro;
e ousam apoiar-se no Senhor, dizendo:
"Acaso não está o Senhor no meio de nós?
Nenhuma desgraça cairá sobre nós".
¹²Por isso, por causa de vós,
Sião deverá ser arada como um campo,
Jerusalém será como um montão de pedras,
e as árvores da floresta cobrirão a colina do templo.

Responsório Sl 78(79),1; Dn 3,42.29a

R. Inva**di**ram vossa he**ran**ça os infi**éis**,
   profa**na**ram, ó **S**e**nhor**, o **vo**sso **templo**,
   Jerusa**lém** foi reduzida a ruínas.
 * Não nos dei**xeis** envergo**nha**dos, Senhor **Deus**;
   conforme **vos**so imenso **a**mor **a**gi **co**nosco.
V. Sim, pe**ca**mos, afas**tan**do-nos de **vós**. * Não nos dei**xeis**.

Segunda leitura
Do Tratado sobre a Encarnação do Senhor, de Teodoreto de Ciro, bispo

(N. 28: PG 75,1467-1470) (Séc. V)

Por suas chagas fomos curados

Nosso remédio são os tormentos de nosso Salvador. O profeta no-lo ensina: *Ele tomou sobre si nossos pecados e carregou nossas dores; nós, porém, o julgávamos castigado e ferido por Deus e humilhado. Ferido por nossos pecados, esmagado por nossos crimes; o castigo que nos valeu a paz caiu sobre ele; por suas chagas fomos curados. Todos, quais ovelhas, nos desgarramos; por isso como ovelha foi conduzido ao matadouro e, como cordeiro, calou-se diante do tosquiador* (Is 53,4-7).

Igual a um pastor, vendo dispersas as ovelhas, toma em mãos uma delas e a conduz às pastagens escolhidas; as outras, arrasta-as após si por este exemplo. Assim o Deus Verbo, ao ver errante o gênero humano, assumiu a forma de servo, unindo-a a si. E, por ela, atraiu a si toda a natureza humana e conduziu à divina pastagem aqueles que eram mal apascentados e presa dos lobos.

Foi para isso que nosso Salvador assumiu nossa natureza. Para isso o Cristo Senhor aceitou a paixão salvadora, entregou-se à morte e foi sepultado, posto no sepulcro, para nos libertar da antiga tirania e dar a promessa da incorruptibilidade àqueles que estavam sujeitos à corrupção. Reedificando o templo destruído e ressuscitando dos mortos, mostrou até aos mortos e aos que esperavam sua ressurreição o cumprimento das verdadeiras e sólidas promessas.

Na verdade, é como se Ele dissesse: "Do mesmo modo como a vossa natureza, assumida por mim, pela inabitação e união da divindade, alcançou a ressurreição e, livre da corrupção e dos sofrimentos, passou para a incorruptibilidade e a imortalidade, assim também vós sereis livres da dura escravidão da morte e, despidas a corrupção e suas perturbações, sereis revestidos de impassibilidade".

Por este motivo enviou pelos apóstolos a todo o gênero humano o dom do batismo. *Ide, pois, ensinai todas as nações, batizando-as em nome do Pai e do Filho e do Espírito Santo* (Mt 28,19). O batismo é imagem e figura da morte do Senhor. *"Pois, se estamos completamente unidos a Cristo,* como diz Paulo, *pela imagem da sua morte, também o estaremos pela imagem da sua ressurreição"* (Rm 6,5).

Responsório
Jo 10,15b.18a; Jr 12,7

R. Eu **dou** minha **vi**da por **mi**nhas ovelhas.
* Nin**guém** pode tirá-la, mas eu **mes**mo a en**tre**go.
V. Dei**xei** a minha **ca**sa, rejei**tei** a minha he**ran**ça;
minha **vi**da muito a**ma**da colo**quei** livre**men**te
na **mão** dos ini**mi**gos. * Nin**guém**.

Oração
Deus eterno e todo-poderoso, a quem ousamos chamar de Pai, dai-nos cada vez mais um coração de filhos, para alcançarmos um dia a herança prometida. Por nosso Senhor Jesus Cristo, vosso Filho, na unidade do Espírito Santo.

QUARTA-FEIRA

Ofício das Leituras

Primeira leitura
Do Livro do Profeta Miqueias

4,1-7

Os povos subirão ao monte do Senhor

Assim fala o Senhor:
¹"Acontecerá, nos últimos tempos,
que o monte da casa do Senhor
brilhará no cimo das montanhas,
dominará sobre as colinas;
e a ele acorrerão os povos.

² Muitos povos se apressarão, dizendo:
'Vamos subir ao monte do Senhor
e à casa do Deus de Jacó;
ele nos ensinará seus caminhos,
e nós seguiremos por suas veredas';
pois de Sião sairá a lei
e, de Jerusalém, a palavra do Senhor.
³ Ele será juiz para muitos povos
e árbitro de nações poderosas de terras distantes;
suas espadas serão quebradas para se fazerem arados
e suas lanças, para se fazerem foices;
não mais tomará a espada povo contra povo
nem aprenderão mais a fazer a guerra.
⁴ Cada qual se sentará debaixo de sua videira
e debaixo de sua figueira,
sem que venha alguém molestá-los;
pois assim foi dito pela boca do Senhor dos exércitos.
⁵ Caminhem, pois, todos os povos,
cada qual em nome do seu deus:
mas nós caminharemos em nome do Senhor,
nosso Deus para sempre.
⁶ 'Naquele dia, diz o Senhor,
reunirei os coxos
e recolherei os que tinha expulso ou castigado;
⁷ aproveitarei os remanescentes coxos
e, com os que sofreram, farei um povo forte'.
E sobre eles reinará o Senhor no monte Sião,
desde agora e para sempre".

Responsório   Mq 4,2b; Jo 4,25
R. Vinde, e subamos ao **mon**te do Se**nhor**
    e à **ca**sa do **Deus** de Jacó:
  * Para que **e**le nos en**si**ne suas **vi**as,
    e si**ga**mos os ca**mi**nhos do Se**nhor**.
V. O Mes**si**as há de **vir**, chamado **Cristo**;
     quando ele vi**er**, anuncia**rá** todas as **coi**sas.
     * Para que **e**le.

Segunda leitura

Dos Comentários sobre os Salmos, de Santo Agostinho, bispo

(Ps 47,7: CCL 38,543-545) (Séc. V)

Vinde, subamos ao monte do Senhor

Tal como ouvimos, assim vimos (Sl 47,9). Ó Igreja feliz! Em certo tempo ouviste, em outro tempo viste. Ouviu em promessas, vê na realização; ouviu na profecia, vê no Evangelho. Tudo quanto agora se cumpre foi antes profetizado. Levanta os olhos e lança um olhar sobre o mundo. Contempla a herança até os confins da terra. Vê já se realizando aquilo que foi dito: *Adorá-lo-ão todos os reis da terra, todas as nações o servirão* (Sl 71,11). Vê já realizado o que se disse: *Eleva-te acima dos céus, ó Deus, e tua glória sobre a terra inteira* (Sl 107,6). Vê aquele de pés e mãos fixos por pregos, cujos ossos, pendendo do lenho, foram contados, lançada a sorte sobre sua túnica. Vê reinando aquele que viram perdendo; vê assentado no céu aquele que desprezaram andando na terra. Vê desde então cumprir-se: *Lembrar-se-ão e se converterão para o Senhor todos os extremos da terra; adorarão em sua presença todos os povos* (Sl 21,28). Ao ver tudo isto, exclama jubilosa: *Tal como ouvimos, assim vimos* (Sl 47,9).

É justo chamar assim a própria Igreja dos gentios: *Ouve, filha, e vê e esquece teu povo e a casa de teu pai* (Sl 44,11). Ouve e vê: ouves primeiro o que não vês, verás depois aquilo que ouviste. *Um povo que eu não conhecia pôs-se a meu serviço, mal me ouviu, obedeceu-me* (Sl 17,44-45). Se com ouvidos obedientes me obedeceu, quer dizer que não viu. E o que significa: *Aqueles aos quais não fora anunciado, verão; e aqueles que não ouviram entenderão?* (Is 52,15). Aqueles a quem tinham sido enviados os profetas, os que anteriormente não puderam ouvi-los, foram depois os primeiros a ouvir e entender, e encheram-se de admiração.

Restam aqueles aos quais foram enviados, que possuem livros, mas não compreendem a verdade; têm as tábuas da Aliança, e não possuem a herança. Mas nós, *tal como ouvimos, assim vimos.*

Na cidade do Senhor dos exércitos, na cidade de nosso Deus (Sl 47,9). Ali ouvimos, ali também vimos. *Deus fundou-a para a eternidade* (Sl 47,9). Não se exaltem os que dizem: *Aqui está Cristo, está ali.* Quem diz: *Eis que aqui está, eis ali,* acena com várias partes. Deus prometeu a unidade. Os reis aliaram-se, não se dissiparam em facções (cf. Sl 47,5). Mas talvez com o tempo venha a ser destruída esta cidade que contém o mundo. De modo algum: *Deus fundou-a para a eternidade.* Se Deus a fundou para a eternidade, por que temes que caia seu sustentáculo?

Responsório   Lv 26,11-12; 2Cor 6,16b
R. Hei de **pôr** minha mo**ra**da, minha **ten**da em vosso **mei**o e não **mais** vou reje**itar**-vos;
 * Caminha**rei** em vosso **mei**o e se**rei** o vosso **Deus**,
   e se**reis** o povo **meu**.
V. Sois o **tem**plo do Deus **vi**vo, como **diz** o Senhor **Deus**.
 * Caminha**rei**.

Oração

Deus eterno e todo-poderoso, a quem ousamos chamar de Pai, dai-nos cada vez mais um coração de filhos, para alcançarmos um dia a herança prometida. Por nosso Senhor Jesus Cristo, vosso Filho, na unidade do Espírito Santo.

QUINTA-FEIRA

Ofício das Leituras

Primeira leitura
Do Livro do Profeta Miqueias 4,14–5,7

O Messias será a paz

Eis o que diz o Senhor:
⁴′¹⁴"Agora, mostra a chaga, ó cidade ferida!
Fizeram o cerco contra nós;
batem com vara no rosto do juiz de Israel.
¹⁵′¹Tu, Belém de Éfrata,
pequenina entre os mil povoados de Judá,
de ti há de sair aquele que dominará em Israel;
sua origem vem de tempos remotos,
desde os dias da eternidade.
²Deus deixará seu povo ao abandono,
até ao tempo em que uma mãe der à luz;
e o resto de seus irmãos
se voltará para os filhos de Israel.
³Ele não recuará, apascentará com a força do Senhor
e com a majestade do nome do Senhor, seu Deus;
os homens viverão em paz,
pois ele agora estenderá o poder
até aos confins da terra,
⁴e ele mesmo será a paz.
Quando os assírios atacarem a nossa terra
e invadirem as nossas casas,
faremos frente a eles com sete pastores
e oito chefes militares.
⁵Estes governarão a terra assíria com a espada
e a terra de Nemrod com lanças;
a nossa terra será libertada dos assírios,
quando vierem atacar
e invadir nosso território.

⁶Os remanescentes de Jacó serão,
no meio de inúmeros povos,
como orvalho do Senhor,
como chuva sobre a relva,
que nada espera do homem
nem depende de seus cuidados.
⁷O resto de Jacó entre as nações
e no meio de numerosos povos
terá a valentia do leão entre animais selvagens,
ou do filhote do leão no meio das ovelhas:
por onde ele passa, esmaga e ataca,
não há quem possa socorrer".

Responsório   Cf. Mq 5,1.3.4; Zc 9,10bc
R. Ó cidade de Belém, do grande Deus és a cidade!
   Pois de ti virá o Guia do meu povo Israel.
   Sua origem vem dos dias mais antigos do princípio,
   do passado mais longínquo.
 * Será grande em toda a terra, será ele a nossa paz.
V. A paz proclamará a todas as nações,
   seu poder se estenderá de um mar a outro mar.
 * Será grande.

Segunda leitura
Do Tratado sobre a verdadeira imagem do cristão, de São
Gregório de Nissa, bispo
            (PG 46, 259-262)   (Séc. IV)

Temos Cristo, nossa paz e nossa luz

É ele nossa paz, ele que de duas coisas fez uma só (Ef 2,14). Ao refletirmos que Cristo é a paz, mostraremos qual o verdadeiro nome do cristão, se pela paz que está em nós expressarmos Cristo por nossa vida. *Ele destruiu a inimizade* (cf. Ef 2,16), como diz o Apóstolo. Não consintamos de modo algum que ela reviva em nós, mas declaremo-la totalmente morta. Não aconteça que, maravilhosamente destruída por Deus para nossa salvação, venhamos, para ruína de nossa alma, cheios de cólera e de lembranças das injúrias, a reerguê-la, quando jazia tão bem morta, chamando-a perversamente de novo à vida.

Tendo nós, porém, a Cristo, que é a paz, matemos igualmente a inimizade, para que testemunhemos por nossa vida aquilo que cremos existir nele. Se, derrubando a parede intermédia, dos dois criou em si mesmo um só homem, fazendo a paz, assim também nós, reconciliemo-nos não apenas com aqueles que nos combatem do exterior, mas ainda com os que incitam sedições dentro de nós mesmos. Que a carne não mais tenha desejos contrários ao espírito, nem o espírito contra a carne. Mas, submetida a prudência da carne à lei divina, reedificados como um homem novo e pacífico, de dois feitos um só, tenhamos a paz em nós.

Na paz se define a concórdia dos adversários. Por isto, terminada a guerra intestina de nossa natureza, cultivando a paz, tornamo-nos paz e manifestamos em nós este verdadeiro e próprio nome de Cristo.

Cristo é ainda a luz verdadeira, totalmente estranha à mentira; sabemos então que também nossa vida tem de ser iluminada pelos raios da verdadeira luz. Os raios do sol da justiça são as virtudes que dele emanam para iluminar-nos, *para que rejeitemos as obras das trevas e caminhemos nobremente como em pleno dia* (cf. Rm 13,13). Pelo repúdio de toda ação vergonhosa e escusa, agindo sempre na claridade, tornamo-nos nós também luz e, o que é próprio da luz, resplandeceremos para os outros pelas obras.

Considerando Cristo como santificação, se nos abstivermos de tudo quanto é mau e impuro, seja nas ações, seja nos pensamentos, apareceremos como verdadeiros participantes deste seu nome, uma vez que, não por palavras, mas pelos atos de nossa vida, manifestamos o poder da santificação.

Responsório
Cf. Lc 1,78.79
R. Sobre **nós** fará **bri**lhar o Sol **nas**cente,
   * **Pa**ra diri**gir** nossos **pas**sos,
   gui**an**do-os no **ca**minho da **paz**,
V. Para ilumi**nar** os que **ja**zem entre as **tre**vas
   e na **som**bra da **mor**te estão sentados.
   * **Pa**ra diri**gir**.

Oração
Deus eterno e todo-poderoso, a quem ousamos chamar de Pai, dai-nos cada vez mais um coração de filhos, para alcançarmos um dia a herança prometida. Por nosso Senhor Jesus Cristo, vosso Filho, na unidade do Espírito Santo.

SEXTA-FEIRA

Ofício das Leituras

Primeira leitura
Do Livro do Profeta Miqueias 6,1-15

O Senhor julga o seu povo

¹Ouvi o que diz o Senhor:
"Levanta-te, convoca um julgamento perante os montes
e faze que as colinas ouçam tua voz".
²Ouvi, montes, as razões do Senhor em juízo,
escutai-o, fundamentos da terra;
a pendência do Senhor é com seu povo,
ele disputa em juízo contra Israel.
³"Povo meu, que é que te fiz?
Em que te fui penoso?
Responde-me.
⁴Eu te retirei da terra do Egito
e te libertei da casa da servidão,
e pus à tua frente Moisés, Aarão e Maria.
⁵Ó meu povo, eu te peço,

relembra as tramas de Balac, rei de Moab,
e o que lhe respondeu Balaão, filho de Beor,
no caminho de Setim até Guilgal,
a fim de conheceres as ações justas do Senhor".
⁶"Que oferta farei ao Senhor, digna dele,
ao ajoelhar-me diante do Deus altíssimo?
Acaso oferecerei holocaustos
e novilhos de um ano?
⁷Acaso agradam ao Senhor carneiros aos milhares
e torrentes de óleo?
Porventura ofertaria eu o meu primogênito
por um crime meu,
o fruto do meu sangue pelos pecados da minha vida?"
⁸Foi-te revelado, ó homem, o que é o bem,
e o que o Senhor exige de ti:
principalmente praticar a justiça
e amar a misericórdia,
e caminhar solícito com teu Deus.
⁹A voz do Senhor clama contra a cidade
– é sabedoria temer o teu nome –:
"Ouvi, tribos e grupos da cidade!
¹⁰Acaso suportarei uma roupa não justa
e o maldito efá encurtado?
¹¹Acaso justificarei a balança viciada
e os pesos falsos da sacola?
¹²Dessas iniquidades cobriram-se os ricos;
seus habitantes falavam mentira,
e na sua boca a língua era fonte de fraude.
¹³Eu, portanto, pus-me a castigar-te,
por causa de teus pecados.
¹⁴Comerás, sem poder saciar-te,
a miséria campeará em tua casa.
Esconderás os teus bens, mas não os salvarás;
e os homens que salvares, entregá-los-ei à espada.

¹⁵ Semearás, e não colherás;
espremerás azeitonas, e não te ungirás com óleo;
pisarás o mosto, e não beberás do vinho".

Responsório   Mq 6,8; Sl 36(37),3
R. Vou mostrar-te, ó homem, o que é **bom**
e o que **é** que o Senhor pede de **ti**:
 * Que apenas pratiques a justiça,
que ames o amor e a bondade
e que diante de **Deus** sejas humilde.
V. Confia no Senhor e faze o **bem**,
e sobre a terra habitarás em segurança.
 * Que apenas.

Segunda leitura
Do Sermão sobre o batismo, de São Paciano, bispo
(Nn. 5-6: PL 13,1092-1093)   (Séc. IV)

Pelo Espírito sigamos o novo modo de viver em Cristo

O pecado de Adão passara para toda a raça: *Por um homem,* assim diz o apóstolo, *entrou o delito e pelo delito, a morte; assim também a morte passou para todos os homens* (Rm 5,12). Portanto, é necessário que a justiça de Cristo também passe para o gênero humano. Como aquele pelo pecado fez perecer sua raça, assim Cristo pela justiça vivificará todo o seu povo. O Apóstolo insiste: *Como pela desobediência de um só muitos foram constituídos pecadores, assim pela obediência de um só muitos se constituem justos. Como reinou o delito para a morte, de igual modo reinará a graça pela justiça para a vida eterna* (Rm 5,19.21).

Dirá alguém: "Mas havia motivo para o pecado de Adão passar aos seus descendentes, pois foram gerados por ele; e, nós, será que somos gerados por Cristo para podermos ser salvos por ele?" Nada de pensamentos carnais. Já diremos de que modo somos gerados, tendo Cristo por pai. Nos últimos tempos, assumiu Cristo de Maria a alma com a carne. A ela veio salvar, não a abandonou nos infernos, uniu-a a seu Espírito, fazendo-a sua. São estas as núpcias do Senhor, a união a uma carne, para formarem, conforme o grande sacramento, de dois uma só carne, Cristo e a Igreja.

Destas núpcias nasce o povo cristão, com a vinda do alto do Espírito do Senhor. À substância de nossas almas une-se logo a semente celeste descida do céu, e brotamos nas entranhas da mãe e, postos em seu seio, somos vivificados em Cristo. Daí dizer o Apóstolo: *O primeiro Adão, alma vivente; o último Adão, espírito vivificante* (1Cor 15,45). Assim gera Cristo, na Igreja, por meio de seus sacerdotes. O mesmo Apóstolo: *Em Cristo eu vos gerei* (1Cor 4,15). A semente de Cristo, o Espírito de Deus, suscitando o novo homem no seio da mãe e dando-o à luz pelo parto da fonte, é dada pelas mãos do sacerdote; a madrinha do casamento é a fé.

É preciso receber a Cristo para nascer, pois assim diz o apóstolo João: *A todos aqueles que o receberam, deu-lhes o poder de se tornarem filhos de Deus* (Jo 1,12). Não há possibilidade de se cumprir isto a não ser pelo sacramento do batismo, da crisma e do sacerdócio. O batismo purifica os pecados. Pela crisma é infundido o Espírito Santo. Solicitamos ambos das mãos e das palavras do bispo. Deste modo o homem todo renasce e se renova em Cristo. *Da forma como Cristo ressuscitou dos mortos, assim também nós caminhemos com vida* (Rm 6,4). Quer dizer, despojados dos erros da vida antiga, sigamos pelo Espírito o novo modo de viver em Cristo.

Responsório   Rm 5,19.21; 1Jo 4,10

R. Pela **des**obedi**ên**cia de um **só**,
   muitos se tornaram peca**do**res;
   as**sim**, pela obedi**ên**cia de um **só**,
   também **mui**tos hão de **ser** justifi**ca**dos.

℣ Como o pecado para a **mor**te domi**nou**,
assim a **gra**ça reina**rá** pela jus**ti**ça,
para a vida e**ter**na atra**vés** de Jesus **Cris**to.
℣. Deus envi**ou**-nos seu **Fi**lho uni**gê**nito,
como **ví**tima por **nos**sos pe**ca**dos. ℣ Como o pecado.

Oração

Deus eterno e todo-poderoso, a quem ousamos chamar de Pai, dai-nos cada vez mais um coração de filhos, para alcançarmos um dia a herança prometida. Por nosso Senhor Jesus Cristo, vosso Filho, na unidade do Espírito Santo.

SÁBADO

Ofício das Leituras

Primeira leitura
Do Livro do Profeta Miqueias   7,7-20

*A cidade de Deus espera a salvação
e o perdão dos pecados*

⁷ Eu, porém, olharei para o Senhor,
à espera de Deus, meu Salvador;
meu Deus me ouvirá.
⁸ Não te alegres, minha inimiga,
por eu ter caído, pois me levantarei;
se estou na escuridão,
o Senhor é a minha luz.
⁹ Sofrerei a ira do Senhor,
– pois pequei contra ele –
enquanto ele não decidir minha causa
e não fizer o meu julgamento;
ele me conduzirá para a luz,
e eu verei a santidade de suas obras.
¹⁰Minha inimiga olhará
e se cobrirá de vergonha;

ela que me diz:
"Onde está o Senhor, teu Deus?"
Volto os olhos para ela;
agora será pisada aos pés,
como lama do caminho.
¹¹Virá o dia em que serão edificados teus muros;
naquele dia, se ampliarão tuas fronteiras.
¹²Naquele dia, virão a ti
habitantes da Assíria ao Egito,
desde o Egito até ao rio,
desde um mar a outro mar
e desde uma montanha à outra.
¹³A terra, porém, será devastada,
por culpa de seus habitantes,
em razão de suas obras.
¹⁴Apascenta o teu povo com o cajado da autoridade,
o rebanho de tua propriedade,
os habitantes dispersos pela mata
e pelos campos cultivados;
que eles desfrutem a terra de Basã e Galaad,
como nos velhos tempos.
¹⁵E, como foi nos dias
em que nos fizeste sair do Egito,
faze-nos ver novos prodígios.
¹⁶As nações verão e se envergonharão,
apesar de todo o seu poderio;
hão de pôr a mão sobre a boca,
seus ouvidos estarão surdos;
¹⁷hão de lamber o chão, como serpentes
e outros répteis da terra.
Hão de sair de suas casas
tremendo diante do Senhor, nosso Deus:
dele sentirão um grande medo.
¹⁸Qual Deus existe, como tu,
que apagas a iniquidade

e esqueces o pecado
daqueles que são resto de tua propriedade?
Ele não guarda rancor para sempre,
o que ama é a misericórdia.
¹⁹ Voltará a compadecer-se de nós,
esquecerá nossas iniquidades
e lançará ao fundo do mar
todos os nossos pecados.
²⁰ Tu manterás fidelidade a Jacó
e terás compaixão de Abraão,
como juraste a nossos pais,
desde tempos remotos.

Responsório   Hb 10,37b; Mq 7,19b
R. Aquele que vem virá sem tardar,
   e não mais haverá temor nesta terra.
 * Pois é ele que salva a vida de todos.
V. Tirará nossas culpas e no fundo do mar
   lançará nossos crimes. * Pois é ele.

Segunda leitura
Do Sermão sobre o batismo, de São Paciano, bispo
             (Nn. 6-7: PL 13,1093-1094)   (Séc. IV)

Quem semelhante a ti, ó Deus, que apagas a iniquidade?

Como trouxemos a imagem do homem terrestre, levemos a daquele que vem do céu; porque o primeiro homem, da terra, é terrestre, o segundo, do céu, é celeste (cf. 1Cor 15,47-49). Assim agindo, diletíssimos, já não mais morreremos. Mesmo que nosso corpo se desfaça, viveremos em Cristo, conforme ele mesmo disse: *Quem crer em mim, mesmo que esteja morto, viverá* (Jo 11,15).

Pelo testemunho do Senhor estamos certos de que Abraão, Isaac, Jacó e todos os santos de Deus vivem. Destes mesmos diz o Senhor: *Todos para ele vivem; Deus é Deus dos vivos, não dos mortos* (cf. Mt 22,32). E o Apóstolo fala de si: *Para mim, viver é Cristo e morrer, um lucro; desejo dissolver-me e estar com Cristo* (cf. Fl 1,21-23). De novo: *Quanto a nós, enquanto estamos neste corpo, peregrinamos longe do Senhor. Pois caminhamos pela fé, não pela visão* (2Cor 5,6). É isto o que cremos, irmãos caríssimos. De resto: *Se apenas para este século temos esperança, somos os mais deploráveis de todos os homens* (cf. 1Cor 15,19). Como se pode ver, a vida no mundo é a mesma para nós e para os animais, as feras e as aves. A vida deles pode até ser mais longa do que a nossa. Mas o que é próprio do homem, que Cristo deu por seu Espírito, é a vida perpétua, contanto que não mais pequemos. Porque, como a morte se encontra na culpa e é evitada pela virtude, assim o mal faz perder a vida, a virtude a sustenta. *Paga do pecado, a morte; dom de Deus, a vida eterna por Jesus Cristo, nosso Senhor* (Rm 6,23).

É ele quem nos redime, *perdoando-nos todo o pecado,* assim fala o Apóstolo, *destruindo o quirógrafo da desobediência lavrado contra nós; tirou-o do meio de nós; pregando-o na cruz. Despindo a carne, rebaixou as potestades, triunfando livremente delas em si mesmo* (cf. Cl 2,13-15). Libertou os acorrentados, rompeu nossas cadeias, como Davi predissera: *O Senhor levanta os caídos, o Senhor liberta os cativos, o Senhor ilumina os cegos* (cf. Sl 145,7-8). E ainda: *Rompeste minhas cadeias, sacrificar-te-ei uma hóstia de louvor* (Sl 115,16-17). Libertados das cadeias, logo nos reunimos, pelo sacramento do batismo, o sinal do Senhor, livres pelo sangue e pelo nome de Cristo.

Por conseguinte, queridos, somos lavados de uma vez, libertados de uma vez, de uma vez acolhidos no reino imortal. De uma vez para sempre são *felizes aqueles aos quais os pecados foram perdoados e cobertas as culpas* (cf. Sl 31,1). Segurai com força o que recebestes, guardai-o bem, não pequeis mais. Preservai-vos puros do mal e imaculados para o dia do Senhor.

Responsório   1Cor 15,47.49; Cl 3,9b.10
R. O **ho**mem pri**mei**ro é ter**res**tre,
   por**que** é tirado da **ter**ra.
   O se**gun**do, po**rém**, é ce**les**te,
   por**que** é do **céu** sua o**ri**gem.
   * As**sim** como **nós** carre**ga**mos
   a imagem do **ho**mem ter**res**tre,
   carre**gue**mos em **nós**, igual**men**te,
   a imagem do **ho**mem ce**les**te.
V. Des**pis**tes o **ho**mem que é **ve**lho
   e ves**tis**tes a**que**le que é **no**vo
   que se re**no**va no co**nhe**ci**men**to,
   se**gun**do a imagem da**que**le
   que é o seu **bom** Cri**a**dor. * As**sim**.

Oração

Deus eterno e todo-poderoso, a quem ousamos chamar de Pai, dai-nos cada vez mais um coração de filhos, para alcançarmos um dia a herança prometida. Por nosso Senhor Jesus Cristo, vosso Filho, na unidade do Espírito Santo.

20º DOMINGO DO TEMPO COMUM

IV Semana do Saltério

I Vésperas

Cântico evangélico, ant.

Ano A A mulher cananeia clamava:
Minha filha está atormentada
por horrível espírito maligno.
Tem piedade, ó Filho de Davi!

Ano B Eu **sou** o pão **vivo** descido dos **céus**;
quem comer deste **pão** viverá para **sempre**.

Ano C Vim trazer fogo à terra;
e o que quero, senão que ele seja ateado?

Oração

Ó Deus, preparastes para quem vos ama bens que nossos olhos não podem ver; acendei em nossos corações a chama da caridade para que, amando-vos em tudo e acima de tudo, corramos ao encontro das vossas promessas, que superam todo desejo. Por nosso Senhor Jesus Cristo, vosso Filho, na unidade do Espírito Santo.

Ofício das Leituras

Primeira leitura
Do Livro do Profeta Isaías   6,1-13

Vocação do profeta Isaías

¹ No ano da morte do rei Ozias, vi o Senhor sentado num trono de grande altura; o seu manto estendia-se pelo templo. ² Havia serafins de pé a seu lado; cada um tinha seis asas, duas cobriam-lhes o rosto, duas, os pés, e, com duas, eles podiam voar. ³ Eles exclamavam uns para os outros:

"Santo, santo, santo é o Senhor dos exércitos; toda a terra está repleta de sua glória".

20º Domingo do Tempo Comum

⁴Ao clamor dessas vozes, começaram a tremer as portas em seus gonzos, e o templo encheu-se de fumaça.
⁵Disse eu então:
"Ai de mim, estou perdido!
Sou apenas um homem de lábios impuros,
habito no meio de um povo de lábios impuros; e os meus olhos viram o rei, o Senhor dos exércitos".
⁶Nisto, um dos serafins voou para mim, tendo na mão uma brasa, que retirara do altar com uma tenaz, ⁷e tocou minha boca, dizendo:
"Assim que isto tocou teus lábios,
desapareceu tua culpa,
e teu pecado está perdoado".
⁸Ouvi a voz do Senhor que dizia: "Quem enviarei? Quem irá por nós?" Eu respondi: "Aqui estou! Envia-me".
⁹E ele disse: "Vai dizer a este povo:
'Procurai ouvir, mas não tenteis entender;
procurai ver, mas não tenteis saber'.
¹⁰Torna insensível o coração deste povo,
põe tampas em seus ouvidos
e cega-lhe os olhos,
para não enxergar mais
nem escutar mais
nem mais se converter de mente e coração
nem fique curado".
¹¹Perguntei: "Até que ponto, Senhor?" Respondeu-me:
"Até ficarem as cidades
despovoadas de todo habitante,
as casas sem moradores,
e a terra deserta".
¹²O Senhor levará os homens para longe,
e grande será a desolação na terra;
¹³ela será entregue à dizimação,
de novo entregue ao massacre,
como o terebinto e o carvalho,

em que algo permanece, mesmo derrubados.
O que restar na terra será semente santa.

Responsório — Ap 4,8c; Is 6,3

R. **Santo**, santo, **santo**, Senhor **Deus** oni**po**tente!
Deus que era, Deus que é, também será eternamente.
* Toda a **ter**ra está **chei**a de sua **gló**ria, ale**lui**a.
V. **Di**ziam acla**man**do os seres **vi**vos uns aos **ou**tros:
Santo, santo, **santo**, Senhor **Deus** oni**po**tente!
* Toda a **ter**ra.

Segunda leitura

Das Homilias sobre Mateus, de São João Crisóstomo, bispo

(Hom. 15,6.7: PG 57, 231-232)   (Séc. IV)

Sal da terra e luz do mundo

Vós sois o sal da terra (Mt 5,13). Estas palavras vos foram entregues não para vossa vida, mas para a de todo o mundo. Não vos envio a duas cidades, nem a dez ou vinte. Não vos envio a um povo só, como os profetas outrora, mas à terra, ao mar, ao universo inteiro. E tudo isto em péssimo estado. Pois, ao dizer: *Vós sois o sal da terra,* mostra ter toda a natureza humana perdido seu sabor e estar corrompida pelos pecados. Por este motivo mais exige deles as virtudes necessárias e úteis para tratar de tantos com solicitude. Na verdade o manso, modesto, misericordioso e justo não apenas guarda para si as boas obras, mas cuida de que as excelentes fontes corram para proveito dos outros. Também o puro de coração, pacífico, amante de verdade orienta sua vida para o bem comum.

Não julgueis, assim diz, serdes compelidos a breves escaramuças nem que tenhais de vos haver com causas pequeninas: *Vós sois o sal da terra.* E então? Poderão eles restaurar a podridão? De modo algum. De nada serve deitar sal ao que já está podre. Não foi isto certamente o que fizeram. Mas aquilo que antes fora renovado e entregue a eles, livre de todo mau odor, a isto misturavam o sal e preservavam naquele estado novo que haviam recebido de Cristo. Porque libertar do mau odor dos pecados foi obra do poder de Cristo. Para que não se volte a este mau cheiro, tal é o escopo de sua diligência e esforço.

Vês como aos poucos vai mostrando serem eles melhores que os próprios profetas? Não os declara mestres da Palestina, mas da terra inteira. Não vos admireis, assim diz, se, deixando os outros, falo mais intimamente convosco e vos arrasto a tão grandes perigos. Pensai a quantas e a quão grandes cidades, povos e nações vou enviar-vos como administradores. Por isso não vos quero apenas prudentes, mas que torneis os outros semelhantes a vós. Se não fordes assim, nem mesmo sereis de vantagem para vós mesmos.

Pois os outros, perdido o sabor, podem por vosso ministério emendar-se. Vós, porém, se cairdes neste mal, arrastareis os outros convosco à ruína. Por conseguinte, quanto maiores encargos vos forem confiados, tanto mais necessidade tendes de grande zelo. É o motivo por que diz: *Se o sal perder seu sabor, com que se salgará? Para nada mais vale e será lançado fora e pisado pelos homens* (Mt 5,13).

Para que ao ouvirem: *Quando vos acusarem e perseguirem e disserem todo mal contra vós* (Mt 5,11) não temam ser citados em juízo, diz: "Se não estiverdes prontos para isto, em vão fostes escolhidos. As injúrias vos acompanharão necessariamente, porém, em nada vos prejudicarão e porão à prova vossa firmeza. Se, porém, tiverdes medo delas e, diante da violência, desistirdes, sofrereis coisas muito mais graves e sereis desprezados por todos. É isto o que quer dizer ser pisado aos pés".

Em seguida, passa para um modelo ainda mais elevado: *Vós sois a luz do mundo* (Mt 5,14). De novo, do mundo, não de uma nação só ou de vinte cidades, mas do orbe todo. Luz inteligente, mais bela que os raios do sol, espiritual à semelhança do sal. Primeiro o sal, depois a luz, para mostrar a grande eficácia que tem uma pregação vigorosa e uma doutrina exigente. Deste modo os obriga a seguir uma certa norma na pregação, sem divagações inconvenientes, para que ela possa iluminar a vista de quem os rodeia. *Não pode esconder-se a cidade posta sobre o monte; nem se acende uma lâmpada para colocá-la debaixo do alqueire* (Mt 5,15). Com estas palavras excita-os novamente a uma vida esforçada, ensina-os a terem cautela como pessoas postas aos olhos de todos, que lutam em pleno centro do teatro do mundo inteiro.

Responsório   At 1,8; Mt 5,16
R. Rece**bereis** a **força** do Es**pí**rito
  que **há** de des**cer** sobre **vós**;
* E se**reis** teste**munhas** de **mim** a**té** os ex**tre**mos da **terra**.
V. Resplandeça vossa **luz** diante de **todos**,
  para que **eles**, vendo **vos**sas boas **obras**,
  glorifiquem vosso **Pai**, que está nos **céus**. * E se**reis**.

HINO Te Deum, p. 543.

Laudes

Cântico evangélico, ant.
Ano A A mu**lher** cana**neia** chegou a **Jesus**
       e ado**rou**-o, dizendo: Se**nhor**, aju**dai**-me!
Ano B Minha **carne** real**men**te é co**mida**,
       o meu **sangue** é be**bi**da verda**dei**ra.
       Quem **co**me a minha **carne** e **bebe** o meu **sangue**
       te**rá** a vida e**ter**na.
Ano C Devo **ser** bati**za**do num ba**tismo**;
       e como an**seio** que **seja** reali**za**do.

Oração
Ó Deus, preparastes para quem vos ama bens que nossos olhos não podem ver; acendei em nossos corações a chama

da caridade para que, amando-vos em tudo e acima de tudo, corramos ao encontro das vossas promessas, que superam todo desejo. Por nosso Senhor Jesus Cristo, vosso Filho, na unidade do Espírito Santo.

II Vésperas

Cântico evangélico, ant.

Ano A É **gran**de tua **fé**, ó **mulher**!
Seja **fei**to as**sim** como **pedes**!

Ano B As**sim** como o **Pai** que **vi**ve me envi**ou**
e eu **vi**vo pelo **Pai**, quem de **mim** se alimen**tar**
vive**rá** também por **mim**.

Ano C Pen**sais** que eu **vim** tra**zer** a paz à **terra**?
Eu vos **di**go que **não**! Vim tra**zer** a divi**são**.

SEGUNDA-FEIRA

Ofício das Leituras

Primeira leitura
Do Livro do Profeta Isaías 3,1-15

Censuras a Jerusalém

¹Eis que o Dominador, Senhor dos exércitos,
vai retirar de Jerusalém e de Judá a força e a proteção,
todo o fornecimento de pão e todo o fornecimento de água,
²o homem valente, o guerreiro,
o juiz e o profeta, o adivinho e o ancião,
³o chefe militar e o civil elegante,
o conselheiro e o mágico ilusionista,
e o perito em encantamentos.
⁴Porei meninos para serem seus chefes
e crianças para os governarem.
⁵Motins populares explodirão, homem contra homem,
uns contra os outros;

tumultos de jovens contra velhos
e de plebeus contra nobres.
⁶Chega um e prende o irmão
na casa de seu pai, e diz:
"Tens traje adequado,
sê nosso chefe,
⁷fique esta desordem aos teus cuidados".
Ele gritará, naquele dia, dizendo:
"Não sou médico para curar
nem há em minha casa pão nem roupa;
não me ponhais como chefe do povo".
⁸Cai Jerusalém e rola, Judá juntamente,
pois suas palavras e ações contra o Senhor
desafiaram o seu olhar poderoso.
⁹O descaramento dos seus rostos acusa-os;
como Sodoma, propalam, não escondem o seu pecado;
ai deles, porque vão sofrer novas desgraças!
¹⁰Louvai o justo, dizendo: "Muito bem!",
pois gozarão do fruto de suas boas obras.
¹¹Ai do mau! Para sua infelicidade
ele terá a paga de suas obras!
¹²Este meu povo, uma criança é capaz de reprimi-lo,
mulheres mandam nele.
Povo meu, os que te dizem feliz,
esses mesmos te enganam
e destroem o caminho dos teus passos.
¹³O Senhor levanta-se para acusar os povos
e põe-se de pé para julgá-los.
¹⁴O Senhor entrará em juízo
com os anciãos do povo e seus príncipes:
"Vós devorastes a vinha,
e vossas casas guardam o roubo feito ao pobre.
¹⁵Por que esmagais o meu povo
e esbofeteais o rosto dos pobres?",
diz o Senhor Deus dos exércitos.

Responsório   Is 3,10.11.13
R. Dizei ao justo que tudo lhe vai bem,
   pois do fruto de suas obras colherá.
   * Ai do perverso, pois tudo lhe vai mal,
   será tratado de acordo com suas obras.
V. O Senhor se dispõe para acusar;
   está em pé para julgar os povos todos.
   * Ai do perverso.

Segunda leitura
Dos livros *Moralia* sobre Jó, de São Gregório Magno, papa

(Lib. 3,39-40: PL 75,619-620)   (Séc. VI)

No exterior, combates; no interior, temores

Os santos varões, envolvidos na luta das adversidades, ao mesmo tempo que golpeiam a uns, a outros sustentam pela persuasão; àqueles opõem o escudo da paciência, a estes atiram as setas da doutrina, e, em ambos os modos de combater, impõem-se pela maravilhosa arte da virtude. Dentro, compõem com sabedoria as coisas desregradas, e, fora, desprezam com fortaleza as adversas. Ensinando, corrigem a uns; a outros, tolerando, barram o caminho. Pois pela paciência suportam os inimigos que atacam, mas por compaixão reconduzem à salvação os irmãos mais fracos. Resistem àqueles para que não desencaminhem os outros. A estes oferecem a sua solicitude, para que não se desviem totalmente do caminho reto.

Contemplemos o soldado dos exércitos de Deus, lutando contra ambos. Diz: *No exterior, combates; no interior, temores* (2Cor 7,5). Enumera as pelejas que sustenta fora: *Perigos nos rios, dos ladrões, perigo dos de minha raça, perigos dos gentios, perigos na cidade, perigos no deserto, perigos no mar, perigos dos falsos irmãos* (2Cor 11,26). Nesta guerra, aos dardos a se lançarem contra o adversário, acrescenta: *Nos trabalhos e tristezas, nas muitas vigílias, na fome e na sede, em muitos jejuns, no frio e na nudez* (2Cor 11,27).

Mas, envolvido em tantas lutas, diz como guardava pela fortaleza das vigílias o próprio acampamento. Ajunta logo: *Além destas coisas exteriores, minha preocupação diária, a solicitude por todas as Igrejas* (2Cor 11,28). Com coragem aceita em si as lutas e se consagra com misericórdia a proteger o próximo. Contra os males sofridos, acrescenta o bem realizado.

Imaginemos que trabalho tolerar os males de fora e ao mesmo tempo proteger os fracos de dentro. Suporta no exterior adversidades. Pois é rasgado pelas chicotadas, preso em cadeias. No interior, sente o medo de que seus sofrimentos sejam obstáculos não para si, mas para os discípulos. Por isto escreve-lhes: *Ninguém se perturbe com estas tribulações. Vós mesmos sabeis que para isto fomos escolhidos* (1Ts 3,3). Em seus padecimentos temia a queda dos outros, porque, se os discípulos soubessem que suportava açoites pela fé, talvez viessem a recusar o testemunho de fidelidade.

Ó entranhas de imensa caridade! Não se importa com aquilo que ele mesmo sofre e cuida de que os discípulos não sofram de alguma ideia perniciosa no coração. Despreza em si as feridas do corpo e sara nos outros as feridas do coração. Os justos têm isto de próprio: na dor de suas atribuições, não abandonam o interesse pelo bem do outro; e, sofrendo, estão atentos a ensinar o necessário aos outros e sofrem como grandes médicos doentes. Em si toleram as feridas profundas e prescrevem a outros os medicamentos salutares.

Responsório   Cf. Jó 13,20-21; cf. Jr 10,24

R. Não me escon**dais**, ó Se**nhor**, vossa **face**
    e de **mim** afas**tai** vossa **mão**;
  * Não me apa**vo**re o **vosso** ter**ror**.

V. Corrigi-me, Senhor, com clemência,
corrigi-me, Senhor, sem furor,
pois a nada me reduziríeis! * Não me.

Oração

Ó Deus, preparastes para quem vos ama bens que nossos olhos não podem ver; acendei em nossos corações a chama da caridade para que, amando-vos em tudo e acima de tudo, corramos ao encontro das vossas promessas, que superam todo desejo. Por nosso Senhor Jesus Cristo, vosso Filho, na unidade do Espírito Santo.

TERÇA-FEIRA

Ofício das Leituras

Primeira leitura
Do Livro do Profeta Isaías   7,1-17

O sinal do Emanuel perante a ameaça da guerra

¹No tempo de Acaz, filho de Joatão, filho de Ozias, rei de Judá, aconteceu que Rason, rei da Síria, e Faceia, filho de Romelias, rei de Israel, puseram-se em marcha para atacar Jerusalém, mas não conseguiram conquistá-la. ²Foi dada a notícia à casa de Davi: "Os homens da Síria estão acampados em Efraim". Tremeu o coração do rei e de todo o povo, como as árvores da floresta diante do vento. ³Então disse o Senhor a Isaías: "Vai ao encontro de Acaz com teu filho Sear-Iasub (isto é, 'um resto voltará') até a ponta do canal, na piscina superior, na direção da estrada do Campo dos pisadores; ⁴e dirás ao rei: Procura estar calmo; não temas, nem estremeça o teu coração por causa desses dois pedaços de tição fumegantes, diante da ira furiosa de Rason e da Síria, e do filho de Romelias, ⁵por terem a Síria, Efraim e o filho de Romelias conjurado contra ti, dizendo: ⁶'Vamos atacar

Judá, enchê-lo de medo e conquistá-lo para nós, e nomear novo rei o filho de Tabeel'".
⁷Isto diz o Senhor Deus:
"Este plano fracassará, nada disso se realizará!
⁸Que seja Damasco a capital da Síria,
e Rason o chefe de Damasco;
dentro de sessenta e cinco anos
deixará Efraim de ser povo;
⁹que seja a Samaria capital de Efraim,
e o filho de Romelias chefe de Efraim.
De resto, se não confiardes,
não podereis manter-vos firmes".
¹⁰O Senhor continuou a falar com Acaz, dizendo:
¹¹"Pede ao Senhor, teu Deus,
que te faça ver um sinal,
quer provenha da profundeza da terra,
quer venha das alturas do céu".
¹²Mas Acaz respondeu:
"Não pedirei nem tentarei o Senhor".
¹³Disse o profeta:
"Ouvi então, vós, casa de Davi;
será que achais pouco incomodar os homens
e passais a incomodar até o meu Deus?
¹⁴Pois bem, o próprio Senhor vos dará um sinal.
Eis que uma virgem conceberá e dará à luz um filho,
e lhe porá o nome de Emanuel;
¹⁵ele se alimentará de manteiga e de mel
até quando aprender a fugir do mal e a procurar o bem.
¹⁶Porque, antes de a criança aprender
a fugir do mal e a procurar o bem,
será devastada a terra dos dois reis que tu temes;
¹⁷sobre ti, sobre o teu povo e sobre a casa de teu pai
o Senhor trará dias como não tinha acontecido
desde a época da separação de Efraim e Judá
– ele trará o rei dos assírios".

Responsório   Is 7,14b; 8,10c; Lc 1,30a.31a
R. Eis que a **Virgem** conce**ber**á e **dar**á à luz um **filho**;
 * Será seu **nome** Emanuel, porque **Deus** estará co**nosco**.
V. Não **temas**, ó **Maria**, por **Deus** agraciada:
 tu **has** de conce**ber** e **darás** à luz um filho. * Será.

Segunda leitura
Das Homilias em louvor da Virgem Mãe, de São Bernardo, abade
(Hom. 2,1-2.4: Opera omnia, Edit. Cisterc. 4[1966],21.23)

(Séc. XII)

Preparada pelo Altíssimo, prometida pelos patriarcas

A Deus competia nascer de uma virgem unicamente; e era claro que do parto da Virgem somente viesse Deus à luz. Por este motivo, o Criador dos homens, para se fazer homem nascido de ser humano, devia dentre todas escolher, ou melhor, criar para si a mãe tal, como sabia convir a si e ser-lhe agradável em tudo.

Quis então que fosse uma virgem. Da imaculada nascendo o imaculado, aquele que purificaria as máculas de todos.

Ele a quis também humilde, donde proviesse o manso e humilde de coração, que iria mostrar a todos o necessário e salubérrimo exemplo destas virtudes. Concedeu, pois, à Virgem a fecundidade, a ela a quem já antes inspirara o voto de virgindade e lhe antecipara o mérito da humildade.

A não ser assim, como poderia o anjo dizê-la cheia de graça, se algo, por mínimo que fosse, faltasse à graça? Assim, aquela que iria conceber e dar à luz o Santo dos santos, recebeu o dom da virgindade para que fosse santa no corpo, e, para ser santa no espírito, recebeu o dom da humildade.

Esta Virgem régia, ornada com as joias das virtudes, refulgente pela dupla majestade da alma e do corpo, por sua beleza e formosura conhecida nos céus, atraiu sobre si o olhar dos anjos. Até atraiu sobre si a atenção do Rei, que a desejou e arrebatou das alturas até si o mensageiro celeste.

O anjo foi enviado à Virgem (Lc 1,26-27). Virgem na alma, virgem na carne, virgem pelo propósito, virgem enfim tal como a descreve o Apóstolo, santa de espírito e de corpo. Não pouco antes, nem por acaso encontrada, mas eleita desde o princípio dos séculos, conhecida pelo Altíssimo e preparada para ele, guardada pelos anjos, prefigurada pelos patriarcas, prometida pelos profetas.

Responsório   Lc 1,35; Sl 44(45),11a.12a

R. O Espírito Santo virá sobre ti,
e o poder do Altíssimo te cobrirá com sua sombra.
* O Santo, teu filho, é o Filho de Deus.
V. Escutai, minha filha, olhai, ouvi isto:
Que o Rei se encante com a vossa beleza. * O Santo.

Oração

Ó Deus, preparastes para quem vos ama bens que nossos olhos não podem ver; acendei em nossos corações a chama da caridade para que, amando-vos em tudo e acima de tudo, corramos ao encontro das vossas promessas, que superam todo desejo. Por nosso Senhor Jesus Cristo, vosso Filho, na unidade do Espírito Santo.

QUARTA-FEIRA

Ofício das Leituras

Primeira leitura
Do Livro do Profeta Isaías   9,7-10,4

A indignação de Deus contra o reino de Israel

9,7 O Senhor enviou uma mensagem a Jacó,
e ela caiu em Israel.
8 Sabem disso todo o povo de Efraim
e os habitantes da Samaria,

que vão dizendo, com orgulho e arrogância:
⁹"Caíram os tijolos,
mas nós tudo edificaremos com pedras de cantaria;
os sicômoros foram cortados,
mas nós plantaremos cedros no seu lugar".
¹⁰O Senhor sublevou inimigos contra Jacó
e estimulou seus adversários,
¹¹os assírios, do oriente, e os filisteus, do ocidente,
que devoraram Israel com toda a gana.
Em todos esses fatos
o Senhor não deixou de mostrar sua ira,
mas está ainda com a mão estendida.
¹²O povo não voltou para aquele que o castigou,
não procurou o Senhor dos exércitos.
¹³Então o Senhor cortou de uma só vez
cabeça e cauda de Israel,
como se diz, fronde e tronco da palmeira:
¹⁴a cabeça são os anciãos e os dignitários,
e a cauda, os profetas mentirosos;
¹⁵os governantes deste povo, enganadores,
e os seus governados perderam-se todos.
¹⁶Por isso, o Senhor não há de ter alegria com os jovens
nem compaixão dos órfãos e viúvas,
pois o povo todo é ímpio e mau,
toda boca só fala insensatez.
Em todos esses fatos,
ele não deixou de mostrar sua ira,
mas está ainda com a mão estendida.
¹⁷A impiedade lavra como um incêndio,
devorando sarçais e espinheiros,
alimentando-se no bosque mais denso,
levantando colunas de fumaça.
¹⁸A terra está ardendo
pela ira do Senhor dos exércitos;
o povo parece pasto do fogo:

irmão não poupa irmão,
¹⁹de um lado, devora-se e não se mata a fome,
de outro lado, come-se sem se chegar à saciedade;
cada qual tira a pele do próximo:
²⁰Manassés contra Efraim, Efraim contra Manassés,
e ambos, juntos, contra Judá.
Em todos esses fatos,
ele não deixou de mostrar sua ira,
mas está ainda com a mão estendida.
¹⁰,¹Ai dos que fazem leis iníquas
e divulgam a injustiça escrita,
²para explorar os pobres no tribunal,
violentar o direito dos humildes do meu povo,
fazer das viúvas sua presa
e espoliar os órfãos.
³Que fareis no dia da reivindicação divina
e da desgraça que se vem aproximando?
Recorrereis à ajuda de quem?
E onde abandonareis o vosso orgulho?
⁴Pois estareis abaixados mais do que escravos
e caídos entre os mortos.
Em todos esses fatos,
ele não deixou de mostrar sua ira,
mas está ainda com a mão estendida.

Responsório   Lm 2,1

R. Como o Se**nhor** em sua ira
   co**briu** de escuri**dão** a **filha** de Si**ão**,
 * Precipi**tou** do céu à **terra** a **glória** de Israel.
V. E **não** se recor**dou** do a**poio** de seus **pés**,
   quando es**tava** irri**tado**. * Precipi**tou**.

Segunda leitura

Dos Sermões de Santo Agostinho, bispo
 (Sermo Caillau-Saint-Yves 2,92: PLS 2,441-442) (Séc. V)

Quem perseverar até o fim, esse será salvo

Qualquer angústia ou tribulação que sofremos é para nós aviso e também correção. As Sagradas Escrituras não nos prometem paz, segurança e repouso; o Evangelho não esconde as adversidades, os apertos, os escândalos; mas *quem perseverar até o fim, esse será salvo* (Mt 10,22). Que de bom teve jamais esta vida desde o primeiro homem, desde que mereceu a morte e recebeu a maldição, maldição de que Cristo Senhor nos libertou?

Não há então, irmãos, por que murmurar, *como alguns deles murmuraram,* como disse o Apóstolo, *e pereceram pelas serpentes* (1Cor 10,10). Que tormento novo sofre hoje o gênero humano que os antepassados já não tenham sofrido? Ou quando saberemos nós que sofremos o mesmo que eles já sofreram? No entanto, encontras homens a murmurar contra seu tempo como se o tempo de nossos pais tivesse sido bom. Se pudessem retroceder até os tempos de seus avós, será que não murmurariam? Julgas bons os tempos passados porque já não são os teus, por isto são bons.

Se já foste liberto da maldição, se já crês no Filho de Deus, se já estás impregnado ou instruído das Sagradas Escrituras, admiro-me de que consideres bons os tempos de Adão. Esqueces que teus pais traziam consigo o mesmo Adão? Aquele Adão a quem foi dito: *No suor de teu rosto comerás teu pão e lavrarás a terra donde foste tirado; germinarão para ti espinhos e abrolhos* (cf. Gn 3,19 e 18). Mereceu isto, aceitou-o, como vindo do justo juízo de Deus. Por que então pensas que os tempos antigos foram melhores que os teus? Desde aquele Adão até o Adão de hoje, trabalho e suor, espinhos e cardos. Caiu sobre nós o dilúvio? Vieram os difíceis tempos de fome e de guerra, que foram escritos para não murmurarmos agora contra Deus?

Que tempos aqueles! Só de ouvir, só de ler, não nos horrorizamos todos? Mais razões temos para nos felicitar que para murmurar contra o nosso tempo.

Responsório
Sl 76(77),6-7a.3a; 50(51),3

R. Eu reflito sobre os tempos de outrora
e dos anos que passaram me recordo.
Meu coração fica a pensar durante a noite,
* E eu digo: Ó meu Deus, tende piedade!
V. No meu dia de aflição busco o Senhor,
sem me cansar ergo, de noite, as minhas mãos.
* E eu digo.

Oração

Ó Deus, preparastes para quem vos ama bens que nossos olhos não podem ver; acendei em nossos corações a chama da caridade para que, amando-vos em tudo e acima de tudo, corramos ao encontro das vossas promessas, que superam todo desejo. Por nosso Senhor Jesus Cristo, vosso Filho, na unidade do Espírito Santo.

QUINTA-FEIRA

Ofício das Leituras

Primeira leitura
Do Livro do Profeta Isaías
11,1-16

A raiz de Jessé. Volta do resto do povo de Deus

Eis o que diz o Senhor:
¹Nascerá uma haste do tronco de Jessé,
e, a partir da raiz, surgirá o rebento de uma flor;
²sobre ele repousará o espírito do Senhor:
espírito de sabedoria e discernimento,
espírito de conselho e fortaleza,
espírito de ciência e temor de Deus;
³no temor do Senhor encontra ele seu prazer.

Ele não julgará pelas aparências que vê
nem decidirá somente por ouvir dizer;
⁴ mas trará justiça para os humildes
e uma ordem justa para os homens pacíficos;
fustigará a terra com a força da sua palavra
e destruirá o mau com o sopro dos lábios.
⁵ Cingirá a cintura com a correia da justiça
e as costas com a faixa da fidelidade.
⁶ O lobo e o cordeiro viverão juntos,
e o leopardo deitar-se-á ao lado do cabrito;
o bezerro e o leão comerão juntos,
e até mesmo uma criança poderá tangê-los.
⁷ A vaca e o urso pastarão lado a lado,
enquanto suas crias descansam juntas;
o leão comerá palha como o boi;
⁸ a criança de peito vai brincar
em cima do buraco da cobra venenosa;
e o menino desmamado
não temerá pôr a mão na toca da serpente.
⁹ Não haverá danos nem mortes
por todo o meu santo monte:
a terra estará tão repleta do saber do Senhor
quanto as águas que cobrem o mar.
¹⁰ Naquele dia, a raiz de Jessé
se erguerá como um sinal entre os povos;
hão de buscá-la as nações,
e gloriosa será a sua morada.
¹¹ Naquele dia, o Senhor novamente estenderá a mão
para recuperar os remanescentes do seu povo
deixados para trás na Assíria e no Egito,
em Patros e na Etiópia,
em Elam e em Senaar,
em Emat e países de além-mar;
¹² levantará um sinal entre as nações,
congregará os fugitivos de Israel

e reunirá dos quatro cantos do mundo
os dispersos de Judá.
¹³O ciúme de Efraim acabará,
e a hostilidade por parte de Judá cessará;
Efraim não rivalizará com Judá,
nem Judá combaterá contra Efraim.
¹⁴Ambos se atirarão em cima dos filisteus do lado do mar,
e juntos saquearão a terra do povo do lado oriental:
lançarão as mãos sobre Edom e Moab,
e o povo de Amon lhes obedecerá.
¹⁵O Senhor secará o golfo do mar do Egito
e levará o seu poder contra o rio Eufrates com um sopro
que o dividirá em sete riachos,
a ponto de poder ser atravessado a vau.
¹⁶Aí se abrirá caminho para o resto do meu povo
deixado para trás na Assíria,
assim como houve para Israel naquele dia
em que se afastou da terra do Egito.

Responsório   Is 55,12; 11,16
R. Sai**reis** com ale**gri**a e em **paz** sereis gui**a**dos.
   *As mon**ta**nhas e as co**li**nas explodi**rão** de ale**gri**a,
    e as **ár**vores do **cam**po todas **hão** de bater **pal**mas.
V. Um ca**mi**nho se abri**rá** para o **res**to do meu **po**vo,
    como **foi** para Israel na sua **fu**ga do E**gi**to.
   *As mon**ta**nhas.

Segunda leitura
Do Tratado sobre a Saudação angélica, de Balduíno de
Cantuária, bispo
(Tract. 7: PL 204,477-478)   (Séc. XII)

Brotou uma flor da raiz de Jessé

À saudação angélica com que todos os dias, segundo a
devoção de cada um, saudamos a santíssima Virgem, costu-
mamos acrescentar: *E bendito o fruto de vosso ventre.* Após

ter sido saudada pela Virgem, Isabel, como a retomar o final da saudação do anjo, acrescentou estas expressões: *Bendita sois entre as mulheres e bendito o fruto de vosso ventre* (Lc 1,42). É este o fruto de que fala Isaías: *Naquele dia será o germe do Senhor em magnificência e glória e o fruto da terra, sublime* (Is 4,2). Quem é este fruto senão o santo de Israel, a semente de Abraão, o germe do Senhor, a flor que se eleva da raiz de Jessé, o fruto da vida com quem entramos em comunhão?

Bendito, sim, na semente, bendito no germe, bendito na flor, bendito no dom, bendito, enfim, na ação de graças e no louvor. Cristo, semente de Abraão, feito da semente de Davi segundo a carne.

Só ele, dentre os homens, se encontrou perfeito em todo o bem, só a ele foi dado sem medida o Espírito, ele, o único a poder cumprir toda a justiça. Sua justiça basta à totalidade das nações, como está escrito: *Como a terra produz seu germe e o jardim germina sua semente, assim o Senhor Deus fará germinar a justiça e o louvor diante de todas as nações* (Is 61,11). É este o germe da justiça que, desabrochado pela bênção, a flor da glória adorna. Que glória? Aquela que é impossível imaginar-se mais sublime, ou antes, que de modo algum se pode imaginar. A flor elevou-se da raiz de Jessé. Até aonde? Até ao máximo, porque *Jesus Cristo está na glória de Deus Pai* (cf. Fl 2,11). Elevou-se sua magnificência para além dos céus, de modo a ser o germe do Senhor em magnificência e em glória, e o fruto da terra, sublime.

E, para nós, quem é o fruto deste fruto? Quem, a não ser o fruto da bênção oriundo do fruto bendito? Dele, como semente, germe, flor, provém o fruto da bênção; e chega até nós. Primeiro, como em semente pela graça do perdão, depois como em germe pelo aumento da justiça, e por fim como em flor pela esperança ou posse da glória. Bendito por Deus e em Deus; isto é, para que Deus seja glorificado nele. Para nós também é bendito para que, benditos por ele, nele

sejamos glorificados, já que, pela promessa feita a Abraão,
Deus o fez a bênção de todos os povos.

Responsório   Rm 15,12; Sl 71(72),17a.7a
R. O rebento de Jessé irá aparecer para ser juiz dos povos. Nele todos os gentios colocarão sua esperança.
  * Seja bendito o seu nome para sempre.
V. Nos seus dias a justiça florirá
    e grande paz até que a lua perca o brilho. *Seja bendito.

Oração

Ó Deus, preparastes para quem vos ama bens que nossos olhos não podem ver; acendei em nossos corações a chama da caridade para que, amando-vos em tudo e acima de tudo, corramos ao encontro das vossas promessas, que superam todo desejo. Por nosso Senhor Jesus Cristo, vosso Filho, na unidade do Espírito Santo.

SEXTA-FEIRA

Ofício das Leituras

Primeira leitura
Do Livro do Profeta Isaías   30,1-18

Inutilidade das alianças feitas com povos estrangeiros

¹"Ai dos rebeldes, – diz o Senhor –
não contais comigo em vossos planos,
não vos inspirais em mim para fazerdes alianças,
acumulando pecado sobre pecado!
²Tendes-vos posto a caminho do Egito,
mas não me consultastes,
esperando ajuda na força do faraó
e confiando mais na sombra do Egito.
³Mas a força do faraó será vossa confusão,
e a confiança na sombra do Egito será vossa vergonha.

⁴ Pois, quando os teus príncipes estiverem em Tani
e os teus embaixadores chegarem a Hanes,
⁵ todos estarão frustrados
devido a um povo que não lhes pode servir;
não será de ajuda e utilidade,
mas de confusão e vergonha".
⁶ Oráculo dos animais de Negueb.
Na terra de aflições e angústias,
da leoa e do leão rugidor,
da víbora e do dragão voador,
ei-los carregando suas riquezas no dorso dos animais
e seus tesouros na corcova dos camelos
para um povo que não lhes pode ser útil.
⁷ Pois o Egito não ajuda de modo algum,
por isso o chamei Raab, a ociosa.
⁸ Agora vem, escreve sobre a tabuinha na presença deles
e redige isto com cuidado no livro,
para servir, no futuro, de depoimento para sempre.
⁹ O povo é rebelde,
são maus filhos,
filhos que não querem saber da lei do Senhor.
¹⁰ Dizem aos que veem: "Isto não é para ver"
e aos que profetizam:
"Não nos indiqueis as coisas justas,
falai coisas agradáveis, mostrai-nos coisas alegres.
¹¹ Deixai o nosso caminho, afastai-vos dele,
retirai de nossa frente o Santo de Israel".
¹² Por isso, diz o Santo de Israel:
"Por terdes rejeitado essas palavras
e posto a esperança na maldade e na falsidade,
apoiando-vos sobre elas,
¹³ por isso, tal iniquidade será para vós
como uma brecha que está para fazer cair
a parte saliente de um muro alto,
cuja queda súbita, quando não se espera,
acontece de improviso;

¹⁴como se faz em pedaços uma vasilha de barro,
que se quebra com pancada violenta,
de modo a não deixar entre os cacos um só
em que caiba uma brasa da fogueira
ou um pouco d'água do poço".
¹⁵Isto disse ainda o Senhor Deus, o Santo de Israel:
"Sereis salvos, se buscardes a salvação e a paz,
no silêncio e na esperança estará a vossa força".
Mas recusastes
¹⁶e dissestes:
"De modo algum, vamos fugir a cavalo",
por isso fugireis;
e também: "Vamos montar cavalos velozes",
por isso serão velozes os vossos perseguidores.
¹⁷Pela ameaça de um só, mil se apavoram,
e a ameaça de cinco vos põe todos a correr,
até ficardes como um mastro na ponta do morro
e uma bandeirola no alto da colina.
¹⁸Por isso o Senhor está pronto
a compadecer-se de vós,
e, perdoando-vos, será glorificado
na medida em que o Senhor é um Deus de justiça:
felizes todos aqueles que esperam nele.

Responsório   Is 30,15b.18ad

R. É na **cal**ma e conver**são** que está a **vos**sa salvação.
  * É no silêncio e na espe**ran**ça que reside a vossa **for**ça.
V. O Se**nhor** está à espera, dese**jan**do perdo**ar**-vos;
  felizes são aqueles que esperam no Se**nhor**.
  * É no silêncio.

Segunda leitura

Dos Comentários sobre os salmos, de Santo Ambrósio, bispo

(Ps 48,13-14: CSEL 64,367-368)　　　(Séc. IV)

Um só mediador entre Deus e os homens, o homem Cristo Jesus

O irmão não redime; redimirá o homem. Não dará a Deus sua expiação e o preço da redenção de sua alma (cf. Sl 48,8-9 Vulg.); quer dizer: *Por que terei medo do dia mau?* (Sl 48,6). Que poderá prejudicar-me a mim, que não apenas não necessito do redentor, mas sou eu mesmo o redentor de todos? Torno livres a outros e tremerei por mim? Eis que farei novas todas as coisas que estão fora do alcance, até mesmo do amor fraterno e da bondade. Aquele a quem o irmão, dado à luz pelo mesmo seio materno, não pode redimir, impossibilitado por igual natureza enferma, a este o homem redime. Mas aquele homem sobre quem se escreveu: *O Senhor lhes enviará o homem que os salvará* (Is 19,20); e que de si mesmo falou: *Procurais matar-me, a mim, homem que vos disse a verdade* (Jo 8,40).

Embora seja homem, quem o conhecerá? Por que ninguém o conhecerá? Porque há um só Deus, assim é *um o mediador entre Deus e os homens, o homem Cristo Jesus* (1Tm 2,5). É o único a redimir o homem, vencendo os irmãos em bondade; já que por estranhos derramou seu sangue, o que ninguém pode oferecer por um irmão. Na verdade não poupou o próprio corpo, a fim de remir-nos do pecado: *deu-se a si mesmo pela redenção de todos* (1Tm 2,6). Como testemunha verdadeira asseverou o apóstolo Paulo: *Digo a verdade, não minto* (Rm 9,1).

Mas por que somente ele redime? Porque ninguém pode igualar-se a ele na bondade: entrega a vida por seus escravos; ninguém, na integridade: todos sob o pecado, todos sujeitos à queda de Adão. É o único Redentor escolhido, aquele que não poderia nunca ser manchado pelo antigo pecado. Por conseguinte, por homem entendemos o Senhor Jesus, que assumiu a condição humana, para crucificar em sua carne o pecado de todos e apagar com seu sangue o decreto contra todos.

Mas dirás talvez: Por que se nega que o irmão redime, se ele próprio declarou: *Revelarei teu nome a meus irmãos?* (Sl 21,23). Não como irmão, mas como homem Cristo Jesus, em quem estava Deus, nos livrou do pecado. Assim está escrito: *Deus estava em Cristo reconciliando o mundo consigo* (2Cor 5,19). Neste Cristo Jesus, de quem unicamente se diz: *O Verbo se fez carne e habitou entre nós (Jo* 1,14). Portanto, não como irmão, mas como o Senhor entre nós, quando habitou na carne.

Responsório Is 53,12b; Lc 23,24

R. Ele **pró**prio entre**gou** a sua **vi**da
   e dei**xou**-se colo**car** entre os fa**cí**noras.
 * To**mou** nossos pe**ca**dos sobre **si**,
   interce**den**do em fa**vor** dos peca**do**res.
V. Jesus dizia, na **cruz**: Perdo**ai**-lhes, ó **Pai**,
   pois não **sa**bem o que **fa**zem. * To**mou** nossos.

Oração

Ó Deus, preparastes para quem vos ama bens que nossos olhos não podem ver; acendei em nossos corações a chama da caridade para que, amando-vos em tudo e acima de tudo, corramos ao encontro das vossas promessas, que superam todo desejo. Por nosso Senhor Jesus Cristo, vosso Filho, na unidade do Espírito Santo.

SÁBADO

Ofício das Leituras

Primeira leitura
Do Livro do Profeta Isaías
37,21-35

Oráculo de Isaías contra o rei da Assíria

²¹ Isaías, filho de Amós, mandou dizer a Ezequias: "Isto diz o Senhor, Deus de Israel: Quanto à súplica que me fizeste sobre assuntos relacionados com Senaquerib, rei dos assírios, ²² esta é a resposta que sobre ele deu o Senhor:
Desprezou-te, zombou de ti a filha de Sião;
a cidade de Jerusalém sacudiu a cabeça por trás de ti.
²³ E tu, ó rei, a quem censuraste e utrajaste?.
E contra quem levantaste a voz
e em quem puseste os olhos do alto de tua soberba?
Não foi contra o Santo de Israel?
²⁴ Por meio dos teus servos desafiaste o Senhor
e disseste: 'Com a multidão dos meus carros
passei por cima dos montes e das alturas do Líbano;
cortei a copa dos seus cedros
e de seus mais belos abetos,
penetrei em suas partes altas
e no coração da mata.
²⁵ Cavei em terra estrangeira para beber água
e com a marca do meu pé fiz secar
todos os rios do Egito'.
²⁶ Acaso, ó rei, não ouviste dizer?
Eu há tempos fiz tudo isso,
decidi outrora o que agora executo:
o extermínio das cidades fortificadas,
até se reduzirem a montões de pedras.
²⁷ Os seus habitantes, reduzidos a grupos,
tremiam de medo e confusão;
ficaram como capim do mato,

como a grama nova ou a nascida nos tetos,
que seca ao soprar o vento sul.
²⁸Eu sei quando estás em casa,
quando sais e quando entras,
conheço tuas atitudes contra mim.
²⁹Quando te irritares contra mim
e a voz da tua soberba chegar aos meus ouvidos,
porei uma argola em teu nariz
e um freio nos teus lábios,
e te farei voltar pelo caminho por onde vieste.
³⁰Quanto a ti, Israel, segue esta indicação:
Este ano, será alimento o que for colhido,
no ano seguinte, só o que for nascido espontaneamente,
e, no terceiro ano, deveis semear e colher,
plantar vinhas e consumir os frutos.
³¹O que for salvo da casa de Judá,
o que restar, criará raiz no solo
e dará frutos nos ramos.
³²De Jerusalém sairá o último resto
e, do monte Sião, o grupo dos salvos.
O desvelo do Senhor dos exércitos o realizará.
³³Eis agora o que diz o Senhor do rei dos assírios:
Ele não invadirá esta cidade,
não desfechará um tiro de flecha,
não encostará nela o escudo,
não porá contra ela sua máquina de guerra.
³⁴Ele voltará pelo caminho por onde veio
e não entrará nesta cidade, diz o Senhor.
³⁵Hei de protegê-la e salvá-la,
prometo por mim e pelo meu servo Davi".

Responsório   Is 52,9b-10

R. O **Senhor** compade**ceu**-se de seu **povo**
   e redi**miu** Jerusa**lém**.

* Os confins de toda a terra hão de ver
a salvação de nosso Deus.
V. O Senhor manifestou seu santo braço,
ante os olhos das nações. * Os confins.

Segunda leitura
Dos Comentários sobre os salmos, de Santo Ambrósio, bispo

(Ps 48,14-15: CSEL 64,368-370) (Séc. IV)

Cristo por seu sangue reconciliou o mundo com Deus

Se Cristo reconciliou o mundo com Deus, então não necessitava ele de reconciliação. Por qual pecado seu expiaria, se não conheceu pecado algum? E ainda, ao pedirem os judeus a didracma que, pela lei, se dava pelo pecado, disse a Pedro: *Simão, de quem os reis da terra recebem tributos ou impostos, de seus filhos ou dos estranhos? Respondeu Pedro: Dos estranhos, e o Senhor: Logo, os filhos estão livres. Mas, para não lhes causarem embaraço, lança o anzol e tira o primeiro peixe que apanhar, abre-lhe a boca e encontrarás um estáter; toma-o e paga-o por mim e por ti* (Mt 17,25-27).

Demonstrou, assim, não ser obrigado à expiação de pecados; não era servo do pecado, mas livre de todo erro o Filho de Deus. O filho liberta, o servo é réu. Logo, livre de tudo, não tem ele de dar o preço de redenção de sua alma; o preço de seu sangue pode derramar-se pelo universo para redimir o pecado de todos. Com justiça liberta a outros, quem nada deve por si.

Digo mais. Não apenas Cristo não tem preço a pagar por sua redenção ou expiação pelo pecado, mas, a respeito de qualquer homem, pode-se entender não deva cada um pagar o próprio resgate. Porque a expiação de todos é Cristo, é a redenção do universo.

De que homem será o sangue capaz de alcançar sua redenção, se pela redenção de todos Cristo já derramou seu sangue? Haverá sangue comparável ao sangue de Cristo? Ou que homem tão poderoso que possa dar algo, pela própria expiação, de maior valor do que a expiação que Cristo ofereceu em si mesmo, ele, o único a reconciliar por seu sangue o mundo com Deus? Que maior hóstia, que sacrifício mais excelente, que melhor advogado do que aquele que pelo pecado de todos se fez súplica e entregou a vida como redenção por nós?

Não se cogita da expiação ou redenção de cada um, porque o preço de todos é o sangue de Cristo, com o qual o Senhor Jesus nos redimiu e só ele nos reconciliou com o Pai, e trabalhou até o fim, pois assumiu nossas tarefas ao dizer: *Vinde a mim, todos vós que lutais, e eu vos aliviarei* (Mt 11,28).

Responsório   Cf. Cl 1,21-22; Rm 3,25a

R. Vós éreis estrangeiros e inimigos
   pelos vossos pensamentos e más obras;
   mas, agora, Deus vos reconciliou,
   pela morte corporal de Jesus Cristo.
* E podeis apresentar-vos diante dele,
   como santos e sem manchas e sem culpas.
V. Deus destinou que Cristo fosse, por seu sangue,
   a vítima de propiciação
   pela fé que colocamos nele mesmo. * E podeis.

Oração

Ó Deus, preparastes para quem vos ama bens que nossos olhos não podem ver; acendei em nossos corações a chama da caridade para que, amando-vos em tudo e acima de tudo, corramos ao encontro das vossas promessas, que superam todo desejo. Por nosso Senhor Jesus Cristo, vosso Filho, na unidade do Espírito Santo.

21º DOMINGO DO TEMPO COMUM

I Semana do Saltério

I Vésperas

Cântico evangélico, ant.
Ano A Tu és o **Cris**to, o **Fi**lho do Deus **vi**vo!
Tu és fe**liz**, ó Si**mão**, filho de **Jo**nas!
Ano B Quem dá a **vi**da é o Es**pí**rito. Para **na**da serve a **car**ne;
as pa**la**vras que eu vos **dis**se são espírito, são **vi**da.
Ano C Esfor**çai**-vos por en**trar** pela **por**ta que é es**trei**ta;
porque **mui**tos, eu vos **di**go, tenta**rão** entrar por ela,
porém **não** conseguir**ão.**

Oração

Ó Deus, que unis os corações dos vossos fiéis num só desejo, dai ao vosso povo amar o que ordenais e esperar o que prometeis, para que, na instabilidade deste mundo, fixemos os nossos corações onde se encontram as verdadeiras alegrias. Por nosso Senhor Jesus Cristo, vosso Filho, na unidade do Espírito Santo.

Ofício das Leituras

Primeira leitura
Início do Livro do Profeta Sofonias   1,1-7.14-2,3

O julgamento de Deus

¹,¹ Palavra do Senhor dirigida a Sofonias, filho de Cusi, filho de Godolias, filho de Amarias, filho de Ezequias, no tempo de Josias, filho de Amon, rei de Judá:
² "Tudo varrerei da face da terra,
diz o Senhor:
³ os homens e os animais,
as aves do céu e os peixes do mar.
Os maus serão destruídos;

os homens varrerei da face da terra,
diz o Senhor.
⁴Estenderei minha mão contra Judá
e contra todos os habitantes de Jerusalém;
destruirei nesse lugar os restos de Baal
e até os nomes de sacerdotes e dos guardas,
⁵junto com aqueles que, sobre os telhados,
adoram os astros do céu,
adoram e juram pelo Senhor
e juram por Melcom,
⁶os que viram as costas ao Senhor,
os que não buscam o Senhor nem nele pensam".
⁷Silêncio diante do Senhor Deus,
porque está próximo o dia do Senhor;
porque o Senhor preparou um sacrifício
e purificou os seus convidados.
¹⁴O grande dia do Senhor está próximo,
próximo e iminente;
terrível é a voz do Senhor, nesse dia,
que faz estremecer os mais fortes.
¹⁵Esse será o dia da ira,
dia de tribulação e angústia,
dia de devastação e desolação,
dia de trevas e desgraças,
dia de nevoeiros e tempestades,
¹⁶dia do toque de trombetas
contra as cidades fortificadas
e contra os seus altos baluartes.
¹⁷Afligirei os homens,
que andarão como cegos,
pois ofenderam o Senhor;
seu sangue será derramado pelo chão,
e suas vísceras, como lixo.
¹⁸Nem todo o seu ouro e prata
poderão salvá-los

no dia da ira do Senhor;
toda a terra será devorada
pelo fogo de sua indignação,
pois ele saberá apressar o extermínio
de todos os habitantes da terra.
2,1 Encontrai-vos, reuni-vos,
ó gente inconciliável,
²antes que sejais dispersos,
varridos como poeira,
antes que caia sobre vós
o ardor da cólera do Senhor.
³Buscai o Senhor,
humildes da terra,
que pondes em prática seus preceitos;
praticai a justiça, procurai a humildade;
talvez acheis um refúgio
no dia da cólera do Senhor".

Responsório   Sf 2,3; Lc 6,20b
R. Bus**cai** o **Senhor**, vós hu**mil**des,
   todos **vós**, os **humil**des da **terra**
   que fi**zes**tes a **sua** von**ta**de.
 * Bus**cai** a humil**da**de e a jus**ti**ça.
V. **Fe**lizes de **vós** que sois **po**bres,
   porque **vos**so é o **rei**no de **Deus**. * Bus**cai**.

Segunda leitura
Da Constituição Pastoral *Gaudium et spes,* sobre a Igreja
no mundo de hoje, do Concílio Vaticano II

(N. 39)   (Séc. XX)

A prefiguração de um mundo novo

Não conhecemos o tempo em que se consumirão a terra
e a humanidade nem o modo por que se transformará o
mundo. Na verdade, passa a figura deste mundo deformada
pelo pecado, porém, Deus nos revelou preparar nova habi-

tação e nova terra onde mora a justiça; e sua felicidade cumulará e superará todo desejo de paz que sobe ao coração dos homens. Então, vencida a morte, ressuscitarão os filhos de Deus em Cristo, e aquilo que foi semeado na fraqueza e na corrupção se revestirá de incorrupção; sempre vivas a caridade e suas obras, toda a criação, que para o homem Deus criou, será liberta da escravidão da vaidade.

Recebemos a advertência de que nada adiantará ao homem lucrar o mundo inteiro se vier a perder-se a si mesmo. Todavia a expectativa da nova terra não deve enfraquecer, mas, ao contrário, estimular o interesse pelo desenvolvimento desta terra, onde cresce o corpo daquela nova família humana, que já pode mostrar algo como sombra do novo mundo. Por conseguinte, embora distinguindo com cuidado o progresso terreno e o aumento do reino de Cristo, na medida em que a sociedade humana for mais bem ordenada, influirá sobremaneira no reino de Deus.

Pois os bens da dignidade da pessoa, da comunhão fraterna e da liberdade, todos bens, frutos da natureza e do esforço humano, depois que pelo Espírito do Senhor e a seu mandado os propagarmos pela terra, de novo os reencontraremos, mais limpos de toda mancha. Luminosos e transfigurados, quando Cristo entregar ao Pai o reino eterno e universal: "reino de verdade e de vida, reino de santidade e de graça, reino de justiça, de amor e de paz". Este reino já está aqui na terra, em mistério; com a vinda do Senhor, será perfeito.

Responsório Cf. Is 49,13; Sl 71(72),7a

R. Cantai, ó **céus**, e exulte a **ter**ra,
   gritai, ó **mon**tes, de ale**gri**a:
   O próprio **Deus** virá a **nós**,
 * O Se**nhor** se compa**de**ce de seu **po**vo, dos a**fli**tos.

V. Nos seus **di**as a justiça flori**rá**,
   e grande **paz** até que a **lua** perca o **bri**lho. * O Se**nhor**.

HINO Te Deum, p. 543.

Laudes

Cântico evangélico, ant.
Ano A Tu és **Pe**dro, e **so**bre esta **pe**dra
eu i**rei** cons**tr**uir minha **I**greja.
Ano B Nin**guém** pode**rá** vir a **mim**,
se pelo **Pai** não lhe **for** conce**di**do.
Ano C Virão **mui**tos do Oriente e do Oci**den**te
sentar-se à **me**sa do fes**tim** do Reino e**ter**no,
com Abra**ão** e com Is**aac** e com Ja**có**.

Oração

Ó Deus, que unis os corações dos vossos fiéis num só desejo, dai ao vosso povo amar o que ordenais e esperar o que prometeis, para que, na instabilidade deste mundo, fixemos os nossos corações onde se encontram as verdadeiras alegrias. Por nosso Senhor Jesus Cristo, vosso Filho, na unidade do Espírito Santo.

II Vésperas

Cântico evangélico, ant.
Ano A O **que** ligares na **ter**ra, se**rá** ligado nos **céus**;
na **ter**ra o **que** desligares, nos **céus** será desli**ga**do.
Ano B A **quem** nós i**re**mos, Se**nhor** Jesus **Cris**to?
Só **tu** tens pala**vr**as de **vi**da eter**na**.
Nós **cre**mos, sa**ben**do que **és** o Se**nhor**,
que **tu** és o **Cris**to, o **Fi**lho de **Deus**.
Ano C Há **úl**timos que vi**rão** a ser primei**ros**
e primei**ros** que vi**rão** a ser os **úl**timos.

SEGUNDA-FEIRA

Ofício das Leituras

Primeira leitura
Do Livro do Profeta Sofonias 3,8-20

Deus promete a salvação aos pobres de Israel

⁸"Espera-me, tu,
diz o Senhor,
no dia em que cumprirei minha palavra,
pois decidi reunir as nações,
juntar os reinos,
para desfechar sobre eles a minha indignação,
todo o ardor da minha cólera;
a terra inteira será devorada
pelo fogo de minha ira.
⁹Darei aos povos, nesse tempo,
lábios purificados,
para que todos invoquem o nome do Senhor
e lhe prestem culto em união de esforços.
¹⁰Desde além-rios da Etiópia,
os que me adoram,
os dispersos do meu povo,
me trarão suas oferendas.
¹¹Naquele dia, não terás de envergonhar-te
por causa de todas as tuas obras
com que prevaricaste contra mim;
pois eu afastarei do teu meio
teus fanfarrões arrogantes,
e não continuarás a fazer de meu santo monte
motivo de tuas vanglórias.
¹²E deixarei entre vós
um punhado de homens humildes e pobres".
E no nome do Senhor porá sua esperança
o resto de Israel.

¹³Eles não cometerão iniquidades
nem falarão mentiras;
não se encontrará em sua boca
uma língua enganadora;
serão apascentados e repousarão,
e ninguém os molestará.
¹⁴Canta de alegria, cidade de Sião;
rejubila, povo de Israel!
Alegra-te e exulta de todo o coração,
cidade de Jerusalém!
¹⁵O Senhor revogou a sentença contra ti,
afastou teus inimigos;
o rei de Israel é o Senhor, ele está no meio de ti,
nunca mais temerás o mal.
¹⁶Naquele dia, se dirá a Jerusalém:
"Não temas, Sião,
não te deixes levar pelo desânimo!
¹⁷O Senhor, teu Deus, está no meio de ti,
o valente guerreiro que te salva;
ele exultará de alegria por ti,
movido por amor;
exultará por ti, entre louvores,
¹⁸como nos dias de festa".
"Afastarei de ti a desgraça,
para que nunca mais te cause humilhação.
¹⁹Eis que, naquele tempo, eu exterminarei
todos os que te oprimiram;
salvarei o coxo
e reconduzirei a que foi rejeitada,
e lhes restituirei honra e bom nome,
em todo o lugar onde foram humilhados;
²⁰naquele tempo, quando vos trouxer para mim
no tempo em que vos reunirei,
quando transformar vosso destino
diante de vossos próprios olhos,

então eu farei que todas as nações da terra
reconheçam vosso nome e glória",
diz o Senhor.

Responsório
Sf 3,12.9a

R. Em teu **mei**o eu deixa**rei** um **po**vo humilde e **po**bre,
 * E o **res**to de Is**ra**el no Se**nhor** confia**rá**.
V. Eu da**rei**, naquele **di**a, lábios **pu**ros às na**ções**,
 para **to**dos invo**ca**rem o **no**me do Se**nhor**. * E o **res**to.

Segunda leitura
Do Comentário sobre o Evangelho de João, de Santo Tomás de Aquino, presbítero

(Cap. 10, lect. 3) (Séc. XIII)

O resto de Israel encontrará pastagens e repouso

Eu sou o bom Pastor (Jo 10,11). Que Cristo seja pastor, isto claramente lhe compete. Pois pelo pastor é conduzido e alimentado o rebanho, e os fiéis, por Cristo, são refeitos pelo alimento espiritual e ainda por seu corpo e sangue. *Éreis outrora,* diz o Apóstolo, *como ovelhas sem pastor; mas agora vos voltastes para o pastor e guarda de vossas vidas* (1Pd 2,25). E o Profeta: *Como pastor apascentará o seu rebanho* (Is 40,11).

Cristo disse que o pastor entra pela porta e que ele é a porta. Aqui diz ser ele o pastor; é preciso então que ele entre por si mesmo. Entra, na verdade, por si mesmo porque se manifesta a si e por si mesmo conhece o Pai. Nós, porém, entramos por ele, porque por ele somos cumulados de beatitude.

Contudo, atenta em que nenhum outro, exceto ele, é porta, porque nenhum outro é luz verdadeira, mas apenas por participação: *Não era a luz,* isto é, João Batista, *mas veio para dar testemunho da luz* (Jo 1,8). De Cristo, porém, diz: *Era a luz verdadeira que ilumina a todo homem* (Jo 1,9). Por este motivo ninguém diz ser porta; é propriedade exclusiva de Cristo. Quanto a ser pastor, comunicou-o a outros e deu a seus membros; Pedro é pastor, os outros apóstolos foram pastores e todos os bons bispos também. *Dar-vos-ei,* diz a Escritura, *pastores segundo meu coração* (Jr 3,15). Os prelados da Igreja, que são filhos, são todos pastores; no entanto diz no singular: *eu sou o bom Pastor,* para seguir a virtude da caridade. Ninguém é bom pastor, se não se tornar pela caridade um só com Cristo e membro do verdadeiro pastor.

O múnus do bom pastor é a caridade, por isso diz: *O bom pastor dá a vida por suas ovelhas* (Jo 10,11). É de notar-se a diferença entre o bom pastor e o mau; o bom pastor preocupa-se com o bem do rebanho; o mau com o próprio.

Em relação aos pastores terrenos, não se exige do bom pastor que se exponha à morte para defender o rebanho. Mas, já que a salvação espiritual da grei tem mais importância que a vida corporal do pastor, cada pastor espiritual deve aceitar a perda de sua vida pela salvação do rebanho. É isto que o Senhor diz: *O bom pastor dá a vida,* a vida corporal, *por suas ovelhas,* pela autoridade e pela caridade. Ambas são exigidas: que lhe pertençam e que as ame; porque a primeira sem a segunda não basta.

Desta doutrina, Cristo nos deu o exemplo: *Se Cristo entregou a vida por nós, também nós temos de entregar a vida pelos irmãos* (1Jo 3,16).

Responsório   Ez 34,12b; Jo 10,28b
R. Visita**rei** minhas o**v**elhas
 * E as **r**econduzi**rei** de **to**dos os lu**ga**res
   pelos **quais** foram dis**per**sas no dia de **nu**vens e **tre**vas.
V. Não deixa**rei** pere**cer** minhas o**v**elhas
   e nin**guém** vai rou**bá**-las de **mim**. * E as **r**econduzi**rei**.

Oração

Ó Deus, que unis os corações dos vossos fiéis num só desejo, dai ao vosso povo amar o que ordenais e esperar o que prometeis, para que, na instabilidade deste mundo, fixemos os nossos corações onde se encontram as verdadeiras alegrias. Por nosso Senhor Jesus Cristo, vosso Filho, na unidade do Espírito Santo.

TERÇA-FEIRA

Ofício das Leituras

Primeira leitura
Início do Livro do Profeta Jeremias   1,1-19

Vocação do profeta Jeremias

¹ Palavras de Jeremias, filho de Helcias, um dos sacerdotes de Anatot, da tribo de Benjamim. A palavra do Senhor foi-lhe dirigida ² no tempo de Josias, filho de Amon, rei de Judá, no ano treze de seu reinado, ³ e também no tempo de Joaquim, filho de Josias, rei de Judá, até ao final do ano onze de Sedecias, filho de Josias, rei de Judá, até a transmigração de Jerusalém no quinto mês.
⁴ Foi-me dirigida a palavra do Senhor, dizendo:
⁵ "Antes de formar-te no ventre materno, eu te conheci;
antes de saíres do seio de tua mãe,
eu te consagrei e te fiz profeta das nações".
⁶ Disse eu: "Ah! Senhor Deus,
eu não sei falar, sou muito novo".
⁷ Disse-me o Senhor:
"Não digas que és muito novo;
a todos a quem eu te enviar, irás,
e tudo que eu te mandar dizer, dirás.
⁸ Não tenhas medo deles,
pois estou contigo para defender-te",
diz o Senhor.
⁹ O Senhor estendeu a mão, tocou-me a boca e disse-me:
"Eis que ponho minhas palavras em tua boca.
¹⁰ Eu te constituí hoje sobre povos e reinos
com poder para extirpar e destruir,

devastar e derrubar,
construir e plantar".

¹¹A palavra do Senhor foi-me dirigida: "O que estás vendo, Jeremias?" Respondi: "Estou vendo um ramo de amendoeira vigilante".

¹²Disse-me o Senhor: "Enxergaste bem, eu estou vigilante, para que minha palavra seja realizada".

¹³A palavra do Senhor foi-me dirigida pela segunda vez: "Que estás vendo?" Respondi: "Estou vendo uma panela ao fogo, com a frente voltada para o Norte".

¹⁴Disse-me o Senhor:
"Do Norte se espalhará o mal
sobre todos os habitantes da terra;
¹⁵eu convocarei todos os reinos do Norte",
diz o Senhor,
"virão os reis, e cada um porá seu trono
às portas de Jerusalém,
diante de todos os muros ao redor,
e diante de todas as cidades de Judá;
¹⁶acertarei com eles minhas contas
sobre toda a maldade
dos que me abandonaram
e ofereceram incenso a deuses estrangeiros
e adoraram obras de suas mãos.
¹⁷Vamos, põe a roupa e o cinto,
levanta-te e comunica-lhes
tudo que eu te mandar dizer:
não tenhas medo,
senão eu te farei tremer na presença deles.
¹⁸Com efeito, eu te transformarei hoje
numa cidade fortificada,
numa coluna de ferro,
num muro de bronze
contra todo o mundo,
em frente aos reis de Judá e seus príncipes,

aos sacerdotes e ao povo da terra;
¹⁹eles farão guerra contra ti, mas não prevalecerão,
porque eu estou contigo
para defender-te", diz o Senhor.

Responsório   Jr 1,5ab.9b; Is 42,6

R. Antes que **eu** te for**ma**sse no **ven**tre ma**ter**no,
   eu **te** con**he**ci
   e, **an**tes que **tu** sa**ís**ses do **sei**o, eu **te** consa**grei**.
 * E colo**quei** na tua **bo**ca as **mi**nhas pa**la**vras.
V. Eu, o Se**nhor**, te cha**mei** na jus**ti**ça,
   para **se**res Ali**an**ça com o **po**vo,
   e **luz** das na**ções** fiz de **ti**.
 * E colo**quei**.

Segunda leitura
Das Homilias de São João Crisóstomo, bispo
  (Hom. De diabolo tentatore 2,6: PG 49,263-264)

(Séc. IV)

As cinco vias da penitência

Queres que cite as vias da penitência? São muitas, é certo, variadas e diferentes; todas levam ao céu.

É a seguinte a primeira via da penitência: a reprovação dos pecados: *Sê tu o primeiro a dizer teus pecados para seres justificado* (cf. Is 43,25-26). O profeta também dizia: *Disse, confessarei contra mim mesmo minha injustiça ao Senhor, e tu perdoaste a impiedade de meu coração* (Sl 31,5). Reprova também tu aquilo em que pecaste; basta isto ao Senhor para desculpar-te. Quem reprova aquilo em que pecou, custará mais a recair. Excita o acusador interno, tua consciência, não venhas a ter acusador lá, diante do tribunal do Senhor.

Esta primeira é ótima via da penitência. A seguinte não lhe é nada inferior: não guardemos lembrança das injúrias recebidas dos inimigos, dominemos a cólera, perdoemos as faltas dos companheiros. Com isso, aquilo que se cometeu contra o Senhor será perdoado. Eis outra expiação dos pecados. *Se perdoardes a vossos devedores, também vos perdoará vosso Pai celeste* (Mt 6,16).

Queres saber a terceira via da penitência? Oração ardente e bem feita, que brote do fundo do coração.

Se ainda uma quarta desejas conhecer, chamá-la-ei de esmola. Possui muita e poderosa força.

E ser modesto no agir e humilde, isto, não menos que tudo o mais, destrói os pecados. Testemunha é o publicano que não podia citar nada feito com retidão, mas em lugar disto ofereceu a humildade e depôs pesada carga de pecados. Indicamos cinco vias da penitência: primeira, a reprovação dos pecados; segunda, o perdão das faltas do próximo; terceira, a oração; quarta, a esmola; quinta, a humildade.

Não sejas preguiçoso, mas caminha todos os dias por elas; são fáceis, não podes nem mesmo objetar a pobreza; pois, ainda que pela indigência leves vida dura, renunciar à ira e mostrar humildade está em teu poder, bem como orar assiduamente e condenar os pecados; em parte alguma a pobreza é impedimento. O que digo aqui, naquela via da penitência que consiste em dar dinheiro (falo de esmola) ou em observar os mandamentos, será obstáculo a pobreza? A viúva que deu dois tostões já respondeu.

Tendo, pois, aprendido o meio de curar nossas chagas, usemos deste remédio. E com isso, recuperada a saúde, fruiremos com confiança da mesa sagrada, correremos gloriosos ao encontro de Cristo, Rei da glória, e alcançaremos os eternos bens, por graça, misericórdia e benignidade de nosso Senhor Jesus Cristo.

Responsório   Tb 12,8ac.9a; Lc 6,37c-38a
R. Boa **coisa** é a ora**ção** com o je**jum**,
   e **me**lhor é a es**mo**la com justi**ça**,
   do que a ri**que**za junto **com** a iniqui**da**de;
   * Pois é a es**mo**la que **li**vra da **mor**te,
   e a nós de **to**do pecado li**ber**ta.
V. Perdo**ai**, e vos se**rá** perdo**a**do;
   dai aos **ou**tros, e a **vós** será **da**do. * Pois.

Oração

Ó Deus, que unis os corações dos vossos fiéis num só desejo, dai ao vosso povo amar o que ordenais e esperar o que prometeis, para que, na instabilidade deste mundo, fixemos os nossos corações onde se encontram as verdadeiras alegrias. Por nosso Senhor Jesus Cristo, vosso Filho, na unidade do Espírito Santo.

QUARTA-FEIRA

Ofício das Leituras

Primeira leitura
Do Livro do Profeta Jeremias   2,1-13.20-23.25

Infidelidade do povo de Deus

¹A palavra do Senhor foi-me dirigida, dizendo:
²"Vai e grita aos ouvidos de Jerusalém.
Isto diz o Senhor:
Lembro-me de ti, da afeição da jovem,
do amor da noiva,
de quando me seguias no deserto,
numa terra inculta.
³Israel, consagrado ao Senhor,
era como as primícias de sua colheita;
todos os que dele comiam, pecavam;
males caíam sobre eles",
diz o Senhor.

Ouvi a palavra do Senhor, ó casa de Jacó
e todas as famílias da casa de Israel.
Isto diz o Senhor:
"Que maldade acharam em mim vossos pais
para se afastarem de mim
e correrem atrás da falsidade
e se tornarem falsos?
Não disseram eles: 'Onde está o Senhor,
que nos fez sair da terra do Egito,
que nos fez atravessar o deserto,
terras inóspitas e intransitáveis,
terras sem água, poeirentas,
terras onde ninguém morou,
onde não houve povoações?'
Eu vos introduzi numa terra de pomares,
para que gozásseis de seus melhores produtos,
mas, apenas chegados, contaminastes o país
e tornastes abominável minha herança.
Os sacerdotes nem perguntaram onde está o Senhor.
Os versados na Lei não me reconheceram,
e os chefes do povo voltaram-me as costas,
os profetas profetizaram em nome de Baal
e correram atrás de coisas que para nada servem.
Por isso tenho ainda que discutir convosco,
diz o Senhor,
e disputarei com os filhos de vossos filhos.
Passai às cidades de Cetim e vede,
tomai contato com Cedar, tentai com esforço
saber se assim aconteceu:
se o povo mudou seus deuses,
e saber que de fato esses não são deuses;
pois o meu povo transformou sua glória
em algo que para nada serve.
Ó céus, espantai-vos diante disso,
enchei-vos de grande horror, diz o Senhor.
Dois pecados cometeu meu povo:

abandonou-me a mim, fonte de água viva,
e preferiu cavar cisternas,
cisternas defeituosas
que não podem reter água.
20 Não é de hoje que quebraste o jugo
e rompeste as amarras
e disseste: 'Não quero sujeitar-me'.
No alto de qualquer colina
e debaixo de qualquer árvore frondosa,
lá estavas entregando-te à prostituição.
21 Entretanto, és a vinha escolhida que eu plantei,
toda da mais legítima cepa;
como então degeneraste
em rebentos de videira agreste?
22 Ainda que te laves com potassa
e te cubras com folhame de ervas,
perante mim estás manchada pelo teu pecado,
diz o Senhor Deus.
23 Como ainda dizes:
'Não estou manchada,
não segui a religião dos Baals?'
Vê tuas andanças no Vale,
pensa no que lá fizeste:
eras um camelo novo que anda sem rumo.
25 Não te deixes ficar com pés descalços
nem com a garganta seca.
Disseste: 'É inútil falar,
não o farei de modo algum;
de fato, gosto de estrangeiros
e gosto de frequentá-los'".

Responsório   Jr 2,21; Mt 21,43; Is 5,7b
R. Eu **mes**mo te plan**tei**, como **vi**nha exce**len**te
de **mu**das esco**lhi**das;
como, **pois**, aconte**ceu** que te tor**nas**te para **mim**
um sar**men**to tão bas**tar**do, uma **vi**nha tão sel**va**gem?

* Por isso o **reino** de **Deus** será tirado de **vós**
e será **da**do a um **po**vo que pro**du**za seus **fru**tos.
V. Esp**era**va o di**rei**to, e **vei**o a iniqui**da**de;
esp**era**va a jus**ti**ça, e eis os **gri**tos por so**cor**ro.
*Por isso.

Segunda leitura

Das Instruções de São Columbano, abade
(Instr. 13, De Christo fonte vitae, 1-2:
Opera, Dublin 1957,116-118) (Séc. VII)

Quem tem sede venha a mim e beba

Irmãos caríssimos, prestai ouvidos ao que vamos dizer como a algo de necessário. Contentai a sede de vossas almas nas águas da fonte divina, sobre a qual desejamos falar, mas não a extingais; bebei, mas não vos sacieis. Chama-nos a si a fonte viva, a fonte da vida, e diz: *Quem tem sede venha a mim e beba* (Jo 7,37).

Entendei o que bebeis. Diga-vos Jeremias, diga-vos a própria fonte: *Abandonaram-me a mim, fonte de água viva, diz o Senhor* (Jr 2,13). O próprio Senhor, nosso Deus, Jesus Cristo, é a fonte da vida; por isso nos convida a irmos a ele, fonte, para o bebermos. Bebe-o quem ama; bebe quem se sacia com a palavra de Deus; quem muito ama, muito deseja; bebe quem arde de amor pela sabedoria.

Vede donde mana esta fonte: do mesmo lugar donde desceu o pão. Pão e fonte são o mesmo, o filho único, nosso Deus, o Cristo Senhor, de quem devemos ter sempre fome. Comemo-lo, amando; devoramo-lo desejando e, no entanto, famintos, desejemo-lo ainda. Da mesma forma, qual água de uma fonte, bebamo-lo sempre pela plenitude do desejo e deleitemo-nos com a suavidade de sua particular doçura.

Pois é doce e suave o Senhor; por mais que o comamos e bebamos, estamos sempre sedentos e famintos, porque nosso alimento e bebida nunca se podem tomar e beber totalmente; tomando não se consome, bebido não acaba, pois nosso pão é eterno, nossa fonte é perene, nossa fonte é doce. Eis a razão por que diz o Profeta: *Vós que tendes sede, ide à fonte* (Is 55,1). E fonte dos sedentos, não dos saciados. Por isto chama a si sedentos, que em outro lugar declara felizes aqueles que nunca bebem bastante, mas quanto mais sorvem, tanto mais têm sede.

Irmãos, é justo que *a fonte da sabedoria, o Verbo de Deus nas alturas* (Eclo 1,5 Vulg.), sempre seja desejada, buscada, amada por nós; estão escondidos, segundo as palavras do Apóstolo, *todos os tesouros da sabedoria e da ciência* (Cl 2,3), e chama quem tem sede a deles tomar.

Se tens sede, bebe da fonte da vida; se tens fome, come o pão da vida. Felizes os que têm fome deste pão e sede desta fonte. Sempre comendo e sempre bebendo, ainda desejam comer e beber. Porque é imensamente doce aquilo que sempre se saboreia e sempre se deseja mais. O rei profeta já dizia: *Saboreai e vede quão doce, quão suave é o Senhor* (Sl 33,9).

Responsório   Jo 7,37-38
R. Estando de pé, Jesus clamava em alta voz:
* Quem tem sede venha a mim, venha beber.
V. E torrentes de água viva jorrarão
do mais íntimo de quem tem fé em mim. * Quem tem.

Oração
Ó Deus, que unis os corações dos vossos fiéis num só desejo, dai ao vosso povo amar o que ordenais e esperar o que prometeis, para que, na instabilidade deste mundo, fixemos os nossos corações onde se encontram as verdadeiras alegrias. Por nosso Senhor Jesus Cristo, vosso Filho, na unidade do Espírito Santo.

QUINTA-FEIRA

Ofício das Leituras

Primeira leitura
Do Livro do Profeta Jeremias 3,1-5.19-4,4

Convite à conversão

A palavra do Senhor foi-me dirigida nestes termos:
³,¹ "Se o marido repudia sua mulher
e esta, separando-se dele,
se casa com outro homem,
acaso ainda voltará para ela?
Acaso não está profanado
e contaminado um país assim?
Cometeste adultério com muitos amantes,
voltarás para mim?
– diz o Senhor.
² Levanta os olhos para as colinas
e vê se há lugar onde não te prostituíste.
Sentavas-te à beira do caminho à espera deles,
como o árabe do deserto;
profanaste a terra
com tuas práticas luxuriosas, com tua imoralidade.
³ Por isso te foram negadas as águas da chuva,
e não voltou a chover na primavera.
Ostentaste o rosto de uma meretriz,
incapaz de envergonhar-se.
⁴ Agora, ainda me chamas:
'Tu és o meu pai, guia de minha meninice!
⁵ Pode ele ficar irado para sempre,
continuar indignado até ao fim?'
Assim falaste,
mas continuaste a praticar o mal.
¹⁹ Mas eu disse:
Como hei de considerar-te um dos filhos

e dar-te uma terra agradável,
a mais bela herança entre as nações?
Ainda disse: Vós me chamareis pai
e não deixareis de me seguir.
[20]Oh! não, vós me desprezastes, casa de Judá,
como a mulher abandona o seu amante",
diz o Senhor.
[21]Ouviu-se nas colinas a voz
de choro e de súplicas: são filhos de Israel,
eles que trilharam o mau caminho
e esqueceram o Senhor, seu Deus.
[22]"Convertei-vos, filhos que me tendes rejeitado,
vou curar os males dessa rejeição".
"Eis-nos, então, viemos a ti;
tu és o Senhor, nosso Deus.
[23]Aquelas colinas eram mentirosas,
mentirosa a agitação nos montes;
somente no Senhor, nosso Deus,
está a salvação de Israel.
[24]A infâmia destruiu o trabalho de nossos pais
desde a nossa juventude,
seus rebanhos e o gado,
seus filhos e filhas.
[25]Vamos dormir com essa infâmia,
cobertos de vergonha;
nós ofendemos o Senhor, nosso Deus,
nós e nossos pais,
desde a juventude até ao dia de hoje,
não escutamos a voz do Senhor, nosso Deus".
[4,1]"Se queres, Israel,
diz o Senhor,
é para mim que deves voltar;
se removeres de minha frente os teus ídolos,
então não fugirás.
[2] Pois hás de jurar: 'O Senhor vive!',

e o farás pela verdade,
pelo juízo divino e pela justiça,
nele as nações serão abençoadas
e compartilharão de sua glória.
3 Isto diz o Senhor
aos homens de Judá e de Jerusalém:
Refazei vosso campo cultivado,
não queirais semear sobre espinhos.
4 Circuncidai-vos para o Senhor
e retirai o prepúcio do coração,
ó homens de Judá e habitantes de Jerusalém,
para não suscitardes o fogo de minha indignação;
não o façais crescer, a ponto de não se apagar,
devido a vossas obras perversas".

Responsório　　　　　　　　　　Jr 14,7; Sl 129(130),3
R. Se as **nos**sas mal**da**des nos a**cu**sam,
　　agi em **nós**, ó S**enhor**, por vosso **no**me!
* Nossas **cul**pas são **mui**tas, real**men**te,
　　ó S**enhor**, pois pe**ca**mos contra **vós**.
V. Se le**var**des em **con**ta nossas **fal**tas,
　　quem hav**erá** de subsis**tir**?* Nossas.

Segunda leitura
Das Instruções de São Columbano, abade

(Instr. 13, De Christo fonte vitae, 2-3:
Opera, Dublin 1957,118-120)　　　(Séc. VII)

Tu és, ó Deus, nosso tudo

　　Irmãos, sigamos a vocação que nos chama da vida para a fonte da vida, fonte não apenas de água viva, mas da eterna vida, fonte de luz e de claridade; dela tudo provém, sabedoria e vida, luz eterna.
　　Autor da vida, é fonte da vida; Criador da luz, fonte da luz. Portanto, desprezando o que se vê e ultrapassando o mundo até as alturas dos céus, busquemos, quais peixes

muito inteligentes e espertos, a fonte da luz, a fonte da vida, a fonte de água viva, para bebermos *a água viva que jorra para a vida eterna* (cf. Jo 4,14).

Oxalá te dignes admitir-me a esta fonte, Deus misericordioso, bom Senhor, onde eu, com os que têm sede de ti, beberei da onda viva da fonte viva de água corrente. Refeito por sua indizível doçura, esteja sempre unido a ela e diga: "Quão doce é a fonte de água viva, donde nunca falta a água que jorra para a vida eterna!"

Ó Senhor, tu és esta fonte, sempre, sempre desejável, sempre, sempre a ser bebida. *Dá-nos,* sempre, Cristo Senhor, *desta água,* para que também em nós haja *a fonte de água viva que jorra para a vida eterna.* Grande coisa peço, quem o duvida? Mas tu, rei da glória, sabes dar grandes coisas e grandes coisas prometeste; nada maior do que tu, e te deste a nós, te deste por nós.

Rogamos-te então que conheçamos o que amamos, porque não te pedimos dar-nos nada além de ti. Tu és o nosso tudo, nossa vida, nossa luz, nossa salvação, nosso alimento, nossa bebida, nosso Deus. Rogo-te, nosso Jesus, inspira nossos corações com aquela brisa de teu Espírito e fere nossas almas com tua caridade. Que cada uma de nossas almas possa na verdade dizer: *Mostra-me o amado de minha alma* (cf. Ct 1,6), porque estou ferida de amor.

Desejo, Senhor, que se grave em mim esta ferida. Feliz a alma que assim foi ferida pela caridade; esta busca a fonte, esta bebe e, no entanto, sempre tem sede bebendo e sempre haure desejando aquela que sempre bebe sedenta. Assim sempre busca amando aquela que se cura ferindo. Que Deus e nosso Senhor Jesus Cristo, o bom médico eficaz, se digne ferir com a chaga da salvação o íntimo de nossa alma. A ele, com o Pai e com o Espírito Santo, pertence a unidade pelos séculos dos séculos. Amém.

Responsório
Jo 4,14-15

R. Quem beber daquela água que eu lhe der,
nunca mais sentirá sede, diz Jesus.
* Pois a água que eu lhe der vai se tornar
uma fonte a jorrar para a vida eterna.
V. Ó Senhor, eu peço, dai-me desta água,
a fim de que não mais eu tenha sede. * Pois a água.

Oração

Ó Deus, que unis os corações dos vossos fiéis num só desejo, dai ao vosso povo amar o que ordenais e esperar o que prometeis, para que, na instabilidade deste mundo, fixemos os nossos corações onde se encontram as verdadeiras alegrias. Por nosso Senhor Jesus Cristo, vosso Filho, na unidade do Espírito Santo.

SEXTA-FEIRA

Ofício das Leituras

Primeira leitura
Do Livro do Profeta Jeremias 4,5-8.13-28

O devastador há de vir do Norte

Assim fala o Senhor:
⁵"Anunciai em Judá
e fazei ouvir em Jerusalém,
falai em público e tocai trombeta pelo país,
gritai com força estas palavras:
'Vamos juntar-nos e entrar em nossos baluartes'.
⁶Levantai bandeira para Sião,
ponde-vos a salvo, não fiqueis parados,
pois estou para trazer do Norte o mal,
uma calamidade enorme.
⁷Já se levantou do covil o leão,
levantou-se o predador das nações;

saiu de sua terra
para transformar a tua terra em deserto;
as cidades serão devastadas
e ficarão sem habitantes.
⁸Por isso, vesti sacos,
chorai e gritai,
pois não se afastou de nós a cólera do Senhor.
¹³Eis que ele vem como uma nuvem,
e seus carros correm como a tempestade;
seus cavalos são mais velozes que águias.
Pobres de nós, estamos arrasados!
¹⁴Lava a maldade do teu coração
para salvar-te, Jerusalém;
até quando abrigarás em ti
pensamentos malvados?
¹⁵Vem de Dã uma voz que anuncia
e revela, desde o monte Efraim, a calamidade.
¹⁶Anunciai aos povos. Eles acorrem ao apelo!
Fazei ouvir tudo isto a Jerusalém:
"Estão chegando de terras distantes
tropas de vanguarda
e começaram a dar ordens à cidade de Judá;
¹⁷agem como cães de guarda ao redor dela
– ela que tanto se obstinava contra mim",
diz o Senhor.
¹⁸Tua conduta e tuas obras
atraíram estes males sobre ti;
é este o fruto amargo de tua maldade
e que se faz sentir no teu coração.
¹⁹Ai as minhas vísceras, as minhas vísceras!
De dor me contorço!
E o íntimo do meu coração?
Treme o coração dentro de mim:
não posso calar,
minh'alma ouviu a voz da trombeta
e o fragor da batalha.

²⁰ Sucede um desastre a outro desastre,
toda a terra foi devastada,
minhas barracas e minhas tendas
foram derrubadas num momento.
²¹ Até quando verei ainda a nossa bandeira
e ouvirei o som das trombetas?
²² "Meu povo, porque é estulto,
não me conheceu;
seus filhos são insensatos e maus;
são espertos para fazer o mal,
mas não sabem praticar o bem".
²³ Olhei para a terra, achei-a vazia e deserta;
para os céus, estavam sem luz.
²⁴ Olhei para os montes, e eles se moviam,
e todas as colinas estremeciam.
²⁵ Olhei e notei que não havia seres humanos,
e as aves do céu tinham fugido.
²⁶ Olhei e vi o jardim feito deserto
e todas as cidades que foram destruídas
na presença do Senhor, diante de sua ira.
²⁷ Isto diz o Senhor:
"O país ficará deserto,
mas não lhe darei fim.
²⁸ A terra há de chorar esse destino,
e lá em cima os céus se enlutarão,
porque falei,
decretei e não me arrependo
nem voltarei atrás".

Responsório   Cf. Jr 4,24.26.27; Sl 84(85),5
R. Ante o furor de vossa ira, toda a terra se abalou.
  * Mas, Senhor, tende piedade
    e não chegueis ao extermínio.
V. Renovai-nos, nosso Deus e Salvador,
    esquecei a vossa mágoa contra nós! * Mas, Senhor.

Segunda leitura

Do comentário sobre o profeta Joel, de São Jerônimo, presbítero

(PL 25,967-968) (Séc. V)

Convertei-vos a mim

Convertei-vos a mim de todo o vosso coração (Jl 2,12) e mostrai o arrependimento do espírito por jejuns, lágrimas e gemidos. Para que, jejuando agora, vos sacieis mais tarde; chorando agora, riais depois; gemendo agora, sejais depois consolados. É costume nas tristezas e adversidades rasgar as vestes. Isso fez o Sumo Pontífice para aumentar a acusação contra o Senhor Salvador, segundo conta o Evangelho, e fizeram Paulo e Barnabé ao ouvir as palavras de blasfêmia. Assim eu vos ordeno, não rasgueis as vestimentas, mas os corações que estão cheios de pecados, porque, quais odres, se não forem rasgados, se romperão por si mesmos. Tendo assim agido, voltai ao Senhor, nosso Deus, a quem vossos pecados anteriores vos fizeram afastar-vos. Não desespereis do perdão pela gravidade das culpas, pois grande misericórdia apagará grandes pecados.

Pois ele é benigno e misericordioso, preferindo a penitência dos pecadores à morte; paciente, de imensa misericórdia, que não imita a impaciência humana, mas espera por longo tempo nossa conversão condescendente ou arrependido do mal que intentara. Se fizermos penitência dos pecados, ele se arrependerá de suas ameaças e não nos fará vir os males que prometeu. Com a mudança de nosso intento, também ele mudará. Não devemos entender aqui "mal" como contrário à virtude e sim como aflição, conforme lemos em outro passo: *Basta a cada dia seu mal*. E: *Se houver na cidade mal que o Senhor não tenha enviado*.

Da mesma forma, por ter dito acima ser benigno e misericordioso, paciente e de imensa misericórdia, condescendente ou arrependido do mal, para que talvez a grande clemência não nos torne negligentes, acrescenta por intermédio do Profeta: *Quem sabe se não voltará atrás e perdoará, e deixará após si uma bênção?* (Jl 2,13-14). Eu, diz ele, exorto à penitência, pois é o meu dever, e sei que Deus é indizivelmente clemente. Testemunha é Davi: *Tem piedade de mim, ó Deus, segundo a tua grande misericórdia e segundo a multidão de tua compaixão apaga minha iniquidade* (Sl 50,1.3). Como, porém, não podemos conhecer a profundidade das riquezas, da sabedoria e da ciência de Deus, amenizo a afirmação e prefiro desejar a presumir, dizendo: *Quem sabe se não voltará atrás e perdoará?* Dizendo *quem sabe,* quer significar ser impossível ou difícil. *Sacrifício e libação ao Senhor, nosso Deus* (cf. Jl 2,14).

Depois de ter-nos dado a bênção e perdoado nossos pecados, somos capazes de oferecer hóstias ao Senhor.

Responsório   Cf. Sl 23(24),4; 2Cor 6,6;
                                              cf. Cl 2,14; Jl 2,13

R. Conver**tei**-vos ao **Senhor** todos **jun**tos com mãos **pu**ras, com ino**cen**te cora**ção** e com a**mor** sem fingi**men**to,
* Para que **se**ja anu**la**do o **tí**tulo de **dí**vida que ha**via** contra **vós**.
V. Rasgai os **vos**sos cora**ções**, não as **vos**sas vesti**men**tas, conver**tei**-vos ao **Se**nhor, ao **Se**nhor, o vosso **Deus**.
* Para que.

Oração

Ó Deus, que unis os corações dos vossos fiéis num só desejo, dai ao vosso povo amar o que ordenais e esperar o que prometeis, para que, na instabilidade deste mundo, fixemos os nossos corações onde se encontram as verdadeiras alegrias. Por nosso Senhor Jesus Cristo, vosso Filho, na unidade do Espírito Santo.

SÁBADO

Ofício das Leituras

Primeira leitura
Do Livro do Profeta Jeremias 7,1-20

Oráculo contra a falsa confiança no templo

¹Palavra comunicada a Jeremias, da parte do Senhor: ²"Põe-te à porta da casa do Senhor e, lá, anuncia esta palavra, dizendo: Ouvi a palavra do Senhor, todos vós de Judá, que entrais por estas portas para adorar o Senhor. ³Isto diz o Senhor dos exércitos, Deus de Israel: Melhorai vossa conduta e vossas obras, que eu vos farei habitar neste lugar. ⁴Não ponhais vossa confiança em palavras mentirosas, dizendo: 'É o templo do Senhor, o templo do Senhor, o templo do Senhor!' ⁵Mas, se melhorardes vossa conduta e vossas obras, se fizerdes valer a justiça, uns com os outros, ⁶não cometerdes fraudes contra o estrangeiro, o órfão e a viúva, nem derramardes sangue inocente neste lugar, e não andardes atrás de deuses estrangeiros, para vosso próprio mal, ⁷então eu vos farei habitar neste lugar, na terra que dei a vossos pais, desde sempre e para sempre.

⁸Eis que confiais em palavras mentirosas, que para nada servem. ⁹Como! Roubar, matar, cometer adultério e perjúrio, queimar incenso a Baal e andar atrás de deuses que nem sequer conheceis; ¹⁰e, depois, vindes à minha presença, nesta casa em que meu nome é invocado, e dizeis: 'Nenhum mal nos foi infligido', tendo, embora, cometido todas essas abominações. ¹¹Acaso esta casa, em que meu nome é invocado, tornou-se a vossos olhos uma caverna de ladrões?

Eis que também eu vi, diz o Senhor. ¹²Ide ao meu posto, em Silo, onde a princípio habitou meu Nome, e vede o que aí fiz em razão da maldade do meu povo, Israel. ¹³E agora, que praticastes todas estas obras, diz o Senhor, falei a todos vós desde muito cedo, na hora de levantar-vos, e não ouvistes, chamei-vos e não atendestes; ¹⁴ farei a esta casa, sobre a qual foi meu Nome invocado e na qual tendes confiança, farei a este lugar, que vos dei, a vós e a vossos pais, como fiz em Silo; ¹⁵ eu vos expulsarei de minha presença, como expulsei todos os vossos irmãos, a inteira descendência de Efraim. ¹⁶ Tu, portanto, não rezes por este povo, não dirijas preces e orações por essas pessoas; não me desobedeças, eu não te atenderei.¹⁷ Não estás vendo o que eles fazem nas cidades de Judá e nas ruas de Jerusalém?¹⁸ Os filhos ajuntam lenha, os pais acendem o fogo, as mulheres preparam a farinha para fazer bolos destinados à rainha da noite e servir libações aos deuses estrangeiros, provocando a minha ira. ¹⁹ Mas isto provoca a minha ira – diz o Senhor – ou, antes, vergonha a eles próprios?²⁰ Isto, pois, diz o Senhor Deus: Minha ira e indignação hão de cair sobre este lugar, sobre homens e animais, sobre as árvores da região e sobre os frutos da terra. Tudo arderá para não mais se apagar.

Responsório   Jr 7,11; Is 56,7c; Jo 2,16b
R. Por acaso esta casa, consagrada ao meu nome,
    ter-se-ia transformado em um antro de ladrões?
 * Minha casa é casa de oração
    e para todos os povos o será.
V. Não façais, diz o Senhor, da casa do meu Pai
    uma casa de comércio.* Minha casa.

Segunda leitura
Das Homilias sobre Mateus, de São João Crisóstomo, bispo

              (Hom. 50,3-4: PG 58,508-509)   (Séc. IV)

*Enquanto adornas o templo, não desprezes
o irmão que sofre*

    Queres honrar o corpo de Cristo? Não o desprezes quando nu; não o honres aqui com vestes de seda e abandones fora no frio e na nudez o aflito. Pois aquele que disse:

Isto é o meu corpo (Mt 26,26) e confirmou com o ato a palavra, é o mesmo que falou: *Tu me viste faminto e não me alimentaste* (cf. Mt 25,35); e: *O que não fizeste a um destes mais pequeninos, não o fizeste a mim* (cf. Mt 25,45). Este não tem necessidade de vestes, mas de corações puros; aquele, porém, precisa de grande cuidado.

Aprendamos, portanto, a raciocinar e a reverenciar a Cristo como lhe agrada. A honra mais agradável a quem se deseja honrar é aquela que ele prefere, não aquela que julgamos melhor. Pedro, por exemplo, julgava honrá-lo, não permitindo lavar-lhe os pés; mas o que queria não vinha a ser honra, mas exatamente o contrário. Assim, honra-o tu com a honra prescrita em lei, distribuindo tua fortuna com os pobres. Deus não precisa de vasos de ouro, mas de almas de ouro.

Digo isto, não para proibir que haja dádivas, mas que com elas e antes delas se deem esmolas. Porque ele aceita aquelas, porém, muito mais estas. Daquelas só quem oferece tem lucro; destas, também aquele que recebe. Lá o dom parece ser ocasião de ostentação; aqui só pode ser compaixão e benignidade.

Que proveito haveria, se a mesa de Cristo está coberta de taças de ouro e ele próprio morre de fome? Sacia primeiro o faminto e, depois, do que sobrar, adorna sua mesa. Fazes um cálice de ouro e não dás um copo de água? Que necessidade há de cobrir a mesa com véus tecidos de ouro, se não lhe concederes nem mesmo a coberta necessária? Que lucro haverá? Dize-me: se vês alguém que precisa de alimento e, deixando-o lá, vais rodear a mesa, de ouro, será que te agradecerá ou, ao contrário, se indignará? Que acontecerá se ao vê-lo coberto de andrajos e morto de frio, deixando de dar as vestes, mandas levantar colunas douradas, declarando fazê-lo em sua honra? Não se julgaria isto objeto de zombaria e extrema afronta?

Sábado

Pensa também isto a respeito de Cristo, quando errante e peregrino vagueia sem teto. Não o recebes como hóspede, mas ornas o pavimento, as paredes e os capitéis das colunas, prendes com cadeias de prata as lâmpadas, e a ele, preso em grilhões no cárcere, nem sequer te atreves a vê-lo. Torno a dizer que não proíbo tais adornos, mas que com eles haja também cuidado pelos outros. Ou melhor, exorto a que se faça isto em primeiro lugar. Daquilo, se alguém não o faz, jamais é acusado; isto, porém, se alguém o negligencia, provoca-se a geena e fogo inextinguível, suplício com os demônios. Por conseguinte, enquanto adornas a casa, não desprezes o irmão aflito, pois ele é mais precioso que o templo.

Responsório Mt 25,35.40; Pr 19,17a

R. Eu tive **fo**me, e me **des**tes de co**mer**;
eu tive **se**de, e me **des**tes de be**ber**;
eu não **ti**nha onde mo**rar**, e me aco**lhes**tes.
 * Em ver**da**de, o que fi**zes**tes ao me**nor** dos meus ir**mãos**,
foi a **mim** que o fi**zes**tes.
V. Quem dá ao **po**bre empresta a **Deus**. * Em ver**da**de.

Oração

Ó Deus, que unis os corações dos vossos fiéis num só desejo, dai ao vosso povo amar o que ordenais e esperar o que prometeis, para que, na instabilidade deste mundo, fixemos os nossos corações onde se encontram as verdadeiras alegrias. Por nosso Senhor Jesus Cristo, vosso Filho, na unidade do Espírito Santo.

22º DOMINGO DO TEMPO COMUM

II Semana do Saltério

I Vésperas

Cântico evangélico, ant.

Ano A Jesus começou a mostrar aos discípulos
que devia seguir para Jerusalém,
sofrer muito e ser morto
e ressuscitar três dias depois.

Ano B Praticai os mandamentos do Senhor,
porque eles vos darão sabedoria
e inteligência perante os outros povos.

Ano C Quando fores convidado para núpcias,
coloca-te no último lugar,
e quem te convidou possa dizer:
Amigo, vai chegando mais acima.
Então serás honrado na presença
de todos os que foram convidados.

Oração

Deus do universo, fonte de todo bem, derramai em nossos corações o vosso amor e estreitai os laços que nos unem convosco para alimentar em nós o que é bom e guardar com solicitude o que nos destes. Por nosso Senhor Jesus Cristo, vosso Filho, na unidade do Espírito Santo.

Ofício das Leituras

Primeira leitura
Do Livro do Profeta Jeremias   11,18-20; 12,1-13

Desabafo do profeta

11,18 Tu, Senhor, avisaste-me, e eu entendi;
fizeste-me saber as intrigas deles.

¹⁹ Eu era como manso cordeiro levado ao sacrifício e não sabia que tramavam contra mim: "Vamos cortar a árvore em toda a sua força, eliminá-lo do mundo dos vivos, para seu nome não ser mais lembrado".
²⁰ E tu, Senhor dos exércitos,
que julgas com justiça
e perscrutas os afetos do coração,
concede que eu veja a vingança
que tomarás contra eles,
pois eu te confiei a minha causa.
¹²,¹ Tu és justo, Senhor,
como disputar contigo?
Mas quero propor-te questões de justiça.
Por que a vida dos maus é um sucesso?
Tudo de bom acontece ao infiel e ao malfeitor.
² Puseste-os no mundo, eles criam raízes,
crescem e dão fruto;
estás em seus lábios,
mas longe do seu coração.
³ Senhor, que me conheces e me vês,
e sabes que meu coração está contigo,
peço-te, separa-os como ovelhas de sacrifício
e preserva-os para o dia da matança.
⁴ Até quando há de chorar a terra
e ficará ressequida toda a erva do campo,
devido à má índole dos seus habitantes?
Animais e aves acabaram
para os que diziam: "Ele não os verá acabar".
⁵ "Se te foi difícil correr com pedestres,
como aguentarás competir com cavalos?
Tu estarás seguro em terra de paz,
mas como farás nas matas fechadas do Jordão?
⁶ Teus próprios irmãos e parentes
agiram falsamente contra ti
e por trás de ti clamaram em alta voz;

não creias neles, quando te agradam com palavras".
⁷"Deixei a minha casa,
renunciei à minha herança,
entreguei a amada do meu coração aos seus inimigos.
⁸O povo de minha herança
tornou-se para mim como leão na selva,
a dar rugidos contra mim; por isso detestei-o.
⁹Essa herança não é, para mim,
uma ave de plumagem diferente?
Não virão outras aves, ao redor, atacá-la?
Vinde, ajuntai-vos, animais todos do campo,
correi, é a hora de devorar.
¹⁰Muitos pastores destruíram a minha vinha,
pisotearam minha propriedade;
fizeram de minha aprazível herança
uma solidão desértica.
¹¹Ela ficou devastada,
e chora diante de mim em sua desolação;
toda aquela terra está destruída,
porque não há mais quem disso se preocupe".
¹²Os atacantes foram chegando
a todos os outeiros do deserto,
é a devastadora espada do Senhor,
de um a outro extremo do país;
não há paz entre os seres humanos.
¹³Semearam trigo e colheram espinhos,
trabalharam e não tiraram proveito;
envergonhai-vos de vossos parcos frutos,
lembrai-vos da ira do Senhor.

Responsório   Jo 12,27-28; Sl 41(42),6a
R. Minha **alma** está **a**gora pertur**ba**da; que di**rei**?
   Pai, **sal**va-me desta **ho**ra!
   Mas **foi**, precisa**men**te, para esta **ho**ra que eu **vim**.
   * Pai, glori**fi**ca o teu **no**me.

V. Por **que** te entristeces, minha **alma**,
a ge**mer** no meu **pei**to? *Pai.

Segunda leitura
Dos Sermões de Santo Agostinho, bispo
(Sermo 23A,1-4: CCL 41,321-323) (Séc. V)

O Senhor se compadeceu de nós

Felizes de nós, se o que ouvimos e cantamos também executamos. A audição é nossa semeadura, e nossos atos, frutos da semente. Disse isto de antemão para exortar vossa caridade a não entrardes sem fruto na igreja, ouvindo tantas coisas boas sem realizá-las. Porque *por sua graça fomos salvos,* assim diz o Apóstolo, *não por nossas obras, não aconteça alguém se ensoberbecer* (Ef 2,8-9) *pois por sua graça fomos salvos* (Ef 2,5). Pois não precedeu nenhuma vida virtuosa que Deus pudesse amar e dizer: "Ajudemos, socorramos estes homens porque vivem bem". Desagradava-lhe nossa vida, desagradava-lhe em nós tudo o que fazíamos, mas não lhe desagradava o que ele mesmo fez em nós. Por isto, o que nós fizemos, ele o condenará; o que ele próprio fez, ele o salvará.

Não éramos bons. Mas ele se compadeceu de nós e enviou seu Filho para morrer não pelos bons, mas pelos maus, não pelos justos, mas pelos ímpios. Na verdade *Cristo morreu pelos ímpios* (Rm 5,6). E como continua? *Mal se encontra alguém que morra por um justo, pois talvez alguém se atreva a morrer por um bom* (Rm 5,7). Quiçá haja alguém que ouse morrer por um bom. Mas pelo injusto, pelo ímpio, pelo iníquo, quem quererá morrer? Só Cristo, para que, justo, justifique até mesmo os injustos.

Não tínhamos, meus irmãos, nenhuma obra boa, mas todas eram más. E, sendo tais os atos dos homens, sua misericórdia não abandonou os homens. Deus enviou seu Filho, para remir-nos, não por ouro, não por prata, mas ao preço de seu sangue derramado, cordeiro imaculado levado como vítima pelas ovelhas maculadas, se é que só maculadas e não totalmente corrompidas! Recebemos então esta graça. Vivamos de modo digno dessa graça e não façamos injúria à grandeza do dom que recebemos. Tão grande médico veio a nós e perdoou todos os nossos pecados. Se quisermos recair na doença, não só nos prejudicaremos a nós mesmos, mas seremos ingratos ao próprio médico.

Sigamos os caminhos que ele próprio indicou, muito em especial a via da humildade, via que ele mesmo se fez por nós. Mostrou-nos pelos preceitos o caminho da humildade e criou-o padecendo por nós. Com o intuito de morrer por nós – e sem poder morrer – *o Verbo se fez carne e habitou entre nós* (Jo 1,14), para poder morrer por nós aquele que não podia morrer. E com sua morte matar nossa morte.

Fez isto o Senhor, isto nos concedeu. O excelso humilhou-se, humilhado foi morto e, ressurgindo, foi exaltado, a fim de não nos deixar mortos nas profundezas, mas de exaltar em si na ressurreição dos mortos aqueles que já agora exaltou pela fé e o testemunho dos justos. Deu-nos então a humildade como caminho. Se nos agarrarmos a ela, confessaremos o Senhor e com toda a razão cantaremos: *Nós te confessaremos, Senhor, confessaremos e invocaremos teu nome* (Sl 74,2).

Responsório Sl 85(86),12-13a; 117(118),28

R. Dou-vos **graças** com **to**da a minha **al**ma,
   sem ces**sar** louva**rei** vosso **no**me.
 * Vosso **a**mor para **mim** foi i**men**so.
V. Vós sois meu **Deus**, eu vos ben**di**go e agra**de**ço!
   Vós sois meu **Deus**, eu vos e**xal**to com lou**vo**res!
  * Vosso **a**mor.

HINO Te Deum, p. 543.

Laudes

Cântico evangélico, ant.
Ano A Que proveito tem o homem,
se ganhar o mundo inteiro,
mas perder a sua vida?

Ano B Acolhei docilmente a Palavra,
semeada em vós, meus irmãos:
ela pode salvar vossas vidas.

Ano C Quem se exaltar, será humilhado;
e quem se humilhar, será exaltado.

Oração
Deus do universo, fonte de todo bem, derramai em nossos corações o vosso amor e estreitai os laços que nos unem convosco para alimentar em nós o que é bom e guardar com solicitude o que nos destes. Por nosso Senhor Jesus Cristo, vosso Filho, na unidade do Espírito Santo.

II Vésperas

Cântico evangélico, ant.
Ano A O Filho do Homem há de vir,
revestido da glória do seu Pai,
acompanhado de todos os seus anjos,
e então pagará a cada um
de acordo com seu procedimento.

Ano B Ouvi e compreendei a tradição,
que o Senhor e nosso Deus vos transmitiu.

Ano C Quando deres um banquete,
convida à tua mesa os pobres e aleijados
que não têm com que pagar-te;
e serás recompensado
quando os justos ressurgirem.

SEGUNDA-FEIRA

Ofício das Leituras

Primeira leitura
Do Livro do Profeta Jeremias 19,1-5.10-20,6

Ação simbólica da bilha quebrada

¹⁹,¹ Isto diz o Senhor: "Vai comprar na olaria uma bilha de barro e, em companhia de alguns anciãos do povo e sacerdotes, ² sai na direção do vale de Ben-Enom, próximo à entrada da porta dos oleiros, e aí pronunciarás as palavras que eu te falar ³ e dirás: Ouvi a palavra do Senhor, reis de Judá e habitantes de Jerusalém. Isto diz o Senhor dos exércitos, Deus de Israel: Eu farei cair sobre este lugar tamanha aflição que só a notícia dela fará o povo consternado, ⁴ porque me abandonaram e venderam este lugar; realizaram nele sessões de culto a deuses estrangeiros, que nem eles próprios nem seus pais nem os reis de Judá conheceram; banharam o lugar de sangue de inocentes; ⁵ edificaram templos em lugares altos para aí queimar seus filhos em holocausto a Baal, coisa que não é meu preceito, nem dela falei nem dela tive intenção.

¹⁰ Em seguida, quebrarás a bilha à vista dos que te acompanham ¹¹ e lhes dirás: Isto diz o Senhor dos exércitos: Quebrarei este povo e esta cidade, como se quebra um vaso de oleiro que não serve mais para ser consertado; serão sepultados no Tofet, porque não haverá outro lugar para sepultura. ¹² Tratarei este lugar, diz o Senhor, e seus habitantes de modo que a cidade se transformará num Tofet; ¹³ as casas de Jerusalém e as casas dos reis de Judá serão como o lugar do Tofet, imundas: todas as casas em cujos terraços foram realizados atos de culto aos astros e libações aos deuses estrangeiros".

¹⁴ Então Jeremias regressou de Tofet, para onde o enviara o Senhor em missão profética, e pôs-se de pé no átrio da

casa do Senhor, e disse a todo o povo: [15]"Isto diz o Senhor dos exércitos, Deus de Israel: Farei vir sobre esta cidade e sobre as suas vizinhanças todos os males com que a tinha ameaçado, porque ficaram empedernidas em sua obstinação e não ouviram as minhas palavras".

[20,1]O sacerdote Fassur, filho de Emer, então superintendente da casa do Senhor, ouviu estas palavras de Jeremias em sua função de profeta. [2]Fassur mandou espancar Jeremias e submetê-lo ao couro, no local de castigo que havia na Porta de Benjamin, a porta superior da casa do Senhor. [3]Ao raiar do dia seguinte, Fassur retirou Jeremias do castigo. Mas Jeremias falou-lhe: "Para o Senhor, teu nome não é Fassur, mas sim Pavor-total. [4]Isto diz o Senhor: Vou transformar-te num homem apavorado, a ti e a todos os teus amigos, e teus olhos os verão cair pela espada de seus inimigos; entregarei Judá inteiro às mãos do rei da Babilônia, que os deportará para a Babilônia e os passará à espada. [5]Entregarei toda a riqueza desta cidade, todo o produto do seu trabalho, todos os tesouros e preciosidades dos reis de Judá, nas mãos dos seus inimigos; estes, tudo irão saquear e depredar, e o carregarão para a Babilônia. [6]Agora tu, Fassur, e todos os que moram em tua casa, ireis para o cativeiro; irás para a Babilônia e aí morrerás; aí serás sepultado, tu e todos os teus amigos, com quem usavas a profecia para mentir".

Responsório   Cf. Mt 23,37; cf. Jr 19,15

R. Jerusalém, ó tu, que **ma**tas os profetas
   e ape**dre**jas os que a **ti** são enviados,
* Quantas **ve**zes quis reu**nir** os teus pin**ti**nhos
   sob as **a**sas, tu, po**rém**, não o quiseste.
V. Jerusalém, endure**ces**te teu pes**co**ço,
   a **fim** de não ou**vir** minhas palavras. * Quantas.

Segunda leitura
Do Livro da Imitação de Cristo

(Lib. 3,3) (Séc. XV)

Eu ensinei os meus profetas

Ouve, filho, minhas palavras suavíssimas, que superam toda a ciência dos filósofos e sábios deste mundo. *Minhas palavras são espírito e vida* (cf. Jo 6,63), não ponderáveis por humanas inteligências.

Não devem ser puxadas para a vã complacência, mas escutadas em silêncio, acolhidas com total humildade e afeição íntima.

Eu disse: *Feliz a quem instruis, Senhor, e lhe ensinas tua lei para que o alivies nos dias maus* (Sl 93,12-13) e para que não se sinta abandonado na terra.

Eu, diz o Senhor, ensinei no início aos profetas e até hoje não cesso de falar a todos. Porém muitos, à minha voz, são surdos e endurecidos.

Muitos se comprazem em atender ao mundo mais que a Deus; com maior facilidade seguem os apetites de sua carne do que a vontade de Deus.

O mundo promete coisas temporárias e pequeninas e é servido com imensas cobiças. Eu prometo bens sublimes e eternos e se entorpecem os corações dos mortais.

Quem me serve e obedece com tanto empenho em todas as coisas, quanto se serve ao mundo e aos seus senhores?

Cora de vergonha, servo preguiçoso e descontente, porque aqueles estão mais prontos para se perderem do que tu para viveres.

Mais se alegram aqueles com a vaidade do que tu com a verdade.

E, no entanto, por vezes se frustra sua esperança, ao passo que jamais falha a alguém minha promessa, nem sai de mãos vazias quem em mim confia.

O que prometi, darei; o que falei, cumprirei.

Sou eu o remunerador dos bons e inabalável acolhedor de todos os fiéis.

Escreve minhas palavras em teu coração e rumina-as com cuidado; serão muito necessárias no tempo da tentação.

O que não entendes ao ler, entenderás quando te visitar.

Costumo visitar de dois modos meus eleitos: pela tentação e pela consolação.

E lhes leio diariamente duas lições: uma, arguindo seus vícios; outra, exortando a progredir na virtude.

Quem tem minhas palavras e delas faz pouco caso, terá quem o julgue no último dia (cf. Jo 12,48).

Responsório   Cf. Pr 23,26; 1,9; 5,1

R. Meu **filho**, entrega a **mim** teu cora**ção**,
     e teus **o**lhos ob**ser**vem meus ca**mi**nhos,
 * Porque **is**to servi**rá** para o teu **bem**.
V. Meu **filho**, ouve **bem** os meus con**selhos**
     e es**cu**ta este **ho**mem experi**en**te. * Porque **is**to.

Oração

Deus do universo, fonte de todo bem, derramai em nossos corações o vosso amor e estreitai os laços que nos unem convosco para alimentar em nós o que é bom e guardar com solicitude o que nos destes. Por nosso Senhor Jesus Cristo, vosso Filho, na unidade do Espírito Santo.

TERÇA-FEIRA

Ofício das Leituras

Primeira leitura
Do Livro do Profeta Jeremias   20,7-18

Ansiedade do profeta

[7] Seduziste-me, Senhor, e deixei-me seduzir;
foste mais forte, tiveste mais poder.

Tornei-me alvo de irrisão o dia inteiro,
todos zombam de mim.
⁸Todas as vezes que falo, levanto a voz,
clamando contra a maldade e invocando calamidades;
a palavra do Senhor tornou-se para mim
fonte de vergonha e de chacota o dia inteiro.
⁹Disse comigo: "Não quero mais lembrar-me disso
nem falar mais em nome dele".
Senti, então, dentro de mim um fogo ardente
a penetrar-me o corpo todo:
desfaleci, sem forças para suportar.
¹⁰Eu ouvi as injúrias de tantos homens
e os vi espalhando o medo em redor:
"Denunciai-o, denunciemo-lo".
Todos os amigos observavam minhas falhas:
"Talvez ele cometa um engano
e nós poderemos apanhá-lo
e desforrar-nos dele".
¹¹Mas o Senhor está ao meu lado, como forte guerreiro;
por isso, os que me perseguem
cairão vencidos.
Por não terem tido êxito,
eles se cobrirão de vergonha.
Eterna infâmia que nunca se apaga!
¹²Ó Senhor dos exércitos,
que provas o homem justo
e vês os sentimentos do coração,
rogo-te me faças ver tua vingança sobre eles;
pois eu te declarei a minha causa.
¹³Cantai ao Senhor, louvai o Senhor,
pois ele salvou a vida de um pobre homem
das mãos dos maus.
¹⁴Maldito o dia em que nasci;
não seja abençoado
o dia em que me deu à luz minha mãe.

¹⁵Maldito o homem que anunciou a meu pai:
"Nasceu-te um filho homem",
e congratulou-se alegremente com ele;
¹⁶assim como aquelas cidades
que o Senhor destruiu,
sem se arrepender,
assim esse homem, também, escute gritos de desespero
o dia inteiro,
¹⁷ele, que não me fez morrer no ventre materno,
de modo que minha mãe se tornasse meu sepulcro,
e sua matriz, gravidez eterna.
¹⁸Por que saí eu do ventre para a luz?
Para ver sofrimento e dor,
e se consumirem na vergonha os meus dias?

Responsório   Cf. Jr 20,10-11a; Sl 30(31),14
R. Sofri injúrias e ameaças dos que eram meus amigos:
  e, espreitando a minha queda, dizem eles entre si:
  Vinde, vamos, enganemo-lo e dele nos vinguemos.
  * Mas vós, Senhor, estais comigo
  qual guerreiro poderoso.
V. Ouço muitos cochichando contra mim,
  ao redor todas as coisas me apavoram;
  todos juntos se reúnem, conspirando
  e pensando como vão tirar-me a vida. * Mas vós.

Segunda leitura
Do Livro da Imitação de Cristo
                (Lib. 3,14)   (Séc. XV)

A verdade do Senhor permanece para sempre
  Trovejas sobre mim, Senhor, teus juízos; sacodes com temor e tremor meus ossos todos, e minha alma se apavora.
  Paro atônito e considero que até *os céus não são puros diante de teus olhos* (cf. Jó 15,15; 4,18).

Se *nos anjos encontraste maldade* e não os poupaste, que será de mim?

Caíram as estrelas do céu (cf. Ap 6,13), e eu, pó, a que me atrevo?

Aqueles, cujas obras pareciam excelentes, tombaram profundamente, e os que comiam o pão dos anjos passaram a se deleitar com as vagens dos porcos.

Não há santidade, Senhor, se retiras tua mão; nenhuma sabedoria será proveitosa, se desistires da tua orientação; força alguma conta, sem a tua conservação.

Pois, abandonados, afundamos e perecemos; mas, visitados, nos erguemos e vivemos.

Somos instáveis, por ti nos firmamos. Tíbios, por ti nos afervoramos.

Foi absorvida toda vanglória na profundeza de teus juízos sobre mim.

Que é a carne diante de ti? *Acaso se gloriará o barro contra quem o plasma?* (cf. Is 29,16).

Como poderá erguer-se com jactância o coração daquele que é submisso a Deus de verdade?

O mundo inteiro não consegue ensoberbecer aquele que a verdade conseguiu submeter; nem os lábios elogiosos de todos poderão abalar quem toda a sua esperança pôde em Deus firmar.

Pois aqueles que falam, nada dizem; passarão com o som das palavras; porém *a verdade do Senhor permanece para sempre* (Sl 116,2).

Responsório Sl 118(119),114-115.113

R. Vós **sois** meu prote**tor** e meu es**cu**do,
   vossa pa**la**vra para **mim** é espe**ran**ça.
 * Longe de **mim**, homens per**ver**sos! Afas**tai**-vos!
   Quero guar**dar** os manda**men**tos do meu **Deus**.
V. Eu de**tes**to os cora**ções** que são fingidos,
   mas muito **a**mo, ó S**e**nhor, a vossa **lei**. * Longe de **mim**.

Oração

Deus do universo, fonte de todo bem, derramai em nossos corações o vosso amor e estreitai os laços que nos unem convosco para alimentar em nós o que é bom e guardar com solicitude o que nos destes. Por nosso Senhor Jesus Cristo, vosso Filho, na unidade do Espírito Santo.

QUARTA-FEIRA

Ofício das Leituras

Primeira leitura
Do Livro do Profeta Jeremias   26,1-15

*Jeremias em perigo de vida por ter
vaticinado a ruína do templo*

¹No início do reinado de Joaquim, filho de Josias, rei de Judá, foi comunicada da parte do Senhor esta palavra, que dizia: ²"Assim fala o Senhor: Põe-te de pé no átrio da casa do Senhor e fala a todos os que vêm das cidades de Judá, para adorar o Senhor no templo, todas as palavras que eu te mandei dizer. Não retires uma só palavra, ³talvez eles as ouçam e voltem do mau caminho, e eu me arrependa da decisão de castigá-los por suas más obras. ⁴A eles então dirás: Isto diz o Senhor: Se não vos dispuserdes a viver segundo a lei que vos dei, ⁵a escutar as palavras dos meus servos, os profetas, que eu vos tenho enviado com solicitude e para vossa orientação, e que vós não tendes escutado, ⁶farei desta casa uma segunda Silo e farei desta uma cidade amaldiçoada por todos os povos da terra".

⁷Os sacerdotes e profetas e todo o povo presente ouviram Jeremias dizer estas palavras na casa do Senhor. ⁸Quando Jeremias acabou de dizer tudo o que o Senhor lhe ordenara falasse a todo o povo, prenderam-no os sacerdotes, os profetas e o povo, dizendo: "Este homem tem que morrer!

⁹Por que dizes, em nome do Senhor, a profecia: 'Esta casa será como Silo, e esta cidade será devastada e vazia de habitantes?'"

Todo o povo juntou-se contra Jeremias na casa do Senhor. ¹⁰Os maiorais de Judá tomaram conhecimento desses fatos, e da casa do rei vieram à casa do Senhor e postaram-se à entrada da Porta Nova do Templo. ¹¹Os sacerdotes e profetas dirigiram-se aos chefes e a todo o povo, dizendo: "Este homem foi julgado réu de morte, porque profetizou contra esta cidade, como ouvistes com vossos ouvidos". ¹²Disse Jeremias aos dignitários e a todo o povo: "O Senhor incumbiu-me de profetizar para esta casa e para esta cidade através de todas as palavras que ouvistes. ¹³Agora, portanto, tratai de emendar a vossa vida e as obras, ouvi a voz do Senhor, vosso Deus, que ele voltará atrás da decisão que tomou contra vós. ¹⁴Eu estou aqui, em vossas mãos, fazei de mim o que vos parecer conveniente e justo, ¹⁵mas ficai sabendo que, se me derdes a morte, tereis derramado sangue inocente contra vós mesmos e contra esta cidade e seus habitantes, pois em verdade o Senhor enviou-me a vós para falar tudo isso a vossos ouvidos".

Responsório   Jr 26,15a; Mt 27,24b
R. Ficai cientes de que, se me matardes,
 * Derramareis sangue inocente sobre vós
 e sobre os habitantes da cidade.
V. Pilatos lavou as suas mãos e disse perante a multidão:
 Sou inocente do sangue deste justo. * Derramareis.

Segunda leitura
Do Comentário sobre o Evangelho de João, de Orígenes, presbítero

(Tomus 10,20: PG 14,370-371)   (Séc. III)

Cristo falava do templo do seu corpo

Destruí este templo, e em três dias o reedificarei (Jo 2,19). Os apegados ao corpo e às coisas sensíveis, creio, parecem indicar os judeus, que, irritados por terem sido expulsos por Jesus, acusando-os de transformarem a casa do Pai em mercado de seus produtos, pedem um sinal. Por esse sinal devia Jesus justificar o seu procedimento e provar que era o Filho de Deus, o que eles na sua incredulidade não queriam admitir. Mas o Salvador ajuntou uma palavra sobre seu corpo, como se falasse daquele templo; aos que interrogavam: *Que sinal mostras para assim fazeres?*, responde: *Destruí este templo, e em três dias o reedificarei.*

Todavia ambos, tanto o templo como o corpo de Jesus, compreendidos como unidade, parecem-me ser figura da Igreja. Por ter sido edificada com pedras vivas; feita *casa espiritual para o sacerdócio santo* (1Pd 2,5). Edificada *sobre o fundamento dos apóstolos e dos profetas, sendo sua máxima pedra angular o Cristo Jesus* (Ef 2,20), existindo em verdade, como templo. Se, porém, por causa da palavra: *Vós sois o corpo de Cristo e membros uns dos outros* (1Cor 12,27), se entender serem destruídas e deslocadas as junturas e disposições das pedras do templo, como se lê no Salmo 21 sobre os ossos de Cristo, pelas ciladas das perseguições e tribulações e por aqueles que combatem a unidade do templo por contradições, levantar-se-á o templo e ressuscitará o corpo ao terceiro dia. Após o dia da maldade que pesa sobre ele, e após o dia da consumação que se seguir.

Seguirá de perto o terceiro dia do novo céu e da terra nova, quando esses ossos, quero dizer, toda a casa de Israel, serão reerguidos, no grande domingo, em que a morte é vencida. Assim, a ressurreição de Cristo depois da paixão contém o mistério da ressurreição do corpo total de Cristo. Como aquele corpo de Jesus, sensível, foi pregado na cruz, sepultado e depois ressuscitado, assim todo o corpo dos santos de Cristo com ele foi pregado na cruz e agora já não vive mais. Cada um deles, à semelhança de Paulo, não se gloria em coisa alguma a não ser na cruz de nosso Senhor

Jesus Cristo, por quem está crucificado para o mundo e o mundo para ele.

Por isto não apenas foi cada um de nós, junto com Cristo, pregado à cruz e crucificado para o mundo, mas também, junto com Cristo, sepultado: *Fomos consepultados com Cristo*, diz Paulo (Rm 6,4), e acrescenta como quem já recebeu as arras da ressurreição: *E com ele ressuscitamos* (cf. Rm 6,4).

Responsório   Cf. 1Cor 6,19-20; Lv 11,43a.44b

R. Vosso **corp**o é o **templ**o do Espírito **Sant**o,
que habita em **vós** e de **Deus** recebestes;
e por **isso** não **mais** perten**ceis** a vós **mesm**os,
pois **fost**es com**prad**os por **preç**o bem **alto**.
* Glorificai e trazei em vosso **corp**o o **Senhor**.

V. Não queirais contaminar-vos:
Sede santos, pois sou santo.
* Glorificai.

Oração

Deus do universo, fonte de todo bem, derramai em nossos corações o vosso amor e estreitai os laços que nos unem convosco para alimentar em nós o que é bom e guardar com solicitude o que nos destes. Por nosso Senhor Jesus Cristo, vosso Filho, na unidade do Espírito Santo.

QUINTA-FEIRA

Ofício das Leituras

Primeira leitura
Do Livro do Profeta Jeremias   29,1-14

Carta de Jeremias aos exilados de Israel

¹ São estas as palavras da carta que o profeta Jeremias enviou ao grupo de anciãos remanescentes da deportação,

aos sacerdotes e profetas e a toda a população que Nabucodonosor fizera transferir de Jerusalém para a Babilônia, ²depois que saíram de Jerusalém o rei Jeconias, a rainha e os eunucos, os principais mandatários de Judá e de Jerusalém, mestres de obras e artesãos. ³Foram portadores da carta Elasa, filho de Safã, e Gamarias, filho de Helcias, a caminho da Babilônia, em missão da parte de Sedecias, rei de Judá, junto de Nabucodonosor, rei da Babilônia:

⁴"Isto diz o Senhor dos exércitos, Deus de Israel, a todos os deportados, que fiz transferir de Jerusalém para a Babilônia: ⁵Construí vossas casas e instalai-vos, plantai hortas e alimentai-vos delas, ⁶recebei vossas mulheres e gerai filhos e filhas, dai esposas a vossos filhos e dai vossas filhas em casamento, para que procriem filhos e filhas e vos multipliqueis aí, e não fiqueis em pequeno número. ⁷Procurai o bem da cidade, para onde vos fiz transmigrar, e rezai por ela ao Senhor, pois em seu bem-estar se acha igualmente o vosso. ⁸Isto diz o Senhor dos exércitos, Deus de Israel: Não vos deixeis enganar por profetas que vivem no meio de vós, ou por adivinhos, nem presteis atenção aos vossos próprios sonhos; ⁹esses profetas presumem falar-vos falsamente em meu nome; eu não os enviei, diz o Senhor. ¹⁰Isto diz ainda o Senhor: Quando se completarem setenta anos de exílio na Babilônia, eu estarei de novo presente entre vós, a fim de realizar para todos minha palavra de bem-estar, reconduzindo-vos para este lugar. ¹¹Eu sei que pensamentos nutro acerca de vós, diz o Senhor, pensamentos de bem e não de mal, capazes de vos garantir posteridade e esperança. ¹²Vós me invocareis e podereis partir; vós me implorareis, e eu vos atenderei. ¹³Vós me procurareis e achar-me-eis, se me tiverdes procurado com todo o coração. ¹⁴Serei encontrado por vós, diz o Senhor, suspenderei o cativeiro e vos reunirei e recolherei de todos os povos e lugares para onde vos expulsei, diz o Senhor; e vos farei retornar ao lugar de onde vos fiz transferir".

Responsório
Sl 104(105),1a.4; cf. Eclo 2,11b

R. Dai **graças** ao **Se**nhor, gritai seu **nome**,
* Procu**rai** o Senhor **Deus** e seu **poder**,
  bus**cai** constante**men**te a sua **face**.
V. Sa**bei**, se alguém a **Deus** se confi**ou**,
  jamais desiludido ele fi**cou**. * Procu**rai**.

Segunda leitura

Início do Sermão sobre as Bem-aventuranças, de São Leão Magno, papa

(Sermo 95,1-2: PL 54,461-462) (Séc. V)

Imprimirei a minha lei em seu íntimo

Nosso Senhor Jesus Cristo, caríssimos, ia pregando o Evangelho do reino, curando as enfermidades por toda a Galileia, e a fama de seus prodígios se espalhava pela Síria inteira. Grandes multidões, vindas da Judeia, afluíam ao médico celeste. Lenta é para a ignorância humana a fé em crer no que não vê e esperar o que não conhece. Foram precisos, a fim de firmar na doutrina divina, os benefícios corporais e o estímulo dos milagres patentes. Pela experiência de seu tão benigno poder não duvidariam que sua doutrina traz a salvação.

Para passar das curas exteriores aos remédios interiores e depois da cura dos corpos à saúde das almas, o Senhor separou-se das turbas que o cercavam, subiu à solidão do monte vizinho. Chamou os apóstolos para formá-los com mais elevadas instruções do alto da cátedra mística. Pelo próprio lugar e qualidade do ato, significava ser o mesmo que se dignara outrora falar com Moisés. Lá na mais apavorante justiça, aqui com a mais divina clemência. *Eis que vêm dias, diz o Senhor, e firmarei com a casa de Israel e a casa de Judá um pacto novo. Depois daqueles dias, palavras do Senhor, porei minhas leis no seu íntimo e as escreverei em seus corações* (cf. Jr 31,31.33; cf. Hb 8,8).

Quinta-feira

Aquele, pois, que falara a Moisés, falou aos apóstolos. E, nos corações dos discípulos, a mão veloz do Verbo escrevia os decretos da nova Aliança. Sem nenhuma escuridão de nuvens envolventes, sem sons terríveis e relâmpagos. Sem estar o povo afastado do monte pelo terror, mas na límpida tranquilidade de uma conversa com os circunstantes atentos, a fim de remover a aspereza da lei pela brandura da graça e tirar o medo de escravo pelo espírito de adoção.

Qual seja a doutrina de Cristo, suas santas sentenças o demonstram. Elas dão a conhecer os degraus da jubilosa ascensão àqueles que desejam chegar à eterna beatitude. *Bem-aventurados os pobres em espírito, porque deles é o reino dos céus* (Mt 5,3). Seria talvez ambíguo a que pobres se referia a Verdade, se dissesse: *Bem-aventurados os pobres,* sem acrescentar nada sobre a espécie de pobres, parecendo bastar a simples indigência, que tantos padecem por pesada e dura necessidade, para possuir o reino dos céus. Dizendo porém: *Bem-aventurados os pobres em espírito,* mostra que o reino dos céus será dado àqueles que mais se recomendam pela humildade dos corações do que pela falta de riquezas.

Responsório
Sl 77(78),1-2

R. Es**cu**ta, ó meu **po**vo, a minha **lei**,
* Ouve a**ten**to as pa**la**vras que eu te **di**go.
V. Abri**rei** a minha **bo**ca em pa**rá**bolas,
os mis**té**rios do pas**sa**do lembra**rei**. * Ouve.

Oração
Deus do universo, fonte de todo bem, derramai em nossos corações o vosso amor e estreitai os laços que nos unem convosco para alimentar em nós o que é bom e guardar com solicitude o que nos destes. Por nosso Senhor Jesus Cristo, vosso Filho, na unidade do Espírito Santo.

SEXTA-FEIRA

Ofício das Leituras

Primeira leitura
Do Livro do Profeta Jeremias 30,18–31,9

Promessas de restauração de Israel

³⁰,¹⁸Isto diz o Senhor:
Eis que eu mudarei a sorte das tendas de Jacó
e terei compaixão de suas moradias,
a cidade ressurgirá das suas ruínas,
e a fortaleza terá lugar para suas fundações;
¹⁹de lá sairão cânticos de louvor e sons festivos.
Hei de multiplicá-los, eles não diminuirão;
hei de glorificá-los, eles não serão humilhados.
²⁰Teus filhos serão felizes como outrora,
e sua comunidade, estável na minha presença;
e agirei contra todos os que os molestarem.
²¹Para chefe será escolhido um dos seus,
e o soberano sairá do seu meio;
eu o incitarei, e ele se aproximará de mim.
Quem dará a vida
em penhor da sua aproximação de mim?
– diz o Senhor.
²²Sereis meu povo,
e eu serei vosso Deus.
²³Eis o vento do Senhor,
força que explode, tempestade que tomba;
termina sobre a cabeça dos ímpios.
²⁴Não recuará o Senhor de sua irada indignação,
enquanto não fizer realizar
seus profundos pensamentos;
entenderás estas coisas nos últimos tempos.
³¹,¹Naquele tempo,
diz o Senhor,

serei Deus para todas as tribos de Israel,
e elas serão meu povo.
² Isto diz o Senhor:
"Encontrou perdão no deserto
o povo que escapara à espada;
Israel encaminha-se para o seu descanso".
³ O Senhor apareceu-me de longe:
"Amei-te com amor eterno
e te atraí com a misericórdia.
⁴ De novo te edificarei, serás reedificada,
ó jovem nação de Israel;
de novo teus tambores ornarão as praças,
e sairás entre grupos de dançantes.
⁵ Hás de plantar vinhas
nos montes da Samaria;
os cultivadores hão de plantar
e também colher.
⁶ Virá o dia em que gritarão os guardas
no monte Efraim:
'Levantai-vos, vamos a Sião,
vamos ao Senhor, nosso Deus'.
⁷ Isto diz o Senhor:
Exultai de alegria por Jacó,
aclamai a primeira das nações;
tocai, cantai e dizei:
'Salva, Senhor, teu povo,
o resto de Israel'.
⁸ Eis que eu os trarei do país do Norte
e os reunirei desde as extremidades da terra;
entre eles há cegos e aleijados,
mulheres grávidas e parturientes:
são uma grande multidão os que retornam.
⁹ Eles chegarão entre lágrimas,
e eu os receberei entre preces;
eu os conduzirei por torrentes d' água,

por um caminho reto onde não tropeçarão,
pois tornei-me um pai para Israel,
e Efraim é o meu primogênito".

Responsório
Jr 31,6; Is 2,5

R. O **dia** chegará em que os **guar**das clamarão:
 * Levan**tai**-vos, levan**tai**-vos, e su**ba**mos a Si**ão**,
 ao Se**nhor** e nosso **Deus**!
V. Vinde, ó **ca**sa de Ja**có**, cami**nhe**mos sob a **luz**
 do Se**nhor** e nosso **Deus**. *Levan**tai**-vos.

Segunda leitura
Do Sermão sobre as Bem-aventuranças, de São Leão Magno, papa

(Sermo 95,2-3: PL 54,462) (Séc. V)

Bem-aventurados os pobres de espírito

Não há dúvida de que os pobres alcançam mais facilmente que os ricos o bem da humildade; estes, nas riquezas, a conhecida altivez. Contudo em muitos ricos encontra-se a disposição de empregar sua abundância não para se inchar de soberba, mas para realizar obras de benignidade; e assim eles têm por máximo lucro tudo quanto gastam em aliviar a miséria do trabalho dos outros.

A todo gênero e classe de pessoas é dado ter parte nesta virtude, porque podem ser iguais na intenção e desiguais no lucro; e não importa quanto sejam diferentes nos bens terrenos, se são idênticos nos bens espirituais. Feliz então a pobreza que não se prende ao amor das coisas transitórias, nem deseja o crescimento das riquezas do mundo, mas anseia por enriquecer-se com os tesouros celestes.

Exemplo de fidalga pobreza foi-nos dado primeiro, depois do Senhor, pelos apóstolos, que, abandonando igualmente todas as posses à voz do Mestre celeste, se transformaram, por célebre conversão, de pescadores de peixes em pescadores de homens (cf. Mt 4,19). Eles tornaram a muitos outros semelhantes a si, à imitação de sua fé, quando nos filhos da Igreja primitiva era um só o coração de todos e uma só a alma dos que criam (cf. At 4,32). Desapegados de todas as coisas e de suas posses, pela pobreza sagrada enriqueciam-se com os tesouros eternos. Segundo a pregação apostólica, alegravam-se por nada ter do mundo e tudo possuir com Cristo.

O santo apóstolo Pedro, subindo ao templo, respondeu ao entrevado que lhe pedia esmola: *Prata e ouro não possuo; mas o que tenho te dou: Em nome de Jesus Cristo Nazareno, levanta-te e anda* (At 3,6). Que de mais sublime do que esta humildade? E mais rico do que esta pobreza? Não tem os auxílios do dinheiro, mas tem os dons do espírito. Saíra ele paralítico do seio de sua mãe; com a palavra Pedro o curou. Quem não deu a efígie de César na moeda, reformou no homem a imagem de Cristo.

Com este rico tesouro não foi socorrido só aquele que recuperou o andar, mas ainda as cinco mil pessoas que naquele momento creram na exortação do Apóstolo por causa do milagre da cura (cf. At 4,4). E o pobre que não tinha para dar a um mendigo, distribuiu com tanta largueza a graça divina! Da mesma forma como estabeleceu a um só homem em seus pés, assim curou a tantos milhares de fiéis em seus corações e tornou saltitantes em Cristo aqueles que encontrara entrevados.

Responsório   Mt 5,1b-3; Is 66,2b
R. Os discípulos se achegaram a Jesus;
   ele, então, pôs-se a falar e os ensinava:
 * Felizes os pobres em espírito,
   porque deles é o Reino dos Céus.
V. O pobre é que atrai os meus olhares,
   o aflito e o de espírito abatido,
   quem perante minha palavra estremece. * Felizes.

Oração

Deus do universo, fonte de todo bem, derramai em nossos corações o vosso amor e estreitai os laços que nos unem convosco para alimentar em nós o que é bom e guardar com solicitude o que nos destes. Por nosso Senhor Jesus Cristo, vosso Filho, na unidade do Espírito Santo.

SÁBADO

Ofício das Leituras

Primeira leitura
Do Livro do Profeta Jeremias   31,15-22.27-34

Anúncio da salvação e de nova aliança

¹⁵Isto diz o Senhor:
"Ouviu-se uma voz em Ramá,
– voz de lamento, gemido e pranto –
de Raquel chorando seus filhos,
recusando-se a ser consolada,
pois eles não existem mais".
¹⁶Isto diz o Senhor:
"Sufoca o choro de tua voz,
enxuga as lágrimas dos olhos,
porque há uma recompensa para as tuas obras,
diz o Senhor;
eles voltarão da terra do inimigo.
¹⁷Resta-te uma última esperança,
diz o Senhor:
os filhos voltarão para a sua terra.
¹⁸Eu mesmo ouvi Efraim dizer, ao ser deportado:
'Castigaste-me, e fui castigado
como um novilho bravo;
converte-me, e eu me converterei,
tu és o Senhor, meu Deus.

¹⁹ Depois que me converteste,
fiz penitência;
depois que me abriste os olhos,
dei sinais de desgosto;
senti-me envergonhado, enrubesci,
sofri a humilhação de minha juventude'.
²⁰ Não é Efraim, para mim,
um filho de que me orgulho
ou uma criança por quem sinto ternura?
Desde que comecei a falar dele,
sempre procuro lembrar-me dele;
por sua causa, comoveu-se meu coração,
e eu prometo compadecer-me dele",
diz o Senhor.
²¹ Marca com pedras o teu percurso,
coloca sinais,
põe-te a caminho com coragem
pela estrada por onde sempre andaste;
retorna, jovem Israel,
retorna a estas tuas cidades.
²² Até quando andarás errante,
filha rebelde?
O Senhor criou algo de novo na terra:
a mulher corteja o marido.

²⁷ "Dias virão, diz o Senhor, em que espalharei na casa de Israel e na casa de Judá sementeiras de homens e de animais. ²⁸ E, assim como fui cuidadoso com elas para arrancar, podar e dispersar, para destruir e afligir, assim serei igualmente para edificar e plantar, diz o Senhor.

²⁹ Naqueles dias, não se ouvirá dizer:
'Os pais comeram uva azeda,
e os dentes dos filhos é que se embotaram',
³⁰ pois cada qual morrerá pelo seu pecado; todo aquele que comer uva azeda terá embotados os próprios dentes.

³¹Eis que virão dias, diz o Senhor, em que concluirei com a casa de Israel e a casa de Judá uma nova aliança; ³²não como a aliança que fiz com seus pais, quando os tomei pela mão para retirá-los da terra do Egito, e que eles violaram, mas eu fiz valer a força sobre eles, diz o Senhor. ³³Esta será a aliança que concluirei com a casa de Israel, depois desses dias, diz o Senhor: imprimirei minha lei em suas entranhas e hei de inscrevê-la em seu coração; serei seu Deus, e eles serão meu povo. ³⁴Não será mais necessário ensinar seu próximo ou seu irmão, dizendo: 'Conhece o Senhor!'; todos me reconhecerão, do menor ao maior deles, diz o Senhor, pois perdoarei sua maldade e não mais lembrarei o seu pecado".

Responsório   Sl 50(51),12.11
R. Criai em **mim** um cora**ção** que seja **pu**ro,
 * Dai-me de **no**vo um es**pí**rito deci**di**do.
V. Desvi**ai** o vosso **o**lhar dos meus pe**ca**dos
 e apa**gai** todas as **mi**nhas transgres**sões**. * Dai-me.

Segunda leitura
Do Sermão sobre as Bem-aventuranças, de São Leão Magno, papa
(Sermo 95,4-6: PL 54,462-464)   (Séc. V)

A bem-aventurança do reino de Cristo

Após ter proclamado a felicíssima pobreza, o Senhor acrescenta: *Bem-aventurados os que choram, porque serão consolados* (Mt 5,4). Estas lágrimas que têm a promessa da consolação eterna nada têm a ver com a comum aflição deste mundo; nem tornam bem-aventuradas as queixas arrancadas a todo o gênero humano. É outro o motivo dos gemidos dos santos, outra a causa das lágrimas felizes. A tristeza religiosa chora o pecado dos outros ou o próprio. Não se acabrunha porque se manifesta a divina justiça, mas dói-se do que se comete pela iniquidade humana. Sabe ser mais digno de lástima quem pratica a maldade do que quem a sofre, porque a maldade mergulha o injusto no castigo. A paciência leva o justo até à glória.

Em seguida diz o Senhor: *Bem-aventurados os mansos, porque possuirão a terra por herança* (Mt 5,5). Os mansos e quietos, humildes, modestos e aflitos a suportar toda injúria recebem a promessa de possuir a terra. Não se considere pequena ou sem valor esta herança, como se fosse diferente da celeste morada, pois não se entende que sejam outros a entrar no reino dos céus. A terra prometida aos mansos e a ser dada aos quietos é a carne dos santos, que, graças à humildade, será mudada pela feliz ressurreição e vestida com a glória da imortalidade, nada mais tendo de contrário ao espírito na harmonia de perfeita unidade. O homem exterior será então a tranquila e incorruptível possessão do homem interior.

Os mansos a possuirão numa paz perpétua, e nada diminuirá de sua condição, quando *o corruptível se revestir da incorruptibilidade e o mortal se cobrir com a imortalidade* (1Cor 15,54); a provação se mudará em prêmio, o ônus de outrora agora será honra.

Responsório   Mt 5,4.6.5

R. Felizes os que **cho**ram: Serão **to**dos conso**la**dos;
 * Felizes os fa**min**tos e se**den**tos de jus**ti**ça:
   Serão **to**dos sa**cia**dos.
V. Felizes são os **man**sos, pois a **ter**ra herda**rão**.
 * Felizes.

Oração

Deus do universo, fonte de todo bem, derramai em nossos corações o vosso amor e estreitai os laços que nos unem convosco para alimentar em nós o que é bom e guardar com solicitude o que nos destes. Por nosso Senhor Jesus Cristo, vosso Filho, na unidade do Espírito Santo.

23º DOMINGO DO TEMPO COMUM

III Semana do Saltério

I Vésperas

Cântico evangélico, ant.
Ano A Se o **teu** irmão pe**car**, corrige-o a **sós**.
         Se ele te **ou**vir, ganhas**te** o teu irmão.
Ano B Saindo Jesus das **terras** de **Tiro**,
         trouxeram a ele um **surdo** e **mudo**
         e pediram a ele impusesse suas **mãos**.
Ano C Se alg**uém** vem a **mim**, mas **não** tem a**mor**
         mais a **mim** que a si **mes**mo,
         não pode **ser** meu discípulo.

Oração

Ó Deus, pai de bondade, que nos redimistes e adotastes como filhos e filhas, concedei aos que creem no Cristo a verdadeira liberdade e a herança eterna. Por nosso Senhor Jesus Cristo, vosso Filho, na unidade do Espírito Santo.

Ofício das Leituras

Primeira leitura
Do Livro do Profeta Jeremias   37,21; 38,14-28

Jeremias encarcerado exorta o rei Sedecias à paz

Naqueles dias: ³⁷,²¹Ordenou o rei Sedecias que Jeremias fosse levado ao pátio da guarda e lhe fosse dado por dia um pedaço de pão, da rua dos Padeiros, até que fossem consumidos todos os pães da cidade. Assim Jeremias ficou no pátio da guarda.

³⁸,¹⁴Então o rei Sedecias mandou trazer Jeremias à sua presença, na terceira entrada que havia na casa do Senhor. Disse o rei a Jeremias: "Eu tenho uma pergunta a fazer-te, não me escondas nada". ¹⁵Disse Jeremias a Sedecias: "Acaso

não me matarás, se eu responder? E, se eu te der um conselho, não me ouvirás!" ¹⁶Jurou o rei Sedecias a Jeremias às escondidas, dizendo: "Juro pelo Senhor, que nos deu esta vida, que eu não te mandarei matar e não te entregarei nas mãos desses homens que te querem matar". ¹⁷Respondeu Jeremias a Sedecias: "Isto diz o Senhor dos exércitos, Deus de Israel: Se saíres ao encontro dos oficiais do rei da Babilônia, terás a vida salva, a cidade não será incendiada, sereis salvos tu e os de tua casa; ¹⁸mas, se não fores ao encontro dos oficiais do rei da Babilônia, a cidade será entregue aos caldeus, que a incendiarão, e tu não escaparás às suas mãos". ¹⁹Disse o rei Sedecias a Jeremias: "Estou preocupado com os judeus que se passaram aos caldeus; talvez eu seja entregue em suas mãos, e eles venham a maltratar-me". ²⁰Mas Jeremias respondeu: "Não te entregarão; ouve, por favor, a voz do Senhor no que te estou dizendo, e terás tudo favorável e a vida salva. ²¹Mas, se não quiseres ir, esta é a palavra que o Senhor me fez conhecer: ²²Todas as mulheres que ficaram na casa do rei de Judá serão levadas aos oficiais do rei da Babilônia, e elas dirão:

'Enganaram-te e prevaleceram contra ti
os teus bons amigos;
teus pés afundavam-se na lama,
enquanto eles se afastavam de ti'.

²³Todas as tuas mulheres e teus filhos serão levados aos caldeus, e não escaparás de suas mãos; antes, serás aprisionado pelo rei da Babilônia; e ele fará incendiar esta cidade". ²⁴Disse então Sedecias a Jeremias: "Que ninguém saiba deste encontro, só assim estarás salvo da morte. ²⁵Se chegar aos ouvidos dos meus oficiais que me encontrei contigo e vierem dizer-te: 'Conta-nos o que falaste ao rei e o que o rei te disse, não escondas nada, e nós não te mataremos', ²⁶responderás: 'Fui à presença do rei levar meu pedido para não ser devolvido à casa de Jônatas, onde eu seria morto'". ²⁷Efetivamente, todos os oficiais do rei foram ter com Jere-

mias e o interrogaram; mas ele respondeu conforme as instruções dadas pelo rei. Foi deixado em paz e nada transpirou do encontro. ²⁸Jeremias continuou no pátio da guarda até ao dia em que Jerusalém foi tomada.

Responsório   Cf. 2Cor 6,4-5a; cf. Jt 8,27
R. Recomendemo-nos em tudo, quais ministros do Senhor,
    na muita paciência, na opressão e privação,
  * Nas angústias e aflições, nos açoites, nas prisões.
V. Os que agradaram ao Senhor, suportaram aflições,
    permanecendo-lhe fiéis. * Nas angústias.

Segunda leitura
Do Sermão sobre as Bem-aventuranças, de São Leão Magno, papa

(Sermo 95,6-8; PL 54,464-465)   (Séc. V)

A sabedoria cristã

Em seguida diz o Senhor: *Bem-aventurados os que têm fome e sede de justiça, porque serão saciados* (Mt 5,6). Esta fome nada tem de corpóreo. Esta sede não busca nada de terreno. Mas deseja ser saciada com a justiça e, introduzida no segredo mais oculto, anseia por ser repleta do próprio Senhor.

Feliz espírito, faminto do pão da justiça e que arde por tal bebida. Na verdade não teria disso nenhuma cobiça, se não lhe houvesse provado a doçura. Ouvindo o espírito profético que lhe diz: *Provai e vede como é suave o Senhor* (Sl 33,9), tomou uma porção da altíssima doçura e inflamou-se pelo amor das castíssimas delícias. Abandonando todo o criado, acendeu-se-lhe o desejo de comer e beber a justiça e experimentou a verdade do primeiro mandamento: *Amarás o Senhor Deus de todo o teu coração, com toda a tua mente, com todas as tuas forças* (Dt 6,5; cf. Mt 22,37). Porque não são coisas diferentes amar a Deus e amar a justiça.

Por fim, como o interesse pelo próximo se une ao amor de Deus, também aqui o desejo da justiça é acompanhado pela virtude da misericórdia, e se diz: *Bem-aventurados os misericordiosos, porque deles terá Deus misericórdia* (Mt 5,7).

Reconhece, ó cristão, a dignidade de tua sabedoria e entende de que modo engenhoso foste chamado ao prêmio. A misericórdia te quer misericordioso, a justiça, justo, para que em sua criatura transpareça o Criador e no espelho do coração do homem refulja a imagem de Deus expressa pelas linhas da imitação. Firme é a fé dos que assim agem, teus desejos te acompanham e daquilo que amas gozarás sem fim.

Já que pela esmola tudo se faz puro para ti, chegas à bem-aventurança que é prometida como consequência. Diz o Senhor: *Bem-aventurados os puros de coração, porque verão a Deus* (Mt 5,8). Imensa felicidade, caríssimos, para quem se prepara tão grande prêmio. Que é, então, ter o coração puro? Entregar-se às virtudes acima descritas. Que inteligência poderá conceber e que língua proclamar quão grande seja a felicidade de ver a Deus? E, no entanto, isto acontecerá quando a natureza humana for transformada, de sorte que *não mais em espelho ou enigma, mas face a face* (1Cor 13,12), verá aquela Divindade que homem algum pôde ver tal qual é. E obterá *o que os olhos não viram, nem os ouvidos ouviram, nem subiu ao coração do homem* (1Cor 2,9), pelo gáudio indizível da eterna contemplação.

Responsório   Sl 30(31),20; 1Cor 2,9a

R. Como é **gran**de, ó S**enhor**, vossa bon**da**de
   que reser**vas**tes para a**que**les que vos **te**mem,
  * Para a**que**les que em **vós** se re**fu**giam.
V. O que os **o**lhos não **vi**ram nem ou**vi**dos ou**vi**ram
   nem ja**mais** pene**trou** na **men**te hu**ma**na
   foi o que **Deus** prepa**rou** para **to**dos que o **a**mam.
  * Para a**que**les.

HINO Te Deum, p. 543.

Laudes

Cântico evangélico, ant.

Ano A Se dois de **vós**, por sobre a **terra**,
se unirem para pe**dir** qualquer **coi**sa que quei**rais**,
será **da**do por meu **Pai**,
que está nos **céus**, diz o **Senhor**.

Ano B Olhando para o **céu**, Jesus deu um suspiro
e disse ao surdo-mudo:
"Efatá", ou seja: "Abre-te!"

Ano C Quem não carrega a sua **cruz**
e não **vem** atrás de **mim**,
não pode **ser** o meu discípulo.

Oração

Ó Deus, pai de bondade, que nos redimistes e adotastes como filhos e filhas, concedei aos que creem no Cristo a verdadeira liberdade e a herança eterna. Por nosso Senhor Jesus Cristo, vosso Filho, na unidade do Espírito Santo.

II Vésperas

Cântico evangélico, ant.

Ano A Onde estiverem dois ou **três** reu**ni**dos em meu **no**me,
eu es**tou** no meio **de**les, diz Jesus, nosso **Senhor**.

Ano B Ele **fez** tudo **bem**:
Fez os **sur**dos ouvirem e os **mu**dos falarem.

Ano C Quem **não** renunciar a tudo **a**quilo que pos**sui**,
não pode**rá** ser meu discípulo.

SEGUNDA-FEIRA

Ofício das Leituras

Primeira leitura
Do Livro do Profeta Jeremias   42,1-16; 43,4-7

Jeremias e o povo depois da tomada de Jerusalém

Naqueles dias:[42,1] Todos os comandantes de armas, entre eles Joanã, filho de Carea, e Azarias, filho de Osaías, gente do povo, grandes e pequenos, procuraram o profeta Jeremias e[2] disseram-lhe: "Estamos à tua frente, trazendo nossa oração para pedires ao Senhor, teu Deus, em favor deste resto do nosso povo, os poucos que sobramos de muitos que éramos, como teus olhos podem ver;[3] mostre-nos o Senhor, teu Deus, o caminho que devemos seguir e o que devemos fazer".[4] Disse-lhes o profeta Jeremias: "Ouvi o que dissestes, vou rezar ao Senhor, vosso Deus, conforme o vosso pedido; toda palavra que ele vos disser, vo-la comunicarei sem omitir nada".[5] Eles então disseram a Jeremias: "Seja o próprio Senhor testemunha de veracidade e fidelidade contra nós, se não cumprirmos tudo o que ele, o Senhor, teu Deus, te comunicar para nós.[6] Agradável ou não, obedeceremos à voz do Senhor, nosso Deus, junto de quem te enviamos, e seja bom para nós ouvir a voz do Senhor, nosso Deus".

[7] Ao completarem-se dez dias, foi dirigida a palavra do Senhor a Jeremias.[8] Este mandou chamar Joanã, filho de Carea, e os comandantes de armas, que estavam com ele, e todo o povo, grandes e pequenos,[9] e disse-lhes: "Isto diz o Senhor, Deus de Israel, junto a quem me enviastes, para levar vossas orações à sua presença:[10] Se concordais em permanecer neste país, eu vos consolidarei e não destruirei, plantarei e não extirparei; pois o castigo que vos infligi já me aplacou.[11] Não tenhais medo do rei da Babilônia, que tanto temestes; não tenhais medo dele, diz o Senhor, que eu estou convosco para salvar-vos e para livrar-vos de sua mão;

¹farei com que obtenhais suas graças, ele se compadecerá de vós e vos fará viver em vossa terra.

¹Se, porém, disserdes: 'Não queremos habitar neste país', e não ouvirdes a voz do Senhor, vosso Deus, ¹⁴e continuardes a afirmar: 'De modo algum, nós queremos ir embora para o Egito, onde não veremos mais guerra, não ouviremos som de trombeta nem sofreremos fome, e vamos aí residir'; ¹⁵então, neste caso, ouvi, resto do povo de Judá, ouvi a palavra do Senhor: isto diz o Senhor, Deus dos exércitos, Deus de Israel: Se tomardes o propósito de mudar-vos para o Egito e entrardes no país para aí residir, ¹⁶a espada, que tanto temeis, vos alcançará na terra do Egito, e a fome, que vos deixa tão aflitos, vos agarrará no Egito, e lá morrereis".

⁴³·⁴Joanã, filho de Carea, os comandantes de armas e todo o povo não obedeceram à ordem do Senhor para permanecerem na terra de Judá. ⁵Ao contrário, Joanã, filho de Carea, e os comandantes de armas, reunindo, à força, todos os remanescentes de Judá, que voltaram das nações, por onde antes se tinham dispersado, para estabelecer-se na terra de Judá, ⁶– homens e mulheres, crianças e filhas do rei, e todas as pessoas que Nabuzardã, chefe dos guardas caldeus, havia deixado com Godolias, filho de Aicam, (filho, este, de Safã) e ainda o profeta Jeremias e Baruc, filho de Nerias – partiram todos para a terra do Egito, pois não obedeceram à voz do Senhor. Chegaram, finalmente, a Táfnis.

Responsório   Jr 42,2b; Lm 5,3

R. Junto ao Se**nhor**, roga por **nós**, por este **res**to,
*Pois de **mui**tos somos **pou**cos que so**bra**mos.
V. Somos órfãos, **já** não temos **pai**,
nossas **mães** se tor**na**ram quais vi**ú**vas. *Pois.

Segunda leitura
Do Sermão sobre as Bem-aventuranças, de São Leão Magno, papa

(Sermo 95,8-9: PL 54,465-466) (Séc. V)

Grande paz para os que amam a tua lei

Com razão a bem-aventurança de ver a Deus é prometida aos corações puros. Pois os olhos imundos não podem ver o esplendor da verdadeira luz; será alegria das almas límpidas aquilo mesmo que será castigo dos corações impuros. Para longe então a fuligem das vaidades terrenas. Limpemos de toda iniquidade suja os olhos interiores, e o olhar sereno se sacie de tão maravilhosa visão de Deus.

Merecer tal coisa, penso eu, é o fito do que se segue: *Bem-aventurados os pacíficos, porque serão chamados filhos de Deus* (Mt 5,9). Esta bem-aventurança, caríssimos, não consiste em um acordo qualquer nem em qualquer concórdia. É aquela de que fala o Apóstolo: *Tende paz com Deus* (Rm 5,1) e o profeta: *Grande paz para os que amam tua lei e para eles não há tropeço* (Sl 118,165).

Mesmo os mais estreitos laços de amizade e uma igualdade sem falha dos espíritos não podem, na verdade, reivindicar para si esta paz, se não concordarem com a vontade de Deus. Estão fora da dignidade desta paz a semelhança na cobiça dos maus, as alianças pecaminosas, os pactos para o vício. O amor do mundo não combina com o amor de Deus, nem passa para a sociedade dos filhos de Deus quem não se separa da vida carnal. Quem sempre com Deus tem em mente *guardar com solicitude a unidade do espírito no vínculo da paz* (Ef 4,3), jamais discorda da lei eterna, repetindo a oração da fé: *Seja feita a tua vontade assim na terra como no céu* (Mt 6,10).

São estes os pacíficos, estes os unânimes no bem, santamente concordes, que receberão o nome eterno de *filhos de Deus, coerdeiros de Cristo* (cf. Rm 8,17). Porque o amor de Deus e o do próximo lhes obterão não mais sentir adversidades, não mais temer escândalo algum. Mas, terminado o combate de todas as tentações, repousarão na tranquila paz de Deus, por nosso Senhor que com o Pai e o Espírito Santo vive e reina pelos séculos dos séculos. Amém.

Responsório Cf. Is 38,3; cf. 1Jo 2,6; 5,3; 2,5

R. O **nosso** cora**ção** seja per**feito**
na pre**sença** do Se**nhor** e nosso **Deus**.
 * Cami**nhemos** de **acor**do com seus **planos**
 e guar**demos** os pre**cei**tos do Se**nhor**.
V. Amar a **Deus** é obser**var** seus manda**mentos**.
 *Cami**nhemos**.

Oração

Ó Deus, pai de bondade, que nos redimistes e adotastes como filhos e filhas, concedei aos que creem no Cristo a verdadeira liberdade e a herança eterna. Por nosso Senhor Jesus Cristo, vosso Filho, na unidade do Espírito Santo.

TERÇA-FEIRA

Ofício das Leituras

Primeira leitura
Início do Livro do Profeta Habacuc 1,1–2,4

Prece em momento de desolação

¹,¹Oráculo que o profeta Habacuc recebeu em visão.
²Senhor, até quando clamarei,
sem me atenderes?
Até quando devo gritar a ti: "Violência!",
sem me socorreres?
³Por que me fazes ver iniquidades,
quando tu mesmo vês a maldade?
Destruições e prepotência estão à minha frente;
reina a discussão, surge a discórdia.

⁴Por isso o ensinamento se enfraquece
e o direito jamais aparece!
Quando o ímpio ronda o justo,
o direito aparece torcido!
⁵"Olhai entre os povos e contemplai,
espantai-vos, admirai-vos!
Porque realizo em vossos dias uma obra
que não acreditaríeis, se fosse contada.
⁶Sim, eis que faço surgir os caldeus,
esse povo cruel e impetuoso,
que percorre a amplidão da terra
para conquistar habitações que não lhe pertencem.
⁷E, terrível e temível,
só dele procede o seu direito e a sua grandeza!
⁸Seus cavalos são mais rápidos que as panteras,
mais ferozes que lobos da estepe.
Seus cavalos galopam,
seus cavaleiros chegam de longe,
voam como a águia que se apressa para devorar.
⁹Acorrem todos para a violência,
sua face ardente é como um vento,
amontoam prisioneiros como areia!
¹⁰Ele zomba dos reis,
os chefes lhe são motivo de riso.
Ri de todas as fortalezas;
faz aterros e as toma!
¹¹Então, como o vento que mudou, ele passa
e faz de sua força o seu deus!"
¹²Acaso não existes desde o princípio, Senhor,
meu Deus, meu Santo,
que não haverás de morrer?
Senhor, puseste essa gente como instrumento de tua justiça;
criaste-a, ó meu rochedo, para exercer punição.
¹³Teus olhos são puros para não veres o mal;
não podes aceitar a visão da iniquidade.

Por que, então, olhando para os malvados
e vendo-os devorar o justo, ficas calado?
¹⁴Tratas os homens como os peixes do mar,
como os répteis, que não têm dono.
¹⁵O pescador pega tudo com o anzol,
puxa os peixes com a rede varredoura
e recolhe-os na outra rede;
com isso, alegra-se e faz a festa.
¹⁶Faz imolação por causa da sua malha,
oferece incenso por causa da sua rede,
porque com elas cresceu a captura de peixes
e sua comida aumentou.
¹⁷Será por isso que ele sempre desembainhará a espada,
para matar os povos, sem dó nem piedade?
²,¹Vou ocupar meu posto de guarda
e estarei de atalaia,
atento ao que me será dito
e ao que será respondido à minha denúncia.
²Respondeu-me o Senhor, dizendo:
"Escreve esta visão,
estende seus dizeres sobre tábuas,
para que possa ser lida com facilidade.
³A visão refere-se a um prazo definido,
mas tende para um desfecho e não falhará;
se demorar, espera,
pois ela virá com certeza e não tardará.
⁴Quem não é correto, vai morrer,
mas o justo viverá por sua fé".

Responsório Hb 10,37-38a.39

R. Falta apenas pouco tempo, e aquele que há de vir
vai chegar, não tardará.
* Todavia o meu justo viverá pela fé.
V. Nós não somos desertores para a nossa perdição;
somos gente que tem fé para a nossa salvação. * Todavia.

Segunda leitura
Dos Sermões de São Bernardo, abade

(Sermo 5 de diversis, 1-4: Opera Omnia, Edit. Cisterc. 6,1[1970]98-103) (Séc. XII)

*Estarei no meu posto de sentinela
para ouvir o que me diz o Senhor*

Lemos no Evangelho que, quando o Senhor em sua pregação convidava os discípulos a participarem do mistério de comer o seu corpo e também os exortava a comungar de sua paixão, alguns disseram: *É dura esta palavra*; e já não mais ficaram com ele. Interrogados os discípulos se também eles queriam ir-se embora, responderam: *Senhor, a quem iremos? Tu tens as palavras da vida eterna* (Jo 6,68).

Digo-vos, irmãos, que até hoje para alguns é evidente serem as palavras faladas por Jesus espírito e vida e por isso seguem-no. Para outros parecem duras, e vão em busca de outra miserável consolação. A Sabedoria as repete bem alto nas praças, na larga e espaçosa estrada que leva à morte, para chamar a si os que caminham por ela.

Até mesmo *Quarenta anos estive próximo desta geração e disse: Sempre se extraviam pelo coração* (Sl 94,10). Encontras também em outro salmo: *Uma vez falou Deus* (cf. Sl 61,12). Sim, uma vez, porque sempre. É um só e não alterado, mas contínuo e perpétuo seu falar.

Convida os pecadores a novamente entrarem em si, censura pelo erro do coração para que aí habite ele e aí fale, realizando aquilo que ensinou pelo profeta ao dizer: *Falai ao coração de Jerusalém* (Is 40,2).

Bem vedes, irmãos, como é proveitosa a exortação do Profeta a não endurecermos o coração, se ouvirmos hoje sua voz. Quase as mesmas palavras podeis ler no Evangelho e no Profeta. Ali diz o Senhor: *Minhas ovelhas ouvem minha voz* (Jo 10,27). E o santo Davi no salmo: *Seu povo* (do Senhor, sem dúvida) *e ovelhas de suas pastagens, hoje, se ouvirdes sua voz, não endureçais os vossos corações* (Sl 94,7-8).

Escuta, por fim, o profeta Habacuc, como não disfarça a censura do Senhor, mas se entrega a contínua e solícita reflexão sobre ela: *Estarei de atalaia, fincarei pé no meu reduto para ver o que me dirá e o que responderei a quem me repreende* (Hab 2,1). Também nós, irmãos, suplico, estejamos de atalaia, porque o tempo é de luta.

Entremos em nossos corações, onde Cristo habita, comportando-nos com justiça e prudência, de tal forma, porém, que não ponhamos em nós mesmos a confiança nem nos apoiemos em tão frágil proteção.

Responsório
Sl 17(18),23; 18(19),9; 1Jo 2,5

R. Tive sempre à minha frente os seus preceitos
e de mim não afastei sua justiça.
* Os preceitos do Senhor são precisos,
alegria ao coração.
O mandamento do Senhor é brilhante,
para os olhos é uma luz.
V. O amor de Deus se realiza em todo aquele
que guarda sua palavra fielmente.* Os preceitos.

Oração
Ó Deus, pai de bondade, que nos redimistes e adotastes como filhos e filhas, concedei aos que creem no Cristo a verdadeira liberdade e a herança eterna. Por nosso Senhor Jesus Cristo, vosso Filho, na unidade do Espírito Santo.

QUARTA-FEIRA

Ofício das Leituras

Primeira leitura
Do Livro do Profeta Habacuc
2,5-20

Maldições contra os opressores

⁵ As riquezas enganam o homem arrogante,
e ele não permanecerá,

ainda que escancare as fauces como o Xeol
e seja insaciável como a morte;
ainda que reúna para si todas as nações
e congregue em seu redor todos os povos!
⁶Não entoarão, todos eles, uma sátira contra ele?
Não lhe dirigirão enigmas? Dirão:
Ai de quem acumula o que não é seu – até quando? –
e se carrega de penhores!
⁷Não se levantarão, de repente, os teus credores,
não despertarão os exatores?
Tu serás a sua presa.
⁸Porque saqueaste numerosas nações,
tudo o que resta dos povos te saqueará,
por causa dos assassinatos e da violência feita ao país,
à cidade e a todos os habitantes!
⁹Ai do que ajunta ganhos injustos para sua casa
para colocar bem no alto seu ninho,
para escapar à mão da desgraça!
¹⁰Decidiste a vergonha para tua casa:
destruindo muitas nações,
pecaste contra ti mesmo.
¹¹Sim, a pedra do muro gritará,
e as vigas do madeiramento responderão.
¹²Ai do que constrói uma cidade com sangue
e funda uma capital na injustiça!
¹³Não vem do Senhor Todo-poderoso
que os povos trabalhem para o fogo
e que as nações se esforcem em vão?
¹⁴Porque a terra será repleta
do conhecimento da glória do Senhor,
como as águas enchem o mar!
¹⁵Ai do que faz beber o seu próximo
e mistura seu veneno até embriagá-lo
para ver sua nudez!
¹⁶ Ficaste saciado de ignomínia e não de glória!
Bebe, pois, tu também, e mostra a tua nudez.

Volta-se para ti a taça da direita do Senhor
e, após a tua glória, a infâmia!
¹⁷ Porque a violência contra o Líbano recairá sobre ti,
e a matança de animais te causará horror,
por causa dos assassinatos e da violência feita ao país,
à cidade e a todos os habitantes!
¹⁸ De que serve uma escultura
para que o seu artista a esculpa?
Um ídolo de metal, um mestre de mentiras,
para que nele confie o seu artista,
construindo ídolos mudos?
¹⁹ Ai daquele que diz à madeira: "Desperta!",
à pedra muda: "Acorda!"
Será que ele deve ensinar?
Ei-lo revestido de ouro e prata,
mas não há sopro de vida em seu seio.
²⁰ Mas o Senhor está no seu templo santo:
silêncio em sua presença, terra inteira!

Responsório   Rm 2,12; 3,23; 11,32

R. Todos aqueles que pecaram sem a Lei,
   também sem Lei perecerão.
   Todos aqueles que pecaram tendo a Lei,
   pela Lei serão julgados.
 * Pois todos os homens pecaram
   e carecem da glória de Deus.
V. Deus submeteu os homens todos ao pecado,
   para mostrar misericórdia a todos eles. * Pois todos.

Segunda leitura
Dos Sermões de São Bernardo, abade

(Sermo 5 de diversis, 4-5: Opera omnia.
Edit. Cisterc. 6,1[1970]103-104)   (Séc. XII)

Os graus da contemplação

Firmemos os pés no reduto, na pedra solidíssima, apoiados com todas as forças em Cristo, como está escrito:

Firmou meus pés sobre a pedra e dirigiu meus passos (Sl 39,3). Assim firmes e estáveis contemplemos para ver o que nos dirá e o que responderemos ao que nos repreende.

O primeiro grau da contemplação é então este, caríssimos, que consideremos sem cessar o que quer o Senhor, o que lhe agrada, aquilo que é aceito diante dele. E, já que *em muitas coisas todos nós faltamos* (Tg 3,2) e nossa força vai de encontro à retidão de sua vontade, sem poder unir-se ou adaptar-se a ela, humilhemo-nos sob a poderosa mão do Deus altíssimo e procuremos mostrar-nos bem miseráveis aos olhos de sua misericórdia, dizendo: *Cura-me, Senhor, e ficarei curado; salva-me, e serei salvo* (Jr 17,14), e ainda: *Senhor, tem compaixão de mim, cura minha alma, porque pequei contra ti* (Sl 40,5).

Com o olhar do coração purificado por estes pensamentos, já não nos entretemos com nosso espírito na amargura, porém, muito mais com o espírito divino com grande atrativo. Não refletimos mais sobre a vontade de Deus em nós e sim no que ela é em si mesma.

Na vontade de Deus se encontra a vida (Sl 29,6 Vulg.). Por isto não duvidamos de que, em tudo, o mais útil e fácil para nós é aquilo que é conforme a sua vontade. Então com a mesma solicitude com que desejamos conservar a vida de nossa alma, não nos desviemos dela, na medida do possível.

Enfim, tendo-nos adiantado um pouco no exercício espiritual, guiados pelo Espírito, perscrutador das profundezas de Deus, pensemos na suavidade do Senhor, como é bom em si mesmo. Com o profeta, roguemos ver a vontade de Deus e visitar já não mais nosso coração, mas seu templo; dizendo contudo: *Dentro de mim, minha alma está perturbada: por isso lembrar-me-ei de ti* (Sl 41,7).

Nestes dois pontos consiste toda a nossa vida espiritual: olhando para nós, nos perturbemos e entristeçamos, para nossa salvação; e respiremos desafogados na consideração das coisas divinas, para recebermos a consolação na alegria do Espírito Santo. De lá nos venha o temor e a humildade, e, daqui, brote em nós a esperança e a caridade.

Responsório   Cf. Sl 110(111),10; Sb 6,18a; Eclo 19,18b

R. Temer a **Deus** é o prin**c**ípio do sa**ber**,
e é **sábio aque**le que o pratica.
* Permanece eternamente o seu louvor.
V. Toda a sabedoria consiste em respeitar o Senhor,
e sabedoria não há sem observância da Lei.
* Permanece.

Oração

Ó Deus, pai de bondade, que nos redimistes e adotastes como filhos e filhas, concedei aos que creem no Cristo a verdadeira liberdade e a herança eterna. Por nosso Senhor Jesus Cristo, vosso Filho, na unidade do Espírito Santo.

QUINTA-FEIRA

Ofício das Leituras

Primeira leitura
Início do Livro das Lamentações   1,1-12.18-20

Desolação de Jerusalém

¹ Como ficou deserta
uma cidade tão populosa!
Está como viúva
a senhora das nações;
a princesa das províncias
tem de sujeitar-se ao tributo.
² À noite geme e chora,
e as lágrimas lhe descem pelo rosto;
não há quem a console
dentre os entes queridos:

todos os amigos a desprezaram
e se tornaram seus inimigos.
³Judá teve de emigrar, por causa
de tantos sofrimentos na servidão;
vive entre nações,
mas não encontra paz:
todos os seus perseguidores
lhe causam aflições.
⁴Choram os caminhos de Sião,
porque não há quem venha às suas festas;
destruídas estão suas portas,
os sacerdotes soluçam,
as moças estão tristes,
e ela, coberta de amargura.
⁵Seus inimigos tornaram-se senhores,
seus adversários vivem tranquilos,
porque o Senhor a puniu,
em razão de seus muitos crimes;
as crianças, feitas escravas,
são conduzidas diante do perseguidor.
⁶Desapareceu da cidade de Sião
toda a sua beleza;
seus príncipes, como cervos
à míngua de pastagens,
fugiram sem forças
diante do caçador.
⁷Em dias de aflição e vida errante,
Jerusalém lembra
todas aquelas delícias
que teve em tempos passados;
depois o povo caiu nas mãos do inimigo,
sem que ninguém o socorresse;
os inimigos olham para ela
e riem-se do seu desastre.
⁸Jerusalém cometeu um pecado,

por isso tornou-se repugnante;
todos os que a glorificavam
hoje a desprezam,
sabendo de sua infâmia,
enquanto ela geme,
voltando-se para trás.
⁹A marca do luto está na orla do vestido,
ela não podia prever este fim;
ficou grandemente abatida
e não teve um arrimo consolador.
"Vê, Senhor, a minha angústia
e o tripúdio do inimigo!"
¹⁰O inimigo apropriou-se
de tudo que ela possuía de precioso,
ela viu estrangeiros
entrarem no santuário,
os que tu havias proibido
de entrarem em tua assembleia.
¹¹Geme todo o povo da cidade
à procura de pão;
por alimento dão joias e tudo
para se manterem vivos.
"Vê, Senhor, olha
como estou acabrunhada!
¹²Ó vós todos que passais pelo caminho,
parai um instante e vede
se há dor igual à minha dor,
que o Senhor me reservou
e com que me aflige
no dia de sua indignação.
¹⁸O Senhor é justo,
eu é que me rebelei contra a sua palavra.
Ouvi, povos todos, eu vos peço,
e vede a minha dor:
minhas filhas e meus filhos

foram levados em cativeiro.
¹⁹Chamei os meus amigos,
e eles decepcionaram-me;
os sacerdotes e os anciãos
desfaleceram na cidade,
ao procurar um pouco de alimento
para matar a fome.
²⁰Vê, Senhor, como estou sofrendo;
fervem minhas entranhas,
o meu coração sofre convulsões,
sinto que fui muito rebelde;
perdi filhos em guerras externas,
e aqui dentro campeia a morte".

Responsório   Cf. Jó 16,16; cf. Lm 1,16b.18b
R. Escureceram-se meus olhos pelo pranto,
   pois quem me consolava se afastou.
   Olhai, todos os povos, e observai,
 * Se há dor semelhante à minha dor.
V. Ó vós todos que passais pelo caminho,
   olhai com atenção e contemplai. * Se há dor.

Segunda leitura
Do Comentário sobre os Salmos, de São Bruno, presbítero
(Ps 83: edit. Cartusiae de Pratis, 1891,376-377)   (Séc. XI)

Se me esquecer de ti, Jerusalém

Quão diletos são teus tabernáculos! Minha alma anseia por chegar aos átrios do Senhor (Sl 83,2 Vulg.), à amplidão da celeste Jerusalém, à cidade do Senhor.

Mostra o salmista por que tanto aspira pelos átrios do Senhor. É por isto, ó Senhor, que és Deus dos exércitos celestes, meu rei e meu Deus, é porque *felizes são os que habitam em tua casa* (Sl 83,5), na Jerusalém celeste. Como se dissesse: Quem não desejaria com ardor chegar a teus átrios, se és Deus, o Criador, Senhor dos exércitos e rei, e se todos são *felizes, os que habitam em tua casa?* Átrios e casa têm aqui o mesmo sentido. Por dizer *felizes*, indica que terão tanta beatitude quanto se possa imaginar. E vê-se também serem felizes porque *te louvarão* por um amor de entrega *pelos séculos dos séculos* (cf. Sl 83,5), isto é, eternamente. Pois não louvariam eternamente a não ser que eternamente fossem felizes.

Ninguém por suas forças pode alcançar esta beatitude, mesmo que tenha fé, esperança e amor. Mas feliz *é aquele homem*, quer dizer, unicamente chega a esta felicidade aquele *cujo auxílio vem de ti* (Sl 83,6) para as ascensões da beatitude propostas em seu coração. Vale dizer: Só se pode afirmar que chegará à beatitude quem, tendo preparado o coração para elevar-se a esta felicidade por muitas ascensões de virtudes e de boas obras, recebe auxílio de tua graça.

Por si mesmo ninguém se eleva. O Senhor mesmo o atesta: *Ninguém subiu ao céu,* por si mesmo, *a não ser o Filho do Homem que está no céu* (Jo 3,13).

Digo que preparou ascensões por estar *no vale de lágrimas* (Sl 83,6.7 Vulg.), nesta vida, humilde e cheia de lágrimas das tribulações, em comparação com a outra vida, chamada monte e repleta de alegrias.

Por ter dito *feliz o homem cujo auxílio vem de ti*, poderá alguém perguntar: Acaso Deus auxiliará para isto? A resposta será: Verdadeiramente o auxílio para os felizes vem de Deus. Porque o legislador, Cristo, que nos deu a lei, dá e dará continuamente as bênçãos, os múltiplos dons da graça com que abençoa os seus, quer dizer, erguerá até à beatitude. Por estas bênçãos *irão de virtude em virtude*, subindo sempre. E no futuro, na Sião celeste, ver-se-á Cristo. Deus dos deuses, aquele que, por ser Deus, deifica os seus. Ou, sendo eles Sião, ali se verá espiritualmente o Deus dos deuses, o Deus Trindade. É o mesmo que dizer: Pela inteligência verão em si a Deus que aqui não pode ser visto, porque *Deus será tudo em todos* (cf. 1Cor 15,28).

Responsório

1Jo 3,2-3

R. Irmãos, desde **já** somos **fi**lhos de **Deus**
e ainda **não** se mos**trou** o que havemos de **ser**.
* Sabemos que, **quan**do se **manifes**t**ar** Jesus, o Senhor,
nós havemos de **ser** seme**lhan**tes a ele,
porque o ve**re**mos tal **qual** ele **é**.
V. Todo a**que**le que **vi**ve com **es**ta esperança,
fica **purifi**cado, como ele é **pu**ro. * Sabemos.

Oração

Ó Deus, pai de bondade, que nos redimistes e adotastes como filhos e filhas, concedei aos que creem no Cristo a verdadeira liberdade e a herança eterna. Por nosso Senhor Jesus Cristo, vosso Filho, na unidade do Espírito Santo.

SEXTA-FEIRA

Ofício das Leituras

Primeira leitura

Do Livro das Lamentações

3,1-33

Lamentação e esperança

¹Sou um homem que vejo a minha miséria,
como punição da ira de Deus.
²Ele me levou a caminhar
nas trevas, e não na luz.
³Somente contra mim
não cessa de levantar a mão
o dia inteiro.
⁴Destruiu minha pele e minha carne,
quebrou os meus ossos.
⁵Ocupou minha vizinhança
e rodeou-me de fel e de aflição.
⁶Fez-me habitar na escuridão,
como fez aos que estão mortos para sempre.

⁷Cercou-me de muros para eu não escapar,
reforçou minhas algemas.
⁸Mesmo que eu clame e rogue,
ele rejeita minha oração.
⁹Fechou meu caminho com pedras,
obstruiu minha passagem.
¹⁰Tornou-se para mim um urso de tocaia,
um leão escondido.
¹¹Obstruiu, sim, meu caminho e me abateu,
deixou-me arrasado.
¹²Retesou o arco e me pôs
como alvo de suas flechas.
¹³Cravou-me nos rins
as flechas de sua aljava.
¹⁴Tornei-me o gracejo de todo o povo,
sua cantiga de todo dia.
¹⁵Encheu-me de amargura,
embriagou-me com absinto.
¹⁶Quebrou-me os dentes com cascalho,
cobriu-me de cinza.
¹⁷Minha vida distanciou-se da paz,
estou esquecido de seus bens.
¹⁸Disse para mim mesmo:
"Acabou-se o meu vigor,
minha esperança ausentou-se do Senhor".
¹⁹Lembra-te de minha miséria e de meus extravios,
amargos como fel e absinto.
²⁰Remorde-me a memória,
vai-se consumindo a minh'alma.
²¹Revolverei essas coisas no espírito,
por isso continuo esperando.
²²É pela bondade do Senhor que não fomos destruídos,
não se esgotou a sua misericórdia;
²³cada manhã ela se renova;
grande é tua fidelidade, Senhor.

²⁴ Diz minh'alma: "O Senhor é minha herança,
por isso, espero por ele".
²⁵ O Senhor é bondoso para quem nele confia,
para a alma que o procura.
²⁶ É bom aguardar em silêncio
a salvação que vem de Deus.
²⁷ É bom para o homem sofrer o jugo
na sua mocidade.
²⁸ Quando isto lhe é imposto,
queda-se em solidão e em silêncio.
²⁹ Deita-se com o rosto no chão,
implorando a esperança.
³⁰ Oferece o rosto a quem o espanca,
sacia-se de opróbrios.
³¹ É certo que o Senhor a ninguém
repele para sempre.
³² Se ele aflige, também se compadece
com infinitos gestos de misericórdia.
³³ Humilhar e afligir os homens
não procede do seu coração.

Responsório   Lm 3,52.54b.56a.57b.58; At 21,13b

R. Os que **são** meus ini**mi**gos me pren**de**ram sem mo**ti**vo;
e eu **dis**se a mim **mes**mo: Estou per**di**do, ó Se**nhor**!
Mas ou**vis**tes minha **voz**
* E dis**ses**tes: Não re**cei**es!
De**fen**des**tes minha **cau**sa, Reden**tor** da minha **vi**da.
V. Estou **pron**to não apenas para **ser** encarce**ra**do,
mas tam**bém** para mor**rer** pelo **no**me de Jesus.
* E dis**ses**tes.

Segunda leitura

Dos Sermões do Bem-aventurado Isaac, Abade do Mosteiro de Stella

(Sermo 11: PL 194,1728-1729) (Séc. XII)

Cristo não quer perdoar nada sem a Igreja

Duas são as coisas que só a Deus convêm: a honra do louvor e o poder de perdoar. O louvor somos nós que lhe damos; o perdão, dele nós esperamos. Pertence somente a Deus perdoar os pecados; por isso deve ser louvado. Mas, tendo desposado o onipotente a fraqueza, o excelso, a humildade, da escrava fez uma rainha; aquela que estava atrás, a seus pés, colocou-a a seu lado. Pois de seu lado saiu, de onde a tomou para si como penhor. Tudo quanto é do Pai é do Filho, e o que é do Filho é do Pai, por serem um só por natureza. De modo semelhante, tudo quanto era seu deu o esposo à esposa, e tudo da esposa o esposo tomou para si; e dela, unida a si, e do Pai fez também um só. *Quero,* disse o Filho ao Pai, intercedendo pela esposa, *que, assim como eu e tu somos um, também estes sejam um conosco* (cf. Jo 17,21).

Por conseguinte, o esposo com o Pai são um só, com a esposa é um. Rejeitou quanto de contrário encontrou na esposa, pregando-o na cruz, e aí carregou seus pecados no madeiro e pelo madeiro o destruiu. O que era conforme à natureza e próprio dela, assumiu, e dele se revestiu. O que lhe era próprio e divino, isto lhe concedeu. Expeliu o diabólico, assumiu o humano, concedeu o divino, para que tudo o que era da esposa fosse do esposo. É a razão por que aquele, que não cometeu pecado nem se encontrou engano em sua boca, pode dizer: *Tem piedade de mim, Senhor, porque estou enfermo* (Sl 6,3). E quem tem a enfermidade da esposa, tenha também o pranto, e seja tudo do esposo e da esposa. Donde a honra do louvor e o poder do perdão; por isto devia dizer: *Vai, mostra-te ao sacerdote* (Mt 8,4).

Portanto, sem Cristo nada pode a Igreja perdoar; nada quer Cristo perdoar sem a Igreja. A Igreja não pode perdoar a não ser ao penitente, isto é, àquele a quem Cristo tocou. Cristo não quer ter por perdoado aquele que despreza a Igreja. *O que Deus uniu, o homem não separe. Digo eu, é grande este sacramento no Cristo e na Igreja* (Mt 19,6; Ef 5,32).

Não queiras, pois tirar do corpo a cabeça, de forma que em parte alguma haja o Cristo total: nem em parte alguma, o Cristo total sem a Igreja nem a Igreja toda sem Cristo em parte alguma. Pois Cristo completo e íntegro, entende-se cabeça e corpo, por isto diz: *Ninguém subiu ao céu a não ser o Filho do Homem, que está no céu* (Jo 3,13). É este o único homem que perdoa os pecados.

Responsório Jo 17,20b.21a.22.18
R. Eu te **peço** por **aque**les que por **e**les hão de **crer**,
  para que **to**dos sejam **um**,
  como **tu** estás em **mim** e **eu** estou em **ti**.
 * Para que **e**les sejam **um** como **nós** o somos, **Pai**.
V. Como ao **mun**do me envi**as**te, também **eu** os envi**ei**.
 * Para que **e**les.

Oração
Ó Deus, pai de bondade, que nos redimistes e adotastes como filhos e filhas, concedei aos que creem no Cristo a verdadeira liberdade e a herança eterna. Por nosso Senhor Jesus Cristo, vosso Filho, na unidade do Espírito Santo.

SÁBADO

Ofício das Leituras

Primeira leitura
Do Livro das Lamentações   5,1-22

Prece pela libertação do povo

¹Lembra-te, Senhor, do que nos aconteceu,
vê e considera a nossa humilhação.
²Nossa herança passou a estrangeiros,
nossa habitação, a desconhecidos.
³Estamos órfãos de pai,
nossas mães estão viúvas.
⁴Pagamos para beber nossa água,
compramos a dinheiro nossa lenha.
⁵Suportamos canga no nosso pescoço,
cansados, não nos dão repouso.
⁶Demos as mãos a egípcios e assírios,
para abastecer-nos de pão.
⁷Nossos pais pecaram e já não existem,
mas nós sofremos o peso de suas culpas.
⁸Escravos são os que dominam sobre nós;
ninguém nos liberta de suas mãos.
⁹Conseguimos pão com risco de vida,
enfrentando a espada na orla do deserto.
¹⁰Nossa pele enrugou-se como ao forno
pelo ardor da fome.
¹¹Em Sião foram desonradas as mulheres,
e as jovens na cidade de Judá.
¹²Fizeram enforcar nossos chefes;
não respeitaram a idade de nossos anciãos.
¹³Os jovens tinham de girar a mó do moinho,
e os meninos, de carregar lenha.
¹⁴Os anciãos não mais comparecem às portas,
os jovens não frequentam o coro de música.

¹⁵Acabou a alegria do nosso coração,
o nosso canto degenerou em tristeza.
¹⁶Caiu a coroa da nossa cabeça;
ai de nós, que pecamos.
¹⁷Por isso tudo, está triste o nosso coração,
por isso, meus olhos perderam o brilho:
¹⁸pois que o monte Sião está devastado,
por lá andam à solta as raposas.
¹⁹Mas tu, Senhor, permaneces para a eternidade,
e o teu trono subsiste de geração em geração.
²⁰Por que esquecer-te de nós, sempre,
e abandonar-nos por tanto tempo?
²¹Atrai-nos para ti, Senhor,
e para ti nós nos voltaremos;
faze-nos reviver os dias de outrora.
²²A não ser que nos rejeitaste totalmente,
não estás irritado demais conosco?

Responsório   Lm 5,19a.20a.21a; Mt 8,25b
R. Vós, Senhor, permaneceis eternamente;
por que nos esqueceis perpetuamente?
* Ó Senhor, reconduzi-nos para vós,
e para vós nós voltaremos convertidos.
V. Salvai-nos, ó Senhor, que perecemos!* Ó Senhor.

Segunda leitura
Dos Sermões de Santo Atanásio, bispo
(Oratio de incarnatione Verbi, 10: PG 25,111-114)
(Séc. IV)

Renova os nossos dias como no princípio
   Deus Verbo do excelso Pai não abandonou a natureza dos homens que descambava para a corrupção. Mas, pela oblação do próprio corpo destruiu a morte em que haviam incorrido, corrigiu pela doutrina sua indignidade e tudo de humano restaurou.

Poderá confirmar tudo isto pela autoridade dos teólogos, discípulos de Cristo, quem quer que leia o que dizem: *A caridade de Cristo nos urge, sabendo que, se um morreu por todos, logo todos estão mortos; e por todos morreu ele para que não mais vivamos para nós mesmos, mas para aquele que por nós morreu e ressuscitou dos mortos, nosso Senhor Jesus Cristo* (cf. 2Cor 5,14-15). E de novo: *Aquele que foi colocado por pouco tempo abaixo dos anjos, Jesus, nós o vemos coroado de glória e de honra, por causa dos sofrimentos da morte, para que, pela graça de Deus, provasse a morte em favor de todos* (Hb 2,9). Mais adiante, dá a razão por que ao Deus Verbo e só a ele convinha fazer-se homem: *Convinha que o autor da salvação, para quem tudo e por quem tudo foi feito, e que levaria muitos filhos à glória, chegasse à consumação pela paixão* (Hb 2,10). Por estas palavras significa não competir a outro que não ao Deus Verbo, por quem foram criados no início, arrancar os homens da corrupção.

Foi este o motivo por que o Verbo aceitou um corpo, a fim de se tornar vítima em favor dos corpos semelhantes; também isto se afirma pelos seguintes dizeres: *Os filhos têm em comum a carne e o sangue; ele de igual modo deles participou, para destruir por sua morte aquele que detinha o império da morte, isto é, o diabo, e libertar os que pelo temor da morte eram sujeitos à escravidão durante toda a vida* (Hb 2,14-15). Na verdade, imolando o próprio corpo, pôs fim à lei decretada contra nós e para nós renovou o princípio da vida, dando a esperança de ressurgirmos.

A morte recebera dos homens o poder contra os homens; pelo Verbo de Deus enviado aos homens, veio a destruição da morte e a ressurreição da vida, como disse o varão repleto de Cristo: *Porque por um homem entrou a morte e por um homem, a ressurreição dos mortos. Pois, como em Adão todos morrem, assim em Cristo todos serão vivificados* (1Cor 15,21-22) e o que se segue. Já não mais morremos para nosso castigo, mas como os que serão despertados dos mortos aguardamos a ressurreição comum a todos. Em seu tempo, Deus, o autor e doador destas coisas, o manifestará.

Responsório   Rm 3,23-25a; 1Cor 15,22

R. Pois **to**dos os **ho**mens pecaram
e carecem da **gló**ria de **Deus**,
sendo **jus**tifi**ca**dos, de **gra**ça,
medi**an**te a liberta**ção**, realizada por **mei**o de **Cris**to.
* Deus desti**nou** que Cristo **fos**se, por seu **san**gue,
a **ví**tima da propicia**ção**,
pela **fé** que colo**ca**mos nele **mes**mo.
V. Assim **co**mo em A**dão** todos **mor**rem,
terão **to**dos a **vi**da em **Cris**to.* Deus.

Oração

Ó Deus, pai de bondade, que nos redimistes e adotastes como filhos e filhas, concedei aos que creem no Cristo a verdadeira liberdade e a herança eterna. Por nosso Senhor Jesus Cristo, vosso Filho, na unidade do Espírito Santo.

24º DOMINGO DO TEMPO COMUM

IV Semana do Saltério

I Vésperas

Cântico evangélico, ant.

Ano A Respon**deu** Jesus a **Pedro**: Pedro, **deves** perdo**ar**
não so**mente** sete **vezes**, mas se**ten**ta vezes **sete**.

Ano B E **vós**, quem di**zeis** que eu **sou**?
Simão **Pedro** respon**deu** a Je**sus**:
Tu **és** o Mes**sias**, ale**lui**a.

Ano C **Quem**, dentre **vós**, que pos**sui** cem o**velhas**,
per**den**do uma **delas**, não **deixa** no de**ser**to
as no**ven**ta e **nove**, e **vai** procu**rar**
a que ele per**deu**, a**té** encon**trá**-la?

Oração

Ó Deus, criador de todas as coisas, volvei para nós o vosso olhar e, para sentirmos em nós a ação do vosso amor, fazei que vos sirvamos de todo o coração. Por nosso Senhor Jesus Cristo, vosso Filho, na unidade do Espírito Santo.

Ofício das Leituras

Primeira leitura
Início do Livro do Profeta Ezequiel   1,3-14.22-28

Visão da glória do Senhor na terra do exílio

³A palavra do Senhor foi dirigida a Ezequiel, filho do sacerdote Buzi, na terra dos caldeus, junto ao rio Cobar. Foi ali que a mão do Senhor esteve sobre ele. ⁴Eu vi que um vento impetuoso vinha do norte, uma grande nuvem envolta em claridade e relâmpagos; no meio brilhava algo como se fosse ouro incandescente. ⁵No centro aparecia a figura de quatro seres vivos. Este era o seu aspecto: cada um tinha a figura de homem. ⁶Cada um tinha

quatro faces e quatro asas. ⁷ Quanto às pernas, tinham pernas retas e patas como as de bezerro; brilhavam como o brilho do bronze polido. ⁸ Por baixo das asas tinham mãos humanas nos quatro lados, pois todos os quatro tinham rostos e asas. ⁹ As asas tocavam-se umas nas outras. Ao moverem-se não se voltavam, mas cada um seguia para onde tinha o rosto voltado.

¹⁰ Quanto à forma das faces, tinham face de homem, face de leão do lado direito de cada um dos quatro, face de touro do lado esquerdo de cada um dos quatro, e face de águia cada um dos quatro.

¹¹ Cada um tinha duas asas estendidas para cima, que se tocavam umas nas outras, e duas asas que cobriam o corpo. ¹² Cada um caminhava para frente, para onde o espírito o impelia, sem se voltar enquanto se movia.

¹³ No meio dos seres vivos aparecia algo como brasas; pareciam tochas acesas, faiscando entre os seres vivos. O fogo cintilava, e do meio do fogo saíam relâmpagos. ¹⁴ Os seres vivos coriscavam, parecendo raios.

²² Acima das cabeças dos seres vivos havia uma espécie de firmamento, deslumbrante como cristal, estendido sobre as cabeças. ²³ Por baixo do firmamento estavam suas asas estendidas, uma em direção à outra, e duas delas lhes cobriam o corpo.

²⁴ E eu ouvi o rumor de suas asas: era como um estrondo de muitas águas, como a voz do Poderoso. Quando se moviam, o seu ruído era como o barulho de um acampamento; quando paravam, eles deixavam pender as asas. ²⁵ O ruído vinha de cima do firmamento, que estava sobre suas cabeças.

²⁶ Acima do firmamento que estava sobre as cabeças, havia algo parecido com safira, uma espécie de trono, e sobre essa espécie de trono, bem no alto, uma figura com aparência humana. ²⁷ E eu vi como que um brilho de ouro incandescente, envolvendo essa figura como se fosse fogo, acima daquilo que parecia ser a cintura; abaixo daquilo que parecia ser

a cintura, vi algo como fogo e, em sua volta, um círculo luminoso. ²⁸Esse círculo luminoso tinha o mesmo aspecto do arco-íris, que se forma nas nuvens em dia de chuva. Tal era a aparência visível da glória do Senhor.

Responsório   Cf. Ez 1,26; 3,12b ; Ap 5,13b
R. Vi **acima** de **algo**, seme**lhan**te a um **trono**,
   a figura de um **homem** e ou**vi** uma **voz**
   de **rumor** muito **forte**:
 * Bendita a **glória** do Se**nhor** no **lugar** onde ele **mora**.
V. Ao que **está** assenta**do** no **trono** e ao **Cordeiro**,
   honra, **glória** e lou**vor** e **poder** pelos **séculos**. * Bendita.

Segunda leitura
Início do Sermão sobre os pastores, de Santo Agostinho, bispo

(Sermo 46,1-2: CCL 41,529-530)   (Séc. V)

Somos cristãos e pastores

Não é de agora que vossa caridade sabe que nossa esperança está toda em Cristo e que nossa verdadeira glória de salvação é ele. Sois do rebanho daquele que guarda e apascenta Israel. Mas, por haver pastores que apreciam este nome, porém não querem exercer seu ofício, vejamos o que a seu respeito diz o Profeta. Escutai vós com atenção; escutemos nós com temor.

Foi-me dirigida a palavra do Senhor que dizia: Filho do homem, profetiza contra os pastores e dize aos pastores de Israel (Ez 34,1-2). Acabamos de ouvir a leitura deste trecho; resolvemos então falar-vos algo. O Senhor nos ajudará a dizer o que é verdadeiro, se não dissermos o que é nosso. Pois se dissermos o que é nosso seremos pastores a nos apascentar a nós, não às ovelhas. Se, ao contrário, dissermos o que é dele, será ele que vos apascenta por intermédio de quem quer que seja.

Assim diz o Senhor Deus: *Ó pastores de Israel, que se apascentam a si mesmos! Acaso não são as ovelhas que os pastores têm de apascentar?* (Ez 34,2), quer dizer, os pastores apascentam ovelhas, não a si mesmos. É este o primeiro motivo de repreensão a tais pastores, que apascentam a si e não às ovelhas. Quem são estes que se apascentam? O Apóstolo diz: *Todos procuram seu interesse, não o de Jesus Cristo* (Fl 2,21).

Quanto a nós, a quem o Senhor, por sua benevolência e não por mérito nosso, estabeleceu neste cargo de que teremos difíceis contas a dar, devemos distinguir bem duas coisas: a primeira, somos cristãos, a segunda, somos bispos. Somos cristãos para nosso proveito; e somos bispos para vós. Como cristãos, atendemos ao proveito nosso; como bispos, somente ao vosso.

E são muitos os cristãos não bispos que vão a Deus por caminho mais fácil talvez e andam com tanto mais desembaraço quanto menos peso carregam. Nós, porém, além de cristãos, tendo de prestar contas a Deus de nossa vida, somos também bispos e teremos de responder a Deus por nossa administração.

Responsório
Sl 22(23),1-2a.3b

R. O Se**nhor** é o pas**tor** que me con**duz**;
não me **fal**ta coisa al**gu**ma.
* Pelos **pra**dos e cam**pi**nas verde**jan**tes,
ele me **le**va a descan**sar**.
V. Ele me **gui**a no ca**mi**nho mais se**gu**ro
pela **hon**ra de seu **nome.*** Pelos.

HINO Te Deum, p. 543.

Laudes

Cântico evangélico, ant.

Ano A Compa**de**cido, o pa**trão** sol**tou** seu empre**ga**do,
perdo**an**do a sua **dí**vida.

Ano B O Filho do Homem deverá sofrer muito
ser morto e em três dias deverá ressurgir.

Ano C Em verdade eu vos digo que haverá
alegria entre os anjos do Senhor
por somente um pecador que se converte.

Oração

Ó Deus, criador de todas as coisas, volvei para nós o vosso olhar e, para sentirmos em nós a ação do vosso amor, fazei que vos sirvamos de todo o coração. Por nosso Senhor, Jesus Cristo, vosso Filho, na unidade do Espírito Santo.

II Vésperas

Ano A Servo mau, eu perdoei a tua dívida,
porque tu me pediste e suplicaste.
Não devias também tu compadecer-te
deste teu companheiro de serviço,
assim como de ti eu tive pena?

Ano B Quem perder a sua vida por mim e o Evangelho,
vai salvá-la, diz Jesus.

Ano C Qual a mulher que tem dez dracmas
e, perdendo uma delas, não acende uma lâmpada
e a procura com cuidado até que a encontre?

SEGUNDA-FEIRA

Ofício das Leituras

Primeira leitura
Do Livro do Profeta Ezequiel   2,8-3,11.16-21

A vocação de Ezequiel

Naqueles dias, o Senhor dirigiu-me a palavra, dizendo: ²,⁸"Quanto a ti, filho do homem, escuta o que eu te digo: Não sejas rebelde como esse bando de rebeldes. Abre a boca e come o que eu te vou dar". ⁹Eu olhei e vi uma mão estendida para mim e, na mão, um livro enrolado. Desenrolou-o diante de mim; estava escrito na frente e no verso, e nele havia cantos fúnebres, lamentações e ais.

³,¹Ele me disse: "Filho do homem, come o que tens diante de ti! Come este rolo e vai falar aos filhos de Israel". ²Eu abri a boca, e ele fez-me comer o rolo. ³Depois disse-me: "Filho do homem, alimenta teu ventre e sacia as entranhas com este rolo que eu te dou". Eu o comi, e era doce como mel em minha boca.

⁴Ele disse-me então: "Filho do homem, vai! Dirige-te à casa de Israel e fala-lhes com as minhas palavras". ⁵Pois não é a um povo de fala estranha e língua pesada que foste enviado, mas à casa de Israel. ⁶Nem é a povos numerosos de língua estranha e fala pesada, cujas palavras não entendes. Se a eles eu te enviasse, haveriam de escutar-te. ⁷Mas a casa de Israel não vai querer escutar-te, porque não me quer escutar. Pois toda a casa de Israel tem testa dura e coração obstinado. ⁸Pois bem! Tornarei tua face tão rija como a deles e a testa tão dura como a deles. ⁹Tornarei tua testa como o diamante, mais duro que a pedra. Não os temas nem te intimides diante deles, pois são uma corja de rebeldes". ¹⁰"Filho do homem – disse-me ele –, toma a peito todas as palavras que eu te disser. Escuta-as bem. ¹¹Vai, dirige-te aos exilados, a teus compatriotas, e fala com eles. Tu lhes dirás, quer ouçam quer não: 'Assim diz o Senhor Deus'".

¹⁶Ao fim de sete dias, a palavra do Senhor foi-me dirigida nestes termos: ¹⁷"Filho do homem, eu te coloquei como vigia para a casa de Israel. Logo que ouvires alguma palavra de minha boca, deverás chamar a atenção deles em meu nome. ¹⁸Se eu disser ao ímpio que ele deve morrer, e não falares, chamando-lhe a atenção a respeito de sua má conduta, para que ele viva, o ímpio morrerá por própria culpa; a ti, porém, pedirei contas do seu sangue. ¹⁹Se, no

entanto, depois de avisares um ímpio, ele não se afastar da maldade e de sua má conduta, ele morrerá por própria culpa, mas tu salvarás a tua vida. ²⁰Se um justo se afastar de sua justiça e cometer injustiças, eu porei um tropeço na frente dele, e ele morrerá por não o teres avisado; ele morrerá por causa do próprio pecado, e a justiça que antes praticou não será levada em conta; de ti, porém, pedirei contas do seu sangue. ²¹Por outro lado, se chamaste a atenção do justo, para não pecar, e ele não pecou, o justo viverá, porque foi avisado, e tu salvarás a própria vida".

Responsório   Ez 3,17; 2,6a.8a; 3,8
R. Fiz de ti uma sentinela sobre a casa de Israel;
   ouvirás uma palavra que meus lábios proferirem,
   para dar-lhes meu aviso;
 * Tu, porém, não tenhas medo diante deles e não sejas
   um rebelde como eles.
V. Eis que fiz teu rosto duro, bem mais duro do que o deles;
   fiz mais dura a tua fronte, bem mais dura do que a deles.
   *Tu, porém.

Segunda leitura
Do Sermão sobre os pastores, de Santo Agostinho, bispo
          (Sermo 46,3-4: CCL 41,530-531)   (Séc. V)

Pastores que se apascentam a si mesmos
Vejamos, portanto, o que aos pastores que se apascentam a si mesmos, não as ovelhas, diz a palavra divina que não adula a ninguém: *Eis que bebeis o leite e vos cobris com a lã; matais as mais gordas e não apascentais minhas ovelhas. Não fortalecestes a fraca; não curastes a doente; não pensastes a ferida, não reconduzistes a desgarrada e não fostes em busca da que se perdera; tratastes com dureza a forte. E minhas ovelhas se dispersaram, por não haver pastor* (Ez 34,3-5).

Começa por dizer que é que apreciam e o que descuidam aqueles pastores que se apascentam a si, não as ovelhas. Que apreciam? *Bebeis o leite, vos cobris com lã.* Diz o Apóstolo: *Quem planta uma vinha e não se alimenta de seu fruto? Quem apascenta um rebanho e não se serve do leite?* (1Cor 9,7). Entendemos por leite do rebanho tudo quanto o povo de Deus dá ao bispo para sustento da vida terrena. Era o que queria dizer o Apóstolo com as palavras citadas.

Embora preferisse viver do trabalho de suas mãos, sem esperar, nem mesmo o leite das ovelhas, o Apóstolo, no entanto, declarou ter o direito de recebê-lo, e ter o Senhor determinado que vivam do Evangelho aqueles que anunciam o Evangelho (cf. 1Cor 9,14). E acrescentou que os outros apóstolos usavam deste direito, não usurpado, mas concedido. Mais fez ele, por não querer receber o que lhe era devido. Dispensou a dívida, mas não era indevido aquilo que outros aceitaram; ele fez mais. Talvez o prefigurasse aquele que, ao levar o ferido à estalagem, dissera: *Se gastares mais, pagar-te-ei ao voltar* (Lc 10,35).

Daqueles, pois, que não precisam do leite das ovelhas, que diremos ainda? São misericordiosos, ou melhor, com liberalidade maior cumprem seu ofício de misericórdia. Podem, e o que podem, fazem. Elogiemos a estes sem condenar os outros. Este mesmo Apóstolo não procurava presentes. Desejava com ardor que fossem fecundas as ovelhas, não estéreis, sem a riqueza do leite.

Responsório   Ez 34,15-16

R. Eu **mes**mo i**rei** apascen**tar** minhas o**vel**has
    e as fa**rei** repou**sar**.
 * A o**vel**ha per**di**da eu **pro**cura**rei**
    e a ex**travi**ada re**con**duzi**rei**.
V. A**que**la que é **fra**ca for**ta**lece**rei**,
    a **gor**da e a **for**te as **con**serva**rei**. * A o**vel**ha.

Oração

Ó Deus, criador de todas as coisas, volvei para nós o vosso olhar e, para sentirmos em nós a ação do vosso amor, fazei que vos sirvamos de todo o coração. Por nosso Senhor Jesus Cristo, vosso Filho, na unidade do Espírito Santo.

TERÇA-FEIRA

Ofício das Leituras

Primeira leitura
Do Livro do Profeta Ezequiel   8,1-6.16-9,11

Julgamento da pecadora Jerusalém

⁸,¹No sexto ano, no dia cinco do sexto mês, eu estava sentado em minha casa, com os anciãos de Judá sentados em minha frente. Nisso a mão do Senhor Deus pousou sobre mim. ²Então olhei e vi uma figura com aspecto de homem. Do que parecia ser a cintura para baixo, era de fogo. Da cintura para cima, era como se houvesse uma claridade, como o brilho de ouro incandescente. ³Ele estendeu uma forma de mão que me agarrou pelos cachos dos cabelos. Então o espírito me arrebatou pelos ares e levou-me em êxtase a Jerusalém, até a entrada da porta interna, que dá para o norte, local onde se acha a estátua rival que provoca ciúme. ⁴E eis que lá estava a glória do Deus de Israel, semelhante à visão que tive na planície. ⁵Ele me disse: "Filho do homem, levanta os olhos em direção ao norte!" Eu levantei os olhos para o norte e vi, ao norte da porta do altar, a estátua rival, logo na entrada. ⁶Ele me disse: "Filho do homem, vês o que estão fazendo? Vês as grandes abominações que a casa de Israel aqui pratica para me afastar do meu santuário? Mas verás abominações maiores ainda".

¹⁶Depois me introduziu no átrio interior do templo do Senhor. Ali, à entrada da nave do templo do Senhor, entre o

vestíbulo e o altar, estavam uns vinte e cinco homens, de costas para a nave do templo do Senhor, e as faces voltadas para o oriente. Eles se prostraram em direção ao oriente, diante do sol. ¹⁷Ele me perguntou: "Não viste, filho do homem? Parece pouco para a casa de Israel praticar as abominações que aqui se praticam? Pois, além de encherem o país de violência e provocarem sempre de novo minha ira, ei-los ainda metendo o ramo no próprio nariz. ¹⁸De minha parte, eu também agirei com furor, sem dó nem piedade. Clamarão a meus ouvidos em altas vozes, mas não os atenderei".

⁹,¹O Senhor gritou a meus ouvidos, com voz forte: "Aproxima-se o castigo da cidade! Cada um tenha sua arma destruidora na mão!" ²Então, eu vi seis homens vindo da porta superior, voltada para o norte, cada qual empunhando uma arma de destruição. Entre eles havia um homem vestido de linho, que levava um estojo de escriba na cintura. Eles foram colocar-se junto do altar de bronze. ³Então a glória do Deus de Israel elevou-se de cima do querubim sobre o qual estava, em direção à soleira do Templo. E chamou o homem vestido de linho, que levava um estojo de escriba à cintura. ⁴O Senhor disse-lhe: "Passa pelo meio da cidade, por Jerusalém, e marca com uma cruz na testa os homens que gemem e suspiram por causa de tantos horrores que nela se praticam". ⁵E escutei o que ele dizia aos outros: "Percorrei a cidade atrás dele e matai sem dó nem piedade. ⁶Matai velhos, jovens e moças, mulheres e crianças, matai a todos, até ao extermínio. Mas não toqueis em nenhum homem sobre quem estiver a cruz. Começai pelo meu santuário". E eles começaram pelos anciãos que estavam diante do Templo. ⁷Ele disse-lhe: "Profanai o Templo, enchei os átrios de cadáveres. Ide". E eles saíram para matar na cidade!

⁸Enquanto eles matavam, eu fiquei só. Caí com o rosto em terra e gritei: "Ah! Senhor Deus! Vais exterminar todo

o resto de Israel, despejando teu furor sobre Jerusalém?" ⁹Ele respondeu-me: "A culpa da casa de Israel e de Judá é muito grave. O país está cheio de crimes de sangue, e a cidade repleta de injustiças. Pois eles dizem: 'O Senhor abandonou o país, o Senhor não está vendo'. ¹⁰De minha parte, eu também não terei dó nem piedade. Dou-lhes a paga que merecem". ¹¹Nisso o homem vestido de linho e com o tinteiro à cintura informou dizendo: "Fiz conforme me ordenaste".

Responsório   Mt 24,15.21 a.22; Ap 7,3
R. Quando **vir**des o ho**rr**or de uma **vil** profana**ção**
   do lu**gar** sagrado e **san**to, have**rá** grande des**gra**ça.
   Caso **não** tivessem **si**do encur**ta**dos esses **dias**,
   nenhum **ser** se salva**ria**;
 * Mas se**rão** abreviados por **a**mor dos esco**lhi**dos.
 V. Não **danifi**queis a **terra** e o **mar** até que te**nha**mos
    mar**ca**do as **fron**tes dos **servos** de **Deus**. * Mas se**rão**.

Segunda leitura
Do Sermão sobre os pastores, de Santo Agostinho, bispo
           (Sermo 46,4-5; CCL 41,531-533)   (Séc. V)

O exemplo de Paulo

Estando Paulo, certa ocasião, em grande indigência e preso pela proclamação da verdade, alguns irmãos enviaram-lhe com que acudir a suas necessidades. Agradecido, responde-lhes: *Fizestes bem provendo-me do necessário. Eu, porém, aprendi a bastar-me em qualquer situação. Sei ter muito e sei passar privações. Tudo posso naquele que me dá forças. No entanto fizestes bem em enviar-me aquilo de que preciso* (cf. Fl 4,10-14).

Mas desejando mostrar o que é que lhe interessava neste gesto em seu favor – não houvesse acaso entre eles algum dos que se apascentam a si e não as ovelhas – não se alegra tanto por ter sido socorrido em sua necessidade, quanto se congratula com eles por sua liberalidade. O que procurava então? Diz: *Não porque espero dádivas para mim, mas porque busco frutos para vós* (Fl 4,17). Não para que me sacie eu, mas para que não fiqueis vazios vós.

Que aqueles que não podem, como Paulo, sustentar-se com o trabalho de suas mãos, aceitem o leite das ovelhas, supram as suas necessidades, mas não descuidem a fraqueza das ovelhas. Não procurem isto para o próprio proveito, como se anunciassem o Evangelho só para atender a sua penúria, mas tenham em mira a luz da palavra da verdade a fim de iluminar os homens. Pois parecem-se com lâmpadas, como foi dito: *Estejam vossos rins cingidos e lâmpadas acesas* (Lc 12,35); e: *Ninguém acende uma lâmpada e a põe debaixo da vasilha, mas sobre o candelabro a fim de iluminar aqueles que estão em casa; assim brilhe vossa luz diante dos homens para que vejam vossas boas obras e glorifiquem vosso Pai, que está nos céus* (Mt 5,15-16).

Se para teu uso acendessem em casa uma lâmpada, não lhe porias mais óleo para não se extinguir? Todavia, se mesmo com óleo a lâmpada não brilhasse, não seria de modo algum digna de ser posta no candelabro, mas logo quebrada. O bastante para viver, por necessidade se aceita, por caridade se dá. Não seja o Evangelho um objeto venal, como se fosse o preço que recebem os que o anunciam para terem com que viver. Se assim o vendem, por uma ninharia vendem uma coisa preciosa. Do povo recebem o sustento necessário; do Senhor, a recompensa de seu ministério. Não é o povo o indicado para dar a recompensa àqueles que servem ao Evangelho na caridade. Estes esperam sua recompensa da mesma fonte de que os outros aguardam a sua salvação.

Por que então são repreendidos? Por que censurados? É que, bebendo o leite e cobrindo-se com a lã, descuravam as ovelhas. Procuravam apenas seu interesse, não o de Jesus Cristo.

Responsório
2Cor 12,14b-15a; Fl 2,17

R. Não procuro os vossos **bens**,
   mas procuro a vós **mesmos**.
   Não são os **filhos** que entesouram
   os **bens** para os seus **pais**,
   mas os **pais**, para os seus filhos.
 * De bom **grado** eu me desgasto e muito **mais** me gastarei
   para o **bem** das vossas vidas.
V. Se meu **sangue** eu derramar por todos **vós**, em sacrifício
   e em favor de vossa fé, terei muita alegria.
 * De bom **grado**.

Oração

Ó Deus, criador de todas as coisas, volvei para nós o vosso olhar e, para sentirmos em nós a ação do vosso amor, fazei que vos sirvamos de todo o coração. Por nosso Senhor Jesus Cristo, vosso Filho, na unidade do Espírito Santo.

QUARTA-FEIRA

Ofício das Leituras

Primeira leitura
Do Livro do Profeta Ezequiel   10,18-22; 11,14-25

A glória do Senhor abandona a cidade condenada

Naqueles dias, ¹⁰,¹⁸a glória do Senhor saiu da soleira do Templo e parou sobre os querubins. ¹⁹Os querubins levantaram suas asas e elevaram-se da terra à minha vista, partindo juntamente com eles as rodas. Eles pararam à entrada da porta oriental do Templo do Senhor, e a glória do Deus de Israel estava em cima deles. ²⁰Eram estes os seres vivos que eu tinha visto debaixo do Deus de Israel, nas margens do rio Cobar, e compreendi que eram querubins. ²¹Cada um tinha quatro faces e quatro asas, e, debaixo das asas, uma forma de mão humana. ²²Suas faces eram semelhantes às faces que eu tinha visto junto ao rio Cobar. Cada um seguia em sua frente.

¹¹,¹⁴A palavra do Senhor foi-me dirigida nestes termos: ¹⁵"Filho do homem, é dos teus irmãos, dos teus parentes, de toda a casa de Israel, que os habitantes de Jerusalém andam dizendo: 'Eles estão longe do Senhor. A nós é que foi dada a terra como herança!' ¹⁶Por isso, assim diz o Senhor Deus: Apesar de eu os ter afastado entre as nações e dispersado pelos países, tornei-me para eles, por um pouco de tempo, um santuário nos países para onde foram. ¹⁷Dize-lhes, portanto: Assim fala o Senhor Deus: Eu vos recolherei dentre os povos e vos reunirei dentre os países pelos quais fostes dispersados, e vos darei a terra de Israel. ¹⁸Quando ali entrarem, removerão todos os ídolos e práticas detestáveis. ¹⁹Eu lhes darei um outro coração e porei no seu íntimo um espírito novo. Removerei do seu corpo o coração de pedra e lhes darei um coração de carne, ²⁰a fim de que andem segundo minhas leis, observem e pratiquem meus preceitos. Assim serão o meu povo, e eu serei o seu Deus. ²¹Para aqueles, porém, cujo coração segue os ídolos detestáveis e as abominações, darei a paga que merecem – oráculo do Senhor Deus".

²²Os querubins levantaram as asas levando as rodas consigo, enquanto a glória do Deus de Israel estava em cima deles. ²³A glória do Senhor subiu do meio da cidade e parou sobre o monte que está ao leste da cidade.

²⁴Então um espírito me arrebatou e me conduziu à Caldeia, até aos exilados, em visão no espírito de Deus. A visão, que havia contemplado, desapareceu, ²⁵e eu contei aos exilados todas as coisas que o Senhor me tinha mostrado.

Responsório   Ez 10,4.18a; Mt 23,37b.38
R. A **glória** de **Deus** elevou-se até à soleira da **casa**;
    o **templo** se encheu com a **nuv**em,
    e o **átrio** tornou-se repleto do **brilho** da **glória** de **Deus**.

* E a **gló**ria de **Deus** transbor**dou**,
  pas**san**do a so**lei**ra do **tem**plo.
V. Jerusa**lém**, Jerusa**lém**! quantas vezes quis reu**nir**
  os filhos **teus**, mas não qui**ses**te!
  Pois **eis** que a vossa **ca**sa de**ser**ta há de fi**car**.
* E a **gló**ria.

Segunda leitura

Do Sermão sobre os pastores, de Santo Agostinho, bispo

(Sermo 46,6-7: CCL 41,533-534)   (Séc. V)

Não procure cada um os seus interesses,
mas os de Jesus Cristo

Já dissemos o que é tomar o leite. Vejamos o que seja cobrir-se com a lã. Quem oferece o leite, dá o alimento; e quem oferece a lã, presta homenagens. São estas as duas coisas que esperam do povo aqueles que se apascentam a si mesmos e não as ovelhas: lucros para prover a suas necessidades, honras e aplausos.

Há motivo para se entender a veste como honra, pois cobre a nudez. Todo homem é fraco, e, portanto, é frágil o vosso pastor. Aquele que vos governa não é um homem como vós? Tem corpo, é mortal, come, dorme, levanta-se; nasceu, irá morrer. Se refletes no que é em si mesmo, é um homem. Tu, porém, dando-lhe honra a mais, como que lhe cobres a fraqueza.

Vede como o próprio Paulo aceitou uma veste do bom povo de Deus: *Vós me recebestes como um anjo de Deus. Dou testemunho de que, se fosse possível, teríeis arrancado os olhos para nos dar* (Gl 4,14-15). Mas, acolhido com tanta honra, teria, porventura, por causa desta honra, poupado os transgressores para não ser rejeitado e menos aplaudido ao censurar? Se assim tivesse agido, estaria entre aqueles que se apascentam a si e não as ovelhas. Diria talvez de si para consigo: "Que me importam? Que façam o que quiserem;

meu sustento está garantido, minha boa fama está salva: leite e lã, isto me basta; que cada um se arranje como puder". Então tudo está perfeito, se cada um se arranjar como puder? Não te vou considerar bispo; imagino-te como um do povo: *Se um membro padece, todos os demais membros padecem com ele* (1Cor 12,26).

Por conseguinte, recordando como se haviam comportado com ele, não parecesse esquecido de suas atenções, o Apóstolo dá testemunho de ter sido acolhido como um anjo de Deus e de que, se pudessem, arrancariam os olhos para lhos dar. E, no entanto, foi à ovelha doente, à ovelha infeccionada para cortar a ferida e não para manter a podridão. Assim fala: *Logo tornei-me vosso inimigo por pregar a verdade?* (Gl 4,16). Reparai: aceitou o leite das ovelhas, como lembramos acima, e vestiu-se com a lã, mas não deixou de cuidar das ovelhas. Porque não buscava seu interesse, mas o de Jesus Cristo.

Responsório　　　　　　　　　　　Eclo 32,1-2a; Mc 9,35b
R. Fizeram-te o primeiro, o que preside?
　 Não te queiras gloriar e envaidecer;
　* Entre os outros sejas tu como um deles;
　 cuida deles e em seguida vai sentar-te.
V. Se alguém quiser ser o primeiro,
　 seja de todos o servo, o último. * Entre os outros.

Oração

Ó Deus, criador de todas as coisas, volvei para nós o vosso olhar e, para sentirmos em nós a ação do vosso amor, fazei que vos sirvamos de todo o coração. Por nosso Senhor Jesus Cristo, vosso Filho, na unidade do Espírito Santo.

QUINTA-FEIRA

Ofício das Leituras

Primeira leitura
Do Livro do Profeta Ezequiel 12,1-16

Com uma ação simbólica prediz-se a deportação do povo

Naqueles dias, ¹a palavra do Senhor foi-me dirigida nestes termos: ²"Filho do homem, estás morando no meio de um povo rebelde. Eles têm olhos para ver e não veem, ouvidos para ouvir e não ouvem, pois são um povo rebelde. ³Quanto a ti, filho do homem, prepara para ti uma bagagem de exilado, em pleno dia, à vista deles. Emigrarás do lugar onde estás, à vista deles, para outro lugar. Talvez percebam que são um povo rebelde. ⁴Deverás tirar a bagagem em pleno dia, à vista deles, como se fosse a bagagem de um exilado. Mas deverás sair à tarde, à vista deles, como quem vai para o exílio. ⁵À vista deles deverás cavar para ti um buraco no muro, pelo qual sairás; ⁶deverás carregar a bagagem nas costas e retirá-la no escuro. Deverás cobrir a face para não ver o país, pois eu fiz de ti um sinal para a casa de Israel".

⁷Eu fiz assim como me foi ordenado. Tirei a bagagem durante o dia, como se fosse a bagagem de exilado; à tarde, abri com a mão um buraco no muro. Saí ao escuro, carregando a bagagem às costas, diante deles.

⁸De manhã, a palavra do Senhor foi-me dirigida nestes termos: ⁹"Filho do homem, não te perguntaram os da casa de Israel, essa gente rebelde, o que estavas fazendo? ¹⁰Dize-lhes: Assim fala o Senhor Deus: Este oráculo refere-se ao príncipe de Jerusalém e a toda a casa de Israel que está na cidade. ¹¹Dize: Eu sou um sinal para vós. Assim como eu fiz, assim será feito com eles: irão cativos para o exílio. ¹²O príncipe que está no meio deles levará a bagagem às costas e sairá ao escuro. Farão no muro um buraco para sair por ele. O príncipe cobrirá o rosto para não ver com seus olhos o

país. ¹³Mas eu estenderei sobre ele a minha rede, e ficará preso nas malhas. Eu o conduzirei à Babilônia, o país dos caldeus, onde morrerá sem tê-lo visto. ¹⁴Toda a sua comitiva, a escolta e todas as tropas, eu as espalharei aos quatro ventos e puxarei a espada contra eles. ¹⁵Eles saberão que eu sou o Senhor, quando os dispersar entre as nações e espalhar pelos países. ¹⁶Deixarei um pequeno número deles escapar da espada, da fome e da peste, a fim de contarem entre as nações, para onde forem, as suas práticas detestáveis. Assim saberão que eu sou o Senhor".

Responsório   Ez 12,15; Sl 88(89),31.33a
R. Quando **eu** os disper**sar**, pelas **ter**ras e entre os **po**vos,
 * Sabe**rão** que sou o Se**nhor**.
V. Se eles, porven**tu**ra, abando**na**rem minha **lei**,
 eu, en**tão**, castiga**rei** os seus **cri**mes com a **va**ra.
 * Sabe**rão**.

Segunda leitura
Do Sermão sobre os pastores, de Santo Agostinho, bispo

(Sermo 46,9: CCL 41,535-536)   (Séc. V)

Sê modelo dos fiéis

O Senhor mostrou o que estes pastores amam, mostrou também o que negligenciam. Os males das ovelhas estendem-se por toda parte. As sadias e robustas, isto é, as fortes pelo alimento da verdade, que se aproveitam bem das pastagens, por dom de Deus, são pouquíssimas. Os maus pastores, porém, não as poupam. É-lhes pouco não cuidarem das doentes, das fracas, das desgarradas e perdidas. Tanto quanto podem, também matam as fortes e gordas. Mas estas continuam vivas. Vivem pela misericórdia de Deus. Contudo, no que diz respeito aos maus pastores, eles matam. "Matam de que modo?" perguntas. Vivendo mal, dando mau exemplo. Foi em vão que se disse ao servo de Deus, ao colocado mais alto entre os membros do supremo Pastor: *Mostrando-te a todos como exemplo de boas obras?* e: *Sê modelo dos fiéis* (cf. 1Tm 4,12).

Presenciando continuamente a má conduta de seu pastor, uma ovelha, mesmo forte, se desviar os olhos dos preceitos do Senhor e fixá-los no homem, começará a dizer em seu coração: "Se meu superior vive desse modo, quem sou eu para não fazer o que ele faz?" Matou a ovelha forte. Se matou a forte a quem não alimentou, que fará com as outras, ele que, vivendo mal, destruiu o que encontrara forte e robusto?

Digo à vossa caridade e repito. Mesmo que as ovelhas continuem vivas, ainda que sejam fortes pela palavra do Senhor e guardem o que dele ouviram: *Fazei o que dizem, não o que fazem* (Mt 23,3). Contudo aquele que vive mal diante do povo, no que lhe diz respeito, mata o que o observa. Não se iluda porque se vê que ele não morreu. Este continua vivo, aquele é homicida. Assim como um homem que olha para uma mulher desejando-a, embora ela permaneça casta, ele já cometeu adultério. É verdadeira e clara a palavra do Senhor: *Quem olhar para uma mulher com mau desejo, já cometeu adultério em seu coração* (Mt 5,28). Não entrou em seu quarto, mas no quarto de seu coração já a abraçou.

Assim, quem vive mal diante de seus subordinados, no que lhe diz respeito, mata até os fortes. Quem o imita, morre; quem não o imita, vive. No entanto, quanto a ele, destrói a ambos. *E o que é robusto matais e não apascentais minhas ovelhas* (Ez 34,3).

Responsório Lc 12,48b; Sb 6,5b
R. A quem **mui**to foi **da**do, muito **mais** lhe pedi**rão**;
 * A quem **mui**to foi en**tre**gue, muito **mais** lhe exigi**rão**.
V. Juízo du**rís**simo have**rá** para **aque**les
 que aos **ou**tros gover**nam**. * A quem **mui**to.

Oração

Ó Deus, criador de todas as coisas, volvei para nós o vosso olhar e, para sentirmos em nós a ação do vosso amor, fazei que vos sirvamos de todo o coração. Por nosso Senhor Jesus Cristo, vosso Filho, na unidade do Espírito Santo.

SEXTA-FEIRA

Ofício das Leituras

Primeira leitura
Do Livro do Profeta Ezequiel   16,3.5b-7a.8-15.35.37a.
40-43.59-63

Jerusalém, esposa infiel de Deus

³Assim fala o Senhor Deus a Jerusalém: "Por tua origem e nascimento és do país de Canaã. Teu pai era um amorreu, e tua mãe uma hitita. ⁵Eles te deixaram exposta em campo aberto, porque desprezavam a tua vida.

⁶Então, eu passei junto de ti e vi que te debatias no próprio sangue. E, enquanto estavas em teu sangue, eu te disse: "Vive!" ⁷Eu te fiz crescer exuberante como planta silvestre: Tu cresceste e te desenvolveste, e chegaste à puberdade. ⁸Passando junto de ti, percebi que tinhas chegado à idade do amor. Estendi meu manto sobre ti para cobrir tua nudez. Fiz um juramento, estabelecendo uma aliança contigo – oráculo do Senhor –, e tu foste minha. ⁹Banhei-te na água, limpei-te do sangue e ungi-te com perfume. ¹⁰Eu te revesti de roupas bordadas, calcei-te com sandálias de fino couro, cingi-te de linho e te cobri de seda. ¹¹Eu te enfeitei de joias, coloquei braceletes em teus braços e um colar no pescoço. ¹²Eu te pus um anel no nariz, brincos nas orelhas e uma coroa magnífica na cabeça. ¹³Estavas enfeitada de ouro e prata, tuas vestimentas eram de linho finíssimo, de seda e de bordados. Eu te nutria com flor de farinha, mel e óleo. Ficaste cada vez mais bela e chegaste à realeza. ¹⁴Tua fama

se espalhou entre as nações por causa de tua beleza perfeita, devido ao esplendor com que te cobri – oráculo do Senhor. ¹⁵Mas puseste tua confiança na beleza e te prostituíste graças à tua fama. E sem pudor te oferecias a qualquer passante.

³⁵Por isso, prostituta, ouve a palavra do Senhor: ³⁷vou reunir todos os teus amantes. ⁴⁰Eles instigarão contra ti a multidão para te apedrejar e te esquartejar com suas espadas. ⁴¹Incendiarão tuas casas e aplicarão castigos contra ti à vista de numerosas mulheres. Farei cessar tua vida de prostituta, e já não darás presentes. ⁴²Saciarei contra ti o meu furor, e meu ciúme se afastará de ti. Ficarei acalmado e já não me irritarei. ⁴³Como não te recordaste dos dias de tua juventude e me provocaste com tudo isto, eu também te darei a paga que mereces – oráculo do Senhor Deus. Por acaso não acrescentaste esta infâmia a todas as tuas práticas detestáveis?

⁵⁹Assim diz o Senhor Deus: Agirei contigo segundo o teu proceder, tu que desprezaste o juramento, violando a aliança.⁶⁰Eu, porém, me lembrarei de minha aliança contigo, quando ainda eras jovem, e vou estabelecer contigo uma aliança eterna. ⁶¹Quando receberes tuas irmãs mais velhas e mais novas do que tu, então te lembrarás de tua conduta e ficarás envergonhada. Eu as entregarei a ti como filhas, embora não em virtude de tua aliança. ⁶²Eu mesmo firmarei contigo a minha aliança, e saberás que eu sou o Senhor. ⁶³É para que te recordes e te envergonhes, e na tua confusão não abras mais a boca, quando eu te houver perdoado tudo o que fizeste" – oráculo do Senhor Deus.

Responsório Cf. Is 54,6.8; Ez 16,60

R. Como à **mu**lher desampa**ra**da e abando**na**da,
eu te cha**mei**, diz o Se**nhor**, teu Reden**tor**;
por pouco **tem**po te ocul**tei** a minha **face**,
num **ím**peto de **gran**de indigna**ção**.

* Mas, levado por meu **gran**de amor de **sem**pre,
miseri**cór**dia e compai**xão** eu te mos**trei**.
V. Recorda**rei**, diz o Se**nhor**, minha Ali**an**ça
que con**ti**go eu fiz na **tua** adoles**cên**cia
e fa**rei** contigo e**ter**na Aliança. * Mas, levado.

Segunda leitura
Do Sermão sobre os pastores, de Santo Agostinho, bispo

(Sermo 46,10-11: CCL 41,536-538) (Séc. V)

Prepara-te para a tentação

Já sabeis o que amam os maus pastores. Vede o que descuidam. *Ao enfermo não fortificastes; do doente não cuidastes; o machucado,* isto é, fraturado, *não pensastes; ao desgarrado, não reconduzistes; ao que se perdia não fostes procurar e ao forte oprimistes* (Ez 34,4), matastes, destruístes. A ovelha se enfraquece, quer dizer, tem coração débil, imprudente e desprevenido, a ponto de ceder às tentações que sobrevierem.

O pastor negligente, quando alguém se lhe confia, não lhe diz: *Filho, vindo para servir a Deus, mantém-te na justiça e prepara-te para a tentação* (cf. Eclo 2,1). Quem assim fala fortifica o fraco e de fraco faz firme, de modo que, se lhe forem confiados os bens deste mundo, não se fiará neles. Se, contudo, houver aprendido a fiar-se na prosperidade terrena, por esta mesma prosperidade será corrompido; sobrevindo adversidades, ferir-se-á e talvez pereça.

Quem assim o edifica, não o constrói sobre pedra, mas sobre a areia. *A pedra era Cristo* (cf. 1Cor 10,4). Os cristãos têm de imitar os sofrimentos de Cristo e não ir atrás de prazeres. O fraco se fortifica quando lhe dizem: "Espera, sim, provações neste mundo, mas de todas elas te livrará o Senhor, se teu coração não voltar atrás. Pois para fortalecer teu coração veio padecer, veio morrer, veio ser coberto de escarros, veio ser coroado de espinhos, veio ouvir insultos, veio enfim ser pregado na cruz. Tudo isto por tua causa, e tu, nada: não para ele, mas em teu favor".

Quais são estes que, por temerem ofender os ouvintes, não apenas não os prepararam para as inevitáveis provações, mas prometem a felicidade neste mundo, que Deus não prometeu a este mundo? Ele predisse labutas e mais labutas, que até o fim sobreviriam a este mundo. E tu queres que o cristão esteja isento destas labutas? Justamente por ser cristão, sofrerá algo mais neste mundo.

Com efeito disse o Apóstolo: *Todos aqueles que querem viver sinceramente em Cristo, sofrerão perseguições* (2Tm 3,12). Agora tu, pastor insensato, que procuras os teus interesses e não os de Jesus Cristo, deixa que ele diga: *Todos aqueles que querem viver sinceramente em Cristo, sofrerão perseguições.* E por tua conta vai dizendo: "Se em Cristo viveres piedosamente, terás abundância de todos os bens. Se não tens filhos, tê-lo-ás e os criarás, e nenhum morrerá". É esta tua construção? Olha o que fazes, onde a colocas. Sobre a areia a constróis. Virá a chuva, o rio transbordará, soprará o vento, baterão contra esta casa; ela cairá, e será grande sua ruína.

Tira-a da areia, põe-na sobre a pedra: esteja em Cristo aquele a quem desejas ver cristão. Observe os injustos sofrimentos de Cristo, observe-o sem pecado, pagando o que não devia, observe a Escritura a lhe dizer: *O Senhor castiga todo aquele que reconhece como filho* (Hb 12,6). Ou se prepare para ser castigado, ou não procure ser aceito.

Responsório   1Ts 2,4.3

R. Como **Deus** nos julgou **dignos**
   de confi**ar**-nos o Evan**gel**ho,
   nós falamos deste **mo**do.
 * Não bus**ca**mos agra**dar** aos **ho**mens, mas a **Deus**.
V. A **nos**sa exorta**ção** nada **tem** de falsi**da**de,
   de impu**re**za ou de mentira. * Não bus**ca**mos.

Oração

Ó Deus, criador de todas as coisas, volvei para nós o vosso olhar e, para sentirmos em nós a ação do vosso amor, fazei que vos sirvamos de todo o coração. Por nosso Senhor Jesus Cristo, vosso Filho, na unidade do Espírito Santo.

SÁBADO

Ofício das Leituras

Primeira leitura
Do Livro do Profeta Ezequiel   18,1-13.20-32

Cada um será julgado segundo as suas obras

¹A palavra do Senhor foi-me dirigida nestes termos: ² "Que provérbio é esse que andais repetindo em Israel:
'Os pais comeram uvas verdes,
e os dentes dos filhos ficaram embotados'?

³Juro por minha vida – oráculo do Senhor Deus – já não haverá quem repita esse provérbio em Israel. ⁴Todas as vidas me pertencem. Tanto a vida do pai como a vida do filho são minhas. Aquele que pecar, é que deve morrer.

⁵Se um homem é justo e pratica o direito e a justiça, ⁶não participa de refeições rituais sobre os montes, não levanta os olhos para os ídolos da casa de Israel, não desonra a mulher do próximo, nem se aproxima da mulher menstruada; ⁷se não oprime ninguém, devolve o penhor devido, não pratica roubos, dá alimento ao faminto e cobre de vestes o que está nu; ⁸se não empresta com usura, nem cobra juros, afasta sua mão da injustiça e julga imparcialmente entre homem e mulher; ⁹se vive conforme as minhas leis e guarda os meus preceitos, praticando-os fielmente, tal homem é justo e, com certeza, viverá – oráculo do Senhor Deus.

¹⁰Mas, se tiver um filho violento e assassino, que pratica uma dessas ações, ¹¹embora o pai não as tenha praticado, e

participa de refeições rituais sobre os montes, desonra a mulher do próximo, ¹²oprime o pobre e o necessitado, pratica a rapina, não devolve o penhor, levanta os olhos para os ídolos, faz coisas abomináveis, ¹³empresta com usura e cobra juros, tal filho de modo algum viverá. Porque fez todas essas coisas abomináveis, com certeza, morrerá; ele é responsável pela sua própria morte.

²⁰Quem peca é que deve morrer. O filho não pagará pela culpa do pai, nem o pai pagará pela culpa do filho. A justiça será creditada ao justo, e a maldade será debitada ao ímpio. ²¹Se o ímpio se arrepender de todos os pecados cometidos e guardar todas as minhas leis e praticar o direito e a justiça, viverá com certeza e não morrerá. ²²Nenhum dos pecados que cometeu será lembrado contra ele. Viverá por causa da justiça que praticou. ²³Será que eu tenho prazer na morte do ímpio? – oráculo do Senhor Deus. Não desejo, antes, que mude de conduta e viva? ²⁴Mas, se o justo se desviar de sua justiça e praticar o mal, imitando todas as práticas detestáveis feitas pelo ímpio, poderá fazer isso e viver? Da justiça que ele praticou, nada mais será lembrado. Por causa da infidelidade e do pecado que cometeu, por causa disso morrerá. ²⁵Mas vós andais dizendo: 'A conduta do Senhor não é correta'. Ouvi, vós da casa de Israel: É a minha conduta que não é correta, ou antes é a vossa conduta que não é correta? ²⁶Quando um justo se desvia da justiça, pratica o mal e morre, é por causa do mal praticado que ele morre. ²⁷Quando um ímpio se arrepende da maldade que praticou e observa o direito e a justiça, conserva a própria vida. ²⁸Arrependendo-se de todos os seus pecados, com certeza viverá; não morrerá. ²⁹Não obstante, a casa de Israel diz: 'A conduta do Senhor não é correta!' É a minha conduta que não é correta, casa de Israel, ou antes é a vossa conduta que não é correta?

³⁰Pois bem, vou julgar cada um de vós, ó casa de Israel, segundo a sua conduta – oráculo do Senhor Deus. Arrepen-

dei-vos, convertei-vos de todas as vossas transgressões, a fim de não terdes ocasião de cair em pecado. ³¹ Afastai-vos de todos os pecados que praticais. Criai para vós um coração novo e um espírito novo. Por que haveis de morrer, ó casa de Israel? ³² Pois eu não sinto prazer na morte de ninguém – oráculo do Senhor Deus. Convertei-vos e vivereis!"

Responsório   Jr 31,29; Ez 18,20a.30a.20b
R. Não se dirá mais o provérbio:
   Os pais comeram uvas verdes,
   e os dentes de seus filhos é que ficaram irritados.
 * Aquele que pecar, ele mesmo morrerá.
V. Julgarei a cada um pelo próprio proceder;
   nem o filho pagará o pecado de seu pai,
   nem o pai carregará o pecado de seu filho. * Aquele.

Segunda leitura
Do Sermão sobre os pastores, de Santo Agostinho, bispo
(Sermo 46,11-12: CCL 41,538-539)   (Séc. V)

Oferece a atadura do conforto

Diz a Escritura: *Deus castiga todo aquele que reconhece como filho* (Hb 12,6). E tu dizes: "Quem sabe ficarás de fora?" Se ficares fora do sofrimento dos castigos, ficarás de fora do número dos filhos. "Quer dizer então, perguntas, que castiga todo filho?"

Castiga sem exceção todo filho, como também o Único. O Unigênito, nascido da substância do Pai, igual ao Pai *na forma de Deus,* o Verbo por quem tudo foi feito, este não tinha por onde ser castigado. Para isto revestiu-se de carne, de modo a não ficar sem castigo. Aquele, pois, que castiga o Único sem pecado, irá poupar o adotado pecador? Fomos chamados para a adoção, assegura o Apóstolo. Recebemos a adoção de filhos, para sermos coerdeiros do Único, sermos também sua herança: *Pede-me, e eu te darei as nações por herança* (Sl 2,8). Deu-nos o exemplo em seus sofrimentos.

Todavia para que o fraco não desanime totalmente ante as provações futuras, nem se iluda com falsa esperança nem se deixe abater pelo medo, diz-lhe: *Prepara tua alma para a tentação* (Eclo 2,1). Talvez comece a escorregar, a tremer, a não querer aproximar-se. Lês em outro lugar: *Fiel é Deus, que não permitirá serdes tentados além do que podeis suportar* (1Cor 10,13). Afirmar e anunciar futuros sofrimentos é fortalecer o enfermo. Se prometes a misericórdia de Deus a quem está por demais acovardado, e por isso aterrorizado, não porque faltarão provações, mas porque Deus não permite alguém ser tentado acima de suas forças, estás com isto medicando a fratura.

Há alguns que, ouvindo falar de futuras tribulações, se armam ainda mais e têm sede delas como de bebida. Julgam fraco o remédio dos fiéis e buscam a glória dos mártires. Há outros, porém, que com o anúncio das futuras e necessárias provações, que precisamente devem vir ao cristão e não atingem senão ao que quiser ser sinceramente cristão, na iminência delas, ficam alquebrados e vacilam.

Oferece-lhe a atadura da consolação, pensa o que está fraturado. Dize: "Não tenhas medo. Não te abandonará nas provações aquele em quem acreditaste". Fiel é Deus, que não permitirá seres tentado acima do que podes suportar. Não sou eu que digo isto, mas o Apóstolo: *Quereis conhecer por experiência que Cristo fala em mim?* (cf. 2Cor 13,3). Portanto, ouvindo estas palavras, ouves a Cristo, ouves aquele pastor que apascenta Israel. A ele disseram: *Tu nos darás a beber lágrimas, com medida* (Sl 79,6). O apóstolo diz: *Não permitirá serdes tentados além do que podeis suportar.* É a mesma coisa que dissera o Profeta: *Com medida.* Somente não despeças aquele que corrige e exorta, amedronta e consola, fere e cura.

Responsório　　　　　　　　　　Sl 43(44),23.12; Rm 8,37
R. Por vossa causa nos massacram cada dia
e nos levam como ovelhas ao matadouro.
* Mas em tudo somos mais que vencedores,
por meio de Jesus, que nos amou.
V. Como ovelhas nos levastes para o corte
e no meio das nações nos dispersastes.
* Mas em tudo.

Oração

Ó Deus, criador de todas as coisas, volvei para nós o vosso olhar e, para sentirmos em nós a ação do vosso amor, fazei que vos sirvamos de todo o coração. Por nosso Senhor Jesus Cristo, vosso Filho, na unidade do Espírito Santo.

25º DOMINGO DO TEMPO COMUM

I Semana do Saltério

I Vésperas

Cântico evangélico, ant.

Ano A Ide **vós**, desocu**pa**dos, traba**lhar** na minha **vi**nha,
e, o que for **jus**to, eu vos da**rei**.

Ano B Quem qui**ser** ser o pri**mei**ro,
seja o **úl**timo de **to**dos e de **to**dos servi**dor**.

Ano C Fazei a**mi**gos com as ri**que**zas da injus**ti**ça
para **que**, quando fal**ta**rem, vos rece**bam**
nas e**ter**nas mora**di**as, diz Je**sus**.

Oração

Ó Pai, que resumistes toda a lei no amor a Deus e ao próximo, fazei que, observando o vosso mandamento, consigamos chegar um dia à vida eterna. Por nosso Senhor Jesus Cristo, vosso Filho, na unidade do Espírito Santo.

Ofício das Leituras

Primeira leitura
Do Livro do Profeta Ezequiel   24,15-27

A vida do profeta é um sinal para o povo

¹⁵A palavra do Senhor foi-me dirigida nestes termos: ¹⁶"Filho do homem, vou tirar de ti, por um mal súbito, o encanto de teus olhos. Mas não deverás lamentar-te nem chorar ou derramar lágrimas. ¹⁷Geme em silêncio, sem fazer o luto dos mortos. Põe o turbante na cabeça, calça as sandálias nos pés sem encobrir a barba, nem comer o pão dos enlutados". ¹⁸Eu tinha falado ao povo pela manhã, e à tarde minha esposa morreu. Na manhã seguinte, fiz como me fora ordenado. ¹⁹Então o povo perguntou-me: "Não nos vais explicar o que têm a ver conosco as coisas que tu fazes?"

²⁰Eu respondi-lhes: "A palavra do Senhor foi-me dirigida nestes termos: ²¹Fala à casa de Israel: Assim diz o Senhor Deus: Vou profanar o meu santuário, o objeto do vosso orgulho, o encanto de vossos olhos, o alento de vossas vidas. Os filhos e as filhas que lá deixastes, tombarão pela espada. ²²E fareis assim como eu fiz: Não cobrireis a barba, nem comereis o pão dos enlutados, ²³levareis o turbante na cabeça, as sandálias nos pés, sem vos lamentar nem chorar. Definhareis por causa de vossas próprias culpas, gemendo uns para os outros. ²⁴Ezequiel servirá para vós como sinal: Fareis exatamente o que ele fez; quando isso acontecer, sabereis que eu sou o Senhor Deus.

²⁵Quanto a ti, filho do homem, no dia em que eu lhes tirar a força, o esplendor que os alegra, o encanto de seus olhos, o anseio de suas vidas, os seus filhos e as suas filhas, ²⁶naquele dia, virá a ti um fugitivo para te dar a notícia. ²⁷Naquele dia, tua boca se abrirá; poderás falar com o fugitivo e não mais ficarás mudo. Serás para eles um sinal, e eles saberão que eu sou o Senhor".

Responsório   Ez 24,24; Jl 2,13a
R. Ezequiel há de **ser** para **vós** um si**nal**:
   Con**for**me ele **fez**, fa**reis** vós tam**bém**.
   * Então sabe**reis** que eu **sou** o **Se**nhor.
V. Rasgai os **vos**sos cora**ções**, não as **vos**sas **ves**ti**men**tas;
   conver**tei**-vos ao **Se**nhor, ao **Se**nhor, o vosso **Deus**.
   * En**tão**.

Segunda leitura
Do Sermão sobre os pastores, de Santo Agostinho, bispo

(Sermo 46,13: CCL 41,539-540)   (Séc. V)

Os cristãos enfermos

Ao enfermo, diz o Senhor, *não fortificastes* (Ez 34,4). Diz aos maus pastores, aos pastores falsos, que buscam seu interesse, não o de Jesus Cristo. Aos que se alegram com as dádivas do leite e da lã, mas descuram totalmente as ovelhas e não cuidam das doentes. Parece-me haver diferença entre enfermo e doente – pois costuma-se chamar de enfermos os doentes; enfermo quer dizer não firme, e doente o que se sente mal.

Na verdade, irmãos, esforçamo-nos de algum modo por distinguir estas coisas, mas talvez com maior aplicação poderíamos nós ou outro mais entendido e com o coração mais cheio de luz discernir melhor. À espera disto, para que não sejais privados em relação às palavras da Escritura, falo o que penso. É de se temer sobrevenha uma tentação ao enfermo que o debilite. O doente, ao contrário, já adoeceu por alguma ambição e por esta ambição se vê impedido de entrar no caminho de Deus, de submeter-se ao jugo de Cristo.

Observai esses homens que desejam viver bem, já decididos a viver bem. São, no entanto, menos capazes de suportar os males do que fazer o bem. Pertence à firmeza do cristão não apenas fazer o bem, mas também tolerar os males. Aqueles, pois, que parecem ardentes nas boas obras, mas não querem ou não podem suportar as provações iminentes, estes são enfermos. Por outro lado, aqueles que amam o mundo e por qualquer desejo mau se afastam até das obras boas, jazem gravemente doentes, visto que pela doença, sem forças, nada de bom podem realizar.

O paralítico era um destes, na alma. Os que o carregavam, não podendo levá-lo até junto do Senhor, descobriram o teto e fizeram-no descer. É isto que terias de fazer: descobrir o teto e colocar junto do Senhor a alma paralítica, com todos os membros frouxos e vazia de obras boas, curvada sob o peso dos pecados e doente com o mal de sua cobiça. Portanto, se todos os seus membros estão frouxos e há paralisia interior para levá-la ao médico – talvez o médico esteja escondido no teu interior: seria este um sentido oculto

25º Domingo do Tempo Comum

nas Escrituras –, se queres descobrir-lhe o que está oculto, descobre o teto e faze descer diante dele o paralítico.

A quem assim não procede e desdenha fazê-lo, ouvistes o que lhe dizem: *Aos doentes não fortalecestes, ao fraturado não pensastes* (Ez 34,4); já explicamos esta passagem. Estava alquebrado pelo terror das provações. Mas surge algo que restaura a fratura, estas palavras de consolo: *Fiel é Deus, que não permitirá serdes tentados além do que podeis suportar, mas com a tentação vos dará o meio de sair dela para que a possais suportar* (1Cor 10,13).

Responsório   1Cor 9,22-23
R. Fiz-me **fra**co com os **fra**cos, para os **fra**cos conquis**tar**.
 * Fiz-me **tu**do para **to**dos, para **to**dos serem **sal**vos.
V. Eu **fa**ço tudo **is**so por **cau**sa do Evan**ge**lho,
  para **de**le ser par**tí**cipe.* Fiz-me.

HINO Te Deum, p. 543.

Laudes

Cântico evangélico, ant.
Ano A O **Rei**no dos **Céus** pode **ser** comparado
   a um **pai** de família, que sa**iu** de manhã,
   contra**tan**do ope**rá**rios para traba**lhar** em sua vinha.

Ano B Todo a**que**le que me a**co**lhe,
   não é a **mim** que ele a**co**lhe,
   mas ao **Pai** que me envi**ou**.

Ano C Quem **é** fiel no **pou**co, é fiel também no **mui**to.

Oração

Ó Pai, que resumistes toda a lei no amor a Deus e ao próximo, fazei que, observando o vosso mandamento, consigamos chegar um dia à vida eterna. Por nosso Senhor Jesus Cristo, vosso Filho, na unidade do Espírito Santo.

II Vésperas

Cântico evangélico, ant.

Ano A Agora **chama** os oper**á**rios e **paga** o seu sal**á**rio.

Ano B Quem a**co**lhe, em meu **no**me, uma criança como esta é a **mim** que ele a**co**lhe.

Ano C Nin**guém** pode ser**vir** a dois se**nho**res: não po**deis** servir a **Deus** e ao di**nhei**ro.

SEGUNDA-FEIRA

Ofício das Leituras

Primeira leitura
Do Livro do Profeta Ezequiel   34,1-6.11-16.23-31

Israel, rebanho do Senhor

¹A palavra do Senhor foi-me dirigida nestes termos: ²"Filho do homem, profetiza contra os pastores de Israel! Profetiza, dizendo-lhes: Assim fala o Senhor Deus aos pastores: Ai dos pastores de Israel, que se apascentam a si mesmos! Não são os pastores que devem apascentar as ovelhas? ³Vós vos alimentais com o seu leite, vestis a sua lã e matais os animais gordos, mas não apascentais as ovelhas. ⁴Não fortalecestes a ovelha fraca, não curastes a ovelha doente, nem enfaixastes a ovelha ferida. Não trouxestes de volta a ovelha extraviada, não procurastes a ovelha perdida; ao contrário, dominastes sobre elas com dureza e brutalidade. ⁵As ovelhas dispersaram-se por falta de pastor, tornando-se presa de todos os animais selvagens. ⁶Minhas ovelhas vaguearam sem rumo por todos os montes e colinas elevadas. Dispersaram-se minhas ovelhas por toda a extensão do país, e ninguém perguntou por elas nem as procurou.

¹¹Assim diz o Senhor Deus: Vede! Eu mesmo vou procurar minhas ovelhas e tomar conta delas. ¹²Como o

pastor toma conta do rebanho, de dia, quando se encontra no meio das ovelhas dispersas, assim vou cuidar de minhas ovelhas e vou resgatá-las de todos os lugares em que forem dispersadas num dia de nuvens e escuridão. ¹³ Vou retirar minhas ovelhas do meio dos povos e recolhê-las do meio dos países para as conduzir à sua terra. Vou apascentar as ovelhas sobre os montes de Israel, nos vales dos riachos e em todas as regiões habitáveis do país. ¹⁴ Vou apascentá-las em boas pastagens, e nos altos montes de Israel estará o seu abrigo. Ali repousarão em prados verdejantes e pastarão em férteis pastagens, sobre os montes de Israel. ¹⁵ Eu mesmo vou apascentar as minhas ovelhas e fazê-las repousar – oráculo do Senhor Deus. ¹⁶ Vou procurar a ovelha perdida, reconduzir a extraviada, enfaixar a da perna quebrada, fortalecer a doente e vigiar a ovelha gorda e forte. Vou apascentá-las conforme o direito.

²³ Para apascentá-las farei surgir sobre elas um único pastor, o meu servo Davi: ele as apascentará e lhes servirá de pastor. ²⁴ Eu, o Senhor, serei o seu Deus, e o meu servo Davi será príncipe entre eles. Eu, o Senhor, falei. ²⁵ Farei com eles uma aliança de paz, farei desaparecer do país os animais ferozes, de modo que poderão morar em segurança no deserto e dormir nos bosques. ²⁶ Farei deles e dos arredores da minha colina uma bênção; farei cair chuva a seu tempo, chuva que será uma bênção. ²⁷ As árvores do campo produzirão fruto, e a terra dará suas colheitas, e eles estarão em segurança no seu país. Saberão que eu sou o Senhor, quando eu lhes quebrar as barras do jugo e os libertar da mão dos que os escravizam. ²⁸ Não mais servirão de pilhagem para as nações, e os animais selvagens não tornarão a devorá-los. Morarão em segurança sem que ninguém os aterrorize. ²⁹ Farei germinar para eles plantações tão fabulosas que não haverá mais vítimas de fome no país, nem terão de suportar a injúria das nações. ³⁰ Assim saberão que eu, o Senhor, sou o Deus-com-eles, e eles o meu povo, a casa de Israel –

oráculo do Senhor Deus. ³¹E quanto a vós, minhas ovelhas, sois as ovelhas de minha pastagem, e eu sou o vosso Deus" – oráculo do Senhor Deus.

Responsório   Ez 34,12b.13b.14a; Jo 10,10b
R. Buscarei minhas ovelhas de todos os lugares,
   pelos quais foram dispersas,
   no dia de nuvens e de trevas,
   e as reconduzirei para a sua própria terra.
 * Em pastagens abundantes eu as pastorearei.
V. Eu vim para que tenham a vida em abundância.
 * Em pastagens.

Segunda leitura
Do Sermão sobre os pastores, de Santo Agostinho, bispo
            (Sermo 46,14-15: CCL 41,541-542)   (Séc. V)

Insiste a tempo e fora de tempo

A desgarrada não reconduzistes e a que se perdia não fostes procurar (Ez 34,4). Aqui às vezes caímos em mãos dos ladrões e nos dentes dos lobos vorazes. Rogamos, pois, que oreis por estes nossos perigos. Também as ovelhas são rebeldes. Quando procuramos as erradias, declaram não ser nossas, para seu erro e perdição: "Que quereis de nós? Por que nos procurais?" Como se não fosse o mesmo motivo que nos faz querê-las e procurá-las; porque se desviam e se perdem. "Se estou no erro, diz, se na morte, que queres de mim? Por que me procuras?" Justamente porque estás no erro, quero reconduzir-te; porque te perdeste quero encontrar-te. "Quero assim errar, quero assim me perder".

Queres vaguear assim, queres perder-te assim? Muito bem, mas eu não quero. Ouso dizer isto mesmo: sou importuno. Escuto o Apóstolo, que diz: *Prega a palavra, insiste a tempo e fora de tempo* (2Tm 4,2). Com quem, a tempo? Com quem, fora de tempo? A tempo com os desejosos, fora de tempo com os que não querem ouvir. Sou inteiramente importuno, ouso dizer: 'Tu queres errar, tu queres perecer; eu não quero". E afinal não o quer Aquele que me faz tremer. Se eu quiser o erro, vê o que me dirá, vê como me repreenderá: *Ao desgarrado não reconduzistes, ao que se perdera não fostes procurar.* Temerei mais a ti do que a Ele? *Teremos todos de nos apresentar ao tribunal de Cristo* (2Cor 5,10).

Reconduzirei a desgarrada, procurarei a perdida. Quer queiras quer não, assim farei. E, se, em minha busca, os espinhos dos bosques me rasgarem, eu me obrigarei a ir por todos os atalhos difíceis. Baterei todos os cercados; enquanto me der forças o Senhor, que me ameaça, percorrerei tudo sem descanso. Reconduzirei a desgarrada, procurarei a perdida. Se não queres que eu sofra, não te desgarres, não te percas. É pouco dizer que tenho pena de ti, desgarrada e perdida. Tenho medo de que, se te abandonar, venha a matar o que é forte. Escuta o que se segue. *E, ao que era forte, matastes* (Ez 34,3). Se eu abandonar a desgarrada e perdida, o que é forte terá gosto em desgarrar-se e perder-se.

Responsório   Eclo 4,28-29; 2Tm 4,2
R. Não **deixes** de falar no **tempo** oportuno
   nem **queiras** esconder a **tua** sabedoria
   por mod**és**tia enganosa.
 * Pela **fala** se conhece a real sabedoria;
   e o saber, pela palavra que profere o homem **sábio**.
V. Pro**clama**, em todo o **tempo**, a Palavra do Senhor,
   persuade, repreende e exorta com coragem,
   com saber e paciência.* Pela **fala**.

Oração

Ó Pai, que resumistes toda a lei no amor a Deus e ao próximo, fazei que, observando o vosso mandamento, consigamos chegar um dia à vida eterna. Por nosso Senhor Jesus Cristo, vosso Filho, na unidade do Espírito Santo.

TERÇA-FEIRA

Ofício das Leituras

Primeira leitura
Do Livro do Profeta Ezequiel   36,16-36

*Futura restauração do povo de Deus no corpo,
na alma e no espírito*

¹⁶A palavra do Senhor foi-me dirigida nestes termos: ¹⁷"Filho do homem, os da casa de Israel estavam morando em sua terra. Mancharam-na com sua conduta e suas más ações; sua conduta era para mim como a impureza da menstruação. ¹⁸Então derramei sobre eles a minha ira, por causa do sangue que derramaram no país e dos ídolos com os quais o mancharam. ¹⁹Eu dispersei-os entre as nações, e eles foram espalhados pelos países. Julguei-os de acordo com sua conduta e suas más ações. ²⁰Quando eles chegaram às nações para onde foram, profanaram o meu santo nome; pois deles se comentava: 'Esse é o povo do Senhor; mas tiveram de sair do seu país!' ²¹Então eu tive pena do meu santo nome que a casa de Israel estava profanando entre as nações para onde fora.

²²Por isso, dize à casa de Israel: Assim fala o Senhor Deus: Não é por causa de vós que eu vou agir, casa de Israel, mas por causa do meu santo nome, que profanastes entre as nações para onde fôreis. ²³Vou mostrar a santidade do meu grande nome, que profanastes no meio das nações. As nações saberão que eu sou o Senhor – oráculo do Senhor Deus – quando eu manifestar minha santidade à vista delas por meio de vós. ²⁴Eu vos tirarei do meio das nações, vos reunirei de todos os países e vos conduzirei para a vossa terra. ²⁵Derramarei sobre vós uma água pura, e sereis purificados. Eu vos purificarei de todas as impurezas e de todos os ídolos. ²⁶Eu vos darei um coração novo e porei um espírito novo dentro de vós. Arrancarei do vosso corpo o coração de

pedra e vos darei um coração de carne; ²⁷porei o meu espírito dentro de vós e farei com que sigais a minha lei e cuideis de observar os meus mandamentos. ²⁸Habitareis no país que dei a vossos pais. Sereis o meu povo, e eu serei o vosso Deus. ²⁹Eu vos libertarei de todas as vossas impurezas. Farei com que o trigo seja abundante e já não vos imporei a fome. ³⁰Multiplicarei os frutos das árvores e os produtos do campo, para que não mais suporteis a vergonha da fome entre as nações. ³¹Então vos lembrareis de vossa má conduta e de vossas más ações, e sentireis repugnância de vós mesmos por causa de vossas culpas e práticas abomináveis. ³²Convém que saibais: Não é por vossa causa que vou agir – oráculo do Senhor Deus. Envergonhai-vos, humilhados da vossa conduta, ó casa de Israel!

³³Assim diz o Senhor Deus: Quando eu vos purificar de todas as culpas, repovoarei as cidades, e as ruínas serão reconstruídas. ³⁴O país devastado, que antes parecia desolado a todos que ali passavam, será cultivado. ³⁵Então, dir-se-á: 'Esse país, que era devastado, tornou-se como um jardim do Éden, e as cidades em ruínas, devastadas e demolidas, estão fortificadas e habitadas'. ³⁶Assim saberão as nações que sobraram em torno de vós que eu, o Senhor, reconstruí o que estava demolido e replantei o que fora devastado. Eu, o Senhor, falei e assim faço".

Responsório Ez 11,19b-20.19a
R. O **coração** de **pedra** de seu **cor**po tira**rei**
   e um **coração** de **carne** a **e**les eu **darei**.
* A **fim** de que cami**nhem** obser**van**do os meus pre**cei**tos
   e **se**jam o meu **po**vo, e **eu** seja o seu **Deus**.
V. Um **só cora**ção eu i**rei** criar **ne**les
   e dentro **de**les po**rei** um es**pí**rito **novo**. * A **fim**.

Segunda leitura

Do Sermão sobre os pastores, de Santo Agostinho, bispo

(Sermo 46,18-19: CCL 41,544-546)   (Séc. V)

*A Igreja, qual videira, ao crescer estende-se
por todos os lados*

Por todo monte, por toda colina e por toda a face da terra se dispersaram (Ez 34,6). Que significa: *Por toda a face da terra se dispersaram ?* Entregando-se a tudo que é terreno, amam o que brilha na face da terra, preferem isto. Não querem morrer para que sua vida fique escondida em Cristo. *Por toda a face da terra,* pelo amor às coisas terrenas; ou porque há ovelhas desgarradas por toda a face da terra. Estão em diversos lugares; uma só mãe, a soberba, as deu à luz, como uma só, a nossa mãe católica, gerou todos os fiéis cristãos dispersos por todo o mundo.

Não é de admirar se a soberba gera a separação, a caridade, a unidade. Contudo esta mãe católica, este pastor dentro dela procura por toda parte os desgarrados, fortifica os enfermos, cura os doentes, pensa os fraturados; a uns por meio destes, a outros por meio daqueles, sem se conhecerem mutuamente. No entanto ela a todos conhece porque por todos se estende.

Ela se assemelha à videira que, ao crescer, se estende por todos os lados; junto dela há ramos inúteis, cortados pela foice do agricultor por causa de sua esterilidade, de sorte que a videira é podada, não amputada. Estes ramos, onde foram cortados, aí ficaram.

A videira, porém, crescendo por todos os lados, não só conhece os ramos presos a ela, mas ainda os que foram cortados.

Todavia aí vai buscar os erradios, porque a respeito dos ramos partidos diz o Apóstolo: *Deus é poderoso para enxertá-los de novo* (Rm 11,23). Quer compares a ovelhas desgarradas do rebanho, quer a ramos cortados da videira, não é menos poderoso Deus para reconduzir as ovelhas do que é para enxertar os ramos, pois é o grande pastor, o agricultor verdadeiro. *E por toda a face da terra se dispersaram; e não houve quem as buscasse, quem as reconduzisse;* entre os maus pastores, porém, *não houve* um homem *que as procurasse* (cf. Ez 34,7).

Por isso ouvi, pastores, a palavra do Senhor: *Por minha vida, diz o Senhor Deus* (cf. Ez 34,7). Vede por onde começa. Como por um juramento de Deus, um testemunho de sua vida: *Por minha vida, diz o Senhor.* Os pastores morreram, mas as ovelhas estão em segurança; o Senhor vive. *Por minha vida, diz o Senhor Deus.* Quais os pastores que morreram? Os que procuravam seu interesse, não o de Jesus Cristo. Haverá então e se poderão encontrar pastores que não busquem o que é seu, mas o que pertence a Jesus Cristo? Sem dúvida alguma, haverá e decerto se encontrarão; não faltam nem faltarão jamais.

Responsório 2Cor 3,4.6.5
R. Por **Cris**to nós **te**mos confi**an**ça em **Deus**;
  * Ele **fez**-nos i**dô**neos para **ser**mos ministros
    de uma **no**va ali**an**ça, po**rém**, não da **le**tra,
    mas **sim** do es**pí**rito.
V. Não que **fôs**semos **ap**tos de pen**sar** por nós **mes**mos
  qualquer **coi**sa de **bom**: po**rém**, vem de **Deus**
  a **nos**sa apti**dão**. * Ele **fez**-nos.

Oração
Ó Pai, que resumistes toda a lei no amor a Deus e ao próximo, fazei que, observando o vosso mandamento, consigamos chegar um dia à vida eterna. Por nosso Senhor Jesus Cristo, vosso Filho, na unidade do Espírito Santo.

QUARTA-FEIRA

Ofício das Leituras

Primeira leitura
Do Livro do Profeta Ezequiel 37,1-14

Visão da ressurreição do povo de Deus

Naqueles dias: ¹A mão do Senhor estava sobre mim, e por seu espírito ele me levou para fora e me deixou no meio de uma planície cheia de ossos ²e me fez andar no meio deles em todas as direções. Havia muitíssimos ossos na planície e estavam ressequidos. ³Ele me perguntou: "Filho do homem, será que estes ossos podem voltar à vida?" E eu respondi: "Senhor Deus, só tu o sabes". ⁴E ele me disse: "Profetiza sobre estes ossos e dize: Ossos ressequidos, escutai a palavra do Senhor! ⁵Assim diz o Senhor Deus a estes ossos: Eu mesmo vou fazer entrar um espírito em vós e voltareis à vida. ⁶Porei nervos em vós, farei crescer carne e estenderei a pele por cima. Porei em vós um espírito, para que possais voltar à vida. Assim sabereis que eu sou o Senhor". ⁷Profetizei como me foi ordenado. Enquanto eu profetizava, ouviu-se primeiro um rumor, e logo um estrondo, quando os ossos se aproximaram uns dos outros. ⁸Olhei e vi nervos e carne crescendo sobre os ossos e, por cima, a pele que se estendia. Mas não tinham nenhum sopro de vida. ⁹Ele me disse: "Profetiza para o espírito, profetiza, filho do homem! Dirás ao espírito: Assim diz o Senhor Deus: Vem dos quatro ventos, ó espírito, vem soprar sobre estes mortos, para que eles possam voltar à vida". ¹⁰Profetizei como me foi ordenado, e o espírito entrou neles. Eles voltaram à vida e puseram-se de pé: era uma imensa multidão!

¹¹Então ele me disse: "Filho do homem, estes ossos são toda a casa de Israel. É isto que eles dizem: 'Nossos ossos estão secos, nossa esperança acabou, estamos perdidos!' ¹²Por isso, profetiza e dize-lhes: Assim fala o Senhor Deus:

Ó meu povo, vou abrir as vossas sepulturas e conduzir-vos para a terra de Israel; ¹³e, quando eu abrir as vossas sepulturas e vos fizer sair delas, sabereis que eu sou o Senhor. ¹⁴Porei em vós o meu espírito para que vivais e vos colocarei em vossa terra. Então sabereis que eu, o Senhor, digo e faço" – oráculo do Senhor.

Responsório   Ez 37,12b.13a; Jo 11,25
R. Eu **hei** de **abrir** os **vos**sos **sepul**cros
   e **deles** i**rei** reti**rar**-vos, meu povo.
* **Então** sabe**reis** que eu **sou** o Se**nhor**.
V. Eu sou a **res**surrei**ção**, eu sou a **vi**da,
   quem crê em **mim**, ainda que **mor**ra, vive**rá**.
* **Então**.

Segunda leitura
Do Sermão sobre os pastores, de Santo Agostinho, bispo
            (Sermo 46,20-21: CCL 41,546-548)   (Séc. V)

Fazei o que dizem, não o que fazem

Por esta razão ouvi, pastores, a palavra do Senhor. Mas, pastores, ouvi o quê? *Isto diz o Senhor Deus: Vou intimar os pastores e reclamarei de suas mãos as minhas ovelhas* (Ez 34,9).

Ouvi e ficai sabendo, ovelhas de Deus: ele reclama dos maus pastores as suas ovelhas e pede-lhes contas das que morreram. Em outro lugar diz pelo mesmo Profeta: *Filho do homem, eu te constituí sentinela na casa de Israel. Ouvirás uma palavra de minha boca e alertá-los-ás de minha parte. Se eu disser ao pecador: Morrerás por certo, e, se tu não a repetires para que o ímpio abandone seus caminhos, ele, pecador, morrerá com seu pecado, mas exigirei de tua mão seu sangue. Se, ao contrário, advertires ao pecador que deixe seu caminho e ele não quiser dele se afastar, morrerá por seu pecado, mas tu livrarás tua alma* (Ez 33,7-9).

Que quer dizer isto, irmãos? Vedes como é perigoso calar? Morre o ímpio e morre justamente; morre em sua impiedade e em seu pecado; sua indiferença o matou. Pois poderia encontrar o pastor interessado que diz: *Por minha vida, diz o Senhor*. Mas, por ser indiferente e não advertido por aquele que é guarda e sentinela, é justo que morra aquele e que este seja condenado. Se porém disseres ao ímpio a quem ameacei com a espada: *Morrerás por certo* e ele nada fizer para evitar a espada, esta virá e o matará. Morrerá por seu pecado; tu, porém, livraste tua alma. Por isto, a nós cabe-nos não calar; a vós, mesmo se calarmos, cabe ouvir pela Sagrada Escritura as palavras do Pastor.

Vejamos, como era a minha intenção, se ele retira as ovelhas aos maus pastores e as dá aos bons. Vejo-o, de fato, tirando as ovelhas aos maus pastores, quando diz: *Eu enfrentarei os pastores e reclamarei as minhas ovelhas das suas mãos; não permitirei que apascentem mais as minhas ovelhas, e deixarão de ser pastores* (Ez 34,10). Eu disse-lhes que apascentassem as minhas ovelhas, mas eles apascentam-se a si mesmos e não as minhas ovelhas. Por isso, *não permitirei que apascentem mais as minhas ovelhas*.

Como é que afastará, a fim de que não mais apascentem suas ovelhas? *Fazei o que dizem, não façais o que fazem* (cf. Mt 23,3).

Como se dissesse: "Dizem o que é meu, fazem o que é seu". Quando não fazeis o que os maus pastores fazem, estes não vos apascentam; quando fazeis o que dizem, sou eu que vos apascento.

Responsório   Lc 12,42.43; 1Cor 4,2

R. Quem é o **ser**vo fi**el** e pru**den**te
    a quem **Deus** confi**ou** sua fa**mí**lia?
* Feliz aquele **ser**vo que o Se**nhor**
    na sua **vol**ta encon**trar** fazendo as**sim**.

V. O que se espera de administradores
é que sejam fiéis ao seu senhor. * Feliz.

Oração

Ó Pai, que resumistes toda a lei no amor a Deus e ao próximo, fazei que, observando o vosso mandamento, consigamos chegar um dia à vida eterna. Por nosso Senhor Jesus Cristo, vosso Filho, na unidade do Espírito Santo.

QUINTA-FEIRA

Ofício das Leituras

Primeira leitura
Do Livro do Profeta Ezequiel   37,15-28

Anúncio da união entre Israel e Judá

¹⁵A palavra do Senhor foi-me dirigida nestes termos: ¹⁶"Quanto a ti, filho do homem, toma um pedaço de madeira e escreve em cima: 'Pertence a Judá e aos israelitas que lhe estão associados'. Toma outro pedaço de madeira e escreve em cima: 'Pertence a José, lenho de Efraim, e a toda a casa de Israel a ele associada'. ¹⁷Depois junta um com o outro para que forme um só pedaço e fiquem unidos em tua mão. ¹⁸Quando teus compatriotas te perguntarem: 'Não nos vais explicar o que queres dizer com isso?', ¹⁹tu lhes falarás: Assim diz o Senhor Deus: Vou tomar o lenho de José, que está nas mãos de Efraim, com as tribos que lhes estão associadas, e juntá-los com o lenho de Judá, para fazer um só lenho, para que fiquem unidos em minha mão. ²⁰Segurando os dois pedaços de lenho escritos em sua presença, ²¹tu lhes falarás: Assim diz o Senhor Deus: "Eu mesmo vou tomar os israelitas do meio das nações para onde foram, vou recolhê-los de toda parte e reconduzi-los para a sua terra. ²²Farei deles uma nação única no país, nos montes de Israel, e apenas um rei reinará sobre todos eles. Nunca mais formarão duas nações, nem tornarão a dividir-se em dois reinos.

²³Não se mancharão mais com os seus ídolos e nunca mais cometerão infames abominações. Eu os libertarei de todo o pecado que cometeram em sua infidelidade e os purificarei. Eles serão o meu povo, e eu serei o seu Deus. ²⁴Meu servo Davi reinará sobre eles, e haverá para todos eles um único pastor. Viverão segundo meus preceitos e guardarão minhas leis, pondo-as em prática. ²⁵Habitarão no país que dei ao meu servo Jacó, onde moraram vossos pais; ali habitarão para sempre, também eles; com seus filhos e netos, e o meu servo Davi será o seu príncipe para sempre. ²⁶Farei com eles uma aliança de paz, será uma aliança eterna. Eu os estabelecerei e multiplicarei, e no meio deles colocarei meu santuário para sempre. ²⁷Minha morada estará junto deles. Eu serei o seu Deus, e eles serão o meu povo. ²⁸Assim as nações saberão que eu, o Senhor, santifico Israel, por estar o meu santuário no meio deles para sempre".

Responsório   Ez 37,21.22a; Jo 10,16b.11b
R. Eu **hei** de reu**nir** os **fi**lhos de Isra**el**
    de **to**dos os lu**ga**res e um só **po**vo farei **de**les,
 * E have**rá** um só re**ba**nho, que te**rá** um só pas**tor**.
V. O Bom Pas**tor** dá a **vi**da pelas **su**as ove**lhas**. * E have**rá**.

Segunda leitura
Do Sermão sobre os pastores, de Santo Agostinho, bispo

(Sermo 46,24-25.27: CCL 41,551-553)   (Séc. V)

Em boas pastagens apascentarei minhas ovelhas

E as retirarei dentre as nações, reuni-las-ei de todos os lugares e as conduzirei para sua terra e as apascentarei sobre os montes de Israel (Ez 34,13). Ele criou os montes de Israel; são os autores das divinas Escrituras. Alimentai-vos ali onde com segurança encontrareis alimento. Que vos cause gosto tudo quanto dali ouvirdes; aquilo que lhe é estranho, rejeitai. Não vagueeis no meio do nevoeiro; ouvi a voz do pastor. Reuni-vos nos montes da Sagrada Escritura.

Aí se acham as delícias de vosso coração; aí, nada de venenoso, nada de contrário; são pastagens fertilíssimas. Vinde, somente vós, sadias, nutri-vos nos montes de Israel.

E nas nascentes e em todo lugar habitado da terra (Ez 34,13 Vulg). Dos montes a que nos referimos brotaram as nascentes da pregação evangélica, quando *por toda a terra se difundiu sua voz* (cf. Sl 18,5). E toda a terra habitada se tornou amena e fecunda para alimento das ovelhas.

Em boas pastagens e nos altos montes de Israel as apascentarei. E ali estarão colocados seus redis (Ez 34,14), quer dizer, onde irão descansar, onde dirão: "Como é bom aqui", onde dirão: "É verdade, está tudo claro, não fomos enganadas". Repousarão na glória de Deus, como em seu redil. *E dormirão,* isto é, *repousarão, em grandes delícias.*

Em férteis campos serão apascentadas sobre os montes de Israel (Ez 34,14). Já falei dos montes de Israel, dos bons montes para onde erguemos os olhos para daí nos vir auxílio. Mas *o nosso auxílio vem do Senhor, que fez o céu e a terra* (cf. Sl 123,8). Por isso, para que nem mesmo nos bons montes esteja nossa esperança, tendo dito: *Apascentarei* minhas ovelhas *sobre os montes de Israel,* e para que tu não te fixes nos montes, acrescenta logo: *Eu apascentarei minhas ovelhas.* Ergue os olhos para os montes, donde te virá auxílio, mas presta atenção ao que te diz: *Eu apascentarei.* Pois teu auxílio *vem do Senhor, que fez o céu e a terra.*

Termina assim: *E as apascentarei com justiça* (Ez 34,16). Reparai que só ele apascenta desse modo, aquele que apascenta com justiça. Que pode um homem julgar acerca de outro homem? Tudo está repleto de juízos temerários. Aquele de quem desesperávamos, de repente se converte e se torna ótimo. De quem muito esperávamos, subitamente fraqueja e se faz péssimo. Nem nosso temor é seguro, nem certo nosso amor.

Aquilo que cada homem é hoje, mal sabe ele próprio. No entanto, é alguma coisa hoje. O que será amanhã, nem ele o sabe. Portanto, é só Ele quem apascenta com justiça, restituindo a cada um o que é seu: a estas, umas coisas; àquelas, outras. Dando o devido a cada uma, isto ou aquilo. Pois sabe o que faz. Apascenta com justiça aqueles que redimiu ao ser justiçado. Apascenta, portanto, com justiça.

Responsório
Jo 10,14; Ez 34,11.13a

R. Eu **sou** o Bom **Pastor**, diz Jesus;
 * Eu **conheço** as **minhas** ovelhas, e elas **conhecem** a **mim**.
V. Eu **mesmo** i**rei** procurar minhas ovelhas e **irei** visitá-las,
  eu **hei** de congregar minhas ovelhas entre os **povos**
  e **irei** apascentá-las. * Eu **conheço**.

Oração

Ó Pai, que resumistes toda a lei no amor a Deus e ao próximo, fazei que, observando o vosso mandamento, consigamos chegar um dia à vida eterna. Por nosso Senhor Jesus Cristo, vosso Filho, na unidade do Espírito Santo.

SEXTA-FEIRA

Ofício das Leituras

Primeira leitura
Do Livro do Profeta Ezequiel   40,1-4; 43,1-12; 44,6-9

Visão sobre a restauração do templo e de Israel

⁴⁰,¹No vigésimo quinto ano de nosso cativeiro, no princípio do ano, no dia dez do mês, catorze anos após a queda da cidade, nesse mesmo dia a mão do Senhor esteve sobre mim, e ele me levou para lá. ²Ele levou-me em visão divina ao país de Israel e deixou-me sobre um monte muito alto, no qual, ao sul, havia como que edifícios de uma cidade. ³Para lá ele me levou. E ali vi um homem cujo aspecto era o do bronze. Estava junto à porta e tinha na mão uma corda de linho e uma cana de medir. ⁴E o homem me falou: "Filho do homem, olha bem e escuta atentamente! Presta bem atenção

a tudo que eu te mostrar, pois foste trazido para cá, a fim de que eu te mostrasse. Conta à casa de Israel tudo o que vires".

43,¹O homem conduziu-me até a porta da casa do Senhor que dá para o nascente,² e eu vi a glória do Deus de Israel, vinda do oriente; um ruído a acompanhava, semelhante ao ruído de águas caudalosas, e a terra brilhava com a sua glória. ³A visão era idêntica à visão que tive quando ele veio destruir a cidade, bem como à visão que tive junto ao rio Cobar; e eu caí com o rosto no chão.

⁴A glória do Senhor entrou no Templo pela porta que dá para o nascente. ⁵Então o espírito raptou-me e me levou para dentro do pátio interno, e eu vi que o Templo ficara cheio da glória do Senhor. ⁶Ouvi alguém falando-me de dentro do Templo, enquanto o homem esteve de pé junto a mim. ⁷Ele me disse: "Filho do homem, este é o lugar do meu trono, é o lugar em que coloco a planta dos meus pés, o lugar onde habitarei para sempre no meio dos israelitas; a casa de Israel e seus reis não tornarão a manchar o meu santo nome com suas prostituições, nem com os cadáveres de seus reis mortos. ⁸Quando eles puseram sua porta junto à minha e seus gonzos ao lado dos meus, com uma simples parede entre mim e eles, mancharam o meu santo nome com suas práticas detestáveis. Por isso eu os consumi com minha ira. ⁹Agora, porém, deverão manter afastadas de mim suas prostituições e os cadáveres de seus reis, de modo que eu possa morar no meio deles para sempre.

¹⁰Quanto a ti, filho do homem, descreve à casa de Israel a planta do Templo, para que se envergonhem de sua culpa. Ao medirem a planta, ¹¹talvez se envergonhem de tudo o que fizeram. Faze-lhes conhecer a forma do Templo, sua disposição, suas saídas e entradas, sua organização, suas leis e determinações. Escreve tudo diante deles, para que observem todas as leis e determinações e as executem. ¹²Esta é a lei do Templo no cimo da montanha: Toda a área que o cerca é um lugar santíssimo. Esta é a lei do Templo".

44.6 Dirás a esses rebeldes, à casa de Israel: Assim diz o Senhor Deus: Já bastam tantas práticas detestáveis, ó casa de Israel! ⁷Introduzistes estrangeiros, incircuncisos no coração e na carne, para ficarem no meu santuário e o profanarem, quando me oferecíeis como alimento gordura e sangue. Rompestes, assim, minha aliança com todas as vossas práticas detestáveis. ⁸Em vez de vos ocupardes vós mesmos do serviço das minhas coisas santas, estabelecestes a eles para cuidar do meu serviço no santuário. ⁹Assim diz o Senhor Deus: Nenhum estrangeiro, incircunciso no coração ou na carne, dos que vivem no meio dos israelitas, poderá entrar no meu santuário".

Responsório   Ez 43,4.5; cf. Lc 2,22
R. A **glória** do S**enhor entrou** no santuário
   pela **porta** orien**tal**,
* E o **templo** ficou **cheio** da **glória** do S**enhor**.
V. José e Maria levaram ao **templo** o **Menino Jesus**.
*E o **templo**.

Segunda leitura
Do Sermão sobre os pastores, de Santo Agostinho, bispo

(Sermo 46,29-30: CCL 41,555-557)   (Séc. V)

Os pastores bons estão todos no único pastor

Cristo te apascenta com justiça; ele distingue as suas ovelhas das que não são suas. *As minhas ovelhas ouvem minha voz e me seguem* (cf. Jo 10,27).

Encontro aqui todos os pastores bons no único pastor. Os pastores bons não faltam, mas estão no Único. Os que estão divididos são muitos. Aqui se fala de um só, porque se quer valorizar a unidade. Na verdade não se diz agora que os pastores se calarão e será um só o pastor, porque o Senhor não encontra a quem confiar suas ovelhas. Ele as confiou porque encontrou a Pedro. Mais ainda, no próprio Pedro, ele recomendou a unidade. Eram muitos os apóstolos, mas a um só disse: *Apascenta minhas ovelhas* (Jo 21,17). Deus nos livre de que não haja agora bons pastores, de que nos venham a faltar. Esteja longe de sua misericórdia não criá-los e constituí-los.

Na realidade, se houver boas ovelhas, haverá também bons pastores, pois das boas ovelhas se formam os bons pastores. Mas os bons pastores estão todos no Único, são um só. Se eles apascentam, é Cristo que apascenta. Os amigos do esposo não dizem ser sua a voz, mas com imensa alegria se rejubilam com a voz do esposo. Por conseguinte, é ele que apascenta quando aqueles apascentam. E diz: "Eu apascento", porque sua voz está neles, sua caridade neles se encontra. Ao próprio Pedro, a quem entregava suas ovelhas como a outra pessoa, queria torná-lo um só consigo, e depois entregar-lhe as ovelhas, de forma que ele fosse a cabeça, fosse a personificação do corpo, isto é, da Igreja, e, à semelhança do esposo com a esposa, fossem dois em uma só carne.

Querendo, pois, entregar as ovelhas, mas não como se as confiasse a outro, que lhe diz antes? *Pedro, tu me amas? Respondeu ele: Eu te amo. De novo: Tu me amas? Respondeu: Amo. Pela terceira vez: Tu me amas? E respondeu: Amo* (cf. Jo 21,15-17). Confirma a caridade para consolidar a unidade. É ele, portanto, que apascenta; um só neles e eles no Único.

Cala-se a respeito dos pastores, mas não se cala. Gloriam-se os pastores, *mas quem se gloria, no Senhor se glorie* (2Cor 10,17). É isto apascentar o Cristo, é isto apascentar por Cristo, é isto apascentar em Cristo; não se apascenta fora de Cristo! Não foi, na verdade, por falta de pastores, como se o Profeta houvesse predito estes maus tempos futuros que disse: *Eu apascentarei minhas ovelhas,* não tenho a quem confiá-las. Ainda Pedro estava nesse corpo e nessa vida terrena e também os Apóstolos, quando aquele Único, em quem todos são um, disse: *Tenho outras ovelhas que não são deste redil. Preciso buscá-las para que haja um só rebanho e um só pastor* (Jo 10,16).

Estejam então todos no Único pastor e façam ouvir a única voz do pastor, aquele que as ovelhas escutam, e possam seguir seu pastor; não a este ou àquele, mas ao Único. E todos nele falem com uma só voz, não tenham vozes diferentes. *Rogo-vos, irmãos, dizei todos a mesma palavra e não haja divisão entre vós* (1Cor 1,10). A esta voz, lavada de toda a divisão, purificada de toda a heresia, ouçam-na as ovelhas e sigam seu pastor, aquele que diz: *As ovelhas que são minhas escutam minha voz e me seguem* (Jo 10,27).

Responsório
R. Não dei**xeis** vosso re**ban**ho, ó Se**nhor**!
* Bom Pas**tor**, vós que ja**mais** adorme**ceis**,
  mas **sem**pre vigi**ais** vosso re**banho**.
V. Vosso a**mor**, que nos per**doa**, ó Se**nhor**, cuide de **nós**,
  para **que** o ini**mi**go, tenta**dor** e traiço**eiro**,
  não nos **ven**ha ata**car**. * Bom Pas**tor**.

Oração
Ó Pai, que resumistes toda a lei no amor a Deus e ao próximo, fazei que, observando o vosso mandamento, consigamos chegar um dia à vida eterna. Por nosso Senhor Jesus Cristo, vosso Filho, na unidade do Espírito Santo.

SÁBADO

Ofício das Leituras

Primeira leitura
Do Livro do Profeta Ezequiel   47,1-12

Visão sobre a fonte que brotava do templo

Naqueles dias: O homem fez-me voltar até a entrada do Templo, e eis que saía água da sua parte subterrânea na direção leste, porque o Templo estava voltado para o oriente; a água corria do lado direito do Templo, ao sul do altar. ²Ele fez-me sair pela porta que dá para o norte e fez-me dar uma volta por fora, até à porta que dá para o leste, onde eu vi a água jorrando do lado direito. ³Quando o homem saiu na direção leste, tendo uma corda de medir na mão, mediu quinhentos metros e fez-me atravessar a água: ela chegava-me aos tornozelos. ⁴Mediu outros quinhentos metros e fez me atravessar a água: ela chegava-me aos joelhos. ⁵Mediu mais quinhentos metros e fez-me atravessar a água: ela chegava-me à cintura. Mediu mais quinhentos metros, e era um rio que eu não podia atravessar. Porque as águas haviam crescido tanto, que se tornaram um rio impossível de atravessar, a não ser a nado. ⁶Ele me disse: "Viste, filho do homem?" Depois fez-me caminhar de volta pela margem do rio. ⁷Voltando, eu vi junto à margem muitas árvores, de um e de outro lado do rio. ⁸Então ele me disse: "Estas águas correm para a região oriental, descem para o vale do Jordão, desembocam nas águas salgadas do mar, e elas se tornarão saudáveis. ⁹Aonde o rio chegar, todos os animais que ali se movem poderão viver. Haverá peixes em quantidade, pois ali desembocam as águas que trazem saúde; e haverá vida onde chegar o rio. ¹⁰Haverá pescadores parados à beira do mar; desde Engadi até Englaim haverá um secadouro de redes. Quanto às espécies de peixes, haverá tão grande variedade de peixes como no mar Mediterrâneo. ¹¹Mas os seus pântanos e lagunas não serão saneados; servirão de salinas. ¹²Nas margens junto ao rio, de ambos os lados, crescerá toda espécie de árvores frutíferas; suas folhas não murcharão, e seus frutos jamais se acabarão: cada mês darão novos frutos, pois as águas que banham as árvores saem do santuário. Seus frutos servirão de alimento, e suas folhas serão remédio".

Responsório   Cf. Ez 47,1.9; cf. Jo 4,14
R. Vi água saindo da porta do templo, do lado direito.
 * E todos aos quais esta água chegar obterão salvação.
V. A água que eu der, para quem a beber,
   será fonte a jorrar para a vida eterna. * E todos.

Segunda leitura
Dos Tratados sobre os salmos, de Santo Hilário, bispo
        (Ps 64,14-15:CSEL 22,245-246)   (Séc. IV)

O rio impetuoso alegra a cidade de Deus

  O rio de Deus enche-se a transbordar; e o trigo sois vós que o preparais; deste modo preparais a terra (Sl 64,10). Não há dúvida quanto à significação do rio. Pois o Profeta diz: *O rio impetuoso alegra a cidade de Deus* (Sl 45,5). E o próprio Senhor diz no Evangelho: *Quem beber da água que eu lhe der, de seu seio brotarão rios de água viva, que jorra para a vida eterna* (Jo 4,14)). E de novo: *Do seio daquele que crer em mim, como está escrito, jorrarão rios. Queria com isto significar o Espírito Santo que iriam receber aqueles que nele cressem* (Jo 7,38-39). Portanto, este rio de Deus transborda de água. Pelos dons do Espírito Santo somos inundados e, correndo daquela fonte de vida, o rio de Deus cheio de águas se derrama em nós. Encontramos também o trigo preparado.

  Que trigo é este? Certamente aquele que nos prepara para o consórcio com Deus, pela comunhão do santo corpo, que nos insere, em seguida, na comunhão do santo corpo. É este o sentido do salmo que diz: *O trigo sois vós que o preparais; deste modo preparais a terra.* Com este trigo, embora já sejamos salvos no presente, preparamo-nos para o futuro.

  Para nós, renascidos pelo sacramento do batismo, é imensa a alegria quando percebemos em nós certas primícias do Espírito Santo, quando se insinua a compreensão dos sacramentos, a ciência da profecia, a palavra da sabedoria, a firmeza da esperança, os dons de cura e o domínio sobre os demônios vencidos. Quais gotas de chuva tudo isto vai nos penetrando, e aos poucos aquilo que germinou se multiplica em frutos copiosos.

Responsório   Sl 35(36),9-10; 64(65),5b

R. Na abundância de vossa morada
   eles vêm saciar-se de bens.
   Vós lhes dais de beber água viva
   na torrente de vossas delícias.
 * Pois em vós está a fonte da vida,
   e em vossa luz contemplamos a luz.
V. Saciamo-nos dos bens de vossa casa
   e do vosso templo santo.
 * Pois em vós.

Oração

Ó Pai, que resumistes toda a lei no amor a Deus e ao próximo, fazei que, observando o vosso mandamento, consigamos chegar um dia à vida eterna. Por nosso Senhor Jesus Cristo, vosso Filho, na unidade do Espírito Santo.

26º DOMINGO DO TEMPO COMUM

II Semana do Saltério

I Vésperas

Cântico evangélico, ant.

Ano A Quando o injusto deixa a sua injustiça,
e pratica o direito e a justiça,
com certeza viverá, não morrerá.

Ano B Ninguém pode fazer um milagre em meu nome
e logo em seguida falar mal também de mim.
Pois quem não é contra nós é a nosso favor.

Ano C Acabou acontecendo que o mendigo faleceu
e foi levado pelos anjos para junto de Abraão.

Oração

Ó Deus, que mostrais vosso poder sobretudo no perdão e na misericórdia, derramai sempre em nós a vossa graça, para que, caminhando ao encontro das vossas promessas, alcancemos os bens que nos reservais. Por nosso Senhor Jesus Cristo, vosso Filho, na unidade do Espírito Santo.

Ofício das Leituras

Primeira leitura
Início da Carta de São Paulo aos Filipenses   1,1-11

Saudação e ação de graças

¹Paulo e Timóteo, servos de Cristo Jesus, a todos os santos em Cristo Jesus que estão em Filipos, com os seus epíscopos e diáconos: ²graça e paz a vós da parte de Deus, nosso Pai, e do Senhor Jesus Cristo. ³Dou graças ao meu Deus todas as vezes que me lembro de vós. ⁴Sempre em todas as minhas orações rezo por vós, com alegria, ⁵por

causa da vossa comunhão conosco na divulgação do evangelho, desde o primeiro dia até agora. 6Tenho a certeza de que aquele que começou em vós uma boa obra há de levá--la à perfeição até ao dia de Cristo Jesus. 7É justo que eu pense assim a respeito de vós todos, pois a todos trago no coração, porque, tanto na minha prisão como na defesa e confirmação do Evangelho, participais na graça que me foi dada. 8Deus é testemunha de que tenho saudade de todos vós, com a ternura de Cristo Jesus. 9E isto eu peço a Deus: que o vosso amor cresça sempre mais, em todo o conhecimento e experiência, 10para discernirdes o que é o melhor. E assim ficareis puros e sem defeito para o dia de Cristo, 11cheios do fruto da justiça que nos vem por Jesus Cristo, para a glória e o louvor de Deus.

Responsório   Fl 1,9.10a. cf. 6
R. Que a vossa caridade se enriqueça sempre mais
   de ciência e compreensão,
 * A fim de discernirdes o melhor e o mais perfeito
   e puros vos tornardes, para o dia do Senhor.
V. Tenho certeza absoluta de que aquele que em vós
   começou a boa obra vai conduzi-la à perfeição,
   até o dia do Senhor. * A fim.

Segunda leitura
Início da Carta aos filipenses, de São Policarpo, bispo e mártir

(Proêmio; nn. 1,1-2,3: Funk 1,267-269)   (Séc. II)

Por graça fostes salvos

Policarpo com seus presbíteros à Igreja de Deus que peregrina em Filipos: sejam copiosas em vós a misericórdia e a paz do Deus onipotente e de Jesus Cristo, nosso Salvador.

Muitíssimo me alegrei convosco, em nosso Senhor Jesus Cristo, porque adquiristes as feições da verdadeira caridade, e, como convinha, assististes os que estão presos em cadeias, coroas dignas dos santos, dos verdadeiros eleitos de Deus e de nosso Senhor. E porque a sólida raiz de vossa fé, já proclamada desde os primeiros tempos, permanece até hoje e produz frutos em nosso Senhor Jesus Cristo. É ele quem por nossos pecados aceitou ir até à morte, *a quem Deus ressuscitou, destruindo as dores do inferno* (At 2,24); e, embora sem tê-lo visto, *nele credes com alegria inexprimível e cheia de glória* (cf. 1Pd 1,8). Esta alegria na qual muitos desejam entrar, cientes de que *por graça fostes salvos, não pelas obras* (cf. Ef 2,8-9), mas por vontade de Deus mediante Jesus Cristo.

Por isto, de rins cingidos (1Pd 1,13), *servi a Deus no temor* (Sl 2,11) e na verdade, abandonando toda palavra vã e erro vulgar. *Tendo fé naquele que ressuscitou dos mortos a nosso Senhor Jesus Cristo* (1Pd 1,21) e lhe deu a glória e o trono à sua direita. É ele a quem todas as coisas celestes e terrestres se submetem, todo espírito serve e que virá como juiz dos vivos e dos mortos. Deus reclamará seu sangue daqueles que não creem nele.

Em verdade, quem o ressuscitou dos mortos também nos ressuscitará, se fizermos sua vontade, andarmos segundo seus preceitos e amarmos aquilo que ele amou. Se evitarmos toda injustiça, fraude, avareza, difamação, falso testemunho; *se não pagarmos o mal com o mal nem a maldição com a maldição* (1Pd 3,9) nem o golpe com outro nem o ódio com o ódio. Bem lembrados dos ensinamentos do Senhor: *Não julgueis e não sereis julgados; perdoai e sereis perdoados; tende misericórdia para alcançardes a misericórdia; com a mesma medida com que medirdes sereis medidos* (cf. Mt 7,1; Lc 6,36-38); e: *Bem-aventurados os pobres e os que sofrem perseguição, porque deles é o reino de Deus* (cf. Mt 5,3.10).

26º Domingo do Tempo Comum

Responsório 2Tm 1,9; Sl 113B(115),1

R. Foi **Deus** que nos sal**vou** e liber**tou**
e nos cha**mou** com uma **san**ta voca**ção**,
não por **mérito** de **nos**sas próprias **obras**,
mas por **graça** de sua **própria** deci**são**.
* Essa **graça** nos foi **da**da em Je**sus**,
já bem **antes**, desde **toda** a eterni**dade**.
V. Não a **nós**, ó Se**nhor**, não a **nós**,
ao vosso **no**me, po**rém**, seja a **glória**,
porque **sois** todo **amor** e ver**dade**. * Essa **graça**.

HINO Te Deum, p. 543.

Laudes

Cântico evangélico, ant.

Ano A Eu vos de**cla**ro esta ver**da**de:
Os publi**ca**nos e as mere**trizes**
vos prece**de**rão no Reino de **Deus**,
porque **e**les tiveram **fé**.

Ano B Quem vos **der** em meu **no**me,
nem que **seja** um copo d'**água**,
porque **sois** de Jesus **Cristo**,
há de **ter** sua recom**pensa**.

Ano C Re**cor**da-te, meu **filho**:
Re**ce**beste os bens em **vida**,
enquanto **Lázaro**, os **males**.
Tu és **agora** ator**men**tado,
enquanto **ele** é conso**lado**.

Oração

Ó Deus, que mostrais vosso poder sobretudo no perdão e na misericórdia, derramai sempre em nós a vossa graça, para que, caminhando ao encontro das vossas promessas, alcancemos os bens que nos reservais. Por nosso Senhor Jesus Cristo, vosso Filho, na unidade do Espírito Santo.

II Vésperas

Cântico evangélico, ant.

Ano A Não é aquele que me diz: Senhor, Senhor!
que no Reino dos Céus irá entrar,
mas o que faz a vontade do meu Pai.

Ano B É melhor tu entrares para a vida aleijado,
do que, tendo duas mãos, terminares na geena.

Ano C Felizes de vós que sois pobres,
porque vosso é o Reino de Deus!
Felizes de vós que chorais,
porque havereis de sorrir.

SEGUNDA-FEIRA

Ofício das Leituras

Primeira leitura
Da Carta de São Paulo aos Filipenses   1,12-26

Paulo citado em juízo

¹²Quero que saibais, irmãos: o que me aconteceu contribuiu antes para o progresso do evangelho. ¹³Com efeito, em todo o pretório e em todos os outros lugares, se ficou sabendo que eu estou na prisão por Cristo, ¹⁴e a maior parte dos irmãos, encorajada no Senhor pela minha prisão, redobra-se de audácia para anunciar sem medo a Palavra. ¹⁵Alguns, é verdade, o fazem por inveja e por ambição, mas outros proclamam a Cristo com boa intenção. ¹⁶Estes agem por amor, sabendo que estou aqui para defesa do evangelho. ¹⁷Outros, se anunciam o Cristo, é por espírito de competição. Os seus motivos não são puros, pensando tornar a minha prisão ainda mais sofrida. ¹⁸Mas que importa? De qualquer maneira, com segundas intenções ou com sinceridade, Cristo é anunciado. E eu me alegro com isso e sempre me

alegrarei. [19]Pois eu sei que isso resultará na minha salvação graças à vossa oração e à assistência do Espírito de Jesus Cristo. [20]Segundo a minha viva expectativa e a minha esperança, não terei de corar de vergonha. Se a minha firmeza continuar total, como sempre, então Cristo vai ser glorificado no meu corpo, seja pela minha vida, seja pela minha morte.

[21]Pois, para mim, o viver é Cristo e o morrer é lucro. [22]Entretanto, se o viver na carne significa que meu trabalho será frutuoso, neste caso não sei o que escolher. [23]Sinto-me atraído para os dois lados: tenho o desejo de partir, para estar com Cristo – o que para mim seria de longe o melhor –, [24]mas para vós é mais necessário que eu continue minha vida neste mundo. [25]Por isso, sei com certeza que vou ficar e continuar com vós todos, para que possais progredir e alegrar-vos na fé. [26]Assim, com a minha volta para junto de vós, vai aumentar ainda a razão de vos gloriardes em Cristo Jesus.

Responsório   Fl 1,19.20.21

R. A minha expectativa e esperança
é que em nada eu serei envergonhado,
antes, com toda a ousadia, como sempre,
 * Cristo será também agora engrandecido
no meu corpo, pela vida ou pela morte.
V. Para mim viver é Cristo e morrer é uma vantagem.
 * Cristo será.

Segunda leitura

Da Carta aos filipenses, de São Policarpo, bispo e mártir

(Nn. 3,1-5,2: Funk 1,269-273)   (Séc. II)

Revistamo-nos com as armas da justiça

Eu vos escrevo sobre a justiça, não por pretensão minha, mas por insistência vossa. Pois nem eu nem outro semelhante a mim pode igualar a sabedoria do santo e glorioso Paulo. Estando junto de vós, diante dos homens vivos naquela ocasião, ensinou com perfeição e firmeza a palavra da verdade e, ausente, vos enviou cartas. Por estas, se a lerdes com atenção, sereis edificados na fé que vos foi dada. *Ela é a mãe de todos nós* (Gl 4,26), seguida pela esperança, precedida pela caridade em Deus, em Cristo e no próximo. Quem estiver envolvido por elas cumpre o mandamento da justiça, pois quem tem a caridade mantém longe de si o pecado.

A raiz de todos os males é a ânsia de possuir (1Tm 6,10). Certos de que *nada trouxemos para este mundo nem dele poderemos levar coisa alguma* (1Tm 6,7), revistamo-nos com as armas da justiça e ensinemos a caminhar no preceito do Senhor. A nós mesmos em primeiro lugar; depois, a vossas esposas, para que andem na fé que lhes foi entregue e na caridade e castidade. Que amem seus maridos com inteira fidelidade e estimem a todos com recato. Eduquem os filhos na disciplina do temor de Deus (cf. Ef 5,23s). Às viúvas ensinemos a serem versadas na doutrina do Senhor, intercedendo sem cessar por todos, afastadas de toda a impostura, maledicência, falso testemunho, da avareza e de todo mal. Conscientes de serem altar de Deus e de que ele tudo vê claramente, nada lhe escapa de apreciações, de pensamentos e dos segredos do coração (cf. 1Tm 5).

Sabendo, portanto, que *não se zomba de Deus* (Gl 6,7), devemos caminhar de modo digno conforme a seu preceito manifesto. Igualmente têm os diáconos de ser irrepreensíveis em face de sua justiça, como ministros de Deus e do Cristo, não dos homens. Não sejam maldizentes, falsos, avaros (cf. 1Tm 3,6s), mas sóbrios em tudo, misericordiosos, dedicados, vivendo de acordo com a verdade do Senhor, que se fez o servo de todos. Se lhe formos agradáveis neste mundo, seremos recompensados no outro, como nos prometeu: ele ressuscitará dos mortos a cada um de nós. Se vivermos de modo digno dele, *também com ele reinaremos* (2Tm 2,12), já que temos fé.

Responsório   Fl 4,8.9

R. Ocupai-vos com tudo o que é verdadeiro,
   nobre, justo e puro, amável, honroso;
   * E convosco estará o Senhor, Deus da Paz.
V. Pensai no que é bom e em tudo aquilo
   que merece louvor. * E convosco.

Oração

Ó Deus, que mostrais vosso poder sobretudo no perdão e na misericórdia, derramai sempre em nós a vossa graça, para que, caminhando ao encontro das vossas promessas, alcancemos os bens que nos reservais. Por nosso Senhor Jesus Cristo, vosso Filho, na unidade do Espírito Santo.

TERÇA-FEIRA

Ofício das Leituras

Primeira leitura
Da Carta de São Paulo aos Filipenses   1,27–2,11

Apelo à imitação de Cristo

Irmãos: [1,27] Só uma coisa importa: vivei à altura do Evangelho de Cristo. Quer vá ter convosco, quer permaneça ausente, desejo ouvir que estais firmes em um só espírito, lutando unânimes pela fé do Evangelho, [28] sem vos deixar intimidar em nada por vossos adversários, o que para eles é motivo de perdição, mas para vós é sinal de salvação, e isso da parte de Deus. [29] Porque vos foi concedido não somente crer em Cristo mas também sofrer por ele, [30] sustentando o mesmo combate que vistes em mim e agora de mim ouvis.

[2,1] Se existe consolação na vida em Cristo, se existe alento no mútuo amor, se existe comunhão no Espírito, se existe ternura e compaixão, [2] tornai então completa a minha alegria: aspirai à mesma coisa, unidos no mesmo amor;

vivei em harmonia, procurando a unidade. ³Nada façais por competição ou vanglória, mas, com humildade, cada um julgue que o outro é mais importante, ⁴e não cuide somente do que é seu, mas também do que é do outro.

⁵Tende entre vós o mesmo sentimento que existe em Cristo Jesus.
⁶Jesus Cristo, existindo em condição divina,
não fez do ser igual a Deus uma usurpação,
⁷mas ele esvaziou-se a si mesmo,
assumindo a condição de escravo
e tornando-se igual aos homens.
Encontrado com aspecto humano,
⁸humilhou-se a si mesmo,
fazendo-se obediente até a morte, e morte de cruz.
⁹Por isso, Deus o exaltou acima de tudo
e lhe deu o Nome que está acima de todo nome.
¹⁰Assim, ao nome de Jesus,
todo joelho se dobre no céu,
na terra e abaixo da terra,
¹¹e toda língua proclame:
"Jesus Cristo é o Senhor"
– para a glória de Deus Pai.

Responsório 1Pd 2,24ab; Hb 2,14b; cf. 12,2a

R. O **Se**nhor carre**gou** sobre **si**
   nossas **cul**pas, no **le**nho da **cruz**,
   para que, **mor**tos aos **nos**sos pe**ca**dos,
   na justiça de **Deus** nós vivamos,
 * Para, assim, destru**ir** pela **mor**te
   a quem **ti**nha o do**mí**nio da **mor**te,
   isto **é**, destru**ir** o de**mô**nio.
V. O autor da nossa **fé**, em lu**gar** da ale**gria**,
   prefe**riu** sofrer na **cruz**. *Para as**sim**.

Segunda leitura
Da Carta aos filipenses, de São Policarpo, bispo e mártir

(Nn. 6,1-8,2: Funk 1,273-275) (Séc. II)

Cristo deu-nos o exemplo com a sua vida

Sejam os presbíteros inclinados à compaixão, misericordiosos para com todos, reconduzam os que se desviaram do caminho, visitem todos os enfermos; não se descuidem da viúva, do órfão ou do pobre. Mas, *sempre cheios de solicitude para o bem diante de Deus e dos homens* (cf. 2Cor 8,21), evitem a cólera, a acepção de pessoas, o julgamento injusto. Repilam para longe toda avareza; não deem logo crédito contra alguém, não sejam demasiado severos ao julgar, certos de que todos nós somos devedores do pecado.

Se, portanto, suplicamos a Deus perdoar-nos, devemos também nós perdoar. Pois estamos diante do Senhor e dos olhos de Deus e teremos *todos de comparecer perante o tribunal de Cristo, e cada um prestará contas de si* (Rm 14,10.12). Desse modo sirvamo-lo com temor e todo o respeito, como nos ordenou ele e os apóstolos, que nos anunciaram o Evangelho, como também os profetas, que predisseram a vinda de nosso Senhor. Atentos, façam todo o bem, afastem-se dos escândalos, dos falsos irmãos e daqueles que usam o nome do Senhor com hipocrisia e induzem ao erro os homens superficiais.

Todo aquele que não confessar ter Jesus Cristo vindo *na carne é um anticristo* (cf. 1Jo 4,2.3; 2Jo 7). E quem não testemunhar o martírio da cruz, vem do demônio. E quem fizer servir as palavras de Deus a seus desejos e disser não haver ressurreição nem juízo, este é o primogênito de Satanás. Por isso, deixando de lado a futilidade de muitos e os falsos sistemas, voltemos à doutrina que nos foi entregue desde o início, *vigilantes na oração* (cf. 1Pd 4,7) e fiéis aos jejuns. Elevemos preces a Deus, que tudo vê, *para que não nos deixe cair em tentação* (Mt 6,13), conforme disse o Senhor: *O espírito na verdade está pronto, mas a carne é fraca* (Mt 26,41).

Perseveremos sem cessar em nossa esperança e penhor de nossa justiça, que é Jesus Cristo: *Em seu corpo carregou sobre o madeiro os nossos pecados, ele que não cometeu pecado nem se encontrou engano em sua boca* (1Pd 2,24.22); mas, por nossa causa, para que vivamos nele, tudo suportou. Sejamos, por conseguinte, imitadores de sua paciência e, se sofremos por seu nome, nós lhe daremos glória. Foi este o exemplo que nos deu em si mesmo, e nós cremos.

Responsório Rm 12,17b; 2Cor 6,3; At 24,15a.16

R. Irmãos, tende cuidado de bem proceder diante de todos,
* A fim de que o nosso serviço
  fique acima de toda censura.
V. Tendo em Deus uma firme esperança,
  eu me aplico em manter, sem cessar,
  a minha consciência sem mancha,
  diante de Deus e dos homens. * A fim.

Oração

Ó Deus, que mostrais vosso poder sobretudo no perdão e na misericórdia, derramai sempre em nós a vossa graça, para que, caminhando ao encontro das vossas promessas, alcancemos os bens que nos reservais. Por nosso Senhor Jesus Cristo, vosso Filho, na unidade do Espírito Santo.

QUARTA-FEIRA
Ofício das Leituras

Primeira leitura
Da Carta de São Paulo aos Filipenses 2,12-30

Trabalhai na vossa salvação

¹²Meus queridos, como sempre fostes obedientes, não só em minha presença, mas ainda mais agora na minha ausência, trabalhai para a vossa salvação, com temor e tremor. ¹³Pois é Deus que realiza em vós tanto o querer como

o fazer, conforme o seu desígnio benevolente. [14]Fazei tudo sem reclamar ou murmurar, [15]para que sejais livres de repreensão e ambiguidade, filhos de Deus sem defeito, no meio desta geração depravada e pervertida, na qual brilhais como os astros no universo. [16]Conservai com firmeza a palavra da vida. Assim, no dia de Cristo, terei a glória de não ter corrido em vão, nem trabalhado inutilmente. [17]E, ainda que eu seja oferecido em libação, no sacrifício que é o sagrado serviço de vossa fé, fico feliz e alegro-me com todos vós. [18]Vós também alegrai-vos pelo mesmo motivo e congratulai-vos comigo.

[19]Espero no Senhor Jesus que em breve vos possa enviar Timóteo. Assim, também eu poderei ser confortado pelas notícias que tiver de vós. [20]Não tenho nenhum outro correligionário que se preocupe tão sinceramente convosco. [21]Todos visam os seus interesses pessoais, não os de Jesus Cristo. [22]Mas, ele, vós sabeis que provas deu: como um filho junto do pai, ele pôs-se comigo ao serviço do evangelho. [23]Por isso é a ele que espero enviar-vos, logo que tiver clareza acerca do meu destino. [24]Aliás, tenho a convicção, no Senhor, de que também eu possa ir logo até vós.

[25]Epafrodito – que é para mim irmão e companheiro de trabalho e de luta, e de vossa parte enviado e servidor na minha necessidade –, julguei que devia mandá-lo de volta a vós. [26]Ele estava com saudades de vós todos e inquietava-se porque vós ficastes sabendo que ele estava doente. [27]Realmente, ele esteve às portas da morte, mas Deus compadeceu-se dele, e não somente dele, mas também de mim, para que eu não tivesse tristeza sobre tristeza. [28]Por isso, apresso-me em vo-lo enviar, para que tenhais a alegria de revê-lo e eu me sinta mais aliviado. [29]Recebei-o, portanto, no Senhor, com muita alegria, e tende em grande estima pessoas como ele. [30]Pois, pela causa de Cristo, ele quase chegou a morrer, tendo arriscado a própria vida para fazer por mim aquilo que vós mesmos não podíeis fazer.

Responsório   2Pd 1,10a.11; Ef 5,8b.11a

R. Esforçai-vos mais e **mais** em firmar vossa eleição
   e a **vos**sa vocação através das boas obras;
   * Assim será aberta uma entrada espaçosa
     para o reino sempiterno do Deus e Salvador,
     Jesus Cristo, Senhor nosso.
V. Portanto andai, como filhos da luz,
   não queirais tomar parte nas obras das trevas
   que são infrutíferas. * Assim.

Segunda leitura

Da Carta aos filipenses, de São Policarpo, bispo e mártir

(Nn. 9,1-11,4: Funk 1,275-279)   (Séc. II)

Corramos na fé e na justiça

Rogo a todos vós que sejais obedientes à palavra da justiça e demonstreis inteira paciência. Com vossos olhos a testemunhastes não apenas nos santos Inácio, Zózimo e Rufo, mas também nos outros vossos irmãos e ainda em Paulo e nos apóstolos. Estais convencidos de que *não correram em vão* (cf. Fl 2,16), mas na fé e na justiça, e de que estão no lugar devido junto do Senhor, com quem suportaram o sofrimento. Pois não *amaram este mundo* (cf. 2Tm 4,10), mas aquele que por nós morreu e a quem por nossa causa Deus ressuscitou.

Permanecei com eles e segui o exemplo do Senhor. Firmes na fé, inabaláveis, cheios de caridade fraterna, amando-vos mutuamente, unidos na verdade, esperando um do outro a mansidão do Senhor, a ninguém desprezando. Se puderdes fazer algum bem, não deixeis para mais tarde, *porque a esmola livra da morte* (Tb 4,10). Obedecei-vos uns aos outros, levando *vida irrepreensível entre os pagãos para que pelas boas obras* (1Pd 2,12) não só mereçais louvor, mas também não seja o Senhor objeto de blasfêmia por vossa causa. *Ai daquele por quem é blasfemado o nome do Senhor* (cf. Is 52,5). Ensinais a todos a sobriedade em que vós mesmos viveis.

Estou profundamente triste com Valente, que era presbítero entre vós, por não ter assim reconhecido a posição que lhe foi dada. Exorto-vos, por isso, a vos guardardes da avareza e a serdes castos e verazes. Afastai-vos de todo mal. Quem não pode dominar-se nestas coisas, como as irá proclamar a outros? Quem não abandona a avareza se manchará com a idolatria e será contado entre os gentios, que ignoram o julgamento do Senhor. Assim Paulo ensina: *Ou não sabemos que os santos julgarão o mundo?* (1Cor 6,2).

Contudo eu nada disto percebi nem ouvi em vós, junto de quem São Paulo trabalhou. E fostes dos primeiros a receber carta sua. Com efeito, gloria-se por vossa causa em todas as Igrejas que eram então as únicas a conhecer a Deus; nós ainda não o conhecíamos.

Por isso muito me entristeço por Valente e por sua esposa; que Deus lhes conceda verdadeira penitência. Sede, portanto, sóbrios também vós a este respeito. *Não os tenhais por inimigos* (cf. 2Ts 3,15), mas como membros enfermos e desviados do caminho. Procurai reconduzi-los para que salveis vosso corpo todo. Assim procedendo, vós vos edificais.

Responsório   Fl 2,12b-13; Jo 15,5b

R. Meus amados, trabalhai pela vossa salvação,
   com temor e tremor;
 * Pois é Deus que em vós atua o querer e o fazer
   por seu benévolo desígnio.
V. Sem mim, diz o Senhor, não podeis nada fazer.
 * Pois é Deus.

Oração

Ó Deus, que mostrais vosso poder sobretudo no perdão e na misericórdia, derramai sempre em nós a vossa graça, para que, caminhando ao encontro das vossas promessas, alcancemos os bens que nos reservais. Por nosso Senhor Jesus Cristo, vosso Filho, na unidade do Espírito Santo.

QUINTA-FEIRA

Ofício das Leituras

Primeira leitura

Da Carta de São Paulo aos Filipenses 3,1-16

O exemplo de Paulo

¹Meus irmãos, alegrai-vos no Senhor. Não me custa escrever-vos as mesmas coisas, e para vós dá maior segurança. ²Cuidado com os cães! Cuidado com os maus operários! Cuidado com os falsos circuncidados! ³Os verdadeiros circuncidados somos nós, que prestamos culto pelo Espírito de Deus, colocamos a nossa glória em Cristo Jesus e não pomos confiança na carne. ⁴Aliás, também eu poderia pôr minha confiança na carne. Pois, se algum outro pensa que pode confiar na carne, eu mais ainda. Fui circuncidado no oitavo dia, sou da raça de Israel, da tribo de Benjamim, hebreu, filho de hebreus. Em relação à Lei, fariseu, ⁶pelo zelo, perseguidor da Igreja de Deus; quanto à justiça que vem da Lei, sempre irrepreensível.

⁷Mas essas coisas, que eram vantagens para mim, considerei-as como perda, por causa de Cristo. ⁸Na verdade, considero tudo como perda diante da vantagem suprema que consiste em conhecer a Cristo Jesus, meu Senhor. Por causa dele eu perdi tudo. Considero tudo como lixo, para ganhar Cristo e ser encontrado unido a ele, ⁹não com minha justiça provinda da Lei, mas com a justiça por meio da fé em Cristo, a justiça que vem de Deus, na base da fé. ¹⁰Esta consiste em conhecer a Cristo, experimentar a força da sua ressurreição, ficar em comunhão com os seus sofrimentos, tornando-me semelhante a ele na sua morte, ¹¹para ver se alcanço a ressurreição dentre os mortos. ¹²Não que já tenha recebido tudo isso, ou que já seja perfeito. Mas corro para alcançá-lo, visto que já fui alcançado por Cristo Jesus.

¹³Irmãos, eu não julgo já tê-lo alcançado. Uma coisa, porém, eu faço: esquecendo o que fica para trás, eu me lanço

para o que está na frente. ¹⁴ Corro direto para a meta, rumo ao prêmio, que, do alto, Deus me chama a receber em Cristo Jesus.

¹⁵ É assim que, enquanto perfeitos, devemos sentir e pensar. E, se tiverdes um outro modo de sentir, Deus vos revelará o seu pensamento a esse respeito. ¹⁶ Entretanto, onde quer que já tenhamos chegado, caminhemos na mesma direção.

Responsório   Fl 3,8b.10a; Rm 6,8
R. Quis per**der** todas as **coi**sas para o **Cris**to conquis**tar**
 * A **fim** de conhe**cê**-lo e sen**tir** também a **for**ça
   de **sua** ressurrei**ção** e parti**lhar** seus sofri**men**tos.
V. Nós **te**mos esta **fé**:
   Se com **Cris**to nós mor**re**mos, com **Cris**to vive**re**mos.
 * A **fim**.

Segunda leitura
Da Carta aos filipenses, de São Policarpo, bispo e mártir

(Nn. 12,1-14: Funk 1,279-283)   (Séc. II)

Cristo vos faça crescer na fé e na verdade

Tenho a certeza de que estais bem instruídos nas sagradas Escrituras e de que nada vos escapa; não me foi isto concedido a mim. Agora, nestas Escrituras lê-se: *Irritai-vos, mas não pequeis* (cf. Sl 4,5); e: *Que o sol não se deite sobre a vossa ira* (Ef 4,26). Feliz quem se lembra disto; creio que há destes entre vós.

Que Deus e Pai de nosso Senhor Jesus Cristo e o eterno Pontífice, o Filho de Deus, Jesus Cristo, vos façam crescer na fé e na verdade, em toda mansidão, sem cólera, na paciência e longanimidade, na tolerância, na castidade. E vos concedam a participação entre os santos. E convosco também a nós e a todos que existem sob o céu e que hão de crer em nosso Senhor Jesus Cristo e em seu *Pai, que o ressuscitou dos mortos* (Gl 1,1).

Orai por todos os santos. E também pelos reis, governantes e príncipes e ainda pelos que vos perseguem e odeiam, pelos inimigos da cruz, para que vosso fruto apareça diante de todos e sejais perfeitos nele.

Vós e também Inácio me escrevestes que, se alguém for à Síria, leve a carta que eu vos tiver escrito, se houver boa ocasião, seja por mim ou por aquele que enviarei em vosso lugar.

As cartas de Inácio que ele vos fez chegar e as outras, todas as que tínhamos conosco, vos entregamos conforme pedistes; vão unidas a esta carta; delas tirareis grande proveito. Pois contêm a fé, a paciência e toda edificação que levam a nosso Senhor. E sobre Inácio e seus companheiros, tudo quanto souberdes com certeza, dai-me a conhecer.

Escrevi por intermédio de Crescente, que vos recomendei pessoalmente; de novo agora recomendo. Conviveu conosco de modo impecável; creio que igualmente entre vós. Acolhei com estima sua irmã quando for ter convosco.

Conservai-vos firmes no Senhor Jesus Cristo, e sua graça esteja em todos vós. Amém.

Responsório   Hb 13,20a.21; 2Mc 1,3

R. Que o Deus da **paz** vos torne **aptos**,
   meus ir**mãos**, a todo **bem**, para fa**zer** sua von**ta**de.
* Que em **vós** ele rea**lize** o que a**gra**da aos seus **olhos**,
   atra**vés** de Jesus **Cris**to.
V. Que ele **dê** a todos **vós** um cora**ção** para ser**vi**-lo
   e fa**zer** sua von**ta**de. * Que em **vós**.

Oração

Ó Deus, que mostrais vosso poder sobretudo no perdão e na misericórdia, derramai sempre em nós a vossa graça, para que, caminhando ao encontro das vossas promessas, alcancemos os bens que nos reservais. Por nosso Senhor Jesus Cristo, vosso Filho, na unidade do Espírito Santo.

SEXTA-FEIRA

Ofício das Leituras

Primeira leitura
Da Carta de São Paulo aos Filipenses 3,17–4,9

Permanecei firmes no Senhor

³,¹⁷ Sede meus imitadores, irmãos, e observai os que vivem de acordo com o exemplo que nós damos. ¹⁸ Já vos disse muitas vezes, e agora o repito, chorando: há muitos por aí que se comportam como inimigos da cruz de Cristo. ¹⁹ O fim deles é a perdição, o deus deles é o estômago, a glória deles está no que é vergonhoso e só pensam nas coisas terrenas. ²⁰ Nós, porém, somos cidadãos do céu. De lá aguardamos o nosso Salvador, o Senhor Jesus Cristo. ²¹ Ele transformará o nosso corpo humilhado e o tornará semelhante ao seu corpo glorioso, com o poder que tem de sujeitar a si todas as coisas.

⁴,¹ Assim, meus irmãos, a quem quero bem e dos quais sinto saudade, minha alegria, minha coroa, meus amigos, continuai firmes no Senhor. ² Exorto Evódia e exorto Síntique a viverem de pleno acordo, no Senhor. ³ E tu, fiel companheiro, Sízigo, eu te peço que as ajudes, porque elas me ajudaram na luta do evangelho, na companhia de Clemente e todos os outros, cujos nomes estão inscritos no livro da vida.

⁴ Alegrai-vos sempre no Senhor; eu repito, alegrai-vos. ⁵ Que a vossa bondade seja conhecida de todos os homens! O Senhor está próximo! ⁶ Não vos inquieteis com coisa alguma, mas apresentai as vossas necessidades a Deus, em orações e súplicas, acompanhadas de ação de graças. ⁷ E a paz de Deus, que ultrapassa todo o entendimento, guardará os vossos corações e pensamentos em Cristo Jesus.

⁸Quanto ao mais, irmãos, ocupai-vos com tudo o que é verdadeiro, respeitável, justo, puro, amável, honroso, tudo o que é virtude ou de qualquer modo mereça louvor. ⁹Praticai o que aprendestes e recebestes de mim, ou que de mim vistes e ouvistes. Assim o Deus da paz estará convosco.

Responsório   Ef 4,17; 1Ts 5,15b-18
R. Meus ir**mãos**, eu testi**fi**co e vos **di**go no Se**nhor**:
Não vi**vais** como os pa**gãos**, na ilu**são** de suas **i**de**i**as,
mas bus**cai** constante**men**te o bem dos **ou**tros e de **to**dos,
 * Pois **es**ta é a von**ta**de de **Deus** para con**vos**co,
em **Cris**to, Senhor **nos**so.
V. Vi**vei** sempre a**le**gres, o**rai** sem ces**sar**,
em **tu**do dai **gra**ças. * Pois **es**ta.

Segunda leitura
Do Tratado sobre a Carta aos Filipenses, do Pseudo-Ambrósio

(PLS 1: 617-618)   (Séc. IV)

Alegrai-vos sempre no Senhor

Caríssimos irmãos, para nossa salvação a divina misericórdia nos chama às alegrias da eterna felicidade. Foi isto o que ouvistes há pouco na lição em que o Apóstolo dizia: *Alegrai-vos sempre no Senhor* (Fl 4,4). As alegrias do mundo tendem para a eterna tristeza; mas as que brotam da vontade do Senhor levam os fiéis, que nelas perseveram, às alegrias duradouras e eternas. Por isso diz o Apóstolo: *De novo digo: Alegrai-vos* (Fl 4,4).

Ele incita a que cada vez mais cresça nossa alegria em Deus e a decisão de cumprir seus mandamentos. Porque, quanto mais lutarmos neste mundo por nos sujeitarmos aos preceitos de Deus, nosso Senhor, tanto mais seremos felizes na vida futura e tanto maior glória alcançaremos diante de Deus.

Seja vossa moderação conhecida por todos (Fl 4,5); quer dizer, que vosso santo modo de viver se manifeste não apenas diante de Deus, mas ainda diante dos homens. Seja exemplo de modéstia e de sobriedade para aqueles que convivem conosco na terra e deixe uma boa lembrança perante Deus e os homens.

O Senhor está perto; de nada vos inquieteis (Fl 4,5-6). O Senhor está sempre perto daqueles que o invocam na verdade, com fé integra, esperança firme, caridade perfeita. Ele sabe do que precisais, antes mesmo que o peçais. Está sempre pronto a vir em auxílio dos que o servem fielmente, em qualquer necessidade sua.

Por conseguinte, não temos de preocupar-nos demais com as dificuldades iminentes, porque sabemos estar próximo Deus, nosso defensor, conforme foi dito: *O Senhor está junto dos que têm o coração atribulado e salva os humildes no espírito. Muitas as tribulações dos justos, porém, de todas elas o Senhor os livrará* (Sl 33,19-20). Se nos esforçarmos por realizar e guardar o que ordenou, ele não tardará a nos dar o prometido.

Mas em tudo, por orações e súplicas acompanhadas de ação de graças, apresentai vossos pedidos a Deus (Fl 4,6): não aconteça que, aflitos, suportemos as tribulações com murmuração e tristeza. Isto nunca, mas com paciência e de rosto alegre, *dando sempre e por tudo graças a Deus* (Ef 5,20).

Responsório   Sl 39(40),3b.4a.3a

R. O Senhor pôs meus pés sobre a rocha,
   devolveu a firmeza a meus passos.
* Colocou canto novo em meus lábios,
   um poema em louvor ao Senhor.
V. O Senhor escutou meu clamor,
   retirou-me da cova da morte. * Colocou.

Oração

Ó Deus, que mostrais vosso poder sobretudo no perdão e na misericórdia, derramai sempre em nós a vossa graça, para que, caminhando ao encontro das vossas promessas, alcancemos os bens que nos reservais. Por nosso Senhor Jesus Cristo, vosso Filho, na unidade do Espírito Santo.

SÁBADO

Ofício das Leituras

Primeira leitura

Da Carta de São Paulo aos Filipenses 4,10-23

Generosidade dos filipenses para com Paulo

Irmãos: [10] Grande foi minha alegria no Senhor, porque afinal vi florescer vosso afeto por mim. Na verdade estava sempre vivo, mas faltava oportunidade de manifestar-se. [11] Não é por necessidade minha que vos digo, pois aprendi muito bem a contentar-me em qualquer situação. [12] Sei viver na miséria e sei viver na abundância. Eu aprendi o segredo de viver em toda e qualquer situação, estando farto ou passando fome, tendo de sobra ou sofrendo necessidade. [13] Tudo posso naquele que me dá força.

[14] No entanto, fizestes bem em compartilhar as minhas dificuldades. [15] Filipenses, bem sabeis que, no início da pregação do evangelho, quando parti da Macedônia, nenhuma Igreja, a não ser a vossa, se juntou a mim numa relação de crédito. [16] Já em Tessalônica, mais de uma vez, me enviastes o que eu precisava. [17] Não que eu procure presentes, porém, o que eu busco é o fruto que cresça no vosso crédito. [18] Agora, tenho tudo em abundância. Tenho até de sobra, desde que recebi de Epafrodito o vosso donativo, qual perfume suave, sacrifício aceito e agradável a Deus. [19] O meu Deus proverá esplendidamente com sua riqueza a todas as vossas necessi-

dades, em Cristo Jesus. ²⁰Ao nosso Deus e Pai, a glória pelos séculos dos séculos. Amém.
²¹Saudai cada um dos santos em Jesus Cristo. Os irmãos que estão comigo vos saúdam. ²²Todos os santos vos saúdam, sobretudo os da casa de César.
²³Que a graça do Senhor Jesus Cristo esteja com o vosso espírito. Amém.

Responsório   Fl 4,12-13; 2Cor 12,10a
R. Sei viver na penúria, sei viver na abundância,
    sei viver saciado e sofrer privações.
  * Tudo posso naquele que me fortalece.
V. Nas fraquezas e angústias por Cristo me alegro.
  * Tudo posso.

Segunda leitura
Do Livro sobre a vida cristã, de São Gregório de Nissa, bispo
         (PG 46,295-298)   (Séc. IV)
            Combate o bom combate da fé
   Se há em Cristo nova criação, passou a antiga (2Cor 5,17). Nova criação é o nome dado à inabitação do Espírito Santo no coração puro e irrepreensível, liberto de toda maldade, cobiça e ignomínia. Pois o homem que tem ódio ao pecado e se entrega com todo o empenho ao serviço da virtude e que, tendo mudado de vida, recebeu em si a graça do Espírito, este homem se fez todo novo, restaurado e reconstruído. Ainda mais isto: *Purificai-vos do velho fermento para serdes nova massa* (1Cor 5,7). E esta: *Festejemos, não com o velho fermento, mas com os ázimos da sinceridade e da verdade* (1Cor 5,8). Estas citações concordam com o que foi dito sobre a nova criação.
   Sem dúvida alguma o tentador arma ciladas para nós. A natureza humana é em si mesma fraca demais para obter vitória sobre ele. Por isto o Apóstolo nos ordena cobrir-nos

com as armaduras celestes: *Vesti a couraça da justiça, tende os pés calçados com o zelo para propagar o Evangelho da paz e ficai de pé, de rins cingidos com a verdade* (cf. Ef 6,14). Vês quantos modos de te salvar o Apóstolo te sugere. Todos se dirigem ao mesmo caminho, ao mesmo fim. Por eles com facilidade se efetua o curso da vida que tem em mira a perfeição dos mandamentos de Deus. Em outro lugar diz o mesmo Apóstolo: *Pela paciência corramos à luta que nos foi designada, contemplando o autor e consumador da fé, Jesus* (Hb 12,1-2).

Por esta razão é necessário a quem desdenha completamente as grandes coisas desta vida e rejeita toda glória mundana, que também renuncie junto com a vida até à própria alma. Renúncia da alma significa não seguir nunca a sua vontade mas a de Deus, e tomá-la como excelente guia. Em seguida, nada possuir que não seja comum. Porque assim estará mais desembaraçado para realizar com presteza, na alegria e esperança, aquilo que o superior ordena, como servo de Cristo, liberto para o comum serviço dos irmãos. Isto quer o Senhor, quando diz: *Quem dentre vós quiser ser o primeiro e o maior, faça-se o último e o servo de todos* (cf. Mc 9,35).

Na realidade, este serviço aos homens deve ser gratuito, e um tal servo irá sujeitar-se a todos e servir os irmãos como um devedor insolvente. Quanto àqueles que ocupam cargos de direção, devem eles assumir maiores trabalhos que os outros, portar-se com mais humildade que os subordinados e demonstrar a imagem e o exemplo do Servo. Considerem um depósito de Deus aqueles que foram confiados à sua fidelidade.

Assim, pois, cabe aos que governam cuidar dos irmãos, à semelhança de bons educadores em relação às crianças que lhes foram entregues pelos pais. Se for este o sentir dos subordinados ou dos superiores, os primeiros obedecerão com alegria às ordens e determinações, e os outros, por sua vez, terão prazer em guiar os irmãos à perfeição. Se tiverdes atenções uns para com os outros, levareis na terra a vida dos anjos.

Responsório   Gl 5,13; 1Cor 10,32

R. Sois chamados a ser livres;
   não façais da liberdade
   um pretexto para a carne.
 * Sede servos uns dos outros,
   pelo amor que vem do Espírito.
V. Não sejais causa de escândalo,
   nem aos judeus nem aos gentios,
   nem à Igreja do Senhor. * Sede servos.

Oração

Ó Deus, que mostrais vosso poder sobretudo no perdão e na misericórdia, derramai sempre em nós a vossa graça, para que, caminhando ao encontro das vossas promessas, alcancemos os bens que nos reservais. Por nosso Senhor Jesus Cristo, vosso Filho, na unidade do Espírito Santo.

27º DOMINGO DO TEMPO COMUM

III Semana do Saltério

I Vésperas

Cântico evangélico, ant.
Ano A Estando já **pró**ximo o **tem**po da **saf**ra,
o **do**no da **vi**nha man**dou** os empre**ga**dos
co**brar** os seus **fru**tos dos agricul**to**res.

Ano B Che**gan**do os fari**seus**, pergun**ta**ram a Je**sus**
se é **lí**cito ao **ho**mem repudi**ar** sua mu**lher**.
Je**sus** lhes respon**deu**: o **ho**mem não se**pa**re
o que **foi** por Deus u**ni**do.

Ano C Os A**pós**tolos dis**se**ram a Jesus:
Ó Se**nhor**, aumen**tai** a nossa **fé**!

Oração

Ó Deus eterno e todo-poderoso, que nos concedeis no vosso imenso amor de Pai mais do que merecemos e pedimos, derramai sobre nós a vossa misericórdia, perdoando o que nos pesa na consciência e dando-nos mais do que ousamos pedir. Por nosso Senhor Jesus Cristo, vosso Filho, na unidade do Espírito Santo.

Ofício das Leituras

Primeira leitura
Início da Primeira Carta de São Paulo a Timóteo   1,1-20

Missão de Timóteo. Paulo, pregador do Evangelho

¹Paulo, apóstolo de Cristo Jesus, por ordem de Deus, nosso Salvador, e de Cristo Jesus, nossa esperança, ²a Timóteo, verdadeiro filho na fé: a graça, a misericórdia e a paz de Deus Pai e de Cristo Jesus, nosso Senhor.

³Ao partir para a Macedônia, eu te pedi que ficasses em Éfeso. Devias fazer com que alguns não mais ensinassem

27º Domingo do Tempo Comum

doutrinas diferentes, ⁴nem se ocupassem com lendas e genealogias intermináveis, pois estas coisas só servem para discussões e não para o plano de Deus, que se realiza na fé. ⁵Esta recomendação tem por finalidade o amor que nasce de um coração puro, de uma boa consciência e de uma fé sincera. ⁶Afastando-se disto, alguns se entregaram a discursos vazios. ⁷Pretendem ser mestres da lei, mas não sabem o que dizem e desconhecem os assuntos de que falam.

⁸Sabemos que a lei é boa, quando dela se usa legitimamente. ⁹Importa considerar que a lei não foi feita para o justo, mas para os desordeiros e insubordinados, para os ímpios e pecadores, para os que não têm religião e são mundanos, para os que matam pai ou mãe, os assassinos, ¹⁰para os imorais, os pederastas, os traficantes de escravos, para os que mentem e juram falso, e para tudo o que é contra a sã doutrina, ¹¹que corresponde ao Evangelho da glória de Deus bendito, que a mim foi confiado.

¹²Agradeço àquele que me deu força, Cristo Jesus, nosso Senhor, a confiança que teve em mim ao designar-me para o seu serviço, ¹³a mim, que antes blasfemava, perseguia e insultava. Mas encontrei misericórdia, porque agia com a ignorância de quem não tem fé. ¹⁴Transbordou a graça de nosso Senhor com a fé e o amor que há em Cristo Jesus.

¹⁵Segura e digna de ser acolhida por todos é esta palavra: Cristo veio ao mundo para salvar os pecadores. E eu sou o primeiro deles! ¹⁶Por isso encontrei misericórdia, para que em mim, como primeiro, Cristo Jesus demonstrasse toda a grandeza de seu coração; ele fez de mim um modelo de todos os que crerem nele para alcançar a vida eterna.

¹⁷Ao Rei dos séculos, ao único Deus, imortal e invisível, honra e glória pelos séculos dos séculos. Amém!

¹⁸Timóteo, meu filho, recomendo-te uma instrução segura, de acordo com as profecias anteriormente pronunciadas sobre ti: firmado nelas, combate o bom combate, ¹⁹com fé e com boa consciência. Aliás, por terem desprezado a boa

consciência, alguns naufragaram na fé. ²⁰Foi o que aconteceu com Himeneu e Alexandre, que eu entreguei a Satanás, para que aprendam a não ofender a Deus.

Responsório   1Tm 1,14.15b; Rm 3,23
R. A **graça** do **Senhor** em **mim** foi transbor**dante**
com a **fé** e com o a**mor**.
* Jesus **Cristo** veio ao **mundo** para **salvar** os peca**dores**.
V. Os homens **todos** pecaram e ficaram priva**dos**
da **glória** de **Deus**. * Jesus **Cristo**.

Segunda leitura
Da Regra Pastoral, de São Gregório Magno, papa

(Lib. 2,4: PL 77,30-31)   (Séc. VI)

O pastor seja discreto no silêncio, útil na palavra

Seja o pastor discreto no silêncio, útil na fala, para não falar o que deve calar, nem calar o que deve dizer. Pois da mesma forma que uma palavra inconsiderada arrasta ao erro, o silêncio inoportuno deixa no erro aqueles a quem poderia instruir. Muitas vezes, pastores imprudentes, temendo perder as boas graças dos homens, têm medo de falar abertamente o que é reto. E, segundo a palavra da Verdade, absolutamente não guardam o rebanho com solicitude de pastor, mas, por se esconderem no silêncio, agem como mercenários que fogem à vinda do lobo.

O Senhor, pelo Profeta, repreende estes tais dizendo: *Cães mudos que não conseguem ladrar* (Is 56,10). De novo queixa-se: *Não vos levantastes contra nem opusestes um muro de defesa da casa de Israel, de modo a entrardes em luta no dia do Senhor* (Ez 13,5). Levantar-se contra é contradizer sem rebuços aos poderosos do mundo em defesa do rebanho. E entrar em luta no dia do Senhor quer dizer: por amor à justiça resistir aos que lutam pelo erro.

Quando o pastor tem medo de dizer o que é reto, não é o mesmo que dar as costas, calando-se? É claro que se, pelo rebanho, se expõe, opõe um muro contra os inimigos em defesa da casa de Israel. Outra vez, se diz ao povo pecador: *Teus profetas viram em teu favor coisas falsas e estultas; não revelavam tua iniquidade a fim de provocar à penitência* (Lm 2,14). Na Sagrada Escritura algumas vezes os profetas são chamados de doutores porque, enquanto mostram ser transitórias as coisas presentes, manifestam as que são futuras. A palavra divina censura aqueles que veem falsidades, porque, por medo de corrigir as faltas, lisonjeiam os culpados com vãs promessas de segurança; não revelam de modo nenhum a iniquidade dos pecadores porque calam a palavra de censura.

Por conseguinte, a chave que abre é a palavra da correção, porque, ao repreender, revela a falta a quem a cometeu, pois muitas vezes dela não tem consciência. Daí Paulo dizer: *Que seja poderoso para exortar na sã doutrina e para convencer os contraditores* (Tt 1,9). E Malaquias: *Guardem os lábios do sacerdote a ciência; e esperem de sua boca a lei, porque é um mensageiro do Senhor dos exércitos* (Ml 2,7). Daí o Senhor admoestar por meio de Isaías: *Clama, não cesses; qual trombeta ergue tua voz* (Is 58,1).

Quem quer que entre para o sacerdócio, recebe o ofício de arauto, porque caminha à frente, proclamando a vinda do rigoroso juiz, que se aproxima. Portanto, se o sacerdote não sabe pregar, que protesto elevará o arauto mudo? Daí se vê por que sobre os primeiros pastores o Espírito Santo pousou em forma de línguas; com efeito, imediatamente impele a falar sobre ele aqueles que inunda de luzes.

Responsório Sl 50(51),15.16b-17
R. Ensina**rei** vossos ca**mi**nhos aos peca**do**res,
   e para **vós** se volta**rão** os transviados;
* Minha **lín**gua exal**ta**rá vossa justiça.
V. Abri meus **lá**bios, ó S**e**nhor, para can**tar**,
   e minha **bo**ca anuncia**rá** vosso louvor. * Minha **lín**gua.

HINO Te Deum, p. 543.

Laudes

Cântico evangélico, ant.

Ano A O **dono** da **vinha** fará **perecer**
os **maus** com rigor, e haverá de arren**dar**
sua **vinha** a **outros** que no **tempo** devido
lhe en**tre**guem os **frutos**.

Ano B Deixai vir a **mim** as crianças,
pois **delas** é o **Reino** dos **Céus**.

Ano C Se ti**verdes** a **fé** como um **grão** de mos**tar**da,
di**reis** à amo**reira**: Arran**ca**-te da**qui**
e trans**planta**-te ao **mar**. Ela **há** de obede**cer**-vos.

Oração

Ó Deus eterno e todo-poderoso, que nos concedeis no vosso imenso amor de Pai mais do que merecemos e pedimos, derramai sobre nós a vossa misericórdia, perdoando o que nos pesa na consciência e dando-nos mais do que ousamos pedir. Por nosso Senhor Jesus Cristo, vosso Filho, na unidade do Espírito Santo.

II Vésperas

Cântico evangélico, ant.

Ano A A **pedra** que os pe**dreiros** rejei**taram**
tor**nou**-se agora a **pedra** angu**lar**.
Pelo **Senhor** é que foi **feito** tudo **isso**:
Que maravilhas ele **fez** a nossos **olhos**!

Ano B Quem **não** rece**ber** o **Reino** de **Deus**
como **uma** criança
ja**mais** entra**rá** na **casa** do **Pai**.

Ano C Quando **vós** termi**nardes** de **fazer**
tudo a**quilo** que **foi** orde**nado**,
di**zei**: Somos **servos** in**úteis**,
só cum**primos** o **nosso** dever.

SEGUNDA-FEIRA

Ofício das Leituras

Primeira leitura
Da Primeira Carta de São Paulo a Timóteo   2,1-15

Convite à Oração

Caríssimo: ¹Antes de tudo, recomendo que se façam preces e orações, súplicas e ações de graças, por todos os homens; ²pelos que governam e por todos que ocupam altos cargos, a fim de que possamos levar uma vida tranquila e serena, com toda a piedade e dignidade. ³Isto é bom e agradável a Deus, nosso Salvador; ⁴ele quer que todos os homens sejam salvos e cheguem ao conhecimento da verdade. ⁵Pois há um só Deus e um só mediador entre Deus e os homens: o homem Cristo Jesus, ⁶que se entregou em resgate por todos. Este é o testemunho dado no tempo estabelecido por Deus, ⁷e para este testemunho eu fui designado pregador e apóstolo, e – falo a verdade, não minto – mestre das nações pagãs na fé e na verdade.

⁸Quero, portanto, que em todo lugar os homens façam a oração, erguendo mãos santas, sem ira e sem discussões. ⁹Quero igualmente que as mulheres usem vestes decentes, enfeitando-se com modéstia e sobriedade, não com cabelos frisados, ouro, pérolas ou vestidos de luxo, ¹⁰mas sim com boas obras, como convém a mulheres que se pretendem piedosas.

¹¹Durante a instrução, a mulher fique escutando em silêncio, com toda a submissão. ¹²Pois eu não permito que a mulher ensine nem que tenha autoridade sobre o homem; portanto, que conserve o silêncio. ¹³pois Adão foi formado primeiro, e Eva depois. ¹⁴E não foi Adão que foi seduzido, mas a mulher é que se deixou seduzir e caiu no pecado. ¹⁵Entretanto, ela se salvará pela maternidade, desde que permaneça com modéstia na fé, na caridade e na santidade.

Responsório   1Tm 2,5-6; Hb 2,17a

R. Há somente um **Deus** e um **só** mediador
entre **Deus** e os **ho**mens, o homem **Cris**to Je**sus**,
* Que a si **mes**mo se **deu** como resgate por **to**dos.
V. Convinha que em **tu**do fosse igual a seus ir**mãos**,
para po**der** ter pena deles. * Que a si **mes**mo.

Segunda leitura

Do Tratado sobre Caim e Abel, de Santo Ambrósio, bispo
      (Lib. 1,9,34.38-39: CSEL 32,369.371-372) (Séc. IV)

Deve-se orar especialmente por todo o Corpo da Igreja

    Imola a Deus um sacrifício de ação de graças e cumpre teus votos ao Altíssimo (Sl 49,14). Louvar a Deus é fazer um voto de louvor e cumpri-lo. Por isto o samaritano se sobressai aos demais porque, ao ser purificado com os outros nove da lepra, pela palavra do Senhor, voltou sozinho a Cristo e engrandeceu a Deus com ação de graças. Dele disse Jesus: *Não houve dentre eles quem voltasse e desse graças a Deus a não ser este estrangeiro. E dirigindo-se a ele: Levanta-te e vai; tua fé te salvou* (Lc 17,18-19).

    O Senhor de modo divino também te ensinou a bondade do Pai, que sabe dar coisas boas, para que ao Bom peças tudo o que é bom. E aconselhou a orar com instância e repetidamente; não em prece fastidiosa pela duração, mas continuada pela frequência. Futilidades afogam, as mais das vezes, a longa oração, e na muito interrompida facilmente se insinua o descuido.

    Exorta ainda a que, quando lhe pedes perdão para ti, saibas que será concedido sobretudo aos outros, na medida em que apoiares o pedido com a voz de tuas obras. O Apóstolo também ensina que se deve orar sem ira nem contestação, para que não se turve, não se altere tua súplica. E ainda ensina que há que rezar em todo lugar (cf. 1Tm 2,8), pois disse o Salvador: *Entra em teu quarto* (Mt 6,6).

Não entendas, porém, um quarto cercado por paredes, onde teu corpo fica fechado, mas o quarto que existe dentro de ti, onde são encerrados teus pensamentos, onde moram teus sentimentos. Este quarto de tua oração em toda parte está contigo, em toda parte é secreto, sem outro juiz que não Deus só.

Aprendeste também que se deve rezar principalmente pelo povo, quer dizer, pelo Corpo inteiro, por todos os membros de tua Mãe, onde se nota a mútua caridade. Se, pois, pedes por ti, somente por ti rogarás. E, se apenas por si roga cada qual, será menor a graça do pecador do que a do intercessor. Agora, porém, já que cada um pede por todos, então todos rezam por cada um.

Portanto, para resumirmos, se apenas pedes por ti, como dissemos, pedirás sozinho por ti. Ao passo que, se pedes por todos, todos pedirão por ti. Na verdade também tu estás em todos. É assim grande a recompensa: que pela intercessão de um se beneficie o povo inteiro. Não há nisto nenhuma arrogância; porém, há maior humildade e mais copiosos frutos.

Responsório
Sl 60(61),2-3a.6

R. Escutai, ó Senhor **Deus**, minha ora**ção**,
   aten**dei** à minha **prece**, ao meu cla**mor**.
   * Dos con**fins** do uni**ver**so a vós eu **cla**mo.
V. Pois ou**vis**tes, ó Se**nhor**, minhas pro**mes**sas
   e me **fiz**estes tomar **par**te na he**ran**ça
   da**que**les que res**pei**tam vosso **no**me. * Dos confins.

Oração

Ó Deus eterno e todo-poderoso, que nos concedeis no vosso imenso amor de Pai mais do que merecemos e pedimos, derramai sobre nós a vossa misericórdia, perdoando o que nos pesa na consciência e dando-nos mais do que ousamos pedir. Por nosso Senhor Jesus Cristo, vosso Filho, na unidade do Espírito Santo.

TERÇA-FEIRA

Ofício das Leituras

Primeira leitura
Da Primeira Carta de São Paulo a Timóteo   3,1-16

Os ministros da Igreja

Caríssimo: ¹Eis uma palavra verdadeira: quem aspira ao episcopado, saiba que está desejando uma função sublime. ²Porque o bispo tem o dever de ser irrepreensível, marido de uma só mulher, sóbrio, prudente, modesto, hospitaleiro, capaz de ensinar. ³Não deve ser dado a bebidas nem violento, mas condescendente, pacífico, desinteressado. ⁴Deve saber governar bem sua casa, educar os filhos na obediência e castidade. ⁵Pois quem não sabe governar a própria casa, como governará a Igreja de Deus? ⁶Não pode ser um recém-convertido para não acontecer que, ofuscado pela vaidade, venha a cair na mesma condenação que o demônio. ⁷Importa também que goze de boa consideração da parte dos de fora para que não se exponha à infâmia e caia nas armadilhas do diabo.

⁸Os diáconos devem ser pessoas de respeito, homens de palavra, não inclinados à bebida, nem a lucro vergonhoso. ⁹Possuam o mistério da fé junto com uma consciência limpa. ¹⁰Antes de receber o cargo sejam examinados; se forem considerados dignos, poderão exercer o ministério. ¹¹Também as mulheres devem ser honradas sem difamação mas sóbrias e fiéis em tudo. ¹²Os diáconos sejam maridos de uma só mulher e saibam dirigir bem os seus filhos e a sua própria casa. ¹³Pois os que exercem bem o diaconato, recebem uma posição de estima e muita liberdade para falar da fé em Cristo Jesus.

¹⁴Escrevo com a esperança de ir ver-te em breve. ¹⁵Se tardar, porém, quero que saibas como deves proceder na casa

de Deus, que é a Igreja de Deus vivo, coluna e fundamento da verdade. ¹⁶Não pode haver dúvida de que é grande o mistério da piedade:
"Ele foi manifestado na carne,
foi justificado no espírito,
contemplado pelos anjos,
pregado às nações,
acreditado no mundo,
exaltado na glória!"

Responsório   At 20,28; 1Cor 4,2
R. Vigiai a todo o rebanho,
    que o Espírito Divino confiou-vos como bispos
 * Para cuidar, como pastores, da Igreja do Senhor,
    que ele adquiriu pelo sangue de seu Filho.
V. Aquilo que se espera de um administrador
    é que seja ele fiel. * Para cuidar.

Segunda leitura
Início da Carta aos tralianos, de Santo Inácio de Antioquia, bispo e mártir
(Proêmio; Nn. 1,1-3,2; 4,1-2; 6,1; 7,1-8,1: Funk 1,203-209
(Séc. I)

Desejo precaver-vos como a filhos meus muito caros

Inácio, chamado também o Teóforo, à santa Igreja, amada por Deus, Pai de Jesus Cristo, que está em Trales da Ásia; à eleita, digna de Deus, que tem a paz na carne e no sangue, na paixão de Jesus Cristo, nossa esperança, quando ressurgirmos para ele; saúdo-a efusivamente à maneira dos apóstolos e desejo-lhe plena salvação.

Sei que tendes o espírito constantemente irrepreensível e apegado à paciência, não apenas na prática, mas por boa disposição. Isto me afirmou vosso bispo Políbio, que, por vontade de Deus e de Jesus Cristo, esteve em Esmirna e que de tal forma se congratulou comigo, prisioneiro em Jesus Cristo, que, através dele, vos contemplei a todos vós. Acolhendo por meio dele vossa benevolência, conforme a de Deus, dei glória a Deus porque não só vos conheci, mas encontrei como verdadeiros imitadores seus.

Sois submissos a vosso bispo como a Jesus Cristo; por isto me pareceis viver não como simples homens, mas conformes a Jesus Cristo, que por nós morreu; crendo deste modo em sua morte, escapais da morte. É realmente preciso que nada façais sem o bispo; é assim que procedeis. Sede obedientes aos presbíteros como aos apóstolos de Jesus Cristo, nossa esperança, e assim estaremos vivendo nele.

É também dever dos diáconos, ministros dos mistérios de Jesus Cristo, procurar de toda maneira agradar a todos. Pois não são diáconos para a comida e bebida, mas ministros da Igreja de Deus. É necessário, portanto, que evitem as más ações como ao fogo.

Igualmente respeitem todos aos diáconos como a Jesus Cristo, do mesmo modo que têm reverência pelo bispo, figura do Pai, e pelos presbíteros, senado de Deus e conselheiros dos apóstolos. Sem eles não existe a Igreja. Estou persuadido de que é este o vosso pensar. Tive uma prova de vossa caridade e a tenho comigo na pessoa do vosso bispo. Sua própria maneira de viver é uma magnífica lição, e sua mansidão é uma força.

É grande minha experiência de Deus, porém, mantenho-me moderado para não perecer por vanglória. Agora então mais tenho a temer e não posso dar ouvidos àquilo que me torna orgulhoso. Os que me elogiam, me flagelam. Porque quero, sim, padecer, mas não sei se sou digno. Meu ardor não se mostra a muitos, todavia me assalta com mais intensidade. É-me necessária a mansidão, pela qual se vence o príncipe deste mundo.

Suplico-vos, portanto, não eu, mas a caridade de Jesus Cristo, que tomeis unicamente o alimento cristão e rejeiteis toda erva daninha, a heresia.

Isto se fará se não fordes orgulhosos nem vos afastardes de Jesus Cristo Deus, nem do bispo nem dos preceitos dos apóstolos. Aquilo que está no altar é puro; fora do altar, já não é puro. Quero dizer, quem faz o que quer que seja sem o bispo, os presbíteros e os diáconos, não tem pura a consciência.

Não por ter sabido de algo assim, entre vós, escrevo estas palavras, mas desejo acautelar-vos, como a filhos meus muito caros.

Responsório Ef 4,3-6; 1Cor 3,11

R. Solícitos sede em guardar
a unidade que vem do Espírito,
pelo laço da paz que nos une.
Há um corpo somente e um Espírito,
é uma somente a esperança
da vocação a que fostes chamados.
* Há um Senhor, uma fé, um batismo.
V. Ninguém pode pôr fundamento diverso
do que foi colocado, que é Cristo Jesus.
* Há um Senhor.

Oração

Ó Deus eterno e todo-poderoso, que nos concedeis no vosso imenso amor de Pai mais do que merecemos e pedimos, derramai sobre nós a vossa misericórdia, perdoando o que nos pesa na consciência e dando-nos mais do que ousamos pedir. Por nosso Senhor Jesus Cristo, vosso Filho, na unidade do Espírito Santo.

QUARTA-FEIRA
Ofício das Leituras

Primeira leitura
Da Primeira Carta de São Paulo a Timóteo 4,1–5,2

Os mestres do erro. Os anciãos

Caríssimo: ⁴·¹O Espírito diz claramente que nos últimos tempos alguns abandonarão a fé, dando ouvidos a espíritos enganadores e a doutrinas diabólicas, ²de hipócritas mentirosos, que têm a consciência como que marcada a ferro. ³Proíbem o matrimônio e o uso de certos alimentos, que Deus criou para serem tomados com gratidão pelos fiéis e os que conhecem a verdade. ⁴Pois toda criatura de Deus é boa, e não se deve desprezar coisa alguma que se usa com ação de graças, ⁵já que é santificada pela palavra de Deus e pela oração.

⁶Expondo isto aos irmãos, serás um bom ministro de Jesus Cristo, nutrido com as palavras da fé e da boa doutrina que tens seguido. ⁷Mas rejeita as fábulas profanas, próprias de pessoas caducas.

E exercita-te na piedade. ⁸O exercício corporal oferece proveito por pouco tempo, mas a piedade é de utilidade ilimitada, pois contém uma promessa para a vida presente e para a futura. ⁹Isto que acabo de dizer é seguro e merece ser acolhido por todos. ¹⁰E é por isso que labutamos e lutamos, pois pusemos a nossa esperança no Deus vivo, que é o Salvador de todos, e principalmente dos que têm fé. ¹¹Proclama e ensina estas coisas.

¹²Ninguém te despreze por seres jovem. Pelo contrário, serve de exemplo para os fiéis, na palavra, na conduta, na caridade, na fé, na pureza. ¹³Até que eu chegue, dedica-te à leitura, à exortação, ao ensino. ¹⁴Não descuides o dom da graça que tu tens e que te foi dada por indicação da profecia, acompanhada da imposição das mãos do presbitério. ¹⁵Com

perseverança, põe estas coisas em prática, para que todos vejam o teu progresso. ¹⁶ Cuida de ti mesmo e daquilo que ensinas. Mostra-te perseverante. Assim te salvarás a ti mesmo e também àqueles que te escutam.

⁵,¹ Não critiques com dureza um ancião, mas exorta-o como a um pai; aos moços, como a irmãos;² às idosas, como a mães; às moças, como a irmãs, com toda a pureza.

Responsório   1Tm 4,8b. 10a; 2Cor 4,9
R. A piedade é útil para tudo;
   a promessa da vida ela possui.
   Sofremos e somos humilhados
 * Porque esperamos no Deus vivo.
V. Perseguidos, porém não abandonados,
   rejeitados, porém não aniquilados. * Porque.

Segunda leitura
Da Carta aos tralianos, de Santo Inácio de Antioquia, bispo e mártir

(Nn. 8.1-9,2; 11,1-13,3: Funk 1,209-211)   (Séc. I)

*Renovai-vos pela fé que é a Carne do Senhor
e pela caridade que é o seu Sangue*

Revestindo-vos de mansidão, regenerai-vos na fé que é a carne do Senhor, e na caridade que é o sangue de Jesus Cristo. Nenhum de vós tenha algo contra o próximo. Não deis ensejo aos gentios para não suceder que por causa de uns poucos insensatos a multidão que pertence a Deus seja ultrajada. *Ai daquele por cuja leviandade meu nome é blasfemado no meio de alguns* (cf. Is 52,5).

Tapai, portanto, os ouvidos se alguém vos falar de outra coisa que não seja Jesus Cristo, que é da família de Davi, filho de Maria. Aquele que nasceu de verdade, comeu e bebeu, sofreu de verdade sob Pôncio Pilatos, foi de verdade crucificado e morreu, à vista dos seres celestes, terrestres e da profundeza da terra. De verdade ressuscitou dos mortos, ressuscitando-o seu Pai. À sua semelhança, também a nós, que nele cremos, seu Pai nos ressuscitará no mesmo Cristo Jesus, sem o qual não possuímos a verdadeira vida.

Fugi, portanto, das más videiras que produzem frutos mortíferos; mal os prove alguém e logo morrerá. Não são plantas do Pai. Se fossem, apareceriam os ramos da cruz e seu fruto seria incorruptível. Por esta cruz, Cristo em sua paixão vos convida a vós, que sois seus membros. Porque não pode nascer a cabeça separada dos membros; já que Deus prometeu a união, união que é ele próprio.

De Esmirna vos saúdo juntamente com as Igrejas de Deus que estão comigo e que por tudo me reanimaram de corpo e de espírito. As cadeias que por Jesus Cristo carrego na oração para alcançar a Deus, estas cadeias vos imploram. Permanecei na concórdia e na mútua oração. Convém a cada um de vós, especialmente aos presbíteros, auxiliar o bispo, em honra do Pai, de Jesus Cristo e dos apóstolos.

Desejo que me presteis ouvidos na caridade para não dar, no que escrevo, testemunho contra vós. Mas orai também por mim. Preciso de vossa caridade na misericórdia de Deus, para tornar-me digno de obter o quinhão já próximo e não ser reprovado.

A caridade dos esmirnenses e dos efésios vos saúda. Em vossas orações fazei memória da Igreja que está na Síria, da qual não sou digno de trazer o nome, sendo o último deles. Adeus em Jesus Cristo. Sede obedientes ao bispo como ao mandamento de Deus e semelhantemente ao presbitério. E, um por um, amai-vos todos mutuamente com coração indiviso.

Meu espírito se imola por vós em sacrifício não só neste momento, mas também quando houver encontrado a Deus. Ainda corro perigo. Mas fiel é o Pai, em Jesus Cristo, para atender a meu pedido e ao vosso. Desejo que nele sejais encontrados sem mancha.

Responsório 2Ts 2,14-15a; Eclo 15,13

R. Pelo Evangelho o **Pai** nos cha**mou**
a **fim** de alcan**çar**mos a **gló**ria
de **nos**so **Senhor** Jesus **Cris**to.
* **Por**tanto, ir**mãos**, ficai **fir**mes
e as tradi**ções** rece**bi**das guar**dai**.
V. **Detesta** o **Senhor**, nosso **Deus**,
todo **erro** e qual**quer** maldi**ção**.
Aqueles que **te**mem a **Deus**
não **po**dem a**mar** essas **coi**sas. * **Por**tanto.

Oração

Ó Deus eterno e todo-poderoso, que nos concedeis no vosso imenso amor de Pai mais do que merecemos e pedimos, derramai sobre nós a vossa misericórdia, perdoando o que nos pesa na consciência e dando-nos mais do que ousamos pedir. Por nosso Senhor Jesus Cristo, vosso Filho, na unidade do Espírito Santo.

QUINTA-FEIRA

Ofício das Leituras

Primeira leitura
Da Primeira Carta de São Paulo a Timóteo 5,3-25

As viúvas e os presbíteros

Caríssimo: ³Trata bem as viúvas que são realmente viúvas. ⁴Mas, se a viúva tem filhos ou netos, que estes, primeiramente, aprendam a cuidar da sua família e a retribuir aos pais o que deles receberam. Isto é que agrada a Deus. ⁵A viúva de verdade, que está só no mundo, põe a sua esperança em Deus e persevera noite e dia em súplicas e orações. ⁶Mas a viúva que se entrega a prazeres, mesmo viva, está morta. ⁷Insiste em tudo isso, para que sejam irrepreensíveis. ⁸Quem não cuida dos seus, e principalmente dos próprios familiares, renegou a fé e é pior que um incrédulo.

⁹Para ser inscrita no grupo das viúvas, uma mulher deve ter não menos de sessenta anos, ter sido esposa de um só marido ¹⁰e ser conhecida pelas suas boas ações, a saber: se educou bem os filhos, se foi hospitaleira, se lavou os pés dos irmãos, se ajudou aos que sofrem e se praticou todo tipo de boas obras. ¹¹Mas não admitas viúvas mais novas, pois, quando suas paixões as afastam de Cristo, querem casar-se de novo, ¹²tornando-se alvo de censuras, por terem rompido o primeiro compromisso. ¹³Além disto, acostumam-se a viver ociosas, andando de casa em casa; e não somente ociosas, mas fofoqueiras e indiscretas, falando o que não convém. ¹⁴Quero, pois, que as que são mais novas se casem, tenham filhos, tomem conta da casa e não deem ao adversário ocasião para críticas. ¹⁵Pois algumas já se extraviaram, seguindo a Satanás.

¹⁶Se algum fiel tem viúvas em casa, que as ajude, de modo que a Igreja não fique sobrecarregada, pois esta precisa ajudar as que são verdadeiramente viúvas.

¹⁷Os presbíteros que governam bem, sejam considerados dignos de honra redobrada, principalmente os que trabalham na pregação e no ensino. ¹⁸Pois a Escritura diz: "Não coloques mordaça no boi que mói o trigo". E: "O trabalhador é digno do seu salário". ¹⁹Não recebas acusação contra um presbítero, senão com duas ou três testemunhas. ²⁰Repreende, diante de todos, aqueles que pecarem, para inspirar temor também aos outros. ²¹Eu te suplico, diante de Deus, de Jesus Cristo e dos seus Anjos eleitos, que observes estas normas, sem prevenção, nada fazendo por parcialidade. ²²A ninguém imponhas as mãos levianamente; nem te faças participante dos pecados alheios. Conserva-te puro.

²³Não bebas apenas água, mas toma também um pouco de vinho, por causa do teu estômago e de teus frequentes achaques.

²⁴Os pecados de alguns são notórios, mesmo antes do julgamento, mas os de outros só aparecem depois. ²⁵Assim

também há as boas obras que são evidentes; e as que não o são não podem permanecer ocultas.

Responsório Fl 1,27; 2,4.5

R. Vivei de modo digno do Evangelho do Senhor, trabalhando bem unidos, todos juntos, pela fé.
 * Tenha em vista cada um, não seus próprios interesses, sim, porém, o bem dos outros.
V. Tende em vós os sentimentos de Jesus, nosso Senhor.
 * Tenha em vista.

Segunda leitura

Da Carta aos filadélfios, de Santo Inácio de Antioquia, bispo e mártir

(Proêmio; nn. 1,1-2,1; 3,2-5: Funk 1,225-229) (Séc. I)

Um só bispo com o presbitério e os diáconos

Inácio, chamado também Teóforo, à Igreja de Deus Pai e do Senhor Jesus Cristo que está em Filadélfia na Ásia. Que alcançou misericórdia, e se firmou na concórdia com Deus, e exultou na Paixão de nosso Senhor e, por sua ressurreição, está plenamente convencida de toda misericórdia. Saúdo-a no sangue de Jesus Cristo, a ela, que é minha alegria eterna e estável, principalmente se se mantiverem unidos ao bispo, a seus presbíteros e aos diáconos, nomeados por determinação do Senhor, aos quais por livre vontade firmou na estabilidade por seu Santo Espírito.

Sei que não de si mesmo, nem dos homens nem por vanglória, mas da caridade do Pai e do Senhor Jesus Cristo, recebeu vosso bispo o ministério de governar esta comunidade. Causou-me grande admiração sua modéstia, que, calada, é mais vigorosa do que as futilidades dos faladores. Sua consonância com os mandamentos de Deus é igual à da cítara com as cordas. Por esta razão proclamo feliz seu piedoso espírito, sabendo-o ornado de virtudes, perfeito, bem como sua imutabilidade e brandura à semelhança da mansidão do Deus vivo.

Portanto, filhos da luz da verdade, fugi da divisão e das doutrinas perversas. Onde estiver o pastor, segui-o como ovelhas.

Todos aqueles que são de Deus e de Jesus Cristo estão com o bispo. E os que, movidos pelo arrependimento, voltarem à unidade da Igreja, também serão de Deus, de modo a viver consoante Jesus Cristo. Não vos enganeis, irmãos. Quem segue um cismático *não alcançará a herança do reino de Deus* (1Cor 6,10). Quem caminha segundo falsas doutrinas não aceita a paixão.

Empenhai-vos, por conseguinte, em ter uma só Eucaristia. Pois uma só é a carne de nosso Senhor Jesus Cristo e um só o cálice na unidade de seu sangue, um só o altar, como um só o bispo com os presbíteros e diáconos, meus companheiros de ministério. Aquilo que fazeis, fazei-o em conformidade com Deus.

Meus irmãos, muito me alonguei por vos amar e com muita alegria procurei vos fortalecer; não eu, mas Jesus Cristo. Prisioneiro por sua graça, encho-me do maior temor porque ainda não sou perfeito. Mas vossa prece a Deus me aperfeiçoará para que possa obter o quinhão que por misericórdia me foi destinado. Refugio-me no Evangelho como em Cristo corporalmente presente, e nos presbíteros da Igreja como nos apóstolos, aqui e agora.

Responsório   Ef 2,20.22.21

R. Vós est**ais** edifi**ca**dos,
   em **ci**ma de ali**cer**ces dos **após**tolos e pro**fe**tas,
   e o **pró**prio Jesus **Cris**to é a **pe**dra angu**lar**.
   * Sobre ele vós tam**bém** sois coedifi**ca**dos,
   para **ser**des a mo**ra**da de **Deus** no Santo Espírito.
V. Nele **to**do o edifício vai crescendo para **ser**
   o templo **san**to do Se**nhor**. * Sobre ele.

Oração

Ó Deus eterno e todo-poderoso, que nos concedeis no vosso imenso amor de Pai mais do que merecemos e pedimos, derramai sobre nós a vossa misericórdia, perdoando o que nos pesa na consciência e dando-nos mais do que ousamos pedir. Por nosso Senhor Jesus Cristo, vosso Filho, na unidade do Espírito Santo.

SEXTA-FEIRA

Ofício das Leituras

Primeira leitura
Da Primeira Carta de São Paulo a Timóteo   6,1-10

Os servos. Os falsos doutores

Caríssimo: ¹ Aqueles que estão debaixo do jugo da escravidão considerem os seus patrões dignos de todo respeito, para que o nome do Senhor e o seu ensinamento não sejam blasfemados. ² E os que têm patrões que acreditam, não os desrespeitem por serem irmãos; antes, os sirvam melhor, porque os que recebem o serviço são crentes e amigos. Ensina e recomenda estas coisas.

³ Quem ensina doutrinas estranhas e discorda das palavras salutares de nosso Senhor Jesus Cristo e da doutrina conforme à piedade, ⁴ é um obcecado pelo orgulho, um ignorante que morbidamente se compraz em questões e discussões de palavras. Daí é que nascem invejas, contendas, insultos, suspeitas, ⁵ porfias de homens com mente corrompida e privados da verdade que fazem da piedade assunto de lucro.

⁶ Sem dúvida, grande fonte de lucro é a piedade, mas quando acompanhada do espírito de desprendimento. ⁷ Por que nada trouxemos ao mundo como tampouco nada poderemos levar. ⁸ Tendo alimento e vestuário, fiquemos satisfeitos. ⁹ Os que desejam enriquecer, caem em tentação e em

armadilhas, em muitos desejos loucos e perniciosos que afundam os homens na perdição e na ruína, ¹⁰porque a raiz de todos os males é a cobiça do dinheiro. Por se terem deixado levar por ela, muitos se extraviaram da fé e se atormentam a si mesmos com muitos sofrimentos.

Responsório
Mt 6,25; 1Tm 6,8

R. Por vossa vida não andeis preocupados,
de como vos haveis de alimentar,
nem fiqueis tão ansiosos pelo corpo,
preocupados com o que vos vestireis.
* A vida não é mais que o alimento,
e o corpo não é mais do que as vestes?
V. Pois, se temos alimento e vestuário,
com isto estejamos satisfeitos. * A vida.

Segunda leitura
Da Primeira Exortação de São Vicente de Lerins, presbítero

(Cap. 23: PL 50,667-668)   (Séc. V)

O desenvolvimento do dogma na religião cristã

Não haverá desenvolvimento algum da religião na Igreja de Cristo? Há certamente e enorme.

Pois que homem será tão invejoso, com tanta aversão a Deus, que se esforce por impedi-lo? Todavia deverá ser um verdadeiro progresso da fé e não uma alteração. Com efeito, ao progresso pertence o crescimento de uma coisa em si mesma. À alteração, ao contrário, a mudança de uma coisa em outra.

É, portanto, necessário que, pelo passar das idades e dos séculos, cresçam e progridam tanto em cada um como em todos, no indivíduo como na Igreja inteira, a compreensão, a ciência, a sabedoria. Porém apenas no próprio gênero, a saber, no mesmo dogma o mesmo sentido e a mesma significação.

Imite a religião das almas o desenvolvimento dos corpos. No decorrer dos anos, vão se estendendo e desenvolvendo suas partes e, no entanto, permanecem o que eram. Há grande diferença entre a flor da juventude e a madureza da velhice. Mas se tornam velhos aqueles mesmos que foram adolescentes. E, por mais que um homem mude de estado e de aspecto, continuará a ter a mesma natureza, a ser a mesma pessoa.

Membros pequeninos na criancinha, grandes nos jovens, são, contudo, os mesmos. Os meninos têm o mesmo número de membros que os adultos. E, se no tempo de idade mais adiantada neles se manifestam outros, já aí se encontram em embrião. Desse modo, nada de novo existe nos velhos que não esteja latente nas crianças.

Por conseguinte, esta regra de desenvolvimento é legítima e correta. Segura e belíssima a lei do crescimento, se a perfeição da idade completar as partes e formas sempre maiores que a sabedoria do Criador pré-formou nos pequeninos.

Mas, se um homem se mudar em outra figura, estranha a seu gênero, ou se se acrescentar ou diminuir ao número dos membros, sem dúvida alguma todo o corpo morrerá ou se tornará um monstro ou, no mínimo, se enfraquecerá. Assim também deve o dogma da religião cristã seguir estas leis de crescimento, para que os anos o consolidem, se dilate com o tempo, eleve-se com as gerações.

Nossos antepassados semearam outrora neste campo da Igreja as sementes do trigo da fé. Será sumamente injusto e inconveniente que nós, os pósteros, em vez da verdade do trigo autêntico recolhamos o erro da simulada cizânia.

Bem ao contrário, é justo e coerente que, sem discrepância entre os inícios e o término, ceifemos das desenvolvidas plantações de trigo a messe também de trigo do dogma. E, se algo daquelas sementes originais se desenvolver com o andar dos tempos, seja isto agora motivo de alegria e de cultivo.

Responsório — Dt 4,1a.2a; Jo 6,63b

R. Israel, ouve os preceitos e as **leis** que te ensino:
   * Nada acrescentareis à palavra que vos falo,
   e nada tirareis.
V. As palavras que eu vos disse são espírito e vida.
   * Nada.

Oração

Ó Deus eterno e todo-poderoso, que nos concedeis no vosso imenso amor de Pai mais do que merecemos e pedimos, derramai sobre nós a vossa misericórdia, perdoando o que nos pesa na consciência e dando-nos mais do que ousamos pedir. Por nosso Senhor Jesus Cristo, vosso Filho, na unidade do Espírito Santo.

SÁBADO

Ofício das Leituras

Primeira leitura
Da Primeira Carta de São Paulo a Timóteo   6,11-21

Exortação final

¹¹Tu, que és um homem de Deus, foge das coisas perversas, procura a justiça, a piedade, a fé, o amor, a firmeza, a mansidão. ¹²Combate o bom combate da fé, conquista a vida eterna, para a qual foste chamado e pela qual fizeste tua nobre profissão de fé diante de muitas testemunhas.

¹³Diante de Deus, que dá a vida a todas as coisas, e de Cristo Jesus, que deu o bom testemunho da verdade perante Pôncio Pilatos, eu te ordeno: ¹⁴guarda o teu mandato íntegro e sem mancha até à manifestação gloriosa de nosso Senhor Jesus Cristo. ¹⁵Esta manifestação será feita no tempo opor-

tuno pelo bendito e único Soberano, o Rei dos reis e Senhor dos senhores, [16]o único que possui a imortalidade e que habita numa luz inacessível, que nenhum homem viu, nem pode ver. A ele, honra e poder eterno. Amém.
[17]Exorta os ricos deste mundo a que não sejam orgulhosos nem ponham sua esperança nas riquezas volúveis mas em Deus, que nos dá abundantemente todas as cosias, para delas desfrutarmos. [18]Que pratiquem o bem, se enriqueçam de boas obras, sejam generosos, comunicativos, [19]acumulem um tesouro sólido para o futuro a fim de conquistarem a vida verdadeira.
[20]Ó Timóteo, guarda o depósito que te foi confiado. Evita as conversas frívolas de coisas vãs e as contradições da falsa ciência. [21]Alguns, por segui-las, se transviaram da fé.

A graça esteja convosco.

Responsório   Cl 2,6-7; Mt 6,19a.20a
R. Assim **como** aco**lhes**tes Jesus **Cristo**, o S**enhor**,
    assim, **nele** edifi**ca**dos e enrai**za**dos, cami**nhai**,
 * Firmes na **fé** como apren**des**tes,
    a transbor**dar** de grati**dão**.
V. Não quei**rais** ajun**tar** te**sou**ros na **terra**;
    ajun**tai** para **vós** te**sou**ros no **céu**. * Firmes na **fé**.

Segunda leitura
Das homilias sobre os Evangelhos, de São Gregório Magno, papa

(Hom. 17,3.14: PL 76,1139-1140.1146)   (Séc. VI)

A responsabilidade do nosso ministério

Ouçamos o que diz o Senhor aos pregadores enviados: *A messe é grande, mas poucos os operários. Rogai, portanto, ao Senhor da messe que envie operários a seu campo. São poucos os operários para a grande messe* (Mt 9,37-38). Não podemos deixar de dizer isto com imensa tristeza, porque, embora haja quem escute as boas palavras, falta quem as diga. Eis que o mundo está cheio de sacerdotes. Todavia na messe de Deus é muito raro encontrar-se um operário. Recebemos, é certo, o ofício sacerdotal, mas não o pomos em prática.

Pensai, porém, irmãos caríssimos, pensai no que foi dito: *Rogai ao Senhor da messe que envie operários a seu campo.* Pedi vós por nós para que possamos agir de modo digno de vós. Que a língua não se entorpeça diante da exortação, para que, tendo recebido a condição de pregadores, nosso silêncio também não nos imobilize diante do justo juiz. Com frequência, por maldade sua, a língua dos pregadores se vê impedida. Por sua vez, por culpa dos súditos, muitas vezes acontece que seus chefes os privem da palavra da pregação.

Por maldade sua, com efeito, a língua dos pregadores se vê impedida, como diz o salmista: *Deus disse ao pecador: Por que proclamas minhas justiças?* (Sl 49,16). Por sua vez, por culpa dos súditos, cala-se a voz dos pregadores. É o que o Senhor diz por Ezequiel: *Farei tua língua aderir a teu palato, e ficarás mudo, como homem que não censura, porque é uma casa irritante* (Ez 3,26). Como se dissesse claramente: A palavra da pregação te é recusada porque, por me exacerbar com suas ações, este povo não é digno de escutar a verdade que exorta. Não é fácil saber por culpa de quem a palavra se furta ao pregador. Porque, se o silêncio do pastor às vezes o prejudica, sempre causa dano ao povo, isto é absolutamente certo.

Há ainda outra coisa, irmãos caríssimos, que muito me aflige na vida dos pastores, mas, para não pensardes talvez que vos faz injúria aquilo que vou dizer, ponho-me também debaixo da mesma acusação, embora me encontre neste posto não por minha livre vontade, mas impelido por estes tempos calamitosos.

Sábado

Vimos a nos envolver em negócios externos. Um cargo nos foi dado pela consagração e, na prática, damos prova de outro. Abandonamos o ministério da pregação e, reconheço-o para pesar nosso, chamam-nos de bispo a nós que temos a honra do nome, não o mérito. Aqueles que nos foram confiados abandonam a Deus, e nos calamos. Jazem em suas más ações e não lhes estendemos a mão da advertência.

Quando, porém, conseguiremos corrigir a vida de outrem, se descuramos a nossa? Preocupados com questões terrenas, tornamo-nos tanto mais insensíveis interiormente quanto mais parecemos aplicados às coisas exteriores.

Por isso e com razão, a respeito de seus membros enfraquecidos, diz a santa Igreja: *Puseram-me de guarda às vinhas; minha vinha não guardei* (Ct 1,6). Postos como guardas às vinhas de modo algum guardamos a nossa porque, enquanto nos embaraçamos com ações exteriores, não damos atenções ao ministério de nossa ação verdadeira.

Responsório   Lc 10,2; Sl 61(62),9

R. É **gran**de a co**lhei**ta, e os ope**rá**rios são **pou**cos.
    Por **is**so pe**di** ao Se**nhor** da co**lhei**ta
* Que **man**de ope**rá**rios à **sua** co**lhei**ta.
V. Povo **to**do, esperai **sem**pre no Se**nhor**
    e **abri** diante **de**le o co**ração**.* Que **man**de.

Oração

Ó Deus eterno e todo-poderoso, que nos concedeis no vosso imenso amor de Pai mais do que merecemos e pedimos, derramai sobre nós a vossa misericórdia, perdoando o que nos pesa na consciência e dando-nos mais do que ousamos pedir. Por nosso Senhor Jesus Cristo, vosso Filho, na unidade do Espírito Santo.

28º DOMINGO DO TEMPO COMUM

IV Semana do Saltério

I Vésperas

Cântico evangélico, ant.
Ano A O **Reino** dos **Céus** pode **ser** compara**do**
a um **rei** que celebra as **bo**das do **fi**lho
e envia os seus **ser**vos a cha**mar** os con**vi**vas.

Ano B Só te **fal**ta uma **coi**sa: vai e **ven**de os teus **bens**
doa **tu**do, então, aos **po**bres
e **te**rás no céu um te**sou**ro;
vem e **se**gue-me, de**pois**!

Ano C Vieram-lhe ao en**con**tro dez le**pro**sos,
que pararam à dis**tân**cia e gritaram:
Jesus, **Mes**tre, compa**de**ce-te de **nós**!

Oração

Ó Deus, sempre nos preceda e acompanhe a vossa graça para que estejamos sempre atentos ao bem que devemos fazer. Por nosso Senhor Jesus Cristo, vosso Filho, na unidade do Espírito Santo.

Ofício das Leituras

Primeira leitura
Início do Livro do Profeta Ageu   1,1–2,9

*Incentivo à reconstrução do templo
e a glória futura do mesmo*

1,1 No segundo ano do reinado de Dario, no sexto mês, no primeiro dia, foi dirigida a palavra do Senhor, mediante o profeta Ageu, a Zorobabel, filho de Salatiel, governador de Judá, e a Josué, filho de Josedec, sumo sacerdote: ²"Isto diz o Senhor dos exércitos: Este povo diz: Ainda não chegou o momento de edificar a casa do Senhor". ³A palavra do

Senhor foi assim dirigida, por intermédio do profeta Ageu: ⁴"Acaso para vós é tempo de morardes em casas revestidas de lambris, enquanto esta casa está em ruínas? ⁵Isto diz, agora, o Senhor dos exércitos: Considerai, com todo o coração, a conjuntura que estais passando: ⁶tendes semeado muito, e colhido pouco; tendes-vos alimentado, e não vos sentis satisfeitos; bebeis, e não vos embriagais; estais vestidos, e não vos aqueceis; quem trabalha por salário, guarda-o em saco roto. ⁷Isto diz o Senhor dos exércitos: Considerai, com todo o coração, a difícil conjuntura que estais passando: ⁸mas subi ao monte, trazei madeira e edificai a casa; ela me será aceitável, nela me glorificarei, diz o Senhor. ⁹Vós esperáveis obter mais, e saiu-vos menos; atulhastes a casa, e esvaziei-a com um sopro. Por qual motivo? – diz o Senhor dos exércitos. Porque minha casa está em ruínas, enquanto cada um de vós se desvela em cuidados com a própria casa! ¹⁰Por isso, os céus estão impedidos de fazer cair sobre vós o orvalho, e a terra, de produzir o seu fruto. ¹¹Provoquei a seca sobre a terra e sobre os montes, sobre o trigo, sobre o vinho e sobre o azeite e tudo o que o solo produz; sobre os homens, sobre os animais e sobre todo o trabalho da mão do homem".

¹²Ouviu Zorobabel, filho de Salatiel, e Josué, filho de Josedec, sumo sacerdote, e todo o resto do povo, a voz do Senhor, seu Deus, e as palavras do profeta Ageu, que o Senhor, seu Deus, lhes tinha enviado; o povo sentiu temor diante do Senhor.

¹³E Ageu, mensageiro do Senhor, falou segundo a ordem do Senhor para o povo: "Eu estou convosco, diz o Senhor". ¹⁴E o Senhor levantou o ânimo de Zorobabel, filho de Salatiel, chefe de Judá, e o ânimo de Josué, filho de Josedec, sumo sacerdote, e o ânimo de todo o resto do povo, e começaram a obra de construção da casa do Senhor, Todo-poderoso, do seu Deus. ¹⁵Era o dia vinte e quatro do sexto mês do segundo ano do reinado de Dario.

²·¹ No dia vinte e um do sétimo mês, fez-se ouvir a palavra do Senhor, mediante o profeta Ageu: ²"Vai dizer a Zorobabel, filho de Salatiel, governador de Judá, e a Josué, filho de Josedec, sumo sacerdote, e ao resto do povo: ³Há dentre vós algum sobrevivente que tenha visto esta casa em seu primitivo esplendor? E como a vedes agora? Não parece aos vossos olhos uma sombra do que era? ⁴Mas, agora, toma coragem, Zorobabel, diz o Senhor, coragem, Josué, filho de Josedec, sumo sacerdote; coragem, povo todo desta terra, diz o Senhor dos exércitos; ponde mãos à obra, pois eu estou convosco, diz o Senhor dos exércitos. ⁵Eu assumi um compromisso convosco, quando saístes do Egito, e meu espírito permaneceu no meio de vós: não temais. ⁶Isto diz o Senhor dos exércitos: Ainda um momento, e eu hei de mover o céu e a terra, o mar e a terra firme. ⁷Sacudirei todos os povos, e começarão a chegar tesouros de todas as nações, hei de encher de esplendor esta casa, diz o Senhor dos exércitos. ⁸Pertence-me a prata, pertence-me o ouro, diz o Senhor dos exércitos. ⁹O esplendor desta nova casa será maior que o da primeira, diz o Senhor dos exércitos; e, neste lugar, estabelecerei a paz", diz o Senhor dos exércitos.

Responsório   Ag 1,8; Is 56,7c
R. Subi ao **mon**te e edifi**cai** a minha **ca**sa,
* Ela i**rá** me a**gra**dar, diz o Se**nhor**.
V. Minha **ca**sa é **ca**sa de ora**ção**,
e para **to**dos os **po**vos o se**rá**. * Ela i**rá**.

Segunda leitura
Do Comentário sobre Ageu, de São Cirilo de Alexandria, bispo

(Cap. 14; PG 71,1047-1050)   (Séc. V)

Meu nome é glorificado entre as nações

Por ocasião da vinda de nosso Salvador, o templo se manifestou sem comparação mais glorioso e mais divino, mais ilustre e excelente do que o antigo. Assim o julga quem percebe a diferença entre o culto da religião da lei e o culto evangélico de Cristo, e entre a realidade e sua sombra.

A este respeito creio poder dizer o seguinte. Existia um só templo, unicamente, em Jerusalém, e um único povo, o israelita, ali oferecia sacrifícios. Todavia, depois que o Unigênito, sendo o *Deus e Senhor que resplandeceu para nós* (Sl 117,27), conforme a Escritura, se tornou semelhante a nós, o restante do orbe da terra encheu-se de casas santas e de inumeráveis adoradores que honram com incenso e sacrifícios espirituais o Deus do universo. Foi isto que, segundo me parece, predisse Malaquias, falando em nome de Deus: *Porque sou eu o grande rei, diz o Senhor, e meu nome é glorificado entre as gentes, e em todo lugar se oferece incenso a meu nome e um sacrifício puro* (cf. Ml 1,11).

É, portanto, verdade que a glória do último templo – entenda-se a Igreja – seria maior. Aos dedicados que trabalham em sua edificação será dada pelo Salvador, como recompensa e dom do céu, o Cristo, paz de todos: *por quem temos acesso junto ao Pai no único Espírito* (cf. Ef 2,18). É o que afirma: *Darei a paz a este lugar e paz da alma para aumento de todos quantos houverem trabalhado para levantar este templo* (Ag 2,9). Em outro lugar também diz Cristo: *Eu vos dou a minha paz* (Jo 14,27). Qual seja sua atuação nestes que o amam, Paulo explica: *A paz de Cristo, que ultrapassa todo entendimento, guarde vossos corações e inteligências* (cf. Fl 4,7). Igualmente o sábio Isaías orava: *Senhor, nosso Deus, dá-nos a paz, pois tu nos tratas como nossas ações merecem* (Is 26,12). Porque, para quem recebeu uma vez a paz de Cristo, torna-se fácil guardar a própria alma e dirigir o esforço para o dom da virtude bem exercida.

Por isto se declara que será dada a paz a todo aquele que constrói. Seja alguém edificador da Igreja e sacerdote, seja intérprete dos sagrados mistérios, foi estabelecido sobre a casa de Deus. E, se cuidar de sua alma, vivendo como pedra viva e espiritual *para o templo santo e habitação de Deus no Espírito* (cf. Ef 2,22), alcançará por prêmio a salvação sem dificuldade.

Responsório   Sl 83(84),5; Zc 2,15a
R. Felizes os que habitam vossa casa,
 * Para sempre haverão de vos louvar.
V. Naquele dia nações numerosas irão aderir ao Senhor
 e serão para ele um povo.* Para sempre.
HINO Te Deum, p. 543.

Laudes

Cântico evangélico, ant.
Ano A Dizei aos convidados:
       Preparei o meu banquete, vinde à festa nupcial!
Ano B Eu vos digo: É difícil
       um rico entrar no Reino de Deus!
Ano C Um deles, ao ver-se curado,
       voltou, dando graças a Deus,
       clamando em voz alta, aleluia!

Oração
Ó Deus, sempre nos preceda e acompanhe a vossa graça para que estejamos sempre atentos ao bem que devemos fazer. Por nosso Senhor Jesus Cristo, vosso Filho, na unidade do Espírito Santo.

II Vésperas

Cântico evangélico, ant.
Ano A A festa das bodas está preparada;
       nenhum convidado, porém, era digno.
       Saí pelas ruas e encruzilhadas,
       convidai para as bodas todos que encontrardes.

Ano B Vós que tudo abandonastes e me seguistes, recebereis cem vezes mais e a vida eterna.

Ano C Não houve quem voltasse para a Deus glorificar, a não ser este estrangeiro? E disse-lhe Jesus: Levanta-te e vai, pois salvou-te a tua fé!

SEGUNDA-FEIRA

Ofício das Leituras

Primeira leitura
Do Livro do Profeta Ageu   2,10-23

Bênçãos futuras. Promessas feitas a Zorobabel

¹⁰No dia vinte e quatro do nono mês do segundo ano de reinado de Dario foi dirigida a palavra do Senhor ao profeta Ageu, dizendo: ¹¹"Assim falou o Senhor dos exércitos: Inquire os sacerdotes sobre este ponto da lei: ¹²Se alguém trouxer, na dobra da roupa, carne sagrada e com a extremidade tocar no pão, na comida, no vinho, ou no azeite, ou em qualquer alimento, acaso essas coisas se tornam sagradas?" Assim o fez, e os sacerdotes, em resposta, disseram: "Não". ¹³Voltou Ageu a perguntar-lhes: "Se tocar nessas coisas alguém contagiado pelo contato de um cadáver, acaso fica isso tudo contaminado?" Responderam os sacerdotes, dizendo: "Sim, fica tudo contaminado". ¹⁴Ageu então disse: "Assim também, diz o Senhor, este povo, esta nação, toda a obra de suas mãos e suas oferendas, tudo para mim está contaminado.

Prestai bem atenção, de agora em diante: como passáveis vós, antes de ser reconstruído, pedra por pedra, o templo do Senhor? ¹⁶Vossa reserva de cereais parecia ser de vinte medidas, mas era só de dez; o lagar, que fornecia cinquenta medidas de vinho, não dava mais que vinte. ¹⁷É que eu vos castiguei com a seca e estraguei toda a vossa lavoura com a ferrugem e o granizo, mas nenhum de vós resolveu voltar para mim, diz o Senhor.[18] Guardai em vossa memória, a partir de hoje e para o futuro, desde o dia vinte e quatro do nono mês, o dia em que foram lançados os alicerces do templo do Senhor, guardai-o na memória. [19] Ainda há trigo no celeiro? Não deram fruto ainda a videira e a figueira, a romãzeira e a oliveira? Pois, a partir deste dia, eu vos abençoarei".

[20] Foi dirigida a palavra do Senhor, pela segunda vez, a Ageu no dia vinte e quatro do mês, dizendo: [21] "Fala a Zorobabel, chefe de Judá: Eu moverei o céu e moverei a terra, [22] e derrubarei tronos e reinos, esmagarei as nações poderosas, destruirei os carros e seus ocupantes, cairão cavalos e cavaleiros, cada um a golpes de espada de seus companheiros. [23] Naquele dia, diz o Senhor dos exércitos, hei de separar-te, Zorobabel, filho de Salatiel, servo meu, diz o Senhor, para te colocar como um estandarte, pois eu te escolhi", diz o Senhor dos exércitos.

Responsório   Ag 2,7.9b
R. Abala**rei** o céu e a **ter**ra,
 * E vi**rá** o dese**ja**do de **to**das as na**ções**.
V. A **gló**ria desta **ca**sa grandi**o**sa há de **ser**. * E vi**rá**.

Segunda leitura
Do Tratado Contra Fabiano, de São Fulgêncio de Ruspe, bispo

(Cap. 28,16-19: CCL 91A,813-814)   (Séc. VI)

A participação no corpo e sangue do Senhor nos santifica

Atesta o santo Apóstolo que se realiza na oblação dos sacrifícios aquilo mesmo que nosso Salvador ordenou, ao dizer: *Porque o Senhor Jesus, na noite em que iria ser entregue, tomou o pão e, dando graças, partiu-o e disse: Isto é o meu corpo que é dado por vós; fazei isto em minha memória. Do mesmo modo, tomou também o cálice, depois de ter ceado, dizendo: Este é o cálice da nova Aliança em meu sangue; fazei isto, todas as vezes que o beberdes, em minha memória. Pois todas as vezes que comerdes deste pão e beberdes deste cálice, anunciareis a morte do Senhor até que venha* (1Cor 11,23-26).

Por esta razão se oferece o sacrifício, a fim de anunciar a morte do Senhor e realizar o memorial daquele que entregou a vida por nós. Ele mesmo diz: *Ninguém tem maior amor do que aquele que dá a vida por seus amigos* (Jo 15,13). Portanto, tendo Cristo morrido por nós por amor, quando no momento do sacrifício fazemos memória de sua morte, rogamos que nos conceda a caridade pela vinda do Espírito Santo. Pedimos e suplicamos que, pela mesma caridade com que Cristo aceitou ser crucificado por nós, também nós, pela graça do Espírito Santo, possamos considerar o mundo como crucificado e a nós, crucificados para o mundo. Imitando a morte de nosso Senhor, como Cristo, *que morreu para o pecado, morreu uma vez por todas e, porque vive, vive para Deus* (cf. Rm 6,10-11), nós igualmente *caminhemos com vida nova* (Rm 6,4). E, recebido o dom da caridade, morramos para o pecado e vivamos para Deus.

Pois *a caridade de Deus foi derramada em nossos corações pelo Espírito Santo que nos foi dado* (Rm 5,5). Com efeito, a própria participação no corpo e sangue do Senhor, quando tomamos seu pão e bebemos de seu cálice, já nos persuade a morrer para o mundo e a ter nossa vida escondida com Cristo em Deus, crucificando nossa carne com seus vícios e concupiscências (cf. Cl 3,3; Gl 5,24).

Acontece então que todos os fiéis que amam a Deus e ao próximo, embora não bebam do cálice do sofrimento corporal, bebem do cálice da caridade do Senhor. Por ele inebriados, mortificam seus membros ainda na terra e, re- vestidos do Senhor Jesus Cristo, não cuidam do corpo de maneira a satisfazer-lhe os desejos; não contemplam as coisas visíveis, mas as invisíveis. Desta forma se bebe o cálice do Senhor quando se conserva a santa caridade.

Sem ela, mesmo que alguém lance o corpo ao fogo para ser queimado, de nada lhe aproveita. Mas pelo dom da caridade é-nos concedido ser na realidade aquilo mesmo que celebramos misticamente no sacrifício.

Responsório
Cf. Lc 22,19; Jo 6,58

R. Jesus tomou o **pão**, deu **graças** e o par**tiu**,
   deu a eles e lhes **disse**:
* Isto **é** o meu **corpo**, en**tre**gue por **vós**,
  fazei **isto** em me**mó**ria de **mim**, ale**lui**a.
V. É **este** o pão **vi**vo des**ci**do dos **céus**,
   quem co**mer** deste **pão**, vive**rá** para **sem**pre. * Isto **é**.

Oração

Ó Deus, sempre nos preceda e acompanhe a vossa graça para que estejamos sempre atentos ao bem que devemos fazer. Por nosso Senhor Jesus Cristo, vosso Filho, na unidade do Espírito Santo.

TERÇA-FEIRA

Ofício das Leituras

Primeira leitura
Início do Livro do Profeta Zacarias   1,1–2,4

Visão sobre Jerusalém a ser reedificada

¹,¹No oitavo mês do segundo ano de reinado de Dario, a palavra do Senhor foi dirigida ao profeta Zacarias, filho de Baraquias, filho de Ado, dizendo: ²"O Senhor irou-se contra vossos pais. ³Hás de dizer-lhes: Assim fala o Senhor dos exércitos: Voltai-vos para mim, diz o Senhor dos exércitos, e eu me voltarei para vós, diz o Senhor dos exércitos. ⁴Não sejais como os vossos pais, aos quais os antigos profetas gritavam: Assim fala o Senhor dos exércitos: Abandonai vossos maus caminhos e vossos maus pensamentos; mas não me ouviram nem atenderam, diz o Senhor. ⁵Onde estão os

vossos pais? E os profetas acaso viverão para sempre? Mas minhas palavras e preceitos, que comuniquei aos meus servos, os profetas, não chegaram até vossos pais? Pois eles se converteram e disseram: 'Do modo como o Senhor dos exércitos houve por bem tratar-nos, de acordo com nossos caminhos e conforme nossas obras, assim de fato nos tratou'".

⁷No dia vinte e quatro do décimo primeiro mês, que é o mês Sabat, do segundo ano do reinado de Dario, foi dirigida a palavra do Senhor ao profeta Zacarias, filho de Baraquias, filho de Ado, dizendo: ⁸"Tive de noite a visão de um homem montado num cavalo vermelho, e ele parou no meio dos mirtos que havia numa depressão; atrás dele havia outros cavalos vermelhos, amarelos e brancos. ⁹Eu disse: 'O que são estes animais, meu Senhor?' Respondeu-me o anjo que falava comigo: 'Vou mostrar-te o que são'. ¹⁰O cavaleiro que estava entre os mirtos interveio, dizendo: 'Eles são os que o Senhor mandou que percorressem a terra'. ¹¹Dirigindo-se ao anjo do Senhor, que estava entre os animais, disseram os cavaleiros: 'Percorremos a terra, e eis que toda a população da terra está em paz'.

¹²Disse o anjo do Senhor: 'Senhor dos exércitos, até quando negarás misericórdia a Jerusalém e às cidades de Judá, com as quais te iraste? Com este já faz setenta anos!' ¹³E ao anjo que falava comigo dirigiu o Senhor boas palavras, palavras de consolação. ¹⁴E o anjo que falava comigo disse: 'Dize tu em voz alta: Assim falou o Senhor dos exércitos: Tive grande ciúme por Jerusalém e Sião, ¹⁵mas também uma grande ira contra as nações fortes que lhes causaram tanta ruína, sendo minha ira até branda. ¹⁶Por isso, assim fala o Senhor: Voltarei a Jerusalém com atos de misericórdia. Lá minha casa será edificada, diz o Senhor dos exércitos, e o fio de prumo será estendido sobre Jerusalém. ¹⁷Dize, ainda, em voz alta: Assim fala o Senhor dos exércitos:

As minhas cidades hão de gozar abundância um dia e o Senhor ainda consolará Sião e ainda escolherá Jerusalém'.
²,¹Levantei os meus olhos e eis que avistei quatro chifres; e disse ao anjo que falava em mim: 'O que são essas coisas?' ²Ele disse-me: 'Estes são os chifres que fizeram a dispersão de Judá, de Israel e de Jerusalém'. ³E o Senhor mostrou-me quatro artesãos; ⁴e eu disse: 'Que vêm eles fazer?' Respondeu: 'Esses são os chifres do poder que pôs em debandada todos os homens de Judá, a ponto de ninguém levantar a cabeça; e estes homens vieram afugentar e abater os chifres desses povos que arremeteram contra a terra de Judá para despojá-la'".

Responsório   Zc 1,16a; Ap 21,23
R. Por **amor** compassivo volta**rei** a Sião.
* Minha **ca**sa será nela **edi**ficada.
V. A ci**da**de ce**les**te não pre**ci**sa do **sol**
nem pre**ci**sa da **lua**; sua **luz** é o Cordeiro.
* Minha **ca**sa.

Segunda leitura
Das Instruções de São Columbano, abade
(Instr. De compunctione, 12,2-3:
Opera, Dublin 1957, pp. 112-114)   (Séc. VII)

Luz perene no templo do Pontífice eterno

Que felizes, que ditosos *aqueles servos que o Senhor ao voltar encontrar vigilantes!* (Lc 12,37). Preciosa vigília pela qual se mantém alerta para Deus, criador do universo, que tudo penetra e tudo supera!

Oxalá também a mim, embora vil, mas, seu mínimo servo, se digne de tal forma sacudir-me do sono da inércia, acender o fogo da caridade divina. Que a chama de seu amor, o desejo de união com ele cintilem mais que os astros e sempre arda dentro de mim o fogo divino!

Quem me dera serem tais os méritos, que minha lâmpada estivesse sempre acesa, à noite, no templo de meu Senhor, para iluminar todos os que entram na casa de meu Deus! Senhor, concede-me, eu te rogo, em nome de Jesus Cristo, teu Filho e meu Deus, aquela caridade que não conhece ocaso, a fim de que minha lâmpada possa acender-se e jamais se apague. Arda para mim, ilumine os outros.

Que tu, Cristo, dulcíssimo Salvador nosso, te dignes acender nossas lâmpadas, de modo a refulgirem para sempre em teu templo, receberem perene luz de ti, que és a luz perene, para iluminar nossas trevas e afugentar de nós as trevas no mundo.

Entrega, rogo-te, meu Jesus, Pontífice das realidades eternas, tua luz à minha candeia, para que por esta luz se manifeste a mim o santo dos santos que te possui, ali entrando pelos umbrais de teu templo magnífico, e onde somente e sem cessar eu te veja, te contemple, te deseje. Esteja eu apenas diante de ti, amando-te, e em face de ti minha lâmpada sempre resplenda, se abrase.

Suplico tenhas a condescendência de te mostrares, ama do Salvador, a nós que batemos à tua porta para que, conhecendo-te, só a ti amemos, só a ti desejemos, só em ti meditemos dia e noite, sempre pensemos em ti. Inspira em nós tanto amor por ti quanto é justo que sejas, ó Deus, amado e querido. Teu amor invada todo o nosso íntimo, teu amor nos possua por inteiro, tua caridade penetre em nossos sentidos todos. Deste modo, não saibamos amar coisa alguma fora de ti, que és eterno. Uma caridade tamanha que nem as muitas águas do céu, da terra e do mar jamais a possam extinguir em nós, conforme a palavra: *E as muitas águas não puderam extinguir o amor* (Ct 8,7).

Que tudo se realize em nós, ao menos em parte, por teu dom, Senhor nosso, Jesus Cristo, a quem a glória pelos séculos. Amém.

Responsório
Is 60,19-20a

R. Não terás mais sol para o dia aclarar,
   nem o brilho da lua para te iluminar;
* O Senhor há de ser tua luz sempiterna
  e o teu Deus, tua glória.
V. Nunca mais o teu sol vai se pôr,
   e a tua lua não mais minguará. * O Senhor.

Oração

Ó Deus, sempre nos preceda e acompanhe a vossa graça para que estejamos sempre atentos ao bem que devemos fazer. Por nosso Senhor Jesus Cristo, vosso Filho, na unidade do Espírito Santo.

QUARTA-FEIRA

Ofício das Leituras

Primeira leitura
Do Livro do Profeta Zacarias
3,1–4,14

*Promessas feitas ao príncipe Zorobabel
e ao sumo sacerdote Josué*

³,¹"Depois, mostrou-me Josué, sumo sacerdote, em pé diante do anjo do Senhor; Satã estava à sua direita para acusá-lo. ²E o anjo do Senhor disse a Satã: 'Que o Senhor te repreenda, Satã! O Senhor, que escolheu Jerusalém, te repreenda! Acaso não é este homem como um tição retirado do fogo?' ³Josué tinha as roupas sujas e estava em pé diante do anjo. ⁴Este dirigiu-se aos que estavam à sua frente, dizendo: 'Tirai-lhe essas roupas sujas'. A ele disse: 'Vê como te livrei desta afronta; vou-te vestir com uma muda de roupa nova'. ⁵E continuou: 'Colocai um turbante limpo sobre a sua cabeça'. Puseram um turbante limpo sobre a cabeça e fizeram-no mudar de roupa; o anjo do Senhor permanecia de pé.

⁶O anjo do Senhor dava testemunho, dizendo a Josué: ⁷"Assim fala o Senhor dos exércitos: Se andares pelos meus caminhos e executares o meu serviço, serás também juiz em minha casa e o guarda dos meus aposentos; eu te darei acesso junto aos que aqui assistem.

⁸Josué, sumo sacerdote, tu e os amigos que se sentam à tua frente, e que são homens capazes de predição, escutai: Vede que eu farei vir o meu servo, um novo rebento. ⁹Aqui está a pedra que pus diante de Josué: há sete olhos em cima de uma única pedra; vede que eu esculpirei sobre ela, diz o Senhor dos exércitos; e num só dia hei de limpar as mazelas dessa terra. ¹⁰Naquele dia – oráculo do Senhor dos exércitos – um amigo convidará o outro para debaixo da videira e da figueira'.

⁴·¹Voltou o anjo que falava comigo e fui despertado por ele, como de um sono. ²Disse-me ele: 'O que estás vendo?' Respondi: 'Vejo um candelabro todo de ouro, tendo na parte superior um recipiente e sete lâmpadas de azeite com sete condutos para as lâmpadas. ³Há duas oliveiras por cima dele, uma à direita do recipiente e outra à esquerda'.

⁴Voltei a falar com o anjo que estava comigo, dizendo: 'O que são estas coisas, Senhor meu?' ⁵O anjo que falava comigo atendeu e disse: 'Então não sabes o que são?' Disse eu: 'Não, meu Senhor'.

⁶Respondeu-me, dizendo: 'Esta é a palavra do Senhor a Zorobabel: Não contarás com armas nem com a força, mas com o meu espírito, diz o Senhor dos exércitos. ⁷Perante Zorobabel, que és tu, ó grande monte? Vais tornar-te planície. Ele porá a pedra principal em meio a gritos de alegria: Oh como é bela! ⁸Veio a mim a palavra do Senhor que dizia: ⁹As mãos de Zorobabel puseram os alicerces desta casa e suas mãos farão o acabamento, e sabereis que o Senhor dos exércitos me enviou a vós. ¹⁰Quem desprezou os dias dos pequenos inícios? Todos se alegrarão, ao verem a pedra

escolhida nas mãos de Zorobabel. As sete lâmpadas são os olhos do Senhor que percorrem toda a terra'.
¹¹Voltei a falar e disse-lhe: 'O que são essas duas oliveiras à direita e à esquerda do candelabro?' ¹²Insisti, pela segunda vez, dizendo: 'O que são os dois ramos de oliveira que em dois tubos dourados deixam escorrer o óleo dourado?' ¹³Ele me disse: 'Então não sabes o que são?' Respondi: 'Não, meu Senhor'. ¹⁴Disse ele: 'Estes são os dois ungidos com óleo que ladeiam o Dominador da terra'".

Responsório   Ap 11,4. cf. 3
R. São eles as **du**as oli**vei**ras,
   são eles os **dois** candelabros,
 * Pe**ran**te o **Senhor** desta **terra**.
V. O **Senhor** do univer**so** deixará,
   que suas **du**as testemunhas profe**ti**zem.
 * Pe**ran**te.

Segunda leitura
Das Respostas a Talássio, de São Máximo Confessor, abade

(Quaest. 63; PG 90,667-670)   (Séc. VII)

A luz que ilumina todo ser humano

A lâmpada posta sobre o candelabro é a paterna e verdadeira luz *que ilumina todo ser humano que vem ao mundo* (cf. Jo 1,9), nosso Senhor Jesus Cristo. Por ser um de nós e ter assumido nossa carne, tornou-se e foi chamado lâmpada. Isto é, a sabedoria e a palavra do Pai por natureza, que na Igreja de Deus é pregada com fé pura e, pela vida orientada pela virtude e observância dos mandamentos, é erguida e resplandece entre as nações. Ilumina a todos que estão em casa (a saber, neste mundo), conforme a mesma Palavra de Deus em certo trecho: *Ninguém acende uma lâmpada e a põe sob uma vasilha, mas sobre o candelabro. E iluminará a todos que estão em casa* (Mt 5,15), dando a si mesmo claramente o nome de lâmpada, porquanto, sendo Deus por natureza, fez-se homem segundo o desígnio divino.

Parece-me que também o grande Davi, compreendendo isto, diz ser o Senhor uma lâmpada, ao dizer: *Lâmpada para meus pés, a tua lei é luz para meus caminhos* (Sl 118,105). Meu Salvador e Deus é tão luminoso que dissipa as trevas da ignorância e do vício. Também por isto a Escritura o designa como lâmpada.

Na verdade só ele, qual lâmpada, desfaz a escuridão da ignorância, repele o negrume da maldade e do vício. Por este motivo fez-se o caminho de salvação para todos. Pelo poder e a ciência conduz ao Pai aqueles que estão resolvidos a nele caminhar, como pela via da justiça, nos divinos mandamentos. Por candelabro entende-se a santa Igreja, onde a palavra de Deus refulge pela pregação diante de todos quantos habitam neste mundo como em uma casa, ilumina com o esplendor da verdade e os espíritos ficam repletos da ciência divina.

A palavra não se sujeita a ser posta sob uma vasilha, ela que se destina a ser colocada no mais alto cume e na imensa beleza da Igreja. Enquanto a palavra se acha presa à letra da lei, como sob uma vasilha, todos se privam da luz eterna. Não seria fonte de contemplação espiritual para aqueles que procuram libertar-se da sedução enganadora dos sentidos que nos inclinam a captar somente as coisas passageiras e materiais. Mas é colocada no candelabro da Igreja, a fim de iluminar a todos pela adoração em espírito e verdade.

Se a letra não é interpretada segundo o seu espírito, não tem senão o valor material de sua expressão, e não permite que a alma chegue a compreender o sentido do que está escrito.

Por conseguinte, tendo acendido a lâmpada (quer dizer, o sentido que acende a luz da ciência) pelo ato da contemplação e da ação, não a ponhamos sob uma vasilha.

E também não sejamos acusados de falta por comprimir na letra o indizível poder da sabedoria. Mas sim sobre o candelabro (a santa Igreja) para que, do alto vértice da verdadeira contemplação, estenda a todos o facho da divina doutrina.

Responsório   Jo 12,35b.36; 9,39a
R. Caminhai, enquanto tendes a luz,
   para que as trevas não vos cubram, diz Cristo.
* Crede na luz, enquanto tendes a luz,
  a fim de serdes filhos da luz.
V. Para que veja todo aquele que não vê,
   é para isto que eu vim a este mundo. * Crede.

Oração

Ó Deus, sempre nos preceda e acompanhe a vossa graça para que estejamos sempre atentos ao bem que devemos fazer. Por nosso Senhor Jesus Cristo, vosso Filho, na unidade do Espírito Santo.

QUINTA-FEIRA

Ofício das Leituras

Primeira leitura
Do Livro do Profeta Zacarias   8,1-17.20-23

Promessas de salvação em Sião

¹A palavra do Senhor dos exércitos foi manifestada nos seguintes termos:
²"Isto diz o Senhor dos exércitos:
Tomei-me de forte ciúme por Sião,
consumo-me de zelo ciumento por ela.
³Isto diz o Senhor: Voltei a Sião e habitarei no meio de Jerusalém; Jerusalém será chamada Cidade Fiel, e o monte do Senhor dos exércitos, Monte Santo.
⁴Isto diz o Senhor dos exércitos: Velhos e velhas ainda se sentarão nas praças de Jerusalém, cada qual com seu

bastão na mão, devido à idade avançada; ⁵as praças da cidade se encherão de meninos e meninas a brincar em suas praças.

⁶Isto diz o Senhor dos exércitos: Se tais cenas parecerem difíceis aos olhos do resto do povo, naqueles dias, acaso serão também difíceis aos meus olhos? – diz o Senhor dos exércitos.

⁷Isto diz o Senhor dos exércitos:

Eis que eu vou salvar o meu povo da terra do oriente e da terra do pôr do sol:
⁸eu os conduzirei,
e eles habitarão no meio de Jerusalém;
serão meu povo
e eu serei seu Deus,
em verdade e com justiça.

⁹Assim diz o Senhor dos exércitos: Que vossas mãos se fortaleçam, ó vós que escutais por esses dias estas palavras da boca dos profetas, quando foram lançados os alicerces da casa do Senhor dos exércitos, para a construção do templo. ¹⁰Se antes desses dias
não havia paga para o trabalhador
nem ração para os animais,
nem tranquilidade para os viajantes,
por causa da aflição geral,
é que eu abandonei os homens ao seu destino,
cada qual contra o seu próximo.
¹¹Já agora não serei mais
para os remanescentes do povo
como fui naqueles dias de outrora,
diz o Senhor dos exércitos;
¹²haverá, pois, a semente da paz,
a videira dará seu fruto,
e a terra, seus produtos,
e farei que os sobreviventes do povo
tomem posse disso tudo.

¹³Acontecerá, ó casa de Judá e casa de Israel, que, assim como éreis objeto de maldição entre os povos, assim eu vos salvarei e sereis uma bênção para eles. Não temais; que vossas mãos se fortaleçam. ¹⁴Pois assim fala o Senhor dos exércitos: Assim como decidi castigar-vos, quando os vossos pais me provocaram, diz o Senhor dos exércitos, ¹⁵e não tive piedade, assim resolvi nesses dias tratar bem Jerusalém e a casa de Judá; não temais.

¹⁶Cumpri, portanto, estas ordens: Falar a verdade uns aos outros e praticar a paz nos vossos tribunais ¹⁷e não guardar a maldade em vossos corações, uns contra os outros, nem recorrer ao juramento falso: são todas coisas que odeio", diz o Senhor.

²⁰Isto diz o Senhor dos exércitos: Virão ainda povos e habitantes de cidades grandes, ²¹dizendo os habitantes de uma para os de outra cidade: "Vamos orar na presença do Senhor, vamos visitar o Senhor dos exércitos; eu irei também". ²²Virão muitos povos e nações fortes visitar o Senhor dos exércitos e orar na presença do Senhor.

²³Isto diz o Senhor dos exércitos: Naqueles dias, dez homens de todas as línguas faladas entre as nações vão segurar pelas bordas da roupa um homem de Judá, dizendo: "Nós iremos convosco; porque ouvimos dizer que Deus está convosco".

Responsório   Zc 8,7.9a; At 3,25a
R. Assim fala o Senhor: O meu povo eu salvarei
   da terra do oriente e da terra do ocidente.
   * Fortalecei as vossas mãos, vós que agora estais ouvindo
   as palavras dos profetas.
V. Sois filhos dos profetas e filhos da Aliança
   que Deus nos tempos idos firmou com vossos pais.
   * Fortalecei.

Segunda leitura

Dos Tratados sobre João, de Santo Agostinho, bispo

(Tract. 26,4-6: CCL 36,261-263) (Séc. V)

Eis que eu salvarei meu povo

Ninguém vem a mim a não ser que o Pai o atraia (Jo 6,44). Não penses ser atraído contra a vontade. A alma humana é atraída também pelo amor. Nem devemos temer que os homens que pesam as palavras e que estão muito longe da compreensão das coisas divinas nos venham talvez censurar por causa desta palavra evangélica da Escritura, e nos dizer: "Como é que creio por livre vontade, se sou atraído?" Respondo eu: "Por livre vontade é pouco; és atraído também pelo prazer".

Que significa ser atraído pelo prazer? *Busca tuas delícias no Senhor, e ele atenderá aos pedidos de teu coração* (Sl 36,4). Há um gozo do coração, seu pão delicioso é o celeste. Contudo, se foi possível ao poeta dizer: "Cada um se deixa atrair por seu prazer", não pelo constrangimento, mas pelo prazer, não por obrigação, mas pelo deleite, com quanto mais força temos de dizer que o homem é atraído para Cristo. O homem que se deleita com a verdade, se deleita com a felicidade, se deleita com a justiça, se deleita com a vida sempiterna, com tudo isso que é Cristo.

Se têm os sentidos do corpo sua satisfação, estará o espírito privado de suas alegrias? Se o espírito não conhece delícias, como se disse então: *Os filhos dos homens abrigam-se à sombra de tuas asas, inebriam-se com as riquezas de tua casa e tu lhes darás de beber da torrente de tuas delícias, porque em ti está a fonte da vida e à tua luz veremos a luz?* (Sl 35,8-10).

Apresenta-me alguém que ame e entenderá o que falo. Mostra um desejoso, um faminto, um sedento peregrino deste deserto que suspira pela fonte da pátria eterna, mostra alguém assim e saberá de que falo. Se, porém, falo a um indiferente, não compreenderá o que digo.

Estendes um ramo verde a uma ovelha e a atrais. Mostram-se nozes a um menino, e é atraído. E corre para onde é atraído, amando, é atraído, é atraído sem violência corporal, é atraído pelo laço do coração. Se, entre as delícias e prazeres terrenos, aqueles que se apresentam aos seus apaixonados exercem forte atração sobre eles, pois é bem verdade que "cada um se deixa atrair por seu prazer", não atrairá o Cristo revelado pelo Pai? Que deseja a alma com mais veemência do que a verdade? Por isso, deve-se ter uma boca faminta. Para que deseja ele ter um paladar espiritual são, senão para discernir as coisas verdadeiras, para comer e beber a sabedoria, a justiça, a verdade, a eternidade?

Diz o Senhor: *Bem-aventurados os que têm fome e sede de justiça,* cá na terra, *porque serão saciados* (Mt 5,6), lá no céu. Eu lhe entregarei o que ama, entregarei o que espera. Verá aquilo em que acreditou ainda sem ver. Comerá aquilo de que tem fome, será saciado por aquilo de que tem sede. Quando? Na ressurreição dos mortos, porque *eu o ressuscitarei no último dia* (Jo 6,54).

Responsório   Jo 6,44.45
R. **Ninguém** poderá vir até **mim**
   se o meu **Pai**, que me envi**ou**, não o atra**ir**.
 * Quem escuta a palavra do meu **Pai**
   e aprende com ele, vem a **mim**.
V. Nos profetas assim está escrito:
   serão todos por **Deus** ensinados. * Quem escuta.

Oração

Ó Deus, sempre nos preceda e acompanhe a vossa graça para que estejamos sempre atentos ao bem que devemos fazer. Por nosso Senhor Jesus Cristo, vosso Filho, na unidade do Espírito Santo.

SEXTA-FEIRA

Ofício das Leituras

Primeira leitura
Início do Livro do Profeta Malaquias   1,1-14; 2,13-16

*Profecia sobre os sacerdotes negligentes
e sobre o repúdio*

¹,¹Palavra do Senhor a Israel, por meio de Malaquias. ²"Amei-vos, diz o Senhor, e dissestes: 'De que modo nos amaste?' Não era Jacó irmão de Esaú? – diz o Senhor. ³Amei a Jacó e odiei a Esaú, transformei seus montes em solidão e dei sua herança às feras do deserto. ⁴Se Edom disser: 'Fomos destruídos, mas voltaremos e edificaremos o que foi destruído', assim fala o Senhor dos exércitos: Eles edificarão e eu destruirei; serão chamados 'país da impiedade' e 'povo com quem o Senhor estará irado para sempre'. ⁵E vossos olhos hão de ver, e vós haveis de dizer: 'Deus é glorificado além das fronteiras de Israel'.

⁶O filho honra o pai, e o servo, o seu senhor. Se eu sou pai, onde está a honra que me é devida? E, se eu sou senhor, onde está o temor devido? – diz o Senhor dos exércitos a vós, sacerdotes, que desrespeitais o meu nome e ainda dizeis: 'Em que desrespeitamos nós o teu nome?' ⁷Ofereceis sobre o meu altar alimento impuro e ainda dizeis: 'Em que te estamos ofendendo com isso?' E afirmais também: 'A mesa do Senhor não tem importância. ⁸Se ofereceis à imolação um animal cego, isto não é mau? E, se ofereceis um animal coxo, doente, isto não é mau? Ofereça-o alguém a seu chefe. Irá ele ficar contente ou receber-te com favor? – diz o Senhor dos exércitos. ⁹Mas agora, suplicai diante de Deus, para que ele se compadeça de vós! Sendo isto iniciativa de vossa parte, não irá ele acolher-vos com benevolência? – diz o Senhor dos exércitos. ¹⁰Quem é, dentre vós, que fechará as portas para não ter de acender sem necessidade o

fogo do meu altar? Não tenho desejo de ficar convosco, diz o Senhor dos exércitos, nem aceitarei oferendas de vossas mãos. ¹¹Desde o nascer do sol até ao poente, grande é meu nome entre as nações, em todo lugar se oferece um sacrifício e uma oblação pura ao meu nome, porque grande é o meu nome entre as nações, diz o Senhor dos exércitos. ¹²Vós, porém, o profanais no ato de dizerdes: 'A mesa do Senhor está contaminada, e sua comida não serve'. ¹³Dizeis: 'Quanto trabalho para ela!', e assim vós a desprezais, diz o Senhor dos exércitos. Trazeis um animal roubado, manco e doente, e o dais a mim de presente. Acaso vou aceitá-lo de vossas mãos? – diz o Senhor. ¹⁴Maldito o homem falso; possuindo no rebanho um animal perfeito, ele imola em voto ao Senhor um defeituoso. Pois eu sou o grande Rei, diz o Senhor dos exércitos, e o meu nome é temível entre as nações.

²,¹³E fazeis mais ainda: cobris o altar do Senhor com lágrimas, pranto e gemidos, enquanto eu já não olho mais para o vosso sacrifício nem recebo de vossas mãos nada que me aplaque; ¹⁴e vós dizeis: 'Por qual motivo?' Porque o Senhor é testemunha do que existe entre ti e tua esposa jovem, a quem foste infiel, tua companheira e esposa, por juramento. ¹⁵Não fez Deus uma união entre carne e espírito? A que visa a união, senão obter de Deus a semente? Respeitai, portanto, o vosso espírito; e tu não sejas infiel à tua esposa jovem. ¹⁶Se alguém, por ódio, a repudiar, diz o Senhor, Deus de Israel, terá suas vestes cobertas de iniquidade, diz o Senhor dos exércitos. Respeitai o vosso espírito e não sejais infiéis".

Responsório   Ml 2,5.6a; Sl 109(110),4
R. A Aliança que eu **fiz** com Le**vi**
foi um **pac**to de **vi**da e de **paz**;
para que **ele** a **mim** respei**tas**se
e, de **fa**to, te**meu** o meu **no**me.

* Houve a **lei** da ver**da**de em sua **bo**ca,
a injus**ti**ça não **hou**ve em seus **lá**bios.
V. Jurou o Se**nhor** e mante**rá** sua pala**vra**:
Tu **és** sacer**do**te eterna**men**te,
se**gun**do a ordem do **rei** Melquise**dec**. * Houve a **lei**.

Segunda leitura
Dos livros sobre a Cidade de Deus, de Santo Agostinho, bispo

(Lib. 10,6: CCL 47,278-279) (Séc. V)

Em toda parte se sacrifica e se oferece a meu nome uma oblação pura

Toda obra que realizamos em vista de aderir a Deus em santa sociedade, isto é, relacionada com a finalidade do bem pelo qual poderemos ser verdadeiramente felizes, é verdadeiro sacrifício. Donde se segue que a própria misericórdia, que vai em auxílio de outrem, caso não se faça por causa de Deus, não é sacrifício. Pois, embora feito ou oferecido por homens, o sacrifício é uma realidade divina, nome que até mesmo os antigos latinos lhe davam. Por isto o homem de Deus, o próprio homem consagrado em nome de Deus e a Deus dedicado, enquanto morre para o mundo, a fim de viver para Deus, é um sacrifício. Com efeito, também isto é uma forma de misericórdia, exercida para com a própria pessoa. Por esta razão se escreveu: *Tem compaixão de tua alma, fazendo por agradar a Deus* (Eclo 30,24 Vulg.).

São verdadeiros sacrifícios as obras de misericórdia para conosco mesmos ou com o próximo feitas por causa de Deus. E a finalidade das obras de misericórdia está em sermos libertos da miséria e com isso felizes. O que não acontece a não ser por aquele bem de que se fala: *Para mim o bem é aderir a Deus* (Sl 72,28). Disto claramente se segue que a inteira cidade redimida, isto é, a sociedade dos santos, se oferece a Deus como um sacrifício universal, por mãos do magno sacerdote. Aquele mesmo que se ofereceu a si mesmo por nós na paixão, segundo a forma de servo, a fim de sermos membros desta preciosa cabeça. Esta paixão ele a ofereceu, nela foi oferecido porque por ela é mediador, nela, sacerdote, nela é sacrifício.

O Apóstolo, com efeito, nos exorta a entregar nossos corpos como *hóstia viva, santa, agradável a Deus, com obediência inteligente* (cf. Rm 12,1), e a não sermos conformes a este mundo, mas transformados pela renovação de nosso espírito. E a experimentar qual seja a vontade de Deus, o que é bom, aceitável e perfeito. Todo este sacrifício somos nós. Assim diz: *Pela graça de Deus que me foi dada digo a todos vós: não vos estimeis acima do que convém, mas estimai-vos na justa medida, consoante a fé que Deus vos deu. Porque assim como em um só corpo temos muitos membros, porém, nem todos os membros têm a mesma função, assim também, muitos, somos um só corpo em Cristo. Sendo cada um por sua parte membros uns dos outros, possuidores de dons diferentes, segundo a graça que nos foi dada* (Rm 12,3-6).

É este o sacrifício dos cristãos: *embora muitos, somos um só corpo em Cristo* (1Cor 10,17). É o que a Igreja celebra pelo sacramento do altar, manifestado aos fiéis. Aí se demonstra que, naquilo mesmo que oferece, ela própria se oferece.

Responsório   Mq 6,6a.8; Dt 10,14.12a
R. Qual será a oferta digna que ao Senhor posso levar?
Ó homem, vou mostrar-te o que é que te convém,
o que Deus pede de ti:
* Que pratiques a justiça, diante do teu Deus.
V. Pertencem ao Senhor a terra e o céu
e tudo o que há neles;
e agora, ó Israel, o que te pede o Senhor Deus?
* Que pratiques.

Oração

Ó Deus, sempre nos preceda e acompanhe a vossa graça para que estejamos sempre atentos ao bem que devemos fazer. Por nosso Senhor Jesus Cristo, vosso Filho, na unidade do Espírito Santo.

SÁBADO

Ofício das Leituras

Primeira leitura
Do Livro do Profeta Malaquias 3,1-24

O dia do Senhor

Assim fala o Senhor Deus: ¹"Eis que envio meu anjo, e ele há de preparar o caminho para mim; logo chegará ao seu templo o Dominador, que tentais encontrar, e o anjo da aliança, que desejais. Ei-lo que vem, diz o Senhor dos exércitos; ²e quem poderá fazer-lhe frente, no dia de sua chegada? E quem poderá resistir-lhe, quando ele aparecer? Ele é como o fogo da forja e como a barrela dos lavadeiras;³ e estará a postos, como para fazer derreter e purificar a prata: assim ele purificará os filhos de Levi e os refinará como ouro e como prata, e eles poderão assim fazer oferendas justas ao Senhor.⁴Será então aceitável ao Senhor a oblação de Judá e de Jerusalém, como nos primeiros tempos e nos anos antigos.⁵Eu me aproximarei de vós para julgar; serei testemunha contra os praticantes de magia, os adúlteros, os perjuros, os que oprimem trabalhadores, viúvas e órfãos, os que exploram forasteiros, e os que não me têm temor, diz o Senhor dos exércitos.
⁶Pois eu sou o Senhor e não mudei;
mas vós, filhos de Jacó, ainda não chegastes ao fim.
⁷Desde o tempo de vossos pais,
vos tendes afastado de meus preceitos e leis,
não os observastes.

Voltai a mim,
e eu voltarei a vós,
diz o Senhor dos exércitos.
E dizeis: 'Como voltaremos?'
⁸Acaso pode o homem enganar a Deus?
Mas vós me enganastes.
Dizeis: 'Em que te enganamos?'
No pagamento dos dízimos e das primícias.
⁹Estais sob o golpe da minha maldição,
porque me enganastes, vós todos.
¹⁰Levai todo o dízimo ao celeiro
para que haja alimento em minha casa;
procurai pôr-me à prova, diz o Senhor dos exércitos,
para ver se eu não abrirei sobre vós as portas da chuva
e não derramarei sobre vós as bênçãos da abundância;
¹¹por vós, afugentarei os animais daninhos,
e eles não estragarão os frutos da terra,
nem haverá vinhas estéreis em vosso campo,
diz o Senhor dos exércitos.
¹²Todas as nações vos proclamarão felizes,
porque sereis uma terra de delícias,
disse o Senhor dos exércitos.

¹³Vossas palavras são duras contra mim, diz o Senhor, e ainda perguntais: ¹⁴'Que dissemos contra ti?' Vós estais dizendo: 'É coisa inútil servir a Deus; que vantagem tivemos em observar seus preceitos e em levar uma vida severa na presença do Senhor dos exércitos? ¹⁵Portanto, hoje os felizardos são os soberbos, pois consolidaram-se, praticando o mal, e, mesmo provocando a Deus, estão impunes'. ¹⁶Vieram, entretanto, a falar uns com os outros, os tementes a Deus. O Senhor prestou atenção e ouviu-os; em sua presença foi escrito um livro de feitos notáveis, aberto aos que temem o Senhor e têm seu nome no pensamento. ¹⁷Serão para mim o tesouro, diz o Senhor dos exércitos, para o dia que eu me reservar; hei de favorecê-los, como o pai ao filho que o serve.

¹⁸ De novo vereis a distância que há entre o justo e o ímpio, entre o que serve a Deus e o que não o serve.

¹⁹ Eis que virá o dia, abrasador como fornalha, em que todos os soberbos e ímpios serão como palha; e esse dia vindouro haverá de queimá-los, diz o Senhor dos exércitos, tal que não lhes deixará raiz nem ramo. ²⁰ Para vós, que temeis o meu nome, nascerá o sol da justiça, trazendo salvação em suas asas; saireis saltando como bezerros bem nutridos ²¹ e pisareis os ímpios e os tereis sob a planta dos pés, quando forem reduzidos a cinza, no dia que estou preparando, diz o Senhor dos exércitos.

²² Lembrai-vos da lei de Moisés, meu servo,
a quem transmiti
no Horeb, para todo Israel,
mandamentos e ordenações.
²³ Eis que eu vos enviarei o profeta Elias,
antes que venha o dia do Senhor,
dia grande e terrível;
²⁴ o coração dos pais há de voltar-se para os filhos,
e o coração dos filhos para seus pais,
para que eu não intervenha,
ferindo de maldição a vossa terra".

Responsório   Ml 3,1; Lc 1,76

R. Vou mandar meu mensageiro a **fim** de preparar
   o caminho à minha **fren**te.
* A seu **tem**plo há de **vir** o **S**enhor Domina**dor**,
   a **quem** vós procu**rais**
   e o **an**jo da Aliança, a **quem** vós dese**jais**.
V. Serás profeta do Al**tís**simo, ó me**ni**no,
   pois i**rás** andando à **fren**te do S**e**nhor
   para aplai**nar** e prepa**rar** os seus ca**mi**nhos.
   * A seu **tem**plo.

Segunda leitura

Da Constituição Pastoral *Gaudium et spes*, sobre a Igreja no mundo de hoje, do Concílio Vaticano II

(Nn. 40.45) (Séc. XX)

Eu sou o alfa e o ômega, o primeiro e o último

A compenetração da cidade terrestre e da celeste, apenas a fé a pode perceber; e não só, permanece o mistério da história humana, perturbada pelo pecado, até à plena revelação da glória dos filhos de Deus.

A Igreja, na verdade, está em busca de seu fim próprio, a salvação. E não apenas comunica ao homem a vida divina, mas irradia sua luz, que, de certo modo, se reflete no mundo inteiro: principalmente por sanar e elevar a dignidade da pessoa humana, tornar mais sólida a coesão da sociedade e conferir uma significação mais profunda à cotidiana atividade dos homens. Desse modo, a Igreja, mediante cada membro seu e a comunidade toda inteira, julga poder contribuir muito para tornar a família dos homens e sua história mais humanas.

Ao mesmo tempo que ajuda o mundo e dele muito recebe, a Igreja tem em mira uma só coisa, a vinda do reino de Deus e a salvação de todo o gênero humano. Porquanto todo bem que o Povo de Deus em sua peregrinação terrestre pode prestar à humanidade decorre do fato de ser a Igreja o sacramento da salvação universal, manifestando e realizando ao mesmo tempo o mistério do amor de Deus para com os homens.

O Verbo de Deus, por quem tudo foi feito, fez-se carne, a fim de, homem perfeito, salvar a todos e tudo recapitular. O Senhor é o fim da história humana. O ponto para o qual convergem as aspirações da história e da civilização, o centro do gênero humano, júbilo de todos os corações e plenitude de seus desejos. Foi ele que o Pai ressuscitou dos mortos, exaltou e colocou à sua direita, constituindo-o juiz dos vivos e dos mortos. Vivificados e unidos no seu Espírito, peregrinamos em direção à consumação da história humana que coincidirá perfeitamente com o desígnio de seu amor: *Reunir em Cristo tudo o que existe nos céus e na terra* (Ef 1,10).

O mesmo Senhor disse: *Eis que venho logo e comigo a recompensa, para dar a cada um segundo suas obras. Eu sou o alfa e o ômega, o primeiro e o último, o princípio e o fim* (Ap 22,12-13).

Responsório At 10,36; 4,12a; 10,42b
R. **Deus mandou** sua **Palavra**, anunciando a sua **paz** por **meio** de Je**sus**;
* Que é de **todos** o **Senhor**; pois não existe sob o **céu** outro **nome** entre os **homens**, pelo **qual** sejamos **salvos**.
V. Foi por **Deus** constituído Juiz dos vivos e dos **mor**tos.
* Que é de **todos**.

Oração
Ó Deus, sempre nos preceda e acompanhe a vossa graça para que estejamos sempre atentos ao bem que devemos fazer. Por nosso Senhor Jesus Cristo, vosso Filho, na unidade do Espírito Santo.

29º DOMINGO DO TEMPO COMUM

I Semana do Saltério

I Vésperas

Cântico evangélico, ant.
Ano A Jesus, nosso **Mestre**,
sabemos que **sois** verdadeiro e ensinais
o caminho de **Deus** conforme a verdade.

Ano B Do **cálice** que **eu** vou beber, bebereis;
e sereis batizados com o **mesmo** batismo
com que serei batizado.

Ano C Jesus disse, então, aos **seus** seguidores:
É preciso orar **sempre**, sem jamais desistir!

Oração

Deus eterno e todo-poderoso, dai-nos a graça de estar sempre ao vosso dispor e vos servir de todo o coração. Por nosso Senhor Jesus Cristo, vosso Filho, na unidade do Espírito Santo.

Ofício das Leituras

Primeira leitura
Início do Livro de Ester   1,1-3.9-13.15-16.19;
                                         2,5-10.16 -17

Repúdio de Vasti e escolha de Ester

¹,¹Eis o que aconteceu no tempo de Assuero, que reinou desde a Índia até à Etiópia sobre cento e vinte e sete províncias. ²Quando o rei Assuero ocupava o trono real, na cidadela de Susa, ³no terceiro ano do seu reinado, deu um grande banquete a todos os seus cortesãos e servos, reunindo na sua presença os chefes dos exércitos dos persas e dos medos, os príncipes e os governantes das províncias.

⁹Também a rainha Vasti ofereceu um banquete para as mulheres do palácio real do rei Assuero.

29º Domingo do Tempo Comum

¹⁰ No sétimo dia, estando já alegre o coração do rei por causa do vinho, ele ordenou a Maumã, Bazata, Harbona, Bagata, Abgata, Zetar e Carcas, os sete eunucos que serviam diante do rei Assuero, ¹¹ que trouxessem à sua presença a rainha Vasti, com o diadema real, para mostrar a todos os povos e aos príncipes a sua beleza, pois era muito formosa.

¹² Mas a rainha Vasti recusou-se a cumprir a ordem do rei transmitida pelos eunucos. O rei enfureceu-se e a sua cólera se inflamou. ¹³ E ele consultou os sábios versados na ciência dos tempos, pois toda a questão real devia ser apresentada aos especialistas da lei e do direito. ¹⁵ E o rei perguntou-lhes: "Segundo a lei, o que se deve fazer com a rainha Vasti por não ter cumprido a ordem do rei Assuero transmitida pelos eunucos?"

¹⁶ Diante do rei e dos príncipes, Mamucã respondeu: "A rainha Vasti não só ofendeu o rei, mas também a todos os príncipes e povos das províncias do rei Assuero. ¹⁹ Se o rei achar bem, publique-se em seu nome um decreto real, que será inscrito nas leis da Pérsia e da Média e não poderá ser revogado: Que Vasti não compareça mais diante do rei Assuero, e o rei dê o título de rainha a outra melhor do que ela".

²,⁵ Havia na cidadela de Susa um judeu chamado Mardoqueu, filho de Jair, filho de Semei, filho de Cis, da tribo de Benjamim, ⁶ que tinha sido deportado de Jerusalém entre os cativos levados com Jeconias, rei de Judá, por Nabucodonosor, rei da Babilônia. ⁷ Ele criara Edissa, isto é, Ester, filha de seu tio, órfã de pai e mãe. Era uma jovem de belo porte e rosto muito gracioso, e, depois que perdera pai e mãe, Mardoqueu adotara-a como filha.

⁸ Logo que foi proclamado o decreto do rei, e segundo sua ordem, numerosas jovens foram reunidas em Susa, sob os cuidados de Egeu. Também Ester foi levada à casa do rei e confiada a Egeu, guardião das mulheres. ⁹ A jovem agradou-lhe e achou graça a seus olhos. Ele apressou-se em

dar-lhe o necessário para os adornos e a subsistência, e sete jovens belíssimas da casa do rei; depois, transferiu-a, com as companheiras, para o melhor aposento da casa das mulheres. ¹⁰Ester não tinha revelado sua raça nem sua família, porque Mardoqueu lhe tinha ordenado que nada dissesse sobre isso. ¹⁶Ester foi conduzida ao aposento do rei Assuero, no décimo mês, que é Tebet, no sétimo ano do seu reinado.

¹⁷O rei amou-a mais que a todas as outras mulheres, e ela conquistou sua simpatia e seu favor mais que nenhuma outra donzela. E ele colocou sobre a sua cabeça o diadema real, e a fez rainha no lugar de Vasti.

Responsório   Sl 112(113),5-8a; Lc 1,51b-52
R. Quem **pode** comparar-se ao nosso **Deus**,
   ao Se**nhor** que no alto **céu** tem o seu **trono**
   e se in**cli**na para o**lhar** o céu e a **terra**?
* **Le**vanta da po**ei**ra o indi**gen**te
   e do **li**xo ele re**ti**ra o po**bre**zinho,
   para fa**zê**-lo assen**tar**-se entre os **no**bres.
V. Demons**trou** o **po**der de seu **bra**ço,
   disper**sou** os orgu**lho**sos;
   derru**bou** os pode**ro**sos de seus **tro**nos
   e os hu**mil**des exal**tou**. * **Le**vanta.

Segunda leitura
Da Carta a Proba, de Santo Agostinho, bispo

(Ep. 130,8,15.17-9,18: CSEL 44,56-57.59-60) (Séc. V)

Na oração exercita-se a nossa vontade

Por que nos dispersamos entre muitas coisas e, temendo rezar de modo pouco conveniente, indagamos o que pedir, em vez de dizer com o salmo: *Uma só coisa pedi ao Senhor, a ela busco: habitar na casa do Senhor todos os dias de minha vida, para contemplar as delícias do Senhor e visitar seu templo?* (Sl 26,4). Pois ali os dias não vêm e vão, o fim de um não é o princípio de outro. Todos ao mesmo tempo não têm fim, ali onde nem a própria vida, a que pertencem estes dias, tem fim.

Para alcançarmos esta vida feliz, a verdadeira Vida nos ensinou a orar. Não com multiplicidade de palavras, como se quanto mais loquazes fôssemos, mais nos atenderia. Mas rogamos àquele que conhece, conforme suas mesmas palavras, *aquilo que nos é necessário, antes mesmo de lhe pedirmos* (cf. Mt 6,7-8).

Pode alguém estranhar por que motivo assim dispôs quem já de antemão conhece nossa necessidade. Temos de entender que o intuito de nosso Senhor e Deus não é ser informado sobre nossa vontade, que não pode ignorar. Mas despertar pelas orações nosso desejo, o que nos tornará capazes de conter aquilo que se prepara para nos dar. Isso é imensamente grande, mas nós somos pequenos e estreitos demais para recebê-lo. Por isto, nos é dito: *Dilatai-vos; não aceiteis levar o jugo com os infiéis* (2Cor 6,13-14).

Isso é tão imensamente grande que *os olhos não o viram,* porque não é cor; *nem os ouvidos ouviram,* porque não é som; *nem subiu ao coração do homem* (cf. 1Cor 2,9), já que o coração do homem deve subir para lá. Isso nós o recebemos com tanto maior capacidade quanto mais fielmente cremos, com mais firmeza esperamos, mais ardentemente desejamos.

Por conseguinte, nesta fé, esperança e caridade, sempre oramos pelo desejo incessante. Contudo, em certas horas e tempos também rezamos a Deus com palavras, para nos exortar a nós mesmos, mediante seus símbolos, e avaliar nosso progresso neste desejo e a nos estimular com maior veemência a aumentá-lo. Pois tanto mais digno resultará o efeito, quanto mais fervoroso preceder o afeto.

É também por isso que diz o Apóstolo: *Orai sem cessar!* (1Ts 5,17). O que isso pode significar a não ser: desejai sem cessar a vida feliz, a eterna, e nenhuma outra, recebida daquele que é o único que a pode dar?

Responsório   Jr 29,13.12b.11b
R. Vós me **procurareis** e me **achareis**,
   se de **todo** o cora**ção** me procu**rar**des.
* A **mim** invoca**reis** e atende**rei**.
V. Meus pensa**men**tos são de **paz**, não de aflição,
   para **dar**-vos um futuro de espe**ran**ça.* A **mim**.

HINO Te Deum, p. 543.

Laudes

Cântico evangélico, ant.

Ano A Do Oriente ao Oci**den**te saibam **todos**
       que não **há** outro **Deus** além de **mim**.
       Eu so**men**te sou o Se**nhor**, e não há **outro**.

Ano B Quem qui**ser** ser o mai**or**, seja o **vos**so servi**dor**.
       Quem qui**ser** ser o pri**mei**ro,
       seja o es**cra**vo entre **to**dos.

Ano C Sim, **Deus** fará jus**ti**ça a seus elei**tos**
       que **cla**mam para ele, dia e **noi**te.

Oração

Deus eterno e todo-poderoso, dai-nos a graça de estar sempre ao vosso dispor e vos servir de todo o coração. Por nosso Senhor Jesus Cristo, vosso Filho, na unidade do Espírito Santo.

II Vésperas

Cântico evangélico, ant.

Ano A Dai a **Cé**sar o que é de **Cé**sar,
       e a **Deus** o que é de **Deus**.

Ano B Veio o **Fi**lho do **Ho**mem
       a **fim** de ser**vir**, e **não** ser servido;
       veio **dar** sua **vi**da em res**ga**te por **mui**tos.

Ano C Quando o Filho do Homem vier,
       acha**rá** ainda **fé** sobre a **ter**ra?

SEGUNDA-FEIRA

Ofício das Leituras

Primeira leitura
Do Livro de Ester   3,1-15

Os judeus em perigo de vida

Naqueles dias: O rei Assuero engrandeceu a Amã, filho de Amadates, do país de Agag, e deu-lhe um posto superior ao de todos os príncipes que tinha. ²Todos os servos do rei, prepostos ao serviço da porta, ajoelhavam-se e prostravam-se diante dele, pois esta era a ordem do rei. Só Mardoqueu não dobrava o joelho nem se prostrava. ³Então disseram-lhe os servos do rei prepostos à porta real: "Por que transgrides a ordem real?" ⁴E como lhe repetiam isto todos os dias, e não lhes quisesse dar ouvidos, denunciaram-no a Amã, para ver se Mardoqueu persistia na sua resolução, pois ele lhes dissera que era judeu.

⁵Amã, constatando que Mardoqueu não se inclinava nem se prostrava diante dele, encheu-se de furor. ⁶Como lhe tivessem declarado de que povo era Mardoqueu, pareceu-lhe pouco em seus propósitos atentar apenas contra Mardoqueu, e procurou destruir todos os judeus, povo de Mardoqueu, estabelecidos no reino de Assuero.

⁷No duodécimo ano do reinado de Assuero, no primeiro mês, que é o mês de Nisã, lançou-se a sorte, que se chamava "Pur", diante de Amã, para ver em que dia e em que mês a raça dos judeus deveria ser exterminada. E a sorte caiu no duodécimo mês, que é Adar. ⁸Então Amã disse ao rei Assuero: "Em todas as províncias do teu reino, existe um povo espalhado, segregado dos outros. Eles não conhecem as leis dos outros povos e fazem pouco das leis do rei. Não convém aos interesses do rei deixar esse povo em paz. ⁹Se ao rei parecer bem, dá, pois, uma ordem para que sejam extermi-

nados, e entregarei aos funcionários dez mil talentos de prata na conta do tesouro real".[10] O rei tirou então do seu dedo o anel que usava e deu-o a Amã, filho de Adamates, do país de Agag, perseguidor dos judeus,[11] e disse-lhe: "Conserva o teu dinheiro. Quanto a esse povo, é teu; faze dele o que quiseres".

[12] Os escribas reais foram convocados para o dia treze do primeiro mês, e escreveu-se tudo o que Amã ordenara aos sátrapas do rei, aos governadores de cada província e aos príncipes de cada nação, de modo que qualquer pessoa pudesse ler ou ouvir de acordo com cada língua. O documento foi escrito em nome do rei Assuero e levava o selo real.[13] Através de estafetas, foram enviadas cartas a todas as províncias do reino, dando ordem para destruir, matar e exterminar todos os judeus, jovens e velhos, crianças e mulheres, no mesmo dia, – no dia treze do duodécimo mês, que é Adar –, e para que seus bens fossem saqueados.

[14] Uma cópia deste decreto, a ser promulgado como lei em cada província, foi publicada em todos os povos, a fim de que cada qual estivesse preparado para aquele dia.[15] Por ordem do rei, os estafetas partiram imediatamente. O edito foi promulgado em primeiro lugar na cidadela de Susa. E, enquanto o rei bebia na companhia de Amã, reinava a consternação na cidade de Susa.

Responsório   Est 4,17c; Sl 43(44),26; Est 4,17l
R. Rei **t**odo-pode**r**oso, meu Se**nh**or,
   sob a **vos**sa autori**d**ade tudo está
   e ninguém pode se opor às vossas ordens;
 * Por amor ao vosso nome, libertai-nos!
V. Ó Senhor, atendei à nossa oração
   e mudai nosso pranto em alegria* Por amor.

Segunda leitura
Da Carta a Proba, de Santo Agostinho, bispo
(Ep. 130,9,18-10,20: CSEL 44,60-63) (Séc. V)

Em horas determinadas concentremos o espírito para orar

Desejemos sempre a vida feliz que vem do Senhor Deus e assim oraremos sempre. Todavia por causa de cuidados e interesses outros, que de certo modo arrefecem o desejo, concentramos em horas determinadas o espírito para orar. As palavras da oração nos ajudam a manter a atenção naquilo que desejamos, para não acontecer que, tendo começado a arrefecer, não se esfrie completamente e se extinga de todo, se não for reacendido com mais frequência.

Por isso as palavras do Apóstolo: *Sejam vossos pedidos conhecidos junto de Deus* (Fl 4,6) não devem ser entendidas no sentido de que Deus os conheça, ele que na realidade já os conhece antes de existirem, mas em nosso favor sejam conhecidos junto de Deus por sua tolerância, não junto dos homens por sua jactância.

Sendo assim, se se tem o tempo de orar longamente, sem que sejam prejudicadas as outras ações boas e necessárias, isto não é mau nem inútil, embora, como disse, também nelas sempre se deva orar pelo desejo. Também orar por muito tempo não é o mesmo que orar com muitas palavras, como pensam alguns. Uma coisa é a palavra em excesso, outra a constância do afeto. Pois do próprio Senhor se escreveu que passava noites em oração e que orava demoradamente; e, nisto, o que fazia a não ser dar-nos o exemplo, ele que no tempo é o intercessor oportuno e, com o Pai, aquele que eternamente nos atende.

Conta-se que os monges no Egito fazem frequentes orações, mas brevíssimas, à maneira de tiros súbitos, para que a intenção, aplicada com toda a vigilância e tão necessária ao orante, não venha a dissipar-se e afrouxar pela excessiva demora. Ensinam ao mesmo tempo com clareza que, se a atenção não consegue permanecer desperta, não deve ser enfraquecida, e, se permanecer desperta, não deve ser logo cortada.

Não haja, pois, na oração muitas palavras, mas não falte muita súplica, se a intenção continuar ardente. Porque falar demais ao orar é tratar de coisa necessária com palavras supérfluas. Porém rogar muito é, com frequente e piedoso clamor do coração, bater à porta daquele a quem imploramos. Nesta questão, trata-se mais de gemidos do que de palavras, mais de chorar do que de falar. Porque ele põe nossas *lágrimas diante de si* (Sl 55,9), e *nosso gemido não passa despercebido* (cf. Sl 37,9 Vulg.) àquele que tudo criou pela Palavra e não precisa das palavras humanas.

Responsório   Sl 87(88),2-3a; Is 26,8b

R. A vós clamo, Senhor, sem cessar todo o dia
e de noite se eleva até vós meu gemido.
* Chegue a minha oração até a vossa presença.
V. Vossa lembrança e vosso nome são o desejo e a saudade
de noss'alma, ó Senhor. * Chegue a minha.

Oração

Deus eterno e todo-poderoso, dai-nos a graça de estar sempre ao vosso dispor e vos servir de todo o coração. Por nosso Senhor Jesus Cristo, vosso Filho, na unidade do Espírito Santo.

TERÇA-FEIRA

Ofício das Leituras

Primeira leitura
Do Livro de Ester   4,1-8.8a.9-17

Amã pede o aniquilamento de todos os judeus

¹Quando Mardoqueu soube o que se tinha passado, rasgou suas vestes e cobriu-se de vestes de penitência,

derramando cinzas sobre a própria cabeça. E clamava no meio da praça da cidade, enchendo-a com gritos de amargura. ² Deste modo chegou até à porta do palácio real, que ninguém podia transpor vestido de vestes de penitência. ³ E em todas as províncias, em toda a parte aonde chegou o decreto do rei e sua ordem, havia grande desolação entre os judeus, os quais jejuaram, choraram e fizeram lamentações; e muitos se deitaram sobre cinza, vestidos de vestes de penitência.

⁴ As servas e os eunucos de Ester vieram contar-lhe o que se passava. A rainha ficou profundamente consternada. Mandou roupas para que Mardoqueu se vestisse e despisse as vestes de penitência de que estava coberto. Mas ele não as aceitou. ⁵ Então Ester chamou Atac, um dos eunucos que o rei pusera a seu serviço, e enviou-o a Mardoqueu, para saber o que estava acontecendo e qual era o motivo do seu comportamento. ⁶ Atac foi ter com Mardoqueu, que estava na praça da cidade, diante da porta do palácio do rei. ⁷ E Mardoqueu contou-lhe tudo o que tinha acontecido, e a soma que Amã prometera recolher no tesouro real em troca do extermínio dos judeus. ⁸ Deu-lhe também uma cópia do decreto ordenando o seu extermínio, que estava afixado em Susa, para que a mostrasse à rainha e para exortá-la a que fosse apresentar-se ao rei e intercedesse pelo povo. ⁸ᵃ Que lhe dissesse: "Lembra-te de quando eras pequenina e eu te dava de comer com minhas próprias mãos. O vice-rei Amã pediu a nossa morte. Invoca o Senhor, fala ao rei em nosso favor, livra-nos da morte".

⁹ Atac voltou e transmitiu a Ester tudo o que Mardoqueu dissera. ¹⁰ Mas a rainha encarregou Atac de lhe responder: ¹¹ "Todos os servos do rei e todas as províncias que estão debaixo do seu domínio sabem que, por decreto real, qualquer homem ou mulher que se apresente ao rei no pátio interior do palácio, sem ter sido chamado, é réu de morte; a não ser que o rei lhe estenda o seu cetro de ouro, para que

possa viver. Há trinta dias que eu não fui convidada para me aproximar do rei". ¹²Estas palavras de Ester foram transmitidas a Mardoqueu, ¹³que lhe mandou responder: "Não imagines que, por estares no palácio, serás a única a escapar dentre todos os judeus. ¹⁴Pelo contrário, se te obstinares a calar agora, de outro lugar se levantará para os judeus a salvação e a libertação, mas tu e a casa de teu pai perecereis. E quem sabe se não terá sido em previsão de uma circunstância como esta que foste elevada à realeza?"

¹⁵Então Ester mandou dizer a Mardoqueu: ¹⁶"Vai reunir todos os judeus que vivem em Susa e jejuai por mim. Não comais nem bebais, por três dias e três noites, e eu e minhas servas também jejuaremos". ¹⁷Mardoqueu retirou-se e executou as instruções de Ester.

Responsório   Cf. Est 14,14(Vg);
Tb 3,13(Vg); Jt 6,15(Vg)

R. **Jamais** eu colo**quei** em algum **outro** a espe**rança** além de **vós**, Deus de Israel.
* Vós most**rais** miseri**cór**dia de**pois** de vos i**rar**des, e perd**oais** todo pe**cado** dos que es**tão** arrepen**didos**.
V. Ó **Senhor** e nosso **Deus**, **Criador** do céu e **terra**, vede a **nossa** humilha**ção**. * Vós mos**trais**.

Segunda leitura
Da Carta a Proba, de Santo Agostinho, bispo
(Ep. 130,11,21-12,22: CSEL 44,63-64)   (Séc. V)

A oração do Senhor

Temos necessidade de palavras para incitar-nos e ponderarmos o que pediremos, e não com a intenção de dá-lo a saber ao Senhor ou a comovê-lo.

Quando, pois, dizemos: *Santificado seja o teu nome*, exortamo-nos a desejar que seu nome, imutavelmente santo, seja também considerado santo pelos homens, isto é, não desprezado. O que é de proveito para os homens, não para Deus.

E ao dizermos: *Venha teu reino,* que, queiramos ou não, virá sem falta, acendemos o desejo deste reino; que venha para nós e nele mereçamos reinar.

Ao dizermos: *Faça-se a tua vontade assim na terra como no céu,* pedimos-lhe conceder-nos esta obediência de sorte que se faça em nós sua vontade do mesmo modo como é feita no céu por seus anjos.

Dizemos: *O pão nosso de cada dia dá-nos hoje.* Pela palavra *hoje* se entende este nosso tempo. Ou, com a menção da parte principal, indicando o todo pela palavra *pão,* pedimos aquilo que nos basta. O sacramento dos fiéis, necessário agora, não, porém, para a felicidade deste tempo, mas para alcançarmos a felicidade eterna.

Dizendo: *Perdoa-nos as nossas dívidas, assim como nós perdoamos a nossos devedores,* tomamos consciência do que pedimos e do que temos de fazer para merecer obtê-lo.

Ao dizer: *Não nos leves à tentação,* advertimo-nos a pedir que não aconteça que, privados de seu auxílio em alguma tentação, iludidos, consintamos nela ou cedamos perturbados.

Dizer: *Livra-nos do mal* nos leva a pensar que ainda não estamos naquele Bem em que não padeceremos de mal algum. E este último pedido da oração dominical é tão amplo, que o cristão, em qualquer tribulação em que se veja, por ele pode gemer, nele derramar lágrimas, daí começar, nele demorar-se, nele terminar a oração. É preciso guardar em nossa memória, por meio destas palavras, as realidades mesmas.

Pois quaisquer outras palavras que dissermos – tanto as formadas pelo afeto que as precede e esclarece, quanto as que o seguem e crescem pela atenção dele – não dirão nada que não se encontre nesta oração dominical, se orarmos como convém. Quem disser algo que não possa ser contido nesta prece evangélica, sua oração, embora não ilícita, é carnal; contudo não sei como não ser ilícita, uma vez que somente de modo espiritual devem orar os renascidos do Espírito.

Responsório
2Mc 1,5.3a

R. Que Deus **ouça** as **vossas preces** e vos **seja** favo**rável**;
* E **não** vos aban**do**ne no **tem**po da des**gra**ça
  o **Se**nhor e vosso **Deus**.
V. Que ele **dê** a todos **vós** um cora**ção** para ser**vi**-lo
  e **fa**zer sua vontade.* E **não**.

Oração
Deus eterno e todo-poderoso, dai-nos a graça de estar sempre ao vosso dispor e vos servir de todo o coração. Por nosso Senhor Jesus Cristo, vosso Filho, na unidade do Espírito Santo.

QUARTA-FEIRA

Ofício das Leituras

Primeira leitura
Do Livro de Ester
4,17m-17kk

Oração da rainha Ester

Naqueles dias: ¹⁷ᵐAnte a morte iminente, todo Israel gritava a Deus com todas as suas forças.
¹⁷ⁿA rainha Ester, temendo o perigo de morte que se aproximava, buscou refúgio no Senhor. ¹⁷ᵒAbandonou as vestes suntuosas e vestiu-se com roupas de aflição e luto. Em vez de perfumes refinados, cobriu a cabeça com cinza e humilhou o seu corpo com inúmeros jejuns. ¹⁷ᵖProstrou-se por terra desde a manhã até ao anoitecer, juntamente com suas servas, e disse:
¹⁷ᵠ"Deus de Abraão, Deus de Isaac e Deus de Jacó, tu és bendito.
Vem em meu socorro, pois estou só
e não tenho outro defensor fora de ti, Senhor,

Quarta-feira

¹⁷ʳpois eu mesma me expus ao perigo.
¹⁷ˢSenhor, eu ouvi, dos livros de meus antepassados,
que salvaste Noé das águas do dilúvio.
¹⁷ᵗSenhor, eu ouvi, dos livros de meus antepassados,
que entregaste nove reis a Abraão
com apenas trezentos e dezoito homens.
¹⁷ᵘSenhor, eu ouvi, dos livros de meus antepassados,
que libertaste Jonas do ventre da baleia.
¹⁷ᵛSenhor, eu ouvi, dos livros de meus antepassados,
que livraste Ananias, Azarias e Misael da fornalha ardente.
¹⁷ˣSenhor, eu ouvi, dos livros de meus antepassados,
que arrebataste Daniel da cova dos leões.
¹⁷ʸSenhor, eu ouvi, dos livros de meus antepassados,
que tiveste misericórdia de Ezequias, rei dos judeus,
quando, condenado a morrer, te implorou pela vida
e lhe concedeste mais quinze anos de vida.
¹⁷ᶻSenhor, eu ouvi, dos livros de meus antepassados,
que concedeste um filho a Ana que o pedia com ardente
desejo.
¹⁷ᵃᵃSenhor, eu ouvi, dos livros de meus antepassados,
que tu libertas, Senhor, até ao fim,
todos os que te são caros.
¹⁷ᵇᵇAgora, pois, ajuda-me, a mim que estou sozinha
e não tenho mais ninguém senão a ti, Senhor, meu Deus.
¹⁷ᶜᶜTu sabes que tua serva
detestou o leito dos incircuncisos,
¹⁷ᵈᵈque não comi à mesa das abominações
nem bebi o vinho de suas libações.
¹⁷ᵉᵉTu sabes que, desde a minha deportação,
não tive alegria, Senhor,
a não ser em ti.
¹⁷ᶠᶠTu sabes, ó Deus,
por que trago esta vestimenta sobre a minha cabeça,
e que a abomino como um trapo imundo
e não a trago nos meus dias de tranquilidade.

17gg Vem, pois, em auxílio de minha orfandade.
Põe em meus lábios um discurso atraente,
quando eu estiver diante do leão,
e muda o seu coração para que odeie aquele que nos ataca,
para que este pereça com todos os seus cúmplices.
17hh E livra-nos da mão de nossos inimigos.
Transforma nosso luto em alegria
e nossas dores em bem-estar.
17ii Aos que querem apossar-se de tua herança, ó Deus,
entrega-os à ruína.
17kk Mostra-te, Senhor; ó Senhor, manifesta-te!"

Responsório   Cf. Est 14,12.13.9(Vg); Jó 24,23(Vg)

R. Dai-me **for**ça, Rei dos **deu**ses,
   que o po**der** tendes na **mão**!
 * Colo**cai** na minha **bo**ca a palavra apro**pri**ada,
   a pa**la**vra elo**quen**te.
V. Ó Se**nhor**, dai-nos o **tem**po para a **nos**sa conver**são**,
   e os **lá**bios não fe**cheis** dos que **can**tam vossa **gló**ria.
 * Colo**cai**.

Segunda leitura
Da Carta a Proba, de Santo Agostinho, bispo
            (Ep. 130,12,22-13,24: CSEL 44,65-68)   (Séc. V)

Nada encontrarás que não esteja contido
na oração do Senhor

Quem diz, por exemplo: *Sê glorificado em todos os povos, assim como foste glorificado em nós* (Eclo 36,3) e: *Sejam reconhecidos fiéis os teus profetas* (Eclo 36,15), o que diz senão: *Santificado seja o teu nome*?

Quem diz: *Deus dos exércitos, converte-nos e mostra tua face e seremos salvos* (Sl 79,4), o que diz senão: *Venha o teu reino*?

Quem diz: *Orienta meus caminhos segundo tua palavra e nenhuma iniquidade me dominará* (Sl 118,133), o que diz senão: *Seja feita tua vontade assim na terra como no céu*?

Quem diz: *Não me dês indigência nem riquezas* (Pr 30,8) o que diz senão: *O pão nosso de cada dia dá-nos hoje*? Quem diz: *Lembra-te, Senhor, de Davi e de sua mansidão* (Sl 131,1) ou: *Senhor, se assim agi, se há iniquidade em minhas mãos, se paguei o bem com o mal* (cf. Sl 7,14), o que diz senão: *Perdoa nossas dívidas assim como perdoamos a nossos devedores*?

Quem diz: *Arrebata-me de meus inimigos, ó Deus, e dos que se levantam contra mim liberta-me* (Sl 58,2), o que diz senão: *Livra-nos do mal*?

E, se percorreres todas as palavras das santas preces, em meu parecer, nada encontrarás que não esteja contido nesta oração dominical ou que ela não encerre. Por isto cada qual ao orar é livre de dizer estas ou aquelas palavras, mas não pode sentir-se livre de dizer coisa diferente.

Sem a menor dúvida, é isso que devemos pedir na oração, por nós, pelos nossos, pelos estranhos e até pelos inimigos; uma coisa para este, outra para aquele, conforme o parentesco mais próximo ou mais afastado, segundo brote ou inspire o sentimento no coração do orante.

Sabes, agora, assim penso, não apenas como rezar, mas o que rezar; não fui eu o mestre, mas aquele que se dignou ensinar-nos a todos nós.

A vida feliz, a ela temos de tender, temos de pedi-la ao Senhor Deus. O que seja ser feliz tem sido muito e por muitos discutido. Nós, porém, para que irmos atrás de muitos e de muitas coisas? Na Escritura de Deus, com toda a verdade e concisão, se diz: *Feliz o povo que tem por Senhor o próprio Deus* (Sl 143,15). Para sermos deste povo, chegar a contemplar a Deus e com ele viver sem fim, *a meta do preceito é a caridade com um coração puro, consciência boa e fé sem hipocrisia* (cf. 1Tm 1,5).

Nestes três objetivos, a esperança corresponde à boa consciência. Portanto a fé, a esperança e a caridade levam a Deus o orante, aquele que crê, que espera, que deseja e que presta atenção ao que pede ao Senhor na oração dominical.

Responsório Sl 101(102),2, cf. 18; 129(130),2b
R. Ouvi, Senhor e escutai minha oração
e chegue até vós o meu clamor.
 * Ouvireis a oração dos oprimidos
e não desprezareis a sua prece.
V. Vossos ouvidos estejam bem atentos
ao clamor da minha prece, ó Senhor.
 * Ouvireis.

Oração

Deus eterno e todo-poderoso, dai-nos a graça de estar sempre ao vosso dispor e vos servir de todo o coração. Por nosso Senhor Jesus Cristo, vosso Filho, na unidade do Espírito Santo.

QUINTA-FEIRA

Ofício das Leituras

Primeira leitura
Do Livro de Ester 5,1-5; 7,1-10

O rei e Amã no banquete de Ester. Amã é enforcado

5,1 No terceiro dia, Ester revestiu-se com vestes de rainha e foi colocar-se no vestíbulo interno do palácio real, em frente à residência do rei. O rei estava sentado no trono real, na sala do trono, em frente à entrada. ²Ao ver a rainha Ester parada no vestíbulo, olhou para ela com agrado e estendeu-lhe o cetro de ouro que tinha na mão, e Ester aproximou-se para tocar a ponta do cetro.

³"Que desejas, rainha Ester?", disse-lhe o rei. "Qual é o teu pedido? Ainda que fosse a metade do meu reino, eu te

daria". ⁴Ao que ela respondeu: "Se te parecer bem, que o rei venha hoje, com Amã, ao banquete que lhe preparei". ⁵E o rei disse: "Que se avise imediatamente Amã, que ele faça o que Ester deseja".

⁷,¹O rei e Amã foram ao banquete da rainha Ester. ²No segundo dia, o rei, ao calor do vinho, disse-lhe de novo: "O que me pedes, Ester; o que queres que eu faça? Ainda que me pedisses a metade do meu reino, ela te seria concedida". ³Ester respondeu-lhe: "Se ganhei as tuas boas graças, ó rei, e se for de teu agrado, concede-me a vida – eis o meu pedido! – e a vida do meu povo – eis o meu desejo! ⁴Porque fomos entregues, eu e meu povo, ao extermínio, à matança e ao aniquilamento. Se somente tivéssemos sido entregues como escravos ou servos, eu me teria calado. Mas esta desgraça não compensa o prejuízo que dela resulta para o rei". ⁵Assuero tomou a palavra e disse à rainha Ester: "Quem é e onde está o homem que pensa agir assim?" ⁶Disse Ester: "Nosso perseguidor e nosso inimigo é Amã, este miserável!" À vista do rei e da rainha, Amã ficou aterrorizado.

⁷Furioso, o rei levantou-se e deixou o banquete, indo para o jardim do palácio. Amã levantou-se também para suplicar à rainha Ester que lhe salvasse a vida, pois compreendera que o rei já tinha decidido a sua ruína. ⁸Quando o rei voltou à sala do banquete e encontrou Amã caído sobre o divã onde Ester se recostava, disse: "Como? Ele ainda quer fazer violência à rainha, na minha presença, na minha casa?" Mal acabara o rei de pronunciar esta palavra, cobriram o rosto de Amã. ⁹Harbona, um dos eunucos que estavam ao serviço do rei, disse: "Há na casa de Amã uma forca de vinte côvados, que ele fez preparar para Mardoqueu, que falou em defesa do rei". E o rei exclamou: "Que o suspendam nela!" ¹⁰Amã foi, pois, enforcado na forca que ele tinha preparado para Mardoqueu. E aplacou-se a cólera do rei.

Responsório
Cf. Est 10,3f; Is 48,20b

R. **Clamou** Israel ao **Senhor** e ele **salvou** o seu **povo**.
* **Libertou**-o de **todos** os **males**
e fez **grandes** **sinais** entre os **povos**.
V. **Anunciai** e **proclamai** exultando:
O **Senhor** redimiu a **Jacó**! * **Libertou**-o.

Segunda leitura
Da Carta a Proba, de Santo Agostinho, bispo

(Ep. 130,14,25-26: CSEL 44,68-71) (Séc. V)

Não sabemos pedir o que nos convém

Talvez ainda indagues por que o Apóstolo disse: *Não sabemos pedir o que nos convém* (Rm 8,26). Pois de modo algum se pode crer que ele ou aqueles a quem dizia isto ignorassem a oração dominical.

O Apóstolo não se excluiu desta ignorância. Talvez não tivesse conhecido como convinha orar, quando pela grandeza das revelações lhe foi dado um espinho na carne, um anjo de Satanás para esbofeteá-lo. Por este motivo rogou por três vezes ao Senhor que o livrasse e, na verdade, não sabia orar o que convinha. Por fim ouviu a resposta de Deus por que não atendia ao que lhe pedia tão grande homem e por que não lhe era conveniente: *Basta-te a minha graça, porque a força se perfaz na fraqueza* (2Cor 12,9).

Portanto, nas tribulações que tanto podem ser proveitosas quanto prejudiciais, não sabemos o que pedir como convém. No entanto, por serem duras, desagradáveis, contrárias ao modo de sentir de nossa fraqueza, pelo anseio humano universal, rogamos que sejam afastadas de nós. Contudo temos de ter confiança no Senhor, nosso Deus, e, se não as retira, não pensemos logo que nos abandona, mas antes que, por suportar generosamente os males, podemos esperar maiores bens. Assim *a força se perfaz na fraqueza*.

Estas coisas foram escritas para que não aconteça que alguém se tenha em alta conta, se for atendido quando pede com impaciência algo que lhe seria mais proveitoso não alcançar. Ou desanime e desespere da divina misericórdia, se não for atendido, quando talvez peça aquilo que lhe será causa de mais atrozes aflições ou o corromperá pela prosperidade e o fará perder-se inteiramente. Em todas estas coisas não sabemos orar como convém.

Por este motivo, se nos acontece o contrário do que pedimos, não há que duvidar ser muito melhor suportar com paciência e, dando graças por tudo, porque foi a vontade de Deus que se fez e não a nossa. Pois o próprio Mediador nos deu exemplo ao dizer: *Pai, se for possível, afaste-se de mim este cálice,* mas logo, mudando em si a vontade humana assumida pela encarnação, acrescentou: *Porém não o que eu quero, mas o que tu queres, Pai* (Mt 26,39). Por isto, com toda a razão, *pela obediência de um, muitos foram constituídos justos* (cf. Rm 5,19).

Responsório   Mt 7,7a.8; Sl 144(145),18

R. **Pedi**, e **dar**-se-vos-á, procu**rai** e vós en**contrareis**,
    ba**tei** e **abrir**-se-vos-á,
  * Pois **aquele** que **pede recebe**,
    e **todo** o que **busca**, en**contra**
    e a quem **bate abrir**-se-lhe-á.
V. Deus está **per**to da pes**soa** que o in**voca**,
    de todo **aquele** que o invoca leal**mente**. * Pois **aquele**.

Oração

Deus eterno e todo-poderoso, dai-nos a graça de estar sempre ao vosso dispor e vos servir de todo o coração. Por nosso Senhor Jesus Cristo, vosso Filho, na unidade do Espírito Santo.

SEXTA-FEIRA

Ofício das Leituras

Primeira leitura
Do Livro do Profeta Baruc   1,14-2,5; 3,1- 8

Súplica do povo arrependido

¹,¹⁴Este livro, que vos enviamos para leitura pública, vós o fareis ler na casa do Senhor, nas solenidades e nos dias estabelecidos. ¹⁵Assim deveis dizer:

"Ao Senhor, nosso Deus, cabe justiça; enquanto a nós, resta-nos corar de vergonha, como acontece no dia de hoje aos homens de Judá e aos habitantes de Jerusalém, ¹⁶aos nossos reis, nossos príncipes e sacerdotes, aos nossos profetas e nossos antepassados: ¹⁷pois pecamos diante do Senhor e lhe desobedecemos ¹⁸e não ouvimos a voz do Senhor, nosso Deus, que nos exortava a viver de acordo com os mandamentos que ele pôs sob os nossos olhos. ¹⁹Desde o dia em que o Senhor tirou nossos pais do Egito até hoje, temos sido desobedientes ao Senhor, nosso Deus, procedemos inconsideradamente, deixando de ouvir sua voz; ²⁰por isso perseguem-nos as calamidades e a maldição, que o Senhor nos lançou por meio de Moisés, seu servo, no dia em que tirou nossos pais do Egito, para nos dar uma terra que mana leite e mel, como de fato é hoje. ²¹Mas não escutamos a voz do Senhor, nosso Deus, como vem nas palavras dos profetas que ele nos enviou, ²²e entregamo-nos, cada qual, às inclinações do perverso coração, para servir a outros deuses e praticar o mal aos olhos do Senhor, nosso Deus!

²,¹O Senhor cumpriu a ameaça que fizera contra nós e nossos juízes, que julgavam Israel; contra nossos reis e nossos chefes e contra todos os habitantes de Israel e de Judá: ²de que traria sobre nós males enormes, que não tinham acontecido em nenhum lugar do mundo, como os que ele permitiu em Jerusalém, conforme estava prescrito no livro

da Lei de Moisés,³ quando chegaram alguns de nós a comer as carnes do próprio filho ou da filha. ⁴ Deus entregou-os à submissão a todos os reinos em redor, para vergonha e maldição perante todos os povos vizinhos, por onde foram dispersos. ⁵ Eles passaram de senhores a súditos, porque pecamos contra o nosso Deus, não obedecendo à sua voz.

³,¹ Senhor todo-poderoso, Deus de Israel, a ti clama a alma angustiada, o espírito temeroso.² Ouve, Senhor, e tem piedade de nós, porque pecamos contra ti;³ pois tu permaneces para sempre, e nós sempre perecemos.⁴ Senhor todo--poderoso, Deus de Israel, ouve agora a oração dos homens mortos de Israel, filhos daqueles que pecaram contra ti; não ouviram a voz do Senhor, seu Deus, e atraíram tantas desgraças sobre nós. ⁵ Não leves em conta as iniquidades de nossos pais, mas recorda-te da bondade de tua mão e do teu nome neste tempo,⁶ porque és o Senhor, nosso Deus; e nós te louvamos, Senhor,⁷ por teres infundido em nosso coração o teu temor, a fim de invocarmos o teu nome. Nós te louvamos em nosso cativeiro, porque afastamos de nosso coração toda a iniquidade de nossos pais, que pecaram contra ti. ⁸ Eis-nos hoje em cativeiro, para onde nos atiraste para sofrermos vergonha e maldição, e para expiarmos todas as iniquidades de nossos pais, que abandonaram o Senhor, nosso Deus".

Responsório   Ef 2,4-5; cf. Br 2,12

R. Irmãos, Deus, que é rico em misericórdia,
pelo amor sem limites com o qual nos amou
* Quando estávamos mortos por nossos pecados,
deu-nos vida no Cristo.
V. Realmente, pecamos, praticando injustiças,
fizemos o mal contra Deus, Senhor nosso,
e toda a sua lei. * Quando.

Segunda leitura
Da Carta a Proba, de Santo Agostinho, bispo
(Ep. 130,14,27-15,28: CSEL 44,71-73)   (Séc. V)

O Espírito intercede por nós

Quem pede ao Senhor aquele único bem e o procura com empenho, pede cheio de segurança e não teme ser-lhe prejudicial o recebê-lo; sem ele, nada do que puder receber como convém lhe adiantará. Pois é a única verdadeira vida e a única feliz. Contemplar eternamente a maravilha do Senhor, imortais e incorruptos de corpo e de espírito. Em vista desta única vida tudo o mais se há de pedir sem impropriedade. Quem a possuir terá tudo quanto desejar. Nem desejará o que não convém e que ali nem mesmo pode existir.

Ali, com efeito, está a fonte da vida, de que temos sede agora na oração, enquanto vivemos na esperança e ainda não vemos o que esperamos; *à sombra de suas asas, diante* de quem *está todo o nosso desejo,* para embriagarmo-nos da *riqueza* de sua *casa* e bebermos da *torrente de suas delícias. Porque junto dele está a fonte da vida e à sua luz veremos a luz* (cf. Sl 35,8-10), quando se saciar de bens nosso anseio e nada mais haverá a procurar com gemidos, mas só aquilo que no gozo abraçaremos.

Todavia ela é também a paz que supera todo entendimento. Por isso, ao orarmos para obtê-la, não sabemos fazê-lo como convém. Porque não podemos nem mesmo imaginar como é, então não sabemos.

Mas tudo o que nos ocorre ao pensar, afastamos, rejeitamos, desaprovamos. Não é isto o que procuramos, embora não saibamos ainda qual seja.

Há em nós, por assim dizer, uma douta ignorância, mas douta pelo Espírito de Deus que vem em auxílio de nossa fraqueza. Tendo o Apóstolo dito: *Se, porém, esperamos o que não vemos, aguardamos com paciência,* acrescenta: *Do mesmo modo o Espírito vem em auxílio de nossa fraqueza; pois não sabemos orar como convém; mas o próprio Espírito intercede com gemidos inexprimíveis. Aquele que perscruta os corações conhece o desejo do Espírito, porque sua intercessão pelos santos corresponde ao desígnio de Deus* (Rm 8,25-27).

Não se há de entender isto como se o Santo Espírito de Deus, que é Deus na Trindade imutável e com o Pai e o Filho um só Deus, interceda em favor dos santos, como alguém que não seja o mesmo Deus. Na verdade se diz: *Interpela em favor dos santos* porque faz os santos intercederem. Como se diz: *O Senhor, vosso Deus, vos tenta para saber se o amais* (Dt 13,4), quer dizer: para vos fazer saber. Por conseguinte faz que os santos intercedam com gemidos inexprimíveis, inspirando-lhes o desejo da maravilha ainda desconhecida que aguardamos pela paciência. Por que e como exprimir o desejo daquilo que se ignora? Na realidade, se se ignorasse totalmente, não se desejaria. Por outro lado, se já se visse, não se desejaria nem se procuraria com gemidos.

Responsório

Rm 8,26b; Zc 12,4a.10

R. Não sabemos o que nós devemos pedir,
nem orar dignamente.
 * O Espírito mesmo intercede por nós
com indizíveis gemidos.
V. Naquele dia infundirei sobre a casa de Davi
e os habitantes de Sião um espírito de graça,
um espírito de súplica. * O Espírito.

Oração

Deus eterno e todo-poderoso, dai-nos a graça de estar sempre ao vosso dispor e vos servir de todo o coração. Por nosso Senhor Jesus Cristo, vosso Filho, na unidade do Espírito Santo.

SÁBADO

Ofício das Leituras

Primeira leitura
Do Livro do Profeta Baruc 3,9-15.24-4,4

A salvação de Israel está na sabedoria

³,⁹Ouve, Israel, os preceitos da vida;
presta atenção, para aprenderes a sabedoria.
¹⁰Que se passa, Israel?
Como é que te encontras em terra inimiga?
¹¹Envelheceste num país estrangeiro,
te contaminaste com os mortos,
foste contado entre os que descem
à mansão dos mortos.
¹²Abandonaste a fonte da sabedoria!
¹³Se tivesses continuado no caminho de Deus,
viverias em paz para sempre.
¹⁴Aprende onde está a sabedoria,
onde está a fortaleza e onde está a inteligência,
e aprenderás também onde está a longevidade e a vida,
onde está o brilho dos olhos e a paz.
¹⁵Quem descobriu onde está a sabedoria?
Quem penetrou em seus tesouros?
²⁴Ó Israel, como é grande a casa de Deus
e imenso o lugar de seu domínio!
²⁵É grande e não tem fim,
é altíssimo e sem medida.
²⁶Existiram antigamente famosos gigantes,
de grande estatura, peritos na guerra.
²⁷Deus não os escolheu
nem lhes ensinou o caminho do saber;
²⁸eles desapareceram, pois não tinham sabedoria,
morreram por causa da sua insensatez.
²⁹Quem sobe ao céu, para adquirir sabedoria
e trazê-la das nuvens?

⁳⁰ Quem atravessa o mar para buscá-la,
quem irá pagá-la a peso de ouro?
³¹ Ninguém conhece o seu caminho,
ninguém descobre suas veredas.
³² Aquele que tudo sabe, conhece-a,
descobriu-a com sua inteligência;
aquele que criou a terra para sempre
e a encheu de animais e quadrúpedes;
³³ aquele que manda a luz, e ela vai,
chama-a de volta, e ela obedece tremendo.
³⁴ As estrelas cintilam em seus postos de guarda
e alegram-se;
³⁵ ele chamou-as, e elas respondem: "Aqui estamos";
e alumiam com alegria o que as fez.
³⁶ Este é o nosso Deus,
e nenhum outro pode comparar-se com ele.
³⁷ Ele revelou todo o caminho da sabedoria
a Jacó, seu servo,
e a Israel, seu bem-amado.
³⁸ Depois, ela foi vista sobre a terra
e habitou entre os homens.
⁴,¹ A sabedoria é o livro dos mandamentos de Deus,
é a lei, que permanece para sempre.
Todos os que a seguem, têm a vida,
e os que a abandonam, têm a morte.
² Volta-te, Jacó, e abraça-a;
marcha para o esplendor, à sua luz.
³ Não dês a outro a tua glória
nem cedas a uma nação estranha teus privilégios.
⁴ Ó Israel, felizes somos nós,
porque nos é dado conhecer o que agrada a Deus.

Responsório Rm 11,33; Br 3,32a.37b

R. Ó **profundida**de de **ta**ntas ri**que**zas da **sabedo**ria
   e ciência de **Deus**!

* Como **são** insondáveis os caminhos de **Deus**!
V. **Aque**le que **sabe** e **tudo conhece**,
pos**sui** a ciência e a **sabedoria**
e a **deu** a Israel, seu **servo amado**. * Como **são**.

Segunda leitura
Dos Sermões de São Pedro Crisólogo, bispo
(Sermo 117; PL 52,520-521) (Séc. V)

O Verbo, Sabedoria de Deus, se fez carne

O santo Apóstolo refere que dois homens deram início ao gênero humano: Adão e Cristo. Dois homens, iguais quanto ao corpo, mas desiguais no valor. Com toda a verdade, inteiramente semelhantes na compleição física, mas, sem dúvida, diferentes por seu princípio. *O primeiro homem, Adão, foi feito alma vivente; o último Adão, espírito vivificante* (1Cor 15,45).

O primeiro foi feito pelo último, de quem também recebeu a alma para poder viver. É ele figura de seu criador, que não espera de outro a vida, mas só ele a concede a todos. Aquele de limo vil é plasmado; este vem do precioso seio da Virgem. Naquele a terra se muda em carne; neste a carne é promovida a Deus.

E que mais? É este o Adão que naquele primeiro pôs sua imagem ao criá-lo, e dele recebeu não só a personalidade, mas ainda o nome para que, tendo-o feito para si à sua imagem, não viesse a perecer.

Primeiro Adão, último Adão. O primeiro tem começo, o último não conhece fim. Porque o último é na realidade o primeiro, conforme suas palavras: *Eu, o primeiro, e eu, o último* (Is 48,12).

Eu sou o primeiro, isto é, sem começo. *Eu, o último*, absolutamente sem fim. Contudo, o que veio primeiro não foi o *espiritual, mas o natural; em seguida, o espiritual* (1Cor 15,46). Na verdade, primeiro a terra, depois o fruto; mas não tão preciosa a terra quanto o fruto. Ela exige gemidos e trabalhos; este oferece alimento e vida.

Tem razão o Profeta de gloriar-se por tal fruto: *Nossa terra deu seu fruto* (cf. Sl 84, 13). Que fruto? Aquele de que se fala em outro lugar: *Do fruto de teu ventre porei sobre teu trono* (Sl 13 1,11). *O primeiro homem,* diz o Apóstolo, *vindo da terra, é terreno; o segundo, vindo do céu, é celeste.*

Qual o terreno, tais os terrenos; qual o celeste, tais os celestes (1Cor 15,47-48). Não nasceram assim. De que maneira então se transformaram, deixando seu ser do nascimento, permanecem agora no ser em que renasceram? Para isto, irmãos, o Espírito celeste fecunda por secreta infusão de sua luz a fonte do seio da Virgem, de sorte que aqueles que a origem da raça lamacenta produzira terrenos em mísera condição, sejam dados à luz celeste e elevados à semelhança de seu criador. Por conseguinte, já renascidos, já formados de novo à imagem de nosso Criador, realizemos a recomendação do Apóstolo: *Portanto, como trouxemos a imagem do terrestre, traremos também a imagem do celeste* (1Cor 15,49).

Já renascidos, como dissemos, em conformidade com nosso Senhor, verdadeiramente adotados por Deus como filhos, traremos com plena semelhança a imagem perfeita de nosso Criador; não quanto à majestade em que é único, mas na inocência, simplicidade, mansidão, paciência, humildade, misericórdia, concórdia, em que, por condescendência, ele se fez tudo isto por nós e nos deu sua comunhão.

Responsório Rm 5,18.12a

R. As**sim** como a **cul**pa de um **só**
   trouxe **con**de**na**ção para **to**dos,
 * As**sim**, a jus**ti**ça de um **só** jus**ti**fica o **gê**nero hu**ma**no,
   pela **gra**ça que a **to**dos dá **vi**da.
V. As**sim** como **um** homem **só**
   fez no **mun**do en**trar** o pe**ca**do,
   e **pe**lo pe**ca**do a **mor**te. * As**sim**, a jus**ti**ça.

Oração, igual à da p. 373.

30º DOMINGO DO TEMPO COMUM

II Semana do Saltério

I Vésperas

Cântico evangélico, ant.
Ano A Ó **Mestre**, **dizei**-nos:
qual **é** o mai**or** manda**mento** da **Lei**?
Respon**deu**-lhe Jesus e lhe **disse**:
Am**arás** o **Senhor**, o teu **Deus**,
de **todo** o **teu** cora**ção**!

Ano B Es**tando** a caminho, rumo a Jericó,
e ao **sair** da cidade,
Jesus perguntou a um **cego** mendigo:
Que **queres** que eu **faça**?
Ó **Mestre**, fazei que eu **torne** a enxer**gar**!

Ano C Man**tendo**-se à dis**tância**, com mo**déstia**,
e bai**xando** o **olhar**, o publicano
batia no **peito**, arrepen**dido**;
suplicava e pedia humil**demente**:
Ó meu **Deus**, tende pie**dade**, pois eu **sou** pecador!

Oração

Deus eterno e todo-poderoso, aumentai em nós a fé, a esperança e a caridade e dai-nos amar o que ordenais para conseguirmos o que prometeis. Por nosso Senhor Jesus Cristo, vosso Filho, na unidade do Espírito Santo.

Ofício das Leituras

Primeira leitura
Início do Livro da Sabedoria   1,1-15

Elogio à Sabedoria de Deus

¹ Amai a justiça, vós que governais a terra;
tende bons sentimentos para com o Senhor

e procurai-o com simplicidade de coração.
²Ele se deixa encontrar pelos que não exigem provas,
e se manifesta aos que nele confiam.
³Pois os pensamentos perversos afastam de Deus;
e seu poder, posto à prova, confunde os insensatos.
⁴A Sabedoria não entra numa alma que trama o mal
nem mora num corpo sujeito ao pecado.
⁵O Espírito Santo, que a ensina, foge da astúcia,
afasta-se dos pensamentos insensatos
e retrai-se quando sobrevém a injustiça.
⁶Com efeito, a Sabedoria é o espírito que ama os homens,
mas não deixa sem castigo
quem blasfema com seus próprios lábios,
pois Deus é testemunha dos seus pensamentos,
investiga seu coração segundo a verdade
e mantém-se à escuta da sua língua;
⁷porque o espírito do Senhor enche toda a terra,
mantém unidas todas as coisas
e tem conhecimento de tudo o que se diz.
⁸Por isso quem fala com iniquidade não pode ficar oculto
nem escapar da justiça vingadora.
⁹Haverá investigação sobre os planos do ímpio:
o barulho de sua palavra chegará até ao Senhor
para castigo de seus crimes;
¹⁰um ouvido atento escuta tudo,
não lhe escapa sequer o murmúrio dos cochichos.
¹¹Acautelai-vos, pois, com a murmuração inútil,
preservai a língua da maledicência;
não há palavra oculta que caia no vazio,
e a boca mentirosa mata a alma.
¹²Não procureis a morte com uma vida desregrada,
não provoqueis a ruína
com as obras de vossas mãos;
¹³porque Deus não fez a morte,
nem tem prazer com a destruição dos vivos.

¹⁴Ele criou todas as coisas para existirem,
e as criaturas do mundo são saudáveis:
nelas não há nenhum veneno de morte,
nem é a morte que reina sobre a terra:
¹⁵pois a justiça é imortal.

Responsório   Pr 3,13a.15a.17; Tg 3,17

R. Feliz o **ho**mem que encon**trou** a sabedo**ri**a;
   mais preci**o**sa ela **é** do que as ri**que**zas.
 * Seus ca**mi**nhos são ca**mi**nhos de be**le**za,
   suas ve**re**das, todas **e**las, são de **paz**.
V. A sa**be**do**ri**a do **al**to é pa**cí**fica, é **pu**ra e mo**des**ta,
   de cle**mên**cia e bon**da**de ela é **chei**a
   e é **sem**pre re**ple**ta de fru**tos**.* Seus ca**mi**nhos.

Segunda leitura
Da Carta aos coríntios, de São Clemente I, papa
           (Cap. 19,2-20,12: Funk 1,87-89)   (Séc. I)
*Benfazejo em tudo, Deus dispôs o mundo
        com justeza e harmonia*

Consideremos com amor o Pai e Criador do mundo inteiro e unamo-nos com firmeza a seus magníficos e desmedidos dons da paz e aos benefícios. Pelo pensamento contemplemo-lo e demoremos o olhar do espírito em sua vontade generosa. Vejamos quão clemente se mostra para com toda criatura sua.

Os céus, movidos por seu governo, se lhe submetem em paz; o dia e a noite, sem se embaraçarem mutuamente, realizam o curso que lhes determinou. O sol, a luz e todo o coro dos astros, em conformidade com sua ordem, desenvolvem, sem se enganar e em concórdia, a disposição para eles fixada. De acordo com a sua vontade, em tempo oportuno, a terra fecunda produz abundante alimento para os homens, as feras e todos os animais que nela existem, sem hesitação, sem alterar nada do que lhe foi ordenado.

30º Domingo do Tempo Comum

Os inescrutáveis abismos, as regiões inacessíveis do oceano mantêm-se dentro de suas leis. A grandeza do mar imenso, reunida em ondas por sua determinação, não ultrapassa os limites postos a seu redor, mas como lhe ordenou, assim faz. Pois disse: *Até aqui virás, e em ti mesmo se quebrarão tuas vagas* (Jó 38,11). O oceano intransponível aos homens e os mundos que existem para além dele são governados pelos mesmos decretos do Senhor.

As estações da primavera, verão, outono e inverno se sucedem em paz umas às outras. Os guardas dos ventos no tempo marcado executam seu encargo sem obstáculo; também as fontes perenes, criadas para o uso e a saúde, oferecem sem falhas sua abundância para o sustento da vida humana; e os animais pequeninos, em paz e concórdia, fazem seus agrupamentos.

O grande artífice e Senhor de tudo ordenou que estes seres todos se fizessem em paz e concórdia, beneficiando a tudo, porém, com superabundância, a nós, que nos refugiamos em sua misericórdia por nosso Senhor Jesus Cristo, a quem a glória e a majestade pelos séculos dos séculos. Amém.

Responsório Cf. Jt 9,12; 6,19a
R. Se**nhor**, domina**dor** da **ter**ra e dos **céus**,
das **á**guas Cria**dor**, rei de **to**da cria**tu**ra.
* Aten**dei** à ora**ção** de vossos **ser**vos supli**can**tes.
V. Ó Se**nhor** e nosso **Deus**, Cria**dor** do céu e **ter**ra,
vede a **nos**sa humilha**ção*** Aten**dei**.
HINO Te Deum, p. 543.

Laudes

Cântico evangélico, ant.
Ano A Ama**rás** o teu **pró**ximo **co**mo a ti **mes**mo.
Isto **dis**se o Se**nhor** aos **seus** dis**cí**pulos.

Ano B Ó **Filho** de **Da**vi, de **mim** tende pie**da**de!
O que **que**res que eu te **fa**ça?
Se**nhor**, que eu possa **ver**!

Ano C O publi**ca**no retor**nou** justifi**ca**do para **ca**sa;
e **não** o fari**seu**, que a si **mes**mo exal**ta**va.

Oração

Deus eterno e todo-poderoso, aumentai em nós a fé, a esperança e a caridade e dai-nos amar o que ordenais para conseguirmos o que prometeis. Por nosso Senhor Jesus Cristo, vosso Filho, na unidade do Espírito Santo.

II Vésperas

Cântico evangélico, ant.

Ano A Ama**rás** o Se**nhor**, o teu **Deus**,
de **to**do o **teu** cora**ção**,
e o teu **pró**ximo **co**mo a ti **mes**mo.
Diz Je**sus**: Esses **dois** manda**men**tos
re**su**mem a **Lei** e os Profetas.

Ano B Fa**lou** o Se**nhor** para o **ce**go:
Vai em **paz**, tua **fé** te sal**vou**!
Ele **lo**go tor**nou** a enxer**gar**
e se**gui**a a Jesus no caminho.

Ano C **Quem** se exal**tar**, será humi**lha**do;
e **quem** se humi**lhar**, se**rá** exal**ta**do.

SEGUNDA-FEIRA

Ofício das Leituras

Primeira leitura
Do Livro da Sabedoria   1,16–2,1a.10-24

As maquinações dos ímpios contra o justo

1,1 Os ímpios chamam a morte com gestos e palavras;
considerando-a amiga, desejam-na com paixão,

fazem aliança com ela:
merecem ser do seu partido.
²,¹ Dizem entre si, em seus falsos raciocínios:
¹⁰ "Oprimamos o justo pobre,
e não poupemos as viúvas
nem respeitemos os cabelos brancos do ancião.
¹¹ Que a nossa força seja o critério da justiça,
pois a fraqueza se apresenta, com certeza, inútil.
¹² Armemos ciladas ao justo,
porque sua presença nos incomoda:
ele se opõe ao nosso modo de agir,
repreende em nós as transgressões da lei
e nos reprova as faltas contra a nossa disciplina.
¹³ Ele declara possuir o conhecimento de Deus
e chama-se 'filho de Deus'.
¹⁴ Tornou-se uma censura aos nossos pensamentos
e só o vê-lo nos é insuportável;
¹⁵ sua vida é muito diferente da dos outros,
e seus caminhos são imutáveis.
¹⁶ Somos comparados por ele à moeda falsa
e foge de nossos caminhos como de impurezas;
proclama feliz a sorte final dos justos
e gloria-se de ter a Deus por pai.
¹⁷ Vejamos, pois, se é verdade o que ele diz,
e comprovemos o que vai acontecer com ele.
¹⁸ Se, de fato, o justo é 'filho de Deus', Deus o defenderá
e o livrará das mãos dos seus inimigos.
¹⁹ Vamos pô-lo à prova com ofensas e torturas,
para ver a sua serenidade
e provar a sua paciência;
²⁰ vamos condená-lo à morte vergonhosa,
porque, de acordo com suas palavras,
virá alguém em seu socorro".
²¹ Tais são os pensamentos dos ímpios, mas enganam-se;
pois a malícia os torna cegos,

²²não conhecem os segredos de Deus,
não esperam recompensa para a santidade
e não dão valor ao prêmio reservado às vidas puras.
²³Deus criou o homem para a imortalidade
e o fez à imagem de sua própria natureza;
²⁴foi por inveja do diabo que a morte entrou no mundo,
e experimentam-na os que a ele pertencem.

Responsório   Sb 2,1a.12a.13b.17a.18; Mt 27,43

R. Disseram os **ímpios: Cerque**mos o **justo,**
pois ele é contrário aos **nossos projetos;**
diz ser **filho de Deus.**
***Vejamos,** por**tanto, se são** verdadeiras as **suas palavras;**
se ele em ver**dade for filho de Deus,**
este **há** de livrá-lo dos **seus** adversários.

V. Em **Deus** confiou, que venha livrá-lo,
se real**mente** o **ama;**
pois ele afir**mou:** sou **Filho de Deus.** ***Vejamos.**

Segunda leitura

Da Carta aos coríntios, de São Clemente I, papa

(Cap. 21,1-22,5; 23,1-2: Funk 1,89-93)   (Séc. I)

Não sejamos desertores da vontade de Deus

Tomai cuidado, diletos, para que os benefícios de Deus, tão numerosos, não se tornem condenação para todos nós, se não vivermos para ele de modo digno e não realizarmos em concórdia o que é bom e aceito diante de sua face. Pois foi dito em algum lugar: *O Espírito do Senhor é lâmpada que perscruta as cavernas das entranhas* (Pr 20,27 Vulg.).

Consideremos quão próximo está e que nada lhe é oculto de nossos pensamentos e palavras. É, portanto, justo que não sejamos desertores de sua vontade. É preferível ofendermos os homens estultos e insensatos, soberbos e presunçosos na jactância de seu modo de falar, do que a Deus.

Veneremos o Senhor Jesus, cujo sangue foi derramado por nós, respeitemos nossos superiores, honremos os anciãos, eduquemos os jovens na disciplina do temor de Deus, encaminhemos nossas esposas para todo o bem. Manifestem o amável procedimento de castidade, mostrem seu puro e sincero propósito de mansidão, pelo silêncio deem a conhecer a moderação da língua, tenham igual caridade sem acepção de pessoas para com aqueles que santamente temem a Deus.

Participem vossos filhos da ciência de Cristo. Aprendam que grande valor tem para Deus a humildade, o poder da casta caridade junto de Deus, como é bom e imenso seu temor, protegendo a todos que nele se demoram na santidade de um coração puro. Porque ele é o perscrutador dos pensamentos e resoluções da mente. Seu Espírito está em nós, e, quando quer, retira-o.

A fé em Cristo tudo confirma. Ele, pelo Espírito Santo, nos incita: *Vinde, filhos, ouvi-me; ensinar-vos-ei o temor do Senhor. Qual é o homem que quer a vida e deseja ver dias bons? Afasta tua língua do mal e não profiram teus lábios a mentira. Desvia-te do mal e faze o bem. Busca a paz e persegue-a* (Sl 33,12-15).

Misericordioso em tudo, o Pai benigno tem amor pelos que o temem, concede com bondade e doçura suas graças àqueles que se lhe aproximam com simplicidade. Por isso não sejamos fingidos nem insensíveis a seus dons gloriosos.

Responsório   Cf. Tb 4,19a; 14,8b
R. Bend**iz**e em todo o **tempo** ao Senhor **Deus**
   e **pe**de que orien**te** teus **caminhos,**
 * E teus **planos** permaneçam sempre **nele.**
V. Empenha-te em fa**zer** o que lhe a**gra**da,
   fiel**men**te, e com **toda** a tua **força.** * E teus **planos.**

Oração

Deus eterno e todo-poderoso, aumentai em nós a fé, a esperança e a caridade e dai-nos amar o que ordenais para conseguirmos o que prometeis. Por nosso Senhor Jesus Cristo, vosso Filho, na unidade do Espírito Santo.

TERÇA-FEIRA

Ofício das Leituras

Primeira leitura
Do Livro da Sabedoria 3,1-19

Os justos possuirão o reino

¹A vida dos justos está nas mãos de Deus,
e nenhum tormento os atingirá.
²Aos olhos dos insensatos parecem ter morrido;
sua saída do mundo foi considerada uma desgraça,
³e sua partida do meio de nós, uma destruição;
mas eles estão em paz.
⁴Aos olhos dos homens parecem ter sido castigados,
mas sua esperança é cheia de imortalidade;
⁵tendo sofrido leves correções,
serão cumulados de grandes bens,
porque Deus os pôs à prova e os achou dignos de si.
⁶Provou-os como se prova o ouro no fogo
e aceitou-os como ofertas de holocausto;
⁷no dia do seu julgamento hão de brilhar,
correndo como centelhas no meio da palha;
⁸vão julgar as nações e dominar os povos,
e o Senhor reinará sobre eles para sempre.
⁹Os que nele confiam compreenderão a verdade,
e os que perseveram no amor ficarão junto dele,
porque a graça e a misericórdia são para seus eleitos.

¹⁰Os ímpios receberão o castigo
devido por seus pensamentos,
pois desprezaram o justo e se afastaram do Senhor.
¹¹Infeliz o que despreza a sabedoria e a disciplina;
vã é sua esperança, estéreis seus esforços
e inúteis suas obras;
¹²suas mulheres são insensatas, seus filhos depravados
e maldita sua descendência.
¹³Feliz, portanto, a mulher estéril, mas imaculada,
que desconhece a união pecaminosa;
ela terá seu fruto no julgamento das almas.
¹⁴Feliz também o eunuco
que não cometeu crimes com suas mãos
nem tramou maldades contra o Senhor;
por sua fidelidade receberá uma graça especial
e uma das melhores porções no templo do Senhor.
¹⁵Pois o fruto dos esforços pelo bem é glorioso
e imperecível a raiz da inteligência.
¹⁶Mas os filhos dos adúlteros permanecerão imaturos, será
aniquilada a descendência de um leito iníquo.
¹⁷Ainda que tenham vida longa, não serão considerados e,
no fim, sua velhice será sem honra;
¹⁸se morrerem cedo, não terão esperança
nem consolo, no dia do julgamento:
¹⁹pois o fim de uma geração perversa é cruel!

Responsório   Sb 3,6-7a.9
R. O Senhor provou seus santos, como o ouro na fornalha
   e aceitou-os como vítima ofertada em sacrifício;
   e a sua recompensa há de vir no tempo certo,
 * Pois mereceram seus eleitos a paz e a recompensa.
V. Os que confiam no Senhor compreendem a verdade.
   Os que a ele são fiéis lhe são dóceis pelo amor.
 * Pois mereceram.

Segunda leitura
Da Carta aos coríntios, de São Clemente I, papa
(Cap. 24,1-5; 27,1-29,1: Funk 1,93-97) (Séc. I)

Deus é fiel às suas promessas

Consideremos, diletos, de que modo o Senhor continuamente nos mostra a futura ressurreição, que tem por primícias o Senhor Jesus Cristo, a quem ressuscitou dos mortos. Pensemos, caríssimos, na ressurreição que se dará em seu tempo. O dia e a noite nos lembram a ressurreição. A noite deita-se, levanta-se o dia; vai-se o dia, cresce a noite em seguida. Vejamos as searas; quem e como fez a semente? Saiu o semeador e lançou em terra uma semente qualquer. As que caíram limpas e secas na terra se dissolvem; depois pela dissolução, a imensa majestade da divina providência as ressuscita, e de uma só muitas brotam e produzem fruto multiplicado.

Portanto, com a mesma esperança unamos nosso espírito a ele, fiel a suas promessas e justo nos julgamentos. Ele, que proibiu mentir, com muito mais razão não mentirá. Pois nada é impossível a Deus a não ser mentir. Que se avive nossa confiança e consideremos tudo como em estreita relação com ele.

Por sua palavra onipotente, tudo criou e pode por uma palavra tudo destruir. Quem lhe dirá: *Que fizeste? ou que força resistirá a seu poder?* (cf. Sb 12,12). Quando quer, como quer, tudo fará e nada se omitirá do que uma vez decretou. Tudo está diante de seu olhar e nenhum pensamento lhe é oculto, se até *os céus narram a glória de Deus, o firmamento anuncia a obra de suas mãos; o dia transmite ao dia a palavra, e a noite, o conhecimento; e não são falas nem palavras que não se possam ouvir* (Sl 18,2-4).

Estando assim tudo patente a seus olhos e ouvidos, temamos e, deixemos de lado as cobiças impuras, para nos cobrir com sua misericórdia no futuro juízo. Porque, qual de nós poderá fugir de sua mão poderosa? Que mundo acolherá ao que dele fugir? Em certo lugar diz a Escritura: *Aonde irei e onde me ocultarei de tua face? Se subir aos céus, tu ali estás; se for aos confins da terra, lá tua mão direita; se puser meu leito no mar, ali está teu espírito* (cf. Sl 138,7-11). Aonde então irá alguém ou para onde fugirá daquele que tudo abarca?

Aproximemo-nos, portanto, na santidade, elevando para ele castas e puras mãos, amando o nosso benigno e misericordioso Pai, que nos tornou participantes de sua eleição.

Responsório   Est 4,17c.17d. Cf. 17hh
R. Rei **todo-podero**so, meu Se**nhor**,
   sob a **vo**ssa autori**da**de tudo e**stá**
   e nin**guém** pode se o**por** às vossas **or**dens.
 * Por a**mor** de vosso **no**me, liber**tai**-nos!
V. Pois cri**as**tes esta **ter**ra e o firma**men**to
   e **tu**do o que se en**con**tra sob o **céu**. * Por a**mor**.

Oração

Deus eterno e todo-poderoso, aumentai em nós a fé, a esperança e a caridade e dai-nos amar o que ordenais para conseguirmos o que prometeis. Por nosso Senhor Jesus Cristo, vosso Filho, na unidade do Espírito Santo.

QUARTA-FEIRA

Ofício das Leituras

Primeira leitura
Do Livro da Sabedoria   6,1-25

A sabedoria deve ser amada

¹Escutai, ó reis, e compreendei.
Instruí-vos, governadores dos confins da terra!
²Prestai atenção, vós que dominais as multidões
e vos orgulhais do número de vossos súditos.

³ Pois o poder vos foi dado pelo Senhor
e a soberania, pelo Altíssimo.
É ele quem examinará as vossas obras
e sondará as vossas intenções;
⁴ apesar de estardes ao serviço do seu reino,
não julgastes com retidão, nem observastes a Lei,
nem procedestes conforme a vontade de Deus.
⁵ Por isso, ele cairá de repente sobre vós, de modo terrível,
porque um julgamento implacável
será feito sobre os poderosos.
⁶ O pequeno pode ser perdoado por misericórdia,
mas os poderosos serão examinados com poder.
⁷ O Senhor de todos não recuará diante de ninguém
nem se deixará impressionar pela grandeza,
porque o pequeno e o grande, foi ele quem os fez,
e a sua providência é a mesma para com todos;
⁸ mas, para os poderosos, o julgamento será severo.
⁹ A vós, pois, governantes, dirigem-se as minhas palavras,
para que aprendais a Sabedoria e não venhais a tropeçar.
¹⁰ Os que observam fielmente as coisas santas
serão justificados;
e os que as aprenderem
vão encontrar sua defesa.
¹¹ Portanto, desejai ardentemente minhas palavras,
amai-as e sereis instruídos.
¹² A Sabedoria é resplandecente e sempre viçosa.
Ela é facilmente contemplada por aqueles que a amam,
e é encontrada por aqueles que a procuram.
¹³ Ela até se antecipa,
dando-se a conhecer aos que a desejam.
¹⁴ Quem por ela madruga não se cansará,
pois a encontrará sentada à sua porta.
¹⁵ Meditar sobre ela é a perfeição da prudência;
e quem ficar acordado por causa dela
em breve há de viver despreocupado.

¹⁶Pois ela mesma sai à procura dos que a merecem,
cheia de bondade, aparece-lhes nas estradas
e vai ao seu encontro em todos os seus projetos.
¹⁷O princípio mais genuíno da Sabedoria
é o desejo da instrução;
a preocupação pela instrução é amá-la,
¹⁸e amá-la é observar suas leis,
e observar suas leis é garantia de imortalidade,
¹⁹e a imortalidade faz estar junto de Deus;
²⁰assim, o desejo da Sabedoria conduz à realeza.
²¹Chefes dos povos, se vos agradam tronos e cetros,
honrai a Sabedoria e reinareis para sempre.
²²Vou dizer-vos o que é a Sabedoria e qual a sua origem,
sem vos esconder os mistérios de Deus;
investigarei desde o início da sua criação,
farei conhecê-la claramente,
sem me afastar da verdade.
²³Não me deixarei acompanhar pela inveja que devora,
Pois ela nada tem em comum com a Sabedoria.
²⁴Uma multidão de sábios é a salvação do mundo,
e um rei sábio, para o povo, é prosperidade.
²⁵Recebei, pois, a instrução por minhas palavras
e nelas encontrareis proveito.

Responsório Sb 7,13a.14a; 3,11a; 7,28

R. Estu**dei** sabe**doria** e a apren**di** com leal**da**de
e a re**par**to sem in**vej**a.
* Porque **ela** é para os **ho**mens um te**sou**ro inesgo**tá**vel.
V. Inf**el**iz é quem rec**us**a a disci**pli**na e o sa**ber**;
Deus não **ama** a quem não **mora** junto com **a** sabedo**ria**.
* Porque ela.

Segunda leitura
Da Carta aos coríntios, de São Clemente I, papa
(Cap. 30,3-4; 34,2-35,5: Funk 1,99.103-105) (Séc. I)

Sigamos o caminho da verdade

Revistamo-nos de concórdia; e, humildes e moderados, rejeitemos para longe toda murmuração e maledicência, justificando-nos não por palavras, mas por obras. Pois se disse: *Quem fala muito, ouvirá por sua vez; ou acaso se julga justo o homem falador?* (cf. Jó 11,2).

Cumpre-nos, portanto, estar prontos a fazer o bem; de Deus tudo procede. Pois ele nos predisse: *Eis o Senhor, e sua recompensa está diante dele para dar a cada um segundo suas obras* (cf. Ap 22,12). Por isso exorta-nos a nós que nele cremos de todo o coração, a não sermos preguiçosos e indolentes em toda obra boa. Nele nos gloriemos, nele confiemos. Submetamo-nos à sua vontade e, atentos, observemos a multidão dos anjos, como a seu redor cumprem sua vontade. A Escritura conta: *Miríades de miríades assistiam-no e milhares de milhares o serviam e clamavam: Santo, santo, santo, Senhor dos exércitos; toda a criação está cheia de sua glória* (Dn 7,10; Is 6,3).

Por conseguinte também nós, em consciência, congregados como um só na concórdia, com uma só voz clamemos sem descanso para nos tornarmos participantes de suas excelentes e gloriosas promessas: *Os olhos não viram, os ouvidos não ouviram, nem suspeitou o coração dos homens, quão grandes coisas preparou para os que o aguardam* (cf. 1Cor 2,9).

Que preciosos e maravilhosos são, caríssimos, os dons de Deus! Vida na imortalidade, esplendor na justiça, verdade na liberdade, fé na confiança, temperança na santidade; e tudo isto nossa inteligência concebe. O que não será então o que se prepara para aqueles que o aguardam? O Santíssimo Artífice e Pai dos séculos é o único a conhecer a quantidade imensa e a beleza de tudo isso.

Assim, pois, a fim de participarmos dos dons prometidos, empreguemos todo o empenho em sermos contados no número dos que o esperam. E como se fará isto, diletos? Far-se-á se pela fé nosso pensamento se estabilizar em Deus, se procurarmos com diligência aquilo que lhe é agradável e aceito, se fizermos tudo quanto se relaciona com sua vontade irrepreensível e seguirmos a via da verdade, rejeitando para longe de nós toda injustiça.

Responsório   Sl 24(25),4-5.16
R. Mostrai-me, ó Senhor, vossos caminhos
   e fazei-me conhecer a vossa estrada!
   Vossa verdade me oriente e me conduza,
* Porque sois o Deus da minha salvação;
  em vós espero, ó Senhor, todos os dias.
V. Voltai-vos para mim, tende piedade,
   porque sou pobre, estou sozinho e infeliz.
* Porque sois.

Oração

Deus eterno e todo-poderoso, aumentai em nós a fé, a esperança e a caridade e dai-nos amar o que ordenais para conseguirmos o que prometeis. Por nosso Senhor Jesus Cristo, vosso Filho, na unidade do Espírito Santo.

QUINTA-FEIRA
Ofício das Leituras

Primeira leitura
Do Livro da Sabedoria   7,15-30

A Sabedoria, imagem de Deus

¹⁵Deus me conceda falar com inteligência
e ter pensamentos dignos dos dons que recebi,
pois ele não só mostra o caminho da Sabedoria,
como também corrige os sábios;

¹⁶em suas mãos estamos nós e as nossas palavras,
assim como toda a inteligência e habilidade.
¹⁷Ele me deu um conhecimento exato de tudo o que existe,
para eu entender a estrutura do mundo,
as propriedades dos elementos,
¹⁸o começo, o meio e o fim dos tempos,
a alteração dos solstícios, as mudanças de estações,
¹⁹os ciclos do ano e a posição dos astros,
²⁰a natureza dos animais e a fúria da feras,
o poder dos espíritos e os pensamentos dos homens,
a variedade das plantas e as propriedades das raízes.
²¹Eu aprendi tudo o que está oculto e o que se vê;
a Sabedoria, artífice do mundo, tudo me ensinou.
²²Na Sabedoria há um espírito inteligente, santo,
único, múltiplo, sutil, móvel, perspicaz, imaculado,
lúcido, invulnerável, amante do bem, penetrante,
²³desimpedido, benfazejo, amigo dos homens,
constante, seguro, sem inquietação,
que tudo pode, que tudo supervisiona,
que penetra todos os espíritos,
os inteligentes, os puros, os mais sutis.
²⁴Pois a Sabedoria é mais ágil que qualquer movimento,
e atravessa e penetra tudo por causa da sua pureza.
²⁵Ela é um sopro do poder de Deus,
uma emanação pura da glória do Todo-poderoso;
por isso, nada de impuro pode introduzir-se nela:
²⁶ela é um reflexo da luz eterna,
espelho sem mancha da atividade de Deus e imagem da
sua bondade.
²⁷Sendo única, tudo pode;
permanecendo imutável, renova tudo;
e, comunicando-se às almas santas de geração em geração,
forma os amigos de Deus e os profetas.
²⁸Pois Deus ama tão somente
aquele que vive com a Sabedoria.

²⁹De fato, ela é mais bela que o sol
e supera todas as constelações;
comparada à luz, ela tem a primazia:
³⁰pois a luz cede lugar à noite,
ao passo que, contra a Sabedoria, o mal não prevalece.

Responsório   Cl 1,15-16a; Sb 7,26
R. O **nosso** Se**nhor** Jesus **Cris**to
   é a i**mag**em do **Deus** invi**sí**vel,
   o primo**gê**nito de **to**da a cria**ção,**
 * Pois **tudo** foi **ne**le criado.
V. Da luz e**ter**na de **Deus** é o re**fle**xo,
   i**mag**em de **sua** bon**da**de. * Pois **tudo**.

Segunda leitura
Dos Discursos contra os arianos, de Santo Atanásio, bispo
            (Oratio 2,78.79: PG 26,311.314)   (Séc. IV)

Nas coisas criadas está impressa a imagem da Sabedoria

A forma da sabedoria foi criada em nós e está em tudo. É, portanto, muito justo que a verdadeira e criadora Sabedoria reivindique como própria sua forma em todas as coisas e diga: *O Senhor me criou em suas obras* (cf. Pr 8,22). Visto ser a sabedoria existente em nós quem fala, o Senhor a nomeia como bem próprio.

Não é, portanto, criado aquele que é o criador, mas, por causa de sua imagem nas obras criadas, fala destas como de si mesmo. Do modo como o Senhor diz: *Quem vos recebe a mim recebe* (Mt 10,40), porque sua imagem está em nós, embora não incluído entre as coisas criadas, por ser sua forma e imagem criada nas obras, diz como de si mesmo: *O Senhor no início de seus caminhos me criou* (Pr 8,22).

A forma da sabedoria foi dada às criaturas para que o mundo nelas reconhecesse o Verbo, seu artífice, e pelo Verbo, o Pai. Na verdade é o mesmo que Paulo ensina: *Porque o que se pode conhecer de Deus é manifesto para eles, Deus lhes manifestou. Pois, desde a criação do mundo, através de suas criaturas as realidades invisíveis são contempladas pela inteligência* (cf. Rm 1,19-20). Por conseguinte, o Verbo, por natureza, de modo algum é criado, mas este trecho deve ser entendido a respeito da sabedoria que se diz estar e ser verdadeiramente em nós.

Entretanto, se alguém não quiser acreditar nisto, responda-me: há ou não sabedoria nas coisas criadas? Se não há nenhuma, como é que o Apóstolo se queixa com às palavras: *Pois que, na sabedoria de Deus, o mundo não conheceu a Deus pela sabedoria?* (1Cor 1,21). Ou, se não existe sabedoria, por que se comemora na Escritura a multidão dos sábios? *Pois o sábio atemorizado afasta-se do mal* (Pr 14,16), e *com sabedoria constrói a casa* (Pr 24,3).

O Eclesiastes também diz: *A sabedoria do homem iluminará seu rosto* (Ecl 8,1); e censura os temerários com as palavras: *Não digas: Por que é que os tempos passados foram melhores do que os presentes? Não foi com sabedoria que indagaste isto* (Ecl 7,10).

Então, se nas coisas criadas há sabedoria, como o filho de Sirac atesta: *Difundiu-a em todas as suas obras e em todos os mortais conforme seu dom, e concedeu-a aos que o amam* (Eclo 1,7-8), esta efusão não foi absolutamente da Sabedoria em sua natureza que subsiste por si mesma e é unigênita, mas daquela que se expressa no mundo. Que há, pois, de incrível que a própria Sabedoria criadora e verdadeira diga a respeito da sabedoria e ciência, forma ou figura suas, difundidas no mundo, como se fosse de si mesma: *O Senhor me criou em suas obras?* A sabedoria existente no mundo não é criadora, mas foi criada nas coisas; por ela *os céus narram a glória de Deus, e o firmamento anuncia as obras de suas mãos* (Sl 18,2).

Responsório   Sb 7,22.23ab; 1Cor 2,10b
R. Na **sabedoria** há um es**pí**rito **sá**bio
    que é **único** e **san**to, é **múl**tiplo e ágil,
    perspi**caz** e elo**quen**te e incli**na**do ao **bem**.

* De **tudo** é ca**paz** e **tu**do prevê,
  e ele pene**tra** os es**pí**ritos **to**dos.
V. É o Es**pí**rito **San**to que **tu**do penetra
  a**té** os mis**té**rios pro**fun**dos de **Deus**. * De **tudo**.

Oração

Deus eterno e todo-poderoso, aumentai em nós a fé, a esperança e a caridade e dai-nos amar o que ordenais para conseguirmos o que prometeis. Por nosso Senhor Jesus Cristo, vosso Filho, na unidade do Espírito Santo.

SEXTA-FEIRA

Ofício das Leituras

Primeira leitura
Do Livro da Sabedoria 8,1-21

A Sabedoria deve ser pedida a Deus

¹A Sabedoria se estende com vigor
de uma extremidade à outra da terra
e com suavidade governa todas as coisas.
²Eu a amei e desejei desde a juventude
e pretendi tomá-la como esposa,
apaixonado pela sua beleza.
³A sua convivência com Deus realça a sua nobre origem,
pois o Senhor de todas as coisas a amou.
Iniciada na própria ciência de Deus,
é ela quem seleciona as suas obras.
⁵Se a riqueza é um bem desejável na vida,
que há de mais rico que a Sabedoria, que faz todas as coisas?
⁶E, se é a inteligência que opera,
quem mais que a Sabedoria é artífice do que existe?
⁷E, se alguém ama a justiça,
saiba que as virtudes são seus frutos:
ela ensina a temperança e a prudência,

a justiça e a fortaleza,
que são os bens mais úteis na vida dos homens.
⁸ Se alguém deseja uma vasta experiência,
ela conhece o passado e adivinha o futuro,
conhece a sutileza das palavras e resolve os enigmas,
prevê sinais e prodígios
e os acontecimentos das épocas e dos tempos.
⁹ Decidi, pois, tomá-la por companheira de minha vida,
sabendo que me seria conselheira para o bem
e conforto nas preocupações e na tristeza.
¹⁰ Por causa dela serei louvado pelas multidões,
mesmo sendo jovem, serei honrado pelos anciãos;
¹¹ nos julgamentos reconhecerão minha perspicácia
e provocarei a admiração dos poderosos.
¹² Se eu me calar, ficarão esperando que eu fale,
e, se eu falar, hão de prestar atenção,
e, se prolongar minhas palavras,
colocarão a mão sobre a boca.
¹³ Por causa dela alcançarei a imortalidade
e deixarei lembrança eterna à minha posteridade.
¹⁴ Governarei os povos e dominarei as nações;
¹⁵ ao ouvir o meu nome, reis terríveis se assustarão;
mostrar-me-ei bom com o povo e valente na guerra.
¹⁶ De volta para casa, descansarei ao seu lado,
porque sua companhia não traz amargura,
sua intimidade não traz aflição,
mas sim alegria e contentamento.
¹⁷ Meditando estas coisas comigo mesmo,
e considerando em meu coração
que a imortalidade está no parentesco com a Sabedoria,
¹⁸ e que na sua amizade existe alegria perfeita,
e riqueza inesgotável no trabalho de suas mãos,
e inteligência, na assiduidade da sua companhia,
e, na participação de suas palavras, celebridade,
eu ia por toda parte

procurando conquistá-la para mim.
¹⁹Fui criança bem dotada
e tinha ganhado o quinhão de uma alma boa;
²⁰ou, melhor, como eu era bom,
vim a um corpo sem mancha.
²¹Sabendo, porém, que só poderia obter a Sabedoria
se Deus me concedesse
— e já era sinal de inteligência
saber a origem desta graça —,
dirigi-me ao Senhor e rezei.

Responsório   Sb 7,7.8a; Tg 1,5
R. **Pedi** e foi-me **da**da inteligência,
  * Ro**guei** e rece**bi** sabe**doria**;
  aos **tro**nos e ao po**der** a prefe**ri**.
V. Se al**guém** de vós não **tem** sabe**doria**,
  peça a **Deus** que a dá a **to**dos com lar**gue**za. * **Roguei**.

Segunda leitura
Das Obras de Balduíno de Cantuária, bispo

(Tract. 6: PL 204,451-453)   (Séc. XII)

A palavra de Deus é viva e eficaz

A palavra de Deus é viva e eficaz, mais penetrante que uma espada de dois gumes (Hb 4,12). Quão grande seja o poder e quanta sabedoria na palavra de Deus, estas palavras o demonstram aos que buscam a Cristo, que é o verbo, poder e sabedoria de Deus. Coeterno com o Pai no princípio, este verbo no tempo determinado revelou-se aos apóstolos e, por eles anunciado, foi humildemente recebido na fé pelos povos que creem. Está, portanto, o verbo no Pai, o verbo nos lábios, o verbo no coração.

Esta palavra de Deus é viva; o Pai deu-lhe ter a vida em si mesmo, do mesmo modo como tem ele a vida em si mesmo. Por isto é não apenas viva, mas a vida, conforme ele disse a seu respeito: *Eu sou o caminho, a verdade e a vida* (Jo 14,6). Sendo a vida, é vivo de forma a ser vivificante. Pois, *como o Pai ressuscita os mortos e vivifica-os, também o Filho vivifica a quem quer* (Jo 5,21). É vivificante ao chamar o morto do sepulcro: *Lázaro, vem para fora* (Jo 11,42).

Quando esta palavra é pregada pela voz do pregador que se escuta no exterior, ele dá a esta voz a palavra de poder, percebida interiormente. Por ela, os mortos revivem e com seus louvores são suscitados filhos de Abraão. É, portanto, viva esta palavra no coração do Pai, viva na boca do pregador, viva no coração daquele que crê e ama. Sendo assim viva, não há dúvida de ser também eficaz.

É eficaz na criação das coisas, eficaz no governo do mundo, eficaz na redenção do universo. Que de mais eficaz, de mais poderoso? *Quem dirá seus portentos, fará ouvir todo o seu louvor?* (Sl 105,2). É eficaz ao agir, eficaz ao ser anunciada. Pois não volta vazia, mas tem êxito em tudo a quanto é enviada.

Eficaz e *mais penetrante do que a espada de dois gumes* (Hb 4,12), quando é crida e amada. O que será impossível a quem crê, ou difícil a quem ama? Quando este verbo fala, suas palavras transpassam o coração quais setas agudas do poderoso. Como pregos profundamente cravados, entram e penetram até o mais íntimo. Porque é mais aguda do que a espada de dois gumes esta palavra, já que é mais poderosa do que toda a força e poder para abrir, e mais sutil do que a maior argúcia do engenho humano. Mais que toda sabedoria humana e a sutileza das palavras doutas, é ela penetrante.

Responsório Eclo 1,5.16a
R. A **fonte** da **sabedoria** é a **Palavra** de **Deus** nas **alturas**;
 * Os preceitos eternos de **Deus**
    são a estrada em que ela caminha.
V. O princípio da sabedoria é viver no temor do Senhor.
 * Os preceitos.

Oração

Deus eterno e todo-poderoso, aumentai em nós a fé, a esperança e a caridade e dai-nos amar o que ordenais para conseguirmos o que prometeis. Por nosso Senhor Jesus Cristo, vosso Filho, na unidade do Espírito Santo.

SÁBADO

Ofício das Leituras

Primeira leitura
Do Livro da Sabedoria   11,20b–12,2.11b-19

A misericórdia e a paciência de Deus

¹¹,²⁰ᵇ Tudo dispuseste com medida, número e peso.
²¹ Teu grande poder está sempre ao teu serviço,
e quem pode resistir à força de teu braço?
²² O mundo inteiro, diante de ti,
é como um grão de areia na balança,
uma gota de orvalho da manhã que cai sobre a terra.
²³ Entretanto, de todos tens compaixão,
porque tudo podes.
Fechas os olhos aos pecados dos homens,
para que se arrependam.
²⁴ Sim, amas tudo o que existe,
e não desprezas nada do que fizeste;
porque, se odiasses alguma coisa,
não a terias criado.
²⁵ Da mesma forma,
como poderia alguma coisa existir,
se não a tivesses querido?
Ou como poderia ser mantida,
se por ti não fosse chamada?
²⁶ A todos, porém, tu tratas com bondade,
porque tudo é teu, Senhor, amigo da vida,
¹²,¹ O teu espírito incorruptível está em todas as coisas!

⁰É por isso que corriges com carinho os que caem
e os repreendes, lembrando-lhes seus pecados,
para que se afastem do mal
e creiam em ti, Senhor.
¹¹Se tu lhes perdoaste as faltas,
não foi porque tiveste medo de alguém,
¹²pois quem pode dizer-te: 'Que fizeste?'
Ou quem ousaria opor-se à tua sentença?
Quem te acusaria por destruíres as nações que fizeste?
Quem viria apresentar-se contra ti
para defender homens injustos?
¹³Não há, além de ti, outro Deus
que cuide de todas as coisas
e a quem devas mostrar
que teu julgamento não foi injusto.
¹⁴Não há rei nem soberano que possa desafiar-te
por causa daqueles a quem castigaste.
¹⁵Porque tu és justo, tudo governas com justiça;
e consideras incompatível com o teu poder
condenar a quem não merece castigo.
¹⁶A tua força é princípio da tua justiça,
e o teu domínio sobre todos
te faz para com todos indulgente.
¹⁷Mostras a tua força
a quem não crê na perfeição do teu poder;
e, nos que te conhecem,
castigas o seu atrevimento.
¹⁸No entanto, dominando tua própria força,
julgas com clemência
e nos governas com grande consideração:
pois quando quiseres, está ao teu alcance
fazer uso do teu poder.
¹⁹Assim procedendo, ensinaste ao teu povo
que o justo deve ser humano;
e a teus filhos deste a confortadora esperança
de que concedes o perdão aos pecadores.

Responsório   Cf. Sb 11,23.24.28; Eclo 36,1

R. Vós, Senhor, tendes pena de todos os seres
e nada odiais do que vós fizestes,
os olhos fechando aos pecados dos homens,
e assim os poupais, quando voltam a vós,
* Porque sois nosso Deus, sois o nosso Senhor.
V. Compadecei-vos de nós, ó Deus do universo,
e mostrai-nos a luz do vosso perdão.* Porque sois.

Segunda leitura

Do Diálogo sobre a Providência divina, de Santa Catarina de Sena, virgem

(Cap. 134, ed. latina, Ingolstadii 1583, ff° 215v-216)

(Séc. XIV)

Como é bom e suave teu espírito, Senhor, em todas as coisas!

Com a indizível benignidade de sua clemência, o Pai eterno dirigiu o olhar para esta alma e começou a falar:

"Caríssima filha, determinei com firmeza usar de misericórdia para com o mundo e quero providenciar acerca de todas as situações dos homens. Mas o homem ignorante julga levar à morte aquilo que lhe concedo para a vida, e assim se torna muito cruel para si próprio; no entanto, dele eu cuido sempre. Por isso quero que saibas: tudo quanto dou ao homem provém da suprema providência.

E o motivo está em que, tendo criado com providência, olhei em mim mesmo e fiquei cativo da beleza de minha criatura. Porque foi de meu agrado criá-la com grande providência à minha imagem e semelhança. Mais ainda, dei-lhe a memória para guardar meus benefícios em seu favor, por querer que participasse de meu poder de Pai eterno.

Dei-lhe, além disto, a inteligência para conhecer e compreender na sabedoria de meu Filho a minha vontade, porque sou com ardente caridade paterna o máximo doador de todas as graças. Concedi-lhe também a vontade de amar, participando da clemência do Espírito Santo, para poder amar aquilo que a inteligência visse e conhecesse.

Isto fez minha doce providência. Ser o único capaz de entender e de encontrar seu gozo em mim com alegria imensa na minha eterna visão. E como de outras vezes te falei, pela desobediência de vosso primeiro pai Adão, o céu estava fechado. Desta desobediência decorreram depois todos os males no mundo inteiro.

Para fazer desaparecer do homem a morte de sua desobediência, em minha clemência providenciei, entregando-vos meu Filho unigênito com grande sabedoria, para que assim reparasse vosso dano. Impus-lhe uma grande obediência, a fim de que o gênero humano se livrasse do veneno que se difundira no mundo pela desobediência de vosso primeiro pai. Assim, como que cativo de amor e com verdadeira obediência, correu com toda a rapidez, correu à ignominiosa morte sacratíssima, deu-vos a vida, não pelo vigor de sua humanidade, mas da divindade".

Responsório — Sl 16(17),8.7

R. Prote**gei**-me qual dos **o**lhos a pu**pi**la,
   *E guar**dai**-me à prote**ção** de vossas **a**sas.
V. Mos**trai**-me vosso **a**mor maravi**lho**so,
   vós que sal**vais** os que em **vós** se refugiam.
   *E guar**dai**-me.

Oração

Deus eterno e todo-poderoso, aumentai em nós a fé, a esperança e a caridade e dai-nos amar o que ordenais para conseguirmos o que prometeis. Por nosso Senhor Jesus Cristo, vosso Filho, na unidade do Espírito Santo.

31º DOMINGO DO TEMPO COMUM

III Semana do Saltério

I Vésperas

Cântico evangélico, ant.

Ano A Todos **vós** sois ir**mãos**:
Vosso **Pai** é um **só**, que es**tá** lá nos **céus**.

Ano B A**ma**rás o Se**nhor**, o teu **Deus**, de **to**do o teu cora**ção**,
e o teu **pró**ximo **co**mo a ti **mes**mo.
Não há **ou**tro mai**or** manda**men**to.

Ano C Za**queu**, vem de**pres**sa e **des**ce da **ár**vore!
Porque **ho**je eu pre**ci**so fi**car** em **tua** **ca**sa.
Com **mui**ta ale**gri**a Za**queu** rece**beu**
a Je**sus** em sua **ca**sa.

Oração

Ó Deus de poder e misericórdia, que concedeis a vossos filhos e filhas a graça de vos servir como devem, fazei que corramos livremente ao encontro das vossas promessas. Por nosso Senhor Jesus Cristo, vosso Filho, na unidade do Espírito Santo.

Ofício das Leituras

Primeira leitura

Início do Primeiro Livro dos Macabeus   1,1-24

Vitória e soberba dos gregos

¹Aconteceu que, depois de se ter apoderado da Grécia, Alexandre, filho de Filipe, o macedônio, oriundo das terras de Cetim, derrotou também Dario, rei dos persas e dos medos, e reinou em seu lugar. ²Empreendeu, ainda, muitas guerras, tomou cidades fortificadas e matou os reis da região. ³Chegou até às extremidades do mundo, apoderou-se dos despojos de nações sem conta. E a terra calou-se diante

dele. Seu coração exaltou-se e inchou de orgulho. ⁴Ele reuniu um exército extremamente poderoso e dominou países, povos e soberanos, que tiveram que lhe pagar tributo. ⁵Depois disso tudo, caiu doente e sentiu que ia morrer. ⁶Convocou, então, seus oficiais, os nobres da sua corte, que com ele se tinham criado desde a sua juventude, e, ainda em vida, dividiu o império entre eles. ⁷Alexandre reinou doze anos e morreu. ⁸Seus oficiais exerceram o poder, cada um na região que lhe fora destinada. ⁹Depois de sua morte, todos cingiram o diadema e, depois deles, seus filhos, durante longos anos. E multiplicaram as desgraças sobre a terra.

¹⁰Destes reis brotou uma raiz iníqua, Antíoco Epífanes, filho do rei Antíoco. Estivera em Roma, como refém, e subiu ao trono no ano cento e trinta e sete da era dos gregos. ¹¹Naqueles dias apareceram em Israel pessoas ímpias, que seduziram a muitos, dizendo: "Vamos fazer uma aliança com as nações vizinhas, pois, desde que nos isolamos delas, muitas desgraças nos aconteceram". ¹²Estas palavras agradaram, ¹³e alguns do povo entusiasmaram-se e foram procurar o rei, que os autorizou a seguir os costumes pagãos. ¹⁴Edificaram em Jerusalém um ginásio, de acordo com as normas dos gentios. ¹⁵Aboliram o uso da circuncisão e renunciaram à aliança sagrada. Associaram-se com os pagãos e venderam-se para fazer o mal.

¹⁶Quando se viu seguro no poder, Antíoco projetou conquistar também o Egito, para ser o soberano de ambos os reinos. ¹⁷Invadiu, pois, o Egito com um poderoso exército de carros, elefantes, cavalos e numerosos navios. ¹⁸Assim, atacou Ptolomeu, rei do Egito, que, tomado de pânico, fugiu, e muitos dos seus homens caíram mortalmente feridos. ¹⁹As cidades fortificadas do Egito foram tomadas e Antíoco apoderou-se das riquezas do país. ²⁰Depois de ter derrotado o Egito no ano cento e quarenta e três, Antíoco marchou contra Israel e subiu a Jerusalém com um poderoso exército. ²¹Entrou com arrogância no santuário, retirou o altar de ouro,

31º Domingo do Tempo Comum

o candelabro das luzes com todos os seus acessórios, ²²a mesa dos pães da proposição, os cálices de libação, as taças, os turíbulos de ouro, o véu, as coroas, as decorações de ouro da fachada do templo. Tudo foi arrancado. ²³Tirou a prata, o ouro, os objetos preciosos, inclusive os tesouros escondidos que descobriu. ²⁴E, com tudo isso, regressou à sua terra, depois de ter causado grande mortandade e proferido palavras de extrema arrogância.

Responsório   2Mc 7,33; Hb 12,11
R. Se, **para** censu**rar**-nos e **para** corri**gir**-nos,
    por pouco **tempo**, o nosso **Deus** irou-se contra **nós**,
  * De **novo** ele **há** de se reconci**liar** co**nos**co, os servos **seus**.
V. A corre**ção**, quando apli**ca**da, nos pa**re**ce dolo**ro**sa;
    po**rém** produ**zi**rá os **fru**tos da justiça. * De **novo**.

Segunda leitura
Da Constituição Pastoral *Gaudium et spes,* sobre a Igreja no mundo de hoje, do Concílio Vaticano II

(N. 78)   (Séc. XX)
A promoção da paz

A paz não é mera ausência de guerra, nem se reduz a um equilíbrio entre as forças adversárias nem se origina de um domínio tirânico, mas com toda a propriedade se chama *obra da justiça* (Is 32,17). É fruto da ordem, inserida na sociedade humana por seu divino fundador e a ser realizada de modo sempre mais perfeito pelos homens que têm sede de justiça. Em seus fundamentos o bem comum do gênero humano é regido pela lei eterna. Contudo, nas contingências concretas, está sujeito a incessantes mudanças com o decorrer dos tempos. Por isso a paz nunca é conquistada de uma vez para sempre; deve ser continuamente construída. Além disto, sendo a vontade humana volúvel e marcada pelo pecado, a busca da paz exige de cada um o constante domínio das paixões e a atenta vigilância da autoridade legítima.

Isto, porém, não basta. Aqui na terra não se pode obter a paz a não ser que seja salvaguardado o bem das pessoas e que os homens comuniquem entre si, com confiança e espontaneidade, suas riquezas de coração e de inteligência. Vontade firme de respeitar a dignidade dos outros homens e povos, ativa fraternidade na construção da paz, são coisas absolutamente necessárias. Deste modo a paz será também fruto do amor, que vai além do que a justiça é capaz de proporcionar. Pois a paz terrena, oriunda do amor ao próximo, é figura e resultado da paz de Cristo, provinda de Deus Pai. Seu Filho encarnado, príncipe da paz, pela cruz reconciliou os homens com Deus. E, *recompondo a unidade de todos em um só povo e um só corpo, em sua carne destruiu o ódio* (cf. Ef 2,16; Cl 1,20.22), e exaltado pela ressurreição, infundiu nos corações o Espírito da caridade.

É a razão por que todos os cristãos são insistentemente chamados a que, *vivendo a verdade na caridade* (cf. Ef 4,15), se unam aos homens verdadeiramente pacíficos, a fim de implorar e estabelecer a paz. Movidos pelo mesmo espírito, queremos louvar calorosamente aqueles que renunciam à ação violenta para reivindicar seus direitos e recorrem aos meios de defesa, que de resto estão ao alcance dos mais fracos também, contanto que isto não venha lesar os direitos e deveres de outros ou da comunidade.

Responsório   Cf. 1Cr 29,11-12; cf. Eclo 50,25; 2Mc 1,24

R. A vós per**ten**cem, ó **Senhor**, o **po**der e a re**a**leza;
dominais todos os povos:
* Dai a **paz** aos nossos **dias**!
V. Cria**dor** de todo **ser**, vós sois **forte** e ter**rível**,
um Deus **justo** e cle**men**te. * Dai a **paz**.

HINO Te Deum, p. 543.

Laudes

Cântico evangélico, ant.

Ano A **O** vosso **Mes**tre é um so**men**te.
É o **Cris**to Se**nhor**, que está nos **céus**.

Ano B O Se**nhor**, nosso **Deus**, é um **só**,
e **não** há um **ou**tro além **de**le.
Ama**rás** o Se**nhor**, o teu **Deus**,
com **to**das as **for**ças da **al**ma.

Ano C A salva**ção** hoje en**trou** nesta **ca**sa,
pois também **es**te é **fi**lho de Abra**ão**.

Oração

Ó Deus de poder e misericórdia, que concedeis a vossos filhos e filhas a graça de vos servir como devem, fazei que corramos livremente ao encontro das vossas promessas. Por nosso Senhor Jesus Cristo, vosso Filho, na unidade do Espírito Santo.

II Vésperas

Cântico evangélico, ant.

Ano A Quem qui**ser** ser o mai**or**, seja o **vos**so servi**dor**.
Pois **quem** se exal**tar**, será humi**lha**do;
e **quem** se humi**lhar**, será exal**ta**do.

Ano B Jesus, **ven**do que o escriba fa**la**ra
com sabe**do**ria, lhe **dis**se:
Não estás **lon**ge do **Rei**no de **Deus**.

Ano C Veio o **Fi**lho do **Ho**mem bus**car**
e sal**var** o que estava per**di**do.

SEGUNDA-FEIRA

Ofício das Leituras

Primeira leitura
Do Primeiro Livro dos Macabeus 1,41-64

A perseguição de Antíoco

Naqueles dias: ⁴¹O rei Antíoco publicou um decreto para todo o reino, ordenando que todos formassem um só povo, obrigando cada um a abandonar seus costumes particulares. ⁴²Todos os pagãos acataram a ordem do rei ⁴³e inclusive muitos israelitas adotaram sua religião, sacrificando aos ídolos e profanando o sábado. ⁴⁴Por meio de mensageiros o rei enviou editos a Jerusalém e às cidades de Judá, prescrevendo que aceitassem costumes estranhos a seu país. ⁴⁵Deviam suprimir holocaustos, sacrifícios e libações no santuário; profanar os sábados e as festas; ⁴⁶macular o santuário e os ministros sagrados; ⁴⁷construir altares, lugares sagrados e oratórios de ídolos; sacrificar porcos e outros animais impuros. ⁴⁸Deviam também deixar incircuncisos os filhos e contaminar-se eles mesmos com toda sorte de impurezas e profanações, ⁴⁹de modo a esquecerem a Lei e modificarem todas as observâncias. ⁵⁰Quem não obedecesse à ordem do rei, seria morto. ⁵¹Com tais prescrições enviou cartas a todo o reino e estabeleceu inspetores para vigiar toda a população. Ordenou às cidades de Judá que oferecessem sacrifícios, cada uma por sua vez. ⁵²Houve muitos do povo que se uniram a eles, todos os que tinham abandonado a Lei. Fizeram muito mal no país ⁵³e obrigaram os israelitas a se refugiarem em toda sorte de esconderijos.

⁵⁴No dia quinze do mês de Casleu, no ano cento e quarenta e cinco, Antíoco fez erigir sobre o altar dos sacrifícios a Abominação da desolação. E pelas cidades circunvizinhas de Judá construíram altares. ⁵⁵Queimavam incenso junto às portas das casas e nas ruas. ⁵⁶Os livros da Lei, que

lhes caíam nas mãos, eram atirados ao fogo, depois de rasgados.⁵⁷ Em virtude do decreto real, era condenado à morte todo aquele em cuja casa fosse encontrado um livro da Aliança, assim como qualquer pessoa que continuasse a observar a Lei. ⁶² Mas muitos israelitas resistiram e decidiram firmemente não comer alimentos impuros.⁶³ Preferiram a morte a contaminar-se com aqueles alimentos. E, não querendo violar a aliança sagrada, esses foram trucidados. ⁶⁴ Uma cólera terrível se abateu sobre Israel.

Responsório Cf. Dn 9,18a; At 4,29
R. **Abri** os vossos **o**lhos, vede a **nos**sa afli**ção**:
muitos **po**vos nos ro**dei**am e nos **que**rem destru**ir**.
* Esten**dei** o vosso **braço**, liber**tai** as nossas **vi**das!
V. E a**go**ra, ó Se**nhor**, vede as **su**as ameaças,
conce**dei** a vossos **ser**vos procla**mar** vossa pala**vra**
com in**tei**ra confi**an**ça.* Esten**dei**.

Segunda leitura
Da Constituição Pastoral *Gaudium et spes,* sobre a Igreja no mundo de hoje, do Concílio Vaticano II

(Nn. 82-83) (Séc. XX)

*A necessidade de formar as mentes
para um novo espírito de paz*

Acautelem-se os homens de julgar suficiente a confiança nas tentativas de alguns, sem cuidar da própria mentalidade. Pois os chefes de Estado, fiadores que são do bem comum da própria nação e igualmente promotores do bem comum mundial, dependem muitíssimo da opinião e da mentalidade das multidões. Nada lhes aproveita insistir na construção da paz, enquanto sentimentos de hostilidade, desprezo ou desconfiança, ódios raciais e ideologias obstinadas dividem os homens em campos opostos.

Daí a urgência máxima da reeducação da mentalidade e da nova inspiração da opinião pública. Os que se consagram à obra da educação, em particular da juventude, ou à formação da opinião pública, considerem como o seu dever mais grave inculcar no espírito de todos novos sentimentos pacíficos. Nós todos temos de transformar nossos corações, abrindo os olhos sobre o mundo inteiro e aquelas tarefas que, todos juntos, podemos cumprir, para o feliz progresso da humanidade. Não nos engane falsa esperança. Pois sem abandonar as inimizades e os ódios e sem concluir no futuro pactos firmes e honestos de paz universal, a humanidade, que já se encontra em situação muito crítica, apesar de dotada de ciência admirável, seja talvez fatalmente levada ao momento em que outra paz não experimente senão a horrenda paz da morte. A Igreja de Cristo, porém, ao pronunciar estas palavras, colocadas no meio da angústia deste tempo, não abandona sua firme esperança. Sempre de novo, oportuna e inoportunamente, repete a nosso tempo a mensagem apostólica: *Este é o tempo propício* para se converterem os corações, *este é o dia da salvação* (cf. 2Cor 6,2).

Para construir a paz é antes de tudo imprescindível extirpar as causas de desentendimento entre os homens. Estas alimentam a guerra, sobretudo as injustiças. Não poucas provêm das excessivas desigualdades econômicas, bem como do atraso em lhes trazer os remédios necessários. Outras surgem do espírito de domínio, do desprezo das pessoas e, investigando as causas mais profundas, da inveja, da desconfiança, da soberba e de outras paixões egoístas. Como o homem não suporta tantas desordens, resulta que, mesmo fora dos tempos de guerra, o mundo é constantemente perturbado por rivalidades entre os homens e por atos de violência.

Estes mesmos males infestam as relações entre as próprias nações. Por isso é de absoluta necessidade, para vencer ou prevenir e coibir as violências desenfreadas, que as instituições internacionais desenvolvam melhor e reforcem sua cooperação e coordenação; e se estimule incansavelmente a criação de organismos promotores da paz.

Responsório   Cf. Eclo 23,2; Is 49,8; 37,35; Sl 33(34),15

R. Fiz o **teu cora**ção desco**brir** a dou**tri**na da **sabedoria**
 * E aten**di** teus pe**di**dos ins**tan**tes, prote**gen**do a tua ci**dade**,
   para, **sempre**, haver **paz** em teus **dias**.
V. A**fas**ta-te do **mal** e faze o **bem**,
   procura a **paz** e vai com ela em teu ca**minho**. * E aten**di**.

Oração

Ó Deus de poder e misericórdia, que concedeis a vossos filhos e filhas a graça de vos servir como devem, fazei que corramos livremente ao encontro das vossas promessas. Por nosso Senhor Jesus Cristo, vosso Filho, na unidade do Espírito Santo.

TERÇA-FEIRA

Ofício das Leituras

Primeira leitura
Do Primeiro Livro dos Macabeus   2,1.15-28.42-50.65-70

Revolta de Matatias e sua morte

¹Naqueles dias, Matatias, filho de João, filho de Simeão, sacerdote da linhagem de Joarib, deixou Jerusalém e transferiu-se para Modin. ¹⁵Os delegados do rei Antíoco, encarregados de obrigar os judeus à apostasia, chegaram à cidade de Modin para organizarem os sacrifícios. ¹⁶Muitos israelitas aproximaram-se deles, mas Matatias e seus filhos ficaram juntos, à parte. ¹⁷Tomando a palavra, os delegados do rei dirigiram-se a Matatias, dizendo: 'Tu és um chefe de fama e prestígio na cidade, apoiado por filhos e irmãos. ¹⁸Sê o primeiro a aproximar-te e executa a ordem do rei, como fizeram todas as

nações, os homens de Judá e os que ficaram em Jerusalém. Tu e teus filhos sereis contados entre os amigos do rei. E sereis honrados, tu e teus filhos, com prata e ouro e numerosos presentes". [19]Com voz forte, Matatias respondeu: "Ainda que todas as nações, incorporadas no império do rei, passem a obedecer-lhe, abandonando a religião de seus antepassados e submetendo-se aos decretos reais, [20]eu, meus filhos e meus irmãos continuaremos seguindo a aliança de nossos pais. [21]Deus nos guarde de abandonarmos sua Lei e seus mandamentos. [22]Não atenderemos às ordens do rei e não nos desviaremos de nossa religião nem para a direita nem para a esquerda". [23]Mal ele concluiu estas palavras, um judeu adiantou-se à vista de todos para oferecer um sacrifício no altar de Modin segundo a determinação do rei. [24]Ao ver isso, Matatias inflamou-se de zelo e ficou profundamente indignado. Tomado de justa cólera, precipitou-se contra o homem e matou-o sobre o altar. [25]Matou também o delegado do rei, que queria obrigar a sacrificar, e destruiu o altar. [26]Ardia em zelo pela Lei, como Fineias havia feito com Zambri, filho de Salu. [27]E Matatias saiu gritando em alta voz pela cidade: "Quem tiver amor pela Lei e quiser conservar a aliança, venha e siga-me!" [28]Então fugiram, ele e seus filhos, para as montanhas, abandonando tudo o que possuíam na cidade.

[42]Reuniu-se a eles o grupo dos assideus, israelitas valorosos, cada um deles sinceramente devotado à Lei. [43]Do mesmo modo, todos os que fugiam desses males achegaram-se a eles e deram-lhes apoio. [44]Tendo formado um exército, feriram os prevaricadores em sua cólera e os ímpios, em seu furor. Os restantes fugiram para junto das nações, a fim de se salvarem. [45]Matatias e seus partidários começaram a percorrer o país destruindo altares, [46]circuncidando à força os meninos incircuncisos que encontravam no território de Israel, [47]perseguindo os filhos da soberba. Em suas mãos a campanha teve pleno êxito, [48]de modo que a Lei foi defendida

contra os pagãos e seus reis, e não permitiram que o pecador triunfasse.

⁴⁹ Quando se aproximaram do fim os dias de Matatias, ele disse aos seus filhos: "Agora imperam a soberba e o ultraje, é tempo de destruição e de cólera inflamada. ⁵⁰ Agora, meus filhos, sede zelosos pela Lei e dai a vida pela aliança de nossos pais.

⁶⁵ Aqui está Simeão, vosso irmão. Sei que é um homem de bom senso. Escuta-o sempre. Será como vosso pai. ⁶⁶ E Judas Macabeu, valente e intrépido desde a juventude, será o comandante de vosso exército e dirigirá a guerra contra o estrangeiro. ⁶⁷ Reuni em torno de vós todos os que observam a Lei e assegurai a desforra do povo. ⁶⁸ Retribuí aos pagãos o que fizeram e cumpri cuidadosamente os preceitos da Lei".

⁶⁹ E, depois de abençoá-los, foi reunir-se a seus pais. ⁷⁰ Morreu no ano cento e quarenta e seis. Foi sepultado no túmulo de seus pais, em Modin, e todo Israel o pranteou profundamente.

Responsório 1Mc 2,51.64

R. Guardai **sem**pre a lem**br**ança
do que ou**tro**ra vossos **pais**
reali**z**aram em seus **dias**.
* E grande **hon**ra e fama e**ter**na
serão **sem**pre a vossa **par**te.
V. Ó meus **fil**hos, sede **for**tes e **agi** varonil**men**te,
em fa**vor** da lei e**ter**na, pois só ela há de hon**rar**-vos.
* E grande **hon**ra.

Segunda leitura

Da Constituição Pastoral *Gaudium et spes,* sobre a Igreja no mundo de hoje, do Concílio Vaticano II

(Nn. 89-90) (Séc. XX)

A missão dos cristãos na construção da paz

De bom grado e de todo o coração, cooperem os cristãos na construção de uma ordem internacional em que sejam realmente observadas as liberdades legítimas e a amizade fraterna de todos. Tanto mais porque a maior parte do mundo ainda se debate em tão grande penúria que o próprio Cristo, nos pobres, como que em alta voz, clama pela caridade de seus discípulos. Evite-se, pois, de dar este escândalo aos homens: algumas nações, cujos cidadãos na maioria se gloriam do nome de cristãos, nadam na abundância de bens, enquanto outras se veem despojadas do necessário à vida e são torturadas pela fome, doenças e toda espécie de misérias. Pois o espírito de pobreza e caridade é a glória e o testemunho da Igreja de Cristo.

Merecem, portanto, louvor e apoio os cristãos, sobretudo os jovens, que se oferecem espontaneamente para prestar auxílio a outros homens e povos. Mais ainda. É obrigação de todo o Povo de Deus, arrastado pela palavra e pelo exemplo dos bispos, aliviar na medida de suas forças a miséria dos tempos atuais e isto, como era costume antigo da Igreja, não só com o supérfluo, mas também com o essencial.

Não há necessidade de se observar uma linha rígida e uniforme no sistema de arrecadar e de distribuir os subsídios. Mas seja bem organizado nas dioceses, nas nações e no plano mundial, em ação conjugada, sempre que pareça oportuno, de católicos com os outros irmãos cristãos. Pois o espírito de caridade, longe de proibir o exercício previdente e ordenado da ação social e caritativa, antes o impõe. Por isso mesmo é necessário que sejam devidamente preparados em institutos idôneos, os que pretendem dedicar-se ao serviço das nações em vias de desenvolvimento.

A Igreja deve, por conseguinte, estar bem presente à comunidade internacional para cooperar com os homens e estimulá-los, seja pelas instituições públicas, seja pela sincera e total colaboração de todos os cristãos, unicamente inspirada pelo desejo de servir.

Sua eficácia será tanto maior, se os próprios fiéis, cônscios de suas responsabilidades humana e cristã, já se esforçarem, no próprio âmbito de sua vida, por despertar a vontade de cooperar com a comunidade internacional. Empregue-se a respeito cuidado especial na formação dos jovens, tanto na educação religiosa quanto na civil.

É de desejar, enfim, que os católicos, para bem cumprir sua missão na comunidade internacional, queiram ativa e positivamente colaborar com os irmãos separados que professam juntos a mesma caridade evangélica, bem como com os homens sedentos de paz verdadeira.

Responsório   Cf. Hab 3,3(Vg); Lv 26,1b.9
R. Eis que **v**enho do **sul**,
 * Eu, o **S**enhor, vosso **Deus**, venho na **paz** visi**tar**-vos.
 V. Olha**rei** para **vós**, hei de **mul**tipli**car**-vos
   e con**vosco** eu **fa**rei a **mi**nha Aliança. * Eu, o **S**enhor.

Oração
Ó Deus de poder e misericórdia, que concedeis a vossos filhos e filhas a graça de vos servir como devem, fazei que corramos livremente ao encontro das vossas promessas. Por nosso Senhor Jesus Cristo, vosso Filho, na unidade do Espírito Santo.

QUARTA-FEIRA

Ofício das Leituras

Primeira leitura
Do Primeiro Livro dos Macabeus   3,1-26

Judas Macabeu

Naqueles dias: ¹Sucedeu a Matatias o seu filho Judas, chamado Macabeu. ²Deram-lhe apoio todos os seus irmãos e todos os que se tinham unido a seu pai, e combatiam alegremente pela defesa de Israel. ³Judas dilatou a glória de seu povo, revestiu-se da couraça como um gigante, cingiu suas armas de guerra e travou combates, protegendo o acampamento com a espada. ⁴Em suas façanhas parecia um leão, um filhote de leão, que ruge sobre a presa. ⁵Rastreou e perseguiu os ímpios e atirou às chamas os opressores do povo. ⁶Dele os ímpios fugiram amedrontados, perturbaram se todos os artesãos da iniquidade e por ele foi realizada a libertação. ⁷Fez muitos reis passarem momentos amargos, mas com seus feitos alegrou Jacó, e sua memória será sempre bendita. ⁸Percorreu as cidades de Judá, exterminando de seu meio os ímpios e afastando de Israel a cólera. ⁹Sua fama chegou às extremidades da terra, porque reuniu um povo que perecia.

¹⁰Apolônio mobilizou soldados pagãos e um grande contingente da Samaria, para combater Israel. ¹¹Judas soube, saiu-lhe ao encontro, derrotou-o e matou-o. Muitos tombaram no campo de batalha e os restantes fugiram. ¹²Ao se apossarem dos despojos, Judas ficou com a espada de Apolônio, que desde então usava nos combates. ¹³Seron, general do exército sírio, teve notícias de que Judas reunira considerável grupo de partidários, prontos a acompanhá-lo na guerra. ¹⁴Disse então: "Vou tornar-me célebre e cobrir-me de glória no reino, combatendo Judas e suas tropas, que desprezam as ordens do rei". ¹⁵Poderoso contingente de ímpios reuniu-se a ele e subiu para ajudá-lo a vingar-se dos filhos de Israel. ¹⁶Quando se aproximaram da subida de Bet-Horon, Judas saiu ao seu encontro com um pequeno grupo. ¹⁷Vendo o exército que contra eles marchava, disseram a Judas: "Como poderemos enfrentar tamanho exército, se somos tão poucos e nos sentimos debilitados pelo jejum de hoje?" ¹⁸Mas Judas respondeu-lhes: "É fácil uma multidão cair nas mãos de poucos, e para o Céu não há diferença em salvar com muitos ou com poucos, ¹⁹porque a vitória na guerra não depende da grande quantidade de soldados mas da força que vem do Céu. ²⁰Marcham contra nós, cheios de insolência e

de impiedade, para nos exterminarem a nós, a nossas esposas e a nossos filhos, e para nos espoliarem. ²¹Nós, porém, lutamos pelas nossas vidas e nossas leis. ²²O próprio Deus os esmagará diante de nós. Quanto a vós, não os temais". ²³Depois de pronunciar estas palavras, atirou-se repentinamente sobre os adversários. Seron e seu exército foram esmagados. ²⁴Os homens de Judá perseguiram-nos pela descida de Bet-Horon até à planície. Oitocentos homens foram mortos, e os outros fugiram para as terras dos filisteus. ²⁵Assim, Judas e seus irmãos começaram a ser temidos, e o medo tomou conta dos povos vizinhos. ²⁶Sua fama chegou até ao rei. E todos os pagãos comentavam as batalhas de Judas.

Responsório   1Mc 3,20a.22b.19.21-22a

R. Orgulhosos e **maus** eles **vêm** contra **nós**,
mas vós **não** os te**mais**,
* Pois, na **lu**ta, a vi**tó**ria não de**pen**de de **tro**pas
e **sim** do **vi**gor, que **vem** lá do **céu**.
V. Nós havemos de lu**tar** por nossas **leis** e nossas **vi**das,
e o próprio **Deus** esma**ga**rá a nossos **o**lhos o ini**mi**go.
* Pois, na **lu**ta.

Segunda leitura

Das Catequeses de São Cirilo de Jerusalém, bispo

(Cat. 5, De fide et symbolo, 10-11: PG 33,518-519)

(Séc. IV)

O poder da fé ultrapassa as forças humanas

A fé tem um só nome, mas duas maneiras de ser. Há um gênero de fé que se relaciona com o dogma e inclui a elevação de uma pessoa e seu assentimento sobre determinado assunto; diz respeito ao interesse pessoal, conforme o Senhor: *Quem ouve minhas palavras e crê naquele que me enviou, tem a vida eterna e não incorre em condenação* (Jo

5,24); e de novo: *Quem crê no Filho não será julgado, mas passa da morte para a vida* (cf. Jo 3,18.24).

Ó bondade imensa de Deus para com os homens! Com efeito, os justos foram agradáveis a Deus pelo labor de muitos anos. Mas aquilo que alcançaram entregando-se corajosamente e por dilatados anos ao serviço de Deus, isto mesmo em uma simples hora Jesus te concede. Porque, se creres que Jesus Cristo é Senhor e que Deus o ressuscitou dos mortos, serás salvo e levado ao paraíso por aquele que nele introduziu o ladrão. E não hesites em acreditar ser isto possível, pois quem salvou o ladrão neste santo Gólgota, pela fé de uma só hora, pode também salvar-te a ti, se creres. O outro gênero é a fé que Cristo concede por graça especial. Pois *a uns pelo Espírito é dada a palavra da sabedoria, a outros a palavra da ciência, segundo o mesmo Espírito. A outros a fé, no mesmo Espírito, a outros o dom de curar* (1Cor 12,8-9).

Este carisma da fé dado pelo Espírito não se relaciona apenas com o dogma; torna ainda capaz de realizar coisas acima das forças humanas. Quem tiver uma fé assim, dirá a este monte: *Vai daqui para ali; e irá* (Mt 17,20). Quando, pois, pela fé, alguém isto disser, crendo que acontecerá sem hesitar em seu coração, então é sinal de que recebeu esta graça.

Dela se disse: *Se tivésseis fé como um grão de mostarda* (Mt 17,20). Como o grão de mostarda, tão pequenino, possui uma força de fogo, e semeado em estreito pedaço de terra produz grandes ramos, que depois de crescidos podem dar sombra às aves do céu, assim também, num abrir e fechar de olhos, a fé realiza as maiores coisas na pessoa. Porque lhe dá uma ideia sobre Deus e o vê tanto quanto é capaz, inundada pela luz da fé. Percorre os confins da terra; e, antes da consumação do mundo, já prevê o juízo e a entrega das recompensas prometidas.

Guarda então a fé que de ti depende e que te leva a ele; para que recebas de suas mãos também aquela que age muito além das forças humanas.

Responsório
Gl 2,16; Rm 3,25a

R. Nenhum **ser** se torna **just**o pela **prát**ica da **lei**,
mas pela **fé** em Jesus **Cristo**.
* Nós também **cremos** em **Cristo** a **fim** de nos tor**nar**mos justi**fic**ados pela **fé** em Jesus **Cristo**, Senhor **nos**so.
V. Deus desti**nou** que Cristo **fos**se, por seu **sangue**,
a vítima da **pro**picia**ção**,
pela **fé** que colo**camos** nele **mes**mo.* Nós tam**bém**.

Oração

Ó Deus de poder e misericórdia, que concedeis a vossos filhos e filhas a graça de vos servir como devem, fazei que corramos livremente ao encontro das vossas promessas. Por nosso Senhor Jesus Cristo, vosso Filho, na unidade do Espírito Santo.

QUINTA-FEIRA

Ofício das Leituras

Primeira leitura
Do Primeiro Livro dos Macabeus   4,36-59

Purificação e dedicação do templo

Naqueles dias: ³⁶Judas e seus irmãos disseram: "Nossos inimigos foram esmagados. Vamos purificar o lugar santo e reconsagrá-lo". ³⁷Todo o exército então se reuniu e subiu ao monte Sião. ³⁸Viram o santuário desolado, o altar profanado, as portas queimadas, os átrios cheios de ervas, nascidas como num bosque ou nas montanhas, e as dependências do templo destruídas. ³⁹Rasgaram então suas vestes, desfizeram-se em lamentações e espalharam cinza sobre a cabeça. ⁴⁰Prostraram-se com o rosto em terra, fizeram soar trombetas e clamaram ao céu. ⁴¹Então Judas encarregou alguns homens de combater os inimigos que se encontravam na cidadela, enquanto purificavam o lugar santo.

⁴²Escolheu sacerdotes irrepreensíveis e cheios de zelo pela Lei, ⁴³que purificaram o lugar santo, levando para um lugar impuro as pedras contaminadas. ⁴⁴Deliberaram o que se devia fazer com o altar dos holocaustos, que fora profanado. ⁴⁵E tiveram a feliz ideia de o demolir, para não se tornar para eles motivo de desonra o fato de os pagãos o terem maculado. Demoliram então o altar ⁴⁶e colocaram as pedras no monte do templo, num lugar apropriado, até que viesse um profeta e decidisse o que fazer com elas. ⁴⁷Conforme a Lei, tomaram pedras não talhadas e construíram um novo altar, reproduzindo o modelo anterior. ⁴⁸Restauraram o lugar santo, como o interior do edifício, e santificaram os átrios. ⁴⁹Fizeram novos vasos sagrados, e recolocaram no templo o candelabro, o altar dos perfumes e a mesa. ⁵⁰Queimaram incenso sobre o altar e acenderam as lâmpadas do candelabro, que voltaram a brilhar no interior do templo. ⁵¹Colocaram pães sobre a mesa, estenderam as cortinas e concluíram tudo o que tinham planejado executar. ⁵²No vigésimo quinto dia do nono mês, chamado Casleu, do ano cento e quarenta e oito, levantaram-se ao romper da aurora ⁵³e ofereceram um sacrifício conforme a Lei, sobre o novo altar dos holocaustos que haviam construído. ⁵⁴O altar foi novamente consagrado ao som de cânticos, acompanhados de cítaras, harpas e címbalos, na mesma época do ano e no mesmo dia em que os pagãos o haviam profanado. ⁵⁵Todo o povo prostrou-se com o rosto em terra para adorar e louvar a Deus que lhes tinha dado um feliz triunfo. ⁵⁶Durante oito dias celebraram a dedicação do altar, oferecendo com alegria holocaustos e sacrifícios de comunhão e de louvor. ⁵⁷Ornaram

com coroas de ouro e pequenos escudos a fachada do templo. Reconstruíram as entradas e os alojamentos, nos quais colocaram portas. ⁵⁸Grande alegria tomou conta do povo, pois fora reparado o ultraje infligido pelos pagãos.

⁵⁹De comum acordo com os irmãos e toda a assembleia de Israel, Judas determinou que os dias da dedicação do altar fossem celebrados anualmente com alegres festejos, no tempo exato, durante oito dias, a partir do dia vinte e cinco do mês de Casleu.

Responsório   1Mc 4,57a.56a.58a; 2Mc 10,38a

R. Enfeitaram a fachada do templo
com escudos e coroas de ouro
e dedicaram o altar ao Senhor.
* E foi grande a alegria do povo.
V. Com hinos e louvores bendiziam ao Senhor.
* E foi grande.

Segunda leitura
Das Catequeses de São Cirilo de Jerusalém, bispo
(Cat. 5, De fide et symbolo, 12-13: PG 33,519-523)
(Séc. IV)

O símbolo da fé

Abraça, cuidadoso, unicamente a fé que agora a Igreja te entrega para aprendê-la e confessá-la, protegida pelos muros de toda a Escritura. Já que nem todos podem ler as Escrituras, uns por falta de preparo, outros por qualquer ocupação que os impede de conhecê-la, para que não pereçam por ignorância, encerramos nos poucos versículos do símbolo todo o dogma da fé.

Exorto-te a tê-lo como viático durante a vida inteira e não admitir nenhum outro mais. Nem se nós próprios, tendo mudado, dissermos algo contrário ao que ensinamos agora, nem mesmo se um anjo adverso, transfigurado em um anjo de luz, te quiser arrastar ao erro. Pois, *ainda que nós ou um anjo do céu vos anuncie coisa diferente do que agora recebestes, vos seja anátema* (Gl 1,8).

Ouves neste momento apenas simples palavras, mas guarda na memória o símbolo da fé. Em tempo oportuno receberás a confirmação de cada versículo tirado das Sagradas Escrituras. Porque não foi a bel-prazer dos homens que este resumo da fé foi composto, mas selecionados dentre toda a Escritura, os tópicos mais importantes perfazem e abraçam a única doutrina da fé. Da forma como a semente de mostarda num pequenino grão contém muitos ramos, assim este símbolo em poucas palavras encerra como num seio materno o conhecimento de toda a religião contida no Antigo e no Novo Testamento.

Considerai, portanto, irmãos, e mantende as tradições que recebestes agora e gravai-as no fundo de vosso coração.

Observai-as religiosamente, não aconteça que o inimigo em qualquer lugar venha a espoliar os covardes e negligentes, ou um herege alterar algo do que vos foi entregue. A fé é depositar no banco o dinheiro que vos confiamos. Mas Deus vos pedirá contas do depósito. *Peço-vos,* assim diz o Apóstolo, *diante de Deus, que tudo vivifica, e de Cristo Jesus, que deu seu belo testemunho sob Pôncio Pilatos* (1Tm 6,13), que conserveis imaculada esta fé entregue a vós, até que apareça nosso Senhor Jesus Cristo.

Agora te foi dado o tesouro da vida. O Senhor exigirá seu depósito por ocasião de seu aparecimento, *que no tempo preestabelecido o bem-aventurado e único Soberano, o Rei dos reis e Senhor dos senhores, manifestará. Ele, o único a possuir a imortalidade, que habita em luz inacessível, a quem ninguém jamais viu nem pode ver* (1Tm 6,15-16). A ele glória, honra e império pelos séculos dos séculos. Amém.

Responsório   Hb 10,38-39; cf. Hab 2,4
R. Todavia o meu **jus**to vive**rá** pela **fé,**
mas, se ele apostatar,
nele **não** encontro **mais** nenhu**ma** complacência.
* Nós não **so**mos deser**to**res para a **nos**sa perdi**ção;**
somos **gen**te que tem **fé** para a **nos**sa salva**ção.**
V. Eis, **aque**le que é soberbo, sua **men**te não é **re**ta.
* Nós não **so**mos.

Oração

Ó Deus de poder e misericórdia, que concedeis a vossos filhos e filhas a graça de vos servir como devem, fazei que corramos livremente ao encontro das vossas promessas. Por nosso Senhor Jesus Cristo, vosso Filho, na unidade do Espírito Santo.

SEXTA-FEIRA

Ofício das Leituras

Primeira leitura
Do Segundo Livro dos Macabeus   12,32-46

O sacrifício pelos mortos

³²Depois da festa chamada Pentecostes, marcharam contra Górgias, comandante da Idumeia. ³³Este saiu a campo com três mil soldados de infantaria e quatrocentos cavaleiros. ³⁴Na luta que se travou, morreram alguns judeus. ³⁵Certo cavaleiro, do corpo de Bacenor, chamado Dositeu, homem valente, agarrou Górgias pelo manto e pôs-se a arrastá-lo vigorosamente, pois queria capturá-lo vivo. Mas um cavaleiro da Trácia precipitou-se sobre ele e amputou-lhe o ombro. Assim Górgias fugiu para Marisa. ³⁶As tropas de Esdrin, que combatiam havia muito tempo, já estavam esgotadas. Então Judas suplicou ao Senhor para que se manifestasse como aliado e guia no combate. ³⁷Em seguida, bradando, na língua de seus pais, o grito de guerra e entoando hinos,

atirou-se subitamente sobre os soldados de Górgias, obrigando-os à retirada.

³⁸Depois disto, reunindo o seu exército, Judas alcançou a cidade de Odolam. Como chegasse o sétimo dia da semana, purificaram-se conforme o costume e ali mesmo celebraram o sábado. ³⁹No dia seguinte, porque já era urgente a tarefa, os homens de Judas foram recolher os corpos dos que tinham tombado, para depositá-los com seus parentes nas sepulturas familiares. ⁴⁰Então, debaixo das túnicas de cada um dos mortos, encontraram objetos consagrados aos ídolos de Jâmnia, cujo uso a Lei vedava aos judeus. Tornou-se evidente a todos que fora aquela a causa da sua morte.

⁴¹Bendisseram todos a ação do Senhor, o justo juiz que torna manifestas as coisas ocultas, ⁴²e puseram-se em oração, suplicando-lhe que fosse inteiramente perdoado o pecado cometido. O nobre Judas exortou o povo a conservar-se isento do pecado, pois tinham visto com os próprios olhos o que acontecera por causa do pecado dos que haviam tombado. ⁴³Depois, mandou fazer uma coleta, recolhendo cerca de duas mil dracmas, que enviou a Jerusalém para que se oferecesse um sacrifício pelo pecado. Ação justa e nobre, inspirada na sua crença na ressurreição. ⁴⁴Pois, se ele não esperasse que os soldados mortos haviam de ressuscitar, teria sido vão e supérfluo rezar por eles. ⁴⁵Considerava, porém, que aos que morrem piedosamente está reservada uma bela recompensa. ⁴⁶Santo e piedoso pensamento, este de orar pelos mortos. Por isso ele ofereceu um sacrifício expiatório pelos defuntos, para que fossem livres dos seus pecados.

Responsório   Cf. 2Mc 12,45.46
R. Para aqueles que adormecem na piedade
  * Está reservada excelente recompensa.
V. É um santo e piedoso pensamento
  rezar por aqueles que morreram,
  para serem absolvidos dos pecados. * Está.

Segunda leitura
Dos Sermões de São Gregório de Nazianzo, bispo
(Or. 7, in laudem Caesarii fratris, 23-24: PG 35,786-787)
(Séc. IV)

É resolução santa rezar pelos defuntos

Que é o homem para que te lembres dele? (Sl 8,5). Que novo mistério é este a meu respeito? Sou pequenino e grande, humilde e excelso, mortal e imortal, terreno e celeste. Faz-se mister ser eu sepultado com Cristo, ressurgir com Cristo, ser coerdeiro de Cristo, tornar-me filho de Deus e até Deus mesmo.

Tudo isto nos indica o grande mistério: é Deus que por nossa causa assumiu a humanidade e se tornou pobre, a fim de erguer a criatura prostrada, trazer a salvação à imagem e renovar o homem. Para sermos todos um só no Cristo, que, perfeitamente em todos nós, se fez tudo aquilo que ele próprio é. Que não sejamos mais *homem e mulher, bárbaro e cita, escravo e livre* (cf. Cl 3,11), discriminações e sinais vindos da carne, mas tenhamos unicamente o sinete de Deus, por quem e para quem fomos criados, somente por ele, e formados e gravados, a fim de sermos só por ele reconhecidos.

Oxalá sejamos aquilo que esperamos, segundo a grande benignidade do Deus generoso. Pedindo pouco, dá o máximo aos que o amam com sincero afeto do coração, desde agora e no futuro. Por causa de nosso amor para com ele e da esperança, que *tudo desculpa, tudo suporta.* Por tudo dando graças (coisa que muitíssimas vezes é instrumento de salvação, a Palavra o sabe) e recomendando-lhe nossas almas e as daqueles que pela estrada comum, mais bem preparadas, chegaram primeiro à morada.

Ó Senhor e Criador de tudo e, mais que tudo, desta imagem! Ó Deus de teus homens, Pai e Chefe, ó Árbitro da vida e da morte, ó Guarda e Benfeitor nosso! Ó tu, que tudo fazes a seu tempo e, pelo Verbo Artífice, transformas da maneira como em tua sabedoria e desígnio profundos bem sabes, agora então, rogo-te, recebe Cesário, primícias de nossa separação.

A nós, quando chegar a hora, mantidos em nossa vida mortal por tanto tempo quanto parecer bom, recebe-nos também. E recebe-nos, sim, preparados e não perturbados por temor a ti. Sem voltar as costas ao dia derradeiro e de má vontade, como costumam proceder aqueles que se apegam ao mundo e à carne, arrancados à força. Mas com prontidão e ardor, partindo para aquela feliz e intérmina vida que está em Cristo Jesus, nosso Senhor, a quem a glória pelos séculos dos séculos. Amém.

Responsório

R. Acolhei, ó Senhor **Deus**, nós vos pe**di**mos,
 as **al**mas dos ir**mãos** que fale**ce**ram,
 pelas **quais** o vosso **san**gue derra**mas**tes.
* Lembrai-vos, ó Se**nhor**, que somos **pó**,
 como o **fe**no e a **flor** dos nossos **cam**pos,
 transi**tó**rios são os **di**as que pa**ssa**mos.
V. O **Se**nhor é **bon**dade e cle**mên**cia,
 é **a**mor, compai**xão** e per**dão**. * Lembrai-vos.

Oração

Ó Deus de poder e misericórdia, que concedeis a vossos filhos e filhas a graça de vos servir como devem, fazei que corramos livremente ao encontro das vossas promessas. Por nosso Senhor Jesus Cristo, vosso Filho, na unidade do Espírito Santo.

SÁBADO

Ofício das Leituras

Primeira leitura

Do Primeiro Livro dos Macabeus 9,1-22

Morte de Judas Macabeu no combate

¹Quando soube que Nicanor e seu exército haviam sucumbido no combate, Demétrio enviou de novo Báquides e Alcimo ao território de Judá, com a ala direita do seu exército. ²Empreenderam a marcha pelo caminho de Guilgal, tomaram de assalto Mesalot, no território de Arbelas, apoderaram-se da cidade e mataram grande número de habitantes. ³No primeiro mês do ano cento e cinquenta e dois, acamparam em frente de Jerusalém. ⁴Mas, depois, partiram dali e dirigiram-se para a Bereia, com vinte mil homens e dois mil cavaleiros. ⁵Judas estava acampado em Elasa, tendo consigo três mil homens escolhidos, ⁶os quais, ao verem o número considerável de inimigos, ficaram aterrorizados. Muitos fugiram então do acampamento, e não ficaram mais de oitocentos homens. ⁷Judas viu que seu exército debandava, precisamente quando era iminente a batalha, e seu coração abateu-se, porque não tinha tempo de reagrupá-los. ⁸Embora deprimido, disse aos que ficaram: "Avante! Marchemos contra nossos inimigos. Talvez possamos enfrentá-los!" ⁹Eles, porém, tentavam dissuadi-lo, dizendo: "Não conseguiremos! Salvemos, agora, nossas vidas. Voltaremos depois com nossos irmãos, para combatê-los. Agora somos muito poucos". ¹⁰Judas retrucou: "Longe de mim fazer isso, fugir diante do inimigo! Se chegou a nossa hora, morramos corajosamente por nossos irmãos, e não deixemos que se manche a nossa glória!" ¹¹O exército inimigo saiu do acampamento e tomou posição diante deles. A cavalaria estava dividida em dois esquadrões, os atiradores de funda e os flecheiros marchavam à frente do exército,

os mais aguerridos na primeira fila. Báquides estava na ala direita. ¹²A falange avançou dos dois lados ao som das trombetas. Os de Judas também tocaram as trombetas¹³ e a terra tremeu com o ruído dos exércitos. Travou-se a batalha pela manhã e durou até a tarde.

¹⁴Judas viu que Báquides e o mais forte do seu exército estavam à direita. Então reuniu em torno de si todos os homens intrépidos, ¹⁵abateu com eles a ala direita e perseguiu-os até ao monte Azoto.¹⁶ Mas quando os da ala esquerda perceberam que a ala direita estava sendo desbaratada, voltaram-se e atiraram-se atrás de Judas e seus companheiros. ¹⁷Tornou-se renhida a luta. De ambos os lados, muitos foram feridos e caíram.¹⁸ Judas também sucumbiu e os demais fugiram.¹⁹ Jônatas e Simeão levaram Judas, seu irmão, e enterraram-no no sepulcro de seus pais, em Modin. ²⁰Todo o povo de Israel manifestou grande desolação, chorou-o e guardou luto durante vários dias,²¹ dizendo: "Como sucumbiu o valente, salvador de Israel!"

²²As restantes façanhas de Judas, seus combates, seus feitos heroicos e atos gloriosos não se escreveram, por serem numerosos demais.

Responsório   Cf. 1Mc 4,8b.9a.10a.9

R. A **fúria** do ini**migo** não te**mais**;
    lem**brai**-vos como ou**tro**ra vossos **pais**
    foram **sal**vos ao pas**sar** o mar Vermelho.
 * Cla**me**mos para o **céu** neste mo**men**to,
    e de **nós** terá pie**da**de o nosso **Deus**.
V. Recor**dai** as maravilhas que ele **fez**,
    o que **fez** ao Faraó e seu exército. * Cla**me**mos.

Segunda leitura
Do Tratado sobre o benefício da morte, de Santo Ambrósio, bispo

(Cap. 3,9; 4,15: CSEL 32,710.716-717)   (Séc. IV)

Levemos sempre em nós a morte de Cristo

Disse o Apóstolo: *Para mim o mundo está crucificado, e eu, para o mundo* (Gl 6,14). Para que saibamos, por fim, que nesta vida há morte e boa morte, exorta-nos a que *levemos a morte de Jesus em nosso corpo* (cf. 2Cor 4,10).

Pois quem tiver em si a morte de Jesus, precisa também ter em seu corpo a vida do Senhor Jesus. Atue, portanto, a morte em nós, para que também possa agir a vida. Vida excelente depois da morte, isto é, vida excelente depois da vitória, vida excelente, terminado o combate. Nela a lei da carne já não luta contra a lei do espírito, não há mais em nós peleja da morte contra o corpo, mas no corpo, a vitória sobre a morte. E francamente não sei qual tem maior força, esta morte ou a vida. É claro que atendo à autoridade do Apóstolo que diz: *Portanto a morte age em nós, mas a vida, em vós* (2Cor 4,12). A morte de um só a quanta gente faz crescer a vida! Por isto ensina ser desejável esta morte aos que ainda estão nesta vida, para que refulja em nossos corpos a morte de Cristo, aquela ditosa pela qual se destrói o ser exterior, *a fim de ser renovado nosso homem interior* (cf. 2Cor 2,16) *e se desfaça nossa habitação terrena* (cf. 2Cor 5,1), abrindo-se assim para nós a habitação celeste.

Imita, portanto, a morte, que se separa da união com esta carne e desata os laços de que fala o Senhor mediante Isaías: *Desata as cadeias iníquas, solta os laços das altercações violentas, deixa livres os oprimidos, rompe todo limite injusto* (Is 58,6).

O Senhor aceitou sujeitar-se à morte para que a culpa desaparecesse. Mas, para não ser de novo a morte o fim da natureza humana, foi-lhe dada a ressurreição dos mortos, para que pela morte se apagasse a culpa, pela ressurreição se perpetuasse a natureza.

Por isso, a morte é a passagem de tudo. É preciso que passes continuamente; passagem da corrupção para a incorrupção, da condição mortal à imortalidade, das perturbações para a tranquilidade. Por isto não te assuste a palavra morte, mas os benefícios da boa passagem te alegrem. Pois que é a morte a não ser a sepultura dos vícios, o despertar das virtudes? Por isto disse ele: *Morra minha alma nas almas dos justos* (Nm 23,10), quer dizer, seja consepultada para depor seus vícios, assumir a graça dos justos, que trazem no corpo e na alma a morte de Cristo.

Responsório 2Tm 2,11-12a; Eclo 1,29
R. É **fiel** esta palavra:
Se com **Cristo** nós morremos, com **Cristo** viveremos;
* Se com **ele** nós sofremos, com **ele** reinaremos.
V. Espera paciente até o **tempo** oportuno,
e então a alegria será recompensa. * Se com ele.

Oração
Ó Deus de poder e misericórdia, que concedeis a vossos filhos e filhas a graça de vos servir como devem, fazei que corramos livremente ao encontro das vossas promessas. Por nosso Senhor Jesus Cristo, vosso Filho, na unidade do Espírito Santo.

32º DOMINGO DO TEMPO COMUM

IV Semana do Saltério

I Vésperas

Cântico evangélico, ant.

Ano A Virgens prudentes, vigilantes,
preparai as vossas lâmpadas.
O Esposo está chegando:
Ide logo ao seu encontro!

Ano B Sentado Jesus junto ao cofre de ofertas,
viu a pobre viúva que lançava duas moedas,
em oferta ao Senhor, dando tudo o que tinha.

Ano C Os que forem julgados ser dignos
de ter parte no mundo futuro,
sendo filhos da ressurreição,
serão semelhantes aos anjos,
serão filhos de Deus, diz Jesus.

Oração

Deus de poder e misericórdia, afastai de nós todo obstáculo para que, inteiramente disponíveis, nos dediquemos ao vosso serviço. Por nosso Senhor Jesus Cristo, vosso Filho, na unidade do Espírito Santo.

Ofício das Leituras

Primeira leitura
Início do Livro do Profeta Daniel

1,1-21

Fidelidade dos jovens israelitas
no palácio do rei da Babilônia

¹No terceiro ano do reinado de Joaquim, rei de Judá, Nabucodonosor, rei da Babilônia, avançou sobre Jerusalém e pôs-lhe cerco; ²o Senhor entregou em suas mãos Joaquim,

rei de Judá, e parte dos vasos da casa de Deus, e ele os levou para a terra de Senaar, para o templo de seus deuses, depositando os vasos no tesouro dos deuses.

³Então o rei ordenou ao chefe dos eunucos, Asfenez, para que trouxesse, dentre os filhos de Israel, alguns jovens de estirpe real ou de família nobre, ⁴sem defeito físico e de boa aparência, preparados com boa educação, experientes em alguma ciência e instruídos, e que pudessem estar no palácio real, onde lhes deveriam ser ensinadas as letras e a língua dos caldeus. ⁵O rei fixou-lhes uma ração diária da comida e do vinho de sua mesa, de tal modo que, assim alimentados e educados durante três anos, eles pudessem no fim entrar para o seu serviço. ⁶Havia, entre esses moços, filhos de Judá, Daniel, Ananias, Misael e Azarias. ⁷O chefe dos eunucos deu-lhes outros nomes: Daniel chamar-se-ia Baltasar; Ananias, Sidrac; Misael, Misac; e Azarias, Abdênago.

⁸Ora, Daniel decidiu secretamente não comer nem beber da mesa do rei por convicções religiosas, e pediu ao chefe dos eunucos que o deixasse abster-se para não se contaminar. ⁹Deus concedera que Daniel obtivesse simpatia e benevolência por parte do mordomo. Este disse-lhes: "Tenho medo do rei, meu Senhor, que determinou alimentação e bebida para todos vós; ¹⁰se vier a perceber em vós um aspecto mais abatido que o dos outros moços da vossa idade, estareis condenando minha cabeça perante o rei". ¹¹Mas disse Daniel ao guarda que o chefe dos eunucos tinha designado para tomar conta dele, de Ananias, Misael e Azarias: ¹²"Por favor, faze uma experiência com estes teus criados por dez dias, e nos sejam dados legumes para comer e água para beber; ¹³e que à tua frente seja examinada nossa aparência e a dos jovens que comem da mesa do rei, e, conforme achares, assim resolverás com estes teus criados".

¹⁴ O homem, depois de ouvir esta proposta, experimentou-os por dez dias. ¹⁵ Depois desses dez dias, eles apareceram com melhor aspecto e mais robustos do que todos os outros jovens que se alimentavam com a comida do rei. ¹⁶ O guarda, desde então, retirava a comida e bebida deles para dar-lhes legumes.

¹⁷ A esses quatro jovens Deus concedeu inteligência e conhecimento das letras e das ciências, e a Daniel, o dom da interpretação de todos os sonhos e visões. ¹⁸ Terminado, pois, o prazo que o rei tinha fixado para a apresentação dos jovens, foram estes trazidos à presença de Nabucodonosor pelo chefe dos eunucos. ¹⁹ Depois de o rei lhes ter falado, não se achou ninguém, dentre todos os presentes, que se igualasse a Daniel, Ananias, Misael e Azarias. E passaram à companhia do rei. ²⁰ Em todas as questões de sabedoria e entendimento que lhes dirigisse, achava o rei neles dez vezes mais valor do que em todos os adivinhos e magos que havia em todo o reino. ²¹ Daniel permaneceu aí até ao primeiro ano do rei Ciro.

Responsório   Cf. Dn 1,17a.20a
R. O Senhor lhes ensinou sabedoria e disciplina
 e neles confirmou seu espírito de graça.
 * E encheu-lhes o Senhor o coração de entendimento.
V. Quando o rei os consultava, encontrava nesses jovens
 tudo aquilo que exigia: sutileza e entendimento.
 * E encheu-lhes.

Segunda leitura
Início da Homilia de um Autor do século segundo
(Cap. 1,1-2,7: Funk 1,145-149)

Cristo quis salvar o que estava perdido

Irmãos, temos de pensar que Jesus Cristo é Deus, juiz dos vivos e dos mortos; e não nos convém ter em pouca monta nossa salvação. Se não lhe dermos importância, também julgaremos ser pouca coisa o que esperamos receber. Aqueles que escutam isto como ninharias, pecam, e nós pecamos, ignorando por que e por quem fomos chamados e para que lugar; e o quanto Jesus Cristo quis padecer por nós.

Que lhe daremos então por paga ou que fruto digno daquele que a si mesmo se deu a nós? Quantos benefícios lhe devemos? Concedeu-nos a luz, qual Pai, nos chamou seus filhos; mortos, salvou-nos. Portanto, que louvor lhe daremos ou remuneração em troca do que recebemos? Nós, fracos de espírito, adoradores de pedras e de madeiras, de ouro, prata e bronze, obras de homens; e nossa vida toda não passava de morte. Envoltos em trevas, com os olhos cheios deste negrume, recuperamos a visão, desfazendo por sua vontade a névoa que nos cobria.

Compadecido e comovido até as entranhas, salvou-nos por ver em nós tanto erro e morte, sem termos nenhuma esperança de salvação, exceto aquela que ele nos traz. Chamou-nos, a nós que não existíamos, e quis criar-nos do nada.

Alegra-te, estéril, que não és mãe; salta e clama, tu que não dás à luz; porque são mais numerosos os filhos da abandonada que daquela que tem marido (cf. Is 54,1). Ao dizer: *Alegra-te, estéril, que não és mãe,* é a nós que indica: pois estéril era nossa Igreja, antes que filhos lhe fossem dados. E dizendo: *Clama, tu que não dás à luz,* entende-se: Clamemos sempre a Deus, sem nos cansar, à semelhança das que dão à luz. E com as palavras: *Porque são mais numerosos os filhos da abandonada que daquela que tem marido,* diz que nosso povo parecia abandonado e privado de Deus. Agora, porém, desde que temos a fé, somos muito mais numerosos do que aqueles que se julgavam possuir a Deus.

Em outro lugar diz a Escritura: *Não vim chamar os justos, mas os pecadores* (Mt 9,13). Diz que lhe era preciso salvar os que pereciam. Grande e admirável coisa é firmar não aquilo que está de pé, mas o que cai. Assim Cristo quis salvar o que perecia e a muitos salvou com sua vinda, chamando-nos a nós que já perecíamos.

Responsório   1Ts 5,9-10; Cl 1,13

R. Deus **não** nos desti**nou** à sua **i**ra,
    mas **sim** para alcan**çar**mos reden**ção**,
    atra**vés** de Jesus **Cris**to, Senhor **nos**so;
 * Ele **deu** à sua **vi**da por nós **to**dos,
    a **fim** de que com ele nós vi**va**mos.
V. Do im**pé**rio das **tre**vas arran**cou**-nos
    e transpor**tou**-nos para o **rei**no de seu Filho,
    para o **rei**no de seu Filho bem-a**ma**do. * Ele **deu**.

HINO Te Deum, p. 543.

Laudes

Cântico evangélico, ant.
Ano A No **mei**o da **noi**te ouviu-se um cla**mor**:
        Vem che**gan**do o Es**po**so, saí-lhe ao en**con**tro!
Ano B Eu vos **di**go que a **po**bre vi**ú**va
        doou **mais** do que **to**dos os **ou**tros,
        que lan**ça**ram di**nhei**ro no **co**fre.
Ano C Que os **mor**tos have**rão** de ressur**gir**,
        Moi**sés** já nos mos**trou** no epi**só**dio
        da sarça ar**den**te, quando **cha**ma o Se**nhor**:
        Deus de Abra**ão**, Deus da Isaac, Deus de Ja**có**.
        O **Se**nhor é Deus dos **vi**vos, não dos **mor**tos.

Oração

Deus de poder e misericórdia, afastai de nós todo obstáculo para que, inteiramente disponíveis, nos dediquemos ao vosso serviço. Por nosso Senhor Jesus Cristo, vosso Filho, na unidade do Espírito Santo.

II Vésperas

Cântico evangélico, ant.

Ano A Eu vos **di**go esta ver**da**de:
Vigi**ai**, pois não sa**beis** nem o **di**a nem a **ho**ra!

Ano B Eu vos **di**go que a vi**ú**va, ao do**ar** da sua po**bre**za, deu **quan**to possuía, doou **to**do o seu sus**ten**to.

Ano C O Se**nhor** é Deus de **vi**vos, não de **mor**tos; pois todos **vi**vem para ele.

SEGUNDA-FEIRA

Ofício das Leituras

Primeira leitura
Do Livro do Profeta Daniel   2,26-47

Visão da estátua e da pedra. O Reino eterno de Deus

Naqueles dias: ²⁶O rei Nabucodonosor dirigiu-se a Daniel, que se chamava Baltasar, dizendo: "Achas que podes realmente explicar-me o sonho que tive e dar-me a sua interpretação?" ²⁷Respondendo, disse Daniel ao rei: "O mistério que o rei procura descobrir não conseguem explicá-lo os sábios, magos, adivinhos e astrólogos; ²⁸mas há um Deus no céu, capaz de revelar mistérios, que te dá a conhecer, ó rei Nabucodonosor, o que vai acontecer nestes próximos tempos. Foi o seguinte o sonho e as visões que teve tua mente, quando estavas deitado:

²⁹Tu, ó rei, ainda na cama começaste a pensar sobre o que estaria para acontecer; aquele que sabe revelar mistérios mostrou-te coisas vindouras. ³⁰Esse mistério foi-me também revelado, não para dar mostra de conhecimento maior do que o de todos os outros homens, mas para que ao rei se manifeste sua interpretação, para que tu conheças as preocupações de tua mente.

³¹Tu, ó rei, olhavas, e pareceu-te ver uma estátua grande, muito alta, erguida à tua frente, de aspecto aterrador. ³²A cabeça da estátua era de ouro fino, peito e braços eram de prata, ventre e coxas, de bronze; ³³sendo as pernas de ferro, e os pés, parte de ferro e parte de barro. ³⁴Estavas olhando, quando uma pedra, sem ser empurrada por ninguém, se desprendeu de algum lugar, e veio bater na estátua, em seus pés de ferro e barro, fazendo-os em pedaços; ³⁵então, a um só tempo, despedaçaram-se ferro, barro, bronze, prata e ouro, tudo ficando como a palha miúda das eiras, no verão, que o vento varre sem deixar vestígios; mas a pedra que atingira a estátua transformou-se num grande monte e encheu toda a terra.

³⁶Este foi o sonho; vou dar também a interpretação, ó rei, em tua presença. ³⁷Tu és um grande rei, e o Deus do céu te deu a realeza, o poder, a autoridade e a glória; ³⁸ele entregou em tuas mãos os filhos dos homens, os animais do campo e as aves do céu, onde quer que habitem, e te constituiu senhor de todos eles: tu és a cabeça de ouro. ³⁹Depois de ti, surgirá outro reino, que é inferior ao teu, e ainda um terceiro, que será de bronze, e dominará toda a terra. ⁴⁰O quarto reino será forte como ferro; e assim como o ferro tudo esmaga e domina, do mesmo modo, à semelhança do ferro, ele esmagará e destruirá todos aqueles reinos. ⁴¹Viste os pés e dedos dos pés, parte de barro e parte de ferro, porque o reino será dividido; terá a força do ferro, conforme viste o ferro misturado com barro cozido. ⁴²Viste também que os dedos dos pés eram parte de ferro e parte de barro, porque o reino em parte será sólido e em parte quebradiço. ⁴³Quanto ao ferro misturado com barro cozido, haverá de certo ligações por via de casamentos, mas sem coesão entre as partes, assim como o ferro não faz liga com o barro. ⁴⁴No tempo desses reinos, o Deus do céu suscitará um reino que nunca será destruído, um reino que não passará a outro povo; antes, esmagará e aniquilará todos esses reinos, e ele

permanecerá para sempre. ⁴⁵Quanto à pedra que, sem ser tocada por mãos, se desprendeu do monte e despedaçou o barro cozido, o ferro, o bronze, a prata e o ouro, o grande Deus faz saber ao rei o que acontecerá depois, no futuro. O sonho é verdadeiro, e sua interpretação, fiel".

⁴⁶Então o rei Nabucodonosor prostrou-se com o rosto em terra diante de Daniel e deu ordens para que lhe fossem oferecidos sacrifícios e incenso. ⁴⁷Depois disse o rei a Daniel: "Verdadeiramente o vosso Deus é o deus dos deuses, senhor dos reis e revelador de mistérios, pois foste capaz de interpretar este mistério".

Responsório   Dn 2,44; cf. Lc 20,17.18
R. O Deus do **céu** suscitará um grande **reino**;
   um **reino** que ja**mais** se aca**bará**;
   destrui**rá** e aniquila**rá** todos os **outros**.
 * Enquanto **este** fi**cará** eterna**mente**.
V. A **pe**dra que os **pe**dreiros rejei**taram**
   tor**nou**-se agora a **pe**dra angu**lar**;
   esta **pe**dra have**rá** de esma**gar**
   todo a**que**le sobre **quem** ela ca**ir**. * Enquanto.

Segunda leitura
Da Homilia de um Autor do século segundo
(Cap. 3,1-4,5; 7,1-6: Funk 1,149-153)

Testemunhemos a Deus pelas obras

O Senhor usou para conosco de uma misericórdia tão grande que, primeiramente, nós, seres vivos, não sacrificássemos a deuses mortos nem os adorássemos, e levando-nos por Cristo ao conhecimento do Pai da verdade. E qual é o conhecimento que nos conduz a ele? Não é acaso não negar Aquele por quem o conhecemos? Ele mesmo declarou: *Ao que der testemunho de mim, eu darei testemunho dele diante do Pai* (cf. Lc 12,8). É este o nosso prêmio: testemunhar aquele por quem fomos salvos. Como o testemunharemos?

Fazendo o que diz, sem desprezar seus mandamentos, honrando-o não com os lábios só, mas de todo o coração e inteligência. Pois Isaías disse: *Este povo me honra com os lábios, seu coração, porém, está longe de mim* (Is 29,13).

Portanto, não nos contentemos em chamá-lo de Senhor; isto não nos salvará. São suas as palavras: *Não é quem me diz Senhor, Senhor, que se salvará, mas quem pratica a justiça* (cf. Mt 7,21). Por isso, irmãos, demos testemunho pelas obras: amemo-nos mutuamente, não cometamos adultério, não nos difamemos uns aos outros nem nos invejemos, mas vivamos na continência, na misericórdia, na bondade. E sejamos movidos pela mútua compaixão, não pela cobiça. Confessemo-lo por estas obras, não pelas contrárias. Não temos de temer os homens, mas a Deus. Porque o Senhor disse aos que assim procediam: *Se estiverdes comigo, reunidos em meu seio e não cumprirdes meus mandamentos, eu vos repelirei e direi: Afastai-vos de mim, não sei donde sois, operários da iniquidade* (cf. Mt 7,23; Lc 13,27).

Por conseguinte, irmãos meus, lutemos, sabendo que o combate está em nossas mãos. Muitos se entregam a lutas corruptíveis, mas somente são coroados aqueles que mais tiverem lutado e combatido gloriosamente. Lutemos, pois, também nós, para sermos todos coroados. Para isto, corramos pelo caminho reto, pelo combate incorruptível. Naveguemos em grande número para ele e pelejemos, a fim de obter a coroa. Se não pudermos todos ser coroados, que ao menos dela nos aproximemos. Convém-nos saber que, se alguém se entrega a um combate corruptível, mas é surpreendido como corruptor, é flagelado, afastado e expulso do estádio.

Que vos parece? Que deverá padecer quem corrompe o combate da incorrupção? Sobre aqueles que não guardam o caráter, se diz: *Seu verme não morre, seu fogo não se extingue e serão dados em espetáculo a toda carne* (Is 66,24).

Responsório   1Ts 1,9b-10; 1Jo 2,28
R. Vós, irmãos, vos convertestes ao Senhor,
   para servirdes ao Deus vivo e verdadeiro,
   esperando o seu Filho vir dos céus,
   a quem Deus ressuscitou dentre os mortos.
 * Ele nos livra da ira que virá.
V. E agora, meus filhinhos, ficai nele,
   a fim de que, quando ele aparecer,
   possamos encontrá-lo confiantes,
   sem ficar envergonhados em sua vinda. * Ele nos.

Oração

Deus de poder e misericórdia, afastai de nós todo obstáculo para que, inteiramente disponíveis, nos dediquemos ao vosso serviço. Por nosso Senhor Jesus Cristo, vosso Filho, na unidade do Espírito Santo.

TERÇA-FEIRA

Ofício das Leituras

Primeira leitura
Do Livro do Profeta Daniel   3,8-12.19-24.91-97

A estátua de ouro do rei. Os jovens salvos da fornalha

⁸Naquele tempo aproximaram-se alguns caldeus, acusando os judeus, ⁹e disseram ao rei Nabucodonosor: "Ó rei, que vivas para sempre! ¹⁰Tu mesmo, ó rei, decretaste que todo homem, ao ouvir o som de trombeta, flauta e cítara, de harpa e saltério, de um conjunto musical de todo o tipo de instrumentos, tem de prostrar-se em adoração à estátua de ouro; ¹¹e que, se alguém não se prostrar em adoração, seja atirado na fornalha de fogo ardente. ¹²Pois bem, aqueles judeus, que colocaste para administrar a província da Babilônia, Sidrac, Misac e Abdênago, são homens que não prestam as honras devidas a ti, ó rei, nem prestam o culto

aos teus deuses, nem adoram a estátua de ouro que fizeste erigir".

[19] A estas palavras, Nabucodonosor encheu-se de cólera contra Sidrac Misac e Abdênago, a ponto de se alterar a expressão do rosto; deu ordem para acender a fornalha com sete vezes mais fogo que de costume; [20] e encarregou os soldados mais fortes do exército para amarrarem Sidrac, Misac e Abdênago e os lançarem na fornalha de fogo ardente. [21] Amarrados, os homens foram imediatamente lançados na fornalha ardente, juntamente com suas roupas, calças, capas e calçados; [22] ora, as ordens do rei eram urgentes, e, como a fornalha ficou excessivamente aquecida, as chamas devoraram os homens que tinham atirado ao fogo Sidrac, Misac e Abdênago, [23] enquanto estes três, amarrados, caíram no meio do forno cheio de fogo.

[24] Andavam de cá para lá no meio das chamas, entoando hinos a Deus e bendizendo ao Senhor.

[91] Então, o rei Nabucodonosor, tomado de pasmo, levantou-se apressadamente, e perguntou a seus ministros: "Porventura, não lançamos três homens bem amarrados no meio do fogo?" Responderam ao rei: "É verdade, ó rei". [92] Disse este: "Mas eu estou vendo quatro homens andando livremente no meio do fogo, sem sofrerem nenhum mal, e o aspecto do quarto homem é semelhante ao de um filho de Deus". [93] Nabucodonosor, então, acercou-se da boca da fornalha de fogo ardente e disse: "Sidrac, Misac e Abdênago, servos do Deus altíssimo, vinde para fora". Logo saíram Sidrac, Misac e Abdênago do meio do fogo. [94] Reunidos os sátrapas, governantes, juízes e poderosos do reino ficaram contemplando aqueles homens em cujos corpos nenhum poder teve o fogo. O cabelo da cabeça não se lhes tinha queimado, suas roupas não sofreram alterações, nem o cheiro de queimado passou por eles. [95] Exclamou Nabucodonosor: "Bendito seja o Deus de Sidrac, Misac e Abdênago, que enviou seu anjo e libertou seus servos, que puseram nele sua

confiança e transgrediram o decreto do rei, preferindo entregar suas vidas a servir e adorar qualquer outro Deus que não fosse o seu Deus. ⁹⁶Está, portanto, decretado por mim que todo aquele que, pertencendo a qualquer povo, tribo ou língua, disser uma blasfêmia contra o Deus de Sidrac, Misac e Abdênago, seja cortado em pedaços e sua casa feita estrumeira, porque não há outro deus que tenha esse poder de salvação". ⁹⁷O rei então aumentou as honrarias de Sidrac, Misac e Abdênago na província da Babilônia.

Responsório
Dn 3,49.50b.95

R. O **an**jo do Se**nhor** des**ceu** para a for**na**lha
juntamente com Azarias e **com** seus compa**nhei**ros
e afastava o fogo **de**les.
* E o **fo**go, nem de **le**ve, os to**cou** nem moles**tou.**
V. Bendito **se**ja o Deus **de**les que seu **an**jo envi**ou**
e liber**tou** seus servi**do**res, que **ne**le confiaram.
* E o **fo**go.

Segunda leitura

Da Homilia de um Autor do século segundo
(Cap. 8,1-9,11: Funk 1,153-157)

A penitência de um coração sincero

Enquanto estamos aqui na terra, façamos penitência. Com efeito, somos argila na mão do artífice. Se o oleiro, tendo feito um vaso, e, em suas mãos, este se entorta ou quebra, de novo torna a fazê-lo. Se, porém, se decidiu a pô-lo no forno, nada mais há que fazer. Assim também nós, enquanto estamos no mundo e temos tempo, façamos, de coração, penitência pelos pecados cometidos, para sermos salvos pelo Senhor.

Porque depois de sairmos do mundo já não mais poderemos reconhecer os nossos pecados nem fazer penitência. Por este motivo, irmãos, se fizermos a vontade do Pai, mantivermos casto nosso corpo e guardarmos os preceitos do Senhor, alcançaremos a vida eterna. O Senhor disse no evangelho: *Se não fordes fiéis no pouco, quem vos confiará o muito? Pois eu vos digo: quem é fiel no pouco também será fiel no muito* (cf. Lc 16,10-11). Quis dizer: Guardai casto o corpo e imaculado o caráter, para que sejamos dignos de receber a vida.

E ninguém venha dizer que a carne não será julgada nem ressurgirá. Confessai: em que fostes salvos, em que recobrastes a vista, se não foi vivendo ainda nesta carne? Convém-nos, portanto, proteger a carne como templo de Deus. Tal qual fostes chamados no corpo, assim no corpo ireis. Cristo Senhor, que nos salvou, era antes só espírito e fez-se carne e assim nos chamou. Do mesmo modo também nós receberemos a recompensa neste corpo.

Amemo-nos, pois, uns aos outros, para entrarmos todos no reino de Deus. Enquanto temos tempo de ser curados, entreguemo-nos a Deus médico, dando-lhe a paga. Que paga? A penitência brotada de um coração sincero. Com efeito, ele prevê todas as coisas e conhece o que se passa em nosso íntimo. Louvemo-lo, pois, não só de boca, mas de coração, para que nos receba como filhos. De fato o Senhor disse: *Meus irmãos são aqueles que fazem a vontade de meu Pai* (cf. Lc 8,21s).

Responsório   Ez 18,31a.32; 2Pd 3,9b
R. Lançai para bem longe toda a vossa iniquidade!
   Criai em vós um novo espírito e um novo coração!
* Eu não tenho prazer na morte de ninguém;
   convertei-vos e vivei!
V. Com paciência o Senhor age conosco,
   pois não deseja que alguém venha a perder-se,
   mas quer que todos se convertam e retornem.
   * Eu não tenho.

Oração

Deus de poder e misericórdia, afastai de nós todo obstáculo para que, inteiramente disponíveis, nos dediquemos ao vosso serviço. Por nosso Senhor Jesus Cristo, vosso Filho, na unidade do Espírito Santo.

QUARTA-FEIRA

Ofício das Leituras

Primeira leitura
Do Livro do Profeta Daniel   5,1-2.5-9.13-17.25–6,1

Sentença de Deus no banquete de Baltasar

Naqueles dias: ⁵,¹O rei Baltasar ofereceu um grande banquete aos mil dignitários de sua corte, tomando vinho em companhia deles. ²Já embriagado, Baltasar mandou trazer os vasos de ouro e prata, que seu pai Nabucodonosor tinha tirado do templo de Jerusalém, para beberem deles o rei e os grandes do reino, suas mulheres e concubinas.

⁵Naquele mesmo instante, apareceram dedos de mão humana que iam escrevendo, diante do candelabro, sobre a superfície da parede do palácio, e o rei via os dedos da mão que escrevia. ⁶Alterou-se o semblante do rei, confundiram-se suas ideias e ele sentiu vacilarem os ossos dos quadris e tremerem os joelhos. ⁷O rei então gritou forte, para que fizessem entrar os magos, os caldeus e os astrólogos; e falou à frente dos sábios da Babilônia: "Aquele que souber ler este escrito e me der uma clara interpretação dele, terá roupas de púrpura e porá ao pescoço um colar de ouro e terá o terceiro posto de comando no meu reino". ⁸Então, todos os sábios da corte entraram, mas não conseguiram ler o escrito nem dar a interpretação ao rei; ⁹por tal motivo, o rei Baltasar ficou muito perturbado, seu rosto alterou-se e até os altos dignitários ficaram constrangidos.

¹³Daniel foi introduzido à presença do rei, e este lhe disse: "És tu Daniel, um dos cativos de Judá, trazidos de

Judá pelo rei, meu pai?¹⁴ Ouvi dizer que possuis o espírito dos deuses, e que em ti se acham ciência, entendimento e sabedoria em grau superior. ¹⁵ Há pouco, foram trazidos à minha presença sábios e magos para tentarem ler este escrito e interpretá-lo para mim, mas eles não conseguiram entender o sentido das palavras.¹⁶ Ora, ouvi dizer também que sabes decifrar coisas obscuras e deslindar assuntos complicados; se, portanto, conseguires ler o escrito e dar-me sua interpretação, tu te vestirás de púrpura, e levarás ao pescoço um colar de ouro, e serás o terceiro homem do reino".

¹⁷ Em resposta, disse Daniel perante o rei: "Fiquem contigo teus presentes e presenteia um outro com tuas honrarias; contudo, vou ler, ó rei, o escrito e fazer-te a interpretação.

²⁵ Assim se lê o escrito que foi traçado: *mâne, técel, pársin.*²⁶ E esta é a explicação das palavras: *mâne:* Deus contou os dias de teu reinado e deu-o por concluído;²⁷ *técel:* foste pesado na balança, e achado com menos peso;²⁸ *pársin:* teu reino foi dividido e entregue aos medos e persas".²⁹ E então, por ordem de Baltasar, Daniel vestiu-se de púrpura, e foi-lhe posto ao pescoço um colar de ouro e proclamado o terceiro homem em ordem de poder no reino.³⁰ Nessa mesma noite, foi assassinado Baltasar, rei dos caldeus.

⁶,¹ E Dario, o medo, assumiu a realeza com a idade de sessenta e dois anos.

Responsório   Sl 74(75),6.8.9; Ap 14,9.10
R. Não levan**teis** contra os **céus** a vossa **fron**te,
    pois é **Deus** quem vai fa**zer** o julga**men**to:
    O Se**nhor** exalta a **um** e humilha a **ou**tro.
 * Em sua **mão** o Senhor **Deus** tem uma **ta**ça
    com um **vi**nho de mis**tu**ra inebri**an**te;
    todos os **ím**pios sobre a **ter**ra hão de bebê-lo.
V. Quem à **besta** e sua i**magem** ado**rar**,
    bebe**rá** o vinho da **có**lera de **Deus**.* Em sua **mão**.

Segunda leitura
Da Homilia de um Autor do século segundo
(Cap. 10,1-12,1; 13,1: Funk 1,157-159)

Perseveremos na esperança

Cumpramos, portanto, irmãos meus, a vontade do Pai que nos chamou, para termos a vida, e cultivemos a virtude; abandonemos o vício, precursor de nossos crimes, e fujamos da impiedade e assim os males não nos agarrarão. Porque, se nos esforçarmos por viver bem, a paz nos acompanhará. Por esta razão, não podem encontrá-la os homens que, presa de temores humanos, preferem o prazer presente à promessa futura. Ignoram quanto tormento traz consigo a volúpia deste mundo e que delícias encerra a promessa do futuro. E se fizessem isto só para si, ainda seria tolerável; mas insistem em inculcar más doutrinas nas pessoas inocentes, sem saber que incorrerão em dupla condenação, eles e os que os ouvem.

Quanto a nós, sirvamos a Deus com coração puro, e seremos justos. Se, porém, incrédulos diante das promessas de Deus, não o servimos, seremos extremamente infelizes. A palavra profética ensina: *Infelizes os falsos e hesitantes de coração, que dizem: Já escutamos isto há muito, desde o tempo de nossos pais; esperando dia após dia, nada aconteceu. Ó loucos, comparai-vos à árvore, por exemplo, à videira: primeiro caem as folhas, depois vem o broto, em seguida a uva verde e por fim a uva madura. Assim meu povo sofre agitações e angústias; receberá os bens, depois.*

Irmãos meus, não sejamos indecisos, mas perseveremos na esperança e obteremos o prêmio. É fiel aquele que prometeu dar a cada um segundo suas obras. Cumprindo a justiça diante de Deus, entraremos em seu reino e receberemos o prometido que *ouvidos não ouviram, olhos não viram, nem jamais subiu ao coração do homem* (cf. 1Cor 2,9).

Esperemos, então, a cada momento, na caridade e na justiça, o reino de Deus, apesar de não conhecermos o dia da chegada de Deus.

Vamos, irmãos, façamos penitência, convertamo-nos para o bem; porque estamos cheios de insensatez e de maldade. Lavemo-nos dos pecados passados e mudando profundamente nosso modo de pensar seremos salvos. Não sejamos aduladores, nem procuremos agradar somente aos irmãos, mas também aos de fora, por amor da justiça, para que o Nome não seja blasfemado por nossa causa (cf. Rm 2,24).

Responsório 1Cor 15,58; 2Ts 3,13
R. Sede firmes e constantes;
   aplicai-vos sempre mais à obra do Senhor.
 * Sabendo que o trabalho e o cansaço que sofreis
   no Senhor não são inúteis.
V. Não vos canseis de o bem fazer. * Sabendo.

Oração

Deus de poder e misericórdia, afastai de nós todo obstáculo para que, inteiramente disponíveis, nos dediquemos ao vosso serviço. Por nosso Senhor Jesus Cristo, vosso Filho, na unidade do Espírito Santo.

QUINTA-FEIRA

Ofício das Leituras

Primeira leitura
Do Livro do Profeta Daniel 9,1-4a.18-27

Oração e visão de Daniel

¹No primeiro ano de Dario, filho de Xerxes – o qual era medo e tinha sido feito rei sobre o reino dos caldeus –, ²no primeiro ano do seu reinado, eu, Daniel, procurei clareza nas

Escrituras a respeito do número de setenta anos que, de acordo com a palavra dirigida pelo Senhor ao profeta Jeremias, deveriam transcorrer sobre as ruínas de Jerusalém. [3] Então voltei o rosto para o Senhor Deus, procurando dirigir-lhe preces e súplicas como convém, observando jejum, vestido de saco e sentado nas cinzas. [4] Rezei portanto ao Senhor, meu Deus, fazendo a seguinte confissão:

[18] "Meu Deus, presta ouvidos e escuta, abre teus olhos e repara em nossas devastações e na cidade que tem teu nome, pois não é confiados nas nossas obras justas que apresentamos em tua presença as nossas humildes súplicas, mas sim confiados nas múltiplas provas de tua misericórdia. [19] Senhor, escuta! Senhor, perdoa! Senhor, atende e passa à ação sem tardar, em atenção a ti, meu Deus! Pois tua cidade e teu povo são chamados por teu nome".

[20] Eu ainda estava proferindo minha oração e confessando o meu pecado e o pecado de meu povo de Israel, estava propondo minha humilde súplica ao Senhor, meu Deus, em prol da montanha santa de meu Deus; [21] sim, eu ainda estava recitando minha prece, quando Gabriel, o homem que eu tinha visto na visão, veio para junto de mim em voo veloz, à hora do sacrifício da tarde. [22] Quando chegou, falou comigo nestes termos: "Daniel, eu vim para te esclarecer. [23] Quando começavas a rezar, foi proclamada uma palavra, e eu estou aqui para comunicá-la, porque és um predileto. Portanto, presta atenção à palavra e procura compreender a visão:
[24] Setenta semanas estão fixadas
sobre teu povo e tua santa cidade,
para pôr termo à impiedade,
selar os pecados e expiar a iniquidade,
para trazer justiça eterna,
selar visão e profeta e ungir algo de sacrossanto.
[25] Fica sabendo e procura entender:
Desde que foi proclamada a palavra
a respeito da restauração e reconstrução de Jerusalém

até um ungido-chefe, vão sete semanas;
durante sessenta e duas semanas
serão reconstruídos a praça e o fosso da cidade,
mas em tempos de angústia.
²⁶Ao cabo destas sessenta e duas semanas
será eliminado um ungido,
e nada o substituirá.
A cidade e o santuário serão destruídos
pelo povo de um chefe que há de vir.
Seu fim se dará por inundação
e até o fim reinará guerra
com devastações decretadas.
²⁷Ele concluirá uma aliança firme com muitos
durante uma semana,
e na metade da semana
fará cessar sacrifícios e oferendas;
sobre a asa das abominações estará um devastador,
até que o extermínio decretado
se despeje sobre o devastador".

Responsório   Br 2,16a; Dn 9,18a; Sl 79(80),20
R. De vossa **san**ta habita**ção** olhai do **al**to
   e lem**brai**-vos de nós **to**dos, Senhor **Deus**.
   Incli**nai** o vosso ouvido e escu**tai**-nos;
 * Abri os **o**lhos, vede a **nos**sa afli**ção**!
V. Conver**tei**-nos, ó Se**nhor**, Deus do uni**ver**so
   e sobre **nós** ilumi**nai** a vossa **face**!
   Se vol**tar**des para **nós** seremos **sal**vos. * Abri.

Segunda leitura
Da Homilia de um Autor do século segundo
(Cap. 13,2-14,5: Funk 1,159-163)

A Igreja viva é o corpo de Cristo

    O Senhor declara: *Meu nome é incessantemente objeto de blasfêmia entre as nações* (cf. Is 52,5), e outra vez: *Ai daquele por cuja causa meu nome é blasfemado* (cf. Rm 2,24). Qual o motivo de ser blasfemado? Porque não fazemos o que dizemos. Os homens ouvem de nossa boca as palavras de Deus e ficam admirados por seu valor e grandeza; depois, vendo que nossas obras em nada correspondem às palavras que dizemos, começam a blasfemar, e a tachá-las de fábulas e de enganos.

Ouvem-nos afirmar que Deus disse: *Não é nada de extraordinário, se amais aqueles que vos amam; mas grande graça, se amais vossos inimigos e aqueles que vos odeiam* (cf. Mt 5,46); ouvindo isto, espantam-se com bondade tão sublime: observando, porém, que não amamos os que nos odeiam e nem mesmo aqueles que nos amam, zombam de nós e o nome é blasfemado.

Por conseguinte, irmãos, cumprindo a vontade de Deus, nosso Pai, faremos parte daquela primeira Igreja espiritual, criada antes do sol e da lua. Se, ao contrário, não fizermos a vontade de Deus, seremos como diz a Escritura: *Minha casa tornou-se covil de ladrões* (cf. 7,11; Mt 21,13). Que nossa preferência vá para a Igreja da vida, para sermos salvos.

Julgo que estais bem cientes de que *a Igreja viva é o corpo de Cristo* (1Cor 12,27). Pois diz a Escritura: *Deus fez o ser humano varão e mulher* (Gn 1,27; 5,2); o varão é o Cristo, a mulher a Igreja. Também a Bíblia e os apóstolos afirmam que a Igreja, propriamente, não é deste tempo, mas existe desde o princípio. Era espiritual, assim como nosso Jesus, e apareceu nos últimos dias, a fim de que fôssemos salvos.

A Igreja, a espiritual, manifestou-se na carne de Cristo, mostrando-nos que se alguém, estando na carne, a preserva e não a arruína, recebê-la-á no Espírito Santo. Pois esta carne é tipo do espírito; quem destrói o tipo não recebe o arquétipo. Por isto disse, irmãos: Guardai a carne para serdes participantes do espírito. Se dizemos que a carne é a Igreja, e Cristo, espírito, segue-se que quem deturpa a carne, deturpa a Igreja.

Este não será participante do espírito, que é Cristo. Esta carne é capaz de conter imensa vida e incorruptibilidade, com o auxílio do Espírito Santo, e ninguém pode descrever nem contar aquilo que o Senhor preparou para seus eleitos.

Responsório   Jr 7,3; Tg 4,8
R. Assim fala o Onipotente, o Senhor, Deus de Israel:
   Retificai vossos caminhos e as vossas intenções
 * E convosco eu irei morar neste lugar.
V. Achegai-vos ao Senhor e ele a vós se achegará;
   ó vós todos, pecadores, lavai as vossas mãos,
   purificai o coração! * E convosco.

Oração

Deus de poder e misericórdia, afastai de nós todo obstáculo para que, inteiramente disponíveis, nos dediquemos ao vosso serviço. Por nosso Senhor Jesus Cristo, vosso Filho, na unidade do Espírito Santo.

SEXTA-FEIRA

Ofício das Leituras

Primeira leitura
Do Livro do Profeta Daniel   10,1-21

Visão do homem e aparição do anjo

¹No terceiro ano do reinado de Ciro, rei da Pérsia, revelou-se interiormente a Daniel, apelidado Baltasar, uma palavra, cheia de verdade e de significado. Ele entendeu a palavra e soube interpretar a visão interior. ²Naqueles dias, eu, Daniel, estive de luto durante três semanas: ³não comi nada de pão, não me entraram na boca nem carne nem vinho, não usei unguentos nem perfumes, até se completarem três semanas.

⁴No dia vinte e quatro do primeiro mês, encontrava-me à beira do grande rio Tigre, ⁵quando, levantando os olhos, vi

um homem vestido com roupas de linho e ostentando um cinturão de ouro; ⁶seu corpo parecia de pedra dourada; o rosto tinha uma aparência brilhante; seus olhos eram como tochas ardentes; dos braços aos pés, o aspecto era de bronze polido, e o rumor de suas palavras parecia o de uma multidão. ⁷Somente eu, Daniel, tive essa visão; ora, as pessoas que estavam comigo nada viram da visão, mas, tomadas de pânico, fugiram para esconder-se. ⁸Eu, deixado sozinho, vendo essa estranha visão, não tive mais resistência: meu aspecto mudou até perder a cor, e as forças me abandonaram. ⁹Eu ouvi as palavras da visão; e ao ouvir o som dessas palavras, caí prostrado com o rosto por terra.

¹⁰Eis que uma mão me tocou e me fez levantar sobre os joelhos e as palmas das mãos, ¹¹e me disse: "Daniel, homem muito estimado, procura entender o que te vou dizer, e põe-te de pé; eu fui enviado a ti". Ao dizer estas palavras, eu me pus de pé, a tremer. ¹²Disse-me então: "Não tenhas medo, pois desde o primeiro dia em que te aplicaste à contemplação e à virtude diante do teu Deus, foram ouvidas as tuas súplicas, e eu aqui estou por causa de tuas palavras. ¹³O príncipe do reino dos persas resistiu-me durante vinte e um dias; eis que Miguel, um dos primeiros príncipes, veio em meu auxílio e eu, então, me deixei ficar lá, ao lado do rei dos persas.¹⁴Vim para te dizer o que irá acontecer ao teu povo nos últimos dias, pois a visão ainda se prolongará". ¹⁵Enquanto ele me falava nesses termos, inclinei o meu rosto para o chão, em silêncio. ¹⁶De repente, um ser de aparência humana me tocou os lábios. Abri a boca para falar e disse ao que estava à minha frente: "Senhor meu, estou perturbado com esta visão, não tenho mais força alguma. ¹⁷Como poderá este teu servo falar com o seu Senhor? Pois não me restam mais forças, nem eu tenho mais fôlego". ¹⁸Então o ser de aparência humana tocou-me de novo e encorajou-me, dizendo: ¹⁹"Não temas, caríssimo. Paz! Coragem! Sê firme!" Ao

falar comigo, senti-me melhor, e então eu disse: "Agora fala, meu Senhor, pois me fortaleceste".

²⁰Disse-me ele: "Acaso sabes por que vim ter contigo? Pois estou de volta para combater contra o príncipe dos persas. Eu estou partindo, mas eis que o príncipe dos gregos está chegando. ²¹Contudo o que eu te anunciar está expresso na escritura da verdade. Contra eles ninguém me ajudará, a não ser Miguel, o vosso príncipe".

Responsório   Dn 10,12.19a.21a
R. Desde o **dia** inicial, em que apli**caste** o co**ração**
    a compreen**der** e a humi**lhar**-te, pe**ran**te o teu Se**nhor**,
  * Foram ou**vi**das tuas pa**la**vras por **cau**sa de tuas **pre**ces.
V. Não tenhas **me**do, Daniel, vou expli**car**-te as pa**la**vras
    da Escri**tu**ra da Ver**da**de. * Foram ou**vi**das.

Segunda leitura
Da Homilia de um Autor do século segundo
(Cap. 15,1-17,2: Funk 1,163-165)

Convertamo-nos a Deus, que nos chamou

Penso não ter dado um conselho sem importância sobre a temperança; se alguém o seguir, não se arrependerá e salvará a si mesmo e a mim que dei o conselho. Não é pequena a recompensa de quem reconduzir à salvação o que se extraviara e se perdera. Podemos retribuir a Deus, nosso criador, se aquele que diz e o que escuta disser e escutar com fé e caridade.

Permaneçamos, pois, justos e santos em nossa fé e oremos com confiança a Deus, que afirmou: *Ainda estarás a falar e te responderei: Eis-me aqui* (cf. Is 58,9). Esta palavra é sinal de grande promessa; porque o Senhor se mostra mais pronto a dar do que o suplicante a pedir. Participantes de tão grande benignidade, não invejemos um ao outro por ter recebido bens tão excelentes. Estas palavras enchem de tanto gozo aos que as realizam, quanto de reprovação aos rebeldes.

Irmãos, tendo assim uma boa ocasião de nos arrepender, enquanto temos tempo e há quem nos receba, convertamo-nos para o Senhor, que nos chamou. Se renunciamos a nossas paixões desregradas, dominamos nossa alma. Negando-lhe seus desejos maus, participaremos da misericórdia de Jesus. Sabei, pois, já *vem o dia* do juízo *qual fornalha ardente* e parte *dos céus se desfará* (cf. Ml 3,19) e toda a terra será liquefeita como chumbo ao fogo. Neste momento, ficarão patentes as obras dos homens, as ocultas e as manifestas. Por isso, a esmola é boa como penitência pelo pecado. Melhor o jejum do que a oração; a esmola mais que estes dois: *a caridade cobre uma multidão de pecados* (1Pd 4,8). Contudo, a oração, feita de consciência pura, livra da morte. Feliz quem for reconhecido perfeito nestas coisas; porque a esmola afasta o pecado.

Façamos, portanto, penitência de todo o coração, para que nenhum de nós pereça. Se temos a obrigação de afastar os outros do culto dos ídolos e instruí-los, quanto mais devemos nos empenhar na salvação de todas as almas, que já gozam do verdadeiro conhecimento de Deus! Ajudemo-nos, então, um ao outro, de modo a reconduzir ao bem mesmo os fracos; para salvarmo-nos todos, não só cada um se converta, mas exortemo-nos mutuamente.

Responsório Jd 21; Tt 2,12

R. Conser**vai**-vos no **amor** do **Se**nhor;
  * Aguar**dan**do a mise**ricór**dia
    de **nosso** Senhor Jesus **Cris**to,
    em **vis**ta da **vi**da e**ter**na.
V. Rejei**tan**do a impie**da**de e **to**da mun**da**na pai**xão**,
    vivamos a**qui** nesta **ter**ra
    com bom **sen**so, justiça e pie**da**de.
  * Aguar**dan**do.

Oração

Deus de poder e misericórdia, afastai de nós todo obstáculo para que, inteiramente disponíveis, nos dediquemos ao vosso serviço. Por nosso Senhor Jesus Cristo, vosso Filho, na unidade do Espírito Santo.

SÁBADO

Ofício das Leituras

Primeira leitura
Do Livro do Profeta Daniel   12,1-13

Profecia sobre o último dia e a ressurreição

Eis o que o anjo me disse: ¹"Naquele tempo, se levantará Miguel, o grande príncipe, defensor dos filhos de teu povo; e será um tempo de angústia, como nunca houve até então, desde que começaram a existir nações. Mas, nesse tempo, teu povo será salvo, todos os que se acharem inscritos no livro. ²Muitos dos que dormem no pó da terra, despertarão, uns para a vida eterna, outros para o opróbrio eterno. ³Mas os que tiverem sido sábios, brilharão como o firmamento; e os que tiverem ensinado a muitos homens os caminhos da virtude, brilharão como as estrelas, por toda a eternidade. ⁴Tu, porém, Daniel, encerra estes dizeres e prepara um livro que dure até ao fim; muitos a ele recorrerão e crescerá o conhecimento".

⁵Eu, Daniel, olhei e vi outros dois homens em pé, à margem do rio, um do meu lado, outro do outro lado. ⁶Um deles disse ao homem vestido com roupas de linho, que estava sobre as águas do rio: "Quando se dará o cumprimento dessas previsões maravilhosas?" ⁷Ouvi dizer o varão vestido de linho, que estava sobre as águas do rio, levantando a direita e a esquerda para o céu e jurando pelo Eterno Vivente: "Isto será numa época, em épocas, e na metade de

uma época: tudo isso se cumprirá, quando estiver completamente destruída a força do povo santo". ⁸Eu ouvi tudo, mas não entendi, e disse: "Senhor meu, qual será o final de tudo isso?" ⁹Respondeu ele: "Vai, Daniel, porque estas palavras estão encerradas e sigiladas até um tempo definido. ¹⁰Muitos serão provados e se tornarão limpos e puros; os maus continuarão a fazer o mal; dentre os maus, nenhum entenderá, mas os bons entenderão. ¹¹A partir do tempo em que for suprimido o sacrifício perpétuo e for instaurada uma devastadora idolatria, transcorrerão mil e duzentos e noventa dias. ¹²Feliz de quem esperar chegar até mil e trezentos e trinta e cinco dias. ¹³Quanto a ti, caminha para o teu fim e descansa; no final dos tempos, tu te acharás em teu destino eterno".

Responsório Cf. Lc 20,35a.36.38

R. Os que **fo**ram jul**ga**dos ser **dig**nos
de ter **par**te no **mun**do futuro
e na **res**surrei**ção** dentre os **mor**tos,
* Hão de **ser** como os **an**jos do **céu**;
sendo **fi**lhos da **res**surrei**ção**,
tam**bém** serão **fi**lhos de **Deus**.
V. Deus não **é** o Deus dos **mor**tos, mas dos **vi**vos,
pois **to**dos estão **vi**vos para ele. * Hão de **ser**.

Segunda leitura
Da Homilia de um Autor do século segundo
(Cap. 18,1-20,5: Funk 1,167-171)

Pratiquemos a justiça para alcançarmos a salvação

Quanto a nós, sejamos daqueles que dão graças, daqueles que servem a Deus; e não dos ímpios, que serão condenados. Na verdade, eu, mesmo pecador, que não sei fugir das tentações, e ainda vivo em meio das pompas do demônio, esforço-me por seguir a justiça, a fim de, no temor do futuro juízo, poder ao menos chegar perto dela.

Portanto, irmãos e irmãs, tendo nós ouvido o Deus da Verdade, leio-vos uma exortação. Se prestardes atenção ao que está escrito, vós vos salvareis e também aquele que lê diante de vós: Peço esta paga: que de todo o coração façais penitência, dando-vos assim a salvação e a vida. Agindo desse modo, apresentaremos uma finalidade aos jovens que querem dedicar seus esforços à santidade e à bondade de Deus. Não levemos a mal nem nos indignemos, nós insensatos, se alguém nos chama a atenção e quer nos converter da injustiça para a justiça. Acontece às vezes que, procedendo mal, não o percebemos por causa da duplicidade e incredulidade que existem em nossos corações e *nossa mente é obscurecida* por vãs inclinações.

Cumpramos, pois, a justiça para no fim sermos salvos. Felizes os que obedecem a estes preceitos; embora por breve tempo padeçam no mundo, hão de colher o incorruptível fruto da ressurreição. Não se entristeça o cristão, se neste tempo suporta a miséria; espera-o um tempo feliz.

Ao recobrar a vida, junto com os antepassados, no Alto, alegrar-se-á para sempre, nunca mais a tristeza o perturbará.

E também não se abale nosso espírito, quando vemos ricos os injustos e em dificuldades os servos de Deus. Tenhamos fé, irmãos e irmãs: suportamos as lutas do Deus vivo e somos provados nesta vida para recebermos a coroa na futura. Nenhum justo recolhe um fruto imediato, mas aguarda-o. Porque, se Deus desse logo a recompensa aos justos, nos entregaríamos então a um negócio e não à virtude; pareceríamos querer ser justos por causa do lucro, não do serviço de Deus. Por isto, o juízo divino perturba o espírito que não é justo e torna mais pesadas as cadeias.

Ao único Deus invisível, ao Pai da verdade que nos enviou o salvador e doador da incorruptibilidade, por meio de quem nos manifestou a verdade e a vida celeste, a ele a glória pelos séculos dos séculos. Amém.

Responsório   Sl 36(37),27a.28.1
R. **Afasta-te** do **mal** e faze o **bem**,
 * **Porque** o Senhor **Deus** ama a justiça
 e **jamais** ele abandona os seus **amigos**.
V. Não te irrites com as obras dos malvados,
 nem invejes as pessoas desonestas. * **Porque**.

Oração

Deus de poder e misericórdia, afastai de nós todo obstáculo para que, inteiramente disponíveis, nos dediquemos ao vosso serviço. Por nosso Senhor Jesus Cristo, vosso Filho, na unidade do Espírito Santo.

33º DOMINGO DO TEMPO COMUM

I Semana do Saltério

I Vésperas

Cântico evangélico, ant.

Ano A Confiaste-me **cin**co ta**len**tos;
Eis **aqui**, eu lu**crei** outros **cin**co.

Ano B Hão de **ver** o Filho do **Ho**mem
que vi**rá** por sobre as **nu**vens
com po**der** e grande **gló**ria.

Ano C Quando ou**vir**des fa**lar** de re**vol**tas e **guer**ras,
não fi**queis** assustados; pois se**rá** necessário
que **is**to aconteça bem **an**tes do **fim**.

Oração

Senhor, nosso Deus, fazei que a nossa alegria consista em vos servir de todo o coração, pois só teremos felicidade completa servindo a vós, criador de todas as coisas. Por nosso Senhor Jesus Cristo, vosso Filho, na unidade do Espírito Santo.

Ofício das Leituras

Primeira leitura
Do Livro do Profeta Joel   2,21–3,5

Os últimos tempos

Assim fala o Senhor:
2,21 "Não temas, ó terra,
exulta de alegria,
pois o Senhor fez grandes coisas.
22 Não tenhais medo, animais da região,
porque os campos da região árida já reverdecem
e as árvores produzem frutos,
figueiras e videiras mostram suas riquezas.

²³Filhos de Sião, exultai de alegria
no Senhor, vosso Deus, porque vos deu
a chuva em medida certa
e fez descer sobre vós, como dantes,
as águas do outono e da primavera.
²⁴As eiras se encherão de trigo
e os lagares transbordarão
de vinho e de azeite;
²⁵vou compensar-vos pelas safras
perdidas por obra do gafanhoto, do caruncho,
do grilo e da lagarta,
esse meu poderoso exército
que mandei contra vós.
²⁶Tereis de que comer e saciar-vos
e louvareis o nome do Senhor, vosso Deus,
que fez maravilhas convosco;
e nunca mais deixarei meu povo envergonhado.
²⁷E sabereis que eu estou no meio de Israel
que eu sou o Senhor, vosso Deus,
e que não há outro;
e nunca mais deixarei meu povo envergonhado".
³,¹Acontecerá, depois disto,
que derramarei o meu espírito sobre todo o ser humano,
e vossos filhos e filhas profetizarão,
vossos anciãos terão sonhos
e vossos jovens terão visões;
²também sobre meus servos e servas,
naqueles dias, derramarei o meu espírito.
³Colocarei sinais no céu e na terra,
sangue, fogo e rolos de fumaça;
⁴o sol se transformará em trevas
e a lua, em sangue,
antes de chegar o dia do Senhor,
dia grandioso e terrível.
⁵Então, todo aquele que invocar o nome do Senhor,

será salvo,
pois, no monte Sião e em Jerusalém,
haverá salvação, como disse o Senhor,
entre os sobreviventes que o Senhor chamar.

Responsório   Lc 21,25a.31; Mc 13,33
R. Haverá portentosos sinais no sol, nas estrelas, na lua
e na terra a angústia dos povos.
* Quando virdes tais coisas chegarem,
sabei que o reino está perto.
V. Vigiai e orai sem cessar,
pois não sabeis quando o tempo virá. * Quando.

Segunda leitura
Dos Comentários sobre os Salmos, de Santo Agostinho,
bispo

(Ps 95,14.15: CCL 39,1351-1353)   (Séc. V)

*Não ofereçamos resistência à sua primeira vinda,
para não termos de recear a segunda*

Então todas as árvores das florestas exultarão diante da face do Senhor porque veio, veio julgar a terra (Sl 95,12-13). Veio primeiro e virá depois. Esta sua palavra ressoou pela primeira vez no evangelho: *Vereis sem demora o Filho do homem vir sobre as nuvens* (Mt 26,64). Que quer dizer: *Sem demora?* O Senhor não virá depois, quando os povos da terra se lamentarão? Veio primeiro em seus pregadores e encheu o mundo inteiro. Não ofereçamos resistência à primeira vinda, para não termos de recear a segunda.

Que, então, devem fazer os cristãos? Usar do mundo; não servir ao mundo. Como é isto? Possuindo, como quem não possui. O Apóstolo diz: *De resto, irmãos, o tempo é breve; que os que têm esposa sejam como se não a tivessem; os que choram, como se não chorassem; os que se alegram, como se não se alegrassem; os que compram, como se não possuíssem; e os que usam do mundo, como se não usassem;*

pois passa a figura deste mundo. Eu vos quero sem inquietações (1Cor 7,29-32). Quem não tem inquietações, aguarda com serenidade a vinda de seu Senhor. Pois que amor ao Cristo é esse que teme sua chegada? Irmãos, não nos envergonhamos? Amamos e temos medo de sua vinda. Será que amamos? Ou amamos muito mais nossos pecados? Odiemos, portanto, estes mesmos pecados e amemos aquele que virá castigar os pecados. Ele virá, quer queiramos, quer não. Se ainda não veio, não quer dizer que não virá. Virá em hora que não sabes; se te encontrar preparado, não haverá importância não saberes.

E exultarão todas as árvores das florestas. Veio primeiro; depois virá para julgar a terra; encontrará exultantes aqueles que creram em sua primeira vinda, *porque veio.*

Julgará com equidade o orbe da terra, e os povos em sua verdade (Sl 95,13). Que significam equidade e verdade? Reunirá junto a si seus eleitos para o julgamento; aos outros separá-los-á dos primeiros; porá uns à direita, outros à esquerda. Que de mais justo, de mais verdadeiro do que não esperarem misericórdia da parte do juiz, aqueles que não quiseram usar de misericórdia antes da vinda do juiz? Quem teve misericórdia, será julgado com misericórdia. Os colocados à direita escutarão: *Vinde, benditos de meu Pai, recebei o reino que vos foi preparado desde a origem do mundo* (Mt 25,34). E aponta-lhes as obras de misericórdia: *Tive fome e me destes de comer, tive sede e me destes de beber* etc. (Mt 25,34-46).

Por sua vez, que se aponta aos da esquerda? Sua falta de misericórdia. Para onde irão? *Ide para o fogo eterno* (Mt 25,41). Esta palavra suscita grande gemido. Que diz outro salmo? *Será eterna a lembrança do justo; não temerá escutar palavra má* (Sl 111,6-7). Que quer dizer: escutar palavra má? *Ide para o fogo eterno, preparado para o diabo e seus anjos* (Mt 25,4). Quem se alegra com a palavra boa, não temerá escutar a má. É esta a equidade, a verdade.

Porque és injusto, não será justo o juiz? Ou porque és mentiroso, não será veraz a verdade? Se queres, porém, encontrar o Misericordioso, sê tu misericordioso antes de sua chegada: perdoa, se algo foi feito contra ti, dá daquilo de que tens em abundância. Donde vem aquilo que dás, não é dele? Se desses do que é teu, seria liberalidade; quando dás do que é dele, é devolução. *Que tens que não recebeste?* (1Cor 4,7). São estes os sacrifícios mais aceitos por Deus: misericórdia, humildade, louvor, paz, caridade. Ofereçamo-los e com confiança esperaremos a vinda do juiz que *julgará o orbe da terra com equidade, e os povos em sua verdade* (Sl 95,13).

Responsório Mt 16,27; Sl 95(96),13b
R. O **Filho** do **Ho**mem há de **vir**
na **gló**ria do **Pai**, com os **an**jos;
* En**tão** retribui**rá** a cada **um**,
de a**cor**do com o **seu** comportamen**to**.
V. Deus **vem** para jul**gar** a terra in**tei**ra
e os **po**vos julga**rá** com leal**da**de. * En**tão**.
HINO Te Deum, p. 543.

Laudes

Cântico evangélico, ant.
Ano A Muito **bem**, servo **bom** e fi**el**,
porque **fos**te fiel sobre o **pou**co,
sobre o **mui**to te co**lo**carei.
Ano B O Se**nhor** manda**rá** os seus **an**jos
e con**gre**ga**rá** seus e**lei**tos
de **to**dos os **can**tos do **mun**do;
dos con**fins** mais dis**tan**tes da **ter**ra,
aos ex**tre**mos mais **al**tos dos **céus**.
Ano C Hei de **dar**-vos elo**quên**cia e pa**la**vras inspi**ra**das,
a que os **vos**sos adver**sá**rios nunca **hão** de resis**tir**.

Oração

Senhor, nosso Deus, fazei que a nossa alegria consista em vos servir de todo o coração, pois só teremos felicidade completa servindo a vós, criador de todas as coisas. Por nosso Senhor Jesus Cristo, vosso Filho, na unidade do Espírito Santo.

II Vésperas

Cântico evangélico, ant.

Ano A Muito **bem**, servo **bom**, fiel **foste** no **pouco**,
vem en**trar** na ale**gria** de **Jesus**, teu Se**nhor**!

Ano B O céu e a **terra** passa**rão**, diz o Se**nhor**;
porém, ja**mais** minhas pa**lavras** passa**rão**.

Ano C É na **vossa** cons**tância** que salva**reis vossas vidas**.

SEGUNDA-FEIRA

Ofício das Leituras

Primeira leitura
Do Livro do Profeta Joel   4,1-3.9-21

Juízo final e felicidade eterna

Assim fala o Senhor:
⁴,¹"Eis que, naqueles dias
e naquele tempo,
quando eu mudar a sorte
de Judá e Jerusalém,
²reunirei todos os povos
e os conduzirei ao Vale de Josafá,
e ali me baterei com eles
em favor do meu povo e minha herança, Israel, que eles dispersaram pelas nações,
depois de dividirem minha terra.

³ Puseram em sorteio o meu povo,
fizeram do menino um prostituto,
venderam a menina para comprarem vinho!
⁹ Gritai isto às nações,
organizai a luta,
arrebanhai os mais fortes;
que todos os guerreiros capazes
se agrupem e ataquem.
¹⁰ Transformai vossos arados em espadas
e vossas foices em lanças;
que o fraco diga:
'Eu sou forte'.
¹¹ Vinde, comparecei,
povos todos ao redor,
é hora de lá vos reunirdes.
Envia, Senhor, os teus fortes defensores!
¹² Levantem-se e ponham-se em marcha os povos
rumo ao Vale de Josafá;
ali me sentarei como juiz para julgar
todas as nações em redor.
¹³ Tomai a foice,
pois a colheita está madura;
vinde calcar,
que o lagar está cheio:
as tinas transbordam,
porque grande é a sua malícia.
¹⁴ Povos e mais povos
no Vale da Decisão:
o dia do Senhor está próximo
no Vale da Decisão.
¹⁵ Escureceram o sol e a lua
e as estrelas perderam o brilho.
¹⁶ Desde Sião rugirá o Senhor,
fará ouvir sua voz desde Jerusalém;
tremerão céus e terra,

mas o Senhor será refúgio para o seu povo,
será a fortaleza dos filhos de Israel.
[17]Sabereis, então, que eu sou o Senhor, vosso Deus,
que habito em Sião, meu santo monte;
Jerusalém será lugar sagrado,
por onde não mais passarão estranhos.
[18]Acontecerá naquele dia
que os montes farão correr vinho,
e as colinas manarão leite;
aos regatos de Judá não há de faltar água,
e da casa do Senhor brotará uma fonte,
que irá alimentar a torrente de Setim.
[19]O Egito será devastado,
e a Idumeia, devastada e deserta,
por causa de suas atrocidades
contra os filhos de Judá,
derramando sangue inocente em suas terras.
[20]Judá será habitada para sempre,
e Jerusalém, por todos os séculos.
[21]Vingarei meu sangue, não o deixarei sem castigo.
O Senhor está habitando em Sião".

Responsório
Jl 3,18; Ap 22,17c.1

R. As montanhas vinho novo manarão
e por todos os regatos de Judá
a água em torrentes correrá
e da casa do Senhor sairá uma fonte.
 * Venha, pois, o que tem sede e quem quiser,
venha buscar gratuitamente a água da vida.
V. O anjo me mostrou o rio da água viva
transparente qual cristal,
que saía ao pé do trono de Deus e do Cordeiro.
 * Venha, pois.

Segunda leitura

Do Tratado sobre o perdão, de São Fulgêncio de Ruspe, bispo

(Lib. 2,11.2-12,1.3-4: CCL 91A,693-695)   (Séc. VI)

Ao vencedor a segunda morte não causará dano

Num momento, num piscar de olhos, com a última trombeta, pois soará uma trombeta, os mortos ressurgirão incorruptos e nós seremos mudados (1Cor 15,52). Dizendo "nós", Paulo mostra que alcançarão junto com ele o dom da futura mutação aqueles que agora se mantêm na comunhão eclesial e moral com ele e seus companheiros. Querendo sugerir qual será a mudança, diz: *É preciso que o corpo incorruptível se revista de incorruptibilidade, e o mortal se revista de imortalidade* (1Cor 15,53). Portanto, para que haja neles a mudança da justa retribuição, precede agora a mudança da gratuita liberalidade.

Aos que nesta vida se mudaram do mal para o bem, promete-se o prêmio da futura mudança.

A graça faz com que, primeiro ressurgidos aqui espiritualmente pela justificação, comece a mudança pelo dom divino. Mais tarde, na ressurreição do corpo, que completa a mudança dos justos, a glorificação, sendo sempre perfeita, não sofrerá mudança. A graça da justificação primeiro, e depois da glorificação muda-os de tal forma que esta glorificação neles permanece imutável e eterna.

Aqui são mudados pela primeira ressurreição, que os ilumina, para que se convertam. Por ela passam da morte para a vida, da iniquidade para a justiça, da incredulidade para a fé, das más ações para a vida santa. Por isto, a segunda morte não tem poder sobre eles. O apocalipse refere-se a isto: *Feliz quem tem parte na primeira ressurreição; sobre ele não tem poder a segunda morte* (Ap 20,6). No mesmo livro, lê-se: *Ao vencedor a segunda morte não causará dano* (Ap 2,11). Na conversão do coração consiste a primeira ressurreição, no suplício eterno, a segunda morte.

Apresse-se, então, em tornar-se participante da primeira ressurreição quem não quiser ser condenado ao eterno castigo da segunda morte. Pois aqueles que, mudados no presente pelo temor de Deus, passam da vida má para a vida santa, passam da morte para a vida e eles mesmos, em seguida, passarão da vida obscura à glória.

Responsório   Cl 3,3-4; Rm 6,11

R. Vós morrestes, meus irmãos,
e vossa vida está escondida em Deus com Jesus Cristo.
* Quando Cristo, vossa vida, aparecer em sua glória,
vós sereis manifestados com ele igualmente.
V. Considerai-vos como mortos ao pecado,
mas vivendo para Deus em Jesus Cristo.
* Quando Cristo.

Oração

Senhor, nosso Deus, fazei que a nossa alegria consista em vos servir de todo o coração, pois só teremos felicidade completa servindo a vós, criador de todas as coisas. Por nosso Senhor Jesus Cristo, vosso Filho, na unidade do Espírito Santo.

TERÇA-FEIRA

Ofício das Leituras

Primeira leitura
Do Livro do Profeta Zacarias   9,1-10,2

Promessa de salvação a Jerusalém

9,1"A palavra do Senhor
está na terra de Hadrac
e de Damasco onde ele repousa,
pois o Senhor tem olhos em Aram,

como em todas as tribos de Israel;
²em Emat também, junto à fronteira,
em Tiro e Sidônia, a cidade douta.
³Tiro edificou sua fortificação,
amontoou prata como pó
e ouro como terra da rua.
⁴Eis que o Senhor irá conquistá-la
e abaterá seu orgulho no mar;
e ela será devorada pelo fogo.
⁵Ascalon, à vista disso, terá medo;
e Gaza sofrerá uma grande aflição,
e Acaron também, por ver suas esperanças frustradas;
o rei de Gaza morrerá
e Ascalon se despovoará.
⁶Ocuparão Azoto os estrangeiros
e eu destruirei a soberba do povo filisteu,
⁷eu o farei deitar sangue pela boca
e expelir as comidas sacrílegas por entre os dentes,
e ele por fim será submisso ao nosso Deus
e será como um guia em Judá,
e Acaron como um jebuseu.
⁸Cercarei minha casa como um fortim
contra os que vão e os que vêm;
não passará, além deles, um perseguidor,
pois agora vigio com meus próprios olhos.
⁹Exulta, cidade de Sião!
Rejubila, cidade de Jerusalém.
Eis que vem teu rei ao teu encontro,
ele é justo, ele salva;
é humilde e vem montado num jumento,
um potro, cria de jumenta.
¹⁰Eliminarei os carros de Efraim,
os cavalos de Jerusalém;
ele quebrará o arco de guerreiro,
anunciará a paz às nações.

Seu domínio se estenderá de um mar a outro mar,
e desde o Rio até aos confins da terra.
¹¹Quanto a ti, pelo teu pacto de sangue
farei sair da fossa teus cativos,
da fossa sem água.
¹²Retornai à fortaleza,
ó vós que estais presos à esperança;
hoje mesmo anunciarei:
vou recompensar no dobro.
¹³Estendi a Judá por meu arco,
cumulei de bens Efraim;
levantarei teus filhos, Sião,
contra os teus, Grécia,
e farei de ti uma espada de valentes.
¹⁴O Senhor será visto sobre eles,
disparando o seu dardo como o raio;
o Senhor Deus fará soar a trombeta
e caminhará nas tempestades do Sul.
¹⁵O Senhor dos exércitos há de protegê-los,
e eles tomarão alimento, pesarão as pedras de funda,
beberão e se agitarão como ébrios de vinho,
repletos como taças e como cantos do altar.
¹⁶O Senhor, seu Deus, há de salvá-los naquele dia,
como rebanho de seu povo,
porque as pedras preciosas da coroa
brilharão sobre essa terra.
¹⁷Que felicidade, a desse povo,
e que belo destino!
O trigo fortificando seus jovens
e o vinho, suas jovens.
¹⁰,¹Pedi todos a chuva ao Senhor,
na época das águas tardias.
O Senhor lança relâmpagos,
manda cair a chuva
e faz crescer para todos a relva do campo.

²Os ídolos têm palavras vãs,
e os adivinhos, visões mentirosas,
eles dão falsas explicações dos sonhos,
e a sua consolação é inútil;
por isso vagueia o povo como um rebanho,
sofrendo por falta de pastores.

Responsório   Zc 9,9; Jo 12,14
R. Alegra-te, ó filha de Sião,
   Jerusalém, exulta e canta de alegria:
 * Vem a ti o teu rei justo e salvador.
   Vem pobre e montado em jumento
   e sobre o filho da jumenta, o jumentinho.
V. Jesus, tendo encontrado um jumentinho,
   montou nele, pois assim está escrito: * Vem a ti.

Segunda leitura
Dos Sermões de Santo André de Creta, bispo

(Orat. 9, in ramos palmarum: PG 97,1002)   (Séc. VIII)

Eis que vem a ti teu rei, justo e salvador

Digamos também nós a Cristo: *Bendito o que vem em nome do Senhor* (Mt 21,9), *rei de Israel* (Mt 27,42). Levantemos para ele, quais folhas de palmeira, as derradeiras palavras na cruz. Vamos com entusiasmo para a frente, não com ramos de oliveira, mas com as honras das esmolas de uns aos outros. Estendamos a seus pés, como vestes, os desejos do coração. Deste modo, pondo seus passos em nós, esteja dentro de nós, e nós inteiros nele; e se manifeste ele totalmente em nós. Repitamos para Sião a aclamação do Profeta: *Tem confiança, filha, não temas. Eis que vem a ti teu rei, manso e montado no jumentinho, filho da que leva o jugo* (cf. Zc 9,9).

Vem aquele que está presente em todo o lugar e ocupa tudo, para realizar em ti a salvação de tudo. Vem aquele que *não veio chamar os justos, mas os pecadores à conversão*

(Mt 9,13), para fazer voltar os desviados pelo pecado. Não temas, pois. *Está Deus no meio de ti, não serás abalada* (cf. Dt 7,21).

De mãos erguidas, recebe-o, a ele que gravou nas próprias mãos tuas muralhas. Acolhe-o, a ele que cavou em suas palmas teus fundamentos. Recebe-o, a ele que tomou para si tudo o que é nosso, à exceção do pecado, a fim de mergulhar tudo que é nosso no que é dele. Alegra-te, cidade-mãe, Sião; não temas. *Celebra tuas festas* (Na 2,1). Glorifica por sua misericórdia quem em ti vem para nós. Mas também tu, rejubila-te com entusiasmo, filha de Jerusalém, canta, dança de alegria. *Resplandece, resplandece* (assim aclamamos junto com Isaías, o clarim sagrado), *porque chegou tua Luz e nasceu sobre ti a glória do Senhor* (Is 60,1).

Que luz é esta? Só pode ser aquela *que ilumina a todo homem que vem ao mundo* (cf. Jo 1,9). A luz eterna, luz que não conhece o tempo e revelada no tempo, luz manifestada pela carne e oculta por natureza, luz que envolveu os pastores e se fez para os magos guia do caminho. Luz que desde o princípio estava no mundo, por quem foi feito o mundo e o mundo não a conheceu. Luz que veio ao que era seu, e os seus não a receberam.

Glória do Senhor. Qual glória? Na verdade, a cruz em que Cristo foi glorificado. Ele, esplendor da glória do Pai, como ele próprio, estando próxima a paixão, disse: *Agora é glorificado o Filho do homem e Deus é glorificado nele; e o glorificará sem demora* (cf. Jo 13,31-32). Chama de glória neste passo sua exaltação na cruz. Porque a cruz de Cristo é glória e, realmente, sua exaltação. Por isto diz: *Eu, quando for exaltado, atrairei todos a mim* (Jo 12,32).

Responsório Sl 117(118),26a.27a.23

R. Bendito seja em nome do Senhor
   aquele que em seus átrios vai entrando!
* Que o Senhor e nosso Deus nos ilumine!

℣. Pelo **Senhor** é que foi **fei**to tudo **isso**:
Que maravilhas ele **fez** a nossos **olhos**! * Que o **Senhor**.

Oração

Senhor, nosso Deus, fazei que a nossa alegria consista em vos servir de todo o coração, pois só teremos felicidade completa servindo a vós, criador de todas as coisas. Por nosso Senhor Jesus Cristo, vosso Filho, na unidade do Espírito Santo.

QUARTA-FEIRA

Ofício das Leituras

Primeira leitura
Do Livro do Profeta Zacarias   10,3–11,3

Libertação e retorno de Israel

Assim fala o Senhor:
¹⁰,³"Inflamou-se minha ira contra os pastores,
vou tanger os seus caprinos;
decerto o Senhor dos exércitos
tange o seu rebanho, o povo de Judá,
mas para fazer dele cavalo de suas vitórias na guerra.
⁴Dele provirá a pedra angular;
dele, o esteio;
dele virão os arqueiros;
dele, igualmente os vingadores.
⁵Esses valentes irão à batalha,
marchando sobre a lama dos caminhos,
combaterão, porque o Senhor está com eles;
e serão desbaratadas as cavalarias.
⁶Consolidarei a casa de Judá
e preservarei a casa de José,
hei de restabelecê-los, porque deles me compadeci;

voltarão a ser como se nunca tivessem sido rejeitados:
pois sou o Senhor, seu Deus, e vou atendê-los.
⁷Serão valentes como os homens de Efraim,
seus corações se alegrarão como excitados pelo vinho,
e seus filhos verão tudo isso com alegria,
seus corações exultarão no Senhor.
⁸Ao sinal do meu silvo, eles estarão reunidos,
porque os resgatei,
e eles serão tão numerosos como já foram antes.
⁹Hei de espalhá-los entre os povos,
mas eles de longe se recordarão de mim;
criarão seus filhos e retornarão.
¹⁰A todos retirarei do país do Egito
e reunirei os da Assíria,
e os levarei para a terra de Galaad e do Líbano,
até não haver mais espaço.
¹¹Eles atravessarão o estreito do mar
e o Senhor baterá as ondas do mar,
o Nilo secará até ao fundo;
a soberba da Assíria será humilhada,
e a arrogância do Egito recuará.
¹²Eles encontrarão no Senhor forças
para pôr-se a caminho em seu nome",
diz o Senhor.
¹¹,¹Abre, ó Líbano, tuas portas
para que o fogo devore os teus cedros.
²Geme aos ventos, ó abeto, porque tombou o cedro
e foram derrubadas as grandes árvores;
gemei, carvalhos de Basã,
porque a mata virgem foi destruída.
³São as vozes gementes dos pastores,
pela devastação de tanta grandeza;
é a voz do rugido dos leões,
pelo desaparecimento do orgulho do Jordão.

Responsório Zc 10,6bd.7d; Is 28,5
R. Eu mesmo, o Senhor, farei voltar a casa de José e de Judá,
porque tenho compaixão de sua sorte.
* E no Senhor exultarão seus corações.
V. Naquele dia, o Senhor onipotente
há de ser uma coroa de fulgor
e de alegria para o resto do seu povo.* E no Senhor.

Segunda leitura
Dos Sermões de Santo Agostinho, bispo
(Sermo 21,1-4: CCL 41,276-278) (Séc. V)

O coração do justo exultará no Senhor

O justo alegra-se no Senhor e nele espera; e gloriam-se todos os retos de coração (Sl 63,11). Acabamos de cantá-lo com a voz e com o coração. A consciência e a língua cristãs dizem estas palavras a Deus: *Alegra-se o justo,* não com o mundo, mas *no Senhor. A luz nasceu para o justo,* diz outro lugar, *e a alegria, para os retos de coração* (Sl 96,11). Indagas donde vem a alegria. Escutas: *Alegra-se o justo no Senhor,* e noutro passo: *Põe tuas delícias no Senhor e ele atenderá aos pedidos de teu coração* (Sl 36,4).

Que nos é indicado? O que é doado, ordenado, dado? Que nos alegremos no Senhor. Quem é que se alegra com aquilo que não vê? Acaso vemos o Senhor? Já o temos em promessa. Agora, porém, *caminhemos pela fé; enquanto estamos no corpo, peregrinamos longe do Senhor* (2Cor 5,7.6). Pela fé, não pela visão. Quando, pela visão? Quando se realizar o que diz o mesmo João: *Diletíssimos, somos filhos de Deus; mas ainda não se fez visível o que seremos. Sabemos que, quando aparecer, seremos semelhantes a ele, porque o veremos tal qual é* (1Jo 3,2).

Neste momento, então, será a grande e perfeita alegria, o gáudio pleno, onde já não mais teremos o leite da esperança, mas a realidade nos alimentará. Contudo, desde agora, antes que nos chegue a realidade, antes que cheguemos à realidade, alegremo-nos no Senhor. Não é insignificante a alegria trazida pela esperança, já que depois será a posse.

Agora, amamos na esperança. Por isso, *alegra-se o justo no Senhor* e logo em seguida, *e nele espera,* porque ainda não vê.

Todavia, possuímos as primícias do espírito, e talvez de algo mais. Aproximamo-nos de quem amamos e, embora por uma gotinha, já provamos e saboreamos aquilo que avidamente comeremos e beberemos.

Como é que nos alegramos no Senhor, se está longe de nós? Que ele não esteja longe! A estar longe, és tu que o obrigas. Ama e aproximar-se-á; ama e habitará em ti. *O Senhor está próximo, não fiques inquieto* (Fl 4,5-6). Queres ver como, se amares, estará contigo? *Deus é caridade* (1Jo 4,8).

Dir-me-ás: "Em teu parecer, que é caridade?" A caridade é a virtude pela qual amamos. O que amamos? O bem salutar, o bem inefável, o bem de todos os bens, o Criador. Que te deleite aquele de quem tens tudo o que te deleita. Não digo o pecado, pois só o pecado não recebes dele. Dele é que terás tudo.

Responsório

R. Antes de **ver** o que não **podes** enxer**gar**,
crê em **tu**do o que a**in**da tu não **vês**.
 * Caminha neste **mun**do pela **fé**,
para um **dia** tu chegares à vi**são**.
V. A vi**são** não vai tor**nar** feliz na **pátria**
a quem a **fé** não susten**tou** na cami**nha**da. * Caminha.

Oração

Senhor, nosso Deus, fazei que a nossa alegria consista em vos servir de todo o coração, pois só teremos felicidade completa servindo a vós, criador de todas as coisas. Por nosso Senhor Jesus Cristo, vosso Filho, na unidade do Espírito Santo.

QUINTA-FEIRA

Ofício das Leituras

Primeira leitura
Do Livro do Profeta Zacarias 11,4–12,8

Parábola sobre os pastores

¹¹,⁴ Assim fala o Senhor, meu Deus: "Apascenta as ovelhas de abate.⁵ Os que as compram, abatem-nas e não se afligem; e os que as vendem, dizem: 'Bendito seja o Senhor! Fiquei rico'. Os pastores não têm piedade desses animais.

⁶ Eu também não terei mais piedade dos habitantes do país, diz o Senhor; resolvi entregar cada um às mãos do seu vizinho e às mãos do seu rei; eles saquearão o país e eu não livrarei ninguém das mãos deles".

⁷ Então fui apascentar as ovelhas de abate para os negociantes do rebanho. Tomei dois cajados: a um chamei Benefício, ao outro, União; e fui cuidar das ovelhas.⁸ No primeiro mês, despedi três pastores, pois estava enjoado deles e eles estavam enjoados de mim.⁹ Disse então: "Não vou apascentar estas ovelhas. A que tem de morrer, morra; a que tem de desaparecer, desapareça; as restantes, que se devorem umas as outras".¹⁰ Peguei o meu cajado chamado Benefício e quebrei-o, para anular o pacto feito com todos.¹¹ Nesse dia, ficou anulado o pacto; os negociantes do rebanho, que me observavam, compreenderam que se tratava de palavra do Senhor.¹² Disse-lhes eu: "Se achais que isto está bem, pagai o meu salário; se não, não vos incomodeis". Eles então avaliaram o meu salário em trinta moedas de prata.¹³ Disse-me o Senhor: "Lança no tesouro esta quantia razoável com que fui por eles avaliado". Levei as trinta moedas de prata e coloquei-as no tesouro da casa do Senhor.¹⁴ Depois, quebrei o meu segundo cajado, a que chamei União, para desfazer a fraternidade entre Judá e Israel.

¹⁵Disse-me o Senhor: "Toma ainda os apetrechos de um pastor insensato;
¹⁶pois eu suscitarei na terra um pastor,
que não cuida da ovelha que vai morrer;
não sai em busca das tresmalhadas,
não cura as ovelhas doentes,
e não alimenta as sadias,
mas come a carne das mais gordas
e até mesmo lhes aproveita os cascos.
¹⁷Ai desse pastor insensato,
que abandona o rebanho!
Pende a espada do castigo sobre o seu braço
e sobre o seu olho direito;
que o braço se crispe na aridez
e o olho direito se apague na escuridão!"

¹²,¹Palavra do Senhor para Israel e para Judá. Oráculo do Senhor, que expandiu o céu e assentou a terra; e que moldou no homem o espírito: ²"Eis que farei de Jerusalém taça embriagante para todos os povos circunvizinhos. Isto se dará no cerco de Jerusalém. ³Acontecerá, naquele dia, que eu farei de Jerusalém pedra para ser carregada por todos os povos; todos os que carregarem essa pedra, serão feitos em pedaços; contra ela se coligarão todas as nações da terra. ⁴Naquele dia, diz o Senhor, fustigarei com o pânico os cavalos e com a loucura os seus cavaleiros; abrirei os olhos sobre a casa de Judá e ferirei com a cegueira os cavalos das nações inimigas. ⁵Dirão em seu íntimo os chefes de Judá: 'A força dos habitantes de Jerusalém está no Senhor dos exércitos, o seu Deus'.

⁶Naquele dia, farei dos chefes de Judá como que um braseiro sobre lenha e como uma tocha sobre palha; eles destruirão todos os povos ao redor, à direita e à esquerda, e Jerusalém voltará a ser habitada em seu lugar. ⁷O Senhor primeiramente salvará as famílias de Judá para que a glória da casa de Davi e a glória dos habitantes de Jerusalém não

se sobreleve à de Judá. ⁸Naquele dia, protegerá o Senhor os habitantes de Jerusalém, até ao ponto de parecer valente como Davi um qualquer que vier a fracassar dentre eles, e a casa de Davi será como um ser divino, como o anjo do Senhor à frente deles.

Responsório   Zc 11,12b.13b; Mt 26,15
R. Eles pagaram meu **preço**: Trinta moedas de **prata**.
 * Que belo **preço** é este com que **fui** avaliado!
V. Que me da**reis**, disse **Ju**das, se eu **vo**-lo entre**gar**?
 Combinaram pagar-lhe trinta moedas de **prata**.
 * Que belo **preço**.

Segunda leitura
Do Comentário sobre o Cântico dos Cânticos, de São Gregório de Nissa, bispo

(Cap. 2: PG 44,802)   (Séc. IV)

Oração ao Bom Pastor

Onde apascentas, ó bom pastor, que carregas nos ombros todo o rebanho? (pois uma é a ovelha, a natureza humana que puseste sobre os ombros). Mostra-me o lugar da quietude, leva-me à erva boa e nutritiva, chama-me pelo nome e, assim, eu, que sou ovelha, ouvirei tua voz; e por causa de tua voz, dá-me a vida eterna. *Mostra-me a mim o amado de minha alma* (Ct 1,6 Vulg.).

Chamo-te com esta expressão, porque teu nome supera todo outro nome e todo entendimento e nem a natureza racional toda inteira pode dizê-lo ou compreendê-lo. Por isto teu nome, pelo qual se conhece tua bondade, é o bem-querer de minha alma para contigo. Como não te amar a ti que amaste minha alma, embora ainda manchada, a tal ponto que deste a vida pelas ovelhas que apascentas? Impossível imaginar maior amor que o trocar tua vida por minha salvação. Ensina-me *onde apascentas* (cf. Ct 1,7). Encontrando o campo saudável, tomarei o alimento celeste; porque quem dele não se nutre não pode entrar na vida eterna. Correrei à fonte, beberei da água divina que tu proporcionas aos sedentos. Igual à fonte, deixas correr água de teu lado, veio aberto pela lança; para quem beber, ela se *tornará fonte de água a jorrar para a vida eterna* (Jo 4,14).

Se me apascentares deste modo, far-me-ás deitar *ao meio-dia,* quando, dormindo logo na paz, repousarei na luz sem sombras. O meio-dia não tem sombra, o sol cai a pino; nesta luz, fazes deitar aqueles que alimentaste, ao pores teus filhos contigo no quarto. Ninguém será considerado digno deste repouso meridiano, se não for filho da luz e filho do dia. Quem se separa igualmente das trevas vespertinas e matutinas, quer dizer, de onde começa e de onde termina o mal, está no meio-dia e, para nele deitar-se, ali o colocará o sol da justiça.

Mostra-me, pois, como repousar e ser apascentada e qual é o caminho para a quietude meridiana. Não aconteça que, escapando-me da guia de tua mão, pela ignorância da verdade, venha a reunir-me com rebanhos estranhos aos teus.

Falou assim, solícita pela beleza que lhe veio de Deus e desejosa de entender de que modo e para sempre a felicidade existe.

Responsório
Sl 26(27),13a.4a; Fl 1,21

R. Sei que a bondade do Senhor
   eu hei de **ver** na **terra** dos vive**ntes**.
* Ao Senhor eu peço apenas uma coisa
   e é isto que eu desejo:
   habitar no santuário do Senhor por toda a minha vida.
V. Para mim viver é Cristo e morrer é uma vantagem.
   *Ao Senhor.

Oração
Senhor, nosso Deus, fazei que a nossa alegria consista em vos servir de todo o coração, pois só teremos felicidade

completa servindo a vós, criador de todas as coisas. Por nosso Senhor Jesus Cristo, vosso Filho, na unidade do Espírito Santo.

SEXTA-FEIRA

Ofício das Leituras

Primeira leitura
Do Livro do Profeta Zacarias   12,9-12a; 13,1-9

A salvação estará em Jerusalém

Assim fala o Senhor: ¹²,⁹"Acontecerá que, naquele dia, quero esmagar todos os povos que vêm contra Jerusalém. ¹⁰Derramarei sobre a casa de Davi e sobre os habitantes de Jerusalém um espírito de graça e de oração; eles olharão para mim. Ao que eles feriram de morte, hão de chorá-lo, como se chora a perda de um filho único, e hão de sentir por ele a dor que se sente pela morte de um primogênito. ¹¹Naquele dia, haverá um grande pranto em Jerusalém, como foi o de Adadremon, no campo de Magedo. ¹²Chorará a terra e cada uma das famílias chorará, sozinha.

¹³,¹Naquele dia, haverá uma fonte acessível à casa de Davi e aos habitantes de Jerusalém, para ablução e purificação. ²E acontecerá, naquele dia, diz o Senhor dos exércitos, que eu apagarei do país os nomes dos ídolos, e não mais serão lembrados; expulsarei do país os falsos profetas e o espírito imundo. ³E, se ainda alguém se presumir de profeta, dirão seu pai e sua mãe que o geraram: 'Não mereces viver, pois falaste mentiras em nome do Senhor'; se ele voltar a profetizar, será transpassado por seu pai e sua mãe, que o geraram. ⁴Acontecerá, naquele dia, que os profetas ficarão envergonhados, cada qual com sua visão; não precisam cobrir-se com o manto de saco para mentirem, ⁵mas dirão: 'Não sou profeta; eu sou um lavrador da terra, a terra foi sempre minha ocupação, desde a mocidade'. ⁶Se alguém lhe

disser: 'O que são essas feridas nas mãos?', responderá: 'Recebi esses ferimentos na casa de meus amigos'.
⁷Ó lança, atira-te contra o meu pastor
e contra o homem que está unido a mim,
diz o Senhor dos exércitos.
Fere o pastor, e as ovelhas serão dispersas;
voltarei a mão contra os humildes.
⁸Assim será em todo o país,
diz o Senhor:
duas partes do povo serão dispersas e desaparecerão,
a terceira lhe será deixada;
⁹farei passar pelo fogo essa terceira parte
e os purificarei, como se faz com a prata,
e os provarei, como se prova o ouro:
o povo invocará o meu nome e eu o atenderei.
Direi: 'Este é o meu povo';
e ele dirá: 'O Senhor é o meu Deus'".

Responsório   Mt 26,31; Zc 13,7
R. Esta **noite**, todos **vós**, disse Je**sus**,
    co**mi**go vos escan**da**liza**reis**,
  * Porque está es**cri**to: Feri**rei** o pas**tor**,
    e **to**do o rebanho dis**per**so se**rá**.
V. Levan**ta**-te, espada, e **fere** o meu pas**tor**
    e tam**bém** o compa**nhei**ro, o**rá**culo do Se**nhor**:
  * Porque.

Segunda leitura
Do Tratado sobre o Reino de Jesus, de São João Eudes, presbítero

(Pars 3,4: Opera omnia 1,310-312)   (Séc. XVII)

O mistério de Cristo em nós e na Igreja

Cabe-nos imitar e completar em nós os estados e mistérios de Cristo e pedir-lhe continuamente que os leve a termo e os perfaça em nós e na Igreja inteira.

Porque os mistérios de Jesus ainda não estão totalmente levados à sua perfeição e realizados. Na pessoa de Jesus, sim, não, porém, em nós, seus membros, nem na Igreja, seu Corpo místico. Por querer o Filho de Deus comunicar, estender de algum modo e continuar seus mistérios em nós e em toda a sua Igreja, determinou tanto as graças que nos concederá, quanto os efeitos que quer produzidos em nós por esses mistérios. Por esta razão deseja completá-los em nós.

Por isso, São Paulo diz que Cristo é completado na Igreja e que todos nós colaboramos para sua edificação e *para a plenitude de sua idade* (cf. Ef 4,13), isto é, a idade mística que tem em seu Corpo místico, mas que só no dia do juízo será plena. Em outro lugar, diz o mesmo Apóstolo que *completa em sua carne o que falta aos sofrimentos de Cristo* (cf. Cl 1,24).

Deste modo, o Filho de Deus decidiu que seus estados e mistérios seriam completados e levados à perfeição em nós. Quer levar à perfeição em nós o mistério de sua encarnação, nascimento, vida oculta, quando se forma e renasce em nossa alma pelos sacramentos do santo batismo e da divina eucaristia e nos dá vivermos a vida espiritual e interior, *escondida com ele em Deus* (Cl 3,3).

Quer ainda levar à perfeição em nós o mistério de sua paixão, morte e ressurreição que nos fará padecer, morrer e ressurgir com ele. E, finalmente, quer completar em nós o estado de vida gloriosa e imortal, quando nos fará viver com ele e nele a vida gloriosa e perpétua nos céus. Assim quer consumar e completar seus outros estados, outros mistérios em nós e em sua Igreja; deseja comunicá-los a nós e partilhá-los conosco e por nós continuá-los e propagá-los.

Assim, os mistérios de Cristo não estarão completos antes daquele tempo que marcou para o término destes mistérios em nós e na Igreja, isto é, antes do fim do mundo.

Responsório   Cl 1,24.29

R. Eu me alegro por sofrer,
   * E completo em minha carne o que falta aos sofrimentos de Cristo por seu corpo, que é a sua Igreja.
V. Esforço-me e luto, amparado por Jesus, cuja força poderosa opera dentro em mim.
   * E completo.

Oração

Senhor, nosso Deus, fazei que a nossa alegria consista em vos servir de todo o coração, pois só teremos felicidade completa servindo a vós, criador de todas as coisas. Por nosso Senhor Jesus Cristo, vosso Filho, na unidade do Espírito Santo.

SÁBADO

Ofício das Leituras

Primeira leitura
Do Livro do Profeta Zacarias   14,1-21

Tribulação e glória de Jerusalém nos últimos tempos

Assim fala o Senhor: [1] "Eis que o dia do Senhor está chegando, teus despojos serão divididos em teu próprio recinto; [2] reunirei todas as nações para o combate em Jerusalém, e então a cidade será tomada, as casas serão destruídas e as mulheres, violadas: metade da cidade irá para o cativeiro, mas o resto do povo não será expulso dela. [3] Então sairá o Senhor a combater contra aquelas nações, como já combateu no tempo da guerra. [4] Seus pés se firmarão, naquele dia, sobre o Monte das Oliveiras, situado ao nascente de Jerusalém; o Monte das Oliveiras será rachado ao meio, em duas partes, ao nascente e ao poente, formando enormes escarpas; metade do monte se afastará para o Norte e metade, para o Sul. [5] Fugireis para os vales entre os montes, porque esse vale se estende até Iasol; fugireis, como fugistes do terremoto, no reinado de Ozias, rei de Judá; virá o Senhor, meu Deus, e todos os santos com ele.

⁶Acontecerá, naquele dia, que não haverá luz, mas sim frio e gelo; ⁷será um só dia contínuo, só conhecido do Senhor, sem divisão de dia e noite; ao cair da tarde, haverá luz. ⁸Acontecerá, naquele dia, que brotarão de Jerusalém águas vivas, metade delas para o mar oriental e metade para o mar ocidental: correrão no verão e no inverno. ⁹O Senhor reinará sobre a terra inteira: naquele dia, haverá um só Senhor, o seu nome será único. ¹⁰Todo o país voltará à faixa do deserto, desde Gaba até Remon, ao sul de Jerusalém, que será exaltada e repovoada em seu território, desde a Porta de Benjamin até ao lugar da Porta Velha, até à Porta dos Ângulos; e desde a Torre de Hananeel até aos Lagares do Rei. ¹¹Ali habitarão, e não haverá mais nenhuma contrariedade, mas Jerusalém será habitada em condições de segurança.

¹²O Senhor fará cair sobre todos os povos, que atacaram Jerusalém, um flagelo, a saber, cada um terá seu corpo apodrecido, ainda em vida; apodrecidos os olhos dentro das órbitas; apodrecida a língua na boca. ¹³Naquele dia, o Senhor fará surgir uma grande confusão entre eles, que se agredirão e se ferirão uns aos outros. ¹⁴Mas o próprio Judá lutará em Jerusalém; as riquezas de todas as nações vizinhas lhes serão arrebatadas, ouro, prata e roupas em quantidade. ¹⁵Flagelo semelhante àquele sofrerão os cavalos, mulas, camelos, asnos e animais de carga que se encontrarem nos acampamentos.

¹⁶Os sobreviventes de todas as nações que atacaram Jerusalém virão a ela, todos os anos, para adorar o Rei, Senhor dos exércitos, e celebrar a festa dos Tabernáculos. ¹⁷Se alguma dessas nações da terra não for a Jerusalém para adorar o Rei, Senhor dos exércitos, não mais cairá sobre ela a chuva. ¹⁸Mas, se o povo do Egito não se mexer para ir até lá, cairá sobre ele um outro flagelo, que o Senhor se reserva

lançar sobre os povos, que se recusam a celebrar a festa dos Tabernáculos. [19] Tal será o castigo do Egito e o castigo de todos os povos que não forem celebrar a solenidade dos Tabernáculos. [20] Naquele dia, colocarão nas campainhas dos cavalos: 'Reservado para o Senhor'; e as bacias, na casa do Senhor, ficarão repletas, como taças diante do altar. [21] Todo recipiente, em Jerusalém e em Judá, será reservado ao serviço do Senhor dos exércitos".

Responsório   Zc 14,8a; 13,1; Jo 19,34
R. Naquele dia há de jorrar uma fonte de água viva
   para a casa de Davi e os habitantes de Sião
 * Para lavar o pecador.
V. Um soldado abriu o lado de Jesus com uma lança
   e logo saiu sangue e água juntamente. * Para lavar.

Segunda leitura
Das Conferências de Santo Tomás de Aquino, presbítero

(Coll. super *Credo in Deum:* Opuscula theologica 2,
Taurini 1954, pp. 216-217)   (Séc. XIII)

Serei saciado quando aparecer a vossa glória

Com muita propriedade se põe a consumação de todos os nossos desejos, a vida eterna, no final do Símbolo dado aos fiéis, dizendo: "Na vida eterna. Amém".

Em primeiro lugar, a vida eterna une-nos a Deus. Pois Deus mesmo é o prêmio e a consumação de nossos esforços todos: *Eu sou teu protetor e tua imensa recompensa* (Gn 15,1). Esta união consiste na visão perfeita: *Vemos agora como por espelho, em enigma; depois, face a face* (1Cor 13,12).

Comporta ainda o máximo louvor, segundo o Profeta: *Gozo e alegria nela haverá, ação de graças e voz de louvor* (Is 51,3).

E também a perfeita satisfação do desejo, porque lá cada bem-aventurado terá muito além do desejado e esperado. A razão está em que, nesta vida, ninguém pode contentar perfeitamente seu desejo, e criatura alguma sacia o anseio do homem; só Deus o sacia e o excede infinitamente. Por isto, o ser humano não descansa senão em Deus. Santo Agostinho disse: "Tu, Senhor, nos fizeste para ti e inquieto está nosso coração enquanto não repousa em ti".

Já que, na pátria, os santos possuirão a Deus perfeitamente, é evidente que seu desejo será saciado e ainda a glória o excederá. Assim diz o Senhor: *Entra no gozo de teu Senhor* (Mt 25,21). Agostinho diz por sua vez: "O gozo inteiro não entrará nos que se alegram, mas os que se alegram entrarão inteiros nesse gozo. Sereis saciados quando aparecer tua glória"; e outra vez: "Quem cumula de bens teu desejo".

Quanto há de delicioso, tudo ali está com superabundância. Se procuramos delícias, lá haverá o máximo e perfeitíssimo prazer, porque brotando do sumo bem, de Deus: *Delícias a tua destra para sempre* (Sl 15,11).

Consiste ainda na suave companhia de todos os santos; sociedade agradável a mais não poder, porque cada um terá, em companhia de todos os bem-aventurados, todos os bens. Um amará o outro como a si mesmo, então se alegrará com o bem do outro como se fosse próprio. O que terá por resultado que crescerá a alegria e o gáudio de um, na medida do gáudio de todos.

Responsório   Sl 16(17),15; 1Cor 13,12b

R. Eu ve**rei**, justifi**ca**do, a vossa **face**
 * E ao desper**tar** me sacia**rá** vossa pre**sen**ça.
V. **A**gora, eu co**nhe**ço de **mo**do imper**fei**to,
 mas **lá** conhece**rei** como tam**bém** sou conhe**ci**do.
 *E ao desper**tar**.

Oração

Senhor, nosso Deus, fazei que a nossa alegria consista em vos servir de todo o coração, pois só teremos felicidade completa servindo a vós, criador de todas as coisas. Por nosso Senhor Jesus Cristo, vosso Filho, na unidade do Espírito Santo.

34º Domingo do Tempo comum

NOSSO SENHOR JESUS CRISTO, REI DO UNIVERSO

Solenidade

I Vésperas

Hino

Cristo Rei, sois dos séculos Príncipe,
Soberano e Senhor das nações!
Ó Juiz, só a vós é devido
julgar mentes, julgar corações.

Multidões reverentes, no céu,
vos adoram e cantam louvores.
Nós também proclamamos que sois
Rei dos reis e Senhor dos senhores.

Rei da paz, imperai sobre as mentes,
desfazei seus desígnios perversos.
Por amor, reuni num rebanho
os errantes que andavam dispersos.

Para isso, de braços abertos,
vós pendeis do madeiro sagrado
e mostrais vosso bom coração
a sangrar, pela lança rasgado.

Para isso, no altar escondido
sob as formas de vinho e de pão,
através desse lado ferido,
para os filhos trazeis salvação.

Glória a vós, ó Senhor Jesus Cristo,
que no amor governais todo ser.
Seja a vós, com o Pai e o Espírito,
honra eterna, louvor e poder.

Salmodia

Ant. 1 Rei da **paz** será chamado, e seu **tro**no é inaba**lá**vel.

Salmo 112(113)

– ¹Lou**vai**, louvai, ó **ser**vos do Se**nhor**, *
  lou**vai**, louvai o nome do Senhor!
– ²Ben**di**to seja o nome do Senhor, *
  a**go**ra e por toda a eternidade!
– ³Do nas**cer** do sol até o seu ocaso, *
  lou**va**do seja o nome do Senhor!
– ⁴O Se**nhor** está acima das nações, *
  sua **gló**ria vai além dos altos céus.
= ⁵Quem **po**de comparar-se ao nosso Deus, †
  ao Se**nhor**, que no alto céu tem o seu trono *
  ⁶e se in**cli**na para olhar o céu e a terra?
– ⁷Le**van**ta da poeira o indigente *
  e do **li**xo ele retira o pobrezinho,
– ⁸para fa**zê**-lo assentar-se com os nobres, *
  assen**tar**-se com os nobres do seu povo.
– ⁹Faz a es**té**ril, mãe feliz em sua casa, *
  vi**ven**do rodeada de seus filhos.

Ant. Rei da **paz** será chamado, e seu **tro**no é inaba**lá**vel.

Ant. 2 O seu **rei**no é reino e**ter**no,
   e os **reis** de toda a **ter**ra
   hão de ser**vi**-lo e obede**cer**-lhe.

Salmo 116(117)

– ¹Cantai lou**vo**res ao Se**nhor**, todas as **gen**tes, *
  povos **to**dos, feste**jai**-o!
– ²Pois comprо**va**do é seu amor para co**nos**co, *
  para **sem**pre ele é fiel!

Ant. O seu **rei**no é reino e**ter**no,
e os **reis** de toda a **ter**ra
hão de servi-lo e obede**cer**-lhe.

Ant. 3 A **Cris**to foi **da**do o po**der** e a **hon**ra;
e **to**dos os po**vos** e tri**bos** e **lín**guas
have**rão** de servi-lo por **todo** o **sempre**.

Cântico   Ap 4,11; 5,9.10.12

— 4,11 Vós sois **digno**, Se**nhor**, nosso **Deus**, *
de rece**ber** honra, glória e poder!

(R. **Po**der, honra e **glória** ao Cordeiro de **Deus**!)

= 5,9 Porque **to**das as coisas criastes, †
é por **vos**sa vontade que existem, *
e subsistem porque vós mandais.   (R.)

= Vós sois **digno**, Senhor nosso Deus, †
de o **livro** nas mãos receber *
e de **abrir** suas folhas lacradas!   (R.)

— Porque **fos**tes por nós imolado; *
para **Deus** nos remiu vosso sangue
— dentre **to**das as tribos e línguas, *
dentre os **po**vos da terra e nações.   (R.)

= 10 Pois fi**zes**tes de nós, para Deus, †
sacer**do**tes e povo de reis, *
e iremos reinar sobre a terra.   (R.)

= 12 O Cor**dei**ro imolado é digno †
de rece**ber** honra, glória e poder, *
sabed**o**ria, louvor, divindade!   (R.)

Ant. A **Cris**to foi **da**do o po**der** e a **hon**ra;
e **to**dos os po**vos** e tri**bos** e **lín**guas
have**rão** de servi-lo por **todo** o **sempre**.

Leitura breve
Cf. Ef 1,20-23

Deus manifestou sua força em Cristo, quando o ressuscitou dos mortos e o fez sentar-se à sua direita nos céus, bem acima de toda a autoridade, poder, potência, soberania ou qualquer título que se possa nomear não somente neste mundo, mas ainda no mundo futuro. Sim, ele pôs tudo sob os seus pés e fez dele, que está acima de tudo, a Cabeça da Igreja, que é o seu corpo, a plenitude daquele que possui a plenitude universal.

Responsório breve

R. Vossa é a gran**dez**a e o po**der**,
 * Vosso é o **rei**no, ó Se**nhor**. R. Vossa.
V. Sobre **tudo** domi**nais**. * Vosso é o **rei**no.
 Glória ao **Pai**. R. Vossa é a gran**dez**a.

Cântico evangélico, ant.

O Senhor **Deus** vai dar-lhe o **tro**no de seu **pai**, o rei Da**vi**;
reina**rá** eterna**men**te sobre a **ca**sa de Ja**có**,
e sem **fim** será seu **rei**no, ale**lui**a.

Preces

Irmãos e irmãs, oremos a Cristo Rei, que existe antes de todas as coisas criadas e em quem tudo subsiste; e o aclamemos, dizendo:

R. **Senhor, venha a nós o vosso Reino!**

Cristo, nosso Rei e nosso Pastor, reuni de todos os pontos da terra as ovelhas do vosso rebanho,
– e apascentai-as nos prados da vida eterna. R.

Salvador e Guia da humanidade, fazei de todos nós um só povo: curai os enfermos, procurai os que estão perdidos, conservai os fortes,
– chamai os que estão longe, congregai os dispersos, fortalecei os que vacilam. R.

Juiz eterno, colocai-nos à vossa direita no último dia, quando entregardes o Reino a Deus Pai,
– e dai-nos a posse do Reino preparado para nós desde a criação do mundo.
R. **Senhor, venha a nós o vosso Reino!**

Príncipe da paz, fazei desaparecer do mundo a guerra e a violência,
– e concedei às nações a vossa paz. R.

Herdeiro universal dos povos, reuni na vossa Igreja a humanidade inteira com os bens que o Pai vos deu,
– para que todos vos reconheçam como Chefe na unidade do Espírito Santo. R.

(intenções livres)

Cristo, Primogênito dentre os mortos e Primícias dos que adormeceram,
– acolhei na glória da ressurreição os nossos irmãos e irmãs que partiram desta vida. R.
Pai nosso...

Oração

Deus eterno e todo-poderoso, que dispusestes restaurar todas as coisas no vosso amado Filho, Rei do universo, fazei que todas as criaturas, libertas da escravidão e servindo à vossa majestade, vos glorifiquem eternamente. Por nosso Senhor Jesus Cristo, vosso Filho, na unidade do Espírito Santo.

Invitatório

R. A Jesus **Cris**to, Rei dos **reis**, vinde **to**dos, adoremos!
Salmo invitatório como no Ordinário, p. 537.

Ofício das Leituras

Hino

Jesus, Rei tão admirável,
nobre Rei triunfador,
sois doçura inefável,
desejável ao amor.

Rei dos anjos, Rei do mundo,
Rei da máxima vitória,
doador de toda graça,
dos eleitos honra e glória.

Celebrando o vosso nome,
canta em coro todo o céu.
Jesus, gozo do universo,
que nos dais a paz de Deus.

Jesus reina pela paz
que supera o intelecto.
Nossas mentes a desejam
e a procura o nosso afeto.

A Jesus sigamos hoje
com louvor, canções e prece.
Dê-nos ele em sua casa
o amor que não perece.

Ó Jesus, total doçura,
da Mãe Virgem sois a flor.
Para nós, no Reino eterno,
honra, graças e louvor.

Salmodia

Ant. 1 Fui escolhido como **Rei** sobre Sião, seu Monte **san**to, promul**gan**do seu de**cre**to.

Salmo 2

— 1 Por que os **po**vos agi**ta**dos se re**vol**tam?*
por que **tra**mam as nações projetos vãos?

= 2 Por que os **reis** de toda a terra se reúnem, †
e cons**pi**ram os governos todos juntos *
contra o **Deus** onipotente e o seu Ungido?

— 3 "Vamos que**brar** suas correntes", dizem eles,*
"e lan**çar** longe de nós o seu domínio!"

— 4 Ri-se **de**les o que mora lá nos céus; *
zomba **de**les o Senhor onipotente.

— 5 Ele, en**tão**, em sua ira os ameaça, *
e em seu fu**ror** os faz tremer, quando lhes diz:

— 6 "Fui eu **mes**mo que escolhi este meu Rei, *
e em Si**ão**, meu monte santo, o consagrei!"

= 7 O de**cre**to do Senhor promulgarei, †
foi as**sim** que me falou o Senhor Deus: *
"Tu és meu **Filho**, e eu hoje te gerei!

= 8 Podes pe**dir**-me, e em resposta eu te darei †
por tua he**ran**ça os povos todos e as nações, *
e há de **ser** a terra inteira o teu domínio.

— 9 Com cetro **fér**reo haverás de dominá-los,*
e quebrá-los como um vaso de argila!"

—10 E a**go**ra, poderosos, entendei; *
sobe**ra**nos, aprendei esta lição:

—11 Com te**mor** servi a Deus, rendei-lhe glória *
e pres**tai**-lhe homenagem com respeito!

—12 Se o irri**tais**, perecereis pelo caminho, *
pois de**pres**sa se acende a sua ira!

— Fe**li**zes hão de ser todos aqueles *
que **põem** sua esperança no Senhor!

Ant. Fui esco**lhi**do como **Rei** sobre Sião, seu Monte **san**to,
promul**gan**do seu de**cre**to.

Ant. 2 Os **reis** de toda a **ter**ra hão de ado**rá**-lo,
e **to**das as na**ções** hão de ser**vi**-lo.

Salmo 71(72)

I

−¹ Dai ao **Rei** vossos po**de**res, Senhor **Deus**, *
vossa jus**ti**ça ao descen**den**te da realeza!
−² Com jus**ti**ça ele governe o vosso povo, *
com equi**da**de ele julgue os vossos pobres.
−³ Das mon**ta**nhas venha a paz a todo o povo, *
e **des**ça das colinas a justiça!
=⁴ Este **Rei** defenderá os que são pobres, †
os **fi**lhos dos humildes salvará, *
e por **ter**ra abaterá os opressores!
−⁵ Tanto **tem**po quanto o sol há de viver, *
quanto a **lu**a através das gerações!
−⁶ Virá do **al**to, como o orvalho sobre a relva, *
como a **chu**va que irriga toda a terra.
−⁷ Nos seus **di**as a justiça florirá *
e grande **paz**, até que a lua perca o brilho!
−⁸ De mar a **mar** estenderá o seu domínio, *
e desde o **ri**o até os confins de toda a terra!
−⁹ Seus ini**mi**gos vão curvar-se diante dele, *
vão lam**ber** o pó da terra os seus rivais.
−¹⁰ Os reis de **Tár**sis e das ilhas hão de vir *
e ofere**cer**-lhe seus presentes e seus dons;
− e tam**bém** os reis de Seba e de Sabá *
hão de tra**zer**-lhe oferendas e tributos.
−¹¹ Os **reis** de toda a terra hão de ado**rá**-lo, *
e **to**das as nações hão de servi-lo.

Ant. Os **reis** de toda a **ter**ra hão de ado**rá**-lo,
e **to**das as na**ções** hão de ser**vi**-lo.

Ant. 3 Todos os **po**vos serão **ne**le abençoados,
todas as **gen**tes canta**rão** o seu **lou**vor.

II

— ¹²Liberta**rá** o indi**gen**te que su**pli**ca, *
e o **po**bre ao qual ninguém quer ajudar.
— ¹³Terá **pe**na do indigente e do infeliz, *
e a **vi**da dos humildes salvará.
— ¹⁴Há de li**vrá**-los da violência e opressão, *
pois vale **mui**to o sangue deles a seus olhos!
= ¹⁵Que ele **vi**va e tenha o ouro de Sabá! †
Hão de re**zar** também por ele sem cessar, *
bendi**zê**-lo e honrá-lo cada dia.
— ¹⁶Ha**ve**rá grande fartura sobre a terra, *
até **mes**mo no mais alto das montanhas;
— as co**lhei**tas florirão como no Líbano, *
tão abun**dan**tes como a erva pelos campos!
— ¹⁷Seja ben**di**to o seu nome para sempre! *
E que **du**re como o sol sua memória!
— Todos os **po**vos serão nele abençoados, *
todas as **gen**tes cantarão o seu louvor!
— ¹⁸Bendito **se**ja o Senhor Deus de Israel, *
porque só ele realiza maravilhas!
— ¹⁹Bendito **se**ja o seu nome glorioso! *
Bendito **se**ja eternamente! Amém, amém!

Ant. Todos os **po**vos serão **ne**le abençoados,
todas as **gen**tes canta**rão** o seu lou**vor**.

V. Fiz de **ti** uma **luz** para as na**ções**,
R. Para levares a **mi**nha salva**ção**
até os con**fins** de toda a **ter**ra.

Primeira leitura

Do Livro do Apocalipse de São João 1,4-6.10.12-18; 2,26.28; 3,5b.12.20-21

Visão do Filho do Homem na glória da sua majestade

¹,⁴A vós, graça e paz, da parte daquele que é, que era e que vem; da parte dos sete espíritos que estão diante do trono de Deus; ⁵e da parte de Jesus Cristo, a testemunha fiel, o primeiro primogênito a ressuscitar dentre os mortos, o soberano dos reis da terra.

A Jesus, que nos ama, que por seu sangue nos libertou dos nossos pecados ⁶e que fez de nós um reino, sacerdotes para seu Deus e Pai, a ele a glória e o poder, em eternidade. Amém.

¹⁰No dia do Senhor, fui arrebatado pelo Espírito e ouvi atrás de mim uma voz forte, como de trombeta.

¹²Então voltei-me para ver quem estava falando; e, ao voltar-me, vi sete candelabros de ouro. ¹³No meio dos candelabros havia alguém semelhante a um "filho de homem", vestido com uma túnica comprida e com uma faixa de ouro em volta do peito. ¹⁴Sua cabeça e seus cabelos eram brancos como lã pura, cor de neve, e seus olhos eram como chamas de fogo. ¹⁵Seus pés pareciam de bronze, purificado no crisol, e sua voz era como o fragor de uma cachoeira. ¹⁶Na mão direita, segurava sete estrelas, de sua boca saía uma espada afiada, de dois gumes, e seu rosto era como o sol no seu brilho mais forte.

¹⁷Ao vê-lo, caí como morto a seus pés, mas ele colocou sobre mim sua mão direita e disse: "Não tenhas medo. Eu sou o Primeiro e o Último, ¹⁸aquele que vive. Estive morto, mas agora estou vivo para sempre. Eu tenho a chave da morte e da região dos mortos.

²,²⁶E ao vencedor, ao que observar até ao fim a conduta que eu desejo, eu lhe darei poder sobre todas as nações, ²⁸pois recebi do meu Pai este poder. Darei ao vencedor a estrela da manhã!

³,⁵ᵇE não apagarei o seu nome do livro da vida, mas o apresentarei diante de meu Pai e de seus anjos. ¹²Do vencedor vou fazer uma coluna no templo do meu Deus, e daí não sairá. Nela gravarei o nome do meu Deus, e o nome da cidade do meu Deus, a nova Jerusalém, que desce do céu, de junto do meu Deus. E gravarei nela também o meu novo nome. ²⁰Eis que estou à porta e bato; se alguém ouvir minha voz e abrir a porta, eu entrarei na sua casa e tomaremos a refeição, eu com ele e ele comigo. ²¹Ao vencedor farei sentar-se comigo no meu trono, como também eu venci e estou sentado com meu Pai no seu trono".

Responsório   Mc 13,26-27; Sl 97(98),9b
R. Verão o **Filho** do **Ho**mem des**cer**
   das **nu**vens, com **gló**ria e po**der**
   e ele **há** de envi**ar** anjos **seus**,
 * E con**gre**gará seus e**lei**tos de **to**dos os **can**tos do **mun**do,
   dos con**fins** mais dis**tan**tes da **terra**
   aos ex**tre**mos mais **al**tos dos **céus**.
V. Julga**rá** o uni**ver**so com jus**ti**ça,
   rege**rá** as na**ções** com equi**da**de. * E con**gre**gará.

Segunda leitura

Do Opúsculo sobre a Oração, de Orígenes, presbítero
(Cap. 25: PG 11,495-499)   (Séc. III)

Venha o teu reino

O *reino de Deus,* conforme as palavras de nosso Senhor e Salvador, *não vem visivelmente, nem se dirá: Ei-lo aqui ou ei-lo ali; mas o reino de Deus está dentro de nós* (cf. Lc 17,21), *pois a palavra está muito próxima de nossa boca e em nosso coração* (cf. Rm 10,8). Donde se segue, sem dúvida nenhuma, que quem reza pedindo a vinda do reino de Deus pede – justamente por já ter em si um início deste reino – que ele desponte, dê frutos e chegue à perfeição.

Pois Deus reina em todo o santo e quem é santo obedece às leis espirituais de Deus, que nele habita como em cidade bem administrada. Nele está presente o Pai e, junto com o Pai, reina Cristo na pessoa perfeita, segundo as palavras: *Viremos a ele e nele faremos nossa morada* (Jo 14,23).

Então o reino de Deus, que já está em nós, chegará por nosso contínuo adiantamento à plenitude, quando se completar o que foi dito pelo Apóstolo: sujeitados todos os inimigos, Cristo entregará *o reino a Deus e Pai, a fim de que Deus seja tudo em todos* (cf. 1Cor 15,24.28). Por isto, rezemos sem cessar, com aquele amor que pelo Verbo se faz divino; e digamos a nosso Pai, que está nos céus: *Santificado seja teu nome, venha o teu reino* (Mt 6,9-10).

É de se notar também a respeito do reino de Deus: da mesma forma que não há *participação da justiça com a iniquidade nem sociedade da luz com as trevas nem pacto de Cristo com Belial* (cf. 2Cor 6,14-15), assim o reino de Deus não pode subsistir junto com o reino do pecado.

Por conseguinte, se queremos que Deus reine em nós, de modo algum *reine o pecado em nosso corpo mortal* (Rm 6,12), mas mortifiquemos nossos *membros que estão na terra* (cf. Cl 3,5) e produzamos fruto no Espírito. Passeie, então, Deus em nós como em paraíso espiritual, e reine só ele, junto com seu Cristo; e que em nós se assente à destra de sua virtude espiritual, objeto de nosso desejo. Assente-se até que seus inimigos todos que existem em nós sejam reduzidos a *escabelo de seus pés* (Sl 109,1), lançados fora todo principado, potestade e virtude.

Tudo isto pode acontecer a cada um de nós e ser destruída a *última inimiga, a morte* (1Cor 15,26). E Cristo diga também dentro de nós: *Onde está, ó morte, teu aguilhão? Onde está, inferno, tua vitória?* (1Cor 15,55; cf. Os 13,14). Já agora, portanto, o corruptível em nós se revista de santidade e de *incorruptibilidade,* destruída a morte, vista a *imortalidade* paterna (cf. 1Cor 15,54), para que, reinando Deus, vivamos dos bens do novo nascimento e da ressurreição.

Jesus Cristo, Rei do Universo

Responsório   Ap 11,15b; Sl 21(22),28b-29a

R. Instalou-se sobre o mundo a realeza,
a realeza do Senhor e de seu Cristo;
* E ele reinará na eternidade.
V. Pois ao Senhor é que pertence a realeza,
ele domina sobre todas as nações;
todos os povos e as famílias das nações
se prostrem adorando diante dele. * E ele reinará.

HINO Te Deum, p. 543.

Oração como nas Laudes.

Laudes

Hino

Eterna imagem do Altíssimo,
sois Deus de Deus, Luz da Luz.
A vós a glória, o poder,
Redentor nosso, Jesus.

Centro e esperança da História,
antes dos tempos, sois vós.
Vós imperais sobre tudo,
reinai também sobre nós.

Da raça humana cabeça,
sois duma Virgem a flor,
pedra que, vindo do monte,
a terra inteira ocupou.

A raça humana, sujeita
a um tirano cruel,
por vós, quebrou as cadeias
e fez-se herdeira do céu.

Legislador, sacerdote,
na veste em sangue trazeis
escrito: "Chefe dos chefes
e Rei supremo dos reis".

Glória ao Deus Pai, ao Espírito
e a vós, ó Cristo Jesus,
que aos resgatados no sangue
levais ao Reino da luz.

Ant. 1 Sol nascente é ele chamado:
reinará assentado em seu trono
e de paz falará às nações.

Salmos e cântico do domingo da I Semana, p. 580.

Ant. 2 Será grande em toda a terra: será ele a nossa paz.

Ant. 3 O Senhor lhe deu poder, deu-lhe honra e realeza;
toda língua, povos, tribos só a ele servirão.

Leitura breve   Ef 4,15-16

Motivados pelo amor, queremos ater-nos à verdade e crescer em tudo até atingirmos aquele que é a Cabeça, Cristo. Graças a ele, o corpo, coordenado e bem unido, por meio de todas as articulações que o servem, realiza o seu crescimento, segundo uma atividade à medida de cada membro, para a sua edificação no amor.

Responsório breve

R. Que vossos santos com louvores vos bendigam,
 * Narrem a glória e o esplendor do vosso Reino!
   R. Que vossos.
V. E saibam proclamar vosso poder.* Narrem.
   Glória ao Pai. R. Que vossos.

Cântico evangélico, ant.

Jesus Cristo, o Primogênito dos mortos
e Príncipe dos reis de toda a terra,
fez de nós para seu Pai, para seu Deus,
um reino e sacerdócio, aleluia.

Preces

Irmãos e irmãs, oremos a Cristo Rei, que existe antes de todas as coisas criadas e em quem tudo subsiste; e o aclamemos, dizendo:

R. **Senhor, venha a nós o vosso Reino!**

Cristo Salvador, que sois nosso Deus e Senhor, nosso Rei e Pastor,
– conduzi o vosso povo pelos caminhos que conduzem à verdadeira vida. R.

Cristo, Bom Pastor, que destes a vida por vossas ovelhas,
– guiai-nos, para que nada nos falte. R.

Cristo, nosso Redentor, que fostes proclamado Rei da terra inteira,
– renovai em vós todas as coisas. R.

Cristo, Rei do universo, que viestes ao mundo para dar testemunho da verdade,
– fazei que a humanidade vos reconheça como Princípio e Fim de todas as coisas. R.

Cristo, nosso Mestre e Modelo, que nos fizestes sair das trevas para a vossa luz admirável,
– concedei que, hoje e sempre, levemos uma vida santa, pura e irrepreensível, na vossa presença. R.

Pai nosso...

Oração

Deus eterno e todo-poderoso, que dispusestes restaurar todas as coisas no vosso amado Filho, Rei do universo, fazei que todas as criaturas, libertas da escravidão e servindo à vossa majestade, vos glorifiquem eternamente. Por nosso Senhor Jesus Cristo, vosso Filho, na unidade do Espírito Santo.

Hora Média

Salmos do domingo da I Semana, p. 584.

Oração das Nove Horas

Ant. O Senhor, nosso Juiz, nossa Lei e nosso Rei!
Ele mesmo é quem nos salva.

Leitura breve   Cf. Cl 1,12-13
Damos graças ao Pai, que nos tornou capazes de participar da luz, que é a herança dos santos. Ele nos libertou do poder das trevas e nos recebeu no reino de seu Filho amado.

V. O Senhor reinará para sempre.
R. Abençoará com a paz o seu povo.

Oração das Doze Horas

Ant. De Sião brotará água viva
e o Senhor reinará sobre a terra.

Leitura breve   Cl 1,16b-18
Tudo foi criado por meio dele e para ele. Ele existe antes de todas as coisas e todas têm nele a sua consistência. Ele é a Cabeça do corpo, isto é, da Igreja. Ele é o Princípio, o Primogênito dentre os mortos, de sorte que em tudo ele tem a primazia.

V. Salmodiai ao som da harpa ao nosso Rei!
R. Porque Deus é o grande Rei de toda a terra.

Oração das Quinze Horas

Ant. Será grande o seu poder, e a paz não terá fim.

Leitura breve   Cl 1,19-20
Deus quis habitar nele com toda a sua plenitude e por ele reconciliar consigo todos os seres, os que estão na terra e no céu, realizando a paz pelo sangue da sua cruz.

V. Rejubilai-vos na presença do Senhor,
R. Porque vem para julgar a terra inteira.

Oração como nas Laudes.

II Vésperas

HINO Cristo Rei como nas I Vésperas, p. 490.

Salmodia

Ant. 1 Sobre o **tro**no de Davi se assentará
e reinará eternamente, ale**lui**a.

Salmo 109(110),1-5.7

– ¹**Pa**lavra do **Se**nhor ao meu Senhor: *
"Assenta-te ao lado meu direito,
– até que eu ponha os inimigos teus *
como escabelo por debaixo de teus pés!"

= ²O **Se**nhor estenderá desde Sião †
vosso **ce**tro de poder, pois ele diz: *
"**Do**mina com vigor teus inimigos;

= ³Tu és **prín**cipe desde o dia em que nasceste; †
na **gló**ria e esplendor da santidade, *
como o orvalho, antes da aurora, eu te gerei!"

= ⁴Jurou o **Se**nhor e manterá sua palavra: †
"Tu **és** sacerdote eternamente, *
segundo a **or**dem do rei Melquisedec!"

– ⁵À vossa **des**tra está o Senhor, ele vos diz: *
"No dia da ira esmagarás os reis da terra!

– ⁷Beberás água corrente no caminho, *
por **is**so seguirás de fronte erguida!"

Ant. Sobre o **tro**no de Davi se assentará
e reinará eternamente, ale**lui**a.

Ant. 2 Vosso **Rei**no é reino eterno,
e se esten**de** vosso império através das gerações.

Salmo 144(145),1-13

– ¹Ó meu **Deus**, quero exal**tar**-vos, ó meu **Rei**, *
e bendi**zer** o vosso nome pelos séculos. –

—² Todos os **dias** haverei de bendizer-vos, *
  hei de lou**var** o vosso nome para sempre.
—³ Grande é o Se**nhor** e muito digno de louvores, *
  e nin**guém** pode medir sua grandeza.
—⁴ Uma i**da**de conta à outra vossas obras *
  e pu**bli**ca os vossos feitos poderosos;
—⁵ proclamam **to**dos o esplendor de vossa glória *
  e di**vul**gam vossas obras portentosas!
—⁶ Narram **to**dos vossas obras poderosas, *
  e de **vos**sa imensidade todos falam.
—⁷ Eles re**cor**dam vosso amor tão grandioso *
  e e**xal**tam, ó Senhor, vossa justiça.
—⁸ Miseri**cór**dia e piedade é o Senhor, *
  ele é a**mor**, é paciência, é compaixão.
—⁹ O Se**nhor** é muito bom para com todos, *
  sua ter**nu**ra abraça toda criatura.
—¹⁰ Que vossas **o**bras, ó Senhor, vos glorifiquem, *
  e os vossos **san**tos com louvores vos bendigam!
—¹¹ Narrem a **gló**ria e o esplendor do vosso reino *
  e **sai**bam proclamar vosso poder!
—¹² Para espa**lhar** vossos prodígios entre os homens *
  e o ful**gor** de vosso reino esplendoroso.
—¹³ O vosso **rei**no é um reino para sempre, *
  vosso po**der**, de geração em geração.

Ant. Vosso **Rei**no é reino e**ter**no,
  e se esten**de** vosso im**pé**rio atra**vés** das ge**ra**ções.

Ant. 3 Traz es**cri**to em seu **man**to real:
  Rei dos **reis** e Se**nhor** dos Se**nho**res.
  Glória a **e**le e po**der** pelos **sé**culos!

No cântico seguinte dizem-se os Aleluias entre parênteses somente quando se canta; na recitação, basta dizer o Aleluia no começo e no fim das estrofes.

Cântico
Cf. Ap 19,1-7

= Aleluia, (Aleluia!).
  ¹Ao nosso **Deus** a salva**ção**, *
  honra, **gló**ria e poder! (Aleluia!).
– ²Pois são ver**da**de e justiça *
  os juízos do Senhor.
R. Aleluia, (Aleluia!).

= Aleluia, (Aleluia!).
  ⁵Cele**brai** o nosso Deus, *
  servi**do**res do Senhor! (Aleluia!).
– E vós **to**dos que o temeis, *
  vós os **gran**des e os pequenos!
R. Aleluia, (Aleluia!).

= Aleluia, (Aleluia!).
  ⁶De seu **rei**no tomou posse *
  nosso **Deus** onipotente! (Aleluia!).
– ⁷Exultemos de alegria, *
  demos **gló**ria ao nosso Deus!
R. Aleluia, (Aleluia!).

= Aleluia, (Aleluia!).
  Eis que as **núp**cias do Cordeiro *
  redivivo se aproximam! (Aleluia!).
– Sua Es**po**sa se enfeitou, *
  se ves**tiu** de linho puro.
R. Aleluia, (Aleluia!).

Ant. Traz es**cri**to em seu **man**to **real**:
  Rei dos **reis** e Senhor dos Senhores.
  Glória a ele e **po**der pelos **sé**culos!

Leitura breve
1Cor 15,25-28

É preciso que Cristo reine até que todos os seus inimigos estejam debaixo de seus pés. O último inimigo a ser destruído é a morte. Com efeito, Deus pôs tudo debaixo de seus pés. Mas, quando ele disser: Tudo está submetido, é claro que estará excluído dessa submissão aquele que submeteu tudo a Cristo. E, quando todas as coisas estiverem submetidas a ele, então o próprio Filho se submeterá àquele que lhe submeteu todas as coisas, para que Deus seja tudo em todos.

Responsório breve

R. Vosso **trono**, ó **Deus**,
* É e**terno**, sem **fim**. R. Vosso **trono**.
V. Vosso **ce**tro **real** é si**nal** de justiça. * É e**terno**.
   Glória ao **Pai**. R. Vosso **trono**.

Cântico evangélico, ant.

Todo o po**der** foi-me **da**do no **céu** e na **ter**ra, afir**mou** o Se**nhor**.

Preces

Irmãos e irmãs, oremos a Cristo Rei, que existe antes de todas as coisas criadas e em quem tudo subsiste; e o aclamemos, dizendo:

R. **Senhor, venha a nós o vosso Reino!**

Cristo, nosso Rei e nosso Pastor, reuni de todos os pontos da terra às ovelhas do vosso rebanho,
— e apascentai-as nos prados da vida eterna. R.

Salvador e Guia da humanidade, fazei de todos nós um só povo: curai os enfermos, procurai os que estão perdidos, conservai os fortes,
— chamai os que estão longe, congregai os dispersos, fortalecei os que vacilam. R.

Juiz eterno, colocai-nos à vossa direita no último dia, quando entregardes o Reino a Deus Pai,
— e dai-nos a posse do Reino preparado para nós desde a criação do mundo. R.

Príncipe da paz, fazei desaparecer do mundo a guerra e a violência,
– e concedei às nações a vossa paz.
R. **Senhor, venha a nós o vosso Reino!**

Herdeiro universal dos povos, reuni na vossa Igreja a humanidade inteira com os bens que o Pai vos deu,
– para que todos vos reconheçam como Chefe na unidade do Espírito Santo. R.

(intenções livres)

Cristo, Primogênito dentre os mortos e Primícias dos que adormeceram,
– acolhei na glória da ressurreição os nossos irmãos e irmãs que partiram desta vida. R.

Pai nosso...

Oração

Deus eterno e todo-poderoso, que dispusestes restaurar todas as coisas no vosso amado Filho, Rei do universo, fazei que todas as criaturas, libertas da escravidão e servindo à vossa majestade, vos glorifiquem eternamente. Por nosso Senhor Jesus Cristo, vosso Filho, na unidade do Espírito Santo.

34ª SEMANA DO TEMPO COMUM

II Semana do Saltério

Em lugar do 34º Domingo do Tempo Comum, celebra-se a solenidade de Cristo Rei, p. 490.

Nos dias de semana podem-se usar os seguintes hinos:

Ofício das Leituras

Hino

Dia de ira, aquele dia,
será tudo cinza fria:
diz Davi, diz a Sibila.

Que temor será causado,
quando o Juiz tiver chegado,
para tudo examinar!

Correrão todos ao trono
quando, em meio ao eterno sono,
a trombeta ressoar.

Morte e mundo se espantam,
criaturas se levantam
e ao Juiz responderão.

Vai um livro ser trazido,
no qual tudo está contido,
onde o mundo está julgado.

Quando Cristo se sentar,
o escondido vai brilhar,
nada vai ficar impune.

Vós, ó Deus de majestade,
vivo esplendor da Trindade,
entre os eleitos nos contai.

Laudes

Hino

Eu, tão pobre, que farei?
Que patrono chamarei?
Nem o justo está seguro.

Rei tremendo em majestade,
que salvais só por piedade,
me salvai, fonte de graça.

Recordai, ó bom Jesus,
que por mim fostes à Cruz,
nesse dia me guardai.

A buscar-me, vos cansastes,
pela cruz me resgatastes,
tanta dor não seja vã.

Juiz justo no castigo,
sede bom para comigo,
perdoai-me nesse dia.

Pela culpa, se enrubesce
o meu rosto; ouvi a prece
e poupai-me, justo Deus.

Vós, ó Deus de majestade,
vivo esplendor da Trindade,
entre os eleitos nos contai.

Vésperas

Hino

A Maria perdoando
e ao ladrão, na cruz, salvando,
vós me destes esperança.

Meu pedido não é digno,
mas, Senhor, vós sois benigno
não me queime o fogo eterno.

No rebanho dai-me abrigo,
arrancai-me do inimigo,
colocai-me à vossa destra.

Quando forem os malditos
para o fogo eterno, aflitos,
entre os vossos acolhei-me.

Dum espírito contrito
escutai, Senhor, o grito:
tomai conta do meu fim.

Lacrimoso aquele dia,
quando em meio à cinza fria
levantar-se o homem réu.

Libertai-o, Deus do céu!
Bom Pastor, Jesus piedoso,
dai-lhe prêmio, paz, repouso.

Vós, ó Deus de majestade,
vivo esplendor da Trindade,
entre os eleitos nos contai.

SEGUNDA-FEIRA

Ofício das Leituras

Pode-se dizer, à escolha o Hino Dia de ira, p. 511.

Primeira leitura
Início da Segunda Carta de São Pedro 1,1

Incentivo ao caminho da salvação

¹Simão Pedro, servo e apóstolo de Jesus Cristo, aos que conosco receberam a mesma fé, na justiça que vem de nosso Deus e salvador Jesus Cristo. ²Graça e paz vos sejam concedidas abundantemente, porque conheceis Deus e Jesus, nosso Senhor.

³O seu divino poder nos deu tudo o que contribui para a vida e para a piedade, mediante o conhecimento daquele que, pela sua própria glória e virtude, nos chamou. ⁴Por meio de tudo isso nos foram dadas as preciosas promessas, as maiores que há, a fim de que vos tornásseis participantes da

natureza divina, depois de libertos da corrupção, da concupiscência no mundo. ⁵Por isso mesmo, dedicai todo o esforço em juntar à vossa fé a virtude, à virtude o conhecimento, ⁶ao conhecimento o autodomínio, ao autodomínio a perseverança, à perseverança a piedade, ⁷à piedade o amor fraterno e ao amor fraterno a caridade. ⁸Se estas virtudes existirem e crescerem em vós, não vos deixarão vazios e estéreis no conhecimento de nosso Senhor Jesus Cristo. ⁹Mas quem delas carece é um míope, um cego: esqueceu-se da purificação de seus pecados de outrora. ¹⁰Por isso, irmãos, cuidai cada vez mais de confirmar a vossa vocação e eleição. Procedendo assim, jamais tropeçareis. ¹¹Desta maneira vos será largamente proporcionado o acesso ao reino eterno de nosso Senhor e Salvador, Jesus Cristo.

Responsório   Cf. 2Pd 1,3b.4; Gl 3,27

R. Cha**mou**-nos o Se**nhor** por sua **gló**ria e po**der**
e conce**deu**-nos as pro**mes**sas mais preci**o**sas e mai**o**res,
 * Para **que**, desta ma**nei**ra, vos tor**neis** partici**pan**tes
da di**vi**na natu**re**za.
V. No **Cris**to bati**za**dos, reves**tis**tes-vos do **Cris**to.
 * Para **que**.

Segunda leitura
Dos Sermões de São Leão Magno, papa

(Sermo 92,1.2.3: PL 54,454-455)   (Séc. V)

Qual a obra, tal o ganho

O Senhor diz: *Se vossa justiça não superar de muito a dos escribas e fariseus, não entrareis no reino dos céus* (Mt 5,20). Como será superior à deles, a não ser que *a misericórdia esteja acima da condenação?* (cf. Tg 2,13). E que de mais justo, de mais digno do que a criatura, feita à imagem e semelhança de Deus, imitar seu criador? A ele que decidiu a renovação e santificação dos fiéis pela remissão dos pecados para que, afastado o rigor do castigo e acabada a pena, recupere o réu a inocência, e o fim dos crimes seja a origem das virtudes?

Não é pela rejeição da lei que a justiça cristã pode superar a dos escribas e fariseus, mas recusando sua compreensão carnal. Por exemplo, o Senhor deu aos discípulos a regra do jejum. *Quando jejuardes, não fiqueis tristes como os hipócritas. Ficam com o rosto abatido para mostrar aos homens que estão jejuando. Na verdade, eu vos digo: já receberam sua recompensa* (Mt 6,16). Que recompensa? Não é o elogio dos outros? Por causa desta ambição, muitos ostentam a aparência da justiça: cobiça-se a ilusão da fama, de modo que a iniquidade, conhecida ocultamente, se alegre com a boa opinião enganadora.

Para quem ama a Deus, basta-lhe agradar a quem ama; nenhuma recompensa maior espera do que o próprio amor. Assim a caridade vem de Deus porque Deus mesmo é a caridade. Quem é piedoso e casto alegra-se por vivê-la de tal modo que não deseja coisa alguma, exceto a Deus, para seu regozijo. É inteiramente verdade aquilo que o Senhor diz: *Onde está teu tesouro aí está teu coração* (Mt 6,21). O tesouro do homem não é o acúmulo de seus frutos e a soma de seus trabalhos? *Aquilo que se semeou, isto se colherá* (Gl 6,7), e qual o trabalho, tal o ganho; e onde põe o seu prazer, aí se prende o coração. Mas, por haver muitos gêneros de riquezas, há matérias diferentes para o gozo, logo, tesouro é para cada qual a inclinação de seu desejo: se feito de apetites terrenos, sua participação não fará ninguém feliz, mas desgraçado.

Ao contrário, aqueles que têm gosto pelas coisas do alto e não terrenas não se preocupam com as perecíveis mas com as eternas, possuem encerradas em si riquezas incorruptíveis, das que disse o Profeta: *Chegaram nosso tesouro e salvação, sabedoria, disciplina e piedade da parte do Senhor; são estes os tesouros da justiça* (Is 33,6 Vulg.) pelos quais, com o auxílio de Deus, até os bens da terra serão transferidos para os céus. De fato, são muitos que usam como meios de misericórdia as riquezas recebidas de outros pelo direito ou adquiridas de outro modo. Distribuindo para sustento dos pobres aquilo que lhes sobra, ajuntam para si riquezas que não podem ser perdidas; o que reservaram para esmolas não está sujeito a nenhuma perda. Com justiça, então, eles mantêm seu coração onde está seu tesouro; porque a maior felicidade consiste em trabalhar para que cresçam estas riquezas, sem temor de perdê-las.

Responsório — Gl 6,9-10a.7b

R. Não nos cansemos na **prática** do **bem**,
    pois, sem **falta**, a seu **tempo** colheremos.
* Façamos o **bem**, enquanto é **tempo**.
V. Cada **um** há de **colher** o que em **vida** seme**ar**.
* Façamos.

Oração

Levantai, ó Deus, o ânimo dos vossos filhos e filhas, para que, aproveitando melhor as vossas graças, obtenham de vossa paternal bondade mais poderosos auxílios. Por nosso Senhor Jesus Cristo, vosso Filho, na unidade do Espírito Santo.

Pode-se dizer, à escolha: nas Laudes o HINO *Eu, tão pobre*, p. 512; nas Vésperas, o HINO *A Maria perdoando*, p. 512.

TERÇA-FEIRA

Ofício das Leituras

Pode-se dizer, à escolha, o HINO *Dia de ira*, p. 511.

Primeira leitura
Da Segunda Carta de São Pedro — 1,12-21

O testemunho dos Apóstolos e dos profetas

Caríssimos: ¹²Eis por que sempre vos recordarei estas coisas, embora as conheçais e estejais firmes na verdade que já vos foi apresentada. ¹³Sim, creio ser meu dever, enquanto habitar nesta tenda, estimular-vos com minhas admoestações; ¹⁴estou certo de que em breve será desarmada esta minha tenda, conforme nosso Senhor Jesus Cristo me tem manifestado. ¹⁵Portanto, eu me empenharei para que, depois da minha partida, vos recordeis disto.

¹⁶Pois não foi seguindo fábulas habilmente inventadas que vos demos a conhecer o poder e a vinda de nosso Senhor Jesus Cristo, mas sim por termos sido testemunhas oculares da sua majestade. ¹⁷Efetivamente, ele recebeu honra e glória da parte de Deus Pai, quando do seio da esplêndida glória se fez ouvir aquela voz que dizia: "Este é o meu Filho bem amado, no qual ponho o meu bem-querer". ¹⁸Esta voz, nós a ouvimos, vinda do céu, quando estávamos com ele no monte santo. ¹⁹E assim se nos tornou ainda mais firme a palavra da profecia, que fazeis bem em ter diante dos olhos, como lâmpada que brilha em lugar escuro, até clarear o dia e levantar-se a estrela da manhã em vossos corações. ²⁰Pois deveis saber, antes de tudo, que nenhuma profecia da Escritura é objeto de interpretação pessoal, ²¹visto que jamais uma profecia foi proferida por vontade humana. Mas foi sob o impulso do Espírito Santo que homens falaram da parte de Deus.

Responsório
Jo 1,14; 2Pd 1,16b.18b

R. A **Pala**vra se fez **car**ne e habi**tou** entre **nós**
 * E nós **vi**mos sua **gló**ria, que re**ce**be do **Pai**,
 como **Fi**lho Uni**gê**nito.
V. Nós **mes**mos nos tor**na**mos teste**mu**nhas ocu**la**res
 da sua **gran**de majes**ta**de, quando es**tá**vamos com **e**le.
 * E nós **vi**mos.

Segunda leitura
Dos Tratados sobre João, de Santo Agostinho, bispo

(Tract. 35,8-9: CCL 36,321-323)   (Séc. V)

Chegarás à fonte, verás a luz

Nós, cristãos, em comparação com os infiéis, já somos luz; porque, como diz o Apóstolo: *Outrora éreis trevas; agora, luz no Senhor. Andai como filhos da luz* (Ef 5,8). E em outro lugar: *Passou a noite, o dia se aproximou; rejeitemos, pois, as obras das trevas e revistamos as armas da luz; como em pleno dia caminhemos com dignidade* (Rm 13,12-13).

Todavia, em comparação com aquela luz a que chegaremos, ainda é noite até mesmo o dia em que estamos. Ouve o apóstolo Pedro, quando do magnífico esplendor desceu até ele a voz dirigida a Cristo Senhor: *Tu és meu Filho muito amado, em que pus minhas complacências. Esta voz*, continua, *nós a ouvimos vinda do céu, quando estávamos com ele no monte santo* (2Pd 1,17-18). Já que, porém, nós não estivemos lá e não ouvimos então esta voz do céu, o mesmo Pedro nos fala: *E a palavra profética se tornou mais segura para nós; fazeis bem em dar-lhe atenção como a uma lâmpada em lugar escuro, até que brilhe o dia e a estrela da manhã desponte em vossos corações* (cf. 2Pd 1,19).

Quando, pois, vier nosso Senhor Jesus Cristo e, segundo diz o apóstolo Paulo, *iluminar tudo quanto se oculta nas trevas e manifestar os pensamentos do coração, para que receba cada um de Deus seu louvor* (1Cor 4,5), então num dia assim não haverá mais necessidade de lâmpadas: não se lerá mais o profeta, não se abrirá o volume do Apóstolo, não buscaremos o testemunho de João, não precisaremos do próprio Evangelho. Portanto, todas as Escrituras serão retiradas do centro onde, na noite deste mundo, elas se acendiam como lâmpadas a fim de não ficarmos nas trevas.

Afastadas todas estas luzes, não tendo mais de brilhar para nós, indigentes, e dispensando o auxílio que por esses homens de Deus nos era dado, vendo conosco aquela verdadeira e clara luz, o que é que veremos? Onde nosso espírito irá alimentar-se? Por que se alegrará com o que vê? Donde virá aquele júbilo *que nem olhos viram, nem ouvidos ouviram, nem subiu jamais ao coração do homem?* (cf. 1Cor 2,9). O que é que veremos?

Eu vos peço: amai comigo, correi crendo comigo, desejemos a pátria celeste, suspiremos pela pátria do alto, sintamo-nos como peregrinos aqui. Que veremos então? Responda o evangelho: *No princípio era o Verbo e o Verbo era com Deus, e o Verbo era Deus* (Jo 1,1). No lugar de onde te banhou o orvalho, chegarás à fonte. Aí, de onde o raio de luz, indiretamente e como por rodeios, foi lançado a teu coração tenebroso, verás a luz sem véus; vendo-a, recebendo a, serás purificado. *Caríssimos,* diz João, *somos filhos de Deus e ainda não se manifestou o que seremos; sabendo que, quando aparecer, seremos semelhantes a ele, porque o veremos tal qual é* (1Jo 3,2).

Percebo que vossos sentimentos sobem comigo para as alturas, mas *o corpo corruptível pesa sobre a alma; e a habitação terrena com a multiplicidade dos pensamentos oprime o espírito* (Sb 9,15). Também eu irei deixar de lado este livro, saireis também vós, cada um para sua casa. Sentimo-nos bem na luz comum, muito nos alegramos, exultamos de verdade; mas, ao afastar-nos uns dos outros, dele não nos afastemos.

Responsório
Ap 22,5.4

R. Nunca **mais** haverá **noi**te e eles **não** precisa**rão**
   da luz da **lâm**pada ou do **sol**.
   * O Se**nhor** será sua **luz** e reina**rão** eterna**men**te.
V. Hão de **ver** a sua **face**, e o **no**me do Se**nhor**
   esta**rá** em suas **fron**tes. * O Se**nhor**.

Oração

Levantai, ó Deus, o ânimo dos vossos filhos e filhas, para que, aproveitando melhor as vossas graças, obtenham de vossa paternal bondade mais poderosos auxílios. Por nosso Senhor Jesus Cristo, vosso Filho, na unidade do Espírito Santo.

Pode-se dizer, à escolha: nas Laudes o HINO Eu, tão pobre, p. 512; nas Vésperas, o HINO A Maria perdoando, p. 512.

QUARTA-FEIRA

Ofício das Leituras

Pode-se dizer, à escolha, o HINO Dia de ira, p. 511.

Primeira leitura
Da Segunda Carta de São Pedro 2,1-9

Os falsos doutores

Caríssimos: ¹Como entre o povo houve falsos profetas, também entre vós haverá falsos doutores, os quais introduzirão sorrateiramente seitas perniciosas, chegando até a renegar o Senhor que os resgatou. Eles atrairão sobre si repentina perdição. ²Muitos hão de segui-los em suas dissoluções, e por causa deles o caminho da verdade será difamado. ³Por ganância, explorar-vos-ão com palavras mentirosas. O seu julgamento, desde há muito tempo, não está parado, e a sua perdição não está adormecida.

⁴Pois Deus não poupou os anjos pecadores, mas os precipitou no lugar do castigo e os entregou aos abismos das trevas, onde estão guardados até ao juízo. ⁵Também não poupou o mundo antigo, quando enviou o dilúvio sobre o mundo dos ímpios e preservou somente oito pessoas, entre as quais Noé, pregoeiro da justiça. ⁶Votou ao extermínio e reduziu a cinzas as cidades de Sodoma e Gomorra, para servir de exemplo aos ímpios do futuro. ⁷Ao passo que

salvou o justo Ló, que andava sofrendo com a vida dissoluta daquela gente perversa. ⁸Pois este justo, que morava entre eles, sentia diariamente a sua alma atormentada vendo e ouvindo as ações iníquas que eles praticavam. ⁹É que o Senhor sabe livrar os homens piedosos da provação e reservar os malvados para os castigar no dia do juízo.

Responsório   Mt 7,15; 24,11.24
R. Guardai-vos dos falsos profetas,
   que chegam em peles de ovelhas,
 * Mas por dentro são lobos ferozes.
V. Surgirão muitos falsos profetas,
   operando milagres grandiosos,
   a muitos, assim, seduzindo. * Mas por dentro.

Segunda leitura
Das Homilias atribuídas a São Macário, bispo
             (Hom. 28: PG 34,710-711)   (Séc. IV)
           Ai da alma em que não habita Cristo

Deus outrora, irritado contra os judeus, entregou Jerusalém como espetáculo aos gentios; e foram dominados por aqueles que os odiavam; não havia mais festas nem oblações. De igual modo, irado contra a alma por ter transgredido o mandamento, entregou-a aos inimigos, que a seduziram e a deformaram.

Se uma casa não for habitada pelo dono, ficará sepultada na escuridão, desonra, desprezo, repleta de toda espécie de imundícia. Também a alma, sem a presença de seu Deus, que nela jubilava com seus anjos, cobre-se com as trevas do pecado, de sentimentos vergonhosos e de completa infâmia.

Ai da estrada por onde ninguém passa nem se ouve voz de homem! Será morada de animais. Ai da alma, se nela não passeia Deus, afugentando com sua voz as feras espirituais da maldade! Ai da casa não habitada por seu dono! Ai da terra sem o lavrador que a cultiva! Ai do navio, se lhe falta o piloto; sacudido pelas ondas e tempestades do mar, soçobrará! Ai da alma que não tiver em si o verdadeiro piloto, o Cristo! Porque lançada na escuridão de mar impiedoso e sacudida pelas ondas das paixões, jogada pelos maus espíritos como em tempestade de inverno, encontrará afinal a morte.

Ai da alma se lhe falta Cristo, cultivando-a com diligência, para que possa germinar os bons frutos do Espírito! Deserta, coberta de espinhos e de abrolhos, terminará por encontrar, em vez de frutos, a queimada. Ai da alma, se seu Senhor, o Cristo, nela não habitar! Abandonada, encher-se-á com o mau cheiro das paixões, virará moradia dos vícios.

O agricultor, indo lavrar a terra, deve pegar os instrumentos e vestir a roupa apropriada para o trabalho; assim também Cristo, o rei celeste e verdadeiro agricultor, ao vir à humanidade, deserta pelo vício, assumiu um corpo e carregou, como instrumento, a cruz.

Lavrou a alma desamparada, arrancou-lhe os espinhos e abrolhos dos maus espíritos, extirpou a cizânia do pecado e lançou ao fogo toda a erva de suas culpas. Tendo-a assim lavrado com o lenho da cruz, nela plantou maravilhoso jardim do Espírito, que produz toda espécie de frutos deliciosos e agradáveis a Deus, seu Senhor.

Responsório Jo 15,1.5a.9a
R. Eu **sou** a vi**dei**ra e **vós** sois os **ra**mos.
* Quem em **mim** perma**ne**ce, no qual **eu** perma**ne**ço, esse **dá** muito **fru**to.
V. Como o **Pai** me a**mou**, também **eu** vos a**mei**; permane**cei** no meu a**mor**. * Quem em **mim**.

Oração
Levantai, ó Deus, o ânimo dos vossos filhos e filhas, para que, aproveitando melhor as vossas graças, obtenham de vossa paternal bondade mais poderosos auxílios. Por nosso Senhor Jesus Cristo, vosso Filho, na unidade do Espírito Santo.

Pode-se dizer, à escolha: nas Laudes o HINO Eu, tão pobre, p. 512; nas Vésperas, o HINO A Maria perdoando, p. 512.

QUINTA-FEIRA

Ofício das Leituras

Pode-se dizer, à escolha, o HINO Dia de ira, p. 511.

Primeira leitura
Da Segunda Carta de São Pedro   2,9-22

Denúncia dos pecados

Caríssimos: ⁹O Senhor sabe livrar os homens piedosos da provação e reservar os malvados para os castigar no dia do juízo; ¹⁰especialmente os que seguem a carne, levados por suas paixões impuras, e desprezam a dignidade do Senhor.

Atrevidos, presunçosos, não receiam maldizer os seres gloriosos, ¹¹enquanto os anjos, superiores em força e poder, não proferem ante o Senhor sentenças injuriosas contra eles. ¹²Como animais irracionais, por natureza destinados a caírem em armadilha e apodrecerem, estas pessoas, que blasfemam contra o que não conhecem, vão apodrecer na sua própria corrupção. ¹³Receberão a paga da sua injustiça, essa gente que faz do prazer sua delícia em pleno dia, que se deleita em imoralidades e perversões, e que se banqueteia convosco. ¹⁴Estão sempre olhando por algum adultério, são insaciáveis no pecar. Seduzem aqueles que são inconstantes e têm o coração exercitado na avareza. São filhos da maldição. ¹⁵Deixaram o caminho certo, para se transviarem pelo caminho de Balaão, filho de Bosor, que buscava enriquecer-se com a injustiça, ¹⁶mas foi repreendido por sua desobediência: um animal mudo começou a falar com voz humana e impediu o plano insensato do profeta. ¹⁷Essa gente são fontes sem água, nuvens impelidas pelo furacão. Espessa escuridão é a que os espera. ¹⁸Vociferam discursos pomposos, mas vazios. Pela dissolução nos desejos carnais, seduzem aqueles que, há pouco, abandonaram a vida desvairada. [19] Prometem-lhes a liberdade, enquanto eles mesmos continuam escravos da corrupção. Pois cada um é escravo de quem o domina.

[20] Se uma vez escaparam das corrupções do mundo, conhecendo nosso Senhor e salvador Jesus Cristo, mas de novo se deixaram enredar e dominar, então seu estado final é pior que o do começo. [21] Melhor teria sido se não tivessem conhecido o caminho da justiça, do que depois de conhecê-lo abandonar o santo preceito que lhes fora transmitido. [22] Neles se verifica o que com verdade diz o provérbio:
"O cão volta para seu próprio vômito",
e: "Apenas lavada, a porca torna a revolver-se na lama".

Responsório   Fl 4,8a.9b; 1Cor 16,13

R. Ocupai-vos com tudo
  o que é verdadeiro, nobre, justo e puro.
* E convosco estará o Senhor, Deus da Paz.
V. Ficai vigilantes, sede firmes na fé, agi com coragem.
* E convosco.

Segunda leitura
Das Homilias sobre Mateus, de São João Crisóstomo, bispo

(Hom. 33,1.2: PG 57,389-390)   (Séc. IV)

Se somos ovelhas, vencemos;
se formos lobos, somos vencidos

Enquanto somos ovelhas, vencemos e ficamos por cima, seja qual for o número dos lobos que nos rodeiam. Se, ao contrário, formos lobos, seremos vencidos; não teremos a ajuda do pastor. Pois este apascenta ovelhas, não lobos; abandonar-te-á e te deixará, porque não lhe dás ocasião de mostrar seu poder.

O que o Senhor quer dizer é isto: Não fiqueis perturbados quando, ao vos enviar para o meio dos lobos, eu vos ordeno ser como ovelhas e pombas. Eu vos poderia proporcionar o contrário: enviar-vos sem mal algum em vista, sem vos sujeitar ao lobo qual ovelha, porém, tornar-vos mais terríveis do que leões. Convém que seja assim. Isto vos fará mais refulgentes e proclamará meu poder. Dizia o mesmo a Paulo: *Basta-te minha graça, pois a força se realiza na fraqueza* (2Cor 12,9). Fui eu mesmo que estabeleci isto para vós. Ao dizer, pois: *Eu vos envio como ovelhas* (Lc 10,3), subentende: Não desanimeis por este motivo; eu sei, certamente, eu sei que assim sereis invencíveis.

Em seguida, para que não viessem a pensar que poderiam conseguir algo por si mesmos, sem demonstrar que tudo vem da graça, e, assim, não julgassem ser coroados sem méritos, diz: *Sede prudentes como serpentes e simples como pombas* (Mt 10,16). Que vantagem terá nossa prudência entre tantos perigos? dizem eles. Como poderemos ter prudência, sacudidos por tantas ondas? Por maior que seja a prudência que uma ovelha possua, no meio de lobos, e de tão grande número de lobos, que poderá fazer? Seja qual for a simplicidade de uma pomba, que lhe adiantará, diante de tantos gaviões ameaçadores? Para aqueles que não entendem, nada certamente. Para vós, porém, será de muito proveito.

Mas vejamos a prudência que aqui se exige: *a da serpente*. Esta expõe tudo, até mesmo se lhe cortam o corpo, não se defende, contanto que proteja a cabeça. Assim também tu, diz ele, à exceção da fé, entrega tudo: dinheiro, corpo, até mesmo a vida. A fé é a cabeça e a raiz; salva esta, tudo o mais que perderes, recuperarás depois ao dobro. Por isso, não ordenou ser só simples, nem só prudente; mas uniu as duas coisas, a fim de serem verdadeiramente uma força. Ordenou a prudência da serpente para não receberes golpes mortais; e a simplicidade da pomba, para não te vingares dos que te fazem o mal nem afastares por vingança os perseguidores. Sem ela, de nada vale a prudência.

E não pense alguém ser impossível cumprir este preceito. Mais do que todos, conhece ele a natureza das coisas; sabe que a ferocidade não se aplaca com a ferocidade, mas com a brandura.

Responsório
Mt 10,16; Jo 12,36a

R. Eu vos envio como ovelhas entre lobos,
* Sede astutos e prudentes quais serpentes
  e simples como pombas, diz Jesus.
V. Crede na luz, enquanto tendes a luz,
a fim de serdes filhos da luz. * Sede astutos.

Oração
Levantai, ó Deus, o ânimo dos vossos filhos e filhas, para que, aproveitando melhor as vossas graças, obtenham de vossa paternal bondade mais poderosos auxílios. Por nosso Senhor Jesus Cristo, vosso Filho, na unidade do Espírito Santo.

Pode-se dizer, à escolha: nas Laudes o HINO Eu, tão pobre, p. 512; nas Vésperas, o HINO A Maria perdoando, p. 512.

SEXTA-FEIRA

Ofício das Leituras

Pode-se dizer, à escolha, o HINO Dia de ira, p. 511.

Primeira leitura
Da Segunda Carta de São Pedro 3,1-18

Exortação à espera da vinda do Senhor

¹Caríssimos, esta é a segunda carta que vos escrevo. E para despertar em vós, pela recordação, um espírito sincero. ²Lembrai-vos das palavras preditas pelos santos profetas, bem como dos preceitos do Senhor e Salvador, que os apóstolos vos anunciaram. ³Antes de mais nada, deveis saber que, nos últimos dias, aparecerão zombadores com suas zombarias, levando a vida conforme suas paixões. ⁴Eles dizem:

"Onde ficou a promessa da sua vinda? Desde a morte de nossos pais tudo permanece como no princípio da criação!" ⁵Voluntariamente desconhecem que desde antigamente existia o céu e a terra, que a palavra de Deus fez surgir da água, que pela água é sustentada, ⁶e que pelos mesmos elementos o mundo de então pereceu, afogado pelas águas. ⁷O céu e a terra de hoje estão sendo reservados, pela mesma palavra, para o dia do juízo e da perdição dos homens ímpios.

⁸Ora, uma coisa vós não podeis desconhecer, caríssimos: para o Senhor, um dia é como mil anos e mil anos como um dia. ⁹O Senhor não tarda a cumprir sua promessa, como pensam alguns, achando que demora. Ele está usando de paciência para convosco. Pois não deseja que alguém se perca. Ao contrário, quer que todos venham a converter-se. ¹⁰O dia do Senhor chegará como um ladrão, e então os céus acabarão com barulho espantoso; os elementos, devorados pelas chamas, se dissolverão, e a terra será consumida com tudo o que nela se fez.

¹¹Se deste modo tudo se vai desintegrar, qual não deve ser o vosso empenho numa vida santa e piedosa, ¹²enquanto esperais com anseio a vinda do Dia de Deus, quando os céus em chama se vão derreter, e os elementos, consumidos pelo fogo, se fundirão? ¹³O que nós esperamos, de acordo com a sua promessa, são novos céus e uma nova terra, onde habitará a justiça.

¹⁴Caríssimos, vivendo nesta esperança, esforçai-vos para que ele vos encontre numa vida pura e sem mancha e em paz. ¹⁵Considerai também como salvação a longanimidade de nosso Senhor. Isto já vos escreveu nosso amado irmão Paulo, segundo a sabedoria que lhe foi dada. ¹⁶Ele trata disto também em todas as suas cartas, se bem que nelas se encontram algumas coisas difíceis, que homens sem instrução e inconstantes deformam, para a sua própria perdição, como, aliás, fazem com as demais Escrituras.

¹⁷Vós, portanto, bem-amados, sabendo disto com antecedência, precavei-vos, para não suceder que, levados pelo engano destes ímpios, percais a própria firmeza. ¹⁸Antes procurai crescer na graça e no conhecimento de nosso Senhor e salvador Jesus Cristo. A ele seja dada a glória, desde agora, até ao dia da eternidade. Amém.

Responsório   Is 65,17a.18; Ap 21,5a
R. Novos **céus** e nova **terra** cria**rei**
e te**reis** uma aleg**ria** sempi**ter**na
com **aqui**lo que es**tou** para cri**ar**:
* Eis que agora eu faço **no**vas as coisas **to**das.
V. Eu **crio** aleg**ria** para Si**ão** e **para** o seu **po**vo rego**zi**jo.
* Eis que **agora**.

Segunda leitura
Do tratado sobre a morte, de São Cipriano, bispo e mártir
(Cap. 18.24.26: CSEL 3,308.312-314)   (Séc. III)

Superemos o pavor da morte
com o pensamento da imortalidade

Lembremo-nos de que devemos fazer a vontade de Deus e não a nossa, de acordo com a oração que o Senhor ordenou ser rezada diariamente. Que coisa mais fora de propósito, mais absurda: pedimos que a vontade de Deus seja feita e, quando ele nos chama e nos convida a deixar este mundo, não obedecemos logo à sua ordem! Resistimos, relutamos e, quais escravos rebeldes, somos levados cheios de tristeza à presença de Deus, saindo daqui constrangidos pela necessidade, não por vontade dócil. E ainda queremos ser honrados com os prêmios celestes a que chegamos de má vontade. Por que então oramos e pedimos que venha o reino dos céus, se o cativeiro terreno nos encanta? Por que, com preces frequentemente repetidas, suplicamos que se apresse o dia do reino, se maior desejo e mais forte vontade são servir aqui ao demônio do que reinar com Cristo?

Se o mundo odeia o cristão, por que tu o amas, a ele, que te aborrece, e não preferes seguir a Cristo, que te remiu e te ama? João em sua carta clama, fala e exorta a que não amemos o mundo, deixando-nos levar pelos desejos da carne: *Não ameis o mundo nem o que é do mundo. Quem ama o mundo não tem em si a caridade do Pai; porque tudo quanto é do mundo é concupiscência dos olhos e ambição temporal. O mundo passará e sua concupiscência; quem, porém, fizer a vontade de Deus, permanecerá eternamente* (cf. 1Jo 2,15-17). Ao contrário, tenhamos antes, irmãos diletos, íntegro entendimento, fé firme, virtude sólida, preparados para qualquer desígnio de Deus. Repelido o pavor da morte, pensemos na imortalidade que se lhe seguirá. Com isso, manifestamos ser aquilo que acreditamos. Irmãos caríssimos, importa meditar e pensar amiúde em que já renunciamos ao mundo e vivemos aqui provisoriamente como peregrinos e hóspedes. Abracemos o dia que designará a cada um sua morada, restituindo-nos ao paraíso e ao reino uma vez arrebatados daqui e quebrados os laços terrenos. Qual o peregrino que não se apressa em voltar à pátria? Nossa pátria é o paraíso. O grande número de nossos queridos ali nos espera: pais, irmãos, filhos. Deseja estar conosco para sempre a grande multidão já segura de sua salvação, ainda solícita pela nossa. Quanta alegria para eles e para nós chegarmos nós até eles e a seu abraço! Que prazer estar ali, no reino celeste, sem medo da morte, tendo a vida para sempre! Que imensa e inesgotável felicidade!

Lá, o glorioso coro dos apóstolos; lá, o exultante grupo dos profetas; lá, o incontável povo dos mártires coroados de glória e de triunfo pelos combates e sofrimentos; lá as virgens vitoriosas, que pelo vigor da continência corporal subjugaram a concupiscência da carne; lá remunerados os misericordiosos, que pelos alimentos e liberalidades aos pobres fizeram obras de justiça, e, observando o preceito do Senhor, transferiram seu patrimônio terreno para os tesouros celestes. Para lá, irmãos caríssimos, corramos com ávida sofreguidão. Que Deus considere este nosso modo de pensar! Que Cristo olhe este propósito do espírito e da fé! Os maiores prêmios de sua caridade ele os dará àquele cujos desejos forem intensos.

Responsório   Fl 3,20-21a; Cl 3,4
R. A **nos**sa ci**da**de é nos **céus** de **on**de tam**bém** espe**ra**mos o **Cris**to **Je**sus, Senhor **nos**so,
* Que mu**dará** o nosso **cor**po humi**lha**do, confor**man**do-o a seu **cor**po glori**o**so.
V. Quando **Cris**to, nossa **vi**da, apare**cer**, então **vós** também se**reis** manifes**ta**dos, com **e**le tendo **par**te em sua **gló**ria. * Que mu**dará**.

Oração
Levantai, ó Deus, o ânimo dos vossos filhos e filhas, para que, aproveitando melhor as vossas graças, obtenham de vossa paternal bondade mais poderosos auxílios. Por nosso Senhor Jesus Cristo, vosso Filho, na unidade do Espírito Santo.

Pode-se dizer, à escolha: nas Laudes o HINO Eu, tão pobre, p. 512; nas Vésperas, o HINO A Maria perdoando, p. 512.

SÁBADO

Ofício das Leituras

Pode-se dizer, à escolha, o HINO Dia de ira, p. 511.

Primeira leitura
Da Carta de São Judas   1-8.12-13.17-25

Denúncia dos ímpios e exortação aos fiéis

¹Judas, servo de Jesus Cristo e irmão de Tiago, aos eleitos bem-amados em Deus Pai e guardados para Jesus Cristo: ²a vós, misericórdia, paz e amor em abundância!

³Caríssimos, enquanto eu estava todo empenhado em escrever-vos a respeito da nossa comum salvação, senti a necessidade de mandar-vos uma exortação a fim de lutardes pela fé, que, uma vez para sempre, foi transmitida aos santos. ⁴E que se insinuaram certas pessoas, das quais desde há muito estava escrito o seguinte juízo: ímpios que abusam da graça do nosso Deus para a dissolução e renegam o nosso único soberano e Senhor, Jesus Cristo.

⁵Quero lembrar-vos a vós, já instruídos, que o Senhor uma vez salvou todo o povo do Egito, mas numa segunda oportunidade fez perecer os que não foram fiéis. ⁶E os anjos que não conservaram a sua dignidade, mas abandonaram a sua própria morada, ele os guardou presos em cadeias eternas, debaixo das trevas, para o juízo do grande dia. ⁷Assim também Sodoma e Gomorra e as cidades vizinhas, que do mesmo modo praticaram imoralidade e vícios contra a natureza, foram postas como exemplo, castigadas com fogo eterno.

⁸Do mesmo modo, essas pessoas, levadas por seus devaneios, mancham a carne, desprezam o senhorio de Deus e insultam os seres gloriosos.

¹²Estas pessoas são a desonra de vossos banquetes comunitários. Banqueteiam-se sem vergonha, apascentando-se a si mesmas. São nuvens sem água, que passam levadas pelo vento. São árvores do fim do outono, sem frutos, duas vezes mortas, desarraigadas. ¹³São ondas do mar que espumam suas próprias abominações; estrelas errantes, às quais são reservadas para sempre densas trevas.

¹⁷Vós, porém, amados, lembrai-vos das palavras preditas pelos apóstolos de nosso Senhor Jesus Cristo, ¹⁸que vos diziam: "Nos últimos tempos aparecerão zombadores, vivendo ao sabor de suas ímpias paixões". ¹⁹São eles que provocam divisões. São sensuais e não têm o Espírito.

²⁰Vós, porém, caríssimos, edificai-vos sobre o fundamento da vossa santíssima fé e rezai, no Santo Espírito, ²¹de

modo que vos mantenhais no amor de Deus, esperando a misericórdia de nosso Senhor Jesus Cristo, para a vida eterna. ²²E a uns, que estão com dúvidas, deveis tratar com piedade. ²³A outros, deveis salvá-los arrancando-os do fogo. De outros ainda deveis ter piedade, mas com temor, aborrecendo a própria veste manchada pela carne.

²⁴Àquele que é capaz de guardar-vos da queda e de apresentar-vos perante a sua glória irrepreensíveis e jubilosos, ²⁵ao único Deus, nosso Salvador, por Jesus Cristo, nosso Senhor: glória, majestade, poder e domínio, desde antes de todos os séculos, e agora, e por todos os séculos. Amém.

Responsório   Tt 2,12b-13; Hb 10,24

R. Vivamos neste século em justiça e piedade,
* Aguardando, sem cessar, a bendita esperança
e a vinda gloriosa de nosso grande Deus,
e Salvador, Jesus, o Cristo.
V. Atendamos uns aos outros a fim de estimular-nos
à caridade e às boas obras. * Aguardando.

Segunda leitura

Dos Sermões de Santo Agostinho, bispo

(Sermo 256,1.2.3: PL 38,1191-1193)   (Séc. V)

Cantemos Aleluia ao bom Deus, que nos livra do mal

Aqui embaixo, cantemos o Aleluia, ainda apreensivos, para podermos cantá-lo lá em cima, tranquilos. Por que apreensivos aqui? Não queres que eu esteja apreensivo, se leio: *Não é acaso uma tentação a vida humana sobre a terra?* (Jó 7,1). Não queres que fique apreensivo, se me dizem outra vez: *Vigiai e orai para não cairdes em tentação?* (cf. Mt 26,41). Não queres que esteja apreensivo onde são tantas as tentações, a ponto de a própria oração nos ordenar: *Perdoai nossas dívidas, assim como nós perdoamos aos nossos devedores?* (Mt 6,12). Pedintes cotidianos, devedores cotidianos.

Queres que esteja seguro quando todos os dias peço indulgência para os pecados, auxílio nos perigos? Tendo dito por causa das culpas passadas: *Perdoai nossas dívidas, assim como nós perdoamos aos nossos devedores,* imediatamente acrescento por causa dos futuros perigos: *Não nos deixeis entrar em tentação* (Mt 6,13). Como pode estar no bem o povo que clama comigo: *Livrai-nos do mal?* (Mt 6,13). E, no entanto, irmãos, mesmo neste mal, cantemos o Aleluia ao Deus bom que nos livra do mal.

Ainda aqui, no meio de perigos, de tentações, por outros e por nós seja cantado o Aleluia. Pois *Deus é fiel e não permitirá serdes tentados além do que podeis* (1Cor 10,13). Portanto cantemos também aqui o Aleluia. O homem ainda é réu, mas fiel é Deus. Não disse: Não permitirá serdes tentados, mas: *Não permitirá serdes tentados além do que podeis, mas fará que com a tentação haja uma saída para poderdes aguentar* (1Cor 10,13). Entraste em tentação; mas Deus dará uma saída para não pereceres na tentação; para, então, à semelhança de um pote de barro, seres plasmado pela pregação, queimado pela tribulação. Todavia, ao entrares, pensa na saída; porque Deus é fiel: *guardará o Senhor tua entrada e tua saída* (Sl 120,7-8).

Contudo, só quando esse corpo se tornar imortal e incorruptível, então terá desaparecido toda tentação; porque na verdade o *corpo morreu;* por que morreu? *Por causa do pecado.* Mas *o espírito é vida;* por quê? *Por causa da justiça* (Rm 8,10). Largaremos então o corpo morto? Não; escuta: *Se o Espírito daquele que ressuscitou a Cristo habita em vós, aquele que ressuscitou dos mortos a Cristo vivificará também vossos corpos mortais* (Rm 8,10-11). Agora, portanto, corpo animal; depois, corpo espiritual.

Como será feliz lá o Aleluia! Quanta segurança! Nada de adverso! Onde ninguém será inimigo, não morre nenhum amigo. Lá, louvores a Deus; aqui, louvores a Deus. Mas aqui apreensivos; lá, tranquilos. Aqui, dos que hão de morrer; lá, dos que para sempre hão de viver. Aqui, na esperança; lá, na bem-aventurança. Aqui, no caminho; lá, na pátria.

Cantemos, portanto, agora, meus irmãos, não por deleite do repouso, mas para alívio do trabalho. Como costuma cantar o caminhante: canta mas segue adiante; alivia o trabalho cantando. Abandona, pois, a preguiça. Canta e caminha. Que é isto, caminha? Vai em frente, adianta-te no bem. Segundo o Apóstolo, há quem progrida no mal. Tu, se progrides, caminhas. Mas progride no bem, progride na fé, sem desvios, progride na vida santa. Canta e caminha.

Responsório   Cf. Ap 21,21; Tb 13,17.18.11
R. Jerus**além**, as tuas **praças** serão **cal**çadas de ouro **puro**
e **cant**ares de alegria em **ti** ressoa**rão**
* E **todos** cantar**ão** "Ale**luia**" em tuas **ruas**.
V. Brilha**rás** qual luz ful**gente**
e hão de hon**rar**-vos os povos **todos**. *E **todos**.

Oração
Levantai, ó Deus, o ânimo dos vossos filhos e filhas, para que, aproveitando melhor as vossas graças, obtenham de vossa paternal bondade mais poderosos auxílios. Por nosso Senhor Jesus Cristo, vosso Filho, na unidade do Espírito Santo.

Nas Laudes pode-se dizer, à escolha, o HINO Eu, tão pobre, p. 512.

ORDINÁRIO DA LITURGIA DAS HORAS
TEMPO COMUM

Invitatório

O Invitatório tem seu lugar no início da oração cotidiana, ou seja, antepõe-se ao Ofício das Leituras, ou às Laudes, conforme se comece o dia por uma ou por outra ação litúrgica.

V. **Abri** os meus **lá**bios, ó **Senhor**.
R. E minha **bo**ca anunciará vosso lou**vor**.

Em seguida diz-se o Salmo 94(95) com sua antífona, em forma responsorial. Anuncia-se a antífona e imediatamente repete-se a mesma. Depois de cada estrofe, repete-se de novo.

Na recitação individual não é necessário repetir a antífona; basta dizê-la no começo e no fim do salmo.

A antífona para o Invitatório no Ofício dominical e nos dias de semana do Tempo Comum encontra-se no Saltério.

Nas solenidades e festas, a antífona se encontra no Próprio ou no Comum.

Nas memórias dos Santos, não havendo antífona própria, toma-se livremente do Comum ou do dia de semana.

Salmo 94(95)

Convite ao louvor de Deus

Animai-vos uns aos outros, dia após dia, enquanto ainda se disser 'hoje' (Hb 3,13).

Um solista canta ou reza a antífona, e a assembleia a repete.

—¹ Vinde, exul**te**mos de ale**gri**a no **Senhor**, *
   acla**me**mos o Rochedo que nos salva!
—² Ao seu en**con**tro caminhemos com louvores, *
   e com **can**tos de alegria o celebremos!

Repete-se a antífona.

—³ Na ver**da**de, o Senhor é o grande Deus, *
   o grande **Rei**, muito maior que os deuses todos.
—⁴ Tem nas **mãos** as profundezas dos abismos, *
   e as al**tu**ras das montanhas lhe pertencem;

— ⁵o mar é **dele**, pois foi ele quem o fez, *
e a terra **fir**me suas mãos a modelaram.
Repete-se a antífona.
— ⁶Vinde ado**re**mos e prostremo-nos por terra, *
e ajoe**lhe**mos ante o Deus que nos criou!
= ⁷Porque **e**le é o nosso Deus, nosso Pastor, †
e nós **so**mos o seu povo e seu rebanho, *
as o**ve**lhas que conduz com sua mão.
Repete-se a antífona.
= ⁸Oxa**lá** ouvísseis hoje a sua voz: †
"Não fe**cheis** os corações como em Meriba, *
⁹como em **Mas**sa, no deserto, aquele dia,
— em que ou**tro**ra vossos pais me provocaram, *
ape**sar** de terem visto as minhas obras".
Repete-se a antífona.
=¹⁰Quarenta **a**nos desgostou-me aquela raça †
e eu **dis**se: "Eis um povo transviado, *
¹¹seu cora**ção** não conheceu os meus caminhos!"
— E por **is**so lhes jurei na minha ira: *
"Não entra**rão** no meu repouso prometido!"
Repete-se a antífona.

(Cantado):

Demos **gló**ria a Deus **Pai** onipo**ten**te
e a seu **Filho**, Jesus **Cris**to, Senhor **nos**so, †
e ao Es**pí**rito que ha**bi**ta em nosso **pei**to *
pelos **sé**culos dos **sé**culos. A**mém**.

(Rezado):

— Glória ao **Pai** e ao **Fi**lho e ao Espírito **San**to. *
Como **e**ra no prin**cí**pio, **a**gora e sempre. A**mém**.
Repete-se a antífona.

O Salmo 94(95) pode ser substituído pelo Salmo (99)100, p. 541, Salmo 66(67), p. 540, ou Salmo 23(24), abaixo. Se um destes salmos ocorre no Ofício, em seu lugar diz-se o Salmo 94(95).

Quando o Invitatório é recitado antes das Laudes, pode ser omitido o salmo com sua antífona, conforme as circunstâncias.

Ou:

Salmo 23(24)

Entrada do Senhor no templo

Na ascensão, as portas do céu se abriram para o Cristo (Sto. Irineu).

– ¹ Ao Se**nhor** pertence a **ter**ra e o que ela en**cer**ra, *
o mundo in**tei**ro com os seres que o povoam;
– ² porque ele a tornou firme sobre os mares, *
e sobre as **á**guas a mantém inabalável. R.
– ³ "Quem subir**á** até o monte do Senhor, *
quem ficar**á** em sua santa habitação?"
= ⁴ "Quem tem mãos **pu**ras e inocente coração, †
quem não di**ri**ge sua mente para o crime, *
nem jura **fal**so para o dano de seu próximo. R.
– ⁵ Sobre **es**te desce a bênção do Senhor *
e a recom**pen**sa de seu Deus e Salvador".
– ⁶ "É as**sim** a geração dos que o procuram, *
e do **Deus** de Israel buscam a face". R.
= ⁷ "Ó **por**tas, levantai vossos frontões! †
Ele**vai**-vos bem mais alto, antigas portas, *
a fim de **que** o Rei da glória possa entrar!" R.
= ⁸ Di**zei**-nos: "Quem é este Rei da glória?" †
"É o Se**nhor**, o valoroso, o onipotente, *
o Se**nhor**, o poderoso nas batalhas!" R.
= ⁹ "Ó **por**tas, levantai vossos frontões! †
Ele**vai**-vos bem mais alto, antigas portas, *
a fim de **que** o Rei da glória possa entrar!" R.

= ¹⁰Dizei-nos: "Quem é este Rei da glória?" †
"O Rei da **glória** é o Senhor onipotente, *
o Rei da **glória** é o Senhor Deus do universo!" R.

— Glória ao **Pai** e ao **Filho** e ao Espírito **San**to. *
Como era no prin**cí**pio, **a**gora e sempre. A**mém**. R.

Ou:

Salmo 66(67)
Todos os povos celebrem o Senhor

Sabei, pois, que esta salvação de Deus já foi comunicada aos pagãos! (At 28,28).

— ²Que Deus nos **dê** a sua **graça** e sua **bên**ção, *
e sua **face** resplandeça sobre nós!
— ³Que na **terra** se conheça o seu caminho *
e a **sua** salvação por entre os povos. R.

— ⁴Que as na**ções** vos glorifiquem, ó Senhor, *
que **to**das as nações vos glorifiquem! R.

— ⁵**Exul**te de alegria a terra inteira, *
pois jul**gais** o universo com justiça;
— os **po**vos governais com retidão, *
e gui**ais**, em toda a terra, as nações. R.

— ⁶Que as na**ções** vos glorifiquem, ó Senhor, *
que **to**das as nações vos glorifiquem! R.

— ⁷A **terra** produziu sua colheita: *
o Se**nhor** e nosso Deus nos abençoa.
— ⁸Que o Se**nhor** e nosso Deus nos abençoe, *
e o res**pei**tem os confins de toda a terra! R.

— Glória ao **Pai** e ao **Filho** e ao Espírito **San**to. *
Como era no prin**cí**pio, **a**gora e sempre. A**mém**. R.

Ou:

Salmo 99(100)

Alegria dos que entram no templo

O Senhor ordena aos que foram salvos que cantem o hino de vitória (Sto. Atanásio).

=² Aclamai o Senhor, ó terra inteira, †
 servi ao Senhor com alegria, *
 ide a ele cantando jubilosos!   R.

=³ Sabei que o Senhor, só ele, é Deus, †
 Ele mesmo nos fez, e somos seus, *
 nós somos seu povo e seu rebanho.   R.

=⁴ Entrai por suas portas dando graças, †
 e em seus átrios com hinos de louvor; *
 dai-lhe graças, seu nome bendizei!   R.

=⁵ Sim, é bom o Senhor e nosso Deus, †
 sua bondade perdura para sempre, *
 seu amor é fiel eternamente!   R.

— Glória ao Pai e ao Filho e ao Espírito Santo. *
 Como era no princípio, agora e sempre. Amém.   R.

Ofício das Leituras

V. Vinde, ó Deus, em meu auxílio.
R. Socorrei-me sem demora.
 Glória ao Pai e ao Filho e ao Espírito Santo.*
 Como era no princípio, agora e sempre. Amém. Aleluia.

Quando o Invitatório precede imediatamente, omite-se a introdução acima.

HINO

Em seguida, diz-se o hino correspondente ao Ofício do dia.

No Ofício dos domingos e dias de semana, o hino encontra-se no Saltério; ele é tomado da série noturna ou diurna, conforme o requeira a hora da celebração.

Nas solenidades e festas, o hino encontra-se no Próprio ou no Comum.

Nas memórias dos Santos, não havendo próprio, toma-se o hino livremente do Comum ou do dia de semana correspondente.

Pode-se escolher também outro hino aprovado pela Conferência episcopal, que corresponda ao Ofício do dia e do Tempo (Veja Apêndice de hinos, p. 1847).

SALMODIA

Terminado o hino, segue-se a salmodia, que consta de três salmos ou partes de salmos, que se dizem com as antífonas correspondentes.

No Ofício dos domingos e dias de semana, os salmos com suas antífonas são tomados do Saltério corrente.

Nas memórias dos Santos, tomam-se os salmos com suas antífonas do Saltério corrente, a não ser que haja salmos ou antífonas próprios.

VERSÍCULO

Antes das leituras diz-se o versículo, que faz a transição da salmodia para a escuta da Palavra de Deus.

Nas solenidades e festas o versículo vem indicado antes das leituras no Próprio ou no Comum.

Nos domingos e dias de semana do Tempo Comum, bem como nas memórias dos Santos, o versículo se encontra no Saltério, após a salmodia.

LEITURAS

Há duas leituras. A primeira é bíblica com seu responsório, conforme requer o Ofício do dia, e toma-se do Próprio do Tempo, exceto nas solenidades e festas, quando se toma do Próprio ou do Comum.

Nas celebrações dos Santos, a segunda leitura é hagiográfica nas solenidades, festas e memórias. Nos demais Ofícios, a segunda leitura é tomada de obras dos Santos Padres ou de Escritores eclesiásticos, e se encontra no correspondente Ofício das Leituras, juntamente com a leitura bíblica, ou em Lecionário suplementar.

Após a leitura, segue-se um responsório correspondente.

HINO TE DEUM (A VÓS, Ó DEUS, LOUVAMOS)

Nos domingos, nas solenidades e festas, depois da segunda leitura e seu responsório, se diz o seguinte hino:

A vós, ó Deus, louvamos,
a vós, Senhor, cantamos.
A vós, Eterno Pai,
adora toda a terra.

A vós cantam os anjos,
os céus e seus poderes:
Sois Santo, Santo, Santo,
Senhor, Deus do universo!

Proclamam céus e terra
a vossa imensa glória.
A vós celebra o coro
glorioso dos Apóstolos,

Vos louva dos Profetas
a nobre multidão
e o luminoso exército
dos vossos santos Mártires.

A vós por toda a terra
proclama a Santa Igreja,
ó Pai onipotente,
de imensa majestade,

e adora juntamente
o vosso Filho único,
Deus vivo e verdadeiro,
e ao vosso Santo Espírito.

Ó Cristo, Rei da glória,
do Pai eterno Filho,
nascestes duma Virgem,
a fim de nos salvar.

Sofrendo vós a morte,
da morte triunfastes,
abrindo aos que têm fé
dos céus o reino eterno.

Sentastes à direita
de Deus, do Pai na glória.
Nós cremos que de novo
vireis como juiz.

Portanto, vos pedimos:
salvai os vossos servos,
que vós, Senhor, remistes
com sangue precioso.

Fazei-nos ser contados,
Senhor, vos suplicamos,
em meio a vossos santos
na vossa eterna glória.

(A parte que se segue pode ser omitida, se for oportuno).

Salvai o vosso povo.
Senhor, abençoai-o.
Regei-nos e guardai-nos
até a vida eterna.

Senhor, em cada dia,
fiéis, vos bendizemos,
louvamos vosso nome
agora e pelos séculos.

Dignai-vos, neste dia,
guardar-nos do pecado.
Senhor, tende piedade
de nós, que a vós clamamos.

Que desça sobre nós,
Senhor, a vossa graça,
porque em vós pusemos
nossa confiança.

Fazei que eu, para sempre,
não seja envergonhado:
Em vós, Senhor, confio,
sois vós minha esperança!

ORAÇÃO CONCLUSIVA

Depois do **Te Deum,** ou depois do segundo responsório, quando não há **Te Deum,** se diz a oração conclusiva, tirada do Próprio do Tempo ou do Próprio ou do Comum dos Santos, de acordo com o Ofício do dia.

Antes da Oração, se diz **Oremos,** e se acrescenta a conclusão correspondente, isto é:

Se a oração se dirige ao Pai:

Por nosso Senhor Jesus Cristo, vosso Filho, na unidade do Espírito Santo.

Se se dirige ao Pai, com menção do Filho na parte final:

Que convosco vive e reina, na unidade do Espírito Santo.

Se se dirige ao Filho:

Vós, que sois Deus com o Pai, na unidade do Espírito Santo.

E responde-se:

Amém.

Depois, pelo menos na celebração comunitária, acrescenta-se a aclamação:

Bendigamos ao Senhor.
R. **Graças a Deus.**

Se o Ofício das Leituras for integrado na celebração de uma vigília dominical ou de uma solenidade, antes do Hino **Te Deum** dizem-se os cânticos correspondentes e proclama-se o Evangelho, como está indicado no Apêndice. p. 1801.

Se o Ofício das Leituras é rezado imediatamente antes de outra Hora, pode-se então, no começo do referido Ofício, dizer o Hino correspondente a essa Hora; no fim, omitem-se a oração e a aclamação, e no início da Hora seguinte omite-se o versículo introdutório com o **Glória ao Pai.**

Laudes

℣. Vinde, ó **Deus**, em meu auxílio.
℟. Socorrei-me sem de**mo**ra.
Glória ao **Pai** e ao **Filho** e ao Es**pí**rito **San**to.*
Como era no prin**cí**pio, a**go**ra e sempre. A**mém**. Ale**lu**ia.

Quando o Invitatório precede imediatamente, omite-se a introdução acima.

HINO

Em seguida, diz-se o hino correspondente ao Ofício do dia.

No Ofício dos domingos e dias de semana, o hino encontra-se no Saltério.

Nas solenidades e festas, o hino se encontra no Próprio ou no Comum.

Não havendo hino próprio nas memórias dos Santos, toma-se o hino livremente do Comum ou do dia de semana correspondente. Pode-se escolher outro hino aprovado pela Conferência Episcopal, que corresponda ao Ofício do dia e do Tempo (Veja Apêndice de hinos, p. 1847).

SALMODIA

Terminado o hino, segue-se a salmodia, que consta de um salmo matutino, de um cântico do Antigo Testamento e de um salmo de louvor, cada qual com sua antífona correspondente.

No Ofício dos domingos e dias de semana, rezam-se os salmos e o cântico com suas respectivas antífonas como estão no Saltério corrente.

Nas solenidades e festas, os salmos e o cântico são do I domingo do Saltério, e as antífonas do Próprio ou do Comum.

Nas memórias dos Santos, os salmos, o cântico e as antífonas são dos dias de semana, a não ser que haja salmos e antífonas próprios.

Terminada a salmodia, faz-se a leitura breve ou longa.

LEITURA BREVE

No Ofício dos domingos e dias de semana, a leitura breve encontra-se no Saltério corrente.

Nas solenidades e festas, a leitura breve encontra-se no Próprio ou no Comum.

Não havendo leitura breve própria para as memórias dos Santos, toma-se livremente do Comum ou do dia de semana.

LEITURA MAIS LONGA

Pode-se escolher à vontade uma leitura mais longa, principalmente na celebração com o povo, segundo a norma do n. 46 da Instrução. Na celebração com o povo, conforme as circunstâncias, pode-se acrescentar uma breve homilia para explicar a leitura.

RESPOSTA À PALAVRA DE DEUS

Depois da leitura ou da homilia, se oportuno, pode-se guardar algum tempo de silêncio.

Em seguida, apresenta-se um canto responsorial ou responsório breve, que se encontra logo depois da leitura breve.

Outros cantos do mesmo gênero podem ser cantados em seu lugar, uma vez que sejam aprovados pela Conferência Episcopal.

CÂNTICO EVANGÉLICO (BENEDICTUS)   Lc 1,68-79

Depois se diz o Cântico evangélico com a antífona correspondente.

No Ofício dominical, a antífona para o Benedictus toma-se do Próprio; no Ofício dos dias de semana, do Saltério. Nas solenidades e festas dos Santos, não havendo antífona própria, toma-se do Comum. Nas memórias, não havendo antífona própria, pode-se escolher, livremente, do dia de semana ou do Comum.

O Messias e seu Precursor

– ⁶⁸Bendito **se**ja o Senhor **Deus** de Israel, *
 porque a seu **po**vo visi**tou** e liber**tou;**

– ⁶⁹e fez sur**gir** um pode**ro**so Salva**dor** *
 na **ca**sa de Da**vi**, seu servi**dor,**

– ⁷⁰como fa**la**ra pela **bo**ca de seus **san**tos, *
 os profetas desde os **tem**pos mais an**ti**gos,

– ⁷¹para sal**var**-nos do **po**der dos ini**mi**gos *
 e da **mão** de todos **quan**tos nos o**dei**am.

—⁷² Assim mostrou misericórdia a nossos pais, *
recordando a sua santa Aliança
—⁷³ e o juramento a Abraão, o nosso pai, *
de conceder-nos ⁷⁴ que, libertos do inimigo,
— a ele nós sirvamos sem temor †
⁷⁵ em santidade e em justiça diante dele, *
enquanto perdurarem nossos dias.
—⁷⁶ Serás profeta do Altíssimo, ó menino, †
pois irás andando à frente do Senhor *
para aplainar e preparar os seus caminhos,
—⁷⁷ anunciando ao seu povo a salvação, *
que está na remissão de seus pecados,
—⁷⁸ pela bondade, e compaixão de nosso Deus, *
que sobre nós fará brilhar o Sol nascente,
—⁷⁹ para iluminar a quantos jazem entre as trevas *
e na sombra da morte estão sentados
— e para dirigir os nossos passos, *
guiando-os no caminho da paz.
— Glória ao Pai e ao Filho e ao Espírito Santo. *
Como era no princípio, agora e sempre. Amém.

GLÓRIA AO PAI

O Glória ao Pai se diz no fim de todos os salmos e cânticos, a não ser que se indique o contrário.

Para o canto, pode-se escolher outro Glória ao pai que corresponda ao ritmo e aos acentos do salmo ou do cântico que precede:

1º **Comum** (e para o canto com 2 ou 4 acentos):
V. Glória ao Pai e ao Filho e ao Espírito Santo.
R. Como era no princípio, agora e sempre. Amém.

2º **Para o Canto** (com 3 acentos e estrofes de 2 versos)
— Glória ao Pai e ao Filho e ao Espírito Santo. *
Como era no princípio, agora e sempre. Amém.

3º (Com 3 acentos e estrofes de 3 versos):
= Glória ao **Pai** e ao **Filho** e ao Espírito **Santo,** †
ao Deus que **é,** que era e que **vem,** *
pelos séculos dos séculos. **Amém.**

4º (Com 3 acentos e estrofes de 4 versos):
= Demos **gló**ria a Deus **Pai** onipo**ten**te
e a seu **Fi**lho, Jesus **Cris**to, Senhor **nos**so, †
e ao Es**pí**rito que habita em nosso **pei**to, *
pelos **sé**culos dos séculos. A**mém.**

5º (Com 3 + 2 acentos):
= Glória ao **Pai** e ao **Filho** e ao Espírito **Santo**
desde agora e para sempre, †
ao Deus que **é,** que era e que **vem,** *
pelos séculos. **Amém.**

Repete-se a antífona.

Em latim:
—⁶⁸ Benedíctus Dóminus Deus Israel, *
 quia visitávit et fecit redemptiónem plebi suae
—⁶⁹ et eréxit cornu salútis nobis *
 in domo David púeri sui,
—⁷⁰ sicut locútus est per os sanctórum, *
 qui a saéculo sunt, prophetárum eius,
—⁷¹ salútem ex inimicis nostris *
 et de manu ómnium, qui odérunt nos;
—⁷² ad faciéndam misericórdiam cum pátribus nostris *
 et memorári testaménti sui sancti,
—⁷³ iusiurándum, quod iurávit ad Abraham patrem nostrum, *
 datúrum se nobis,
—⁷⁴ ut sine timóre, de manu inimicórum liberáti, *
 serviámus illi
—⁷⁵ in sanctitáte et iustítia coram ipso *
 ómnibus diébus nostris.

— ⁷⁶ Et tu, puer, prophéta Altíssimi vocáberis: *
praeíbis enim ante fáciem Dómini paráre vias eius.
— ⁷⁷ ad dandam sciéntiam salútis plebi eius *
in remissiónem peccatórum eórum,
— ⁷⁸ per víscera misericórdiae Dei nostri, *
in quibus visitábit nos óriens ex alto,
— ⁷⁹ illumináre bis, qui in ténebris
et in umbra mortis sedent *
ad dirigéndos pedes nostros in viam pacis.

— Glória Patri, et Fílio, *
et Spirítui Sancto.
— Sicut erat in princípio, et nunc et semper, *
et in saécula saeculórum. Amen.

REFRÃO NOS CÂNTICOS (R.)

Para os cânticos do Antigo e do Novo Testamento é facultativo o refrão entre parênteses (R.). Pode ser usado quando se canta ou se recita o Ofício em comum.

PRECES PARA CONSAGRAR O DIA E O TRABALHO A DEUS

Terminado o cântico, fazem-se as Preces.

No Ofício dos domingos e dias de semana, as preces encontram-se no Saltério.

Nas solenidades e festas, as preces estão no Próprio ou no Comum. Nas memórias dos Santos podem-se tomar livremente as preces do Comum ou do dia de semana, não havendo próprias.

Após as preces, todos rezam o **Pai-nosso**, que pode ser precedido de breve monição, como se propõe no Apêndice, p. 1838.

Pai nosso, que estais nos céus,
santificado seja o vosso nome;
venha a nós o vosso reino,
seja feita a vossa vontade,
assim na terra como no céu;
o pão nosso de cada dia nos dai hoje;
perdoai-nos as nossas ofensas,

assim como nós perdoamos
a quem nos tem ofendido,
e não nos deixeis cair em tentação,
mas livrai-nos do mal.

Em latim:
Pater noster, que es in caelis:
sanctificétur nomen tuum;
advéniat regnum tuum;
fiat volúntas tua, sicut in caelo et in terra.
Panem nostrum cotidiánum da nobis hódie;
et dimítte nobis débita nostra,
sicut et nos dimíttimus debitóribus nostris;
et ne nos indúcas in tentatiónem;
sed líbera nos a malo.

ORAÇÃO CONCLUSIVA

Depois do Pai-nosso diz-se imediatamente, sem o convite Oremos, a oração conclusiva. No Ofício dos dias de semana ela se encontra no Saltério e nos demais ofícios, no Próprio. A conclusão da oração é descrita acima, no Ofício das Leituras, p. 545.

Se um sacerdote ou diácono preside o Ofício, é ele quem despede o povo, dizendo:
O Senhor esteja convosco.
R. Ele está no meio de nós.
Abençoe-vos Deus todo-poderoso,
Pai e Filho e Espírito Santo.
R. Amém.

Pode usar também outra fórmula de bênção, como na Missa (Veja Apêndice p. 1839).

Havendo despedida, acrescenta-se:
Ide em **paz** e o **Senhor** vos acompanhe.
R. **Graças a Deus**.

Não havendo sacerdote, ou diácono, e na recitação individual, conclui-se assim:

O Senhor nos abençoe, nos livre de todo o mal
e nos conduza à vida eterna.
R. Amém.

Hora Média

Oração das Nove, das Doze e das Quinze Horas

V. Vinde, ó **Deus**, em meu auxílio.
R. Socorrei-me sem demora.
Glória ao **Pai** e ao Filho e ao Espírito **Santo**. *
Como era no princípio, agora e sempre. **Amém**. Aleluia.

Depois diz-se o hino correspondente.

Hino

Oração das Nove Horas

Vinde, Espírito de Deus,
com o Filho e com o Pai,
inundai a nossa mente,
nossa vida iluminai.

Boca, olhos, mãos, sentidos,
tudo possa irradiar
o amor que em nós pusestes
para aos outros inflamar.

A Deus Pai e ao seu Filho
por vós dai-nos conhecer.
Que de ambos procedeis
dai-nos sempre firmes crer.

Ou:

Mantendo a ordem certa,
do coração fiel,
na hora terça oremos
aos Três, fulgor do céu.

Queremos ser os templos
do Espírito Santo, outrora
descido sobre os Doze
em chamas, nesta hora.

Fiel aos seus desígnios,
do Reino o Autor divino
a tudo ornou de graça
segundo o seu destino.

Louvor e glória ao Pai,
ao Filho, Sumo Bem,
e ao seu divino Espírito,
agora e sempre. Amém.

Oração das Doze Horas

Ó Deus, verdade e força
que o mundo governais,
da aurora ao meio-dia,
a terra iluminais.

De nós se afaste a ira,
discórdia e divisão.
Ao corpo dai saúde,
e paz ao coração.

Ouvi-nos, Pai bondoso,
por Cristo Salvador,
que vive com o Espírito
convosco pelo Amor.

Ou:

O louvor de Deus cantemos
com fervor no coração,
pois agora a hora sexta
nos convida à oração.

Nesta hora foi-nos dada
gloriosa salvação
pela morte do Cordeiro,
que na cruz trouxe o perdão.

Ante o brilho de tal luz
se faz sombra o meio-dia.
Tanta graça e tanto brilho
vinde haurir, com alegria.

Seja dada a glória ao Pai
e ao Unigênito também,
com o Espírito Paráclito,
pelos séculos. Amém.

Oração das Quinze Horas

Vós, que sois o Imutável,
Deus fiel, Senhor da História,
nasce e morre a luz do dia,
revelando a vossa glória.

Seja a tarde luminosa
numa vida permanente.
E da santa morte o prêmio
nos dê glória eternamente.

Escutai-nos, ó Pai Santo,
pelo Cristo, nosso irmão,
que convosco e o Espírito
vive em plena comunhão.

Ou:

Cumprindo o ciclo tríplice das horas,
louvemos ao Senhor de coração,
cantando em nossos salmos a grandeza
de Deus, que é Uno e Trino em perfeição.

A exemplo de São Pedro, nosso mestre,
guardando do Deus vivo e verdadeiro,
em almas redimidas, o mistério,
sinal de salvação ao mundo inteiro,

também salmodiamos no espírito,
unidos aos apóstolos do Senhor,
e assim serão firmados nossos passos
na força de Jesus, o Salvador.

Louvor ao Pai, autor de toda a vida,
e ao Filho, Verbo Eterno, Sumo Bem,
unidos pelo amor do Santo Espírito,
Deus vivo pelos séculos. Amém.

Nestas Horas, não se faz menção das memórias dos Santos.

SALMODIA

Depois do hino, reza-se a salmodia com suas antífonas próprias. Propõem-se duas salmodias do Saltério: uma corrente e outra complementar.

A salmodia corrente consta de três salmos ou partes de salmos, distribuída ao longo do Saltério.

A Salmodia complementar consta de salmos invariáveis, escolhi dos dentre os denominados salmos graduais, p. 1132.

Quem reza uma só Hora, toma a salmodia corrente, mesmo nas festas.

Quem reza mais Horas, numa delas toma a salmodia corrente e, nas outras, a complementar.

Nas solenidades rezam-se os salmos da salmodia complementar nas três Horas; mas no domingo, tomam-se os salmos do domingo da I Semana, p. 584.

As solenidades têm antífonas próprias.

Fora das solenidades, tomam-se as antífonas indicadas no Saltério, a não ser que haja próprias.

LEITURA BREVE

Depois da salmodia, faz-se a leitura breve.

No Ofício dos domingos e dias de semana do Tempo Comum, a leitura breve encontra-se no Saltério corrente.

Nas solenidades e festas, a leitura breve está no Próprio ou no Comum.

Depois da leitura breve, se for oportuno, pode-se guardar algum tempo de silêncio meditativo. Em seguida, se apresenta um brevíssimo responso, ou versículo, que é indicado no mesmo lugar da leitura breve.

ORAÇÃO CONCLUSIVA

Em seguida, diz-se a oração própria do dia, precedida do convite Oremos, e se acrescenta a conclusão correspondente, isto é:

Se a oração se dirige ao Pai:

Por Cristo, nosso Senhor.

Se se dirige ao Pai, com menção do Filho na parte final:

Que vive e reina para sempre.

Se se dirige ao Filho:

Vós, que viveis e reinais para sempre.

No fim da Oração responde-se:

Amém.

No Ofício dos domingos do Tempo Comum, bem como nas solenidades e festas, a oração é própria do dia.

Nas memórias e nos Ofícios dos dias de semana, diz-se a oração da Hora correspondente, como no Saltério.

Depois, pelo menos na celebração comunitária, acrescenta-se a aclamação:

Bendigamos ao Senhor.
R. **Graças a Deus.**

Vésperas

V. **Vinde, ó Deus, em meu auxílio.**
R. **Socorrei-me sem demora.**
   Glória ao Pai e ao Filho e ao Espírito Santo. *
   Como era no princípio, agora e sempre. Amém. Aleluia.

HINO

Em seguida, diz-se o hino correspondente.

No Ofício dos domingos e dias de semana, o hino encontra-se no Saltério.

Nas solenidades e festas, o hino se encontra no Próprio ou no Comum.

Não havendo hino próprio na memória dos Santos, toma-se o hino livremente do Comum ou do dia de semana correspondente.

Pode-se escolher outro hino aprovado pela Conferência episcopal, que corresponda ao Ofício do dia e do Tempo (Veja Apêndice de hinos, p. 1847).

SALMODIA

Terminado o hino, segue-se a salmodia que consta de dois salmos ou partes de salmos, e de um cântico do Novo Testamento, cada qual com sua antífona.

No Ofício dos domingos e dias de semana, rezam-se os salmos e o cântico com suas respectivas antífonas como estão no Saltério corrente.

Nas solenidades e festas, os salmos, o cântico e as antífonas se encontram no Próprio e no Comum.

Nas memórias dos Santos, os salmos, o cântico e as antífonas são do dia de semana corrente, a não ser que haja salmos e antífonas próprios.

Terminada a salmodia, faz-se a leitura breve ou longa.

LEITURA BREVE

No Ofício dos domingos e dias de semana do Tempo Comum, a leitura breve encontra-se no Saltério corrente.

Nas solenidades e festas, a leitura breve encontra-se no Próprio ou no Comum.

Não havendo leitura breve própria para as memórias dos Santos, toma-se livremente do Comum ou do dia de semana.

LEITURA MAIS LONGA

Pode-se escolher à vontade uma leitura mais longa, principalmente na celebração com o povo, segundo a norma n. 46 da Instrução.

Na celebração com o povo, conforme as circunstâncias, pode-se acrescentar uma breve homilia para explicar a leitura.

RESPOSTA À PALAVRA DE DEUS

Depois da leitura ou da homilia, se for oportuno, pode-se guardar algum tempo de silêncio.

Em seguida, apresenta-se um canto responsorial ou responsório breve, que se encontra logo depois da leitura breve.

Outros cantos do mesmo gênero podem ser cantados em seu lugar, uma vez que sejam aprovados pela Conferência Episcopal.

CÂNTICO EVANGÉLICO (MAGNÍFICAT)   Lc 1,46-55

Depois se diz o Cântico evangélico com a antífona correspondente. No Ofício dos domingos do Tempo Comum toma-se a antífona para o Magníficat do Próprio; no Ofício dos dias de semana, do Saltério. Nas solenidades e festas dos Santos, não havendo antífona própria, toma-se do Comum; nas memórias, pode-se escolher livremente a antífona do dia de semana ou do Comum.

A alegria da alma no Senhor

—⁴⁶ A minha alma engrandece ao Senhor, *
    ⁴⁷ e se alegrou o meu espírito em Deus, meu Salvador,
—⁴⁸ pois ele viu a pequenez de sua serva, *
    desde agora as gerações hão de chamar-me de bendita.
—⁴⁹ O Poderoso fez por mim maravilhas *
    e Santo é o seu nome!
—⁵⁰ Seu amor, de geração em geração,*
    chega a todos que o respeitam.
—⁵¹ Demonstrou o poder de seu braço*
    dispersou os orgulhosos.
—⁵² Derrubou os poderosos de seus tronos *
    e os humildes exaltou.
—⁵³ De bens saciou os famintos *
    e despediu, sem nada, os ricos.
—⁵⁴ Acolheu Israel, seu servidor, *
    fiel ao seu amor,
—⁵⁵ como havia prometido aos nossos pais, *
    em favor de Abraão e de seus filhos, para sempre.

— Glória ao **Pai** e ao Filho e ao Es**pí**rito **San**to. *
Como era no princípio, agora e sempre. A**mém**.

Glória ao Pai para o canto, como no Cântico Evangélico (Benedictus) das Laudes, p. 548.

Repete-se a antífona.

Em latim:

—⁴⁶Magníficat *
ánima mea Dóminum,
—⁴⁷et exultávit spíritus meus *
in Deo salvatóre meo,
—⁴⁸quia respéxit humilitátem ancíllae suae. *
Ecce enim ex hoc beátam me dicent ornnes generatiónes.
—⁴⁹quia fecit mihi magna, qui potens est, *
et sanctum nomem eius,
—⁵⁰et misericórdia eius in progénies et progénies *
timéntibus eum.

—⁵¹Fecit poténtiam in bráchio suo, *
dispérsit supérbos mente cordis sui;
—⁵²depósuit poténtes de sede *
et exaltávit húmiles;
—⁵³esuriéntes implévit bonis *
et dívites dimísit inánes.

—⁵⁴Suscépit Israel púerum suum, *
recordátus misericórdiae,
—⁵⁵sicut locútus est ad patres nostros, *
Abraham et sémini eius in saécula.
— Glória Patri et Fílio *
et Spíritui Sancto.
— Sicut erat in princípio, et nunc et semper, *
et in saécula saeculórum. Amén.

PRECES OU INTERCESSÕES

Terminado o cântico, fazem-se as preces ou intercessões.

No Ofício dos domingos e dias de semana do Tempo Comum, as preces encontram-se no Saltério.

Nas solenidades e festas, as preces estão no Próprio ou no Comum. Nas memórias dos Santos podem-se tomar livremente as preces do Comum ou do dia de semana.

Após as preces, todos rezam o **Pai-nosso**, que pode ser precedido de breve monição, como se propõe no Apêndice, p. 1838.

Pai nosso, que estais nos céus,
santificado seja o vosso nome;
venha a nós o vosso reino,
seja feita a vossa vontade,
assim na terra como no céu;
o pão nosso de cada dia nos dai hoje;
perdoai-nos as nossas ofensas,
assim como nós perdoamos
a quem nos tem ofendido,
e não nos deixeis cair em tentação,
mas livrai-nos do mal.

Em latim:

Pater noster, qui es in caelis:
sanctificétur nomen tuum;
advéniat regnum tuum;
fiat volúntas tua, sicut in caelo et in terra.
Panem nostrum cotidiánum da nobis hódie;
et dimítte nobis débita nostra,
sicut et nos dimíttimus debitóribus nostris;
et ne nos indúcas in tentatiónem;
sed líbera nos a malo.

ORAÇÃO CONCLUSIVA

Depois do **Pai-nosso** diz-se imediatamente, sem o convite **Oremos**, a oração conclusiva. No Ofício dos dias de semana do Tempo comum ela se encontra no Saltério corrente e nos outros Ofícios, no Próprio. A conclusão da oração é descrita acima, no Ofício das Leituras, p. 545.

Se um sacerdote ou diácono preside o Ofício, é ele quem despede o povo, dizendo:

O Senhor esteja convosco.
R. Ele está no meio de nós.
Abençoe-vos Deus todo-poderoso,
Pai e Filho e Espírito Santo.
R. Amém.

Pode usar também outra fórmula de bênção, como na Missa (Veja Apêndice p. 1839).

Havendo despedida, acrescenta-se:

Ide em **paz** e o **Senhor** vos acompanhe.
R. **Graças a Deus**.

Não havendo sacerdote, ou diácono, e na recitação individual, conclui-se assim:

O Se**nhor** nos abençoe, nos **livre** de todo o **mal**
e nos con**du**za à vida e**ter**na.
R. Amém.

Completas

V. Vinde, ó **Deus,** em meu auxílio.
R. Socor**rei**-me sem de**mor**a.
Glória ao **Pai** e ao **Filho** e ao Es**pí**rito **Santo**.
Como era no prin**cí**pio, a**gora** e sempre. **Amém**. Ale**lui**a.

Depois, recomenda-se o exame de consciência, que na celebração comunitária pode ser inserido num Ato penitencial semelhante às fórmulas usadas na Missa (cf. Apêndice, p. 1845).

Hino

Agora que o clarão da luz se apaga,
a vós nós imploramos, Criador:
com vossa paternal misericórdia,
guardai-nos sob a luz do vosso amor.

Os nossos corações sonhem convosco:
no sono, possam eles vos sentir.
Cantemos novamente a vossa glória
ao brilho da manhã que vai surgir.

Saúde concedei-nos nesta vida,
as nossas energias renovai;
da noite a pavorosa escuridão
com vossa claridade iluminai.

Ó Pai, prestai ouvido às nossas preces,
ouvi-nos por Jesus, nosso Senhor,
que reina para sempre em vossa glória,
convosco e o Espírito de Amor.

Ou:
Ó Cristo, dia e esplendor,
na treva o oculto aclarais.
Sois luz de luz, nós o cremos,
luz aos fiéis anunciais.

Guardai-nos, Deus, nesta noite,
velai do céu nosso sono;
em vós na paz descansemos
em um tranquilo abandono.

Se os olhos pesam de sono,
vele, fiel, nossa mente.
A vossa destra proteja
quem vos amou fielmente.

Defensor nosso, atendei-nos
freai os planos malvados.
No bem guiai vossos servos,
com vosso sangue comprados.

Ó Cristo, Rei piedoso,
a vós e ao Pai toda a glória,
com o Espírito Santo,
eterna honra e vitória.

SALMODIA

Depois das I Vésperas dos domingos e solenidades, dizem-se os Salmos 4 e 133(134), p. 1113 e 1114; e depois das II Vésperas, o Salmo 90(91), p. 1116.

Nos outros dias, os salmos com suas antífonas encontram-se no Saltério. É permitido também substituir o Completório do dia por um ou outro do domingo.

LEITURA BREVE

Depois da salmodia, faz-se a leitura breve, que se encontra também cada dia no lugar correspondente do Saltério.

Segue-se o responsório breve.

Responsório breve

R. **Senhor**, em vossas **mãos**,
 * Eu en**tre**go o meu es**pí**rito. R. **Senhor**.
V. Vós **sois** o Deus fi**el** que sal**vas**tes vosso **po**vo.
 * Eu en**tre**go. Glória ao **Pai**. R. **Senhor**.

CÂNTICO EVANGÉLICO (NUNC DIMÍTTIS)   Lc 2,29-32

Segue-se o Cântico de Simeão com sua antífona:

Ant. Sal**vai**-nos, **Senhor**, quando ve**la**mos,
 guar**dai**-nos tam**bém** quando dor**mi**mos!
 Nossa **men**te vigie com o **Cris**to,
 nosso **cor**po re**pou**se em sua **paz**!

Cristo, luz das nações e glória de seu povo

—²⁹ Deixai, a**go**ra, vosso **ser**vo ir em **paz**, *
 con**for**me prome**tes**tes, ó Se**nhor**.

—³⁰ Pois meus **o**lhos viram **vos**sa salva**ção** *
 ³¹ que prepa**ras**tes ante a **fa**ce das na**ções**:

—³² uma **Luz** que brilha**rá** para os gen**ti**os *
 e para a **gló**ria de Isra**el**, o **vos**so **po**vo.

— Glória ao **Pai** e ao **Fi**lho e ao Es**pí**rito **San**to. *
 Como **e**ra no prin**cí**pio, **a**gora e sempre. A**mém**.

Repete-se a antífona.

Em latim:
- ²⁹Nunc dimíttis servum tuum, Dómine, *
  secúndum verbum tuum in pace,
- ³⁰quia vidérunt óculi mei *
  salutáre tuum,
- ³¹quod parásti *
  ante fáciem ómnium populórum,
- ³²lumen ad revelatiónem géntium *
  et glóriam plebis tuae Israel.
- Glória Patri et Fílio *
  et Spirítui Sancto.
- Sicut erat in princípio, et nunc et semper, *
  et in saécula saeculórum. Amen.

ORAÇÃO CONCLUSIVA

Em seguida, se diz a oração própria para cada dia, como no Saltério, precedida do convite Oremos. No fim responde-se: Amém.

Segue-se a bênção, inclusive quando se reza sozinho:

O Senhor todo-poderoso nos conceda uma noite tranquila e, no fim da vida, uma morte santa.
R. Amém.

Antífonas finais de Nossa Senhora

Por fim, canta-se ou reza-se uma das seguintes antífonas de Nossa Senhora:

Ó Mãe do Redentor, do céu ó porta,
ao povo que caiu, socorre e exorta,
pois busca levantar-se, Virgem pura,
nascendo o Criador da criatura:
tem piedade de nós e ouve, suave,
o anjo te saudando com seu Ave!

Ou:

Ave, Rainha do céu;
ave, dos anjos Senhora;
ave, raiz, ave, porta;
da luz do mundo és aurora.
Exulta, ó Virgem tão bela,
as outras seguem-te após;
nós te saudamos: adeus!
E pede a Cristo por nós!
Virgem Mãe, ó Maria!

Ou:

Salve, Rainha, Mãe de misericórdia,
vida, doçura, esperança nossa, Salve!
A vós bradamos, os degredados filhos de Eva,
a vós suspiramos gemendo e chorando
neste vale de lágrimas!
Eia, pois, Advogada nossa,
esses vossos olhos misericordiosos a nós volvei,
e depois deste desterro mostrai-nos Jesus,
bendito fruto do vosso ventre!
Ó clemente, ó piedosa,
ó doce sempre Virgem Maria.

Ou:

À vossa proteção recorremos, santa Mãe de Deus;
não desprezeis as nossas súplicas em nossas necessidades,
mas livrai-nos sempre de todos os perigos,
ó Virgem gloriosa e bendita.

Pode-se usar outro canto de Nossa Senhora aprovado pela Conferência Episcopal (Apêndice de Hinos, p. 1847), ou uma das antífonas de Nossa Senhora em latim, p. (1872.)

Ave, Rainha do céu,
ave, dos anjos Senhora,
ave, raiz, ave, portas
da luz do mundo de aurora.
Exulta, ó Virgem de bela
as outras seguem-te após,
pois te saudamos: adeus!
E pede a Cristo por nós!
Virgem Mãe, ó Maria!

Salve, Rainha, Mãe de misericórdia,
vida, doçura, esperança nossa, Salve!
A vós bradamos, os degredados filhos de Eva,
a vós suspiramos gemendo e chorando
neste vale de lágrimas!
Eia, pois, Advogada nossa,
esses vossos olhos misericordiosos a nós volvei,
e depois deste desterro mostrai-nos Jesus,
bendito fruto do vosso ventre!
Ó clemente, ó piedosa,
ó doce sempre Virgem Maria.

À vossa proteção recorremos, santa Mãe de Deus;
não desprezeis as nossas súplicas em nossas necessidades,
mas livrai-nos sempre de todos os perigos,
ó Virgem gloriosa e bendita.

SALTÉRIO
DISTRIBUÍDO EM QUATRO SEMANAS

É a seguinte a relação entre o ciclo de quatro semanas e o ano litúrgico:

Na primeira semana do Tempo Comum, toma-se a I Semana do Saltério. Na semana imediata após a solenidade de Pentecostes, toma-se a Semana do Saltério correspondente à semana do Tempo Comum, tendo-se em conta que depois de cada quatro semanas se volta à I do Saltério, a saber, na 5ª, na 9ª etc. semana do Tempo Comum (cf. Tabela, 15,col. 5).

O sinal – (travessão) ao pé da página indica o fim de uma estrofe do salmo.

I SEMANA

I DOMINGO

I Vésperas

V. Vinde, ó **Deus**, em meu auxílio.
R. Soco**rrei**-me sem de**mora**.
  Glória ao **Pai** e ao **Filho** e ao Es**pí**rito **Santo**. *
  Como era no prin**cí**pio, a**gora** e sempre. **Amém**. Ale**luia**.

Hino

> Ó Deus, autor de tudo,
> que a terra e o céu guiais,
> de luz vestis o dia,
> à noite o sono dais.
>
> O corpo, no repouso,
> prepara-se a lutar.
> As mentes já se acalmam,
> se faz sereno o olhar.
>
> Senhor, vos damos graças
> no ocaso deste dia.
> A noite vem caindo,
> mas vosso amor nos guia.
>
> Sonora, a voz vos louve,
> vos cante o coração.
> O amor vos renda amor,
> e a mente, adoração.
>
> E assim, chegando a noite,
> com grande escuridão,
> a fé, em meio às trevas,
> espalhe o seu clarão.
>
> Ouvi-nos, Pai piedoso,
> e Filho, Sumo Bem,
> com vosso Santo Espírito
> reinando sempre. Amém.

Outro hino à escolha, Santo entre todos, já fulgura, p. 575.

Salmodia

Ant. 1 Minha ora**ção** suba a **vós** como in**cen**so, Se**nhor**!

Salmo 140(141),1-9

Oração nas dificuldades da vida

Da mão do anjo, subia até Deus a fumaça do incenso, com as orações dos santos (Ap 8,4).

— ¹Senhor, eu **clamo** por **vós**, socor**rei**-me; *
quando eu **gri**to, escu**tai** minha voz!
— ²Minha ora**ção** suba a vós como incenso, *
e minhas **mãos**, como oferta da tarde!
— ³Ponde uma **guar**da em minha boca, Senhor, *
e vigias às portas dos lábios!
— ⁴Meu cora**ção** não deixeis inclinar-se *
às obras **más** nem às tramas do crime;
— que eu não **se**ja aliado dos ímpios *
nem par**ti**lhe de suas delícias!
= ⁵Se o **jus**to me bate, é um favor; †
porém ja**mais** os perfumes dos ímpios *
sejam u**sa**dos na minha cabeça!
— Continua**rei** a orar fielmente, *
enquanto **e**les se entregam ao mal!
= ⁶Seus juízes, que tinham ouvido †
as su**a**ves palavras que eu disse, *
do ro**che**do já foram lançados.
= ⁷Como a **mó** rebentada por terra, †
os seus **os**sos estão espalhados *
e dis**per**sos à boca do abismo.
— ⁸A vós, Se**nhor**, se dirigem meus olhos, *
em vós me a**bri**go: poupai minha vida!
— ⁹Senhor, guar**dai**-me do laço que armaram *
e da arma**di**lha dos homens malvados!

– Glória ao **Pai** e ao **Fi**lho e ao **E**spí**rito San**to. *
Como **e**ra no prin**cí**pio, a**go**ra e sempre. A**mém**.

Para o canto, outra doxologia, como no Ordinário, p. 548.

Habitualmente se diz o versículo Glória ao Pai no fim de todos os salmos e cânticos, a não ser que se indique o contrário.

Ant. Minha ora**ção** suba a **vós** como in**cen**so, Se**nhor**!

Ant. 2 Sois **vós** meu a**bri**go, Se**nhor**,
minha he**ran**ça na **ter**ra dos **vi**vos.

Salmo 141(142)

Vós sois o meu refúgio, Senhor!

Tudo o que este salmo descreve se realizou no Senhor durante a sua Paixão (Sto. Hilário).

– ² Em voz **al**ta ao Se**nhor** eu im**plo**ro, *
em voz **al**ta suplico ao Senhor!

= ³ Eu de**rra**mo na sua presença †
o la**men**to da minha aflição, *
diante **de**le coloco minha dor!

– ⁴ Quando em **mim** desfalece a minh'**al**ma, *
conhe**ceis**, ó Senhor, meus caminhos!

– Na es**tra**da por onde eu an**da**va *
contra **mim** ocultaram ciladas.

– ⁵ Se me **vol**to à direita e procuro, *
não en**con**tro quem cuide de mim,

– e não **te**nho aonde fugir; *
não im**por**ta a ninguém minha vida!

= ⁶ A vós **gri**to, Senhor, a vós clamo †
e vos **di**go: "Sois vós meu abrigo, *
minha he**ran**ça na terra dos vivos".

– ⁷ Escu**tai** meu clamor, minha prece, *
porque **fui** por demais humilhado!

– ⁸ Arran**cai**-me, Senhor, da prisão, *
e em lou**vor** bendirei vosso nome!

— Muitos **jus**tos virão rodear-me *
    pelo **bem** que fizestes por mim.
Ant. Sois **vós** meu **a**brigo, Se**nhor**,
    minha he**ran**ça na **ter**ra dos **vi**vos.
Ant. 3 O Se**nhor** Jesus **Cris**to se humi**lhou**;
    por isso **Deus** o exal**tou** eterna**men**te.

Cântico   Fl 2,6-11

Cristo, o Servo de Deus

= ⁶Embora **fos**se de di**vi**na condi**ção**, †
    Cristo Jesus não se apegou ciosamente *
    a ser i**gual** em natureza a Deus Pai.

(R. Jesus **Cris**to é Se**nhor** para a **gló**ria de Deus **Pai**!)

= ⁷**Porém** esvaziou-se de sua glória †
    e assu**miu** a condição de um escravo, *
    fa**zen**do-se aos homens semelhante. (R.)

= Reconhe**ci**do exteriormente como homem, †
    ⁸humi**lhou**-se, obedecendo até à morte, *
    até à **mor**te humilhante numa cruz. (R.)

= ⁹Por isso **Deus** o exaltou sobremaneira †
    e deu-lhe o **no**me mais excelso, mais sublime, *
    e ele**va**do muito acima de outro nome. (R.)

=¹⁰Para **que** perante o nome de Jesus †
    se **do**bre reverente todo joelho, *
    seja nos **céus**, seja na terra ou nos abismos. (R.)

=¹¹E toda **lín**gua reconheça, confessando, †
    para a **gló**ria de Deus Pai e seu louvor: *
    "Na ver**da**de Jesus Cristo é o Senhor!" (R.)

Ant. O Se**nhor** Jesus **Cris**to se humi**lhou**;
    por isso **Deus** o exal**tou** eterna**men**te.

Leitura breve   Rm 11,33-36

Ó profundidade da riqueza, da sabedoria e da ciência de Deus! Como são inescrutáveis os seus juízos e impenetráveis os seus caminhos! De fato, quem conheceu o pensamento do Senhor? Ou quem foi seu conselheiro? Ou quem se antecipou em dar-lhe alguma coisa, de maneira a ter direito a uma retribuição? Na verdade, tudo é dele, por ele, e para ele. A ele, a glória para sempre. Amém!

Responsório breve

R. Quão numerosas, ó Senhor, são vossas obras
 * E que sabedoria em todas elas! R. Quão numerosas.
V. Encheu-se a terra com as vossas criaturas.
 * E que sabedoria. Glória ao Pai. R. Quão numerosas.

Antífona do Magníficat como no Próprio do Tempo.

Preces

Ao Deus único, Pai e Filho e Espírito Santo, demos glória; e peçamos humildemente:

R. **Ouvi, Senhor, a oração de vosso povo!**

Pai santo, Senhor todo-poderoso, fazei brotar a justiça na terra,
— para que o vosso povo se alegre na prosperidade e na paz. R.

Dai a todos os povos fazerem parte do vosso Reino,
— para que sejam salvos. R.

Concedei aos esposos a perseverança na harmonia e no cumprimento de vossa vontade,
— para que vivam sempre no amor mútuo. R.

Dignai-vos recompensar todos aqueles que nos fazem o bem,
— e dai-lhes a vida eterna. R.

(intenções livres)

Olhai com bondade os que morreram vítimas do ódio, da violência ou da guerra,
– e acolhei-os no repouso celeste.
R. **Ouvi, Senhor, a oração de vosso povo!**
Pai nosso...

Oração como no Próprio do Tempo.

A conclusão da Hora como no Ordinário.

Invitatório
V. **Abri** os meus **lá**bios, ó **Se**nhor.
R. E minha **bo**ca anunciará vosso **lou**vor.
R. **Vin**de, exul**te**mos de ale**gri**a no Se**nhor**,
   acla**me**mos o Ro**che**do que nos **sal**va! †

Salmo invitatório, p. 537.

Ofício das Leituras
V. Vinde, ó **Deus**, em meu auxílio.
R. Socor**rei**-me sem de**mo**ra.
   Glória ao **Pai** e ao **Fi**lho e ao Es**pí**rito **San**to.
   Como era no prin**cí**pio, a**go**ra e sempre. A**mém**. Ale**lui**a.

Esta introdução se omite quando o Invitatório precede imediatamente ao Ofício das Leituras.

Hino

I. Quando se diz o Ofício das Leituras durante a noite ou de madrugada:

Cantemos todos este dia,
no qual o mundo começou,
no qual o Cristo ressurgido
da morte eterna nos salvou.

Já o profeta aconselhava
buscar de noite o Deus da luz.
Deixando pois o nosso sono,
vimos em busca de Jesus.

Que ele ouça agora a nossa prece,
tome a ovelhinha em sua mão,
leve o rebanho pela estrada
que nos conduz à salvação.

Eis que o esperamos vigilantes,
cantando à noite o seu louvor:
vem de repente como esposo,
como o ladrão, como o senhor.

Ao Pai eterno demos glória,
ao Unigênito também;
a mesma honra eternamente
ao seu Espírito convém.

II. Quando se diz o Ofício das Leituras durante o dia:

Santo entre todos, já fulgura
o dia oitavo, resplendente,
que consagrais em vós, ó Cristo,
vós, o primeiro dos viventes.

Às nossas almas, por primeiro,
vinde trazer ressurreição,
e da segunda morte livres,
os nossos corpos surgirão.

Ao vosso encontro, sobre as nuvens,
em breve, ó Cristo, nós iremos.
Ressurreição e vida nova,
convosco sempre viveremos.

Dai-nos, à luz da vossa face,
participar da divindade,
vos conhecendo como sois,
Luz, verdadeira suavidade.

Por vós entregues a Deus Pai,
que seu Espírito nos dá,
à perfeição da caridade
o Trino Deus nos levará.

Salmodia

Ant. 1 A **ár**vore da **vi**da, ó **Senhor**, é a vossa **cruz**.

Salmo 1

Os dois caminhos do homem

Felizes aqueles que, pondo toda a sua esperança na Cruz, desceram até a água do batismo (Autor do séc. II).

– ¹**Fe**liz é todo a**que**le que não **an**da *
conforme os conselhos dos perversos;
– que não **en**tra no caminho dos malvados, *
nem **jun**to aos zombadores vai sentar-se;
– ²mas en**con**tra seu prazer na lei de Deus *
e a me**di**ta, dia e noite, sem cessar.
– ³Eis que ele é semelhante a uma árvore *
que à **bei**ra da torrente está plantada;
= ela **sem**pre dá seus frutos a seu tempo, †
– e ja**mais** as suas folhas vão murchar. *
Eis que **tu**do o que ele faz vai prosperar,
– ⁴mas bem outra é a sorte dos perversos. †
Ao con**trá**rio, são iguais à palha seca *
es**pa**lha**da** e dispersada pelo vento.
– ⁵Por isso os **ím**pios não resistem no juízo *
nem os per**ver**sos, na assembleia dos fiéis.
– ⁶Pois Deus vi**gi**a o caminho dos eleitos, *
mas a es**tra**da dos malvados leva à morte

Ant. A **ár**vore da **vi**da, ó **Se**nhor, é a vossa **cruz**.

Ant. 2 Fui eu **mes**mo que esco**lhi** este meu **Rei**,
e em Sião, meu monte **san**to, o consa**grei**.

Salmo 2

O Messias, rei e vencedor

Uniram-se contra Jesus, teu santo servo, a quem ungiste (At 4,27).

- ¹ Por que os povos agitados se revoltam?*
 por que tramam as nações projetos vãos?
= ² Por que os reis de toda a terra se reúnem, †
 e conspiram os governos todos juntos *
 contra o Deus onipotente e o seu Ungido?
- ³ "Vamos quebrar suas correntes", dizem eles,*
 "e lançar longe de nós o seu domínio!"
- ⁴ Ri-se deles o que mora lá nos céus; *
 zomba deles o Senhor onipotente.
- ⁵ Ele, então, em sua ira os ameaça, *
 e em seu furor os faz tremer, quando lhes diz:
- ⁶ "Fui eu mesmo que escolhi este meu Rei, *
 e em Sião, meu monte santo, o consagrei!"
= ⁷ O decreto do Senhor promulgarei, †
 foi assim que me falou o Senhor Deus: *
 "Tu és meu Filho, e eu hoje te gerei!
= ⁸ Podes pedir-me, e em resposta eu te darei †
 por tua herança os povos todos e as nações, *
 e há de ser a terra inteira o teu domínio.
- ⁹ Com cetro férreo haverás de dominá-los, *
 e quebrá-los como um vaso de argila!"
- ¹⁰ E agora, poderosos, entendei; *
 soberanos, aprendei esta lição:
- ¹¹ Com temor servi a Deus, rendei-lhe glória *
 e prestai-lhe homenagem com respeito!
- ¹² Se o irritais, perecereis pelo caminho, *
 pois depressa se acende a sua ira!
- Felizes hão de ser todos aqueles *
 que põem sua esperança no Senhor!

Ant. Fui eu **mes**mo que esco**lhi** este meu **Rei**,
e em Sião, meu monte **san**to, o consa**grei**.

Ant. 3 Sois **vós** o meu es**cu**do prote**tor**,
a minha **gló**ria que le**van**ta minha cabeça.

Salmo 3
O Senhor é o meu protetor

Jesus adormeceu e ergueu-se do sono da morte, porque o Senhor era o seu protetor (Sto. Irineu).

– ² Quão nume**ro**sos, ó Se**nhor**, os que me atacam; *
quanta **gen**te se levanta contra mim!

– ³ Muitos **di**zem, comentando a meu respeito: *
"Ele não acha a salvação junto de Deus!"

– ⁴ Mas sois **vós** o meu escudo protetor, *
a minha **gló**ria que levanta minha cabeça!

– ⁵ Quando eu cha**mei** em alta voz pelo Senhor, *
do Monte **san**to ele me ouviu e respondeu.

– ⁶ Eu me **dei**to e adormeço bem tranquilo; *
acordo em **paz**, pois o Senhor é meu sustento.

– ⁷ Não terei **me**do de milhares que me cerquem *
e furiosos se levantem contra mim.

= Levan**tai**-vos, ó Senhor, vinde salvar-me †
⁸ Vós que fe**ris**tes em seu rosto os que me atacam, *
e que**bras**tes aos malvados os seus dentes.

– ⁹ Em vós, Se**nhor**, nós encontramos salvação;*
e repou**se** a vossa bênção sobre o povo!

Ant. Sois **vós** o meu escudo prote**tor**,
a minha **gló**ria que le**van**ta minha cabeça.

V. A palavra do Se**nhor** plena**men**te ha**bi**te em **vós**.
R. Exor**tai**-vos uns aos **ou**tros com to**tal** sabe**do**ria.

Leituras e oração como no Próprio do Tempo.

Laudes

V. Vinde, ó **Deus**, em meu auxílio.
R. Socor**rei**-me sem de**mo**ra.
   Glória ao **Pai** e ao **Fi**lho e ao Es**pí**rito **San**to.
   Como era no prin**cí**pio, a**go**ra e sempre. **A**mém. Ale**lui**a.

Esta introdução se omite quando o invitatório precede imediatamente às Laudes.

Hino

Ó Criador do universo,
a sombra e a luz alternais,
e, dando tempos ao tempo,
dos seres todos cuidais.

Qual pregoeiro do dia,
canta nas noites o galo.
Separa a noite e a noite,
brilhando a luz no intervalo.

Também por ele acordada,
a estrela d'alva, brilhante,
expulsa o erro e a treva
com sua luz radiante.

Seu canto os mares acalma,
ao navegante avigora;
a própria Pedra da Igreja
ouvindo o cântico chora.

Jesus, olhai os que tombam.
O vosso olhar nos redime:
se nos olhais, nos erguemos,
e prantos lavam o crime.

Ó luz divina, brilhai,
tirai do sono o torpor.
O nosso alento primeiro
entoe o vosso louvor.

Ó Cristo, Rei piedoso,
a vós e ao Pai, Sumo Bem,
glória e poder, na unidade
do Espírito Santo. Amém.

Salmodia
Ant. 1 Desde a aurora ansioso vos busco,
para ver vossa glória e poder.

Salmo 62(63),2-9
Sede de Deus

Vigia diante de Deus, quem rejeita as obras das trevas. (cf. 1Ts 5,5)

– ² Sois **vós**, ó Se**nhor**, o meu **Deus**! *
Desde a au**ro**ra ansioso vos busco!
= A minh'**al**ma tem sede de vós, †
minha **car**ne também vos deseja, *
como **ter**ra sedenta e sem água!
– ³ Venho, as**sim**, contemplar-vos no templo, *
para **ver** vossa glória e poder.
– ⁴ Vosso a**mor** vale mais do que a vida: *
e por **isso** meus lábios vos louvam.
– ⁵ Quero, **pois**, vos louvar pela vida, *
e ele**var** para vós minhas mãos!
– ⁶ A minh'**al**ma será saciada, *
como em **gran**de banquete de festa;
– cantará a alegria em meus lábios, *
ao can**tar** para vós meu louvor!
– ⁷ Penso em **vós** no meu leito, de noite, *
nas vigílias suspiro por vós!
– ⁸ Para **mim** fostes sempre um socorro; *
de vossas asas à sombra eu exulto!
– ⁹ Minha **al**ma se agarra em vós; *
com po**der** vossa mão me sustenta.

Ant. Desde a aurora ansioso vos busco,
para ver vossa glória e poder.

Ant. 2 A uma só voz, os três jovens
cantavam no meio das chamas:
Bendito o Senhor, aleluia!

Nos cânticos que se seguem o refrão entre parênteses é opcional.

Cântico   Dn 3,57-88.56
Louvor das criaturas ao Senhor

Louvai o nosso Deus, todos os seus servos (Ap 19,5)

—⁵⁷**Obras** do Senhor, bendi**zei** o Senhor, *
  lou**vai**-o e exal**tai**-o pelos **séculos** sem fim!
—⁵⁸**Céus** do Senhor, bendi**zei** o Senhor! *
  ⁵⁹**Anjos** do Senhor, bendi**zei** o Senhor!

(R. Lou**vai**-o e exal**tai**-o pelos **séculos** sem **fim!**
Ou:
R. A Ele **glória** e lou**vor** eterna**men**te!)

—⁶⁰**Águas** do alto céu, bendi**zei** o Senhor! *
  ⁶¹**Potências** do Senhor, bendi**zei** o Senhor!
—⁶²**Lua** e sol, bendi**zei** o Senhor! *
  ⁶³**Astros** e estrelas, bendi**zei** o Senhor!   (R.)
—⁶⁴**Chu**vas e orvalhos, bendi**zei** o Senhor! *
  ⁶⁵**Bri**sas e ventos, bendi**zei** o Senhor!
—⁶⁶**Fogo** e calor, bendi**zei** o Senhor! *
  ⁶⁷**Frio** e ardor, bendi**zei** o Senhor!   (R.)
—⁶⁸**Or**valhos e garoas, bendi**zei** o Senhor! *
  ⁶⁹**Geada** e frio, bendi**zei** o Senhor!
—⁷⁰**Gelos** e neves, bendi**zei** o Senhor! *
  ⁷¹**Noi**tes e dias, bendi**zei** o Senhor!   (R.)
—⁷²**Luzes** e trevas, bendi**zei** o Senhor! *
  ⁷³**Raios** e nuvens, bendi**zei** o Senhor
—⁷⁴**Ilhas** e terra, bendi**zei** o Senhor! *
  Lou**vai**-o e exal**tai**-o pelos **séculos** sem fim!   (R.)

—⁷⁵ **Mon**tes e colinas, bendi**zei** o Senhor! *
⁷⁶ **Plan**tas da terra, bendi**zei** o Senhor!

—⁷⁷ **Ma**res e rios, bendi**zei** o Senhor! *
⁷⁸ **Fon**tes e nascentes, bendi**zei** o Senhor! (R.)

—⁷⁹ **Ba**leias e peixes, bendi**zei** o Senhor! *
⁸⁰ **Pás**saros do céu, bendi**zei** o Senhor!

—⁸¹ **Fe**ras e rebanhos, bendi**zei** o Senhor! *
⁸² **Fi**lhos dos homens, bendi**zei** o Senhor! (R.)

—⁸³ **Fi**lhos de Israel, bendi**zei** o Senhor! *
Lou**vai**-o e exaltai-o pelos **sé**culos sem fim!

—⁸⁴ Sacer**do**tes do Senhor, bendi**zei** o Senhor! *
⁸⁵ **Ser**vos do Senhor, bendi**zei** o Senhor! (R.)

—⁸⁶ **Al**mas dos justos, bendi**zei** o Senhor! *
⁸⁷ **San**tos e humildes, bendi**zei** o Senhor!

—⁸⁸ **Jo**vens Misael, Ana**ni**as e Aza**ri**as, *
Lou**vai**-o e exaltai-o pelos **sé**culos sem fim! (R.)

— Ao **Pai** e ao Filho e ao Es**pí**rito Santo *
louvemos e exaltemos pelos **sé**culos sem fim!

—⁵⁶ Bendito sois, Senhor, no firma**men**to dos céus! *
Sois **dig**no de louvor e de **gló**ria eternamente! (R.)

No fim deste cântico não se diz Glória ao Pai.

Ant. A **u**ma só **voz**, os três **jo**vens
 cantavam no **mei**o das **cha**mas:
 Bendito o Se**nhor**, ale**lui**a!

Ant. 3 Os **fi**lhos de Sião rejubilem no seu **Rei**. Aleluia.

Salmo 149

A alegria e o louvor dos santos

Os filhos da Igreja, novo povo de Deus, se alegrem no seu Rei, Cristo Jesus (Hesíquio).

—¹ Can**tai** ao Senhor **Deus** um canto **no**vo, *
 e o seu lou**vor** na assembleia dos fiéis!

– ²Alegre-se Israel em Quem o fez, *
  e Sião se rejubile no seu Rei!
– ³Com **dan**ças glorifiquem o seu nome, *
  toquem **har**pa e tambor em sua honra!
– ⁴Porque, de **fa**to, o Senhor ama seu povo *
  e co**ro**a com vitória os seus humildes.
– ⁵**Exul**tem os fiéis por sua glória, *
  e can**tan**do se levantem de seus leitos,
– ⁶com lou**vo**res do Senhor em sua boca *
  e es**pa**das de dois gumes em sua mão,
– ⁷para exer**cer** sua vingança entre as nações *
  e infli**gir** o seu castigo entre os povos,
– ⁸colo**can**do nas algemas os seus reis, *
  e seus **no**bres entre ferros e correntes,
– ⁹para apli**car**-lhes a sentença já escrita: *
  Eis a **gló**ria para todos os seus santos.

Ant. Os **fi**lhos de Sião rejubilem no seu **Rei**. Ale**lui**a.

Leitura breve   Ap 7,10b-12
A salvação pertence ao nosso Deus, que está sentado no trono, e ao Cordeiro. O louvor, a glória e a sabedoria, a ação de graças, a honra, o poder e a força pertencem ao nosso Deus para sempre. Amém.

Responsório breve
R. Cristo, **Fi**lho do Deus **vi**vo,
  * Tende **pe**na e compai**xão**! R. Cristo.
V. Glori**o**so estais sen**ta**do, à di**rei**ta de Deus **Pai**.
  * Tende **pe**na. Glória ao **Pai**. R. Cristo.
Antífona do Benedictus como no Próprio do Tempo.

Preces
Louvemos a Cristo Senhor, luz que ilumina todo homem e sol que não tem ocaso; e aclamemos com alegria:

R. **Senhor, vós sois nossa vida e salvação!**
Criador do universo, nós vos agradecemos este dia que recebemos de vossa bondade,
— e em que celebramos a vossa ressurreição. R.

Que o vosso Espírito nos ensine hoje a cumprir vossa vontade,
— e vossa Sabedoria sempre nos conduza. R.

Dai-nos celebrar este domingo cheios de alegria,
— participando da mesa de vossa Palavra e de vosso Corpo. R.

Nós vos damos graças,
— por vossos inúmeros benefícios. R.

(intenções livres)

Pai nosso...

Oração como no Próprio do Tempo.
A conclusão da Hora como no Ordinário.

Hora Média

V. Vinde, ó **Deus**, em meu auxílio.
R. Socorrei-me sem demora.
Glória ao **Pai** e ao **Filho** e ao Espírito **Santo**.
Como era no princípio, agora e sempre. **Amém**. Aleluia.

HINO como no Ordinário, p. 552-555.

Salmodia

Ant. 1 É melhor buscar refúgio no Senhor,
pois eterna é a sua misericórdia. Aleluia.

Salmo 117(118)

Canto de alegria e salvação

Ele é a pedra, que vós, os construtores, desprezastes, e que se tornou a pedra angular (At 4,11).

I

—¹ Dai graças ao Senhor, porque ele é **bom**! *
"Eterna é a sua misericórdia!"—

– ² A **ca**sa de Israel agora o diga: *
  "**Eter**na é a sua miseri**cór**dia!"
– ³ A **ca**sa de Aarão agora o diga: *
  "**Eter**na é a sua miseri**cór**dia!"
– ⁴ Os que **te**mem o Senhor agora o digam: *
  "**Eter**na é a sua miseri**cór**dia!"
– ⁵ Na minha an**gús**tia eu clamei pelo Senhor, *
  e o S**enhor** me atendeu e libertou!
– ⁶ O S**enhor** está comigo, nada temo; *
  o que **po**de contra mim um ser humano?
– ⁷ O S**enhor** está comigo, é o meu auxílio, *
  hei de **ver** meus inimigos humilhados.
– ⁸ "É me**lhor** buscar refúgio no Senhor *
  do que **pôr** no ser humano a esperança;
– ⁹ é me**lhor** buscar refúgio no Senhor *
  do que con**tar** com os poderosos deste mundo!"

Ant. É me**lhor** buscar re**fú**gio no S**enhor**,
  pois eterna é a **sua** miseri**cór**dia. Ale**lui**a.

Ant. 2 O S**enhor** é minha **for**ça e o meu **can**to, aleluia.

II

– ¹⁰ Povos pa**gãos** me rodearam todos eles, *
  mas em **no**me do Senhor os derrotei;
– ¹¹ de todo **la**do todos eles me cercaram, *
  mas em **no**me do Senhor os derrotei;
= ¹² como um en**xa**me de abelhas me atacaram, †
  como um **fo**go de espinhos me queimaram, *
  mas em **no**me do Senhor os derrotei.
– ¹³ Empu**rra**ram-me, tentando derrubar-me, *
  mas **vei**o o Senhor em meu socorro.
– ¹⁴ O S**enhor** é minha força e o meu canto, *
  e tor**nou**-se para mim o Salvador. –

—¹⁵ "Clamores de alegria e de vitória *
ressoem pelas tendas dos fiéis.
=¹⁶ A mão direita do Senhor fez maravilhas, †
a mão direita do Senhor me levantou, *
a mão direita do Senhor fez maravilhas!"
—¹⁷ Não morrerei, mas, ao contrário, viverei *
para cantar as grandes obras do Senhor!
—¹⁸ O Senhor severamente me provou, *
mas não me abandonou às mãos da morte.

Ant. O Senhor é minha força e o meu canto, aleluia.

Ant. 3 Dou-vos graças, ó Senhor,
porque me ouvistes, aleluia.

III

—¹⁹ Abri-me vós, abri-me as portas da justiça; *
quero entrar para dar graças ao Senhor!
—²⁰ "Sim, esta é a porta do Senhor, *
por ela só os justos entrarão!"
—²¹ Dou-vos graças, ó Senhor, porque me ouvistes *
e vos tornastes para mim o Salvador!
—²² "A pedra que os pedreiros rejeitaram *
tornou-se agora a pedra angular.
—²³ Pelo Senhor é que foi feito tudo isso: *
Que maravilhas ele fez a nossos olhos!
—²⁴ Este é o dia que o Senhor fez para nós, *
alegremo-nos e nele exultemos!
—²⁵ Ó Senhor, dai-nos a vossa salvação, *
ó Senhor, dai-nos também prosperidade!"
—²⁶ Bendito seja, em nome do Senhor, *
aquele que em seus átrios vai entrando!
— Desta casa do Senhor vos bendizemos. *
²⁷ Que o Senhor e nosso Deus nos ilumine!—

– Empunhai ramos nas mãos, formai cortejo, *
   aproximai-vos do altar, até bem perto!
– ²⁸Vós sois meu **Deus,** eu vos bendigo e agradeço! *
   Vós sois meu **Deus**, eu vos exalto com louvores!
– ²⁹Dai **graças** ao Senhor, porque ele é bom! *
   "Eterna é a sua misericórdia!"

Ant. Dou-vos **graças**, ó S**enhor**,
porque me ou**vi**stes, ale**lui**a.

Para as outras Horas, Salmodia complementar, p. 1132.

Oração das Nove Horas

Leitura breve   1Jo 4,16
Nós conhecemos o amor que Deus tem para conosco, e acreditamos nele. Deus é amor: quem permanece no amor, permanece com Deus, e Deus permanece com ele.

V. Incli**nai** meu cora**ção** às **vo**ssas **leis**.
R. Dai-me a **vi**da pelos **vo**ss**o**s manda**men**tos.

Oração das Doze Horas

Leitura breve   Gl 6,7b-8
O que o homem tiver semeado, é isso que vai colher. Quem semeia na sua própria carne, da carne colherá corrupção. Quem semeia no espírito, do espírito colherá a vida eterna.

V. É e**ter**na, S**e**nhor, vossa pa**la**vra.
R. De gera**ção** em gera**ção**, vossa ver**da**de.

Oração das Quinze Horas

Leitura breve   Gl 6,9-10
Não desanimemos de fazer o bem, pois no tempo devido haveremos de colher, sem desânimo. Portanto, enquanto temos tempo, façamos o bem a todos, principalmente aos irmãos na fé.

V. Clamo de **to**do o cora**ção**: Senhor, ou**vi**-me!
R. Quero cum**prir** vossa von**ta**de fiel**men**te!
Oração como no Próprio do Tempo.
A conclusão da Hora como no Ordinário.

II Vésperas

V. Vinde, ó **Deus**, em meu auxílio.
R. Socor**rei**-me sem de**mo**ra.
   Glória ao **Pai** e ao **Fi**lho e ao Es**pí**rito **San**to.
   Como era no prin**cí**pio, agora e sempre. A**mém**. Ale**lui**a.

Hino

Criador generoso da luz,
que criastes a luz para o dia,
com os raios primeiros da luz,
sua origem o mundo inicia.

Vós chamastes de "dia" o decurso
da manhã luminosa ao poente.
Eis que as trevas já descem à terra:
escutai nossa prece, clemente.

Para que sob o peso dos crimes
nossa mente não fique oprimida,
e, esquecendo as coisas eternas,
não se exclua do prêmio da vida.

Sempre à porta celeste batendo,
alcancemos o prêmio da vida,
evitemos do mal o contágio
e curemos da culpa a ferida.

Escutai-nos, ó Pai piedoso,
com o único Filho também,
que reinais com o Espírito Santo
pelos séculos dos séculos. Amém.

Salmodia

Ant. 1 O Senhor estenderá desde Sião
o seu cetro de poder vitorioso,
e reinará eternamente, aleluia.

Salmo 109(110),1-5,7
O Messias, Rei e Sacerdote

É preciso que ele reine, até que todos os seus inimigos estejam debaixo de seus pés (1Cor 15,25).

– ¹ Palavra do Senhor ao meu Senhor: *
"Assenta-te ao lado meu direito,
– até que eu ponha os inimigos teus *
como escabelo por debaixo de teus pés!"

= ² O Senhor estenderá desde Sião †
vosso cetro de poder, pois ele diz: *
"Domina com vigor teus inimigos;

= ³ tu és príncipe desde o dia em que nasceste; †
na glória e esplendor da santidade, *
como o orvalho, antes da aurora, eu te gerei!"

= ⁴ Jurou o Senhor e manterá sua palavra: †
"Tu és sacerdote eternamente, *
segundo a ordem do rei Melquisedec!"

– ⁵ À vossa destra está o Senhor, Ele vos diz: *
"No dia da ira esmagarás os reis da terra!

– ⁷ Beberás água corrente no caminho, *
por isso seguirás de fronte erguida!"

Ant. O Senhor estenderá desde Sião
o seu cetro de poder vitorioso,
e reinará eternamente, aleluia.

Ant. 2 Ante a face do Senhor treme, ó terra, aleluia!

Salmo 113A(114)

Israel liberta-se do Egito

Sabei que também vós, que renunciastes a este mundo, saístes do Egito (Sto. Agostinho).

— ¹ Quando o **po**vo de Israel saiu do Egito, *
  e os **fi**lhos de Jacó, de um povo estranho,
— ² Judá tornou-se o templo do Senhor, *
  e Israel se transformou em seu domínio.
— ³ O **mar**, à vista disso, pôs-se em fuga, *
  e as **á**guas do Jordão retrocederam;
— ⁴ as mon**ta**nhas deram pulos como ovelhas, *
  e as co**li**nas, parecendo cordeirinhos.
— ⁵ Ó **mar**, o que tens tu, para fugir? *
  E tu, Jor**dão**, por que recuas desse modo?
— ⁶ Por que dais **pu**los como ovelhas, ó montanhas? *
  E vós, co**li**nas, parecendo cordeirinhos?
— ⁷ Treme, ó **ter**ra, ante a face do Senhor, *
  ante a **fa**ce do Senhor Deus de Jacó!
— ⁸ O ro**che**do ele mudou em grande lago, *
  e da **pe**dra fez brotar águas correntes!

Ant. Ante a face do **Se**nhor treme, ó **ter**ra, ale**lu**ia!

Ant. 3 De seu **rei**no tomou **pos**se
  nosso **Deus** onipo**ten**te. Ale**lu**ia.

No cântico seguinte dizem-se os Aleluias entre parênteses somente quando se canta; na recitação, basta dizer o Aleluia no começo e no fim das estrofes.

Cântico Cf. Ap 19,1-2.5-7

= Ale**lu**ia, (Ale**lu**ia!).
  ¹ Ao nosso **Deus** a salva**ção**, *
  honra, **gló**ria e poder! (Ale**lu**ia!).

– ² Pois são **verd**ade e justiça *
os juízos do Senhor.
R. Ale**lui**a, (Ale**luia**!).
= Ale**luia**, (Ale**luia**!).
⁵ Cele**brai** o nosso Deus, *
servi**d**ores do Senhor! (Aleluia!).
– E vós **to**dos que o temeis, *
vós os **gran**des e os pequenos!
R. Ale**lui**a, (Ale**luia**!).
= Ale**luia**, (Ale**luia**!).
⁶ De seu **rei**no tomou posse *
nosso **Deus** onipotente! (Aleluia!).
– ⁷ Exul**te**mos de alegria, *
demos **gló**ria ao nosso Deus!
R. Ale**lui**a, (Ale**luia**!).
= Ale**luia**, (Ale**luia**!).
Eis que as **núp**cias do Cordeiro *
redi**vi**vo se aproximam! (Aleluia!).
– Sua Es**po**sa se enfeitou, *
se ves**tiu** de linho puro.
R. Ale**lui**a, (Ale**luia**!).

Ant. De seu **rei**no tomou **pos**se nosso **Deus** onipotente.
Ale**luia**.

Leitura breve   2Cor 1,3-4

Bendito seja o Deus e Pai de nosso Senhor Jesus Cristo, o Pai das misericórdias e Deus de toda consolação. Ele nos consola em todas as nossas aflições, para que, com a consolação que nós mesmos recebemos de Deus, possamos consolar os que se acham em toda e qualquer aflição.

Responsório breve

R. **Ó Senhor**, vós sois ben**dito**
 * No ce**les**te firma**men**to. R. Ó Senhor.
V. Vós sois **digno** de lou**vor** e de **glória** eterna**mente**.
 * No ce**leste**. Glória ao **Pai**. R. Ó Senhor.

Antífona do Magníficat como no Próprio do Tempo.

Preces

Como membros de Cristo, que é nossa cabeça, adoremos o Senhor; e aclamemos com alegria:

R. **Senhor, venha a nós o vosso Reino!**

Cristo, nosso Salvador, fazei de vossa Igreja instrumento de concórdia e unidade para o gênero humano,
– e sinal de salvação para todos os povos. R.

Assisti com vossa contínua presença o Santo Padre e o Colégio universal dos Bispos,
– e concedei-lhes o dom da unidade, da caridade e da paz. R.

Fazei-nos viver cada vez mais intimamente unidos a vós,
– para proclamarmos com o testemunho da vida a chegada do vosso Reino. R.

Concedei ao mundo a vossa paz,
– e fazei reinar em toda parte a segurança e a tranquilidade. R.

(intenções livres)

Dai aos que morreram a glória da ressurreição,
– e concedei que também nós um dia possamos participar com eles da felicidade eterna. R.

Pai nosso...

Oração como no Próprio do Tempo.
A conclusão da Hora como no Ordinário.

I SEGUNDA-FEIRA

Invitatório

V. **Abri** os meus **lábios**, ó **Senhor**.
R. E minha **boca** anunciará vosso lou**vor**.

R. Cami**nhe**mos com lou**vo**res ao encontro do Senhor!
Salmo invitatório, p. 537.

Ofício das Leituras

V. Vinde, ó **Deus**. Glória ao **Pai**. Como era. Ale**lui**a.

Esta introdução se omite quando o Invitatório precede imediatamente ao Ofício das Leituras.

Hino

I. Quando se diz o Ofício das Leituras durante a noite ou de madrugada:

> Refeitos pelo sono,
> do leito levantamos.
> Ficai com vossos filhos,
> ó Pai, vos suplicamos.
>
> A vós, o som primeiro,
> o amor que se irradia:
> sejais princípio e fim
> de cada ação do dia.
>
> Que a treva ceda à aurora,
> a noite ao sol dourado:
> e a luz da graça afaste
> a sombra do pecado.
>
> Lavai as nossas faltas,
> Senhor, que nos salvastes;
> esteja o vosso nome
> nos lábios que criastes.

A glória seja ao Pai,
ao Filho seu também,
ao Espírito igualmente,
agora e sempre. Amém.

II. Quando se diz o Ofício das Leituras durante o dia:

Divindade, luz eterna,
Unidade na Trindade,
proclamando vossa glória,
suplicamos piedade.

Cremos todos no Pai Santo,
no seu Filho Salvador
e no Espírito Divino
que os une pelo Amor.

Ó verdade, amor eterno,
nosso fim, felicidade,
dai-nos fé e esperança
e profunda caridade.

Sois o fim, sois o começo,
e de tudo sois a fonte,
esperança dos que creem,
luz que brilha no horizonte.

Vós, sozinho, fazeis tudo,
e a tudo vós bastais.
Sois a luz de nossa vida,
aos que esperam premiais.

Bendizemos a Trindade,
Deus Eterno, Sumo Bem,
Pai e Filho e Santo Espírito,
pelos séculos. Amém.

Salmodia

Ant. 1 Por **vos**sa bon**da**de, sal**vai**-me, Se**nhor**!

Salmo 6

O homem aflito pede clemência ao Senhor

Agora sinto-me angustiado... Pai, livra-me desta hora (Jo 12,27).

− 2 Repreen**dei**-me, Se**nhor**, mas sem ira; *
corri**gi**-me, mas não com furor!

= 3 Pie**da**de de mim: estou enfermo †
4 e cu**rai** o meu corpo doente! *
Minha **al**ma está muito abatida!

= Até **quan**do, Senhor, até quando...? †
5 Oh! vol**tai**-vos a mim e poupai-me,*
e sal**vai**-me por vossa bondade!

− 6 Porque, **mor**to, ninguém vos recorda; *
pode al**guém** vos louvar no sepulcro?

= 7 Esgo**tei**-me de tanto gemer, †
banho o **lei**to em meu pranto de noite, *
minha **ca**ma inundei com as lágrimas!

− 8 Tenho os **o**lhos turvados de mágoa, *
fiquei **vel**ho de tanto sofrer!

− 9 Afas**tai**-vos de mim, malfeitores,*
porque **Deus** escutou meus soluços!

−10 O Se**nhor** escutou meus pedidos; *
o Se**nhor** acolheu minha prece!

−11 Apa**vo**rem-se os meus inimigos; *
com ver**go**nha, se afastem depressa!

Ant. Por **vos**sa bon**da**de, sal**vai**-me, Se**nhor**!

Ant. 2 O Se**nhor** é o re**fú**gio do oprimido,
seu **a**brigo nos mo**men**tos de a**fli**ção.

Salmo 9 A(9)
Ação de graças pela vitória
De novo há de vir em sua glória para julgar os vivos e os mortos.

I

— ²**Se**nhor, de cora**ção** vos darei **gra**ças,*
  as **vos**sas maravilhas cantarei!
— ³Em **vós** exultarei de alegria, *
  cantar**ei** ao vosso nome, Deus Altíssimo!
— ⁴Vol**ta**ram para trás meus inimigos, *
  peran**te** a vossa face pereceram;
— ⁵defen**des**tes meu direito e minha causa, *
  juiz **jus**to assentado em vosso trono.
— ⁶Repreen**des**tes as nações, e os maus perdestes, *
  apa**gas**tes o seu nome para sempre.
= ⁷O ini**mi**go se arruinou eternamente, †
  suas ci**da**des foram todas destruídas, *
  e a**té** sua lembrança exterminastes.
— ⁸Mas Deus sen**tou**-se para sempre no seu trono, *
  prepa**rou** o tribunal do julgamento;
— ⁹ julgará o mundo inteiro com justiça, *
  e as na**ções** há de julgar com equidade.
—¹⁰O **Se**nhor é o refúgio do oprimido, *
  seu **a**brigo nos momentos de aflição.
—¹¹Quem co**nhe**ce o vosso nome, em vós espera, *
  porque **nun**ca abandonais quem vos procura.

Ant. O **Se**nhor é o re**fú**gio do opri**mi**do,
  seu **a**brigo nos mo**men**tos de afli**ção**.

Ant. 3 Anuncia**rei** vossos lou**vo**res
  junto às **por**tas de Si**ão**.

II

—¹²Cantai **hi**nos ao Se**nhor** Deus de Sião, *
  celebrai seus grandes feitos entre os povos!

—13 Pois não esquece o clamor dos infelizes, *
deles se lembra e pede conta do seu sangue.
—14 Tende pena e compaixão de mim, Senhor! †
Vede o mal que os inimigos me fizeram!*
E das portas dos abismos retirai-me,
—15 para que eu possa anunciar vossos louvores †
junto às portas da cidade de Sião, *
e exultar por vosso auxílio e salvação!
—16 Os maus caíram no buraco que cavaram,*
nos próprios laços foram presos os seus pés.
—17 O Senhor manifestou seu julgamento: *
ficou preso o pecador em seu pecado.
—18 Que tombem no abismo os pecadores*
e toda gente que se esquece do Senhor!
—19 Mas o pobre não será sempre esquecido,*
nem é vã a esperança dos humildes.
—20 Senhor, erguei-vos, não se ufanem esses homens! *
Perante vós sejam julgados os soberbos!
—21 Lançai, Senhor, em cima deles o terror,*
e saibam todos que não passam de mortais!

Ant. Anunciarei vossos louvores
junto às portas de Sião.

V. Dai-me o saber, e cumprirei a vossa lei.
R. E de todo o coração a guardarei.

Leituras e oração correspondentes a cada Ofício.

Laudes

V. Vinde, ó Deus. Glória ao Pai. Como era. Aleluia.

Esta introdução se omite quando o Invitatório precede imediatamente às Laudes.

Hino

Clarão da glória do Pai,
ó Luz, que a Luz origina,
sois Luz da Luz, fonte viva,
sois Luz que ao dia ilumina.

Brilhai, ó Sol verdadeiro,
com vosso imenso esplendor,
e dentro em nós derramai
do Santo Espírito o fulgor.

Também ao Pai suplicamos,
ao Pai a glória imortal,
ao Pai da graça potente,
que a nós preserve do mal.

Na luta fortes nos guarde
vencendo o anjo inimigo.
Nas quedas, dê-nos a graça,
de nós afaste o perigo.

As nossas mentes governe
num corpo casto e sadio.
A nossa fé seja ardente,
e não conheça desvio.

O nosso pão seja o Cristo,
e a fé nos seja a bebida.
O Santo Espírito bebamos
nas fontes puras da vida.

Alegre passe este dia,
tão puro quanto o arrebol.
A fé, qual luz cintilante,
refulja em nós como o sol.

A aurora em si traz o dia.
Vós, como aurora, brilhai:
ó Pai, vós todo no Filho,
e vós, ó Verbo, no Pai.

Salmodia

Ant. 1 Eu dirijo a minha **prece** a vós, Se**nhor**,
e de ma**nhã** já me escu**tais**.

Salmo 5,2-10.12-13
Oração da manhã para pedir ajuda

Aqueles que acolherem interiormente a Palavra de Cristo nele exultarão eternamente

– ² Escu**tai**, ó Senhor **Deus**, minhas palavras, *
 aten**dei** ao meu gemido!
– ³ Ficai a**ten**to ao clamor da minha prece, *
 ó meu **Rei** e meu Senhor!
– ⁴ É a **vós** que eu dirijo a minha prece; *
 de ma**nhã** já me escutais!
– Desde **ce**do eu me preparo para vós, *
 e perma**ne**ço à vossa espera.
– ⁵ Não sois um **Deus** a quem agrade a iniquidade, *
 não pode o **mau** morar convosco;
– ⁶ nem os **ím**pios poderão permanecer *
 pe**ran**te os vossos olhos.
– ⁷ Detes**tais** o que pratica a iniquidade *
 e destru**ís** o mentiroso.
– Ó Se**nhor**, abominais o sanguinário, *
 o per**ver**so e enganador.
– ⁸ Eu, po**rém**, por vossa graça generosa, *
 posso en**trar** em vossa casa.
– E, vol**ta**do reverente ao vosso templo, *
 com res**pei**to vos adoro.
– ⁹ Que me **pos**sa conduzir vossa justiça, *
 por **cau**sa do inimigo!
– À minha **fren**te aplainai vosso caminho, *
 e gui**ai** meu caminhar!–

– ¹⁰Não há, nos **lábios** do inimigo, lealdade: *
   seu cor**ação** trama ciladas;
– sua gar**gan**ta é um sepulcro escancarado *
   e sua **lín**gua é lisonjeira.
– ¹²Mas e**xul**te de alegria todo aquele *
   que em **vós** se refugia;
– sob a **vos**sa proteção se regozijem, *
   os que **a**mam vosso nome!
– ¹³Porque ao **jus**to abençoais com vosso amor, *
   e o prote**geis** como um escudo!

Ant. Eu di**ri**jo a minha **pre**ce a vós, Se**nhor**,
   e de ma**nhã** já me escu**tais**.

Ant. 2 Nós que**re**mos vos lou**var**, ó nosso **Deus**,
   e cele**brar** o vosso **no**me glorioso.

Cântico   1Cr 29,10-13

Honra e glória, só a Deus

Bendito seja o Deus e Pai de Nosso Senhor Jesus Cristo (Ef 1,3).

= ¹⁰Ben**di**to sejais **vós**, ó Senhor **Deus**, †
   Senhor **Deus** de Israel, o nosso Pai, *
   desde **sem**pre e por toda a eternidade!

= ¹¹A vós perten**cem** a grandeza e o poder, †
   toda a **gló**ria, esplendor e majestade, *
   pois tudo é **vos**so: o que há no céu e sobre a terra!

= A vós, Se**nhor**, também pertence a realeza, †
   pois sobre a **ter**ra, como rei, vos elevais! *
   ¹²Toda **gló**ria e riqueza vêm de vós!

= Sois o Se**nhor** e dominais o universo, †
   em vossa **mão** se encontra a força e o poder, *
   em vossa **mão** tudo se afirma e tudo cresce!

= ¹³Agora, **pois**, ó nosso Deus, eis-nos aqui! †
   e, agrade**ci**dos, nós queremos vos louvar *
   e cele**brar** o vosso nome glorioso!

Ant. Nós queremos vos louvar, ó nosso **Deus**,
e cele**brar** o vosso **nome** glorioso.

Ant. 3 Ado**rai** o Se**nhor** no seu **tem**plo sa**gra**do.

Salmo 28(29)

A voz poderosa de Deus

Do céu veio uma voz que dizia: Este é o meu Filho amado, no qual eu pus o meu agrado (Mt 3,17).

–¹ Filhos de **Deus**, tribu**tai** ao Se**nhor**, *
 tribu**tai**-lhe a glória e o poder!
–² Dai-lhe a **glória** devida ao seu nome; *
 ado**rai**-o com santo ornamento!
–³ Eis a **voz** do Senhor sobre as águas, *
 sua **voz** sobre as águas imensas!
=⁴ Eis a **voz** do Senhor com poder! †
 Eis a **voz** do Senhor majestosa, *
 sua **voz** no trovão reboando!
–⁵ Eis que a **voz** do Senhor quebra os cedros, *
 o Se**nhor** quebra os cedros do Líbano.
–⁶ Faz o **Líbano** saltar qual novilho, *
 e o Sa**rion** como um touro selvagem!
=⁷ Eis que a **voz** do Senhor lança raios, †
 ⁸ voz de **Deus** faz tremer o deserto, *
 faz tre**mer** o deserto de Cades.
=⁹ Voz de **Deus** que contorce os carvalhos, †
 voz de **Deus** que devasta as florestas! *
 No seu **templo** os fiéis bradam: "Glória!"
–¹⁰ É o Se**nhor** que domina os dilúvios, *
 o Se**nhor** reinará para sempre.
–¹¹ Que o Se**nhor** forta**leça** o seu povo, *
 e aben**çoe** com paz o seu povo!

Ant. Ado**rai** o Se**nhor** no seu **tem**plo sa**gra**do.

Leitura breve
2Ts 3,10b-13

Quem não quer trabalhar, também não deve comer. Ora, ouvimos dizer que entre vós há alguns que vivem à toa, muito ocupados em não fazer nada. Em nome do Senhor Jesus Cristo, ordenamos e exortamos a estas pessoas que, trabalhando, comam na tranquilidade o seu próprio pão. E vós mesmos, irmãos, não vos canseis de fazer o bem.

Responsório breve
R. O Senhor seja bendito,
   * Bendito seja eternamente! R. O Senhor.
V. Só o Senhor faz maravilhas. * Bendito seja.
   Glória ao Pai. R. O Senhor.

Cântico evangélico, ant.
Bendito seja o Senhor, nosso Deus!

Preces
Glorifiquemos a Cristo, em quem habita toda a plenitude da graça e do Espírito Santo; e imploremos com amor e confiança:
R. **Dai-nos, Senhor, o vosso Espírito!**

Concedei-nos que este dia seja agradável, pacífico e sem mancha,
— para que, ao chegar a noite, vos possamos louvar com alegria e pureza de coração. R.

Brilhe hoje sobre nós a vossa luz,
— e dirigi o trabalho de nossas mãos. R.

Mostrai-nos vosso rosto de bondade, para vivermos este dia em paz,
— e que a vossa mão poderosa nos proteja. R.

Olhai com benignidade aqueles que se confiaram às nossas orações,
– e enriquecei-os com todos os bens da alma e do corpo.R.
(intenções livres)

Pai nosso...

Oração

Inspirai, Senhor, as nossas ações e ajudai-nos a realizá-las, para que em vós comece e termine tudo aquilo que fizermos. Por nosso Senhor Jesus Cristo, vosso Filho, na unidade do Espírito Santo.

A conclusão da Hora como no Ordinário.

Hora Média

V. Vinde, ó **Deus**. Glória ao **Pai**. Como era. Ale**lu**ia.
HINO como no Ordinário. p. 552-555.

Salmodia

Ant. 1 A **lei** do Se**nhor** alegra o cora**ção** e ilu**mi**na os **o**lhos.

Salmo 18B(19B)

Hino a Deus, Senhor da lei

Sede perfeitos como o vosso Pai celeste é perfeito (Mt 5,48).

– [8] A **lei** do Senhor **Deus** é per**fei**ta, *
con**for**to para a **al**ma!
– O teste**mu**nho do Senhor é fiel, *
sabedo**ri**a dos humildes.
– [9] Os pre**cei**tos do Senhor são precisos, *
ale**gri**a ao coração.
– O manda**men**to do Senhor é brilhante, *
para os **o**lhos é uma luz.
– [10] É **pu**ro o temor do Senhor, *
imu**tá**vel para sempre.
– Os julga**men**tos do Senhor são corretos *
e **jus**tos igualmente.

– ¹¹Mais desejáveis do que o ouro são eles, *
  do que o **ou**ro refinado.
– Suas pa**la**vras são mais doces que o mel, *
  que o **mel** que sai dos favos.
– ¹²E vosso **ser**vo, instruído por elas, *
  se em**pe**nha em guardá-las.
– ¹³Mas quem **po**de perceber suas faltas?*
  Perdo**ai** as que não vejo!
– ¹⁴E preser**vai** o vosso servo do orgulho: *
  não do**mi**ne sobre mim!
– E assim **pu**ro, eu serei preservado *
  dos de**li**tos mais perversos.
– ¹⁵Que vos a**gra**de o cantar dos meus lábios *
  e a **voz** da minha alma;
– que ela **che**gue até vós, ó Senhor,*
  meu Ro**che**do e Redentor!

Ant. A **lei** do Se**nhor** ale**gra** o cora**ção** e ilu**mi**na os **o**lhos.

Ant. 2 O Se**nhor** se ergue**rá** para jul**gar**
os **po**vos com justi**ça** e reti**dão**.

Salmo 7

Oração do justo caluniado

Eis que o Juiz está às portas (Tg 5,9).

I

– ²Senhor, meu **Deus**, em vós procuro o meu refúgio: *
  vinde sal**var**-me do inimigo, libertai-me!
= ³Não aconteça que agarrem minha vida †
  como um le**ão** que despedaça a sua presa, *
  sem que nin**guém** venha salvar-me e libertar-me!
– ⁴Senhor **Deus**, se algum mal eu pratiquei, *
  se man**chei** as minhas mãos na iniquidade,

– ⁵ se acaso fiz o mal a meu amigo, *
eu que poupei quem me oprimia sem razão;
= ⁶ que o inimigo me persiga e me alcance, †
que esmague minha vida contra o pó, *
e arraste minha honra pelo chão!
– ⁷ Erguei-vos, ó Senhor, em vossa ira; *
levantai-vos contra a fúria do inimigo!
– Levantai-vos, defendei-me no juízo, *
⁸ porque vós já decretastes a sentença!
= Que vos circunde a assembleia das nações; †
tomai vosso lugar acima dela! *
⁹ O Senhor é o juiz dos povos todos.
– Julgai-me, Senhor Deus, como eu mereço*
e segundo a inocência que há em mim!
=¹⁰ Ponde um fim à iniquidade dos perversos, †
e confirmai o vosso justo, ó Deus-justiça,*
vós que sondais os nossos rins e corações.

Ant. O Senhor se erguerá para julgar
os povos com justiça e retidão.

Ant. 3 Deus é juiz, ele julga com justiça,
e salva os que têm reto coração.

II

–¹¹ O Deus vivo é um escudo protetor, *
e salva aqueles que têm reto coração.
–¹² Deus é juiz, e ele julga com justiça, *
mas é um Deus que ameaça cada dia.
=¹³ Se para ele o coração não converterem, †
preparará a sua espada e o seu arco, *
e contra eles voltará as suas armas.
–¹⁴ Setas mortais ele prepara e os alveja, *
e dispara suas flechas como raios.
–¹⁵ Eis que o ímpio concebeu a iniquidade, *
engravidou e deu à luz a falsidade.

—¹⁶Um bu**ra**co ele cavou e aprofundou,*
  mas ele **mes**mo nessa cova foi cair.

—¹⁷O mal que **fez** lhe cairá sobre a cabeça, *
  reca**irá** sobre seu crânio a violência!

—¹⁸Mas eu da**rei** graças a Deus que fez justiça, *
  e canta**rei** salmodiando ao Deus Altíssimo.

Ant. Deus é ju**iz**, ele **jul**ga com justiça,
  e **sal**va os que têm **re**to cora**ção**.

Para as outras Horas, Salmodia complementar, p. 1132.

Oração das Nove Horas

Leitura breve   Rm 13,8.10

Não fiqueis devendo nada a ninguém, a não ser o amor mútuo – pois quem ama o próximo está cumprindo a Lei. O amor não faz nenhum mal contra o próximo. Portanto, o amor é o cumprimento perfeito da Lei.

V. Não me afas**teis**, vós que **sois** o meu auxílio.
R. Meu **Deus** e Salva**dor**, não me dei**xeis**!

Oração

O Deus, Pai de bondade, destes o trabalho aos seres humanos para que, unindo seus esforços, progridam cada vez mais; concedei que, em nossas atividades, vos amemos a vós como filhos e filhas e a todos como irmãos e irmãs. Por Cristo, nosso Senhor.

Oração das Doze Horas

Leitura breve   Tg 1,19b-20.26

Todo homem deve ser pronto para ouvir, mas moroso para falar e moroso para se irritar. Pois a cólera do homem não é capaz de realizar a justiça de Deus. Se alguém julga ser religioso e não refreia a sua língua, engana-se a si mesmo: a sua religião é vã.

V. Bendi**rei** o Senhor **Deus** em todo o **tempo**.
R. Seu lou**vor** estará **sem**pre em minha **bo**ca.

Oração

Ó Deus, senhor e guarda da vinha e da colheita, que repartis as tarefas e dais a justa recompensa, fazei-nos carregar o peso do dia, sem jamais murmurar contra a vossa vontade. Por Cristo, nosso Senhor.

Oração das Quinze Horas

Leitura breve   1Pd 17b.18a.19

Vivei respeitando a Deus durante o tempo de vossa migração neste mundo. Sabeis que fostes resgatados não por meio de coisas perecíveis, como a prata ou o ouro, mas pelo precioso sangue de Cristo, como de um cordeiro sem mancha nem defeito.

V. Liber**tai**-me, ó S**enhor**, tende pie**da**de!
R. Ao S**enhor** eu bendi**rei** nas assem**blei**as.

Oração

Ó Deus, que nos convocais para o louvor, na mesma hora em que os Apóstolos subiam ao templo, concedei que esta prece, feita de coração sincero em nome de Jesus, alcance a salvação para quantos o invocam. Por Cristo, nosso Senhor.

A conclusão da Hora como no Ordinário.

Vésperas

V. Vinde, ó **Deus**. Glória ao **Pai**. Como era. Ale**lu**ia.

Hino

Ó Deus, organizando
o líquido elemento,
as águas dividistes
firmando o firmamento.

As nuvens fazem sombra,
os rios dão frescor;
assim tempera a água,
dos astros o calor.

Em nós vertei a graça,
a água benfazeja;
do fogo das paixões,
constante, nos proteja.

Que a fé encontre a luz
e espalhe o seu clarão;
que nada impeça a alma
no impulso da ascensão!

Ao Pai e ao Filho, glória;
ao Espírito também:
louvor, honra e vitória
agora e sempre. Amém.

Salmodia
Ant. 1 Os **o**lhos do **Senhor** se **vol**tam para o **po**bre.

Salmo 10(11)
Confiança inabalável em Deus
Bem-aventurados os que têm fome e sede de justiça porque serão saciados (Mt 5,6)

= ¹ No Se**nhor** encontro a**bri**go; †
  como, en**tão**, podeis dizer-me: *
  "Voa aos **mon**tes, passarinho!

– ² Eis os **ím**pios de arcos tensos, *
  pondo as **fle**chas sobre as cordas,
– e alve**jan**do em meio à noite *
  os de **re**to coração!

= ³ Quando os **pró**prios fundamentos †
  do uni**ver**so se abalaram, *
  o que **po**de ainda o justo?" –

– ⁴**Deus está** no templo santo, *
e no **céu** tem o seu trono;
– volta os **o**lhos para o mundo, *
seu **o**lhar penetra os homens.
– ⁵Exa**mi**na o justo e o ímpio, *
e de**tes**ta o que ama o mal.
= ⁶Sobre os **maus** fará chover †
fogo, enxofre e vento ardente, *
como **par**te de seu cálice.
– ⁷Porque **jus**to é nosso Deus, *
o Se**nhor** ama a justiça.
– Quem tem **re**to coração *
há de **ver** a sua face.

Ant. Os **o**lhos do Se**nhor** se **vol**tam para o **pobre**.

Ant. 2 **Fe**li**zes** os de **pu**ro cora**ção**,
porque eles have**rão** de ver a **Deus**.

Salmo 14(15)

Quem é digno aos olhos de Deus?

Vós vos aproximastes do monte Sião e da Cidade do Deus vivo (Hb 12,22).

– ¹"Se**nhor**, quem mora**rá** em vossa **ca**sa *
e em **vos**so Monte santo habitará?"
– ²É **a**que**le** que caminha sem pecado *
e pratica a justiça fielmente;
– que **pen**sa a verdade no seu íntimo *
³ e não **sol**ta em calúnias sua língua;
– que em **na**da prejudica o seu irmão, *
nem **co**bre de insultos seu vizinho;
– ⁴ que não **dá** valor algum ao homem ímpio, *
mas **hon**ra os que respeitam o Senhor; –

— que sustenta o que jurou, mesmo com dano; *
⁵ não empresta o seu dinheiro com usura,
— nem se deixa subornar contra o inocente. *
Jamais vacilará quem vive assim!

Ant. Felizes os de puro coração,
　　　porque eles haverão de ver a Deus.

Ant. 3 No seu Filho o Pai nos escolheu,
　　　para sermos seus filhos adotivos.

Nos cânticos que se seguem, o refrão entre parênteses é opcional.

Cântico　　　　　　　　　Ef 1,3-10
O plano divino da salvação

—³ Bendito e louvado seja Deus, *
　o Pai de Jesus Cristo, Senhor nosso,
— que do alto céu nos abençoou em Jesus Cristo *
　com bênção espiritual de toda sorte!

(R. Bendito sejais vós, nosso Pai,
　　que nos abençoastes em Cristo!)

—⁴ Foi em Cristo que Deus Pai nos escolheu, *
　já bem antes de o mundo ser criado,
— para que fôssemos, perante a sua face, *
　sem mácula e santos pelo amor.　　　　　(R.)

=⁵ Por livre decisão de sua vontade, †
　predestinou-nos, através de Jesus Cristo, *
　a sermos nele os seus filhos adotivos,
—⁶ para o louvor e para a glória de sua graça, *
　que em seu Filho bem-amado nos doou.　(R.)

—⁷ É nele que nós temos redenção, *
　dos pecados remissão pelo seu sangue.
= Sua graça transbordante e inesgotável †
⁸ Deus derrama sobre nós com abundância, *
　de saber e inteligência nos dotando.　　(R.)

– ⁹E assim, ele nos deu a conhecer *
o mistério de seu plano e sua vontade,
– que propusera em seu querer benevolente, *
¹⁰na plenitude dos tempos realizar:
– o desígnio de, em Cristo, reunir *
todas as **coi**sas: as da terra e as do céu. (R.)

Ant. No seu **Fi**lho o **Pai** nos esco**lheu**,
para **ser**mos seus **fi**lhos adotivos.

Leitura breve   Cl 1,9b-11

Que chegueis a conhecer plenamente a vontade de Deus, com toda a sabedoria e com o discernimento da luz do Espírito. Pois deveis levar uma vida digna do Senhor, para lhe serdes agradáveis em tudo. Deveis produzir frutos em toda a boa obra e crescer no conhecimento de Deus, animados de muita força, pelo poder de sua glória, de muita paciência e constância, com alegria.

Responsório breve

R. **Cu**rai-me, Se**nhor**,
 * Pois pe**quei** contra **vós**. R. **Cu**rai-me.
V. Eu vos **di**go: Meu **Deus**, tende **pe**na de **mim**!
 * Pois pe**quei**. **Gló**ria ao **Pai**. R. **Cu**rai-me.

Cântico evangélico, ant.

A minh'**al**ma engran**de**ce o Se**nhor**,
porque o**lhou** para a **mi**nha humil**da**de.

Preces

Demos graças a Deus Pai que, lembrando a sua aliança, não cessa de nos fazer o bem. Cheios de confiança, elevemos a ele nossa oração, dizendo:

R. **Dai-nos, Senhor, vossos bens com fartura!**

Salvai, Senhor, o vosso povo,
– abençoai a vossa herança.   R.

Congregai na unidade os que têm o nome de cristãos,
– para que o mundo acredite em Cristo, o Salvador que nos enviastes.

R. Dai-nos, Senhor, vossos bens com fartura!

Concedei a vossa graça a todos os nossos amigos e conhecidos,
– para que em toda parte deem o testemunho de Cristo. R.

Manifestai o vosso amor aos agonizantes,
– e dai-lhes a vossa salvação. R.

(intenções livres)

Sede misericordioso para com os nossos irmãos e irmãs falecidos,
– e abri-lhes as portas do paraíso. R.

Pai nosso...

Oração

Este nosso serviço de louvor proclame, Senhor, vossa grandeza; e como, para nos salvar, olhastes com amor a humildade da Virgem Maria, assim elevai-nos à plenitude da redenção. Por nosso Senhor Jesus Cristo, vosso Filho, na unidade do Espírito Santo.

A conclusão da Hora como no Ordinário, p. 561.

I TERÇA-FEIRA

Invitatório

V. **Abri** os meus **lá**bios. R. E minha **bo**ca.
R. O Se**nhor** é o grande **Rei**; vinde **to**dos, ado**re**mos!
Salmo invitatório como no Ordinário, p. 537.

Ofício das Leituras

V. Vinde, ó **Deus**. Glória ao **Pai**. Como **e**ra. Ale**lui**a.
Esta introdução se omite quando o Invitatório precede imediatamente ao Ofício das Leituras.

Hino

I. Quando se diz o Ofício das Leituras durante a noite ou de madrugada:

> Da luz do Pai nascido,
> vós mesmo luz e aurora,
> ouvi os que suplicam,
> cantando noite afora.

> Varrei as nossas trevas
> e as hostes do inimigo:
> o sono, em seus assaltos,
> não ache em nós abrigo.

> Ó Cristo, perdoai-nos,
> pois Deus vos proclamamos.
> Propício seja o canto
> que agora iniciamos.

> A glória seja ao Pai,
> ao Filho seu também,
> ao Espírito igualmente,
> agora e sempre. Amém.

II. Quando se diz o Ofício das Leituras durante o dia:

> Ó Trindade Sacrossanta,
> ordenais o que fizestes.

Ao trabalho dais o dia,
ao descanso a noite destes.

De manhã, à tarde e à noite,
vossa glória celebramos.
Nesta glória conservai-nos
todo o tempo que vivamos.

Ante vós ajoelhamos
em humilde adoração.
Reuni as nossas preces
à celeste louvação.

Escutai-nos, Pai piedoso,
e vós, Filho de Deus Pai,
com o Espírito Paráclito,
pelos séculos reinais.

Salmodia
Ant. 1 O Senhor fará justiça para os pobres.

Salmo 9B (10)
Ação de graças

Bem-aventurados vós, os pobres, porque vosso é o Reino de Deus! (Lc 6,20)

I

– ¹Ó Senhor, por que ficais assim tão longe, *
  e, no tempo da aflição, vos escondeis,
– ²enquanto o pecador se ensoberbece, *
  o pobre sofre e cai no laço do malvado?
– ³O ímpio se gloria em seus excessos, *
  blasfema o avarento e vos despreza;
– ⁴em seu orgulho ele diz: "Não há castigo! *
  Deus não existe!"
– ⁵É isto mesmo que ele pensa.
= Prospera a sua vida em todo tempo; †
  vossos juízos estão longe de sua mente; *
  ele vive desprezando os seus rivais.

– ⁶ No seu **ínti**mo ele pensa: "Estou seguro! *
   Nunca ja**mais** me atingirá desgraça alguma!"
– ⁷ Só há mal**da**de e violência em sua boca, *
   em sua **lín**gua, só mentira e falsidade.
– ⁸ Arma embos**ca**das nas saídas das aldeias, *
   mata ino**cen**tes em lugares escondidos.
– ⁹ Com seus **o**lhos ele espreita o indefeso, *
   como um le**ão** que se esconde atrás da moita;
   assalta o **ho**mem infeliz para prendê-lo, *
   agarra o **po**bre e o arrasta em sua rede.
– ¹⁰ Ele se **cur**va, põe-se rente sobre o chão, *
   e o inde**fe**so tomba e cai em suas garras.
– ¹¹ Pensa con**si**go: "O Senhor se esquece dele, *
   esconde o **ros**to e já não vê o que se passa!"

Ant. O Se**nhor** fará justiça para os **po**bres.

Ant. 2 Vós, Se**nhor**, vedes a **dor** e o sofri**men**to.

II

– ¹² Levantai-vos, ó Se**nhor,** erguei a **mão**! *
   Não esque**çais** os vossos pobres para sempre!
– ¹³ Por que o **ím**pio vos despreza desse modo?*
   Por que **diz** no coração: "Deus não castiga?"
– ¹⁴ Vós, po**rém**, vedes a dor e o sofrimento, *
   vós o**lhais** e tomais tudo em vossas mãos!
   A vós o **po**bre se abandona confiante, *
   sois dos **ór**fãos vigilante protetor.
– ¹⁵ Quebrai o **bra**ço do injusto e do malvado! *
   Casti**gai** sua malícia e desfazei-a!
– ¹⁶ Deus é **Rei** durante os séculos eternos. *
   Desapa**re**çam desta terra os malfeitores!
– ¹⁷ Escu**tas**tes os desejos dos pequenos, *
   seu cora**ção** fortalecestes e os ouvistes,

=ⁱ⁸ para que os **órf**ãos e oprimidos deste mundo †
   tenham em **vós** o defensor de seus direitos, *
   e o homem terreno nunca mais cause terror!
Ant. Vós, Se**nhor**, vedes a **dor** e o sofri**men**to.
Ant. 3 As **pa**lavras do Se**nhor** são verda**dei**ras
   como a **pra**ta depu**ra**da pelo **fo**go.

Salmo 11(12)

Oração contra as más línguas

Porque éramos pobres, o Pai enviou o seu Filho (Sto. Agostinho).

—² Senhor, sal**vai**-nos! Já não **há** um homem **bom**!*
   Não há **mais** fidelidade em meio aos homens!
—³ Cada **um** só diz mentiras a seu próximo, *
   com língua **fal**sa e coração enganador.
—⁴ Senhor, ca**lai** todas as bocas mentirosas *
   e a **lín**gua dos que falam com soberba,
—⁵ dos que **di**zem: "Nossa língua é nossa força! *
   Nossos **lá**bios são por nós! – Quem nos domina?"
—⁶ "Por **cau**sa da aflição dos pequeninos,*
   do **cla**mor dos infelizes e dos pobres,
— agora **mes**mo me erguerei, diz o Senhor,*
   e da**rei** a salvação aos que a desejam!"
=⁷ As **pa**lavras do Senhor são verdadeiras, †
   como a **pra**ta totalmente depurada, *
   sete **ve**zes depurada pelo fogo.
—⁸ Vós, po**rém**, ó Senhor Deus, nos guardareis *
   para **sem**pre, nos livrando desta raça!
— Em toda a **par**te os malvados andam soltos, *
   porque se e**xal**ta entre os homens a baixeza.
Ant. As **pa**lavras do Se**nhor** são verda**dei**ras
   como a **pra**ta depu**ra**da pelo **fo**go.

V. Deus dirige os humildes na justiça.
R. E aos pobres ele ensina o seu caminho.

Leituras e oração correspondentes a cada Ofício.

Laudes

V. Vinde, ó Deus. Glória ao **Pai**. Como era. Aleluia.

Esta introdução se omite quando o Invitatório precede imediatamente às Laudes.

Hino

Já vem brilhante aurora
o sol anunciar.
De cor reveste as coisas,
faz tudo cintilar.

Ó Cristo, Sol eterno,
vivente para nós,
saltamos de alegria,
cantando para vós.

Do Pai Ciência e Verbo,
por quem se fez a luz,
as mentes, para vós,
levai, Senhor Jesus.

Que nós, da luz os filhos,
solícitos andemos.
Do Pai eterno a graça
nos atos expressemos.

Profira a nossa boca
palavras de verdade,
trazendo à alma o gozo
que vem da lealdade.

A vós, ó Cristo, a glória
e a vós, ó Pai, também,
com vosso Santo Espírito,
agora e sempre. Amém.

Salmodia

Ant. 1 Quem tem mãos puras e inocente coração subirá até o monte do Senhor.

Quando o salmo seguinte já tiver sido recitado no Invitatório, em seu lugar se diz o Salmo 94(95), à p. 537.

Salmo 23(24)

Entrada do Senhor no templo

Na Ascensão, as portas do céu se abriram para o Cristo (Sto. Irineu).

— 1 Ao Senhor pertence a terra e o que ela encerra, *
 o mundo inteiro com os seres que o povoam;
— 2 porque ele a tornou firme sobre os mares, *
 e sobre as águas a mantém inabalável.
— 3 "Quem subirá até o monte do Senhor, *
 quem ficará em sua santa habitação?"
= 4 "Quem tem mãos puras e inocente coração, †
 quem não dirige sua mente para o crime, *
 nem jura falso para o dano de seu próximo.
— 5 Sobre este desce a bênção do Senhor *
 e a recompensa de seu Deus e Salvador".
— 6 "É assim a geração dos que o procuram, *
 e do Deus de Israel buscam a face".
= 7 "Ó portas, levantai vossos frontões! †
 Elevai-vos bem mais alto, antigas portas, *
 a fim de que o Rei da glória possa entrar!"
= 8 Dizei-nos: "Quem é este Rei da glória?" †
 "É o Senhor, o valoroso, o onipotente, *
 o Senhor, o poderoso nas batalhas!"
= 9 "Ó portas, levantai vossos frontões! †
 Elevai-vos bem mais alto, antigas portas, *
 a fim de que o Rei da glória possa entrar!" –

= ¹⁰Dizei-nos: "Quem é este Rei da glória?" †
"O Rei da **gló**ria é o Senhor onipotente, *
o Rei da **gló**ria é o Senhor Deus do universo!"

Ant. Quem tem mãos **pu**ras e ino**cen**te cora**ção**
subi**rá** até o **mon**te do Senhor.

Ant. 2 Vossas obras celebrem a **Deus**
e ex**al**tem o **Rei** sempi**ter**no.

Cântico   Tb 13,2-8
Deus castiga e salva

Bendito seja Deus, Pai de Nosso Senhor Jesus Cristo. Em sua grande misericórdia nos fez nascer de novo, para uma esperança viva (1Pd 1,3).

– ²Vós sois **gran**de, Se**nhor**, para **sem**pre, *
  e o vosso **rei**no se estende nos séculos!
– Porque **vós** castigais e salvais, *
  fazeis des**cer** aos abismos da terra,
– e de **lá** nos trazeis novamente: *
  de vossa **mão** nada pode escapar.
– ³Vós que **sois** de Israel, dai-lhe graças *
  e por **en**tre as nações celebrai-o!
– O Se**nhor** dispersou-vos na terra *
  ⁴para nar**rar**des sua glória entre os povos,
– e fa**zê**-los saber, para sempre, *
  que não **há** outro Deus além dele.
– ⁵Casti**gou**-nos por nossos pecados, *
  seu a**mor** haverá de salvar-nos.
– Compreen**dei** o que fez para nós, *
  dai-lhe **gra**ças, com todo o respeito!
– ⁶Vossas obras celebrem a Deus *
  e ex**al**tem o Rei sempiterno!
– Nesta **ter**ra do meu cativeiro, *
  have**rei** de honrá-lo e louvá-lo,

– pois mostrou o seu grande poder, *
sua glória à nação pecadora!
– Convertei-vos, enfim, pecadores, *
diante dele vivei na justiça;
– e sabei que, se ele vos ama, *
também vos dará seu perdão!
– ⁷ Eu desejo, de toda a minh'alma, *
alegrar-me em Deus, Rei dos céus.
– ⁸ Bendizei o Senhor, seus eleitos, *
fazei festa e alegres louvai-o!

Ant. Vossas obras celebrem a Deus
e exaltem o Rei sempiterno.

Ant. 3 Ó justos, alegrai-vos no Senhor!
Aos retos fica bem glorificá-lo. †

Salmo 32(33)

Hino à providência de Deus

Por ele foram feitas todas as coisas (Jo 1,3).

– ¹ Ó justos, alegrai-vos no Senhor! *
Aos retos fica bem glorificá-lo.
– ² † Dai graças ao Senhor ao som da harpa, *
na lira de dez cordas celebrai-o!
– ³ Cantai para o Senhor um canto novo, *
com arte sustentai a louvação!
– ⁴ Pois reta é a palavra do Senhor, *
e tudo o que ele faz merece fé.
– ⁵ Deus ama o direito e a justiça, *
transborda em toda a terra a sua graça.
– ⁶ A palavra do Senhor criou os céus, *
e o sopro de seus lábios, as estrelas.
– ⁷ Como num odre junta as águas do oceano, *
e mantém no seu limite as grandes águas.

– ⁸**A**do**re** ao Senhor a terra inteira, *
e o res**pei**tem os que habitam o universo!
– ⁹Ele fa**lou** e toda a terra foi criada, *
ele orde**nou** e as coisas todas existiram.
–¹⁰O Se**nhor** desfaz os planos das nações *
e os pro**je**tos que os povos se propõem.
=¹¹Mas os de**síg**nios do Senhor são para sempre, †
e os pensa**men**tos que ele traz no coração, *
de ge**ração** em geração, vão perdurar.
–¹²Feliz o **po**vo cujo Deus é o Senhor, *
e a na**ção** que escolheu por sua herança!
–¹³Dos altos **céus** o Senhor olha e observa; *
ele se in**cli**na para olhar todos os homens.
–¹⁴Ele con**tem**pla do lugar onde reside *
e vê a **to**dos os que habitam sobre a terra.
–¹⁵Ele for**mou** o coração de cada um *
e por **to**dos os seus atos se interessa.
–¹⁶Um rei não **ven**ce pela força do exército, *
nem o guer**rei**ro escapará por seu vigor.
–¹⁷Não são ca**va**los que garantem a vitória; *
nin**guém** se salvará por sua força.
–¹⁸Mas o Se**nhor** pousa o olhar sobre os que o temem, *
e que confiam esperando em seu amor,
–¹⁹para da **mor**te libertar as suas vidas *
e alimen**tá**-los quando é tempo de penúria.
–²⁰No Se**nhor** nós esperamos confiantes, *
porque ele é nosso auxílio e proteção!
–²¹Por isso o **nos**so coração se alegra nele, *
seu santo **no**me é nossa única esperança.
–²²Sobre **nós** venha, Senhor, a vossa graça, *
da mesma **for**ma que em vós nós esperamos!

Ant. Ó **jus**tos, a**le**grai-vos no **Se**nhor!
Aos **re**tos fica **bem** glorifi**cá**-lo.

Leitura breve   Rm 13,11b.12-13a

Já é hora de despertar. Com efeito, agora a salvação está mais perto de nós do que quando abraçamos a fé. A noite já vai adiantada, o dia vem chegando: despojemo-nos das ações das trevas e vistamos as armas da luz. Procedamos honestamente, como em pleno dia.

Responsório breve

R. Ó meu **Deus**, sois o ro**che**do que me **abriga**,
* Meu es**cu**do e prote**ção**: em vós es**pero**! R. Ó meu **Deus**.
V. Minha **ro**cha, meu **abri**go e Salva**dor**. * Meu es**cu**do.
Glória ao **Pai**. R. Ó meu **Deus**.

Cântico evangélico, ant.

O **Se**nhor fez sur**gir** um pode**ro**so Salva**dor**,
como fa**la**ra pela **bo**ca de seus **san**tos e pro**fe**tas.

Preces

Irmãos e irmãs, chamados a participar de uma vocação celeste, bendigamos a Jesus Cristo, pontífice da nossa fé, e aclamemos:

R. **Senhor, nosso Deus e Salvador!**

Rei todo-poderoso, que pelo batismo nos conferistes um sacerdócio régio,
— fazei da nossa vida um contínuo sacrifício de louvor. R.

Ajudai-nos, Senhor, a guardar os vossos mandamentos,
— para que, pela força do Espírito Santo, permaneçamos em vós e vós permaneçais em nós.   R.

Dai-nos a vossa sabedoria eterna,
— para que ela sempre nos acompanhe e dirija os nossos trabalhos.   R.

Não permitais que neste dia sejamos motivo de tristeza para ninguém,
– mas causa de alegria para todos os que convivem conosco.
R.
(intenções livres)
Pai nosso...

Oração

Acolhei, Senhor, as preces desta manhã, e por vossa bondade iluminai as profundezas de nosso coração, para que não se prendam por desejos tenebrosos os que foram renovados pela luz de vossa graça. Por nosso Senhor Jesus Cristo, vosso Filho, na unidade do Espírito Santo.

A conclusão da Hora como no Ordinário.

Hora Média

V. Vinde, ó **Deus**. Glória ao **Pai**. Como era. Ale**lui**a.
HINO como no Ordinário, p. 552-555.

Salmodia
Ant. 1 Feliz o **ho**mem que na **lei**
do Senhor **Deus** vai progre**din**do.

Salmo 118(119),1-8
I (Aleph)

Meditação sobre a Palavra de Deus na Lei

Isto é amar a Deus: observar os seus mandamentos (1Jo 5,3).

– [1] Feliz o **ho**mem sem pe**ca**do em seu ca**mi**nho, *
que na **lei** do Senhor Deus vai progredindo!
– [2] Feliz o **ho**mem que observa seus preceitos, *
e de **to**do o coração procura a Deus!
– [3] Que não pra**ti**ca a maldade em sua vida, *
mas vai an**dan**do nos caminhos do Senhor.

— ⁴ Os **voss**os mandamentos vós nos destes, *
para **s**erem fielmente observados.
— ⁵ Oxa**lá** seja bem firme a minha vida *
em cum**prir** vossa vontade e vossa lei!
— ⁶ En**tão** não ficarei envergonhado *
ao repa**ss**ar todos os vossos mandamentos.
— ⁷ Quero lou**var**-vos com sincero coração, *
pois apren**di** as vossas justas decisões.
— ⁸ Quero guar**dar** vossa vontade e vossa lei; *
Se**nhor**, não me deixeis desamparado!

Ant. Feliz o **ho**mem que na **lei**
do Senhor **Deus** vai progre**din**do.

Ant. 2 Meu cora**ção**, por vosso auxílio, rejubi**le**!

Salmo 12(13)

Lamentação do justo que confia em Deus

Que o Deus da esperança vos encha de alegria (Rm 15,13).

— ² Até **quan**do, ó Se**nhor**, me esquecereis?*
Até **quan**do escondereis a vossa face?

= ³ Até **quan**do estará triste a minha alma? †
e o cora**ção** angustiado cada dia?*
Até **quan**do o inimigo se erguerá?

= ⁴ **Olhai**, Senhor, meu Deus, e respondei-me! †
Não dei**xeis** que se me apague a luz dos olhos *
e se **fe**chem, pela morte, adormecidos!

= ⁵ Que o ini**mi**go não me diga: "Eu triunfei!" †
Nem e**xul**te o opressor por minha queda,*
⁶ uma **vez** que confiei no vosso amor!

— Meu cora**ção**, por vosso auxílio, rejubile, *
e que eu vos **can**te pelo bem que me fizestes!

Ant. Meu cora**ção**, por vosso auxílio, rejubi**le**!

Ant. 3 À humanidade, quando imersa no pecado,
o Senhor manifestou sua bondade.

Salmo 13(14)

A insensatez dos ímpios

Onde se multiplicou o pecado, aí superabundou a graça (Rm 5,20).

— ¹ Diz o insensato em seu próprio coração: *
 "Não há **Deus**! Deus não existe!"
— Corromperam-se em ações abomináveis. *
 Já não **há** quem faça o bem!
— ² O Senhor, ele se inclina lá dos céus *
 sobre os filhos de Adão,
— para ver se resta um homem de bom senso *
 que ainda busque a Deus.
— ³ Mas todos eles igualmente se perderam, *
 corrompendo-se uns aos outros;
— não existe mais nenhum que faça o bem, *
 não existe um sequer.
— ⁴ Será que não percebem os malvados*
 quando exploram o meu povo?
— Eles devoram o meu povo como pão, *
 e não invocam o Senhor.
— ⁵ Mas um dia vão tremer de tanto medo, *
 porque **Deus** está com o justo.
— ⁶ Podeis rir da esperança dos humildes, *
 mas o Senhor é o seu refúgio!
— ⁷ Que venha, venha logo de Sião*
 a salvação de Israel!
— Quando o Senhor reconduzir do cativeiro *
 os deportados de seu povo,
— que júbilo e que festa em Jacó, *
 que alegria em Israel!

Ant. À humanidade, quando imersa no pecado,
o Senhor manifestou sua bondade.

Para as outras Horas, Salmodia complementar, p. 1132.

Oração das Nove Horas

Leitura breve   Jr 17,7-8

Bendito o homem que confia no Senhor, cuja esperança é o Senhor; é como a árvore plantada junto às águas, que estende as raízes em busca de umidade, por isso não teme a chegada do calor: sua folhagem mantém-se verde, não sofre míngua em tempo de seca e nunca deixa de dar frutos.

V. O Senhor nunca recusa bem algum.
R. Àqueles que caminham na justiça.

Oração

Deus eterno e todo-poderoso, que nesta hora enviastes aos Apóstolos vosso santo Paráclito, comunicai-nos também este Espírito de amor, para darmos de vós um testemunho fiel diante de todos. Por Cristo, nosso Senhor.

Oração das Doze Horas

Leitura breve   Pr 3,13-15

Feliz o homem que encontrou a sabedoria, o homem que alcançou a prudência! Ganhá-la vale mais do que a prata, e o seu lucro mais do que o ouro. É mais valiosa do que as pérolas; nada que desejas a iguala.

V. Vós amais os corações que são sinceros.
R. Na intimidade me ensinais sabedoria.

Oração

Ó Deus, que revelastes a Pedro vosso plano de salvação para todos os povos, fazei que nossos trabalhos vos agradem e, pela vossa graça, sirvam ao vosso desígnio de amor e redenção. Por Cristo, nosso Senhor.

Oração das Quinze Horas

Leitura breve Jó 5,17-18

Feliz o homem a quem Deus corrige: não desprezes a lição do Todo-poderoso, porque ele fere e cura a ferida, golpeia e cura com a sua mão.

V. Conforme o vosso amor, Senhor, tratai-me.
R. E também vossos desígnios ensinai-me!

Oração

Senhor Deus, que enviastes vosso anjo para mostrar ao centurião Cornélio o caminho da vida, concedei-nos trabalhar com alegria para a salvação da humanidade, a fim de que, unidos todos na vossa Igreja, possamos chegar até vós. Por Cristo, nosso Senhor.

A conclusão da Hora como no Ordinário.

Vésperas

V. Vinde, ó **Deus**. Glória ao **Pai**. Como era. Aleluia.

Hino

Ó grande Autor da terra,
que, as águas repelindo,
do mundo o solo erguestes,
a terra produzindo,

de plantas revestida,
ornada pelas flores,
e dando muitos frutos,
diversos em sabores.

Lavai as manchas da alma
na fonte, pela graça.
O pranto em nossos olhos
as más ações desfaça.

Seguindo as vossas leis,
lutemos contra o mal,
felizes pelo dom
da vida perenal.

Ouvi-nos, Pai bondoso,
e vós, dileto Filho,
unidos pelo Espírito
na luz de eterno brilho.

Salmodia
Ant. 1 Ó **Se**nhor, exaltai o vosso Ungido!

Salmo 19(20)

Oração pela vitória do rei

Quem invocar o nome do Senhor, será salvo (At 2,21).

— ²Que o **Se**nhor te es**cu**te no **di**a da afli**ção**, *
e o **Deus** de Jacó te proteja por seu nome!
— ³Que do **seu** santuário te en**vi**e seu auxílio *
e te a**ju**de do alto, do **Mon**te de Sião!
— ⁴Que de **to**dos os teus sacrifícios se recorde, *
e os **teus** holocaustos a**cei**te com agrado!
— ⁵A**ten**da os desejos que **tens** no cora**ção**; *
plena**men**te ele cumpra as **tu**as esperanças!
= ⁶Com a **vos**sa vitória en**tão** exultaremos, †
levan**tan**do as bandeiras em **no**me do Senhor. *
Que o **Se**nhor te escute e a**ten**da os teus pedidos!
— ⁷E a**go**ra estou certo de que **Deus** dará a vitória, *
que o **Se**nhor há de dar a vi**tó**ria a seu Ungido;
— que have**rá** de atendê-lo do ex**cel**so santu**á**rio, *
pela **for**ça e poder de sua **mão** vitoriosa.
— ⁸Uns con**fi**am nos carros e **ou**tros nos cavalos; *
nós, po**rém**, somos fortes no **no**me do Senhor.
— ⁹Todos **e**les, tombando, caíram pelo chão; *
nós fi**ca**mos de pé e as**sim** resistiremos. —

—¹⁰ Ó Senhor, dai vitória e salvai o nosso rei, *
e escutai-nos no dia em que nós vos invocarmos.

Ant. Ó Senhor, exaltai o vosso Ungido!

Ant. 2 Cantaremos celebrando a vossa força.

Salmo 20(21),2-8.14

Ação de graças pela vitória do Rei

O Cristo ressuscitado recebeu a vida para sempre (Sto. Irineu).

—² Ó Senhor, em vossa força o rei se alegra; *
quanto exulta de alegria em vosso auxílio!

—³ O que sonhou seu coração, lhe concedestes; *
não recusastes os pedidos de seus lábios.

—⁴ Com bênção generosa o preparastes; *
de ouro puro coroastes sua fronte.

—⁵ A vida ele pediu e vós lhe destes *
longos dias, vida longa pelos séculos.

—⁶ É grande a sua glória em vosso auxílio; *
de esplendor e majestade o revestistes.

—⁷ Transformastes o seu nome numa bênção, *
e o cobristes de alegria em vossa face.

—⁸ Por isso o rei confia no Senhor, *
e por seu amor fiel não cairá.

—¹⁴ Levantai-vos com poder, ó Senhor Deus, *
e cantaremos celebrando a vossa força!

Ant. Cantaremos celebrando a vossa força.

Ant. 3 Fizestes de nós para Deus sacerdotes e povo de reis.

Cântico   Ap 4,11; 5,9.10.12

Hino dos remidos

—⁴,¹¹ Vós sois digno, Senhor nosso Deus, *
de receber honra, glória e poder!

(R. **Poder**, honra e **glória** ao Cordeiro de **Deus!**)

= 5,9 Porque **todas** as coisas criastes, †
é por **vos**sa vontade que existem, *
e sub**sist**em porque vós mandais. (R.)

= Vós sois **digno**, Senhor nosso Deus, †
de o **livro** nas mãos receber *
e de **abrir** suas folhas lacradas! (R.)

– Porque **fostes** por nós imolado; *
para **Deus** nos remiu vosso sangue

– dentre **todas** as tribos e línguas, *
dentre os **povos** da terra e nações. (R.)

= 10 Pois fi**zest**es de nós, para Deus, †
sacer**dotes** e povo de reis, *
e i**remos** reinar sobre a terra. (R.)

= 12 O Cor**deiro** imolado é digno †
de rece**ber** honra, glória e poder, *
sabed**oria**, louvor, divindade! (R.)

Ant. Fiz**estes** de **nós** para **Deus** sacer**dotes** e **povo** de **reis**.

Leitura breve
1Jo 3,1a.2

Vede que grande presente de amor o Pai nos deu: de sermos chamados filhos de Deus! E nós o somos! Caríssimos, desde já somos filhos de Deus, mas nem sequer se manifestou o que seremos! Sabemos que, quando Jesus se manifestar, seremos semelhantes a ele, porque o veremos tal como ele é.

Responsório breve
R. Vossa pal**avra**, ó **Senhor**,
*Perma**nece** eternamente. R. Vossa palavra.
V. Vossa ver**da**de é para **sempre**. *Permanece.
Glória ao **Pai**. R. Vossa palavra.

Cântico evangélico, ant.
Exul**te meu es**pí**rito em Deus meu Salva**dor!

Preces

Louvemos o Senhor Jesus Cristo que vive no meio de nós, povo que ele conquistou; e supliquemos:
R. **Ouvi, Senhor, a nossa oração!**

Senhor, rei e dominador de todos os povos, vinde em ajuda de todas as nações e de seus governantes,
– para que busquem, na concórdia, o bem comum, de acordo com a vossa vontade. R.

Vós, que, subindo aos céus, levastes convosco os cativos,
– restituí a liberdade de filhos de Deus aos nossos irmãos e irmãs prisioneiros no corpo ou no espírito. R.

Concedei aos nossos jovens a realização de suas esperanças,
– para que saibam responder ao vosso chamado com grandeza de alma. R.

Fazei que as crianças imitem vosso exemplo,
– e cresçam sempre em sabedoria e em graça. R.

(intenções livres)

Acolhei os que morreram na glória do vosso Reino,
– onde também nós esperamos reinar convosco para sempre. R.

Pai nosso...

Oração

Nós vos damos graças, Senhor Deus todo-poderoso, que nos fizestes chegar a esta hora; aceitai bondoso, qual sacrifício vespertino, nossas mãos erguidas em oração, que confiantes vos apresentamos. Por nosso Senhor Jesus Cristo, vosso Filho, na unidade do Espírito Santo.

A conclusão da Hora como no Ordinário.

I QUARTA-FEIRA

Invitatório

V. **Abri** os meus **lábios**. R. E minha **boca**.
R. Adoremos o Se**nhor**, pois foi ele quem nos **fez**.
Salmo invitatório como no Ordinário, p. 537.

Ofício das Leituras

V. Vinde, ó **Deus**. Glória ao **Pai**. Como era. Aleluia.
Esta introdução se omite quando o Invitatório precede imediatamente ao Ofício das Leituras.

Hino

I. Quando se diz o Ofício das Leituras durante a noite ou de madrugada:

    Criastes céu e terra,
    a vós tudo obedece;
    livrai a nossa mente
    do sono que entorpece.

    As culpas perdoai,
    Senhor, vos suplicamos;
    de pé, para louvar-vos,
    o dia antecipamos.

    À noite as mãos e as almas
    erguemos para o templo:
    mandou-nos o Profeta,
    deixou-nos Paulo o exemplo.

    As faltas conheceis
    e até as que ocultamos;
    a todas perdoai,
    ansiosos suplicamos.

A glória seja ao Pai,
ao Filho seu também,
ao Espírito igualmente,
agora e sempre. Amém.

II. Quando se diz o Ofício das Leituras durante o dia:

A vós, honra e glória,
Senhor do saber,
que vedes o íntimo
profundo do ser,
e em fontes de graça
nos dais de beber.

As boas ovelhas
guardando, pastor,
buscais a perdida
nos montes da dor,
unindo-as nos prados
floridos do amor.

A ira do Rei
no dia final
não junte aos cabritos
o pobre mortal.
Juntai-o às ovelhas
no prado eternal.

A vós, Redentor,
Senhor, Sumo Bem,
louvores, vitória
e glória convém,
porque reinais sempre
nos séculos. Amém.

Salmodia

Ant. 1 Eu vos **amo**, ó S**enhor**! Sois minha **força!**†

Salmo 17(18),2-30

Ação de graças pela salvação e pela vitória

Na mesma hora aconteceu um grande terremoto (Ap 11,13).

I

– ²Eu vos amo, ó Senhor! Sois minha força, *
– ³ †minha rocha, meu refúgio e Salvador!
= O meu Deus, sois o rochedo que me abriga, †
  minha força e poderosa salvação,*
  sois meu escudo e proteção: em vós espero!
– ⁴Invocarei o meu Senhor: a ele a glória! *
  e dos meus perseguidores serei salvo!
– ⁵Ondas da morte me envolveram totalmente, *
  e as torrentes da maldade me aterraram;
– ⁶os laços do abismo me amarraram *
  e a própria morte me prendeu em suas redes.
– ⁷Ao Senhor eu invoquei na minha angústia *
  e elevei o meu clamor para o meu Deus;
– de seu Templo ele escutou a minha voz, *
  e chegou a seus ouvidos o meu grito.

Ant. Eu vos amo, ó Senhor! Sois minha força!

Ant. 2 O Senhor me libertou, porque me ama.

II

= ⁸A terra toda estremeceu e se abalou, †
  os fundamentos das montanhas vacilaram *
  e se agitaram, porque Deus estava irado.
= ⁹De seu nariz fumaça em nuvens se elevou, †
  da boca lhe saiu um fogo abrasador, *
  dos lábios seus, carvões incandescentes.
–¹⁰Os céus ele abaixou e então desceu, *
  pousando em nuvens pretas os seus pés.
–¹¹Um querubim o conduzia no seu voo, *
  sobre as asas do vento ele pairava. –

—¹² Das **tre**vas fez um véu para envolver-se, *
   escon**deu**-se em densas nuvens e água escura.
—¹³ No cla**rão** que procedia de seu rosto, *
   car**vões** incandescentes se acendiam.
—¹⁴ Trove**jou** dos altos céus o Senhor Deus, *
   o Al**tís**simo fez ouvir a sua voz;
—¹⁵ e, lan**ça**ndo as suas flechas, dissipou-os, *
   disper**sou**-os com seus raios fulgurantes.
—¹⁶ Até o **fun**do do oceano apareceu, *
   e os funda**men**tos do universo foram vistos,
   — ante as **vos**sas ameaças, ó Senhor *
   e ao **so**pro abrasador de vossa ira.
—¹⁷ Lá do **al**to ele estendeu a sua mão *
   e das **á**guas mais profundas retirou-me;
—¹⁸ liber**tou**-me do inimigo poderoso *
   e de ri**vais** muito mais fortes do que eu.
—¹⁹ Assal**ta**ram-me no dia da aflição, *
   mas o Se**nhor** foi para mim um protetor;
—²⁰ colo**cou**-me num lugar bem espaçoso: *
   o Se**nhor** me libertou, porque me ama.

Ant. O Se**nhor** me liber**tou**, porque me ama.

Ant. 3 Ó Se**nhor**, fazei bri**lhar** a minha **lâm**pada!
   Ó meu **Deus**, ilumi**nai** as minhas **tre**vas!

III

—²¹ O Se**nhor** recompen**sou** minha justiça*
   e a pu**re**za que encontrou em minhas mãos,
—²² pois nos ca**mi**nhos do Senhor eu caminhei, *
   e de meu **Deus** não me afastei por minhas culpas.
—²³ Tive **sem**pre à minha frente os seus preceitos,*
   e de **mim** não afastei sua justiça.
—²⁴ Diante **de**le tenho sido sempre reto*
   e conser**vei**-me bem distante do pecado.

— ²⁵O Se**nhor** recompensou minha justiça *
e a pu**re**za que encontrou em minhas mãos.
— ²⁶Ó Se**nhor**, vós sois fiel com o fiel,*
sois cor**re**to com o homem que é cor**re**to;
— ²⁶sois sin**ce**ro com aquele que é sincero, *
mas ar**gu**to com o homem astucioso.
— ²⁸Pois sal**vais**, ó Senhor Deus, o povo humilde, *
mas os **o**lhos dos soberbos humilhais.
— ²⁹Ó Se**nhor**, fazeis bri**lh**ar a minha lâmpada; *
ó meu **Deus**, ilumi**nai** as minhas trevas.
— ³⁰Junto con**vosco** eu enfrento os inimigos, *
com vossa a**ju**da eu transponho altas muralhas.

Ant. Ó Se**nhor**, fazei bri**lh**ar a minha lâmpada!
Ó meu **Deus**, ilumi**nai** as minhas trevas!

V. E **t**odos se admi**r**avam das pa**l**avras
R. Cheias de **gr**aça que saíam de seus **lá**bios.
Leituras e oração correspondentes a cada Ofício.

Laudes

V. Vinde, ó **Deus**. Glória ao **Pai**. Como era. Ale**lu**ia.
Esta introdução se omite quando o Invitatório precede imediatamente às Laudes.

Hino

Ó noite, ó treva, ó nuvem,
não mais fiqueis aqui!
Já surge a doce aurora,
o Cristo vem: parti!

Rompeu-se o véu da terra,
cortado por um raio:
as coisas tomam cores,
já voltam do desmaio.

Assim também se apague
a noite do pecado,

e o Cristo em nossas almas
comece o seu reinado.

Humildes, vos pedimos
em nosso canto ou choro:
ouvi, ó Cristo, a prece,
que sobe a vós, em coro.

Os fogos da vaidade
a vossa luz desfaz.
Estrela da manhã,
quão doce vossa paz.

Louvor ao Pai, ó Cristo,
louvor a vós também;
reinais, no mesmo Espírito,
agora e sempre. Amém.

Salmodia

Ant. 1 Em vossa **luz** contem**pl**amos a **luz**.

Salmo 35(36)
A malícia do pecador e a bondade de Deus

Quem me segue, não andará nas trevas, mas terá a luz da vida (Jo 8,12).

– ² O pe**c**ado su**ss**urra ao **í**mpio *
lá no **fun**do do seu coração;
– o **t**emor do Senhor, nosso Deus, *
não **e**xiste perante seus olhos.

– ³ Lison**j**eia a si mesmo, pensando: *
"Ninguém **vê** nem condena o meu crime!"

– ⁴ Traz na **boca** maldade e engano; *
já não **quer** refletir e agir bem.
= ⁵ Arqui**t**eta a maldade em seu leito, †
nos ca**m**inhos errados insiste *
e não **quer** afastar-se do mal.

— ⁶Vosso **a**mor chega aos céus, ó Senhor, *
  chega às **nu**vens a vossa verdade.
— ⁷Como as **al**tas montanhas eternas *
  é a **vos**sa justiça, Senhor;
— e os **vos**sos juízos superam *
  os a**bis**mos profundos dos mares.

— Os ani**mais** e os homens salvais: *
  ⁸quão precio**s**a é, Senhor, vossa graça!
— Eis que os **fi**lhos dos homens se abrigam *
  sob a **som**bra das asas de Deus.

— ⁹Na abun**dân**cia de vossa morada, *
  eles **vêm** saciar-se de bens.
— Vós lhes **dais** de beber água viva, *
  na tor**ren**te das vossas delícias.

— ¹⁰Pois em **vós** está a fonte da vida, *
  e em vossa **luz** contemplamos a luz.
— ¹¹Conser**vai** aos fiéis vossa graça, *
  e aos **re**tos, a vossa justiça!

— ¹²Não me **pi**sem os pés dos soberbos, *
  nem me ex**pul**sem as mãos dos malvados!
— ¹³Os per**ver**sos, tremendo, caíram *
  e não **po**dem erguer-se do chão.

Ant. Em vossa **luz** contem**pla**mos a **luz**.

Ant. 2 Vós sois **gran**de, Senhor-Ado**nai**,
  admirável, de **for**ça inven**cí**vel!

Cântico   Jt 16,1-2.13-15

Deus, Criador do mundo e protetor do seu povo

Entoaram um cântico novo (Ap 5,9).

— ¹Can**tai** ao Se**nhor** com pan**dei**ros, *
  entoai seu louvor com tambores!
— Ele**vai**-lhe um salmo festivo, *
  invo**cai** o seu nome e exaltai-o! —

—² É o Senhor que põe fim às batalhas, *
o seu nome glorioso é "Senhor"!
—³ Cantemos louvores a Deus, *
novo hino ao Senhor entoemos!
— Vós sois grande, Senhor-Adonai, *
admirável, de força invencível!
—⁴ Toda a vossa criatura vos sirva, *
pois mandastes e tudo foi feito!
— Vosso sopro de vida enviastes, *
e eis que tudo passou a existir;
— não existe uma coisa ou pessoa, *
que resista à vossa palavra!
—⁵ Desde as bases, os montes se abalam, *
e as águas também estremecem;
— como cera, derretem-se as pedras *
diante da vossa presença.
— Mas aqueles que a vós obedecem *
junto a vós serão grandes em tudo.

Ant. Vós sois grande, Senhor-Adonai,
admirável, de força invencível!

Ant. 3 Gritai a Deus aclamações de alegria!

Salmo 46(47)

O Senhor, Rei do universo

Está sentado à direita de Deus Pai, e o seu Reino não terá fim.

—² Povos todos do universo, batei palmas, *
gritai a Deus aclamações de alegria!
—³ Porque sublime é o Senhor, o Deus Altíssimo, *
o soberano que domina toda a terra.
—⁴ Os povos sujeitou ao nosso jugo *
e colocou muitas nações aos nossos pés.

– ⁵Foi ele que escolheu a nossa herança, *
a glória de Jacó, seu bem-amado.
– ⁶Por entre aclamações Deus se elevou, *
o Senhor subiu ao toque da trombeta.
– ⁷Salmodiai ao nosso Deus ao som da harpa, *
salmodiai ao som da harpa ao nosso Rei!
– ⁸Porque Deus é o grande Rei de toda a terra, *
ao som da harpa acompanhai os seus louvores!
– ⁹Deus reina sobre todas as nações, *
está sentado no seu trono glorioso.
– ¹⁰Os chefes das nações se reuniram *
com o povo do Deus santo de Abraão,
– pois só Deus é realmente o Altíssimo, *
e os poderosos desta terra lhe pertencem!
Ant. Gritai a Deus aclamações de alegria!

Leitura breve   Tb 4,14b-15a.16ab.19a
Meu filho, sê vigilante em todas as tuas obras e mostra-te prudente em tua conversação. Não faças a ninguém o que para ti não desejas. Dá de teu pão a quem tem fome, e de tuas vestes aos que estão despidos. Dá de esmola todo o teu supérfluo. Bendize o Senhor em todo o tempo, e pede-lhe para que sejam retos os teus caminhos e tenham êxito todos os teus passos e todos os teus projetos.

Responsório breve
R. Para os vossos mandamentos,
 * Inclinai meu coração! R. Para os vossos.
V. Dai-me a vida em vossa Lei! * Inclinai.
 Glória ao Pai. R. Para os vossos.

Cântico evangélico, ant.
Mostrai-nos, ó Senhor, misericórdia,
recordando a vossa santa Aliança.

Preces

Demos graças e louvores a Cristo pela sua admirável condescendência em chamar de irmãos àqueles que santificou. Por isso, supliquemos:

R. **Santificai, Senhor, os vossos irmãos e irmãs!**

Fazei que vos consagremos de coração puro o princípio deste dia em honra da vossa ressurreição,
– e que o santifiquemos com trabalhos que sejam do vosso agrado. R.

Vós, que nos dais este novo dia, como sinal do vosso amor, para nossa alegria e salvação,
– renovai-nos a cada dia para glória do vosso nome. R.

Ensinai-nos hoje a reconhecer vossa presença em todos os nossos irmãos e irmãs,
– e a vos encontrarmos sobretudo nos pobres e infelizes. R.

Concedei que durante todo este dia vivamos em paz com todos,
– e a ninguém paguemos o mal com o mal. R.

(intenções livres)

Pai nosso...

Oração

Deus, nosso Salvador, que nos gerastes filhos da luz, ajudai-nos a viver como seguidores da justiça e praticantes da verdade, para sermos vossas testemunhas diante dos homens. Por nosso Senhor Jesus Cristo, vosso Filho, na unidade do Espírito Santo.

A conclusão da Hora como no Ordinário.

Hora Média

V. Vinde, ó **Deus**. Glória ao **Pai**. Como era. Ale**luia**.

HINO como no Ordinário, p. 552-555.

Salmodia

Ant. 1 Ó Se**nhor**, vós sois ben**di**to para **sem**pre:
os **vos**sos manda**men**tos ensi**nai**-me!

Salmo 118(119),9-16
II (Beth)

Meditação sobre a Palavra de Deus na Lei

Se me amais, guardareis os meus mandamentos (Jo 14,15).

– ⁹ Como um **jo**vem pode**rá** ter vida **pu**ra?*
   Obser**van**do, ó Senhor, vossa palavra.
– ¹⁰ De **to**do o coração eu vos procuro, *
   não dei**xeis** que eu abandone a vossa lei!
– ¹¹ Conser**vei** no coração vossas palavras, *
   a **fim** de que eu não peque contra vós.
– ¹² Ó Se**nhor**, vós sois bendito para sempre; *
   os **vos**sos mandamentos ensinai-me!
– ¹³ Com meus **lá**bios, ó Senhor, eu enumero *
   os de**cre**tos que ditou a vossa boca.
– ¹⁴ Se**guin**do vossa lei me rejubilo *
   muito **mais** do que em todas as riquezas.
– ¹⁵ Eu **que**ro meditar as vossas ordens, *
   eu **que**ro contemplar vossos caminhos!
– ¹⁶ Minha ale**gria** é fazer vossa vontade; *
   eu não **pos**so esquecer vossa palavra.

Ant. Ó Se**nhor**, vós sois ben**di**to para **sem**pre:
os **vos**sos manda**men**tos ensi**nai**-me!

Ant. 2 Fir**mai** os meus **pas**sos em **vos**sos ca**mi**nhos.

Salmo 16(17)
Dos ímpios salvai-me, Senhor

Nos dias de sua vida terrestre, dirigiu preces e súplicas...
E foi atendido (Hb 5,7).

I

– ¹Ó Senhor, ouvi a minha justa causa,*
  escutai-me e atendei ao meu clamor!
– Inclinai o vosso ouvido à minha prece, *
  pois não existe falsidade nos meus lábios!
– ²De vossa face é que me venha o julgamento, *
  pois vossos olhos sabem ver o que é justo.
= ³Provai meu coração durante a noite, †
  visitai-o, examinai-o pelo fogo, *
  mas em mim não achareis iniquidade.
– ⁴Não cometi nenhum pecado por palavras, *
  como é costume acontecer em meio aos homens.
– Seguindo as palavras que dissestes, *
  andei sempre nos caminhos da Aliança.
– ⁵Os meus passos eu firmei na vossa estrada, *
  e por isso os meus pés não vacilaram.
– ⁶Eu vos chamo, ó meu Deus, porque me ouvis, *
  inclinai o vosso ouvido e escutai-me!
= ⁷Mostrai-me vosso amor maravilhoso, †
  vós que salvais e libertais do inimigo *
  quem procura a proteção junto de vós.
– ⁸Protegei-me qual dos olhos a pupila *
  e guardai-me, à proteção de vossas asas,
– ⁹longe dos ímpios violentos que me oprimem, *
  dos inimigos furiosos que me cercam.

Ant. Firmai os meus passos em vossos caminhos.

Ant. 3 Levantai-vos, ó Senhor, e salvai a minha vida!

II

—¹⁰ A abun**dância** lhes fe**chou** o cora**ção**, *
em sua **bo**ca há só palavras orgulhosas.
—¹¹ Os seus **pas**sos me perseguem, já me cercam, *
voltam seus **o**lhos contra mim: vão derrubar-me,
—¹² como um le**ão** impaciente pela presa, *
um leãozinho espreitando de emboscada.
—¹³ Levan**tai**-vos, ó Senhor, contra o malvado, *
com vossa es**pa**da abatei-o e libertai-me!
—¹⁴ Com vosso **bra**ço defendei-me desses homens, *
que já en**con**tram nesta vida a recompensa.
= Sacia**is** com vossos bens o ventre deles, †
e seus **fi**lhos também hão de saciar-se *
e ainda as **so**bras deixarão aos descendentes.
—¹⁵ Mas eu ve**rei**, justificado, a vossa face *
e ao desper**tar** me saciará vossa presença.

Ant. Levan**tai**-vos, ó S**e**nhor, e sal**vai** a minha **vi**da!

Para as outras Horas, Salmodia complementar, p. 1132.

Oração das Nove Horas

Leitura breve 1Pd 1,13-14

Aprontai a vossa mente; sede sóbrios e colocai toda a vossa esperança na graça que vos será oferecida na revelação de Jesus Cristo. Como filhos obedientes, não modeleis a vossa vida de acordo com as paixões de antigamente, do tempo da vossa ignorância.

V. Mos**trai**-me, ó S**e**nhor, vossos ca**mi**nhos.
R. E fa**zei**-me conhe**cer** a vossa es**tra**da!

Oração

Senhor, nosso Pai, Deus santo e fiel, que enviastes o Espírito prometido por vosso Filho, para reunir os seres humanos divididos pelo pecado, fazei-nos promover no mundo os bens da unidade e da paz. Por Cristo, nosso Senhor.

Oração das Doze Horas

Leitura breve   1Pd 1,15-16

Como é santo aquele que vos chamou, tornai-vos santos, também vós, em todo o vosso proceder. Pois está na Escritura: Sede santos, porque eu sou santo.

V. Que se vistam de alegria os vossos santos,
R. E os vossos sacerdotes, de justiça.

Oração

Deus onipotente e misericordioso, que nos dais novo alento no meio deste dia, olhai com bondade os trabalhos começados e, perdoando nossas faltas, fazei que eles atinjam os fins que vos agradam. Por Cristo, nosso Senhor.

Oração das Quinze Horas

Leitura breve   Tg 4,7-8a.10

Obedecei a Deus, mas resisti ao diabo, e ele fugirá de vós. Aproximai-vos de Deus, e ele se aproximará de vós. Humilhai-vos diante do Senhor, e ele vos exaltará.

V. O Senhor pousa o olhar sobre os que o temem,
R. E que confiam, esperando, em seu amor.

Oração

Senhor Jesus Cristo, que para salvar o gênero humano estendestes vossos braços na cruz, concedei que nossas ações vos agradem e manifestem ao mundo vossa obra redentora. Vós, que viveis e reinais para sempre.

A conclusão da Hora como no Ordinário.

Vésperas

V. Vinde, ó **Deus**. Glória ao **Pai**. Como **era**. Ale**lui**a.
Hino

> Santíssimo Deus do céu,
> que o céu encheis de cor
> e dais à luz beleza
> de ígneo resplendor;

criais no quarto dia
a rota chamejante
do sol e das estrelas,
da lua fulgurante.

Assim, à luz e às trevas
limites vós fixais.
Dos meses o começo
marcastes com sinais.

Fazei a luz brilhar
em nosso coração.
Tirai da mente as trevas,
da culpa a servidão.

Ouvi-nos, Pai bondoso,
e vós, único Filho,
reinando com o Espírito
na luz de eterno brilho.

Salmodia
Ant. 1 O **Se**nhor é minha **luz** e sal**vação**;
de **quem** eu terei **me**do? †

Salmo 26(27)

Confiança em Deus no perigo

I

Esta é a morada de Deus entre os homens (Ap 21,3).

– ¹ O **Se**nhor é minha **luz** e sal**vação**; *
de **quem** eu terei **me**do?
– † O **Se**nhor é a proteção da minha vida; *
perante **quem** eu tremerei?
– ² Quando a**van**çam os malvados contra mim, *
que**ren**do devorar-me,
– são **e**les, inimigos e opressores, *
que tro**pe**çam e sucumbem. –

– ³ Se os inimigos se acamparem contra mim, *
 não temerá meu coração;
– se contra **mim** uma batalha estourar, *
 mesmo assim confiarei.
– ⁴ Ao Senhor eu peço apenas uma coisa, *
 e é só isto que eu desejo:
– habitar no santuário do Senhor *
 por toda a minha vida;
– saborear a suavidade do Senhor *
 e contemplá-lo no seu templo.
– ⁵ Pois um abrigo me dará sob o seu teto *
 nos dias da desgraça;
– no interior de sua tenda há de esconder-me *
 e proteger-me sobre a rocha.
– ⁶ E agora minha fronte se levanta *
 em meio aos inimigos.
– Ofertarei um sacrifício de alegria, *
 no templo do Senhor.
– Cantarei salmos ao Senhor ao som da harpa *
 e hinos de louvor.

Ant. O **Senhor** é minha **luz** e salva**ção**;
 de **quem** eu terei **medo**?

Ant. 2 Senhor, é vossa face que eu procuro;
 não me escondais a vossa face!

II

Alguns se levantaram e testemunharam falsamente contra Jesus (Mc 14,57).

– ⁷ Ó Senhor, ouvi a voz do meu apelo, *
 atendei por compaixão!
– ⁸ Meu coração fala convosco confiante, *
 e os meus olhos vos procuram.
– Senhor, é vossa face que eu procuro; *
 não me escondais a vossa face! –

– ⁹ Não afasteis em vossa ira o vosso servo, *
  sois **vós** o meu auxílio!
– Não me esqueçais nem me deixeis abandonado, *
  meu **Deus** e Salvador!
– ¹⁰ Se meu **pai** e minha mãe me abandonarem, *
  o Senhor me acolherá!
– ¹¹ Ensinai-me, ó Senhor, vossos caminhos *
  e mostrai-me a estrada certa!
– Por causa do inimigo, protegei-me, *
  ¹² não me entregueis a seus desejos!
– Porque falsas testemunhas se ergueram *
  e vomitam violência.
– ¹³ Sei que a bondade do Senhor eu hei de ver *
  na terra dos viventes.
– ¹⁴ Espera no Senhor e tem coragem, *
  espera no Senhor!

Ant. **Senhor**, é vossa **face** que eu procuro;
  não me escondais a vossa **face**!

Ant. 3 É o Primogênito de toda criatura,
  e em tudo Ele tem a primazia.

Cântico   Cf. Cl 1,12-20
**Cristo, o Primogênito de toda criatura
e o Primogênito dentre os mortos**

= ¹² Demos **graças** a Deus **Pai** onipotente, †
  que nos **chama** a partilhar, na sua luz, *
  da herança a seus santos reservada!

(R. Glória a **vós**, Primogênito dentre os **mortos!**)

= ¹³ Do império das trevas arrancou-nos †
  e transportou-nos para o reino de seu Filho, *
  para o **reino** de seu Filho bem-amado,

– ¹⁴ no **qual** nós encontramos redenção, *
  dos pecados remissão pelo seu sangue.   (R.)

— ¹⁵Do **Deus**, o Invisível, é a imagem, *
 o Primogênito de toda criatura;
= ¹⁶porque **ne**le é que tudo foi criado: †
 o que há nos **céus** e o que existe sobre a terra, *
 o vi**sí**vel e também o invisível.   (R.)
= Sejam **Tro**nos e Poderes que há nos céus, †
 sejam **e**les Principados, Potestades: *
 por ele e para ele foram feitos;
— ¹⁷antes de **to**da criatura ele existe, *
 e é por **e**le que subsiste o universo.   (R.)
= ¹⁸Ele é a Cabeça da Igreja, que é seu Corpo, †
 é o prin**cí**pio, o Primogênito dentre os mortos, *
 a **fim** de ter em tudo a primazia.
— ¹⁹Pois foi do a**gra**do de Deus Pai que a plenitude *
 habi**tas**se no seu Cristo inteiramente.   (R.)
— ²⁰A**prou**ve-lhe também, por meio dele, *
 reconcili**ar** consigo mesmo as criaturas,
= pacifi**can**do pelo sangue de sua cruz †
 tudo a**qui**lo que por ele foi criado, *
 o que há nos **céus** e o que existe sobre a terra.   (R.)

Ant. É o Primogênito de **to**da criatura,
 e em **tu**do Ele **tem** a primazia.

Leitura breve   Tg 1,22.25
Sede praticantes da Palavra e não meros ouvintes, enganando-vos a vós mesmos. Aquele, porém, que se debruça sobre a Lei da liberdade, agora levada à perfeição, e nela persevera, não como um ouvinte distraído, mas praticando o que ela ordena, esse será feliz naquilo que faz.

Responsório breve
R. Liber**tai**-me, ó Se**nhor**,
 * Ó meu **Deus**, tende pie**da**de! R. Liber**tai**-me.
V. Não jun**teis** a minha **vi**da à dos **maus** e sangui**ná**rios.
 *Ó meu **Deus**. Glória ao **Pai**. R. Liber**tai**-me.

Cântico evangélico, ant.
O Poderoso fez em **mim** maravilhas, e **san**to é seu **no**me.

Preces
Em tudo seja glorificado o nome do Senhor, que ama com infinito amor o povo que escolheu. Suba até ele a nossa oração:

R. **Mostrai-nos, Senhor, o vosso amor!**

Lembrai-vos, Senhor, da vossa Igreja;
– guardai-a de todo o mal e tornai-a perfeita em vosso amor. R.

Fazei que os povos vos reconheçam como único Deus verdadeiro,
– e em vosso Filho Jesus Cristo, o Salvador que enviastes. R.

Concedei todo o bem e prosperidade a nossos parentes;
– dai-lhes vossa bênção e a recompensa eterna. R.

Confortai os que vivem sobrecarregados no trabalho,
– e defendei a dignidade dos marginalizados. R.

(intenções livres)

Abri as portas da vossa misericórdia para aqueles que hoje partiram desta vida,
– e acolhei-os com bondade no vosso reino. R.

Pai nosso...

Oração
Acolhei, Senhor, as nossas súplicas e concedei-nos dia e noite a vossa proteção, a fim de que, nas mudanças do tempo, sempre nos sustente o vosso amor imutável. Por nosso Senhor Jesus Cristo, vosso Filho, na unidade do Espírito Santo.

A conclusão da Hora como no Ordinário.

I QUINTA-FEIRA

Invitatório

V. **Abri** os meus **lá**bios. R. E minha **bo**ca.
R. Ado**re**mos o Se**nhor**, porque ele é nosso **Deus**!

Salmo invitatório como no Ordinário, p. 537.

Ofício das Leituras

V. Vinde, ó **Deus**. Glória ao **Pai**. Como era. Ale**lui**a.

Esta introdução se omite quando o Invitatório precede imediatamente ao Ofício das Leituras.

Hino

I. Quando se diz o Ofício das Leituras durante a noite ou de madrugada:

>A noite escura apaga
>da treva toda a cor.
>Juiz dos corações,
>a vós nosso louvor.

>E para que das culpas
>lavemos nossa mente,
>ó Cristo, dai a graça
>que os crimes afugente.

>A nós, que vos buscamos,
>tirai do mal escuro.
>Já dorme a mente ímpia
>que o fruto morde impuro.

>As trevas expulsai
>do nosso interior.
>Felizes exultemos
>à luz do vosso amor.

A vós, ó Cristo, a glória
e a vós, ó Pai, também,
com vosso Santo Espírito
agora e sempre. Amém.

II. Quando se diz o Ofício das Leituras durante o dia:

Cristo, aos servos suplicantes
voltai hoje vosso olhar.
Entre as trevas deste mundo
nossa fé fazei brilhar.

Não pensemos em maldades,
não lesemos a ninguém,
nem o mal retribuamos,
mas paguemos mal com bem.

Iras, fraudes, nem soberba
haja em nossos corações.
Defendei-nos da avareza,
que é raiz de divisões.

Guarde todos nós na paz
a sincera caridade.
Seja casta a nossa vida,
em total fidelidade.

A vós, Cristo, Rei clemente,
e a Deus Pai, Eterno Bem,
com o vosso Santo Espírito,
honra e glória sempre. Amém.

Salmodia

Ant. 1 A palavra do Senhor é proteção
para aqueles que a ele se confiam.

Salmo 17(18),31-51
Ação de graças
Se Deus é por nós, quem será contra nós? (Rm 8,31).

IV

– ³¹São perfeitos os caminhos do Senhor, *
sua palavra é provada pelo fogo;
– nosso **Deus** é um escudo poderoso *
para aqueles que a ele se confiam.

– ³²Quem é **deus** além de Deus nosso Senhor? *
Quem é Rochedo semelhante ao nosso Deus?
– ³³Foi esse **Deus** que me vestiu de fortaleza *
e que tornou o meu caminho sem pecado.

– ³⁴Tornou ligeiros os meus pés como os da corça *
e colocou-me em segurança em lugar alto;
– ³⁵adestrou as minhas mãos para o combate, *
e os meus braços, para usar arcos de bronze.

Ant. A palavra do Senhor é proteção
para aqueles que a ele se confiam.

Ant. 2 Com a vossa mão direita me amparastes.

V

= ³⁶Por escudo vós me destes vossa ajuda; †
com a vossa mão direita me amparastes, *
e a vossa proteção me fez crescer.
– ³⁷Alargastes meu caminho ante meus passos, *
e por isso os meus pés não vacilaram.

– ³⁸Persegui meus inimigos e alcancei-os, *
não voltei sem os haver exterminado;
– ³⁹esmaguei-os, já não podem levantar-se, *
e debaixo dos meus pés caíram todos.

– ⁴⁰Vós me cingistes de coragem para a luta *
e dobrastes os rebeldes a meus pés.

—⁴¹ Vós fizestes debandar meus inimigos, *
e aqueles que me odeiam dispersastes.
—⁴² Eles gritaram, mas ninguém veio salvá-los;*
os seus gritos o Senhor não escutou.
—⁴³ Esmaguei-os como o pó que o vento leva *
e pisei-os como a lama das estradas.
—⁴⁴ Vós me livrastes da revolta deste povo *
e me pusestes como chefe das nações;
— serviu-me um povo para mim desconhecido, *
⁴⁵ mal ouviu a minha voz, obedeceu.
= Povos estranhos me prestaram homenagem, †
⁴⁶ povos estranhos se entregaram, se renderam *
e, tremendo, abandonaram seus redutos.

Ant. Com a vossa mão direita me amparastes.

Ant. 3 Viva o Senhor! Bendito seja o meu Rochedo! †

VI

—⁴⁷ Viva o Senhor! Bendito seja o meu Rochedo!*
† E louvado seja Deus, meu Salvador!
—⁴⁸ Porque foi ele, o Senhor, que me vingou *
e os povos submeteu ao meu domínio;
= libertou-me de inimigos furiosos, †
⁴⁹ me exaltou sobre os rivais que resistiam*
e do homem sanguinário me salvou.
—⁵⁰ Por isso, entre as nações, vos louvarei, *
cantarei salmos, ó Senhor, ao vosso nome.
=⁵¹ Concedeis ao vosso rei grandes vitórias †
e mostrais misericórdia ao vosso Ungido, *
a Davi e à sua casa para sempre.

Ant. Viva o Senhor! Bendito seja o meu Rochedo!

V. Abri meus olhos, e então contemplarei
R. As maravilhas que encerra a vossa lei.

Leituras e oração correspondentes a cada Ofício.

Laudes

V. Vinde, ó **Deus**. Glória ao **Pai**. Como **e**ra. Ale**lui**a.
Esta introdução se omite quando o Invitatório precede imediatamente às Laudes.

Hino

Já surge a luz dourada,
a treva dissipando,
que as almas do abismo
aos poucos vai levando.

Dissipa-se a cegueira
que a todos envolvia;
alegres caminhemos
na luz de um novo dia.

Que a luz nos traga paz,
pureza ao coração:
longe a palavra falsa,
o pensamento vão.

Decorra calmo o dia:
a mão, a língua, o olhar.
Não deixe nosso corpo
na culpa se manchar.

Do alto, nossos atos
Deus vê, constantemente;
solícito nos segue
da aurora ao sol poente.

A glória seja ao Pai,
ao Filho seu também;
ao Espírito igualmente,
agora e sempre. Amém.

Salmodia

Ant. 1 Des**per**tem a **har**pa e a **li**ra,
eu **i**rei acor**dar** a au**ro**ra.

Salmo 56(57)

Oração da manhã numa aflição

Este salmo canta a Paixão do Senhor (Sto. Agostinho).

– ²Pie**da**de, Se**nhor**, pie**da**de, *
 pois em **vós** se abriga a minh'alma!
– De vossas **a**sas, à sombra, me achego, *
 até que **pas**se a tormenta, Senhor!
– ³Lanço um **gri**to ao Senhor Deus Altíssimo, *
 a este **Deus** que me dá todo o bem.
= ⁴Que me en**vi**e do céu sua ajuda †
 e con**fun**da os meus opressores! *
 Deus me en**vi**e sua graça e verdade!
– ⁵Eu me en**con**tro em meio a leões, *
 que, fa**min**tos, devoram os homens;
– os seus **den**tes são lanças e flechas, *
 suas **lín**guas, espadas cortantes.
– ⁶Ele**vai**-vos, ó Deus, sobre os céus, *
 vossa **gló**ria refulja na terra!
– ⁷Prepa**ra**ram um laço a meus pés, *
 e as**sim** oprimiram minh'alma;
– uma **co**va me abriram à frente, *
 mas na **co**va acabaram caindo.
– ⁸Meu cora**ção** está pronto, meu Deus, *
 está **pron**to o meu coração!
– ⁹Vou can**tar** e tocar para vós: *
 des**per**ta, minh'alma, desperta!
– Des**per**tem a harpa e a lira, *
 eu i**rei** acordar a aurora!
– ¹⁰Vou lou**var**-vos, Senhor, entre os povos, *
 dar-vos **gra**ças, por entre as nações!
– ¹¹Vosso a**mor** é mais alto que os céus, *
 mais que as **nu**vens a vossa verdade!

—¹² Elevai-vos, ó Deus, sobre os céus, *
vossa glória refulja na terra!

Ant. Despertem a harpa e a lira,
eu irei acordar a aurora.

Ant. 2 O meu povo há de fartar-se de meus bens.

Cântico   Jr 31,10-14
A felicidade do povo libertado

Jesus iria morrer... para reunir os filhos de Deus dispersos (Jo 11,51.52).

—¹⁰ Ouvi, nações, a palavra do Senhor *
e anunciai-a nas ilhas mais distantes:

— "Quem dispersou Israel, vai congregá-lo, *
e o guardará qual pastor a seu rebanho!"

—¹¹ Pois, na verdade, o Senhor remiu Jacó *
e o libertou do poder do prepotente.

=¹² Voltarão para o monte de Sião, †
entre brados e cantos de alegria *
afluirão para as bênçãos do Senhor:

— para o trigo, o vinho novo e o azeite; *
para o gado, os cordeirinhos e as ovelhas.

— Terão a alma qual jardim bem irrigado, *
de sede e fome nunca mais hão de sofrer.

—¹³ Então a virgem dançará alegremente, *
também o jovem e o velho exultarão;

— mudarei em alegria o seu luto, *
serei consolo e conforto após a pena.

—¹⁴ Saciarei os sacerdotes de delícias, *
e meu povo há de fartar-se de meus bens!

Ant. O meu povo há de fartar-se de meus bens.

Ant. 3 Grande é o Senhor e muito digno de louvores
na cidade onde ele mora. †

Salmo 47(48)
Ação de graças pela salvação do povo

Ele me levou em espírito a uma montanha grande e alta.
Mostrou-me a cidade santa, Jerusalém (Ap 21,10).

– ²Grande é o **Senhor** e muito **dig**no de lou**vo**res *
  na ci**da**de onde ele **mo**ra;
– ³ † seu monte **san**to, esta colina encantadora, *
  é a ale**gri**a do universo.
– Monte Si**ão**, no extremo norte situado, *
  és a man**são** do grande Rei!
– ⁴Deus reve**lou**-se em suas fortes cidadelas *
  um re**fú**gio poderoso.
– ⁵Pois **eis** que os reis da terra se aliaram, *
  e todos **jun**tos avançaram;
– ⁶mal a **vi**ram, de pavor estremeceram, *
  deban**da**ram perturbados.
– ⁷Como as **do**res da mulher sofrendo parto, *
  uma an**gús**tia os invadiu,
– ⁸semel**han**te ao vento leste impetuoso, *
  que despe**da**ça as naus de Társis.
– ⁹Como ou**vi**mos dos antigos, contemplamos: *
  Deus ha**bi**ta esta cidade,
– a ci**da**de do Senhor onipotente, *
  que ele a **guar**de eternamente!
– ¹⁰Recor**da**mos, Senhor Deus, vossa bondade *
  em **mei**o ao vosso templo;
– ¹¹com vosso **no**me vai também vosso louvor *
  aos con**fins** de toda a terra.
– Vossa di**rei**ta está repleta de justiça, *
  ¹²exulte o **mon**te de Sião!
– Alegrem-se as cidades de Judá *
  com os **vos**sos julgamentos! –

—¹³ Vinde a Sião, fazei a volta ao seu redor *
e con**tai** as suas torres;
—¹⁴ obser**vai** com atenção suas muralhas, *
visi**tai** os seus palácios,
— para con**tar** às gerações que hão de vir *
¹⁵ como é **gran**de o nosso Deus!
— O nosso **Deus** é desde sempre e para sempre: *
Será **e**le o nosso guia!

Ant. Grande é o **Senhor** e muito **digno** de lou**vo**res
na ci**da**de onde ele **mo**ra.

Leitura breve
Is 66,1-2

Isto diz o Senhor: O céu é o meu trono e a terra é o apoio de meus pés. Que casa é esta que edificareis para mim, e que lugar é este para meu descanso? Tudo isso foi minha mão que fez, tudo isso é meu, diz o Senhor. Mas eu olho para este, para o pobrezinho de alma abatida, que treme ao ouvir a minha palavra.

Responsório breve
R. Clamo de **to**do o cora**ção**:
 * Aten**dei**-me, ó S**enhor**! R. Clamo.
V. Quero cum**prir** vossa von**ta**de. * Aten**dei**-me.
 Glória ao **Pai**. R. Clamo de **to**do.

Cântico evangélico, ant.
Sir**va**mos ao Se**nhor** em jus**ti**ça e santi**da**de,
e de **nos**sos ini**mi**gos have**rá** de nos sal**var**.

Preces
Demos graças a Cristo que nos concede a luz deste novo dia; e lhe peçamos:
R. **Senhor, abençoai-nos e santificai-nos!**

Senhor, que vos entregastes como vítima pelos nossos pecados,
—aceitai os trabalhos que já começamos e os nossos planos de ação para hoje.

R. **Senhor, abençoai-nos e santificai-nos!**

Senhor, que alegrais nossos olhos com a luz deste novo dia,
—sede vós mesmo a luz dos nossos corações. R.

Tornai-nos generosos para com todos,
—para sermos imagens fiéis da vossa bondade. R.

Fazei-nos desde a manhã sentir o vosso amor,
—para que a vossa alegria seja hoje a nossa força. R.

(intenções livres)

Pai nosso...

Oração

Deus eterno e todo-poderoso, ouvi as súplicas que vos dirigimos de manhã, ao meio-dia e à tarde; expulsai de nossos corações as trevas do pecado e fazei-nos alcançar a verdadeira luz, Jesus Cristo. Que convosco vive e reina, na Unidade do Espírito Santo.

A conclusão da Hora como no Ordinário.

Hora Média

V. Vinde, ó **Deus**. Glória ao **Pai**. Como era. Aleluia.

HINO como no Ordinário, p. 552-555.

Salmodia

Ant. 1 Abri meus olhos, e então contemplarei as maravilhas que encerra a vossa lei.

Salmo 118(119),17-24
III (Ghimel)
Meditação sobre a Palavra de Deus na Lei

O meu alimento é fazer a vontade daquele que me enviou (Jo 4,34).

— ¹⁷Sede **bom** com vosso **serv**o, e vive**rei**, *
e guarda**rei** vossa palavra, ó Senhor.

— ¹⁸Abri meus **o**lhos, e então contemplarei *
as mara**vi**lhas que encerra a vossa lei!

— ¹⁹Sou a**pe**nas peregrino sobre a terra, *
de **mim** não oculteis vossos preceitos!

— ²⁰Minha **al**ma se consome o tempo todo *
em dese**jar** as vossas justas decisões.

— ²¹Amea**çais** os orgulhosos e os malvados; *
maldito **se**ja quem transgride a vossa lei!

— ²²**Livrai**-me do insulto e do desprezo, *
pois eu **guar**do as vossas ordens, ó Senhor.

— ²³Que os pode**ro**sos reunidos me condenem; *
o que me im**por**ta é o vosso julgamento!

— ²⁴Minha ale**gri**a é a vossa Aliança, *
meus conse**lhei**ros são os vossos mandamentos.

Ant. Abri meus **o**lhos, e en**tão** contemplarei
as mara**vi**lhas que en**cer**ra a vossa **lei**.

Ant. 2 Vossa ver**da**de, ó Se**nhor**, me oriente e me con**du**za.

Salmo 24(25)
Prece de perdão e confiança

A esperança não decepciona (Rm 5,5).

I

= ¹Senhor, meu **Deus**, a vós ele**vo** a minha **al**ma, †
²em vós con**fi**o: que eu não seja envergonhado *
nem tri**un**fem sobre mim os inimigos!

— ³Não se enver**go**nha quem em vós põe a esperança, *
mas, sim, quem **ne**ga por um nada a sua fé.

– ⁴Mostrai-me, ó Senhor, vossos caminhos, *
   e fazei-me conhecer a vossa estrada!
= ⁵Vossa verdade me oriente e me conduza, †
   porque sois o Deus da minha salvação;*
   em vós espero, ó Senhor, todos os dias!
– ⁶Recordai, Senhor, meu Deus, vossa ternura *
   e a vossa compaixão que são eternas!
– ⁷Não recordeis os meus pecados quando jovem, *
   nem vos lembreis de minhas faltas e delitos!
– De mim lembrai-vos, porque sois misericórdia *
   e sois bondade sem limites, ó Senhor!
– ⁸O Senhor é piedade e retidão, *
   e reconduz ao bom caminho os pecadores.
– ⁹Ele dirige os humildes na justiça, *
   e aos pobres ele ensina o seu caminho.
–¹⁰Verdade e amor são os caminhos do Senhor*
   para quem guarda sua Aliança e seus preceitos.
–¹¹Ó Senhor, por vosso nome e vossa honra, *
   perdoai os meus pecados que são tantos!

Ant. Vossa verdade, ó Senhor, me oriente e me conduza.

Ant. 3 Voltai-vos para mim, tende piedade,
   porque sou pobre, estou sozinho e infeliz!

II

–¹²Qual é o homem que respeita o Senhor? *
   Deus lhe ensina os caminhos a seguir.
–¹³Será feliz e viverá na abundância, *
   e os seus filhos herdarão a nova terra.
–¹⁴o Senhor se torna íntimo aos que o temem *
   e lhes dá a conhecer sua Aliança.
–¹⁵Tenho os olhos sempre fitos no Senhor, *
   pois ele tira os meus pés das armadilhas.
–¹⁶Voltai-vos para mim, tende piedade,*
   porque sou pobre, estou sozinho e infeliz! –

⁻¹⁷ **Aliviai** meu coração de tanta angústia, *
  e liber**tai**-me das minhas aflições!
⁻¹⁸ Conside**rai** minha miséria e sofrimento *
  e conce**dei** vosso perdão aos meus pecados!
⁻¹⁹ **Olhai** meus inimigos que são muitos, *
  e com que **ódio** violento eles me odeiam!
⁻²⁰ Defen**dei** a minha vida e libertai-me; *
  em vós con**fio**, que eu não seja envergonhado!
⁻²¹ Que a reti**dão** e a inocência me protejam, *
  pois em **vós** eu coloquei minha esperança!
⁻²² Liber**tai**, ó Senhor Deus, a Israel *
  de **to**da a sua angústia e aflição!

Ant. Vol**tai**-vos para **mim**, tende pie**da**de,
  porque sou **po**bre, estou sozinho e inf**eliz**!

Para as outras Horas, Salmodia complementar, p. 1132.

Oração das Nove Horas

Leitura breve   Am 4,13
Ei-lo que forma as montanhas e cria o vento, e transmite ao homem seu pensamento, faz a aurora e a escuridão e caminha pelas alturas da terra: o seu nome é Senhor, Deus dos exércitos.

V. Obras **to**das do Se**nhor**, bendi**zei** o Se**nhor**,
R. Lou**vai**-o e exal**tai**-o pelos **sé**culos sem **fim**!

Oração

Senhor nosso Deus, que nesta hora enviastes o Espírito Santo aos Apóstolos em oração, concedei-nos participar do mesmo Dom. Por Cristo, nosso Senhor.

Oração das Doze Horas

Leitura breve   Am 5,8
Aquele que fez as estrelas das Plêiades e o Órion e transforma as trevas em manhã e, de noite, escurece o dia, aquele

que reúne as águas do mar e as derrama pela face da terra, seu nome é Senhor.

V. Diante dele vão a **gló**ria e a majes**ta**de,
R. E o seu **tem**plo, que be**le**za e esplen**dor**!

Oração
Deus onipotente, em vós não há trevas nem escuridão; fazei que vossa luz resplandeça sobre nós e, acolhendo vossos preceitos com alegria, sigamos fielmente o vosso caminho. Por Cristo, nosso Senhor.

Oração das Quinze Horas

Leitura breve Am 9,6
Senhor é o nome daquele que constrói no céu os degraus do seu trono e assenta na terra sua abóbada, reúne as águas do mar, derramando-as sobre a face da terra.

V. Os céus pro**cla**mam a **gló**ria do **Se**nhor
R. E o firma**men**to, a **o**bra de suas **mãos**.

Oração
Senhor nosso Deus, atendei à nossa oração, dando-nos a graça de imitar o exemplo da paixão do vosso Filho e levar serenamente nossa cruz de cada dia. Por Cristo, nosso Senhor.

A conclusão da Hora como no Ordinário.

Vésperas

V. Vinde, ó **Deus**. Glória ao **Pai**. Como era. Ale**lui**a.

Hino

> Deus de supremo poder,
> da água os seres gerastes.
> Com uns enchestes os mares,
> de outros o ar povoastes.

Uns mergulhastes nas águas,
outros soltastes no ar,
com o impulso que os leva
a toda a terra ocupar.

Dai graça a todos os servos,
no vosso sangue lavados,
para vencermos o tédio,
a morte e todo pecado.

Não nos deprimam as culpas,
nem nos inflame a vaidade;
não caia a mente abatida,
nem caia a mente elevada.

Ouvi-nos, Pai piedoso,
e vós, Imagem do Pai,
que com o Espírito Santo
eternamente reinais.

Salmodia
Ant. 1 Senhor, meu **Deus**, clamei por **vós** e me cur**as**tes!
A vós louv**or** etern**a**me**nte**!

Salmo 29(30)
Ação de graças pela libertação

Cristo, após sua gloriosa ressurreição, dá graças ao Pai (Cassiodoro).

— ² Eu vos ex**al**to, ó S**e**nhor, pois me livr**as**tes, *
  e não deix**as**tes rir de mim meus inimigos!
— ³ S**e**nhor, clamei por vós, pedindo ajuda, *
  e vós, meu **Deus**, me devolvestes a saúde!
— ⁴ Vós tir**as**tes minha alma dos abismos *
  e me salv**as**tes, quando estava já morrendo!
— ⁵ Cantai **sal**mos ao Senhor, povo fiel, *
  dai-lhe **graças** e invocai seu santo nome!

— ⁶Pois sua ira dura apenas um momento, *
  mas sua bondade permanece a vida inteira;
— se à tarde vem o pranto visitar-nos, *
  de manhã vem saudar-nos a alegria.
— ⁷Nos momentos mais felizes eu dizia: *
  "Jamais hei de sofrer qualquer desgraça!"
— ⁸Honra e poder me concedia a vossa graça, *
  mas escondestes vossa face e perturbei-me.
— ⁹Por **vós**, ó meu Senhor, agora eu clamo, *
  e imploro a piedade do meu Deus:
— ¹⁰Que vantagem haverá com minha morte, *
  e que lucro, se eu descer à sepultura?
— Por acaso, pode o pó agradecer-vos *
  e anunciar vossa leal fidelidade?
— ¹¹Escutai-me, Senhor Deus, tende piedade! *
  Sede, Senhor, o meu abrigo protetor!
— ¹²Transformastes o meu pranto em uma festa, *
  meus farrapos, em adornos de alegria,
= ¹³para minh'alma vos louvar ao som da harpa †
  e ao invés de se calar, agradecer-vos: *
  Senhor, meu Deus, eternamente hei de louvar-vos!

Ant. Senhor, meu **Deus**, clamei por **vós** e me curastes!
  A vós louvor eternamente!

Ant. 2 Feliz o homem a quem o Senhor
  não olha mais como sendo culpado!

Salmo 31(32)

Feliz o homem que foi perdoado!

Davi declara feliz o homem a quem Deus credita a justiça independentemente das obras (Rm 4,6).

— ¹Feliz o homem que foi perdoado *
  e cuja falta já foi encoberta!

=² Feliz o **ho**mem a quem o Senhor †
não olha **mais** como sendo culpado, *
e em cuja **al**ma não há falsidade!

=³ Enquanto **eu** silenciei meu pecado, †
dentro de **mim** definhavam meus ossos *
e eu ge**mi**a por dias inteiros,

– ⁴ porque sen**ti**a pesar sobre mim *
a vossa **mão**, ó Senhor, noite e dia;

– e minhas **for**ças estavam fugindo, *
tal como a **sei**va da planta no estio.

– ⁵ Eu confes**sei**, afinal, meu pecado, *
e minha **fal**ta vos fiz conhecer.

– Disse: "**Eu** irei confessar meu pecado!" *
E perdo**as**tes, Senhor, minha falta.

– ⁶ Todo fi**el** pode, assim, invocar-vos, *
durante o **tem**po da angústia e aflição,

– porque, a**in**da que irrompam as águas, *
não pode**rão** atingi-lo jamais.

– ⁷ Sois para **mim** proteção e refúgio; *
na minha an**gús**tia me haveis de salvar,

– e envolve**reis** a minha alma no gozo *
da salva**ção** que me vem só de vós.

=⁸ "Vou instru**ir**-te e te dar um conselho; †
vou te **dar** um conselho a seguir, *
e sobre **ti** pousarei os meus olhos:

=⁹ Não queiras **ser** semelhante ao cavalo, †
ou ao ju**men**to, animais sem razão; *
eles pre**ci**sam de freio e cabresto

– para do**mar** e amansar seus impulsos, *
pois de outro **mo**do não chegam a ti".

=¹⁰ Muito so**frer** é a parte dos ímpios; †
mas quem con**fi**a em Deus, o Senhor, *
é envol**vi**do por graça e perdão. –

= ¹¹Regozi**jai**-vos, ó justos, em Deus, †
e no Se**nhor** exultai de alegria! *
Cora**ções re**tos, cantai jubilosos!

Ant. Feliz o **ho**mem a **quem** o **Senhor**
não olha **mais** como **sen**do cul**pado!**

Ant. 3 O Se**nhor** lhe deu o **reino**, a **gló**ria e o po**der;**
as na**ções** hão de servi-lo

Cântico Ap 11,17-18; 12,10b-12a

O julgamento de Deus

— ¹¹·¹⁷ Graças vos **damos**, Senhor **Deus** onipo**ten**te, *
a vós que **sois**, a vós que éreis e sereis,

— porque assu**mis**tes o poder que vos per**ten**ce, *
e en**fim** tomastes posse como rei!

(R. **Nós** vos damos **graças**, nosso **Deus!**)

= ¹⁸ As na**ções** se enfureceram revoltadas, †
mas che**gou** a vossa ira contra elas *
e o **tem**po de julgar vivos e mortos,

= e de **dar** a recompensa aos vossos servos, †
aos profetas e aos que temem vosso nome, *
aos **san**tos, aos pequenos e aos grandes. (R.)

= ¹²·¹⁰ Chegou agora a salvação e o poder †
e a reale**za** do Senhor e nosso **Deus,** *
e o do**mí**nio de seu Cristo, seu Ungido.

— Pois foi ex**pul**so o delator que acusava *
nossos ir**mãos**, dia e noite, junto a Deus. (R.)

= ¹¹ Mas o venceram pelo sangue do Cordeiro †
e o teste**mu**nho que eles deram da Palavra, *
pois despre**za**ram sua vida até à morte.

— ¹² Por isso, ó **céus**, cantai alegres e exultai *
e vós **to**dos os que neles habitais! (R.)

Ant. O Se**nhor** lhe deu o **reino**, a **gló**ria e o po**der;**
as na**ções** hão de servi-lo.

Quinta-feira – Vésperas

Leitura breve 1Pd 1,6-9
Isto é motivo de alegria para vós, embora seja necessário que agora fiqueis por algum tempo aflitos, por causa de várias provações. Deste modo, a vossa fé será provada como sendo verdadeira – mais preciosa que o ouro perecível, que é provado no fogo – e alcançará louvor, honra e glória, no dia da manifestação de Jesus Cristo. Sem ter visto o Senhor, vós o amais. Sem o ver ainda, nele acreditais. Isso será para vós fonte de alegria indizível e gloriosa, pois obtereis aquilo em que acreditais: a vossa salvação.

Responsório breve
R. O Senhor nos saciou
   * Com a fina flor do trigo. R. O Senhor.
V. Com o mel que sai da rocha, nos fartou, nos satisfez.
   * Com a fina. Glória ao Pai. R. O Senhor.

Cântico evangélico, ant.
O Senhor derrubou os poderosos de seus tronos
e elevou os humildes.

Preces
Louvemos a Deus, nosso auxílio e esperança; e lhe peçamos com humildade:

R. **Velai, Senhor, sobre os vossos filhos e filhas!**

Senhor nosso Deus, que firmastes com o vosso povo uma aliança eterna,
– fazei que nos recordemos sempre de vossas maravilhas.
                                                                    R.

Aumentai nos sacerdotes o espírito de caridade,
– e conservai os fiéis na unidade do espírito pelo vínculo da paz.
                                                                    R.

Fazei que edifiquemos sempre em união convosco a cidade terrena,
– para que não trabalhem em vão os que a constroem.
R. **Velai, Senhor, sobre os vossos filhos e filhas!**

Enviai operários à vossa messe,
– para que vosso nome seja glorificado entre todos os povos. R.

(intenções livres)

Admiti no convívio dos vossos santos nossos parentes, amigos e benfeitores falecidos,
– e fazei que um dia nos encontremos com eles no vosso reino. R.

Pai nosso...

Oração

Ó Deus, que iluminais a noite e fazeis brilhar a luz depois das trevas, concedei-nos passar esta noite livres do tentador e, ao raiar um novo dia, dar-vos graças em vossa presença. Por nosso Senhor Jesus Cristo, vosso Filho, na unidade do Espírito Santo.

A conclusão da Hora como no Ordinário.

I SEXTA-FEIRA

Invitatório

V. **Abri** os meus **lá**bios. R. E minha **boca**.
R. Demos **graças** ao Se**nhor**, porque eterno é seu **amor**!
Salmo invitatório como no Ordinário, p. 537.

Ofício das Leituras

V. Vinde, ó **Deus**. Glória ao **Pai**. Como era. Ale**luia**.

Esta introdução se omite quando o Invitatório precede imediatamente ao Ofício das Leituras.

Hino

I. Quando se diz o Ofício das Leituras durante a noite ou de madrugada:

> Reinais no mundo inteiro,
> Jesus, ó sol divino;
> deixamos nossos leitos,
> cantando este hino.

> Da noite na quietude,
> do sono levantamos:
> mostrando as nossas chagas,
> remédio suplicamos.

> Oh! quanto mal fizemos,
> por Lúcifer levados:
> que a glória da manhã
> apague esses pecados!

> E assim o vosso povo,
> por vós iluminado,
> jamais venha a tombar
> nos laços do Malvado.

A glória seja ao Pai,
ao Filho seu também;
ao Espírito igualmente,
agora e sempre. Amém.

II. Quando se diz o Ofício das Leituras durante o dia:

Cristo, em nossos corações
infundi a caridade.
Nossos olhos chorem lágrimas
de ternura e piedade.

Para vós, Jesus piedoso,
nossa ardente prece erguemos.
Perdoai-nos, compassivo,
todo o mal que cometemos.

Pelo vosso santo corpo,
pela cruz, vosso sinal,
vosso povo, em toda parte,
defendei de todo o mal.

A vós, Cristo, Rei clemente,
e a Deus Pai, eterno Bem,
com o vosso Santo Espírito
honra e glória sempre. Amém.

Salmodia
Ant. 1 Levantai-vos, ó Senhor, vinde logo em meu socorro!

Salmo 34(35),1-2.3c.9-19.22-23.27-28

O Senhor salva nas perseguições

Reuniram-se... e resolveram prender Jesus por um ardil para o matar (Mt 26,3.4).

I

— ¹Acusai os que me acusam, ó Senhor, *
   combatei os que combatem contra mim!
= ²Empunhai o vosso escudo e armadura; †
   levantai-vos, vinde logo em meu socorro *
   ³ᶜ e dizei-me: "Sou a tua salvação!" —

– ⁹Então, minh'alma no Senhor se alegrará *
e exultará de alegria em seu auxílio.
– ¹⁰Direi ao meu Senhor com todo o ser: *
"Senhor, quem pode a vós se assemelhar,
– pois livrais o infeliz do prepotente *
e libertais o miserável do opressor?"
– ¹¹Surgiram testemunhas mentirosas, *
acusando-me de coisas que não sei.
– ¹²Pagaram com o mal o bem que fiz, *
e a minh'alma está agora desolada!

Ant. Levantai-vos, ó Senhor, vinde logo em meu socorro!
Ant. 2 Defendei minha causa, Senhor poderoso!

II

– ¹³Quando eram eles que sofriam na doença, †
eu me humilhava com cilício e com jejum *
e revolvia minhas preces no meu peito;
– ¹⁴eu sofria e caminhava angustiado *
como alguém que chora a morte de sua mãe.
= ¹⁵Mas apenas tropecei, eles se riram; †
como feras se juntaram contra mim *
e me morderam, sem que eu saiba seus motivos;
– ¹⁶eles me tentam com blasfêmias e sarcasmos *
e se voltam contra mim rangendo os dentes.

Ant. Defendei minha causa, Senhor poderoso!
Ant. 3 Minha língua anunciará vossa justiça eternamente.

III

= ¹⁷Até quando, ó Senhor, podeis ver isso? †
Libertai a minha alma destas feras *
e salvai a minha vida dos leões!
– ¹⁸Então, em meio à multidão, vos louvarei *
e na grande assembleia darei graças. –

—¹⁹ Que não **poss**am nunca mais rir-se de mim *
meus ini**mi**gos mentirosos e injustos!
− Nem a**ce**nem os seus olhos com maldade *
a**que**les que me odeiam sem motivo!
—²² Vós bem **vis**tes, ó Senhor, não vos caleis!*
Não fi**queis** longe de mim, ó meu Senhor!
—²³ Levan**tai**-vos, acordai, fazei justiça! *
Minha **cau**sa defendei, Senhor, meu Deus!
—²⁷ Reju**bi**le de alegria todo aquele *
que se **faz** o defensor da minha causa
− e **pos**sa dizer sempre: "Deus é grande, *
ele de**se**ja todo o bem para o seu servo!"
—²⁸ Minha **lín**gua anunciará vossa justiça *
e cant**ar**ei vosso louvor eternamente!

Ant. Minha **lín**gua anunciará vossa justiça eterna**men**te.

V. Meu **fi**lho, ob**ser**va as **mi**nhas palavras.
R. Con**ser**va a dou**tri**na e haver**ás** de viver.

Leituras e oração correspondentes a cada Ofício.

Laudes

V. Vinde, ó **Deus**. Glória ao **Pai**. Como era. Ale**lui**a.

Esta introdução se omite quando o Invitatório precede imediatamente às Laudes.

Hino

Sois do céu a glória eterna,
esperança dos mortais,
sois da casta Virgem prole,
Unigênito do Pai.

Dai àqueles que despertam
seja a mente vigilante.
Em louvor e ação de graças,
nossa voz seja vibrante.

Nasce o astro luminoso,
nova luz ele anuncia.
Foge a noite, foi a treva,
vossa luz nos alumia.

Nossa mente torne clara,
faça a noite cintilar,
purifique nosso íntimo
até a vida terminar.

Cresça a nossa fé primeira
dentro em nosso interior;
a esperança acompanhe,
e maior seja o amor.

A vós, Cristo, rei piedoso,
e a vós, Pai, glória também
com o Espírito Paráclito
pelos séculos. Amém.

Salmodia
Ant. 1 Aceitareis o verdadeiro sacrifício
no altar do coração arrependido.

Salmo 50(51)
Tende piedade, ó meu Deus!

Renovai o vosso espírito e a vossa mentalidade. Revesti o homem novo (Ef 4,23-24).

– ³Tende piedade, ó meu **Deus**, miseri**cór**dia! *
 Na imensi**dão** de vosso amor, purificai-me!
– ⁴La**vai**-me todo inteiro do pecado, *
 e apa**gai** completamente a minha culpa!
– ⁵Eu reco**nhe**ço toda a minha iniquidade, *
 o meu pe**ca**do está sempre à minha frente.
– ⁶Foi contra **vós**, só contra vós, que eu pequei, *
 e prati**quei** o que é mau aos vossos olhos! –

— Mostrais assim quanto sois justo na sentença, *
e quanto é reto o julgamento que fazeis.
— ⁷ Vede, Senhor, que eu nasci na iniquidade *
e pecador já minha mãe me concebeu.
— ⁸ Mas vós amais os corações que são sinceros, *
na intimidade me ensinais sabedoria.
— ⁹ Aspergi-me e serei puro do pecado, *
e mais branco do que a neve ficarei.
— ¹⁰ Fazei-me ouvir cantos de festa e de alegria, *
e exultarão estes meus ossos que esmagastes.
— ¹¹ Desviai o vosso olhar dos meus pecados *
e apagai todas as minhas transgressões!
— ¹² Criai em mim um coração que seja puro, *
dai-me de novo um espírito decidido.
— ¹³ Ó Senhor, não me afasteis de vossa face, *
nem retireis de mim o vosso Santo Espírito!
— ¹⁴ Dai-me de novo a alegria de ser salvo *
e confirmai-me com espírito generoso!
— ¹⁵ Ensinarei vosso caminho aos pecadores, *
e para vós se voltarão os transviados.
— ¹⁶ Da morte como pena, libertai-me, *
e minha língua exaltará vossa justiça!
— ¹⁷ Abri meus lábios, ó Senhor, para cantar, *
e minha boca anunciará vosso louvor!
— ¹⁸ Pois não são de vosso agrado os sacrifícios, *
e, se oferto um holocausto, o rejeitais.
— ¹⁹ Meu sacrifício é minha alma penitente, *
não desprezeis um coração arrependido!
— ²⁰ Sede benigno com Sião, por vossa graça, *
reconstruí Jerusalém e os seus muros!
— ²¹ E aceitareis o verdadeiro sacrifício, *
os holocaustos e oblações em vosso altar!

Ant. Aceitareis o verdadeiro sacrifício
no altar do coração arrependido.

Ant. 2 Será vitoriosa no Senhor
e gloriosa toda a raça de Israel.

Cântico   Is 45,15-25
Todos os povos se converterão ao Senhor

Ao nome de Jesus todo joelho se dobre (Fl 2,10)

—15 Senhor **Deus** de Israel, ó Salva**dor**, *
    Deus escon**di**do, realmente, sois, Senhor!
=16 Todos a**que**les que odeiam vosso nome, †
    como a**que**les que fabricam os seus ídolos, *
    serão co**ber**tos de vergonha e confusão.
—17 Quem salv**ou** Israel foi o Senhor, *
    e é para **sem**pre esta sua salvação.
— E não se**reis** envergonhados e humilhados, *
    não o se**reis** eternamente pelos séculos!
—18 Assim **fa**la o Senhor que fez os céus, *
    o mesmo **Deus** que fez a terra e a fixou,
— e a cri**ou** não para ser como um deserto, *
    mas a for**mou** para torná-la habitável:
= "Somente **eu** sou o Senhor, e não há outro! †
  19 Não fa**lei** às escondidas e em segredo, *
    nem fa**lei** de algum lugar em meio às trevas;
— nem **dis**se à descendência de Jacó: *
    'Procu**rai**-me e buscai-me inutilmente!'
— Eu, po**rém**, sou o Senhor, falo a verdade *
    e anun**cio** a justiça e o direito!
—20 Reu**ni**-vos, vinde todos, achegai-vos, *
    pequeno **res**to que foi salvo entre as nações:
= como são **lou**cos os que levam os seus ídolos †
    e os que oram a uma estátua de madeira, *
    a um **deus** que é incapaz de os salvar!

—²¹ Apresentai as vossas provas e argumentos, *
deliberai e consultai-vos uns aos outros:
- Quem predisse essas coisas no passado? *
Quem revelou há tanto tempo tudo isso?
= Não fui eu, o Senhor Deus, e nenhum outro? †
Não existe outro deus fora de mim! *
Sou o Deus justo e Salvador, e não há outro!
—²² Voltai-vos para mim e sereis salvos, *
homens todos dos confins de toda a terra!
- Porque eu é que sou Deus e não há outro, *
²³ e isso eu juro por meu nome, por mim mesmo!
- É verdade o que sai da minha boca, *
minha palavra é palavra irrevogável!
= Diante de mim se dobrará todo joelho, †
e por meu nome hão de jurar todas as línguas: *
²⁴ 'Só no Senhor está a justiça e a fortaleza!'
- Ao Senhor hão de voltar envergonhados *
todos aqueles que o detestam e o renegam.
—²⁵ Mas será vitoriosa no Senhor *
e gloriosa toda a raça de Israel".

Ant. Será vitoriosa no Senhor
e gloriosa toda a raça de Israel.

Ant. 3 Vinde todos ao Senhor com cantos de alegria!

Quando o salmo seguinte já tiver sido recitado no Invitatório, em seu lugar se diz o Salmo 94(95), à p. 537.

Salmo 99(100)

A alegria dos que entram no templo

O Senhor ordena aos que foram salvos cantar um hino de vitória (Sto. Atanásio).

= ² Aclamai o Senhor, ó terra inteira, †
servi ao Senhor com alegria, *
ide a ele cantando jubilosos! —

= ³ **Sa**bei que o Senhor, só ele, é Deus, †
Ele **mes**mo nos fez, e somos seus, *
nós **so**mos seu povo e seu rebanho.

= ⁴ **En**trai por suas portas dando graças, †
e em seus **á**trios com hinos de louvor; *
dai-lhe **gra**ças, seu nome bendizei!

= ⁵ Sim, é **bom** o Senhor e nosso Deus, †
sua bon**da**de perdura para sempre, *
seu **a**mor é fiel eternamente!

Ant. Vinde **to**dos ao **Se**nhor com **can**tos de ale**gri**a!

Leitura breve
Ef 4,29-32

Nenhuma palavra perniciosa deve sair dos vossos lábios, mas sim alguma palavra boa, capaz de edificar oportunamente e de trazer graça aos que a ouvem. Não contristeis o Espírito Santo com o qual Deus vos marcou como com um selo para o dia da libertação. Toda a amargura, irritação, cólera, gritaria, injúrias, tudo isso deve desaparecer do meio de vós, como toda a espécie de maldade. Sede bons uns para com os outros, sede compassivos; perdoai-vos mutuamente, como Deus vos perdoou por meio de Cristo.

Responsório breve
R. Fazei-me **ce**do sen**tir**,
  * Ó Se**nhor**, vosso a**mor**! R. Fazei-me.
V. Indi**cai**-me o ca**mi**nho, que eu **de**vo se**guir**.
  * Ó Se**nhor**. Glória ao **Pai**. R. Fazei-me.

Cântico evangélico, ant.
O Se**nhor** visi**tou** o seu **po**vo e o liber**tou**.

Preces
Adoremos a Cristo, que por sua cruz trouxe a salvação do gênero humano; e rezemos, dizendo:

R. Mostrai-nos, Senhor, a vossa misericórdia!

Cristo, sol nascente e luz sem ocaso, iluminai os nossos passos,
– e, desde o amanhecer, afastai de nós toda inclinação para o mal. R.

Vigiai sobre nossos pensamentos, palavras e ações,
– para que vivamos todo este dia de acordo com a vossa vontade. R.

Desviai o vosso olhar dos nossos pecados,
– e apagai todas as nossas transgressões. R.

Pela vossa cruz e ressurreição,
– dai-nos a consolação do Espírito Santo. R.

(intenções livres)

Pai nosso...

Oração

Senhor nosso Deus, que dissipais as trevas da ignorância com a luz de Cristo, vossa Palavra, fortalecei a fé em nossos corações, para que nenhuma tentação apague a chama acesa por vossa graça. Por nosso Senhor Jesus Cristo, vosso Filho, na unidade do Espírito Santo.

A conclusão da Hora como no Ordinário.

Hora Média

V. Vinde, ó **Deus**. Glória ao **Pai**. Como era. Ale**luia**.

HINO como no Ordinário, p. 552-555.

Salmodia
Ant. 1 De **vos**sos manda**men**tos corro a **estra**da,
porque **vós** me dila**tais** o cora**ção**.

Salmo 118(119),25-32
IV (Daleth)

Meditação sobre a Palavra de Deus na Lei

Ao entrar no mundo, afirma: Eu vim, ó Deus, para fazer a tua vontade (Hb 10,5.7).

—²⁵ A minha alma está prostrada na poeira, *
vossa palavra me devolva a minha vida!

—²⁶ Eu vos narrei a minha sorte e me atendestes, *
ensinai-me, ó Senhor, vossa vontade!

—²⁷ Fazei-me conhecer vossos caminhos, *
e então meditarei vossos prodígios!

—²⁸ A minha alma chora e geme de tristeza, *
vossa palavra me console e reanime!

—²⁹ Afastai me do caminho da mentira *
e dai-me a vossa lei como um presente!

—³⁰ Escolhi seguir a trilha da verdade, *
diante de mim eu coloquei vossos preceitos.

—³¹ De coração quero apegar-me à vossa lei; *
ó Senhor, não me deixeis desiludido!

—³² De vossos mandamentos corro a estrada, *
porque vós me dilatais o coração.

Ant. De vossos mandamentos corro a estrada,
porque vós me dilatais o coração.

Ant. 2 Confiando no Senhor, não vacilei.

Salmo 25(26)
Prece confiante do Inocente

Em Cristo Deus nos escolheu para que sejamos santos e irrepreensíveis (Ef 1,4).

—¹ Fazei justiça, Senhor: sou inocente, *
e confiando no Senhor não vacilei.

— ² Provai-me, Senhor, e examinai-me *
sondai meu coração e o meu íntimo!
— ³ Pois tenho **sempre** vosso amor ante meus olhos; *
vossa verdade escolhi por meu caminho.
— ⁴ Não me assento com os homens mentirosos, *
e não **quer**o associar-me aos impostores;
— ⁵ eu detesto a companhia dos malvados, *
e com os ímpios não desejo reunir-me.
— ⁶ Eis que lavo minhas mãos como inocente *
e caminho ao redor de vosso altar,
— ⁷ celebrando em alta voz vosso louvor, *
e as vossas maravilhas proclamando.
— ⁸ Senhor, eu amo a casa onde habitais *
e o lugar em que reside a vossa glória.
— ⁹ Não junteis a minha alma à dos malvados, *
nem minha vida à dos homens sanguinários;
— ¹⁰ eles têm as suas mãos cheias de crime; *
sua direita está repleta de suborno.
— ¹¹ Eu, porém, vou caminhando na inocência; *
libertai-me, ó Senhor, tende piedade!
— ¹² Está firme o meu pé na estrada certa; *
ao Senhor eu bendirei nas assembleias.

Ant. Confiando no Senhor, não vacilei.

Ant. 3 Confiou no Senhor **Deus** meu coração,
e ele me ajudou e me alegrou.

Salmo 27(28),1-3.6-9
Súplica e ação de graças

Pai, eu te dou graças, porque me ouvistes (Jo 11,41).

— ¹ A vós eu clamo, ó Senhor, ó meu rochedo, *
não fiqueis surdo à minha voz!
— Se não me ouvirdes, eu terei a triste sorte *
dos que descem ao sepulcro! —

– ²Escu**tai** o meu clamor, a minha súplica, *
quando eu **gri**to para vós;
– quando eu e**le**vo, ó Senhor, as minhas mãos *
para o **vos**so santuário.
– ³Não dei**xeis** que eu pereça com os malvados, *
com quem **faz** a iniquidade;
– eles **fa**lam sobre paz com o seu próximo, *
mas têm o **mal** no coração.
– ⁶Bendito **se**ja o Senhor, porque ouviu *
o cla**mor** da minha súplica!
– ⁷Minha **for**ça e escudo é o Senhor; *
meu cora**ção** nele confia.
– Ele aju**dou**-me e alegrou meu coração; *
eu canto em **fes**ta o seu louvor.
– ⁸O Se**nhor** é a fortaleza do seu povo *
e a salva**ção** do seu Ungido.
– ⁹Sal**vai** o vosso povo e libertai-o; *
abenço**ai** a vossa herança!
– Sede **vós** o seu pastor e o seu guia *
pelos **sé**culos eternos!

Ant. Confi**ou** no Senhor **Deus** meu cora**ção**,
e ele me aju**dou** e me ale**grou**.

Para as outras Horas, Salmodia complementar, p. 1132.

Oração das Nove Horas

Leitura breve   Fl 2,2b-4
Aspirai à mesma coisa, unidos no mesmo amor; vivei em harmonia, procurando a unidade. Nada façais por competição ou vanglória, mas, com humildade, cada um julgue que o outro é mais importante, e não cuide somente do que é seu, mas também do que é do outro.

V. Verdade e a**mor** são os ca**mi**nhos do Se**nhor**,
R. Para quem **guar**da sua Aliança e seus pre**cei**tos.

Oração

Senhor Jesus Cristo, que nesta hora fostes levado ao suplício da cruz para salvar o mundo, perdoai-nos as faltas passadas e preservai-nos de culpas futuras. Vós, que viveis e reinais para sempre.

Oração das Doze Horas

Leitura breve   2Cor 13,4

É verdade que Cristo foi crucificado, em razão da sua fraqueza, mas está vivo, pelo poder de Deus. Nós também somos fracos nele, mas com ele viveremos, pelo poder de Deus para convosco.

V. A minha alma está prostrada na poeira.
R. Vossa palavra me devolva a minha vida!

Oração

Senhor Jesus Cristo, que, nesta hora, com o mundo envolto em trevas, fostes elevado na cruz, como vítima inocente para a salvação de todos, concedei-nos sempre vossa luz, que nos guie para a vida eterna. Vós, que viveis e reinais para sempre.

Oração das Quinze Horas

Leitura breve   Cl 3,12-13

Vós sois amados por Deus, sois os seus santos eleitos. Por isso, revesti-vos de sincera misericórdia, bondade, humildade, mansidão e paciência, suportando-vos uns aos outros e perdoando-vos mutuamente, se um tiver queixa contra o outro. Como o Senhor vos perdoou, assim perdoai vós também.

V. Misericórdia e piedade é o Senhor.
R. Ele é amor, paciência e compaixão.

Oração

Senhor Jesus Cristo, que fizestes o ladrão arrependido passar da cruz ao vosso Reino, aceitai a humilde confissão de nossas culpas e fazei que, no instante da morte, entremos com alegria no paraíso. Vós, que viveis e reinais para sempre.

A conclusão da Hora como no Ordinário.

Vésperas

V. Vinde, ó **Deus**. Glória ao **Pai**. Como era. Ale**luia**.

Hino

Deus, escultor do homem,
que a tudo, só, criastes,
e que do pó da terra
os animais formastes.

Sob o comando do homem
a todos colocastes,
para que a vós servissem
servindo a quem criastes.

Afastai, pois, os homens,
de uma fatal cilada;
que o Criador não perca
a criatura amada.

Dai-nos no céu o prêmio,
dando na terra a graça,
e assim chegar possamos
à paz que nunca passa.

A vós, Deus uno e trino,
em nosso amor cantamos;
nas criaturas todas
somente a vós buscamos.

Salmodia

Ant. 1 Curai-me, Senhor: eu pequei contra vós!

Salmo 40(41)

Prece de um enfermo

Um de vós, que come comigo, vai me trair (Mc 14,18).

– ² Feliz de quem pensa no pobre e no fraco: *
o Senhor o liberta no dia do mal!
= ³ O Senhor vai guardá-lo e salvar sua vida, †
o Senhor vai torná-lo feliz sobre a terra, *
e não vai entregá-lo à mercê do inimigo.
– ⁴ Deus irá ampará-lo em seu leito de dor, *
e lhe vai transformar a doença em vigor.
– ⁵ Eu digo: "Meu Deus, tende pena de mim, *
curai-me, Senhor, pois pequei contra vós!"
– ⁶ O meu inimigo me diz com maldade: *
"Quando há de morrer e extinguir-se o seu nome?"
= ⁷ Se alguém me visita, é com dupla intenção: †
recolhe más notícias no seu coração, *
e, apenas saindo, ele corre a espalhá-las.
– ⁸ Vaticinam desgraças os meus inimigos, *
reunidos sussurram o mal contra mim:
– ⁹ "Uma peste incurável caiu sobre ele, *
e do leito em que jaz nunca mais se erguerá!"
– ¹⁰ Até mesmo o amigo em quem mais confiava, *
que comia o meu pão, me calcou sob os pés.
– ¹¹ Vós ao menos, Senhor, tende pena de mim, *
levantai-me: que eu possa pagar-lhes o mal.
– ¹² Eu, então, saberei que vós sois meu amigo, *
porque não triunfou sobre mim o inimigo.
– ¹³ Vós, porém, me havereis de guardar são e salvo *
e me pôr para sempre na vossa presença. –

—¹⁴ Bendito o Senhor, que é **Deus** de Israel, *
desde **sem**pre, agora e **sem**pre. Amém!

Ant. Cu**rai**-me, Senhor: eu pe**quei** contra **vós**!

Ant. 2 C**o**n**os**co es**tá** o Se**nhor** do univ**er**so!
O **nos**so re**fú**gio é o **Deus** de Ja**có**!

Salmo 45(46)

O Senhor é refúgio e vigor

Ele será chamado pelo nome de Emanuel, que significa: Deus está conosco (Mt 1,23).

– ² O Se**nhor** para **nós** é re**fú**gio e vi**gor**, *
sempre **pron**to, mostrou-se um so**cor**ro na angústia;
– ³ As**sim** não tememos, se a **ter**ra estremece, *
se os **mon**tes desabam, ca**in**do nos mares,
– ⁴ se as **á**guas trovejam e as **on**das se agitam, *
se, em fe**roz** tempestade, as mon**ta**nhas se abalam:
– ⁵ Os **bra**ços de um rio vêm tra**zer** alegria *
à Ci**da**de de Deus, à mo**ra**da do Altíssimo.
– ⁶ Quem a **po**de abalar? Deus es**tá** no seu meio! *
Já bem **an**tes da aurora, ele **vem** ajudá-la.
– ⁷ Os **po**vos se agitam, os **rei**nos desabam; *
tro**ve**ja sua voz e a **ter**ra estremece.
– ⁸ C**o**n**os**co está o Se**nhor** do universo! *
O **nos**so refúgio é o **Deus** de Ja**có**!
– ⁹ Vinde **ver**, contemplai os pro**dí**gios de Deus *
e a **o**bra estupenda que **fez** no universo:
= re**pri**me as guerras na **fa**ce da terra, †
¹⁰ ele **que**bra os arcos, as **lan**ças destrói *
e **quei**ma no fogo os es**cu**dos e as armas:
–¹¹ "**Pa**rai e sabei, conhe**cei** que eu sou Deus, *
que do**mi**no as nações, que do**mi**no a terra!"
–¹² C**o**n**os**co está o Se**nhor** do univ**er**so! *
O **nos**so re**fú**gio é o **Deus** de Ja**có**!

Ant. Conosco está o Senhor do universo!
O nosso refúgio é o Deus de Jacó!

Ant. 3 Os povos virão adorar-vos, Senhor.

Cântico   Ap 15,3-4
Hino de adoração

– ³ Como são grandes e admiráveis vossas obras, *
ó Senhor e nosso Deus onipotente!
– Vossos caminhos são verdade, são justiça, *
ó Rei dos povos todos do universo!
– (R. São grandes vossas obras, ó Senhor!)
= ⁴ Quem, Senhor, não haveria de temer-vos, †
e quem não honraria o vosso nome? *
Pois somente vós, Senhor, é que sois santo! (R.)
= As nações todas hão de vir perante vós †
e, prostradas, haverão de adorar-vos, *
pois vossas justas decisões são manifestas. (R.)

Ant. Os povos virão adorar-vos, Senhor.

Leitura breve   Rm 15,1-3
Nós que temos convicções firmes devemos suportar as fraquezas dos menos fortes e não buscar a nossa própria satisfação. Cada um de nós procure agradar ao próximo para o bem, visando a edificação. Com efeito, Cristo também não procurou a sua própria satisfação, mas, como está escrito: Os ultrajes dos que te ultrajavam caíram sobre mim.

Responsório breve
R. Jesus Cristo nos amou.
* E em seu sangue nos lavou. R. Jesus Cristo.
V. Fez-nos reis e sacerdotes para Deus, o nosso Pai.
* E em seu sangue. Glória ao Pai. R. Jesus Cristo.

Cântico evangélico, ant.
O Senhor nos acolheu a nós, seus servidores,
fiel ao seu amor.

Preces
Bendigamos a Deus, que ouve benignamente os desejos dos humildes e sacia de bens os famintos; e peçamos com fé:

R. **Mostrai-nos, Senhor, a vossa misericórdia!**

Senhor, Pai de bondade, nós vos pedimos por todos os membros sofredores de vossa Igreja,
– pelos quais vosso Filho Jesus Cristo ofereceu no madeiro da cruz o sacrifício vespertino. R.

Libertai os prisioneiros, dai a vista aos cegos,
– e protegei os órfãos e as viúvas. R.

Dai aos fiéis a vossa força,
– para que possam resistir às tentações do demônio. R.

Vinde, Senhor, em nosso auxílio, quando chegar a hora de nossa morte,
– para perseverarmos na vossa graça e partirmos deste mundo em paz. R.

(intenções livres)

Conduzi à luz em que habitais nossos irmãos e irmãs que morreram,
– para que vos possam contemplar eternamente. R.

Pai nosso...

Oração
Concedei-nos, Senhor, a sabedoria da cruz, para que, instruídos pela paixão de vosso Filho, sejamos capazes de sempre levar seu jugo suave. Por nosso Senhor Jesus Cristo, vosso Filho, na unidade do Espírito Santo.

A conclusão da Hora como no Ordinário.

I SÁBADO

Invitatório

V. **Abri** os meus **lá**bios. R. E minha **bo**ca.

R. Ao Se**nhor** pertence a **ter**ra e **tu**do o que cont**ém**: vinde **to**dos, ado**re**mos!

Salmo invitatório como no Ordinário, p. 537.

Ofício das Leituras

V. Vinde, ó **Deus**. Glória ao **Pai**. Como era. Ale**lu**ia.

Esta introdução se omite quando o Invitatório precede imediatamente ao Ofício das Leituras.

Hino

I. Quando se diz o Ofício das Leituras durante a noite ou de madrugada:

Um Deus em três pessoas,
o mundo governais:
dos homens que criastes
as faltas perdoais.

Ouvi, pois, nosso canto
e o pranto que vertemos:
de coração sem mancha,
melhor vos contemplemos.

Por vosso amor tenhamos
a alma iluminada,
e alegres aguardemos,
Senhor, vossa chegada.

Rompendo agora a noite,
do sono despertados,
com os bens da pátria eterna
sejamos cumulados!

A glória seja ao Pai,
ao Filho seu também;
ao Espírito igualmente,
agora e sempre. Amém.

II. Quando se diz o Ofício das Leituras durante o dia:

Autor da glória eterna,
que ao povo santo dais
a graça septiforme
do Espírito, escutai:

Tirai ao corpo e à mente
do mal as opressões;
cortai os maus instintos,
curai os corações.

Tornai as mentes calmas,
as obras completai,
ouvi do orante as preces,
a vida eterna dai.

Do tempo, em sete dias,
o curso conduzis.
No dia oitavo e último
vireis como juiz.

E nele, ó Redentor,
da ira nos poupai,
tirai-nos da esquerda,
à destra nos guardai.

Ouvi a prece humilde
do povo reverente,
e a vós daremos glória,
Deus Trino, eternamente.

Salmodia

Ant. 1 Quem se tornar pequenino como uma criança,
há de ser o maior no Reino dos Céus.

Salmo 130(131)
Confiança filial e repouso em Deus

Aprendei de mim, porque sou manso e humilde de coração (Mt 11,29).

- ¹**Senhor**, meu cora**ção** não é orgulhoso, *
  nem se eleva arrogante o meu olhar;
- não ando à procura de grandezas, *
  nem tenho pretensões ambiciosas!
- ²Fiz calar e sossegar a minha alma; *
  ela está em grande paz dentro de mim,
- como a criança bem tranquila, amamentada *
  no regaço acolhedor de sua mãe.
- ³Confia no Senhor, ó Israel, *
  desde agora e por toda a eternidade!

Ant. Quem se tornar pequenino como uma criança,
há de ser o maior no Reino dos Céus.

Ant. 2 Na simplicidade do meu coração,
alegre, vos dei tudo aquilo que tenho.

Salmo 131(132)
As promessas do Senhor à casa de Davi
O Senhor Deus lhe dará o trono de Davi seu Pai (Lc 1,32).

I

- ¹Recordai-vos, ó Senhor, do rei Davi *
  e de quanto vos foi ele dedicado;
- ²do juramento que ao Senhor havia feito *
  e de seu voto ao Poderoso de Jacó:
- ³"Não entrarei na minha tenda, minha casa, *
  nem subirei à minha cama em que repouso,
- ⁴não deixarei adormecerem os meus olhos, *
  nem cochilarem em descanso minhas pálpebras,

—5 até que eu ache um lugar para o Senhor, *
uma casa para o Forte de Jacó!"
—6 Nós soubemos que a arca estava em Éfrata *
e nos campos de Iaar a encontramos:
—7 Entremos no lugar em que ele habita, *
ante o escabelo de seus pés o adoremos!
—8 Subi, Senhor, para o lugar de vosso pouso, *
subi vós, com vossa arca poderosa!
—9 Que se vistam de alegria os vossos santos, *
e os vossos sacerdotes, de justiça!
—10 Por causa de Davi, o vosso servo, *
não afasteis do vosso Ungido a vossa face!

Ant. Na simplicidade do meu coração,
alegre, vos dei tudo aquilo que tenho.

Ant. 3 O Senhor fez a Davi um juramento,
e seu reino permanece para sempre.

II

—11 O Senhor fez a Davi um juramento, *
uma promessa que jamais renegará:
— "Um herdeiro que é fruto do teu ventre *
colocarei sobre o trono em teu lugar!
—12 Se teus filhos conservarem minha Aliança *
e os preceitos que lhes dei a conhecer,
— os filhos deles igualmente hão de sentar-se *
eternamente sobre o trono que te dei!"
—13 Pois o Senhor quis para si Jerusalém *
e a desejou para que fosse sua morada:
—14 "Eis o lugar do meu repouso para sempre, *
eu fico aqui: este é o lugar que preferi!"
—15 "Abençoarei suas colheitas largamente, *
e os seus pobres com o pão saciarei!

— ¹⁶Vestirei de salvação seus sacerdotes, *
e de alegria exultarão os seus fiéis!"
— ¹⁷"De Davi farei brotar um forte Herdeiro, *
acenderei ao meu Ungido uma lâmpada.
— ¹⁸Cobrirei de confusão seus inimigos, *
mas sobre ele brilhará minha coroa!"

Ant. O Senhor fez a Davi um juramento,
e seu reino permanece para sempre.

V. Vinde ver, contemplai os prodígios de Deus,
R. E a obra estupenda que fez no universo.

Leituras e oração correspondentes a cada Ofício.

Laudes

V. Vinde, ó Deus. Glória ao Pai. Como era. Aleluia.

Esta introdução se omite quando o Invitatório precede imediatamente às Laudes.

Hino

No céu refulge a aurora
e nasce um novo dia.
As trevas se dissipem:
a luz nos alumia.

Bem longe os fantasmas,
os sonhos e ilusões!
Do mal que vem das trevas
quebremos os grilhões.

Na aurora derradeira
possamos, preparados,
cantar de Deus a glória,
na sua luz banhados.

Louvor e glória ao Pai,
ao Filho seu também,
e ao Divino Espírito
agora e sempre. Amém.

Salmodia

Ant. 1 A vós dirijo os meus olhos já bem antes da aurora.

Salmo 118(119),145-152
XIX (Coph)
Meditação sobre a Palavra de Deus na Lei

Este é o meu mandamento: Amai-vos uns aos outros, assim como eu vos amei (Jo 15,12).

—¹⁴⁵ Clamo de todo o coração: Senhor, ouvi-me! *
   Quero cumprir vossa vontade fielmente!
—¹⁴⁶ Clamo a vós: Senhor, salvai-me, eu vos suplico, *
   e então eu guardarei vossa Aliança!
—¹⁴⁷ Chego antes que a aurora e vos imploro, *
   e espero confiante em vossa lei.
—¹⁴⁸ Os meus olhos antecipam as vigílias, *
   para de noite meditar vossa palavra.
—¹⁴⁹ Por vosso amor ouvi atento a minha voz *
   e dai-me a vida, como é vossa decisão!
—¹⁵⁰ Meus opressores se aproximam com maldade; *
   como estão longe, ó Senhor, de vossa lei!
—¹⁵¹ Vós estais perto, ó Senhor, perto de mim; *
   todos os vossos mandamentos são verdade!
—¹⁵² Desde criança aprendi vossa Aliança *
   que firmastes para sempre, eternamente.

Ant. A vós dirijo os meus olhos já bem antes da aurora.

Ant. 2 O Senhor é minha força, é a razão do meu cantar, pois foi ele neste dia para mim libertação!

Cântico   Ex 15,1-4b.8-13.17-18

Hino de vitória após a passagem do mar Vermelho

Todos aqueles que saíram vitoriosos do confronto com a besta entoavam o cântico de Moisés, o servo de Deus (cf. Ap 15,2-3).

– ¹Ao Senhor quero cantar, pois fez brilhar a sua glória: *
   precipitou no mar Vermelho o cavalo e o cavaleiro!
– ²O Senhor é minha força, é a razão do meu cantar, *
   pois foi ele neste dia para mim libertação!
= Ele é meu Deus e o louvarei, Deus de meu pai e o honrarei. †
   ³O Senhor é um Deus guerreiro, o seu nome é "Onipotente":*
   ⁴os soldados e os carros do Faraó jogou no mar.
= ⁸Ao soprar a vossa ira, amontoaram-se as águas, †
   levantaram-se as ondas e formaram uma muralha, *
   e imóveis se fizeram, em meio ao mar, as grandes vagas.
= ⁹O inimigo tinha dito: "Hei de segui-los e alcançá-los! †
   Repartirei os seus despojos e minh'alma saciarei; *
   arrancarei da minha espada e minha mão os matará!"
– ¹⁰Mas soprou o vosso vento, e o mar os recobriu; *
   afundaram como chumbo entre as águas agitadas.
= ¹¹Quem será igual a vós, entre os fortes, ó Senhor? †
   Quem será igual a vós, tão ilustre em santidade, *
   tão terrível em proezas, em prodígios glorioso?
= ¹²Estendestes vossa mão, e a terra os devorou; †
   ¹³mas o povo libertado conduzistes com carinho *
   e o levastes com poder à vossa santa habitação.
= ¹⁷Vós, Senhor, o levareis e o plantareis em vosso monte, *
   no lugar que preparastes para a vossa habitação,
   no Santuário construído pelas vossas próprias mãos. *
   ¹⁸O Senhor há de reinar eternamente, pelos séculos!

Ant. O Senhor é minha **força**, é a **razão** do meu can**tar**,
pois foi ele neste **dia** para **mim** liber**tação**!

Ant. 3 Can**tai** lou**vo**res ao Se**nhor**, todas as **gen**tes! †

Salmo 116(117)
Louvor ao Deus misericordioso

Eu digo:... os pagãos glorificam a Deus, em razão da sua misericórdia (Rm 15,8.9)

– ¹ Can**tai** lou**vo**res ao Se**nhor**, todas as **gen**tes, *
  † povos **to**dos, feste**jai**-o!
– ² Pois compro**va**do é seu amor para co**nos**co, *
  para **sem**pre ele é fiel!

Ant. Can**tai** lou**vo**res ao Se**nhor**, todas as **gen**tes!

Leitura breve   2Pd 1,10-11
Irmãos, cuidai cada vez mais de confirmar a vossa vocação e eleição. Procedendo assim, jamais tropeçareis. Desta maneira vos será largamente proporcionado o acesso ao reino eterno de nosso Senhor e Salvador, Jesus Cristo.

Responsório breve
R. A vós **gri**to, ó Se**nhor**, a vós **cla**mo
  * E vos **di**go: Sois **vós** meu a**bri**go! R. A vós **gri**to.
V. Minha he**ran**ça na **ter**ra dos **vi**vos. * E vos **di**go.
  Glória ao **Pai**. R. A vós **gri**to.

Cântico evangélico, ant.
Ilumi**nai**, ó Se**nhor**, os que **ja**zem nas **tre**vas
e na **som**bra da **mor**te.

Preces
Bendigamos a Cristo que se fez em tudo semelhante a seus irmãos para ser um sumo sacerdote fiel e misericordioso junto de Deus, em nosso favor. Peçamos-lhe, dizendo:

R. **Dai-nos, Senhor, as riquezas da vossa graça!**

Sol de justiça, que no batismo nos destes a luz da vida,
– nós vos consagramos este novo dia.

R. **Dai-nos, Senhor, as riquezas da vossa graça!**

Nós vos bendiremos em cada momento deste dia,
– e glorificaremos vosso nome em todas as nossas ações. R.

Vós, que tivestes por mãe a Virgem Maria, sempre dócil à vossa palavra,
– dirigi hoje os nossos passos segundo a vossa vontade. R.

Concedei-nos que, enquanto peregrinamos em meio às coisas deste mundo passageiro, aspiremos à imortalidade celeste,
– e que, pela fé, esperança e caridade, saboreemos desde já as alegrias do vosso reino. R.

(intenções livres)

Pai nosso...

Oração

Fazei, Senhor, brilhar em nossos corações o esplendor da ressurreição, para que, livres das trevas da morte, cheguemos à luz da vida eterna. Por nosso Senhor Jesus Cristo, vosso Filho, na unidade do Espírito Santo.

A conclusão da Hora como no Ordinário.

Hora Média

V. Vinde, ó **Deus**. Glória ao **Pai**. Como era. Ale**luia**.

HINO como no Ordinário, p. 552-555.

Salmodia

Ant. 1 Guiai-me no caminho de vossos mandamentos.

Salmo 118(119),33-40
V (He)
Meditação sobre a Palavra de Deus na Lei

Seja feita a tua vontade assim na terra como nos céus (Mt 6,10).

—³³ Ensinai-me a viver vossos preceitos; *
quero guardá-los fielmente até o fim!
—³⁴ Dai-me o saber, e cumprirei a vossa lei, *
e de todo o coração a guardarei.
—³⁵ Guiai meus passos no caminho que traçastes, *
pois só nele encontrarei felicidade.
—³⁶ Inclinai meu coração às vossas leis, *
e nunca ao dinheiro e à avareza.
—³⁷ Desviai o meu olhar das coisas vãs, *
dai-me a vida pelos vossos mandamentos!
—³⁸ Cumpri, Senhor, vossa promessa ao vosso servo,*
vossa promessa garantida aos que vos temem.
—³⁹ Livrai-me do insulto que eu receio, *
porque vossos julgamentos são suaves.
—⁴⁰ Como anseio pelos vossos mandamentos!*
Dai-me a vida, ó Senhor, porque sois justo!

Ant. Guiai-me no caminho de vossos mandamentos.

Ant. 2 Aos que buscam o Senhor não falta nada.

Salmo 33(34)
O Senhor é a salvação dos justos

Vós provastes que o Senhor é bom (1Pd 2,3).

I

— ² Bendirei o Senhor Deus em todo tempo, *
seu louvor estará sempre em minha boca,
— ³ Minha alma se gloria no Senhor, *
que ouçam os humildes e se alegrem! –

— ⁴Comigo engrandecei ao Senhor Deus, *
exaltemos todos juntos o seu nome!
— ⁵Todas as vezes que o busquei; ele me ouviu, *
e de todos os temores me livrou.
— ⁶Contemplai a sua face e alegrai-vos, *
e vosso rosto não se cubra de vergonha!
— ⁷Este infeliz gritou a Deus, e foi ouvido, *
e o Senhor o libertou de toda angústia.
— ⁸O anjo do Senhor vem acampar *
ao redor dos que o temem, e os salva.
— ⁹Provai e vede quão suave é o Senhor! *
Feliz o homem que tem nele o seu refúgio!
—¹⁰Respeitai o Senhor Deus, seus santos todos, *
porque nada faltará aos que o temem.
—¹¹Os ricos empobrecem, passam fome, *
mas aos que buscam o Senhor não falta nada.

Ant. Aos que buscam o Senhor não falta nada.

Ant. 3 Procura a paz e vai com ela em seu caminho.

II

—¹²Meus filhos, vinde agora e escutai-me: *
vou ensinar-vos o temor do Senhor Deus.
—¹³Qual o homem que não ama sua vida, *
procurando ser feliz todos os dias?
—¹⁴Afasta a tua língua da maldade, *
e teus lábios, de palavras mentirosas.
—¹⁵Afasta-te do mal e faze o bem, *
procura a paz e vai com ela em seu caminho.
—¹⁶O Senhor pousa seus olhos sobre os justos, *
e seu ouvido está atento ao seu chamado;
—¹⁷mas ele volta a sua face contra os maus, *
para da terra apagar sua lembrança. —

⁻¹⁸ Clamam os **jus**tos, e o Senhor bondoso escuta *
e de **to**das as angústias os liberta.
⁻¹⁹ Do cora**ção** atribulado ele está perto *
e confor**ta** os de espírito abatido.
⁻²⁰ Muitos **ma**les se abatem sobre os justos, *
mas o Se**nhor** de todos eles os liberta.
⁻²¹ Mesmo os seus **os**sos ele os guarda e os protege, *
e nenhum **de**les haverá de se quebrar.
⁻²² A malícia do iníquo leva à morte, *
e **quem** odeia o justo é castigado.
⁻²³ Mas o Se**nhor** liberta a vida dos seus servos, *
e cas**ti**gado não será quem nele espera.

Ant. Procura a **paz** e vai com ela em seu caminho.

Para as outras Horas, Salmodia complementar, p. 1132.

Oração das Nove Horas

Leitura breve   1Rs 8,60-61
Que todos os povos da terra saibam que o Senhor é Deus e não há nenhum outro. Esteja o vosso coração integralmente dedicado ao Senhor nosso Deus, caminhando nos seus decretos e observando os seus mandamentos como hoje o estais fazendo.

V. Mostrai-nos, ó Se**nhor**, vossos caminhos.
R. Vossa ver**da**de me oriente e me con**du**za.

Oração
Senhor Deus, Pai todo-poderoso, a quem somos submissos, derramai em nós a luz do Espírito Santo, para que, livres de todo inimigo, nos alegremos em vos louvar. Por Cristo, nosso Senhor.

Oração das Doze Horas

Leitura breve   Jr 17,9-10
Em tudo é enganador o coração, e isto é incurável; quem poderá conhecê-lo? Eu sou o Senhor, que perscruto o coração e provo os sentimentos, que dou a cada qual conforme o seu proceder e conforme o fruto de suas obras.

V. Perdo**ai** as minhas **fal**tas que não **ve**jo.
R. E preser**vai** o vosso **ser**vo do orgulho!

Oração
Senhor nosso Deus, luz ardente de amor eterno, concedei que, inflamados na vossa caridade, num mesmo amor amemos a vós, acima de tudo, e aos irmãos e irmãs por vossa causa. Por Cristo, nosso Senhor.

Oração das Quinze Horas

Leitura breve   Sb 7,27a; 8,1
A Sabedoria de Deus, sendo única, tudo pode; permanecendo imutável, renova tudo. Ela se estende com vigor de uma extremidade à outra da terra e com suavidade governa todas as coisas.

V. Quão i**men**sas, ó **Se**nhor, são vossas **o**bras.
R. Quão pro**fun**dos são os **vos**sos pensamentos!

Oração
Atendei, Senhor, às nossas preces, por intercessão da Virgem Maria, e dai-nos a paz completa, para que, dedicando nos sempre a vós com alegria, possamos confiantes chegar até vós. Por Cristo, nosso Senhor.

A conclusão da Hora como no Ordinário.

II SEMANA

II DOMINGO

I Vésperas

V. Vinde, ó **Deus**. Glória ao **Pai**. Como era. Ale**lu**ia.

Hino

Ó Deus, fonte de todas as coisas,
vós enchestes o mundo de dons
e, depois de criar o universo,
concluístes que tudo era bom.

Terminando tão grande trabalho,
decidistes entrar em repouso,
ensinando aos que cansam na luta,
que o descanso é também dom precioso.

Concedei aos mortais que suplicam,
os seus erros lavarem no pranto
e andarem nos vossos caminhos,
descobrindo da vida o encanto.

Deste modo, ao chegar para a terra
a aflição do temível Juiz,
possam todos, repletos de paz,
se alegrar pela vida feliz.

Esse dom concedei-nos, Deus Pai,
pelo Filho Jesus, Sumo Bem,
no Espírito Santo Paráclito,
que reinais para sempre. Amém.

Pode-se dizer também o HINO Salve o dia, p. 709.

Salmodia

Ant. 1 Vossa pa**la**vra, Se**nhor**,
    é uma **luz** para os meus **pas**sos. Ale**lu**ia.

Salmo 118(119),105-112
XIV (Nun)

Meditação sobre a Palavra de Deus na Lei

Este é o meu mandamento: amai-vos uns aos outros (Jo 15,12).

— ^{105}Vossa palavra é uma **luz** para os meus **pas**sos, *
é uma **lâm**pada luzente em meu caminho.
— ^{106}Eu **fiz** um juramento e vou cumpri-lo: *
"Hei de guar**dar** os vossos justos julga**men**tos!"
— ^{107}Ó Se**nhor**, estou cansado de sofrer; *
vossa pa**la**vra me devolva a minha vida!
— ^{108}Que vos agra**de** a oferenda dos meus lábios; *
ensi**nai**-me, ó Senhor, vossa vontade!
— ^{109}Constante**men**te está em perigo a minha vida, *
mas não es**que**ço, ó Senhor, a vossa lei.
— ^{110}Os peca**do**res contra mim armaram laços; *
eu, po**rém**, não reneguei vossos preceitos.
— ^{111}Vossa pa**la**vra é minha herança para sempre, *
porque **e**la é que me alegra o coração!
— ^{112}Acostu**mei** meu coração a obedecer-vos, *
a obede**cer**-vos para sempre, até o fim!

Ant. Vossa palavra, Se**nhor**,
é uma **luz** para os meus **pas**sos. Ale**lui**a.

Ant. 2 Junto a **vós**, felici**da**de sem li**mi**tes, ale**lui**a.

Salmo 15(16)

O Senhor é minha herança

Deus ressuscitou a Jesus, libertando-o das angústias da morte (At 2,24).

= ^{1}Guardai-me, ó **Deus**, porque em **vós** me re**fu**gio! †
^{2}Digo ao Se**nhor**: "Somente **vós** sois meu Senhor: *
nenhum **bem** eu posso achar fora de vós!" –

– ³ Deus me inspi**rou** uma admirável afeição *
pelos **san**tos que habitam sua terra.
– ⁴ Multi**pli**cam, no entanto, suas dores *
os que co**rrem** para deuses estrangeiros;
– seus sacri**fí**cios sanguinários não partilho, *
nem seus **no**mes passarão pelos meus lábios.
– ⁵ Ó Se**nhor**, sois minha herança e minha taça, *
meu des**ti**no está seguro em vossas mãos!
– ⁶ Foi demar**ca**da para mim a melhor terra, *
e eu e**xul**to de alegria em minha herança!
– ⁷ Eu ben**di**go o Senhor que me aconselha, *
e até de **noi**te me adverte o coração.
– ⁸ Tenho **sem**pre o Senhor ante meus olhos, *
pois se o **te**nho a meu lado, não vacilo.
= ⁹ Eis por **que** meu coração está em festa, †
minha **al**ma rejubila de alegria, *
e até meu cor**po** no repouso está tranquilo;
– ¹⁰ pois não ha**veis** de me deixar entregue à morte, *
nem vosso a**mi**go conhecer a corrupção.
= ¹¹ Vós me ensi**nais** vosso caminho para a vida; †
junto a **vós**, felicidade sem limites, *
delícia e**ter**na e alegria ao vosso lado!

Ant. Junto a **vós**, felici**da**de sem li**mi**tes, ale**lui**a.

Ant. 3 Ao **no**me de Je**sus**, nosso Se**nhor**,
se **do**bre reve**ren**te todo joelho,
seja nos **céus**, seja na **te**rra, ale**lui**a.

Cântico   Fl 2,6-11

Cristo, o Servo de Deus

= ⁶ Embora **fos**se de divina condi**ção**, †
Cristo Je**sus** não se apegou ciosamente *
a ser i**gual** em natureza a Deus Pai.

(R. Jesus **Cristo** é S**enhor** para a **glória** de Deus **Pai!**)
= ⁷**Porém** esvaziou-se de sua glória †
  e assu**miu** a condição de um escravo, *
  fa**zen**do-se aos homens semelhante. (R.)

= Reconhe**cido** exteriormente como homem, †
  ⁸humi**lhou**-se, obedecendo até à morte, *
  até à **mor**te humilhante numa cruz. (R.)

= ⁹Por isso **Deus** o exaltou sobremaneira †
  e deu-lhe o **nome** mais excelso, mais sublime, *
  e ele**va**do muito acima de outro nome. (R.)

=¹⁰Para **que** perante o nome de Jesus †
  se **do**bre reverente todo joelho, *
  seja nos **céus**, seja na terra ou nos abismos. (R.)

=¹¹E toda **lín**gua reconheça, confessando, †
  para a **gló**ria de Deus Pai e seu louvor: *
  "Na ver**da**de Jesus Cristo é o Senhor!" (R.)

Ant. Ao **no**me de Jesus, nosso Se**nhor**,
  se **do**bre reve**ren**te todo joelho,
  seja nos **céus**, seja na **terra**, ale**lu**ia.

Leitura breve   Cl 1,2b-6a

A vós, graça e paz da parte de Deus nosso Pai. Damos graças a Deus, Pai de nosso Senhor Jesus Cristo, sempre rezando por vós, pois ouvimos acerca da vossa fé em Cristo Jesus e do amor que mostrais para com todos os santos, animados pela esperança na posse do céu. Disso já ouvistes falar no Evangelho, cuja palavra de verdade chegou até vós. E como no mundo inteiro, assim também entre vós ela está produzindo frutos e se desenvolve.

Responsório breve

R. Do nas**cer** do sol **até** o seu o**ca**so,
   * Lou**va**do seja o **no**me do Se**nhor**! R. Do nas**cer**.
V. Sua **gló**ria vai a**lém** dos altos **céus**. * Lou**va**do.
   Glória ao **Pai**. R. Do nas**cer**.

Antífona do Magníficat como no Próprio do Tempo.

Preces

Demos graças a Deus, que auxilia e protege o povo que escolheu como sua herança para que viva feliz. Recordando seu amor, aclamemos dizendo:

R. **Senhor, nós confiamos em vós!**

Deus de bondade, nós vos pedimos pelo nosso Papa N. e pelo nosso bispo N.;
– protegei-os com o vosso poder e santificai-os com a vossa graça. R.

Confortai os doentes e tornai-os participantes da paixão de Cristo por seus sofrimentos,
– para que sintam continuamente a sua consolação. R.

Olhai com amor para os que não têm onde morar,
– e fazei que encontrem uma digna habitação. R.

Dignai-vos multiplicar e conservar os frutos da terra,
– para que a ninguém falte o pão de cada dia. R.

Ou:
(Defendei o nosso povo de todo mal,
– para que desfrute da vossa paz e prosperidade). R.
(intenções livres)

Envolvei com vossa misericórdia os que morreram,
– e dai-lhes um lugar no céu. R.
Pai nosso...

Oração como no Próprio do Tempo.

A conclusão da Hora como no Ordinário.

Invitatório

V. **Abri** os meus **lá**bios. R. E minha **bo**ca.
R. Vinde, **po**vo do Se**nhor** e re**ba**nho que ele **gui**a:
vinde **to**dos, ado**re**mos, ale**lui**a.

Salmo invitatório como no Ordinário, p. 537.

Ofício das Leituras

V. Vinde, ó **Deus**. Glória ao **Pai**. Como **e**ra. A**le**luia.

Esta introdução se omite quando o Invitatório precede imediatamente ao Ofício das Leituras.

Hino

I. Quando se diz o Ofício das Leituras durante a noite ou de madrugada:

>Chegamos ao meio da noite.
>Profética voz nos chamou
>e exorta a cantarmos felizes
>de Deus Pai e Filho o louvor,

>que unidos no Espírito da Vida,
>são perfeita e santa Trindade,
>igual numa só natureza,
>à qual honra, amor, majestade!

>Recorda esta hora o terror
>de quando, nas terras do Egito,
>um anjo matou primogênitos,
>deixando o país todo aflito.

>Mas traz salvação para os justos
>na hora que Deus decretou.
>As casas marcadas com sangue
>o anjo da morte poupou.

>O Egito chorou os seus filhos,
>porém Israel se alegrou.
>O sangue do puro cordeiro
>aos seus protegeu e salvou.

Nós somos o novo Israel,
e em vós, ó Senhor, exultamos.
Com sangue de Cristo marcados,
do mal os ardis desprezamos.

Deus santo, fazei-nos ser dignos
da glória do mundo que vem.
Possamos cantar vossa glória
no céu para sempre. Amém.

II. Quando se diz o Ofício das Leituras durante o dia:

Salve o dia que é glória dos dias,
feliz dia, de Cristo vitória,
dia pleno de eterna alegria,
o primeiro.

Luz divina brilhou para os cegos;
nela o Cristo triunfa do inferno,
vence a morte, reconciliando
terra e céus.

A sentença eterna do Rei
tudo sob o pecado encerrou,
para que na fraqueza brilhasse
maior graça.

O poder e a ciência de Deus
misturaram rigor e clemência,
quando o mundo já estava caindo
nos abismos.

Surge livre do Reino da morte
quem o gênero humano restaura,
reconduz em seus ombros a ovelha
ao redil.

Reine a paz entre os anjos e os homens,
e no mundo a total plenitude.
Ao Senhor triunfante convém
toda a glória.

Mãe Igreja, tua voz faça coro
à harmonia da pátria celeste.
Cantem hoje Aleluias de glória
os fiéis.

Triunfando do império da morte,
triunfal alegria gozemos.
Paz na terra e nos céus alegria.
Assim seja.

Salmodia

Ant. 1 Ó meu **Deus** e meu Se**nhor**, como sois **gran**de!
De majes**ta**de e esplen**dor** vos revestis,
e de **luz** vos envolveis como num **man**to! Ale**lui**a.

Salmo 103(104)

Hino a Deus Criador

Se alguém está em Cristo, é uma criatura nova. O mundo velho desapareceu. Tudo agora é novo (2Cor 5,17).

I

−¹ Ben**di**ze, ó minha **al**ma, ao Se**nhor**! *
Ó meu **Deus** e meu Senhor, como sois grande!

− De majes**ta**de e esplendor vos revestis, *
² e de **luz** vos envolveis como num manto.

− Esten**deis** qual uma tenda o firmamento, *
³ cons**tru**ís vosso palácio sobre as águas;

− das **nu**vens vós fazeis o vosso carro, *
do **ven**to caminhais por sobre as asas;

−⁴ dos **ven**tos fazeis vossos mensageiros, *
do fogo e **cha**ma fazeis vossos servidores.

−⁵ A **ter**ra vós firmastes em suas bases, *
ficará **fir**me pelos séculos sem fim;

−⁶ os **ma**res a cobriam como um manto,*
e as **á**guas envolviam as montanhas.−

— ⁷Ante a **vos**sa ameaça elas fugiram, *
  e tre**me**ram ao ouvir vosso trovão;
— ⁸saltaram **mon**tes e desceram pelos vales *
  ao lu**gar** que destinastes para elas;
— ⁹elas não **pas**sam dos limites que fixastes, *
  e não **vol**tam a cobrir de novo a terra.
— ¹⁰Fazeis bro**tar** em meio aos vales as nascentes *
  que **pas**sam serpeando entre as montanhas;
— ¹¹dão de be**ber** aos animais todos do campo, *
  e os da **sel**va nelas matam sua sede;
— ¹²às suas **mar**gens vêm morar os passarinhos, *
  entre os **ra**mos eles erguem o seu canto.

Ant. Ó meu **Deus** e meu Se**nhor**, como sois **gran**de!
  De majes**ta**de e esplen**dor** vos reves**tis**,
  e de **luz** vos envol**veis** como num **man**to! Ale**lu**ia.

Ant. 2 O Se**nhor** tira da **ter**ra o ali**men**to
  e o **vi**nho que alegra o cora**ção**. Ale**lu**ia.

II

— ¹³De vossa **ca**sa as mon**ta**nhas irri**gais**, *
  com vossos **fru**tos saciais a terra inteira;
— ¹⁴fazeis cres**cer** os verdes pastos para o gado *
  e as **plan**tas que são úteis para o homem;
— para da **ter**ra extrair o seu sustento *
  ¹⁵e o **vi**nho que alegra o coração,
— o **ó**leo que ilumina a sua face *
  e o **pão** que revigora suas forças.
— ¹⁶As **ár**vores do Senhor são bem viçosas *
  e os **ce**dros que no Líbano plantou;
— ¹⁷as **a**ves ali fazem os seus ninhos *
  e a ce**go**nha faz a casa em suas copas;
— ¹⁸os altos **mon**tes são refúgio dos cabritos, *
  os ro**che**dos são abrigo das marmotas.

—19 Para o **tem**po assinalar destes a lua, *
e o **sol** conhece a hora de se pôr;
—20 esten**deis** a escuridão e vem a noite, *
logo as **fe**ras andam soltas na floresta;
—21 eis que **ru**gem os leões, buscando a presa, *
e de **Deus** eles reclamam seu sustento.
—22 Quando o **sol** vai despontando, se retiram, *
e de **no**vo vão deitar-se em suas tocas.
—23 **En**tão o homem sai para o trabalho, *
para a la**bu**ta que se estende até à tarde.

Ant. O Se**nhor** tira da **ter**ra o ali**men**to
e o **vi**nho que **a**legra o cora**ção**. Ale**lui**a.

Ant. 3 Deus **viu** todas as **coi**sas que fizera
e eram todas **e**las muito **boas**. Ale**lui**a.

III

=24 Quão nume**ro**sas, ó Se**nhor**, são vossas **o**bras, †
e **que** sabedoria em todas elas! *
Encheu-se a **ter**ra com as vossas criaturas!
=25 Eis o **mar** tão espaçoso e tão imenso,†
no **qual** se movem seres incontáveis, *
gigan**tes**cos animais e pequeninos;
=26 nele os na**vi**os vão seguindo as suas rotas, †
e o **mons**tro do oceano que criastes, *
nele vive e dentro dele se diverte.
—27 Todos **e**les, ó Senhor, de vós esperam *
que a seu **tem**po vós lhes deis o alimento;
—28 vós lhes **dais** o que comer e eles recolhem, *
vós **a**bris a vossa mão e eles se fartam.
=29 Se escon**deis** a vossa face, se apavoram, †
se ti**rais** o seu respiro, eles perecem *
e **vol**tam para o pó de onde vieram;
—30 envi**ais** o vosso espírito e renascem *
e da **ter**ra toda a face renovais.

—³¹Que a **gló**ria do Senhor perdure sempre, *
e **aleg**re-se o Senhor em suas obras!
—³²Ele **o**lha para a terra, ela estremece; *
quando **to**ca as montanhas, lançam fogo.
—³³Vou can**tar** ao Senhor Deus por toda a vida, *
salmodi**ar** para o meu Deus enquanto existo.
—³⁴Hoje **se**ja-lhe agradável o meu canto,*
pois o Se**nhor** é a minha grande alegria!
=³⁵Desapa**re**çam desta terra os pecadores,†
e pe**re**çam os perversos para sempre! *
Ben**di**ze, ó minha alma, ao Senhor!

Ant. Deus **viu** todas as **coi**sas que fizera
e **e**ram todas **e**las muito **bo**as. Aleluia.

V. Fe**li**zes vossos **o**lhos porque veem,
R. E tam**bém** vossos ou**vi**dos porque **ou**vem!

Leituras e oração como no Próprio do Tempo.

Laudes

V. Vinde, ó **Deus**. Glória ao **Pai**. Como era. Ale**lui**a.

Esta introdução se omite quando o Invitatório precede imediatamente às Laudes.

Hino

Eis que da noite já foge a sombra
e a luz da aurora refulge, ardente.
Nós, reunidos, a Deus oremos
e invoquemos o Onipotente.

Deus, compassivo, nos salve a todos
e nos afaste de todo o mal.
O Pai bondoso, por sua graça,
nos dê o reino celestial.

Assim nos ouça o Deus Uno e Trino,
Pai, Filho e Espírito Consolador.
Por toda a terra vibram acordes
dum canto novo em seu louvor.

Salmodia
Ant. 1 Bendito o que **vem** em **no**me do Senhor! Ale**lu**ia.

Salmo 117(118)
Canto de alegria e salvação

Ele é a pedra, que vós, os construtores, desprezastes, e que se tornou a pedra angular (At 4,11).

– ¹ Dai graças ao Senhor, porque ele é **bom**! *
"E**ter**na é a sua misericórdia!"

– ² A **ca**sa de Israel agora o **di**ga: *
"E**ter**na é a sua misericórdia!"

– ³ A **ca**sa de Aarão agora o **di**ga: *
"E**ter**na é a sua misericórdia!"

– ⁴ Os que **te**mem o Senhor agora o **di**gam: *
"E**ter**na é a sua misericórdia!"

– ⁵ Na minha an**gús**tia eu clamei pelo Senhor, *
e o Se**nhor** me atendeu e libertou!

– ⁶ O Senhor está comigo, **na**da temo; *
o que **po**de contra mim um ser humano?

– ⁷ O Senhor está comigo, é o meu auxílio, *
hei de **ver** meus inimigos humilhados.

– ⁸ "É me**lhor** buscar refúgio no Senhor *
do que **pôr** no ser humano a esperança;

– ⁹ é me**lhor** buscar refúgio no Senhor *
do que con**tar** com os poderosos deste mundo!"

– ¹⁰ Povos pa**gãos** me rodearam todos eles, *
mas em **no**me do Senhor os derrotei;

– ¹¹ de todo **la**do todos eles me cercaram, *
mas em **no**me do Senhor os derrotei;

=¹² como um enxame de abelhas me atacaram, †
como um fogo de espinhos me queimaram, *
mas em nome do Senhor os derrotei.

–¹³ Empurraram-me, tentando derrubar-me, *
mas veio o Senhor em meu socorro.

–¹⁴ O Senhor é minha força e o meu canto, *
e tornou-se para mim o Salvador.

–¹⁵ "Clamores de alegria e de vitória *
ressoem pelas tendas dos fiéis.

=¹⁶ A mão direita do Senhor fez maravilhas, †
a mão direita do Senhor me levantou, *
a mão direita do Senhor fez maravilhas!"

–¹⁷ Não morrerei, mas, ao contrário, viverei *
para cantar as grandes obras do Senhor!

–¹⁸ O Senhor severamente me provou, *
mas não me abandonou às mãos da morte.

–¹⁹ Abri-me vós, abri-me as portas da justiça; *
quero entrar para dar graças ao Senhor!

–²⁰ "Sim, esta é a porta do Senhor, *
por ela só os justos entrarão!"

–²¹ Dou-vos graças, ó Senhor, porque me ouvistes *
e vos tornastes para mim o Salvador!

–²² "A pedra que os pedreiros rejeitaram *
tornou-se agora a pedra angular.

–²³ Pelo Senhor é que foi feito tudo isso: *
Que maravilhas ele fez a nossos olhos!

–²⁴ Este é o dia que o Senhor fez para nós, *
alegremo-nos e nele exultemos!

–²⁵ Ó Senhor, dai-nos a vossa salvação, *
ó Senhor, dai-nos também prosperidade!"

–²⁶ Bendito seja, em nome do Senhor, *
aquele que em seus átrios vai entrando!

— Desta **ca**sa do Senhor vos bendizemos. *
²⁷ Que o Se**nhor** e nosso Deus nos ilumine!
— Empu**nhai** ramos nas mãos, formai cortejo, *
aproxi**mai**-vos do altar, até bem perto!
—²⁸ Vós sois meu **Deus**, eu vos bendigo e agradeço! *
Vós sois meu **Deus**, eu vos exalto com louvores!
—²⁹ Dai **graças** ao Senhor, porque ele é bom! *
"Eterna é a sua misericórdia!"

Ant. Bend**ito** o que **vem** em **no**me do Se**nhor**! Alelu**ia**.

Ant. 2 Cantemos um **hino** ao Se**nhor**, ale**luia**.

Cântico Dn 3,52-57
Louvor das criaturas ao Senhor

O Criador é bendito para sempre (Rm 1,25).

—⁵² Sede ben**dito**, Senhor **Deus** de nossos **pais**! *
A vós lou**vor**, honra e glória eternamente!
— Sede ben**dito**, nome santo e glorioso! *
A vós lou**vor**, honra e glória eternamente!
—⁵³ No templo **san**to onde refulge a vossa glória! *
A vós lou**vor**, honra e glória eternamente!
—⁵⁴ E em vosso **trono** de poder vitorioso! *
A vós lou**vor**, honra e glória eternamente!
—⁵⁵ Sede ben**dito**, que sondais as profundezas! *
A vós lou**vor**, honra e glória eternamente!
— E superi**or** aos querubins vos assentais! *
A vós lou**vor**, honra e glória eternamente!
—⁵⁶ Sede ben**dito** no celeste firmamento! *
A vós lou**vor**, honra e glória eternamente!
—⁵⁷ Obras **to**das do Senhor, glorificai-o! *
A ele lou**vor**, honra e glória eternamente!

Ant. Cantemos um **hino** ao Se**nhor**, ale**luia**.

Ant. 3 Lou**vai** o Senhor **Deus**
por seus **fei**tos grandi**o**sos. Ale**lui**a.

Salmo 150

Louvai o Senhor

Salmodiai com o espírito e salmodiai com a mente, isto é: glorificai a Deus com a alma e com o corpo (Hesíquio).

– ¹Lou**vai** o Senhor **Deus** no santu**á**rio, *
  lou**vai**-o no alto céu de seu poder!
– ²Lou**vai**-o por seus feitos grandiosos, *
  lou**vai**-o em sua grandeza majestosa!
– ³Lou**vai**-o com o toque da trombeta, *
  lou**vai**-o com a harpa e com a cítara!
– ⁴Lou**vai**-o com a dança e o tambor, *
  lou**vai**-o com as cordas e as flautas!
– ⁵Lou**vai**-o com os címbalos sonoros, *
  lou**vai**-o com os címbalos de júbilo!
– Louve a **Deus** tudo o que vive e que respira, *
  tudo **can**te os louvores do Senhor!

Ant. Lou**vai** o Senhor **Deus**
por seus **fei**tos grandi**o**sos. Ale**lui**a.

Leitura breve Ez 36,25-27

Derramarei sobre vós uma água pura, e sereis purificados. Eu vos purificarei de todas as impurezas e de todos os ídolos. Eu vos darei um coração novo e porei um espírito novo dentro de vós. Arrancarei do vosso corpo o coração de pedra e vos darei um coração de carne; porei o meu espírito dentro de vós e farei com que sigais a minha lei e cuideis de observar os meus mandamentos.

Responsório breve

R. Nós vos louvamos, dando **graças**, ó **Senhor**,
* Dando **graças**, invo**ca**mos vosso **no**me.
   R. Nós vos lou**va**mos.
V. E publi**ca**mos os pro**dí**gios que fi**zes**tes.* Dando **graças**.
   Glória ao **Pai**. R. Nós vos lou**va**mos.

Antífona do Benedictus como no Próprio do Tempo.

Preces

Demos graças a nosso Salvador, que veio a este mundo para ser Deus-conosco; e o aclamemos, dizendo:

R. **Cristo, rei da glória, sede nossa luz e alegria!**

Senhor Jesus Cristo, luz que vem do alto e primícias da ressurreição futura,
– dai-nos a graça de vos seguirmos, para que, livres das sombras da morte, caminhemos sempre na luz da vida. R.

Mostrai-nos vossa bondade, refletida em todas as criaturas,
– para contemplarmos em todas elas a vossa glória.   R.

Não permitais, Senhor, que hoje sejamos vencidos pelo mal,
– mas tornai-nos vencedores do mal pelo bem.   R.

Vós, que no Jordão fostes batizado por João Batista e ungido pelo Espírito Santo,
– santificai todas as nossas ações deste dia com a graça do mesmo Espírito.   R.

(intenções livres)

Pai nosso...

Oração como no Próprio do Tempo.
Conclusão da Hora como no Ordinário.

Hora Média

V. Vinde, ó **Deus**. Glória ao **Pai**. Como era. Ale**lu**ia.

HINO como no Ordinário, p. 552-555.

Salmodia
Ant. 1 Pelos **pra**dos e cam**pi**nas verde**jan**tes,
   o Se**nhor** me con**duz** a descan**sar**. Ale**lu**ia.

Salmo 22(23)
O Bom Pastor

O Cordeiro será o seu pastor e os conduzirá às fontes de água da vida (Ap 7,17).

– ¹O Se**nhor** é o pas**tor** que me con**duz**; *
   não me **fal**ta coisa al**gu**ma.
– ²Pelos **pra**dos e campinas verde**jan**tes *
   ele me **le**va a descansar.
– Para as **á**guas repousantes me encaminha, *
   ³e res**tau**ra as minhas forças.
– Ele me **gui**a no caminho mais seguro, *
   pela **hon**ra do seu nome.
– ⁴Mesmo que eu **pas**se pelo vale tenebroso, *
   nenhum **mal** eu temerei;
– estais co**mi**go com bastão e com cajado; *
   eles me **dão** a segurança!
– ⁵Prepa**rais** à minha frente uma mesa, *
   bem à **vis**ta do inimigo,
– e com **ó**leo vós ungis minha cabeça; *
   o meu **cá**lice transborda.
– ⁶Felici**da**de e todo bem hão de seguir-me *
   por **to**da a minha vida;
– e, na **ca**sa do Senhor, habitarei *
   pelos **tem**pos infinitos.

Ant. Pelos **pra**dos e cam**pi**nas verde**jan**tes,
   o Se**nhor** me con**duz** a descan**sar**. Ale**lu**ia.

Ant. 2 O **no**me do Se**nhor** é grand**io**so em Isra**el**. Ale**luia**.

Salmo 75(76)
Ação de graças pela vitória

Verão o Filho do Homem vindo sobre as nuvens do céu (Mt 24,30).

I

— 2 Em Ju**dá** o Senhor **Deus** é conhecido, *
 e seu **no**me é grandioso em Israel.
— 3 Em Sa**lém** ele fixou a sua tenda, *
 em Sião edificou sua morada.
— 4 E a**li** quebrou os arcos e as flechas, *
 os es**cu**dos, as espadas e outras armas.
— 5 Resplen**den**te e majestoso apareceis *
 sobre **mon**tes de despojos conquistados.
= 6 Despo**jas**tes os guerreiros valorosos †
 que já **dor**mem o seu sono derradeiro, *
 incapazes de apelar para os seus braços.
— 7 Ante as **vos**sas ameaças, ó Senhor,*
 estarreceram-se os carros e os cavalos.

Ant. O **no**me do Se**nhor** é grand**io**so em Israel. Ale**luia**.

Ant. 3 A **ter**ra apavo**rou**-se e emude**ceu**,
 quando **Deus** se levan**tou** para jul**gar**. Ale**luia**.

II

— 8 Sois terrível, real**men**te, Senhor **Deus**! *
 E quem **po**de resistir à vossa ira?
— 9 Lá do **céu** pronunciastes a sentença, *
 e a **ter**ra apavorou-se e emudeceu,
—10 quando **Deus** se levantou para julgar*
 e liber**tar** os oprimidos desta terra.
—11 Mesmo a re**vol**ta dos mortais vos dará glória, *
 e os que so**bra**ram do furor vos louvarão.

—12 Ao vosso **Deus** fazei promessas e as cumpri; *
vós que o cer**cais**, trazei ofertas ao Terrível;
—13 ele es**ma**ga os reis da terra em seu orgulho, *
e faz tre**mer** os poderosos deste mundo!

Ant. A **terra** apavo**rou**-se e emude**ceu**,
quando **Deus** se levan**tou** para jul**gar**. Ale**lu**ia.

Para as outras Horas, Salmodia complementar, p. 1132.

Oração das Nove Horas

Leitura breve   Rm 5,1-2.5
Justificados pela fé, estamos em paz com Deus, pela mediação do Senhor nosso, Jesus Cristo. Por ele tivemos acesso, pela fé, a esta graça, na qual estamos firmes e nos gloriamos, na esperança da glória de Deus. E a esperança não decepciona, porque o amor de Deus foi derramado em nossos corações pelo Espírito Santo que nos foi dado.

V. Ó S**e**nhor, eu canta**rei** eterna**men**te o vosso **amor**.
R. De gera**ção** em gera**ção** eu canta**rei** vossa ver**da**de.

Oração das Doze Horas

Leitura breve   Rm 8,26
O Espírito vem em socorro da nossa fraqueza. Pois nós não sabemos o que pedir, nem como pedir; é o próprio Espírito que intercede em nosso favor, com gemidos inefáveis.

V. Que meu **gri**to, ó S**e**nhor, chegue até **vós**.
R. Fazei-me **sá**bio, como **vós** o prome**tes**tes.

Oração das Quinze Horas

Leitura breve   2Cor 1,21-22
É Deus que nos confirma, a nós e a vós, em nossa adesão a Cristo, como também é Deus que nos ungiu. Foi ele que nos marcou com o seu selo e nos adiantou como sinal o Espírito derramado em nossos corações.

V. O **Senhor** é minha **luz** e salva**ção**.
R. O **Senhor** é a prote**ção** da minha **vida**.

Oração como no Próprio do Tempo.
A conclusão da Hora como no Ordinário.

II Vésperas

V. Vinde, ó **Deus**. Glória ao **Pai**. Como era. Ale**luia**.

Hino

Ó luz, ó Deus Trindade,
ó Unidade e fonte:
na luz do sol que morre,
a vossa em nós desponte.

A vós de madrugada,
de tarde vos cantamos;
a vós na eternidade,
louvar sem fim possamos.

Ao Pai e ao Filho glória,
ao Espírito também,
louvor, honra e vitória
agora e sempre. Amém.

Salmodia

Ant. 1 Jesus **Cristo** é sacer**do**te eterna**mente**
segun**do** a ordem do **rei** Melquise**dec**. Ale**luia**.

Salmo 109(110),1-5.7
O Messias, Rei e Sacerdote

É preciso que ele reine, até que todos os seus inimigos estejam debaixo de seus pés (1Cor 15,25).

— ¹**Palavra** do **Senhor** ao meu **Senhor**: *
 "Assenta-te ao lado meu direito,
— até que eu ponha os inimigos teus *
 como escabelo por debaixo de teus pés!" —

=² O **Se**nhor estenderá desde Sião †
  vosso **ce**tro de poder, pois ele diz: *
  "Do**mi**na com vigor teus inimigos;
=³ tu és **prín**cipe desde o dia em que nasceste; †
  na **gló**ria e esplendor da santidade, *
  como o or**va**lho, antes da aurora, eu te gerei!"
=⁴ Jurou o **Se**nhor e manterá sua palavra: †
  "Tu **és** sacerdote eternamente, *
  se**gun**do a ordem do rei Melquisedec!"
–⁵ À vossa **des**tra está o Senhor, Ele vos diz: *
  "No dia da **i**ra esmagarás os reis da terra!
–⁷ Bebe**rás** água corrente no caminho, *
  por **is**so seguirás de fronte erguida!"

Ant. Jesus **Cris**to é sacer**do**te eterna**men**te
      se**gun**do a ordem do **rei** Melquise**dec**. Ale**lui**a.

Ant. 2 É nos **céus** que está o nosso **Deus**;
        ele **faz** tudo a**qui**lo que **quer**. Ale**lui**a.

Salmo 113B(115)
Louvor ao Deus verdadeiro

Vós vos convertestes, abandonando os falsos deuses, para servir ao Deus vivo e verdadeiro (1Ts 1,9).

=¹ Não a **nós**, ó Se**nhor**, não a **nós**, †
  ao vosso **no**me, porém, seja a glória, *
  porque **sois** todo amor e verdade!
–² Por que **hão** de dizer os pagãos: *
  "Onde es**tá** o seu Deus, onde está?"
–³ É nos **céus** que está o nosso Deus, *
  ele **faz** tudo aquilo que quer.
–⁴ São os **deu**ses pagãos ouro e prata, *
  todos eles são obras humanas.–

— ⁵Têm **boca** e não podem falar, *
têm **olhos** e não podem ver;
— ⁶têm **nariz** e não podem cheirar, *
tendo ouvidos, não podem ouvir.
= ⁷Têm **mãos** e não podem pegar, †
têm **pés** e não podem andar; *
nenhum **som** sua garganta produz.
— ⁸Como **eles**, serão seus autores, *
que os **fa**bricam e neles confiam.
— ⁹Con**fi**a, Israel, no Senhor. *
Ele **é** teu auxílio e escudo!
— ¹⁰Con**fi**a, Aarão, no Senhor. *
Ele **é** teu auxílio e escudo!
— ¹¹Vós que o te**meis**, confiai no Senhor. *
Ele **é** vosso auxílio e escudo!
— ¹²O Se**nhor** se recorda de nós, *
o Se**nhor** abençoa seu povo.
— O Se**nhor** abençoa Israel, *
o Se**nhor** abençoa Aarão;
— ¹³abençoa aqueles que o temem, *
aben**ço**a pequenos e grandes!
— ¹⁴O Se**nhor** multiplique a vós todos, *
a vós **to**dos, também vossos filhos!
— ¹⁵Abençoados sejais do Senhor, *
do Se**nhor** que criou céu e terra!
— ¹⁶Os **céus** são os céus do Senhor, *
mas a **terra** ele deu para os homens.
— ¹⁷Não vos **lou**vam os mortos, Senhor, *
nem a**que**les que descem ao silêncio.
— ¹⁸Nós, os **vivos**, porém, bendizemos *
ao Se**nhor** desde agora e nos séculos.

Ant. É nos **céus** que está o nosso **Deus**;
ele **faz** tudo aquilo que **quer**. Aleluia.

Ant. 3 Celebrai o nosso **Deus**, servidores do **Senhor**, vós, os **gran**des e os **peque**nos! Ale**lu**ia.

No cântico seguinte dizem-se os Aleluias entre parênteses somente quando se canta; na recitação, basta dizer o Aleluia no começo e no fim das estrofes.

Cântico   Cf. Ap 19,1-2.5-7

As núpcias do Cordeiro

= Ale**lu**ia, (Ale**lu**ia!).
¹ Ao nosso **Deus** a salva**ção**, *
honra, **gló**ria e poder! (Ale**lu**ia!).
– ² Pois são ver**da**de e justiça *
os juízos do Senhor.
R. Ale**lu**ia, (Ale**lu**ia!).

= Ale**lu**ia, (Ale**lu**ia!).
⁵ Cele**brai** o nosso Deus, *
servi**do**res do Senhor! (Ale**lu**ia!).
– E vós **to**dos que o temeis, *
vós os **gran**des e os pequenos!
R. Ale**lu**ia, (Ale**lu**ia!).

= Ale**lu**ia, (Ale**lu**ia!).
⁶ De seu **rei**no tomou posse *
nosso **Deus** onipotente! (Ale**lu**ia!).
– ⁷ Exul**te**mos de alegria, *
demos **gló**ria ao nosso Deus!
R. Ale**lu**ia, (Ale**lu**ia!).

= Ale**lu**ia, (Ale**lu**ia!).
Eis que as **núp**cias do Cordeiro *
redi**vi**vo se aproximam! (Ale**lu**ia!).
– Sua Es**po**sa se enfeitou, *
se ves**tiu** de linho puro.
R. Ale**lu**ia, (Ale**lu**ia!).

Ant. Celebrai o nosso **Deus**, servi**d**ores do S**enhor**, vós, os **grand**es e os pe**quen**os! Ale**lui**a.

Leitura breve — 2Ts 2,13-14

Quanto a nós, devemos continuamente dar graças a Deus por vossa causa, irmãos amados do Senhor, pois Deus vos escolheu desde o começo, para serdes salvos pelo Espírito que santifica e pela fé na verdade. Deus vos chamou para que, por meio do nosso evangelho, alcanceis a glória de nosso Senhor Jesus Cristo.

Responsório breve

R. É **gran**de o S**enhor**,
 * E é **gran**de o seu po**der**. R. É **grand**e.
V. Seu sa**ber** é sem li**mit**es. * E é **gran**de.
 Glória ao **Pai**. R. É **gran**de.

Antífona do Magníficat como no Próprio do Tempo.

Preces

Louvor e honra a Cristo, que vive eternamente para interceder por nós, e que dá a salvação àqueles que, por seu intermédio, se aproximam de Deus. Firmes nesta fé, imploremos:

R. **Lembrai-vos, Senhor, do vosso povo!**

Sol de justiça, ao cair desta tarde, nós vos pedimos por todos os homens e mulheres,
— para que vivam as alegrias da vossa luz que não se apaga. R.

Conservai a aliança que selastes com o vosso sangue,
— e santificai a vossa Igreja, para que seja imaculada. R.

Senhor, do lugar em que habitais,
— lembrai-vos desta vossa comunidade. R.

Dirigi no caminho da paz e do bom êxito os que se encontram em viagem,
– para que cheguem ao seu destino com saúde e alegria. R.
(intenções livres)

Recebei, Senhor, as almas dos nossos irmãos e irmãs que morreram,
– e concedei-lhes vosso perdão e a glória eterna. R.

Pai nosso...

Oração como no Próprio do Tempo.
A conclusão da Hora como no Ordinário.

II SEGUNDA-FEIRA

Invitatório

V. **Abri** os meus **lábios**. R. E minha **boca**.
R. Exul**temos** de ale**gria** no Se**nhor**,
   e com **can**tos de ale**gria** o celebre**mos**!

Salmo invitatório como no Ordinário, p. 537.

Ofício das Leituras

V. Vinde, ó **Deus**. Glória ao **Pai**. Como era. Ale**luia**.

Esta introdução se omite quando o Invitatório precede imediatamente ao Ofício das Leituras.

Hino

I. Quando se diz o Ofício das Leituras durante a noite ou de madrugada:

>Chegou o tempo para nós,
>segundo o anúncio do Senhor,
>em que virá do céu o Esposo,
>do reino eterno o Criador.
>
>A seu encontro as virgens sábias
>correm, levando em suas mãos
>lâmpadas vivas, luminosas,
>cheias de imensa exultação.
>
>Pelo contrário, as virgens loucas
>lâmpadas levam apagadas
>e, em vão, do Rei batem às portas,
>que já se encontram bem fechadas.
>
>Sóbrios, agora vigiemos
>para que, vindo o Rei das gentes,
>corramos logo ao seu encontro,
>com nossas lâmpadas ardentes.

Divino Rei, fazei-nos dignos
do Reino eterno, que já vem,
e assim possamos para sempre
vosso louvor cantar. Amém.

II. Quando se diz o Ofício das Leituras durante o dia:

Dos santos vida e esperança,
Cristo, caminho e salvação,
luz e verdade, autor da paz,
a vós, louvor e adoração.

Vosso poder se manifesta
nas vidas santas, ó Senhor.
Tudo o que pode e faz o justo,
traz o sinal do vosso amor.

Concedei paz aos nossos tempos,
força na fé, cura ao doente,
perdão àqueles que caíram;
a todos, vida, eternamente!

Igual louvor ao Pai, ao Filho,
e ao Santo Espírito também
seja cantado em toda parte
hoje e nos séculos. Amém.

Salmodia

Ant. 1 Inclí**nai** o vosso ouvido para **mim**,
  apres**sai**-vos, ó Se**nhor**, em socorrer-me!

Salmo 30(31),2-17.20-25
Súplica confiante do aflito

Pai, em tuas mãos entrego o meu espírito (Lc 23,46).

I

—² Se**nhor**, eu ponho em **vós** minha espe**ran**ça; *
  que eu não **fi**que envergonhado eternamente!
= Porque sois **jus**to, defendei-me e libertai-me, †
  ³ inclí**nai** o vosso ouvido para mim: *
  apres**sai**-vos, ó Senhor, em socorrer-me!

— Sede uma **ro**cha protetora para mim, *
um **a**b**ri**go bem seguro que me salve!
— ⁴Sim, sois **vós** a minha rocha e fortaleza; *
por vossa **hon**ra orientai-me e conduzi-me!
— ⁵Reti**rai**-me desta rede traiçoeira, *
porque **sois** o meu refúgio protetor!
— ⁶Em vossas **mãos**, Senhor, entrego o meu espírito, *
porque **vós** me salvareis, ó Deus fiel!
— ⁷Detes**tais** os que adoram deuses falsos; *
quanto a **mim**, é ao Senhor que me confio.
= ⁸Vosso a**mor** me faz saltar de alegria, †
pois o**lhas**tes para as minhas aflições *
e conhe**ces**tes as angústias de minh'alma.
— ⁹Não me entre**gas**tes entre as mãos do inimigo, *
mas colo**cas**tes os meus pés em lugar amplo!

Ant. Incli**nai** o vosso ou**vi**do para **mim**,
apres**sai**-vos, ó Se**nhor**, em soco**rrer**-me!

Ant. 2 Mostrai se**re**na a vossa **face** ao vosso **ser**vo!

II

= ¹⁰Tende pie**da**de, ó Se**nhor**, estou so**fren**do: †
os meus **o**lhos se turvaram de tristeza, *
o meu **cor**po e minha alma definharam!
— ¹¹Minha **vi**da se consome em amargura, *
e se es**co**am os meus anos em gemidos!
— Minhas **for**ças se esgotam na aflição *
e até meus **os**sos, pouco a pouco, se desfazem!
— ¹²Tor**nei**-me o opróbrio do inimigo,*
o des**pre**zo e zombaria dos vizinhos,
e ob**je**to de pavor para os amigos; *
fogem de **mim** os que me veem pela rua.
— ¹³Os cora**ções** me esqueceram como um morto, *
e tor**nei**-me como um vaso espedaçado.

–¹⁴ Ao re**dor**, todas as coisas me apavoram; *
ouço **mui**tos cochichando contra mim;
— todos **jun**tos se reúnem, conspirando *
e pen**san**do como vão tirar-me a vida.
–¹⁵ A vós, po**rém**, ó meu Senhor, eu me confio, *
e a**fir**mo que só vós sois o meu Deus!
–¹⁶ Eu en**tre**go em vossas mãos o meu destino; *
liber**tai**-me do inimigo e do opressor!
–¹⁷ Mostrai se**re**na a vossa face ao vosso servo,*
e sal**vai**-me pela vossa compaixão!

Ant. Mostrai se**re**na a vossa **face** ao vosso **ser**vo!

Ant. 3 Seja ben**di**to o Senhor **Deus**
por seu a**mor** maravi**lho**so!

III

–²⁰ Como é **gran**de, ó S**e**nhor, vossa bon**da**de, *
que reser**vas**tes para aqueles que vos temem!
— Para a**que**les que em vós se refugiam, *
mostrando, as**sim**, o vosso amor perante os homens.
–²¹ Na prote**ção** de vossa face os defendeis*
bem **lon**ge das intrigas dos mortais.
— No interi**or** de vossa tenda os escondeis, *
prote**gen**do-os contra as línguas maldizentes.
–²² Seja ben**di**to o Senhor Deus, que me mostrou *
seu grande a**mor** numa cidade protegida!
–²³ Eu que di**zi**a quando estava perturbado: *
"Fui ex**pul**so da presença do Senhor!"
— Vejo a**go**ra que ouvistes minha súplica,*
quando a **vós** eu elevei o meu clamor.
=²⁴ A**mai** o Senhor Deus, seus santos todos, †
ele **guar**da com carinho seus fiéis, *
mas **pu**ne os orgulhosos com rigor.
–²⁵ Fortale**cei** os corações, tende coragem, *
todos **vós** que ao Senhor vos confiais!

Ant. Seja bendito o Senhor **Deus**
  por seu **a**mor maravi**lhoso!**

V. Vossa ver**da**de me ori**en**te e me condu**za**,
R. Porque **sois** o Deus da **mi**nha salva**ção**.
Leituras e oração correspondentes a cada Ofício.

Laudes

V. Vinde, ó **Deus**. Glória ao **Pai**. Como **era**. Ale**luia**.
Esta introdução se omite quando o Invitatório precede imediatamente às Laudes.

Hino

Doador da luz esplêndida,
pelo vosso resplendor,
ao passar da noite o tempo,
surge o dia em seu fulgor.

Verdadeira Estrela d'alva,
não aquela que anuncia
de outro astro a luz chegando
e a seu brilho se anuvia,

mas aquela luminosa,
mais que o sol em seu clarão,
mais que a luz e mais que o dia,
aclarando o coração.

Casta, a mente vença tudo,
que os sentidos pedem tanto;
vosso Espírito guarde puro
nosso corpo, templo santo.

A vós, Cristo, Rei clemente,
e a Deus Pai, Eterno Bem,
com o Espírito Paráclito,
honra e glória eterna. Amém.

Salmodia

Ant. 1 Quando terei a alegria de ver vossa face, Senhor?

Salmo 41(42)
Sede de Deus e saudades do templo

Quem tem sede, venha e quem quiser, receba de graça a água da vida (Ap 22,17).

— ² Assim como a corça suspira *
  pelas águas correntes,
— suspira igualmente minh'alma *
  por vós, ó meu Deus!

— ³ Minha alma tem sede de Deus, *
  e deseja o Deus vivo.
— Quando terei a alegria de ver *
  a face de Deus?

— ⁴ O meu pranto é o meu alimento *
  de dia e de noite,
— enquanto insistentes repetem: *
  "Onde está o teu Deus?"

— ⁵ Recordo saudoso o tempo *
  em que ia com o povo.
— Peregrino e feliz caminhando *
  para a casa de Deus,
— entre gritos, louvor e alegria *
  da multidão jubilosa.

— ⁶ Por que te entristeces, minh'alma, *
  a gemer no meu peito?
— Espera em Deus! Louvarei novamente *
  o meu Deus Salvador!

— ⁷ Minh'alma está agora abatida, *
  e então penso em vós,
— do Jordão e das terras do Hermon *
  e do monte Misar.

— ⁸ Como o abismo atrai outro abismo *
  ao fragor das cascatas,
— vossas ondas e vossas torrentes *
  sobre mim se lançaram.
— ⁹ Que o Senhor me conceda de dia *
  sua graça benigna
— e de noite, cantando, eu bendigo *
  ao meu Deus, minha vida.
— ¹⁰ Digo a Deus: "Vós que sois meu amparo, *
  por que me esqueceis?
— Por que ando tão triste e abatido *
  pela opressão do inimigo?"
— ¹¹ Os meus ossos se quebram de dor, *
  ao insultar-me o inimigo;
— ao dizer cada dia de novo: *
  "Onde está o teu Deus?"
— ¹² Por que te entristeces, minh'alma, *
  a gemer no meu peito?
— Espera em Deus! Louvarei novamente *
  o meu Deus Salvador!

Ant. Quando terei a alegria de ver vossa face, Senhor?

Ant. 2 Mostrai-nos, ó Senhor, vossa luz, vosso perdão!

Cântico   Eclo 36,1-7.13-16

Súplica pela cidade santa, Jerusalém

A vida eterna é esta: que eles te conheçam a ti, o único Deus verdadeiro, e àquele que tu enviaste, Jesus Cristo (Jo 17,3).

— ¹ Tende piedade e compaixão, Deus do universo, *
  e mostrai-nos vossa luz, vosso perdão!
— ² Espalhai vosso temor sobre as nações, *
  sobre os povos que não querem procurar-vos,
— para que saibam que só vós é que sois Deus, *
  e proclamem vossas grandes maravilhas. —

– ³ Levantai a vossa mão contra os estranhos, *
  para que vejam como é grande a vossa força.
– ⁴ Como em **nós** lhes demonstrastes santidade, *
  assim mos**trai**-nos vossa glória através deles,
– ⁵ para que **saibam** e confessem como nós *
  que não **há** um outro Deus, além de vós!
– ⁶ Reno**vai** vossos prodígios e portentos, *
  ⁷ glorifi**cai** o vosso braço poderoso!
–¹³ Reu**ni** todas as tribos de Jacó, *
  e re**ce**bam, como outrora, a vossa herança.
=¹⁴ Deste **po**vo que é vosso, tende pena, †
  e de Is**ra**el de quem fizestes primogênito, *
  e a quem cha**mas**tes com o vosso próprio nome!
–¹⁵ Apie**dai**-vos de Sião, vossa cidade, *
  o lu**gar** santificado onde habitais!
–¹⁶ En**chei** Jerusalém com vossos feitos, *
  e vosso **po**vo, com a luz de vossa glória!

Ant. Mos**trai**-nos, ó Se**nhor**, vossa **luz**, vosso per**dão**!
Ant. 3 Sede ben**dito**, Se**nhor**, no mais **al**to dos **céus**.

Salmo 18A(19)
Louvor ao Deus Criador

O sol que nasce do alto nos visitará para dirigir nossos passos no caminho da paz (Lc 1,78-79).

– ² Os céus pro**cla**mam a **glória** do Se**nhor**, *
  e o firma**men**to, a obra de suas mãos;
– ³ o dia ao **dia** transmite esta mensagem, *
  a noite à **noite** publica esta notícia.

– ⁴ Não são dis**cur**sos nem frases ou palavras, *
  nem são **vo**zes que possam ser ouvidas;
– ⁵ seu som res**soa** e se espalha em toda a terra, *
  chega aos con**fins** do universo a sua voz.

— ⁶Armou no alto uma tenda para o sol; *
ele desponta no céu e se levanta
— como um esposo do quarto nupcial, *
como um herói exultante em seu caminho.
— ⁷De um extremo do céu põe-se a correr *
e vai traçando o seu rastro luminoso,
— até que possa chegar ao outro extremo, *
e nada pode fugir ao seu calor.

Ant. Sede bendito, Senhor, no mais alto dos céus.

Leitura breve   Jr 15,16
Quando encontrei tuas palavras, alimentei-me; elas se tornaram para mim uma delícia e a alegria do coração, o modo como invocar teu nome sobre mim, Senhor Deus dos exércitos.

Responsório breve
R. Ó justos, alegrai-vos no Senhor!
 * Aos retos fica bem glorificá-lo. R. Ó justos.
V. Cantai para o Senhor um canto novo. * Aos retos.
Glória ao Pai. R. Ó justos.

Cântico evangélico, ant.
Bendito seja o Senhor Deus,
que visitou e libertou a nós, que somos o seu povo.

Preces
Demos graças a nosso Salvador, que fez de nós um povo de reis e sacerdotes para oferecermos sacrifícios agradáveis a Deus. Por isso o invoquemos:
R. **Conservai-nos, Senhor, em vosso serviço!**

Cristo, sacerdote eterno, que nos tornastes participantes do vosso sacerdócio santo,
— ensinai-nos a oferecer sempre sacrifícios espirituais agradáveis a Deus. R.

Dai-nos os frutos do vosso Espírito:
– paciência, bondade, mansidão. R.

Fazei que vos amemos acima de todas as coisas e pratiquemos o bem,
– para que nossas obras vos glorifiquem. R.

Ajudai-nos a procurar sempre o bem dos nossos irmãos e irmãs,
– para que eles alcancem mais facilmente a salvação. R.

(intenções livres)

Pai nosso...

Oração

Senhor Deus todo-poderoso, que nos fizestes chegar ao começo deste dia, salvai-nos hoje com o vosso poder, para não cairmos em nenhum pecado e fazermos sempre a vossa vontade em nossos pensamentos, palavras e ações. Por nosso Senhor Jesus Cristo, vosso Filho, na unidade do Espírito Santo.

A conclusão da Hora como no Ordinário.

Hora Média

V. Vinde, ó **Deus**. Glória ao **Pai**. Como era. Ale**lu**ia.

HINO como no Ordinário, p. 552-555.

Salmodia

Ant. 1 Felizes os que **ou**vem a palavra do **Se**nhor
e a praticam cada **dia**.

Salmo 118(119),41-48
VI (Vau)
Meditação sobre a Palavra de Deus na Lei

Minha mãe e meus irmãos são aqueles que ouvem a Palavra de Deus e a põem em prática (Lc 8,21).

—⁴¹ Senhor, que **des**ça sobre **mim** a vossa **graça** *
e a **vos**sa salvação que prometestes!
—⁴² Esta **se**rá minha resposta aos que me insultam: *
"Eu **con**to com a palavra do Senhor!"
—⁴³ Não reti**reis** vossa verdade de meus lábios, *
pois eu con**fi**o em vossos justos julgamentos!
—⁴⁴ Cumpri**rei** constantemente a vossa lei: *
para **sem**pre, eternamente a cumprirei!
—⁴⁵ É **am**plo e agradável meu caminho, *
porque **bus**co e pesquiso as vossas ordens.
—⁴⁶ Quero fa**lar** de vossa lei perante os reis, *
e da**rei** meu testemunho sem temor.
—⁴⁷ Muito me a**le**gro com os vossos mandamentos, *
que eu **a**mo, amo tanto, mais que tudo!
—⁴⁸ Eleva**rei** as minhas mãos para louvar-vos*
e com **pra**zer meditarei vossa vontade.

Ant. 1 Felizes os que **ou**vem a palavra do Se**nhor**
e a praticam cada **dia**!

Ant. 2 Meu ali**men**to é fa**zer** a von**ta**de do **Pai**.

Salmo 39(40),2-14.17-18
Ação de graças e pedido de auxílio

Tu não quiseste vítima nem oferenda, mas formaste-me um corpo (Hb 10,5).

I

—² Espe**ran**do, esperei no Se**nhor**, *
e inclinando-se, ouviu meu clamor.

– ³Retirou-me da cova da morte*
  e de um charco de lodo e de lama.
– Colocou os meus pés sobre a rocha, *
  devolveu a firmeza a meus passos.
– ⁴Canto novo ele pôs em meus lábios, *
  um poema em louvor ao Senhor.
– Muitos vejam, respeitem, adorem *
  e esperem em Deus, confiantes.
= ⁵É feliz quem a Deus se confia; †
  quem não segue os que adoram os ídolos *
  e se perdem por falsos caminhos.
– ⁶Quão imensos, Senhor, vossos feitos!*
  Maravilhas fizestes por nós!
– Quem a vós poderá comparar-se *
  nos desígnios a nosso respeito?
– Eu quisera, Senhor, publicá-los, *
  mas são tantos! Quem pode contá-los?
– ⁷Sacrifício e ablação não quisestes, *
  mas abristes, Senhor, meus ouvidos;
= não pedistes ofertas nem vítimas, †
  holocaustos por nossos pecados. *
  ⁸E então eu vos disse: "Eis que venho!"
= Sobre mim está escrito no livro: †
  ⁹"Com prazer faço a vossa vontade, *
  guardo em meu coração vossa lei!"

Ant. Meu alimento é fazer a vontade do **Pai**.

Ant. 3 Eu sou pobre, infeliz, desvalido,
     porém, guarda o Senhor minha vida.

II

=¹⁰Boas-novas de vossa Justiça †
  anunciei numa grande assembleia; *
  vós sabeis: não fechei os meus lábios!

=¹¹ **Proclamei** toda a **vos**sa justiça, †
sem retê-la no meu coração; *
vosso auxílio e lealdade narrei.
— Não **calei** vossa graça e verdade *
na pre**sen**ça da grande assembleia.
—¹² Não ne**gueis** para mim vosso amor! *
Vossa **graç**a e verdade me guardem!
=¹³ Pois des**graç**as sem conta me cercam, †
minhas **cul**pas me agarram, me prendem, *
e as**sim** já nem posso enxergar.
= Meus pe**ca**dos são mais numerosos †
que os ca**be**los da minha cabeça; *
desfa**le**ço e me foge o alento!
—¹⁴ **Dignai**-vos, Senhor, libertar-me, *
vinde **lo**go, Senhor, socorrer-me!
—¹⁷ Mas se a**le**gre e em vós rejubile *
todo **ser** que vos busca, Senhor!
— Digam **sem**pre: "É grande o Senhor!" *
os que **bus**cam em vós seu auxílio.
=¹⁸ Eu sou **po**bre, infeliz, desvalido, †
porém, **guar**da o Senhor minha vida, *
e por **mim** se desdobra em carinho.
— Vós me **sois** salvação e auxílio: *
vinde **lo**go, Senhor, não tardeis!

Ant. Eu sou **po**bre, infeliz, des**va**lido,
porém, **guar**da o Se**nhor** minha **vi**da.

Para as outras Horas, Salmodia complementar, p. 1132.

Oração das Nove Horas

Leitura breve   Jr 31,33
Esta será a aliança que concluirei com a casa de Israel, depois desses dias, diz o Senhor: imprimirei minha lei em suas entranhas, e hei de inscrevê-la em seu coração; serei seu Deus e eles serão meu povo.

V. Criai em **mim** um cora**ção** que seja **pu**ro.
R. Ó Se**nhor**, não me afas**teis** de vossa **face**!

Oração

Ó Deus, Pai de bondade, destes o trabalho aos seres humanos para que, unindo seus esforços, progridam cada vez mais; concedei que, em nossas atividades, vos amemos a vós como filhos e filhas e a todos como irmãos e irmãs. Por Cristo, nosso Senhor.

Oração das Doze Horas

Leitura breve   Jr 32,40
Estabelecerei com eles um pacto eterno, a fim de que não se afastem de mim; para isso não cessarei de favorecê-los e infundirei em seus corações o temor de Deus.

V. A minha **gló**ria e salva**ção** estão em **Deus**.
R. O meu re**fú**gio e rocha **fir**me é o Se**nhor**.

Oração

Ó Deus, senhor e guarda da vinha e da colheita, que repartis as tarefas e dais a justa recompensa, fazei-nos carregar o peso do dia, sem jamais murmurar contra a vossa vontade. Por Cristo, nosso Senhor.

Oração das Quinze Horas

Leitura breve   Ez 34,31
Quanto a vós, minhas ovelhas, sois as ovelhas de minha pastagem, e eu sou o vosso Deus – oráculo do Senhor Deus.

V. O Se**nhor** é o pas**tor** que me con**duz**:
   não me **fal**ta coisa al**gu**ma.
R. Pelos **pra**dos e cam**pi**nas verde**jan**tes
   ele me **le**va a descan**sar**.

Oração

Ó Deus, que nos convocais para o louvor, na mesma hora em que os Apóstolos subiam ao templo, concedei que esta prece, feita de coração sincero em nome de Jesus, alcance a salvação para quantos o invocam. Por Cristo, nosso Senhor.

A conclusão da Hora como no Ordinário.

Vésperas

V. Vinde, ó **Deus**. Glória ao **Pai**. Como era. Ale**luia**.

Hino

> Fonte da luz, da luz origem,
> as nossas preces escutai:
> da culpa as trevas expulsando,
> com vossa luz nos clareai.
>
> Durante a faina deste dia
> nos protegeu o vosso olhar.
> De coração vos damos graças
> em todo tempo e lugar.
>
> Se o pôr do sol nos trouxe as trevas,
> outro sol fulge, coruscante,
> e envolve até os próprios anjos
> com o seu brilho radiante.
>
> Todas as culpas deste dia
> apague o Cristo bom e manso,
> e resplandeça o coração
> durante as horas do descanso.
>
> Glória a vós, Pai, louvor ao Filho,
> poder ao Espírito também.
> No resplendor do vosso brilho,
> regeis o céu e a terra. Amém.

Salmodia

Ant. Sois tão **belo**, o mais **belo** entre os **filhos** dos **homens**! Vossos **lábios** espalham a **graça**, o en**can**to.

Salmo 44(45)
As núpcias do Rei

O noivo está chegando. Ide ao seu encontro! (Mt 25,6).

I

= ²Transborda um poema do meu coração; †
vou cantar-vos, ó Rei, esta minha canção; *
minha língua é qual pena de um ágil escriba.

= ³Sois tão belo, o mais belo entre os filhos dos homens! †
Vossos lábios espalham a graça, o encanto, *
porque Deus, para sempre, vos deu sua bênção.

– ⁴Levai vossa espada de glória no flanco, *
herói valoroso, no vosso esplendor;

– ⁵saí para a luta no carro de guerra *
em defesa da fé, da justiça e verdade!

= Vossa mão vos ensine valentes proezas, †
⁶vossas flechas agudas abatam os povos *
e firam no seu coração o inimigo!

= ⁷Vosso trono, ó Deus, é eterno, é sem fim; †
vosso cetro real é sinal de justiça: *
⁸Vós amais a justiça e odiais a maldade.

= É por isso que Deus vos ungiu com seu óleo, †
deu-vos mais alegria que aos vossos amigos. *
⁹Vossas vestes exalam preciosos perfumes.

– De ebúrneos palácios os sons vos deleitam. *
¹⁰As filhas de reis vêm ao vosso encontro,

– e à vossa direita se encontra a rainha *
com veste esplendente de ouro de Ofir.

Ant. Sois tão belo, o mais belo entre os filhos dos homens!
Vossos lábios espalham a graça, o encanto.

Ant. 2 Eis que vem o esposo chegando:
Saí ao encontro de Cristo!

II

—¹¹ Escutai, minha filha, olhai, ouvi isto: *
  "Esquecei vosso povo e a casa paterna!
—¹² Que o Rei se encante com vossa beleza! *
  Prestai-lhe homenagem: é vosso Senhor!
—¹³ O povo de Tiro vos traz seus presentes, *
  os grandes do povo vos pedem favores.
—¹⁴ Majestosa, a princesa real vem chegando, *
  vestida de ricos brocados de ouro.
—¹⁵ Em vestes vistosas ao Rei se dirige, *
  e as virgens amigas lhe formam cortejo;
—¹⁶ entre cantos de festa e com grande alegria, *
  ingressam, então, no palácio real".
—¹⁷ Deixareis vossos pais, mas tereis muitos filhos; *
  fareis deles os reis soberanos da terra.
—¹⁸ Cantarei vosso nome de idade em idade, *
  para sempre haverão de louvar-vos os povos!

Ant. Eis que vem o esposo chegando:
  Saí ao encontro de Cristo!

Ant. 3 Eis que agora se cumpre o desígnio do Pai:
  reunir no seu Cristo o que estava disperso.

Cântico Ef 1,3-10
O plano divino da salvação

—³ Bendito e louvado seja Deus, *
  o Pai de Jesus Cristo, Senhor nosso,
— que do alto céu nos abençoou em Jesus Cristo *
  com bênção espiritual de toda sorte!

(R. Bendito sejais vós, nosso Pai,
  que nos abençoastes em Cristo!)

—⁴ Foi em Cristo que Deus Pai nos escolheu, *
  já bem antes de o mundo ser criado,

– para que **fôs**semos, perante a sua face, *
sem **má**cula e santos pelo amor. (R.)
= ⁵Por **li**vre decisão de sua vontade, †
predesti**nou**-nos, através de Jesus Cristo, *
a sermos **ne**le os seus filhos adotivos,
– ⁶para o lou**vor** e para a glória de sua graça, *
que em seu **Fi**lho bem-amado nos doou. (R.)
– ⁷É **ne**le que nós temos redenção, *
dos pe**ca**dos remissão pelo seu sangue.
= Sua **gra**ça transbordante e inesgotável †
⁸Deus der**ra**ma sobre nós com abundância, *
de sa**ber** e inteligência nos dotando. (R.)
– ⁹E as**sim**, ele nos deu a conhecer *
o mis**té**rio de seu plano e sua vontade,
– que propu**se**ra em seu querer benevolente, *
¹⁰na pleni**tu**de dos tempos realizar:
– o de**síg**nio de, em Cristo, reunir *
todas as **coi**sas: as da terra e as do céu. (R.)
Ant. Eis que a**go**ra se **cum**pre o de**síg**nio do **Pai**:
reu**nir** no seu **Cris**to o que es**ta**va dis**per**so.

Leitura breve 1Ts 2,13
Agradecemos a Deus sem cessar por vós terdes acolhido a pregação da palavra de Deus, não como palavra humana, mas como aquilo que de fato é: Palavra de Deus, que está produzindo efeito em vós que abraçastes a fé.

Responsório breve
R. Ó Se**nhor**, suba à **vos**sa presença
 * A **mi**nha ora**ção**, como in**cen**so. R. Ó Se**nhor**.
V. Minhas **mãos** como o**fer**ta da **tar**de. * A **mi**nha ora**ção**.
 Glória ao **Pai**. R. Ó Se**nhor**.

Cântico evangélico, ant.
A minh'**al**ma vos engran**de**ça
eterna**men**te, Senhor, meu **Deus**.

Preces
Louvemos a Jesus Cristo, que alimenta e fortalece a sua Igreja. Oremos cheios de confiança, dizendo:
R. **Ouvi, Senhor, a oração do vosso povo!**

Senhor Jesus, fazei que todos os homens se salvem,
– e cheguem ao conhecimento da verdade. R.

Protegei o Santo Padre, o Papa N. e o nosso bispo N.;
– ajudai-os com o vosso poder. R.

Favorecei os que procuram trabalho justo e estável,
– para que vivam felizes e tranquilos. R.

Sede, Senhor, o refúgio dos pobres e oprimidos,
– ajudai-os na tribulação. R.

(intenções livres)

Nós vos recomendamos aqueles que durante a vida exerceram o ministério sagrado,
– para que vos louvem eternamente no céu. R.

Pai nosso...

Oração
Deus todo-poderoso, que a nós, servos inúteis, sustentastes nos trabalhos deste dia, aceitai este louvor, qual sacrifício vespertino, em ação de graças por vossos benefícios. Por nosso Senhor Jesus Cristo, vosso Filho, na unidade do Espírito Santo.

A conclusão da Hora como no Ordinário.

II TERÇA-FEIRA

Invitatório

V. **Abri** os meus **lábios.** R. E minha **boca.**
R. O Se**nhor**, o grande **Deus**, vinde **to**dos, ado**remos**!
Salmo invitatório como no Ordinário, p. 537.

Ofício das Leituras

V. Vinde, ó **Deus**. Glória ao **Pai**. Como **era**. Ale**luia**.
Esta introdução se omite quando o Invitatório precede imediatamente ao Ofício das Leituras.

Hino

I. Quando se diz o Ofício das Leituras durante a noite ou de madrugada:

>Despertados no meio da noite,
>meditando, em vigília e louvor,
>entoemos com todas as forças
>nosso canto vibrante ao Senhor,
>
>para que celebrando em conjunto
>deste Rei glorioso os louvores,
>mereçamos viver, com seus santos,
>vida plena nos seus esplendores.
>
>Esse dom nos conceda a Trindade,
>Pai e Filho e Amor, Sumo Bem,
>cuja glória ressoa na terra
>e no céu pelos séculos. Amém.

II. Quando se diz o Ofício das Leituras durante o dia:

>Deus bondoso, inclinai o vosso ouvido,
>por piedade, acolhei a nossa prece.
>Escutai a oração dos vossos servos,
>como Pai que dos seus filhos não se esquece.

Para nós volvei, sereno, a vossa face,
pois a vós nos confiamos sem reserva;
conservai as nossas lâmpadas acesas,
afastai do coração todas as trevas.

Compassivo, absolvei os nossos crimes,
libertai-nos, e as algemas nos quebrai;
os que jazem abatidos sobre a terra
com a vossa mão direita levantai.

Glória a Deus, fonte e raiz de todo ser,
glória a vós, do Pai nascido, Sumo Bem,
sempre unidos pelo Amor do mesmo Espírito,
Deus que reina pelos séculos. Amém.

Salmodia
Ant. 1 **Confia** ao **Senhor** o teu destino;
confia **ne**le e com **certeza** ele **agirá**.

Salmo 36(37)
O destino dos maus e dos bons

Bem-aventurados os mansos, porque possuirão a terra (Mt 5,5).

I

— ¹ Não te ir**rites** com as **obras** dos mal**vad**os *
nem in**vejes** as pessoas desonestas;

— ² eles **mur**cham tão depressa como a grama, *
como a **er**va verdejante secarão.

— ³ Con**fia** no Senhor e faze o bem, *
e sobre a **ter**ra habitarás em segurança.

— ⁴ Co**loca** no Senhor tua alegria, *
e ele **dará** o que pedir teu coração.

— ⁵ Deixa aos cui**da**dos do Senhor o teu destino; *
confia **ne**le, e com certeza ele agirá.

— ⁶ Fará bri**lhar** tua inocência como a luz, *
e o teu di**rei**to, como o sol do meio-dia. —

— ⁷Repousa no Senhor e espera nele! *
    Não cobices a fortuna desonesta,
— nem invejes quem vai bem na sua vida *
    mas oprime os pequeninos e os humildes.
— ⁸Acalma a ira e depõe o teu furor! *
    Não te irrites, pois seria um mal a mais!
— ⁹Porque serão exterminados os perversos, *
    e os que esperam no Senhor terão a terra.
—¹⁰Mais um pouco e já os ímpios não existem; *
    se procuras seu lugar, não o acharás.
—¹¹Mas os mansos herdarão a nova terra, *
    e nela gozarão de imensa paz.

Ant. Confia ao Senhor o teu destino;
    confia nele e com certeza ele agirá.

Ant. 2 Afasta-te do mal e faze o bem,
    pois a força do homem justo é o Senhor.

II

—¹²O pecador arma ciladas contra o justo *
    e, ameaçando, range os dentes contra ele;
—¹³mas o Senhor zomba do ímpio e ri-se dele, *
    porque sabe que o seu dia vai chegar.
—¹⁴Os ímpios já retesam os seus arcos *
    e tiram sua espada da bainha,
— para abater os infelizes e os pequenos *
    e matar os que estão no bom caminho;
—¹⁵mas sua espada há de ferir seus corações, *
    e os seus arcos hão de ser despedaçados.
—¹⁶Os poucos bens do homem justo valem mais *
    do que a fortuna fabulosa dos iníquos.
—¹⁷Pois os braços dos malvados vão quebrar-se,*
    mas aos justos é o Senhor que os sustenta.

⁻¹⁸ O **Senhor** cuida da vida dos honestos, *
e sua he**ran**ça permanece eternamente.
⁻¹⁹ Não se**rão** envergonhados nos maus dias, *
mas nos **tem**pos de penúria, saciados.
⁻²⁰ Mas os **ím**pios com certeza morrerão, *
perece**rão** os inimigos do Senhor;
– como as **flo**res das campinas secarão, *
e sumi**rão** como a fumaça pelos ares.
⁻²¹ O **ím**pio pede emprestado e não devolve, *
mas o **jus**to é generoso e dá esmola.
⁻²² Os que **Deus** abençoar, terão a terra; *
os que **e**le amaldiçoar, se perderão.
⁻²³ É o S**enhor** quem firma os passos dos mortais *
e di**ri**ge o caminhar dos que lhe agradam;
⁻²⁴ mesmo se **ca**em, não irão ficar prostrados, *
pois é o Se**nhor** quem os sustenta pela mão.
⁼²⁵ Já fui **jo**vem e sou hoje um ancião, †
mas nunca **vi** um homem justo abandonado, *
nem seus **fi**lhos mendigando o próprio pão.
⁻²⁶ Pode **sem**pre emprestar e ter piedade; *
seus descen**den**tes hão de ser abençoados.
⁻²⁷ A**fas**ta-te do mal e faze o bem, *
e te**rás** tua morada para sempre.
⁻²⁸ Por**que** o Senhor Deus ama a justiça, *
e ja**mais** ele abandona os seus amigos.
– Os malfei**to**res hão de ser exterminados, *
e a descen**dên**cia dos malvados destruída;
⁻²⁹ mas os **jus**tos herdarão a nova terra *
e **ne**la habitarão eternamente.

Ant. A**fas**ta-te do **mal** e faze o **bem**,
pois a **for**ça do homem **jus**to é o Se**nhor**.

Ant. 3 Confia em **Deus** e se**gue sem**pre seus ca**mi**nhos!

III

— ³⁰O **jus**to tem nos **lá**bios o que é **sá**bio,*
sua **lín**gua tem palavras de justiça;
— ³¹traz a Ali**an**ça do seu Deus no coração,*
e seus **pas**sos não vacilam no caminho.
— ³²O **ím**pio fica à espreita do homem justo, *
estu**dan**do de que modo o matará;
— ³³mas o Se**nhor** não o entrega em suas mãos, *
nem o con**de**na quando vai a julgamento.
— ³⁴Confia em **Deus** e segue sempre seus caminhos; *
ele have**rá** de te exaltar e engrandecer;
— possui**rás** a nova terra por herança, *
e assisti**rás** à perdição dos malfeitores.
— ³⁵Eu vi o **ím**pio levantar-se com soberba,*
ele**var**-se como um cedro exuberante;
— ³⁶de**pois** passei por lá e já não era, *
procu**rei** o seu lugar e não o achei.
— ³⁷Observa **bem** o homem justo e o honesto: *
quem ama a **paz** terá bendita descendência.
— ³⁸Mas os **ím**pios serão todos destruídos, *
e a **sua** descendência exterminada.
— ³⁹A salva**ção** dos piedosos vem de Deus;*
ele os pro**te**ge nos momentos de aflição.
= ⁴⁰O Se**nhor** lhes dá ajuda e os liberta, †
de**fen**de-os e protege-os contra os ímpios, *
e os **guar**da porque nele confiaram.

Ant. Confia em **Deus** e segue **sem**pre seus caminhos!

V. Dai-me bom **sen**so, reti**dão**, sabedo**ri**a,
R. Pois tenho **fé** nos vossos **san**tos manda**men**tos.
Leituras e oração correspondentes a cada Ofício.

Laudes

V. Vinde, ó **Deus**. Glória ao **Pai**. Como **era**. Ale**luia**.

Esta introdução se omite quando o Invitatório precede imediatamente às Laudes.

Hino

Da luz Criador,
vós mesmo sois luz
e dia sem fim.
Vós nunca da noite
provastes as trevas:
Só Deus é assim.

A noite já foge
e o dia enfraquece
dos astros a luz.
A estrela da aurora,
surgindo formosa,
no céu já reluz.

Os leitos deixando,
a vós damos graças
com muita alegria,
porque novamente,
por vossa bondade,
o sol traz o dia.

Ó Santo, pedimos
que os laços do Espírito
nos prendam a vós,
e, assim, não ouçamos
as vozes da carne
que clamam em nós.

Às almas não fira
a flecha da ira
que traz divisões.

Livrai vossos filhos
da própria malícia
dos seus corações.

Que firmes na mente
e castos no corpo,
de espírito fiel,
sigamos a Cristo,
Caminho e Verdade,
doçura do céu.

O Pai piedoso
nos ouça, bondoso,
e o Filho também.
No laço do Espírito
unidos, dominam
os tempos. Amém.

Salmodia
Ant. 1 Enviai-me, ó Senhor, vossa luz, vossa verdade!

Salmo 42(43)
Saudades do templo

Eu vim ao mundo como luz (Jo 12,46).

– ¹ Fazei justiça, meu **Deus**, e defen**dei**-me *
 contra a **gen**te impie**do**sa;
– do **ho**mem perverso e mentiroso *
 liber**tai**-me, ó Senhor!

– ² Sois **vós** o meu Deus e meu refúgio: *
 por **que** me afastais?
– Por que **an**do tão triste e abatido *
 pela opres**são** do inimigo?

– ³ En**viai** vossa luz, vossa verdade: *
 elas se**rão** o meu guia;
– que me **le**vem ao vosso Monte santo, *
 até a **vos**sa morada!

- ⁴Então irei aos altares do Senhor, *
  Deus da minha alegria.
- Vosso louvor cantarei, ao som da harpa, *
  meu Senhor e meu Deus!
- ⁵Por que te entristeces, minh'alma, *
  a gemer no meu peito?
- Espera em Deus! Louvarei novamente *
  o meu Deus Salvador!

Ant. Enviai-me, ó Senhor, vossa luz, vossa verdade!

Ant. 2 Salvai-nos, ó Senhor, todos os dias!

Cântico   Is 38,10-14.17-20

Angústias de um agonizante e alegria da cura

Eu sou aquele que vive. Estive morto... Eu tenho a chave da morte (Ap 1,18).

- ¹⁰Eu dizia: "É necessário que eu me vá *
  no apogeu de minha vida e de meus dias;
- para a mansão triste dos mortos descerei, *
  sem viver o que me resta dos meus anos".
= ¹¹Eu dizia: "Não verei o Senhor Deus †
  sobre a terra dos viventes nunca mais; *
  nunca mais verei um homem neste mundo!"
- ¹²Minha morada foi à força arrebatada, *
  desarmada como a tenda de um pastor.
- Qual tecelão, eu ia tecendo a minha vida, *
  mas agora foi cortada a sua trama.
- ¹³Vou me acabando de manhã até à tarde, *
  passo a noite a gemer até a aurora.
- Como um leão que me tritura os ossos todos, *
  assim eu vou me consumindo dia e noite.
- ¹⁴O meu grito é semelhante ao da andorinha, *
  o meu gemido se parece ao da rolinha.

– Os meus **o**lhos já se cansam de elevar-se, *
de pe**dir**-vos: "Socorrei-me, Senhor Deus!"
–¹⁷ Mas vós li**vras**tes minha vida do sepulcro, *
e lan**ças**tes para trás os meus pecados.
–¹⁸ Pois a man**são** triste dos mortos não vos louva, *
nem a **mor**te poderá agradecer-vos;
– para quem **des**ce à sepultura é terminada *
a espe**ran**ça em vosso amor sempre fiel.
–¹⁹ Só os **vi**vos é que podem vos louvar, *
como **ho**je eu vos louvo agradecido.
– O **pai** há de contar para seus filhos *
vossa ver**da**de e vosso amor sempre fiel.
=²⁰ Senhor, sal**vai**-me! Vinde logo em meu auxílio, †
e a vida in**tei**ra cantaremos nossos salmos, *
agrade**cen**do ao Senhor em sua casa.

Ant. Sal**vai**-nos, ó S**enhor**, todos os **di**as!

Ant. 3 Ó S**enhor**, convém can**tar** vosso lou**vor**
com um **hi**no em Sião! †

Salmo 64(65)
Solene ação de graças

Sião significa a cidade celeste (Orígenes).

–² Ó S**enhor**, convém can**tar** vosso lou**vor** *
com um **hi**no em Si**ão**!
–³ † E cum**prir** os nossos votos e promessas, *
pois ou**vis** a oração.
– Toda **car**ne há de voltar para o Senhor, *
por **cau**sa dos pecados.
–⁴ E por **mais** que nossas **cul**pas nos o**pri**mam, *
perdo**ais** as nossas faltas.
–⁵ É fe**liz** quem escolheis e convidais *
para mo**rar** em vossos átrios!

— Saciamo-nos dos bens de vossa casa *
  e do **vos**so templo santo.
— ⁶Vossa bon**da**de nos responde com prodígios, *
  nosso **Deus** e Salvador!
— Sois a espe**ran**ça dos confins de toda a terra *
  e dos **ma**res mais distantes.
— ⁷As mon**ta**nhas sustentais com vossa força: *
  es**ta**is vestido de poder.
— ⁸Acal**ma**is o mar bravio e as ondas fortes *
  e o tu**mul**to das nações.
— ⁹Os habi**tan**tes mais longínquos se admiram *
  com as **vos**sas maravilhas.
— Os ex**tre**mos do nascente e do poente *
  inun**da**is de alegria.
— ¹⁰Visi**ta**is a nossa terra com as chuvas, *
  e trans**bor**da de fartura.
— Rios de **Deus** que vêm do céu derramam águas, *
  e prepa**ra**is o nosso trigo.
— ¹¹É as**sim** que preparais a nossa terra: *
  vós a re**ga**is e aplainais,
— os seus **sul**cos com a chuva amoleceis *
  e abenço**a**is as sementeiras.
— ¹²O ano **to**do coroais com vossos dons, *
  os vossos **pas**sos são fecundos;
— trans**bor**da a fartura onde passais, *
  ¹³brotam **pas**tos no deserto.
— As colinas se enfeitam de alegria, *
  ¹⁴e os **cam**pos, de rebanhos;
— nossos **va**les se revestem de trigais: *
  tudo **can**ta de alegria!

Ant. Ó Senhor, convém can**tar** vosso lou**vor**
  com um **hi**no em Sião!

Leitura breve
1Ts 5,4-5

Vós, meus irmãos, não estais nas trevas, de modo que esse dia vos surpreenda como um ladrão. Todos vós sois filhos da luz e filhos do dia. Não somos da noite, nem das trevas.

Responsório breve
R. Por vosso **amor**, ó Se**nhor**, ou**vi** minha **voz**,
  * Confi**ante** eu confio na **vos**sa palavra. R. Por vosso **amor**.
V. Chego **antes** que a au**rora** e clamo a **vós**. * Confi**ante**. Glória ao **Pai**. R. Por vosso **amor**.

Cântico evangélico, ant.
Sal**vai**-nos, ó Se**nhor**, da **mão** dos ini**mi**gos!

Preces
Bendigamos a Cristo, nosso Salvador, que pela sua ressurreição iluminou o mundo; e o invoquemos com humildade, dizendo:

R. **Guardai-nos, Senhor, em vossos caminhos!**

Senhor Jesus, nesta oração da manhã celebramos a vossa ressurreição,
– e vos pedimos que a esperança da vossa glória ilumine todo o nosso dia. R.

Recebei, Senhor, nossas aspirações e propósitos,
– como primícias deste dia. R.

Fazei-nos crescer hoje em vosso amor,
– a fim de que tudo concorra para o nosso bem e de todas as pessoas. R.

Fazei, Senhor, que a nossa vida brilhe como luz diante dos homens,
– para que vejam as nossas boas obras e glorifiquem a Deus Pai. R.

(intenções livres)

Pai nosso...

Oração

Senhor Jesus Cristo, luz verdadeira que iluminais a todos os seres humanos para salvá-los, concedei-nos a força de preparar diante de vós os caminhos da justiça e da paz. Vós, que sois Deus com o Pai, na unidade do Espírito Santo.

A conclusão da Hora como no Ordinário.

Hora Média

V. Vinde, ó **Deus**. Glória ao **Pai**. Como era. Ale**lu**ia.
HINO como no Ordinário, p. 552-555.

Salmodia
Ant. 1 Nesta **terra** de ex**í**lio guardarei vossos pre**cei**tos.

Salmo 118(119),49-56
VII (Záin)
Meditação sobre a Palavra de Deus na Lei

A quem iremos, Senhor? Tu tens palavras de vida eterna (Jo 6,68).

—⁴⁹Lem**brai**-vos da pro**mes**sa ao vosso **servo**,*
pela **qual** me cumulastes de esperança!
—⁵⁰O que me a**ni**ma na aflição é a certeza: *
vossa pa**la**vra me dá a vida, ó Senhor.
—⁵¹Por **mais** que me insultem os soberbos, *
eu **não** me desviarei de vossa lei.
—⁵²Recordo as **leis** que vós outrora proferistes, *
e esta lem**bran**ça me consola o coração.
—⁵³Apo**de**ra-se de mim a indignação, *
vendo que os **ím**pios abandonam vossa lei.
—⁵⁴As vossas **leis** são para mim como canções *
que me a**le**gram nesta terra de exílio.
—⁵⁵Até de **noi**te eu relembro vosso nome *
e ob**ser**vo a vossa lei, ó meu Senhor!

—⁵⁶ Quanto a **mim**, uma só coisa me interessa: *
cum**prir** vossos preceitos, ó Senhor!

Ant. Nesta **ter**ra de exílio guarda**rei** vossos pre**cei**tos.

Ant. 2 O Se**nhor** trará de **vol**ta os deportados de seu **po**vo, e exulta**re**mos de ale**gri**a.

Salmo 52(53)
A insensatez dos ímpios

Todos pecaram e estão privados da glória de Deus (Rm 3,23).

– ¹ Diz o insen**sa**to em seu **pró**prio cora**ção**: *
"Não há **Deus**! Deus não e**xis**te!"
– ² Corrom**pe**ram-se em ações abomináveis, *
já não **há** quem faça o bem!
– ³ Se**nhor**, ele se inclina lá dos céus*
sobre os **fi**lhos de Adão,
– para **ver** se resta um homem de bom senso *
que a**in**da busque a Deus.
– ⁴ Mas todos **e**les igualmente se perde**ram**, *
corrom**pen**do-se uns aos outros;
– não e**xis**te mais nenhum que faça o bem, *
não e**xis**te um sequer!
– ⁵ Se**rá** que não percebem os malvados*
quanto ex**plo**ram o meu povo?
– Eles de**vo**ram o meu povo como pão, *
e não in**vo**cam o Senhor.
– ⁶ Eis que se **põem** a tremer de tanto medo, *
onde não **há** o que temer;
– porque **Deus** fez dispersar até os ossos *
dos **que** te assediavam.
– Eles fi**ca**ram todos cheios de vergonha, *
porque **Deus** os rejeitou.

— ⁷Que **venha**, venha logo de Sião *
a salva**ção** de Israel!
— Quando o Se**nhor** reconduzir do cativeiro *
os depor**ta**dos de seu povo,
— que **jú**bilo e que festa em Jacó, *
que ale**gri**a em Israel!

Ant. O Se**nhor** trará de **vol**ta os depor**ta**dos de seu **po**vo,
e exultaremos de alegria.

Ant. 3 Quem me pro**te**ge e me am**pa**ra é meu **Deus**,
é o Se**nhor** quem sus**ten**ta minha **vi**da.

Salmo 53(54),3-6.8-9

Pedido de auxílio

O profeta reza para escapar, em nome do Senhor, à maldade de seus perseguidores (Cassiodoro).

— ³Por vosso **nome**, sal**vai**-me, Se**nhor**: *
e **dai**-me a vossa justiça!
— ⁴Ó meu **Deus**, atendei à minha **pre**ce *
e escu**tai** as palavras que eu digo!
= ⁵Pois contra **mim** orgulhosos se insurgem, †
e vio**len**tos perseguem-me a vida: *
não há lu**gar** para Deus aos seus olhos.
— ⁶Quem me pro**te**ge e me am**pa**ra é meu Deus; *
é o Se**nhor** quem sus**ten**ta minha vida!
— ⁸Quero ofer**tar**-vos o meu sacrifício *
de cora**ção** e com muita alegria;
— quero lou**var**, ó Senhor, vosso nome, *
quero can**tar** vosso nome que é bom!
— ⁹Pois me li**vras**tes de toda a an**gús**tia, *
e humi**lha**dos vi meus inimigos!

Ant. Quem me pro**te**ge e me am**pa**ra é meu **Deus**,
é o Se**nhor** quem sus**ten**ta minha **vi**da.

Para as outras Horas, Salmodia complementar, p. 1132.

Oração das Nove Horas

Leitura breve 1Cor 12,4-6
Há diversidade de dons, mas um mesmo é o Espírito. Há diversidade de ministérios, mas um mesmo é o Senhor. Há diferentes atividades, mas um mesmo Deus que realiza todas as coisas em todos.

V. Está **per**to a sal**va**ção dos que o **te**mem.
R. E a **gló**ria habita**rá** em nossa **ter**ra.

Oração
Deus eterno e todo-poderoso, que nesta hora enviastes aos Apóstolos vosso santo Paráclito, comunicai-nos também este Espírito de amor, para darmos de vós um testemunho fiel diante de todos. Por Cristo, nosso Senhor.

Oração das Doze Horas

Leitura breve 1Cor 12,12-13
Como o corpo é um, embora tenha muitos membros, e como todos os membros do corpo, embora sejam muitos, formam um só corpo, assim também acontece com Cristo. De fato, todos nós, judeus ou gregos, escravos ou livres, fomos batizados num único Espírito, para formarmos um único corpo, e todos nós bebemos de um único Espírito.

V. Guar**dai**-me, Pai **san**to, em vosso **no**me,
R. Para **ser**mos per**fei**tos na uni**da**de!

Oração
Ó Deus, que revelastes a Pedro vosso plano de salvação para todos os povos, fazei que nossos trabalhos vos agradem e, pela vossa graça, sirvam ao vosso desígnio de amor e redenção. Por Cristo, nosso Senhor.

Oração das Quinze Horas

Leitura breve 1Cor 12,24b.25-26

Deus, quando formou o corpo, deu maior atenção e cuidado ao que nele é tido como menos honroso, para que não haja divisão no corpo e, assim, os membros zelem igualmente uns pelos outros. Se um membro sofre, todos os membros sofrem com ele; se é honrado, todos os membros se regozijam com ele.

V. Do **mei**o das na**ções** nos congre**gai**
R. Para ao **vos**so santo **no**me agrade**cer**mos.

Oração

Senhor Deus, que enviastes vosso anjo para mostrar ao centurião Cornélio o caminho da vida, concedei-nos trabalhar com alegria para a salvação da humanidade, a fim de que, unidos todos na vossa Igreja, possamos chegar até vós. Por Cristo, nosso Senhor.

A conclusão da Hora como no Ordinário.

Vésperas

V. Vinde, ó **Deus**. Glória ao **Pai**. Como era. Ale**lui**a.

Hino

Autor e origem do tempo,
por sábia ordem nos dais
o claro dia no trabalho,
e a noite, ao sono e à paz.

As mentes castas guardai
dentro da calma da noite
e que não venha a feri-las
do dardo mau o açoite.

Os corações libertai
de excitações persistentes.

Não quebre a chama da carne
a força viva das mentes.

Ouvi-nos, Pai piedoso,
e vós, ó Filho de Deus,
que com o Espírito Santo
reinais eterno nos céus.

Salmodia
Ant. 1 Não po**deis** servir a **Deus** e ao **di**nheiro.

Salmo 48(49)
A ilusão das riquezas

Dificilmente um rico entrará no Reino dos Céus (Mt 19,23).

I

—² Ouvi **is**to, povos **to**dos do uni**ver**so, *
muita aten**ção**, ó habitantes deste mundo;
—³ pode**ro**sos e humildes, escutai-me, *
ricos e **po**bres, todos juntos, sede atentos!
—⁴ Minha **bo**ca vai dizer palavras sábias, *
que medi**tei** no coração profundamente;
—⁵ e, incli**nan**do meus ouvidos às parábolas, *
decifra**rei** ao som da harpa o meu enigma:
—⁶ Por que te**mer** os dias maus e infelizes, *
quando a ma**lí**cia dos perversos me circunda?
—⁷ Por que te**mer** os que confiam nas riquezas *
e se glo**ri**am na abundância de seus bens?
—⁸ Ninguém se **li**vra de sua morte por dinheiro *
nem a **Deus** pode pagar o seu resgate.
—⁹ A isen**ção** da própria morte não tem preço; *
não há ri**que**za que a possa adquirir,
—¹⁰ nem dar ao **ho**mem uma vida sem limites *
e garan**tir**-lhe uma existência imortal.

= ⁱ¹Morrem os **sábios** e os ricos igualmente; †
  morrem os **lou**cos e também os insensatos, *
  e deixam **tu**do o que possuem aos estranhos;
= ¹²os seus se**pul**cros serão sempre as suas casas, †
  suas mo**ra**das através das gerações, *
  mesmo se **de**ram o seu nome a muitas terras.
– ¹³Não dura **mui**to o homem rico e poderoso; *
  é seme**lhan**te ao gado gordo que se abate.

Ant. Não po**deis** servir a **Deus** e ao **di**nheiro.

Ant. 2 Ajun**tai** vosso te**sou**ro no **céu**, diz o Se**nhor**.

II

– ¹⁴Este é o **fim** do que **espera** estulta**men**te, *
  o fim da**que**les que se alegram com sua sorte;
= ¹⁵são um re**ba**nho recolhido ao cemitério, †
  e a própria **mor**te é o pastor que os apascenta; *
  são empu**rra**dos e deslizam para o abismo.
– Logo seu **cor**po e seu semblante se desfazem, *
  e entre os **mor**tos fixarão sua morada.
– ¹⁶Deus, po**rém**, me salvará das mãos da morte *
  e junto a **si** me tomará em suas mãos.
– ¹⁷Não te inquietes, quando um homem fica rico *
  e au**men**ta a opulência de sua casa;
– ¹⁸pois, ao mor**rer**, não levará nada consigo, *
  nem seu pres**tí**gio poderá acompanhá-lo.
– ¹⁹Felici**ta**va-se a si mesmo enquanto vivo: *
  "Todos te a**plau**dem, tudo bem, isto que é vida!"
– ²⁰Mas vai-se **e**le para junto de seus pais, *
  que nunca **mais** e nunca mais verão a luz!
– ²¹Não dura **mui**to o homem rico e poderoso: *
  é seme**lhan**te ao gado gordo que se abate.

Ant. Ajun**tai** vosso te**sou**ro no **céu**, diz o Se**nhor**.

Ant. 3 Toda **glória** ao Cor**dei**ro imo**la**do!
Toda **hon**ra e po**der** para **sem**pre!

Cântico Ap 4,11; 5,9.10.12
Hino dos remidos

—4,11 Vós sois **digno**, Se**nhor** nosso **Deus**, *
de rece**ber** honra, glória e poder!

(R. **Po**der, honra e **gló**ria ao Cor**dei**ro de **Deus**!)

=5,9 Porque **to**das as coisas criastes, †
é por **vos**sa vontade que existem, *
e sub**sis**tem porque vós mandais. (R.)

= Vós sois **digno**, Senhor nosso Deus, †
de o **li**vro nas mãos receber *
e de **abrir** suas folhas lacradas! (R.)

— Porque **fos**tes por nós imolado; *
para **Deus** nos remiu vosso sangue

— dentre **to**das as tribos e línguas, *
dentre os **po**vos da terra e nações. (R.)

=10 Pois fi**zes**tes de nós, para Deus, †
sacer**do**tes e povo de reis, *
e i**re**mos reinar sobre a terra. (R.)

=12 O Cor**dei**ro imolado é digno †
de rece**ber** honra, glória e poder, *
sabe**do**ria, louvor, divindade! (R.)

Ant. Toda **gló**ria ao Cor**dei**ro imo**la**do!
Toda **hon**ra e po**der** para **sem**pre!

Leitura breve Rm 3,23-25a
Todos pecaram e estão privados da glória de Deus, e a justificação se dá gratuitamente, por sua graça, em virtude da redenção realizada em Jesus Cristo. Deus destinou Jesus Cristo a ser, por seu próprio sangue, instrumento de expiação mediante a realidade da fé. Assim Deus mostrou sua justiça.

Responsório breve

R. Junto a **vós**, felici**da**de,
  * Felici**da**de sem li**mi**tes! R. Junto a **vós**.
V. Delícia e**ter**na, ó Se**nhor**. * Felici**da**de.
  Glória ao **Pai**. R. Junto a **vós**.

Cântico evangélico, ant.

Ó Se**nhor**, fazei co**nos**co mara**vi**lhas,
pois **san**to e pode**ro**so é vosso **no**me!

Preces

Louvemos a Cristo, pastor e guia de nossas almas, que ama e protege o seu povo; e, pondo nele toda a nossa esperança, supliquemos:

R. **Senhor, protegei o vosso povo!**

Pastor eterno, protegei o nosso Bispo N.,
– e todos os pastores da vossa Igreja. R.

Olhai com bondade para os que sofrem perseguição,
– e apressai-vos em libertá-los de seus sofrimentos. R.

Tende compaixão dos pobres e necessitados,
– e dai pão aos que têm fome. R.

Iluminai os que têm a responsabilidade de fazer as leis das nações,
– para que em tudo possam discernir com sabedoria e equidade. R.

(intenções livres)

Socorrei, Senhor, os nossos irmãos e irmãs falecidos, que remistes com vosso sangue,
– para que mereçam tomar parte convosco no banquete das núpcias eternas. R.

Pai nosso...

Oração

Ó Deus, senhor do dia e da noite, fazei brilhar sempre em nossos corações o sol da justiça, para que possamos chegar à luz em que habitais. Por nosso Senhor Jesus Cristo, vosso Filho, na unidade do Espírito Santo.

A conclusão da Hora como no Ordinário.

II QUARTA-FEIRA

Invitatório

V. **Abri** os meus **lá**bios. R. E minha **bo**ca.
R. Acla**mai** o **Se**nhor, ó terra in**tei**ra,
 ser**vi** ao Se**nhor** com ale**gria**!

Salmo invitatório como no Ordinário, p. 537.

Ofício das Leituras

V. Vinde, ó **Deus**. Glória ao **Pai**. Como **era**. Ale**lui**a.

Esta introdução se omite quando o Invitatório precede imediatamente ao Ofício das Leituras.

Hino

I. Quando se diz o Ofício das Leituras durante a noite ou de madrugada:

    Autor dos seres, Redentor dos tempos,
    Juiz temível, Cristo, Rei dos reis,
    nosso louvor, o nosso canto e prece,
    clemente, acolhei.

    Sobe até vós no transcorrer da noite,
    como oferenda, um jovial louvor.
    Por vós aceito, traga a nós conforto,
    da luz, ó Autor.

    A honestidade alegre os nossos dias,
    não haja morte e treva em nossa vida.
    Em nossos atos, sempre a vossa glória
    seja refletida!

    Queimai em nós o coração e os rins
    com a divina chama, o vosso amor.
    Velemos, tendo em mãos acesas lâmpadas,
    pois vem o Senhor.

Ó Salvador, a vós louvor e glória,
e a vosso Pai, Deus vivo, Sumo Bem.
Ao Santo Espírito o céu entoe hosanas
para sempre. Amém.

II. Quando se diz o Ofício das Leituras durante o dia:

Luz verdadeira, amor, piedade,
e alegria sem medida;
da morte, ó Cristo, nos salvastes!
Por vosso sangue temos vida.

O vosso amor nos corações,
nós vos pedimos, derramai;
dai-lhes da fé a luz eterna
e em caridade os confirmai.

De nós se afaste Satanás,
por vossas forças esmagado.
E venha a nós o Santo Espírito
do vosso trono o Enviado.

Louvor a Deus, eterno Pai,
e a vós seu Filho, Sumo Bem,
reinando unidos pelo Espírito
hoje e nos séculos. Amém.

Salmodia

Ant. 1 Nós sofremos no mais íntimo de nós,
esperando a redenção de nosso corpo.

Salmo 38(39)
Prece de um enfermo

*A criação ficou sujeita à vaidade... por sua dependência
daquele que a sujeitou; esperando ser libertada* (Rm 8,20).

I

– ² Disse comigo: "Vigiarei minhas palavras, *
a fim de não pecar com minha língua;
– haverei de pôr um freio em minha boca *
enquanto o ímpio estiver em minha frente". –

= ³Eu fi**quei** silencioso como um mudo, †
mas de **na**da me valeu o meu silêncio, *
pois minha **dor** recrudesceu ainda mais.
= ⁴Meu cora**ção** se abrasou dentro de mim, †
um **fo**go se ateou ao pensar nisso, *
⁵e minha **lín**gua então falou desabafando:
= "Reve**lai**-me, ó Senhor, qual o meu fim, †
qual é o **nú**mero e a medida dos meus dias, *
para que eu **ve**ja quanto é frágil minha vida!
– ⁶De poucos **pal**mos vós fizestes os meus dias; *
perante **vós** a minha vida é quase nada.
– ⁷O **ho**mem, mesmo em pé, é como um sopro, *
ele **pa**ssa como a sombra que se esvai;
– ele se **a**gita e se preocupa inutilmente, *
junta ri**que**zas sem saber quem vai usá-las".

Ant. Nós so**fre**mos no mais **ín**timo de **nós**,
  espe**ran**do a reden**ção** de nosso **cor**po

Ant. 2 Ó Se**nhor**, prestai ouvido à minha **pre**ce,
  não fiqueis **sur**do aos la**men**tos do meu **pran**to!

II

– ⁸E a**go**ra, meu Se**nhor**, que mais es**pe**ro? *
Só em **vós** eu coloquei minha esperança!
– ⁹De **to**do meu pecado libertai-me; *
não me entre**gueis** às zombarias dos estultos!
–¹⁰Eu me ca**lei** e já não abro mais a boca, *
porque vós **mes**mo, ó Senhor, assim agistes.
–¹¹Afas**tai** longe de mim vossos flagelos; *
desfaleço ao rigor de vossa mão!
=¹²Puni o **ho**mem, corrigindo as suas faltas; †
como a **tra**ça, destruís sua beleza: *
todo **ho**mem não é mais do que um sopro.

= ¹³ Ó **Se**nhor, prestai ouvido à minha **prec**e, †
escu**tai**-me quando grito por socorro, *
não fiqueis **sur**do aos lamentos do meu pranto!

– Sou um **hós**pede somente em vossa casa, *
um pere**gri**no como todos os meus pais.

– ¹⁴ Desvi**ai** o vosso olhar, que eu tome alento, *
antes que **par**ta e que deixe de existir!

Ant. Ó Se**nhor**, prestai ouvido à minha **prec**e,
não fiqueis **sur**do aos lamen**tos** do meu **pran**to!

Ant. 3 Eu confio na cle**mên**cia do Senhor
agora e para **sem**pre.

Salmo 51(52)
Contra a maldade do caluniador

Quem se gloria, glorie-se no Senhor (1Cor 1,31).

– ³ Por que **é** que te glo**ri**as da mal**da**de, *
ó in**jus**to prepo**ten**te?

= ⁴ Tu pla**ne**jas emboscadas todo dia, †
tua **lín**gua é qual navalha afiada, *
fabri**can**te de mentiras!

– ⁵ Tu **a**mas mais o mal do que o bem, *
mais a men**ti**ra que a verdade!

– ⁶ Só **gos**tas de palavras que destroem, *
ó **lín**gua enganadora!

– ⁷ Por isso **Deus** vai destruir-te para sempre *
e expul**sar**-te de sua tenda;

– vai extir**par**-te e arrancar tuas raízes *
da **ter**ra dos viventes!

– ⁸ Os **jus**tos hão de vê-lo e temerão, *
e rindo **de**le vão dizer:

– ⁹ "Eis o **ho**mem que não pôs no Senhor Deus *
seu re**fú**gio e sua força,

— mas confiou na multidão de suas riquezas, *
subiu na vida por seus crimes!"
—¹⁰ Eu, porém, como oliveira verdejante *
na casa do Senhor,
— confio na clemência do meu Deus *
agora e para sempre!
—¹¹ Louvarei a vossa graça eternamente, *
porque vós assim agistes;
— espero em vosso nome, porque é bom, *
perante os vossos santos!

Ant. Eu confio na clemência do Senhor
agora e para sempre.

V. No Senhor ponho a minha esperança,
R. Espero em sua palavra.

Leituras e oração correspondentes a cada Ofício.

Laudes

V. Vinde, ó **Deus**. Glória ao **Pai**. Como era. Aleluia.

Esta introdução se omite quando o Invitatório precede imediatamente às Laudes.

Hino

Criador das alturas celestes,
vós fixastes caminhos de luz
para a lua, rainha da noite,
para o sol, que de dia reluz.

Vai-se a treva, fugindo da aurora,
e do dia se espalha o clarão.
Nova força também nos desperta
e nos une num só coração.

O nascer deste dia convida
a cantarmos os vossos louvores.
Do céu jorra uma paz envolvente,
harmonia de luz e de cores.

Ao clarão desta luz que renasce,
fuja a treva e se apague a ilusão.
A discórdia não trema nos lábios,
a maldade não turve a razão.

Quando o sol vai tecendo este dia,
brilhe a fé com igual claridade,
cresça a espera nos bens prometidos
e nos una uma só caridade.

Escutai-nos, ó Pai piedoso,
e vós, Filho, do Pai esplendor,
que reinais, com o Espírito Santo,
na manhã sem ocaso do amor.

Salmodia

Ant. 1 São **san**tos, ó Se**nhor**, vossos caminhos;
haverá **deus** que se compare ao nosso **Deus**?

Salmo 76(77)
Lembrando as maravilhas do Senhor

Somos afligidos de todos os lados, mas não vencidos (2Cor 4,8)

– ² Quero cla**mar** ao Senhor **Deus** em alta **voz**, *
em alta **voz** eu clamo a Deus: que ele me ouça!
= ³ No meu **dia** de aflição busco o Senhor; †
sem me can**sar** ergo, de noite, as minhas mãos, *
e minh'**al**ma não se deixa consolar.
– ⁴ Quando me **lem**bro do Senhor, solto gemidos, *
e, ao recor**dá**-lo, minha alma desfalece.
– ⁵ Não me dei**xas**tes, ó meu Deus, fechar os olhos, *
e, pertur**ba**do, já nem posso mais falar!
– ⁶ Eu re**fli**to sobre os tempos de outrora, *
e dos **a**nos que passaram me recordo;
– ⁷ meu cora**ção** fica a pensar durante a noite, *
e, de **tan**to meditar, eu me pergunto: –

—⁸ Será que **Deus** vai rejeitar-nos para sempre? *
E nunca **mais** nos há de dar o seu favor?
—⁹ Por a**ca**so, seu amor foi esgotado? *
Sua promessa, afinal, terá falhado?
—¹⁰ Será que **Deus** se esqueceu de ter piedade? *
Será que a ira lhe fechou o coração?
—¹¹ Eu confesso que é esta a minha dor: *
"A mão de **Deus** não é a mesma: está mudada!"
—¹² Mas, recor**dan**do os grandes feitos do passado, *
vossos prodígios eu relembro, ó Senhor;
—¹³ eu me**di**to sobre as vossas maravilhas *
e sobre as **o**bras grandiosas que fizestes.
—¹⁴ São **san**tos, ó Senhor, vossos caminhos! *
Haverá **deus** que se compare ao nosso Deus?
—¹⁵ Sois o **Deus** que operastes maravilhas, *
vosso po**der** manifestastes entre os povos.
—¹⁶ Com vosso **braço** redimistes vosso povo, *
os **fi**lhos de Jacó e de José.
—¹⁷ Quando as **á**guas, ó Senhor, vos avistaram, *
elas tremeram e os abismos se agitaram
=¹⁸ e as **nu**vens derramaram suas águas, †
a tempes**ta**de fez ouvir a sua voz, *
por todo **la**do se espalharam vossas flechas.
=¹⁹ Ribom**bou** a vossa voz entre trovões, †
vossos **rai**os toda a terra iluminaram, *
a terra in**tei**ra estremeceu e se abalou.
=²⁰ **Abriu**-se em pleno mar vosso caminho †
e a vossa es**tra**da, pelas águas mais profundas; *
mas ninguém viu os sinais dos vossos passos.
—²¹ Como um re**ban**ho conduzistes vosso povo *
e o guias**tes** por Moisés e Aarão.

Ant. São **san**tos, ó S**e**nhor, vossos ca**mi**nhos;
haverá **deus** que se com**pa**re ao nosso **Deus**?

Ant. 2 **Exulta** no **Senhor** meu cora**ção**.
É ele quem ex**al**ta os humi**lha**dos.

Cântico   1Sm 2,1-10
Os humildes se alegram em Deus

Derrubou do trono os poderosos e elevou os humildes.
Encheu de bens os famintos (Lc 1,52-53).

– ¹**Exul**ta no Se**nhor** meu cora**ção**, *
e se e**le**va a minha fronte no meu Deus;
– minha **bo**ca desafia os meus rivais *
porque me a**le**gro com a vossa salvação.

– ²Não há **san**to como é santo o nosso Deus, *
ninguém é **for**te à semelhança do Senhor!

– ³Não fa**leis** tantas palavras orgulhosas, *
nem profiram arrogâncias vossos lábios!

– Pois o Se**nhor** é o nosso Deus que tudo sabe. *
Ele co**nhe**ce os pensamentos mais ocultos.

– ⁴O arco dos **for**tes foi dobrado, foi quebrado, *
mas os **fra**cos se vestiram de vigor.

– ⁵Os saci**a**dos se empregaram por um pão, *
mas os **po**bres e os famintos se fartaram.

– Muitas **ve**zes deu à luz a que era estéril, *
mas a **mãe** de muitos filhos definhou.

– ⁶É o Se**nhor** que dá a morte e dá a vida, *
faz des**cer** à sepultura e faz voltar;

– ⁷é o Se**nhor** que faz o pobre e faz o rico, *
é o Se**nhor** que nos humilha e nos exalta.

– ⁸O Se**nhor** ergue do pó o homem fraco, *
e do **li**xo ele retira o indigente,

– para fazê-los assentar-se com os nobres *
num lu**gar** de muita honra e distinção. –

– As colunas desta terra lhe pertencem, *
e sobre elas assentou o universo.
–⁹ Ele vela sobre os passos de seus santos, *
mas os ímpios se extraviam pelas trevas.
–¹⁰ Ninguém triunfa se apoiando em suas forças; *
os inimigos do Senhor serão vencidos;
– sobre eles faz troar o seu trovão, *
o Senhor julga os confins de toda a terra.
– O Senhor dará a seu Rei a realeza *
e exaltará o seu Ungido com poder.

Ant. **Exulta no Senhor meu coração.
É ele quem exalta os humilhados.**

Ant. 3 **Deus é Rei! Exulte a terra de alegria!** †

Salmo 96(97)
A glória do Senhor como juiz

Este salmo expressa a salvação do mundo e a fé dos povos todos em Deus (Sto. Atanásio).

–¹ Deus é **Rei**! Exulte a **t**erra de alegria, *
† e as ilhas numerosas rejubilem!
–² Treva e **nu**vem o rodeiam no seu trono, *
que se **a**poia na justiça e no direito.
–³ Vai um **f**ogo caminhando à sua frente *
e devora ao redor seus inimigos.
–⁴ Seus rel**â**mpagos clareiam toda a terra; *
toda a **t**erra, ao contemplá-los, estremece.
–⁵ As mont**a**nhas se derretem como cera *
ante a **f**ace do Senhor de toda a terra;
–⁶ e as**s**im proclama o céu sua justiça, *
todos os **p**ovos podem ver a sua glória.
=⁷ "Os que **a**doram as estátuas se envergonhem †
e os que **põe**m a sua glória nos seus ídolos; *
aos pés de **Deus** vêm se prostrar todos os deuses!"

=⁸ Sião escuta transbordante de alegria, †
e exultam as cidades de Judá, *
porque são justos, ó Senhor, vossos juízos!

=⁹ Porque vós sois o Altíssimo, Senhor, †
muito acima do universo que criastes, *
e de muito superais todos os deuses.

=¹⁰ O Senhor ama os que detestam a maldade, †
ele protege seus fiéis e suas vidas, *
e da mão dos pecadores os liberta.

—¹¹ Uma luz já se levanta para os justos, *
e a alegria, para os retos corações.

—¹² Homens justos, alegrai-vos no Senhor, *
celebrai e bendizei seu santo nome!

Ant. Deus é Rei! Exulte a terra de alegria!

Leitura breve   Rm 8,35.37
Quem nos separará do amor de Cristo? Tribulação? Angústia? Perseguição? Fome? Nudez? Perigo? Espada? Mas, em tudo isso, somos mais que vencedores, graças àquele que nos amou!

Responsório breve
R. Bendirei o Senhor **Deus**,
   * Bendirei em todo o **tempo**. R. Bendirei.
V. Seu louvor em minha boca, seu louvor eternamente.
   * Bendirei. Glória ao **Pai**. R. Bendirei.

Cântico evangélico, ant.
Sirvamos ao Senhor em santidade
enquanto perdurarem nossos dias.

Preces
Bendito seja Deus, nosso Salvador, que prometeu permanecer conosco todos os dias até o fim do mundo. Dando-lhe graças, peçamos:

R. **Ficai conosco, Senhor!**

Ficai conosco, Senhor, durante todo o dia,
— e que jamais se ponha em nossa vida o sol da vossa justiça.
 R.

Nós vos consagramos este dia como uma oferenda agradável,
— e nos comprometemos a praticar somente o bem. R.

Fazei, Senhor, que todo este dia transcorra como um dom da vossa luz,
— para que sejamos sal da terra e luz do mundo. R.

Que a caridade do Espírito Santo inspire nossos corações e nossas palavras,
— a fim de permanecermos sempre em vossa justiça e em vosso louvor. R.

(intenções livres)

Pai nosso...

Oração

Acendei, Senhor, em nossos corações a claridade de vossa luz, para que, andando sempre no caminho de vossos mandamentos, sejamos livres de todo erro. Por nosso Senhor Jesus Cristo, vosso Filho, na unidade do Espírito Santo.

A conclusão da Hora como no Ordinário.

Hora Média

V. Vinde, ó **Deus**. Glória ao **Pai**. Como era. Ale**lu**ia.
HINO como no Ordinário, p. 552-555.

Salmodia

Ant. 1 Fico pen**san**do, ó Se**nhor**, nos meus ca**mi**nhos;
 es**co**lhi por vossa **lei** guiar meus **pas**sos.

Salmo 118(119),57-64
VIII (Heth)
Meditação sobre a Palavra de Deus na Lei

Sois uma carta de Cristo, gravada não em tábuas de pedra, mas em vossos corações (2Cor 3,3).

—⁵⁷ É esta a **par**te que esco**lhi** por minha he**ran**ça: *
   obser**var** vossas pala**v**ras, ó Senhor!
—⁵⁸ De **to**do o coração eu vos suplico: *
   pie**da**de para mim que o prometestes!
—⁵⁹ Fico pen**san**do, ó Senhor, nos meus caminhos; *
   esco**lhi** por vossa lei guiar meus passos.
—⁶⁰ Eu me a**pres**so, sem perder um só instante, *
   em prati**car** todos os vossos mandamentos.
—⁶¹ Mesmo que os **ím**pios me amarrem com seus laços, *
   nem as**sim** hei de esquecer a vossa lei.
—⁶² Alta **noi**te eu me levanto e vos dou graças *
   pelas **vos**sas decisões leais e justas.
—⁶³ Sou a**mi**go dos fiéis que vos respeitam *
   e da**que**les que observam vossas leis.
—⁶⁴ Transborda em toda a terra o vosso amor; *
   ensi**nai**-me, ó Senhor, vossa vontade!

Ant. Fico pen**san**do, ó Se**nhor**, nos meus ca**mi**nhos;
   esco**lhi** por vossa **lei** guiar meus **pas**sos.

Ant. 2 O te**mor** e o tre**mor** me pe**ne**tram;
   dig**nai**-vos me ou**vir**, respon**dei**-me!

Salmo 54(55),2-15.17-24
Oração depois da traição de um amigo

Jesus começou a sentir pavor e angústia (Mc 14,33).

I

—² Ó meu **Deus**, escu**tai** minha **pre**ce, *
   não fu**jais** desta minha oração!

– ³**Dig**nai-vos me ouvir, respondei-me: *
  a ang**ús**tia me faz delirar!
– ⁴Ao cla**mor** do inimigo estremeço, *
  e ao **gri**to dos ímpios eu tremo.
– Sobre **mim** muitos males derramam, *
  contra **mim** furiosos investem.
– ⁵Meu cora**ção** dentro em mim se angustia, *
  e os ter**ro**res da morte me abatem;
– ⁶o te**mor** e o tremor me penetram, *
  o pa**vor** me envolve e deprime!
= ⁷É por **is**so que eu digo na angústia: †
  Quem me **de**ra ter asas de pomba *
  e vo**ar** para achar um descanso!
– ⁸Fugi**ri**a, então, para longe, *
  e me i**ria** esconder no deserto.
– ⁹Acha**ria** depressa um refúgio *
  contra o **ven**to, a procela, o tufão".
= ¹⁰Ó Se**nhor**, confundi as más línguas; †
  disper**sai**-as, porque na cidade *
  só se **vê** violência e discórdia!
= ¹¹Dia e **noi**te circundam seus muros, †
  ¹²dentro **de**la há maldades e crimes, *
  a injus**ti**ça, a opressão moram nela!
– Vio**lên**cia, imposturas e fraudes *
  já não **dei**xam suas ruas e praças.

Ant. O te**mor** e o tre**mor** me penetram;
  dig**nai**-vos me ou**vir**, respon**dei**-me!

Ant. 3 Eu, po**rém**, clamo a **Deus** em meu **pran**to,
  e o Se**nhor** me have**rá** de sal**var**.

II

– ¹³Se o inimigo viesse insultar-me, *
  poderia aceitar certamente;
– se contra mim investisse o inimigo, *
  poderia, talvez, esconder-me.
– ¹⁴Mas és tu, companheiro e amigo, *
  tu, meu íntimo e meu familiar,
– ¹⁵com quem tive agradável convívio *
  com o povo, indo à casa de Deus!
– ¹⁷Eu, porém, clamo a Deus em meu pranto, *
  e o Senhor me haverá de salvar!
– ¹⁸Desde a tarde, à manhã, ao meio-dia, *
  faço ouvir meu lamento e gemido.
– ¹⁹O Senhor há de ouvir minha voz, *
  libertando a minh'alma na paz,
– derrotando os meus agressores, *
  porque muitos estão contra mim!
– ²⁰Deus me ouve e haverá de humilhá-los, *
  porque é Rei e Senhor desde sempre.
– Para os ímpios não há conversão, *
  pois não temem a Deus, o Senhor.
– ²¹Erguem a mão contra os próprios amigos, *
  violando os seus compromissos;
– ²²sua boca está cheia de unção, *
  mas o seu coração traz a guerra;
– suas palavras mais brandas que o óleo, *
  na verdade, porém, são punhais.
– ²³Lança sobre o Senhor teus cuidados, *
  porque ele há de ser teu sustento,
– e jamais ele irá permitir*
  que o justo para sempre vacile!
– ²⁴Vós, porém, ó Senhor, os lançais *
  no abismo e na cova da morte.

– Assassinos e homens de fraude *
   não verão a metade da vida.
– Quanto a **mim**, ó Senhor, ao contrário: *
   ponho em **vós** toda a minha esperança!

Ant. Eu, porém, clamo a **Deus** em meu **pran**to,
e o Se**nhor** me have**rá** de sal**var**.

Para as outras Horas, Salmodia complementar, p. 1132.

Oração das Nove Horas

Leitura breve   Dt 1,16-17a

Dei aos vossos juízes a seguinte ordem: Ouvi vossos irmãos, julgai com justiça as questões de cada um, tanto com seu irmão como com o estrangeiro. Não façais acepção de pessoas em vossos julgamentos; ouvi tanto os pequenos como os grandes, sem temor de ninguém, porque a Deus pertence o juízo.

V. É **jus**to o nosso **Deus**: o Se**nhor** ama a jus**ti**ça.
R. Quem tem **re**to cora**ção** há de **ver** a sua **face**.

Oração

Senhor, nosso Pai, Deus santo e fiel, que enviastes o Espírito prometido por vosso Filho, para reunir os seres humanos divididos pelo pecado, fazei-nos promover no mundo os bens da unidade e da paz. Por Cristo, nosso Senhor.

Oração das Doze Horas

Leitura breve   Is 55,8-9

Meus pensamentos não são como os vossos pensamentos e vossos caminhos não são como os meus caminhos, diz o Senhor. Estão meus caminhos tão acima dos vossos caminhos e meus pensamentos acima dos vossos pensamentos, quanto está o céu acima da terra.

V. Senhor **Deus** do univ**er**so, quem se**rá** igual a **vós**?
R. Ó Se**nhor**, sois pode**ro**so, irradi**ais** fideli**da**de.

Oração

Deus onipotente e misericordioso, que nos dais novo alento no meio deste dia, olhai com bondade os trabalhos começados e, perdoando nossas faltas, fazei que eles atinjam os fins que vos agradam. Por Cristo, nosso Senhor.

Oração das Quinze Horas

Leitura breve   1Sm 16,7b

Não julgo segundo os critérios do homem: o homem vê as aparências, mas o Senhor olha o coração.

V. Senhor, sondai-me, conhecei meu coração,
R. E conduzi-me no caminho para a vida!

Oração

Senhor Jesus Cristo, que para salvar o gênero humano estendestes vossos braços na cruz, concedei que nossas ações vos agradem e manifestem ao mundo vossa obra redentora. Vós, que viveis e reinais para sempre.

A conclusão da Hora como no Ordinário.

Vésperas

V. Vinde, ó **Deus**. Glória ao **Pai**. Como era. Ale**lui**a.

Hino

>Devagar, vai o sol se escondendo,
>deixa os montes, o campo e o mar,
>mas renova o presságio da luz,
>que amanhã vai de novo brilhar.
>
>Os mortais se admiram do modo
>pelo qual, generoso Senhor,
>destes leis ao transcurso do tempo,
>alternância de sombra e fulgor.

Quando reina nos céus o silêncio
e declina o vigor para a lida,
sob o peso das trevas a noite
nosso corpo ao descanso convida.

De esperança e de fé penetrados,
saciar-nos possamos, Senhor,
de alegria na glória do Verbo
que é do Pai o eterno esplendor.

Este é o sol que jamais tem ocaso
e também o nascer desconhece.
Canta a terra, em seu brilho envolvida,
nele o céu em fulgor resplandece.

Dai-nos, Pai, gozar sempre da luz
que este mundo ilumina e mantém,
e cantar-vos, e ao Filho, e ao Espírito,
canto novo nos séculos. Amém.

Salmodia

Ant. 1 Aguardemos a bendita esperança
e a vinda gloriosa do Senhor.

Salmo 61(62)

A paz em Deus

Que o Deus da esperança vos encha da alegria e da paz em vossa vida de fé (Rm 15,13).

— ² Só em **Deus** a minha **al**ma tem re**pou**so, *
   porque **de**le é que me vem a salvação!
— ³ Só **e**le é meu rochedo e salvação, *
   a forta**le**za onde encontro segurança!
— ⁴ Até **quan**do atacareis um pobre homem, *
   todos **jun**tos, procurando derrubá-lo,
—   como a pa**re**de que começa a inclinar-se, *
   ou um **mu**ro que está prestes a cair?—

—⁵ Combinaram empurrar-me lá do alto, *
e se comprazem em mentir e enganar,
— enquanto eles bendizem com os lábios, *
no coração, bem lá do fundo, amaldiçoam.

—⁶ Só em **Deus** a minha alma tem repouso, *
porque **de**le é que me vem a salvação!
—⁷ Só ele é meu rochedo e salvação, *
a fortaleza, onde encontro segurança!

—⁸ A minha **gló**ria e salvação estão em Deus; *
o meu re**fú**gio e rocha firme é o Senhor!

=⁹ Povo **to**do, esperai sempre no Senhor, †
e a**bri** diante dele o coração: *
nosso **Deus** é um refúgio para nós!

—¹⁰ Todo **ho**mem a um sopro se assemelha, *
o filho do **ho**mem é mentira e ilusão;
— se su**bis**sem todos eles na balança, *
pesa**ri**am até menos do que o vento:

—¹¹ Não confi**ei**s na opressão e na violência *
nem vos ga**beis** de vossos roubos e enganos!
— E se cres**ce**rem vossas posses e riquezas, *
a elas não prendais o coração!

=¹² Uma pala**vra** Deus falou, duas ouvi: †
"O po**der** e a bondade a Deus pertencem, *
pois pa**gais** a cada um conforme as obras".

Ant. Aguar**de**mos a ben**di**ta espe**ran**ça
e a **vin**da gloriosa do Se**nhor**.

Ant. 2 Que Deus nos **dê** a sua **gra**ça e sua **bên**ção,
e sua **fa**ce resplan**de**ça sobre **nós**! †

Quando o salmo seguinte já tiver sido recitado no Invitatório, em seu lugar se diz o Salmo 94(95), à p. 537.

Salmo 66(67)
Todos os povos celebram o Senhor

Sabei que esta salvação de Deus já foi comunicada aos pagãos! (At 28,28).

- Que Deus nos dê a sua **graça** e sua **bênção**, *
  e sua **face** resplandeça sobre **nós**!
- ³ Que na **ter**ra se conheça o seu caminho *
  e a **su**a salvação por entre os povos.
- Que as na**ções** vos glorifiquem, ó Senhor, *
  que **to**das as nações vos glorifiquem!
- **Exul**te de alegria a terra inteira, *
  pois jul**gais** o universo com justiça;
- os **po**vos governais com retidão, *
  e gui**ais**, em toda a terra, as nações.
- Que as na**ções** vos glorifiquem, ó Senhor, *
  que **to**das as nações vos glorifiquem!
- ⁷A **ter**ra produziu sua colheita: *
  o Se**nhor** e nosso Deus nos abençoa.
- ⁸Que o Se**nhor** e nosso Deus nos aben**çoe**, *
  e o res**pei**tem os confins de toda a terra!

Ant. Que Deus nos dê a sua **graça** e sua **bênção**,
e sua **face** resplande**ça** sobre **nós**!

Ant. 3 Em **Cris**to é que **tu**do foi criado,
e é por **ele** que sub**sis**te o uni**ver**so.

Cântico   Cf. Cl 1,12-20

Cristo, o Primogênito de toda criatura
e Primogênito dentre os mortos

= ¹²Demos **gra**ças a Deus **Pai** onipo**ten**te, †
  que nos **cha**ma a partilhar, na sua luz, *
  da he**ran**ça a seus santos reservada!

(R. Glória a **vós**, Primo**gê**nito dentre os **mor**tos!)

13 Do império das trevas arrancou-nos †
e transportou-nos para o reino de seu Filho, *
para o reino de seu Filho bem-amado,
14 no qual nós encontramos redenção, *
dos pecados remissão pelo seu sangue. (R.)

15 Do Deus, o Invisível, é a imagem, *
o Primogênito de toda criatura;
16 porque nele é que tudo foi criado: †
o que há nos céus e o que existe sobre a terra, *
o visível e também o invisível. (R.)

= Sejam Tronos e Poderes que há nos céus, †
sejam eles Principados, Potestades: *
por ele e para ele foram feitos;
17 antes de toda criatura ele existe, *
e é por ele que subsiste o universo. (R.)

18 Ele é a Cabeça da Igreja, que é seu Corpo, †
é o princípio, o Primogênito dentre os mortos, *
a fim de ter em tudo a primazia.
19 Pois foi do agrado de Deus Pai que a plenitude *
habitasse no seu Cristo inteiramente. (R.)

20 Aprouve-lhe também, por meio dele, *
reconciliar consigo mesmo as criaturas,
= pacificando pelo sangue de sua cruz †
tudo aquilo que por ele foi criado, *
o que há nos céus e o que existe sobre a terra. (R.)

Ant. Em Cristo é que tudo foi criado,
e é por ele que subsiste o universo.

Leitura breve
1Pd 5,5b-7

Revesti-vos todos de humildade no relacionamento mútuo, porque Deus resiste aos soberbos, mas dá a sua graça aos humildes. Rebaixai-vos, pois, humildemente, sob a poderosa mão de Deus, para que, na hora oportuna, ele vos exalte.

Lançai sobre ele toda a vossa preocupação, pois é ele quem cuida de vós.

Responsório breve

R. Protegei-nos, Senhor,
*Como a pupila dos olhos. R. Protegei-nos.
V. Guardai-nos, defendei-nos, sob a vossa proteção.
*Como a pupila. Glória ao Pai. R. Protegei-nos.

Cântico evangélico, ant.

Ó Senhor, manifestai o poder de vosso braço,
dispersai os soberbos e elevai os humildes.

Preces

Irmãos e irmãs caríssimos, exultemos em Deus nosso Salvador, cuja alegria é enriquecer-nos com seus dons; e peçamos com todo fervor:

R. Dai-nos, Senhor, a vossa graça e a vossa paz!

Deus eterno, para quem mil anos são o dia de ontem que passou,
–lembrai-nos sempre que a vida é como a erva que de manhã floresce e à tarde fica seca. R.

Alimentai o vosso povo com o maná, para que não passe fome,
–e dai-lhe a água viva para que nunca mais tenha sede. R.

Fazei que os vossos fiéis procurem e saboreiem as coisas do alto,
–e vos glorifiquem com o seu trabalho e o seu descanso R.

Concedei, Senhor, bom tempo às colheitas,
–para que a terra produza muito fruto. R.

Ou:
(Livrai-nos, Senhor, de todos os perigos,
–e abençoai os nossos lares). R.

(intenções livres)

Dai aos que morreram contemplar a vossa face,
— e fazei-nos também participar, um dia, da mesma felicidade. R.

Pai nosso...

Oração

Ó Deus, vosso nome é santo e vossa misericórdia se celebra de geração em geração; atendei às súplicas do povo e concedei-lhe proclamar sempre a vossa grandeza. Por nosso Senhor Jesus Cristo, vosso Filho, na unidade do Espírito Santo.

A conclusão da Hora como no Ordinário.

II QUINTA-FEIRA
Invitatório

V. **Abri** os meus **lá**bios. R. E minha **bo**ca.
R. En**trai** diante **de**le can**tan**do jubi**lo**sos.
Salmo invitatório como no Ordinário, p. 537.

Ofício das Leituras

V. Vinde, ó **Deus**. Glória ao **Pai**. Como era. Ale**luia**.
Esta introdução se omite quando o Invitatório precede imediatamente ao Ofício das Leituras.

Hino

I. Quando se diz o Ofício das Leituras durante a noite ou de madrugada:

>Do dia o núncio alado
>já canta a luz nascida.
>O Cristo nos desperta,
>chamando-nos à vida.

>Ó fracos, ele exclama,
>do sono estai despertos
>e, castos, justos, sóbrios,
>velai: estou já perto!

>E quando a luz da aurora
>enche o céu de cor,
>confirme na esperança
>quem é trabalhador.

>Chamemos por Jesus
>com prantos e orações.
>A súplica não deixe
>dormir os corações.

Tirai o sono, ó Cristo,
rompei da noite os laços,
da culpa libertai-nos,
guiai os nossos passos.

A vós a glória, ó Cristo,
louvor ao Pai também,
com vosso Santo Espírito,
agora e sempre. Amém.

II. Quando se diz o Ofício das Leituras durante o dia:

Para vós, doador do perdão,
elevai os afetos do amor,
tornai puro o profundo das almas,
sede o nosso fiel Salvador.

Para cá, estrangeiros, viemos,
exilados da pátria querida.
Sois o porto e também sois o barco,
conduzi-nos aos átrios da vida!

É feliz quem tem sede de vós,
fonte eterna de vida e verdade.
São felizes os olhos do povo
que se fixam em tal claridade.

Grandiosa é, Senhor, vossa glória,
na lembrança do vosso louvor,
que os fiéis comemoram na terra,
elevando-se a vós pelo amor.

Este amor concedei-nos, ó Pai,
e vós, Filho do Pai, Sumo Bem,
com o Espírito Santo reinando
pelos séculos dos séculos. Amém.

Salmodia

Ant. 1 Fostes **vós** que nos salvastes, ó Se**nhor**!
Para **sempre** louvaremos vosso **no**me.

Salmo 43(44)
Calamidades do povo

Em tudo isso, somos mais que vencedores, graças àquele que nos amou! (Rm 8,37).

I

– ² Ó **Deus**, nossos ouvidos escu**taram**, *
e con**taram** para nós, os nossos pais,
– as **o**bras que operastes em seus dias, *
em seus **di**as e nos tempos de outrora:
= ³ Expul**sas**tes as nações com vossa mão, †
e plan**tas**tes nossos pais em seu lugar; *
para aumen**tá**-los, abatestes outros povos.
– ⁴ Não conquis**ta**ram essa terra pela espada, *
nem foi seu **bra**ço que lhes deu a salvação;
– foi, po**rém**, a vossa mão e vosso braço *
e o esplen**dor** de vossa face e o vosso amor.
– ⁵ Sois **vós**, o meu Senhor e o meu Rei, *
que **des**tes as vitórias a Jacó;
– ⁶ com vossa a**ju**da é que vencemos o inimigo, *
por vosso **no**me é que pisamos o agressor.
– ⁷ Eu não **pus** a confiança no meu arco, *
a minha espa**da** não me pôde libertar;
– ⁸ mas fostes **vós** que nos livrastes do inimigo, *
e co**bris**tes de vergonha o opressor.
– ⁹ Em vós, ó **Deus**, nos gloriamos todo dia, *
celebran**do** o vosso nome sem cessar.

Ant. Fostes **vós** que nos sal**vas**tes, ó **Se**nhor!
Para **sem**pre louvaremos vosso **no**me.

Ant. 2 Perdo**ai**, ó Se**nhor**, o vosso **po**vo,
não entre**gueis** à vergonha a vossa he**ran**ça!

II

– ¹⁰ Porém, a**go**ra nos deixastes e humi**lhas**tes, *
já não sa**ís** com nossas tropas para a guerra!

—11 Vós nos fizestes recuar ante o inimigo, *
   os adversários nos pilharam à vontade.
—12 Como ovelhas nos levastes para o corte, *
   e no meio das nações nos dispersastes.
—13 Vendestes vosso povo a preço baixo, *
   e não lucrastes muita coisa com a venda!
—14 De nós fizestes o escárnio dos vizinhos, *
   zombaria e gozação dos que nos cercam;
—15 para os pagãos somos motivo de anedotas, *
   zombam de nós a sacudir sua cabeça.
—16 À minha frente trago sempre esta desonra, *
   e a vergonha se espalha no meu rosto,
—17 ante os gritos de insultos e blasfêmias *
   do inimigo sequioso de vingança.

Ant. Perdoai, ó Senhor, o vosso povo,
   não entregueis à vergonha a vossa herança!

Ant. 3 Levantai-vos, ó Senhor, e socorrei-nos,
   libertai-nos pela vossa compaixão!

III

—18 E tudo isso, sem vos termos esquecido *
   e sem termos violado a Aliança;
—19 sem que o nosso coração voltasse atrás, *
   nem se afastassem nossos pés de vossa estrada!
—20 Mas à cova dos chacais nos entregastes *
   e com trevas pavorosas nos cobristes!
—21 Se tivéssemos esquecido o nosso Deus *
   e estendido nossas mãos a um Deus estranho,
—22 Deus não teria, por acaso, percebido, *
   ele que vê o interior dos corações?
—23 Por vossa causa nos massacram cada dia *
   e nos levam como ovelha ao matadouro!
—24 Levantai-vos, ó Senhor, por que dormis? *
   Despertai! Não nos deixeis eternamente!

— ²⁵Por **que** nos escondeis a vossa face *
e esque**ceis** nossa opressão, nossa miséria?
— ²⁶Pois arrasada até o pó está noss'alma *
e ao **chão** está colado o nosso ventre.
— Levan**tai**-vos, vinde logo em nosso auxílio, *
liber**tai**-nos pela vossa compaixão!

Ant. Levan**tai**-vos, ó Se**nhor**, e socorrei-nos,
liber**tai**-nos pela **vos**sa compai**xão**!

V. A **quem** nós **i**remos, Se**nhor** Jesus **Cristo**?
R. Só **tu** tens palavras de **vi**da e**ter**na.

Leituras e oração correspondentes a cada Ofício.

Laudes

V. Vinde, ó **Deus**. Glória ao **Pai**. Como **era**. Ale**lui**a.

Esta introdução se omite quando o Invitatório precede imediatamente às Laudes.

Hino

Já o dia nasceu novamente.
Supliquemos, orando, ao Senhor
que nos guarde do mal neste dia
e por atos vivamos o amor.

Ponha freios à língua e a modere,
da discórdia evitando a paixão;
que nos vele o olhar e o defenda
da vaidade e de toda a ilusão.

Sejam puros os seres no íntimo,
dominando os instintos do mal.
Evitemos do orgulho o veneno,
moderando o impulso carnal.

Para que, no final deste dia,
quando a noite, em seu curso,
voltar, abstinentes e puros, possamos
sua glória e louvores cantar.

Glória ao Pai, ao seu Unigênito
e ao Espírito Santo também.
Suba aos Três o louvor do universo
hoje e sempre, nos séculos. Amém.

Salmodia

Ant. 1 Desper**tai** vosso po**der**, ó nosso **Deus**,
e vinde **lo**go nos tra**zer** a salva**ção**!

Salmo 79(80)
Visitai, Senhor, a vossa vinha

Vem, Senhor Jesus ! (Ap 22,20).

−² Ó Pas**tor** de Isra**el**, prestai ou**vi**dos. *
Vós, que a Jo**sé** apascentais qual um rebanho!

= Vós, que **so**bre os querubins vos assentais, †
apare**cei** cheio de glória e esplendor *

³ ante Efra**im** e Benjamim e Manassés!

− Desper**tai** vosso poder, ó nosso Deus, *
e vinde **lo**go nos trazer a salvação!

=⁴ Conver**tei**-nos, ó Senhor Deus do universo, †
e sobre **nós** iluminai a vossa face! *
Se vol**tar**des para nós, seremos salvos!

−⁵ Até **quan**do, ó Senhor, vos irritais, *
ape**sar** da oração do vosso povo?

−⁶ Vós nos **des**tes a comer o pão das lágrimas, *
e a be**ber** destes um pranto copioso.

−⁷ Para os vi**zi**nhos somos causa de contenda, *
de zomba**ri**a para os nossos inimigos.

=⁸ Conver**tei**-nos, ó Senhor Deus do universo, †
e sobre **nós** iluminai a vossa face! *
Se vol**tar**des para nós, seremos salvos!

−⁹ Arran**cas**tes do Egito esta videira *
e expul**sas**tes as nações para plantá-la;

– ¹⁰diante **de**la preparastes o terreno, *
   lançou raízes e encheu a terra inteira.
– ¹¹Os **mon**tes recobriu com sua sombra, *
   e os **ce**dros do Senhor com os seus ramos;
– ¹²até o **mar** se estenderam seus sarmentos, *
   até o **rio** os seus rebentos se espalharam.
– ¹³Por que ra**zão** vós destruístes sua cerca, *
   para que **to**dos os passantes a vindimem,
– ¹⁴o java**li** da mata virgem a devaste, *
   e os ani**mais** do descampado nela pastem?
= ¹⁵Vol**tai**-vos para nós, Deus do universo! †
   Olhai dos altos céus e observai. *
   Visi**tai** a vossa vinha e protegei-a!
– ¹⁶Foi a **vos**sa mão direita que a plantou; *
   prote**gei**-a, e ao rebento que firmastes!
– ¹⁷E a**que**les que a cortaram e a queimaram, *
   vão pere**cer** ante o furor de vossa face.
– ¹⁸Pousai a **mão** por sobre o vosso Protegido, *
   o filho do **ho**mem que escolhestes para vós!
– ¹⁹E nunca **mais** vos deixaremos, Senhor Deus! *
   Dai-nos **vida**, e louvaremos vosso nome!
= ²⁰Conver**tei**-nos, ó Senhor Deus do universo, †
   e sobre **nós** iluminai a vossa face! *
   Se vol**tar**des para nós, seremos salvos!

Ant. Desper**tai** vosso po**der**, ó nosso **Deus**,
   e vinde **logo** nos tra**zer** a salva**ção**!

Ant. 2 Publi**cai** em toda a **terra** as maravilhas do Se**nhor**!

Cântico   Is 12,1-6

Exultação do povo redimido

Se alguém tem sede, venha a mim, e beba (Jo 7,37).

– ¹Dou-vos **graças**, ó Se**nhor**, porque, es**tan**do irritado, *
   acal**mou**-se a vossa ira e en**fim** me consolastes.

– ² Eis o **Deus,** meu Salvador, eu confio e nada temo; *
  o Senhor é minha força, meu louvor e salvação.
– ³ Com alegria bebereis no manancial da salvação, *
  ⁴ e direis naquele dia: "Dai louvores ao Senhor,
–   invocai seu santo nome, anunciai suas maravilhas, *
  entre os povos proclamai que seu nome é o mais sublime.
– ⁵ Louvai cantando ao nosso Deus, que fez prodígios e portentos, *
  publicai em toda a terra suas grandes maravilhas!
– ⁶ Exultai cantando alegres, habitantes de Sião, *
  porque é grande em vosso meio o Deus Santo de Israel!"

Ant. Publicai em toda a terra as maravilhas do Senhor!

Ant. 3 Exultai no Senhor, nossa força! †

Salmo 80(81)
Solene renovação da Aliança

Cuidai, irmãos, que não se ache em algum de vós um coração transviado pela incredulidade (Hb 3,12).

– ² Exultai no Senhor, nossa força, *
  † e ao **Deus** de Jacó aclamai!
– ³ Cantai salmos, tocai tamborim, *
  harpa e lira suaves tocai!
– ⁴ Na lua nova soai a trombeta, *
  na lua cheia, na festa solene!
– ⁵ Porque isto é costume em Jacó, *
  um preceito do Deus de Israel;
– ⁶ uma lei que foi dada a José, *
  quando o povo saiu do Egito.
= Eis que ouço uma voz que não conheço: †
  ⁷ "Aliviei as tuas costas de seu fardo, *
  cestos pesados eu tirei de tuas mãos.

= ⁸ Na an**gús**tia a mim clamaste, e te salvei, †
   de uma **nu**vem trovejante te falei, *
   e junto às **á**guas de Meriba te provi.

– ⁹ Ouve, meu **po**vo, porque vou te advertir! *
   Isra**el**, ah! se quisesses me escutar:

–¹⁰ Em teu **mei**o não exista um deus estranho *
   nem a**do**res a um deus desconhecido!

=¹¹ Porque eu **sou** o teu Deus e teu Senhor, †
   que da **ter**ra do Egito te arranquei. *
   Abre **bem** a tua boca e eu te sacio!

–¹² Mas meu **po**vo não ouviu a minha voz, *
   Isra**el** não quis saber de obedecer-me.

–¹³ Deixei, en**tão**, que eles seguissem seus caprichos, *
   abando**nei**-os ao seu duro coração.

–¹⁴ Quem me **de**ra que meu povo me escutasse! *
   Que Isra**el** andasse sempre em meus caminhos!

–¹⁵ Seus ini**mi**gos, sem demora, humilharia *
   e volta**ri**a minha mão contra o opressor.

–¹⁶ Os que o**dei**am o Senhor o adulariam, *
   seria **es**te seu destino para sempre;

–¹⁷ eu lhe da**ri**a de comer a flor do trigo, *
   e com o **mel** que sai da rocha o fartaria".

Ant. Exul**tai** no Se**nhor**, nossa **for**ça!

Leitura breve   Rm 14,17-19
O Reino de Deus não é comida nem bebida, mas é justiça e paz e alegria no Espírito Santo. É servindo a Cristo, dessa maneira, que seremos agradáveis a Deus e teremos a aprovação dos homens. Portanto, busquemos tenazmente tudo o que contribui para a paz e a edificação de uns pelos outros.

Responsório breve
R. Penso em **vós** no meu **lei**to, de **noi**te,
   * Nas vigílias, suspiro por **vós**. R. Penso em **vós**.

V. Para **mim** fostes **sem**pre um so**cor**ro! * Nas vigílias. Glória ao **Pai**. R. Penso em **vós**.

Cântico evangélico, ant.
Anunci**ai** ao vosso **po**vo a salva**ção**
e perdo**ai**-nos, ó Se**nhor**, nossos pecados!

Preces
Bendigamos a Deus, nosso Pai, que protege os seus filhos e filhas e não despreza as suas súplicas; e peçamos-lhe humildemente:

R. **Iluminai, Senhor, os nossos caminhos!**

Nós vos damos graças, Senhor, porque nos iluminastes por meio de vosso Filho Jesus Cristo;
– concedei-nos a sua luz ao longo de todo este dia. R.

Que a vossa Sabedoria hoje nos conduza,
– para que andemos sempre pelos caminhos de uma vida nova. R.

Ajudai-nos a suportar com paciência as dificuldades por amor de vós,
– a fim de vos servirmos cada vez melhor na generosidade de coração. R.

Dirigi e santificai nossos pensamentos, palavras e ações deste dia,
– e dai-nos um espírito dócil às vossas inspirações. R.

(intenções livres)

Pai nosso...

Oração
Senhor, luz verdadeira e fonte da luz, concedei-nos perseverar na meditação de vossa Palavra e viver iluminados pelo esplendor de vossa verdade. Por nosso Senhor Jesus Cristo, vosso Filho, na unidade do Espírito Santo.

A conclusão da Hora como no Ordinário.

Hora Média

V. Vinde, ó **Deus**. Glória ao **Pai**. Como era. Ale**lui**a.
HINO como no Ordinário, p. 552-555.
Salmodia
Ant. 1 A **lei** de vossa **boca**, para **mim**,
vale **mais** do que milhões em ouro e **pra**ta.

Salmo 118(119),65-72
IX (Teth)
Meditação sobre a Palavra de Deus na Lei

O seu mandamento é vida eterna (Jo 12,50).

– ⁶⁵Tra**tas**tes com bonda**de** o vosso **servo**, *
como ha**ví**eis prometido, ó Senhor.
– ⁶⁶Dai-me bom **sen**so, retidão, sabedoria, *
pois tenho **fé** nos vossos santos mandamentos!
– ⁶⁷Antes de **ser** por vós provado, eu me perdera; *
mas **agora** sigo firme em vossa lei!
– ⁶⁸Porque sois **bom** e realizais somente o bem, *
ensi**nai**-me a fazer vossa vontade!
– ⁶⁹Forjam ca**lú**nias contra mim os orgulhosos, *
mas de **todo** o coração vos sou fiel!
– ⁷⁰Seus cora**ções** são insensíveis como pedra, *
mas eu en**con**tro em vossa lei minhas delícias.
– ⁷¹Para **mim** foi muito bom ser humilhado, *
porque as**sim** eu aprendi vossa vontade!
– ⁷²A **lei** de vossa boca, para mim, *
vale **mais** do que milhões em ouro e prata.

Ant. A **lei** de vossa **boca**, para **mim**,
vale **mais** do que milhões em ouro e **pra**ta.

Ant. 2 É no Se**nhor** que eu confio e nada **temo**:
Que pode**ria** contra **mim** um ser mor**tal**?

Salmo 55(56),2-7b.9-14
Confiança na palavra do Senhor

Neste salmo se manifesta o Cristo em sua Paixão (S. Jerônimo).

= ²Tende pena e compaixão de mim, ó Deus, †
pois há tantos que me calcam sob os pés, *
e agressores me oprimem todo dia!
– ³Meus inimigos de contínuo me espezinham, *
são numerosos os que lutam contra mim!
– ⁴Quando o medo me invadir, ó Deus Altíssimo, *
porei em vós a minha inteira confiança.
= ⁵Confio em Deus e louvarei sua promessa, †
é no Senhor que eu confio e nada temo: *
que poderia contra mim um ser mortal?
– ⁶Eles falam contra mim o dia inteiro, *
eles desejam para mim somente o mal!
– ⁷ᵇArmam ciladas e me espreitam reunidos, *
seguem meus passos, perseguindo a minha vida!
= ⁹Do meu exílio registrastes cada passo, †
em vosso odre recolhestes cada lágrima, *
e anotastes tudo isso em vosso livro.
= ¹⁰Meus inimigos haverão de recuar †
em qualquer dia em que eu vos invocar; *
tenho certeza: o Senhor está comigo!
= ¹¹Confio em Deus e louvarei sua promessa; †
¹²é no Senhor que eu confio e nada temo: *
que poderia contra mim um ser mortal?
– ¹³Devo cumprir, ó Deus, os votos que vos fiz *
e vos oferto um sacrifício de louvor,
– ¹⁴porque da morte arrancastes minha vida *
e não deixastes os meus pés escorregarem,
– para que eu ande na presença do Senhor, *
na presença do Senhor na luz da vida.

Ant. É no Senhor que eu confio e nada temo:
Que poderia contra mim um ser mortal?

Ant. 3 Vosso amor, ó Senhor, é mais alto que os céus.

Salmo 56(57)
Oração da manhã numa aflição

Este salmo canta a Paixão do Senhor (Sto. Agostinho).

– ² Piedade, Senhor, piedade, *
pois em vós se abriga a minh'alma!
– De vossas asas, à sombra, me achego, *
até que passe a tormenta, Senhor!
– ³ Lanço um grito ao Senhor Deus Altíssimo, *
a este Deus que me dá todo o bem.
= ⁴ Que me envie do céu sua ajuda †
e confunda os meus opressores! *
Deus me envie sua graça e verdade!
– ⁵ Eu me encontro em meio a leões, *
que, famintos, devoram os homens;
– os seus dentes são lanças e flechas, *
suas línguas, espadas cortantes.
– ⁶ Elevai-vos, ó Deus, sobre os céus, *
vossa glória refulja na terra!
– ⁷ Prepararam um laço a meus pés, *
e assim oprimiram minh'alma;
– uma cova me abriram à frente, *
mas na cova acabaram caindo.
– ⁸ Meu coração está pronto, meu Deus, *
está pronto o meu coração!
– ⁹ Vou cantar e tocar para vós: *
desperta, minh'alma, desperta!
– Despertem a harpa e a lira, *
eu irei acordar a aurora!

– ¹⁰Vou louvar-vos, Senhor, entre os povos, *
dar-vos graças, por entre as nações!
– ¹¹Vosso amor é mais alto que os céus, *
mais que as nuvens a vossa verdade!
– ¹²Elevai-vos, ó Deus, sobre os céus, *
vossa glória refulja na terra!

Ant. Vosso amor, ó Senhor, é mais alto que os céus.

Para as outras Horas, Salmodia complementar, p. 1132.

Oração das Nove Horas

Leitura breve   Gl 5,13-14
Irmãos, fostes chamados para a liberdade. Porém, não façais dessa liberdade um pretexto para servirdes à carne. Pelo contrário, fazei-vos escravos uns dos outros, pela caridade. Com efeito, toda a Lei se resume neste único mandamento: Amarás o teu próximo como a ti mesmo.

V. De vossos mandamentos corro a estrada,
R. Porque vós me dilatais o coração.

Oração

Senhor nosso Deus, que nesta hora enviastes o Espírito Santo aos Apóstolos em oração, concedei-nos participar do mesmo Dom. Por Cristo, nosso Senhor.

Oração das Doze Horas

Leitura breve   Gl 5,16-17
Procedei segundo o Espírito. Assim, não satisfareis aos desejos da carne. Pois a carne tem desejos contra o espírito, e o espírito tem desejos contra a carne. Há uma oposição entre carne e espírito, de modo que nem sempre fazeis o que gostaríeis de fazer.

V. Senhor, sois bom e realizais somente o bem.
R. Ensinai-me a fazer vossa vontade!

Oração

Deus onipotente, em vós não há trevas nem escuridão; fazei que vossa luz resplandeça sobre nós e, acolhendo vossos preceitos com alegria, sigamos fielmente o vosso caminho. Por Cristo, nosso Senhor.

Oração das Quinze Horas

Leitura breve   Gl 5,22.23a25

O fruto do Espírito é: caridade, alegria, paz, longanimidade, benignidade, bondade, lealdade, mansidão, continência. Se vivemos pelo Espírito, procedamos também segundo o Espírito, corretamente.

V. Indicai-nos o caminho a seguir,
pois em **vós coloquei** a espe**rança**.
R. Vosso Espírito **bom** me di**rija**
e me **guie** por **terra** bem **plana**.

Oração

Senhor nosso Deus, atendei à nossa oração, dando-nos a graça de imitar o exemplo da paixão do vosso Filho e levar serenamente nossa cruz de cada dia. Por Cristo, nosso Senhor.

A conclusão da Hora como no Ordinário.

Vésperas

V. Vinde, ó **Deus**. Glória ao **Pai**. Como **era**. Ale**luia**.

Hino

Ó Deus, autor da luz
da aurora matutina,
mostrai-nos vossa glória,
que o dia já declina.

A tarde traz o ocaso,
o sol já vai morrendo,
e deixa o mundo às trevas,
às leis obedecendo.

Aos servos que vos louvam,
cansados do labor,
as trevas não envolvam,
pedimos, ó Senhor.

Assim, durante a noite,
guardados pela graça,
na luz da vossa luz,
a treva se desfaça.

Ouvi-nos, Pai bondoso,
e vós, Jesus, também.
A vós e ao Santo Espírito
louvor eterno. Amém.

Salmodia

Ant. 1 Fiz de **ti** uma **luz** para as na**ções**:
levar**ás** a salva**ção** a toda a **terra**.

Salmo 71(72)
O poder régio do Messias

Abriram seus cofres e ofereceram-lhe presentes: ouro, incenso e mirra (Mt 2,11).

I

– ¹ Dai ao **Rei** vossos po**de**res, Senhor **Deus**, *
vossa justi**ça** ao descendente da realeza!
– ² Com justiça ele governe o vosso povo, *
com equidade ele julgue os vossos pobres.

– ³ Das mon**ta**nhas venha a paz a todo o povo, *
e **des**ça das colinas a justiça!

= ⁴Este **Rei** defenderá os que são pobres, †
 os **fi**lhos dos humildes salvará, *
 e por **ter**ra abaterá os opressores!
– ⁵Tanto **tem**po quanto o sol há de viver, *
 quanto a **lu**a através das gerações!
– ⁶Virá do **al**to, como o orvalho sobre a relva, *
 como a **chu**va que irriga toda a terra.
– ⁷Nos seus **di**as a justiça florirá *
 e grande **paz**, até que a lua perca o brilho!
– ⁸De mar a **mar** estenderá o seu domínio, *
 e desde o **ri**o até os confins de toda a terra!
– ⁹Seus ini**mi**gos vão curvar-se diante dele, *
 vão lam**ber** o pó da terra os seus rivais.
–¹⁰Os reis de **Tár**sis e das ilhas hão de vir *
 e ofere**cer**-lhe seus presentes e seus dons;
– e tam**bém** os reis de Seba e de Sabá *
 hão de trazer-lhe oferendas e tributos.
–¹¹Os **reis** de toda a terra hão de adorá-lo, *
 e **to**das as nações hão de servi-lo.

Ant. Fiz de **ti** uma **luz** para as na**ções**:
 levarás a salva**ção** a toda a **ter**ra.

Ant. 2 O **Se**nhor fará justiça para os **po**bres
 e os salvará da vio**lên**cia e opres**são**.

II

–¹²Libertará o indi**gen**te que su**pli**ca, *
 e o **po**bre ao qual ninguém quer ajudar.
–¹³Terá **pe**na do indigente e do infeliz, *
 e a **vi**da dos humildes salvará.
–¹⁴Há de li**vrá**-los da violência e opressão, *
 pois vale **mui**to o sangue deles a seus olhos!

=¹⁵ Que ele **vi**va e te**nha** o ouro de Sabá! †
  Hão de re**zar** também por ele sem cessar, *
  bendizê-lo e honrá-lo cada dia.

—¹⁶ Have**rá** grande fartura sobre a terra, *
  até **mes**mo no mais alto das montanhas;

— As col**hei**tas florirão como no Líbano, *
  tão abun**dan**tes como a erva pelos campos!

—¹⁷ Seja ben**di**to o seu nome para sempre! *
  E que **du**re como o sol sua memória!

— Todos os **po**vos serão nele abençoados, *
  todas as **gen**tes cantarão o seu louvor!

—¹⁸ Bendito **se**ja o Senhor Deus de Israel, *
  porque só **e**le realiza maravilhas!

—¹⁹ Bendito **se**ja o seu nome glorioso! *
  Bendito **se**ja eternamente! Amém, amém!

Ant. O Se**nhor** fará jus**ti**ça para os **po**bres
  e os sal**va**rá da violên**cia** e opres**são**.

Ant. 3 Chegou a**go**ra a salva**ção** e o **rei**no do Se**nhor**.

Cântico Ap 11,17-18; 12,10b-12a
O julgamento de Deus

—¹¹,¹⁷ Graças vos **da**mos, Senhor **Deus** onipo**ten**te, *
  a vós que **sois**, a vós que éreis e sereis,

— porque assu**mis**tes o poder que vos pertence, *
  e en**fim** tomastes posse como rei!

(R. **Nós** vos damos **gra**ças, nosso **Deus!**)

= ¹⁸ As na**ções** se enfureceram revoltadas, †
  mas che**gou** a vossa ira contra elas *
  e o **tem**po de julgar vivos e mortos,

= e de **dar** a recompensa aos vossos servos, †
  aos profetas e aos que temem vosso nome, *
  aos **san**tos, aos pequenos e aos grandes. (R.)

= ¹²,¹⁰ Chegou agora a salvação e o poder †
e a realeza do Senhor e nosso Deus, *
e o domínio de seu Cristo, seu Ungido.
— Pois foi expulso o delator que acusava *
nossos irmãos, dia e noite, junto a Deus. (R.)
= ¹¹ Mas o venceram pelo sangue do Cordeiro †
e o testemunho que eles deram da Palavra, *
pois desprezaram sua vida até à morte.
— ¹² Por isso, ó céus, cantai alegres e exultai *
e vós todos os que neles habitais! (R.)

Ant. Chegou agora a salvação e o reino do Senhor.

Leitura breve 1Pd 1,22-23
Pela obediência à verdade, purificastes as vossas almas, para praticar um amor fraterno sem fingimento. Amai-vos, pois, uns aos outros, de coração e com ardor. Nascestes de novo, não de uma semente corruptível, mas incorruptível, mediante a palavra de Deus, viva e permanente.

Responsório breve
R. O Senhor é o meu Pastor:
 * Não me falta coisa alguma. R. O Senhor.
V. Pelos prados me conduz. * Não me falta.
 Glória ao Pai. R. O Senhor.

Cântico evangélico, ant.
O Senhor saciou com os seus bens
os famintos e sedentos de justiça.

Preces
Elevemos os corações cheios de gratidão a nosso Senhor e Salvador, que abençoa o seu povo com toda sorte de bênçãos espirituais; e peçamos com fé:

R. Abençoai, Senhor, o vosso povo!

Deus de misericórdia, protegei o Santo Padre, o Papa N., e o nosso Bispo N.,
– e fortalecei-os para que guiem fielmente a vossa Igreja. R.

Protegei, Senhor, o nosso país,
– e afastai para longe dele todos os males. R.

Multiplicai, como rebentos de oliveira ao redor de vossa mesa, os filhos que querem se consagrar ao serviço do vosso reino,
– a fim de vos seguirem mais de perto na castidade, pobreza e obediência. R.

Conservai o propósito de vossas filhas que vos consagraram sua virgindade,
– para que sigam a vós, Cordeiro divino, aonde quer que vades. R.

(intenções livres)

Que os nossos irmãos e irmãs falecidos descansem na vossa eterna paz,
– e confirmai a sua união conosco por meio da comunhão de bens espirituais. R.

Pai nosso...

Oração

Celebrando, Senhor, o louvor da tarde, pedimos à vossa bondade nos conceda meditar sempre a vossa lei e alcançar a luz da vida eterna. Por nosso Senhor Jesus Cristo, vosso Filho, na unidade do Espírito Santo.

A conclusão da Hora como no Ordinário.

II SEXTA-FEIRA

Invitatório

V. **Abri** os meus **lábios**. R. E minha **boca**.
R. É suave o Se**nhor**: bendi**zei** o seu **nome**!

Salmo invitatório como no Ordinário, p. 537.

Ofício das Leituras

V. Vinde, ó **Deus**. Glória ao **Pai**. Como era. Ale**luia**.

Esta introdução se omite quando o Invitatório precede imediatamente ao Ofício das Leituras.

Hino

I. Quando se diz o Ofício das Leituras durante a noite ou de madrugada:

    Ao som da voz do galo,
    já foge a noite escura.
    Ó Deus, ó luz da aurora,
    nossa alma vos procura.

    Enquanto as coisas dormem,
    guardai-nos vigilantes,
    brilhai aos nossos olhos
    qual chama cintilante.

    Do sono já despertos,
    por graça imerecida,
    de novo contemplamos
    a luz, irmã da vida.

    Ao Pai e ao Filho glória,
    ao seu Amor também,
    Deus Trino e Uno, luz
    e vida eterna. Amém.

II. Quando se diz o Ofício das Leituras durante o dia:

    Criador do Universo
    do Pai luz e resplendor,

revelai-nos vossa face
e livrai-nos do pavor.

Pelo Espírito repletos,
templos vivos do Senhor,
não se rendam nossas almas
aos ardis do tentador,

para que, durante a vida,
nas ações de cada dia,
pratiquemos vossa lei
com amor e alegria.

Glória a Cristo, Rei clemente,
e a Deus Pai, Eterno Bem,
com o Espírito Paráclito,
pelos séculos. Amém.

Salmodia

Ant. 1 Repreendei-me, Senhor, mas sem ira! †

Salmo 37(38)
Súplica de um pecador em extremo perigo

Todos os conhecidos de Jesus ficaram à distância (Lc 23,49).

I

– ² Repreendei-me, Senhor, mas sem ira; *
  † corrigi-me, mas não com furor!
– ³ Vossas flechas em mim penetraram; *
  vossa mão se abateu sobre mim.
– ⁴ Nada resta de são no meu corpo, *
  pois com muito rigor me tratastes!
– Não há parte sadia em meus ossos, *
  pois pequei contra vós, ó Senhor!
– ⁵ Meus pecados me afogam e esmagam, *
  como um fardo pesado me oprimem.

Ant. Repreendei-me, Senhor, mas sem ira!
Ant. 2 Conheceis meu desejo, Senhor.

II

— ⁶ Cheiram **mal** e su**pur**am minhas **cha**gas *
   por motivo de minhas loucuras.
— ⁷ Ando **tris**te, abatido, encurvado, *
   todo o **dia** afogado em tristeza.
— ⁸ As en**tra**nhas me ardem de febre, *
   já não **há** parte sã no meu corpo.
— ⁹ Meu cora**ção** grita e geme de dor, *
   esma**ga**do e humilhado demais.
—¹⁰ Conhe**ceis** meu desejo, Senhor, *
   meus ge**mi**dos vos são manifestos;
=¹¹ bate **rá**pido o meu coração, †
   minhas **for**ças estão me deixando, *
   e sem **luz** os meus olhos se apagam.
=¹² Compa**nhei**ros e amigos e afastam, †
   fogem **lon**ge das minhas feridas; *
   meus pa**ren**tes mantêm-se à distância.
—¹³ Armam **la**ços os meus inimigos, *
   que pro**cu**ram tirar minha vida;
— os que **bus**cam matar-me ameaçam *
   e ma**qui**nam traições todo o dia.

Ant. Conhe**ceis** meu desejo, Se**nhor**.
Ant. 3 Confesso, Senhor, minha **cul**pa:
   salvai-me, e ja**mais** me dei**xeis**!

III

—¹⁴ Eu me **fa**ço de **sur**do e não **ou**ço, *
   eu me **fa**ço de mudo e não falo;
—¹⁵ seme**lhan**te a alguém que não ouve. *
   e não **tem** a resposta em sua boca.

—¹⁶Mas, em **vós**, ó Senhor; eu confio *
e ouvi**reis** meu lamento, ó meu Deus!
—¹⁷Pois re**zei**: "Que não zombem de mim, *
nem se **ri**am, se os pés me vacilam!"
—¹⁸Ó Se**nhor**, estou quase caindo, *
minha **dor** não me larga um momento!
—¹⁹Sim, con**fes**so, Senhor, minha culpa: *
meu pe**ca**do me aflige e atormenta.
=²⁰São bem **for**tes os meus adversários †
que me **vêm** atacar sem razão; *
quantos **há** que sem causa me odeiam!
—²¹Eles **pa**gam o bem com o mal, *
porque **bus**co o bem, me perseguem.
—²²Não dei**xeis** vosso servo sozinho, *
ó meu **Deus**, ficai perto de mim!
—²³Vinde **lo**go trazer-me socorro, *
porque **sois** para mim Salvação!

Ant. Con**fes**so, Se**nhor**, minha **cul**pa:
salva**i**-me, e **ja**mais me dei**xeis**!

V. Os meus **o**lhos se gas**ta**ram de espe**rar**-vos
R. E de aguar**dar** vossa jus**ti**ça e salva**ção**.

Leituras e oração correspondentes a cada Ofício.

Laudes

V. Vinde, ó **Deus**. Glória ao **Pai**. Como era. Ale**lui**a.

Esta introdução se omite quando o Invitatório precede imediatamente às Laudes.

Hino

Deus, que criastes a luz,
sois luz do céu radiosa.
O firmamento estendestes
com vossa mão poderosa.

A aurora esconde as estrelas,
e o seu clarão vos bendiz.
A brisa espalha o orvalho,
a terra acorda feliz.

A noite escura se afasta,
as trevas fogem da luz.
A estrela d'alva fulgura,
sinal de Cristo Jesus.

Ó Deus, sois dia dos dias,
sois luz da luz, na Unidade,
num só poder sobre os seres,
numa só glória, Trindade.

Perante vós, Salvador,
a nossa fronte inclinamos.
A vós, ao Pai e ao Espírito
louvor eterno cantamos.

Salmodia

Ant. 1 Ó Se**nhor**, não despre**zeis** um co**ração** arrepen**di**do!

Salmo 50(51)
Tende piedade, ó meu Deus!

Renovai o vosso espírito e a vossa mentalidade. Revesti o homem novo (Ef 4,23-24).

– ³ Tende pie**da**de, ó meu **Deus**, miseri**cór**dia! *
   Na imensi**dão** de vosso amor, purificai-me!
– ⁴ La**vai**-me todo inteiro do pecado, *
   e apa**gai** completamente a minha culpa!
– ⁵ Eu reco**nhe**ço toda a minha iniquidade, *
   o meu pe**ca**do está sempre à minha frente.
– ⁶ Foi contra **vós**, só contra vós, que eu pe**quei**, *
   e prati**quei** o que é mau aos vossos olhos! –

– Mostrais assim quanto sois justo na sentença, *
e quanto é reto o julgamento que fazeis.
– ⁷Vede, Senhor, que eu nasci na iniquidade *
e pecador já minha mãe me concebeu.
– ⁸Mas vós amais os corações que são sinceros, *
na intimidade me ensinais sabedoria.
– ⁹Aspergi-me e serei puro do pecado, *
e mais branco do que a neve ficarei.
– ¹⁰Fazei-me ouvir cantos de festa e de alegria, *
e exultarão estes meus ossos que esmagastes.
– ¹¹Desviai o vosso olhar dos meus pecados *
e apagai todas as minhas transgressões!
– ¹²Criai em mim um coração que seja puro, *
dai-me de novo um espírito decidido.
– ¹³Ó Senhor, não me afasteis de vossa face, *
nem retireis de mim o vosso Santo Espírito!
– ¹⁴Dai-me de novo a alegria de ser salvo *
e confirmai-me com espírito generoso!
– ¹⁵Ensinarei vosso caminho aos pecadores, *
e para vós se voltarão os transviados.
– ¹⁶Da morte como pena, libertai-me, *
e minha língua exaltará vossa justiça!
– ¹⁷Abri meus lábios, ó Senhor, para cantar, *
e minha boca anunciará vosso louvor!
– ¹⁸Pois não são de vosso agrado os sacrifícios, *
e, se oferto um holocausto, o rejeitais.
– ¹⁹Meu sacrifício é minha alma penitente, *
não desprezeis um coração arrependido!
– ²⁰Sede benigno com Sião, por vossa graça, *
reconstruí Jerusalém e os seus muros!
– ²¹E aceitareis o verdadeiro sacrifício, *
os holocaustos e oblações em vosso altar!

Ant. Ó Senhor, não desprezeis um cora**ção** arrepen**dido**!

Ant. 2 Ó Se**nhor**, mesmo na **cólera**, lembrai-vos
de **ter** misericórdia!

Cântico   Hab 3,2-4.13a.15-19
Deus há de vir para julgar

Erguei a cabeça, porque vossa libertação está próxima
(Lc 21,28).

- ² Eu ou**vi** vossa mensagem, ó Se**nhor**, *
 e en**chi**-me de te**mor**.
- Manifes**tai** a vossa obra pelos tempos *
 e tor**nai**-a conhecida.
- Ó Se**nhor**, mesmo na cólera, lembrai-vos *
 de **ter** misericórdia!
- ³ Deus vir**á** lá das montanhas de Temã, *
 e o **Santo**, de Farã.
- O céu se **en**che com a sua majestade, *
 e a **te**rra, com sua glória.
- ⁴ Seu esplen**dor** é fulgurante como o sol, *
 saem **rai**os de suas mãos.
- Nelas se o**cul**ta o seu poder como num véu, *
 seu **po**der vitorioso.
- ¹³ Para sal**var** o vosso povo vós saístes, *
 para sal**var** o vosso Ungido.
- ¹⁵ E lan**ças**tes pelo mar vossos cavalos *
 no turbi**lhão** das grandes águas.
- ¹⁶ Ao ouvi-lo, estremeceram-me as entranhas *
 e tremeram os meus lábios.
- A **cá**rie penetrou-me até os ossos, *
 e meus **pas**sos vacilaram.
- Confi**an**te espero o dia da aflição, *
 que vir**á** contra o opressor.

―17 **A**in**da** que a figueira não floresça *
nem a **vi**nha dê seus frutos,
― a oli**vei**ra não dê mais o seu azeite, *
nem os **cam**pos, a comida;
― mesmo que **fal**tem as ovelhas nos apriscos *
e o **ga**do nos currais:
―18 mesmo as**sim** eu me alegro no Senhor, *
exulto em **Deus**, meu Salvador!
―19 O meu **Deus** e meu Senhor é minha força *
e me faz **á**gil como a corça;
― para as al**tu**ras me conduz com segurança *
ao **cân**tico de salmos.

Ant. Ó Se**nhor**, mesmo na **có**lera, lembrai-vos
de **ter** miseri**cór**dia!

Ant. 3 Glorifica o Se**nhor**, Jerusa**lém**:
ó Si**ão**, canta lou**vo**res ao teu **Deus**! †

Salmo 147(147B)
Restauração de Jerusalém

Vem! Vou mostrar-te a noiva, a esposa do Cordeiro! (Ap 21,9).

―12 Glorifica o Se**nhor**, Jerusa**lém**! *
Ó Si**ão**, canta louvores ao teu Deus!
―13 † Pois refor**çou** com segurança as tuas portas, *
e os teus **fi**lhos em teu seio abençoou;
―14 a **paz** em teus limites garantiu *
e te **dá** como alimento a flor do trigo.
―15 Ele en**vi**a suas ordens para a terra, *
e a pala**v**ra que ele diz corre veloz;
―16 ele **faz** cair a neve como lã *
e espa**lh**a a geada como cinza._

– ¹⁷Como de **pão** lança as migalhas do granizo, *
a seu **frio** as águas ficam congeladas.
– ¹⁸Ele envia sua palavra e as derrete, *
sopra o **ven**to e de novo as águas correm.
– ¹⁹Anun**cia** a Jacó sua palavra, *
seus pre**cei**tos e suas leis a Israel.
– ²⁰Nenhum **po**vo recebeu tanto carinho, *
a nenhum **ou**tro revelou os seus preceitos.

Ant. Glorifica o **Senhor**, Jerusa**lém**:
ó Sião, canta louvores ao teu **Deus**!

Leitura breve   Ef 2,13-16
Agora, em Jesus Cristo, vós que outrora estáveis longe, vos tornastes próximos, pelo sangue de Cristo. Ele, de fato, é a nossa paz: do que era dividido, ele fez uma unidade. Em sua carne ele destruiu o muro de separação: a inimizade. Ele aboliu a Lei com seus mandamentos e decretos. Ele quis, assim, a partir do judeu e do pagão, criar em si um só homem novo, estabelecendo a paz. Quis reconciliá-los com Deus, ambos em um só corpo, por meio da cruz; assim ele destruiu em si mesmo a inimizade.

Responsório breve
R. Lanço um **gri**to ao Se**nhor**, Deus Al**tís**simo,
 * Este **Deus** que me **dá** todo **bem**. R. Lanço um **gri**to.
V. Que me en**vie** do **céu** sua a**ju**da! * Este **Deus**.
Glória ao **Pai**. R. Lanço um **gri**to.

Cântico evangélico, ant.*
Pelo **a**mor do cora**ção** de nosso **Deus**,
o Sol nas**cen**te nos **veio** visi**tar**.

Preces

Adoremos a Jesus Cristo que, derramando seu sangue no sacrifício da cruz, ofereceu-se ao Pai pelo Espírito Santo, a fim de purificar nossa consciência das obras mortas do pecado; e digamos de coração sincero:

R. **Em vossas mãos, Senhor, está a nossa paz!**

Vós, que nos destes, em vossa bondade, o começo deste novo dia,
– dai-nos também a graça de começarmos a viver uma vida nova. R.

Vós, que tudo criastes com vosso poder, e tudo conservais com a vossa providência,
– ajudai-nos a descobrir a vossa presença em todas as criaturas. R.

Vós, que pelo sangue derramado na cruz, selastes conosco uma nova e eterna aliança,
– fazei que, obedecendo sempre aos vossos mandamentos, permaneçamos fiéis a esta mesma aliança. R.

Vós, que, pregado na cruz, deixastes correr do vosso lado aberto sangue e água,
– por meio desta fonte de vida, lavai-nos de todo pecado e dai alegria à cidade de Deus. R.

(intenções livres)

Pai nosso...

Oração

Recebei, ó Deus todo-poderoso, o louvor desta manhã; e concedei que no céu, unidos a vossos santos, cantemos eternamente com maior entusiasmo a vossa grande glória. Por nosso Senhor Jesus Cristo, vosso Filho, na unidade do Espírito Santo.

A conclusão da Hora como no Ordinário.

Hora Média

V. Vinde, ó **Deus**. Glória ao **Pai**. Como era. Ale**lui**a.
HINO como no Ordinário, p. 552-555.

Salmodia

Ant. 1 Vosso **a**mor seja um con**so**lo para **mim**,
con**for**me a vosso **ser**vo prome**tes**tes.

Salmo 118(119),73-80
X (Iod)

Meditação sobre a Palavra de Deus na Lei

Meu Pai, se este cálice não pode passar sem que eu o beba, seja feita a tua vontade! (Mt 26,42).

– ⁷³Vossas **mãos** me mode**la**ram, me fi**ze**ram, *
fazei-me **sá**bio e aprende**rei** a vossa lei!
– ⁷⁴Vossos fi**éis** hão de me ver com alegria, *
pois nas pa**la**vras que dis**ses**tes espe**rei**.
– ⁷⁵Sei que os **vos**sos julga**men**tos são cor**re**tos, *
e com jus**ti**ça me pro**vas**tes, ó Senhor!
– ⁷⁶Vosso **a**mor seja um con**so**lo para mim, *
con**for**me a vosso servo prome**tes**tes.
– ⁷⁷Venha a **mim** o vosso amor e viverei, *
porque **te**nho em vossa lei o meu prazer!
– ⁷⁸Humilha**ção** para os soberbos que me oprimem! *
Eu, po**rém**, meditarei vossos preceitos.
– ⁷⁹Que se **vol**tem para mim os que vos temem *
e co**nhe**çam, ó Senhor, vossa Aliança!
– ⁸⁰Meu cora**ção** seja perfeito em vossa lei, *
e não se**rei**, de modo algum, envergonhado!

Ant. Vosso **a**mor seja um con**so**lo para **mim**,
con**for**me a vosso **ser**vo prome**tes**tes.

Ant. 2 Prote**gei**-me, ó meu **Deus**,
contra os **meus** perseguidores!

Salmo 58(59),2-5.10-1 1.17-18
Oração do justo perseguido

Essas palavras ensinam a todos o amor filial do Salvador para com seu Pai (Eusébio de Cesareia).

— ² Liber**tai**-me do ini**mi**go, ó meu **Deus**, *
e prote**gei**-me contra os meus perseguidores!
— ³ Liber**tai**-me dos obreiros da maldade, *
defen**dei**-me desses homens sanguinários!
— ⁴ Eis que **fi**cam espreitando a minha vida, *
pode**ro**sos armam tramas contra mim.
= ⁵ Mas eu, Se**nhor**, não cometi pecado ou crime; †
eles in**ves**tem contra mim sem eu ter culpa: *
desper**tai** e vinde logo ao meu encontro!
=¹⁰ Minha **for**ça, é a vós que me dirijo, †
porque **sois** o meu refúgio e proteção, *
¹¹ Deus cle**men**te e compassivo, meu amor!
— Deus vi**rá** com seu amor ao meu encontro, *
e hei de **ver** meus inimigos humilhados.
⌐¹⁷ Eu, en**tão**, hei de cantar vosso poder, *
e de man**hã** celebrarei vossa bondade,
— porque **fos**tes para mim o meu abrigo, *
o meu re**fú**gio no dia da aflição.
=¹⁸ Minha **for**ça, cantarei vossos louvores, †
porque **sois** o meu refúgio e proteção, *
Deus cle**men**te e compassivo, meu amor!

Ant. Prote**gei**-me, ó meu **Deus**,
contra os **meus** perseguidores!

Ant. 3 Feliz o **ho**mem que por **Deus** é corrigido;
se ele **fe**re, também **cui**da da ferida.

Salmo 59(60)
Oração depois de uma derrota

No mundo tereis tribulações. Mas tende coragem! Eu venci o mundo! (Jo 16,33).

= ³Rejeitastes, ó **Deus**, vosso **p**ovo †
  e arra**s**astes as nossas fileiras; *
  vós est**á**veis irado: voltai-vos!
− ⁴Aba**l**astes, partistes a terra, *
  repa**r**ai suas brechas, pois treme.
− ⁵Dura**m**ente provastes o povo, *
  e um **v**inho atordoante nos destes.
− ⁶Aos fi**é**is um sinal indicastes, *
  e os pu**s**estes a salvo das flechas.
− ⁷Sejam **l**ivres os vossos amados, *
  vossa **mão** nos ajude: ouvi-nos!
= ⁸Deus fa**l**ou em seu santo lugar: †
  "Exulta**r**ei, repartindo Siquém, *
  e o **v**ale em Sucot medirei.
= ⁹Gala**a**d, Manassés me pertencem, †
  Efraim é o meu capacete, *
  e Ju**dá**, o meu cetro real.
= ¹⁰É M**o**ab minha bacia de banho, †
  sobre E**d**om eu porei meu calçado, *
  vence**r**ei a nação Filisteia!"
− ¹¹Quem me **l**eva à cidade segura, *
  e a E**d**om quem me vai conduzir,
− ¹²se vós, **Deus**, rejeitais vosso povo *
  e não **mais** conduzis nossas tropas?
−   Dai-nos, **Deus**, vosso auxílio na angústia; *
  nada **v**ale o socorro dos homens!
− ¹³Mas com **Deus** nós faremos proezas, *
  e ele **vai** esmagar o opressor.

Ant. Feliz o homem que por **Deus** é corrigido; se ele **fe**re, também **cui**da da ferida.

Para as outras Horas, Salmodia complementar, das séries II e III, p. 1134.

Oração das Nove Horas

Leitura breve   Dt 1,31b
O Senhor vosso Deus vos levou por todo o caminho, por onde andastes, como um homem costuma levar o seu filho, até chegardes a este lugar.

V. Susten**tai**-me e vive**rei**, como dis**ses**tes.
R. Não po**deis** decepcio**nar** minha espe**ran**ça.

Oração
Senhor Jesus Cristo, que nesta hora fostes levado ao suplício da cruz para salvar o mundo, perdoai-nos as faltas passadas e preservai-nos de culpas futuras. Vós, que viveis e reinais para sempre.

Oração das Doze Horas

Leitura breve   Br 4,28-29
Como por livre vontade vos desviastes de Deus, agora, voltando, buscai-o com zelo dez vezes maior; aquele que trouxe sofrimento para vós, para vós trará, com a vossa salvação, eterna alegria.

V. No Se**nhor** se en**con**tra toda a **gra**ça.
R. No Se**nhor**, copiosa reden**ção**.

Oração
Senhor Jesus Cristo, que, nesta hora, com o mundo envolto em trevas, fostes elevado na cruz, como vítima inocente para a salvação de todos, concedei-nos sempre vossa luz, que nos guie para a vida eterna. Vós, que viveis e reinais para sempre.

Oração das Quinze Horas

Leitura breve Sb 1,13-15

Deus não fez a morte, nem tem prazer com a destruição dos vivos. Ele criou todas as coisas para existirem, e as criaturas do mundo são saudáveis: nelas não há nenhum veneno de morte, nem é a morte que reina sobre a terra: pois a justiça é imortal.

V. O **Senhor** libertou minha vida da **mor**te.
R. Anda**rei** diante **de**le na **ter**ra dos **vi**vos.

Oração

Senhor Jesus Cristo, que fizestes o ladrão arrependido passar da cruz ao vosso Reino, aceitai a humilde confissão de nossas culpas e fazei que, no instante da morte, entremos com alegria no paraíso. Vós, que viveis e reinais para sempre.

A conclusão da Hora como no Ordinário.

Vésperas

V. Vinde, ó **Deus**. Glória ao **Pai**. Como era. Ale**lui**a.

Hino

Onze horas havendo passado,
chega a tarde e o dia termina;
entoemos louvores a Cristo,
que é imagem da glória divina.

Já passaram as lutas do dia,
o trabalho por vós contratado;
dai aos bons operários da vinha
dons de glória no Reino esperado.

Ó Senhor, aos que agora chamais
e que ireis premiar no futuro,
por salário, dai força na luta,
e, na paz, um repouso seguro.

Glória a vós, Cristo, Rei compassivo,
glória ao Pai e ao Espírito também.
Unidade e Trindade indivisa,
Deus e Rei pelos séculos. Amém.

Salmodia
Ant. 1 **Libertai** minha vida da **mor**te,
e meus **pés** do tro**pe**ço, Se**nhor**!

Salmo 114(116A)
Ação de graças
É preciso que passemos por muitos sofrimentos para entrar no Reino de Deus (At 14,22).

— ¹ Eu **a**mo o Se**nhor**, porque **ou**ve *
o **gri**to da minha oração.
— ² Incli**nou** para mim seu ouvido, *
no **di**a em que eu o invoquei.
— ³ Pren**di**am-me as cordas da morte, *
aper**ta**vam-me os laços do abismo;
= inva**di**am-me angústia e tristeza: †
⁴ eu en**tão** invoquei o Senhor: *
"Sal**vai**, ó Senhor, minha vida!"
— ⁵ O Se**nhor** é justiça e bondade, *
nosso **Deus** é amor-compaixão.
— ⁶ É o Se**nhor** quem defende os humildes: *
eu es**ta**va oprimido, e salvou-me.
— ⁷ Ó minh'**al**ma, retorna à tua paz, *
o Se**nhor** é quem cuida de ti!
= ⁸ Liber**tou** minha vida da morte, †
enxu**gou** de meus olhos o pranto *
e li**vrou** os meus pés do tropeço.
— ⁹ Anda**rei** na presença de Deus, *
junto a **e**le na terra dos vivos.

Ant. Libertai minha vida da morte,
e meus pés do tropeço, Senhor!

Ant. 2 Do Senhor é que me vem o meu socorro,
do Senhor que fez o céu e fez a terra.

Salmo 120(121)
Deus protetor de seu povo

Nunca mais terão fome nem sede. Nem os molestará o sol nem algum calor ardente (Ap 7,16).

— ¹Eu levanto os meus olhos para os montes: *
de onde pode vir o meu socorro?

— ²"Do Senhor é que me vem o meu socorro, *
do Senhor que fez o céu e fez a terra!"

— ³Ele não deixa tropeçarem os meus pés, *
e não dorme quem te guarda e te vigia.

— ⁴Oh! não! ele não dorme nem cochila, *
aquele que é o guarda de Israel!

— ⁵O Senhor é o teu guarda, o teu vigia, *
é uma sombra protetora à tua direita.

— ⁶Não vai ferir-te o sol durante o dia, *
nem a lua através de toda a noite.

— ⁷O Senhor te guardará de todo o mal, *
ele mesmo vai cuidar da tua vida!

— ⁸Deus te guarda na partida e na chegada. *
Ele te guarda desde agora e para sempre!

Ant. Do Senhor é que me vem o meu socorro,
do Senhor que fez o céu e fez a terra.

Ant. 3 Vossos caminhos são verdade, são justiça,
ó Rei dos povos todos do universo!

Cântico　　　　　　　　　　Ap 15,3-4
Hino de adoração

– ³ Como são **gran**des e admi**rá**veis vossas **o**bras, *
 ó Se**nhor** e nosso Deus onipotente!
– Vossos ca**mi**nhos são verdade, são justiça, *
 ó **Rei** dos povos **to**dos do univer**so**!

(R. São **gran**des vossas **o**bras, ó Se**nhor**!)

= ⁴ Quem, Se**nhor**, não haveria de temer-vos, †
 e **quem** não honraria o vosso nome? *
 Pois so**men**te vós, Senhor, é que sois santo!　　(R.)
= As nações **to**das hão de vir perante vós †
 e, pros**tra**das, haverão de adorar-vos, *
 pois vossas **jus**tas decisões são manifestas.　　(R.)

Ant. Vossos ca**mi**nhos são ver**da**de, são justiça,
 ó **Rei** dos povos **to**dos do univer**so**!

Leitura breve　　　　　　　　　　1Cor 2,7-10a
Falamos da misteriosa sabedoria de Deus, sabedoria escondida, que, desde a eternidade, Deus destinou para nossa glória. Nenhum dos poderosos deste mundo conheceu essa sabedoria. Pois, se a tivessem conhecido, não teriam crucificado o Senhor da glória. Mas, como está escrito, o que Deus preparou para os que o amam é algo que os olhos jamais viram, nem os ouvidos ouviram, nem coração algum jamais pressentiu. A nós Deus revelou esse mistério através do Espírito.

Responsório breve
R. O **Cris**to mor**reu** pelos **nos**sos peca**dos**;
 * Pelos **ím**pios, o **jus**to e conduziu-nos a **Deus**.
 R. O **Cris**to.
V. Foi **mor**to na **car**ne, mas **vi**ve no Es**pí**rito. * Pelos **ím**pios.
 Glória ao **Pai**. R. O **Cris**to.

Cântico evangélico, ant.

Ó Senhor, sede fiel ao vosso amor,
como havíeis prometido a nossos pais.

Preces

Bendigamos a Cristo nosso Senhor, que se compadeceu dos que choravam e enxugou suas lágrimas. Cheios de confiança lhe peçamos:

R. **Senhor, tende compaixão do vosso povo!**

Senhor Jesus Cristo, que consolais os humildes e os aflitos,
– olhai para as lágrimas dos pobres e oprimidos. R.

Deus de misericórdia, ouvi o gemido dos agonizantes,
– e enviai os vossos anjos para que os aliviem e confortem. R.

Fazei que todos os exilados sintam a ação da vossa providência,
– para que regressem à sua pátria e também alcancem, um dia, a pátria eterna. R.

Mostrai os caminhos do vosso amor aos que vivem no pecado,
– para que se reconciliem convosco e com a Igreja. R.

(intenções livres)

Salvai, na vossa bondade, os nossos irmãos e irmãs que morreram,
– e dai-lhes a plenitude da redenção. R.

Pai nosso...

Oração

Ó Deus, cuja inefável sabedoria maravilhosamente se revela no escândalo da cruz, concedei-nos de tal modo contemplar a bendita paixão de vosso Filho, que confiantes nos gloriemos sempre na sua cruz. Por nosso Senhor Jesus Cristo, vosso Filho, na unidade do Espírito Santo.

A conclusão da Hora como no Ordinário.

II SÁBADO

Invitatório

℣. **Abri** os meus **lábios.** ℟. E minha **boca.**

℟. **Ouçamos** hoje a **voz** de nosso **Deus**,
para en**trar**mos no lu**gar** de seu re**pou**so.

Salmo invitatório como no Ordinário, p. 537.

Ofício das Leituras

℣. Vinde, ó **Deus**. Glória ao **Pai**. Como era. Ale**luia**.

Esta introdução se omite quando o Invitatório precede imediatamente ao Ofício das Leituras.

Hino

I. Quando se diz o Ofício das Leituras durante a noite ou de madrugada:

>Luz eterna, luz potente,
>dia cheio de esplendor,
>vencedor da noite escura
>e da luz restaurador,
>luz que, as trevas destruindo,
>enche as mentes de fulgor.

>Ao nascerdes, nos chamais,
>e acordamos pressurosos;
>sem vós, somos miseráveis,
>mas convosco, venturosos
>e, por vós da morte livres,
>nos tornamos luminosos.

>Sobre a morte e sobre a noite
>por vós somos vencedores.
>Dai-nos, Rei, a vossa luz,
>luz de esplêndidos fulgores.
>Desta luz nem mesmo a noite
>escurece os esplendores.

Honra seja ao Pai, a vós
e ao Espírito também,
Una e Trina Divindade,
paz e vida, luz e bem,
nome doce mais que todos,
Deus agora e sempre. Amém.

II. Quando se diz o Ofício das Leituras durante o dia:

Deus que não tendes princípio,
Deus procedente do Pai,
Deus, que dos dois sois o Amor,
vinde até nós, nos salvai!

Vós sois o nosso desejo,
sede amor e alegria;
vai para vós nosso anseio,
a vossa luz nos recria.

Com o Nascido da Virgem,
ó Pai, de todos Senhor,
regei dos seres o íntimo
por vosso Espírito de amor.

Lembrai-vos, Santa Trindade,
do amor com que nos amastes:
Criando o homem primeiro,
de novo em sangue o criastes.

O que o Deus uno criou,
Cristo na cruz redimiu.
Tendo por nós padecido,
guarde os que em sangue remiu.

A vós, ó Santa Trindade,
paz e alegria convêm,
poder, império e beleza,
honra e louvores. Amém.

Salmodia

Ant. 1 O Senhor, somente ele é que fez grandes maravilhas: porque eterno é seu amor.

Salmo 135(136)
**Hino pascal pelas maravilhas
do Deus Criador e Libertador**

Anunciar as maravilhas de Deus é louvá-lo (Cassiodoro).

I

—¹ Demos graças ao Senhor, porque ele é bom: *
 Porque eterno é seu amor!

—² Demos graças ao Senhor, Deus dos deuses: *
 Porque eterno é seu amor!

—³ Demos graças ao Senhor dos senhores: *
 Porque eterno é seu amor!

—⁴ Somente ele é que fez grandes maravilhas: *
 Porque eterno é seu amor!

—⁵ Ele criou o firmamento com saber: *
 Porque eterno é seu amor!

—⁶ Estendeu a terra firme sobre as águas: *
 Porque eterno é seu amor!

—⁷ Ele criou os luminares mais brilhantes: *
 Porque eterno é seu amor!

—⁸ Criou o sol para o dia presidir: *
 Porque eterno é seu amor!

—⁹ Criou a lua e as estrelas para a noite: *
 Porque eterno é seu amor!

Ant. O Senhor, somente ele é que fez grandes maravilhas: porque eterno é seu amor.

Ant. 2 Tirou do meio deles Israel
 com mão forte e com braço estendido.

II

– ¹⁰Ele feriu os primogênitos do Egito: *
   Porque eterno é seu amor!
– ¹¹E tirou do meio deles Israel: *
   Porque eterno é seu amor!
– ¹²Com mão forte e com braço estendido: *
   Porque eterno é seu amor!
– ¹³Ele cortou o mar Vermelho em duas partes: *
   Porque eterno é seu amor!
– ¹⁴Fez passar no meio dele Israel: *
   Porque eterno é seu amor!
– ¹⁵E afogou o Faraó com suas tropas: *
   Porque eterno é seu amor!

Ant. Tirou do meio deles Israel
   com mão forte e com braço estendido.

Ant. 3 Demos graças ao Senhor, o Deus dos céus,
   pois ele nos salvou dos inimigos.

III

– ¹⁶Ele guiou pelo deserto o seu povo: *
   Porque eterno é seu amor!
– ¹⁷E feriu por causa dele grandes reis: *
   Porque eterno é seu amor!
– ¹⁸Reis poderosos fez morrer por causa dele: *
   Porque eterno é seu amor!
– ¹⁹A Seon, que fora rei dos amorreus: *
   Porque eterno é seu amor!
– ²⁰E a Og, o soberano de Basã: *
   Porque eterno é seu amor!
– ²¹Repartiu a terra deles como herança: *
   Porque eterno é seu amor!
– ²²Como herança a Israel, seu servidor: *
   Porque eterno é seu amor!
– ²³De nós, seu povo humilhado, recordou-se: *
   Porque eterno é seu amor! –

—²⁴ De **nos**sos inimigos libertou-nos: *
   Porque **eter**no é seu amor!
—²⁵ A **to**do ser vivente ele alimenta: *
   Porque **eter**no é seu amor!
—²⁶ Demos **gra**ças ao Senhor, o Deus dos céus: *
   Porque **eter**no é seu amor!

Ant. Demos **gra**ças ao Se**nhor**, o Deus dos **céus**,
   pois **e**le nos sal**vou** dos ini**mi**gos.

V. Mos**trai**-nos, ó Se**nhor**, vossos ca**mi**nhos.
R. E fa**zei** conhe**cer** a vossa es**tra**da!

Leituras e oração correspondentes a cada Ofício.

Laudes

V. Vinde, ó **Deus**. Glória ao **Pai**. Como **e**ra. Ale**lu**ia.

Esta introdução se omite quando o Invitatório precede imediatamente às Laudes.

Hino

Raiando o novo dia,
as vozes elevamos,
de Deus a graça e glória
em Cristo proclamamos.

Por ele o Criador
compôs a noite e o dia,
criando a lei eterna
que os dois alternaria.

A vós, Luz dos fiéis,
nenhuma lei domina.
Fulgis de dia e de noite,
clarão da luz divina.

Ó Pai, por vossa graça,
vivamos hoje bem,
servindo a Cristo e cheios
do vosso Espírito. Amém.

Salmodia

Ant. 1 Anunciamos de manhã vossa bondade,
e o vosso amor fiel, a noite inteira.

Salmo 91 (92)
Louvor ao Deus Criador

Louvores se proclamam pelos feitos do Cristo (S. Atanásio).

— ²Como é **bom** agrade**cer**mos ao **Senhor** *
 e cantar **sal**mos de louvor ao Deus Altíssimo!
— ³Anunci**ar** pela manhã vossa bondade, *
 e o **vos**so amor fiel, a noite inteira,
— ⁴ao som da **li**ra de dez cordas e da harpa, *
 com **can**to acompanhado ao som da cítara.
— ⁵Pois me ale**gras**tes, ó Senhor, com vossos feitos, *
 e reju**bi**lo de alegria em vossas obras.
— ⁶Quão i**men**sas, ó Senhor, são vossas obras, *
 quão pro**fun**dos são os vossos pensamentos!
— ⁷Só o **ho**mem insensato não entende, *
 só o es**tul**to não percebe nada disso!
— ⁸Mesmo que os **ím**pios floresçam como a erva, *
 ou pros**pe**rem igualmente os malfeitores,
— são desti**na**dos a perder-se para sempre. *
 ⁹Vós, po**rém**, sois o Excelso eternamente!
=¹⁰Eis que os **vos**sos inimigos, ó Senhor, †
 eis que os **vos**sos inimigos vão perder-se, *
 e os malfei**to**res serão todos dispersados.
—¹¹Vós me **des**tes toda a força de um touro, *
 e sobre **mim** um óleo puro derramastes;
—¹²triun**fan**te, posso olhar meus inimigos, *
 vito**ri**oso, escuto a voz de seus gemidos. —

—¹³ O **jus**to crescerá como a palmeira, *
 florir**á** igual ao cedro que há no Líbano;
—¹⁴ na **ca**sa do Senhor estão plantados, *
 nos **á**trios de meu Deus florescerão.
—¹⁵ Mesmo no **tem**po da velhice darão frutos, *
 cheios de **sei**va e de folhas verdejantes;
—¹⁶ e dir**ão**: "É justo mesmo o Senhor Deus: *
 meu Ro**che**do, não existe nele o mal!"

Ant. Anunci**a**mos de ma**nhã** vossa bon**da**de,
 e o **vos**so amor fi**el**, a noite in**tei**ra.

Ant. 2 Vinde **to**dos e dai **gló**ria ao nosso **Deus**!

Cântico   Dt 32,1-12
Os benefícios de Deus ao povo

Quantas vezes quis reunir teus filhos, como a galinha reúne os pintinhos debaixo das asas! (Mt 23,37).

— ¹ Ó **céus**, vinde, escu**tai**; eu vou fa**lar**, *
 ouça a **ter**ra as palavras de meus lábios!
— ² Minha dou**tri**na se derrame como chuva, *
 minha pa**la**vra se espalhe como orvalho,
— como torren**tes** que transbordam sobre a relva *
 e agua**cei**ros a cair por sobre as plantas.
— ³ O **no**me do Senhor vou invocar; *
 vinde **to**dos e dai glória ao nosso Deus!
— ⁴ Ele é a **Ro**cha: suas obras são perfeitas, *
 seus ca**mi**nhos todos eles são justiça;
— é ele o Deus fiel, sem falsidade, *
 o Deus **jus**to, sempre reto em seu agir.
— ⁵ Os filhos **seus** degenerados o ofenderam, *
 essa **ra**ça corrompida e depravada!
— ⁶ É as**sim** que agradeces ao Senhor Deus, *
 povo **lou**co, povo estulto e insensato?

– Não é **ele** o teu **Pai** que te gerou, *
  o Cria**dor** que te firmou e te sustenta?
– ⁷ Re**cor**da-te dos dias do passado *
  e re**lem**bra as antigas gerações;
– per**gun**ta, e teu pai te contará, *
  inter**ro**ga, e teus avós te ensinarão.
– ⁸ Quando o Al**tís**simo os povos dividiu *
  e pela **ter**ra espalhou os filhos de Adão,
– as fron**tei**ras das nações ele marcou *
  de a**cor**do com o número de seus filhos;
– ⁹ mas a **par**te do Senhor foi o seu povo, *
  e Ja**có** foi a porção de sua herança.
– ¹⁰ Foi num de**ser**to que o Senhor achou seu povo, *
  num lu**gar** de solidão desoladora;
– cer**cou**-o de cuidados e carinhos *
  e o guar**dou** como a pupila de seus olhos.
– ¹¹ Como a **á**guia, esvoaçando sobre o ninho, *
  in**ci**ta os seus filhotes a voar,
– ele esten**deu** as suas asas e o tomou, *
  e le**vou**-o carregado sobre elas.
– ¹² O S**e**nhor, somente ele, foi seu guia, *
  e ja**mais** um outro deus com ele estava.

Ant. **Vin**de **to**dos e dai **gló**ria ao nosso **Deus**!

Ant. 3 Ó S**e**nhor nosso **Deus**, como é **gran**de
vosso **no**me por **to**do o universo! †

Salmo 8
Majestade de Deus e dignidade do homem
Ele pôs tudo sob os seus pés e fez dele, que está acima de tudo, a Cabeça da Igreja (Ef 1,22).

– ² Ó S**e**nhor nosso **Deus**, como é **gran**de *
  vosso **no**me por todo o universo! _

– †Desdo**bras**tes nos céus vossa glória *
com gran**de**za, esplendor, majestade.
= ³O per**fei**to louvor vos é dado †
pelos **lá**bios dos mais pequeninos, *
de cri**an**ças que a mãe amamenta.

– Eis a **for**ça que opondes aos maus, *
redu**zin**do o inimigo ao silêncio.
– ⁴Contem**plan**do estes céus que plasmastes *
e for**mas**tes com dedos de artista;

– vendo a **lua** e estrelas brilhantes, *
⁵pergun**ta**mos: "Senhor, que é o homem,
– para **de**le assim vos lembrardes *
e o tra**tar**des com tanto carinho?"

– ⁶**Pou**co a**bai**xo de um deus o fizestes, *
coro**an**do-o de glória e esplendor;
– ⁷vós lhe **des**tes poder sobre tudo, *
vossas obras aos pés lhe pusestes:

– ⁸as o**ve**lhas, os bois, os rebanhos, *
todo o **ga**do e as feras da mata;
– ⁹passa**ri**nhos e peixes dos mares, *
todo **ser** que se move nas águas.

–¹⁰Ó Se**nhor** nosso Deus, como é grande *
vosso **no**me por todo o universo!

Ant. Ó Se**nhor** nosso **Deus**, como é **gran**de
vosso **no**me por **to**do o univer**so**!

Leitura breve   Rm 12,14-16a

Abençoai os que vos perseguem, abençoai e não amaldiçoeis. Alegrai-vos com os que se alegram, chorai com os que choram. Mantende um bom entendimento uns com os outros; não vos deixeis levar pelo gosto de grandeza, mas acomodai-vos às coisas humildes.

Responsório breve

R. A alegria cantará sobre meus lábios,
* E a minh'alma libertada exultará. R. A alegria.
V. Também celebrarei vossa justiça. * E a minh'alma.
Glória ao Pai. R. A alegria.

Cântico evangélico, ant.
Guiai nossos passos no caminho da paz!

Preces

Celebremos a bondade e a sabedoria de Jesus Cristo, que quer ser amado e servido em todos os nossos irmãos e irmãs, principalmente nos que sofrem; e lhe peçamos:

R. **Senhor, tornai-nos perfeitos na caridade!**

Recordamos, Senhor, nesta manhã, a vossa ressurreição,
— e vos pedimos que estendais à humanidade inteira os benefícios da vossa redenção. R.

Fazei, Senhor, que demos hoje bom testemunho de vós,
— e, por vosso intermédio, ofereçamos ao Pai um sacrifício santo e agradável. R.

Ensinai-nos, Senhor, a descobrir a vossa imagem em todos os seres humanos,
— e a vos servir em cada um deles. R.

Cristo, verdadeiro tronco da videira do qual somos os ramos,
— fortalecei a nossa união convosco para produzirmos muitos frutos e glorificarmos a Deus Pai. R.

(intenções livres)

Pai nosso...

Oração

Cantem vossa glória, Senhor, os nossos lábios, cantem nossos corações e nossa vida; e já que é vosso dom tudo o que somos, para vós se oriente também todo o nosso viver. Por

nosso Senhor Jesus Cristo, vosso Filho, na unidade do Espírito Santo.

A conclusão da Hora como no Ordinário.

Hora Média

V. Vinde, ó **Deus**. Glória ao **Pai**. Como era. Ale**lui**a.

HINO como no Ordinário, p. 552-555.

Salmodia

Ant. 1 O céu e a **ter**ra passa**rão**, diz o Se**nhor**,
porém ja**mais** minhas pala**v**ras passa**rão**.

Salmo 118(119),81-88
XI (Caph)
Meditação sobre a Palavra de Deus na Lei

Sua misericórdia se estende, de geração em geração, a todos os que o respeitam (Lc 1,50).

– ⁸¹Desfaleço pela **vos**sa salva**ção**, *
vossa palavra é minha única esperança!
– ⁸²Os meus **o**lhos se gastaram desejando-a; *
até **quan**do esperarei vosso consolo?
– ⁸³Fiquei tos**ta**do como um odre no fumeiro, *
mesmo as**sim** não esqueci vossos preceitos.
– ⁸⁴Quantos **di**as restarão ao vosso servo? *
E **quan**do julgareis meus opressores?
– ⁸⁵Os so**ber**bos já cavaram minha cova; *
eles não **a**gem respeitando a vossa lei.
– ⁸⁶Todos os **vos**sos mandamentos são verdade; *
quando a ca**lú**nia me persegue, socorrei-me!
– ⁸⁷Eles **qua**se me arrancaram desta terra, *
mesmo as**sim** eu não deixei vossos preceitos!
– ⁸⁸**Segun**do o vosso amor, vivificai-me, *
e guarda**rei** vossa Aliança, ó Senhor!

Ant. O céu e a terra passarão, diz o Senhor,
porém jamais minhas palavras passarão.

Ant. 2 Sois, Senhor, meu refúgio e fortaleza,
torre forte na presença do inimigo.

Salmo 60(61)
Oração do exilado

Oração do justo que espera a vida eterna (Sto. Hilário).

— ² Escutai, ó Senhor Deus, minha oração, *
atendei à minha prece, ao meu clamor!
— ³ Dos confins do universo a vós eu clamo, *
e em mim o coração já desfalece.
— Conduzi-me às alturas do rochedo, *
e deixai-me descansar nesse lugar!
— ⁴ Porque sois o meu refúgio e fortaleza, *
torre forte na presença do inimigo.
— ⁵ Quem me dera morar sempre em vossa casa *
e abrigar-me à proteção de vossas asas!
— ⁶ Pois ouvistes, ó Senhor, minhas promessas, *
e me fizestes tomar parte em vossa herança.
— ⁷ Acrescentai ao nosso rei dias aos dias, *
e seus anos durem muitas gerações!
— ⁸ Reine sempre na presença do Senhor, *
vossa verdade e vossa graça o conservem!
— ⁹ Então sempre cantarei o vosso nome *
e cumprirei minhas promessas dia a dia.

Ant. Sois, Senhor, meu refúgio e fortaleza,
torre forte na presença do inimigo.

Ant. 3 Ó Senhor, salvai-me a vida do inimigo aterrador!

Salmo 63(64)
Pedido de ajuda contra os perseguidores

Este salmo se aplica de modo especial à Paixão do Senhor (Sto. Agostinho).

– ² Ó Deus, ouvi a minha **voz**, o meu **la**mento! *
  Salvai-me a **vi**da do inimigo aterrador!
– ³ Prote**gei**-me das intrigas dos perversos *
  e do tu**mul**to dos obreiros da maldade!
– ⁴ Eles a**fi**am suas línguas como espadas, *
  lançam pala**v**ras venenosas como flechas,
– ⁵ para fe**rir** os inocentes às ocultas *
  e atin**gi**-los de repente, sem temor.
– ⁶ Uns aos **ou**tros se encorajam para o mal *
  e com**bi**nam às ocultas, traiçoeiros,
– onde **pôr** as armadilhas preparadas, *
  comen**tan**do entre si: "Quem nos verá?"
– ⁷ Eles **tra**mam e disfarçam os seus crimes. *
  É um a**bis**mo o coração de cada homem!
– ⁸ Deus, po**rém**, os ferirá com suas flechas, *
  e cai**rão** todos feridos, de repente.
– ⁹ Sua **lín**gua os levará à perdição, *
  e quem os **vir** meneará sua cabeça;
– ¹⁰ com te**mor** proclamará a ação de Deus, *
  e tira**rá** uma lição de sua obra.
= ¹¹ O homem **jus**to há de alegrar-se no Senhor †
  e junto **d**ele encontrará o seu refúgio, *
  e os de **r**eto coração triunfarão.

Ant. Ó Se**nhor**, salvai-me a **vi**da do ini**mi**go aterra**dor**!
Para as outras Horas, Salmodia complementar, p. 1132.

Oração das Nove Horas

Leitura breve — Dt 8,5b-6

O Senhor, teu Deus, te educava, como um homem educa seu filho, para que guardes os mandamentos do Senhor, teu Deus, e andes em seus caminhos e o temas.

V. É **puro** o te**mor** do **Senhor**,
   imu**tá**vel para **sempre**.
R. Os julga**men**tos do **Senhor** são corretos
   e **jus**tos igual**men**te.

Oração

Senhor Deus, Pai todo-poderoso, a quem somos submissos, derramai em nós a luz do Espírito Santo, para que, livres de todo inimigo, nos alegremos em vos louvar. Por Cristo, nosso Senhor.

Oração das Doze Horas

Leitura breve — 1Rs 2,2b-3

Sê corajoso e porta-te como um homem. Observa os preceitos do Senhor, teu Deus, andando em seus caminhos, observando seus estatutos, seus mandamentos, seus preceitos e seus ensinamentos, como estão escritos na lei de Moisés. E assim serás bem-sucedido em tudo o que fizeres e em todos os teus projetos.

V. Condu**zi**-me em vossa **lei**, vosso **caminho**,
R. Pois só **ne**le encontra**rei** felici**da**de.

Oração

Senhor nosso Deus, luz ardente de amor eterno, concedei que, inflamados na vossa caridade, num mesmo amor amemos a vós, acima de tudo, e aos irmãos e irmãs por vossa causa. Por Cristo, nosso Senhor.

Oração das Quinze Horas

Leitura breve   Jr 6,16

Parai um pouco na estrada para observar, e perguntai sobre os antigos caminhos, e qual será o melhor, para seguirdes por ele; assim ficareis mais tranquilos em vossos corações.

V. Vossa palavra é minha herança, para sempre,
R. Porque ela é que me alegra o coração.

Oração

Atendei, Senhor, às nossas preces, por intercessão da Virgem Maria, e dai-nos a paz completa, para que, dedicando-nos sempre a vós com alegria, possamos confiantes chegar até vós. Por Cristo, nosso Senhor.

A conclusão da Hora como no Ordinário.

III SEMANA

III DOMINGO

I Vésperas

V. Vinde, ó **Deus**. Glória ao **Pai**. Como era. Ale**luia**.

Hino

Ó Deus, autor de tudo,
que a terra e o céu guiais,
de luz vestis o dia,
à noite o sono dais.

O corpo, no repouso,
prepara-se a lutar.
As mentes já se acalmam,
se faz sereno o olhar.

Senhor, vos damos graças
no ocaso deste dia.
A noite vem caindo,
mas vosso amor nos guia.

Sonora, a voz vos louve,
vos cante o coração.
O amor vos renda amor,
e a mente, adoração.

E assim, chegando a noite,
com grande escuridão,
a fé, em meio às trevas,
espalhe o seu clarão.

Ouvi-nos, Pai piedoso,
e Filho, Sumo Bem,
com vosso Santo Espírito
reinando sempre. Amém.

Outro HINO, à escolha, Santo entre todos, já fulgura, p. 848.

Salmodia

Ant. 1 Do nascer do sol até o seu ocaso,
louvado seja o nome do Senhor!

Salmo 112(113)

O nome do Senhor é digno de louvor

Derrubou do trono os poderosos e elevou os humildes (Lc 1,52).

– ¹Louvai, louvai, ó servos do Senhor, *
louvai, louvai o nome do Senhor!
– ²Bendito seja o nome do Senhor, *
agora e por toda a eternidade!
– ³Do nascer do sol até o seu ocaso, *
louvado seja o nome do Senhor!
– ⁴O Senhor está acima das nações, *
sua glória vai além dos altos céus.
= ⁵Quem pode comparar-se ao nosso Deus, †
ao Senhor, que no alto céu tem o seu trono *
⁶e se inclina para olhar o céu e a terra?
– ⁷Levanta da poeira o indigente *
e do lixo ele retira o pobrezinho,
– ⁸para fazê-lo assentar-se com os nobres, *
assentar-se com os nobres do seu povo.
– ⁹Faz a estéril, mãe feliz em sua casa, *
vivendo rodeada de seus filhos.

Ant. Do nascer do sol até o seu ocaso,
louvado seja o nome do Senhor!

Ant. 2 Elevo o cálice da minha salvação,
invocando o nome santo do Senhor.

Salmo 115(116B)
Ação de graças no templo
"Por meio de Jesus, ofereçamos a Deus um perene sacrifício de louvor" (Hb 13,15).

⁻¹⁰ Guardei a minha fé, mesmo dizendo: *
"É demais o sofrimento em minha vida!"
⁻¹¹ Confiei, quando dizia na aflição: *
"Todo homem é mentiroso! Todo homem!"
⁻¹² Que poderei retribuir ao Senhor Deus *
por tudo aquilo que ele fez em meu favor?
⁻¹³ Elevo o cálice da minha salvação, *
invocando o nome santo do Senhor.
⁻¹⁴ Vou cumprir minhas promessas ao Senhor *
na presença de seu povo reunido.
⁻¹⁵ É sentida por demais pelo Senhor *
a morte de seus santos, seus amigos.
=¹⁶ Eis que sou o vosso servo, ó Senhor, †
vosso servo que nasceu de vossa serva; *
mas me quebrastes os grilhões da escravidão!
⁻¹⁷ Por isso oferto um sacrifício de louvor, *
invocando o nome santo do Senhor.
⁻¹⁸ Vou cumprir minhas promessas ao Senhor *
na presença de seu povo reunido;
⁻¹⁹ nos átrios da casa do Senhor, *
em teu meio, ó cidade de Sião!

Ant. Elevo o cálice da minha salvação,
invocando o nome santo do Senhor.

Ant. 3 O Senhor Jesus Cristo se humilhou,
por isso Deus o exaltou eternamente.

Cântico   Fl 2,6-11
Cristo, o Servo de Deus

=⁶ Embora fosse de divina condição, †
Cristo Jesus não se apegou ciosamente *
a ser igual em natureza a Deus Pai.

(R. Jesus **Cris**to é Se**nhor** para a **gló**ria de Deus **Pai**!)

= ⁷**Porém** esvaziou-se de sua glória †
e assu**miu** a condição de um escravo, *
fa**zen**do-se aos homens semelhante. (R.)

= ⁸Reconhe**ci**do exteriormente como homem, †
humi**lhou**-se, obedecendo até à morte, *
até à **mor**te humilhante numa cruz. (R.)

= ⁹Por isso **Deus** o exaltou sobremaneira †
e deu-lhe o **no**me mais excelso, mais sublime, *
e ele**va**do muito acima de outro nome. (R.)

= ¹⁰Para **que** perante o nome de Jesus †
se **do**bre reverente todo joelho, *
seja nos **céus**, seja na terra ou nos abismos. (R.)

= ¹¹E toda **lín**gua reconheça, confessando, †
para a **gló**ria de Deus Pai e seu louvor: *
"Na ver**da**de Jesus Cristo é o Senhor!" (R.)

Ant. O Se**nhor** Jesus **Cris**to se humi**lhou**,
por isso **Deus** o exal**tou** eterna**men**te.

Leitura breve   Hb 13,20-21

O Deus da paz, que fez subir dentre os mortos aquele que se tornou, pelo sangue de uma aliança eterna, o grande pastor das ovelhas, nosso Senhor Jesus, vos torne aptos a todo bem, para fazerdes a sua vontade; que ele realize em nós o que lhe é agradável, por Jesus Cristo, ao qual seja dada a glória pelos séculos dos séculos. Amém!

Responsório breve

R. Quão nume**ro**sas, ó Se**nhor**, são vossas **o**bras
  * E **que** sabedo**ri**a em todas elas! R. Quão nume**ro**sas.
V. Encheu-se a **ter**ra com as **vos**sas criatu**ras**.
  * E **que** sabedo**ri**a. Glória ao **Pai**. R. Quão nume**ro**sas.

Antífona do Magníficat como no Próprio do Tempo.

Preces

Recordando a bondade de Cristo que, compadecido do povo faminto, realizou em favor dele maravilhas de amor, com gratidão elevemos a ele as nossas preces; e digamos:

R. **Mostrai-nos, Senhor, o vosso amor!**

Reconhecemos, Senhor, que todos os benefícios recebidos neste dia vieram de vossa bondade;
– que eles não voltem para vós sem produzir frutos em nosso coração. R.

Luz e salvação da humanidade, protegei aqueles que dão testemunho de vós em toda a terra,
– e acendei neles o fogo do vosso Espírito. R.

Fazei que todos os seres humanos respeitem a dignidade de seus irmãos e irmãs, de acordo com a vossa vontade,
– a fim de que, todos juntos, respondam com generosidade às mais urgentes necessidades do nosso tempo. R.

Médico das almas e dos corpos, aliviai os enfermos e assisti os agonizantes,
– e visitai-nos e confortai-nos com a vossa misericórdia. R.

(intenções livres)

Dignai-vos receber na companhia dos santos os nossos irmãos e irmãs que morreram,
– cujos nomes estão escritos no livro da vida. R.

Pai nosso...

Oração como no Próprio do Tempo.

A conclusão da Hora como no Ordinário.

Invitatório

V. **Abri** os meus **lábios.** R. E minha **boca.**
R. Vinde, exul**te**mos de ale**gri**a no Se**nhor,**
aclamemos o Ro**che**do que nos **salva!** Ale**lui**a. †

Salmo invitatório como no Ordinário, p. 537.

Ofício das Leituras

V. Vinde, ó **Deus**. Glória ao **Pai**. Como era. Aleluia.

Esta introdução se omite quando o Invitatório precede imediatamente ao Ofício das Leituras.

Hino

I. Quando se diz o Ofício das Leituras durante a noite ou de madrugada:

>Cantemos todos este dia,
>no qual o mundo começou,
>no qual o Cristo ressurgido
>da morte eterna nos salvou.

>Já o profeta aconselhava
>buscar de noite o Deus da luz.
>Deixando pois o nosso sono,
>vimos em busca de Jesus.

>Que ele ouça agora a nossa prece,
>tome a ovelhinha em sua mão,
>leve o rebanho pela estrada
>que nos conduz à salvação.

>Eis que o esperamos vigilantes,
>cantando à noite o seu louvor:
>vem de repente como esposo,
>como o ladrão, como o senhor.

>Ao Pai eterno demos glória,
>ao Unigênito também;
>a mesma honra eternamente
>ao seu Espírito convém.

II. Quando se diz o Ofício das Leituras durante o dia:

>Santo entre todos, já fulgura
>o dia oitavo, resplendente,
>que consagrais em vós, ó Cristo,
>vós, o primeiro dos viventes.

Às nossas almas, por primeiro,
vinde trazer ressurreição,
e da segunda morte livres,
os nossos corpos surgirão.

Ao vosso encontro, sobre as nuvens,
em breve, ó Cristo, nós iremos.
Ressurreição e vida nova,
convosco sempre viveremos.

Dai-nos, à luz da vossa face,
participar da divindade,
vos conhecendo como sois,
Luz, verdadeira suavidade.

Por vós entregues a Deus Pai,
que seu Espírito nos dá,
à perfeição da caridade
o Trino Deus nos levará.

Salmodia
Ant. 1 Todos os **di**as have**rei**
de bendizer-vos, ó S**enhor**. A**lelui**a.

Salmo 144(145)
Louvor à grandeza de Deus

Justo és tu, Senhor, aquele que é e que era, o Santo (Ap 16,5).

I

– ¹Ó meu **Deus**, quero exal**tar**-vos, ó meu **Rei**, *
e bendi**zer** o vosso nome pelos séculos.

– ²Todos os **di**as haverei de bendizer-vos, *
hei de lou**var** o vosso nome para sempre.

– ³Grande é o Se**nhor** e muito digno de louvores, *
e nin**guém** pode medir sua grandeza.

– ⁴Uma i**da**de conta à outra vossas obras *
e pu**bli**ca os vossos feitos poderosos;

—⁵ proclamam **to**dos o esplendor de vossa glória *
  e di**vul**gam vossas obras portentosas!
—⁶ Narram **to**dos vossas obras poderosas, *
  e de **vos**sa imensidade todos falam.
—⁷ Eles re**cor**dam vosso amor tão grandioso *
  e e**xal**tam, ó Senhor, vossa justiça.
—⁸ Miseri**cór**dia e piedade é o Senhor, *
  ele é a**mor**, é paciência, é compaixão.
—⁹ O Se**nhor** é muito bom para com todos, *
  sua ter**nu**ra abraça toda criatura.

Ant. Todos os **di**as have**rei**
  de bendi**zer**-vos, ó Se**nhor**. Aleluia.

Ant. 2 O vosso **rei**no, ó Se**nhor**, é para **sem**pre. Aleluia.

II

—¹⁰ Que vossas **o**bras, ó Se**nhor**, vos glorifi**quem**, *
  e os vossos **san**tos com louvores vos bendigam!
—¹¹ Narrem a **gló**ria e o esplendor do vosso reino *
  e **sai**bam proclamar vosso poder!
—¹² Para espa**lhar** vossos prodígios entre os homens *
  e o ful**gor** de vosso reino esplendoroso.
—¹³ O vosso **rei**no é um reino para sempre, *
  vosso po**der**, de geração em geração.

Ant. O vosso **rei**no, ó Se**nhor**, é para **sem**pre.

Ant. 3 O Se**nhor** é amor fi**el** em sua pa**la**vra,
  é santi**da**de em toda **o**bra que ele **faz**. Aleluia†

III

—¹³ᵇ O Se**nhor** é amor fi**el** em sua **pa**lavra, *
  é santi**da**de em **to**da obra que ele faz.
—¹⁴† Ele sus**ten**ta todo aquele que vacila *
  e le**van**ta todo aquele que tombou.
—¹⁵ Todos os **o**lhos, ó Senhor, em vós esperam *
  e vós lhes **dais** no tempo certo o alimento;

– ¹⁶vós **abris** a vossa mão prodigamente *
e sac**iais** todo ser vivo com fartura.
– ¹⁷É **jus**to o Senhor em seus caminhos, *
é **san**to em toda obra que ele faz.
– ¹⁸Ele está **per**to da pessoa que o invoca, *
de todo a**que**le que o invoca lealmente.
– ¹⁹O Se**nhor** cumpre os desejos dos que o temem, *
ele es**cu**ta os seus clamores e os salva.
– ²⁰O Senhor **guar**da todo aquele que o ama, *
mas dis**per**sa e extermina os que são ímpios.
= ²¹Que a minha **bo**ca cante a glória do Senhor †
e que ben**di**ga todo ser seu nome santo *
desde **a**gora, para sempre e pelos séculos.

Ant. O Se**nhor** é amor fiel em sua palavra,
é santi**da**de em toda **o**bra que ele **faz**. Ale**lui**a.

V. Meu filho, **ou**ve minhas pa**la**vras.
R. Presta ou**vi**do a meus con**se**lhos!

Leituras e oração como no Próprio do Tempo.

Laudes

V. Vinde, ó **Deus**. Glória ao **Pai**. Como era. Ale**lui**a.

Essa introdução se omite quando o Invitatório precede imediatamente às Laudes.

Hino

Ó Criador do universo,
a sombra e a luz alternais,
e, dando tempo ao tempo,
dos seres todos cuidais.

Qual pregoeiro do dia,
canta nas noites o galo.
Separa a noite e a noite,
brilhando a luz no intervalo.

Também por ele acordada,
a estrela d'alva, brilhante,
expulsa o erro e a treva
com sua luz radiante.

Seu canto os mares acalma,
ao navegante avigora;
a própria Pedra da Igreja
ouvindo o cântico chora.

Jesus, olhai os que tombam.
O vosso olhar nos redime:
se nos olhais, nos erguemos,
e prantos lavam o crime.

Ó luz divina, brilhai,
tirai do sono o torpor.
O nosso alento primeiro
entoe o vosso louvor.

Ó Cristo, Rei piedoso,
a vós e ao Pai, Sumo Bem,
glória e poder, na unidade
do Espírito Santo. Amém.

Salmodia

Ant. 1 Admirável é o Senhor nos altos céus! Aleluia.

Salmo 92(93)
A grandeza do Deus Criador

O Senhor, nosso Deus, o Todo-poderoso passou a reinar. Fiquemos alegres e contentes, e demos glória a Deus! (Ap 19,6-7).

– ¹ Deus é **Rei** e se ves**tiu** de majes**ta**de, *
revestiu-se de poder e de esplendor!

= Vós fir**mas**tes o universo inabalável, †
² vós fir**mas**tes vosso trono desde a origem, *
desde **sem**pre, ó Senhor, vós existis!

=³ Levantaram as torrentes, ó Senhor, †
   levantaram as torrentes sua voz, *
   levantaram as torrentes seu fragor.

=⁴ Muito **mais** do que o fragor das grandes águas, †
   muito **mais** do que as ondas do oceano, *
   pode**ro**so é o Senhor nos altos céus!

=⁵ Verda**dei**ros são os vossos testemunhos, †
   re**ful**ge a santidade em vossa casa *
   pelos **sé**culos dos séculos, Senhor!

Ant. Admi**rá**vel é o Se**nhor** nos altos **céus**! Ale**lui**a.

Ant. 2 Sois **dig**no de lou**vor**
      e de **gló**ria eterna**men**te. Ale**lui**a.

Cântico   Dn 3,57-88.56
Louvor das criaturas ao Senhor
Louvai o nosso Deus, todos os seus servos (Ap 19,5)

—⁵⁷ **Obras** do Senhor, bendi**zei** o Senhor, *
   lou**vai**-o e exal**tai**-o pelos **sé**culos sem fim!

—⁵⁸ **Céus** do Senhor, bendi**zei** o Senhor! *
 ⁵⁹ **Anjos** do Senhor, bendi**zei** o Senhor!

(R. Lou**vai**-o e exal**tai**-o pelos **sé**culos sem **fim**!

ou

R. A Ele **gló**ria e lou**vor** eterna**men**te!)

—⁶⁰ **Águas** do alto céu, bendi**zei** o Senhor! *
 ⁶¹ Po**tên**cias do Senhor, bendi**zei** o Senhor!

—⁶² **Lua** e sol, bendi**zei** o Senhor! *
 ⁶³ **Astros** e estrelas, bendi**zei** o Senhor!   (R.)

—⁶⁴ **Chu**vas e orvalhos, bendi**zei** o Senhor! *
 ⁶⁵ **Bri**sas e ventos, bendi**zei** o Senhor!

—⁶⁶ **Fogo** e calor, bendi**zei** o Senhor! *
 ⁶⁷ **Frio** e ardor, bendi**zei** o Senhor!   (R.)

—⁶⁸ Orvalhos e garoas, bendizei o Senhor! *
⁶⁹ Geada e frio, bendizei o Senhor!
—⁷⁰ Gelos e neves, bendizei o Senhor! *
⁷¹ Noites e dias, bendizei o Senhor! (R.)

—⁷² Luzes e trevas, bendizei o Senhor! *
⁷³ Raios e nuvens, bendizei o Senhor
—⁷⁴ Ilhas e terra, bendizei o Senhor! *
Louvai-o e exaltai-o pelos séculos sem fim! (R.)

—⁷⁵ Montes e colinas, bendizei o Senhor! *
⁷⁶ Plantas da terra, bendizei o Senhor!
—⁷⁷ Mares e rios, bendizei o Senhor! *
⁷⁸ Fontes e nascentes, bendizei o Senhor! (R.)

—⁷⁹ Baleias e peixes, bendizei o Senhor! *
⁸⁰ Pássaros do céu, bendizei o Senhor!
—⁸¹ Feras e rebanhos, bendizei o Senhor! *
⁸² Filhos dos homens, bendizei o Senhor! (R.)

—⁸³ Filhos de Israel, bendizei o Senhor! *
Louvai-o e exaltai-o pelos séculos sem fim!
—⁸⁴ Sacerdotes do Senhor, bendizei o Senhor! *
⁸⁵ Servos do Senhor, bendizei o Senhor! (R.)

—⁸⁶ Almas dos justos, bendizei o Senhor! *
⁸⁷ Santos e humildes, bendizei o Senhor!
—⁸⁸ Jovens Misael, Ananias e Azarias, *
Louvai-o e exaltai-o pelos séculos sem fim! (R.)

— Ao Pai e ao Filho e ao Espírito Santo *
louvemos e exaltemos pelos séculos sem fim!
—⁵⁶ Bendito sois, Senhor, no firmamento dos céus! *
Sois digno de louvor e de glória eternamente! (R.)

No fim deste cântico não se diz o Glória ao Pai.

Ant. Sois digno de louvor
e de glória eternamente. Aleluia.

Ant. 3 Louvai o Senhor Deus nos altos céus, aleluia. †

Salmo 148
Glorificação do Deus Criador

Ao que está sentado no trono e ao Cordeiro, o louvor e a honra, a glória e o poder para sempre (Ap 5,13).

— ¹Louvai o Senhor **Deus** nos altos **céus**, *
  lou**vai**-o no excelso firmamento!
— ²Lou**vai**-o, anjos seus, todos louvai-o, *
  lou**vai**-o, legiões celestiais!
— ³Lou**vai**-o, sol e lua, e bendizei-o, *
  lou**vai**-o, vós estrelas reluzentes!
— ⁴Lou**vai**-o, céus dos céus, e bendizei-o, *
  e vós, **águas** que estais por sobre os céus.
— ⁵Louvem **to**dos e bendigam o seu nome, *
  porque man**dou** e logo tudo foi criado.
— ⁶Institu**iu** todas as coisas para sempre, *
  e deu a **tu**do uma lei que é imutável.
— ⁷Lou**vai** o Senhor Deus por toda a terra, *
  grandes **peix**es e abismos mais profundos;
— ⁸fogo e grani**zo**, e vós neves e neblinas, *
  fura**cões** que executais as suas ordens.
— ⁹Montes **to**dos e colinas, bendizei-o, *
  cedros **to**dos e vós, árvores frutíferas;
— ¹⁰feras do **ma**to e vós, mansos animais, *
  todos os **rép**teis e os pássaros que voam.
— ¹¹Reis da **ter**ra, povos todos, bendizei-o, *
  e vós, **prín**cipes e todos os juízes;
— ¹²e vós, **jo**vens, e vós, moças e rapazes, *
  anci**ãos** e criancinhas, bendizei-o!
— ¹³Louvem o **no**me do Senhor, louvem-no todos, *
  porque so**men**te o seu nome é excelso!
— A majes**ta**de e esplendor de sua glória *
  ultra**pas**sam em grandeza o céu e a terra. —

⁻¹⁴ Ele exaltou seu povo eleito em poderio, *
ele é o motivo de louvor para os seus santos.
— É um hino para os filhos de Israel, *
este povo que ele ama e lhe pertence.

Ant. Louvai o Senhor Deus nos altos céus, aleluia.

Leitura breve   Ez 37,12b-14
Assim fala o Senhor Deus: Ó meu povo, vou abrir as vossas sepulturas e conduzir-vos para a terra de Israel; e, quando eu abrir as vossas sepulturas e vos fizer sair delas, sabereis que eu sou o Senhor. Porei em vós o meu espírito para que vivais e vos colocarei em vossa terra. Então sabereis que eu, o Senhor, digo e faço – oráculo do Senhor.

Responsório breve
R. Cristo, Filho do Deus vivo,
 * Tende pena e compaixão! R. Cristo.
V. Glorioso estais sentado, à direita de Deus Pai.
 * Tende pena. Glória ao Pai. R. Cristo.

Antífona do Benedictus como no Próprio do Tempo.

Preces
Roguemos a Deus que enviou o Espírito Santo para ser Luz santíssima do coração de todos os fiéis; e digamos:

R. **Iluminai, Senhor, o vosso povo!**

Bendito sejais, Senhor Deus, nossa luz,
— que para vossa glória nos fizestes chegar a este novo dia.
                                                                R.
Vós, que iluminastes o mundo com a ressurreição do vosso Filho,
— fazei brilhar, pelo ministério da Igreja, esta luz pascal sobre a humanidade inteira.
                                                                R.
Vós, que, pelo Espírito da verdade, esclarecestes os discípulos de vosso Filho,

– enviai à vossa Igreja este mesmo Espírito, para que ela permaneça sempre fiel à vossa mensagem.
R. **Iluminai, Senhor, o vosso povo!**

Luz dos povos, lembrai-vos daqueles que ainda vivem nas trevas,
– e abri-lhes os olhos do coração para que vos reconheçam como único Deus verdadeiro. R.

(intenções livres)

Pai nosso...

Oração como no Próprio do Tempo.

A conclusão da Hora como no Ordinário.

Hora Média

V. Vinde, ó **Deus**. Glória ao **Pai**. Como era. Ale**lui**a.
HINO como no Ordinário, p. 552-555.

Salmodia

Ant. 1 Na minha an**gús**tia eu cla**mei** pelo **Se**nhor,
e o **Se**nhor me aten**deu**, ale**lui**a.

Salmo 117(118)

Canto de alegria e salvação

Ele é a pedra, que vós, os construtores, desprezastes, e que se tornou a pedra angular (At 4,11).

I

– ¹Dai **gra**ças ao **Se**nhor, porque ele é **bom**! *
 "E**ter**na é a sua miseri**cór**dia!"
– ²A **ca**sa de Israel agora o **di**ga: *
 "E**ter**na é a sua miseri**cór**dia!"
– ³A **ca**sa de Aarão agora o **di**ga: *
 "E**ter**na é a sua miseri**cór**dia!"
– ⁴Os que **te**mem o Senhor agora o **di**gam: *
 "E**ter**na é a sua miseri**cór**dia!" –

—⁵ Na minha an**gús**tia eu cla**mei** pelo Se**nhor**, *
e o Se**nhor** me aten**deu** e liber**tou**!
—⁶ O Se**nhor** está comigo, nada temo; *
o que **po**de contra mim um ser humano?
—⁷ O Se**nhor** está comigo, é o meu auxílio, *
hei de **ver** meus inimigos humilhados.
—⁸ "É me**lhor** buscar refúgio no Senhor *
do que **pôr** no ser humano a esperança;
—⁹ é me**lhor** buscar refúgio no Senhor *
do que con**tar** com os poderosos deste mundo!"

Ant. Na minha an**gús**tia eu cla**mei** pelo Se**nhor**,
e o Se**nhor** me aten**deu**, ale**lui**a.

Ant. 2 A mão di**rei**ta do Se**nhor** me levan**tou**, aleluia.

II

—¹⁰ Povos pa**gãos** me rodearam todos eles, *
mas em **no**me do Senhor os derrotei;
—¹¹ de todo **la**do todos eles me cercaram, *
mas em **no**me do Senhor os derrotei;
=¹² como um en**xa**me de abelhas me atacaram, †
como um **fo**go de espinhos me queimaram, *
mas em **no**me do Senhor os derrotei.
—¹³ Empur**ra**ram-me, tentando derrubar-me, *
mas **vei**o o Senhor em meu socorro.
—¹⁴ O Se**nhor** é minha força e o meu canto, *
e tor**nou**-se para mim o Salvador.
—¹⁵ "Cla**mo**res de alegria e de vitória *
res**so**em pelas tendas dos fiéis.
=¹⁶ A mão di**rei**ta do Senhor fez maravilhas, †
a mão di**rei**ta do Senhor me levantou, *
a mão di**rei**ta do Senhor fez maravilhas!"
—¹⁷ Não morre**rei**, mas, ao contrário, viverei *
para can**tar** as grandes obras do Senhor!

– ¹⁸O Se**nhor** severamente me provou, *
mas **não** me abandonou às mãos da morte.

Ant. A mão di**re**ita do Se**nhor** me levan**tou**, ale**lu**ia.

Ant. 3 Que o Se**nhor** e nosso **Deus** nos ilu**mi**ne, ale**lu**ia!

III

– ¹⁹Abri-me **vós**, abri-me as **por**tas da justiça; *
quero en**trar** para dar graças ao Senhor!
– ²⁰"Sim, **esta** é a porta do Senhor, *
por ela só os justos entrarão!"
– ²¹Dou-vos **graças**, ó Senhor, porque me ouvistes *
e vos tor**nas**tes para mim o Salvador!

– ²²"A **pedra** que os pedreiros rejeitaram *
tor**nou**-se agora a pedra angular.
– ²³Pelo Se**nhor** é que foi feito tudo isso: *
Que mara**vi**lhas ele fez a nossos olhos!
– ²⁴Este é o **di**a que o Senhor fez para nós, *
ale**gre**mo-nos e nele exultemos!

– ²⁵Ó Se**nhor**, dai-nos a vossa salvação, *
ó Se**nhor**, dai-nos também prosperidade!"
– ²⁶Bendito seja, em nome do Senhor, *
a**que**le que em seus átrios vai entrando!
– Desta **casa** do Senhor vos bendizemos. *
²⁷Que o Se**nhor** e nosso Deus nos ilumine!

– Empu**nhai** ramos nas mãos, formai cortejo, *
aproxi**mai**-vos do altar, até bem perto!
– ²⁸Vós sois meu **Deus**, eu vos bendigo e agradeço! *
Vós sois meu **Deus**, eu vos exalto com louvores!
– ²⁹Dai **graças** ao Senhor, porque ele é bom! *
"Eterna é a sua misericórdia!"

Ant. Que o Se**nhor** e nosso **Deus** nos ilu**mi**ne, ale**lu**ia!

Para as outras Horas, Salmodia complementar, p. 1132.

Oração das Nove Horas

Leitura breve   Rm 8,15-16

Vós não recebestes um espírito de escravos, para recairdes no medo, mas recebestes um espírito de filhos adotivos, no qual todos nós clamamos: Abá – ó Pai! O próprio Espírito se une ao nosso espírito para nos atestar que somos filhos de Deus.

V. Em **vós** está a **fon**te da **vi**da.
R. E em vossa **luz** contem**pla**mos a **luz**.

Oração das Doze Horas

Leitura breve   Rm 8,22-23

Sabemos que toda a criação, até ao tempo presente, está gemendo como que em dores de parto. E não somente ela, mas nós também, que temos os primeiros frutos do Espírito, estamos interiormente gemendo, aguardando a adoção filial e a libertação para o nosso corpo.

V. Ben**di**ze, ó minha **al**ma, ao Se**nhor**!
R. Do se**pul**cro ele **sal**va tua **vi**da!

Oração das Quinze Horas

Leitura breve   2Tm 1,9

Deus nos salvou e nos chamou com uma vocação santa, não devido às nossas obras, mas em virtude do seu desígnio e da sua graça, que nos foi dada em Cristo Jesus desde toda a eternidade.

V. Ele os gui**ou** com segu**ran**ça e sem **te**mor.
R. Condu**ziu**-os para a **Ter**ra Pro**me**tida.

Oração como no Próprio do Tempo.
A conclusão da Hora como no Ordinário.

II Vésperas

V. Vinde, ó **Deus**. Glória ao **Pai**. Como era. Ale**lui**a.

Hino

Criador generoso da luz,
que criastes a luz para o dia,
com os raios primeiros da luz,
sua origem o mundo inicia.

Vós chamastes de "dia" o decurso
da manhã luminosa ao poente.
Eis que as trevas já descem à terra:
escutai nossa prece, clemente.

Para que sob o peso dos crimes
nossa mente não fique oprimida,
e, esquecendo as coisas eternas,
não se exclua do prêmio da vida.

Sempre à porta celeste batendo,
alcancemos o prêmio da vida,
evitemos do mal o contágio
e curemos da culpa a ferida.

Escutai-nos, ó Pai piedoso,
com o único Filho também,
que reinais com o Espírito Santo
pelos séculos dos séculos. Amém.

Salmodia

Ant. 1 **Pa**lavra do Se**nhor** ao meu Se**nhor**:
Assen**ta**-te ao **la**do meu di**rei**to. Ale**lui**a. †

Salmo 109(110),1-5.7
O Messias, Rei e Sacerdote

É preciso que ele reine, até que todos os seus inimigos estejam debaixo de seus pés (1Cor 15,25).

— ¹ Palavra do Senhor ao meu Senhor: *
   "Assenta-te ao lado meu direito,

– † até que eu ponha os inimigos teus *
como escabelo por debaixo de teus pés!"
= ² O Senhor estenderá desde Sião †
vosso cetro de poder, pois ele diz: *
"Domina com vigor teus inimigos;
= ³ Tu és príncipe desde o dia em que nasceste; †
na glória e esplendor da santidade, *
como o orvalho, antes da aurora, eu te gerei!"
= ⁴ Jurou o Senhor e manterá sua palavra: †
"Tu és sacerdote eternamente, *
segundo a ordem do rei Melquisedec!"
– ⁵ À vossa destra está o Senhor, ele vos diz: *
"No dia da ira esmagarás os reis da terra!
– ⁷ Beberás água corrente no caminho, *
por isso seguirás de fronte erguida!"

Ant. Palavra do Senhor ao meu Senhor:
Assenta-te ao lado meu direito. Aleluia.

Ant. 2 O Senhor bom e clemente nos deixou
a lembrança de suas grandes maravilhas. Aleluia.

Salmo 110(111)
As grandes obras do Senhor

Grandes e maravilhosas são as tuas obras, Senhor Deus todo-poderoso! (Ap 15,3).

– ¹ Eu agradeço a Deus de todo o coração *
junto com todos os seus justos reunidos!
– ² Que grandiosas são as obras do Senhor, *
elas merecem todo o amor e admiração!
– ³ Que beleza e esplendor são os seus feitos! *
Sua justiça permanece eternamente!
– ⁴ O Senhor bom e clemente nos deixou *
a lembrança de suas grandes maravilhas. –

– ⁵Ele **dá** o alimento aos que o temem *
e ja**mais** esquecerá sua Aliança.
– ⁶Ao seu **po**vo manifesta seu poder, *
dando a ele a herança das nações.
– ⁷Suas **o**bras são verdade e são justiça, *
seus pre**cei**tos, todos eles, são estáveis,
– ⁸confir**ma**dos para sempre e pelos séculos, *
reali**za**dos na verdade e retidão.
= ⁹Envi**ou** libertação para o seu povo, †
confir**mou** sua Aliança para sempre. *
Seu nome é **san**to e é digno de respeito.
= ¹⁰Temer a **Deus** é o princípio do saber †
e é **sá**bio todo aquele que o pratica. *
Perma**ne**ça eternamente o seu louvor.

Ant. O S**e**nhor bom e cle**men**te nos dei**xou**
a lem**bran**ça de suas **gran**des maravilhas. Ale**lui**a.

Ant. 3 De seu **rei**no tomou **pos**se
nosso **Deus** onipo**ten**te. Ale**lui**a.

No cântico seguinte dizem-se os Aleluias entre parênteses somente quando se canta; na recitação, basta dizer os Aleluias no começo, entre as estrofes e no fim.

Cântico Cf. Ap 19,1-2.5-7

As núpcias do Cordeiro

= Ale**lui**a, (Ale**lui**a!).
¹Ao nosso **Deus** a sal**va**ção, *
honra, **gló**ria e poder! (Ale**lui**a!).
– ²Pois são ver**da**de e justiça *
os juízos do Senhor.
R. Ale**lui**a, (Ale**lui**a!).
= Ale**lui**a, (Ale**lui**a!).
⁵Celebrai o nosso Deus, *
servi**do**res do Senhor! (Ale**lui**a!).

– E vós **to**dos que o temeis, *
vós os **gra**ndes e os pequenos!
R. Ale**lui**a, (Ale**luia**!).
= Ale**luia**, (Ale**luia**!).
⁶ De seu **rei**no tomou **pos**se *
nosso **Deus** onipotente! (Ale**luia**!).
–⁷ Exul**te**mos de alegria, *
demos **gló**ria ao nosso Deus!
R. Ale**luia**, (Ale**luia**!).
= Ale**luia**, (Ale**luia**!).
Eis que as **núp**cias do Cordeiro *
redi**vi**vo se aproximam! (Ale**luia**!).
– Sua Es**po**sa se enfeitou, *
se **ves**tiu de linho puro.
R. Ale**luia**, (Ale**luia**!).
Ant. De seu **rei**no tomou **pos**se
nosso **Deus** onipotente. Ale**luia**.

Leitura breve
1Pd 1,3-5

Bendito seja Deus, Pai de nosso Senhor Jesus Cristo. Em sua grande misericórdia, pela ressurreição de Jesus Cristo dentre os mortos, ele nos fez nascer de novo, para uma esperança viva, para uma herança incorruptível, que não estraga, que não se mancha nem murcha, e que é reservada para vós nos céus. Graças à fé, e pelo poder de Deus, vós fostes guardados para a salvação que deve manifestar-se nos últimos tempos.

Responsório breve
R. Ó Se**nhor**, vós sois ben**di**to
 * No ce**les**te firma**men**to. R. Ó Se**nhor**.
V. Vós sois **dig**no de lou**vor** e de **gló**ria eterna**men**te.
 * No ce**les**te. Glória ao **Pai**. R. Ó Se**nhor**.

Antífona do Magníficat como no Próprio do Tempo.

Preces

Com alegria, invoquemos a Deus Pai que, tendo no princípio criado o mundo, recriou-o pela redenção e não cessa de renová-lo por seu amor; e digamos:

R. **Renovai, Senhor, as maravilhas do vosso amor!**

Nós vos damos graças, Senhor Deus, porque revelais o vosso poder na criação inteira,
– e manifestais a vossa providência nos acontecimentos da história. R.

Por vosso Filho, que no triunfo da cruz anunciou a paz ao mundo,
– livrai-nos do desespero e do vão temor. R.

A todos os que amam a justiça e por ela trabalham,
– ajudai-os a colaborar com sinceridade na construção de uma sociedade renovada na verdadeira concórdia. R.

Socorrei os oprimidos, libertai os prisioneiros, consolai os aflitos, dai pão aos famintos, fortalecei os fracos,
– para que em todos eles se manifeste a vitória da cruz. R.

(intenções livres)

Vós, que ressuscitastes gloriosamente vosso Filho depois de morto e sepultado,
– concedei aos que morreram entrar juntamente com ele na vida eterna. R.

Pai nosso...

Oração como no Próprio do Tempo.

A conclusão da Hora como no Ordinário.

III SEGUNDA-FEIRA

Invitatório

V. **Abri** os meus **lá**bios. R. E minha **bo**ca.

R. Cami**nhe**mos com lou**vo**res ao en**con**tro do Se**nhor**.

Salmo invitatório, p. 537, com a antífona correspondente ao Ofício.

Ofício das Leituras

V. Vinde, ó **Deus**. Glória ao **Pai**. Como era. Ale**lui**a.

Essa introdução se omite quando o Invitatório precede imediatamente ao Ofício das Leituras.

Hino

I. Quando se diz o Ofício das Leituras durante a noite ou de madrugada:

> Refeitos pelo sono,
> do leito, levantamos.
> Ficai com vossos filhos,
> ó Pai, vos suplicamos.
>
> A vós, o som primeiro,
> o amor que se irradia:
> sejais princípio e fim
> de cada ação do dia.
>
> Que a treva ceda à aurora,
> a noite ao sol dourado:
> e a luz da graça afaste
> a sombra do pecado.
>
> Lavai as nossas faltas,
> Senhor, que nos salvastes;
> esteja o vosso nome
> nos lábios que criastes.

A glória seja ao Pai,
ao Filho seu também,
ao Espírito igualmente,
agora e sempre. Amém.

II. Quando se diz o Ofício das Leituras durante o dia:

Divindade, luz eterna,
Unidade na Trindade,
proclamando vossa glória,
suplicamos piedade.

Cremos todos no Pai Santo,
no seu Filho Salvador
e no Espírito Divino
que os une pelo Amor.

Ó verdade, amor eterno,
nosso fim, felicidade,
dai-nos fé e esperança
e profunda caridade.

Sois o fim, sois o começo,
e de tudo sois a fonte,
esperança dos que creem,
luz que brilha no horizonte.

Vós, sozinho, fazeis tudo,
e a tudo vós bastais.
Sois a luz de nossa vida,
aos que esperam premiais.

Bendizemos a Trindade,
Deus Eterno, Sumo Bem,
Pai e Filho e Santo Espírito,
pelos séculos. Amém.

Salmodia

Ant. 1 Vem a **nós** o nosso **Deus** e nos **fala** abertamente.

Salmo 49(50)
O culto que agrada a Deus

Eu não vim abolir a Lei, mas dar-lhe pleno cumprimento (cf. Mt 5,17).

I

— ¹Falou o Senhor Deus, chamou a terra, *
do sol nascente ao sol poente a convocou.
— ²De Sião, beleza plena, Deus refulge, *
³vem a nós o nosso Deus e não se cala.
— À sua frente vem um fogo abrasador, *
ao seu redor, a tempestade violenta.
— ⁴Ele convoca céu e terra ao julgamento, *
para fazer o julgamento do seu povo:
— ⁵"Reuni à minha frente os meus eleitos, *
que selaram a Aliança em sacrifícios!"
— ⁶Testemunha o próprio céu seu julgamento, *
porque Deus mesmo é juiz e vai julgar.

Ant. Vem a nós o nosso Deus e nos fala abertamente

Ant. 2 Oferece ao Senhor um sacrifício de louvor!

II

= ⁷"Escuta, ó meu povo, eu vou falar; †
ouve, Israel, eu testemunho contra ti:*
Eu, o Senhor, somente eu, sou o teu Deus!
— ⁸Eu não venho censurar teus sacrifícios, *
pois sempre estão perante mim teus holocaustos;
— ⁹não preciso dos novilhos de tua casa *
nem dos carneiros que estão nos teus rebanhos.
— ¹⁰Porque as feras da floresta me pertencem *
e os animais que estão nos montes aos milhares.
— ¹¹Conheço os pássaros que voam pelos céus *
e os seres vivos que se movem pelos campos. –

⁻¹² Não te diria, se com fome eu estivesse, *
porque é **meu** o universo e todo ser.
⁻¹³ Porven**tu**ra comerei carne de touros? *
Bebe**rei**, acaso, o sangue de carneiros?
⁻¹⁴ Imola a **Deus** um sacrifício de louvor *
e cumpre os **vo**tos que fizeste ao Altíssimo.
⁻¹⁵ Invoca-me no dia da angústia, *
e en**tão** te livrarei e hás de louvar-me".

Ant. Ofe**re**ce ao Se**nhor** um sacrifício de lou**vor**!

Ant. 3 Eu não **que**ro ofere**nda** e sacrifício;
quero o a**mor** e a ciência do Se**nhor**!

III

⁼¹⁶ Mas ao **ím**pio é as**sim** que Deus pergu**n**ta: †
"Como **ou**sas repetir os meus preceitos *
e tra**zer** minha Aliança em tua boca?
⁻¹⁷ Tu que odi**as**te minhas leis e meus conselhos *
e deste as **cos**tas às palavras dos meus lábios!
⁻¹⁸ Quando **vi**as um ladrão, tu o seguias *
e te jun**ta**vas ao convívio dos adúlteros.
⁻¹⁹ Tua **bo**ca se abriu para a maldade *
e tua **lín**gua maquinava a falsidade.
⁻²⁰ Assenta**do**, difamavas teu irmão, *
e ao **fi**lho de tua mãe injuriavas.
⁻²¹ Diante **dis**so que fizeste, eu calarei? *
Acaso **pen**sas que eu sou igual a ti?
— É **dis**so que te acuso e repreendo *
e mani**fes**to essas coisas aos teus olhos.
⁼²² Entendei **is**to, todos vós que esqueceis Deus, †
para que **eu** não arrebate a vossa vida, *
sem que **ha**ja mais ninguém para salvar-vos!
⁻²³ Quem me ofe**re**ce um sacrifício de louvor, *
este **sim** é que me honra de verdade.

– A todo homem que procede retamente, *
eu mostrarei a salvação que vem de Deus".

Ant. Eu não quero oferenda e sacrifício;
quero o amor e a ciência do Senhor!

V. Escuta, ó meu povo, eu vou falar:
R. Eu, o Senhor, somente eu sou o teu Deus!

Leituras e oração correspondentes a cada Ofício.

Laudes

V. Vinde, ó Deus. Glória ao Pai. Como era. Aleluia.

Esta introdução se omite quando o Invitatório precede imediatamente às Laudes.

Hino

Clarão da glória do Pai,
ó Luz, que a Luz origina,
sois Luz da Luz, fonte viva,
sois Luz que ao dia ilumina.

Brilhai, ó Sol verdadeiro,
com vosso imenso esplendor,
e dentro em nós derramai
do Santo Espírito o fulgor.

Também ao Pai suplicamos,
ao Pai a glória imortal,
ao Pai da graça potente,
que a nós preserve do mal.

Na luta fortes nos guarde
vencendo o anjo inimigo.
Nas quedas, dê-nos a graça,
de nós afaste o perigo.

As nossas mentes governe
num corpo casto e sadio.
A nossa fé seja ardente,
e não conheça desvio.

O nosso pão seja o Cristo,
e a fé nos seja a bebida.
O Santo Espírito bebamos
nas fontes puras da vida.

Alegre passe este dia,
tão puro quanto o arrebol.
A fé, qual luz cintilante,
refulja em nós como o sol.

A aurora em si traz o dia.
Vós, como aurora, brilhai:
ó Pai, vós todo no Filho,
e vós, ó Verbo, no Pai.

Salmodia
Ant. 1 Felizes os que habitam vossa casa, ó Senhor!

Salmo 83(84)
Saudades do templo do Senhor

Não temos aqui cidade permanente, mas estamos à procura daquela que está para vir (Hb 13,14).

—² Quão amável, ó Senhor, é vossa casa, *
    quanto a amo, Senhor Deus do universo!
—³ Minha alma desfalece de saudades *
    e anseia pelos átrios do Senhor!
— Meu coração e minha carne rejubilam *
    e exultam de alegria no Deus vivo!
=⁴ Mesmo o pardal encontra abrigo em vossa casa, †
    e a andorinha aí prepara o seu ninho, *
    para nele seus filhotes colocar:
— vossos altares, ó Senhor Deus do universo! *
    vossos altares, ó meu Rei e meu Senhor!
—⁵ Felizes os que habitam vossa casa; *
    para sempre haverão de vos louvar!

– ⁶Felizes os que em vós têm sua força, *
e se decidem a partir quais peregrinos!

= ⁷Quando passam pelo vale da aridez, †
o transformam numa fonte borbulhante, *
pois a chuva o vestirá com suas bênçãos.

– ⁸Caminharão com ardor sempre crescente *
e hão de ver o Deus dos deuses em Sião.

– ⁹Deus do universo, escutai minha oração! *
Inclinai, Deus de Jacó, o vosso ouvido!

– ¹⁰Olhai, ó **Deus**, que sois a nossa proteção, *
vede a face do eleito, vosso Ungido!

– ¹¹Na verdade, um só dia em vosso templo *
vale **mais** do que milhares fora dele!

– Prefiro estar no limiar de vossa casa, *
a hospedar-me na mansão dos pecadores!

– ¹²O Senhor **Deus** é como um sol, é um escudo, *
e largamente distribui a graça e a glória.

– O Senhor nunca recusa bem algum *
àqueles que caminham na justiça.

– ¹³Ó Senhor, Deus poderoso do universo, *
feliz quem põe em vós sua esperança!

Ant. Felizes os que habitam vossa casa, ó Senhor!

Ant. 2 Vinde, subamos a montanha do Senhor!

Cântico Is 2,2-5
**A montanha da casa do Senhor
é mais alta do que todas as montanhas**

Todas as nações virão prostrar-se diante de Ti (Ap 15,4).

– ²Eis que **vai** acontecer no fim dos **tempos**, *
que o **monte** onde está a casa do Senhor

– será erguido muito acima de outros montes, *
e elevado bem mais alto que as colinas.

— Para ele acorrerão todas as gentes, *
³ muitos **po**vos chegarão ali dizendo:
— "Vinde, su**ba**mos a mon**ta**nha do Senhor, *
vamos à **ca**sa do Senhor Deus de Israel,
— para que **e**le nos ensine seus caminhos, *
e trilhe**mos** todos nós suas veredas.
— Pois de Sião a sua Lei há de sair, *
Jerusa**lém** espalhará sua Palavra".
—⁴ Será **e**le o Juiz entre as nações *
e o **ár**bitro de povos numerosos.
— Das espa**das** farão relhas de arado *
e das **lan**ças forjarão as suas foices.
— Uma na**ção** não se armará mais contra a outra, *
nem have**rão** de exercitar-se para a guerra.
—⁵ Vinde, ó **ca**sa de Jacó, vinde, achegai-vos, *
cami**nhe**mos sob a luz do nosso Deus!

Ant. Vinde, su**ba**mos a mon**ta**nha do Se**nhor**!

Ant. 3 Can**tai** ao Senhor **Deus**, bendi**zei** seu santo **no**me!

Salmo 95(96)
Deus, Rei e Juiz de toda a terra

Cantavam um cântico novo diante do trono, na presença do Cordeiro (cf. Ap 14,3).

=¹ Can**tai** ao Senhor **Deus** um canto **no**vo, †
can**tai** ao Senhor Deus, ó terra inteira! *
² Can**tai** e bendizei seu santo nome!
= Dia após **di**a anunciai sua salvação, †
³ manifes**tai** a sua glória entre as nações, *
e entre os **po**vos do universo seus prodígios!
=⁴ Pois Deus é **gran**de e muito digno de louvor, †
é mais terrível e maior que os outros deuses, *
⁵ porque um **na**da são os deuses dos pagãos.

= Foi o Senhor e nosso Deus quem fez os céus: †
⁶diante dele vão a glória e a majestade, *
e o seu templo, que beleza e esplendor!

= ⁷Ó família das nações, dai ao Senhor, †
ó nações, dai ao Senhor poder e glória, *
⁸dai-lhe a glória que é devida ao seu nome!

= Oferecei um sacrifício nos seus átrios, †
⁹adorai-o no esplendor da santidade, *
terra inteira, estremecei diante dele!

= ¹⁰Publicai entre as nações: "Reina o Senhor!" †
Ele firmou o universo inabalável, *
e os povos ele julga com justiça.

– ¹¹O céu se rejubile e exulte a terra, *
aplauda o mar com o que vive em suas águas;

– ¹²os campos com seus frutos rejubilem *
e exultem as florestas e as matas

– ¹³na presença do Senhor, pois ele vem, *
porque vem para julgar a terra inteira.

– Governará o mundo todo com justiça, *
e os povos julgará com lealdade.

Ant. Cantai ao Senhor Deus, bendizei seu santo nome!

Leitura breve   Tg 2,12-13
Falai e procedei como pessoas que vão ser julgadas pela Lei da liberdade. Pensai bem: O juízo vai ser sem misericórdia para quem não praticou misericórdia; a misericórdia, porém, triunfa do juízo.

Responsório breve
R. O Senhor seja bendito,
* Bendito seja eternamente! R. O Senhor.
V. Só o Senhor faz maravilhas. * Bendito seja.
Glória ao Pai. R. O Senhor.

Cântico evangélico, ant.
Bendito **seja** o Se**nhor** nosso **Deus**!

Preces

Roguemos a Deus Pai, que colocou os seres humanos no mundo para trabalharem em harmonia para sua glória; e peçamos com fervor:

R. **Senhor, ouvi-nos, para louvor da vossa glória!**

Deus, Criador do universo, nós vos bendizemos por tantos bens da criação que nos destes,
— e pela vida que nos conservastes até este dia. R.

Olhai para nós ao iniciarmos o trabalho cotidiano,
— para que, colaborando na vossa obra, tudo façamos de acordo com a vossa vontade. R.

Fazei que o nosso trabalho de hoje seja proveitoso para os nossos irmãos e irmãs,
— a fim de que todos juntos construamos uma sociedade mais justa e fraterna aos vossos olhos. R.

A nós e a todos os que neste dia se encontrarem conosco,
— concedei a vossa alegria e vossa paz. R.

(intenções livres)

Pai nosso...

Oração

Senhor nosso Deus, Rei do céu e da terra, dirigi e santificai nossos corações e nossos corpos, nossos sentimentos, palavras e ações, na fidelidade à vossa lei e na obediência à vossa vontade, para que, hoje e sempre, por vós auxiliados, alcancemos a liberdade e a salvação. Por nosso Senhor Jesus Cristo, vosso Filho, na unidade do Espírito Santo.

A conclusão da Hora como no Ordinário.

Hora Média

V. Vinde, ó **Deus**. Glória ao **Pai**. Como era. Aleluia.
HINO como no Ordinário, p. 552-555.

Salmodia

Ant. 1 Procurei vossa vontade, ó Senhor;
por meio dela conservais a minha vida.

Salmo 118(119),89-96
XII (Lamed)
Meditação sobre a Palavra de Deus na Lei

Eu vos dou um novo mandamento: Amai-vos uns aos outros, como eu vos amei (cf. Jo 13,34).

—⁸⁹ É eterna, ó Senhor, vossa palavra, *
ela é tão firme e estável como o céu.

—⁹⁰ De geração em geração vossa verdade *
permanece como a terra que firmastes.

—⁹¹ Porque mandastes, tudo existe até agora; *
todas as coisas, ó Senhor, vos obedecem!

—⁹² Se não fosse a vossa lei minhas delícias, *
eu já teria perecido na aflição!

—⁹³ Eu jamais esquecerei vossos preceitos, *
por meio deles conservais a minha vida.

—⁹⁴ Vinde salvar-me, ó Senhor, eu vos pertenço!
Porque sempre procurei vossa vontade.

—⁹⁵ Espreitam-me os maus para perder-me, *
mas continuo sempre atento à vossa lei.

—⁹⁶ Vi que toda a perfeição tem seu limite, *
e só a vossa Aliança é infinita.

Ant. Procurei vossa vontade, ó Senhor;
por meio dela conservais a minha vida.

Ant. 2 Em vós confio, ó Senhor, desde a minha juventude.

Salmo 70(71)

Senhor, minha esperança desde a minha juventude!

Sede alegres por causa da esperança fortes nas tribulações (Rm 12,12).

I

– ¹Eu procuro meu refúgio em vós, Senhor: *
que eu não seja envergonhado para sempre!
– ²Porque sois justo, defendei-me e libertai-me!
Escutai a minha voz, vinde salvar-me!
– ³Sede uma rocha protetora para mim, *
um abrigo bem seguro que me salve!
– Porque sois a minha força e meu amparo, *
o meu refúgio, proteção e segurança!
– ⁴Libertai-me, ó meu Deus, das mãos do ímpio, *
das garras do opressor e do malvado!
– ⁵Porque sois, ó Senhor Deus, minha esperança, *
em vós confio desde a minha juventude!
= ⁶Sois meu apoio desde antes que eu nascesse, †
desde o seio maternal, o meu amparo: *
para vós o meu louvor eternamente!
– ⁷Muita gente considera-me um prodígio, *
mas sois vós o meu auxílio poderoso!
– ⁸Vosso louvor é transbordante de meus lábios, *
cantam eles vossa glória o dia inteiro.
– ⁹Não me deixeis quando chegar minha velhice, *
não me falteis quando faltarem minhas forças!
– ¹⁰Porque falam contra mim os inimigos, *
fazem planos os que tramam minha morte
– ¹¹e dizem: "**Deus** o abandonou, vamos matá-lo; *
agarrai-o, pois não há quem o defenda!"
– ¹²Não fiqueis longe de mim, ó Senhor Deus! *
Apressai-vos, ó meu Deus, em socorrer-me!

—¹³ Que sejam humilhados e pereçam *
os que procuram destruir a minha vida!
— Sejam cobertos de infâmia e de vergonha *
os que desejam a desgraça para mim!

Ant. Em vós confio, ó Senhor, desde a minha juventude.

Ant. 3 Na velhice, com os meus cabelos brancos,
eu vos suplico, ó Senhor, não me deixeis!

II

—¹⁴ Eu, porém, sempre em vós confiarei, *
sempre mais aumentarei vosso louvor!
—¹⁵ Minha boca anunciará todos os dias *
vossa justiça e vossas graças incontáveis.
—¹⁶ Cantarei vossos portentos, ó Senhor, *
lembrarei vossa justiça sem igual!
—¹⁷ Vós me ensinastes desde a minha juventude, *
e até hoje canto as vossas maravilhas.
—¹⁸ E na velhice, com os meus cabelos brancos, *
eu vos suplico, ó Senhor, não me deixeis!
—¹⁹ Ó meu Deus, vossa justiça e vossa força *
são tão grandes, vão além dos altos céus!
— Vós fizestes realmente maravilhas. *
Quem, Senhor, pode convosco comparar-se?
=²⁰ Vós permitistes que eu sofresse grandes males, †
mas vireis restituir a minha vida *
e tirar-me dos abismos mais profundos.
—²¹ Confortareis a minha idade avançada, *
e de novo me havereis de consolar.
—²² Então, vos cantarei ao som da harpa, *
celebrando vosso amor sempre fiel;
— para louvar-vos tocarei a minha cítara, *
glorificando-vos, ó Santo de Israel!

—²³ A alegria cantará sobre meus lábios, *
e a minha alma libertada exultará!
—²⁴ Igualmente a minha língua todo o dia, *
cantando, exaltará vossa justiça!
— Pois ficaram confundidos e humilhados *
todos aqueles que tramavam contra mim.

Ant. Na velhice, com os meus cabelos brancos,
eu vos suplico, ó Senhor, não me deixeis!

Para as outras Horas, Salmodia complementar, das séries I e III, p. 1132.

Oração das Nove Horas

Leitura breve 2Cor 13,11
Irmãos, alegrai-vos, trabalhai no vosso aperfeiçoamento, encorajai-vos, cultivai a concórdia, vivei em paz, e o Deus do amor e da paz estará convosco.

V. O **Senhor** pousa seus **olhos** sobre os **justos**.
R. O seu **ouvido** está **atento** ao seu **chamado**.

Oração

Ó Deus, Pai de bondade, destes o trabalho aos seres humanos para que, unindo seus esforços, progridam cada vez mais; concedei que, em nossas atividades, vos amemos a vós como filhos e filhas e a todos como irmãos e irmãs. Por Cristo, nosso Senhor.

Oração das Doze Horas

Leitura breve Rm 6,22
Agora libertados do pecado, e como escravos de Deus, frutificais para a santidade até a vida eterna, que é a meta final.

V. Vireis, ó **Deus**, restituir a minha **vida**,
R. Para que, em **vós**, se rejubile o vosso **povo**.

Oração

Ó Deus, senhor e guarda da vinha e da colheita, que repartis as tarefas e dais a justa recompensa, fazei-nos carregar o peso do dia, sem jamais murmurar contra a vossa vontade. Por Cristo, nosso Senhor.

Oração das Quinze Horas

Leitura breve Cl 1,21-22

Vós, que outrora éreis estrangeiros e inimigos pelas manifestas más obras, eis que agora Cristo vos reconciliou pela morte que sofreu no seu corpo mortal, para vos apresentar como santos, imaculados, irrepreensíveis diante de si.

V. Cantai **salmos** ao Se**nhor**, povo fiel.
R. Dai-lhe **graças** e invo**cai** seu santo **nome**!

Oração

Ó Deus, que nos convocais para o louvor, na mesma hora em que os Apóstolos subiam ao templo, concedei que esta prece, feita de coração sincero em nome de Jesus, alcance a salvação para quantos o invocam. Por Cristo, nosso Senhor.

A conclusão da Hora como no Ordinário.

Vésperas

V. Vinde, ó **Deus**. Glória ao **Pai**. Como era. Ale**luia**.

Hino

> Ó Deus, organizando
> o líquido elemento,
> as águas dividistes
> firmando o firmamento.
>
> As nuvens fazem sombra,
> os rios dão frescor;
> assim tempera a água,
> dos astros o calor.

Em nós vertei a graça,
a água benfazeja;
do fogo das paixões,
constante, nos proteja.

Que a fé encontre a luz
e espalhe o seu clarão;
que nada impeça a alma
no impulso da ascensão!

Ao Pai e ao Filho, glória;
ao Espírito também:
louvor, honra e vitória
agora e sempre. Amém.

Salmodia

Ant. 1 Nossos **olhos** estão fitos no Se**nhor**,
até que ele tenha **pe**na de seus **ser**vos.

Salmo 122(123)
Deus, esperança do seu povo

Dois cegos... começaram a gritar: Senhor, Filho de Davi, tem piedade de nós! (Mt 20,30).

— ¹ Eu le**van**to os meus **o**lhos para **vós**, *
que habi**tais** nos altos **céus**.
— ² Como os **o**lhos dos escravos estão fitos *
nas **mãos** do seu senhor,
— como os **o**lhos das escravas estão fitos *
nas **mãos** de sua senhora,
— assim os nossos olhos, no Senhor, *
até de **nós** ter piedade.
— ³ Tende pie**da**de, ó Senhor, tende piedade; *
já é de**mais** esse desprezo!
— ⁴ Estamos **far**tos do escárnio dos ri**ca**ços *
e do des**pre**zo dos soberbos!

Ant. Nossos olhos estão fitos no Senhor,
até que ele tenha pena de seus servos.

Ant. 2 O nosso auxílio está no nome do Senhor,
do Senhor que fez o céu e fez a terra.

Salmo 123(124)
O nosso auxílio está no nome do Senhor

O Senhor disse a Paulo: Não tenhas medo, porque eu estou contigo (At 18,9-10).

– ¹ Se o Senhor não estivesse ao nosso lado, *
que o diga Israel neste momento;
– ² se o Senhor não estivesse ao nosso lado, *
quando os homens investiram contra nós,
– ³ com certeza nos teriam devorado *
no furor de sua ira contra nós.
– ⁴ Então as águas nos teriam submergido, *
a correnteza nos teria arrastado,
– ⁵ e então por sobre nós teriam passado *
essas águas sempre mais impetuosas.
– ⁶ Bendito seja o Senhor, que não deixou *
cairmos como presa de seus dentes!
– ⁷ Nossa alma como um pássaro escapou *
do laço que lhe armara o caçador;
– o laço arrebentou-se de repente, *
e assim conseguimos libertar-nos.
– ⁸ O nosso auxílio está no nome do Senhor, *
do Senhor que fez o céu e fez a terra!

Ant. O nosso auxílio está no nome do Senhor,
do Senhor que fez o céu e fez a terra.

Ant. 3 No seu Filho, o Pai nos escolheu
para sermos seus filhos adotivos.

Cântico Ef 1,3-10

O plano divino da salvação

– ³ Bendito e louvado seja **Deus**, *
o **Pai** de Jesus Cristo, Senhor nosso,
– que do alto **céu** nos abençoou em Jesus Cristo *
com **bên**ção espiritual de toda sorte!

(R. Bendito sejais **vós**, nosso **Pai**,
que **nos** abençoastes em **Cristo**!)

– ⁴ Foi em **Cristo** que Deus Pai nos escolheu, *
já bem **an**tes de o mundo ser criado,
– para que **fôs**semos, perante a sua face, *
sem **má**cula e santos pelo amor. (R.)

= ⁵ Por **li**vre decisão de sua vontade, †
predesti**nou**-nos, através de Jesus Cristo, *
a sermos **ne**le os seus filhos adotivos,
– ⁶ para o lou**vor** e para a glória de sua graça, *
que em seu **Fi**lho bem-amado nos doou. (R.)

– ⁷ É **ne**le que nós temos redenção, *
dos pe**ca**dos remissão pelo seu sangue.
= Sua **gra**ça transbordante e inesgotável †
⁸ Deus derrama sobre nós com abundância, *
de sa**ber** e inteligência nos dotando. (R.)

– ⁹ E assim, ele nos deu a conhecer *
o mis**té**rio de seu plano e sua vontade,
– que propusera em seu querer benevolente, *
¹⁰ na pleni**tu**de dos tempos realizar:
– o de**síg**nio de, em Cristo, reunir *
todas as **coi**sas: as da terra e as do céu. (R.)

Ant. No seu **Fi**lho, o **Pai** nos esco**lheu**
para **ser**mos seus **fi**lhos adotivos.

Leitura breve
Tg 4,11-12

Não faleis mal dos outros, irmãos. Quem fala mal de seu irmão ou o julga, fala mal da Lei e julga-a. Ora, se julgas a Lei, não és cumpridor da Lei, mas sim, seu juiz. Um só é o legislador e juiz: aquele que é capaz de salvar e de fazer perecer. Tu, porém, quem és, para julgares o teu próximo?

Responsório breve

R. Curai-me, Senhor,* Pois pequei contra vós.
   R. Curai-me.
V. Eu vos digo: Meu Deus, tende pena de mim!
   * Pois pequei. Glória ao Pai. R. Curai-me.

Cântico evangélico, ant.

A minh'alma engrandece o Senhor,
porque olhou para a minha humildade.

Preces

Jesus Cristo quer salvar todos os seres humanos; por isso o invoquemos de coração sincero; e digamos:

R. **Atraí, Senhor, todas as coisas para vós!**

Bendito sejais, Senhor, porque nos libertastes da escravidão do pecado pelo vosso sangue precioso;
– tornai-nos participantes da gloriosa liberdade dos filhos de Deus. R.

Concedei a vossa graça ao nosso bispo N. e a todos os bispos da Igreja,
– para que administrem os vossos mistérios com alegria e fervor. R.

Fazei que todos aqueles que se dedicam à busca da verdade possam encontrá-la,
– e, encontrando-a, se esforcem por buscá-la sempre mais.
R.

Assisti, Senhor, os órfãos, as viúvas e todos os que vivem abandonados,
– para que, sentindo-vos próximo deles, unam-se mais plenamente a vós.

R. **Atraí, Senhor, todas as coisas para vós!**

(intenções livres)

Recebei com bondade na Jerusalém celeste os nossos irmãos e irmãs que partiram desta vida,
– onde vós, com o Pai e o Espírito Santo, sereis tudo em todos. R.

Pai nosso...

Oração

Ó Deus, nosso Pai, luz que não se apaga: olhando para nós reunidos nesta oração vespertina, iluminai nossas trevas e perdoai nossas culpas. Por nosso Senhor Jesus Cristo, vosso Filho, na unidade do Espírito Santo.

A conclusão da Hora como no Ordinário.

III TERÇA-FEIRA

Invitatório

V. **Abri** os meus **lá**bios. R. E minha **bo**ca.
R. Ao Se**nhor**, o grande **Rei**, vinde **to**dos, adoremos!

Salmo invitatório como no Ordinário, p. 537.

Ofício das Leituras

V. Vinde, ó **Deus**. Glória ao **Pai**. Como era. Ale**lui**a.

Esta introdução se omite quando o Invitatório precede imediatamente ao Ofício das Leituras.

Hino

I. Quando se diz o Ofício das Leituras durante a noite ou de madrugada:

> Da luz do Pai nascido,
> vós mesmo luz e aurora,
> ouvi os que suplicam,
> cantando noite afora.

> Varrei as nossas trevas
> e as hostes do inimigo:
> o sono, em seus assaltos,
> não ache em nós abrigo.

> Ó Cristo, perdoai-nos,
> pois Deus vos proclamamos.
> Propício seja o canto
> que agora iniciamos.

> A glória seja ao Pai,
> ao Filho seu também,
> ao Espírito igualmente,
> agora e sempre. Amém.

II. Quando se diz o Ofício das Leituras durante o dia:

Ó Trindade Sacrossanta,
ordenais o que fizestes.
Ao trabalho dais o dia,
ao descanso a noite destes.

De manhã, à tarde e à noite,
vossa glória celebramos.
Nesta glória conservai-nos
todo o tempo que vivamos.

Ante vós ajoelhamos
em humilde adoração.
Reuni as nossas preces
à celeste louvação.

Escutai-nos, Pai piedoso,
e vós, Filho de Deus Pai,
com o Espírito Paráclito,
pelos séculos reinais.

Salmodia

Ant. 1 Eis que **Deus** se põe de **pé**,
e os ini**mi**gos se dis**per**sam! †

Salmo 67(68)
Entrada triunfal do Senhor

Tendo subido às alturas, ele capturou prisioneiros e distribuiu dons aos homens (Ef 4,8).

I

— ²Eis que **Deus** se põe de **pé**, e os ini**mi**gos se dis**per**sam! *
  † Fogem **lon**ge de sua face os que o**dei**am o Senhor!
= ³Como a fu**ma**ça se dissipa, assim tam**bém** os dissipais, †
  como a **ce**ra se derrete, ao cóntato com o fogo, *
  assim pereçam os iníquos ante a **fa**ce do Senhor!
— ⁴Mas os **jus**tos se alegram na pre**sen**ça do Senhor *
  rejubilam satisfeitos e e**xul**tam de alegria!

—⁵ Cantai a **Deus**, a Deus louvai, cantai um **sal**mo a seu nome! †
Abri ca**mi**nho para Aquele que a**van**ça no deserto; *
o seu **no**me é Senhor: exul**tai** diante dele!

—⁶ Dos **ór**fãos ele é pai, e das vi**ú**vas protetor; *
é as**sim** o nosso Deus em sua **san**ta habitação.

=⁷ É o Se**nhor** quem dá abrigo, dá um **lar** aos deserdados, †
quem li**ber**ta os prisioneiros e os sa**ci**a com fartura, *
mas aban**do**na os rebeldes num de**ser**to sempre estéril!

—⁸ Quando sa**ís**tes como povo, ca**mi**nhando à sua frente*
e atraves**san**do o deserto, a terra **to**da estremeceu;

—⁹ orva**lhou** o próprio céu ante a **face** do Senhor, *
e o Si**nai** também tremeu perante o **Deus** de Israel.

—¹⁰ Derra**mas**tes lá do alto uma **chu**va generosa, *
e vossa **ter**ra, vossa herança, já can**sa**da, renovastes;

—¹¹ e a**li** vosso rebanho encon**trou** sua morada; *
com ca**ri**nho preparastes essa **ter**ra para o pobre.

Ant. Eis que **Deus** se põe de **pé**,
e os ini**mi**gos se dis**per**sam!

Ant. 2 Nosso **Deus** é um Deus que **sal**va;
só o Se**nhor** livra da **mor**te.

II

—¹² O Se**nhor** anunci**ou** a boa-**no**va a seus e**lei**tos, *
e uma **gran**de multidão de nossas **jo**vens a proclamam:

—¹³ "Muitos **reis** e seus exércitos fogem **um** após o outro, *
e a mais **be**la das mulheres distri**bui** os seus despojos.

=¹⁴ En**quan**to descansais entre a **cer**ca dos apriscos, †
as **a**sas de uma pomba de **pra**ta se recobrem, *
e suas **pe**nas têm o brilho de um **ou**ro esverdeado.

—¹⁵ O Se**nhor** onipotente disper**sou** os poderosos, *
dissi**pou**-os como a neve que se es**pa**lha no Salmon!"

—¹⁶ Montanhas de Basã tão escar**pa**das e altaneiras, *
ó **mon**tes elevados desta **ser**ra de Basã,

= ¹⁷por que **tendes** tanta inveja, ó **mon**tanhas sobranceiras, †
deste **Mon**te que o Senhor esco**lheu** para morar? *
Sim, é **ne**le que o Senhor habita**rá** eternamente!
– ¹⁸Os **car**ros do Senhor são mi**lha**res de milhares; *
do Si**nai** veio o Senhor, para mo**rar** no santuário.
= ¹⁹Vós su**bis**tes para o alto e le**vas**tes os cativos, †
os **ho**mens prisioneiros rece**bes**tes de presente, *
até **mes**mo os que não querem vão mo**rar** em vossa casa.
– ²⁰Ben**di**to seja Deus, bendito **se**ja cada dia, *
o Deus da **nos**sa salvação, que car**re**ga os nossos fardos!
– ²¹Nosso **Deus** é um Deus que salva, é um **Deus** libertador; *
o Se**nhor**, só o Senhor, nos pode**rá** livrar da morte!
– ²²Ele es**ma**ga a cabeça dos que **são** seus inimigos, *
e os **crâ**nios contumazes dos que **vi**vem no pecado.
– ²³Diz o Se**nhor**: "Eu vou trazê-los prisio**nei**ros de Basã, *
até do **fun**do dos abismos vou trazê-los prisioneiros!
– ²⁴No **san**gue do inimigo o teu **pé** vai mergulhar, *
e a **lín**gua de teus cães terá tam**bém** a sua parte".

Ant. Nosso **Deus** é um Deus que **sal**va;
só o Se**nhor** livra da **mor**te.

Ant. 3 Reinos da **ter**ra, cele**brai**
o nosso **Deus**, cantai-lhe **sal**mos!

III

– ²⁵Contem**pla**mos, ó Se**nhor**, vosso cortejo que desfila, *
é a en**tra**da do meu Deus, do meu **Rei**, no santuário;
– ²⁶os can**to**res vão à frente, vão a**trás** os tocadores, *
e no **mei**o vão as jovens a to**car** seus tamborins.
– ²⁷"Bendi**zei** o nosso Deus, em fes**ti**vas assembleias! *
Bendi**zei** nosso Senhor, descen**den**tes de Israel!"
= ²⁸Eis o **jo**vem Benjamim que vai à **fren**te deles todos; †
eis os **che**fes de Judá, com as **su**as comitivas, *
os princi**pais** de Zabulon e os princi**pais** de Neftali. –

29 Suscitai, ó Senhor Deus, suscitai vosso poder, *
 confirmai este poder que por **nós** manifestastes,
30 a partir de vosso templo, que está em Jerusalém, *
 para **vós** venham os reis e vos ofertem seus presentes!
31 Ameaçai, ó nosso Deus, a fera brava dos caniços, †
 a manada de novilhos e os touros das nações! *
 Que vos rendam homenagem e vos tragam ouro e prata!
= Dispersai todos os povos que na guerra se comprazem! †
32 Venham príncipes do Egito, venham dele os poderosos, *
 e levante a Etiópia suas **mãos** para o Senhor!
33 Reinos da terra, celebrai o nosso **Deus**, cantai-lhe salmos! †
34 Ele viaja no seu carro sobre os **céus** dos céus eternos.*
 Eis que eleva e faz ouvir a sua **voz**, voz poderosa.
35 "Dai glória a **Deus** e exaltai o seu poder por sobre as nuvens.*
 Sobre Israel, eis sua glória e sua grande majestade!
36 Em seu templo é admirável e a seu povo dá poder. *
 Bendito seja o Senhor Deus, agora e sempre. Amém, amém!

Ant. Reinos da terra celebrai
 o nosso **Deus**, cantai-lhe **sal**mos!

V. Quero ouvir o que o Senhor irá falar.
R. É a paz que ele vai anunciar.

Leituras e oração correspondentes a cada Ofício.

Laudes

V. Vinde, ó **Deus**. Glória ao **Pai**. Como era. Aleluia.

Esta introdução se omite quando o Invitatório precede imediatamente às Laudes.

Hino

Já vem brilhante aurora
o sol anunciar.

De cor reveste as coisas,
faz tudo cintilar.

Ó Cristo, Sol eterno,
vivente para nós,
saltamos de alegria,
cantando para vós.

Do Pai Ciência e Verbo,
por quem se fez a luz,
as mentes, para vós,
levai, Senhor Jesus.

Que nós, da luz os filhos,
solícitos andemos.
Do Pai eterno a graça
nos atos expressemos.

Profira a nossa boca
palavras de verdade,
trazendo à alma o gozo
que vem da lealdade.

A vós, ó Cristo, a glória
e a vós, ó Pai, também,
com vosso Santo Espírito,
agora e sempre. Amém.

Salmodia

Ant. 1 Abençoastes, ó S**enhor**, a vossa **terra**,
perdo**as**tes o pe**ca**do ao vosso **povo**.

Salmo 84(85)
A nossa salvação está próxima

No Salvador caído por terra, Deus abençoou a sua terra (Orígenes).

— ²Favore**ces**tes, ó S**enhor**, a vossa **terra**, *
liber**tas**tes os cativos de Jacó.

– ³Perdoastes o pecado ao vosso povo, *
  encobristes toda a falta cometida;
– ⁴retirastes a ameaça que fizestes, *
  acalmastes o furor de vossa ira.
– ⁵Renovai-nos, nosso Deus e Salvador, *
  esquecei a vossa mágoa contra nós!
– ⁶Ficareis eternamente irritado? *
  Guardareis a vossa ira pelos séculos?
– ⁷Não vireis restituir a nossa vida, *
  para que em vós se rejubile o vosso povo?
– ⁸Mostrai-nos, ó Senhor, vossa bondade, *
  concedei-nos também vossa salvação!

– ⁹Quero ouvir o que o Senhor irá falar: *
  é a paz que ele vai anunciar;
– a paz para o seu povo e seus amigos, *
  para os que voltam ao Senhor seu coração.
–¹⁰Está perto a salvação dos que o temem, *
  e a glória habitará em nossa terra.
–¹¹A verdade e o amor se encontrarão, *
  a justiça e a paz se abraçarão;
–¹²da terra brotará a fidelidade, *
  e a justiça olhará dos altos céus.
–¹³O Senhor nos dará tudo o que é bom, *
  e a nossa terra nos dará suas colheitas;
–¹⁴a justiça andará na sua frente *
  e a salvação há de seguir os passos seus

Ant. Abençoastes, ó Senhor, a vossa terra,
  perdoastes o pecado ao vosso povo.

Ant. 2 Durante a noite a minha alma vos deseja,
  e meu espírito vos busca desde a aurora.

Cântico Is 26,1-4.7-9.12
Hino depois da vitória
A muralha da cidade tinha doze alicerces (cf. Ap 21,14).

– ¹ Nossa cidade invencível é Sião, *
sua muralha e sua trincheira é o Salvador.

– ² Abri as portas, para que entre um povo justo, *
um povo reto que ficou sempre fiel.

– ³ Seu coração está bem firme e guarda a paz, *
guarda a paz, porque em vós tem confiança.

– ⁴ Tende sempre confiança no Senhor, *
pois é ele nossa eterna fortaleza!

– ⁷ O caminho do homem justo é plano e reto, *
porque vós o preparais e aplainais;

– ⁸ foi trilhando esse caminho de justiça *
que em vós sempre esperamos, ó Senhor!

– Vossa lembrança e vosso nome, ó Senhor, *
são o desejo e a saudade de noss'alma!

– ⁹ Durante a noite a minha alma vos deseja, *
e meu espírito vos busca desde a aurora.

– Quando os vossos julgamentos se cumprirem, *
aprenderão todos os homens a justiça.

–¹² Ó Senhor e nosso Deus, dai-nos a paz, *
pois agistes sempre em tudo o que fizemos!

Ant. Durante a **noite** a minha **al**ma vos deseja,
e meu espírito vos **bus**ca desde a au**ro**ra.

Ant. 3 Ó Se**nhor**, que vossa **face** resplan**de**ça sobre **nós**!

Quando o salmo seguinte já tiver sido recitado no Invitatório, em seu lugar se diz o Salmo 94(95), à p. 537.

Salmo 66(67)
Todos os povos celebram o Senhor

Sabei que esta salvação de Deus já foi comunicada aos pagãos! (At 28,28).

– ²Que Deus nos **dê** a sua **graça** e sua **bênção**, *
  e sua **face** resplandeça sobre nós!
– ³Que na **terra** se conheça o seu caminho *
  e a **sua** salvação por entre os povos.
– ⁴Que as **nações** vos glorifiquem, ó Senhor, *
  que **to**das as nações vos glorifiquem!
– ⁵**Exul**te de alegria a terra inteira, *
  pois jul**gais** o universo com justiça;
– os **po**vos governais com retidão, *
  e gui**ais**, em toda a terra, as nações.
– ⁶Que as **nações** vos glorifiquem, ó Senhor, *
  que **to**das as nações vos glorifiquem!
– ⁷A **terra** produziu sua colheita: *
  o Se**nhor** e nosso Deus nos abençoa.
– ⁸Que o Se**nhor** e nosso Deus nos abençoe, *
  e o res**pei**tem os confins de toda a terra!

Ant. Ó Se**nhor**, que vossa **face** resplandeça sobre **nós**!

Leitura breve 1Jo 4,14-15

Nós vimos, e damos testemunho, que o Pai enviou o seu Filho como Salvador do mundo. Todo aquele que proclama que Jesus é o Filho de Deus, Deus permanece com ele, e ele com Deus.

Responsório breve

R. Ó meu **Deus**, sois o ro**che**do que me **abri**ga,
  * Meu escudo e proteção: em vós espero! R. Ó meu **Deus**.
V. Minha **rocha**, meu a**bri**go e Salva**dor**. * Meu escudo.
  Glória ao **Pai**. R. Ó meu **Deus**.

Cântico evangélico, ant.
O Senhor fez surgir um poderoso Salvador,
como falara pela boca de seus santos e profetas.

Preces
Adoremos a Jesus Cristo que, pelo seu sangue derramado, conquistou o povo da nova Aliança; e supliquemos humildemente:
R. **Lembrai-vos, Senhor, do vosso povo!**

Cristo, nosso Rei e Redentor, ouvi o louvor da vossa Igreja, no princípio deste dia,
– e ensinai-a a glorificar continuamente a vossa majestade. R.

Cristo, nossa esperança e nossa força, ensinai-nos a confiar em vós,
– e nunca permitais que sejamos confundidos. R.

Vede nossa fraqueza e socorrei-nos sem demora,
– porque sem vós nada podemos fazer. R.

Lembrai-vos dos pobres e abandonados, para que este novo dia não seja um peso para eles,
– mas lhes traga conforto e alegria. R.

(intenções livres)

Pai nosso...

Oração
Deus todo-poderoso, autor da bondade e beleza das criaturas, concedei que em vosso nome iniciemos, alegres, este dia e que o vivamos no amor generoso e serviçal a vós e a nossos irmãos e irmãs. Por nosso Senhor Jesus Cristo, vosso Filho, na unidade do Espírito Santo.

A conclusão da Hora como no Ordinário.

Hora Média

V. Vinde, ó **Deus**. Glória ao **Pai**. Como era. Ale**lui**a.

HINO como no Ordinário, p. 552-555.

Salmodia

Ant. 1 A pleni**tu**de da **lei** é o **a**mor.

Salmo 118(119),97-104
XIII (Mem)
Meditação sobre a Palavra de Deus na Lei

Este é o mandamento que dele recebemos: aquele que ama a Deus, ame também o seu irmão! (1Jo 4,21).

—⁹⁷ Quanto eu **a**mo, ó Se**nhor**, a vossa **lei**! *
 Perma**ne**ço o dia inteiro a meditá-la.
—⁹⁸ Vossa **lei** me faz mais sábio que os rivais, *
 porque **e**la me acompanha eternamente.
—⁹⁹ Fiquei mais **sá**bio do que todos os meus mestres, *
 porque me**di**to sem cessar vossa Aliança.
—¹⁰⁰Sou mais pru**den**te que os próprios anciãos, *
 porque **cum**pro, ó Senhor, vossos preceitos.
—¹⁰¹De **to**do mau caminho afasto os passos, *
 para que eu **si**ga fielmente as vossas ordens.
—¹⁰²De **vos**sos julgamentos não me afasto, *
 porque vós **mes**mo me ensinastes vossas leis.
—¹⁰³Como é **do**ce ao paladar vossa palavra, *
 muito mais **do**ce do que o mel na minha boca!
—¹⁰⁴De vossa **lei** eu recebi inteligência, *
 por isso o**dei**o os caminhos da mentira.

Ant. A pleni**tu**de da **lei** é o **a**mor.

Ant. 2 Recor**dai**-vos deste **po**vo que ou**tro**ra adqui**ris**tes!

Salmo 73(74)
Lamentação sobre o templo devastado
Não tenhais medo dos que matam o corpo (Mt 10,28).

I

— ¹ Ó Senhor, por que razão nos rejeitastes para sempre *
e vos irais contra as ovelhas do rebanho que guiais?
= ² Recordai-vos deste povo que outrora adquiristes, †
desta tribo que remistes para ser a vossa herança, *
e do monte de Sião que escolhestes por morada!
— ³ Dirigi-vos até lá para ver quanta ruína: *
no santuário o inimigo destruiu todas as coisas;
— ⁴ e, rugindo como feras, no local das grandes festas, *
lá puseram suas bandeiras vossos ímpios inimigos.
— ⁵ Pareciam lenhadores derrubando uma floresta, *
— ⁶ ao quebrarem suas portas com martelos e com malhos.
— ⁷ Ó Senhor, puseram fogo mesmo em vosso santuário! *
Rebaixaram, profanaram o lugar onde habitais!
— ⁸ Entre si eles diziam: "Destruamos de uma vez!" *
E os templos desta terra incendiaram totalmente.
— ⁹ Já não vemos mais prodígios, já não temos mais profetas, *
ninguém sabe, entre nós, até quando isto será!
—¹⁰ Até quando, Senhor Deus, vai blasfemar o inimigo? *
Porventura ultrajará eternamente o vosso nome?
—¹¹ Por que motivo retirais a vossa mão que nos ajuda? *
Por que retendes escondido vosso braço poderoso?
—¹² No entanto, fostes vós o nosso Rei desde o princípio, *
e só vós realizais a salvação por toda a terra.

Ant. Recordai-vos deste povo que outrora adquiristes!

Ant. 3 Levantai-vos, Senhor Deus,
e defendei a vossa causa!

II

—¹³ Com vossa **força** poderosa divi**dis**tes vastos **ma**res *
e que**bras**tes as cabeças dos dra**gões** nos oceanos.
—¹⁴ Fostes **vós** que ao Leviatã esma**gas**tes as cabeças *
e o jo**gas**tes como pasto para os **mons**tros do oceano.
—¹⁵ Vós fi**zes**tes irromper fontes de **á**guas e torrentes *
e fi**zes**tes que secassem grandes **ri**os caudalosos.
—¹⁶ Só a **vós** pertence o dia, só a **vós** pertence a noite; *
vós cri**as**tes sol e lua, e os fi**xas**tes lá nos céus.
—¹⁷ Vós mar**cas**tes para a terra o lu**gar** de seus limites. *
vós for**mas**tes o verão, vós cri**as**tes o inverno.
—¹⁸ Recor**dai**-vos, ó Senhor, das blas**fê**mias do inimigo
e de um **po**vo insensato que mal**diz** o vosso nome!
—¹⁹ Não entre**gueis** ao gavião a vossa **a**ve indefesa. *
não esque**çais** até o fim a humilh**ação** dos vossos pobres!
—²⁰ Recor**dai** vossa Aliança! A me**di**da transbordou, *
porque nos **an**tros desta terra só e**xis**te violência!
—²¹ Que não se es**con**dam envergonhados o hu**mil**de e o pequeno, *
mas glorifi**quem** vosso nome o infe**liz** e o indigente!
—²² Levan**tai**-vos, Senhor Deus, e defen**dei** a vossa causa! *
Recor**dai**-vos do insensato que blas**fe**ma o dia todo!
—²³ Escu**tai** o vozerio dos que **gri**tam contra vós, *
e o cla**mor** sempre crescente dos re**bel**des contra vós!

Ant. Levan**tai**-vos, Senhor **Deus**, e defen**dei** a vossa **cau**sa!

Para as outras Horas, Salmodia complementar, das séries I e III, p. 1132.

Oração das Nove Horas

Leitura breve
Jr 22,3

Administrai bem e praticai a justiça; ao que sofre violência, livrai-o das mãos do explorador, e não deixeis sofrer aflições e opressão iníqua o estrangeiro, o órfão e a viúva; e não derrameis sangue inocente.

V. Julgará o mundo inteiro com justiça.
R. E as nações há de julgar com equidade.

Oração

Deus eterno e todo-poderoso, que nesta hora enviastes aos Apóstolos vosso santo Paráclito, comunicai-nos também este Espírito de amor, para darmos de vós um testemunho fiel diante de todos. Por Cristo, nosso Senhor.

Oração das Doze Horas

Leitura breve   Dt 15,7-8
Se um dos teus irmãos, que mora em alguma de tuas cidades, na terra que o Senhor, teu Deus, te vai dar, cair na pobreza, não lhe endureças o teu coração nem lhe feches a mão. Ao contrário, abre a mão para o teu irmão pobre e empresta-lhe o bastante para a necessidade que o oprime.

V. Escutastes os desejos dos pequenos.
R. Seu coração fortalecestes e os ouvistes.

Oração

Ó Deus, que revelastes a Pedro vosso plano de salvação para todos os povos, fazei que nossos trabalhos vos agradem e, pela vossa graça, sirvam ao vosso desígnio de amor e redenção. Por Cristo, nosso Senhor.

Oração das Quinze Horas

Leitura breve   Pr 22,22-23
Não faças violência ao fraco, por ser fraco, nem oprimas o pobre no tribunal, porque o Senhor julgará a causa deles e tirará a vida aos que os oprimiam.

V. O Senhor libertará o indigente.
R. E a vida dos humildes salvará.

Oração

Senhor Deus, que enviastes vosso anjo para mostrar ao centurião Cornélio o caminho da vida, concedei-nos trabalhar com alegria para a salvação da humanidade, a fim de que, unidos todos na vossa Igreja, possamos chegar até vós. Por Cristo, nosso Senhor.

A conclusão da Hora como no Ordinário.

Vésperas

V. Vinde, ó **Deus**. Glória ao **Pai**. Como era. Ale**lu**ia.

Hino

Ó grande Autor da terra,
que, as águas repelindo,
do mundo o solo erguestes,
a terra produzindo,

de plantas revestida,
ornada pelas flores,
e dando muitos frutos,
diversos em sabores.

Lavai as manchas da alma
na fonte, pela graça.
O pranto em nossos olhos
as más ações desfaça.

Seguindo as vossas leis,
lutemos contra o mal,
felizes pelo dom
da vida perenal.

Ouvi-nos, Pai bondoso,
e vós, dileto Filho,
unidos pelo Espírito
na luz de eterno brilho.

Salmodia

Ant. 1 Deus nos cerca de carinho e proteção.

Salmo 124(125)
Deus, protetor de seu povo

A paz para o Israel de Deus (cf. Gl 6,16).

— ¹ Quem confia no Senhor é como o monte de Sião: *
   nada o pode abalar, porque é firme para sempre.
= ² Tal e qual Jerusalém, toda cercada de montanhas, †
   assim Deus cerca seu povo de carinho e proteção, *
   desde agora e para sempre, pelos séculos afora.
= ³ O Senhor não vai deixar prevalecer por muito tempo †
   o domínio dos malvados sobre a sorte dos seus justos, *
   para os justos não mancharem suas mãos na iniquidade.
= ⁴ Fazei o bem, Senhor, aos bons e aos que têm reto
   coração, †
   ⁵ mas os que seguem maus caminhos, castigai-os com os
   maus! *
   Que venha a paz a Israel! Que venha a paz ao vosso povo!

Ant. Deus nos cerca de carinho e proteção.

Ant. 2 Tornai-nos, Senhor, como crianças,
       para podermos entrar em vosso Reino!

Salmo 130(131)
Confia no Senhor como criança

Aprendei de mim, porque sou manso e humilde de coração
(Mt 11,29).

— ¹ Senhor, meu coração não é orgulhoso, *
   nem se eleva arrogante o meu olhar;
—   não ando à procura de grandezas, *
   nem tenho pretensões ambiciosas! —

– ² Fiz **calar** e sossegar a minha alma; *
  ela **está** em grande paz dentro de mim,
– como a criança bem tranquila, amamentada *
  no regaço acolhedor de sua mãe.
– ³ Confia no Senhor, ó Israel, *
  desde agora e por toda a eternidade!

Ant. Tor**nai**-nos, Se**nhor**, como cri**an**ças,
  para po**der**mos en**trar** em vosso **Reino**!

Ant. 3 Fizestes de **nós** para Deus sacer**do**tes e **po**vo de **reis**.

Cântico   Ap 4,11; 5,9.10.12

Hino dos remidos

–⁴,¹¹ Vós sois **digno**, Senhor nosso **Deus**, *
  de rece**ber** honra, glória e poder!

(R. **Poder**, honra e **gló**ria ao Cor**deiro** de **Deus**!)

=   Porque **to**das as coisas criastes, †
  é por **vos**sa vontade que existem, *
  e sub**sis**tem porque vós mandais.   (R.)

=⁵,⁹ Vós sois **digno**, Senhor nosso Deus, †
  de o **livro** nas mãos receber *
  e de **abrir** suas folhas lacradas!   (R.)

–   Porque **fos**tes por nós imolado; *
  para **Deus** nos remiu vosso sangue
–   dentre **to**das as tribos e línguas, *
  dentre os **po**vos da terra e nações.   (R.)

= ¹⁰ Pois fi**zes**tes de nós, para Deus, †
  sacer**do**tes e povo de reis, *
  e i**re**mos reinar sobre a terra.   (R.)

= ¹² O Cor**deiro** imolado é digno †
  de rece**ber** honra, glória e poder, *
  sabe**do**ria, louvor, divindade!   (R.)

Ant. Fizestes de **nós** para **Deus** sacer**do**tes e **po**vo de **reis**.

Leitura breve
Rm 12,9-12

O amor seja sincero. Detestai o mal, apegai-vos ao bem. Que o amor fraterno vos una uns aos outros com terna afeição, prevenindo-vos com atenções recíprocas. Sede zelosos e diligentes, fervorosos de espírito, servindo sempre ao Senhor, alegres por causa da esperança, fortes nas tribulações, perseverantes na oração.

Responsório breve
R. Vossa palavra, ó **Senhor**,
* Permanece eternamente. R. Vossa palavra.
V. Vossa ver**da**de é para **sempre**. * Permanece.
Glória ao **Pai**. R. Vossa palavra.

Cântico evangélico, ant.
Exulte meu es**pí**rito em **Deus**, meu **Salvador!**

Preces
Invoquemos a Deus, esperança do seu povo; e aclamemos com alegria:

R. **Senhor, sois a esperança do vosso povo!**

Nós vos damos graças, Senhor, porque nos enriquecestes em tudo, por Jesus Cristo,
– com o dom da palavra e do conhecimento. R.

Concedei a vossa sabedoria aos que governam as nações,
– para que o vosso conselho ilumine seus corações e seus atos. R.

Vós, que tornais os artistas capazes de exprimir a vossa beleza, por meio da sua sensibilidade e imaginação,
– fazei de suas obras uma mensagem de alegria e de esperança para o mundo. R.

Vós, que não permitis sermos tentados acima de nossas forças,
– fortalecei os fracos e levantai os caídos. R.
(intenções livres)

Vós, que, por vosso Filho, prometestes aos seres humanos ressuscitarem para a vida eterna no último dia,
– não esqueçais para sempre os que já partiram deste mundo. R.

Pai nosso...

Oração

Pai cheio de bondade, suba até vós nossa oração da tarde e desça sobre nós a vossa bênção, para que, agora e sempre, possamos alcançar a graça da salvação. Por nosso Senhor Jesus Cristo, vosso Filho, na unidade do Espírito Santo.

A conclusão da Hora como no Ordinário.

III QUARTA-FEIRA

Invitatório

V. **Abri** os meus **lábios.** R. E minha **boca.**

R. **Ado**remos o Se**nhor**, pois foi ele quem nos **fez**.

Salmo invitatório como no Ordinário, p. 537.

Ofício das Leituras

V. Vinde, ó **Deus**. Glória ao **Pai**. Como era. Ale**luia**.

Esta introdução se omite quando o Invitatório precede imediatamente ao Ofício das Leituras.

Hino

I. Quando se diz o Ofício das Leituras durante a noite ou de madrugada:

>Criastes céu e terra,
>a vós tudo obedece;
>livrai a nossa mente
>do sono que entorpece.

>As culpas perdoai,
>Senhor, vos suplicamos;
>de pé, para louvar-vos,
>o dia antecipamos.

>À noite as mãos e as almas
>erguemos para o templo:
>mandou-nos o Profeta,
>deixou-nos Paulo o exemplo.

>As faltas conheceis
>e até as que ocultamos;
>a todas perdoai,
>ansiosos suplicamos.

A glória seja ao Pai,
ao Filho seu também,
ao Espírito igualmente,
agora e sempre. Amém.

II. Quando se diz o Ofício das Leituras durante o dia:

A vós, honra e glória,
Senhor do saber,
que vedes o íntimo
profundo do ser,
e em fontes de graça
nos dais de beber.

As boas ovelhas
guardando, pastor,
buscais a perdida
nos montes da dor,
unindo-as nos prados
floridos do amor.

A ira do Rei
no dia final
não junte aos cabritos
o pobre mortal.
Juntai-o às ovelhas
no prado eternal.

A vós, Redentor,
Senhor, Sumo Bem,
louvores, vitória
e glória convém,
porque reinais sempre
nos séculos. Amém.

Salmodia

Ant. 1 O **amor** e a ver**da**de vão an**dan**do à vossa **fren**te.

Salmo 88(89),2-38
**As misericórdias do Senhor
com a descendência de Davi**

Conforme prometera, da descendência de Davi, Deus fez surgir um Salvador, que é Jesus (At 13,22.23).

I

—² Ó Senhor, eu cantarei eternamente o vosso amor, *
de geração em geração eu cantarei vossa verdade!
—³ Porque dissestes: "O amor é garantido para sempre!" *
E a vossa lealdade é tão firme como os céus. *
—⁴ "Eu firmei uma Aliança com meu servo, meu eleito, *
e eu fiz um juramento a Davi, meu servidor:
—⁵ Para sempre, no teu trono, firmarei tua linhagem, *
de geração em geração garantirei o teu reinado!"
—⁶ Anuncia o firmamento vossas grandes maravilhas *
e o vosso amor fiel a assembleia dos eleitos,
—⁷ pois quem pode lá das nuvens ao Senhor se comparar*
e quem pode, entre seus anjos, ser a ele semelhante?
—⁸ Ele é o Deus temível no conselho dos seus santos, *
ele é grande, ele é terrível para quantos o rodeiam.
—⁹ Senhor Deus do universo, quem será igual a vós? *
Ó Senhor, sois poderoso, irradiais fidelidade!
—¹⁰ Dominais sobre o orgulho do oceano furioso, *
quando as ondas se levantam, dominando as acalmais.
—¹¹ Vós feristes a Raab e o deixastes como morto, *
vosso braço poderoso dispersou os inimigos.
—¹² É a vós que os céus pertencem, e a terra é também vossa!*
Vós fundastes o universo e tudo aquilo que contém.
—¹³ Vós criastes no princípio tanto o norte como o sul; *
o Tabor e o Hermon em vosso nome rejubilam.
—¹⁴ Vosso braço glorioso se revela com poder! *
Poderosa é vossa mão, é sublime a vossa destra!

—¹⁵ Vosso **trono** se baseia na jus**ti**ça e no direito, *
vão an**dan**do à **vo**ssa frente o **amor** e a verdade.
—¹⁶ Quão fe**liz** é aquele povo que co**nhe**ce a alegria! *
Segui**rá** pelo caminho, sempre à **luz** de vossa face!
—¹⁷ Exulta**rá** de alegria em vosso **no**me dia a dia, *
e com **gran**de entusiasmo exalta**rá** vossa justiça.
—¹⁸ Pois sois **vós**, ó Senhor Deus, a sua **for**ça e sua glória, *
é por **vo**ssa proteção que exal**tais** nossa cabeça.
—¹⁹ Do Se**nhor** é o nosso escudo, ele é **nos**sa proteção, *
ele **rei**na sobre nós, é o **San**to de Israel

Ant. O **amor** e a ver**da**de vão an**dan**do à vossa **fren**te.

Ant. 2 O **Filho** de **Deus** se fez **ho**mem
e nas**ceu** da fa**mí**lia de Da**vi**.

II

=²⁰ Outro**ra** vós falas**tes** em vi**sões** a vossos **san**tos: †
"Colo**quei** uma coroa na cabeça de um herói *
e do **mei**o deste povo esco**lhi** o meu Eleito.
—²¹ Encon**trei** e escolhi a Davi meu servidor, *
e o un**gi** para ser rei com meu **ó**leo consagrado.
—²² Esta**rá** sempre com ele minha **mão** onipotente, *
e meu **bra**ço poderoso há de **ser** a sua força.
—²³ Não se**rá** surpreendido pela **for**ça do inimigo, *
nem o **fi**lho da maldade pode**rá** prejudicá-lo.
—²⁴ Diante **de**le esmagarei seus ini**mi**gos e agressores, *
feri**rei** e abaterei todos a**que**les que o odeiam.
—²⁵ Minha ver**da**de e meu amor estarão **sem**pre com ele, *
sua **for**ça e seu poder por meu **no**me crescerão.
—²⁶ Eu fa**rei** que ele estenda sua **mão** por sobre os mares, *
e a **sua** mão direita estende**rei** por sobre os rios.
—²⁷ Ele, en**tão**, me invocará: 'Ó Se**nhor**, vós sois meu Pai, *
sois meu **Deus**, sois meu Rochedo onde en**con**tro a
salvação!'

—²⁸ E por isso farei dele o meu **filho** primogênito, *
  sobre os **reis** de toda a terra, farei d**ele** o Rei altíssimo.
—²⁹ Guarda**rei** eternamente para **e**le a minha graça, *
  e com **e**le firmarei minha Ali**ança** indissolúvel.
—³⁰ Pelos **séculos** sem fim conserva**rei** sua descendência, *
  e o seu **trono**, tanto tempo quanto os **céus**, há de durar".

Ant. O **Filho** de **Deus** se fez **ho**mem
  e nas**ceu** da família de Davi.

Ant. 3 Eu ju**rei** uma só **vez** a Davi, meu servi**dor**:
  Eis que a **tua** descen**dência** durará eterna**mente**.

III

—³¹ Se seus **filhos**, porven**tura**, abandon**arem** minha **lei***
  e deixarem de andar pelos caminhos da Aliança;
—³² se, pecando, violarem minhas **justas** prescrições *
  e se **não** obedecerem aos meus **santos** mandamentos:
—³³ eu, en**tão**, castigarei os seus **crimes** com a vara, *
  com açoites e flagelos punirei as suas culpas.
—³⁴ Mas não **hei** de retirar-lhes minha **graça** e meu favor*
  e nem **hei** de renegar o juramento que lhes fiz.
—³⁵ Eu ja**mais** violarei a Aliança que firmei, *
  e ja**mais** hei de mudar o que meus **lábios** proferiram!
—³⁶ Eu ju**rei** uma só vez por minha **pró**pria santidade, *
  e por**tanto**, com certeza, a Davi não mentirei!
—³⁷ Eis que a **sua** descendência durará eternamente *
  e seu **trono** ficará à minha **fren**te como o sol;
—³⁸ como a **lua** que perdura sempre **fir**me pelos séculos, *
  e no **al**to firmamento é teste**mu**nha verdadeira".

Ant. Eu ju**rei** uma só **vez** a Davi, meu servi**dor**:
  Eis que a **tua** descen**dência** durará eterna**mente**.

V. Vossa palavra, ao reve**lar**-se, me ilu**mi**na.
R. Ela **dá** sabedoria aos peque**ni**nos.

Leituras e oração correspondentes a cada Ofício.

Laudes

V. Vinde, ó **Deus**. Glória ao **Pai**. Como **era**. Ale**lui**a.

Esta introdução se omite quando o Invitatório precede imediatamente às Laudes.

Hino

Ó noite, ó treva, ó nuvem,
não mais fiqueis aqui!
Já surge a doce aurora,
o Cristo vem: parti!

Rompeu-se o véu da terra,
cortado por um raio:
as coisas tomam cores,
já voltam do desmaio.

Assim também se apague
a noite do pecado,
e o Cristo em nossas almas
comece o seu reinado.

Humildes, vos pedimos
em nosso canto ou choro:
ouvi, ó Cristo, a prece,
que sobe a vós, em coro.

Os fogos da vaidade
a vossa luz desfaz.
Estrela da manhã,
quão doce vossa paz.

Louvor ao Pai, ó Cristo,
louvor a vós também;
reinais, no mesmo Espírito,
agora e sempre. Amém.

Salmodia

Ant. 1 **Alegrai** vosso **servo**, **Senhor**,
pois a **vós** eu elevo a minh'**al**ma.

Salmo 85(86)
Oração do pobre nas dificuldades

Bendito seja o Deus que nos consola em todas as nossas aflições (2Cor 1,3.4).

– ¹ Inclinai, ó Senhor, vosso ouvido, *
  escutai, pois sou pobre e infeliz!
= ² Protegei-me, que sou vosso amigo, †
  e salvai vosso servo, meu Deus, *
  que espera e confia em vós!
– ³ Piedade de mim, ó Senhor, *
  porque clamo por vós todo o dia!
– ⁴ Animai e alegrai vosso servo, *
  pois a vós eu elevo a minh'alma.
– ⁵ Ó Senhor, vós sois bom e clemente, *
  sois perdão para quem vos invoca.
– ⁶ Escutai, ó Senhor, minha prece, *
  o lamento da minha oração!
– ⁷ No meu dia de angústia eu vos chamo, *
  porque sei que me haveis de escutar.
– ⁸ Não existe entre os deuses nenhum *
  que convosco se possa igualar;
– não existe outra obra no mundo *
  comparável às vossas, Senhor!
– ⁹ As nações que criastes virão *
  adorar e louvar vosso nome.
– ¹⁰ Sois tão grande e fazeis maravilhas: *
  vós somente sois Deus e Senhor!
– ¹¹ Ensinai-me os vossos caminhos, *
  e na vossa verdade andarei;
– meu coração orientai para vós: *
  que respeite, Senhor, vosso nome!
– ¹² Dou-vos graças com toda a minh'alma, *
  sem cessar louvarei vosso nome!

—¹³ Vosso **amor** para mim foi imenso: *
retir**ai**-me do abismo da morte!
=¹⁴ Contra **mim** se levantam soberbos, †
e mal**va**dos me querem matar; *
não vos **le**vam em conta, Senhor!
—¹⁵ Vós, por**ém**, sois clemente e fiel, *
sois a**mor**, paciência e perdão.
=¹⁶ Tende **pena** e olhai para mim! †
Confir**mai** com vigor vosso servo, *
de vossa **ser**va o filho salvai.
—¹⁷ Conce**dei**-me um sinal que me prove *
a ver**da**de do vosso amor.
— O ini**mi**go humilhado verá *
que me **des**tes ajuda e consolo.

Ant. Ale**grai** vosso **ser**vo, Se**nhor**,
pois a **vós** eu ele**vo** a minh'**alma**.

Ant. 2 Fe**liz** de quem ca**mi**nha na justiça,
diz a ver**da**de e não engana o seme**lhan**te!

Cântico   Is 33,13-16
Deus julgará com justiça

A promessa é para vós e vossos filhos, e para todos aqueles que estão longe (At 2,39).

—¹³ Vós que estais **lon**ge, escu**tai** o que eu fiz! *
Vós que estais **per**to, conhecei o meu poder!
—¹⁴ Os peca**do**res em Sião se apavoraram, *
e aba**teu**-se sobre os ímpios o terror:
— "Quem ficar**á** junto do fogo que devora? *
Ou quem de **vós** suportará a eterna chama?"
—¹⁵ É a**que**le que caminha na justiça, *
diz a ver**da**de e não engana o semelhante;
— o que des**pre**za um benefício extorquido *
e re**cu**sa um presente que suborna;

— o que **fe**cha o seu ouvido à voz do crime *
e cerra os **o**lhos para o mal não contemplar.

— ¹⁶Esse **ho**mem morará sobre as alturas, *
e seu re**fú**gio há de ser a rocha firme.

— O seu **pão** não haverá de lhe faltar, *
e a **á**gua lhe será assegurada.

Ant. Fe**liz** de quem caminha na jus**ti**ça,
diz a ver**da**de e não engana o seme**lhan**te!

Ant. 3 Acla**mai** ao Se**nhor** e nosso **Rei**!

Salmo 97(98)
Deus, vencedor como juiz

Este salmo significa a primeira vinda do Senhor e a fé de todos os povos (Sto. Atanásio).

— ¹ Can**tai** ao Senhor **Deus** um canto **no**vo, *
porque **e**le fez pro**dí**gios!

— Sua **mão** e o seu braço forte e santo *
alcan**ça**ram-lhe a vitória.

— ² O Se**nhor** fez conhecer a salvação, *
e às na**ções**, sua justiça;

— ³ recor**dou** o seu amor sempre fiel *
pela **ca**sa de Israel.

— Os con**fins** do universo contemplaram *
a salva**ção** do nosso Deus.

— ⁴ Acla**mai** o Senhor Deus, ó terra inteira, *
ale**grai**-vos e exultai!

— ⁵ Cantai **sal**mos ao Senhor ao som da harpa *
e da **cí**tara suave!

— ⁶ Acla**mai**, com os clarins e as trombetas, *
ao Se**nhor**, o nosso Rei!

— ⁷ Aplauda o **mar** com todo ser que nele vive, *
o mundo in**tei**ro e toda gente!

– ⁸ As montanhas e os rios batam palmas *
e e**xul**tem de alegria,
– ⁹ na pre**sen**ça do Senhor, pois ele vem, *
vem jul**gar** a terra inteira.
– Julga**rá** o universo com justiça *
e as na**ções** com equidade.

Ant. Acla**mai** ao Se**nhor** e nosso **Rei!**

Leitura breve
Jó 1,21; 2,10b

Nu eu saí do ventre de minha mãe e nu voltarei para lá. O Senhor deu, o Senhor tirou; como foi do agrado do Senhor, assim foi feito. Bendito seja o nome do Senhor! Se recebemos de Deus os bens, não deveríamos receber também os males?

Responsório breve
R. Para os **vos**sos manda**men**tos,
   * Incli**nai** meu cora**ção**! R. Para os **vos**sos.
V. Dai-me a **vida** em vossa **Lei**! * Incli**nai**.
   Glória ao **Pai**. R. Para os **vos**sos.

Cântico evangélico, ant.
Mos**trai**-nos, ó Se**nhor**, miseri**cór**dia,
recor**dan**do vossa **san**ta Aliança.

Preces
Oremos a Cristo que nos alimenta e protege a Igreja, pela qual deu sua vida; e digamos com fé:
R. **Lembrai-vos, Senhor, da vossa Igreja!**

Bendito sejais, Senhor Jesus Cristo, Pastor da Igreja, que nos dais hoje luz e vida;
– ensinai-nos a vos agradecer tão precioso dom.   R.

Velai com bondade sobre o rebanho reunido em vosso nome,
– para que não se perca nenhum daqueles que o Pai vos confiou.   R.

Conduzi a Igreja pelo caminho dos vossos mandamentos,
– e que o Espírito Santo a mantenha sempre fiel.
R. **Lembrai-vos, Senhor, da vossa Igreja!**
Alimentai a Igreja com a vossa Palavra e o vosso Pão,
– para que, fortalecida por este alimento, ela vos siga com alegria. R.

(intenções livres)

Pai nosso...

Oração

Senhor, que nos criastes em vossa sabedoria e nos governais em vossa providência, iluminai nossos corações com a luz do vosso Espírito, para que por toda a vida vos sejamos dedicados. Por nosso Senhor Jesus Cristo, vosso Filho, na unidade do Espírito Santo.

A conclusão da Hora como no Ordinário.

Hora Média

V. Vinde, ó **Deus**. Glória ao **Pai**. Como era. Ale**luia**.
HINO como no Ordinário, p. 552-555.
Salmodia
Ant. 1 Quem me segue não caminha em meio às trevas, mas terá a luz da vida, diz Jesus.

Salmo 118(119),105-112
XIV (Nun)
Meditação sobre a Palavra de Deus na Lei

Outrora éreis trevas, mas agora sois luz no Senhor. Vivei como filhos da luz (Ef 5,8).

– [105] Vossa palavra é uma **luz** para os meus **pas**sos, *
  é uma **lâm**pada luzente em meu caminho.
– [106] Eu **fiz** um juramento e vou cumpri-lo: *
  "Hei de guar**dar** os vossos justos julgamentos!" –

—¹⁰⁷ Ó Senhor, estou cansado de sofrer; *
vossa palavra me devolva a minha vida!
—¹⁰⁸ Que vos agrade a oferenda dos meus lábios; *
ensinai-me, ó Senhor, vossa vontade!
—¹⁰⁹ Constantemente está em perigo a minha vida, *
mas não esqueço, ó Senhor, a vossa lei.
—¹¹⁰ Os pecadores contra mim armaram laços; *
eu, porém, não reneguei vossos preceitos.
—¹¹¹ Vossa palavra é minha herança para sempre, *
porque ela é que me alegra o coração!
—¹¹² Acostumei meu coração a obedecer-vos, *
a obedecer-vos para sempre, até o fim!

Ant. Quem me segue não caminha em meio às trevas, mas terá a luz da vida, diz Jesus.

Ant. 2 Quanto a mim, eu sou um pobre e infeliz, socorrei-me sem demora, ó meu Deus!

Salmo 69(70)
Ó Deus, vinde logo em meu auxílio!

Senhor, salvai-nos, pois estamos perecendo! (Mt 8,25).

—² Vinde, ó Deus, em meu auxílio, sem demora, *
apressai-vos, ó Senhor, em socorrer-me!
—³ Que sejam confundidos e humilhados *
os que procuram acabar com minha vida!
— Que voltem para trás envergonhados *
os que se alegram com os males que eu padeço!
—⁴ Que se retirem, humilhados, para longe, *
todos aqueles que me dizem: "É bem feito!"
—⁵ Mas se alegrem e em vós se rejubilem *
todos aqueles que procuram encontrar-vos;
— e repitam todo dia: "Deus é grande!" *
os que buscam vosso auxílio e salvação.

— ⁶Quanto a **mim**, eu sou um pobre e infeliz: *
    socor**rei**-me sem de**mora**, ó meu Deus!
— Sois meu **Deus** libertador e meu auxílio: *
    não tar**deis** em socorrer-me, ó Senhor!

Ant. Quanto a **mim**, eu sou um **pobre** e infe**liz**,
    socor**rei**-me sem de**mora**, ó meu **Deus**!

Ant. 3 O Se**nhor** não julga**rá** pela apa**rência**,
    mas com **to**da a justi**ça** e equi**da**de.

Salmo 74(75)
O Senhor, Juiz supremo

Derrubou do trono os poderosos e elevou os humildes (Lc 1,52).

= ²Nós vos lou**va**mos, dando **gra**ças, ó Se**nhor**, †
    dando **gra**ças, invocamos vosso nome *
    e publi**ca**mos os prodígios que fizestes!
— ³"No mo**men**to que eu tiver determinado, *
    vou jul**gar** segundo as normas da justiça;
— ⁴mesmo que a **ter**ra habitada desmorone, *
    fui eu **mes**mo que firmei suas colunas!"
— ⁵"Ó orgu**lho**sos, não sejais tão arrogantes! *
    não levan**teis** vossa cabeça, ó insolentes!
— ⁶Não levan**teis** a vossa fronte contra os céus, *
    não fa**leis** esses insultos contra Deus!"
— ⁷Porque não **vem** do oriente o julgamento, *
    nem do oci**den**te, do deserto ou das montanhas;
— ⁸mas é **Deus** quem vai fazer o julgamento:*
    o Se**nhor** exalta a um e humilha a outro.
— ⁹Em sua **mão** o Senhor Deus tem uma taça *
    com um **vi**nho de mistura inebriante;
— Deus lhes im**põe** que até o fim eles o bebam; *
    todos os **ím**pios sobre a terra hão de sorvê-lo.

—¹⁰ Eu, **porém**, exultarei eternamente, *
cantarei **sal**mos ao Senhor Deus de Jacó.
—¹¹ "A **força** dos iníquos quebrarei, *
mas a **fron**te do homem justo exaltarei!"

Ant. O Se**nhor** não julgar**á** pela apar**ência**,
mas com **to**da a jus**ti**ça e equi**da**de.

Para as outras Horas, Salmodia complementar, das séries I e II, p. 1132.

Oração das Nove Horas

Leitura breve   1Cor 13,4-7

A caridade é paciente, é benigna; não é invejosa, não é vaidosa, não se ensoberbece; não faz nada de inconveniente, não é interesseira, não se encoleriza, não guarda rancor; não se alegra com a iniquidade, mas regozija-se com a verdade. Suporta tudo, crê tudo, espera tudo, desculpa tudo.

V. **Exul**te todo **aque**le que vos **bus**ca.
R. E **pos**sa dizer **sem**pre: Deus é **gran**de!

Oração

Senhor, nosso Pai, Deus santo e fiel, que enviastes o Espírito prometido por vosso Filho, para reunir os seres humanos divididos pelo pecado, fazei-nos promover no mundo os bens da unidade e da paz. Por Cristo, nosso Senhor.

Oração das Doze Horas

Leitura breve   1Cor 13,8-9.13

A caridade não acabará nunca. As profecias desaparecerão, as línguas cessarão, a ciência desaparecerá. Com efeito, o nosso conhecimento é limitado e a nossa profecia é imperfeita. Atualmente permanecem estas três coisas: fé, esperança, caridade. Mas a maior delas é a caridade.

V. Sobre **nós**, venha, Se**nhor**, a vossa **gra**ça.
R. Da mesma **for**ma que em **vós** nós espe**ra**mos.

Oração

Deus onipotente e misericordioso, que nos dais novo alento no meio deste dia, olhai com bondade os trabalhos começados e, perdoando nossas faltas, fazei que eles atinjam os fins que vos agradam. Por Cristo, nosso Senhor.

Oração das Quinze Horas

Leitura breve   Cl 3,14-15

Sobretudo, amai-vos uns aos outros, pois o amor é o vínculo da perfeição. Que a paz de Cristo reine em vossos corações, à qual fostes chamados como membros de um só corpo. E sede agradecidos.

V. Os **man**sos herdarão a nova **terra**.
R. E **n**ela gozarão de imensa **paz**.

Oração

Senhor Jesus Cristo, que para salvar o gênero humano estendestes vossos braços na cruz, concedei que nossas ações vos agradem e manifestem ao mundo vossa obra redentora. Vós, que viveis e reinais para sempre.

A conclusão da Hora como no Ordinário.

Vésperas

V. Vinde, ó **Deus**. Glória ao **Pai**. Como era. Ale**lui**a.

Hino

Santíssimo Deus do céu,
que o céu encheis de cor
e dais à luz beleza
de ígneo resplendor;

criais no quarto dia
a rota chamejante
do sol e das estrelas,
da lua fulgurante.

Assim, à luz e às trevas
limites vós fixais.
Dos meses o começo
marcastes com sinais.

Fazei a luz brilhar
em nosso coração.
Tirai da mente as trevas,
da culpa a servidão.

Ouvi-nos, Pai bondoso,
e vós, único Filho,
reinando com o Espírito
na luz de eterno brilho.

Salmodia
Ant. 1 Os que em lágrimas semeiam, ceifarão com alegria.

Salmo 125(126)
Alegria e esperança em Deus

Assim como participais dos nossos sofrimentos, participais também da nossa consolação (2Cor 1,7).

— 1 Quando o Senhor reconduziu nossos cativos, *
parecíamos sonhar;
— 2 encheu-se de sorriso nossa boca, *
nossos lábios, de canções.
— Entre os gentios se dizia: "Maravilhas *
fez com eles o Senhor!"
— 3 Sim, maravilhas fez conosco o Senhor, *
exultemos de alegria!
— 4 Mudai a nossa sorte, ó Senhor, *
como torrentes no deserto.
— 5 Os que lançam as sementes entre lágrimas, *
ceifarão com alegria.—

— ⁶Chorando de tristeza sairão, *
espalhando suas sementes;
— cantando de alegria voltarão, *
carregando os seus feixes!

Ant. Os que em **lá**grimas se**mei**am, cei**fa**rão com ale**gri**a.

Ant. 2 Ó **Senhor**, construí a nossa **ca**sa, vigi**ai** nossa ci**da**de!

Salmo 126(127)
O trabalho sem Deus é inútil

Vós sois a construção de Deus (1Cor 3,9).

— ¹Se o Senhor não construir a nossa casa, *
em **vão** trabalharão seus construtores;
— se o Senhor não vigiar nossa cidade, *
em **vão** vigiarão as sentinelas!
— ²É inútil levantar de madrugada, *
ou à **noi**te retardar vosso repouso,
— para ga**nhar** o pão sofrido do trabalho, *
que a seus a**ma**dos Deus concede enquanto dormem.
— ³Os **fi**lhos são a bênção do Senhor, *
o **fru**to das entranhas, sua dádiva.
— ⁴Como **fle**chas que um guerreiro tem na mão, *
são os **fi**lhos de um casal de esposos jovens.
— ⁵**Fe**liz aquele pai que com tais flechas *
consegue abastecer a sua aljava!
— Não se**rá** envergonhado ao enfrentar *
seus ini**mi**gos junto às portas da cidade.

Ant. Ó **Senhor**, construí a nossa **ca**sa, vigi**ai** nossa ci**da**de!

Ant. 3 É o Primogênito de **to**da cria**tu**ra
e em **tu**do ele **tem** a pri**ma**zia.

Cântico   Cf. Cl 1,12-20
**Cristo, o Primogênito de toda criatura
e o Primogênito dentre os mortos**

= ¹² Demos **graças** a Deus **Pai** onipo**ten**te, †
que nos **cha**ma a partilhar, na sua luz, *
da he**ran**ça a seus santos reservada!

(R. Glória a **vós**, Primogênito dentre os **mor**tos!)

= ¹³ Do im**pé**rio das trevas arrancou-nos †
e transpor**tou**-nos para o reino de seu Filho, *
para o **rei**no de seu Filho bem-amado,

—¹⁴ no **qual** nós encontramos redenção, *
dos pe**ca**dos remissão pelo seu sangue. (R.)

—¹⁵ Do **Deus**, o Invisível, é a imagem, *
o Primo**gê**nito de toda criatura;

= ¹⁶ porque **ne**le é que tudo foi criado: †
o que há nos **céus** e o que existe sobre a terra, *
o vi**sí**vel e também o invisível. (R.)

= Sejam **Tro**nos e Poderes que há nos céus, †
sejam **e**les Principados, Potestades: *
por **e**le e para ele foram feitos;

—¹⁷ antes de **to**da criatura ele existe, *
e é por **e**le que subsiste o universo. (R.)

= ¹⁸ Ele é a **Ca**beça da Igreja, que é seu Corpo, †
é o prin**cí**pio, o Primogênito dentre os mortos, *
a **fim** de ter em tudo a primazia.

—¹⁹ Pois foi do a**gra**do de Deus Pai que a plenitude *
habi**tas**se no seu Cristo inteiramente. (R.)

—²⁰ A**prou**ve-lhe também, por meio dele, *
reconcili**ar** consigo mesmo as criaturas,

= pacifi**can**do pelo sangue de sua cruz †
tudo a**qui**lo que por ele foi criado, *
o que há nos **céus** e o que existe sobre a terra. (R.)

Ant. É o Primogênito de toda criatura
e em **tu**do ele **tem** a primazia.

Leitura breve Ef 3,20-21

A Deus, que tudo pode realizar superabundantemente, e muito mais do que nós pedimos ou concebemos, e cujo poder atua em nós, a ele a glória, na Igreja e em Jesus Cristo, por todas as gerações, para sempre. Amém.

Responsório breve

R. Liber**tai**-me, ó Se**nhor**,
 * Ó meu **Deus**, tende pie**da**de! R. Liber**tai**-me.
V. Não jun**teis** a minha **vi**da à dos **maus** e sangui**ná**rios.
 * Ó meu **Deus**. Glória ao **Pai**. R. Liber**tai**-me.

Cântico evangélico, ant.

O Pode**ro**so fez em **mim** maravi**lhas**, e **San**to é seu **no**me.

Preces

Bendigamos a Deus, que enviou seu Filho ao mundo como Salvador e Mestre do seu povo; e peçamos humildemente:

R. Que vosso povo vos louve, Senhor!

Nós vos damos graças, Senhor, porque nos escolhestes como primícias da salvação,
– e nos chamastes para tomar parte na glória de nosso Senhor Jesus Cristo. R.

A todos os que invocam o vosso santo nome, concedei que vivam unidos na verdade de vossa palavra,
– e sejam sempre fervorosos no vosso amor. R.

Criador de todas as coisas, vosso Filho quis trabalhar no meio de nós com suas próprias mãos;
– lembrai-vos de todos aqueles que trabalham para comer o pão com o suor do seu rosto. R.

Lembrai-vos também dos que se dedicam ao serviço do próximo,
— para que nem o fracasso nem a incompreensão dos outros os façam desistir de seus propósitos. R.
(intenções livres)

Concedei a vossa misericórdia aos nossos irmãos e irmãs falecidos,
— e não os deixeis cair em poder do espírito do mal. R.
Pai nosso...

Oração

Suba até vós, Deus de bondade, o clamor da Igreja suplicante e fazei que vosso povo, libertado de seus pecados, vos sirva com amor e nunca lhe falte a vossa proteção. Por nosso Senhor Jesus Cristo, vosso Filho, na unidade do Espírito Santo.

A conclusão da Hora como no Ordinário.

III QUINTA-FEIRA

Invitatório

V. **Abri** os meus **lábios**. R. E minha **boca**.
R. Adoremos o Senhor, porque ele é nosso **Deus**.

Salmo invitatório como no Ordinário, p. 537.

Ofício das Leituras

V. Vinde, ó **Deus**. Glória ao **Pai**. Como era. Ale**luia**.

Esta introdução se omite quando o Invitatório precede imediatamente ao Ofício das Leituras.

Hino

I. Quando se diz o Ofício das Leituras durante a noite ou de madrugada:

> A noite escura apaga
> da treva toda a cor.
> Juiz dos corações,
> a vós nosso louvor.

> E para que das culpas
> lavemos nossa mente,
> ó Cristo, dai a graça
> que os crimes afugente.

> A nós, que vos buscamos,
> tirai do mal escuro.
> Já dorme a mente ímpia
> que o fruto morde impuro.

> As trevas expulsai
> do nosso interior.
> Felizes exultemos
> à luz do vosso amor.

> A vós, ó Cristo, a glória
> e a vós, ó Pai, também,

com vosso Santo Espírito
agora e sempre. Amém.

II. Quando se diz o Ofício das Leituras durante o dia:

Cristo, aos servos suplicantes
voltai hoje vosso olhar.
Entre as trevas deste mundo
nossa fé fazei brilhar.

Não pensemos em maldades,
não lesemos a ninguém,
nem o mal retribuamos,
mas paguemos mal com bem.

Iras, fraudes, nem soberba
haja em nossos corações.
Defendei-nos da avareza,
que é raiz de divisões.

Guarde todos nós na paz
a sincera caridade.
Seja casta a nossa vida,
em total fidelidade.

A vós, Cristo, Rei clemente,
e a Deus Pai, Eterno Bem,
com o vosso Santo Espírito,
honra e glória sempre. Amém.

Salmodia
Ant. 1 Olhai e vede, ó Senhor, a humilhação do vosso povo!

Salmo 88(89),39-53
Lamentação sobre a ruína da casa de Davi
Fez aparecer para nós uma força de salvação na casa de Davi (Lc 1,69)

IV

−39 E no entanto vós, Senhor, repudiastes vosso Ungido, *
gravemente vos irastes contra ele e o rejeitastes!

– ⁴⁰Desprezastes a Aliança com o **vos**so servidor, *
profa**nas**tes sua coroa, ati**ran**do-a pelo chão!
– ⁴¹Derru**bas**tes, destruístes os seus **mu**ros totalmente, *
e as **su**as fortalezas redu**zis**tes a ruínas.
– ⁴²Os que **pas**sam no caminho sem pie**da**de o saquearam *
e tor**nou**-se uma vergonha para os **po**vos, seus vizinhos.
– ⁴³Aumen**tas**tes o poder da mão di**rei**ta do agressor, *
e exul**ta**ram de alegria os ini**mi**gos e opressores.
– ⁴⁴Vós fi**zes**tes sua espada ficar **ce**ga, sem ter corte, *
não qui**ses**tes sustentá-lo quando es**ta**va no combate.
– ⁴⁵O seu **ce**tro glorioso arran**cas**tes de sua mão, *
derru**bas**tes pelo chão o seu **tro**no esplendoroso,
– ⁴⁶e de **su**a juventude a dura**ção** abreviastes, *
recobri**n**do sua pessoa de vergonha e confusão.

Ant. Olhai e **ve**de, ó **Se**nhor, a humilha**ção** do vosso **po**vo!

Ant. 2 Sou o re**ben**to da es**tir**pe de **Da**vi,
sou a es**tre**la fulgu**ran**te da man**hã.**

V

– ⁴⁷Até **quan**do, Senhor **Deus**, fica**reis** sempre escon**di**do? *
Arde**rá** a vossa ira como **fo**go eternamente?
– ⁴⁸Recor**dai**-vos, ó Senhor, de como é **bre**ve a minha vida, *
e de **co**mo é perecível todo **ho**mem que criastes!
– ⁴⁹Quem a**ca**so viverá sem pro**var** jamais a morte, *
e quem **po**de arrebatar a sua **vi**da dos abismos?
– ⁵⁰Onde es**tá**, ó Senhor Deus, vosso a**mor** de antigamente? *
Não ju**ras**tes a Davi fideli**da**de para sempre?
– ⁵¹Recor**dai**-vos, ó Senhor, da humilha**ção** dos vossos servos, *
pois car**re**go no meu peito os ul**tra**jes das nações;
– ⁵²com os **quais** sou insultado pelos **vos**sos inimigos, *
com os **quais** eles ultrajam vosso Ungido a cada passo!

– ⁵³O **Senhor** seja bendito desde **agora** e para sempre! *
Bendito **seja** o Senhor Deus, eterna**mente**! Amém,
amém!

Ant. Sou o re**ben**to da es**tir**pe de **Davi**,
sou a es**tre**la fulgu**ran**te da man**hã.**

Ant. 3 Os nossos **dias** vão mur**chan**do como a **erva**,
vós, Se**nhor**, sois desde **sempre** e para **sempre**

Salmo 89(90)
O esplendor do Senhor esteja sobre nós

Para o Senhor, um dia é como mil anos, e mil anos como um dia (2Pd 3,8).

– ¹Vós **fos**tes um re**fú**gio para **nós**, *
ó Se**nhor**, de geração em geração.

= ²Já bem **an**tes que as montanhas fossem feitas †
ou a **ter**ra e o mundo se formassem, *
desde **sempre** e para sempre vós sois Deus.

– ³Vós fa**zeis** voltar ao pó todo mortal, *
quando di**zeis**: "Voltai ao pó, filhos de Adão!"

– ⁴Pois mil **anos** para vós são como ontem, *
qual vi**gí**lia de uma noite que passou.

– ⁵Eles **pas**sam como o sono da manhã, *
⁶são i**guais** à erva verde pelos campos:

– De man**hã** ela floresce vicejante, *
mas à **tar**de é cortada e logo seca.

– ⁷Por vossa ira perecemos realmente, *
vosso fu**ror** nos apavora e faz tremer;

– ⁸pu**ses**tes nossa culpa à nossa frente, *
nossos se**gre**dos ao clarão de vossa face.

– ⁹Em vossa ira se consomem nossos dias, *
como um **so**pro se acabam nossos anos.

—¹⁰ Pode durar setenta anos nossa vida, *
os mais fortes talvez cheguem a oitenta;
— a maior parte é ilusão e sofrimento: *
passam depressa e também nós assim passamos.
—¹¹ Quem avalia o poder de vossa ira, *
o respeito e o temor que mereceis?
—¹² Ensinai-nos a contar os nossos dias, *
e dai ao nosso coração sabedoria!
—¹³ Senhor, voltai-vos! Até quando tardareis? *
Tende piedade e compaixão de vossos servos!
—¹⁴ Saciai-nos de manhã com vosso amor, *
e exultaremos de alegria todo o dia!
—¹⁵ Alegrai-nos pelos dias que sofremos, *
pelos anos que passamos na desgraça!
—¹⁶ Manifestai a vossa obra a vossos servos, *
e a seus filhos revelai a vossa glória!
—¹⁷ Que a bondade do Senhor e nosso Deus *
repouse sobre nós e nos conduza!
— Tornai fecundo, ó Senhor, nosso trabalho, *
fazei dar frutos o labor de nossas mãos!

Ant. Os nossos dias vão murchando como a erva;
vós, Senhor, sois desde sempre e para sempre.

V. Em vós está a fonte da vida,
R. E em vossa luz contemplamos a luz.

Leituras e oração correspondentes a cada Ofício.

Laudes

V. Vinde, ó Deus. Glória ao Pai. Como era. Aleluia.

Esta introdução se omite quando o Invitatório precede imediatamente às Laudes.

Hino

Já surge a luz dourada,
a treva dissipando,
que as almas do abismo
aos poucos vai levando.

Dissipa-se a cegueira
que a todos envolvia;
alegres caminhemos
na luz de um novo dia.

Que a luz nos traga paz,
pureza ao coração:
longe a palavra falsa,
o pensamento vão.

Decorra calmo o dia:
a mão, a língua, o olhar.
Não deixe nosso corpo
na culpa se manchar.

Do alto, nossos atos
Deus vê, constantemente;
solícito nos segue
da aurora ao sol poente.

A glória seja ao Pai,
ao Filho seu também;
ao Espírito igualmente,
agora e sempre. Amém.

Salmodia

Ant. 1 Dizem **coi**sas glori**o**sas da Ci**da**de do Se**nhor**.

Salmo 86(87)
Jerusalém: mãe de todos os povos

A Jerusalém celeste é livre, e é a nossa mãe (Gl 4,26).

— ¹O Se**nhor** ama a ci**da**de *
que fun**dou** no Monte santo;

—² ama as **por**tas de Sião *
  mais que as **ca**sas de Jacó.
—³ Dizem **coi**sas gloriosas *
  da Ci**da**de do Senhor:
—⁴ "**Lem**bro o E**gi**to e a Babilônia *
  entre os **meus** veneradores.
= Na Filis**tei**a ou em Tiro †
  ou no país da Etiópia, *
  este ou a**que**le ali nasceu".
=⁵ De Si**ão**, porém, se diz: †
  "Nasceu **ne**la todo homem; *
  Deus é **su**a segurança".
=⁶ Deus a**no**ta no seu livro, †
  onde inscre**ve** os povos todos: *
  "Foi **a**li que estes nasceram".
—⁷ E por **is**so todos juntos *
  a can**tar** se alegrarão;
— e, dan**çan**do, exclamarão: *
  "Estão em **ti** as nossas fontes!"

Ant. Dizem **coi**sas gloriosas da Ci**da**de do Se**nhor**.

Ant. 2 O Se**nhor**, o nosso **Deus**, vem com po**der**,
  e o **pre**ço da vi**tó**ria vem com **e**le.

Cântico   Is 40,10-17
O Bom Pastor é o Deus Altíssimo e Sapientíssimo

Eis que venho em breve, para retribuir a cada um segundo as suas obras (Ap 22,12).

—¹⁰ Olhai e **ve**de: o nosso **Deus** vem com po**der**, *
  domina**rá** todas as coisas com seu braço.
— Eis que o **pre**ço da vitória vem com ele, *
  e o prece**dem** os troféus que conquistou.

(R. Ben**di**to seja A**que**le que há de **vir**!)

—¹¹ Como o pas**tor**, ele apascenta o seu rebanho. *
 Ele **to**ma os cordeirinhos em seus braços,
— leva ao **co**lo as ovelhas que amamentam, *
 e re**ú**ne as dispersas com sua mão. (R.)

—¹² Quem, no **côn**cavo da mão, mediu o mar? *
 Quem me**diu** o firmamento com seu palmo?
= Quem me**diu** com o alqueire o pó da terra? †
 Quem pe**sou**, pondo ao gancho, as montanhas, *
 e as co**li**nas, colocando-as na balança? (R.)

—¹³ Quem instru**í**ra o espírito do Senhor? *
 Que conse**lhei**ro o teria orientado?
—¹⁴ Com **quem** aprendeu ele a bem julgar, *
 e os ca**mi**nhos da justiça a discernir?
— Quem as ve**re**das da prudência lhe ensinou *
 ou os ca**mi**nhos da ciência lhe mostrou? (R.)

—¹⁵ Eis as na**ções**: qual gota d'água na vasilha, *
 um grão de a**rei**a na balança diante dele;
— e as **i**lhas pesam menos do que o pó *
 perante **e**le, o Senhor onipotente. (R.)

—¹⁶ Não basta**ri**a toda a lenha que há no Líbano *
 para quei**mar** seus animais em holocausto.
—¹⁷ As nações **to**das são um nada diante dele, *
 a seus **o**lhos, elas são quais se não fossem. (R.)

Ant. O S**e**nhor, o nosso **Deus**, vem com poder,
 e o **pre**ço da vi**tó**ria vem com ele.

Ant. 3 Acla**mai** o Se**nhor** nosso **Deus**,
 e ado**rai**-o com **to**do o respeito!

Salmo 98(99)

Santo é o Senhor nosso Deus

Vós, Senhor, que estais acima dos Querubins, quando vos fizestes semelhante a nós, restaurastes o mundo decaído (S. Atanásio).

= ¹Deus é **Rei**: diante **de**le estreme**çam** os **po**vos! †
   Ele **rei**na entre os anjos: que a **ter**ra se abale! *
   ²Porque **gran**de é o Senhor em Sião!

= Muito a**ci**ma de **to**dos os **po**vos se e**le**va; †
   ³glorifiquem seu nome terrível e grande, *
   porque ele é **san**to e é **for**te!

= ⁴Deus é **Rei** poderoso. Ele **a**ma o que é **jus**to †
   e ga**ran**te o direito, a justiça e a **or**dem; *
   tudo **is**so ele e**xer**ce em Jacó.

= ⁵Exal**tai** o Senhor nosso **Deus**, †
   e pros**trai**-vos perante seus **pés**, *
   pois é **san**to o Senhor nosso **Deus**!

= ⁶Eis Moi**sés** e Aa**rão** entre os **seus** sacerdotes. †
   E tam**bém** Samuel invo**ca**va seu **no**me, *
   e ele **mes**mo, o **Se**nhor, os **ou**via.

= ⁷Da co**lu**na de nuvem fa**la**va com eles. †
   E guar**da**vam a lei e os pre**cei**tos divinos, *
   que o Se**nhor** nosso **Deus** tinha **da**do.

= ⁸Respon**dí**eis a eles, Senhor nosso Deus, †
   porque **é**reis um Deus paciente com eles, *
   mas sa**bí**eis pu**nir** seu pe**ca**do.

= ⁹Exal**tai** o Senhor nosso **Deus**, †
   e pros**trai**-vos pe**ran**te seu **mon**te, *
   pois é **san**to o Senhor nosso **Deus**!

Ant. Aclamai o Senhor nosso **Deus**,
   e ado**rai**-o com **to**do o res**pei**to!

Leitura breve   1Pd 4,10-11

Como bons administradores da multiforme graça de Deus, cada um coloque à disposição dos outros o dom que recebeu. Se alguém tem o dom de falar, proceda como com palavras de Deus. Se alguém tem o dom do serviço, exerça-o como capacidade proporcionada por Deus, a fim de que, em todas as coisas, Deus seja glorificado, em virtude de Jesus Cristo.

Responsório breve

R. Clamo de **to**do o cora**ção:**
* Aten**dei**-me, ó Se**nhor!** R. Clamo.
V. Quero cum**prir** vossa von**ta**de. * Aten**dei**-me.
   Glória ao **Pai.** R. Clamo de **to**do.

Cântico evangélico, ant.

Sir**va**mos ao Se**nhor** na jus**ti**ça e santi**da**de,
e de **nos**sos ini**mi**gos have**rá** de nos sal**var.**

Preces

Demos graças a Deus Pai, que no seu amor conduz e alimenta o seu povo; e digamos com alegria:

R. **Glória a vós, Senhor, para sempre!**

Pai clementíssimo, nós vos louvamos por vosso amor para conosco,
– porque nos criastes de modo admirável, e de modo ainda mais admirável nos renovastes. R.

No começo deste dia, infundi em nossos corações o desejo de vos servir,
– para que sempre vos glorifiquemos em todos os nossos pensamentos e ações. R.

Purificai os nossos corações de todo mau desejo,
– e fazei que estejamos sempre atentos à vossa vontade. R.

Dai-nos um coração aberto às dificuldades de nossos irmãos e irmãs,
– para que jamais lhes falte o nosso amor fraterno.
R. **Glória a vós, Senhor, para sempre!**

(intenções livres)

Pai nosso...

Oração

Deus eterno e todo-poderoso, sobre os povos que vivem na sombra da morte fazei brilhar o Sol da justiça, que nos visitou nascendo das alturas, Jesus Cristo nosso Senhor. Que convosco vive e reina, na unidade do Espírito Santo.

A conclusão da Hora como no Ordinário.

Hora Média

V. Vinde, ó **Deus**. Glória ao **Pai**. Como era. Ale**lui**a.

HINO como no Ordinário, p. 552-555.

Salmodia

Ant. 1 Susten**tai**-me e vive**rei** como dis**ses**tes, ó **Se**nhor!

Salmo 118(119),113-120
XV (Samech)

Meditação sobre a Palavra de Deus na Lei

Felizes aqueles que ouvem a palavra de Deus e a põem em prática (Lc 11,28).

—¹¹³Eu de**tes**to os cora**ções** que são fin**gi**dos, *
mas muito **a**mo, ó Senhor, a vossa lei!

—¹¹⁴Vós **sois** meu protetor e meu escudo, *
vossa palavra é para mim a esperança.

—¹¹⁵Longe de **mim**, homens perversos! Afastai-vos, *
quero guar**dar** os mandamentos do meu Deus!

—¹¹⁶Susten**tai**-me e viverei, como dissestes; *
não po**deis** decepcionar minha esperança!

—¹¹⁷Amparai-me, sustentai me e serei salvo, *
e **sempre** exultarei em vossa lei!
—¹¹⁸Despre**zais** os que abandonam vossas ordens, *
pois seus **pla**nos são engano e ilusão!
—¹¹⁹Rejei**tais** os pecadores como lixo, *
por isso eu **a**mo ainda mais vossa Aliança!
—¹²⁰Perante **vós** sinto tremer a minha carne, *
porque **te**mo vosso justo julgamento!

Ant. Susten**tai**-me e vive**rei** como dis**ses**tes, ó **Se**nhor!

Ant. 2 Aju**dai**-nos, nosso **Deus** e Salva**dor**,
 por vosso **no**me, perdo**ai** nossos pe**ca**dos!

Salmo 78(79),1-5.8-11.13
Lamentação sobre Jerusalém

Se tu também conhecesses... o que te pode trazer a paz (Lc 19,42).

= ¹Invadiram vossa her**an**ça os infi**éis**,†
profa**na**ram, ó Senhor, vosso templo, *
Jerusa**lém** foi reduzida a ruínas!

– ²Lan**ça**ram aos abutres como pasto *
os ca**dá**veres dos vossos servidores;

– e às **fe**ras da floresta entregaram *
os **cor**pos dos fiéis, vossos eleitos.

= ³Derra**ma**ram o seu sangue como água †
em **tor**no das muralhas de Sião, *
e não **hou**ve quem lhes desse sepultura!

= ⁴Nós nos tor**na**mos o opróbrio dos vizinhos, †
um ob**je**to de desprezo e zombaria *
para os **po**vos e àqueles que nos cercam.

= ⁵Mas até **quan**do, ó Senhor, veremos isto? †
Conserva**reis** eternamente a vossa ira? *
Como **fo**go arderá a vossa cólera?

= ⁸ Não **lem**breis as nossas culpas do passado, †
  mas venha **lo**go sobre nós vossa bondade, *
  pois estamos humilhado sem extremo.

= ⁹ Aju**dai**-nos, nosso Deus e Salvador! †
  Por vosso **no**me e vossa glória, libertai-nos! *
  Por vosso **no**me, perdoai nossos pecados!

— ¹⁰ Por que **há** de se dizer entre os pagãos:*
  "Onde se en**con**tra o seu Deus? Onde ele está?"
= Diante **de**les possam ver os nossos olhos †
  a vin**gan**ça que tirais por vossos servos, *
  a vin**gan**ça pelo sangue derramado.

=¹¹ Até **vós** chegue o gemido dos cativos: †
  liber**tai** com vosso braço poderoso *
  os que **fo**ram condenados a morrer!

=¹³ Quanto a **nós**, vosso rebanho e vosso povo, †
  celebra**re**mos vosso nome para sempre, *
  de gera**ção** em geração vos louvaremos.

Ant. Aju**dai**-nos, nosso **Deus** e Salva**dor**,
  por vosso **no**me, perdo**ai** nossos pe**ca**dos!

Ant. 3 Vol**tai**-vos para **nós**, Deus do uni**ver**so,
  o**lhai** dos altos **céus** e obser**vai**,
  visi**tai** a vossa **vi**nha e prote**gei**-a!

Salmo 79(80)
Visitai, Senhor, a vossa vinha

Vem, Senhor Jesus! (Ap 22,20).

— ² Ó Pas**tor** de Israel, prestai ou**vi**dos. *
  Vós, que a Jo**sé** apascentais qual um rebanho!
= Vós, que **so**bre os querubins vos assentais, †
  apare**cei** cheio de glória e esplendor *
  ³ ante Efra**im** e Benjamim e Manassés!
— Desper**tai** vosso poder, ó nosso Deus, *
  e vinde **lo**go nos trazer a salvação!

= ⁴Conver**tei**-nos, ó Senhor Deus do universo, †
e sobre **nós** iluminai a vossa face! *
Se vol**tar**des para nós, seremos salvos!

– ⁵Até **quan**do, ó Senhor, vos irritais, *
ape**sar** da oração do vosso povo?

– ⁶Vós nos **des**tes a comer o pão das lágrimas, *
e a be**ber** destes um pranto copioso.

– ⁷Para os vi**zi**nhos somos causa de contenda, *
de zomba**ria** para os nossos inimigos.

= ⁸Conver**tei**-nos, ó Senhor Deus do universo, †
e sobre **nós** iluminai a vossa face! *
Se vol**tar**des para nós, seremos salvos!

– ⁹Arran**cas**tes do Egito esta videira *
e expul**sas**tes as nações para plantá-la;

–¹⁰diante **de**la preparastes o terreno, *
lançou raízes e encheu a terra inteira.

–¹¹Os **mon**tes recobriu com sua sombra, *
e os **ce**dros do Senhor com os seus ramos;

–¹²até o **mar** se estenderam seus sarmentos, *
até o **rio** os seus rebentos se espalharam.

–¹³Por que ra**zão** vós destruístes sua cerca, *
para que **to**dos os passantes a vindimem,

–¹⁴o java**li** da mata virgem a devaste, *
e os ani**mais** do descampado nela pastem?

=¹⁵Vol**tai**-vos para nós, Deus do universo! †
Ol**hai** dos altos céus e observai. *
Visi**tai** a vossa vinha e protegei-a!

–¹⁶Foi a **vos**sa mão direita que a plantou; *
prote**gei**-a, e ao rebento que firmastes!

–¹⁷E a**que**les que a cortaram e a queimaram, *
vão pere**cer** ante o furor de vossa face. –

—¹⁸ Pousai a **mão** por sobre o vosso Protegido, *
o filho do **ho**mem que escolhestes para vós!
—¹⁹ E nunca **mais** vos deixaremos, Senhor Deus! *
Dai-nos vida, e louvaremos vosso nome!
=²⁰ Conver**tei**-nos, ó Senhor Deus do universo, †
e sobre **nós** iluminai a vossa face! *
Se vol**tar**des para nós, seremos salvos!

Ant. Vol**tai**-vos para **nós**, Deus do universo,
olhai dos altos **céus** e obser**vai**,
visi**tai** a vossa **vinha** e prote**gei**-a!

Para as outras Horas, Salmodia complementar, p. 1132.

Oração das Nove Horas

Leitura breve Sb 19,22
Senhor, em tudo engrandeceste e glorificaste o teu povo;
sem perdê-lo de vista, em todo o tempo e lugar o socorreste!

V. Sois o **Deus** que ope**ras**tes maravilhas.
R. Vosso po**der** manifes**tas**tes entre os **po**vos.

Oração

Senhor nosso Deus, que nesta hora enviastes o Espírito
Santo aos Apóstolos em oração, concedei-nos participar do
mesmo Dom. Por Cristo, nosso Senhor.

Oração das Doze Horas

Leitura breve Dt 4,7
Qual é a grande nação cujos deuses lhe são tão próximos
como o Senhor nosso Deus, sempre que o invocamos?

V. Deus está **per**to da pes**soa** que o invoca.
R. Ele es**cu**ta os seus clamores e a **sal**va.

Oração

Deus onipotente, em vós não há trevas nem escuridão; fazei que vossa luz resplandeça sobre nós e, acolhendo vossos preceitos com alegria, sigamos fielmente o vosso caminho. Por Cristo, nosso Senhor.

Oração das Quinze Horas

Leitura breve   Est 10,3f

Meu povo é Israel. Eles invocaram a Deus e foram salvos. Sim, o Senhor salvou o seu povo, o Senhor nos arrebatou de todos estes males, Deus realizou sinais e prodígios como jamais houve entre as nações.

V. Dou-vos **graças**, ó Se**nhor**, porque me ou**vis**tes,
R. E vos tor**nas**tes para **mim** o Salv**ador**.

Oração

Senhor nosso Deus, atendei à nossa oração, dando-nos a graça de imitar o exemplo da paixão do vosso Filho e levar serenamente nossa cruz de cada dia. Por Cristo, nosso Senhor.

A conclusão da Hora como no Ordinário.

Vésperas

V. Vinde, ó **Deus**. Glória ao **Pai**. Como era. Ale**lu**ia.

Hino

    Deus de supremo poder,
    da água os seres gerastes.
    Com uns enchestes os mares,
    de outros o ar povoastes.

    Uns mergulhastes nas águas,
    outros soltastes no ar,
    com o impulso que os leva
    a toda a terra ocupar.

Dai graça a todos os servos,
no vosso sangue lavados,
para vencermos o tédio,
a morte e todo pecado.

Não nos deprimam as culpas,
nem nos inflame a vaidade;
não caia a mente abatida,
nem caia a mente elevada.

Ouvi-nos, Pai piedoso,
e vós, Imagem do Pai,
que com o Espírito Santo
eternamente reinais.

Salmodia

Ant. 1 **Exul**tem de ale**gria** os **vos**sos **san**tos
ao en**tra**rem, ó Se**nhor**, em **vos**sa **ca**sa.

Salmo 131(132)
As promessas do Senhor à casa de Davi

O Senhor Deus lhe dará o trono de seu pai Davi (Lc 1,32).

I

– ¹ Recor**dai**-vos, ó Se**nhor**, do rei **Da**vi *
e de **quan**to vos foi ele dedi**ca**do;
– ² do jura**men**to que ao Senhor havia **fei**to *
e de seu **vo**to ao Pode**ro**so de Ja**có**:
– ³ "Não entra**rei** na minha tenda, minha **ca**sa, *
nem subi**rei** à minha cama em que re**pou**so,
– ⁴ não deixa**rei** adormecerem os meus **o**lhos, *
nem cochi**la**rem em descanso minhas **pál**pebras,
– ⁵ até que eu **a**che um lugar para o Se**nhor**, *
uma **ca**sa para o Forte de Ja**có**!"
– ⁶ Nós sou**be**mos que a arca estava em É**fra**ta *
e nos **cam**pos de Iaar a encon**tra**mos:

– ⁷Entremos no lugar em que ele habita, *
  ante o escabelo de seus pés o adoremos!
– ⁸Subi, Senhor, para o lugar de vosso pouso, *
  subi vós, com vossa arca poderosa!
– ⁹Que se vistam de alegria os vossos santos, *
  e os vossos sacerdotes, de justiça!
–¹⁰Por causa de Davi, o vosso servo, *
  não afasteis do vosso Ungido a vossa face!

Ant. Exultem de alegria os vossos santos
  ao entrarem, ó Senhor, em vossa casa.

Ant. 2 O Senhor escolheu Jerusalém
  para ser sua morada entre os povos.

II

–¹¹O Senhor fez a Davi um juramento, *
  uma promessa que jamais renegará:
– "Um herdeiro que é fruto do teu ventre *
  colocarei sobre o trono em teu lugar!
–¹²Se teus filhos conservarem minha Aliança *
  e os preceitos que lhes dei a conhecer,
– os filhos deles igualmente hão de sentar-se *
  eternamente sobre o trono que te dei!"
–¹³Pois o Senhor quis para si Jerusalém *
  e a desejou para que fosse sua morada:
–¹⁴"Eis o lugar do meu repouso para sempre, *
  eu fico aqui: este é o lugar que preferi!"
–¹⁵"Abençoarei suas colheitas largamente, *
  e os seus pobres com o pão saciarei!
–¹⁶Vestirei de salvação seus sacerdotes, *
  e de alegria exultarão os seus fiéis!"
–¹⁷"De Davi farei brotar um forte Herdeiro, *
  acenderei ao meu Ungido uma lâmpada.

—¹⁸ Cobri**rei** de confusão seus inimigos, *
mas sobre **ele** brilhará minha coroa!"

Ant. O Se**nhor** escolheu Jerusa**lém**
para **ser** sua mo**ra**da entre os **povos**.

Ant. 3 O Se**nhor** lhe deu o **reino**, a **gló**ria e o po**der**;
as na**ções** hão de ser**vi**-lo.

Cântico Ap 11,17-18; 12,10b-12a
O julgamento de Deus

—¹¹·¹⁷ Graças vos **da**mos, Senhor **Deus** onipo**ten**te, *
a vós que **sois**, a vós que éreis e sereis,
— porque assu**mis**tes o poder que vos pertence, *
e en**fim** tomastes posse como rei!

(R. **Nós** vos damos **graças**, nosso **Deus!**)

= ¹⁸ As na**ções** se enfureceram revoltadas, †
mas che**gou** a vossa ira contra elas *
e o **tem**po de julgar vivos e mortos,
= e de **dar** a recompensa aos vossos servos, †
aos pro**fe**tas e aos que temem vosso nome, *
aos **san**tos, aos pequenos e aos grandes. (R.)

=¹²·¹⁰ Chegou **ago**ra a salvação e o poder †
e a realeza do Senhor e nosso Deus, *
e o do**mí**nio de seu Cristo, seu Ungido.
— Pois foi ex**pul**so o delator que acusava *
nossos ir**mãos**, dia e noite, junto a Deus. (R.)

= ¹¹ Mas o ven**ce**ram pelo sangue do Cordeiro †
e o teste**mu**nho que eles deram da Palavra, *
pois desprezaram sua vida até à morte.
— ¹² Por isso, ó **céus**, cantai alegres e exultai *
e vós **to**dos os que neles habitais! (R.)

Ant. O Se**nhor** lhe deu o **reino**, a glória e o po**der**;
as na**ções** hão de ser**vi**-lo.

Leitura breve   1Pd 3,8-9
Sede todos unânimes, compassivos, fraternos, misericordiosos e humildes. Não pagueis o mal com o mal, nem ofensa com ofensa. Ao contrário, abençoai, porque para isto fostes chamados: para serdes herdeiros da bênção.

Responsório breve
R. O **Senhor** nos sac**iou**
  * Com a **fina** flor do **trigo**. R. O **Senhor**.
V. Com o **mel** que sai da **rocha** nos far**tou**, nos satis**fez**.
  * Com a fina. Glória ao **Pai**. R. O **Senhor**.

Cântico evangélico, ant.
O **Senhor** derru**bou** os pode**ro**sos de seus **tro**nos
e ele**vou** os hu**mil**des.

Preces
Oremos a Cristo, pastor, protetor e consolador de seu povo; e digamos com toda a confiança:

R. **Senhor, nosso refúgio, escutai-nos!**

Bendito sejais, Senhor, que nos chamastes para fazer parte da vossa santa Igreja;
— conservai-nos sempre nela.   R.

Vós, que confiastes ao nosso Papa N. a solicitude por todas as Igrejas,
— concedei-lhe uma fé inquebrantável, uma esperança viva e uma caridade generosa.   R.

Dai aos pecadores a graça da conversão e aos que caíram o dom da fortaleza,
— e a todos concedei penitência e salvação.   R.

Vós, que quisestes habitar num país estrangeiro,
— lembrai-vos daqueles que se encontram longe da família e da pátria.   R.

(intenções livres)

A todos os mortos que depositaram sua esperança em vós,
– concedei-lhes a paz eterna.
R. **Senhor, nosso refúgio, escutai-nos!**
Pai nosso...

Oração

Recebei, Senhor, a nossa ação de graças, neste dia que termina, e em vossa misericórdia perdoai-nos as faltas que por fragilidade cometemos. Por nosso Senhor Jesus Cristo, vosso Filho, na unidade do Espírito Santo.

A conclusão da Hora como no Ordinário.

III SEXTA-FEIRA

Invitatório

V. **Abri** os meus **lábios**. R. E minha **boca**.
R. Demos **graças** ao Se**nhor**, porque e**ter**no é seu **amor**!
Salmo invitatório como no Ordinário, p. 537.

Ofício das Leituras

V. Vinde, ó **Deus**. Glória ao **Pai**. Como era. Ale**lui**a.
Esta introdução se omite quando o Invitatório precede imediatamente ao Ofício das Leituras.

Hino

I. Quando se diz o Ofício das Leituras durante a noite ou de madrugada:

> Reinais no mundo inteiro,
> Jesus, ó sol divino;
> deixamos nossos leitos,
> cantando este hino.

> Da noite na quietude,
> do sono levantamos:
> mostrando as nossas chagas,
> remédio suplicamos.

> Oh! quanto mal fizemos,
> por Lúcifer levados:
> que a glória da manhã
> apague esses pecados!

> E assim o vosso povo,
> por vós iluminado,
> jamais venha a tombar
> nos laços do Malvado.

> A glória seja ao Pai,
> ao Filho seu também;
> ao Espírito igualmente,
> agora e sempre. Amém.

II. Quando se diz o Ofício das Leituras durante o dia:

Cristo, em nossos corações
infundi a caridade.
Nossos olhos chorem lágrimas
de ternura e piedade.

Para vós, Jesus piedoso,
nossa ardente prece erguemos.
Perdoai-nos, compassivo,
todo o mal que cometemos.

Pelo vosso santo corpo,
pela cruz, vosso sinal,
vosso povo, em toda parte,
defendei de todo o mal.

A vós, Cristo, Rei clemente,
e a Deus Pai, eterno Bem,
com o vosso Santo Espírito
honra e glória sempre. Amém.

Salmodia

Ant. 1 Estou cansado de gritar e de esperar pelo meu Deus.

Salmo 68(69),2-22.30-37

O zelo pela vossa casa me devora

Deram vinho misturado com fel para Jesus beber (Mt 27,34).

I

— ²Salvai-me, ó meu Deus, porque as águas *
até o meu pescoço já chegaram!
— ³Na lama do abismo eu me afundo*
e não encontro um apoio para os pés.
— Nestas águas muito fundas vim cair, *
e as ondas já começam a cobrir-me! —

– ⁴ À **for**ça de gri**tar**, estou cansado; *
minha gar**gan**ta já ficou enrouquecida.
– Os meus **o**lhos já perderam sua luz, *
de **tan**to esperar pelo meu Deus!
– ⁵ Mais nume**ro**sos que os cabelos da cabeça, *
são a**que**les que me odeiam sem motivo;
– meus ini**mi**gos são mais fortes do que eu; *
contra **mim** eles se voltam com mentiras!
– Por a**ca**so poderei restituir *
alguma **coi**sa que de outros não roubei?
– ⁶ Ó Se**nhor**, vós conheceis minhas loucuras, *
e minha **fal**ta não se esconde a vossos olhos.
– ⁷ Por minha **cau**sa não deixeis desiludidos *
os que es**pe**ram sempre em vós, Deus do universo!
– Que eu não **se**ja a decepção e a vergonha *
dos que vos **bus**cam, Senhor Deus de Israel!
– ⁸ Por vossa **cau**sa é que sofri tantos insultos, *
e o meu **ros**to se cobriu de confusão;
– ⁹ eu me tor**nei** como um estranho a meus irmãos, *
como estran**gei**ro para os filhos de minha mãe.
– ¹⁰ Pois meu **ze**lo e meu amor por vossa casa *
me de**vo**ram como fogo abrasador;
– e os in**sul**tos de infiéis que vos ultrajam *
recaíram todos eles sobre mim!
– ¹¹ Se a**fli**jo a minha alma com jejuns, *
fazem **dis**so uma razão para insultar-me;
– ¹² se me **vis**to com sinais de penitência, *
eles **fa**zem zombaria e me escarnecem!
– ¹³ Falam de **mim** os que se assentam junto às portas, *
sou mo**ti**vo de canções, até de bêbados!

Ant. Estou cansado de gri**tar** e de espe**rar** pelo meu **Deus**.

Ant. 2 Deram-me **fel** como se **fos**se um ali**men**to,
em minha **se**de ofereceram-me vi**na**gre.

II

— ¹⁴Por isso e**le**vo para **vós** minha ora**ção**, *
neste **tem**po favorável, Senhor Deus!
— Respon**dei**-me pelo vosso imenso amor, *
pela **vos**sa salvação que nunca falha!
= ¹⁵Reti**rai**-me deste lodo, pois me afundo! †
Liber**tai**-me, ó Senhor, dos que me odeiam, *
e sal**vai**-me destas águas tão profundas!
= ¹⁶Que as **á**guas turbulentas não me arrastem, †
não me de**vo**rem violentos turbilhões, *
nem a **co**va feche a boca sobre mim!
— ¹⁷Senhor, ou**vi** me, pois suave é vossa graça, *
ponde os **o**lhos sobre mim com grande amor!
— ¹⁸Não ocul**teis** a vossa face ao vosso servo! *
Como eu **so**fro! Respondei me bem depressa!
— ¹⁹Aproxi**mai**-vos de minh'alma e libertai-me, *
ape**sar** da multidão dos inimigos!
= ²⁰Vós conhe**ceis** minha vergonha e meu opróbrio, †
minhas in**jú**rias, minha grande humilhação; *
os que me a**fli**gem estão todos ante vós!
— ²¹O in**sul**to me partiu o coração; *
não supor**tei**, desfaleci de tanta dor!
= Eu espe**rei** que alguém de mim tivesse pena, †
mas foi em **vão**, pois a ninguém pude encontrar; *
procu**rei** quem me aliviasse e não achei!
— ²²Deram-me **fel** como se fosse um alimento, *
em minha **se**de ofereceram-me vinagre!

Ant. Deram-me **fel** como se **fos**se um ali**men**to,
em minha **se**de ofereceram-me vi**na**gre.

Ant. 3 Procurai o Senhor continuamente,
e o vosso coração reviverá.

III

—³⁰ Pobre de mim, sou infeliz e sofredor! *
Que vosso auxílio me levante, Senhor Deus!
—³¹ Cantando eu louvarei o vosso nome *
e agradecido exultarei de alegria!
—³² Isto será mais agradável ao Senhor, *
que o sacrifício de novilhos e de touros.
=³³ Humildes, vede isto e alegrai-vos: †
o vosso coração reviverá, *
se procurardes o Senhor continuamente!
—³⁴ Pois nosso Deus atende à prece dos seus pobres, *
e não despreza o clamor de seus cativos.
—³⁵ Que céus e terra glorifiquem o Senhor *
com o mar e todo ser que neles vive!
=³⁶ Sim, Deus virá e salvará Jerusalém, †
reconstruindo as cidades de Judá, *
onde os pobres morarão, sendo seus donos.
=³⁷ A descendência de seus servos há de herdá-las, †
e os que amam o santo nome do Senhor *
dentro delas fixarão sua morada!

Ant. Procurai o Senhor continuamente,
e o vosso coração reviverá.

V. O Senhor há de ensinar-nos seus caminhos.
R. E trilharemos, todos nós, suas veredas.

Leituras e oração correspondentes a cada Ofício.

Laudes

V. Vinde, ó Deus. Glória ao Pai. Como era. Aleluia.

Esta introdução se omite quando o Invitatório precede imediatamente às Laudes.

Hino

Sois do céu a glória eterna,
esperança dos mortais,
sois da casta Virgem prole,
Unigênito do Pai.

Dai àqueles que despertam
seja a mente vigilante.
Em louvor e ação de graças,
nossa voz seja vibrante.

Nasce o astro luminoso,
nova luz ele anuncia.
Foge a noite, foi a treva,
vossa luz nos alumia.

Nossa mente torne clara,
faça a noite cintilar,
purifique nosso íntimo
até a vida terminar.

Cresça a nossa fé primeira
dentro em nosso interior;
a esperança acompanhe,
e maior seja o amor.

A vós, Cristo, rei piedoso,
e a vós, Pai, glória também
com o Espírito Paráclito
pelos séculos. Amém.

Salmodia

Ant. 1 Foi contra **vós**, só contra **vós** que eu **pequei**.
Ó meu **Deus**, miseri**cór**dia e compai**xão**!

Salmo 50(51)
Tende piedade, ó meu Deus!

Renovai o vosso espírito e a vossa mentalidade. Revesti o homem novo (Ef 4,23-24).

– ³ Tende pie**da**de, ó meu **Deus**, misericór**dia**! *
  Na imensi**dão** de vosso amor, purificai-me!
– ⁴ La**vai**-me todo inteiro do pecado, *
  e apa**gai** completamente a minha culpa!
– ⁵ Eu reco**nhe**ço toda a minha iniquidade, *
  o meu pe**ca**do está sempre à minha frente.
– ⁶ Foi contra **vós**, só contra vós, que eu pequei, *
  e prati**quei** o que é mau aos vossos olhos!
– Mostrais as**sim** quanto sois justo na sentença, *
  e quanto é **re**to o julgamento que fazeis.
– ⁷ Vede, Se**nhor**, que eu nasci na iniquidade *
  e peca**dor** já minha mãe me concebeu.
– ⁸ Mas vós a**mais** os corações que são sinceros, *
  na intimi**da**de me ensinais sabedoria.
– ⁹ Asper**gi**-me e serei puro do pecado, *
  e mais **bran**co do que a neve ficarei.
– ¹⁰ Fazei-me ou**vir** cantos de festa e de alegria, *
  e exulta**rão** estes meus ossos que esmagastes.
– ¹¹ Desvi**ai** o vosso olhar dos meus pecados *
  e apa**gai** todas as minhas transgressões!
– ¹² Criai em **mim** um coração que seja puro, *
  dai-me de **no**vo um espírito decidido.
– ¹³ Ó Se**nhor**, não me afasteis de vossa face, *
  nem reti**reis** de mim o vosso Santo Espírito!
– ¹⁴ Dai-me de **no**vo a alegria de ser salvo *
  e confir**mai**-me com espírito generoso!
– ¹⁵ Ensina**rei** vosso caminho aos pecadores, *
  e para **vós** se voltarão os transviados.

—¹⁶ Da **mor**te como pena, libertai-me, *
e minha **lín**gua exaltará vossa justiça!
—¹⁷ Abri meus **lá**bios, ó Senhor, para cantar, *
e minha **bo**ca anunciará vosso louvor!
—¹⁸ Pois não **são** de vosso agrado os sacrifícios, *
e, se o**fer**to um holocausto, o rejeitais.
—¹⁹ Meu sacrifício é minha alma penitente, *
não desprez**eis** um coração arrependido!
—²⁰ Sede be**nig**no com Sião, por vossa graça, *
reconstruí Jerusalém e os seus muros!
—²¹ E aceita**reis** o verdadeiro sacrifício, *
os holo**caus**tos e oblações em vosso altar!

Ant. Foi contra **vós**, só contra **vós** que eu pe**quei**.
Ó meu **Deus**, miseri**cór**dia e compai**xão**!
Ant. 2 Conhe**ce**mos nossas **cul**pas, pois pecamos contra **vós**.

Cântico   Jr 14,17-21

Lamentação em tempo de fome e de guerra

O Reino de Deus está próximo. Convertei-vos e crede no Evangelho! (Mc 1,15).

—¹⁷ Os meus **o**lhos, noite e **di**a, *
chorem **lá**grimas sem fim;
= pois so**freu** um golpe horrível, †
foi fe**ri**da gravemente *
a virgem **fi**lha do meu povo!
—¹⁸ Se eu **sai**o para os campos, *
eis os **mor**tos à espada;
– se eu **en**tro na cidade, *
eis as **ví**timas da fome!
= Até o pro**fe**ta e o sacerdote †
peram**bu**lam pela terra *
sem sa**ber** o que se passa.
—¹⁹ Rejei**tas**tes, por acaso, *
a Ju**dá** inteiramente? –

– Por acaso a vossa alma *
desgostou-se de Sião?
– Por que feristes vosso povo *
de um mal que não tem cura?
– Esperávamos a paz, *
e não chegou nada de bom;
– e o tempo de reerguer-nos, *
mas só vemos o terror!
= ²⁰Conhecemos nossas culpas †
e as de nossos ancestrais, *
pois pecamos contra vós!
– Por amor de vosso nome, *
ó Senhor, não nos deixeis!
– ²¹Não deixeis que se profane *
vosso trono glorioso!
– Recordai-vos, ó Senhor! *
Não rompais vossa Aliança!

Ant. Conhecemos nossas culpas, pois pecamos contra vós.

Ant. 3 O Senhor, somente ele é nosso Deus,
e nós somos o seu povo e seu rebanho.

Quando o salmo seguinte já tiver sido recitado no Invitatório, em seu lugar se diz o Salmo 94(95), à p. 537.

Salmo 99(100)

A alegria dos que entram no templo

O Senhor ordena aos que foram salvos que cantem o hino de vitória (Sto. Atanásio).

= ² Aclamai o Senhor, ó terra inteira, †
servi ao Senhor com alegria, *
ide a ele cantando jubilosos!
= ³ Sabei que o Senhor, só ele, é Deus, †
Ele mesmo nos fez, e somos seus, *
nós somos seu povo e seu rebanho. –

= ⁴Entrai por suas portas dando graças, †
  e em seus **átrios** com hinos de louvor; *
  dai-lhe **graças**, seu nome bendizei!
= ⁵Sim, é **bom** o Senhor e nosso Deus, †
  sua bon**da**de perdura para sempre, *
  seu **amor** é fiel eternamente!

Ant. O S**e**nhor, somente ele é nosso **Deus**,
  e nós **so**mos o seu **po**vo e seu re**ba**nho.

Leitura breve   2Cor 12,9b-10

De bom grado, eu me gloriarei das minhas fraquezas, para que a força de Cristo habite em mim. Eis por que eu me comprazo nas fraquezas, nas injúrias, nas necessidades, nas perseguições e nas angústias sofridas por amor a Cristo. Pois, quando eu me sinto fraco, é então que sou forte.

Responsório breve

R. Fazei-me **ce**do sen**tir**,
  * Ó S**e**nhor, vosso **amor**! R. Fazei-me.
V. Indi**cai**-me o ca**mi**nho, que eu **de**vo se**guir**.
  * Ó S**e**nhor. Glória ao **Pai**. R. Fazei-me.

Cântico evangélico, ant.

O S**e**nhor visi**tou** o seu **po**vo e o liber**tou**.

Preces

Levantemos o nosso olhar para Cristo que nasceu, morreu e ressuscitou pelo seu povo; e peçamos com fé:

R. **Salvai, Senhor, os que remistes com o vosso sangue!**

Nós vos bendizemos, Jesus, Salvador da humanidade, que não hesitastes em sofrer por nós a paixão e a cruz,
– e nos remistes com o vosso sangue precioso.   R.

Vós, que prometestes dar aos vossos fiéis a água que jorra para a vida eterna,

— derramai o vosso Espírito sobre todos os homens e mulheres.
R.

Vós, que enviastes vossos discípulos para pregar o evangelho a todas as nações,
— ajudai-nos a proclamar pela terra inteira a vitória da vossa cruz.
R.

Aos doentes e infelizes que associastes aos sofrimentos da vossa paixão,
— concedei-lhes força e paciência.
R.

Pai nosso...

Oração

Pai todo-poderoso, derramai vossa graça em nossos corações para que, caminhando à luz dos vossos preceitos, sigamos sempre a vós, como Pastor e Guia. Por nosso Senhor Jesus Cristo, vosso Filho, na unidade do Espírito Santo.

A conclusão da Hora como no Ordinário.

Hora Média

V. Vinde, ó **Deus**. Glória ao **Pai**. Como era. Ale**lui**a.

HINO como no Ordinário, p. 552-555.

Salmodia

Ant. 1 Nós o **vi**mos desprezado e sem be**le**za,
homem das **do**res, habituado ao sofri**men**to.

Salmo 21(22)
Aflição do justo e sua libertação

Jesus deu um forte grito: Meu Deus, meu Deus, por que me abandonaste? (Mt 27,46).

I

—2 Meu **Deus**, meu Deus, por **que** me aband**o**nastes? *
E ficais **lon**ge de meu grito e minha prece?

— ³Ó meu **Deus**, clamo de dia e não me ouvis, *
  clamo de **noi**te e para mim não há resposta!
— ⁴Vós, no en**tan**to, sois o santo em vosso Templo, *
  que habi**tais** entre os louvores de Israel.
— ⁵Foi em **vós** que esperaram nossos pais; *
  espe**ra**ram e vós mesmo os libertastes.
— ⁶Seu cla**mor** subiu a vós e foram salvos; *
  em vós confi**a**ram, e não foram enganados.
— ⁷Quanto a **mim**, eu sou um verme e não um homem; *
  sou o op**ró**brio e o desprezo das nações.
— ⁸Riem de **mim** todos aqueles que me veem, *
  torcem os **lá**bios e sacodem a cabeça:
— ⁹"Ao Se**nhor** se confiou, ele o liberte *
  e agora o **sal**ve, se é verdade que ele o ama!"
— ¹⁰Desde a **mi**nha concepção me conduzistes, *
  e no **sei**o maternal me agasalhastes.
— ¹¹Desde **quan**do vim à luz vos fui entregue; *
  desde o **ven**tre de minha mãe sois o meu Deus!
  ¹²Não fi**queis** longe de mim, porque padeço; *
  ficai **per**to, pois não há quem me socorra!

Ant. Nós o **vi**mos desprezado e sem beleza,
  homem das **do**res, habitu**a**do ao sofri**men**to.

Ant. 2 Eles re**par**tem entre **si** as minhas **ves**tes,
  e sor**tei**am entre **si** a minha **tú**nica.

II

— ¹³Por **tou**ros nume**ro**sos fui cer**ca**do, *
  e as **fe**ras de Basã me rodearam; *
— ¹⁴escanca**ra**ram contra mim as suas bocas, *
  como le**ões** devoradores a rugir.
— ¹⁵Eu me **sin**to como a água derramada, *
  e meus **os**sos estão todos deslocados;
— Como a **ce**ra se tornou meu coração, *
  e **den**tro do meu peito se derrete. —

Sexta-feira – Hora Média

⇥¹⁶ Minha **gargan**ta está igual ao barro seco, †
 minha **lín**gua está colada ao céu da boca, *
 e por **vós** fui conduzido ao pó da morte! *

⊥¹⁷ Cães nume**ro**sos me rodeiam furiosos, *
 e por um **ban**do de malvados fui cercado.

– Transpass**a**ram minhas mãos e os meus pés *
¹⁸ e eu **pos**so contar todos os meus ossos.

= Eis que me **o**lham, e, ao ver-me, se deleitam! †
¹⁹ Eles re**par**tem entre si as minhas vestes *
 e sor**tei**am entre si a minha túnica.

⊥²⁰ Vós, po**rém**, ó meu Senhor, não fiqueis longe, *
 ó minha **for**ça, vinde logo em meu socorro!

⊥²¹ Da es**pa**da libertai a minha alma, *
 e das **gar**ras desses cães, a minha vida!

⊥²² Arran**cai**-me da goela do leão, *
 e a mim tão **po**bre, desses touros que me atacam!

⊥²³ Anuncia**rei** o vosso nome a meus irmãos *
 e no **mei**o da assembleia hei de louvar-vos!

Ant. Eles re**par**tem entre **si** as minhas **ves**tes,
 e sor**tei**am entre **si** a minha **tú**nica.

Ant. 3 Que se **pros**trem e a**do**rem o S**e**nhor,
 todos os **po**vos e as fa**mí**lias das **na**ções!

III

⇥²⁴ Vós que te**meis** ao Senhor **Deus**, dai-lhe lou**vo**res; †
 glorifi**cai**-o, descendentes de Jacó, *
 e respei**tai**-o toda a raça de Israel!

⊥²⁵ Porque **Deus** não desprezou nem rejeitou *
 a mis**é**ria do que sofre sem amparo;

– não desvi**ou** do humilhado a sua face, *
 mas o ou**viu** quando gritava por socorro.

⊥²⁶ Sois meu lou**vor** em meio à grande assembleia; *
 cumpro meus **vo**tos ante aqueles que vos temem!

= ²⁷Vossos **pobres** vão comer e saciar-se, †
  e os que pro**cu**ram o Senhor o louvarão: *
  "Seus cora**ções** tenham a vida para sempre!"
– ²⁸ Lembrem-se **dis**so os confins de toda a terra, *
  para que **vol**tem ao Senhor e se convertam,
– e se **pros**trem, adorando, diante dele *
  todos os **po**vos e as famílias das nações.
– ²⁹Pois ao Se**nhor** é que pertence a realeza; *
  ele do**mi**na sobre todas as nações.
– ³⁰Somente a ele adorarão os poderosos, *
  e os que **vol**tam para o pó o louvarão.
– Para **e**le há de viver a minha alma, *
  ³¹toda a **mi**nha descendência há de servi-lo;
– às fu**tu**ras gerações anunciará *
  ³²o po**der** e a justiça do Senhor;
– ao povo **no**vo que há de vir, ela dirá: *
  "Eis a **o**bra que o Senhor realizou!"

Ant. Que se **pros**trem e a**do**rem o Se**nhor**,
todos os **po**vos e as fa**mí**lias das na**ções**!

Para as outras Horas, Salmodia complementar, p. 1132.

Oração das Nove Horas

Leitura breve   Rm 1,16b-17

O Evangelho é uma força salvadora de Deus para todo aquele que crê. Nele, com efeito, a justiça de Deus se revela da fé para a fé, como está escrito: O justo viverá pela fé.

V. O **nos**so coração se alegra em **Deus**.
R. Seu santo **no**me é nossa **ú**nica espe**ran**ça.

Oração

Senhor Jesus Cristo, que nesta hora fostes levado ao suplício da cruz para salvar o mundo, perdoai-nos as faltas passadas e preservai-nos de culpas futuras. Vós, que viveis e reinais para sempre.

Oração das Doze Horas

Leitura breve Rm 3,21-22a

Agora, sem depender do regime da Lei, a justiça de Deus se manifestou, atestada pela Lei e pelos Profetas; justiça de Deus essa, que se realiza mediante a fé em Jesus Cristo, para todos os que têm a fé.

V. Os preceitos do Senhor são precisos, alegria ao coração.
R. O mandamento do Senhor é brilhante,
 para os olhos uma luz.

Oração

Senhor Jesus Cristo, que, nesta hora, com o mundo envolto em trevas, fostes elevado na cruz, como vítima inocente para a salvação de todos, concedei-nos sempre vossa luz, que nos guie para a vida eterna. Vós, que viveis e reinais para sempre.

Oração das Quinze Horas

Leitura breve Ef 2,8-9

É pela graça que sois salvos, mediante a fé. E isso não vem de vós; é dom de Deus! Não vem das obras, para que ninguém se orgulhe.

V. Que na terra se conheça o seu caminho.
R. E a sua salvação por entre os povos.

Oração

Senhor Jesus Cristo, que fizestes o ladrão arrependido passar da cruz ao vosso Reino, aceitai a humilde confissão de nossas culpas e fazei que, no instante da morte, entremos com alegria no paraíso. Vós, que viveis e reinais para sempre.

A conclusão da Hora como no Ordinário.

Vésperas

V. Vinde, ó **Deus**. Glória ao **Pai**. Como **era**. Ale**lui**a.

Hino

Deus, escultor do homem,
que a tudo, só, criastes,
e que do pó da terra
os animais formastes.

Sob o comando do homem
a todos colocastes,
para que a vós servissem
servindo a quem criastes.

Afastai, pois, os homens,
de uma fatal cilada;
que o Criador não perca
a criatura amada.

Dai-nos no céu o prêmio,
dando na terra a graça,
e assim chegar possamos
à paz que nunca passa.

A vós, Deus uno e trino,
em nosso amor cantamos;
nas criaturas todas
somente a vós buscamos.

Salmodia

Ant. 1 O S**enhor**, nosso **Deus**, é tão **gran**de,
    e mai**or** do que **todos** os **deuses**.

Salmo 134(135)
Louvor ao Senhor por suas maravilhas

Povo que ele conquistou, proclamai as obras admiráveis daquele que vos chamou das trevas para a sua luz maravilhosa (cf. 1Pd 2,9).

I

– ¹Lou**vai** o Se**nhor**, bendi**zei**-o; *
 lou**vai** o Senhor, servos seus,
– ²que cele**brais** o louvor em seu templo *
 e habi**tais** junto aos átrios de Deus!
– ³Lou**vai** o Senhor, porque é bom; *
 can**tai** ao seu nome suave!
– ⁴Esco**lheu** para si a Jacó, *
 prefe**riu** Israel por herança.
– ⁵Eu bem **sei** que o Senhor é tão grande, *
 que é ma**ior** do que todos os deuses.
= ⁶Ele **faz** tudo quanto lhe agrada, †
 nas al**tu**ras dos céus e na terra, *
 no oce**a**no e nos fundos abismos.
= ⁷Traz as **nu**vens do extremo da terra, †
 trans**for**ma os raios em chuva, *
 das ca**ver**nas libera os ventos.
– ⁸No E**gi**to feriu primogênitos, *
 desde **ho**mens até animais.
– ⁹Fez mi**la**gres, prodígios, portentos, *
 pe**ran**te Faraó e seus servos.
– ¹⁰Aba**teu** numerosas nações *
 e ma**tou** muitos reis poderosos:
= ¹¹a Se**on**, que foi rei amorreu, †
 e a **Og**, que foi rei de Basã, *
 como a **to**dos os reis cananeus.
– ¹²Ele **deu** sua terra em herança, *
 em he**ran**ça a seu povo, Israel.

Ant. 1 O **Senhor**, nosso **Deus,** é tão **gran**de,
e mai**or** do que **to**dos os **deu**ses.

Ant. 2 **Israel**, bendi**zei** o **Se**nhor,
can**tai** ao seu **no**me suave!

II

— ¹³Ó **Senhor**, vosso **no**me é e**ter**no; *
para **sem**pre é a vossa lembrança!
— ¹⁴O **Senhor** faz justiça a seu povo *
e é bon**do**so com aqueles que o servem.
— ¹⁵São os **deu**ses pagãos ouro e prata, *
todos **e**les são obras humanas.
— ¹⁶Têm **bo**ca e não podem falar, *
têm **o**lhos e não podem ver;
— ¹⁷tendo ou**vi**dos, não podem ouvir, *
nem e**xis**te respiro em sua boca.
— ¹⁸Como **e**les serão seus autores, *
que os fa**bri**cam e neles confiam!
— ¹⁹Israel, bendizei o Senhor; *
sacer**do**tes, louvai o Senhor;
— ²⁰levitas, cantai ao Senhor; *
fi**éis**, bendizei o Senhor!
— ²¹Bendi**to** o Senhor de Sião, *
que ha**bi**ta em Jerusalém!

Ant. Israel, bendi**zei** o **Se**nhor,
cantai ao seu **no**me suave!

Ant. 3 Os **po**vos virão adorar-vos, **Se**nhor.

Cântico Ap 15,3-4

Hino de adoração

— ³Como são **gran**des e admi**rá**veis vossas **o**bras, *
ó **Se**nhor e nosso Deus onipotente!
— Vossos ca**mi**nhos são verdade, são justiça, *
ó **Rei** dos povos todos do universo!

(R. São **gran**des vossas obras, ó Se**nhor**!)
= ⁴ Quem, Se**nhor**, não haveria de temer-vos, †
  e **quem** não honraria o vosso nome? *
  Pois so**men**te vós, Senhor, é que sois santo! (R.)
= As nações **to**das hão de vir perante vós †
  e, pros**tra**das, haverão de adorar-vos, *
  pois vossas **jus**tas decisões são manifestas. (R.)

Ant. Os **po**vos virão ado**rar**-vos, Se**nhor**.

Leitura breve   Tg 1,2-4

Meus irmãos, quando deveis passar por diversas provações, considerai isso motivo de grande alegria, por saberdes que a comprovação da fé produz em vós a perseverança. Mas é preciso que a perseverança gere uma obra de perfeição, para que vos torneis perfeitos e íntegros, sem falta ou deficiência alguma.

Responsório breve

R. Jesus **Cris**to nos **a**mou.
  * E em seu **san**gue nos la**vou**. R. Jesus **Cris**to.
V. Fez-nos **reis** e sacer**do**tes para **Deus**, o nosso **Pai**.
  * E em seu **san**gue. Glória ao **Pai**. R. Jesus **Cris**to.

Cântico evangélico, ant.

O Se**nhor** nos aco**lheu** a **nós**,
seus servi**do**res, fi**el** ao seu **a**mor.

Preces

Invoquemos o Senhor Jesus, a quem o Pai entregou à morte pelos nossos pecados e ressuscitou para nossa justificação; e digamos humildemente:

R. **Senhor, tende piedade do vosso povo!**

Ouvi, Senhor, as nossas súplicas e perdoai os pecados dos que se reconheçam culpados perante vós,
– e, em vossa bondade, dai-nos a reconciliação e a paz. R.

Vós, que dissestes por meio do apóstolo Paulo: "Onde o pecado foi grande, muito maior foi a graça",
—perdoai generosamente os nossos numerosos pecados.
R. **Senhor, tende piedade do vosso povo!**

Muito pecamos, Senhor, mas confiamos na vossa infinita misericórdia;
—convertei-nos inteiramente ao vosso amor. R.

Salvai, Senhor, o vosso povo de seus pecados,
—e sede bondoso para conosco. R.

(intenções livres)

Vós, que abristes as portas do paraíso para o ladrão arrependido que vos reconheceu como Salvador,
—não as fecheis para os nossos irmãos e irmãs que morreram. R.

Pai nosso...

Oração

Deus, nosso Pai, que destes Jesus Cristo, vosso Filho, como preço de nossa salvação, concedei-nos viver de tal modo, que, participando de sua paixão, compartilhemos de sua ressurreição. Por nosso Senhor Jesus Cristo, vosso Filho, na unidade do Espírito Santo.

A conclusão da Hora como no Ordinário.

III SÁBADO

Invitatório

V. **Abri** os meus **lábios.** R. E minha **boca.**

R. Ao Se**nhor** pertence a **terra** e **tudo** o que ela encerra: Adoremos o Se**nhor**!

Salmo invitatório como no Ordinário, p. 537.

Ofício das Leituras

V. Vinde, ó **Deus.** Glória ao **Pai.** Como era. Ale**luia.**

Esta introdução se omite quando o Invitatório precede imediatamente ao Ofício das Leituras.

Hino

I. Quando se diz o Ofício das Leituras durante a noite ou de madrugada:

> Um Deus em três pessoas,
> o mundo governais:
> dos homens que criastes
> as faltas perdoais.
>
> Ouvi, pois, nosso canto
> e o pranto que vertemos:
> de coração sem mancha,
> melhor vos contemplemos.
>
> Por vosso amor tenhamos
> a alma iluminada,
> e alegres aguardemos,
> Senhor, vossa chegada.
>
> Rompendo agora a noite,
> do sono despertados,
> com os bens da pátria eterna
> sejamos cumulados!

A glória seja ao Pai,
ao Filho seu também;
ao Espírito igualmente,
agora e sempre. Amém.

II. Quando se diz o Ofício das Leituras durante o dia:

Autor da glória eterna,
que ao povo santo dais
a graça septiforme
do Espírito, escutai:

Tirai ao corpo e à mente
do mal as opressões;
cortai os maus instintos,
curai os corações.

Tornai as mentes calmas,
as obras completai,
ouvi do orante as preces,
a vida eterna dai.

Do tempo, em sete dias,
o curso conduzis.
No dia oitavo e último
vireis como juiz.

E nele, ó Redentor,
da ira nos poupai,
tirai-nos da esquerda,
à destra nos guardai.

Ouvi a prece humilde
do povo reverente,
e a vós daremos glória,
Deus Trino, eternamente.

Salmodia

Ant. 1 Agradeçamos ao Senhor o seu amor
e as suas maravilhas entre os homens.

Salmo 106(107)

Ação de graças pela libertação

Deus enviou sua palavra aos israelitas e lhes anunciou a boa-nova da paz, por meio de Jesus Cristo (At 10,36).

I

– ¹Dai **graças** ao Se**nhor,** porque ele é **bom,** *
  porque e**ter**na é a sua misericórdia!
– ²Que o **di**gam os libertos do Senhor, *
  que da **mão** dos opressores os salvou
– ³e de **to**das as nações os reuniu, *
  do Ori**en**te, Ocidente, Norte e Sul.
– ⁴Uns va**ga**vam, no deserto, extraviados, *
  sem a**cha**rem o caminho da cidade.
– ⁵Sofriam **fo**me e também sofriam sede, *
  e sua **vi**da ia aos poucos definhando.
– ⁶Mas gri**ta**ram ao Senhor na aflição, *
  e **e**le os libertou daquela angústia.
– ⁷Pelo ca**mi**nho bem seguro os conduziu *
  para che**ga**rem à cidade onde morar.
– ⁸Agrade**çam** ao Senhor o seu amor *
  e as **su**as maravilhas entre os homens!
– ⁹Deu de be**ber** aos que sofriam tanta sede *
  e os fa**min**tos saciou com muitos bens!
– ¹⁰Alguns jaziam em meio a trevas pavorosas, *
  prisio**nei**ros da miséria e das correntes,
– ¹¹por se **te**rem revoltado contra Deus *
  e despre**za**do os conselhos do Altíssimo.
– ¹²Ele que**brou** seus corações com o sofrimento; *
  eles tom**ba**ram, e ninguém veio ajudá-los!
– ¹³Mas gri**ta**ram ao Senhor na aflição, *
  e **e**le os libertou daquela angústia.
– ¹⁴E os reti**rou** daquelas trevas pavorosas, *
  despeda**çou** suas correntes, seus grilhões. –

—¹⁵ Agradeçam ao Senhor o seu amor *
e as suas maravilhas entre os homens!
—¹⁶ Porque ele arrombou portas de bronze *
e quebrou trancas de ferro das prisões!

Ant. Agradeçamos ao Senhor o seu amor
e as suas maravilhas entre os homens.

Ant. 2 Nós vimos seus prodígios e suas maravilhas.

II

—¹⁷ Uns deliravam no caminho do pecado, *
sofrendo a consequência de seus crimes;
—¹⁸ todo alimento era por eles rejeitado, *
e da morte junto às portas se encontravam.
—¹⁹ Mas gritaram ao Senhor na aflição, *
e ele os libertou daquela angústia.
—²⁰ Enviou sua palavra e os curou, *
e arrancou as suas vidas do sepulcro.
—²¹ Agradeçam ao Senhor o seu amor *
e as suas maravilhas entre os homens!
—²² Ofereçam sacrifícios de louvor, *
e proclamem na alegria suas obras!
—²³ Os que sulcam o alto-mar com seus navios, *
para ir comerciar nas grandes águas,
—²⁴ testemunharam os prodígios do Senhor *
e as suas maravilhas no alto-mar.
—²⁵ Ele ordenou, e levantou-se o furacão, *
arremessando grandes ondas para o alto;
—²⁶ aos céus subiam e desciam aos abismos, *
seus corações desfaleciam de pavor.
—²⁷ Cambaleavam e caíam como bêbados, *
e toda a sua perícia deu em nada.
—²⁸ Mas gritaram ao Senhor na aflição, *
e ele os libertou daquela angústia.—

– ²⁹Transform**ou** a tempestade em bonança *
   e as **on**das do oceano se calaram.
– ³⁰Ale**gra**ram-se ao ver o mar tranquilo, *
   e ao **por**to desejado os conduziu:
– ³¹Agrade**çam** ao Senhor o seu amor *
   e as **sua**s maravilhas entre os homens!
– ³²Na assem**blei**a do seu povo o engrandeçam *
   e o **lou**vem no conselho de anciãos!

Ant. Nós **vi**mos seus pro**dí**gios e **su**as maravilhas.

Ant. 3 Que os **jus**tos, vendo as **o**bras do Se**nhor**,
   compre**en**dam como é **gran**de o seu **amor**!

III

– ³³Ele mu**dou** águas cor**ren**tes em de**ser**to, *
   e fontes de **á**gua borbulhante em terra seca;
– ³⁴transfor**mou** as terras férteis   salinas, *
   pela ma**lí**cia dos que nelas habitavam.
– ³⁵Conver**teu** em grandes lagos os desertos *
   e a terra **á**rida em fontes abundantes;
– ³⁶e a**li** fez habitarem os famintos, *
   que fun**da**ram sua cidade onde morar.
– ³⁷Plantaram **vi**nhas, semearam os seus campos, *
   que deram **fru**tos e colheitas abundantes.
– ³⁸Abençoo**u**-os e cresceram grandemente, *
   e não dei**xou** diminuir o seu rebanho.
– ³⁹Mas de**pois** ficaram poucos e abatidos,
   opri**mi**dos por desgraças e aflições;
– ⁴⁰porém **A**que**l**e que confunde os poderosos *
   e os fez er**rar** por um deserto sem saída
– ⁴¹reti**rou** da indigência os seus pobres, *
   e qual re**ba**nho aumentou suas famílias.
– ⁴²Que os **jus**tos vejam isto e rejubilem, *
   e os **maus** fechem de vez a sua boca!

—⁴³ Quem é **sábio**, que observe essas coisas *
e compreenda a bondade do Senhor!

Ant. Que os **justos**, vendo as **obras** do S**e**nhor,
compreendam como é **gran**de o seu **amor**!

V. Chega às **nu**vens a **vos**sa verd**a**de, Senhor,
R. E aos **abis**mos dos **mares**, os **vos**sos juízos.

Leituras e oração correspondentes a cada Ofício.

Laudes

V. Vinde, ó **Deus**. Glória ao **Pai**. Como **era**. Ale**lu**ia.

Esta introdução se omite quando o Invitatório precede imediatamente ao Ofício das Leituras.

Hino

> No céu refulge a aurora
> e nasce um novo dia.
> As trevas se dissipem:
> a luz nos alumia.
>
> Bem longe os fantasmas,
> os sonhos e ilusões!
> Do mal que vem das trevas
> quebremos os grilhões.
>
> Na aurora derradeira
> possamos, preparados,
> cantar de Deus a glória,
> na sua luz banhados.
>
> Louvor e glória ao Pai,
> ao Filho seu também,
> e ao Divino Espírito
> agora e sempre. Amém.

Salmodia

Ant. 1 Vós estais **per**to, ó S**e**nhor, perto de **mim**;
todos os **vos**sos manda**men**tos são verd**a**de.

Salmo 118(119),145-152
XIX (Coph)
Meditação sobre a Palavra de Deus na Lei

O amor é o cumprimento perfeito da Lei (Rm 13,10).

– ¹⁴⁵Clamo de **to**do o cora**ção**: Senhor, ou**vi**-me! *
 Quero cum**prir** vossa vontade fielmente!
– ¹⁴⁶Clamo a **vós**: Senhor, salvai-me, eu vos suplico, *
 e en**tão** eu guardarei vossa Aliança!
– ¹⁴⁷Chego **an**tes que a aurora e vos imploro, *
 e es**pe**ro confiante em vossa lei.
– ¹⁴⁸Os meus **o**lhos antecipam as vigílias, *
 para de **noi**te meditar vossa palavra.
– ¹⁴⁹Por vosso **a**mor ouvi atento a minha voz *
 e dai-me a **vi**da, como é vossa decisão!
– ¹⁵⁰Meus opres**so**res se aproximam com maldade; *
 como estão **lon**ge, ó Senhor, de vossa lei!
– ¹⁵¹Vós estais **per**to, ó Senhor, perto de mim; *
 todos os **vos**sos mandamentos são verdade!
– ¹⁵²Desde cri**an**ça aprendi vossa Aliança *
 que fir**mas**tes para sempre, eternamente.

Ant. Vós estais **per**to, ó S**e**nhor, perto de **mim**:
todos os **vos**sos manda**men**tos são ver**da**de.

Ant. 2 Que a **vos**sa Sabedo**ri**a, ó S**e**nhor,
esteja junto a **mim** no meu trabalho.

Cântico   Sb 9,1-6.9-11
Senhor, dai-me a Sabedoria!

Eu vos darei palavras tão acertadas que nenhum dos inimigos vos poderá resistir (Lc 21,15).

– ¹Deus de meus **pais**, Senhor bon**do**so e compassivo, *
 vossa Pa**la**vra poderosa criou tudo,

— ²vosso sa**ber** o ser humano modelou *
 para ser **rei** da criação que é vossa obra,
— ³reger o **mun**do com justiça, paz e ordem, *
 e exer**cer** com retidão seu julgamento:
— ⁴Dai-me **vos**sa sabedoria, ó Senhor, *
 sabedo**ria** que partilha o vosso trono.
— Não me exclu**ais** de vossos filhos como indigno: *
 ⁵sou vosso ser**vo** e minha mãe é vossa serva;
— sou homem **fra**co e de existência muito breve, *
 inca**paz** de discernir o que é justo.
— ⁶Até **mes**mo o mais perfeito dentre os homens *
 não é **na**da, se não tem vosso saber.
— ⁹Mas junto a **vós**, Senhor, está a sabedoria, *
 que co**nhe**ce as vossas obras desde sempre;
= convosco es**ta**va ao criardes o universo, †
 ela **sa**be o que agrada a vossos olhos, *
 o que é **re**to e conforme às vossas ordens.
— ¹⁰Envi**ai**-a lá de cima, do alto céu, *
 mandai-a **vir** de vosso trono glorioso,
— para que este**ja** junto a mim no meu trabalho *
 e me en**si**ne o que agrada a vossos olhos!
= ¹¹Ela, que **tu**do compreende e tudo sabe, †
 há de gui**ar** meus passos todos com prudência, *
 com seu po**der** há de guardar a minha vida.

Ant. Que a **vos**sa Sabedoria, ó Senhor,
 esteja junto a **mim** no meu trabalho.

Ant. 3 O Se**nhor** para **sem**pre é fiel.

Salmo 116(117)
Louvor ao Deus misericordioso

Eu digo:... os pagãos glorificam a Deus, em razão da sua misericórdia (Rm 15,8.9).

— ¹Cantai louvores ao Se**nhor**, todas as **gen**tes, *
 povos **to**dos, feste**jai**-o!

– ²Pois comprovado é seu amor para conosco, *
para **sem**pre ele é fiel!

Ant. O Se**nhor** para **sem**pre é **fiel**.

Leitura breve   Fl 2,14-15

Fazei tudo sem reclamar ou murmurar, para que sejais livres de repreensão e ambiguidade, filhos de Deus sem defeito, no meio desta geração depravada e pervertida, na qual brilhais como os astros no universo.

Responsório breve

R. A vós **gri**to, ó Se**nhor**, a vós **cla**mo
  * E vos **di**go: Sois **vós** meu **a**brigo! R. A vós **gri**to.
V. Minha he**ran**ça na **ter**ra dos **vi**vos. * E vos **di**go.
  Glória ao **Pai**. R. A vós **gri**to.

Cântico evangélico, ant.

Ilumi**nai**, ó Se**nhor**, os que **ja**zem nas **tre**vas
e na **som**bra da **mor**te.

Preces

Invoquemos a Deus, que elevou a Virgem Maria, Mãe de Cristo, acima de todas as criaturas do céu e da terra; e digamos cheios de confiança:

R. **Interceda por nós a Mãe do vosso Filho.**

Pai de misericórdia, nós vos damos graças porque nos destes Maria como mãe e exemplo:
– por sua intercessão, santificai os nossos corações.   R.

Vós, que fizestes de Maria a serva fiel e atenta à vossa Palavra,
– por sua intercessão, fazei de nós servos e discípulos de vosso Filho.   R.

Vós, que fizestes de Maria a Mãe do vosso Filho por obra do Espírito Santo,

– por sua intercessão, concedei-nos os frutos do mesmo Espírito.

R. **Intercéda por nós a Mãe do vosso Filho.**

Vós, que destes força a Maria para permanecer junto da cruz, e a enchestes de alegria com a ressurreição de vosso Filho,
– por sua intercessão, confortai-nos nas tribulações e reavivai a nossa esperança.   R.

(intenções livres)

Pai nosso...

Oração

Senhor nosso Deus, fonte de salvação, fazei que o testemunho de nossa vida exalte sempre a vossa glória e mereçamos cantar nos céus vosso louvor eternamente. Por nosso Senhor Jesus Cristo, vosso Filho, na unidade do Espírito Santo.

A conclusão da Hora como no Ordinário.

Hora Média

V. Vinde, ó **Deus**. Glória ao **Pai**. Como era. Aleluia.

HINO como no Ordinário, p. 552-555.

Salmodia

Ant. 1 Assegu**rai** tudo o que é **bom** ao vosso **servo**, ó **Senhor!**

Salmo 118(119),121-128
XVI (Ain)

Meditação sobre a Palavra de Deus na Lei

Sua mãe conservava no coração todas essas coisas (Lc 2,51).

– ¹²¹Prati**quei** a equi**da**de e a jus**tiça**; *
não me entre**gueis** nas mãos daqueles que me opri**mem!**

– ¹²²Assegu**rai** tudo que é bom ao vosso servo, *
não permi**tais** que me oprimam os soberbos!

—¹²³ Os meus **o**lhos se gastaram de esperar-vos *
e de aguar**dar** vossa justiça e salvação.
—¹²⁴ Con**for**me o vosso amor, Senhor, tratai-me, *
e tam**bém** vossos desígnios ensinai-me!
—¹²⁵ Sou vosso **ser**vo: concedei-me inteligência, *
para que eu **pos**sa compreender vossa Aliança!
—¹²⁶ Já é **tem**po de intervirdes, ó Senhor; *
está **sen**do violada a vossa Lei!
—¹²⁷ Por isso **a**mo os mandamentos que nos destes, *
mais que o **ou**ro, muito mais que o ouro fino!
—¹²⁸ Por isso eu **si**go bem direito as vossas leis, *
detesto **to**dos os caminhos da mentira.

Ant. Assegu**rai** tudo o que é **bom** ao vosso **ser**vo, ó S**enhor**!

Ant. 2 Contem**plai** o S**enhor** e have**reis** de ale**grar**-vos.

Salmo 33(34)
O Senhor é a salvação dos justos

Provastes que o Senhor é bom (1Pd 2,3).

I

—² Bendi**rei** o Senhor **Deus** em todo **tempo**, *
seu lou**vor** estará sempre em minha boca,
—³ Minha **al**ma se gloria no Senhor, *
que **ou**çam os humildes e se alegrem!
—⁴ Co**mi**go engrandecei ao Senhor Deus, *
exal**te**mos todos juntos o seu nome!
—⁵ Todas as **ve**zes que o busquei; ele me ouviu, *
e de **to**dos os temores me livrou.
—⁶ Contem**plai** a sua face e alegrai-vos, *
e vosso **ros**to não se cubra de vergonha!
—⁷ Este inf**eliz** gritou a Deus, e foi ouvido, *
e o S**enhor** o libertou de toda angústia.—

— ⁸O **an**jo do Senhor vem acampar *
ao re**dor** dos que o temem, e os salva.
— ⁹Provai e **ve**de quão suave é o Senhor! *
Feliz o **ho**mem que tem nele o seu refúgio!
— ¹⁰Respei**tai** o Senhor Deus, seus santos todos, *
porque **na**da faltará aos que o temem.
— ¹¹Os **ri**cos empobrecem, passam fome, *
mas aos que **bus**cam o Senhor não falta nada.

Ant. Contem**plai** o Se**nhor** e have**reis** de ale**grar**-vos.

Ant. 3 O Se**nhor** está bem **per**to do cora**ção** atribu**la**do.

II

— ¹²Meus **fi**lhos, vinde a**go**ra e escu**tai**-me: *
vou ensi**nar**-vos o temor do Senhor Deus.
— ¹³Qual o **ho**mem que não ama sua vida, *
procu**ran**do ser feliz todos os dias?
— ¹⁴A**fas**ta a tua língua da maldade, *
e teus **lá**bios, de palavras mentirosas.
— ¹⁵A**fas**ta-te do mal e **fa**ze o bem, *
procura a **paz** e vai com ela em seu caminho.
— ¹⁶O Se**nhor** pousa seus olhos sobre os justos, *
e seu ou**vi**do está atento ao seu chamado;
— ¹⁷mas ele **vol**ta a sua face contra os maus, *
para da **ter**ra apagar sua lembrança.
— ¹⁸Clamam os **jus**tos, e o Senhor bondoso escuta *
e de **to**das as angústias os liberta.
— ¹⁹Do cora**ção** atribulado ele está perto *
e con**for**ta os de espírito abatido.
— ²⁰Muitos **ma**les se abatem sobre os justos, *
mas o Se**nhor** de todos eles os liberta.
— ²¹Mesmo os seus **os**sos ele os guarda e os protege, *
e nenhum **de**les haverá de se quebrar. —

—²² A malícia do iníquo leva à morte, *
  e **quem** odeia o justo é castigado.
—²³ Mas o Senhor liberta a vida dos seus servos, *
  e castigado não será quem nele espera.

Ant. O Senhor está bem perto do coração atribulado.

Para as outras Horas, Salmodia complementar, das séries I e III, p. 1132.

Oração das Nove Horas

Leitura breve   1Sm 15,22

O Senhor quer holocaustos e sacrifícios, ou quer a obediência à sua palavra? A obediência vale mais que o sacrifício, a docilidade mais que oferecer gordura de carneiros.

V. Quem me oferece um sacrifício de louvor,
  este **sim,** é que me **hon**ra de verdade.
R. A todo **ho**mem que procede retamente
  eu mostrarei a salvação que vem de **Deus**.

Oração

Senhor Deus, Pai todo-poderoso, a quem somos submissos, derramai em nós a luz do Espírito Santo, para que, livres de todo inimigo, nos alegremos em vos louvar. Por Cristo, nosso Senhor.

Oração das Doze Horas

Leitura breve   Gl 5,26; 6,2

Não busquemos vanglória, provocando-nos ou invejando nos uns aos outros. Carregai os fardos uns dos outros: assim cumprireis a lei de Cristo.

V. Vinde e **ve**de como é **bom**, como é suave
  os ir**mãos** viverem **jun**tos bem uni**dos**.
R. Pois a **e**les o Senhor dá sua **bên**ção
  e a **vi**da pelos **sé**culos sem **fim**.

Oração

Senhor nosso Deus, luz ardente de amor eterno, concedei que, inflamados na vossa caridade, num mesmo amor amemos a vós, acima de tudo, e aos irmãos e irmãs por vossa causa. Por Cristo, nosso Senhor.

Oração das Quinze Horas

Leitura breve Mq 6,8

Foi-te revelado, ó homem, o que é o bem, e o que o Senhor exige de ti: principalmente praticar a justiça e amar a misericórdia, e caminhar solícito com teu Deus.

V. Seguindo vossa **lei** me rejubilo.
R. Não **posso** esquecer vossa **palavra**.

Oração

Atendei, Senhor, às nossas preces, por intercessão da Virgem Maria, e dai-nos a paz completa, para que, dedicando-nos sempre a vós com alegria, possamos confiantes chegar até vós. Por Cristo, nosso Senhor.

A conclusão da Hora como no Ordinário.

IV SEMANA

IV DOMINGO

I Vésperas

V. Vinde, ó **Deus**. Glória ao **Pai**. Como era. Ale**lui**a.

Hino

Ó Deus, fonte de todas as coisas,
vós enchestes o mundo de dons
e, depois de criar o universo,
concluístes que tudo era bom.

Terminando tão grande trabalho,
decidistes entrar em repouso,
ensinando aos que cansam na luta,
que o descanso é também dom precioso.

Concedei aos mortais que suplicam,
os seus erros lavarem no pranto
e andarem nos vossos caminhos,
descobrindo da vida o encanto.

Deste modo, ao chegar para a terra
a aflição do temível Juiz,
possam todos, repletos de paz,
se alegrar pela vida feliz.

Esse dom concedei-nos, Deus Pai,
pelo Filho Jesus, Sumo Bem,
no Espírito Santo Paráclito,
que reinais para sempre. Amém.

Pode-se também dizer o HINO Salve o dia, p. 987.

Salmodia
Ant. 1 Ro**gai** que viva em **paz** Jerusa**lém**.

Salmo 121(122)
Jerusalém, cidade santa

Vós vos aproximastes do monte Sião e da cidade do Deus vivo, a Jerusalém celeste (Hb 12,22).

- ¹Que alegria, quando ouvi que me disseram: *
  "Vamos à casa do Senhor!"
- ²E agora nossos pés já se detêm, *
  Jerusalém, em tuas portas.
- ³Jerusalém, cidade bem edificada *
  num conjunto harmonioso;
- ⁴para lá sobem as tribos de Israel, *
  as tribos do Senhor.
- Para louvar, segundo a lei de Israel, *
  o nome do Senhor.
- ⁵A sede da justiça lá está *
  e o trono de Davi.
- ⁶Rogai que viva em paz Jerusalém, *
  e em segurança os que te amam!
- ⁷Que a paz habite dentro de teus muros, *
  tranquilidade em teus palácios!
- ⁸Por amor a meus irmãos e meus amigos, *
  peço: "A paz esteja em ti!"
- ⁹Pelo amor que tenho à casa do Senhor, *
  eu te desejo todo bem

Ant. Rogai que viva em paz Jerusalém.

Ant. 2 Desde a aurora até à noite
no Senhor ponho a esperança.

Salmo 129(130)
Das profundezas eu clamo

Ele vai salvar o seu povo dos seus pecados (Mt 1,21).

- ¹Das profundezas eu clamo a vós, Senhor, *
  ²escutai a minha voz!

– Vossos ouvidos estejam bem atentos *
ao clamor da minha prece!
– ³Se levardes em conta nossas faltas, *
quem haverá de subsistir?
– ⁴Mas em **vós** se encontra o perdão, *
eu vos **te**mo e em vós espero.
– ⁵No Se**nhor** ponho a minha esperança, *
es**pe**ro em sua palavra.
– ⁶A minh'**al**ma espera no Senhor *
mais que o vi**gi**a pela aurora.
– ⁷Es**pe**re Israel pelo Senhor *
mais que o vi**gi**a pela aurora!
– Pois no Se**nhor** se encontra toda graça *
e copi**o**sa redenção.
– ⁸Ele **vem** libertar a Israel *
de **to**da a sua culpa.

Ant. Desde a aurora até à **noi**te
no Se**nhor** ponho a espe**ran**ça.

Ant. 3 Ao **no**me de Jesus nosso Se**nhor**
se **do**bre reve**ren**te todo joelho
seja nos **céus**, seja na **ter**ra ou nos a**bis**mos.

Cântico   Fl 2,6-11
Cristo, o Servo de Deus

= ⁶Embora **fos**se de divina condi**ção**, †
Cristo Jesus não se apegou ciosamente *
a ser i**gual** em natureza a Deus Pai.
(R. Jesus **Cris**to é Se**nhor** para a **gló**ria de Deus **Pai!**)
= ⁷Po**rém** esvaziou-se de sua glória †
e assu**mi**u a condição de um escravo, *
fa**zen**do-se aos homens semelhante.   (R.)

= Reconhecido exteriormente como homem, †
⁸humilhou-se, obedecendo até à morte, *
até à morte humilhante numa cruz. (R.)

= ⁹Por isso **Deus** o exaltou sobremaneira †
e deu-lhe o **no**me mais excelso, mais sublime, *
e elevado muito acima de outro nome. (R.)

= ¹⁰Para **que** perante o nome de Jesus †
se **do**bre reverente todo joelho, *
seja nos **céus**, seja na terra ou nos abismos. (R.)

= ¹¹E toda **língua** reconheça, confessando, †
para a **gló**ria de Deus Pai e seu louvor: *
"Na ver**da**de Jesus Cristo é o Senhor!" (R.)

Ant. Ao **nome** de Jesus nosso **Senhor**
se **do**bre reve**ren**te todo joelho
seja nos **céus,** seja na **terra** ou nos **abismos.**

Leitura breve 2Pd 1,19-21

Assim se nos tornou ainda mais firme a palavra da profecia, que fazeis bem em ter diante dos olhos, como lâmpada que brilha em lugar escuro, até clarear o dia e levantar-se a estrela da manhã em vossos corações. Pois deveis saber, antes de tudo, que nenhuma profecia da Escritura é objeto de interpretação pessoal, visto que jamais uma profecia foi proferida por vontade humana. Mas foi sob o impulso do Espírito Santo que homens falaram da parte de Deus.

Responsório breve

R. Do nas**cer** do sol a**té** o seu o**ca**so,
 * Louva**do** seja o **no**me do Se**nhor**! R. Do nas**cer**.
V. Sua **gló**ria vai a**lém** dos altos **céus**. * Louva**do**.
 Glória ao **Pai.** R. Do nas**cer**.

Antífona do Magníficat como no Próprio do Tempo.

Preces

Invoquemos a Jesus Cristo, alegria de todos os que nele esperam; e digamos:
R. **Ouvi-nos, Senhor, e atendei-nos!**

Testemunha fiel e primogênito dentre os mortos, que nos purificastes do pecado com o vosso sangue,
– fazei-nos sempre lembrar as vossas maravilhas. R.

Aqueles que escolhestes como mensageiros do vosso evangelho,
– tornai-os fiéis e zelosos administradores dos mistérios do reino. R.

Rei da paz, mandai o vosso Espírito sobre aqueles que governam os povos,
– a fim de que olhem com mais atenção para os pobres e necessitados. R.

Socorrei os que são vítimas da discriminação por causa da raça, cor, condição, língua ou religião,
– e fazei que sejam reconhecidos os seus direitos e a sua dignidade. R.

(intenções livres)

Aos que morreram em vosso amor, tornai participantes da felicidade eterna,
– juntamente com a Virgem Maria e todos os santos. R.

Pai nosso...

Oração como no Próprio do Tempo.
A conclusão da Hora como no Ordinário.

Invitatório

V. **Abri** os meus **lá**bios. R. E minha **bo**ca.

R. Vinde, **po**vo do Se**nhor** e re**ba**nho que ele **gui**a:
vinde **to**dos, ado**re**mos! Ale**lui**a.

Salmo invitatório como no Ordinário, p. 537.

Ofício das Leituras

V. Vinde, ó **Deus**. Glória ao **Pai**. Como era. Ale**luia**.

Esta introdução se omite quando o Invitatório precede imediatamente ao Ofício das Leituras.

Hino

I. Quando se diz o Ofício das Leituras durante a noite ou de madrugada:

>Chegamos ao meio da noite.
>Profética voz nos chamou
>e exorta a cantarmos felizes
>de Deus Pai e Filho o louvor,
>
>que unidos no Espírito da Vida,
>são perfeita e santa Trindade,
>igual numa só natureza,
>à qual honra, amor, majestade!
>
>Recorda esta hora o terror
>de quando, nas terras do Egito,
>um anjo matou os primogênitos,
>deixando o país todo aflito.
>
>Mas traz salvação para os justos
>na hora que Deus decretou.
>As casas marcadas com sangue
>o anjo da morte poupou.
>
>O Egito chorou os seus filhos,
>porém Israel se alegrou.
>O sangue do puro cordeiro
>aos seus protegeu e salvou.
>
>Nós somos o novo Israel,
>e em vós, ó Senhor, exultamos.
>Com sangue de Cristo marcados,
>do mal os ardis desprezamos.

Deus santo, fazei-nos ser dignos
da glória do mundo que vem.

Possamos cantar vossa glória
no céu para sempre. Amém.

II. Quando se diz o Ofício das Leituras durante o dia:

Salve o dia que é glória dos dias,
feliz dia, de Cristo vitória,
dia pleno de eterna alegria,
o primeiro.

Luz divina brilhou para os cegos;
nela o Cristo triunfa do inferno,
vence a morte, reconciliando
terra e céus.

A sentença eterna do Rei
tudo sob o pecado encerrou,
para que na fraqueza brilhasse
maior graça.

O poder e a ciência de Deus
misturaram rigor e clemência,
quando o mundo já estava caindo
nos abismos.

Surge livre o Reino da morte
quem o gênero humano restaura,
reconduz em seus ombros a ovelha
ao redil.

Reine a paz entre os anjos e os homens,
e no mundo a total plenitude.
Ao Senhor triunfante convém
toda a glória.

Mãe Igreja, tua voz faça coro
à harmonia da pátria celeste.
Cantem hoje Aleluias de glória
os fiéis.

Triunfando do império da morte,
triunfal alegria gozemos.
Paz na terra e nos céus alegria.
Assim seja.

Salmodia

Ant. 1 Quem subirá até o **mon**te do Se**nhor**?
Quem fica**rá** em sua **san**ta habi**ta**ção?

Quando o salmo seguinte já tiver sido recitado no Invitatório, em seu lugar se diz o Salmo 94(95), à p. 537.

Salmo 23(24)
Entrada do Senhor no templo

Na ascensão, as portas do céu se abriram para o Cristo (Sto. Irineu).

– ¹Ao Se**nhor** pertence a **ter**ra e o que ela en**cer**ra, *
o mundo in**tei**ro com os seres que o povoam;

– ²porque **e**le a tornou firme sobre os mares, *
e sobre as **á**guas a mantém inabalável.

– ³"Quem subi**rá** até o monte do Se**nhor**, *
quem fica**rá** em sua **san**ta habi**ta**ção?"

= ⁴"Quem tem mãos **pu**ras e inocente co**ra**ção, †
quem não di**ri**ge sua mente para o crime, *
nem jura **fal**so para o dano de seu próximo.

– ⁵Sobre **es**te desce a bênção do Senhor *
e a recom**pen**sa de seu Deus e Salvador".

– ⁶"É as**sim** a geração dos que o procuram, *
e do **Deus** de Israel buscam a face".

= ⁷"Ó **por**tas, levantai vossos frontões! †
Ele**vai**-vos bem mais alto, antigas portas, *
a fim de **que** o Rei da glória possa entrar!"

= ⁸Dizei-nos: "Quem é este Rei da glória?" †
"É o Se**nhor**, o valoroso, o onipotente, *
o Se**nhor**, o poderoso nas batalhas!" –

=⁹ "Ó **por**tas, levantai vossos frontões! †
  Ele**vai**-vos bem mais alto, antigas portas, *
  a fim de **que** o Rei da glória possa entrar!"
=¹⁰ **Di**zei-nos: "Quem é este Rei da glória?" †
  "O Rei da **gló**ria é o Senhor onipotente, *
  o Rei da **gló**ria é o Senhor Deus do universo!"

Ant. Quem subi**rá** até o **mon**te do Se**nhor**?
  Quem fica**rá** em sua **san**ta habita**ção**?

Ant. 2 Na**ções**, glorificai ao nosso **Deus**,
  é **e**le quem dá **vi**da à nossa **vi**da.

Salmo 65(66)
Hino para o sacrifício de ação de graças

Este salmo lembra a ressurreição do Senhor e a conversão dos gentios (Hesíquio).

I

=¹ Acla**mai** o Senhor **Deus**, ó terra in**tei**ra, †
  ² cantai **sal**mos a seu nome glorioso, *
  dai a **Deus** a mais sublime louvação!
=³ Dizei a **Deus**: "Como são grandes vossas obras! †
  Pela gran**de**za e o poder de vossa força, *
  vossos **pró**prios inimigos vos bajulam.
– ⁴ Toda a **ter**ra vos adore com respeito *
  e procla**me** o louvor de vosso nome!"
– ⁵ Vinde **ver** todas as obras do Senhor: *
  seus prod**í**gios estupendos entre os homens!
– ⁶ O **mar** ele mudou em terra firme *
  e passaram pelo rio a pé enxuto.
– Exul**te**mos de alegria no Senhor! *
  ⁷ Ele do**mi**na para sempre com poder,
– e seus **o**lhos estão fixos sobre os povos. *
  que os re**bel**des não se elevem contra ele!

– ⁸Nações, glorificai ao nosso Deus, *
 anunciai em alta voz o seu louvor!
– ⁹É ele quem dá vida à nossa vida *
 e não permite que vacilem nossos pés.

– ¹⁰Na verdade, ó Senhor, vós nos provastes, *
 nos depurastes pelo fogo como a prata.
– ¹¹Fizestes-nos cair numa armadilha *
 e um grande peso nos pusestes sobre os ombros.

= ¹²Permitistes aos estranhos oprimir-nos, †
 nós passamos pela água e pelo fogo, *
 mas finalmente vós nos destes um alívio!

Ant. Nações, glorificai ao nosso **Deus**,
 é ele quem dá vida à nossa vida.

Ant. 3 Todos **vós** que a Deus te**meis**, vinde escu**tar**:
 Vou con**tar**-vos todo o **bem** que ele me **fez**!

II

– ¹³Em vossa casa entrarei com sacrifícios, *
 e cumprirei todos os votos que vos fiz;
– ¹⁴as promessas que meus lábios vos fizeram *
 e minha boca prometeu, na minha angústia.

= ¹⁵Eu vos oferto generosos holocaustos, †
 e fumaça perfumosa dos cordeiros; *
 ofereço-vos novilhos e carneiros.

– ¹⁶Todos **vós** que a Deus temeis, vinde escutar; *
 vou con**tar**-vos todo o bem que ele me fez!
– ¹⁷Quando a ele o meu grito se elevou, *
 já havia gratidão em minha boca!
– ¹⁸Se eu guardasse planos maus no coração, *
 o Se**nhor** não me teria ouvido a voz.
– ¹⁹Entretan**to**, o Senhor quis atender-me *
 e deu ouvidos ao clamor da minha prece. –

= ²⁰Bendito **seja** o Sen**ho**r Deus, que me escu**tou**, †
não rejei**tou** minha oração e meu clamor, *
nem afas**tou** longe de mim o seu amor!

Ant. Todos **vós** que a Deus te**meis**, vinde escu**tar**:
Vou con**tar**-vos todo o **bem** que ele me **fez**!

V. A pa**la**vra de **Deus** é **vi**va e efi**caz**,
R. É **mais** pene**tran**te que es**pa**da de dois **gumes**.

Leituras e oração como no Próprio do Tempo.

Laudes

V. Vinde, ó **Deus**. Glória ao **Pai**. Como **era**. Ale**lu**ia.

Esta introdução se omite quando o Invitatório precede imediatamente às Laudes.

Hino

Eis que da noite já foge a sombra
e a luz da aurora refulge, ardente.
Nós, reunidos, a Deus oremos
e invoquemos o Onipotente.

Deus, compassivo, nos salve a todos
e nos afaste de todo o mal.
O Pai bondoso, por sua graça,
nos dê o reino celestial.

Assim nos ouça o Deus Uno e Trino,
Pai, Filho e Espírito Consolador.
Por toda a terra vibram acordes
dum canto novo em seu louvor.

Salmodia

Ant. 1 Dai **gra**ças ao Se**nhor,** porque ele é **bom**!
E**ter**na é a **sua** miseri**cór**dia. Ale**lu**ia. †

Salmo 117(118)
Canto de alegria e salvação

Ele é a pedra, que vós, os construtores, desprezastes, e que se tornou a pedra angular (At 4,11).

— ¹Dai **graças** ao Se**nhor**, porque ele é **bom**! *
  "E**ter**na é a sua miseri**cór**dia!"
— ² † A **ca**sa de Israel agora o diga: *
  "E**ter**na é a sua miseri**cór**dia!"
— ³A **ca**sa de Aarão agora o diga: *
  "E**ter**na é a sua miseri**cór**dia!"
— ⁴Os que **te**mem o Senhor agora o digam: *
  "E**ter**na é a sua miseri**cór**dia!"

— ⁵Na minha ang**ús**tia eu clamei pelo Senhor, *
  e o Se**nhor** me atendeu e libertou!
— ⁶O Se**nhor** está comigo, nada temo; *
  o que **po**de contra mim um ser humano?
— ⁷O Se**nhor** está comigo, é o meu auxílio, *
  hei de **ver** meus inimigos humilhados.
— ⁸"É me**lhor** buscar refúgio no Senhor *
  do que **pôr** no ser humano a esperança;
— ⁹é me**lhor** buscar refúgio no Senhor *
  do que con**tar** com os poderosos deste mundo!"

— ¹⁰Povos pa**gãos** me rodearam todos eles, *
  mas em **no**me do Senhor os derrotei;
— ¹¹de todo **la**do todos eles me cercaram, *
  mas em **no**me do Senhor os derrotei;
= ¹²como um enxame de abelhas me atacaram, †
  como um **fo**go de espinhos me queimaram, *
  mas em **no**me do Senhor os derrotei.

— ¹³Empurraram-me, tentando derrubar-me, *
  mas **vei**o o Senhor em meu socorro.
— ¹⁴O Se**nhor** é minha força e o meu canto, *
  e tor**nou**-se para mim o Salvador.

— ¹⁵"Clamores de alegria e de vitória *
ressoem pelas tendas dos fiéis.
= ¹⁶A mão direita do Senhor fez maravilhas, †
a mão direita do Senhor me levantou, *
a mão direita do Senhor fez maravilhas!"
— ¹⁷Não morrerei, mas, ao contrário, viverei *
para cantar as grandes obras do Senhor!
— ¹⁸O Senhor severamente me provou, *
mas não me abandonou às mãos da morte.
— ¹⁹Abri-me vós, abri-me as portas da justiça; *
quero entrar para dar graças ao Senhor!
— ²⁰"Sim, esta é a porta do Senhor, *
por ela só os justos entrarão!"
— ²¹Dou-vos graças, ó Senhor, porque me ouvistes *
e vos tornastes para mim o Salvador!
— ²²"A pedra que os pedreiros rejeitaram *
tornou-se agora a pedra angular.
— ²³Pelo Senhor é que foi feito tudo isso: *
Que maravilhas ele fez a nossos olhos!
— ²⁴Este é o dia que o Senhor fez para nós, *
alegremo-nos e nele exultemos!
— ²⁵Ó Senhor, dai-nos a vossa salvação, *
ó Senhor, dai-nos também prosperidade!"
— ²⁶Bendito seja, em nome do Senhor, *
aquele que em seus átrios vai entrando!
— ²⁷Desta casa do Senhor vos bendizemos. *
Que o Senhor e nosso Deus nos ilumine!

— Empunhai ramos nas mãos, formai cortejo, *
aproximai-vos do altar, até bem perto!
— ²⁸Vós sois meu Deus, eu vos bendigo e agradeço! *
Vós sois meu Deus, eu vos exalto com louvores!
— ²⁹Dai graças ao Senhor, porque ele é bom! *
"Eterna é a sua misericórdia!"

Ant. Dai **graças** ao Se**nhor**, porque ele é **bom**!
Eter**na** é a **sua** miseri**cór**dia. Ale**luia**.

Ant. 2 Obras **todas** do Se**nhor**, ale**luia**,
bendi**zei** o Se**nhor,** ale**luia**!

Cântico   Dn 3,52-57

Louvor das criaturas ao Senhor

O Criador é bendito para sempre (Rm 1,25).

— ⁵²Sede ben**dito**, Senhor **Deus** de nossos **pais**! *
A vós lou**vor**, honra e glória eternamente!

— Sede ben**dito**, nome santo e glorioso! *
A vós lou**vor**, honra e glória eternamente!

— ⁵³No templo **san**to onde refulge a vossa glória! *
A vós lou**vor**, honra e glória eternamente!

— ⁵⁴E em vosso **trono** de poder vitorioso! *
A vós lou**vor**, honra e glória eternamente!

— ⁵⁵Sede ben**dito**, que sondais as profundezas! *
A vós lou**vor**, honra e glória eternamente!

— E superi**or** aos querubins vos assentais! *
A vós lou**vor**, honra e glória eternamente!

— ⁵⁶Sede ben**dito** no celeste firmamento! *
A vós lou**vor**, honra e glória eternamente!

— ⁵⁷Obras **todas** do Senhor, glorificai-o! *
A ele lou**vor**, honra e glória eternamente!

Ant. Obras **todas** do Se**nhor**, ale**luia**,
bendi**zei** o Se**nhor,** ale**luia**!

Ant. 3 Louve a **Deus** tudo o que **vive** e que respi**ra**, ale**luia**!

Salmo 150

Louvai o Senhor

Salmodiai com o espírito e salmodiai com a mente, isto é:
glorificai a Deus com a alma e o corpo (Hesíquio).

— ¹Lou**vai** o Senhor **Deus** no santu**ário**, *
lou**vai**-o no alto céu de seu poder!

– ²Louvai-o por seus feitos grandiosos, *
  louvai-o em sua grandeza majestosa!
– ³Louvai-o com o toque da trombeta, *
  louvai-o com a harpa e com a cítara!
– ⁴Louvai-o com a dança e o tambor, *
  louvai-o com as cordas e as flautas!
– ⁵Louvai-o com os címbalos sonoros, *
  louvai-o com os címbalos de júbilo!
– Louve a **Deus** tudo o que vive e que respira, *
  tudo **can**te os louvores do Senhor!

Ant. Louve a **Deus** tudo o que vive e que respira, ale**luia**!

Leitura breve   2Tm 2,8.11-13

Lembra-te de Jesus Cristo, da descendência de Davi, ressuscitado dentre os mortos. Merece fé esta palavra: se com ele morremos, com ele viveremos. Se com ele ficamos firmes, com ele reinaremos. Se nós o negamos, também ele nos negará. Se lhe somos infiéis, ele permanece fiel, pois não pode negar-se a si mesmo.

Responsório breve

R. Nós vos louvamos, dando **graças**, ó S**enhor**,
  * Dando **graças**, invo**ca**mos vosso **no**me.
  R. Nós vos louvamos.
V. E publi**ca**mos os pro**dí**gios que **fi**zestes. * Dando **graças**.
  Glória ao **Pai**. R. Nós vos louvamos.

Antífona do Benedictus como no Próprio do Tempo.

Preces

Ao Deus de todo poder e bondade, que nos ama e sabe do que temos necessidade, abramos o coração com alegria; e o aclamemos com louvores, dizendo:
R. **Nós vos louvamos, Senhor, e em vós confiamos!**

Nós vos bendizemos, Deus todo-poderoso e Rei do universo,
porque, mesmo sendo pecadores, viestes à nossa procura,
– para conhecermos vossa verdade e servirmos à vossa majestade.

R. **Nós vos louvamos, Senhor, e em vós confiamos!**

Deus, que abristes para nós as portas da vossa misericórdia,
– não nos deixeis jamais afastar do caminho da vida. R.

Ao celebrar a ressurreição do vosso amado Filho,
– fazei que este dia transcorra para nós cheio de alegria espiritual. R.

Dai, Senhor, a vossos fiéis o espírito de oração e de louvor,
– para que vos demos graças sempre e em todas as coisas. R.

(intenções livres)

Pai nosso...

Oração como no Próprio do Tempo.
A conclusão da Hora como no Ordinário.

Hora Média

V. Vinde, ó **Deus**. Glória ao **Pai**. Como era. Aleluia.

HINO como no Ordinário, p. 552-555.

Salmodia

Ant. 1 Quem **comer** deste **pão** vive**rá** eternamente. Ale**luia**.

Salmo 22(23)
O Bom Pastor

O Cordeiro será o seu pastor e os conduzirá até às fontes da água viva (Ap 7,17).

– ¹ O **Senhor** é o pas**tor** que me con**duz**; *
   não me **fal**ta coisa al**guma**.
– ² Pelos **pra**dos e campinas verdejantes *
   ele me **le**va a descansar.

— Para as **á**guas repo**u**santes me enca**mi**nha, *
³e res**tau**ra as minhas forças.

— Ele me **gui**a no caminho mais seguro, *
pela **hon**ra do seu nome.
— ⁴Mesmo que eu **pas**se pelo vale tenebroso, *
nenhum **mal** eu temerei;
— estais co**mi**go com bastão e com cajado; *
eles me **dão** a segurança!

— ⁵Prepa**rais** à minha frente uma mesa, *
bem à **vis**ta do inimigo,
— e com **ó**leo vós ungis minha cabeça; *
o meu **cá**lice transborda.

— ⁶Felici**da**de e todo bem hão de seguir-me *
por **to**da a minha vida;
— e, na **ca**sa do Senhor, habitarei *
pelos **tem**pos infinitos.

Ant. Quem co**mer** deste **pão** vive**rá** eterna**men**te. Ale**lui**a.

Ant. 2 O Se**nhor** há de **vir** para **ser** glorifi**ca**do
e admi**ra**do nos seus **san**tos. Ale**lui**a.

Salmo 75(76)
Ação de graças pela vitória

Verão o Filho do Homem vindo sobre as nuvens do céu (Mt 24,30).

I

— ²Em Ju**dá** o Senhor **Deus** é conhe**ci**do, *
e seu **no**me é grandioso em Israel.
— ³Em Sa**lém** ele fixou a sua tenda, *
em Si**ão** edificou sua morada.
— ⁴E a**li** quebrou os arcos e as flechas, *
os es**cu**dos, as espadas e outras armas.
— ⁵Resplen**den**te e majestoso apareceis *
sobre **mon**tes de despojos conquistados. —

= ⁶Despo**jas**tes os guerreiros valorosos †
   que já **dor**mem o seu sono derradeiro, *
   inca**pa**zes de apelar para os seus braços.
– ⁷Ante as **vos**sas ameaças, ó Senhor, *
   estarreceram-se os carros e os cavalos.

Ant. O Se**nhor** há de **vir** para **ser** glorificado
   e admi**ra**do nos seus **san**tos. Ale**lu**ia.

Ant. 3 Ao vosso **Deus** fazei pro**mes**sas e as cum**pri**;
   ao Se**nhor** trazei o**fer**tas, ale**lu**ia.

II

– ⁸Sois ter**rí**vel, real**men**te, Senhor **Deus**! *
   E quem **po**de resistir à vossa ira?
– ⁹Lá do **céu** pronunciastes a sentença, *
   e a **ter**ra apavorou-se e emudeceu,
–¹⁰quando **Deus** se levantou para julgar*
   e liber**tar** os oprimidos desta terra.
–¹¹Mesmo a re**vol**ta dos mortais vos dará glória, *
   e os que so**bra**ram do furor vos louvarão.
–¹²Ao vosso **Deus** fazei promessas e as cumpri; *
   vós que o cer**cais**, trazei ofertas ao Terrível;
–¹³ele es**ma**ga os reis da terra em seu orgulho, *
   e faz tre**mer** os poderosos deste mundo!

Ant. Ao vosso **Deus** fazei pro**mes**sas e as cum**pri**;
   ao Se**nhor** trazei o**fer**tas, ale**lu**ia.

Para as outras Horas, Salmodia complementar, p. 1132.

Oração das Nove Horas

Leitura breve   1Cor 6,19-20
Ignorais que o vosso corpo é santuário do Espírito Santo,
que mora em vós e que vos é dado por Deus? E, portanto,
ignorais também que vós não pertenceis a vós mesmos?
De fato, fostes comprados, e por preço muito alto. Então,
glorificai a Deus com o vosso corpo.

V. Minha alma desfalece de saudades
pelos átrios do Senhor.
R. Meu coração e minha carne rejubilam
de alegria no Deus vivo.

Oração das Doze Horas

Leitura breve   Dt 10,12

O que é que o Senhor, teu Deus, te pede? Apenas que o temas e andes em seus caminhos; que ames e sirvas ao Senhor, teu Deus, com todo o teu coração e com toda a tua alma.

V. Senhor, quem morará em vossa casa,
e em vosso Monte santo habitará?
R. É aquele que caminha sem pecado,
e que pensa a verdade no seu íntimo.

Oração das Quinze Horas

Leitura breve   Ct 8,6b-7a

O amor é forte como a morte e a paixão é cruel como a morada dos mortos; suas faíscas são de fogo, uma labareda divina. Águas torrenciais jamais apagarão o amor, nem rios poderão afogá-lo.

V. Eu vos amo, ó Senhor! Sois minha força,
R. Minha rocha, meu refúgio e Salvador!

Oração como no Próprio do Tempo.

A conclusão da Hora como no Ordinário.

II Vésperas

V. Vinde, ó **Deus**. Glória ao **Pai**. Como era. Aleluia.

Hino

    Ó luz, ó Deus Trindade,
    ó Unidade e fonte:
    na luz do sol que morre,
    a vossa em nós desponte.

A vós de madrugada,
de tarde vos cantamos;
a vós na eternidade,
louvar sem fim possamos.

Ao Pai e ao Filho glória,
ao Espírito também,
louvor, honra e vitória
agora e sempre. Amém.

Salmodia

Ant. 1 **Na glória e esplendor da santidade,
eu te gerei antes da aurora, aleluia.**

Salmo 109(110),1-5.7

O Messias, Rei e Sacerdote

É preciso que ele reine, até que todos os seus inimigos estejam debaixo de seus pés (1Cor 15,25).

– ¹ **Palavra do Senhor ao meu Senhor:** *
"Assenta-te ao lado meu direito,
– até que eu ponha os inimigos teus *
como escabelo por debaixo de teus pés!"

= ² O Senhor estenderá desde Sião †
vosso cetro de poder, pois ele diz: *
"Domina com vigor teus inimigos;

= ³ Tu és príncipe desde o dia em que nasceste; †
na glória e esplendor da santidade, *
como o orvalho, antes da aurora, eu te gerei!"

= ⁴ Jurou o Senhor e manterá sua palavra: †
"Tu és sacerdote eternamente, *
segundo a ordem do rei Melquisedec!"

– ⁵ À vossa destra está o Senhor, ele vos diz: *
"No dia da ira esmagarás os reis da terra!

– ⁷Beberás água corrente no caminho, *
  por isso seguirás de fronte erguida!"
Ant. Na **glória** e esplen**dor** da santida**de**,
  eu te ge**rei** antes da au**rora**, ale**luia**.
Ant. 2 Felizes os famintos e sedentos de justiça:
  serão todos saciados.

Salmo 111(112)

A felicidade do justo

Vivei como filhos da luz. E o fruto da luz chama-se: bondade, justiça, verdade (Ef 5,8-9).

– ¹Feliz o **ho**mem que res**pei**ta o Se**nhor** *
  e que **a**ma com carinho a sua lei!
– ²Sua descen**dên**cia será forte sobre a terra, *
  abençoada a geração dos homens retos!
– ³Haverá **gló**ria e riqueza em sua casa, *
  e perma**ne**ce para sempre o bem que fez.
– ⁴Ele é cor**re**to, generoso e compassivo, *
  como **luz** brilha nas trevas para os justos.
– ⁵Feliz o **ho**mem caridoso e prestativo, *
  que re**sol**ve seus negócios com justiça.
– ⁶Porque ja**mais** vacilará o homem reto, *
  sua lem**bran**ça permanece eternamente!
– ⁷Ele não **te**me receber notícias más: *
  confiando em **Deus**, seu coração está seguro.
– ⁸Seu cora**ção** está tranquilo e nada teme, *
  e con**fu**sos há de ver seus inimigos.
= ⁹Ele re**par**te com os pobres os seus bens, †
  perma**ne**ce para sempre o bem que fez, *
  e cresce**rão** a sua glória e seu poder. –

= ¹⁰O ímpio, vendo isso, se enfurece, †
range os dentes e de inveja se consome; *
mas os desejos do malvado dão em nada.

Ant. Felizes os famintos e sedentos de justiça:
serão todos saciados.

Ant. 3 Celebrai o nosso **Deus**, servidores do Senhor,
vós os grandes e os pequenos! Aleluia.

No cântico seguinte dizem-se os Aleluias entre parênteses somente quando se canta; na recitação, basta dizer os Aleluias no começo, entre as estrofes e no fim.

Cântico   Cf. Ap 19,1-2.5-7
As núpcias do Cordeiro

= Aleluia, (Aleluia!).
¹Ao nosso **Deus** a salvação, *
honra, **glória** e poder! (Aleluia!).
– ²Pois são verdade e justiça *
os juízos do Senhor.
R. Aleluia, (Aleluia!).

= Aleluia, (Aleluia!).
⁵Celebrai o nosso Deus, *
servidores do Senhor! (Aleluia!).
– E vós todos que o temeis, *
vós os grandes e os pequenos!
R. Aleluia, (Aleluia!).

= Aleluia, (Aleluia!).
= ⁶De seu reino tomou posse *
nosso **Deus** onipotente! (Aleluia!).
– ⁷Exultemos de alegria, *
demos **glória** ao nosso Deus!
R. Aleluia, (Aleluia!).

= Aleluia, (Aleluia!).
  Eis que as **núp**cias do Cordeiro *
  redi**vi**vo se aproximam! (Aleluia!).
− Sua Es**po**sa se enfeitou, *
  se ves**tiu** de linho puro.
R. Ale**lui**a, (Ale**lui**a!).

Ant. Cele**brai** o nosso **Deus**, servi**do**res do Se**nhor**,
vós os **gran**des e os peque**nos**! Ale**lui**a.

Leitura breve   Hb 12,22-24

Vós vos aproximastes do monte Sião e da cidade do Deus vivo, a Jerusalém celeste; da reunião festiva de milhões de anjos; da assembleia dos primogênitos, cujos nomes estão escritos nos céus; de Deus, o Juiz de todos; dos espíritos dos justos, que chegaram à perfeição; de Jesus, mediador da nova aliança, e da aspersão do sangue mais eloquente que o de Abel.

Responsório breve
R. É **gran**de o Se**nhor**,
 * E é **gran**de o seu po**der**. R. É **gran**de.
V. Seu sa**ber** é sem li**mi**tes. * E é **gran**de.
   Glória ao **Pai**. R. É **gran**de.

Antífona do Magníficat como no Próprio do Tempo.

Preces

Alegramo-nos no Senhor, de quem procede todo bem. Por isso, peçamos de coração sincero:
R. **Ouvi, Senhor, a nossa oração!**

Pai e Senhor do universo, que enviastes vosso Filho ao mundo para que em toda parte fosse glorificado o vosso nome,
− confirmai o testemunho da vossa Igreja entre os povos.
                                                        R.

Fazei-nos dóceis à pregação dos apóstolos,
– para vivermos de acordo com a verdade da nossa fé.
R. **Ouvi, Senhor, a nossa oração!**

Vós, que amais os justos,
– fazei justiça aos oprimidos. R.

Libertai os prisioneiros e abri os olhos aos cegos,
– levantai os que caíram e protegei os estrangeiros. R.

(intenções livres)

Realizai a promessa feita aos que adormeceram na vossa paz,
– e fazei que alcancem, por vosso Filho, a santa ressurreição.
R.

Pai nosso...

Oração como no Próprio do Tempo.
A conclusão da Hora como no Ordinário

IV SEGUNDA-FEIRA

Invitatório

V. **Abri** os meus **lá**bios. R. E minha **boca**.

R. Exul**te**mos de ale**gri**a no **Se**nhor,
e com **can**tos de lou**vor** o cele**bre**mos!

Salmo invitatório como no Ordinário, p.537.

Ofício das Leituras

V. Vinde, ó **Deus**. Glória ao **Pai**. Como era. Ale**lui**a.

Esta introdução se omite quando o Invitatório precede imediatamente ao Ofício das Leituras.

Hino

I. Quando se diz o Ofício das Leituras durante a noite ou de madrugada:

>Chegou o tempo para nós,
>segundo o anúncio do Senhor,
>em que virá do céu o Esposo,
>do reino eterno o Criador.
>
>A seu encontro as virgens sábias
>correm, levando em suas mãos
>lâmpadas vivas, luminosas,
>cheias de imensa exultação.
>
>Pelo contrário, as virgens loucas
>lâmpadas levam apagadas
>e, em vão, do Rei batem às portas,
>que já se encontram bem fechadas.
>
>Sóbrios, agora vigiemos
>para que, vindo o Rei das gentes,
>corramos logo ao seu encontro,
>com nossas lâmpadas ardentes.

Divino Rei, fazei-nos dignos
do Reino eterno, que já vem,
e assim possamos para sempre
vosso louvor cantar. Amém.

II. Quando se diz o Ofício das Leituras durante o dia:

Dos santos vida e esperança,
Cristo, caminho e salvação,
luz e verdade, autor da paz,
a vós, louvor e adoração.

Vosso poder se manifesta
nas vidas santas, ó Senhor.
Tudo o que pode e faz o justo,
traz o sinal do vosso amor.

Concedei paz aos nossos tempos,
força na fé, cura ao doente,
perdão àqueles que caíram;
a todos, vida, eternamente!

Igual louvor ao Pai, ao Filho,
e ao Santo Espírito também
seja cantado em toda parte
hoje e nos séculos. Amém.

Salmodia

Ant. 1 Como **Deus** é tão bon**do**so para os **jus**tos,
para a**que**les que têm **pu**ro o cora**ção**! †

Salmo 72(73)

O sofrimento do justo

Feliz aquele que não se escandaliza por causa de mim (Mt 11,6).

I

—¹ Como **Deus** é tão bon**do**so para os **jus**tos, *
 para a**que**les que têm puro o coração!

– ² †Mas por **pou**co os meus pés não resvalaram, *
  e **qua**se escorregaram os meus passos;
– ³che**guei** a ter inveja dos malvados, *
  ao **ver** o bem-estar dos pecadores.
– ⁴Para **e**les não existe sofrimento, *
  seus **cor**pos são robustos e sadios;
– ⁵não **so**frem a dureza do trabalho *
  nem co**nhe**cem a aflição dos outros homens.
– ⁶Eles **fa**zem do orgulho o seu colar, *
  da viol**ên**cia, uma veste que os envolve;
– ⁷trans**pi**ra a maldade de seu corpo, *
  trans**bor**dam falsidade suas mentes.
– ⁸Zombam do **bem** e elogiam o que é mau, *
  e**xal**tam com orgulho a opressão;
– ⁹in**ves**te sua boca contra o céu, *
  e sua **lín**gua envenena toda a terra.
– ¹⁰Por isso **vai** meu povo procurá-los *
  e be**ber** com avidez nas suas fontes;
– ¹¹eles **di**zem: "Por acaso Deus entende, *
  e o Al**tís**simo conhece alguma coisa?"
– ¹²Olhai **bem**, pois são assim os pecadores, *
  que tran**qui**los amontoam suas riquezas.

Ant. Como **Deus** é tão bon**do**so para os **jus**tos,
  para a**que**les que têm **pu**ro o cora**ção**!

Ant. 2 Os **maus** que hoje **ri**em, ama**nhã** hão de cho**rar**.

II

– ¹³Será em **vão** que guardei **pu**ro o cora**ção** *
  e la**vei** na inocência minhas mãos?
– ¹⁴Porque **sou** chicoteado todo o tempo *
  e re**ce**bo meus castigos cada dia.
– ¹⁵Se eu pen**sas**se: "Vou fazer igual a eles", *
  trai**ri**a a geração dos vossos filhos.

—¹⁶ Pus-me então a refletir sobre este enigma, *
mas pareceu-me uma tarefa bem difícil.
—¹⁷ Até que um dia, penetrando esse mistério, *
compreendi qual é a sorte que os espera,
—¹⁸ pois colocais os pecadores num declive, *
e vós mesmo os empurrais para a desgraça.
—¹⁹ Num instante eles caíram na ruína, *
acabaram e morreram de terror!
—²⁰ Como um sonho ao despertar, ó Senhor Deus, *
ao levantar-vos, desprezais a sua imagem.

Ant. Os maus que hoje riem, amanhã hão de chorar.

Ant. 3 Haverão de perecer os que vos deixam;
para mim só há um bem: é estar com Deus.

III

—²¹ Quando então se revoltava o meu espírito, *
e dentro em mim o coração se atormentava,
—²² eu, estulto, não podia compreender; *
perante vós me comportei como animal.
—²³ Mas agora eu estarei sempre convosco, *
porque vós me segurastes pela mão;
—²⁴ vosso conselho vai guiar-me e conduzir-me, *
para levar-me finalmente à vossa glória!
—²⁵ Para mim, o que há no céu fora de vós? *
Se estou convosco, nada mais me atrai na terra!
=²⁶ Mesmo que o corpo e o coração se vão gastando, †
Deus é o apoio e o fundamento da minh'alma, *
é minha parte e minha herança para sempre!
—²⁷ Eis que haverão de perecer os que vos deixam, *
exterminais os que sem vós se prostituem.
—²⁸ Mas para mim só há um bem: é estar com Deus *
é colocar o meu refúgio no Senhor
— e anunciar todas as vossas maravilhas *
junto às portas da cidade de Sião.

Ant. Haverão de perecer os que vos deixam;
para mim só há um bem: é estar com Deus.

V. Como é doce ao paladar vossa palavra.
R. Muito mais doce do que o mel na minha boca!

Leituras e oração correspondentes a cada Ofício.

Laudes

V. Vinde, ó Deus. Glória ao Pai. Como era. Aleluia.

Esta introdução se omite quando o Invitatório precede imediatamente às Laudes.

Hino

Doador da luz esplêndida,
pelo vosso resplendor,
ao passar da noite o tempo,
surge o dia em seu fulgor.

Verdadeira Estrela d'alva,
não aquela que anuncia
de outro astro a luz chegando
e a seu brilho se anuvia,

mas aquela luminosa,
mais que o sol em seu clarão,
mais que a luz e mais que o dia,
aclarando o coração.

Casta, a mente vença tudo,
que os sentidos pedem tanto;
vosso Espírito guarde puro
nosso corpo, templo santo.

A vós, Cristo, Rei clemente,
e a Deus Pai, Eterno Bem,
com o Espírito Paráclito,
honra e glória eterna. Amém.

Salmodia

Ant. 1 Saciai-nos de manhã com vosso amor!

Salmo 89(90)

O esplendor do Senhor esteja sobre nós

Para o Senhor, um dia é como mil anos, e mil anos como um dia (2Pd 3,8).

– ¹Vós **fos**tes um re**fú**gio para **nós**, *
  ó S**enhor**, de geração em geração.
= ²Já bem **an**tes que as montanhas fossem feitas †
  ou a **ter**ra e o mundo se formassem, *
  desde **sem**pre e para sempre vós sois Deus.
– ³Vós fa**zeis** voltar ao pó todo mortal, *
  quando di**zeis**: "Voltai ao pó, filhos de Adão!"
– ⁴Pois mil **a**nos para vós são como ontem, *
  qual vi**gí**lia de uma noite que passou.
– ⁵Eles **pas**sam como o sono da manhã, *
  ⁶são i**guais** à erva verde pelos campos;
– De man**hã** ela floresce vicejante, *
  mas à **tar**de é cortada e logo seca.
– ⁷Por vossa **i**ra perecemos realmente, *
  vosso fu**ror** nos apavora e faz tremer;
– ⁸pu**ses**tes nossa culpa à nossa frente, *
  nossos se**gre**dos ao clarão de vossa face.
– ⁹Em vossa **i**ra se consomem nossos dias, *
  como um **so**pro se acabam nossos anos.
– ¹⁰Pode du**rar** setenta anos nossa vida, *
  os mais **for**tes talvez cheguem a oitenta;
– a maior **par**te é ilusão e sofrimento: *
  passam de**pres**sa e também nós assim passamos.
– ¹¹Quem ava**li**a o poder de vossa ira, *
  o res**pei**to e o temor que mereceis?
– ¹²Ensi**nai**-nos a contar os nossos dias, *
  e dai ao **nos**so coração sabedoria! –

—¹³ Senhor, vol**tai**-vos! Até quando tardareis? *
   Tende pie**da**de e compaixão de vossos servos!
—¹⁴ Saci**ai**-nos de manhã com vosso amor, *
   e exulta**re**mos de alegria todo o dia!
—¹⁵ Ale**grai**-nos pelos dias que sofremos, *
   pelos **a**nos que passamos na desgraça!
—¹⁶ Manifes**tai** a vossa obra a vossos servos, *
   e a seus **fi**lhos revelai a vossa glória!
—¹⁷ Que a bon**da**de do Senhor e nosso Deus *
   re**pou**se sobre nós e nos conduza!
— Tornai fe**cun**do, ó Senhor, nosso trabalho, *
   fazei dar **fru**tos o labor de nossas mãos

Ant. Saci**ai**-nos de ma**nhã** com vosso a**mor**!

Ant. 2 Louvo**r**es ao Se**nhor** dos co**n**fins de toda a **te**rra!

Cântico Is 42,10-16
Hino ao Deus vencedor e salvador
Cantavam um cântico novo diante do trono (Ap 14,3).

—¹⁰ Can**tai** ao Senhor **Deus** um canto **no**vo, *
   louvor a **e**le dos confins de toda a terra!
— Louve ao Se**nhor** o oce**a**no e o que há nele, *
   louvem as **i**lhas com os homens que as habitam!
—¹¹ Ergam um **can**to os desertos e as cidades, *
   e as **ten**das de Cedar louvem a Deus!
— Habi**tan**tes dos rochedos, aclamai; *
   dos altos **mon**tes sobem gritos de alegria!
—¹² Todos **e**les deem glória ao Senhor, *
   e nas **i**lhas se proclame o seu louvor!
—¹³ Eis o Se**nhor** como herói que vai chegando, *
   como guer**rei**ro com vontade de lutar;
— solta seu **gri**to de batalha aterrador *
   como va**len**te que enfrenta os inimigos. —

— ¹⁴"Por muito **tempo** me calei, guardei silêncio, *
   fiquei ca**la**do e, paciente, me contive;
— mas grito a**go**ra qual mulher que está em parto, *
   ofe**gan**te e sem alento em meio às dores.
— ¹⁵As mon**ta**nhas e as co**li**nas destruirei, *
   farei se**car** toda a verdura que as reveste;
— muda**rei** em terra seca os rios todos, *
   farei se**car** todos os lagos e açudes.
— ¹⁶Conduzi**rei**, então, os cegos pela mão *
   e os leva**rei** por um caminho nunca visto;
— hei de guiá-los por atalhos e veredas *
   até en**tão** desconhecidos para eles.
— Diante **de**les mudarei em luz as trevas, *
   farei **pla**nos os caminhos tortuosos.
— Tudo isso hei de fazer em seu favor, *
   e ja**mais** eu haverei de abandoná-los!"

Ant. Louvores ao Senhor dos con**fins** de toda a **ter**ra!

Ant. 3 Lou**vai** o Senhor, bendi**zei**-o,
   vós que es**tais** junto aos **á**trios de **Deus**!

Salmo 134(135),1-12

Louvor ao Senhor por suas maravilhas

Povo que ele conquistou, proclamai as obras admiráveis daquele que vos chamou das trevas para a sua luz maravilhosa (cf. 1Pd 2,9).

— ¹Lou**vai** o Se**nhor**, bendi**zei**-o; *
   lou**vai** o Senhor, servos seus,
— ²que cele**brais** o louvor em seu templo *
   e habi**tais** junto aos átrios de Deus!
— ³Lou**vai** o Senhor, porque é bom; *
   can**tai** ao seu nome suave!

– ⁴ Escolheu para si a Jacó, *
  preferiu Israel por herança.
– ⁵ Eu bem sei que o Senhor é tão grande, *
  que é maior do que todos os deuses.
= ⁶ Ele faz tudo quanto lhe agrada, †
  nas alturas dos céus e na terra, *
  no oceano e nos fundos abismos.
= ⁷ Traz as nuvens do extremo da terra, †
  transforma os raios em chuva, *
  das cavernas libera os ventos.
– ⁸ No Egito feriu primogênitos, *
  desde homens até animais.
– ⁹ Fez milagres, prodígios, portentos, *
  perante Faraó e seus servos.
– ¹⁰ Abateu numerosas nações *
  e matou muitos reis poderosos:
= ¹¹ A Seon, que foi rei amorreu, †
  e a Og, que foi rei de Basã, *
  como a todos os reis cananeus.
– ¹² Ele deu sua terra em herança, *
  em herança a seu povo, Israel.

Ant. Louvai o Senhor, bendizei-o,
  vós que estais junto aos átrios de Deus!

Leitura breve   Jt 8,25-26a.27
Demos graças ao Senhor, nosso Deus, que nos submete a provações, como fez com nossos pais. Lembrai-vos de tudo o que Deus fez a Abraão, de como provou Isaac, de tudo o que aconteceu a Jacó. Assim como os provou pelo fogo, para lhes experimentar o coração, assim também ele não se está vingando de nós. É antes para advertência que o Senhor açoita os que dele se aproximam.

Responsório breve

R. Ó **jus**tos, ale**grai**-vos no Se**nhor**!
  * Aos **re**tos fica **bem** glorificá-lo. R. Ó **jus**tos.
V. Can**tai** para o Se**nhor** um canto **no**vo. * Aos **re**tos.
  Glória ao **Pai**. R. Ó **jus**tos.

Cântico evangélico, ant.

Bendito **seja** o Senhor **Deus**, que visi**tou** e liber**tou**
a nós, que **somos** o seu **povo**!

Preces

Oremos a Cristo, que ouve e salva os que nele esperam; e o aclamemos:

R. **Nós vos louvamos, Senhor, e em vós esperamos!**

Nós vos damos graças, Senhor, que sois rico em misericórdia,
—pela imensa caridade com que nos amastes. R.

Vós, que estais sempre agindo no mundo em união com o Pai,
—renovai todas as coisas pelo poder do Espírito Santo. R.

Abri os nossos olhos e os de nossos irmãos e irmãs,
—para que contemplemos hoje as vossas maravilhas. R.

Vós, que neste dia nos chamais para o vosso serviço,
—tornai-nos fiéis servidores da vossa graça em favor de nossos irmãos e irmãs. R.

(intenções livres)

Pai nosso...

Oração

Senhor, nosso Deus, que confiastes ao ser humano a missão de guardar e cultivar a terra, e colocastes o sol a seu serviço, dai-nos a graça de neste dia trabalhar com ardor pelo bem dos nossos irmãos e irmãs para o louvor de vossa glória. Por

nosso Senhor Jesus Cristo, vosso Filho, na unidade do Espírito Santo.
A conclusão da Hora como no Ordinário.

Hora Média

V. Vinde, ó **Deus**. Glória ao **Pai**. Como era. Ale**lui**a.
HINO como no Ordinário, p. 552-555.
Salmodia
Ant. 1 Con**for**me a vossa **lei**, firmai meus **pas**sos, ó **Se**nhor!

Salmo 118(119),129-136

XVII (Phe)

Meditação sobre a Palavra de Deus na Lei

O amor é o cumprimento perfeito da Lei (Rm 13,10).

—¹²⁹ Maravi**lho**sos são os **vos**sos teste**mu**nhos, *
eis por **que** meu coração os observa!
—¹³⁰ Vossa pa**la**vra, ao revelar-se, me ilumina, *
ela **dá** sabedoria aos pequeninos.
—¹³¹ Abro a **bo**ca e aspiro largamente, *
pois estou **á**vido de vossos mandamentos.
—¹³² Senhor, vol**tai**-vos para mim, tende piedade, *
como fa**zeis** para os que amam vosso nome!
—¹³³ Con**for**me a vossa lei firmai meus passos, *
para que **não** domine em mim a iniquidade!
—¹³⁴ Liber**tai**-me da opressão e da calúnia, *
para que eu **pos**sa observar vossos preceitos!

—¹³⁵ Fazei bri**lhar** vosso semblante ao vosso servo, *
e ensi**nai**-me vossas leis e mandamentos!
—¹³⁶ Os meus **o**lhos derramaram rios de pranto, *
porque os **ho**mens não respeitam vossa lei.
Ant. Con**for**me a vossa **lei**, firmai meus **pas**sos, ó **Se**nhor!

Ant. 2 Há um **só** legisla**dor** e um só juiz;
quem és **tu** para julgar o teu ir**mão**?

Salmo 81(82)

Admoestação aos juízes iníquos

Não queirais julgar antes do tempo. Aguardai que o Senhor venha (1Cor 4,5).

— ¹Deus se le**van**ta no conselho dos juízes *
 e pro**fere** entre os deuses a sentença:

— ²"Até **quan**do julgareis injustamente, *
 favore**cen**do sempre a causa dos perversos?

— ³Fazei justiça aos indefesos e aos órfãos, *
 ao **po**bre e ao humilde absolvei!

— ⁴Liber**tai** o oprimido, o infeliz, *
 da **mão** dos opressores arrancai-os!"

= ⁵Mas eles não percebem nem entendem, †
 pois ca**min**ham numa grande escuridão, *
 aba**lan**do os fundamentos do universo!

— ⁶Eu disse: "Ó juízes, vós sois deuses, *
 sois **fi**lhos todos vós do Deus Altíssimo!

— ⁷E, con**tu**do, como homens morrereis, *
 cai**reis** como qualquer dos poderosos!"

— ⁸Levan**tai**-vos, ó Senhor, julgai a terra! *
 porque a **vós** é que pertencem as nações!

Ant. Há um **só** legisla**dor** e um só juiz;
quem és **tu** para julgar o ir**mão**?

Ant. 3 Cla**mei** pelo **Senhor**, e ele me escu**tou**.

Salmo 119(120)
Desejo da paz

Sede fortes nas tribulações, perseverantes na oração (Rm 12,12).

– ¹ Cla**mei** pelo Se**nhor** na minha an**gús**tia, *
  e **e**le me escutou, quando eu dizia:
– ² "Senhor, li**vrai**-me desses lábios mentirosos, *
  e da **lín**gua enganadora libertai-me!
– ³ Qual **será** a tua paga, o teu castigo, *
  ó **lín**gua enganadora, qual será?
– ⁴ Serão **fle**chas aguçadas de guerreiros, *
  a**ce**sas em carvões incandescentes.
– ⁵ Ai de **mim**! Sou exilado em Mosoc, *
  devo acam**par** em meio às tendas de Cedar!
– ⁶ Já se pro**lon**ga por demais o meu desterro *
  entre este **po**vo que não quer saber de paz!
– ⁷ Quando eu **fa**lo sobre paz, quando a promovo, *
  é a **guer**ra que eles tramam contra mim!"

Ant. Cla**mei** pelo Se**nhor**, e **e**le me escu**tou**.

Para as outras Horas, Salmodia complementar, das séries II e III, p. 1134.

Oração das Nove Horas

Leitura breve   Lv 20,26
Sede santos para mim porque eu, o Senhor, sou santo, e vos separei dos outros povos para serdes meus.

V. Feliz o **po**vo cujo **Deus** é o Se**nhor**.
R. E a **na**ção que ele esco**lheu** por sua he**ran**ça!

Oração

Ó Deus, Pai de bondade, destes o trabalho aos seres humanos para que, unindo seus esforços, progridam cada vez mais;

concedei que, em nossas atividades, vos amemos a vós como filhos e filhas e a todos como irmãos e irmãs. Por Cristo, nosso Senhor.

Oração das Doze Horas

Leitura breve Sb 15,1.3

Tu, nosso Deus, és bom e verdadeiro, és paciente e tudo governas com misericórdia. Conhecer-te é a justiça perfeita, acatar teu poder é a raiz da imortalidade.

V. Vós, Se**nhor**, sois cle**men**te e fi**el**.
R. Sois a**mor**, paciência e per**dão**.

Oração

Ó Deus, senhor e guarda da vinha e da colheita, que repartis as tarefas e dais a justa recompensa, fazei-nos carregar o peso do dia, sem jamais murmurar contra a vossa vontade Por Cristo, nosso Senhor.

Oração das Quinze Horas

Leitura breve Br 4,21-22

Tende confiança, filhos, rogai a Deus, que ele vos livrará da opressão dos inimigos. Eu espero que obtereis a salvação do Deus eterno; o Deus Santo deu-me a consolação de saber que sobre vós virá a misericórdia do vosso Salvador, o Eterno.

V. Recor**dai**, Senhor, meu **Deus**, vossa ter**nu**ra,
R. E a **vos**sa compai**xão**, que são e**ter**nas!

Oração

Ó Deus, que nos convocais para o louvor, na mesma hora em que os Apóstolos subiam ao templo, concedei que esta prece, feita de coração sincero em nome de Jesus, alcance a salvação para quantos o invocam. Por Cristo, nosso Senhor.

A conclusão da Hora como no Ordinário.

Vésperas

V. Vinde, ó **Deus**. Glória ao **Pai**. Como era. Ale**luia**.

Hino

Fonte da luz, da luz origem,
as nossas preces escutai:
da culpa as trevas expulsando,
com vossa luz nos clareai.

Durante a faina deste dia
nos protegeu o vosso olhar.
De coração damos graças
em todo tempo e lugar.

Se o pôr do sol nos trouxe as trevas,
outro sol fulge, coruscante,
e envolve até os próprios anjos
com o seu brilho radiante.

Todas as culpas deste dia
apague o Cristo bom e manso,
e resplandeça o coração
durante as horas do descanso.

Glória a vós, Pai, louvor ao Filho,
poder ao Espírito também.
No resplendor do vosso brilho,
regeis o céu e a terra. Amém.

Salmodia

Ant. 1 Demos **graças** ao Se**nhor**, porque e**terno** é seu **amor**!

Salmo 135(136)

Hino pascal pelas maravilhas do Deus criador e libertador

Anunciar as maravilhas de Deus é louvá-lo (Cassiodoro).

I

−¹ Demos **graças** ao Se**nhor**, porque ele é **bom**: *
Porque e**terno** é seu a**mor**!

– ³Demos **graças** ao Senhor, Deus dos deuses: *
 Porque e**terno** é seu amor!
– ³Demos **graças** ao Senhor dos senhores: *
 Porque e**terno** é seu amor!
– ⁴Somente **ele** é que fez grandes maravilhas: *
 Porque e**terno** é seu amor!
– ⁵Ele cri**ou** o firmamento com saber: *
 Porque e**terno** é seu amor!
– ⁶Esten**deu** a terra firme sobre as águas: *
 Porque e**terno** é seu amor!
– ⁷Ele cri**ou** os luminares mais brilhantes: *
 Porque e**terno** é seu amor!
– ⁸Criou o **sol** para o dia presidir: *
 Porque e**terno** é seu amor!
– ⁹Criou a **lua** e as estrelas para a noite: *
 Porque e**terno** é seu amor!

Ant. Demos **graças** ao Se**nhor**, porque e**terno** é seu **amor**!

Ant. 2 Como são **gran**des e admi**rá**veis vossas **obras**,
 ó Se**nhor** e nosso **Deus** onipo**tente**!

II

– ¹⁰Ele fe**riu** os primogênitos do E**gi**to: *
 Porque e**terno** é seu a**mor**!
– ¹¹E ti**rou** do meio deles Israel: *
 Porque e**terno** é seu amor!
– ¹²Com mão **for**te e com braço estendido: *
 Porque e**terno** é seu amor!
– ¹³Ele cor**tou** o mar Vermelho em duas partes: *
 Porque e**terno** é seu amor!
– ¹⁴Fez pas**sar** no meio dele Israel: *
 Porque e**terno** é seu amor!
– ¹⁵E afo**gou** o Faraó com suas tropas: *
 Porque e**terno** é seu amor!
– ¹⁶Ele gui**ou** pelo deserto o seu povo: *
 Porque e**terno** é seu amor!

– ¹⁷E fe**riu** por causa dele grandes reis: *
  Porque e**ter**no é seu amor!
– ¹⁸Reis pode**ro**sos fez morrer por causa dele: *
  Porque e**ter**no é seu amor!
– ¹⁹A Se**on**, que fora rei dos amorreus: *
  Porque e**ter**no é seu amor!
– ²⁰E a **Og**, o soberano de Basã: *
  Porque e**ter**no é seu amor!
– ²¹Repar**tiu** a terra deles como herança: *
  Porque e**ter**no é seu amor!
– ²²Como he**ran**ça a Israel, seu servidor: *
  Porque e**ter**no é seu amor!
– ²³De nós, seu **po**vo humilhado, recordou-se: *
  Porque e**ter**no é seu amor!
– ²⁴De **nos**sos inimigos libertou-nos: *
  Porque e**ter**no é seu amor!
– ²⁵A **to**do ser vivente ele alimenta: *
  Porque e**ter**no é seu amor!
– ²⁶Demos **gra**ças ao Senhor, o Deus dos céus: *
  Porque e**ter**no é seu amor!

Ant. Como são **gran**des e admi**rá**veis vossas **o**bras,
   ó Se**nhor** e nosso **Deus** onipo**ten**te!

Ant. 3 Na pleni**tu**de dos **tem**pos,
   quis o **Pai** reu**nir** todas as **coi**sas no **Cristo**.

Cântico   Ef 1,3-10

O plano divino da salvação

– ³Ben**di**to e louvado seja **Deus**, *
  o **Pai** de Jesus Cristo, Senhor nosso,
– que do alto **céu** nos abençoou em Jesus Cristo *
  com **bên**ção espiritual de toda sorte!

(R. Ben**di**to sejais **vós**, nosso **Pai**,
  que **nos** abençoastes em **Cristo**!)

— ⁴Foi em **Cris**to que Deus Pai nos escolheu, *
    já bem **an**tes de o mundo ser criado,
— para que **fôs**semos, perante a sua face, *
    sem **má**cula e santos pelo amor. (R.)
= ⁵Por **li**vre decisão de sua vontade, †
    predesti**nou**-nos, através de Jesus Cristo, *
    a sermos **ne**le os seus filhos adotivos,
— ⁶para o lou**vor** e para a glória de sua graça, *
    que em seu **Fi**lho bem-amado nos doou. (R.)
— ⁷É **ne**le que nós temos redenção, *
    dos pe**ca**dos remissão pelo seu sangue.
= Sua **gra**ça transbordante e inesgotável †
    ⁸Deus der**ra**ma sobre nós com abundância, *
    de sa**ber** e inteligência nos dotando. (R.)
— ⁹E, as**sim**, ele nos deu a conhecer *
    o mis**té**rio de seu plano e sua vontade,
— que propusera em seu querer benevolente, *
    ¹⁰na plenitu**de** dos tempos realizar:
— o de**síg**nio de, em Cristo, reunir *
    todas as **coi**sas: as da terra e as do céu. (R)

Ant. Na plenitu**de** dos **tem**pos,
    quis o **Pai** reu**nir** todas as **coi**sas no **Cris**to.

Leitura breve   1Ts 3,12-13
O Senhor vos conceda que o amor entre vós e para com todos aumente e transborde sempre mais, a exemplo do amor que temos por vós. Que assim ele confirme os vossos corações numa santidade sem defeito aos olhos de Deus, nosso Pai, no dia da vinda de nosso Senhor Jesus, com todos os seus santos.

Responsório breve
R. Ó Se**nhor**, suba à **vos**sa pre**sen**ça
    * A **mi**nha oração, como incenso. R. Ó Se**nhor**.

V. Minhas **mãos** como oferta da **tar**de. * A **mi**nha ora**ção**.
Glória ao **Pai**. R. Ó Se**nhor**.

Cântico evangélico, ant.

A minh'**al**ma vos engran**de**ce
eterna**men**te, Senhor, meu **Deus**!

Preces

Oremos a Jesus Cristo, que nunca abandona os que nele confiam; e digamos humildemente:

R. **Senhor Deus, ouvi a nossa oração!**

Senhor Jesus Cristo, nossa luz, iluminai a vossa Igreja,
– a fim de que ela anuncie a todos os povos o grande mistério da piedade manifestado na vossa encarnação. R.

Protegei os sacerdotes e ministros da vossa Igreja,
– para que, pregando aos outros, sejam também eles fiéis ao vosso serviço. R.

Vós, que, pelo vosso sangue, destes a paz ao mundo,
– afastai o pecado da discórdia e o flagelo da guerra. R.

Dai a riqueza da vossa graça aos que vivem no matrimônio,
– para que sejam mais perfeitamente um sinal do mistério de vossa Igreja. R.

(intenções livres)

Concedei a todos os que morreram o perdão dos pecados,
– a fim de que por vossa misericórdia vivam na companhia dos santos. R.

Pai nosso...

Oração

Ficai conosco, Senhor Jesus, porque a tarde cai e, sendo nosso companheiro na estrada, aquecei-nos os corações e reanimai nossa esperança, para vos reconhecermos com os irmãos nas Escrituras e no partir do pão. Vós, que sois Deus com o Pai, na unidade do Espírito Santo.

A conclusão da Hora como no Ordinário.

IV TERÇA-FEIRA
Invitatório
V. **Abri** os meus **lábios**. R. E minha **boca**.
R. Ao Se**nhor**, o grande **Deus**, vinde **todos** ado**remos**!
Salmo invitatório como no Ordinário, p. 537.

Ofício das Leituras
V. Vinde, ó **Deus**. Glória ao **Pai**. Como era. Ale**luia**.
Esta introdução se omite quando o Invitatório precede imediatamente ao Ofício das Leituras.
Hino

I. Quando se diz o Ofício das Leituras durante a noite ou de madrugada:

    Despertados no meio da noite,
    meditando, em vigília e louvor,
    entoemos com todas as forças
    nosso canto vibrante ao Senhor,

    para que, celebrando em conjunto
    deste Rei glorioso os louvores,
    mereçamos viver, com seus santos,
    vida plena nos seus esplendores.

    Esse dom nos conceda a Trindade,
    Pai e Filho e Amor, Sumo Bem,
    cuja glória ressoa na terra
    e no céu pelos séculos. Amém.

II. Quando se diz o Ofício das Leituras durante o dia:

    Deus bondoso, inclinai o vosso ouvido,
    por piedade, acolhei a nossa prece.
    Escutai a oração dos vossos servos,
    como Pai que dos seus filhos não se esquece.

    Para nós volvei, sereno, a vossa face,
    pois a vós nos confiamos sem reserva;

conservai as nossas lâmpadas acesas,
afastai do coração todas as trevas.

Compassivo, absolvei os nossos crimes,
libertai-nos, e as algemas nos quebrai;
os que jazem abatidos sobre a terra
com a vossa mão direita levantai.

Glória a Deus, fonte e raiz de todo ser,
glória a vós, do Pai nascido, Sumo Bem,
sempre unidos pelo Amor do mesmo Espírito, Deus
que reina pelos séculos. Amém.

Salmodia

Ant. 1 Ó **Se**nhor, chegue até **vós** o meu cla**mor**,
não me ocul**teis** a vossa **face** em minha **dor**!

Salmo 101(102)

Anseios e preces de um exilado

Bendito seja Deus, que nos consola em todas as nossas aflições! (2Cor 1,4).

I

– ² Ouvi, **Se**nhor, e escu**tai** minha ora**ção**, *
e **che**gue até vós o meu cla**mor**!
– ³ De **mim** não oculteis a vossa face *
no **dia** em que estou angustiado!
– Incli**nai** o vosso ouvido para mim, *
ao invo**car**-vos atendei-me sem demora!
– ⁴ Como fu**ma**ça se desfazem os meus dias, *
estão quei**man**do como brasas os meus ossos.
– ⁵ Meu cora**ção** se tornou seco igual à erva, *
até es**que**ço de tomar meu alimento.
– ⁶ À **for**ça de gemer e lamentar, *
tor**nei**-me tão somente pele e osso.
– ⁷ Eu pa**re**ço um pelicano no deserto, *
sou i**gual** a uma coruja entre ruínas.

– ⁸Perdi o sono e passo a noite a suspirar *
  como a ave solitária no telhado.
– ⁹Meus inimigos me insultam todo o dia, *
  enfurecidos lançam pragas contra mim.
– ¹⁰É cinza em vez de pão minha comida, *
  minha bebida eu misturo com as lágrimas.
– ¹¹Em vossa indignação, em vossa ira *
  me exaltastes, mas depois me rejeitastes;
– ¹²Os meus dias como sombras vão passando, *
  e aos poucos vou murchando como a erva.

Ant. Ó Senhor, chegue até vós o meu clamor,
  não me oculteis a vossa face em minha dor!

Ant. 2 Ouvi, Senhor, a oração dos oprimidos!

II

– ¹³Mas vós, Senhor, permaneceis eternamente, *
  de geração em geração sereis lembrado!
– ¹⁴Levantai-vos, tende pena de Sião, *
  já é tempo de mostrar misericórdia!
– ¹⁵Pois vossos servos têm amor aos seus escombros *
  e sentem compaixão de sua ruína.
– ¹⁶As nações respeitarão o vosso nome, *
  e os reis de toda a terra, a vossa glória;
– ¹⁷quando o Senhor reconstruir Jerusalém *
  e aparecer com gloriosa majestade,
– ¹⁸ele ouvirá a oração dos oprimidos *
  e não desprezará a sua prece.
– ¹⁹Para as futuras gerações se escreva isto, *
  e um povo novo a ser criado louve a Deus.
– ²⁰Ele inclinou-se de seu templo nas alturas, *
  e o Senhor olhou a terra do alto céu,
– ²¹para os gemidos dos cativos escutar *
  e da morte libertar os condenados. –

—²² Para que **can**tem o seu nome em Sião *
   e **lou**ve ao Senhor Jerusalém,
—²³ quando os **po**vos e as nações se reunirem *
   e **to**dos os impérios o servirem.

Ant. Ouvi, Se**nhor**, a ora**ção** dos opri**mi**dos!

Ant. 3 A **ter**ra, no prin**cí**pio, vós cri**as**tes,
   e os **céus**, por vossas **mãos**, foram criados.

III

—²⁴ Ele aba**teu** as minhas **for**ças no ca**mi**nho *
   e encur**tou** a duração da minha vida.
= A**go**ra eu vos suplico, ó meu Deus: †
   ²⁵ não me le**veis** já na metade dos meus dias, *
   vós, cujos **a**nos são eternos, ó Senhor!
—²⁶ A **ter**ra no princípio vós criastes, *
   por vossas **mãos** também os céus foram criados;
—²⁷ eles pe**re**cem, vós porém permaneceis; *
   como **ves**te os mudais e todos passam;
— ficam **ve**lhos todos eles como roupa, *
   ²⁸ mas vossos **a**nos não têm fim, sois sempre o mesmo!
=²⁹ Assim tam**bém** a geração dos vossos servos †
   terá **ca**sa e viverá em segurança, *
   e ante **vós** se firmará sua descendência.

Ant. A **ter**ra, no prin**cí**pio, vós cri**as**tes
   e os céus, por vossas **mãos**, foram criados.

V. Escu**ta**, ó meu **po**vo, a minha **lei**.
R. Ouve aten**to** as pa**la**vras que eu te **di**go!
Leituras e oração correspondentes a cada Ofício.

Laudes

V. Vinde, ó **Deus**. Glória ao **Pai**. Como **era**. Ale**lui**a.
Esta introdução se omite quando o Invitatório precede imediatamente às Laudes.

Hino

Da luz Criador,
vós mesmo sois luz
e dia sem fim.
Vós nunca da noite
provastes as trevas:
Só Deus é assim.

A noite já foge
e o dia enfraquece
dos astros a luz.
A estrela da aurora,
surgindo formosa,
no céu já reluz.

Os leitos deixando,
a vós damos graças
com muita alegria,
porque novamente,
por vossa bondade,
o sol traz o dia.

Ó Santo, pedimos
que os laços do Espírito
nos prendam a vós,
e, assim, não ouçamos
as vozes da carne
que clamam em nós.

Às almas não fira
a flecha da ira
que traz divisões.
Livrai vossos filhos
da própria malícia
dos seus corações.

Que firmes na mente
e castos no corpo,

de espírito fiel,
sigamos a Cristo,
Caminho e Verdade,
doçura do céu.

O Pai piedoso
nos ouça, bondoso,
e o Filho também.
No laço do Espírito
unidos, dominam
os tempos. Amém.

Salmodia

Ant. 1 Cantarei os meus hinos a vós, ó Senhor;
desejo trilhar o caminho do bem.

Salmo 100(101)
Propósitos de um rei justo
Se me amais, guardai os meus mandamentos (Jo 14,15).

— ¹Eu quero cantar o amor e a justiça, *
  cantar os meus hinos a vós, ó Senhor!
— ²Desejo trilhar o caminho do bem, *
  mas quando vireis até mim, ó Senhor?
— Viverei na pureza do meu coração, *
  no meio de toda a minha família.
— ³Diante dos olhos eu nunca terei *
  qualquer coisa má, injustiça ou pecado.
— Detesto o crime de quem vos renega; *
  que não me atraia de modo nenhum!
— ⁴Bem longe de mim, corações depravados, *
  nem nome eu conheço de quem é malvado.
— ⁵Farei que se cale diante de mim *
  quem é falso e às ocultas difama seu próximo;
— o coração orgulhoso, o olhar arrogante *
  não vou suportar e não quero nem ver. —

— ⁶ Aos fi**éis** desta terra eu **vol**to meus olhos; *
   que **e**les estejam bem **per**to de mim!
— **A**que**l**e que vive fa**zen**do o bem *
   se**rá** meu ministro, se**rá** meu amigo.
— ⁷ Na **mi**nha morada não **po**de habitar *
   o **ho**mem perverso e a**que**le que engana;
— a**que**le que mente e que **faz** injus**ti**ça *
   pe**ran**te meus olhos não **po**de ficar.
— ⁸ Em cada ma**nhã** have**rei** de acabar *
   com **to**dos os ímpios que **vi**vem na terra;
— fa**rei** suprimir da ci**da**de de Deus *
   a **to**dos aqueles que **fa**zem o mal.

Ant. Canta**rei** os meus **hi**nos a **vós**, ó **Se**nhor;
de**se**jo tri**lhar** o caminho do **bem**.

Ant. 2 Senhor **Deus**, não nos ti**reis** vosso fa**vor**!

Cântico   Dn 3,26.27.29.34-41

Oração de Azarias na fornalha

Arrependei-vos e convertei-vos, para que vossos pecados sejam perdoados! (At 3,19).

—²⁶ Sede ben**di**to, Senhor **Deus** de nossos **pais**. *
   Louvor e **gló**ria ao vosso nome para sempre!
—²⁷ Porque em **tu**do o que fizestes vós sois jus**to**, *
   reto no a**gir**, e no julgar sois verdadeiro.
—²⁹ Sim, pe**ca**mos afastando-nos de vós, *
   agimos **mal** em tudo aquilo que fizemos.
—³⁴ Não nos dei**xeis** eternamente, vos pedimos, *
   por vosso **no**me: não rompais vossa Aliança!
—³⁵ Senhor **Deus**, não nos tireis vosso favor, †
   por Abra**ão**, o vosso amigo, por Isaac, *
   o vosso **ser**vo, e por Jacó, o vosso santo!

= ³⁶Pois a eles prometestes descendência †
   numerosa como os astros que há nos céus, *
   incontável como a areia que há nas praias.
= ³⁷Eis, Senhor, mais reduzidos nós estamos †
   do que todas as nações que nos rodeiam; *
   por nossos crimes nos humilham em toda a terra!
– ³⁸Já não temos mais nem chefe nem profeta; *
   não há mais nem oblação nem holocaustos,
– não há lugar de oferecer-vos as primícias, *
   que nos façam alcançar misericórdia!
= ³⁹Mas aceitai o nosso espírito abatido, †
   e recebei o nosso ânimo contrito *
   ⁴⁰como holocaustos de cordeiros e de touros.
= Assim, hoje, nossa oferta vos agrade, †
   pois não serão, de modo algum, envergonhados *
   os que põem a esperança em vós, Senhor!
= ⁴¹De coração vos seguiremos desde agora, *
   com respeito procurando a vossa face!

Ant. Senhor Deus, não nos tireis vosso favor!
Ant. 3 Um canto novo, meu Deus, vou cantar-vos.

Salmo 143(144),1-10
Oração pela vitória e pela paz
Tudo posso naquele que me dá força (Fl 4,13)

= ¹Bendito seja o Senhor, meu rochedo, †
   que adestrou minhas mãos para a luta, *
   e os meus dedos treinou para a guerra!
– ²Ele é meu amor, meu refúgio, *
   libertador, fortaleza e abrigo.
– É meu escudo: é nele que espero, *
   ele submete as nações a meus pés. –

=³ Que é o homem, Senhor, para vós? †
Por que dele cuidais tanto assim, *
e no filho do homem pensais?
–⁴ Como o sopro de vento é o homem, *
os seus dias são sombra que passa.
–⁵ Inclinai vossos céus e descei, *
tocai os montes, que eles fumeguem.
–⁶ Fulminai o inimigo com raios, *
lançai flechas, Senhor, dispersai-o!
=⁷ Lá do alto estendei vossa mão, †
retirai-me do abismo das águas, *
e salvai-me da mão dos estranhos;
–⁸ sua boca só tem falsidade, *
sua mão jura falso e engana.
–⁹ Um canto novo, meu Deus, vou cantar-vos, *
nas dez cordas da harpa louvar-vos,
–¹⁰ a vós que dais a vitória aos reis *
e salvais vosso servo Davi.

Ant. Um canto novo, meu Deus, vou cantar-vos.

Leitura breve   Is 55,1
Ó vós todos que estais com sede, vinde às águas; vós que não tendes dinheiro, apressai-vos, vinde e comei, vinde comprar sem dinheiro, tomar vinho e leite, sem nenhuma paga.

Responsório breve
R. Por vosso amor, ó Senhor, ouvi minha voz,
* Confiante eu confio na vossa palavra. R. Por vosso amor.
V. Chego antes que a aurora e clamo a vós. * Confiante.
Glória ao Pai. R. Por vosso amor.

Cântico evangélico, ant.
Salvai-nos, ó Senhor, da mão dos inimigos!

Preces

Concedendo-nos a alegria de louvá-lo nesta manhã, Deus fortalece a nossa esperança; por isso, dirijamos-lhe a nossa oração cheios de confiança:

R. **Ouvi-nos, Senhor, para a glória de vosso nome!**

Nós vos agradecemos, Deus e Pai de nosso Salvador Jesus Cristo,
– pelo conhecimento e pela imortalidade que recebemos por meio dele. R.

Concedei-nos a humildade de coração,
– para nos ajudarmos uns aos outros no amor de Cristo. R.

Derramai o Espírito Santo sobre nós, vossos servos,
– para que seja sincero o nosso amor fraterno. R.

Vós, que confiastes aos seres humanos a tarefa de governar o mundo,
– concedei que o nosso trabalho vos dê glória e santifique os nossos irmãos e irmãs. R.

(intenções livres)

Pai nosso...

Oração

Senhor, aumentai em nós o dom da fé, para que em nossos lábios vosso louvor seja perfeito e produza sempre a abundância de frutos celestes. Por nosso Senhor Jesus Cristo, vosso Filho, na unidade do Espírito Santo.

A conclusão da Hora como no Ordinário.

Hora Média

V. Vinde, ó **Deus**. Glória ao **Pai**. Como era. Ale**lui**a.
HINO como no Ordinário, p. 552-555.

Salmodia

Ant. 1 Se compreen**der**des o que vos **di**go,
sereis fe**li**zes se o prati**car**des.

Salmo 118(119),137-144
XVIII (Sade)

Meditação sobre a Palavra de Deus na Lei

Feliz aquele que lê e aqueles que escutam as palavras desta profecia e também praticam o que nela está escrito (Ap 1,3).

– ¹³⁷Vós sois **jus**to, na ver**da**de, ó Se**nhor**, *
 e os **vos**sos julgamentos são corretos!
– ¹³⁸Com justiça ordenais vossos preceitos, *
 com ver**da**de a toda prova os ordenais.
– ¹³⁹O meu **ze**lo me devora e me consome, *
 por esque**ce**rem vossa lei meus inimigos.
– ¹⁴⁰Vossa pa**la**vra foi provada e comprovada, *
 por **is**so o vosso servo tanto a ama.
– ¹⁴¹Embora eu **se**ja tão pequeno e desprezado, *
 jamais es**que**ço vossas leis, vossos preceitos.
– ¹⁴²Vossa justiça é justiça eternamente *
 e vossa **lei** é a verdade inabalável.
– ¹⁴³An**gús**tia e sofrimento me assaltaram; *
 minhas de**lí**cias são os vossos mandamentos.
– ¹⁴⁴Justiça e**ter**na é a vossa Aliança; *
 aju**dai**-me a compreendê-la e viverei!

Ant. Se compreen**der**des o que vos **di**go,
 sereis fe**li**zes se o prati**car**des.

Ant. 2 Chegue a **mi**nha ora**ção** até **vós**, ó Se**nhor**!

Salmo 87(88)

Prece de um homem gravemente enfermo

Esta é a vossa hora, a hora do poder das trevas (Lc 22,53).

I

– ²A vós **cla**mo, Se**nhor**, sem ces**sar**, todo o **dia**, *
 e de **noi**te se eleva até **vós** meu gemido.

– ³Chegue a **mi**nha oração até a **vos**sa presença, *
   incli**nai** vosso ouvido a meu **tris**te clamor!
– ⁴Satu**ra**da de males se en**con**tra a minh'alma, *
   minha **vi**da chegou junto às **por**tas da morte.
– ⁵Sou con**ta**do entre aqueles que **des**cem à cova, *
   toda **gen**te me vê como um **ca**so perdido!
– ⁶O meu **lei**to já tenho no **rei**no dos mortos, *
   como um **ho**mem caído que **jaz** no sepulcro,
– de quem **mes**mo o Senhor se esque**ceu** para sempre*
   e excluiu por completo da **su**a atenção.
– ⁷Ó Se**nhor**, me pusestes na **co**va mais funda, *
   nos lo**cais** tenebrosos da **som**bra da morte.
– ⁸Sobre **mim** cai o peso do **vos**so furor, *
   vossas **on**das enormes me **co**brem, me afogam.

Ant. Chegue a **mi**nha ora**ção** até **vós**, ó Se**nhor**!

Ant. 3 Clamo a **vós**, ó Se**nhor**, sem ces**sar** todo o **dia**,
   oh! **não** escon**dais** vossa **fa**ce de **mim**!

II

– ⁹Afas**tas**tes de **mim** meus pa**ren**tes e a**mi**gos, *
   para **e**les torne-me ob**je**to de horror.
– Eu es**tou** aqui preso e não **pos**so sair, *
   ¹⁰e meus **o**lhos se gastam de **tan**ta aflição.
– Clamo a **vós**, ó Senhor, sem ces**sar**, todo o dia, *
   minhas **mãos** para vós se le**van**tam em prece.
– ¹¹Para os **mor**tos, acaso faríeis milagres? *
   pode**ri**am as sombras er**guer**-se e louvar-vos?
– ¹²No se**pul**cro haverá quem vos **can**te o amor*
   e pro**cla**me entre os mortos a **vos**sa verdade?
– ¹³Vossas **o**bras serão conhe**ci**das nas trevas, *
   vossa **gra**ça, no reino onde **tu**do se esquece?
– ¹⁴Quanto a **mim**, ó Senhor, clamo a **vós** na aflição, *
   minha **pre**ce se eleva até **vós** desde a aurora.

—¹⁵ Por que **vós**, ó Senhor, rejei**tais** a minh'alma? *
E por **que** escondeis vossa **face** de mim?
—¹⁶ Mori**bun**do e infeliz desde o **tem**po da infância, *
esgo**tei**-me ao sofrer sob o **vosso** terror.
—¹⁷ Vossa **ira** violenta **caiu** sobre mim *
e o **vosso** pavor reduziu-me a um nada!
—¹⁸ Todo **dia** me cercam quais **on**das revoltas, *
todos **jun**tos me assaltam, me **pren**dem, me apertam.
—¹⁹ A**fas**tastes de mim os pa**ren**tes e amigos, *
e por **meus** familiares só **ten**ho as trevas!

Ant. Clamo a **vós**, ó Se**nhor**, sem cessar todo o **dia**,
   oh! **não** escon**dais** vossa **face** de **mim**!

Para as outras Horas, Salmodia complementar, p. 1132.

Oração das Nove Horas

Leitura breve   1Jo 3,17-18

Se alguém possui riquezas neste mundo e vê o seu irmão passar necessidade, mas diante dele fecha o seu coração, como pode o amor de Deus permanecer nele? Filhinhos, não amemos só com palavras e de boca, mas com ações e de verdade!

V. Feliz o **ho**mem ca**ri**doso e pres**ta**tivo.
R. Sua lem**bran**ça perma**ne**ce eterna**men**te.

Oração

Deus eterno e todo-poderoso, que nesta hora enviastes aos Apóstolos vosso santo Paráclito, comunicai-nos também este Espírito de amor, para darmos de vós um testemunho fiel diante de todos. Por Cristo, nosso Senhor.

Oração das Doze Horas

Leitura breve   Dt 30,11.14

Este mandamento que hoje te dou não é difícil demais, nem está fora do teu alcance. Ao contrário, esta palavra está bem ao teu alcance, está em tua boca e em teu coração, para que a possas cumprir.

V. Vossa palavra é uma **luz** para os meus **pas**sos.
R. É uma **lâm**pada luzente em meu caminho.

Oração

Ó Deus, que revelastes a Pedro vosso plano de salvação para todos os povos, fazei que nossos trabalhos vos agradem e, pela vossa graça, sirvam ao vosso desígnio de amor e redenção. Por Cristo, nosso Senhor.

Oração das Quinze Horas

Leitura breve   Is 55,10-11

Assim como a chuva e a neve descem do céu e para lá não voltam mais, mas vêm irrigar e fecundar a terra, e fazê-la germinar e dar semente, para o plantio e para a alimentação, assim a palavra que sair de minha boca; não voltará para mim vazia; antes, realizará tudo que for de minha vontade e produzirá os efeitos que pretendi, ao enviá-la.

V. Deus en**via** suas **or**dens para a **ter**ra.
R. E a palavra que ele **diz** corre ve**loz**.

Oração

Senhor Deus, que enviastes vosso anjo para mostrar ao centurião Cornélio o caminho da vida, concedei-nos trabalhar com alegria para a salvação da humanidade, a fim de que, unidos todos na vossa Igreja, possamos chegar até vós. Por Cristo, nosso Senhor.

A conclusão da Hora como no Ordinário.

Vésperas

V. Vinde, ó **Deus**. Glória ao **Pai**. Como **era**. Ale**luia**.

Hino

> Autor e origem do tempo,
> por sábia ordem nos dais
> o claro dia no trabalho,
> e a noite, ao sono e à paz.
>
> As mentes castas guardai
> dentro da calma da noite
> e que não venha a feri-las
> do dardo mau o açoite.
>
> Os corações libertai
> de excitações persistentes.
> Não quebre a chama da carne
> a força viva das mentes.
>
> Ouvi-nos, Pai piedoso,
> e vós, ó Filho de Deus,
> que com o Espírito Santo
> reinais eterno nos céus.

Salmodia

Ant. 1 Se de **ti,** Jerusa**lém**, algum **dia** eu me esque**cer**,
que resseque a minha **mão**!

Salmo 136(137),1-6

Junto aos rios da Babilônia

Este cativeiro do povo deve-se entender como símbolo do nosso cativeiro espiritual (Sto. Hilário).

= ¹Junto aos **ri**os da Babilônia †
  nos sen**tá**vamos chorando, *
  com sau**da**des de Sião.

– ²Nos sal**guei**ros por ali *
  pendu**ra**mos nossas harpas. –

– ³Pois foi **lá** que os opressores *
nos pe**di**ram nossos cânticos;
– nossos **guar**das exigiam *
ale**gri**a na tristeza:
– "Cantai **ho**je para nós *
algum **can**to de Sião!"
= ⁴Como havemos de cantar †
os cantares do Senhor *
numa **ter**ra estrangeira?
= ⁵Se de **ti**, Jerusalém, †
algum **di**a eu me esquecer, *
que resseque a minha mão!
= ⁶Que se **co**le a minha língua †
e se **pren**da ao céu da boca, *
se de **ti** não me lembrar!
– Se não **for** Jerusalém *
minha **gran**de alegria!

Ant. Se de **ti**, Jerusalém, algum **di**a eu me esque**cer**,
  que resseque a minha **mão**!

Ant. 2 **Pe**rante os vossos **an**jos vou can**tar**-vos, ó meu **Deus**!

Salmo 137(138)

Ação de graças

Os reis da terra levarão à Cidade Santa a sua glória (cf. Ap 21,14).

– ¹Ó Se**nhor**, de cora**ção** eu vos dou **gra**ças, *
porque ou**vis**tes as palavras dos meus lábios!
– **Pe**rante os vossos anjos vou cantar-vos *
²e **an**te o vosso templo vou prostrar-me.
– Eu agra**de**ço vosso amor, vossa verdade, *
porque **fi**zestes muito mais que prometestes;
– ³naquele **di**a em que gritei, vós me escutastes *
e aumen**tas**tes o vigor da minha alma. –

– ⁴ Os **reis** de toda a terra hão de louvar-vos, *
  quando ouvirem, ó Senhor, vossa promessa.
– ⁵ Hão de can**tar** vossos caminhos e dirão: *
  "Como a **glória** do Senhor é grandiosa!"
– ⁶ Al**tís**simo é o Senhor, mas olha os pobres, *
  e de **lon**ge reconhece os orgulhosos.
– ⁷ Se no **mei**o da desgraça eu caminhar, *
  vós me fa**zeis** tornar à vida novamente;
– quando os **meus** perseguidores me atacarem *
  e com ira investirem contra mim,
– estende**reis** o vosso braço em meu auxílio *
  e have**reis** de me salvar com vossa destra.
– ⁸ Comple**tai** em mim a obra começada; *
  ó Se**nhor**, vossa bondade é para sempre!
– Eu vos **peço**: não deixeis inacabada *
  esta **o**bra que fizeram vossas mãos!

Ant. Pe**ran**te os vossos **anjos** vou can**tar**-vos, ó meu **Deus**!

Ant. 3 O Cordeiro imolado é **digno**
     de rece**ber** honra, **glória** e po**der**.

Cântico   Ap 4,11; 5,9.10.12

Hino dos remidos

– ⁴,¹¹ Vós sois **digno**, **Senhor**, nosso **Deus**, *
   de rece**ber** honra, glória e poder!

(R. **Poder**, honra e **glória** ao Cor**deiro** de **Deus**!)

= ⁵,⁹ Porque **todas** as coisas criastes, †
  é por **vossa** vontade que existem, *
  e sub**sis**tem porque vós mandais.   (R.)

= Vós sois **digno**, Senhor, nosso Deus, †
  de o **livro** nas mãos receber *
  e de **abrir** suas folhas lacradas!   (R.)

— Porque **fos**tes por nós imolado; *
  para **Deus** nos remiu vosso sangue
— dentre **to**das as tribos e línguas, *
  dentre os **po**vos da terra e nações. (R.)

=¹⁰ Pois **fi**zestes de nós, para Deus, †
  sacer**do**tes e povo de reis, *
  e **i**remos reinar sobre a terra. (R.)

=¹² O Cor**dei**ro imolado é digno †
  de rece**ber** honra, glória e poder, *
  sabedo**ri**a, louvor, divindade! (R.)

Ant. O Cor**dei**ro imo**la**do é **di**gno
      de rece**ber** honra, **gló**ria e po**der**.

Leitura breve Cl 3,16

Que a palavra de Cristo, com toda a sua riqueza, habite em vós. Ensinai e admoestai-vos uns aos outros com toda a sabedoria. Do fundo dos vossos corações, cantai a Deus salmos, hinos e cânticos espirituais, em ação de graças.

Responsório breve

R. Junto a **vós**, felici**da**de,
 * Felici**da**de sem **li**mites! R. Junto a **vós**.
V. Delícia e**ter**na, ó Se**nhor** * Felici**da**de.
  Glória ao **Pai**. R. Junto a **vós**.

Cântico evangélico, ant.

Ó Se**nhor**, fazei co**nos**co maravi**lhas**,
pois **san**to e pode**ro**so é vosso **No**me.

Preces

Exaltemos a Jesus Cristo, que dá ao seu povo força e poder; e lhe peçamos de coração sincero:

R. **Ouvi-nos, Senhor, e vos louvaremos para sempre!**

Jesus Cristo, nossa força, que nos chamastes ao conhecimento da verdade,
 —concedei a vossos fiéis a perseverança na fé.
R. Ouvi-nos, Senhor, e vos louvaremos para sempre!

Dirigi, Senhor, segundo o vosso coração, todos os que nos governam,
 —e inspirai-lhes bons propósitos, para que nos conduzam na paz. R.

Vós, que saciastes as multidões no deserto,
 —ensinai-nos a repartir o pão com aqueles que têm fome. R.

Fazei que os governantes não se preocupem apenas com seu próprio país,
 —mas respeitem as outras nações e sejam solícitos para com todas elas. R.

(intenções livres)

Ressuscitai para a vida eterna os nossos irmãos e irmãs que morreram,
 —quando vierdes manifestar a vossa glória naqueles que creram em vós. R.

Pai nosso...

Oração

Diante de vossa face, imploramos, Senhor, que vossa bondade nos conceda meditar sempre no coração aquilo que vos dizemos com nossos lábios. Por nosso Senhor Jesus Cristo, vosso Filho, na unidade do Espírito Santo.

A conclusão da Hora como no Ordinário.

IV QUARTA-FEIRA

Invitatório

V. **Abri** os meus **lá**bios. R. E minha **bo**ca.

R. Acla**mai** o Se**nhor**, ó terra in**tei**ra,
ser**vi** ao Se**nhor** com ale**gri**a!

Salmo invitatório como no Ordinário, p. 537.

Ofício das Leituras

V. Vinde, ó **Deus**. Glória ao **Pai**. Como era. Aleluia.

Esta introdução se omite quando o Invitatório precede imediatamente ao Ofício das Leituras.

Hino

I. Quando se diz o Ofício das Leituras durante a noite ou de madrugada:

> Autor dos seres, Redentor dos tempos,
> Juiz temível, Cristo, Rei dos reis,
> nosso louvor, o nosso canto e prece,
> clemente, acolhei.

> Sobe até vós no transcorrer da noite,
> como oferenda, um jovial louvor.
> Por vós aceito, traga a nós conforto,
> da luz, ó Autor.

> A honestidade alegre os nossos dias,
> não haja morte e treva em nossa vida.
> Em nossos atos, sempre a vossa glória
> seja refletida!

> Queimai em nós o coração e os rins
> com a divina chama, o vosso amor.
> Velemos, tendo em mãos acesas lâmpadas,
> pois vem o Senhor.

Ó Salvador, a vós louvor e glória,
e a vosso Pai, Deus vivo, Sumo Bem.
Ao Santo Espírito o céu entoe hosanas
para sempre. Amém.

II. Quando se diz o Ofício das Leituras durante o dia:

Luz verdadeira, amor, piedade,
e alegria sem medida;
da morte, ó Cristo, nos salvastes!
Por vosso sangue temos vida.

O vosso amor nos corações,
nós vos pedimos, derramai;
dai-lhes da fé a luz eterna
e em caridade os confirmai.

De nós se afaste Satanás,
por vossas forças esmagado.
E venha a nós o Santo Espírito
do vosso trono o Enviado.

Louvor a Deus, eterno Pai,
e a vós seu Filho, Sumo Bem,
reinando unidos pelo Espírito
hoje e nos séculos. Amém.

Salmodia
Ant. 1 Bendize, ó minha alma, ao Senhor,
  não te esqueças de nenhum de seus favores!

Salmo 102(103)
Hino à misericórdia do Senhor

Graças à misericordiosa compaixão de nosso Deus, o sol que nasce do alto nos veio visitar (cf. Lc 1,78).

I

– Bendize, ó minha alma, ao Senhor, *
  e todo o meu ser, seu santo nome!
– Bendize, ó minha alma, ao Senhor, *
  não te esqueças de nenhum de seus favores! –

Quarta-feira – Ofício das Leituras

- ³Pois **e**le te perdoa toda culpa, *
  e **cu**ra toda a tua enfermidade;
- ⁴da sepul**tu**ra ele salva a tua vida *
  e te **cer**ca de carinho e compaixão;
- ⁵de **bens** ele sacia tua vida, *
  e te **tor**nas sempre jovem como a águia!

- ⁶O Se**nhor** realiza obras de justiça *
  e gara**n**te o direito aos oprimidos;
- ⁷reve**lou** os seus caminhos a Moisés, *
  e aos **fi**lhos de Israel, seus grandes feitos.

Ant. Bendi**ze**, ó minha **al**ma, ao Se**nhor**,
não te es**que**ças de **nenhum** de seus favores!

Ant. 2 Como um **pai** se compa**de**ce de seus **fi**lhos,
o Se**nhor** tem compai**xão** dos que o **te**mem.

II

- ⁸O Se**nhor** é indul**gen**te, é favo**rá**vel, *
  é pacien**te**, é bondoso e compassivo.
- ⁹Não fica **sem**pre repetindo as suas queixas, *
  nem **guar**da eternamente o seu rancor.
- ¹⁰Não nos **tra**ta como exigem nossas faltas, *
  nem nos **pu**ne em proporção às nossas culpas.
- ¹¹Quanto os **céus** por sobre a terra se elevam, *
  tanto é **gran**de o seu amor aos que o temem;
- ¹²quanto **dis**ta o nascente do poente, *
  tanto a**fas**ta para longe nossos crimes.
= ¹³Como um **pai** se compadece de seus filhos, *
  o Se**nhor** tem compaixão dos que o temem,
- ¹⁴porque **sa**be de que barro somos feitos, *
  e se **lem**bra que apenas somos pó.
- ¹⁵Os dias do **ho**mem se parecem com a erva, *
  ela flo**res**ce como a flor dos verdes campos;
- ¹⁶mas a**pe**nas sopra o vento ela se esvai, *
  já nem sa**be**mos onde era o seu lugar.

Ant. Como um **pai** se compa**de**ce de seus **fi**lhos,
  o Se**nhor** tem compai**xão** dos que o **te**mem.
Ant. 3 Obras **to**das do Se**nhor**, glorifi**cai**-o!

III

—¹⁷ Mas o a**mor** do Senhor **Deus** por quem o **te**me *
  é de **sem**pre e perdura para sempre;
— e tam**bém** sua justiça se estende *
  por gera**ções** até os filhos de seus filhos,
—¹⁸ aos que **guar**dam fielmente sua Aliança *
  e se **lem**bram de cumprir os seus preceitos.
—¹⁹ O Se**nhor** pôs o seu trono lá nos céus, *
  e a**bran**ge o mundo inteiro seu reinado.
=²⁰ Bendi**zei** ao Senhor Deus, seus anjos todos, †
  valo**ro**sos que cumpris as suas ordens, *
  sempre **pron**tos para ouvir a sua voz!
—²¹ Bendi**zei** ao Senhor Deus, os seus poderes, *
  seus mi**nis**tros, que fazeis sua vontade!
=²² Bendi**zei**-o, obras todas do Senhor †
  em toda **par**te onde se estende o seu reinado! *
  Ben**di**ze, ó minha alma, ao Senhor!

Ant. Obras **to**das do Se**nhor**, glorifi**cai**-o!

V. Fa**zei**-me conhe**cer** vossos ca**mi**nhos.
R. E en**tão** medita**rei** vossos pro**dí**gios!

Leituras e oração correspondentes a cada Ofício.

Laudes

V. Vinde, ó **Deus**. Glória ao **Pai**. Como era. Ale**lu**ia.

Esta introdução se omite quando o Invitatório precede imediatamente às Laudes.

Hino

  Criador das alturas celestes,
  vós fixastes caminhos de luz

para a lua, rainha da noite,
para o sol, que de dia reluz.

Vai-se a treva, fugindo da aurora,
e do dia se espalha o clarão.
Nova força também nos desperta
e nos une num só coração.

O nascer deste dia convida
a cantarmos os vossos louvores.
Do céu jorra uma paz envolvente,
harmonia de luz e de cores.

Ao clarão desta luz que renasce,
fuja a treva e se apague a ilusão.
A discórdia não trema nos lábios,
a maldade não turve a razão.

Quando o sol vai tecendo este dia,
brilhe a fé com igual claridade,
cresça a espera nos bens prometidos
e nos una uma só caridade.

Escutai-nos, ó Pai piedoso,
e vós, Filho, do Pai esplendor,
que reinais, com o Espírito Santo,
na manhã sem ocaso do amor.

Salmodia

Ant. 1 Meu cora**ção** está **pron**to, meu **Deus**,
está **pron**to o **meu** cora**ção**! †

Salmo 107(108)

Louvor a Deus e pedido de ajuda

Porque o filho de Deus foi exaltado acima dos céus, sua glória foi anunciada por toda a terra (Arnóbio).

— ²Meu cora**ção** está **pron**to, meu **Deus**, *
está **pron**to o meu coração

— †Vou cantar e tocar para vós: *
  desperta, minh'alma, desperta!
— ³ Despertem a harpa e a lira, *
  eu irei acordar a aurora!
— ⁴ Vou louvar-vos, Senhor, entre os povos, *
  dar-vos graças por entre as nações!
— ⁵ Vosso amor é mais alto que os céus, *
  mais que as nuvens a vossa verdade!
— ⁶ Elevai-vos, ó Deus, sobre os céus, *
  vossa glória refulja na terra!
— ⁷ Sejam livres os vossos amados, *
  vossa mão nos ajude, ouvi-nos!
= ⁸ Deus falou em seu santo lugar: †
  "Exultarei, repartindo Siquém, *
  e o vale em Sucot medirei.
= ⁹ Galaad, Manassés me pertencem, †
  Efraim é o meu capacete, *
  e Judá, o meu cetro real.
= ¹⁰ É Moab minha bacia de banho, †
  sobre Edom eu porei meu calçado, *
  vencerei a nação filisteia!"
— ¹¹ Quem me leva à cidade segura, *
  e a Edom quem me vai conduzir,
— ¹² se vós, Deus, rejeitais vosso povo *
  e não mais conduzis nossas tropas?
— ¹³ Dai-nos, Deus, vosso auxílio na angústia, *
  nada vale o socorro dos homens!
— ¹⁴ Mas com Deus nós faremos proezas, *
  e ele vai esmagar o opressor.

Ant. Meu coração está pronto, meu Deus,
  está pronto o meu coração!

Ant. 2 Deus me envolveu de salvação qual uma veste,
e com o manto da justiça me cobriu.

Cântico   Is 61,10-62,5

A alegria do profeta sobre a nova Jerusalém

Vi a cidade Santa, a nova Jerusalém,... vestida qual esposa enfeitada para o seu marido (cf. Ap 21,2).

– ⁶¹,¹⁰ Eu exulto de alegria no Senhor, *
 e minh'alma rejubila no meu Deus.
– Pois me envolveu de salvação, qual uma veste, *
 e com o manto da justiça me cobriu,
– como o noivo que coloca o diadema, *
 como a noiva que se enfeita com suas joias.
– ¹¹ Como a terra faz brotar os seus rebentos *
 e o jardim faz germinar suas sementes,
– o Senhor Deus fará brotar sua justiça *
 e o louvor perante todas as nações.
– ⁶²,¹ Por ti, Sião, não haverei de me calar, *
 nem por ti, Jerusalém, terei sossego,
– até que brilhe a tua justiça como aurora *
 e a tua salvação como um farol.
– ² Então os povos hão de ver tua justiça, *
 e os reis de toda a terra, a tua glória;
– todos eles te darão um nome novo: *
 enunciado pelos lábios do Senhor.
– ³ Serás coroa esplendorosa em sua mão, *
 diadema régio entre as mãos do teu Senhor.
– ⁴ Nunca mais te chamarão "Desamparada", *
 nem se dirá de tua terra "Abandonada";
– mas haverão de te chamar "Minha querida", *
 e se dirá de tua terra "Desposada".
– Porque o Senhor se agradou muito de ti, *
 e tua terra há de ter o seu esposo.–

— ⁵Como um **jo**vem que desposa a bem-amada, *
teu Constru**tor**, assim também, vai desposar-te;
— como a es**po**sa é a alegria do marido, *
será as**sim** a alegria do teu Deus.

Ant. Deus me envol**veu** de salva**ção** qual uma **ves**te,
e com o **man**to da justiça me co**briu**.

Ant. 3 Bendi**rei** ao Se**nhor** toda a **vi**da.

Salmo 145(146)

Felicidade dos que esperam no Senhor

Louvamos o Senhor em nossa vida, isto é, em nosso proceder (Arnóbio).

= ¹Ben**di**ze, minh'**al**ma, ao Se**nhor**! †
²Bendi**rei** ao Senhor toda a vida, *
canta**rei** ao meu Deus sem cessar!

— ³Não po**nhais** vossa fé nos que mandam, *
não há **ho**mem que possa salvar.

= ⁴Ao fal**tar**-lhe o respiro ele volta †
para a **ter**ra de onde saiu; *
nesse **di**a seus planos perecem.

= ⁵É fe**liz** todo homem que busca †
seu au**xí**lio no Deus de Jacó, *
e que **põe** no Senhor a esperança.

— ⁶O Se**nhor** fez o céu e a terra, *
fez o **mar** e o que neles existe.

— O Se**nhor** é fiel para sempre, *
⁷faz justiça aos que são oprimidos;

— ele **dá** alimento aos famintos, *
é o Se**nhor** quem liberta os cativos.

= ⁸O Se**nhor** abre os olhos aos cegos, †
o Se**nhor** faz erguer-se o caído, *
o Se**nhor** ama aquele que é justo.

=⁹ É o Senhor quem protege o estrangeiro, †
quem ampara a viúva e o órfão, *
mas confunde os caminhos dos maus.

=¹⁰ O Senhor reinará para sempre! †
Ó Sião, o teu Deus reinará *
para sempre e por todos os séculos!

Ant. Bendirei ao Senhor toda a vida.

Leitura breve   Dt 4,39-40a

Reconhece, hoje, e grava-o em teu coração, que o Senhor é o Deus lá em cima do céu e cá embaixo na terra, e que não há outro além dele. Guarda suas leis e seus mandamentos que hoje te prescrevo.

Responsório breve

R. Bendirei o Senhor **Deus**,
  * Bendirei em todo o **tempo**. R. Bendirei.
V. Seu louvor em minha boca, seu louvor eternamente.
  * Bendirei. Glória ao **Pai**. R. Bendirei.

Cântico evangélico, ant.

Sirvamos ao Senhor em santidade,
enquanto perdurarem nossos dias.

Preces

Jesus Cristo, esplendor do Pai, nos ilumina com a sua palavra. Cheios de amor o invoquemos:

R. Rei da eterna glória, ouvi-nos!

Sois bendito, Senhor, autor e consumador da nossa fé,
– porque nos chamastes das trevas para a vossa luz admirável.   R.

Vós, que abristes os olhos aos cegos e fizestes os surdos ouvirem,
– aumentai a nossa fé.   R.

Fazei-nos, Senhor, permanecer firmes no vosso amor,
—e que nunca nos separemos uns dos outros.
R. **Rei da eterna glória, ouvi-nos!**

Dai-nos força para resistir à tentação, paciência na tribulação,
—e sentimentos de gratidão na prosperidade. R.

(intenções livres)

Pai nosso...

Oração

Lembrai-vos, Senhor, de vossa santa aliança, consagrada pelo Sangue do Cordeiro, para que vosso povo obtenha o perdão dos pecados e avance continuamente no caminho da salvação. Por nosso Senhor Jesus Cristo, vosso Filho, na unidade do Espírito Santo.

A conclusão da Hora como no Ordinário.

Hora Média

V. Vinde, ó **Deus**. Glória ao **Pai**. Como era. Aleluia.
HINO como no Ordinário, p. 552-555.

Salmodia

Ant. 1 Clamo de **to**do o cora**ção**: Senhor, ou**vi**-me,
pois es**pe**ro confi**an**te em vossa **lei**!

Salmo 118(119),145-152
XIX(Coph)

Meditação sobre a Palavra de Deus na Lei

Naquele que guarda a sua palavra, o amor de Deus é plenamente realizado (1Jo 2,5).

— ¹⁴⁵Clamo de **to**do o cora**ção**: Senhor, ou**vi**-me! *
Quero cum**prir** vossa vontade fielmente!
— ¹⁴⁶Clamo a **vós**: Senhor, salvai-me, eu vos suplico, *
e então eu guardarei vossa Aliança! —

– ¹⁴⁷Chego **ant**es que a aurora e vos imploro, *
e es**pe**ro confiante em vossa lei.
– ¹⁴⁸Os meus **o**lhos antecipam as vigílias, *
para de **noi**te meditar vossa palavra.
– ¹⁴⁹Por vosso **a**mor ouvi atento a minha voz *
– e dai-me a **vi**da, como é vossa decisão!
– ¹⁵⁰Meus opres**so**res se aproximam com maldade; *
como estão **lon**ge, ó Senhor, de vossa lei!
– ¹⁵¹Vós estais **per**to, ó Senhor, perto de mim; *
todos os **vos**sos mandamentos são verdade!
– ¹⁵²Desde cri**an**ça aprendi vossa Aliança *
que fir**mas**tes para sempre, eternamente.

Ant. Clamo de **to**do o cora**ção**: Senhor, ou**vi**-me,
pois es**pe**ro confi**an**te em vossa **lei**!

Ant. 2 Deus **sa**be o que **pen**sam os **ho**mens:
pois um **na**da é o **seu** pensa**men**to.

Salmo 93(94)
O Senhor faz justiça
O Senhor se vinga de tudo:... pois Deus não nos chamou à impureza, mas à santidade (cf. 1Ts 4,6-7).

I

– ¹ Senhor **Deus** justi**cei**ro, bri**lhai**, *
reve**lai**-vos, ó Deus vingador!
– ² Levan**tai**-vos, Juiz das nações, *
e pa**gai** seu salário aos soberbos!
– ³ Até **quan**do os injustos, Senhor, *
até **quan**do haverão de vencer?
– ⁴ Arro**gan**tes derramam insultos *
e se **ga**bam do mal que fizeram.
– ⁵ Eis que o**pri**mem, Senhor, vosso povo*
e humi**lham** a vossa herança;

— ⁶estrangeiro e viúva trucidam, *
e assassinam o pobre e o órfão!
— ⁷Eles **dizem**: "O Senhor não nos vê*
e o **Deus** de Jacó não percebe!"
— ⁸Enten**dei**, ó estultos do povo; *
insen**sat**os, quando é que vereis?
— ⁹O que **fez** o ouvido, não ouve? *
Quem os **ol**hos formou, não verá?
— ¹⁰Quem e**duc**a as nações, não castiga? *
Quem os **ho**mens ensina, não sabe?
— ¹¹Ele **sabe** o que pensam os homens: *
pois um **na**da é o seu pensamento!

Ant. Deus **sabe** o que **pen**sam os **ho**mens:
pois um **na**da é o **seu** pensa**men**to.

Ant. 3 Para **mim** o Senhor, com certeza,
é re**fú**gio, é a**bri**go, é ro**che**do.

II

— ¹²É fe**liz**, ó Se**nhor**, quem for**mais** *
e edu**cais** nos caminhos da Lei,
— ¹³para **dar**-lhe um alívio na angústia, *
quando ao **ím**pio se abre uma cova.
— ¹⁴O Se**nhor** não rejeita o seu povo *
e não **po**de esquecer sua herança:
— ¹⁵volta**rão** a juízo as sentenças; *
quem é **re**to andará na justiça.
— ¹⁶Quem por **mim** contra os maus se levanta *
e a meu **la**do estará contra eles?
— ¹⁷Se o Se**nhor** não me desse uma ajuda, *
no si**lên**cio da morte estaria!
— ¹⁸Quando eu **pen**so: "Estou quase caindo!" *
Vosso a**mor** me sustenta, Senhor!
— ¹⁹Quando o **meu** coração se angustia, *
conso**lais** e alegrais minha alma. —

= ²⁰Pode acaso juntar-se convosco †
o impostor tribunal da injustiça, *
que age mal, tendo a lei por pretexto?
– ²¹Eles podem agir contra o justo, *
condenando o inocente a morrer:
– ²²Para mim o Senhor, com certeza, *
é refúgio, é abrigo, é rochedo!
= ²³O Senhor, nosso Deus, os arrasa, †
faz voltar contra eles o mal, *
²⁴sua própria maldade os condena.

Ant. Para mim o Senhor, com certeza,
é refúgio, é abrigo, é rochedo.

Para as outras Horas, Salmodia complementar, p. 1132.

Oração das Nove Horas

Leitura breve   1Cor 10,24.31

Ninguém procure a sua própria vantagem, mas a vantagem do outro. Quer comais, quer bebais, quer façais qualquer outra coisa, fazei tudo para a glória de Deus.

V. Como é bom agradecermos ao Senhor,
R. E cantar salmos de louvor ao Deus Altíssimo!

Oração

Senhor, nosso Pai, Deus santo e fiel, que enviastes o Espírito prometido por vosso Filho, para reunir os seres humanos divididos pelo pecado, fazei-nos promover no mundo os bens da unidade e da paz. Por Cristo, nosso Senhor.

Oração das Doze Horas

Leitura breve   Cl 3,17

Tudo o que fizerdes, em palavras ou obras, seja feito em nome do Senhor Jesus Cristo. Por meio dele dai graças a Deus, o Pai.

V. Eu o**ferto** um sacrifício de lou**vor**,
R. Invo**cando** o nome **santo** do Se**nhor**.

Oração

Deus onipotente e misericordioso, que nos dais novo alento no meio deste dia, olhai com bondade os trabalhos começados e, perdoando nossas faltas, fazei que eles atinjam os fins que vos agradam. Por Cristo, nosso Senhor.

Oração das Quinze Horas

Leitura breve   Cl 3,23-24

Tudo o que fizerdes, fazei-o de coração, como para o Senhor e não para os homens. Pois vós bem sabeis que recebereis do Senhor a herança como recompensa. Servi a Cristo, o Senhor!

V. Ó Se**nhor**, sois minha he**rança** e minha **taça**,
R. Meu des**tino** está se**guro** em vossas **mãos**.

Oração

Senhor Jesus Cristo, que para salvar o gênero humano estendestes vossos braços na cruz, concedei que nossas ações vos agradem e manifestem ao mundo vossa obra redentora. Vós que viveis e reinais para sempre.

A conclusão da Hora como no Ordinário.

Vésperas

V. Vinde, ó **Deus**. Glória ao **Pai**. Como era. Aleluia.

Hino

> Devagar, vai o sol se escondendo,
> deixa os montes, o campo e o mar,
> mas renova o presságio da luz,
> que amanhã vai de novo brilhar.

Os mortais se admiram do modo
pelo qual, generoso Senhor,
destes leis ao transcurso do tempo,
alternância de sombra e fulgor.

Quando reina nos céus o silêncio
e declina o vigor para a lida,
sob o peso das trevas a noite
nosso corpo ao descanso convida.

De esperança e de fé penetrados,
saciar-nos possamos, Senhor,
de alegria na glória do Verbo
que é do Pai o eterno esplendor.

Este é o sol que jamais tem ocaso
e também o nascer desconhece.
Canta a terra, em seu brilho envolvida,
nele o céu em fulgor resplandece.

Dai-nos, Pai, gozar sempre da luz
que este mundo ilumina e mantém,
e cantar-vos, e ao Filho, e ao Espírito,
canto novo nos séculos. Amém.

Salmodia

Ant. 1 Vosso sa**ber** é por de**mais** maravi**lh**oso, ó S**enh**or.

Salmo 138(139),1-18.23-24

Deus tudo vê

Quem conheceu o pensamento do Senhor? Ou quem foi seu conselheiro? (Rm 11,34).

I

— ¹ S**enh**or, vós me son**dais** e conhe**ceis**, *
   ² sa**beis** quando me sento ou me levanto;
= de **lon**ge penetrais meus pensamentos, †
   ³ perce**beis** quando me deito e quando eu ando, *
   os meus ca**min**hos vos são todos conhecidos. –

— ⁴A palavra nem chegou à minha língua, *
  e já, Senhor, a conheceis inteiramente.
— ⁵Por detrás e pela frente me envolveis; *
  pusestes sobre mim a vossa mão.
— ⁶Esta verdade é por demais maravilhosa, *
  é tão sublime que não posso compreendê-la.
— ⁷Em que lugar me ocultarei de vosso espírito? *
  E para onde fugirei de vossa face?
— ⁸Se eu subir até os céus, aí estais; *
  se eu descer até o abismo, estais presente.
— ⁹Se a aurora me emprestar as suas asas, *
  para eu voar e habitar no fim dos mares;
— ¹⁰mesmo lá vai me guiar a vossa mão *
  e segurar-me com firmeza a vossa destra.
— ¹¹Se eu pensasse: "A escuridão venha esconder-me *
  e que a luz ao meu redor se faça noite!"
= ¹²Mesmo as trevas para vós não são escuras, †
  a própria noite resplandece como o dia, *
  e a escuridão é tão brilhante como a luz.

Ant. Vosso saber é por demais maravilhoso, ó Senhor.

Ant. 2 Eu, o Senhor, vejo o mais íntimo
    e conheço os corações,
       recompenso a cada um conforme as obras realizadas.

II

— ¹³Fostes vós que me formastes as entranhas, *
  e no seio de minha mãe vós me tecestes.
= ¹⁴Eu vos louvo e vos dou graças, ó Senhor, †
  porque de modo admirável me formastes! *
  Que prodígio e maravilha as vossas obras!
— Até o mais íntimo, Senhor, me conheceis; *
  ¹⁵nenhuma sequer de minhas fibras ignoráveis,
— quando eu era modelado ocultamente, *
  era formado nas entranhas subterrâneas. —

–¹⁶ Ainda in**for**me, os vossos olhos me olharam, *
e por **vós** foram previstos os meus dias;
– em vosso **li**vro estavam todos anotados, *
antes **mes**mo que um só deles existisse.
–¹⁷ Quão insond**á**veis são os vossos pensamentos! *
Incont**á**vel, ó Senhor, é o seu número!
–¹⁸ Se eu os **con**to, serão mais que os grãos de areia; *
se chego ao **fim**, ainda falta conhecer-vos.
–²³ Senhor, son**dai**-me, conhecei meu coração, *
exami**nai**-me e provai meus pensamentos!
–²⁴ Vede **bem** se não estou no mau caminho, *
e condu**zi**-me no caminho para a vida!

Ant. Eu, o Se**nhor**, vejo o mais **ín**timo
e co**nhe**ço os cora**ções**,
recom**pen**so a cada **um** conforme as **o**bras reali**za**das.

Ant. 3 Em **Cris**to é que **tu**do foi criado,
é por **e**le que sub**sis**te o uni**ver**so.

Cântico   Cf. Cl 1,12-20
Cristo, o Primogênito de toda criatura
e o Primogênito dentre os mortos

=¹² Demos **gra**ças a Deus **Pai** onipo**ten**te, †
que nos **cha**ma a partilhar, na sua luz, *
da he**ran**ça a seus santos reservada!

(R. Glória a **vós**, Primogênito dentre os **mor**tos!)

=¹³ Do im**pé**rio das trevas arrancou-nos †
e transpor**tou**-nos para o reino de seu Filho, *
para o **rei**no de seu Filho bem-amado,
–¹⁴ no **qual** nós encontramos redenção, *
dos pe**ca**dos remissão pelo seu sangue.   (R.)
–¹⁵ Do **Deus**, o Invisível, é a imagem, *
o Primog**ê**nito de toda criatura;

= ¹⁶porque **ne**le é que tudo foi criado: †
  o que há nos **céus** e o que existe sobre a terra, *
  o vi**sí**vel e também o invisível. (R.)

= Sejam **Tron**os e Poderes que há nos céus, †
  sejam **el**es Principados, Potestades: *
  por **el**e e para ele foram feitos;

— ¹⁷antes de **to**da criatura ele existe, *
  e é por **el**e que subsiste o universo. (R.)

= ¹⁸Ele é a **Ca**beça da Igreja, que é seu Corpo, †
  é o prin**cí**pio, o Primogênito dentre os mortos, *
  a **fim** de ter em tudo a primazia.

— ¹⁹Pois foi do a**gra**do de Deus Pai que a plenitude *
  habi**tas**se no seu Cristo inteiramente. (R.)

— ²⁰A**prou**ve-lhe também, por meio dele, *
  reconci**liar** consigo mesmo as criaturas,

= pacifi**can**do pelo sangue de sua cruz †
  tudo a**qui**lo que por ele foi criado, *
  o que há nos **céus** e o que existe sobre a terra. (R.)

Ant. Em **Cris**to é que **tu**do foi criado,
  e é por **el**e que sub**sis**te o universo.

Leitura breve   1Jo 2,3-6
Para saber que o conhecemos, vejamos se guardamos os seus mandamentos. Quem diz: "Eu conheço a Deus", mas não guarda os seus mandamentos, é mentiroso, e a verdade não está nele. Naquele, porém, que guarda a sua palavra, o amor de Deus é plenamente realizado. O critério para saber se estamos com Jesus é este: quem diz que permanece nele, deve também proceder como ele procedeu.

Responsório breve
R. Prote**gei**-nos, Se**nhor**,
 * Como a pu**pi**la dos **olh**os. R. Prote**gei**-nos.
V. Guar**dai**-nos, defen**dei**-nos, sob a **vos**sa prote**ção**.
 * Como a pu**pi**la. Glória ao **Pai**. R. Prote**gei**-nos.

Cântico evangélico, ant.
Ó Senhor, manifestai o poder de vosso braço,
dispersai os soberbos e elevai os humildes!

Preces
Aclamemos ao Eterno Pai, cuja misericórdia para com o seu povo é sem limites; e digamos com alegria de coração:

R. **Senhor, alegrem-se todos os que em vós esperam!**

Senhor, que enviastes o vosso Filho não para julgar o mundo mas para salvá-lo,
—concedei que a sua morte gloriosa produza em nós muitos frutos. R.

Vós, que constituístes os sacerdotes como ministros de Cristo e dispensadores dos vossos mistérios,
—dai-lhes um coração fiel, ciência e caridade. R.

Àqueles que chamastes para uma vida de castidade perfeita por amor do reino dos céus,
—concedei-lhes a graça de seguirem fiel e generosamente as pegadas de vosso Filho. R.

Vós, que no princípio criastes o homem e a mulher,
—conservai todas as famílias no amor sincero. R.

(intenções livres)

Vós, que, pelo sacrifício de Cristo, tirastes o pecado do mundo,
—perdoai os pecados de todos os que morreram. R.

Pai nosso...

Oração
Senhor, que aos famintos saciais de bens celestes, lembrai-vos de vossa misericórdia e concedei à nossa pobreza tornar-se rica de vossos dons. Por nosso Senhor Jesus Cristo, vosso Filho, na unidade do Espírito Santo.

A conclusão da Hora como no Ordinário.

IV QUINTA-FEIRA

Invitatório

V. **Abri** os meus **lábios**. R. E minha **boca**.

R. **Entrai** diante **dele** cantando jubilosos!

Salmo invitatório como no Ordinário, p. 537.

Ofício das Leituras

V. Vinde, ó **Deus**. Glória ao **Pai**. Como era. Ale**luia**.

Esta introdução se omite quando o Invitatório precede imediatamente ao Ofício das Leituras.

Hino

I. Quando se diz o Ofício das Leituras durante a noite ou de madrugada:

>Do dia o núncio alado
>já canta a luz nascida.
>O Cristo nos desperta,
>chamando-nos à vida.
>
>Ó fracos, ele exclama,
>do sono estai despertos
>e, castos, justos, sóbrios,
>velai: estou já perto!
>
>E quando a luz da aurora
>enche o céu de cor,
>confirme na esperança
>quem é trabalhador.
>
>Chamemos por Jesus
>com prantos e orações.
>A súplica não deixe
>dormir os corações.
>
>Tirai o sono, ó Cristo,
>rompei da noite os laços,

da culpa libertai-nos,
guiai os nossos passos.

A vós a glória, ó Cristo,
louvor ao Pai também,
com vosso Santo Espírito,
agora e sempre. Amém.

II. Quando se diz o Ofício das Leituras durante o dia:

Para vós, doador do perdão,
elevai os afetos do amor,
tornai puro o profundo das almas,
sede o nosso fiel Salvador.

Para cá, estrangeiros, viemos,
exilados da pátria querida.
Sois o porto e também sois o barco,
conduzi-nos aos átrios da vida!

É feliz quem tem sede de vós,
fonte eterna de vida e verdade.
São felizes os olhos do povo
que se fixam em tal claridade.

Grandiosa é, Senhor, vossa glória,
na lembrança do vosso louvor,
que os fiéis comemoram na terra,
elevando-se a vós pelo amor.

Este amor concedei-nos, ó Pai,
e vós, Filho do Pai, Sumo Bem,
com o Espírito Santo reinando
pelos séculos dos séculos. Amém.

Salmodia

Ant. 1 Foi vossa **mão** e a **luz** de vossa **face**,
que no pass**a**do sal**va**ram nossos **pais**.

Salmo 43(44)
Calamidades do povo

Em tudo isso, somos mais que vencedores, graças àquele que nos amou (Rm 8,37).

I

– ² Ó **Deus**, nossos ouvidos escu**ta**ram, *
  e con**ta**ram para nós, os nossos pais,
– as **o**bras que operastes em seus dias, *
  em seus **dias** e nos tempos de outrora:
= ³ Expul**sas**tes as nações com vossa mão, †
  e plan**tas**tes nossos pais em seu lugar; *
  para aumentá-los, abatestes outros povos.
– ⁴ Não conquis**ta**ram essa terra pela espada, *
  nem foi seu **bra**ço que lhes deu a salvação;
– foi, po**rém**, a vossa mão e vosso braço *
  e o esplen**dor** de vossa face e o vosso amor.
– ⁵ Sois **vós**, o meu Senhor e o meu Rei, *
  que **des**tes as vitórias a Jacó;
– ⁶ com vossa a**ju**da é que vencemos o inimigo, *
  por vosso **no**me é que pisamos o agressor.
– ⁷ Eu não **pus** a confiança no meu arco, *
  a minha es**pa**da não me pôde libertar;
– ⁸ mas fostes **vós** que nos livrastes do inimigo, *
  e co**bris**tes de vergonha o opressor.
– ⁹ Em vós, ó **Deus**, nos gloriamos todo dia, *
  cele**bran**do o vosso nome sem cessar.

Ant. Foi vossa **mão** e a **luz** de vossa **face**,
  que no passa**do** salvaram nossos **pais**.

Ant. 2 O Se**nhor** não a**fas**ta de **vós** a sua **face**,
  se a **e**le vol**tar**des de **to**do o cora**ção**.

II

— ¹⁰ Porém, agora nos deixastes e humilhastes, *
    já não saís com nossas tropas para a guerra!
— ¹¹ Vós nos fizestes recuar ante o inimigo, *
    os adversários nos pilharam à vontade.
— ¹² Como ovelhas nos levastes para o corte, *
    e no meio das nações nos dispersastes.
— ¹³ Vendestes vosso povo a preço baixo, *
    e não lucrastes muita coisa com a venda!
— ¹⁴ De nós fizestes o escárnio dos vizinhos, *
    zombaria e gozação dos que nos cercam;
— ¹⁵ para os pagãos somos motivo de anedotas, *
    zombam de nós a sacudir sua cabeça.
— ¹⁶ À minha frente trago sempre esta desonra, *
    e a vergonha se espalha no meu rosto,
— ¹⁷ ante os gritos de insultos e blasfêmias *
    do inimigo sequioso de vingança.

Ant. O Senhor não afasta de vós a sua face,
    se a ele voltardes de todo o coração.

Ant. 3 Levantai-vos, ó Senhor,
    não nos deixeis eternamente!

III

— ¹⁸ E tudo isso, sem vos termos esquecido *
    e sem termos violado a Aliança;
— ¹⁹ sem que o nosso coração voltasse atrás, *
    nem se afastassem nossos pés de vossa estrada!
— ²⁰ Mas à cova dos chacais nos entregastes *
    e com trevas pavorosas nos cobristes!
— ²¹ Se tivéssemos esquecido o nosso Deus *
    e estendido nossas mãos a um Deus estranho,
— ²² Deus não teria, por acaso, percebido, *
    ele que vê o interior dos corações?

– ²³Por vossa **cau**sa nos massacram cada dia *
e nos **le**vam como ovelha ao matadouro!
– ²⁴Levan**tai**-vos, ó Senhor, por que dormis? *
Desper**tai**! Não nos deixeis eternamente!
– ²⁵Por **que** nos escondeis a vossa face *
e esque**ceis** nossa opressão, nossa miséria?
– ²⁶Pois arra**sa**da até o pó está noss'alma *
e ao **chão** está colado o nosso ventre.
– Levan**tai**-vos, vinde logo em nosso auxílio, *
liber**tai**-nos pela vossa compaixão!

Ant. Levan**tai**-vos, ó **Se**nhor, não nos dei**xeis** eterna**men**te!

V. Fazei bri**lhar** vosso sem**blan**te ao vosso **ser**vo.
R. E ensi**nai**-me vossas **leis** e manda**men**tos!
Leituras e oração correspondentes a cada Ofício.

Laudes

V. Vinde, ó **Deus**. Glória ao **Pai**. Como **e**ra. Ale**lui**a.
Esta introdução se omite quando o Invitatório precede imediatamente às Laudes.

Hino

> Já o dia nasceu novamente.
> Supliquemos, orando, ao Senhor
> que nos guarde do mal neste dia
> e por atos vivamos o amor.
>
> Ponha freios à língua e a modere,
> da discórdia evitando a paixão;
> que nos vele o olhar e o defenda
> da vaidade e de toda a ilusão.
>
> Sejam puros os seres no íntimo,
> dominando os instintos do mal.
> Evitemos do orgulho o veneno,
> moderando o impulso carnal.

Para que, no final deste dia,
quando a noite, em seu curso, voltar,
abstinentes e puros, possamos
sua glória e louvores cantar.

Glória ao Pai, ao seu Unigênito
e ao Espírito Santo também.
Suba aos Três o louvor do universo
hoje e sempre, nos séculos. Amém.

Salmodia
Ant. 1 **Fazei**-me sen**tir** vosso **amor** desde **cedo**!

Salmo 142(143),1-11
Prece na aflição

Ninguém é justificado por observar a Lei de Moisés, mas por crer em Jesus Cristo (Gl 2,16).

– ¹ Ó Se**nhor**, escu**tai** minha **prece**, *
 ó meu **Deus**, atendei à minha súplica!
– Respon**dei**-me, ó vós, Deus fiel, *
 escu**tai**-me por vossa justiça!
=² Não cha**meis** vosso servo a juízo, †
 pois di**an**te da vossa presença *
 não é **jus**to nenhum dos viventes.
– ³ O ini**mi**go persegue a minha alma, *
 ele es**ma**ga no chão minha vida
– e me **faz** habitante das trevas, *
 como a**que**les que há muito morreram.
– ⁴ Já em **mim** o alento se extingue, *
 o cora**ção** se comprime em meu peito!
– ⁵ Eu me **lem**bro dos dias de outrora †
 e re**pas**so as vossas ações, *
 recor**dan**do os vossos prodígios.

= Para **vós** minhas mãos eu estendo; †
  minha **al**ma tem sede de vós, *
  como a **ter**ra sedenta e sem água.
− ⁷Escu**tai**-me depressa, Senhor, *
  o es**pí**rito em mim desfalece!
= Não escon**dais** vossa face de mim! †
  Se o fi**zer**des, já posso contar-me *
  entre a**que**les que descem à cova!
− ⁸Fazei-me **ce**do sentir vosso amor, *
  porque em **vós** coloquei a esperança!
− Indi**cai**-me o caminho a seguir, *
  pois a **vós** eu elevo a minha alma!
− ⁹Liber**tai**-me dos meus inimigos, *
  porque **sois** meu refúgio, Senhor!
− ¹⁰Vossa von**ta**de ensinai-me a cumprir, *
  porque **sois** o meu Deus e Senhor!
− Vosso Es**pí**rito bom me dirija *
  e me **gui**e por terra bem plana!
− ¹¹Por vosso **no**me e por vosso amor *
  conser**vai**, renovai minha vida!
− Pela **vos**sa justiça e clemência, *
  arran**cai** a minha alma da angústia!

Ant. Fazei-me sen**tir** vosso **a**mor desde **ce**do!

Ant. 2 O Se**nhor** vai fazer correr a **paz** como um **ri**o
para a **no**va Sião.

Cântico Is 66,10-14a
Consolação e alegria na Cidade Santa

A Jerusalém celeste é livre, e é a nossa mãe (Gl 4,26),

= ¹⁰Ale**grai**-vos com Sião †
  e exul**tai** por sua causa, *
  todos **vós** que a amais;

— tomai **par**te no seu júbilo, *
todos **vós** que a lamentais!

= ¹**Pode**reis alimentar-vos, †
saci**ar**-vos com fartura *
com seu **leite** que consola;
— pode**reis** deliciar-vos *
nas ri**que**zas de sua glória.

= ¹**Pois** as**sim** fala o Senhor: †
"Vou **fazer** correr a paz *
para **ela** como um rio,
— e as ri**que**zas das nações *
qual tor**ren**te a transbordar.

= Vós sereis amamentados †
e ao **co**lo carregados *
e afa**ga**dos com carícias;
— ¹**co**mo a **mãe** con**so**la o filho, *
em Sião vou consolar-vos.

= ¹**Tu**do **is**so vós vereis, †
e os **vos**sos corações *
de ale**gri**a pulsarão;
— vossos **mem**bros, como plantas, *
toma**rão** novo vigor.

Ant. O **Senhor** vai **fazer** correr a **paz** como um **rio**
para a **no**va Sião.

Ant. 3**Can**tai ao nosso **Deus**, porque é suave.

Salmo 146(147A)
Poder e bondade de Deus

A vós, ó Deus, louvamos, a vós, Senhor, cantamos.

= **Lou**vai o Senhor **Deus**, porque ele é **bom**, †
can**tai** ao nosso Deus, porque é suave: *
ele é **dig**no de louvor, ele o merece!

—² O Se**nhor** reconstruiu Jerusalém, *
e os dis**per**sos de Israel juntou de novo;
—³ ele con**for**ta os corações despedaçados, *
ele en**fai**xa suas feridas e as cura;
—⁴ fixa o **nú**mero de todas as estrelas *
e **cha**ma a cada uma por seu nome.

—⁵ É **gran**de e onipotente o nosso Deus, *
seu sa**ber** não tem medidas nem limites.
—⁶ O Senhor **Deus** é o amparo dos humildes, *
mas **do**bra até o chão os que são ímpios.
—⁷ Ento**ai**, cantai a Deus ação de graças, *
to**cai** para o Senhor em vossas harpas!

—⁸ Ele re**ves**te todo o céu com densas nuvens, *
e a **chu**va para a terra ele prepara;
— faz cres**cer** a verde relva sobre os montes *
e as **plan**tas que são úteis para o homem;
—⁹ ele **dá** aos animais seu alimento, *
e ao **cor**vo e aos seus filhotes que o invocam.

—¹⁰ Não é a **for**ça do cavalo que lhe agrada, *
nem se de**lei**ta com os músculos do homem,
—¹¹ mas **agra**dam ao Senhor os que o respeitam, *
os que con**fi**am, esperando em seu amor!

Ant. Can**tai** ao nosso **Deus**, porque é suave.

Leitura breve   Rm 8,18-21
Eu entendo que os sofrimentos do tempo presente nem merecem ser comparados com a glória que deve ser revelada em nós. De fato, toda a criação está esperando ansiosamente o momento de se revelarem os filhos de Deus. Pois a criação ficou sujeita à vaidade, não por sua livre vontade, mas por sua dependência daquele que a sujeitou; também ela espera ser libertada da escravidão da corrupção e, assim, participar da liberdade e da glória dos filhos de Deus.

Responsório breve

℟. Penso em **vós** no meu **lei**to, de **noi**te,
 *Nas vi**gí**lias, **sus**piro por **vós**. ℟. Penso em **vós**.
℣. Para **mim** fostes **sem**pre um so**cor**ro! *Nas vi**gí**lias.
 Glória ao **Pai**. ℟. Penso em **vós**.

Cântico evangélico, ant.

Anunci**ai** ao vosso **po**vo a sal**va**ção,
e perdo**ai**-nos, ó S**e**nhor, nossos pe**ca**dos!

Preces

Bendigamos a Deus, vida e salvação do seu povo; e o invoquemos, dizendo:

℟. **Senhor, vós sois a nossa vida!**

Bendito sejais, Deus e Pai de nosso Senhor Jesus Cristo, que na vossa misericórdia nos fizestes renascer para uma viva esperança,
 –mediante a ressurreição de Jesus Cristo dentre os mortos. ℟.

Vós, que em Cristo renovastes o homem, criado à vossa imagem,
 –tornai-nos semelhantes à imagem do vosso Filho. ℟.

Derramai em nossos corações, feridos pelo ódio e pela inveja,
 –a caridade do Espírito Santo. ℟.

Dai trabalho aos desempregados, alimento aos famintos, alegria aos tristes,
 –e a toda a humanidade graça e salvação. ℟.

(intenções livres)

Pai nosso...

Oração

Concedei-nos, ó Senhor, conhecer profundamente o mistério da salvação, para que, sem temor e livres dos inimigos,

vos sirvamos na justiça e santidade, todos os dias da vida.
Por nosso Senhor Jesus Cristo, vosso Filho, na unidade do
Espírito Santo.
A conclusão da Hora como no Ordinário.

Hora Média

V. Vinde, ó **Deus**. Glória ao **Pai**. Como era. Ale**lui**a.
HINO como no Ordinário, p. 552-555.
Salmodia

Ant. 1 Se me a**mais**, diz o **Se**nhor,
guarda**reis** os meus pre**cei**tos.

Salmo 118(119),153-160
XX (Res)

Meditação sobre a palavra de Deus na Lei

Tu tens palavras de vida eterna (Jo 6,69).

—¹⁵³ Vede, Se**nhor**, minha mi**sé**ria, e li**vrai**-me, *
porque **nun**ca me esqueci de vossa lei!
—¹⁵⁴ Defen**dei** a minha causa e libertai-me! *
Pela pa**la**vra que me destes, dai-me a vida!
—¹⁵⁵ Como estão **lon**ge de salvar-se os peca**do**res, *
pois não pro**cu**ram, ó Senhor, vossa vonta**de**!
—¹⁵⁶ É infi**ni**ta, Senhor Deus, vossa ternura: *
con**for**me prometestes, dai-me a vida!
—¹⁵⁷ Tantos **são** os que me afligem e perseguem, *
mas eu **nun**ca deixarei vossa Aliança!
—¹⁵⁸ Quando **ve**jo os renegados, sinto nojo, *
porque **fo**ram infiéis à vossa lei.
—¹⁵⁹ Quanto eu **a**mo, ó Senhor, vossos preceitos! *
vossa bon**da**de reanime a minha vida!
—¹⁶⁰ Vossa pa**la**vra é fundada na verdade, *
os vossos **jus**tos julgamentos são eternos.

Ant. Se me **amais**, diz o Se**nhor**,
   guarda**reis** os meus pre**cei**tos.

Ant. 2 O Se**nhor** te aben**çoe**,
   e **pos**sas ver a **paz** cada **dia** de tua **vida**.

Salmo 127(128)
A paz do Senhor na família

De Sião, isto é, da sua Igreja, o Senhor te abençoe (Arnóbio).

— ¹ **Fe**liz és tu se **te**mes o Se**nhor** *
   e **tri**lhas seus ca**mi**nhos!
— ² Do tra**ba**lho de tuas mãos hás de viver, *
   serás fe**liz**, tudo irá bem!
— ³ A tua es**po**sa é uma videira bem fecunda *
   no cora**ção** da tua casa;
— os teus **fi**lhos são rebentos de oliveira *
   ao re**dor** de tua mesa.
— ⁴ Será as**sim** abençoado todo homem *
   que **te**me o Senhor.
— ⁵ O Se**nhor** te abençoe de Sião, *
   cada **dia** de tua vida;
— para que **ve**jas prosperar Jerusalém *
   ⁶ e os **fi**lhos dos teus filhos.
— Ó Se**nhor**, que venha a paz a Israel, *
   que venha a **paz** ao vosso povo!

Ant. O Se**nhor** te aben**çoe**,
   e **pos**sas ver a **paz** cada **dia** de tua **vida**.

Ant. 3 O Se**nhor** lutará contra os **teus** ini**mi**gos.

Salmo 128(129)

A renovada esperança do povo oprimido

A Igreja fala dos sofrimentos que ela suporta (Sto. Agostinho).

– ¹Quanto **eu** fui perse**gui**do desde **jo**vem, *
que o **di**ga Israel neste momento!
– ²Quanto **eu** fui perseguido desde jovem, *
mas **nun**ca me puderam derrotar!
– ³**Ara**ram lavradores o meu dorso, *
ras**gan**do longos sulcos com o arado.
– ⁴Mas o Se**nhor**, que sempre age com justiça, *
fez em pe**da**ços as correias dos malvados.
– ⁵Que **vol**tem para trás envergonhados *
todos a**que**les que odeiam a Sião!
– ⁶Sejam **e**les como a erva dos telhados, *
que bem **an**tes de arrancada já secou!
– ⁷Esta ja**mais** enche a mão do ceifador *
nem o re**ga**ço dos que juntam os seus feixes;
= ⁸para **es**tes nunca dizem os que passam: †
"Sobre **vós** desça a bênção do Senhor! *
Em **no**me do Senhor vos bendizemos!"

Ant. O Se**nhor** lutar**á** contra os **teus** ini**mi**gos.

Para as outras Horas, Salmodia complementar, das séries I e II, p. 1132.

Oração das Nove Horas

Leitura breve   1Jo 3,23-24

Este é o seu mandamento: que creiamos no nome do seu Filho, Jesus Cristo, e nos amemos uns aos outros, de acordo com o mandamento que ele nos deu. Quem guarda os seus mandamentos permanece com Deus e Deus permanece com ele. Que ele permanece conosco, sabemo-lo pelo Espírito que ele nos deu.

V. Confirmai o vosso justo, Deus-justiça.
R. Vós que sondais os nossos rins e corações.

Oração

Senhor, nosso Deus, que nesta hora enviastes o Espírito Santo aos Apóstolos em oração, concedei-nos participar do mesmo Dom. Por Cristo, nosso Senhor.

Oração das Doze Horas

Leitura breve   Sb 1,1-2

Amai a justiça, vós que governais a terra; tende bons sentimentos para com o Senhor e procurai-o com simplicidade de coração. Ele se deixa encontrar pelos que não exigem provas, e se manifesta aos que nele confiam.

V. Confia no Senhor e faze o bem.
R. E, sobre a terra, habitarás em segurança.

Oração

Deus onipotente, em vós não há trevas nem escuridão; fazei que vossa luz resplandeça sobre nós e, acolhendo vossos preceitos com alegria, sigamos fielmente o vosso caminho. Por Cristo, nosso Senhor.

Oração das Quinze Horas

Leitura breve   Hb 12,1b-2

Deixemos de lado o que nos pesa e o pecado que nos envolve. Empenhemo-nos com perseverança no combate que nos é proposto, com os olhos fixos em Jesus, que em nós começa e completa a obra da fé. Em vista da alegria que lhe foi proposta, suportou a cruz, não se importando com a infâmia, e assentou-se à direita do trono de Deus.

V. No Senhor ponho a minha esperança.
R. E na sua palavra eu espero.

Oração

Senhor, nosso Deus, atendei à nossa oração, dando-nos a graça de imitar o exemplo da paixão do vosso Filho e levar serenamente nossa cruz de cada dia. Por Cristo, nosso Senhor.

A conclusão da Hora como no Ordinário.

Vésperas

V. Vinde, ó **Deus**. Glória ao **Pai**. Como era. Ale**lui**a.

Hino

Ó Deus, autor da luz
da aurora matutina,
mostrai-nos vossa glória,
que o dia já declina.

A tarde traz o ocaso,
o sol já vai morrendo,
e deixa o mundo às trevas,
às leis obedecendo.

Aos servos que vos louvam,
cansados do labor,
as trevas não envolvam,
pedimos, ó Senhor.

Assim, durante a noite,
guardados pela graça,
na luz da vossa luz,
a treva se desfaça.

Ouvi-nos, Pai bondoso,
e vós, Jesus, também.
A vós e ao Santo Espírito
louvor eterno. Amém.

Salmodia

Ant. 1 Ele é meu **amor**, meu re**fú**gio,
meu es**cu**do: é **ne**le que espero.

Salmo 143(144)

Oração pela vitória e pela paz

As suas mãos foram treinadas para a luta, quando venceu o mundo conforme disse: eu venci o mundo (Sto. Hilário).

I

= ¹ Bendito seja o Senhor, meu rochedo, †
   que adestrou minhas mãos para a luta, *
   e os meus dedos treinou para a guerra!
– ² Ele é meu amor, meu refúgio, *
   libertador, fortaleza e abrigo.
–   É meu escudo: é nele que espero, *
   ele submete as nações a meus pés.
= ³ Que é o homem, Senhor, para vós? †
   Por que dele cuidais tanto assim, *
   e no filho do homem pensais?
– ⁴ Como o sopro de vento é o homem, *
   os seus dias são sombra que passa.
– ⁵ Inclinai vossos céus e descei, *
   tocai os montes, que eles fumeguem.
– ⁶ Fulminai o inimigo com raios, *
   lançai flechas, Senhor, dispersai-o!
= ⁷ Lá do alto estendei vossa mão, †
   retirai-me do abismo das águas, *
   e salvai-me da mão dos estranhos;
– ⁸ sua boca só tem falsidade, *
   sua mão jura falso e engana.

Ant. Ele é meu amor, meu refúgio,
   meu escudo: é nele que espero.

Ant. 2 Feliz o povo que tem o Senhor por seu Deus!

II

– ⁹Um canto **novo**, meu **Deus**, vou can**tar**-vos, *
nas dez **cor**das da harpa louvar-vos,
– ¹⁰a vós que **dais** a vitória aos reis *
e sal**vais** vosso servo Davi.
– ¹¹Da es**pa**da maligna livrai-me *
e sal**vai**-me da mão dos estranhos;
– sua **bo**ca só tem falsidade, *
sua **mão** jura falso e engana.
– ¹²Que nossos **fi**lhos, quais plantas viçosas, *
cresçam sa**di**os, e fortes floresçam!
– As nossas **fi**lhas, colunas robustas *
que um ar**ti**sta esculpiu para o templo.
– ¹³Nossos ce**lei**ros transbordem de cheios, *
abaste**ci**dos de todos os frutos!
– Nossas o**ve**lhas em muitos milhares *
se multi**pli**quem nas nossas campinas!
= ¹⁴O nosso **ga**do também seja gordo! †
Não haja **bre**chas em nossas muralhas, *
nem des**ter**ro ou gemido nas praças!
– ¹⁵Feliz o **po**vo a quem isso acontece, *
e que **tem** o Senhor por seu Deus!

Ant. Feliz o **po**vo que **tem** o Senhor por seu **Deus**!

Ant. 3 Chegou a**go**ra a salva**ção** e o po**der**
e a realeza do Se**nhor** e nosso **Deus**.

Cântico Ap 11,17-18; 12,10b-12a
O julgamento de Deus

– ¹¹,¹⁷Graças vos **da**mos, Senhor **Deus** onipoten**te**, *
a vós que **sois**, a vós que éreis e sereis,
– porque assu**mis**tes o poder que vos pertence, *
e en**fim** tomastes posse como rei!

(R. **Nós** vos damos **gra**ças, nosso **Deus!**)

= ¹⁸ As na**ções** se enfureceram revoltadas, †
mas che**gou** a vossa ira contra elas *
e o **tem**po de julgar vivos e mortos,

= e de **dar** a recompensa aos vossos servos, †
aos pro**fe**tas e aos que temem vosso nome, *
aos **san**tos, aos pequenos e aos grandes. (R.)

=¹²·¹⁰ Chegou a**go**ra a salvação e o poder †
e a rea**le**za do Senhor e nosso Deus, *
e o do**mí**nio de seu Cristo, seu Ungido.

— Pois foi ex**pul**so o delator que acusava *
nossos ir**mãos**, dia e noite, junto a Deus. (R.)

= ¹¹ Mas o ven**ce**ram pelo sangue do Cordeiro †
e o teste**mu**nho que eles deram da Palavra, *
pois despre**za**ram sua vida até à morte.

— ¹² Por isso, ó **céus**, cantai alegres e exultai *
e vós **to**dos os que neles habitais! (R.)

Ant. Chegou a**go**ra a salva**ção** e o po**der**
e a realeza do Se**nhor** e nosso **Deus**.

Leitura breve
Cf. Cl 1,23

Permanecei inabaláveis e firmes na fé, sem vos afastardes da esperança que vos dá o evangelho, que ouvistes, que foi anunciado a toda criatura debaixo do céu.

Responsório breve

R. O Se**nhor** é o meu **Pas**tor:
* Não me **fal**ta coisa al**gu**ma. R. O Se**nhor**.
V. Pelos **pra**dos me con**duz**. * Não me **fal**ta.
Glória ao **Pai**. R. O Se**nhor**.

Cântico evangélico, ant.

O Se**nhor** saci**ou** com os seus **bens**
os fa**min**tos e se**den**tos de jus**ti**ça.

Preces

Oremos a Cristo, luz dos povos e alegria de todo ser vivente; e digamos com fé:
R. **Senhor, dai-nos luz, paz e salvação!**

Luz sem ocaso e Palavra eterna do Pai, que viestes para salvar a humanidade inteira,
—iluminai os catecúmenos da Igreja com a luz da vossa verdade. R.

Desviai, Senhor, o vosso olhar dos nossos pecados,
—porque em vós se encontra o perdão. R.

Vós quereis que os seres humanos, com a sua inteligência, investiguem os segredos da natureza;
—fazei que as ciências e as artes contribuam para a vossa glória e o bem-estar de todas as pessoas. R.

Protegei aqueles que se dedicam no mundo ao serviço de seus irmãos e irmãs,
—para que possam realizar o seu ideal com liberdade e sem atropelos. R.

(intenções livres)

Senhor, que tendes as chaves da morte e da vida,
—fazei entrar na vossa luz os nossos irmãos e irmãs que adormeceram na esperança da ressurreição. R.

Pai nosso...

Oração

Atendei, Senhor, benignamente às nossas preces vespertinas, e concedei que, seguindo com perseverança os passos de vosso Filho, recolhamos os frutos da justiça e da paz. Por nosso Senhor Jesus Cristo, vosso Filho, na unidade do Espírito Santo.

A conclusão da Hora como no Ordinário.

IV SEXTA-FEIRA

Invitatório

V. **Abri** os meus **lá**bios. R. E minha **bo**ca.
R. É su**a**ve o Se**nhor**: Bendi**zei** o seu **no**me!
Salmo invitatório como no Ordinário, p. 537.

Ofício das Leituras

V. Vinde, ó **Deus**. Glória ao **Pai**. Como era. Ale**lui**a.
Esta introdução se omite quando o Invitatório precede imediatamente ao Ofício das Leituras.

Hino

I. Quando se diz o Ofício das Leituras durante a noite ou de madrugada:

>Ao som da voz do galo,
>já foge a noite escura.
>Ó Deus, ó luz da aurora,
>nossa alma vos procura.

>Enquanto as coisas dormem,
>guardai-nos vigilantes,
>brilhai aos nossos olhos
>qual chama cintilante.

>Do sono já despertos,
>por graça imerecida,
>de novo contemplamos
>a luz, irmã da vida.

>Ao Pai e ao Filho glória,
>ao seu Amor também,
>Deus Trino e Uno, luz
>e vida eterna. Amém.

II. Quando se diz o Ofício das Leituras durante o dia:

>Criador do Universo
>do Pai luz e resplendor,

revelai-nos vossa face
e livrai-nos do pavor.

Pelo Espírito repletos,
templos vivos do Senhor,
não se rendam nossas almas
aos ardis do tentador,

para que, durante a vida,
nas ações de cada dia,
pratiquemos vossa lei
com amor e alegria.

Glória a Cristo, Rei clemente,
e a Deus Pai, Eterno Bem,
com o Espírito Paráclito,
pelos séculos. Amém.

Salmodia

Ant. 1 Ó meu **Deus**, escu**tai** minha **prece**,
ao cla**mor** do ini**mi**go estre**me**ço!

Salmo 54(55),2-15.17-24

Oração depois da traição de um amigo

Jesus começou a sentir pavor e angústia (Mc 14,33).

I

— ²Ó meu **Deus**, escu**tai** minha **prece**, *
não fu**jais** desta minha oração!
— ³Dig**nai**-vos me ouvir, respondei-me: *
a an**gús**tia me faz delirar!
— ⁴Ao cla**mor** do inimigo estremeço, *
e ao **gri**to dos ímpios eu tremo.
— Sobre **mim** muitos males derramam, *
contra **mim** furiosos inves**tem**.

— ⁵Meu cora**ção** dentro em mim se angus**ti**a, *
e os ter**ro**res da morte me abatem;

– ⁶o temor e o tremor me penetram, *
   o pavor me envolve e deprime!
= ⁷É por isso que eu digo na angústia: †
   Quem me dera ter asas de pomba *
   e voar para achar um descanso!
– ⁸Fugiria, então, para longe, *
   e me iria esconder no deserto.

Ant. Ó meu Deus, escutai minha prece,
   ao clamor do inimigo estremeço!

Ant. 2 O Senhor haverá de libertar-nos
   da mão do inimigo traiçoeiro.

II

– ⁹Acharia depressa um refúgio *
   contra o vento, a procela, o tufão".
= ¹⁰Ó Senhor, confundi as más línguas; †
   dispersai-as, porque na cidade *
   só se vê violência e discórdia!
= ¹¹Dia e noite circundam seus muros, †
   ¹²dentro dela há maldades e crimes, *
   a injustiça, a opressão moram nela!
– Violência, imposturas e fraudes *
   já não deixam suas ruas e praças.
– ¹³Se o inimigo viesse insultar-me, *
   poderia aceitar certamente;
– se contra mim investisse o inimigo, *
   poderia, talvez, esconder-me.
– ¹⁴Mas és tu, companheiro e amigo, *
   tu, meu íntimo e meu familiar,
– ¹⁵com quem tive agradável convívio *
   com o povo, indo à casa de Deus!

Ant. O Senhor haverá de libertar-nos
   da mão do inimigo traiçoeiro

Ant. 3 Lança sobre o Senhor teus cuidados,
porque ele há de ser teu sustento.

III

— ¹⁷Eu, porém, clamo a Deus em meu pranto, *
e o Senhor me haverá de salvar!
— ¹⁸Desde a tarde, à manhã, ao meio-dia, *
faço ouvir meu lamento e gemido.
— ¹⁹O Senhor há de ouvir minha voz, *
libertando a minh'alma na paz,
— derrotando os meus agressores, *
porque muitos estão contra mim!
— ²⁰Deus me ouve e haverá de humilhá-los, *
porque é Rei e Senhor desde sempre.
— Para os ímpios não há conversão, *
pois não temem a Deus, o Senhor.
— ²¹Erguem a mão contra os próprios amigos, *
violando os seus compromissos;
— ²²sua boca está cheia de unção, *
mas o seu coração traz a guerra;
— suas palavras mais brandas que o óleo, *
na verdade, porém, são punhais.
— ²³Lança sobre o Senhor teus cuidados, *
porque ele há de ser teu sustento,
— e jamais ele irá permitir*
que o justo para sempre vacile!
— ²⁴Vós, porém, ó Senhor, os lançais *
no abismo e na cova da morte.
— Assassinos e homens de fraude *
não verão a metade da vida.
— Quanto a mim, ó Senhor, ao contrário: *
ponho em vós toda a minha esperança!

Ant. Lança sobre o Senhor teus cuidados,
porque ele há de ser teu sustento.

V. Ó meu **filho**, fica a**ten**to ao meu sa**ber**,
R. Presta ou**vi**dos à **mi**nha inteli**gên**cia!

Leituras e oração correspondentes a cada Ofício.

Laudes

V. Vinde, ó **Deus**. Glória ao **Pai**. Como **era**. Ale**lui**a.

Esta introdução se omite quando o Invitatório precede imediatamente às Laudes.

Hino

Deus, que criastes a luz,
sois luz do céu radiosa.
O firmamento estendestes
com vossa mão poderosa.

A aurora esconde as estrelas,
e o seu clarão vos bendiz.
A brisa espalha o orvalho,
a terra acorda feliz.

A noite escura se afasta,
as trevas fogem da luz.
A estrela d'alva fulgura,
sinal de Cristo Jesus.

Ó Deus, sois dia dos dias,
sois luz da luz, na Unidade,
num só poder sobre os seres,
numa só glória, Trindade.

Perante vós, Salvador,
a nossa fronte inclinamos.
A vós, ao Pai e ao Espírito
louvor eterno cantamos.

Salmodia

Ant. 1 Criai em **mim** um cora**ção** que seja **pu**ro,
     dai-me de **no**vo um es**pí**rito deci**di**do!

Salmo 50(51)
Tende piedade, ó meu Deus!

Renovai o vosso espírito e a vossa mentalidade. Revesti o homem novo (Ef 4,23-24).

- ³Tende piedade, ó meu **Deus**, misericórdia! *
  Na imensidão de vosso amor, purificai-me!
- ⁴Lavai-me todo inteiro do pecado, *
  e apagai completamente a minha culpa!
- ⁵Eu reconheço toda a minha iniquidade, *
  o meu pecado está sempre à minha frente.
- ⁶Foi contra **vós**, só contra vós, que eu pequei, *
  e pratiquei o que é mau aos vossos olhos!
- Mostrais assim quanto sois justo na sentença, *
  e quanto é reto o julgamento que fazeis.
- ⁷Vede, Senhor, que eu nasci na iniquidade *
  e pecador já minha mãe me concebeu.
- ⁸Mas vós amais os corações que são sinceros, *
  na intimidade me ensinais sabedoria.
- ⁹Aspergi-me e serei puro do pecado, *
  e mais branco do que a neve ficarei.
- ¹⁰Fazei-me ouvir cantos de festa e de alegria, *
  e exultarão estes meus ossos que esmagastes.
- ¹¹Desviai o vosso olhar dos meus pecados *
  e apagai todas as minhas transgressões!
- ¹²Criai em **mim** um coração que seja puro, *
  dai-me de novo um espírito decidido.
- ¹³Ó Senhor, não me afasteis de vossa face, *
  nem retireis de mim o vosso Santo Espírito!
- ¹⁴Dai-me de novo a alegria de ser salvo *
  e confirmai-me com espírito generoso!

—¹⁵ Ensina**rei** vosso caminho aos pecadores, *
e para **vós** se voltarão os transviados.

—¹⁶ Da **mor**te como pena, libertai-me, *
e minha **lín**gua exaltará vossa justiça!

—¹⁷ Abri meus **lá**bios, ó Senhor, para cantar, *
e minha **bo**ca anunciará vosso louvor!

—¹⁸ Pois não **são** de vosso agrado os sacrifícios, *
e, se o**fer**to um holocausto, o rejeitais.

—¹⁹ Meu sacri**fí**cio é minha alma penitente, *
não despre**zeis** um coração arrependido!

—²⁰ Sede be**nig**no com Sião, por vossa graça, *
reconstru**í** Jerusalém e os seus muros!

—²¹ E aceita**reis** o verdadeiro sacrifício, *
os holo**caus**tos e oblações em vosso altar!

Ant. Criai em **mim** um cora**ção** que seja **pu**ro,
dai-me de **no**vo um espírito deci**di**do!

Ant. 2 Jerusa**lém**, exulta alegre,
pois em **ti** serão uni**das** as na**ções** ao teu Se**nhor**!

Cântico Tb 13,8-11.13-14ab.15-16ab

Ação de graças pela libertação do povo

Mostrou-me a cidade santa, Jerusalém... brilhando com a glória de Deus (Ap 21,10-11).

—⁸ Dai **gra**ças ao Se**nhor**, vós **to**dos, seus ele**i**tos; *
cele**brai** dias de festa e ren**dei**-lhe homenagem.

—⁹ Jerusalém, cidade santa, o Se**nhor** te castigou, *
por teu **mau** procedimento, pelo **mal** que praticaste.

—¹⁰ Dá lou**vor** ao teu Senhor, pelas **tu**as boas obras, *
para que ele, novamente, arme, em **ti**, a sua tenda.

— Reúna em **ti** os deportados, alegran**do**-os sem fim! *
ame em **ti** todo infeliz pelos **sé**culos sem fim! —

= ⁱ¹Resplenderás, qual luz brilhante, até os extremos desta
   terra; †
   virão a ti nações de longe, dos lugares mais distantes, *
   invocando o santo nome, trazendo dons ao Rei do céu.
− Em ti se alegrarão as gerações das gerações *
   e o nome da Eleita durará por todo o sempre.
− ¹³Então, te alegrarás pelos filhos dos teus justos, *
   todos unidos, bendizendo ao Senhor, o Rei eterno.
− ¹⁴Haverão de ser ditosos todos quantos que te amam, *
   encontrando em tua paz sua grande alegria.
= ¹⁵Ó minh'alma, vem bendizer ao Senhor, o grande Rei, †
− ¹⁶pois será reconstruída sua casa em Sião, *
   que para sempre há de ficar pelos séculos, sem fim.

Ant. Jerusalém, exulta alegre,
      pois em ti serão unidas as nações ao teu Senhor!

Ant. 3 Ó Sião, canta louvores ao teu Deus;
       ele envia suas ordens para a terra.

Salmo 147(147B)

Restauração de Jerusalém

Vou mostrar-te a noiva, a esposa do Cordeiro! (Ap 21,9).

− ¹²Glorifica o Senhor, Jerusalém! *
   Ó Sião, canta louvores ao teu Deus!
− ¹³Pois reforçou com segurança as tuas portas, *
   e os teus filhos em teu seio abençoou;
− ¹⁴a paz em teus limites garantiu *
   e te dá como alimento a flor do trigo.
− ¹⁵Ele envia suas ordens para a terra, *
   e a palavra que ele diz corre veloz;
− ¹⁶ele faz cair a neve como lã *
   e espalha a geada como cinza. −

– ¹⁷Como de **pão** lança as migalhas do granizo, *
a seu **frio** as águas ficam congeladas.
– ¹⁸Ele en**via** sua palavra e as derrete, *
sopra o **ven**to e de novo as águas correm.
– ¹⁹Anun**cia** a Jacó sua palavra, *
seus precei**tos** e suas leis a Israel.
– ²⁰Nenhum **po**vo recebeu tanto carinho, *
a nenhum **ou**tro revelou os seus preceitos.

Ant. Ó Sião, canta louvores ao teu **Deus**;
ele envia suas **or**dens para a **ter**ra.

Leitura breve — Gl 2,19b-20

Com Cristo, eu fui pregado na cruz. Eu vivo, mas não eu, é Cristo que vive em mim. Esta minha vida presente, na carne, eu a vivo na fé, crendo no Filho de Deus, que me amou e por mim se entregou.

Responsório breve

R. Lanço um **gri**to ao Se**nhor**, Deus Al**tís**simo,
* Este **Deus** que me **dá** todo **bem**. R. Lanço um **gri**to.
V. Que me en**vie** do **céu** sua a**ju**da! * Este **Deus**.
Glória ao **Pai**. R. Lanço um **gri**to.

Cântico evangélico, ant.

Pelo a**mor** do cora**ção** de nosso **Deus**,
o Sol nas**cen**te nos **veio** visi**tar**.

Preces

Cheios de confiança em Deus, que ama e protege todos aqueles que redimiu por seu Filho Jesus Cristo, façamos nossa oração; e digamos:

R. **Confirmai, Senhor, o que em nós realizastes!**

Deus de misericórdia, dirigi nossos passos nos caminhos da santidade,
– para pensarmos somente o que é verdadeiro, justo e digno de ser amado. R.

Por amor do vosso nome, não nos abandoneis para sempre,
– mas lembrai-vos, Senhor, da vossa aliança.
R. **Confirmai, Senhor, o que em nós realizastes!**

De coração contrito e humilde, sejamos acolhidos por vós,
– pois não serão confundidos aqueles que em vós esperam.
R.

Vós, que em Cristo, nos chamastes para uma missão profética,
– dai-nos a graça de proclamarmos sem temor as maravilhas do vosso poder. R.

(intenções livres)

Pai nosso...

Oração

Derramai, Senhor, sobre o povo suplicante a abundância da vossa graça, para que, seguindo os vossos mandamentos, receba estímulo e ajuda na vida presente e felicidade sem fim na pátria futura. Por nosso Senhor Jesus Cristo, vosso Filho, na unidade do Espírito Santo.

A conclusão da Hora como no Ordinário.

Hora Média

V. Vinde, ó **Deus**. Glória ao **Pai**. Como era. Aleluia.
HINO como no Ordinário, p. 552-555.

Salmodia
Ant. 1 Os que amam vossa **lei**, ó S**enhor**, têm grande **paz**.

Salmo 118(119),161-168
XXI (Sin)
Meditação sobre a Palavra de Deus na Lei
Sede praticantes da Palavra e não meros ouvintes (Tg 1,22).

–[161] Os pode**ro**sos me pers**e**guem sem mo**ti**vo; *
  meu cora**ção**, porém, só teme a vossa lei.

– ¹⁶²Tanto me **a**legro com as palavras que dissestes, *
quanto al**guém** ao encontrar grande tesouro.
– ¹⁶³Eu o**dei**o e detesto a falsidade, *
porém **a**mo vossas leis e mandamentos!
– ¹⁶⁴Eu vos **lou**vo sete vezes cada dia, *
porque **jus**tos são os vossos julgamentos.
– ¹⁶⁵Os que **a**mam vossa lei têm grande paz, *
e não há **na**da que os faça tropeçar.
– ¹⁶⁶Ó Se**nhor**, de vós espero a salvação, *
pois eu **cum**pro sem cessar vossos preceitos.
– ¹⁶⁷Obe**de**ço fielmente às vossas ordens, *
e as es**ti**mo ardentemente mais que tudo.
– ¹⁶⁸Serei fi**el** à vossa lei, vossa Aliança; *
os meus ca**mi**nhos estão todos ante vós.

Ant. Os que **a**mam vossa **lei**, ó Se**nhor**, têm grande **paz**.

Ant. 2 A multi**dão** dos fi**éis** era um **só** cora**ção**
e **u**ma só **al**ma.

Salmo 132(133)
Alegria da união fraterna

Amemo-nos uns aos outros, porque o amor vem de Deus
(1Jo 4,7).

– ¹Vinde e **ve**de como é **bom**, como é suave *
os ir**mãos** viverem juntos bem unidos!
– ²É como um **ó**leo perfumado na cabeça, *
que es**cor**re e vai descendo até à barba;
– vai des**cen**do até a barba de Aarão, *
e vai che**gan**do até à orla do seu manto.
– ³É tam**bém** como o orvalho do Hermon, *
que cai su**a**ve sobre os montes de Sião.
– Pois a **e**les o Senhor dá sua bênção *
e a **vi**da pelos séculos sem fim.

Ant. A multidão dos fiéis era um **só** cora**ção**
e **uma** só **alma**.

Ant. 3 Sal**vai**-me, ó Se**nhor**, das mãos do ímpio,
vós que **sois** a minha **força** e salva**ção**!

Salmo 139(140),2-9.13-14
Tu és o meu refúgio

O Filho do Homem é entregue nas mãos dos pecadores (Mt 26,45).

– ² Li**vrai**-me, ó Se**nhor**, dos homens **maus**, *
    dos **ho**mens violentos defendei-me,
– ³ dos que **tra**mam só o mal no cora**ção** *
    e pla**nejam** a discórdia todo o dia!
– ⁴ Como a ser**pen**te eles afiam suas línguas, *
    e em seus **lá**bios têm veneno de uma víbora.
= ⁵ Sal**vai**-me, ó Senhor, das mãos do ímpio,†
    defen**dei**-me contra o homem violento, *
    contra a**que**les que planejam minha queda!
= ⁶ Os so**ber**bos contra mim armaram laços, †
    esten**de**ram-me uma rede sob os pés *
    e pu**se**ram em meu caminho seus tropeços.
– ⁷ Mas eu **di**go ao Senhor: "Vós sois meu Deus, *
    incli**nai** o vosso ouvido à minha prece!"
– ⁸ Senhor, meu **Deus**, sois meu auxílio poderoso, *
    vós prote**geis** minha cabeça no combate!
– ⁹ Não aten**dais** aos maus desejos dos malvados! *
    Senhor, fa**zei** que os seus planos não se cumpram!
–¹³ Sei que o Se**nhor** fará justiça aos infelizes, *
    defende**rá** a causa justa de seus pobres.
–¹⁴ Sim, os **jus**tos louvarão o vosso nome, *
    e junto a **vós** habitarão os homens retos.

Ant. Salvai-me, ó Senhor, das mãos do ímpio, vós que sois a minha força e salvação!

Para as outras Horas, Salmodia complementar, p. 1132.

Oração das Nove Horas

Leitura breve   Rm 12,17a.19b-20a.21

Não pagueis a ninguém o mal com o mal; pois está escrito: É a mim que pertence fazer justiça; darei a cada um o que merecer – diz o Senhor. Mas, se teu inimigo estiver com fome, dá-lhe de comer; se estiver com sede, dá-lhe de beber. Não te deixes vencer pelo mal, mas vence o mal com o bem.

V. O amor do Senhor Deus é de sempre e para sempre.
R. Sua justiça é para aqueles que observam sua Aliança.

Oração

Senhor Jesus Cristo, que nesta hora fostes levado ao suplício da cruz para salvar o mundo, perdoai-nos as faltas passadas e preservai-nos de culpas futuras. Vós, que viveis e reinais para sempre.

Oração das Doze Horas

Leitura breve   1Jo 3,16

Nisto conhecemos o amor: Jesus deu a sua vida por nós. Portanto, também nós devemos dar a vida pelos irmãos.

V. Dai graças ao Senhor porque ele é bom.
R. Porque eterna é a sua misericórdia.

Oração

Senhor Jesus Cristo, que, nesta hora, com o mundo envolto em trevas, fostes elevado na cruz, como vítima inocente para a salvação de todos, concedei-nos sempre vossa luz, que nos guie para a vida eterna. Vós, que viveis e reinais para sempre.

Oração das Quinze Horas

Leitura breve   1Jo 4,9-11

Foi assim que o amor de Deus se manifestou entre nós: Deus enviou o seu Filho único ao mundo, para que tenhamos vida por meio dele. Nisto consiste o amor: não fomos nós que amamos a Deus, mas foi ele que nos amou e enviou o seu Filho como vítima de reparação pelos nossos pecados. Caríssimos, se Deus nos amou assim, nós também devemos amar-nos uns aos outros.

V. Olhai, ó **Deus**, que sois a **nos**sa prote**ção**.
R. Vede a **face** do **elei**to, vosso Ungido!

Oração

Senhor Jesus Cristo, que fizestes o ladrão arrependido passar da cruz ao vosso Reino, aceitai a humilde confissão de nossas culpas e fazei que, no instante da morte, entremos com alegria no paraíso. Vós, que viveis e reinais para sempre.

A conclusão da Hora como no Ordinário.

Vésperas

V. Vinde, ó **Deus**. Glória ao **Pai**. Como era. Ale**lui**a.
Hino

>Onze horas havendo passado,
>chega a tarde e o dia termina;
>entoemos louvores a Cristo,
>que é imagem da glória divina.
>
>Já passaram as lutas do dia,
>o trabalho por vós contratado;
>dai aos bons operários da vinha
>dons de glória no Reino esperado.
>
>Ó Senhor, aos que agora
>chamais e que ireis premiar no futuro,
>por salário, dai força na luta,
>e, na paz, um repouso seguro.

Glória a vós, Cristo, Rei compassivo,
glória ao Pai e ao Espírito também.
Unidade e Trindade indivisa,
Deus e Rei pelos séculos. Amém.

Salmodia

Ant. 1 Todos os **di**as ha**verei** de bendi**zer**-vos
e con**tar** as vossas **gran**des maravilhas.

Salmo 144(145)
Louvor à grandeza de Deus

Justo és tu, Senhor, aquele que é e que era, o Santo (Ap 16,5).

I

– ¹Ó meu **Deus**, quero exal**tar**-vos, ó meu **Rei**, *
e bendi**zer** o vosso nome pelos séculos.
– ²Todos os **di**as haverei de bendizer-vos, *
hei de lou**var** o vosso nome para sempre.
– ³Grande é o S**en**hor e muito digno de louvores, *
e nin**guém** pode medir sua grandeza.
– ⁴Uma i**da**de conta à outra vossas obras *
e pu**bli**ca os vossos feitos poderosos;
– ⁵proclamam **to**dos o esplendor de vossa glória *
e di**vul**gam vossas obras portentosas!
– ⁶Narram **to**dos vossas obras poderosas, *
e de **vos**sa imensidade todos falam.
– ⁷Eles re**cor**dam vosso amor tão grandioso *
e e**xal**tam, ó Senhor, vossa justiça.
– ⁸Miseri**cór**dia e piedade é o Senhor, *
ele é a**mor**, é paciência, é compaixão.
– ⁹O S**en**hor é muito bom para com todos, *
sua ter**nu**ra abraça toda criatura. –

—¹⁰Que vossas **obras**, ó Senhor, vos glorifiquem, *
e os vossos **san**tos com louvores vos bendigam!
—¹¹Narrem a **gló**ria e o esplendor do vosso reino *
e **sai**bam proclamar vosso poder!
—¹²Para espa**lhar** vossos prodígios entre os homens *
e o ful**gor** de vosso reino esplendoroso.
—¹³O vosso **rei**no é um reino para sempre, *
vosso po**der**, de geração em geração.

Ant. Todos os **di**as have**rei** de bendi**zer**-vos
e con**tar** as vossas **gran**des maravilhas.

Ant. 2 Todos os **o**lhos, ó S**enhor**, em vós es**per**am,
estais **per**to de quem **pe**de vossa a**ju**da.

II

—¹³ᵇO Se**nhor** é amor fiel em sua pa**la**vra, *
é santi**da**de em toda obra que ele faz.
—¹⁴Ele sus**ten**ta todo aquele que vacila *
e le**van**ta todo aquele que tombou.
—¹⁵Todos os **o**lhos, ó Senhor, em vós esperam *
e vós lhes **dais** no tempo certo o alimento;
—¹⁶vós **abris** a vossa mão prodigamente *
e saci**ais** todo ser vivo com fartura.
—¹⁷É **jus**to o Senhor em seus caminhos, *
é **san**to em toda obra que ele faz.
—¹⁸Ele está **per**to da pessoa que o invoca, *
de todo a**que**le que o invoca lealmente.
—¹⁹O Se**nhor** cumpre os desejos dos que o te**mem**, *
ele es**cu**ta os seus clamores e os salva.
—²⁰O Senhor **guar**da todo aquele que o ama, *
mas dis**per**sa e extermina os que são ímpios.
=²¹Que a minha **bo**ca cante a glória do Senhor †
e que ben**di**ga todo ser seu nome santo *
desde agora, para sempre e pelos séculos.

Ant. Todos os **ol**hos, ó Se**nhor**, em vós es**per**am,
estais **per**to de quem **pe**de vossa a**ju**da.

Ant. 3 Vossos ca**mi**nhos são ver**da**de, são jus**ti**ça,
ó **Rei** dos povos **to**dos do uni**ver**so!

Cântico   Ap 15,3-4

Hino de adoração

– ³Como são **gran**des e admi**rá**veis vossas **o**bras, *
ó Se**nhor** e nosso Deus onipotente!
– Vossos ca**mi**nhos são verdade, são justiça, *
ó **Rei** dos povos todos do universo!
–(R. São **gran**des vossas **o**bras, ó Se**nhor**!)
= ⁴Quem, Se**nhor**, não haveria de temer-vos, †
e **quem** não honraria o vosso nome? *
Pois so**men**te vós, Senhor, é que sois santo! (R.)
= As nações **to**das hão de vir perante vós †
e, pros**tra**das, haverão de adorar-vos, *
pois vossas **jus**tas decisões são manifestas. (R.)

Ant. Vossos ca**mi**nhos são ver**da**de, são jus**ti**ça,
ó **Rei** dos povos **to**dos do uni**ver**so!

Leitura breve   Rm 8,1-2
Não há mais condenação para aqueles que estão em Cristo Jesus. Pois a lei do Espírito que dá a vida em Jesus Cristo te libertou da lei do pecado e da morte.

Responsório breve
R. O **Cris**to mor**reu** pelos **nos**sos peca**dos**;
* Pelos **ím**pios, o **jus**to e condu**ziu**-nos a **Deus**.
R. O **Cris**to.
V. Foi **mor**to na **car**ne, mas **vi**ve no Es**pí**rito. * Pelos **ím**pios.
Glória ao **Pai**. R. O **Cris**to.

Cântico evangélico, ant.
Ó **Senhor**, sede fi**el** ao vosso **amor**,
como havíeis prome**t**ido a nossos **pais**!

Preces

Aclamemos a Cristo Jesus, esperança daqueles que conhecem o seu nome; e peçamos confiantes:

R. **Kyrie, eleison! (Senhor, tende piedade de nós!)**

Cristo Jesus, vós conheceis a fragilidade da nossa natureza, sempre inclinada para o pecado;
– fortalecei-a com a vossa graça. R.

Tende compaixão da nossa fraqueza humana, sempre propensa ao mal;
– por vossa misericórdia, dai-nos o vosso perdão. R.

Vós aceitais, benigno, a penitência para reparar a ofensa;
– afastai de nós os castigos que merecemos pelos nossos pecados. R.

Vós, que perdoastes a pecadora arrependida e carregastes nos ombros a ovelha desgarrada,
– não nos recuseis a vossa misericórdia. R.

(intenções livres)

Vós, que pelo sacrifício da cruz, abristes as portas do céu,
– acolhei na eternidade todos aqueles que nesta vida esperaram em vós. R.

Pai nosso...

Oração

Deus onipotente e misericordioso, que quisestes salvar o mundo pela paixão de vosso Cristo, concedei que vosso povo se ofereça a vós em sacrifício e seja saciado com vosso amor imenso. Por nosso Senhor Jesus Cristo, vosso Filho, na unidade do Espírito Santo.

A conclusão da Hora como no Ordinário.

IV SÁBADO

Invitatório

V. **Abri** os meus **lá**bios. R. E minha **bo**ca.

R. Ou**ça**mos hoje a **voz** de nosso **Deus**,
  para en**trar**mos no lu**gar** de seu re**pou**so.

Salmo invitatório como no Ordinário, p. 537.

Ofício das Leituras

V. Vinde, ó **Deus**. Glória ao **Pai**. Como era. Ale**lu**ia.

Esta introdução se omite quando o Invitatório precede imediatamente ao Ofício das Leituras.

Hino

I. Quando se diz o Ofício das Leituras durante a noite ou de madrugada:

> Luz eterna, luz potente,
> dia cheio de esplendor,
> vencedor da noite escura
> e da luz restaurador,
> luz que, as trevas destruindo,
> enche as mentes de fulgor.

> Ao nascerdes, nos chamais,
> e acordamos pressurosos;
> sem vós, somos miseráveis,
> mas convosco, venturosos
> e, por vós da morte livres,
> nos tornamos luminosos.

> Sobre a morte e sobre a noite
> por vós somos vencedores.
> Dai-nos, Rei, a vossa luz,
> luz de esplêndidos fulgores.
> Desta luz nem mesmo a noite
> escurece os esplendores.

Honra seja ao Pai, a vós
e ao Espírito também,
Una e Trina Divindade,
paz e vida, luz e bem,
nome doce mais que todos,
Deus agora e sempre. Amém.

II. Quando se diz o Ofício das Leituras durante o dia:

Deus, que não tendes princípio,
Deus procedente do Pai,
Deus, que dos dois sois o Amor,
vinde até nós, nos salvai!

Vós sois o nosso desejo,
sede amor e alegria;
vai para vós nosso anseio,
a vossa luz nos recria.

Com o Nascido da Virgem,
ó Pai, de todos Senhor,
regei dos seres o íntimo
por vosso Espírito de amor.

Lembrai-vos, Santa Trindade,
do amor com que nos amastes:
Criando o homem primeiro,
de novo em sangue o criastes.

O que o Deus uno criou,
Cristo na cruz redimiu.
Tendo por nós padecido,
guarde os que em sangue remiu.

A vós, ó Santa Trindade,
paz e alegria convêm,
poder, império e beleza,
honra e louvores. Amém.

Salmodia

Ant. 1 O Senhor convocou o céu e a terra,
para fazer o julgamento do seu povo.

Salmo 49(50)

O culto que agrada a Deus

Não vim revogar a Lei, mas consumar (cf. Mt 5,17).

I

– ¹Falou o Senhor Deus, chamou a terra, *
 do sol nascente ao sol poente a convocou.
– ²De Sião, beleza plena, Deus refulge, *
 ³vem a nós o nosso Deus e não se cala.
– À sua frente vem um fogo abrasador, *
 ao seu redor, a tempestade violenta.
– ⁴Ele convoca céu e terra ao julgamento, *
 para fazer o julgamento do seu povo:
– ⁵"Reuni à minha frente os meus eleitos, *
 que selaram a Aliança em sacrifícios!"
– ⁶Testemunha o próprio céu seu julgamento, *
 porque Deus mesmo é juiz e vai julgar.

Ant. O Senhor convocou o céu e a terra,
para fazer o julgamento do seu povo.

Ant. 2 Invoca-me no dia da angústia,
e então haverei de te livrar.

II

= ⁷"Escuta, ó meu povo, eu vou falar; †
 ouve, Israel, eu testemunho contra ti:*
 Eu, o Senhor, somente eu, sou o teu Deus!
– ⁸Eu não venho censurar teus sacrifícios, *
 pois sempre estão perante mim teus holocaustos;
– ⁹não preciso dos novilhos de tua casa *
 nem dos carneiros que estão nos teus rebanhos. –

—¹⁰Porque as **f**eras da floresta me pertencem *
e os ani**mais** que estão nos montes aos milhares.
—¹¹Conheço os **pás**saros que voam pelos céus *
e os seres **vi**vos que se movem pelos campos.
—¹²Não te di**ria**, se com fome eu estivesse, *
porque é **meu** o universo e todo ser.
—¹³Porven**tu**ra comerei carne de touros? *
Bebe**rei**, acaso, o sangue de carneiros?
—¹⁴Imola a **Deus** um sacrifício de louvor *
e cumpre os **vo**tos que fizeste ao Altíssimo.
—¹⁵Invoca-me no dia da angústia, *
e en**tão** te livrarei e hás de louvar-me".

Ant. Invoca-me no **dia** da an**gús**tia,
e en**tão** have**rei** de te li**vrar**.

Ant. 3 O sacrifício de lou**vor** é que me **hon**ra.

III

=¹⁶Mas ao **ím**pio é as**sim** que Deus pergun**ta**: †
"Como **ou**sas repetir os meus preceitos *
e tra**zer** minha Aliança em tua boca?
—¹⁷Tu que odi**as**te minhas leis e meus conselhos *
e deste as **cos**tas às palavras dos meus lábios!
—¹⁸Quando **vi**as um ladrão, tu o seguias *
e te jun**ta**vas ao convívio dos adúlteros.
—¹⁹Tua **bo**ca se abriu para a maldade *
e tua **lín**gua maquinava a falsidade.
—²⁰Assentado, difamavas teu irmão, *
e ao **fi**lho de tua mãe injuriavas.
—²¹Diante **dis**so que fizeste, eu calarei? *
Acaso **pen**sas que eu sou igual a ti?
— É **dis**so que te acuso e repreendo *
e manifes**to** essas coisas aos teus olhos. —

= ²²Entendei **is**to, todos vós que esqueceis Deus, †
para que **eu** não arrebate a vossa vida, *
sem que **ha**ja mais ninguém para salvar-vos!
– ²³Quem me ofe**re**ce um sacrifício de louvor, *
este **sim** é que me honra de verdade.
– A todo **ho**mem que procede retamente, *
eu mostra**rei** a salvação que vem de Deus".

Ant. O sacrifício de lou**vor** é que me **hon**ra.

V. Não ces**sa**mos de o**rar** e interce**der** por vós, ir**mãos**,
R. Para **que** possais che**gar** ao mais **ple**no conhe**cer**
da von**ta**de do Se**nhor**.

Leituras e oração correspondentes a cada Ofício.

Laudes

V. Vinde, ó **Deus**. Glória ao **Pai**. Como era. Ale**lui**a.

Esta introdução se omite quando o Invitatório precede imediatamente ao Ofício das Leituras.

Hino

Raiando o novo dia,
as vozes elevamos,
de Deus a graça e glória
em Cristo proclamamos.

Por ele o Criador
compôs a noite e o dia,
criando a lei eterna
que os dois alternaria.

A vós, Luz dos fiéis,
nenhuma lei domina.
Fulgis de dia e de noite,
clarão da luz divina.

Ó Pai, por vossa graça,
vivamos hoje bem,
servindo a Cristo e cheios
do vosso Espírito. Amém.

Salmodia

Ant. 1 Como é **bom** salmodiar
em lou**vor** ao Deus Al**tís**simo!

Salmo 91(92)
Louvor ao Deus Criador

Louvores se proclamam pelos feitos do Cristo (S. Atanásio).

– ²Como é **bom** agrade**cer**mos ao Se**nh**or *
  e cantar **sal**mos de louvor ao Deus Altíssimo!
– ³Anunci**ar** pela manhã vossa bondade, *
  e o **vos**so amor fiel, a noite inteira,
– ⁴ao som da **li**ra de dez cordas e da harpa, *
  com **can**to acompanhado ao som da cítara.
– ⁵Pois me ale**gras**tes, ó Senhor, com vossos feitos, *
  e reju**bi**lo de alegria em vossas obras.
– ⁶Quão i**men**sas, ó Senhor, são vossas obras, *
  quão pro**fun**dos são os vossos pensamentos!
– ⁷Só o **ho**mem insensato não entende, *
  só o es**tul**to não percebe nada disso!
– ⁸Mesmo que os **ím**pios floresçam como a erva, *
  ou pros**pe**rem igualmente os malfeitores,
– são desti**na**dos a perder-se para sempre. *
  ⁹Vós, po**rém**, sois o Excelso eternamente!
=¹⁰Eis que os **vos**sos inimigos, ó Senhor, †
  eis que os **vos**sos inimigos vão perder-se, *
  e os malfei**to**res serão todos dispersados.
– ¹¹Vós me **des**tes toda a força de um touro, *
  e sobre **mim** um óleo puro derramastes;

—¹² tri**unfan**te, posso olhar meus inimigos, *
vitori**oso**, escuto a voz de seus gemidos.
—¹³ O **jus**to crescerá como a palmeira, *
flori**rá** igual ao cedro que há no Líbano;
—¹⁴ na **ca**sa do Senhor estão plantados, *
nos **á**trios de meu Deus florescerão.
—¹⁵ Mesmo no **tem**po da velhice darão frutos, *
cheios de **sei**va e de folhas verdejantes;
—¹⁶ e di**rão**: "É justo mesmo o Senhor Deus: *
meu Ro**che**do, não existe nele o mal!"

Ant. Como é **bom** salmodi**ar** em lou**vor** ao Deus Altíssimo!

Ant. 2 Dar-vos-**ei** um novo es**pí**rito e um **no**vo cora**ção**.

Cântico Ez 36,24-28
Deus renovará o seu povo

Eles serão o seu povo, e o próprio Deus estará com eles (Ap 21,3).

=²⁴ Have**rei** de reti**rar**-vos do **mei**o das nações, †
have**rei** de reunir-vos de **to**dos os países, *
e de **vol**ta eu levarei a todos **vós** à vossa terra.

=²⁵ Have**rei** de derramar sobre **vós** uma água pura, †
e de **vos**sas imundícies se**reis** purificados; *
sim, se**reis** purificados de **to**da idolatria.

=²⁶ Dar-vos-**ei** um novo espírito e um **no**vo coração; †
tira**rei** de vosso peito este **cora**ção de pedra, *
no lu**gar** colocarei novo **cora**ção de carne.

=²⁷ Have**rei** de derramar meu Es**pí**rito em vós †
e fa**rei** que caminheis obede**cen**do a meus preceitos, *
que obser**veis** meus mandamentos e guar**deis** a minha Lei. —

= ²⁸E **havereis** de habitar aquela **terra** prometida, †
que nos **tempos** do passado eu doei a vossos pais, *
e se**reis** sempre o meu povo e eu se**rei** o vosso Deus!

Ant. Dar-vos-**ei** um novo es**pí**rito e um **novo** cora**ção**.

Ant. 3 O per**fei**to lou**vor** vos é **dado**
pelos **lábios** dos **mais** pequeninos.

Salmo 8
Majestade de Deus e dignidade do homem
Ele pôs tudo sob os seus pés e fez dele, que está acima de tudo, a Cabeça da Igreja (Ef 1,22).

− ²Ó **Senhor**, nosso **Deus**, como é **grande** *
vosso **no**me por todo o universo!

− Desdo**bras**tes nos céus vossa glória *
com gran**de**za, esplendor, majestade.

= ³O per**fei**to louvor vos é dado †
pelos **lá**bios dos mais pequeninos, *
de crianças que a mãe amamenta.

− Eis a **força** que opondes aos maus, *
redu**zin**do o inimigo ao silêncio.

− ⁴Con**tem**plando estes céus que plasmastes *
e for**mas**tes com dedos de artista;

− vendo a **lu**a e estrelas brilhantes, *
⁵pergun**ta**mos: "Senhor, que é o homem,

− para **de**le assim vos lembrardes *
e o tra**tar**des com tanto carinho?"

− ⁶Pouco a**bai**xo de um deus o fizestes, *
coro**an**do-o de glória e esplendor;

− ⁷vós lhe **des**tes poder sobre tudo, *
vossas obras aos pés lhe pusestes:

− ⁸as o**ve**lhas, os bois, os rebanhos, *
todo o **ga**do e as feras da mata;

– ⁹ passarinhos e peixes dos mares, *
todo **ser** que se move nas águas.
– ¹⁰ Ó Se**nhor**, nosso Deus, como é grande *
vosso **no**me por todo o universo!

Ant. O per**fei**to lou**vor** vos é **da**do
pelos **lá**bios dos **mais** peque**ni**nos.

Leitura breve 2Pd 3,13-15a

O que nós esperamos, de acordo com a sua promessa, são novos céus e uma nova terra, onde habitará a justiça. Caríssimos, vivendo nesta esperança, esforçai-vos para que ele vos encontre numa vida pura e sem mancha e em paz. Considerai também como salvação a longanimidade de nosso Senhor.

Responsório breve

R. A ale**gria** canta**rá** sobre meus **lá**bios,
 * E a minh'**al**ma liberta**da** exulta**rá**. R. A ale**gria**.
V. Tam**bém** celebra**rei** vossa jus**ti**ça. * E a minh'**al**ma.
Glória ao **Pai**. R. A ale**gria**.

Cântico evangélico, ant.

Gui**ai** nossos **pas**sos no ca**mi**nho da **paz**.

Preces

Adoremos a Deus, que por meio de seu Filho trouxe ao mundo vida e esperança; e peçamos humildemente:

R. **Senhor, ouvi-nos!**

Senhor, Pai de todos os seres humanos, que nos fizestes chegar ao princípio deste dia,
– dai-nos viver unidos a Cristo para louvor da vossa glória.
R.

Conservai e aumentai em nós a fé, a esperança e a caridade,
– que derramastes em nossos corações. R.

Fazei que os nossos olhos estejam sempre voltados para vós,
— para correspondermos com generosidade e alegria ao vosso chamado.
R. **Senhor, ouvi-nos!**

Defendei-nos das ciladas e seduções do mal,
— e protegei os nossos passos de todo tropeço. R.

(intenções livres)

Pai nosso...

Oração

Deus onipotente e eterno, luz esplendorosa e dia que não termina, nós vos pedimos nesta manhã que, vencidas as trevas do pecado, nossos corações sejam iluminados com o fulgor da vossa vinda. Por nosso Senhor Jesus Cristo, vosso Filho, na unidade do Espírito Santo.

A conclusão da Hora como no Ordinário.

Hora Média

V. Vinde, ó **Deus**. Glória ao **Pai**. Como era. Ale**lui**a.
HINO como no Ordinário, p. 552-555.

Salmodia

Ant. 1 Esten**dei** a vossa **mão** para aju**dar**-me,
pois esco**lhi** sempre se**guir** vossos pre**cei**tos.

Salmo 118(119), 169-176
XXII (Tau)
Meditação sobre a Palavra de Deus na Lei

Sua misericórdia se estende, de geração em geração, a todos os que o respeitam (Lc 1,50).

– ¹⁶⁹Que o meu **gri**to, ó Se**nhor**, chegue até **vós**; *
  fazei-me **sá**bio como vós o prometestes!
– ¹⁷⁰Que a minha **pre**ce chegue até à vossa face; *
  con**for**me prometestes, libertai-me! –

—¹⁷¹ Que prorrompam os meus lábios em canções, *
  pois me fizestes conhecer vossa vontade!
—¹⁷² Que minha língua cante alegre a vossa lei, *
  porque justos são os vossos mandamentos!
—¹⁷³ Estendei a vossa mão para ajudar-me, *
  pois escolhi sempre seguir vossos preceitos!
—¹⁷⁴ Desejo a vossa salvação ardentemente *
  e encontro em vossa lei minhas delícias!
—¹⁷⁵ Possa eu viver e para sempre vos louvar; *
  e que me ajudem, ó Senhor, vossos conselhos!
—¹⁷⁶ Se eu me perder como uma ovelha, procurai-me, *
  porque nunca esqueci vossos preceitos!

Ant. Estendei a vossa **mão** para ajudar-me,
  pois escolhi sempre seguir vossos preceitos.

Ant. 2 Vosso **trono**, ó **Deus**, é eterno, sem fim.

Salmo 44(45)

As núpcias do Rei

O noivo está chegando. Ide ao seu encontro! (Mt 25,6).

I

= ² Transborda um poema do meu coração; †
  vou cantar-vos, ó Rei, esta minha canção; *
  minha língua é qual pena de um ágil escriba.
= ³ Sois tão belo, o mais belo entre os filhos dos homens! †
  Vossos lábios espalham a graça, o encanto, *
  porque Deus, para sempre, vos deu sua bênção.
— ⁴ Levai vossa espada de glória no flanco, *
  herói valoroso, no vosso esplendor;
— ⁵ saí para a luta no carro de guerra *
  em defesa da fé, da justiça e verdade!
= Vossa mão vos ensine valentes proezas, †
  ⁶ vossas flechas agudas abatam os povos *
  e firam no seu coração o inimigo! —

= ⁷Vosso **trono**, ó Deus, é **eterno**, é sem fim; †
vosso **c**etro real é si**nal** de justiça: *
⁸Vós a**mais** a justiça e odi**ais** a maldade.

= É por **is**so que Deus vos un**giu** com seu óleo, †
deu-vos **mais** alegria que aos **vos**sos amigos. *
⁹Vossas **ves**tes exalam preci**os**os perfumes.

− De eb**úr**neos palácios os **sons** vos deleitam. *
¹⁰As **fi**lhas de reis vêm ao **vos**so encontro,
− e à **vos**sa direita se en**con**tra a rainha *
com **ves**te esplendente de **ou**ro de Ofir.

Ant. Vosso **trono**, ó **Deus**, é **eterno**, sem **fim**.

Ant. 3 Vi a **no**va Sião descer do **céu**
como es**po**sa enfei**ta**da para o es**po**so.

II

− ¹¹Escu**tai**, minha **fi**lha, o**lhai**, ouvi isto: *
"Esque**cei** vosso povo e a **ca**sa paterna!
− ¹²Que o **Rei** se encante com **vos**sa beleza! *
Pres**tai**-lhe homenagem: é **vos**so Senhor!
− ¹³O **po**vo de Tiro vos **traz** seus presentes, *
os **gran**des do povo vos **pe**dem favores.
− ¹⁴Majes**to**sa, a princesa **real** vem chegando, *
vestida de ricos bro**ca**dos de ouro.
− ¹⁵Em **ves**tes vistosas ao **Rei** se dirige, *
e as **vir**gens amigas lhe **for**mam cortejo;
− ¹⁶entre **can**tos de festa e com **gran**de alegria, *
ingressam, então, no pa**lá**cio real".

− ¹⁷Deixa**reis** vossos pais, mas te**reis** muitos **fi**lhos; *
fareis **de**les os reis sobe**ra**nos da terra.
− ¹⁸Canta**rei** vosso nome de i**da**de em idade, *
para **sem**pre haverão de lou**var**-vos os povos!

Ant. Vi a **nova Sião** descer do **céu** como es**po**sa enfei**ta**da para o es**po**so.

Para as outras Horas, Salmodia complementar, p. 1132.

Oração das Nove Horas

Leitura breve   Dn 6,27b-28

O nosso Deus é o Deus vivo que permanece para sempre, seu reino não será destruído e seu poder durará eternamente; ele é o libertador e o salvador, que opera sinais e maravilhas no céu e na terra.

V. **Parai** e sa**bei**, conhe**cei** que eu sou **Deus**,
R. Que do**mino** as na**ções**, que do**mino** a **terra**.

Oração

Senhor Deus, Pai todo-poderoso, a quem somos submissos, derramai em nós a luz do Espírito Santo, para que, livres de todo inimigo, nos alegremos em vos louvar. Por Cristo, nosso Senhor.

Oração das Doze Horas

Leitura breve   Rm 15,5-7

O Deus que dá constância e conforto vos dê a graça da harmonia e concórdia, uns com os outros, como ensina Cristo Jesus. Assim, tendo como que um só coração e a uma só voz, glorificareis o Deus e Pai do Senhor nosso, Jesus Cristo. Por isso, acolhei-vos uns aos outros, como também Cristo vos acolheu, para a glória de Deus.

V. O Se**nhor** muito **a**ma o seu **po**vo.
R. E co**roa** com vi**tó**ria os seus hu**mil**des.

Oração

Senhor, nosso Deus, luz ardente de amor eterno, concedei que, inflamados na vossa caridade, num mesmo amor amemos a vós, acima de tudo, e aos irmãos e irmãs por vossa causa. Por Cristo, nosso Senhor.

Oração das Quinze Horas

Leitura breve — Fl 4,8.9b

Irmãos, ocupai-vos com tudo o que é verdadeiro, respeitável, justo, puro, amável, honroso, tudo o que é virtude ou de qualquer modo mereça louvor. Assim o Deus da paz estará convosco.

V. Ó meu **Deus**, quero exal**tar**-vos, ó meu **Rei**,
R. E bendi**zer** o vosso **no**me pelos **sé**culos.

Oração

Atendei, Senhor, às nossas preces, por intercessão da Virgem Maria, e dai-nos a paz completa, para que, dedicando-nos sempre a vós com alegria, possamos confiantes chegar até vós. Por Cristo, nosso Senhor.

A conclusão da Hora como no Ordinário.

COMPLETAS
DEPOIS DAS I VÉSPERAS DOS DOMINGOS E SOLENIDADES

Tudo como no Ordinário, p. 561, além do que segue:

Salmodia

Ant. 1 Ó Senhor, tende piedade, e escutai minha oração!

Salmo 4
Ação de graças

O Senhor fez maravilhas naquele que ressuscitou dos mortos (Sto. Agostinho).

=² Quando eu chamo, respondei-me, ó meu Deus, minha justiça! †
Vós que soubestes aliviar-me nos momentos de aflição, *
atendei-me por piedade e escutai minha oração!

–³ Filhos dos homens, até quando fechareis o coração? *
Por que amais a ilusão e procurais a falsidade?

–⁴ Compreendei que nosso Deus faz maravilhas por seu servo, *
e que o Senhor me ouvirá quando lhe faço a minha prece!

–⁵ Se ficardes revoltados, não pequeis por vossa ira; *
meditai nos vossos leitos e calai o coração!

–⁶ Sacrificai o que é justo, e ao Senhor oferecei-o; *
confiai sempre no Senhor, ele é a única esperança!

–⁷ Muitos há que se perguntam: "Quem nos dá felicidade?" *
Sobre nós fazei brilhar o esplendor de vossa face!

–⁸ Vós me destes, ó Senhor, mais alegria ao coração, *
do que a outros na fartura do seu trigo e vinho novo.

–⁹ Eu tranquilo vou deitar-me e na paz logo adormeço, *
pois só vós, ó Senhor Deus, dais segurança à minha vida!

Ant. Ó **Senhor**, tende pie**da**de, e escu**tai** minha ora**ção**!
Ant. 2 Bendi**zei** o Senhor **Deus** durante a **noi**te!

Salmo 133(134)
Oração da noite no templo

Louvai o nosso Deus, todos os seus servos e todos os que o temeis, pequenos e grandes! (Ap 19,5).

– ¹Vinde, **agora**, bendi**zei** ao Senhor **Deus**, *
 vós **to**dos, servidores do Senhor,
– que cele**brais** a liturgia no seu templo, *
 nos **á**trios da casa do Senhor.

– ²Levan**tai** as vossas mãos ao santuário, *
 bendi**zei** ao Senhor Deus a noite inteira!
– ³Que o Se**nhor** te abençoe de Sião, *
 o Se**nhor** que fez o céu e fez a terra!

Ant. Bendi**zei** o Senhor **Deus** durante a **noi**te!

Leitura breve   Dt 6,4-7

Ouve, Israel, o Senhor, nosso Deus, é o único Senhor. Amarás o Senhor, teu Deus, com todo o teu coração, com toda a tua alma e com todas as tuas forças. E trarás gravadas em teu coração todas estas palavras que hoje te ordeno. Tu as repetirás com insistência aos teus filhos e delas falarás quando estiveres sentado em tua casa, ou andando pelos caminhos, quando te deitares, ou te levantares.

Responsório breve

R. Se**nhor**, em vossas **mãos**
 * Eu en**tre**go o meu es**pí**rito. R. Se**nhor**.
V. Vós **sois** o Deus fiel, que sal**vas**tes vosso **po**vo.
 * Eu en**tre**go. Glória ao **Pai**. R. Se**nhor**.

Cântico evangélico, Ant.

Sal**vai**-nos, Se**nhor**, quando ve**la**mos,
guar**dai**-nos tam**bém** quando dor**mi**mos!
Nossa **men**te vi**gie** com o **Cris**to,
nosso **cor**po re**pou**se em sua **paz**!

Cântico de Simeão — Lc 2,29-32
Cristo, luz das nações e glória de seu povo

–²⁹ Deixai, a**go**ra, vosso **ser**vo ir em **paz**, *
con**for**me prome**tes**tes, ó Se**nhor**.

–³⁰ Pois meus **ol**hos viram **vos**sa salva**ção**, *
 ³¹ que prepa**ras**tes ante a **fa**ce das na**ções**:

–³² uma **Luz** que brilha**rá** para os gen**tios**, *
e para a **gló**ria de Isra**el**, o vosso **po**vo.

Ant. Sal**vai**-nos, Se**nhor**, quando ve**la**mos,
guar**dai**-nos tam**bém** quando dor**mi**mos!
Nossa **men**te vi**gie** com o **Cris**to,
nosso **cor**po re**pou**se em sua **paz**!

Oração

Ficai conosco, Senhor, nesta noite, e vossa mão nos levante amanhã cedo, para que celebremos com alegria a ressurreição de vosso Cristo. Que vive e reina para sempre.

Ou, nas solenidades que não caem no domingo:

Visitai, Senhor, esta casa, e afastai as ciladas do inimigo; nela habitem vossos santos Anjos, para nos guardar na paz, e a vossa bênção fique sempre conosco. Por Cristo, nosso Senhor.

Conclusão da Hora e Antífona de Nossa Senhora como no Ordinário, p. 564.

DEPOIS DAS II VÉSPERAS DOS DOMINGOS E SOLENIDADES

Tudo como no Ordinário, p. 561, além do que segue:

Salmodia

Ant. Não temerás terror algum durante a noite:
o Senhor te cobrirá com suas asas.

Salmo 90(91)
Sob a proteção do Altíssimo

Eu vos dei o poder de pisar em cima de cobras e escorpiões (Lc 10,19).

— ¹Quem habita ao abrigo do Altíssimo *
 e vive à sombra do Senhor onipotente,
— ²diz ao Senhor: "Sois meu refúgio e proteção, *
 sois o meu Deus, no qual confio inteiramente".
— ³Do caçador e do seu laço ele te livra. *
 Ele te salva da palavra que destrói.
— ⁴Com suas asas haverá de proteger-te, *
 com seu escudo e suas armas defender-te.
— ⁵Não temerás terror algum durante a noite, *
 nem a flecha disparada em pleno dia;
— ⁶nem a peste que caminha pelo escuro, *
 nem a desgraça que devasta ao meio-dia;
= ⁷Podem cair muitos milhares a teu lado,†
 podem cair até dez mil à tua direita: *
 nenhum mal há de chegar perto de ti.
— ⁸Os teus olhos haverão de contemplar *
 o castigo infligido aos pecadores;
— ⁹pois fizeste do Senhor o teu refúgio, *
 e no Altíssimo encontraste o teu abrigo.
— ¹⁰Nenhum mal há de chegar perto de ti, *
 nem a desgraça baterá à tua porta;

—¹¹ pois o **Senhor** deu uma ordem a seus anjos *
para em **to**dos os caminhos te guardarem.
—¹² Have**rão** de te levar em suas mãos, *
para o teu **pé** não se ferir nalguma pedra.
—¹³ Passa**rás** por sobre cobras e serpentes, *
pisa**rás** sobre leões e outras feras.
—¹⁴ "Porque a **mim** se confiou, hei de livrá-lo *
e prote**gê**-lo, pois meu nome ele conhece.
—¹⁵ Ao invo**car**-me hei de ouvi-lo e atendê-lo, *
e a seu **la**do eu estarei em suas dores.
= Hei de li**vrá**-lo e de glória coroá-lo, †
 ¹⁶ vou conce**der**-lhe vida longa e dias plenos, *
e vou mos**trar**-lhe minha graça e salvação".

Ant. Não teme**rás** terror al**gum** durante a **noi**te:
o **Sen**hor te cobri**rá** com suas **a**sas.

Leitura breve   Ap 22,4-5
Verão a sua face e o seu nome estará sobre suas frontes. Não haverá mais noite: não se precisará mais da luz da lâmpada, nem da luz do sol, porque o Senhor Deus vai brilhar sobre eles e eles reinarão por toda a eternidade.

Responsório breve
R. **Sen**hor, em vossas **mãos**
 * Eu en**tre**go o meu es**pí**rito. R. **Sen**hor.
V. Vós **sois** o Deus fi**el**, que sal**vas**tes vosso **po**vo.
 * Eu en**tre**go. Gló**ria** ao **Pai**. R. **Sen**hor.

Cântico evangélico, Ant.
Sal**vai**-nos, Se**nhor**, quando ve**la**mos,
guar**dai**-nos tam**bém** quando dor**mi**mos!
Nossa **men**te vigie com o **Cris**to,
nosso **cor**po re**pou**se em sua **paz**!

Cântico de Simeão — Lc 2,29-32
Cristo, luz das nações e glória de seu povo

— ²⁹Deixai, agora, vosso servo ir em **paz**, *
conforme prometestes, ó Senhor.
— ³⁰Pois meus olhos viram vossa salva**ção** *
³¹que preparastes ante a face das na**ções**:
— ³²uma **Luz** que brilhará para os gentios, *
e para a glória de Israel, o vosso **povo**.

Ant. Salvai-nos, Senhor, quando velamos,
guardai-nos também quando dormimos!
Nossa mente vigie com o Cristo,
nosso corpo repouse em sua paz!

Oração

Depois de celebrarmos neste dia a ressurreição do vosso Filho, nós vos pedimos, humildemente, Senhor, que descansemos seguros em vossa paz e despertemos alegres para cantar vosso louvor. Por Cristo, nosso Senhor.

Ou, nas solenidades que não caiam no domingo:

Visitai, Senhor, esta casa, e afastai as ciladas do inimigo; nela habitem vossos santos Anjos, para nos guardar na paz, e a vossa bênção fique sempre conosco. Por Cristo, nosso Senhor.

Conclusão e Antífona de Nossa Senhora como no Ordinário, p. 564.

SEGUNDA-FEIRA

Tudo como no Ordinário, p. 561, além do que segue:

Salmodia

Ant. Ó Senhor, sois clemente e fiel,
sois amor, paciência e perdão!

Salmo 85(86)
Oração do pobre nas dificuldades

Bendito seja, Deus que nos consola em todas as nossas aflições (2Cor 1,3.4).

– ¹ Inclinai, ó Senhor, vosso ouvido, *
  escutai, pois sou pobre e infeliz!
= ² Protegei-me, que sou vosso amigo, †
  e salvai vosso servo, meu Deus, *
  que espera e confia em vós!
– ³ Piedade de mim, ó Senhor, *
  porque clamo por vós todo o dia!
– ⁴ Animai e alegrai vosso servo, *
  pois a **vós** eu elevo a minh'alma.
– ⁵ Ó Senhor, vós sois bom e clemente, *
  sois perdão para quem vos invoca.
– ⁶ Escutai, ó Senhor, minha prece, *
  o lamento da minha oração!
– ⁷ No meu dia de angústia eu vos chamo, *
  porque sei que me haveis de escutar.
– ⁸ Não existe entre os deuses nenhum *
  que convosco se possa igualar;
– não existe outra obra no mundo *
  comparável às vossas, Senhor!
– ⁹ As nações que criastes virão *
  adorar e louvar vosso nome.
– ¹⁰ Sois tão grande e fazeis maravilhas: *
  vós somente sois Deus e Senhor!
– ¹¹ Ensinai-me os vossos caminhos, *
  e na vossa verdade andarei;
– meu coração orientai para vós: *
  que respeite, Senhor, vosso nome!
– ¹² Dou-vos graças com toda a minh'alma, *
  sem cessar louvarei vosso nome!

– ¹³Vosso **amor** para mim foi imenso: *
   reti**rai**-me do abismo da morte!
= ¹⁴Contra **mim** se levantam soberbos, †
   e malva**dos** me querem matar; *
   não vos **le**vam em conta, Senhor!
– ¹⁵Vós, po**rém**, sois clemente e fiel, *
   sois **amor**, paciência e perdão.
= ¹⁶Tende **pena** e olhai para mim! †
   Confir**mai** com vigor vosso servo, *
   de vossa **ser**va o filho salvai.
– ¹⁷Conce**dei**-me um sinal que me prove *
   a ver**da**de do vosso amor.
– O ini**mi**go humilhado verá *
   que me **des**tes ajuda e consolo.

Ant. Ó Se**nhor**, sois cle**men**te e fiel,
   sois **amor**, paciência e perdão!

Leitura breve   1Ts 5,9-10

Deus nos destinou para alcançarmos a salvação, por meio de nosso Senhor Jesus Cristo. Ele morreu por nós, para que, quer vigiando nesta vida, quer adormecidos na morte, alcancemos a vida junto dele.

Responsório breve

R. Se**nhor**, em vossas **mãos**
   *Eu en**tre**go o meu espírito. R. Se**nhor**.
V. Vós **sois** o Deus fiel, que sal**vas**tes vosso **po**vo.
   *Eu entrego. Glória ao **Pai**. R. Se**nhor**.

Cântico evangélico, Ant.

Sal**vai**-nos, Se**nhor**, quando ve**la**mos,
guar**dai**-nos tam**bém** quando dor**mi**mos!
Nossa **men**te vigie com o **Cristo**,
nosso **cor**po repo**u**se em sua **paz**!

Cântico de Simeão — Lc 2,29-32

Cristo, luz das nações e glória de seu povo

– ²⁹Deixai, agora, vosso servo ir em paz, *
conforme prometestes, ó Senhor.

– ³⁰Pois meus olhos viram vossa salvação *
³¹que preparastes ante a face das nações:

– ³²uma Luz que brilhará para os gentios, *
e para a glória de Israel, o vosso povo.

Ant. Salvai-nos, Senhor, quando velamos,
guardai-nos também quando dormimos!
Nossa mente vigie com o Cristo,
nosso corpo repouse em sua paz!

Oração

Concedei, Senhor, aos nossos corpos um sono restaurador, e fazei germinar para a messe eterna as sementes do Reino, que hoje lançamos com nosso trabalho. Por Cristo, nosso Senhor.

Conclusão e Antífona de Nossa Senhora como no Ordinário, p. 564.

TERÇA-FEIRA

Tudo como no Ordinário, p. 561, além do que segue:

Salmodia

Ant. Não escondais vossa face de mim,
porque em vós coloquei a esperança!

Salmo 142(143),1-11

Prece na aflição

Ninguém é justificado por observar a Lei de Moisés, mas por crer em Jesus Cristo (Gl 2,16).

– ¹Ó Senhor, escutai minha prece, *
ó meu Deus, atendei à minha súplica!

– Respondei-me, ó vós, Deus fiel, *
escutai-me por vossa justiça! –

= ²Não chameis vosso servo a juízo, †
  pois diante da vossa presença *
  não é justo nenhum dos viventes.
– ³O inimigo persegue a minha alma, *
  ele esmaga no chão minha vida
– e me faz habitante das trevas, *
  como aqueles que há muito morreram.
– ⁴Já em mim o alento se extingue, *
  o coração se comprime em meu peito!
– ⁵Eu me lembro dos dias de outrora †
  e repasso as vossas ações, *
  recordando os vossos prodígios.
= ⁶Para vós minhas mãos eu estendo; †
  minha alma tem sede de vós, *
  como a terra sedenta e sem água.
– ⁷Escutai-me depressa, Senhor, *
  o espírito em mim desfalece!
= Não escondais vossa face de mim! †
  Se o fizerdes, já posso contar-me *
  entre aqueles que descem à cova!
– ⁸Fazei-me cedo sentir vosso amor, *
  porque em vós coloquei a esperança!
– Indicai-me o caminho a seguir, *
  pois a vós eu elevo a minha alma!
– ⁹Libertai-me dos meus inimigos, *
  porque sois meu refúgio, Senhor!
– ¹⁰Vossa vontade ensinai-me a cumprir, *
  porque sois o meu Deus e Senhor!
– Vosso Espírito bom me dirija *
  e me guie por terra bem plana!
– ¹¹Por vosso nome e por vosso amor *
  conservai, renovai minha vida!

– Pela **vos**sa justiça e clemência, *
   arran**cai** a minha alma da angústia!

Ant. Não escon**dais** vossa **face** de **mim**,
   porque em **vós** colo**quei** a espe**rança**!

Leitura breve 1Pd 5,8-9a

Sede sóbrios e vigilantes. O vosso adversário, o diabo, rodeia como um leão a rugir, procurando a quem devorar. Resisti-lhe, firmes na fé.

Responsório breve

R. Se**nhor**, em vossas **mãos**
  * Eu en**tre**go o meu es**pí**rito. R. Se**nhor**.
V. Vós **sois** o Deus fi**el**, que sal**vas**tes vosso **po**vo.
  * Eu en**tre**go. Glória ao **Pai**. R. Se**nhor**.

Cântico evangélico, Ant.

Sal**vai**-nos, Se**nhor**, quando ve**la**mos,
guar**dai**-nos também quando dor**mi**mos!
Nossa **men**te vi**gie** com o **Cris**to,
nosso **cor**po re**pou**se em sua **paz**!

Cântico de Simeão Lc 2,29-32

Cristo, luz das nações e glória de seu povo

– ²⁹Deixai, a**go**ra, vosso **ser**vo ir em **paz**, *
   con**for**me prome**tes**tes, ó Se**nhor**.

– ³⁰Pois meus **o**lhos viram **vos**sa sal**va**ção *
   ³¹que prepa**ras**tes ante a **fa**ce das na**ções**:

– ³²uma **Luz** que brilha**rá** para os gentios, *
   e para a **gló**ria de Isra**el**, o vosso **po**vo.

Ant. Sal**vai**-nos, Se**nhor**, quando ve**la**mos,
   guar**dai**-nos também quando dor**mi**mos!
   Nossa **men**te vi**gie** com o **Cris**to,
   nosso **cor**po re**pou**se em sua **paz**!

Oração

Iluminai, Senhor, esta noite e fazei-nos dormir tranquilamente, para que em vosso nome nos levantemos alegres ao clarear do novo dia. Por Cristo, nosso Senhor.

Conclusão e Antífona de Nossa Senhora como no Ordinário, p. 564.

QUARTA-FEIRA

Tudo como no Ordinário, p. 561, além do que segue:

Salmodia

Ant. 1 Ó Senhor, sede a minha proteção,
um abrigo bem seguro que me salva!

Salmo 30(31),2-6

Súplica confiante do aflito

Pai, em tuas mãos entrego o meu espírito! (Lc 23,46).

– ² Senhor, eu ponho em vós minha esperança; *
que eu não fique envergonhado eternamente!
= Porque sois justo, defendei-me e libertai-me, †
³ inclinai o vosso ouvido para mim: *
apressai-vos, ó Senhor, em socorrer-me!
– Sede uma rocha protetora para mim, *
um abrigo bem seguro que me salve!
– ⁴ Sim, sois vós a minha rocha e fortaleza; *
por vossa honra orientai-me e conduzi-me!
– ⁵ Retirai-me desta rede traiçoeira, *
porque sois o meu refúgio protetor!
– ⁶ Em vossas mãos, Senhor, entrego o meu espírito, *
porque vós me salvareis. ó Deus fiel!

Ant. Ó Senhor, sede a minha proteção,
um abrigo bem seguro que me salve!

Ant. 2 Das profundezas eu clamo a vós, Senhor! †

Salmo 129(130)
Das profundezas eu clamo

Ele vai salvar o seu povo dos seus pecados (Mt 1,21).

— ¹Das profundezas eu clamo a vós, Senhor, *
  ² † escutai a minha voz!
— Vossos ouvidos estejam bem atentos *
  ao clamor da minha prece!
— ³Se levardes em conta nossas faltas, *
  quem haverá de subsistir?
— ⁴Mas em **vós** se encontra o perdão, *
  eu vos temo e em vós espero.
— ⁵No Senhor ponho a minha esperança, *
  espero em sua palavra.
— ⁶A minh'alma espera no Senhor *
  mais que o vigia pela aurora.
— ⁷Espere Israel pelo Senhor *
  mais que o vigia pela aurora!
— Pois no Senhor se encontra toda graça *
  e copiosa redenção.
— ⁸Ele **vem** libertar a Israel *
  de toda a sua culpa.

Ant. Das profundezas eu clamo a vós, Senhor!

Leitura breve   Ef 4,26-27

Não pequeis. Que o sol não se ponha sobre o vosso ressentimento. Não vos exponhais ao diabo.

Responsório breve

R. Senhor, em vossas **mãos**
  * Eu entrego o meu espírito. R. Senhor.
V. Vós **sois** o Deus fiel, que salvastes vosso **povo**.
  * Eu entrego. Glória ao **Pai**. R. Senhor.

Cântico evangélico, Ant.
**Salvai-nos, Senhor, quando velamos,
guardai-nos também quando dormimos!
Nossa mente vigie com o Cristo,
nosso corpo repouse em sua paz!**

Cântico de Simeão — Lc 2,29-32
Cristo, luz das nações e glória de seu povo

—²⁹ Deixai, agora, vosso servo ir em paz, *
conforme prometestes, ó Senhor.

—³⁰ Pois meus olhos viram vossa salvação *
³¹ que preparastes ante a face das nações:

—³² uma Luz que brilhará para os gentios, *
e para a glória de Israel, o vosso povo.

Ant. Salvai-nos, Senhor, quando velamos,
guardai-nos também quando dormimos!
Nossa mente vigie com o Cristo,
nosso corpo repouse em sua paz!

Oração

Senhor Jesus Cristo, manso e humilde de coração, que tornais leve o fardo e suave o jugo dos que vos seguem, acolhei os propósitos e trabalhos deste dia e concedei-nos um repouso tranquilo, para amanhã vos servirmos com maior generosidade. Vós, que viveis e reinais para sempre.

Conclusão e Antífona de Nossa Senhora como no Ordinário, p. 564.

QUINTA-FEIRA

Tudo como no Ordinário, p. 561, além do que segue:

Salmodia

Ant. Meu corpo no repouso está tranquilo.

Salmo 15(16)

O **Senhor** é minha esperança

Deus ressuscitou a Jesus, libertando-o das angústias da morte (At 2,24).

= ¹Guardai-me, ó **Deus**, porque em **vós** me refu**gi**o! †
  ²Digo ao Se**nhor**: "Somente vós sois meu Senhor: *
  nenhum **bem** eu posso achar fora de vós!"

– ³Deus me inspi**rou** uma admirável afeição *
  pelos **san**tos que habitam sua terra.

– ⁴Multi**pli**cam, no entanto, suas dores *
  os que **cor**rem para deuses estrangeiros;

– seus sacri**fí**cios sanguinários não partilho, *
  nem seus **no**mes passarão pelos meus lábios.

– ⁵Ó Se**nhor**, sois minha herança e minha taça, *
  meu des**ti**no está seguro em vossas mãos!

– ⁶Foi demar**ca**da para mim a melhor terra, *
  e eu e**xul**to de alegria em minha herança!

– ⁷Eu ben**di**go o Senhor que me aconselha, *
  e até de **noi**te me adverte o coração.

– ⁸Tenho **sem**pre o Senhor ante meus olhos, *
  pois se o **te**nho a meu lado, não vacilo.

= ⁹Eis por **que** meu coração está em festa, †
  minha **al**ma rejubila de alegria, *
  e até meu **cor**po no repouso está tranquilo;

– ¹⁰pois não ha**veis** de me deixar entregue à morte, *
  nem vosso a**mi**go conhecer a corrupção.

= ¹¹Vós me ensi**nais** vosso caminho para a vida; †
  junto a **vós**, felicidade sem limites, *
  delícia e**ter**na e alegria ao vosso lado!

Ant. Meu **cor**po no re**pou**so está tran**qui**lo.

Leitura breve
1Ts 5,23

Que o próprio Deus da paz vos santifique totalmente, e que tudo aquilo que sois – espírito, alma, corpo – seja conservado sem mancha alguma para a vinda de nosso Senhor Jesus Cristo!

Responsório breve

R. **Senhor**, em vossas **mãos**
 * Eu en**tre**go o meu espírito. R. **Senhor**.
V. Vós **sois** o Deus fiel, que sal**vas**tes vosso **po**vo.
 * Eu en**tre**go. Glória ao **Pai**. R. **Senhor**.

Cântico evangélico, Ant.

Sal**vai**-nos, **Se**nhor, quando ve**la**mos,
guar**dai**-nos tam**bém** quando dor**mi**mos!
Nossa **men**te vigie com o **Cristo**,
nosso **cor**po re**pou**se em sua **paz**!

Cântico de Simeão
Lc 2,29-32

Cristo, luz das nações e glória de seu povo

—²⁹ Deixai, **a**gora, vosso **ser**vo ir em **paz**, *
 con**for**me prome**tes**tes, ó **Se**nhor.

—³⁰ Pois meus **o**lhos viram **vos**sa salva**ção** *
 ³¹ que prepa**ras**tes ante a **fa**ce das na**ções**:

—³² uma **Luz** que brilha**rá** para os gen**ti**os, *
 e para a **gló**ria de Israel, o vosso **po**vo.

Ant. Sal**vai**-nos, **Se**nhor, quando ve**la**mos,
 guar**dai**-nos tam**bém** quando dor**mi**mos!
 Nossa **men**te vigie com o **Cristo**,
 nosso **cor**po re**pou**se em sua **paz**!

Oração

Senhor, nosso Deus, após as fadigas de hoje, restaurai nossas energias por um sono tranquilo, a fim de que, por vós renovados, nos dediquemos de corpo e alma ao vosso serviço. Por Cristo, nosso Senhor.

Conclusão e Antífona de Nossa Senhora como no Ordinário, p. 564.

SEXTA-FEIRA

Tudo como no Ordinário, p. 561, além do que segue:

Salmodia

Ant. De **dia** e de **noi**te eu **cla**mo por **vós**.

Salmo 87(88)

Prece de um homem gravemente enfermo

Mas esta é a vossa hora, a hora do poder das trevas (Lc 22,53).

– ²A vós **cla**mo, Se**nhor**, sem ces**sar**, todo o **dia**, *
  e de **noi**te se eleva até **vós** meu gemido.
– ³Chegue a **mi**nha oração até a **vos**sa presença, *
  incli**nai** vosso ouvido a meu **tris**te clamor!
– ⁴Satu**ra**da de males se en**con**tra a minh'alma, *
  minha **vi**da chegou junto às **por**tas da morte.
– ⁵Sou con**ta**do entre aqueles que **des**cem à cova, *
  toda **gen**te me vê como um **ca**so perdido!
– ⁶O meu **lei**to já tenho no **rei**no dos mortos, *
  como um **ho**mem caído que **jaz** no sepulcro,
– de quem **mes**mo o Senhor se esque**ceu** para sempre *
  e exclu**iu** por completo da **su**a atenção.
– ⁷Ó Se**nhor**, me pusestes na **co**va mais funda, *
  nos lo**cais** tenebrosos da **som**bra da morte.
– ⁸Sobre **mim** cai o peso do **vos**so furor, *
  vossas **on**das enormes me **co**brem, me afogam.
– ⁹Afas**tas**tes de **mim** meus pa**ren**tes e a**mi**gos, *
  para **e**les torne-me ob**je**to de horror.
– ¹⁰Eu es**tou** aqui preso e não **pos**so sair, *
  e meus **o**lhos se gastam de **tan**ta aflição. –

– Clamo a **vós**, ó Senhor, sem ces**sar**, todo o dia, *
minhas **mãos** para vós se le**van**tam em prece.
–¹¹Para os **mor**tos, acaso faríeis milagres? *
pode**ri**am as sombras er**guer**-se e louvar-vos?
–¹²No se**pul**cro haverá quem vos **can**te o amor*
e pro**cla**me entre os mortos a **vos**sa verdade?
–¹³Vossas **obras** serão conhe**ci**das nas trevas, *
vossa **graça**, no reino onde **tu**do se esquece?
–¹⁴Quanto a **mim**, ó Senhor, clamo a **vós** na aflição, *
minha **prece** se eleva até **vós** desde a aurora.
–¹⁵Por que **vós**, ó Senhor, rejei**tais** a minh'alma? *
E por **que** escondeis vossa **face** de mim?
–¹⁶Moribu**n**do e infeliz desde o **tem**po da infância, *
esgo**tei**-me ao sofrer sob o **vosso** terror.
–¹⁷Vossa ira violenta **caiu** sobre mim *
e o **vosso** pavor redu**ziu**-me a um nada!
–¹⁸Todo **dia** me cercam quais **on**das revoltas, *
todos **jun**tos me assaltam, me **pren**dem, me apertam.
–¹⁹Afas**tas**tes de mim os **pa**rentes e amigos, *
e por **meus** familiares só **tenho** as trevas!

Ant. De **dia** e de **noi**te eu **clamo** por **vós**.

Leitura breve   Cf. Jr 14,9

Tu, Senhor, estás no meio de nós, e teu nome foi invocado sobre nós; não nos abandones, Senhor, nosso Deus.

Responsório breve

R. Se**nhor**, em vossas **mãos**
  * Eu en**trego** o meu espírito. R. **Senhor**.
V. Vós **sois** o Deus fi**el**, que sal**vas**tes vosso **povo**.
  * Eu en**trego**. Glória ao **Pai**. R. Senhor.

Cântico evangélico, Ant.

Salvai-nos, Senhor, quando velamos,
guardai-nos também quando dormimos!
Nossa mente vigie com o Cristo,
nosso corpo repouse em sua paz!

Cântico de Simeão — Lc 2,29-32
Cristo, luz das nações e glória de seu povo

—²⁹Deixai, agora, vosso servo ir em paz, *
 conforme prometestes, ó Senhor.

—³⁰Pois meus olhos viram vossa salvação *
 ³¹que preparastes ante a face das nações:

—³²uma Luz que brilhará para os gentios, *
 e para a glória de Israel, o vosso povo.

Ant. Salvai-nos, Senhor, quando velamos,
 guardai-nos também quando dormimos!
 Nossa mente vigie com o Cristo,
 nosso corpo repouse em sua paz!

Oração

Concedei-nos, Senhor, de tal modo unir-nos ao vosso Filho morto e sepultado, que mereçamos ressurgir com ele para uma vida nova. Por Cristo, nosso Senhor.

Conclusão e Antífona de Nossa Senhora como no Ordinário, p. 564.

SALMODIA COMPLEMENTAR

PARA A ORAÇÃO DAS NOVE, DAS DOZE E DAS QUINZE HORAS

Depois do V. Vinde, ó Deus, em meu auxílio, e do Hino correspondente, seguem-se os Salmos graduais com suas antífonas.

Série I (Para a Oração das Nove Horas)

Ant. 1 Cla**mei** pelo Se**nhor**, e **e**le me escu**tou**.

Salmo 119(120)

Desejo da paz

Sede fortes nas tribulações, perseverantes na oração (Rm 12,12).

– ¹ Cla**mei** pelo Se**nhor** na minha an**gús**tia, *
 e **e**le me escutou, quando eu dizia:
– ² "Se**nhor**, liv**rai**-me desses lábios mentirosos, *
 e da **lín**gua enganadora libertai-me!
– ³ Qual se**rá** a tua paga, o teu castigo, *
 ó **lín**gua enganadora, qual será?
– ⁴ Serão **fle**chas aguçadas de guerreiros, *
 acesas em carvões incandescentes.
– ⁵ Ai de **mim**! Sou exilado em Mosoc, *
 devo acam**par** em meio às tendas de Cedar!
– ⁶ Já se pro**lon**ga por demais o meu desterro *
 entre este **po**vo que não quer saber de paz!
– ⁷ Quando eu **fa**lo sobre paz, quando a promovo, *
 é a **guer**ra que eles tramam contra mim!"

Ant. Cla**mei** pelo Se**nhor**, e **e**le me escu**tou**.

Ant. 2 Deus te **guar**de na partida e na chegada!

Salmo 120(121)

Deus, protetor do seu povo

Nunca mais terão fome nem sede. Nem os molestará o sol nem algum calor ardente (Ap 7,16).

– ¹Eu levanto os meus olhos para os montes: *
  de onde pode vir o meu socorro?
– ²"Do Senhor é que me vem o meu socorro, *
  do Senhor que fez o céu e fez a terra!"
– ³Ele não deixa tropeçarem os meus pés, *
  e não dorme quem te guarda e te vigia.
– ⁴Oh! não! ele não dorme nem cochila, *
  aquele que é o guarda de Israel!
– ⁵O Senhor é o teu guarda, o teu vigia, *
  é uma sombra protetora à tua direita.
– ⁶Não vai ferir-te o sol durante o dia, *
  nem a lua através de toda a noite.
– ⁷O Senhor te guardará de todo o mal, *
  ele mesmo vai cuidar da tua vida!
– ⁸Deus te guarda na partida e na chegada. *
  Ele te guarda desde agora e para sempre!

Ant. Deus te guarde na partida e na chegada!

Ant. 3 Que alegria, quando ouvi que me disseram:
  Vamos à casa do Senhor! †

Salmo 121(122)

Jerusalém, cidade santa

Vós vos aproximastes do monte Sião e da cidade do Deus vivo, a Jerusalém celeste (Hb 12,22).

– ¹Que alegria, quando ouvi que me disseram: *
  "Vamos à casa do Senhor!"
– ²E agora nossos pés já se detêm, *
  Jerusalém, em tuas portas.

— ³ Jerusalém, cidade bem edificada *
   num conjunto harmonioso;
— ⁴ para lá sobem as tribos de Israel, *
   as tribos do Senhor.
— Para louvar, segundo a lei de Israel, *
   o nome do Senhor.
— ⁵ A sede da justiça lá está *
   e o trono de Davi.
— ⁶ Rogai que viva em paz Jerusalém, *
   e em segurança os que te amam!
— ⁷ Que a paz habite dentro de teus muros, *
   tranquilidade em teus palácios!
— ⁸ Por amor a meus irmãos e meus amigos, *
   peço: "A paz esteja em ti!"
— ⁹ Pelo amor que tenho à casa do Senhor, *
   eu te desejo todo bem!

Ant. Que alegria, quando ouvi que me disseram:
   Vamos à casa do Senhor!

Série II (Para a Oração das Doze Horas)

Ant. 1 Vós que habitais nos altos céus,
   ó Senhor tende piedade!

Salmo 122(123)
Deus, esperança do seu povo

Dois cegos... começaram a gritar: Senhor, Filho de Davi, tem piedade de nós! (Mt 20,30).

— ¹ Eu levanto os meus olhos para vós, *
   que habitais nos altos céus.
— ² Como os olhos dos escravos estão fitos *
   nas mãos do seu senhor,
— como os olhos das escravas estão fitos *
   nas mãos de sua senhora,

— as**sim** os nossos olhos, no Senhor, *
  até de **nós** ter piedade.
— ³Tende pie**da**de, ó Senhor, tende piedade; *
  já é de**mais** esse desprezo!
— ⁴Estamos **far**tos do escárnio dos ricaços *
  e do des**pre**zo dos soberbos!

Ant. Vós que habi**tais** nos altos **céus**,
  ó S**e**nhor tende pie**da**de!

Ant. 2 O nosso auxílio está no **no**me do S**e**nhor.

Salmo 123(124)

O nosso auxílio está no nome do Senhor

O Senhor disse a Paulo: Não tenhas medo, porque eu estou contigo (At 18,9-10).

— ¹Se o S**e**nhor não estiv**e**sse ao nosso **la**do, *
  que o **di**ga Israel neste momento;
— ²se o S**e**nhor não estivesse ao nosso lado, *
  quando os **ho**mens investiram contra nós,
— ³com certeza nos teriam devorado *
  no fu**ror** de sua ira contra nós.
— ⁴Então as **á**guas nos teriam submergido, *
  a corren**te**za nos teria arrastado,
— ⁵e en**tão** por sobre nós teriam passado *
  essas **á**guas sempre mais impetuosas.
— ⁶Bendito **se**ja o Senhor, que não deixou *
  ca**ir**mos como presa de seus dentes!
— ⁷Nossa **al**ma como um pássaro escapou *
  do **la**ço que lhe armara o caçador;
— o **la**ço arrebentou-se de repente, *
  e as**sim** conseguimos libertar-nos.
— ⁸O nosso auxílio está no nome do Senhor, *
  do S**e**nhor que fez o céu e fez a terra!

Ant. O nosso auxílio está no **no**me do S**e**nhor.

Ant. 3 Deus nos **cer**ca de **ca**rinho e prote**ção**,
desde agora, para **sem**pre e pelos **sé**culos.

Salmo 124(125)
Deus, protetor do seu povo

A paz para o Israel de Deus (cf. Gl 6,16).

– ¹Quem confia no Se**nhor** é como o **mon**te de Sião: *
nada o **po**de abalar, porque é **fir**me para sempre.
= ²Tal e **qual** Jerusalém, toda cer**ca**da de montanhas, †
assim **Deus** cerca seu povo de ca**ri**nho e proteção, *
desde **a**gora e para sempre, pelos **sé**culos afora.
= ³O Se**nhor** não vai deixar prevale**cer** por muito tempo †
o do**mí**nio dos malvados sobre a **sor**te dos seus justos, *
para os **jus**tos não mancharem suas **mãos** na iniquidade.
= ⁴Fazei o **bem**, Senhor, aos bons e aos que têm **re**to coração, †
⁵mas, os que **se**guem maus caminhos, casti**gai**-os com os maus! *
Que venha a **paz** a Israel! Que venha a **paz** ao vosso povo!

Ant. Deus nos **cer**ca de ca**ri**nho e proteção,
desde agora, para **sem**pre e pelos **sé**culos.

Série III (Para a Oração das Quinze Horas)

Ant. 1 Maravilhas fez co**nos**co o Se**nhor**:
exultemos de alegria!

Salmo 125(126)
Alegria e esperança em Deus

*Assim como participais dos nossos sofrimentos, participais
também da nossa consolação* (2Cor 1,7).

– ¹Quando o Se**nhor** recondu**ziu** nossos ca**ti**vos, *
pare**cí**amos so**nhar**;
– ²en**cheu**-se de sorriso nossa boca, *
nossos **lá**bios, de canções. –

– Entre os gentios se dizia: "Maravilhas *
  fez com eles o Senhor!"
– ³ Sim, maravilhas fez conosco o Senhor, *
  exultemos de alegria!
– ⁴ Mudai a nossa sorte, ó Senhor, *
  como torrentes no deserto.
– ⁵ Os que lançam as sementes entre lágrimas, *
  ceifarão com alegria.
– ⁶ Chorando de tristeza sairão, *
  espalhando suas sementes;
– cantando de alegria voltarão, *
  carregando os seus feixes!

Ant. Maravilhas fez conosco o Senhor:
  exultemos de alegria!

Ant. 2 Ó Senhor, construí a nossa casa,
  vigiai nossa cidade.

Salmo 126(127)
O trabalho sem Deus é inútil

Vós sois a construção de Deus (1Cor 3,9).

– ¹ Se o Senhor não construir a nossa casa, *
  em vão trabalharão seus construtores;
– se o Senhor não vigiar nossa cidade, *
  em vão vigiarão as sentinelas!
– ² É inútil levantar de madrugada, *
  ou à noite retardar vosso repouso,
– para ganhar o pão sofrido do trabalho, *
  que a seus amados Deus concede enquanto dormem.
– ³ Os filhos são a bênção do Senhor, *
  o fruto das entranhas, sua dádiva.
– ⁴ Como flechas que um guerreiro tem na mão, *
  são os filhos de um casal de esposos jovens. –

– ⁵**Fe**l**iz** aquele pai que com tais flechas *
consegue abastecer a sua aljava!
– Não ser**á** envergonhado ao enfrentar *
seus in**i**migos junto às portas da cidade.

Ant. Ó **Senhor**, constru**í** a nossa **casa,**
vigi**ai** nossa ci**da**de.

Ant. 3 **Fe**l**iz** és tu se **te**mes o **Senhor**! †

Salmo 127(128)

A paz do Senhor na família

De Sião, isto é, da sua Igreja, o Senhor te abençoe (Arnóbio).

– ¹**Fe**l**iz** és tu se **te**mes o **Senhor** *
†e **tri**lhas seus ca**mi**nhos!
– ²Do tra**ba**lho de tuas mãos hás de viver, *
serás feliz, tudo irá bem!
– ³A tua es**po**sa é uma videira bem fecunda *
no cora**ção** da tua casa;
– os teus **fi**lhos são rebentos de oliveira *
ao re**dor** de tua mesa.
– ⁴Será assim abençoado todo homem *
que **te**me o Senhor.
– ⁵O **Se**nhor te abençoe de Sião, *
cada **di**a de tua vida;
– para que **ve**jas prosperar Jerusalém *
⁶e os **fi**lhos dos teus filhos.
– Ó **Se**nhor, que venha a paz a Israel, *
que venha a **paz** ao vosso povo!

Ant. Feliz és tu se **te**mes o **Senhor**!

PRÓPRIO DOS SANTOS

AGOSTO

1º de agosto

SANTO AFONSO MARIA DE LIGÓRIO, BISPO E DOUTOR DA IGREJA

Memória

Nasceu em Nápoles em 1696; obteve o doutorado em Direito civil e eclesiástico, recebeu a ordenação sacerdotal e fundou a Congregação do Santíssimo Redentor. Com a finalidade de incrementar a vida cristã entre o povo, dedicou-se à pregação e escreveu vários livros, sobretudo de teologia moral, matéria na qual é considerado insigne mestre. Foi eleito bispo de Sant'Agata dei Goti, mas renunciou ao cargo pouco depois e morreu junto dos seus, em Nocera dei Pagani, na Campânia em 1787.

Do Comum dos pastores: para bispos, p. 1623, e dos doutores da Igreja, p. 1656.

Ofício das Leituras

Segunda leitura

Das Obras de Santo Afonso Maria de Ligório, bispo

(Tract. de praxi amandi Iesum Christum, edit. latina, Romae 1909, pp. 9-14) (Séc. XVII)

Sobre o amor a Jesus Cristo

Toda santidade e perfeição consiste no amor a Jesus Cristo, nosso Deus, nosso sumo bem e nosso redentor. É a caridade que une e conserva todas as virtudes que tornam o homem perfeito.

Será que Deus não merece todo o nosso amor? Ele nos amou desde toda a eternidade. "Lembra-te, ó homem, – assim nos fala – que fui eu o primeiro a te amar. Tu ainda não estavas no mundo, o mundo nem mesmo existia, e eu já te amava. Desde que sou Deus, eu te amo".

Deus, sabendo que o homem se deixa cativar com os benefícios, quis atraí-lo ao seu amor por meio de seus dons.

Eis por que disse: "Quero atrair os homens ao meu amor com os mesmos laços com que eles se deixam prender, isto é, com os laços do amor". Tais precisamente têm sido todos os dons feitos por Deus ao homem. Deu-lhe uma alma dotada, à sua imagem, de memória, inteligência e vontade; deu-lhe um corpo provido de sentidos; para ele criou também o céu e a terra com toda a multidão de seres; por amor do homem criou tudo isso, para que todas as criaturas servissem ao homem e o homem, em agradecimento por tantos benefícios, o amasse.

Mas Deus não se contentou em dar-nos tão belas criaturas. Para conquistar todo o nosso amor, foi ao ponto de dar-se a si mesmo totalmente a nós. O Pai eterno chegou ao extremo de nos dar seu único Filho. Vendo-nos a todos mortos pelo pecado e privados de sua graça, que fez ele? Movido pelo imenso, ou melhor – como diz o Apóstolo – pelo seu demasiado amor, enviou seu amado Filho, para nos justificar e nos restituir a vida que havíamos perdido pelo pecado.

Ao dar-nos o Filho, a quem não poupou para nos poupar, deu-nos com ele todos os bens: a graça, a caridade e o paraíso. E porque todos estes bens são certamente menores do que o Filho, *Deus, que não poupou a seu próprio Filho, mas o entregou por todos nós, como não nos daria tudo junto com ele?* (Rm 8,32).

Responsório   Sl 144(145),19-20a; 1Jo 3,9a

R. O **Se**nhor cumpre os de**se**jos dos que o **te**mem,
 ele es**cu**ta seus cla**mo**res e os **sal**va.
 * O Senhor **guar**da todo a**que**le que o **a**ma.
V. Todo a**que**le que é nas**ci**do de **Deus**,
 não **vi**ve come**ten**do pe**ca**dos;
 pois fica **ne**le a divina se**men**te.
 * O Senhor.

Oração

Ó Deus, que suscitais continuamente em vossa Igreja novos exemplos de virtude, dai-nos seguir de tal modo os passos do bispo Santo Afonso no zelo pela salvação de todos, que alcancemos com ele a recompensa celeste. Por nosso Senhor Jesus Cristo, vosso Filho, na unidade do Espírito Santo.

2 de agosto

SANTO EUSÉBIO DE VERCELLI, BISPO

Nasceu na Sardenha, no princípio do século IV. Fazia parte do clero de Roma quando, em 345, foi eleito primeiro bispo de Vercelli. Propagou a religião cristã por meio da pregação e introduziu a vida monástica na sua diocese. Por causa da fé católica, foi exilado pelo imperador Constâncio, e suportou muitos sofrimentos. Tendo regressado à pátria, combateu valorosamente, para restaurar a fé, contra os arianos. Morreu em Vercelli, em 371.

Do Comum dos pastores: para bispos. p. 1623.

Ofício das Leituras

Segunda leitura

Das Cartas de Santo Eusébio de Vercelli, bispo
(Epist. 2 1,3-2,3; 10,1-11,1: CCL 9, 104-105.109)

(Séc. IV)

Completei a carreira, guardei a fé

Irmãos caríssimos, fui informado de que vos encontrais bem, como é meu desejo: e à semelhança do que aconteceu com Habacuc. quando foi levado pelo anjo até onde estava Daniel, imaginei ter ido até vós, como se tivesse subitamente atravessado a grande distância que nos separa.

Ao receber as cartas de cada um de vós e ao ler nelas os bons sentimentos e o amor que tendes por mim, as lágrimas se misturaram à alegria: e, embora ávido de ler o que escrevestes, meu espírito foi dominado pelo pranto. Não posso evitar nem a alegria nem as lágrimas. Pois, sendo elas fontes do mesmo sentimento de saudade, querem sobrepor-se uma à outra, para manifestar a intensidade do amor. Vivendo assim durante vários dias, imaginava-me conversando convosco, e esquecia os sofrimentos passados. Fui então inundado pela lembrança da vossa alegria, da vossa fé inabalável, do vosso amor, dos frutos que destes; e assim, mergulhado em tantos e tão grandes bens, era como se já não mais estivesse no exílio, mas em vossa companhia.

Alegro-me, portanto, irmãos caríssimos, por causa da vossa fé; alegro-me pela vossa salvação alcançada com a fé; alegro-me pelos frutos que dais, não apenas para os que estão perto, mas também para os que estão longe. Quando o agricultor se dedica ao cultivo de uma boa árvore que dá frutos, ela não está, por conseguinte, sujeita a ser cortada pelo machado e lançada na fogueira. Da mesma forma, eu quero e desejo, não somente dedicar-me totalmente ao vosso serviço, mas até dar a vida por vossa salvação.

Aliás, foi com dificuldade que consegui escrever esta carta; pedia constantemente a Deus que contivesse os guardas por mais algumas horas. Assim ele permitiu que o diácono vos pudesse levar, mais do que uma carta de saudações, notícias sobre o meu sofrimento. Por isso, rogo-vos instantemente que guardeis a fé com todo cuidado, mantenhais a concórdia, pratiqueis a oração e lembrai-vos sempre de mim. Que o Senhor se digne libertar a sua Igreja que sofre por todo o mundo; e que também eu, livre da presente tribulação, possa novamente alegrar-me convosco.

Também vos peço e rogo, pela misericórdia de Deus, que cada um encontre correspondida nesta carta a sua saudação pessoal. Porque, obrigado pelas circunstâncias, não pude escrever a cada um, como costumava fazer. Nesta carta, dirijo-me a todos vós, irmãos, e também às santas irmãs, filhos e filhas, fiéis de ambos os sexos e de todas as idades. Contentai-vos com esta simples saudação e dignai-vos também saudar em meu nome aqueles que são de fora e me concedem sua amizade.

Responsório
Lc 12,35-36a; Mt 24,42

R. Estai de prontidão, cingi os vossos **rins**
e traz**ei** em vossas **mãos** as **lâm**padas acesas.
* E sede seme**lhan**tes a empre**ga**dos, que esperam
vol**tar** o seu se**nhor** das **fes**tas nupci**ais**.
V. Por**tan**to, vigi**ai**, pois **não** sabeis o **dia**
em que o **Senhor** há de chegar. * E sede.

Oração
Fazei-nos, Senhor, nosso Deus, proclamar a divindade de Cristo imitando a firmeza do bispo Santo Eusébio, para que, perseverando na fé que ele ensinou, possamos participar da vida do vosso Filho. Que convosco vive e reina, na unidade do Espírito Santo.

4 de agosto
SÃO JOÃO MARIA VIANNEY, PRESBÍTERO

Memória
Nasceu em Lião (França) no ano de 1786. Depois de superar muitas dificuldades, pôde ser ordenado sacerdote. Tendo-lhe sido confiada a paróquia de Ars, na diocese de Belley, o santo nela promoveu admiravelmente a vida cristã, através de uma pregação eficaz, com a mortificação, a oração e a caridade. Revelou especiais qualidades na administração do sacramento da penitência; por isso, acorriam fiéis de todas as partes para receber os santos conselhos que dava. Morreu em 1859.

Do Comum dos pastores: para presbíteros, p. 1623.

Ofício das Leituras

Segunda leitura
Do Catecismo de São João Maria Vianney, presbítero
(Catéchisme sur la prière: A. Monnin, Esprit du Curé d'Ars, Paris 1899, pp. 87-89)   (Séc. XIX)

A mais bela profissão do homem é rezar e amar

Prestai atenção, meus filhinhos: o tesouro do cristão não está na terra, mas nos céus. Por isso, o nosso pensamento deve estar voltado para onde está o nosso tesouro. Esta é a mais bela profissão do homem: rezar e amar. Se rezais e amais, eis aí a felicidade do homem sobre a terra.

A oração nada mais é do que a união com Deus. Quando alguém tem o coração puro e unido a Deus, sente em si mesmo uma suavidade e doçura que inebria, e uma luz maravilhosa que o envolve. Nesta íntima união, Deus e a alma são como dois pedaços de cera, fundidos num só, de tal modo que ninguém pode mais separar. Como é bela esta união de Deus com sua pequenina criatura! É uma felicidade impossível de se compreender.

Nós nos havíamos tornado indignos de rezar. Deus, porém, na sua bondade, permitiu-nos falar com ele. Nossa oração é o incenso que mais lhe agrada.

Meus filhinhos, o vosso coração é por demais pequeno, mas a oração o dilata e torna capaz de amar a Deus. A oração faz saborear antecipadamente a felicidade do céu; é como o mel que se derrama sobre a alma e faz com que tudo nos seja doce. Na oração bem feita, os sofrimentos desaparecem, como a neve que se derrete sob os raios do sol.

Outro benefício que nos é dado pela oração: o tempo passa tão depressa e com tanta satisfação para o homem, que nem se percebe sua duração. Escutai: certa vez, quando eu era pároco em Bresse, tive que percorrer grandes distâncias para substituir quase todos os meus colegas que estavam doentes; nessas intermináveis caminhadas, rezava ao bom Senhor e – podeis crer! – o tempo não me parecia longo.

Há pessoas que mergulham profundamente na oração, como peixes na água, porque estão inteiramente entregues a Deus. Não há divisões em seus corações. Ó como eu amo estas almas generosas! São Francisco de Assis e Santa Clara viam nosso Senhor e conversavam com ele do mesmo modo como nós conversamos uns com os outros.

Nós, ao invés, quantas vezes entramos na Igreja sem saber o que iremos pedir. E, no entanto, sempre que vamos ter com alguém, sabemos perfeitamente o motivo por que vamos. Há até mesmo pessoas que parecem falar com Deus deste modo: "Só tenho duas palavras para vos dizer e logo ficar livre de vós...". Muitas vezes penso nisto: quando vamos adorar a Deus, podemos alcançar tudo o que desejamos, se o pedirmos com fé viva e coração puro.

Responsório   2Cor 4,17; 1Cor 2,9
R. Nossa **tribulação** moment**â**nea e **le**ve
  * Pro**duz** para **nós** eterno **pe**so de **gló**ria,
    que **não** tem me**di**da.
V. Não há **o**lhos que **vi**ram, nem ou**vi**dos ou**vi**ram,
   nem ja**mais** pene**trou** em **men**te hu**ma**na
   o que **Deus** pare**pou** para **aque**les que o **a**mam.
  * Pro**duz**.

Oração

Deus de poder e misericórdia, que tornastes São João Maria Vianney um pároco admirável por sua solicitude pastoral, dai-nos, por sua intercessão e exemplo, conquistar no amor de Cristo os irmãos e irmãs para vós e alcançar com eles a glória eterna. Por nosso Senhor Jesus Cristo, vosso Filho, na unidade do Espírito Santo.

5 de agosto
DEDICAÇÃO DA BASÍLICA DE SANTA MARIA MAIOR

Depois do Concílio de Éfeso (431), em que a Mãe de Jesus foi proclamada Mãe de Deus, o papa Sisto III (432-440) erigiu em Roma, no monte Esquilino, uma basílica dedicada à Santa Mãe de Deus, chamada mais tarde Santa Maria Maior. É esta a mais antiga Igreja do Ocidente dedicada à Santíssima Virgem.

Do Comum de Nossa Senhora, p. 1519, exceto o seguinte:

Ofício das Leituras

Segunda leitura
Da Homilia pronunciada no Concílio de Éfeso por São Cirilo de Alexandria, bispo
(Hom. 4: PG 77, 991.995-996)   (Séc. V)

Louvor de Maria Mãe de Deus

Contemplo esta assembleia de homens santos, alegres e exultantes que, convidados pela santa e sempre Virgem Maria e Mãe de Deus, prontamente acorreram para cá. Embora oprimido por uma grande tristeza, a vista dos santos padres aqui reunidos encheu-me de júbilo. Neste momento, vemos realizar-se entre nós aquelas doces palavras do salmista Davi: *Vede como é bom, como é suave os irmãos viverem juntos bem unidos!* (Sl 132,1).

Salve, ó mística e santa Trindade, que nos reunistes a todos nós nesta igreja de Santa Maria Mãe de Deus.

Salve, ó Maria Mãe de Deus, venerável tesouro do mundo inteiro, lâmpada inextinguível, coroa da virgindade, cetro da verdadeira doutrina, templo indestrutível, morada daquele que lugar algum pode conter, virgem e mãe, por meio de quem é proclamado *bendito* nos santos evangelhos *o que vem em nome do Senhor* (Mt 21,9).

Salve, ó Maria, tu que trouxeste em teu sagrado seio virginal o Imenso e Incompreensível; por ti, é glorificada e adorada a Santíssima Trindade; por ti, se festeja e é adorada no universo a cruz preciosa; por ti, exultam os céus; por ti, se alegram os anjos e arcanjos; por ti, são postos em fuga os demônios; por ti, cai do céu o diabo tentador; por ti, é elevada ao céu a criatura decaída; por ti, todo o gênero humano, sujeito à insensatez dos ídolos, chega ao conhecimento da verdade; por ti, o santo batismo purifica os que creem; por ti, recebemos o óleo da alegria; por ti, são fundadas igrejas em toda a terra; por ti, as nações são conduzidas à conversão.

E que mais direi? Por Maria, o Filho Unigênito de Deus veio *iluminar os que jazem nas trevas e nas sombras da morte* (Lc 1,77); por ela, os profetas anunciaram as coisas futuras; por ela, os apóstolos proclamaram aos povos a salvação; por ela, os mortos ressuscitam; por ela, reinam os reis em nome da Santíssima Trindade.

Quem dentre os homens é capaz de celebrar dignamente a Maria, merecedora de todo louvor? Ela é mãe e virgem. Que coisa admirável! Este milagre me deixa extasiado. Quem jamais ouviu dizer que o construtor fosse impedido de habitar no templo que ele próprio construiu? Quem se humilhou tanto a ponto de escolher uma escrava para ser sua própria mãe?

Eis que tudo exulta de alegria! Reverenciemos e adoremos a divina Unidade, com santo temor veneremos a indivisível Trindade, ao celebrar com louvores a sempre Virgem Maria! Ela é o templo santo de Deus, que é seu Filho e esposo imaculado. A ele a glória pelos séculos dos séculos. Amém.

Responsório   Cf. Lc 1,48-49

R. Comigo alegrai-vos, todos vós que a Deus temeis
porque sendo pequenina, agradei ao Deus Altíssimo,
 * E gerei o Deus e homem, trazendo-o no meu ventre.
V. Doravante as gerações hão de chamar-me de bendita,
pois olhou o Poderoso para a sua humilde serva.
 * E gerei.

Laudes

Cântico evangélico, ant.

Mãe de Deus, a mais santa, sempre Virgem Maria:
És bendita entre todas as mulheres da terra,
e bendito é o fruto que nasceu do teu ventre!

Oração

Perdoai, Senhor, os nossos pecados e, como não vos podemos agradar por nossos atos, sejamos salvos pela intercessão da Virgem Maria, Mãe de Deus. Por nosso Senhor Jesus Cristo, vosso Filho, na unidade do Espírito Santo.

Vésperas

Cântico evangélico, ant.
Santa Maria, Mãe de Deus, rogai por nós pecadores, agora e na hora de nossa morte. Amém.

6 de agosto

TRANSFIGURAÇÃO DO SENHOR

Festa

I Vésperas

(Quando a festa ocorre no domingo)

HINO Ó Luz da Luz, como nas II Vésperas, p.1165.

Salmodia

Ant. 1 Tomando seus discípulos, Jesus subiu ao monte e ali, diante deles, ficou transfigurado.

Salmo 112(113)

— Louvai, louvai, ó servos do Senhor, *
 louvai, louvai o nome do Senhor!
— Bendito seja o nome do Senhor, *
 agora e por toda a eternidade!
— Do nascer do sol até o seu ocaso, *
 louvado seja o nome do Senhor!
— O Senhor está acima das nações, *
 sua glória vai além dos altos céus.
= Quem pode comparar-se ao nosso Deus, †
 ao Senhor, que no alto céu tem o seu trono *
 e se inclina para olhar o céu e a terra?
— Levanta da poeira o indigente *
 e do lixo ele retira o pobrezinho,
— para fazê-lo assentar-se com os nobres, *
 assentar-se com os nobres do seu povo.

—⁹ Faz a estéril, mãe feliz em sua casa, *
vivendo rodeada de seus filhos.

Ant. Tomando seus discípulos, Jesus subiu ao monte
e ali, diante deles, ficou transfigurado.

Ant. 2 E eis que apareceram Elias e Moisés
falando com Jesus.

Salmo 116(117)

—¹ Cantai louvores ao Senhor, todas as gentes, *
povos todos, festejai-o!

—² Pois comprovado é seu amor para conosco, *
para sempre ele é fiel

Ant. E eis que apareceram Elias e Moisés
falando com Jesus.

Ant. 3 Senhor, como é bom nós estarmos aqui!
Se queres, faremos três tendas aqui;
será tua a primeira, de Moisés a segunda,
e a terceira de Elias.

No cântico seguinte dizem-se os Aleluias entre parênteses somente quando se canta; na recitação, basta dizer o Aleluia no começo e no fim das estrofes.

Cântico   Cf. Ap 19,1-2.5-7

= Aleluia,(Aleluia!).
¹ Ao nosso **Deus** a salvação, *
honra, glória e poder!(Aleluia!).
—² Pois são verdade e justiça *
os juízos do Senhor.
R. Aleluia,(Aleluia!).

= Aleluia,(Aleluia!).
⁵ Celebrai o nosso Deus, *
servidores do Senhor!(Aleluia!).
— E vós todos que o temeis, *
vós os grandes e os pequenos!
R. Aleluia,(Aleluia!).

= Aleluia, (Aleluia!).
= De seu **reino** tomou posse *
   nosso **Deus** onipotente! (Aleluia!).
– Exultemos de alegria, *
   demos **glória** ao nosso Deus!
R. Aleluia, (Aleluia!).
= Aleluia, (Aleluia!).
   Eis que as **núp**cias do Cordeiro *
   redivivo se aproximam! (Aleluia!).
– Sua **Es**posa se enfeitou, *
   se ves**tiu** de linho puro.
R. Aleluia, (Aleluia!).
Ant. **Senhor**, como é **bom** nós estar**mos aqui**!
   Se **queres**, faremos três **tendas aqui**;
   será **tua** a primeira, de Moi**sés** a **segunda**,
   e a ter**ceira** de E**lias**.

Leitura breve   Fl 3,20-21

Nós somos cidadãos do céu. De lá aguardamos o nosso Salvador, o Senhor, Jesus Cristo. Ele transformará o nosso corpo humilhado e o tornará semelhante ao seu corpo glorioso, com o poder que tem de sujeitar a si todas as coisas.

Responsório breve

R. **Glo**rioso apare**ces**tes ante a **face** do Se**nhor**.
   * Ale**lu**ia, ale**lu**ia. R. **Glo**rioso.
V. Foi por **is**so que o Se**nhor** vos ves**tiu** de majes**ta**de.
   * Ale**lu**ia. **Gló**ria ao **Pai**. R. **Glo**rioso.

Cântico evangélico, ant.

O **Cristo** Jesus é do **Pai** resplen**dor** e expres**são** de seu **ser**.
O uni**ver**so susten**ta** com o po**der** da pa**la**vra;
de**pois** de lavados os **nos**sos pecados,
mostrou **hoje** sua **gló**ria sobre a **al**ta mon**ta**nha.

Preces

Oremos a nosso Salvador, que maravilhosamente se transfigurou no monte diante de seus discípulos; e peçamos cheios de confiança:

R. **Ó Deus, iluminai as nossas trevas!**

Senhor Jesus Cristo, que, antes de sofrer a paixão, revelastes aos discípulos, em vosso corpo transfigurado, a glória da ressurreição, nós vos pedimos pela Santa Igreja que caminha nas estradas deste mundo,

– para que, mesmo no sofrimento, ela sempre se transfigure pela alegria de vossa vitória. R.

Senhor Jesus Cristo, que tomastes convosco Pedro, Tiago e João, e os levastes até o alto do monte, nós vos pedimos pelo nosso Papa N. e por todos os bispos,

– para que sirvam ao vosso povo na esperança da ressurreição. R.

Senhor Jesus Cristo, que no monte fizestes brilhar sobre Moisés e Elias o esplendor da vossa face, nós vos pedimos pelos judeus, o povo que escolhestes desde os tempos antigos,

– para que mereçam chegar à plenitude da redenção. R.

Senhor Jesus Cristo, que iluminastes a terra quando sobre vós se levantou a glória do Criador, nós vos pedimos por todos os homens e mulheres de boa vontade,

– para que sempre caminhem na claridade da vossa luz. R.

(intenções livres)

Senhor Jesus Cristo, que haveis de transfigurar os nossos corpos mortais tornando-os semelhantes ao vosso corpo glorioso, nós vos pedimos pelos nossos irmãos e irmãs falecidos,

– para que entrem na glória do vosso reino. R.

Pai nosso...

Oração

Ó Deus, que na gloriosa Transfiguração de vosso Filho confirmastes os mistérios da fé pelo testemunho de Moisés e Elias, e manifestastes de modo admirável a nossa glória de filhos adotivos, concedei aos vossos servos e servas ouvir a voz do vosso Filho amado, e compartilhar da sua herança. Por nosso Senhor Jesus Cristo, vosso Filho, na unidade do Espírito Santo.

Invitatório

R. Ao supremo Rei da glória, vinde, todos, adoremos!
Salmo invitatório como no Ordinário, p. 537.

Ofício das Leituras

Hino

A beleza da glória celeste
que a Igreja esperando procura,
Cristo a mostra no alto do monte,
onde mais que o sol claro fulgura.

Este fato é nos tempos notável:
ante Pedro, Tiago e João,
Cristo fala a Moisés e Elias
sobre a sua futura Paixão.

Testemunhas da lei, dos profetas
e da graça estando presentes,
sobre o Filho, Deus Pai testemunha,
vindo a voz duma nuvem luzente.

Com a face brilhante de glória,
Cristo hoje mostrou no Tabor
o que Deus tem no céu preparado
aos que o seguem, vivendo no amor.

Da sagrada visão o mistério
ergue aos céus o fiel coração.
E, por isso, exultante de gozo,
sobe a Deus nossa ardente oração.

Pai e Filho, e Espírito da Vida,
um só Deus, Vida e Paz, Sumo Bem,
concedei-nos, por vossa presença,
esta glória no Reino. Amém.

Salmodia

Ant. 1 Um só **dia** em vosso **tem**plo, ó Se**nh**or,
vale **mais** do que mi**lha**res fora **de**le.

Salmo 83(84)

— ²Quão a**má**vel, ó Se**nh**or, é vossa **ca**sa, *
  quanto a **a**mo, Senhor Deus do universo!
— ³Minha **al**ma desfalece de saudades *
  e an**sei**a pelos átrios do Senhor!
— Meu cora**ção** e minha carne rejubilam *
  e e**xul**tam de alegria no Deus vivo!
= ⁴Mesmo o par**dal** encontra abrigo em vossa casa, †
  e a ando**ri**nha aí prepara o seu ninho, *
  para **n**ele seus filhotes colocar:
— Vossos al**ta**res, ó Senhor Deus do universo! *
  vossos al**ta**res, ó meu Rei e meu Senhor!
— ⁵Felizes os que habitam vossa casa; *
  para **sem**pre haverão de vos louvar!
— ⁶Felizes os que em vós têm sua força, *
  e se de**ci**dem a partir quais peregrinos!
= ⁷Quando **pas**sam pelo vale da aridez, †
  o trans**for**mam numa fonte borbulhante, *
  pois a **chu**va o vestirá com suas bênçãos.
— ⁸Caminha**rão** com ardor sempre crescente *
  e hão de **ver** o Deus dos deuses em Sião.
— ⁹Deus do uni**ver**so, escutai minha oração! *
  Incli**nai**, Deus de Jacó, o vosso ouvido!
— ¹⁰Olhai, ó **Deus**, que sois a nossa proteção, *
  vede a face do eleito, vosso Ungido!

—¹¹ Na verdade, um só dia em vosso templo *
vale mais do que milhares fora dele!
— Prefiro estar no limiar de vossa casa, *
a hospedar-me na mansão dos pecadores!
—¹² O Senhor Deus é como um sol, é um escudo, *
e largamente distribui a graça e a glória.
— O Senhor nunca recusa bem algum *
àqueles que caminham na justiça.
—¹³ Ó Senhor, Deus poderoso do universo, *
feliz quem põe em vós sua esperança!

Ant. Um só dia em vosso templo, ó Senhor,
vale mais do que milhares fora dele.

Ant. 2 Uma luz já se levanta para os justos,
e a alegria para os retos corações.

Salmo 96(97)

—¹ Deus é Rei! Exulte a terra de alegria, *
e as ilhas numerosas rejubilem!
—² Treva e nuvem o rodeiam no seu trono, *
que se apoia na justiça e no direito.
—³ Vai um fogo caminhando à sua frente *
e devora ao redor seus inimigos.
—⁴ Seus relâmpagos clareiam toda a terra; *
toda a terra, ao contemplá-los, estremece.
—⁵ As montanhas se derretem como cera *
ante a face do Senhor de toda a terra;
—⁶ e assim proclama o céu sua justiça, *
todos os povos podem ver a sua glória.
=⁷ "Os que adoram as estátuas se envergonhem †
e os que põem a sua glória nos seus ídolos; *
aos pés de Deus vêm se prostrar todos os deuses!"
=⁸ Sião escuta transbordante de alegria, †
e exultam as cidades de Judá, *
porque são justos, ó Senhor, vossos juízos!

= ⁹Porque **vós** sois o Altíssimo, Senhor, †
  muito a**ci**ma do universo que criastes, *
  e de **mui**to superais todos os deuses.
= ¹⁰O Senhor **a**ma os que detestam a maldade, †
  ele pro**te**ge seus fiéis e suas vidas, *
  e da **mão** dos pecadores os liberta.
– ¹¹Uma **luz** já se levanta para os justos, *
  e a ale**gri**a, para os retos corações.
– ¹²Homens **jus**tos, alegrai-vos no Senhor, *
  cele**brai** e bendizei seu santo nome!

Ant. Uma **luz** já se le**van**ta para os **jus**tos,
  e a ale**gri**a para os **re**tos cora**ções**.

Ant. 3 Exal**tai** o Se**nhor**, nosso **Deus**,
  e pros**trai**-vos pe**ran**te seu **Mon**te!

Salmo 98(99)

= ¹Deus é **Rei**: diante **de**le estremeçam os **po**vos! †
  Ele **rei**na entre os anjos: que a **ter**ra se abale! *
  ²Porque **gran**de é o Se**nhor** em Si**ão**!
=   Muito a**ci**ma de **to**dos os **po**vos se eleva; †
  ³glorifi**quem** seu nome ter**rí**vel e grande, *
  porque **e**le é santo e é forte!
= ⁴Deus é **Rei** poderoso. Ele **a**ma o que é justo †
  e ga**ran**te o direito, a jus**ti**ça e a **or**dem; *
  tudo **is**so ele exerce em Jacó.
= ⁵Exal**tai** o Se**nhor**, nosso **Deus**, †
  e pros**trai**-vos perante seus pés, *
  pois é **san**to o Senhor, nosso Deus!
= ⁶Eis Moi**sés** e Aa**rão** entre os **seus** sacerdotes. †
  E tam**bém** Samuel invo**ca**va seu nome, *
  e ele **mes**mo, o Senhor, os ouvia.
= ⁷Da co**lu**na de nuvem fa**la**va com eles. †
  E guar**da**vam a lei e os pre**cei**tos divinos, *
  que o Se**nhor**, nosso Deus, tinha dado. –

= ⁸Respondíeis a eles, **Senhor**, nosso **Deus**, †
 porque **é**reis um Deus paci**en**te com eles, *
 mas sab**í**eis punir seu pecado.

= ⁹Exal**tai** o Se**nhor**, nosso **Deus**, †
 e pros**trai**-vos perante seu monte, *
 pois é **san**to o Senhor, nosso Deus!

Ant. Exal**tai** o Se**nhor**, nosso **Deus**,
 e pros**trai**-vos pe**ran**te seu **Mon**te!

V. Na co**lu**na de **nu**vem fa**la**va com **e**les.
R. E guar**da**vam a **lei** e os pre**cei**tos di**vi**nos.

Primeira leitura

Da Segunda Carta de São Paulo aos Coríntios 3,7–4,6

A glória da nova aliança resplandece em Cristo

Irmãos: ³,⁷Se o ministério da morte, gravado em pedras com letras, foi cercado de tanta glória, que os israelitas não podiam fitar o rosto de Moisés, por causa do seu fulgor, ainda que passageiro, ⁸quanto mais glorioso não será o ministério do Espírito? ⁹Pois, se o ministério da condenação foi glorioso, muito mais glorioso há de ser o ministério ao serviço da justificação. ¹⁰Realmente, em comparação com uma glória tão eminente, já não se pode chamar glória o que então tinha sido glorioso. ¹¹Pois, se o que era passageiro foi marcado de glória, muito mais glorioso será o que permanece.

¹²Tendo uma tal esperança, nós procedemos com muita segurança e confiança, ¹³não como Moisés, que cobria o rosto com um véu, para que os israelitas não vissem o fim de um brilho passageiro. ¹⁴Mas o entendimento deles ficou embotado. Pois, até ao dia de hoje, quando leem o Antigo Testamento, esse mesmo véu continua descido. Ele não é levantado, porque ele desaparece somente na adesão a Cristo. ¹⁵Até ao dia de hoje, quando os israelitas leem os escritos de Moises, um véu cobre o coração deles. ¹⁶Mas, todas as vezes que o coração se converte ao Senhor, o véu é tirado.

¹⁷Pois o Senhor é o Espírito, e onde está o Espírito do Senhor, aí está a liberdade. ¹⁸Todos nós, porém, com o rosto descoberto, contemplamos e refletimos a glória do Senhor e assim somos transformados à sua imagem, pelo seu Espírito, com uma glória cada vez maior.

⁴,¹Não desanimamos no exercício deste ministério que recebemos da misericórdia divina. ²Rejeitamos todo procedimento dissimulado e indigno, feito de astúcias, e não falsificamos a palavra de Deus. Mas, pelo contrário, manifestamos a verdade e, assim, nos recomendamos a toda consciência humana, diante de Deus.

³E, se o nosso evangelho está velado, é só para aqueles que perecem que ele está velado. ⁴O deus deste mundo cegou a inteligência desses incrédulos, para que eles não vejam a luz esplendorosa do evangelho da glória de Cristo que é a imagem de Deus. ⁵De fato, não nos pregamos a nós mesmos, pregamos a Jesus Cristo, o Senhor. Quanto a nós, apresentamo-nos como servos vossos, por causa de Jesus. ⁶Com efeito, Deus que disse: "Do meio das trevas brilhe a luz", é o mesmo que fez brilhar a sua luz em nossos corações, para tornar claro o conhecimento da sua glória na face de Cristo.

Responsório   1Jo 3,1.2b
R. Vede, irmãos, quanto amor Deus Pai nos mostrou:
 * Que sejamos chamados de filhos de Deus
   e o somos de fato.
V. Sabemos que, quando se manifestar,
   nós havemos de ser semelhantes a ele. * Que sejamos.

Segunda leitura

Do Sermão no dia da Transfiguração do Senhor, de Anastásio Sinaíta, bispo

(Nn. 6-10: Mélanges d'archéologie et d'histoire
67[1955],241-244)   (Séc. VII)

É bom nós estarmos aqui

Jesus manifestou a seus discípulos este mistério no monte Tabor. Havia andado com eles, falando-lhes a respeito de seu reino e da segunda vinda na glória. Mas talvez não estivessem muito seguros daquilo que lhes anunciara sobre o reino. Para que tivessem firme convicção no íntimo do coração e, mediante as realidades presentes, cressem nas futuras, deu-lhes ver maravilhosamente a divina manifestação do monte Tabor, imagem prefigurada do reino dos céus. Foi como se dissesse: *Para que a demora não faça nascer em vós a incredulidade, logo, agora mesmo, eu vos digo, alguns dos que aqui estão não provarão a morte antes de verem o Filho do Homem vindo na glória de seu Pai* (cf. Mt 16,28).

Mostrando o Evangelista ser um só o poder de Cristo com sua vontade, acrescentou: *E seis dias depois, tomou Jesus consigo Pedro, Tiago e João e levou-os a um monte alto e afastado. E transfigurou-se diante deles; seu rosto brilhou como o sol, as vestes se fizeram alvas como a neve. E eis que apareceram Moisés e Elias a falar com ele* (cf. Mt 17,1-3).

São estas as maravilhas da presente solenidade, é este o mistério de salvação para nós que agora se cumpriu no monte: ao mesmo tempo, congregam-nos agora a morte e a festa de Cristo. Para penetrarmos junto àqueles escolhidos dentre os discípulos, inspirados por Deus, na profundeza destes inefáveis e sagrados mistérios, escutemos a voz divina que do alto, do cume da montanha, nos chama instantemente.

Para lá, cumpre nos apressarmos, ouso dizer, como Jesus, que agora nos céus é nosso chefe e precursor, com quem refulgiremos aos olhos espirituais – renovadas de certo modo as feições de nossa alma – conformados à sua imagem; e à semelhança dele, incessantemente transfigurados, feitos consortes da natureza divina e prontos para as alturas.

Para lá corramos cheios de ardor e de alegria; entremos na nuvem misteriosa, semelhantes a Moisés e Elias ou Tiago e João. Sê tu também como Pedro, arrebatado pela divina visão e aparição, transfigurado por esta linda Transfiguração, erguido do mundo, separado da terra. Deixa a carne, abandona a criatura e converte-te para o Criador, a quem Pedro, fora de si, diz: *Senhor, é bom para nós estarmos aqui* (Mt 17,4).

Sim, Pedro, verdadeiramente *é bom para nós estarmos aqui* com Jesus e aqui permanecermos pelos séculos. Que pode haver de mais delicioso, de mais profundo, de melhor do que estar com Deus, conformar-se a ele, encontrar-se na luz? De fato, cada um de nós, tendo Deus em si, transfigurado em sua imagem divina, exclame jubiloso: *É bom para nós estarmos aqui,* onde tudo é luminoso, onde está o gáudio, a felicidade e a alegria. Onde no coração tudo é tranquilo, sereno e suave. Onde se vê a Cristo, Deus. Onde ele junto com o Pai tem sua morada e, ao entrar, diz: *Hoje chegou a salvação para esta casa* (Lc 19,9). Onde com Cristo estão os tesouros e se acumulam os bens eternos. Onde as primícias e figuras dos séculos futuros se desenham como em espelho.

Responsório   Cf. Mt 17,2.3; cf. Lc 9,32.34
R. O **ros**to de Je**sus** bri**lha**va como o **sol**;
  * Ao **ve**rem os dis**cí**pulos a **gló**ria do Se**nhor**,
   fi**ca**ram possuídos de te**mor** e admira**ção**.
V. E **eis** que apare**ce**ram Eli**as** e Moi**sés** fa**lan**do com Je**sus**.
  * Ao **ve**rem.

HINO Te Deum, p. 543.

Oração como nas Laudes.

Laudes

Hino

Jesus, suave lembrança,
nome mais doce que o mel,
dais a perfeita alegria
ao coração do fiel.

Nada mais terno se canta,
nem pode ouvir-se nos céus,
nada mais doce se pensa
do que Jesus, Homem-Deus.

Jesus, doçura das mentes,
do coração claridade,
vós superais todo anseio,
fonte de eterna verdade.

Ao visitardes os seres,
neles reluz a verdade,
do mundo o brilho se apaga
e o amor ardente os invade.

Dai-nos perdão generoso,
conforme inspira o amor.
Dai-nos em vossa presença
ver vossa glória, Senhor.

Louvor ao Filho dileto,
do Pai eterno esplendor,
que pelo laço do Espírito
vive na glória do Amor.

Ant. 1 Neste **dia**, Jesus **Cristo** sobre o **mon**te
bri**lhou** em sua **face** como o **sol**,
e suas **ves**tes eram **branc**as como a neve.

Salmos e cântico do domingo da I Semana, p. 580.

Ant. 2 Hoje o Se**nhor** transfigu**rou**-se,
hoje ou**viu**-se a voz do **Pai**,
que dele **da**va teste**mu**nho.
Elias e Moi**sés**, entre **lu**zes fulgu**ran**tes,
conver**sa**vam com Jesus sobre o **fim** que o esperava.

Ant. 3 A **lei** foi-nos **da**da por Moisés,
por Elias foi-nos **da**da a profe**cia**;
hoje **am**bos foram **vis**tos gloriosos
sobre o **mon**te conver**san**do com Jesus.

Leitura breve
Ap 21,10.23

O anjo levou-me em espírito a uma montanha grande e alta. Mostrou-me a cidade santa, Jerusalém, descendo do céu, de junto de Deus. A cidade não precisa de sol, nem de lua que a iluminem, pois a glória de Deus é a sua luz e a sua lâmpada é o Cordeiro.

Responsório breve

R. Coroastes Jesus de **glória** e esplen**dor**.
  * Ale**luia**, ale**luia**. R. Coro**astes**.
V. A seus **pés** colo**castes**, Se**nhor**, vossas **o**bras.
  * Ale**luia**. Glória ao **Pai**. R. Coro**astes**.

Cântico evangélico, ant.

Uma **voz** do céu resso**a**: Eis meu **Fi**lho muito a**ma**do,
nele es**tá** meu bem-que**rer**, escu**tai**-o, homens **to**dos.

Preces

Oremos ao nosso Salvador, que maravilhosamente se transfigurou no monte diante de seus discípulos; e peçamos cheios de confiança:

R. **Na vossa luz, Senhor, vejamos a luz!**

Pai clementíssimo, que transfigurastes vosso amado Filho no monte e vos manifestastes no meio da nuvem luminosa,
– fazei-nos ouvir fielmente a palavra de Cristo. R.

Senhor Deus, que saciais os vossos eleitos com a abundância da vossa casa e lhes dais a beber da torrente do vosso amor,
– concedei-nos encontrar no corpo de Cristo a fonte de nossa vida. R.

Senhor Deus, que fizestes resplandecer a luz no meio das trevas e iluminastes os corações para contemplar a vossa claridade no rosto de Jesus Cristo,
– tornai conhecida à humanidade inteira a vida imortal, por meio da pregação do Evangelho. R.

Pai de bondade, que no vosso infinito amor nos destes a graça de nos chamarmos e sermos realmente filhos de Deus, – concedei que sejamos semelhantes a Cristo quando ele vier na sua glória.
R. **Na vossa luz, Senhor, vejamos a luz!**
Pai nosso...

Oração

Ó Deus, que na gloriosa Transfiguração de vosso Filho confirmastes os mistérios da fé pelo testemunho de Moisés e Elias, e manifestastes de modo admirável a nossa glória de filhos adotivos, concedei aos vossos servos e servas ouvir a voz do vosso Filho amado, e compartilhar da sua herança. Por nosso Senhor Jesus Cristo, vosso Filho, na unidade do Espírito Santo.

Hora Média

Salmos do dia da semana corrente.
Salmodia complementar, das séries II e III, p. 1134.

Oração das Nove Horas

Ant. O Senhor transfigurou-se entre Elias e Moisés,
 para ter o testemunho da lei e dos profetas.

Leitura breve   Ex 19,8 b-9
Moisés transmitiu ao Senhor as palavras do povo, e o Senhor lhe falou: Virei a ti numa nuvem escura, para que o povo ouça quando falar contigo, e creia sempre em ti.

V. Sois tão belo, o mais belo entre os filhos dos homens.
R. Vossos lábios espalham a graça, o encanto.

Oração das Doze Horas

Ant. Nosso Deus e Salvador fez brilhar pelo Evangelho
 a luz e a vida imperecíveis.

Leitura breve
Ex 33,9.11a

Logo que Moisés entrava na Tenda, a coluna de nuvem baixava e ficava parada à entrada, enquanto o Senhor falava com Moisés. O Senhor falava com Moisés face a face, como um homem fala com seu amigo.

V. Contem**plai** a sua **fa**ce e ale**grai**-vos.
R. E vosso **ros**to não se **cu**bra de ver**go**nha!

Oração das Quinze Horas

Ant. Ao ou**vir** a voz do **Pai**, os dis**cí**pulos caíram
com o **ros**to sobre o **chão**, e tiveram muito **me**do.

Leitura breve
2Cor 3,18

Todos nós, com o rosto descoberto, contemplamos e refletimos a glória do Senhor e assim somos transformados à sua imagem, pelo seu Espírito, com uma glória cada vez maior.

V. Em vós, ó **Deus**, está a **fon**te da **vi**da.
R. E em vossa **luz** contem**pla**mos a **luz**.

Oração como nas Laudes.

II Vésperas

Hino

Ó Luz da Luz nascida,
do mundo Redentor,
ouvi dos que suplicam
a prece e o louvor.

De rosto mais brilhante
que o sol no seu fulgor,
com veste igual à neve
de um branco resplendor,

a dignas testemunhas
no monte aparecestes,
Autor das criaturas
terrenas e celestes.

Antigas testemunhas
unis ao mundo novo
e dais a todos crerem
que sois o Deus do povo.

Do alto a voz paterna
seu Filho vos chamou.
Fiéis, as nossas mentes
vos chamam Rei, Senhor.

A carne dos perdidos
por nós vestindo outrora,
fazei-nos membros vivos
do vosso corpo, agora.

A vós, ó Filho amado,
a honra e o louvor.
De vós o Pai, no Espírito,
revela o esplendor.

Ant. 1 **Jesus** tomou a **Pedro** e os **irmãos** João e **Tiago**,
e os le**vou** a um alto **mon**te,
e, **ali** diante **de**les, fi**cou** transfigu**ra**do.

Salmo 109(110),1-5.7

— ¹Palavra do Se**nhor** ao meu Se**nhor**: *
"As**sen**ta-te ao lado meu direito,
— a**té** que eu ponha os inimigos teus *
como esca**be**lo por debaixo de teus pés!"

= ²O Se**nhor** estenderá desde Sião †
vosso **ce**tro de poder, pois ele diz: *
"**Do**mina com vigor teus inimigos;

= ³Tu és **prín**cipe desde o dia em que nasceste; †
na **gló**ria e esplendor da santidade, *
como o orvalho, antes da aurora, eu te gerei!"

= ⁴Jurou o Se**nhor** e manterá sua palavra: †
"Tu **és** sacerdote eternamente, *
segundo a **or**dem do rei Melquisedec!"

– ⁵À vossa **destra** está o Senhor, ele vos diz: *
"No dia da ira esmagarás os reis da terra!
– ⁷Beber**ás** água corrente no caminho, *
por **iss**o seguirás de fronte erguida!"

Ant. J**esus** tomou a **Pe**dro e os ir**mãos** João e Ti**a**go,
e os le**vou** a um alto **mon**te,
e, a**li** diante **deles**, ficou transfigu**ra**do.

Ant. 2 Uma **nu**vem lumi**no**sa os co**briu** com sua **sombra**,
e uma **voz** se ouviu di**zen**do:
Eis meu **Fi**lho muito **a**mado,
nele es**tá** meu bem-que**rer**!

Salmo 120(121)

– ¹Eu le**van**to os meus **o**lhos para os **mon**tes: *
de **on**de pode vir o meu socorro?
– ²"Do Se**nhor** é que me vem o meu socorro, *
do Se**nhor** que fez o céu e fez a terra!"
– ³Ele não **dei**xa tropeçarem os meus pés, *
e não **dor**me quem te guarda e te vigia.
– ⁴Oh! **não**! ele não dorme nem cochila, *
a**que**le que é o guarda de Israel!
– ⁵O Se**nhor** é o teu guarda, o teu vigia, *
é uma **sombra** protetora à tua direita.
– ⁶Não **vai** ferir-te o sol durante o dia, *
nem a **lua** através de toda a noite.
– ⁷O Se**nhor** te guardará de todo o mal, *
ele **mes**mo vai cuidar da tua vida!
– ⁸Deus te **guar**da na partida e na chegada. *
Ele te **guar**da desde agora e para sempre!

Ant. Uma **nu**vem lumi**no**sa os co**briu** com sua **sombra**,
e uma **voz** se ouviu di**zen**do:
Eis meu **Fi**lho muito **a**mado,
nele es**tá** meu bem-que**rer**!

Ant. 3 Ao descerem da montanha, ordenou-lhes o Senhor:
Não conteis a mais ninguém a visão que vós tivestes,
enquanto o Filho do Homem não tiver ressuscitado.
Aleluia.

Cântico   Cf. 1Tm 3,16

R. Louvai o Senhor Deus, todos os povos.
– O senhor manifestado em nossa carne, *
    justificado pelo Espírito de Deus.
R. Louvai o Senhor Deus, todos os povos.
– Jesus Cristo contemplado pelos anjos,*
    anunciado aos povos todos e às nações.
R. Louvai o Senhor Deus, todos os povos.
– Foi aceito pela fé no mundo inteiro *
    e, na glória de Deus Pai foi exaltado.
R. Louvai o Senhor Deus, todos os povos.

Ant. Ao descerem da montanha, ordenou-lhes o Senhor:
Não conteis a mais ninguém a visão que vós tivestes,
enquanto o Filho do Homem não tiver ressuscitado.
Aleluia.

Leitura breve   Rm 8,16-17
O próprio Espírito se une ao nosso espírito para nos atestar que somos filhos de Deus. E, se somos filhos, somos também herdeiros – herdeiros de Deus e coerdeiros de Cristo –; se realmente sofremos com ele, é para sermos também glorificados com ele.

Responsório breve
R. Diante dele vão a glória e a majestade.
   * Aleluia, aleluia. R. Diante dele.
V. E o seu templo, que beleza e esplendor! * Aleluia.
    Glória ao Pai. R. Diante dele.

Cântico evangélico, ant.

Ao ouvirem esta **voz**, os dis**cí**pulos ca**í**ram
com o **ros**to sobre o **chão** e tiveram muito **me**do.
Je**sus** se aproxi**mou**, to**cou**-os e lhes **disse**:
Levan**tai**-vos, não te**mais**! Ale**lui**a.

Preces

Oremos a nosso Salvador, que maravilhosamente se transfigurou no monte diante de seus discípulos; e peçamos cheios de confiança:

R. **Ó Deus, iluminai as nossas trevas!**

Senhor Jesus Cristo, que, antes de sofrer a paixão, revelastes aos discípulos, em vosso corpo transfigurado, a glória da ressurreição, nós vos pedimos pela Santa Igreja que caminha nas estradas deste mundo,
– para que, mesmo no sofrimento, ela sempre se transfigure pela alegria de vossa vitória. R.

Senhor Jesus Cristo, que tomastes convosco Pedro, Tiago e João, e os levastes até o alto do monte, nós vos pedimos pelo nosso Papa N. e por todos os bispos,
– para que sirvam ao vosso povo na esperança da ressurreição. R.

Senhor Jesus Cristo, que no monte fizestes brilhar sobre Moisés e Elias o esplendor da vossa face, nós vos pedimos pelos judeus, o povo que escolhestes desde os tempos antigos,
– para que mereçam chegar à plenitude da redenção. R.

Senhor Jesus Cristo, que iluminastes a terra quando sobre vós se levantou a glória do Criador, nós vos pedimos por todos os homens e mulheres de boa vontade,
– para que sempre caminhem na claridade da vossa luz. R.

(intenções livres)

Senhor Jesus Cristo, que haveis de transfigurar os nossos corpos mortais tornando-os semelhantes ao vosso corpo

glorioso, nós vos pedimos pelos nossos irmãos e irmãs falecidos,
– para que entrem na glória do vosso reino.
R. **Ó Deus, iluminai as nossas trevas!**
Pai nosso...

Oração

Ó Deus, que na gloriosa Transfiguração de vosso Filho confirmastes os mistérios da fé pelo testemunho de Moisés e Elias, e manifestastes de modo admirável a nossa glória de filhos adotivos, concedei aos vossos servos e servas ouvir a voz do vosso Filho amado, e compartilhar da sua herança. Por nosso Senhor Jesus Cristo, vosso Filho, na unidade do Espírito Santo.

7 de agosto
SÃO SISTO II, PAPA, E SEUS COMPANHEIROS, MÁRTIRES

Foi ordenado bispo de Roma no ano 257. No ano seguinte, quando celebrava a sagrada liturgia na catacumba de Calisto, foi preso pelos soldados, em virtude do edito do imperador Valeriano, e imediatamente executado, juntamente com quatro dos seus diáconos, no dia 6 de agosto. Recebeu sepultura no mesmo cemitério.

Do Comum de vários mártires, p. 1580.

Ofício das Leituras

Segunda leitura
Das Cartas de São Cipriano, bispo e mártir
(Epist. 80: CSEL 3,839-840)   (Séc. III)

Sabemos que os soldados de Cristo
não são destruídos mas coroados

O motivo de não vos ter escrito imediatamente, irmão caríssimo, é que todos os clérigos, na iminência do martírio, não podiam absolutamente sair daqui, preparados todos no fervor de seus corações, para a glória divina e celeste. É bom saberdes que chegaram aqueles que eu tinha enviado a Roma, a fim de se informarem ao certo sobre qualquer sentença a nosso respeito e trazer-nos a notícia. Pois circulavam muitos diferentes e incertos boatos.

Na realidade o que sucede é que Valeriano respondeu ao senado que os bispos, presbíteros e diáconos fossem logo punidos de morte; os senadores, os homens ilustres e os cavaleiros romanos, depostos de sua dignidade, despojados dos bens e se, confiscadas as suas posses, ainda perseverassem em ser cristãos, fossem mortos; as matronas, relegadas ao exílio, confiscados os seus bens; os da casa de César, que já antes houvessem testemunhado ou testemunhassem, agora sofressem confisco dos bens, prisão e exílio para propriedades de César.

O imperador Valeriano também lhes submeteu um exemplar do edito que enviou aos governantes das províncias contra nós: estamos todos os dias esperando a chegada deste edito, firmes com a solidez da fé para suportar o martírio, aguardando do auxílio e da indulgência do Senhor a coroa da vida eterna. Quanto a Sisto, ele foi morto no cemitério no oitavo dia dos idos de agosto, junto com quatro diáconos. Também os prefeitos na Urbe persistem diariamente nesta perseguição, condenando à morte todos os que lhes são entregues, e lhes confiscam os bens.

Estas coisas, peço, cheguem por vós ao conhecimento dos outros nossos irmãos, para que em toda parte possa a fraternidade fortalecer-se com esses estímulos e preparar-se para o combate espiritual. Que cada um não pense tanto na morte, mas na imortalidade. Os cheios de fé e entregues com todas as forças ao Senhor, estes mais se alegrem do que temam este testemunho, onde sabem que os soldados de Cristo não são mortos e, sim, coroados.

Desejo, irmão muito caro, que passes sempre bem no Senhor.

Responsório
2Cor 4,11; Sl 43(44),23

R. Por Jesus somos entregues sempre à morte,
* Para que também a vida do Senhor
  se manifeste em nossa carne perecível.
V. Por vossa causa nos massacram cada dia
e nos levam como ovelha ao matadouro. * Para que.

Oração

Pai todo-poderoso, que concedestes a São Sisto e seus companheiros a graça de dar a vida por causa da vossa palavra e do testemunho de Jesus, pela força do Espírito Santo, fazei-nos dóceis para acolher a fé e fortes para proclamá-la. Por nosso Senhor Jesus Cristo, vosso Filho, na unidade do Espírito Santo.

No mesmo dia 7 de agosto

SÃO CAETANO, PRESBÍTERO

Nasceu em Vicenza no ano 1480. Estudou direito em Pádua e, depois de ter sido ordenado sacerdote, fundou em Roma a Congregação dos Clérigos Regulares com o fim de promover o apostolado, e propagou-a no território de Vicenza e no reino de Nápoles. Distinguiu-se por sua vida de oração e pela prática da caridade. Morreu em Nápoles no ano 1547.

Do Comum dos pastores: para presbíteros, p. 1623, ou, dos santos homens: para religiosos, p. 1743.

Ofício das Leituras

Segunda leitura

Das Cartas de São Caetano, presbítero
(Epist. ad Elisabeth Porto: Studi e Testi 177,
Città del Vaticano 1954, pp. 50-51)   (Séc. XVI)

Que Cristo habite pela fé em nossos corações

Eu sou pecador e tenho-me em muito pouca conta, mas recorro a excelentes servos do Senhor, para que roguem por ti ao Cristo bendito e a sua Mãe. Contudo, não te esqueças de que os santos todos não poderão tornar-te querida de Cristo quanto tu mesma o podes: o problema é teu. Se queres que Cristo te ame e te ajude, ama-o tu e obriga tua vontade a fazer sempre o que lhe agrada sem vacilar: ainda mesmo que todos os santos e criaturas te abandonem, ele estará sempre presente em tuas dificuldades.

Não tenhas dúvida de que somos peregrinos e caminheiros aqui na terra: nossa pátria é o céu. Quem se ensoberbece, extravia-se e corre para a morte. Enquanto vivemos aqui, temos de adquirir a vida eterna. É verdade que não o podemos fazer sozinhos, desde que a perdemos pelo pecado, mas Jesus Cristo no-la recuperou. Por isto, é preciso agradecer-lhe sempre, amá-lo e obedecer-lhe e, na medida do possível, estar sempre com ele.

Ele se deu a nós como alimento: infeliz quem desconhece tão grande dádiva. Foi-nos dado possuir a Cristo, o Filho da Virgem Maria, e não o aceitamos. Ai daquele que não cuida de recebê-lo. Filha, o bem que desejo para mim, peço-o também para ti, mas outro meio não há senão rogar com frequência à Virgem Maria que, em companhia de seu preclaro Filho, te visite; ou melhor, ter a ousadia de suplicar-lhe que te dê seu Filho, o verdadeiro alimento da alma no sacrossanto sacramento do altar. Ela com prazer te dará e ele, com maior prazer ainda, virá para te fortalecer. Assim poderás com segurança caminhar por esta floresta escura, onde muitos inimigos armam ciladas; mas ficarão de longe, se nos virem apoiados em tão grande auxílio.

Filha, não recebas Jesus Cristo com a intenção de dispor dele à tua vontade; mas quero que tu te entregues a ele e que ele te receba para fazer, ele, teu Deus salvador, a ti e em ti tudo quanto quiser. É este o meu desejo e para isto te rogo e insisto contigo tanto quanto posso.

Responsório Cf. Fl 1,21
R. Ó **san**tos louv**o**res do **san**to, ó **gos**to inefável do **amor**,
   *De quem dei**xou** as delícias do **mun**do,
   e **uniu**-se à **vi**da eterna.
V. Para **quem** o viver era **Cris**to,
   e o mo**rrer** era ape**nas** van**ta**gem. *De quem dei**xou**.

Oração

Ó Deus, que destes ao presbítero São Caetano a graça de imitar a vida apostólica, concedei-nos, por seu exemplo e suas preces, confiar sempre em vós e buscar continuamente o vosso Reino. Por nosso Senhor Jesus Cristo, vosso Filho, na unidade do Espírito Santo.

8 de agosto

SÃO DOMINGOS, PRESBÍTERO

Memória

Nasceu em Caleruega (Espanha) cerca do ano 1170. Estudou Teologia em Palência e foi nomeado cônego da Igreja de Osma. Por meio da sua pregação e do exemplo da sua vida, combateu com grande êxito a heresia dos Albigenses. Para continuidade desta obra, reuniu companheiros e fundou a Ordem dos Pregadores. Morreu em Bolonha no dia 6 de agosto de 1221.

Do Comum dos pastores: para presbíteros, p. 1623, ou, dos santos homens: para religiosos, p. 1743, exceto o seguinte:

Ofício das Leituras

Segunda leitura

De escritos diversos da História da Ordem dos Pregadores
(Libellus de principiis O.P.: Acta canonizationis sancti Dominici: Monumenta O. P. Mist. 16, Romae 1935, pp. 30ss.,146-147)

(Séc. XIII)

Falava com Deus ou de Deus

Domingos possuía tão grande nobreza de comportamento, e o ímpeto do divino fervor tanto o arrebatava que, sem dificuldade, era reconhecido como vaso de honra e de graça. Possuía serenidade de espírito extremamente constante, a não ser que a compaixão e a misericórdia a turbassem; e, visto que o coração jubiloso alegra o semblante, revelava exteriormente a placidez do homem interior pela benignidade visível e alegria do rosto.

Em toda parte, mostrava-se homem evangélico por palavras e atos. Durante o dia, com os irmãos e companheiros, ninguém mais simples, ninguém mais agradável. À noite, ninguém mais vigilante, nem mais insistente de todos os modos na oração. Falava raramente; vivia com Deus na oração, e sobre isto exortava seus irmãos.

Havia um pedido a Deus que lhe era frequente e especial: que lhe concedesse a verdadeira caridade, eficaz em atender e em favorecer a salvação dos homens. Assim fazia porque julgava que só seria verdadeiramente um bom membro de Cristo quando se entregasse totalmente à salvação dos homens, como o Salvador de todos, o Senhor Jesus, que se ofereceu todo para nossa salvação. Para este fim, após madura e demorada deliberação, fundou a Ordem dos Frades Pregadores.

Exortava constantemente por palavras e por escrito os irmãos desta Ordem a que sempre se aplicassem ao Novo e ao Antigo Testamento. Trazia sempre consigo o evangelho de Mateus e as epístolas de São Paulo; lia-os tanto, a ponto de sabê-los quase de cor.

Por duas ou três vezes, eleito bispo, recusou sempre, preferindo viver na pobreza com os irmãos a possuir um episcopado. Guardou ilibada até o fim a limpidez de sua virgindade. Desejava ser flagelado, ser cortado em pedaços e morrer pela fé cristã. Dele afirmou Gregório IX: "Conheci um homem, que seguiu em tudo o modo de vida dos apóstolos; não há dúvida de que esteja unido nos céus à glória dos mesmos apóstolos".

Responsório
Cf. Eclo 48,1; Ml 1,6a

R. Leva**tou**-se como um **fogo** o prega**dor** da salva**ção**.
* Sua palavra era arde**nte**, como um **facho** incandesce**nte**.
V. A dou**trina** da verda**de** estava em sua **boca**
e **não** se encon**trou** falsida**de** nos seus **lábios**.
* Sua palavra.

Oração como nas Laudes.

Laudes e Vésperas
Hino

Arauto do Evangelho,
sublime pregador,
Domingos traz no nome
o Dia do Senhor.

Qual lírio de pureza,
só teve uma paixão:
levar aos que se perdem
a luz da salvação.

Seus filhos nos envia,
por eles nos conduz;
as chamas da verdade
espalham sua luz.

Maria ele coroa
com rosas de oração;
por toda a terra ecoa
do anjo a saudação.

Com lágrimas e preces
pediu por todos nós.
Que Deus, que é uno e trino,
atenda à sua voz.

Oração

Ó Deus, que os méritos e ensinamentos de São Domingos venham em socorro da vossa Igreja, para que o grande pregador da vossa verdade seja agora nosso fiel intercessor. Por nosso Senhor Jesus Cristo, vosso Filho, na unidade do Espírito Santo.

10 de agosto

SÃO LOURENÇO, DIÁCONO E MÁRTIR
Festa

Era diácono da Igreja Romana e morreu mártir na perseguição de Valeriano, quatro dias depois do papa Sisto II e seus companheiros, os quatro diáconos romanos. O seu sepulcro encontra-se junto à Via Tiburtina, no Campo Verano. Constantino Magno erigiu uma basílica naquele lugar. O seu culto já se tinha difundido na Igreja no século IV.

Do Comum de um mártir, p. 1603, exceto o seguinte:

Ofício das Leituras

HINO Louvemos a glória, como nas Vésperas, p. 1182.

Antífonas, salmos e versículo do Comum, p. 1605.

Primeira leitura

Dos Atos dos Apóstolos 6,1-6; 8,1.4-8

Os sete ministros escolhidos pelos Apóstolos

^{6,1}Naqueles dias, o número dos discípulos tinha aumentado, e os fiéis de origem grega começaram a queixar-se dos fiéis de origem hebraica. Os de origem grega diziam que suas viúvas eram deixadas de lado no atendimento diário. ^{2}Então os Doze Apóstolos reuniram a multidão dos discípulos e disseram: "Não está certo que nós deixemos a pregação da Palavra de Deus para servir às mesas. ^{3}Irmãos, é melhor que escolhais entre vós sete homens de boa fama, repletos do Espírito e de sabedoria, e nós os encarregaremos dessa tarefa. ^{4}Desse modo nós poderemos dedicar-nos inteiramente à oração e ao serviço da Palavra". ^{5}A proposta agradou a toda a multidão. Então escolheram Estêvão, homem cheio de fé e do Espírito Santo; e também Filipe, Próforo, Nicanor, Timon, Pármenas e Nicolau de Antioquia, um pagão que seguia a religião dos judeus. ⁶Eles foram apresentados aos apóstolos, que oraram e impuseram as mãos sobre eles.

⁸,¹Naquele dia começou uma grande perseguição contra a Igreja de Jerusalém. E todos, com exceção dos apóstolos, se dispersaram pelas regiões da Judeia e da Samaria.

⁴Entretanto, aqueles que se tinham dispersado iam por toda parte, pregando a Palavra.

⁵Filipe desceu a uma cidade da Samaria e anunciou-lhes o Cristo. ⁶As multidões seguiam com atenção as coisas que Filipe dizia. E todos unânimes o escutavam, pois viam os milagres que ele fazia. ⁷De muitos possessos saíam os espíritos maus, dando grandes gritos. Numerosos paralíticos e aleijados também foram curados. ⁸Era grande a alegria naquela cidade.

Responsório   Mt 10,32; Jo 12,26a
R. Quem de **mim** der teste**mu**nho ante os **ho**mens,
 * Darei **de**le testemunho ante meu **Pai**.
V. Se alg**uém** quer me ser**vir**, que **ven**ha atrás de **mim**;
 e **on**de eu esti**ver**, **a**li estará meu **ser**vo. * Darei.

Segunda leitura
Dos Sermões de Santo Agostinho, bispo
            (Sermo 304,1-4: PL 38,1395-1397)   (Séc. V)

Serviu o sagrado Sangue de Cristo

A Igreja Romana apresenta-nos hoje o dia glorioso de São Lourenço quando ele calcou o furor do mundo, desprezou sua sedução e num e noutro modo venceu o diabo perseguidor. Nesta mesma Igreja – ouvistes muitas vezes – Lourenço exercia o ministério de diácono. Aí servia o sagrado sangue de Cristo; aí, pelo nome de Cristo, derramou seu sangue. O santo apóstolo João expôs claramente o mistério da ceia ao dizer: *Como Cristo entregou sua vida por nós, também nós devemos entregar as nossas pelos irmãos* (1 Jo 3,16). São Lourenço, irmãos, entendeu isto; entendeu e fez; e da mesmíssima forma como recebeu daquela mesa, assim a preparou. Amou a Cristo em sua vida, imitou-o em sua morte.

Também nós, irmãos, se de verdade amamos, imitemos. Não poderíamos produzir melhor fruto de amor do que o exemplo da imitação; *Cristo sofreu por nós, deixando-nos o exemplo para seguirmos suas pegadas* (1Pd 2,21). Nesta frase, parece que o apóstolo Pedro quer dizer que Cristo sofreu apenas por aqueles que seguem suas pegadas e que a morte de Cristo não aproveita senão àqueles que caminham em seu seguimento. Seguiram-no os santos mártires até à efusão do sangue, até à semelhança da paixão; seguiram-no os mártires, porém não só eles. Depois que estes passaram, a ponte não foi cortada; ou depois que beberam, a fonte não secou.

Tem, irmãos tem, o jardim do Senhor não apenas rosas dos mártires; tem também lírios das virgens, heras dos casados, violetas das viúvas. Absolutamente ninguém, irmãos, seja quem for, desespere de sua vocação; por todos morreu Cristo. Com toda a verdade, dele se escreveu: *Que quer salvos todos os homens, e que cheguem ao conhecimento da verdade* (1Tm 2,4).

Compreendamos, portanto, como pode o cristão seguir Cristo além do derramamento de sangue, além do perigo de morte. O Apóstolo diz, referindo-se ao Cristo Senhor: *Tendo a condição divina, não julgou rapina ser igual a Deus.* Que majestade! *Mas aniquilou-se, tomando a condição de escravo, feito semelhante aos homens e reconhecido como homem* (Fl 2,7-8). Que humildade!

Cristo humilhou-se: aí tens, cristão, a que te apegar. Cristo se humilhou: por que te enches de orgulho? Em seguida, terminada a carreira desta humilhação, lançada por terra a morte, Cristo subiu ao céu; sigamo-lo. Ouçamos o

Apóstolo: *Se ressuscitastes com Cristo, descobri o sabor das realidades do alto, onde Cristo está assentado à destra de Deus* (Cl 3,1).

Responsório   Sl 17(18),3b
R. São Lourenço exclamava e dizia em voz alta:
   Só adoro o meu Deus, só a ele servirei;
   * Eu não temo, ó tirano, as torturas mais cruéis.
V. Sois meu escudo e proteção: Em vós espero, ó Senhor!
   * Eu não temo.

HINO Te Deum, p. 543.

Oração como nas Laudes.

Laudes

Hino

No mártir São Lourenço
a fé, em luta armada,
venceu feroz batalha,
no sangue seu banhada.

Primeiro dos levitas
que servem no altar,
serviu em grau mais alto,
o mártir modelar.

Lutando com coragem,
não cinge a sua espada,
mas cinge, pela fé,
couraça mais sagrada.

Louvamos teu martírio,
Lourenço, santo irmão,
pedindo que da Igreja
escutes a oração.

Eleito cidadão
do céu, país da luz,
já cinges a coroa
da glória, com Jesus.

10 de agosto

Louvor ao Pai e ao Filho,
e ao seu eterno Amor.
Dos Três, por tuas preces,
vejamos o fulgor.

Ant. 1 Minha **alma** se a**ga**rra em **vós**, ó meu **Deus**,
pois por **vós** foi quei**ma**do o meu **cor**po no **fo**go.

Salmos e cântico do domingo da I Semana, p. 580.

Ant. 2 O **Se**nhor envi**ou** o seu **an**jo,
liber**tou**-me do **mei**o das **cha**mas,
e as**sim** não sen**ti** seu ca**lor**.

Ant. 3 São Lourenço rezava, dizendo:
Dou-vos **gra**ças, Senhor, pois me **des**tes
em **vos**sa mo**ra**da en**trar**!

Leitura breve   2Cor 1,3-5

Bendito seja o Deus e Pai de nosso Senhor Jesus Cristo, o Pai das misericórdias e Deus de toda consolação. Ele nos consola em todas as nossas aflições, para que, com a consolação que nós mesmos recebemos de Deus, possamos consolar os que se acham em toda e qualquer aflição. Pois, à medida que os sofrimentos de Cristo crescem para nós, cresce também a nossa consolação por Cristo.

Responsório breve

R. O **Se**nhor é minha **for**ça,
  * Ele **é** o meu **can**to. R. O **Se**nhor.
V. E tor**nou**-se para **mim**, para **mim** o Salva**dor**.
  * Ele **é**. Glória ao **Pai**. R. O **Se**nhor.

Cântico evangélico, ant.

Meu **ser**vo, não **te**mas, contigo es**tou**!
Tu **po**des pas**sar** no **mei**o das **cha**mas:
nem **chei**ro de **fo**go em **ti** ficará.

PRECES do Comum, p. 1614.

Oração

Ó Deus, o vosso diácono Lourenço, inflamado de amor por vós, brilhou pela fidelidade no vosso serviço e pela glória do martírio; concedei-nos amar o que ele amou e praticar o que ensinou. Por nosso Senhor Jesus Cristo, vosso Filho, na unidade do Espírito Santo.

Hora Média

Antífonas e salmos do dia de semana; leitura breve e versículo do Comum, p.1616.

Vésperas

Hino

>Louvemos a glória
>do mártir de Cristo,
>que os bens desprezou:
>aos nus deu vestidos
>e pão aos famintos,
>servindo ao Senhor.
>
>Do fogo a tortura
>acende a fé pura
>no seu coração.
>A chama é vencida
>por quem fez da vida
>total doação.
>
>O coro dos anjos
>recebe sua alma
>nos átrios dos céus.
>De louros cingido,
>de Deus ele alcance
>perdão para os réus.
>
>Com preces ardentes,
>rogamos, ó mártir,
>implora o perdão
>da culpa dos servos

e firma em fé viva
o seu coração.

Ao Pai honra e glória,
louvor e vitória
ao Filho também,
no Espírito Santo.
Aos Três nosso canto
nos séculos. Amém.

Ant. 1 Lourenço entrou no combate dos mártires
e deu testemunho de Cristo Senhor.

Salmos e cântico do Comum. p 1618.

Ant. 2 São Lourenço exclamou: Que grande alegria
eu ter merecido ser hóstia de Cristo!

Ant. 3 Dou-vos graças, Senhor, pois me destes
em vossa morada entrar!

Leitura breve 1Pd 4,13-14

Caríssimos, alegrai-vos por participar dos sofrimentos de Cristo, para que possais também exultar de alegria na revelação da sua glória. Se sofreis injúrias por causa do nome de Cristo, sois felizes, pois o Espírito da glória, o Espírito de Deus, repousa sobre vós.

Responsório

R. Na verdade, ó Senhor, vós nos provastes,
 * Mas finalmente vós nos destes um alívio. R. Na verdade.
V. Depurastes-nos no fogo como a prata. Mas finalmente.
Glória ao Pai. R. Na verdade.

Cântico evangélico, ant.:

Dizia São Lourenço em oração:
Minha noite não conhece escuridão,
tudo nela resplandece como a luz!

PRECES do Comum, p. 1621.

Oração como nas Laudes.

11 de agosto

SANTA CLARA, VIRGEM

Memória

Nasceu em Assis no ano 1193. Imitando o exemplo do seu concidadão Francisco, seguiu o caminho da pobreza, foi Mãe e Fundadora da Ordem das Damas Pobres (Clarissas). A sua vida foi de grande austeridade, mas rica em obras de caridade e de piedade. Morreu em 1253.

Do Comum das virgens, p. 1669, ou das santas mulheres: para religiosas, p. 1743.

Ofício das Leituras

Segunda leitura

Da Carta a Santa Inês de Praga, de Santa Clara, virgem
(Edit. I. Omaechevarria, Escritos de Santa Clara, Madrid 1970. pp. 339-341) (Séc. XIII)

Contempla a pobreza, a humildade e a caridade de Cristo

Feliz a quem foi dado participar do sagrado convívio, de forma a aderir com todas as veras do coração àquele cuja beleza as santas multidões dos céus admiram sem cessar. Sua ternura comove; sua contemplação fortalece; sua benignidade cumula, sua suavidade satisfaz, sua lembrança ilumina docemente, seu odor revitaliza os mortos, e a sua gloriosa visão encherá de gozo os habitantes da Jerusalém do alto. Ele é o esplendor da eterna glória, *fulgor da luz eterna, espelho sem defeito* (Sb 7,26). Olha todos os dias neste espelho, ó rainha, esposa de Jesus Cristo, e contempla sempre nele tua face. Assim te adornarás toda inteira, por dentro e por fora, coberta envolta de brocados, enfeitada com as vestes e as flores de todas as virtudes, como convém à filha e esposa castíssima do sumo Rei. Neste espelho refulgem a ditosa pobreza, a santa humildade e a indizível caridade, como poderás contemplar, pela graça de Deus, no espelho todo.

Quero dizer: vê no começo do espelho a pobreza daquele que foi posto no presépio, envolto em faixas. Ó admirável humildade, ó estupenda pobreza! O rei dos anjos, o Senhor do céu e da terra é deitado numa manjedoura! No centro do espelho, considera a humildade, quando não a ditosa pobreza, os inúmeros sofrimentos e penas que suportou pela redenção do gênero humano. No fim desse espelho, contempla a indizível caridade que o levou a sofrer no lenho da cruz e nele morrer a mais ignominiosa das mortes. Este espelho, posto no lenho da cruz, aos que passavam para ver estas coisas, advertia: Ó *vós todos que passais pelo caminho, olhai e vede se há dor igual à minha dor* (Lm 1,12). Respondamos, então, numa só voz, num só espírito ao que clama e se queixa: *Lembro-me intensamente e dentro de mim meu coração definha* (Lm 3,20). Assim te inflamarás cada vez mais fortemente com este ardor de caridade, ó rainha do rei celeste.

Contemplando, depois, suas inexprimíveis delícias, riquezas e honras perpétuas, suspirando pela veemência do desejo do coração e do amor, exclames: *Atrai-me, e correremos atrás de ti ao odor de teus perfumes* (Ct 1,3 Vulg.), ó esposo celeste. Correrei sem parar, até que me introduzas em tua adega, teu braço esquerdo ampare minha cabeça e tua direita me abrace feliz e que me beijes com teu ósculo de suprema felicidade (cf. Ct 2,4.6). Entregue a esta contemplação, não te esqueças desta pobrezinha, tua mãe, pois sabes estar indelevelmente gravada tua suave lembrança nas tábuas de meu coração e que para mim és a mais querida de todas.

Responsório   Sl 72(73),26; Fl 3,8b

R. Mesmo que o **cor**po e o cora**ção** vão se gas**tan**do,
 * Deus é o a**poi**o e o funda**men**to da minh'**al**ma,
 é minha **par**te e minha he**ran**ça para **sem**pre.
V. Quis per**der** todas as **coi**sas para o **Cris**to conquis**tar**
 e para **ne**le me encon**trar**. * Deus é o a**poi**o.

Oração

Ó Deus, que na vossa misericórdia atraístes Santa Clara ao amor da pobreza, concedei, por sua intercessão, que, seguindo o Cristo com um coração de pobre, vos contemplemos um dia em vosso Reino. Por nosso Senhor Jesus Cristo, vosso Filho, na unidade do Espírito Santo.

13 de agosto

SÃO PONCIANO, PAPA, E SANTO HIPÓLITO PRESBÍTERO, MÁRTIRES

Ponciano foi ordenado bispo de Roma no ano 231. Desterrado para a Sardenha, juntamente com o presbítero Hipólito, pelo imperador Maximino, no ano 235, aí morreu, depois de ter abdicado do seu pontificado. Seu corpo foi sepultado no cemitério de Calisto, e o de Hipólito no cemitério que está junto à Via Tiburtina. A Igreja Romana presta culto a ambos os mártires já desde o princípio do século IV.

Do Comum de vários mártires, p. 1580, ou dos pastores, p. 1623.

Ofício das Leituras

Segunda leitura

Das Cartas de São Cipriano, bispo e mártir

(Epist. 10,2-3.5: CSEL 3,491-492.494-495) (Séc III)

Fé inexpugnável

Com que louvores proclamarei, irmãos fortíssimos, o vigor de vosso peito, a perseverança da fé, e com que elogio os exaltarei? Tolerastes duríssima tortura até a consumação na glória. Não cedestes aos suplícios, foram antes os suplícios que cederam diante de vós. As coroas deram fim às dores que os tormentos não davam. Os maiores dilaceramentos duraram muito tempo, não para lançar abaixo a fé, mas para enviar mais depressa ao Senhor os homens de Deus.

A multidão presente viu, admirada, o celeste combate de Deus e a luta espiritual de Cristo. Viu seus servos que perseveraram, com a palavra livre, com a mente incorrupta, com a força divina: despidos diante das flechas terrenas. mas armados com a armas da fé. Os torturados mantinham-se mais fortes de que os torturadores: os membros açoitados e dilacerados venceram os ferrões dos açoitadores e dilaceradores.

Os golpes furiosos, longamente repetido, não conseguiram superar a fé inexpugnável. Embora suas vísceras estivessem arrebentadas, já não eram os membros destes servos de Deus que eram torturados, mas as chagas. Corria sangue que iria extinguir o incêndio da perseguição; o glorioso sangue derrama do que apagaria a chama e o fogo da geena. Oh! que espetáculo foi este para o Senhor, que sublime, quão grande, de quanto apreço aos olhos de Deus, pelo juramento e consagração de seu soldado! Tal como está escrito nos salmos, que nos falam e exortam pelo Espírito Santo: *Preciosa aos olhos de Deus a morte de seus justos* (Sl 1 15,1 5). Preciosa a morte que compra a imortalidade ao preço de seu sangue, que recebe a coroa de Deus pela perfeição da virtude.

Quão alegre ali estava Cristo, com que satisfação lutou e venceu em tais servos seus, ele, o protetor da fé, que dá aos crentes tanto quanto quem recebe crê poder comportar. Esteve presente em seu combate, levantou, fortaleceu, animou os lutadorese as testemunhas de seu nome. Aquele que uma vez venceu a morte em nosso lugar, sempre vence em nós.

Ó feliz Igreja nossa, iluminada pela honra da divina condescendência, que em nossos tempos o glorioso sangue dos mártires ilustra. Antes, alva pelas boas obras dos irmãos, fez-se agora purpúrea pelo sangue dos mártires. Entre suas flores não faltam nem os lírios nem as rosas. Lute cada um agora pela magnífica dignidade de ambas as honras. Ganhem coroas alvas pelas boas obras ou vermelhas pelo martírio.

Responsório

R. Ao lutarmos pela **fé**, Deus nos **vê**, os anjos **o**lham e o **Cris**to nos con**tem**pla.
  * Quanta **hon**ra e ale**gria** comba**ter**, vendo-nos **Deus**, e a co**roa** rece**ber** do Juiz, que é Jesus **Cris**to.

V. Concentremos nossas **for**ças, para a **lu**ta preparemo-nos com a **men**te pura e **for**te, doa**ção**, fé e co**ra**gem.
  * Quanta **hon**ra.

Oração

Ó Deus, que a admirável constância dos mártires Ponciano e Hipólito faça crescer em nós o vosso amor e mantenha em nossos corações uma fé sempre firme. Por nosso Senhor Jesus Cristo, vosso Filho, na unidade do Espírito Santo.

14 de agosto

SÃO MAXIMILIANO MARIA KOLBE, PRESBÍTERO E MÁRTIR

Memória

Maximiliano Maria Kolbe nasceu na Polônia no dia 8 de janeiro de 1894. Ainda adolescente, ingressou na Ordem dos Frades Menores Conventuais e foi ordenado sacerdote em Roma, no ano de 1918. Animado de filial piedade para com a Virgem Mãe de Deus, fundou uma confraria religiosa com o nome de "Milícia de Maria Imaculada", que se propagou de modo extraordinário tanto em sua pátria como em outras regiões. Chegando ao Japão como missionário, aplicou-se em difundir a fé cristã sob os auspícios e patrocínio da mesma Virgem Imaculada. Finalmente, regressando à Polônia, tendo padecido, por ocasião da guerra que então grassava, terríveis atrocidades no campo de concentração de Auschwitz, distrito de Cracóvia, consumou sua fecunda vida num holocausto de caridade, a 14 de agosto de 1941.

Do Comum de um mártir, p. 1603, ou, dos pastores: para presbíteros, p. 1623, exceto o seguinte:

Ofício das Leituras

Segunda leitura
Das Cartas de São Maximiliano Maria Kolbe

(O. Joachim Roman Bar. O.F.M.Conv., ed. Wybór Pism,
Warszawa 1973, 41-42; 226) (Séc. XX)

Do zelo apostólico que se deve ter ao procurar a salvação
e santificação das almas

Muito me alegra, caro irmão, o zelo que te inflama na promoção da glória de Deus. Pois observamos com tristeza, em nossos tempos, não só entre os leigos mas também entre os religiosos, a doença quase epidêmica que se chama *indiferentismo,* que se propaga de várias formas. Ora, como Deus é digno de infinita glória, nosso primeiro e mais importante ideal deve ser, com nossas exíguas forças, lhe darmos o máximo de glória, embora nunca possamos dar quanto de nós, pobres peregrinos, ele merece.

Como a glória de Deus resplandece principalmente na salvação das almas que Cristo remiu com seu próprio sangue, o desejo mais elevado da vida apostólica será procurar a salvação e santificação do maior número possível. E quero brevemente dizer-te qual o melhor caminho para este fim, isto é, para conseguir a glória divina e a santificação de muitas almas. Deus, ciência e sabedoria infinita, sabendo o que, de nossa parte, mais contribui para aumentar sua glória, manifesta-nos a sua vontade sobretudo pelos seus ministros na terra.

É a obediência, e ela só, que nos indica a vontade de Deus com evidência. O superior pode errar, mas não é possível que nós, ao seguirmos a obediência, sejamos levados ao erro. Só poderia haver uma exceção se o superior mandasse algo que incluísse – mesmo em grau mínimo – uma violação da lei divina; pois, neste caso, o superior não seria fiel intérprete de Deus.

Só Deus é infinito, sapientíssimo, santíssimo e clementíssimo, Senhor, Criador e Pai nosso, princípio e fim, sabedoria, poder e amor; tudo isso é Deus. Tudo que não seja Deus só vale enquanto se refere a ele, Criador de tudo e Redentor dos homens, último fim de toda a criação. É ele que nos manifesta a sua adorável vontade por meio daqueles que o representam, e nos atrai a si, querendo, deste modo, atrair por nós outras almas, unindo-as a si em amor cada vez mais perfeito.

Vê, irmão, quão grande é, pela misericórdia divina, a dignidade de nossa condição! Pela obediência com que ultrapassamos os limites de nossa pequenez e conformamo-nos à vontade divina, que nos dirige com sua infinita sabedoria e prudência, a fim de agirmos com retidão. Pode-se até dizer que, seguindo assim a vontade de Deus à qual nenhuma criatura pode resistir, nos tornamos mais fortes que tudo.

Esta é a vereda da sabedoria e da prudência, este é o único caminho pelo qual possamos dar a Deus maior glória. Pois, se existisse caminho diferente e mais alto, certamente Cristo no-lo teria manifestado com sua doutrina e exemplo. Ora, a divina Escritura resumiu a sua longa permanência em Nazaré com estas palavras: *E era-lhes submisso* (Lc 2,51), como nos indicou toda a sua vida ulterior sob o signo da obediência, mostrando que desceu à terra para fazer a vontade do Pai.

Amemos por isso, irmão, amemos sumamente o amantíssimo Pai celeste, e deste amor seja prova a nossa obediência, exercida em grau supremo quando nos exige o sacrifício da própria vontade. Não conhecemos, para progredir no amor a Deus, livro mais sublime que Jesus Cristo crucificado.

Tudo isso conseguiremos mais facilmente pela Virgem Imaculada, a quem a bondade de Deus confiou os tesouros da sua misericórdia. Pois não há dúvida que a vontade de Maria seja para nós a própria vontade de Deus. E, quando nos dedicamos a ela, tomamo-nos em suas mãos como instrumentos, como ela própria, nas mãos de Deus. Portanto, deixemo-nos dirigir por ela, ser conduzidos por ela, e sejamos calmos e seguros por ela guiados: pois cuidará de nós, tudo proverá e há de socorrer-nos prontamente nas necessidades do corpo e da alma, afastando nossas dificuldades e angústias.

Responsório   Ef 5,1-2: 6,6b

R. Tornai-vos, irmãos, imitadores de **Deus**
    como filhos amados, e andai em amor,
    como Cristo nos amou e se entregou por nós a **Deus**,
 * Como oferta e sacrifício de perfume agradável,
V. Como servos de Cristo,
    de bom grado fazendo a vontade de **Deus**.
    * Como oferta.

Laudes

Cântico evangélico, ant.

O **Cris**to há de **ser** engrande**ci**do no meu **cor**po
pela **vi**da ou pela **mor**te.
Para **mim** viver é **Cris**to e morrer torna-se **lu**cro.

Oração

Ó Deus, inflamastes São Maximiliano Maria, presbítero e mártir, com amor à Virgem Imaculada e lhe destes grande zelo pastoral e dedicação ao próximo. Concedei-nos, por sua intercessão, que trabalhemos intensamente pela vossa glória no serviço do próximo, para que nos tornemos semelhantes ao vosso Filho até a morte. Por nosso Senhor Jesus Cristo, vosso Filho, na unidade do Espírito Santo.

Vésperas

Cântico evangélico, ant.

Eis **co**mo conhe**ce**mos o **a**mor de Deus por **nós**:
Ele **deu** por nós sua **vi**da.
Também **nós** devemos **dar** pelos ir**mãos** a nossa **vi**da.

Oração como nas Laudes

15 de agosto
ASSUNÇÃO DE NOSSA SENHORA

Solenidade

(No Brasil esta solenidade é celebrada no domingo depois do dia 15, caso o dia 15 não caia em domingo).

I Vésperas

Hino

Nova estrela do céu, gáudio da terra,
ó Mãe do Sol, geraste o Criador:
estende a tua mão ao que ainda erra,
levanta o pecador.

Deus fez de ti escada luminosa:
por ela o abismo galga o próprio céu;
dá subirmos contigo, ó gloriosa,
envolva-nos teu véu!

Os anjos apregoam-te Rainha,
e apóstolos, profetas, todos nós:
no mais alto da Igreja estás sozinha,
da Divindade após.

Louvor rendamos à Trindade eterna,
que a ti como Rainha hoje coroa.
Toma o teu cetro, pois, reina e governa,
Mãe que acolhe e perdoa!

Ant. 1 Cristo Jesus subiu aos céus
e preparou, no Reino eterno,
um lugar para sua Mãe, a santa Virgem, aleluia.

Salmos e cântico do Comum de Nossa Senhora, p. 1514.

Ant. 2 A porta do céu foi fechada por Eva;
por Maria ela abriu-se, aos homens de novo.
Aleluia.

Ant. 3 A **Virgem** Maria foi **hoje** elevada acima dos **céus**.
Vinde **todos**, louvemos o **Cristo** Senhor.
Seu **Reino** se estende por **todos** os **séculos**.

Leitura breve
Rm 8,30

Aqueles que Deus predestinou, também os chamou. E aos que chamou, também os tornou justos; e aos que tornou justos, também os glorificou.

Responsório breve

R. **Maria** foi as**sun**ta ao **céu**.
* Os **an**jos se a**le**gram, lou**van**do. R. **Maria**.
V. Ben**di**zem o Se**nhor**, ju**bi**losos. * Os **an**jos.
Glória ao **Pai**. R. **Maria**.

Cântico evangélico. ant.

As ge**ra**ções hão de cha**mar**-me de ben**dita**,
pois maravilhas fez em **mim** o Po**de**roso. Ale**lu**ia.

Preces

Proclamemos a grandeza de Deus Pai todo-poderoso: Ele quis que Maria, Mãe de seu Filho, fosse celebrada por todas as gerações. Peçamos humildemente:

R. **Cheia de graça, intercedei por nós!**

Deus, autor de tantas maravilhas, que fizestes a Imaculada Virgem Maria participar em corpo e alma da glória celeste de Cristo.
– conduzi para a mesma glória os corações de vossos filhos.
R.

Vós, que nos destes Maria por Mãe, concedei, por sua intercessão, saúde aos doentes, consolo aos tristes, perdão aos pecadores.
– e a todos a salvação e a paz.
R.

Vós, que fizestes de Maria a cheia de graça,
– concedei a todos a abundância da vossa graça.
R. **Cheia de graça, intercedei por nós!**

Fazei, Senhor, que a vossa Igreja seja, na caridade, um só coração e uma só alma,
– e que todos os fiéis perseverem unânimes na oração com Maria, Mãe de Jesus. R.

(intenções livres)

Vós, que coroastes Maria como rainha do céu,
– fazei que nossos irmãos e irmãs falecidos se alegrem eternamente em vosso reino, na companhia dos santos. R.
Pai nosso...

Oração

Deus eterno e todo-poderoso, que elevastes à glória do céu em corpo e alma a imaculada Virgem Maria, Mãe do vosso Filho, dai-nos viver atentos às coisas do alto a fim de participarmos da sua glória. Por nosso Senhor Jesus Cristo, vosso Filho, na unidade do Espírito Santo.

Invitatório

R. Ado**re**mos o **Cris**to e lou**ve**mos sua **Mãe**
ele**va**da, hoje, aos **céus**.

Salmo invitatório como no Ordinário, p. 537.

Ofício das Leituras

Hino

    Com uma graça toda sua,
    mais brilhante do que a aurora,
    do que o sol e do que a lua,
    sobe ao céu Nossa Senhora.

    Do seu trono ofusca o brilho,
    ao vir pelo céu afora,
    exaltada pelo Filho,
    que é grande antes da aurora.

Mais que os santos todos brilha,
mais que os anjos irradia:
se do Pai foi sempre Filha,
Mãe de Deus tornou-se um dia.

Ela em si O trouxera outrora,
como sol em treva imerso,
em Deus Pai contempla-O agora,
a reinar sobre o universo.

Mãe de Deus ao céu erguida,
seja esta a prece tua:
deste a Deus a nossa vida,
nos concede agora a sua.

Louvor seja ao Pai e ao Filho
e ao Espírito vitória,
pois te alçaram deste exílio
ao pináculo da glória.

Ant. 1 Levantai-vos, ó Virgem Rainha,
sois digna de eterno esplendor!
Subi ao palácio de glória
do Cristo Senhor, Rei eterno!

Salmos do Comum de Nossa Senhora, p. 1520.

Ant. 2 Desde sempre o Senhor a escolheu
e a fez habitar em sua casa.

Ant. 3 Dizem coisas gloriosas sobre vós, Virgem Maria.

V. Sois feliz, porque crestes em Deus, ó Maria,
R. Pois em vós se cumpriu o que ele predisse.

Primeira leitura

Da Carta de São Paulo aos Efésios 1,16–2,10

Deus nos fez tomar lugar nos céus junto a Cristo Jesus

Irmãos: ¹,¹⁶Não cesso de dar graças a vosso respeito, quando me lembro de vós em minhas orações. ¹⁷Que o Deus de nosso Senhor Jesus Cristo, o Pai a quem pertence a glória, vos dê um espírito de sabedoria que vo-lo revele e faça verdadeiramente conhecer. [18]Que ele abra o vosso coração à sua luz, para que saibais qual a esperança que o seu chamamento vos dá, qual a riqueza da glória que está na vossa herança com os santos, [19]e que imenso poder ele exerceu em favor de nós que cremos, de acordo com a sua ação e força onipotente. [20]Ele manifestou sua força em Cristo, quando o ressuscitou dos mortos e o fez sentar-se à sua direita nos céus, [21]bem acima de toda a autoridade, poder, potência, soberania ou qualquer título que se possa nomear não somente neste mundo, mas ainda no mundo futuro. [22]Sim, ele pôs tudo sob os seus pés e fez dele, que está acima de tudo, a Cabeça da Igreja, [23]que é o seu corpo, a plenitude daquele que possui a plenitude universal.

[2,1]Vós estáveis mortos por causa de vossas faltas e pecados, [2]nos quais vivíeis outrora, quando seguíeis o deus deste mundo, o príncipe que reina entre o céu e a terra, o espírito que age agora entre os rebeldes. [3]Nós éramos deste número, todos nós. Outrora nos abandonávamos às paixões da carne; satisfazíamos os seus desejos, seguíamos os seus caprichos e éramos por natureza, como os demais, filhos da ira. [4]Mas Deus é rico em misericórdia. Por causa do grande amor com que nos amou, [5]quando estávamos mortos por causa das nossas faltas, ele nos deu a vida com Cristo. É por graça que vós sois salvos! [6]Deus nos ressuscitou com Cristo e nos fez sentar nos céus em virtude de nossa união com Jesus Cristo. [7]Assim, pela bondade, que nos demonstrou em Jesus Cristo, Deus quis mostrar, através dos séculos futuros, a incomparável riqueza da sua graça.

[8]Com efeito, é pela graça que sois salvos, mediante a fé. E isso não vem de vós; é dom de Deus! [9]Não vem das obras, para que ninguém se orgulhe. [10]Pois é ele quem nos fez; nós fomos criados em Jesus Cristo para as obras boas, que Deus preparou de antemão para que nós as praticássemos.

Responsório

R. Como é **bela** e form**o**sa a **Virgem Maria**,
que pass**ou** deste **mun**do ao **Cris**to Senhor.
* Em **meio** aos **co**ros dos **san**tos ref**ul**ge,
como o **sol** entre as estre**l**as.
V. Os **an**jos se **a**legram, os ar**can**jos e**xul**tam
ante a **Virgem Maria**. * Em **meio**.

Segunda leitura

Da Constituição Apostólica *Munificentissimus Deus,* do papa Pio XII

(AAS 42[1950],760-762.767-769)   (Séc. XX)

Teu corpo é santo e cheio de glória

Nas homilias e orações para o povo na festa da Assunção da Mãe de Deus, santos padres e grandes doutores dela falaram como de uma festa já conhecida e aceita. Com a maior clareza a expuseram; apresentaram seu sentido e conteúdo com profundas razões, colocando especialmente em plena luz o que esta festa tem em vista: não apenas que o corpo morto da Santa Virgem Maria não sofrera corrupção, mas ainda o triunfo que ela alcançou sobre a morte e a sua celeste glorificação, a exemplo de seu Unigênito, Jesus Cristo.

São João Damasceno, entre todos o mais notável pregoeiro desta verdade da tradição, comparando a Assunção em corpo e alma da Mãe de Deus com seus outros dons e privilégios, declarou com vigorosa eloquência: "Convinha que àquela que guardara ilesa a virgindade no parto, conservasse seu corpo, mesmo depois da morte, imune de toda corrupção. Convinha que aquela que trouxera no seio o Criador como criancinha fosse morar nos tabernáculos divinos. Convinha que a esposa, desposada pelo Pai, habitasse na câmara nupcial dos céus. Convinha que, tendo demorado o olhar em seu Filho na cruz e recebido no peito a espada da dor, ausente no parto, o contemplasse assentado junto do Pai.

Convinha que a Mãe de Deus possuísse tudo o que pertence ao Filho e fosse venerada por toda criatura como mãe e serva de Deus".

São Germano de Constantinopla julgava que o fato de o corpo da Virgem Mãe de Deus estar incorrupto e ser levado ao céu não apenas concordava com sua maternidade divina, mas ainda conforme a peculiar santidade deste corpo virginal: *"Tu,* está escrito, *surges com beleza* (cf. Sl 44,14); e teu corpo virginal é todo santo, todo casto, todo morada de Deus; de tal forma que ele está para sempre bem longe de desfazer-se em pó; imutado, sim, por ser humano, para a excelsa vida da incorruptibilidade. Está vivo e cheio de glória, incólume e participante da vida perfeita".

Outro antiquíssimo escritor assevera: "Portanto, como gloriosa mãe de Cristo, nosso Deus salvador, doador da vida e da imortalidade, foi por ele vivificada para sempre em seu corpo na incorruptibilidade; ele a ergueu do sepulcro e tomou para si, como só ele sabe".

Todos estes argumentos e reflexões dos santos padres apoiam-se como em seu maior fundamento nas Sagradas Escrituras. Estas como que põem diante dos olhos a santa Mãe de Deus profundamente unida a seu divino Filho, participando constantemente de seu destino.

De modo especial é de lembrar que, desde o segundo século, os santos padres apresentam a Virgem Maria qual nova Eva para o novo Adão: intimamente unida a ele – embora com submissão – na mesma luta contra o inimigo infernal (como tinha sido previamente anunciado no proto-evangelho [cf. Gn 3,15]), luta que iria terminar com a completa vitória sobre o pecado e a morte, coisas que sempre estão juntas nos escritos do Apóstolo das gentes (cf. Rm 5 e 6; 1Cor 15,21-26.54-57). Por este motivo, assim como a gloriosa ressurreição de Cristo era parte essencial e o último sinal desta vitória, assim também devia ser incluída a luta da santa Virgem, a mesma que a de seu Filho, pela glorificação do corpo virginal. O mesmo Apóstolo dissera: *Quando o que é mortal se revestir de imortalidade, então se cumprirá o que foi escrito: A morte foi tragada pela vitória* (1Cor 15,54; cf. Os 13,14).

Por conseguinte, desde toda a eternidade unida misteriosamente a Jesus Cristo, pelo mesmo desígnio depredestinação, a augusta Mãe de Deus, imaculada na concepção, virgem inteiramente intacta na divina maternidade, generosa companheira do divino Redentor, que obteve pleno triunfo sobre o pecado e suas consequências, ela alcançou ser guardada imune da corrupção do sepulcro, como suprema coroa dos seus privilégios. Semelhantemente a seu Filho, uma vez vencida a morte, foi levada em corpo e alma à glória celeste, onde, rainha, refulge à direita do seu Filho, o imortal rei dos séculos.

Responsório

R. Eis o **dia** glori**o**so, em que a **Vir**gem, Mãe de **Deus**,
 aos **céus** foi ele**va**da; lou**van**do-a, procla**me**mos:
 * Sois ben**di**ta entre as mu**lhe**res
 e ben**di**to é o **fru**to, que nas**ceu** de vosso **ven**tre.
V. Sois fe**liz**, Virgem Ma**ri**a; e mere**ceis** todo lou**vor**;
 pois de **vós** se levan**tou** o Sol bri**lhan**te da justiça,
 que é **Cris**to, nosso **Deus**. * Sois ben**di**ta.
HINO Te Deum, p. 543.

Oração como nas Laudes.

Laudes

Hino

De sol, ó Virgem, vestida,
de branca lua calçada;
de doze estrelas-coroas
Coroada.

A terra toda te canta,
da morte Dominadora.
No céu a ti temos, todos,
Protetora.

Fiel, conserva os fiéis,
procura a ovelha perdida.
Brilha na treva da morte,
Luz e Vida.

Ao pecador auxilia,
ao triste, ao fraco e ao pobre.
Com o teu manto materno
Todos cobre!

Louvor à excelsa Trindade.
Que dê a coroa a quem
ele fez Mãe e Rainha
nossa. Amém.

Ant. 1 **Bendita se**jais**, ó Virgem Maria,**
por **vós** veio ao **mundo** o **Deus** Salvador!
Agora gozais na **glória** com **Deus**.

Salmos e cântico do domingo da I Semana, p. 580.

Ant. 2 A **Virgem** Ma**ri**a foi **hoje** ele**va**da a**cima** dos **an**jos:
Ale**gre**mos-nos **to**dos, lou**van**do o Se**nhor**!

Ant. 3 O Se**nhor** engrande**ceu**
de tal ma**nei**ra o vosso **no**me,
que o lou**vor** que mere**ceis**
nunca **ces**se em nossos **lá**bios.

Leitura breve   Cf. Is 61,10

Exulto de alegria no Senhor e minh'alma regozija-se em meu Deus; ele me vestiu com as vestes da salvação, envolveu-me com o manto da justiça e adornou-me qual noiva com suas joias.

Responsório breve

R. Hoje a **Vir**gem Maria
* Su**biu** para os **céus**. R. Hoje a **Vir**gem.
V. E tri**un**fa com **Cris**to sem **fim**, pelos **sé**culos. * Su**biu**.
Glória ao **Pai**. R. Hoje a **Vir**gem.

Cântico evangélico, ant.

Resplen**den**te de be**le**za, fulgu**ran**te como a au**ro**ra,
ó **Fi**lha de Sião, vós su**bis**tes para os **céus**.

Preces

Celebremos nosso Salvador, que se dignou nascer da Virgem Maria; e peçamos:
R. **Senhor, que a vossa Mãe interceda por nós!**

Palavra eterna do Pai, que escolhestes Maria como arca incorruptível para vossa morada,
– livrai-nos da corrupção do pecado. R.

Redentor nosso, que fizestes da Imaculada Virgem Maria o tabernáculo puríssimo da vossa presença e o sacrário do Espírito Santo,
– fazei de nós templos vivos do vosso Espírito. R.

Rei dos reis, que quisestes ter vossa Mãe convosco no céu em corpo e alma,
– fazei que aspiremos sempre aos bens do alto. R.

Senhor do céu e da terra, que colocastes Maria como rainha à vossa direita,
– dai-nos a alegria de participar um dia com ela da mesma glória. R.

(intenções livres)

Pai nosso...

Oração

Deus eterno e todo-poderoso, que elevastes à glória do céu em corpo e alma a imaculada Virgem Maria, Mãe do vosso

Filho, dai-nos viver atentos às coisas do alto a fim de participarmos da sua glória. Por nosso Senhor Jesus Cristo, vosso Filho, na unidade do Espírito Santo.

Hora Média

Salmos graduais, p.1132. Sendo domingo, os salmos são do domingo da I Semana, p.584.

Em lugar do Salmo 121(122), pode-se dizer o Salmo 128(129), p. 1074, e em lugar do Salmo 126(127), o Salmo 130(131), p.902.

Oração das Nove Horas

Ant. Como o **cedro** do **Líbano** e o ci**preste** em **Sião**,
fostes **vós** elevada, santa **Mãe** do **Senhor**!

Leitura breve   Jt 13,17-18

Todo o povo ficou extraordinariamente estupefato. Inclinando-se para adorar a Deus, disseram a uma só voz: Bendito és tu, ó nosso Deus, que hoje reduziste a nada os inimigos do teu povo! E Ozias disse a Judite: Ó filha, tu és bendita pelo Deus Altíssimo, mais que todas as mulheres da terra!

V. Maria foi **hoje** eleva**da** aos **céus**.
R. Os **anjos** se alegram, louvan**do** o **Senhor**.

Oração das Doze Horas

Ant. Louvemos Maria, Rainha dos **céus**,
pois **dela** nos veio o **Sol** da justiça.

Leitura breve   Ap 12,1

Apareceu no céu um grande sinal: uma mulher vestida de sol, tendo a lua debaixo dos pés e sobre a cabeça uma coroa de doze estrelas.

V. A **Mãe** do **Senhor** foi **hoje** exal**ta**da
R. A**ci**ma dos **anjos** no **Reino** ce**les**te.

Oração das Quinze Horas

Ant. A **Mãe** do Se**nhor** foi **ho**je exal**ta**da
acima dos **an**jos no **Rei**no ce**les**te.

Leitura breve   2Cor 5,1

Sabemos que, se a tenda em que moramos neste mundo for destruída, Deus nos dá uma outra moradia no céu que não é obra de mãos humanas, mas que é eterna.

V. Maria **Vir**gem foi as**sun**ta à ce**les**te habita**ção**,
R. Onde o **Rei** está num **tro**no ador**na**do de es**tre**las.

Oração como nas Laudes.

II Vésperas

HINO Nova estrela no céu, como nas I Vésperas, p. 1192.

Ant. 1 Ma**ria** foi **ho**je eleva**da** aos **céus**,
os **an**jos se a**le**gram, louv**an**do o Se**nhor**.

Salmos e cântico do Comum de Nossa Senhora, p. 1537.

Ant. 2 Maria **Vir**gem foi as**sun**ta à ce**les**te habita**ção**,
onde o **Rei** está num **tro**no ador**na**do de es**tre**las.

Ant. 3 Sois ben**di**ta por **Deus**, entre **to**das, Ma**ri**a,
pois de **vós** rece**be**mos o **Fru**to da **Vi**da.

Leitura breve   1Cor 15,22-23

Como em Adão todos morrem, assim também em Cristo todos reviverão. Porém, cada qual segundo uma ordem determinada: Em primeiro lugar, Cristo, como primícias; depois, os que pertencem a Cristo.

Responsório breve

R. Foi exal**ta**da a **Vir**gem Ma**ri**a,
  * **A**cima dos **co**ros dos **an**jos. R. Foi exal**ta**da.
V. Ben**di**to o Se**nhor** que a ele**vou**! * **A**cima.
  Glória ao **Pai**. R. Foi exal**ta**da.

Cântico evangélico, ant.

Hoje a **Vir**gem **M**a**r**ia su**biu** para os **céus**,
ale**gre**mo-nos **to**dos,
pois **rei**na com **Cris**to sem **fim**, pelos **séculos**.

Preces

Proclamemos a grandeza de Deus Pai todo-poderoso: Ele quis que Maria, Mãe de seu Filho, fosse celebrada por todas as gerações. Peçamos humildemente:

R. **Cheia de graça, intercedei por nós!**

Deus, autor de tantas maravilhas, que fizestes a Imaculada Virgem Maria participar em corpo e alma da glória celeste de Cristo,
— conduzi para a mesma glória os corações de vossos filhos. R.

Vós, que nos destes Maria por Mãe, concedei, por sua intercessão, saúde aos doentes, consolo aos tristes, perdão aos pecadores,
— e a todos a salvação e a paz. R.

Vós, que fizestes de Maria a cheia de graça,
— concedei a todos a abundância da vossa graça. R.

Fazei, Senhor, que a vossa Igreja seja, na caridade, um só coração e uma só alma,
— e que todos os fiéis perseverem unânimes na oração com Maria, Mãe de Jesus. R.

(intenções livres)

Vós, que coroastes Maria como rainha do céu,
— fazei que nossos irmãos e irmãs falecidos se alegrem eternamente em vosso reino, na companhia dos santos. R.

Pai nosso...

Oração

Deus eterno e todo-poderoso, que elevastes à glória do céu em corpo e alma a imaculada Virgem Maria, Mãe do vosso

Filho, dai-nos viver atentos às coisas do alto a fim de participarmos da sua glória. Por nosso Senhor Jesus Cristo, vosso Filho, na unidade do Espírito Santo.

No fim das Completas convém dizer a antífona Ave, Rainha do céu, p. 565.

16 de agosto
SANTO ESTÊVÃO DA HUNGRIA

Nasceu na Panônia cerca do ano 969; tendo recebido o batismo, foi coroado rei da Hungria no ano 1000. No governo do seu reino foi justo, pacífico e piedoso, observando com toda a diligência as leis da Igreja e procurando sempre o bem dos súditos. Fundou vários episcopados e auxiliou com o máximo zelo a vida da Igreja. Morreu em Alba Real (Szekesfehérvar) no ano 1038.

Do Comum dos santos homens, p. 1694.

Ofício das Leituras

Segunda leitura
Dos Conselhos de Santo Estêvão a seu filho
(Cap. 1.2.10: PL 151,1236-1237.1242-1244.)   (Séc. XI)

Escuta, meu filho, os ensinamentos de teu pai

Em primeiro lugar, se desejas honrar a coroa real, recomendo-te, aconselho e exorto, filho muito caro, que guardes a fé católica e apostólica com tanta diligência e cuidado, que te tornes um exemplo para todos os que da parte de Deus te estão sujeitos; e todos os eclesiásticos com razão te denominem o verdadeiro homem da fé cristã, sem a qual, não tenhas dúvida, não te poderás dizer cristão nem filho da Igreja. No palácio real, depois da fé, a Igreja ocupa o segundo lugar, ela que foi plantada por nosso chefe, o Cristo; em seguida, transplantada, solidamente edificada e espalhada pelo universo por seus membros, os apóstolos e santos padres. Embora gerando sempre nova prole, em alguns lugares é considerada antiga.

Em nossa monarquia, filho, ela é ainda jovem e recente; por este motivo precisa de protetores mais precavidos e declarados. Não aconteça que por teu desleixo, preguiça e negligência seja destruído e aniquilado o que a divina clemência nos concedeu sem merecimento de nossa parte.

Meu filho muito querido, doçura de meu coração, esperança da continuidade de nossa linhagem, rogo-te e ordeno que por tudo e em tudo, firmado na piedade, sejas propício não apenas aos parentes e próximos, ou aos príncipes e aos chefes, ou aos ricos ou vizinhos e povo; mas também aos estrangeiros e a todos que te procuram. Pois a prática da compaixão te leva à máxima felicidade. Sê misericordioso para com os oprimidos, guardando sempre no fundo do coração o exemplo do Senhor: *Quero a misericórdia e não o sacrifício* (Mt 9,13). Sê paciente com todos, não apenas com os poderosos, mas também com os pequeninos.

Sê, enfim, forte para que a prosperidade não te ensoberbeça ou a adversidade não te abata. Sê também humilde para que Deus te eleve agora e no futuro. Sê, ainda, modesto, e a ninguém castigues ou condenes em excesso. Sê manso para não faltares à justiça. Sê fidalgo, de modo a jamais infligir deliberadamente um ultraje a alguém. Sê casto, para evitares, como aguilhão da morte, todo o mau cheiro da luxúria.

Todas estas coisas ditas acima, reunidas, tecem a coroa real, porque sem ela ninguém consegue reinar aqui nem chegar ao reino eterno.

Responsório　　　　　　　　Tb 4,8-9; Eclo 35,11a.12a
R. Sê misericordioso na medida em que puderes.
　* Se tiveres muitos bens, dá com grande coração;
　　e, se pouco possuíres, dá do pouco de bom grado.
V. Faze toda oferenda com semblante sorridente,
　　oferece ao Deus Altíssimo
　　conforme o dom que ele te fez.
　　* Se tiveres.

Oração

Deus todo-poderoso, concedei à vossa Igreja a gloriosa proteção de Santo Estêvão, rei da Hungria, que propagou o vosso Evangelho quando reinava na terra. Por nosso Senhor Jesus Cristo, vosso Filho, na unidade do Espírito Santo.

19 de agosto
SÃO JOÃO EUDES, PRESBÍTERO

Nasceu na diocese de Séez (França) no ano 1601. Recebeu a ordenação sacerdotal e dedicou-se durante vários anos à pregação nas paróquias. Fundou duas Congregações: uma destinada à formação sacerdotal dos seminaristas e outra para educação das mulheres cuja vida cristã corria perigo. Fomentou com particular zelo a devoção aos Corações de Jesus e de Maria. Morreu em 1680.

Do Comum dos pastores: para presbíteros, p. 1623, ou, dos santos homens: para religiosos, p. 1743.

Ofício das Leituras

Segunda leitura

Do tratado sobre o admirável Coração de Jesus, de São João Eudes, presbítero

(Lib.1,5: Opera omnia 6,107.113-115) (Séc. XVII)

Fonte de salvação e de vida verdadeira

Rogo-te medites que nosso Senhor Jesus Cristo é tua verdadeira cabeça e tu, um de seus membros. Ele está em relação a ti como a cabeça com os membros. Tudo que é dele, é teu: espírito, coração, corpo, alma e todas as faculdades. São para que os uses como se fossem teus, a fim de que, servindo-o, tu o louves, o ames e glorifiques. Por teu lado, tu lhe és como membro para a cabeça. Por isto deseja com ardor usar todas as tuas faculdades como dele, para servir e glorificar o Pai.

Mas não apenas ele é teu, porém, quer também estar em ti, vivendo e reinando em ti, tal como a cabeça vive e reina em seus membros. Quer, pois, que tudo o que nele existe, viva e reine em ti. Assim o seu espírito em teu espírito, o seu coração em teu coração, todas as faculdades de sua alma em tuas faculdades, a ponto de se cumprirem em ti estas palavras: *Glorificai e trazei a Deus em vosso corpo;* bem como *manifeste-se a vida de Jesus em vós* (1Cor 6,20). Não somente és para o Filho de Deus, mas nele deves existir como os membros, na cabeça. Tudo quanto há em ti, nele tem de ser inserido, e deves receber dele a vida e ser por ele guiado. Não terás vida verdadeira, a não ser nele, única fonte da verdadeira vida. Fora dele só encontras morte e perdição. Seja ele o único princípio de teus movimentos, ações e forças de tua vida. Dele e para ele tens de viver para realizares as palavras: *Nenhum de nós vive para si ou para si morre; se vivemos, para o Senhor vivemos; se morremos, para o Senhor morremos. Vivos ou mortos somos do Senhor. Para isto Cristo morreu e ressuscitou, para ser o Senhor dos vivos e dos mortos* (Rm 14,7-9). És enfim um só com Jesus, como os membros são uma só coisa com a cabeça. Portanto deves ter com ele um só espírito, uma só alma, uma vida, uma vontade, uma intenção, um só coração. E ele será teu espírito, coração, amor, vida, e tudo o que é teu. Para os cristãos estas grandes realidades têm origem no batismo. Mas aumentam e se fortalecem pela confirmação e boa prática das outras graças de que Deus lhes dá participarem. E tudo isto ele aperfeiçoa principalmente pela santa eucaristia.

Responsório   Rm 14,9.8b.7-8a

R. Cristo mor**reu** e ressusci**tou**, a **fim** de se tornar Senhor dos **vi**vos e dos **mor**tos.

* Quer vi**va**mos, quer mor**ra**mos, perten**ce**mos ao Se**nhor**.

20 de agosto

V. Ninguém **vive** para si e nem **morre** para si,
para ele nós vivemos, para ele nós morremos.
* Quer vivamos.

Oração
Ó Deus, que escolhestes o presbítero São João Eudes para anunciar as incomparáveis riquezas de Cristo, dai-nos seguir seus conselhos e exemplos, a fim de conhecer-vos melhor e viver fielmente à luz do Evangelho. Por nosso Senhor Jesus Cristo, vosso Filho, na unidade do Espírito Santo.

20 de agosto

SÃO BERNARDO, ABADE E DOUTOR DA IGREJA

Memória

Nasceu no ano 1090 perto de Dijon (França) e recebeu uma piedosa educação. Admitido, no ano 1111, entre os Monges Cistercienses, foi eleito, pouco tempo depois, abade do mosteiro de Claraval. Com a sua atividade e exemplo exerceu uma notável influência na formação espiritual dos seus irmãos religiosos. Por causa dos cismas que ameaçavam a Igreja, percorreu a Europa para restabelecer a paz e a unidade. Escreveu muitas obras de teologia e ascética. Morreu em 1153.

Do Comum dos doutores da Igreja, p. 1656, ou, dos santos homens: para religiosos, p. 1743, exceto o seguinte:

Ofício das Leituras

Segunda leitura
Dos Sermões sobre o Cântico dos Cânticos, de São Bernardo, abade
(Sermo 83,4-6: Opera omnia, Edit. Cisterc. 2[1958],300-302)
(Séc. XII)

Amo porque amo, amo para amar

O amor basta-se a si mesmo, em si e por sua causa encontra satisfação. É seu mérito, seu próprio prêmio. Além de si mesmo, o amor não exige motivo nem fruto. Seu fruto é o próprio ato de amar. Amo porque amo, amo para amar. Grande coisa é o amor, contanto que vá a seu princípio, volte à sua origem, mergulhe em sua fonte, sempre beba donde corre sem cessar. De todos os movimentos da alma, sentidos e afeições, o amor é o único com que pode a criatura, embora não condignamente, responder ao Criador e, por sua vez, dar-lhe outro tanto. Pois quando Deus ama não quer outra coisa senão ser amado, já que ama para ser amado; porque bem sabe que serão felizes pelo amor aqueles que o amarem.

O amor do Esposo, ou melhor, o Esposo-Amor somente procura a resposta do amor e a fidelidade. Seja permitido à amada corresponder ao amor! Por que a esposa e esposa do Amor não deveria amar? Por que não seria amado o Amor?

É justo que, renunciando a todos os outros sentimentos, única e totalmente se entregue ao amor, aquela que há de corresponder a ele, pagando amor com amor. Pois, mesmo que se esgote toda no amor, que é isto diante da perene corrente do amor do outro? Certamente não corre com igual abundância o caudal do amante e do Amor, da alma e do Verbo, da esposa e do Esposo, do Criador e da criatura; há entre eles a mesma diferença que entre o sedento e a fonte.

E então? Desaparecerá por isto e se esvaziará de todo a promessa da desposada, o desejo que suspira, o ardor da que a ama, a confiança da que ousa, já que não pode de igual para igual correr com o gigante, rivalizar a doçura com o mel, a brandura com o cordeiro, a alvura com o lírio, a claridade com o sol, a caridade com aquele que é a caridade? Não. Mesmo amando menos, por ser menor, se a criatura amar com tudo o que é, haverá de dar tudo. Por esta razão, amar assim é unir-se em matrimônio, porque não pode amar deste modo e ser menos amada, de sorte que no consenso dos dois haja íntegro e perfeito casamento. A não ser que alguém duvide ser amado primeiro e muito mais pelo Verbo.

20 de agosto

Responsório   Sl 30(31),20; 35(36),9

R. Como é **gran**de, ó Se**nhor**, vossa bon**da**de,
 * Que reser**vas**tes para **a**que**les** que vos **te**mem!
V. Na abun**dân**cia de **vos**sa morada
 ele **vem** saciar-se de **bens**.
 Vós lhes **dais** de be**ber** água **vi**va
 nas tor**ren**tes de **vos**sas de**lí**cias. * Que reser**vas**tes.

Laudes

HINO Bernardo, luz celeste, como nas Vésperas, abaixo.

Cântico evangélico, ant.

São Ber**nar**do, ilumi**na**do pela **luz** do Verbo e**ter**no,
irra**di**a em toda a **I**gre**ja** a luz da **fé** e da dou**tri**na.

Oração

Ó Deus, que fizestes do abade São Bernardo, inflamado de zelo por vossa casa, uma luz que brilha e ilumina a Igreja, dai-nos, por sua intercessão, o mesmo fervor para caminharmos sempre como filhos da luz. Por nosso Senhor Jesus Cristo, vosso Filho, na unidade do Espírito Santo.

Vésperas

Hino

    Bernardo, luz celeste,
    que agora festejamos,
    transforma em dons divinos
    os hinos que cantamos.

    O Cristo no teu peito,
    sol vivo que flameja,
    te faz coluna, escudo,
    doutor da sua Igreja.

    O Espírito em teus lábios
    pôs fontes de verdade
    e mel que se derrama
    por toda a humanidade.

Ninguém com mais ternura
nos fala de Maria:
busquemos na procela
a Estrela que nos guia!

De claustros tu semeias
a Europa e o mundo inteiro,
os papas te consultam,
dos reis és conselheiro.

Ao Deus, que é uno e trino,
as vozes elevemos,
e um dia, face a face,
contigo contemplemos.

Cântico evangélico, ant.

Doutor melífluo, São Bernardo, do Esposo sois amigo,
sois cantor da Virgem Mãe, sois ilustre em Claraval,
e pastor dos mais insignes.

Oração como nas Laudes.

21 de agosto

SÃO PIO X, PAPA

Memória

Nasceu na aldeia de Riese, na região de Veneza (Itália), em 1835. Depois de ter desempenhado santamente o ministério sacerdotal, foi sucessivamente bispo de Mântua, patriarca de Veneza e papa, eleito no ano 1903. Adotou como lema do seu pontificado "Restaurar todas as coisas em Cristo", ideal que de fato orientou a sua ação pontifícia, na simplicidade de espírito, pobreza e fortaleza, dando assim um novo incremento à vida cristã na Igreja. Teve também de combater energicamente contra os erros que nela se infiltravam. Morreu no dia 20 de agosto de 1914.

Do Comum dos pastores: para papas, p. 1623.

Ofício das Leituras

Segunda leitura
Da Constituição Apostólica *Divino afflatu,* de São Pio X, papa

(AAS 3[1911],633-635) (Séc. XX)

A voz da Igreja que canta suavemente

Compostos por divina inspiração, os salmos colecionados na Sagrada Escritura foram desde os inícios da Igreja empregados, como se sabe, não apenas para alimentar maravilhosamente a piedade dos fiéis que ofereciam *sempre a Deus o sacrifício de louvor, isto é, o fruto dos lábios que louvam seu nome* (cf. Hb 13,15; Os 14,3); mas também, como já era costume na antiga Lei, para ocupar lugar eminente na sagrada liturgia e no ofício divino. Daí nasceu, na expressão de Basílio, "a voz da Igreja" e a salmodia. Salmodia que é "filha de sua hinodia, que sempre a Igreja canta diante do trono de Deus e do Cordeiro", como expõe nosso predecessor Urbano VIII. Assim a Igreja ensina aos homens particularmente devotados ao culto divino, conforme as palavras de Atanásio, "de que modo se deve louvar o Senhor e com que palavras dignamente" confessá-lo. A este respeito disse muito bem Agostinho: "Para ser bem louvado pelo homem, Deus mesmo se louvou; e, aceitando louvar-se, deu ao homem encontrar o modo de louvá-lo".

Além disto, nos salmos há uma maravilhosa força para despertar nos corações o desejo de todas as virtudes. Pois, *"embora toda a nossa Escritura, tanto a antiga quanto a nova, seja inspirada por Deus e útil para a instrução, como está escrito* (cf. 2Tm 3,16), o livro dos salmos porém, semelhante a um paraíso, que contém em si os frutos dos demais livros, produz o canto, e, ainda mais, oferece seus próprios frutos unidos aos dos outros durante a salmodia". Essas palavras são novamente de Atanásio, que acrescenta: "A mim me parece que os salmos são como um espelho para quem salmodia, onde este se contempla a si e os movimentos de seu espírito, e, assim impressionado, os recita". Também diz Agostinho nas Confissões: "Como chorei por causa de teus hinos e cânticos, vivamente comovido pelas suaves palavras do canto de tua Igreja! As palavras fluíam em meus ouvidos e instilava-se a verdade em meu coração, fazendo arder a piedade; corriam-me as lágrimas e sentia-me bem com elas".

Na verdade, a quem não comovem aquelas frequentes passagens dos salmos onde se canta profundamente a imensa majestade de Deus, a onipotência, a indizível justiça, a bondade ou a clemência e todos os outros infinitos louvores? A quem não inspiram iguais sentimentos as ações de graças pelos benefícios recebidos de Deus, ou as humildes e confiantes preces pelo que se deseja, ou os clamores do arrependimento dos pecados? A quem não inflama a cuidadosamente velada imagem do Cristo Redentor "cuja voz ouvia Agostinho em todos os salmos a salmodiar, a gemer, a alegrar-se na esperança ou a suspirar pela realização?"

Responsório   1Ts 2,4.3
R. Como **Deus** nos julgou **dignos**
de confi**ar**-nos o Evangelho,
nós fal**a**mos deste **mo**do.
* Não bus**ca**mos agra**dar** aos **ho**mens, mas a **Deus**.
V. A **nos**sa exorta**ção** nada **tem** de falsi**da**de,
de impu**re**za ou de men**ti**ra. * Não bus**ca**mos.

Oração

Ó Deus, que para defender a fé católica e restaurar todas as coisas em Cristo, cumulastes o papa São Pio X de sabedoria divina e coragem apostólica, fazei-nos alcançar o prêmio eterno, dóceis às suas instruções e seus exemplos. Por nosso Senhor Jesus Cristo, vosso Filho, na unidade do Espírito Santo.

22 de agosto

NOSSA SENHORA RAINHA

Memória

Do Comum de Nossa Senhora, p. 1519, exceto o seguinte:

Invitatório

R. Adoremos Cristo Rei,
que a Maria, sua Mãe, coroou como Rainha.

Salmo invitatório como no Ordinário, p. 537.

Ofício das Leituras

Hino

No alto cume dos seres,
Rainha e Virgem estás.
Com tal beleza adornada,
imperas sobre as demais.

Na criação resplandeces
como obra-prima criada,
para gerares o Filho
que te criou, destinada.

Rei purpurado no sangue,
no lenho morre Jesus;
com ele a cruz partilhando,
és Mãe dos vivos, na luz.

De tanta graça repleta,
vela por nós, pecadores;
escuta a voz dos teus filhos,
que hoje te cantam louvores.

Louvor ao Pai e ao Paráclito
e glória ao Filho também,
que te vestiram de graça
no Reino eterno. Amém.

Segunda leitura

Das Homilias de Santo Amadeu, bispo de Lausana
(Hom. 7: SCh 72,188.190.192.200)   (Séc. XII)

Rainha do mundo e da paz

Considera com que justa disposição refulgiu, já antes da assunção, o admirável nome de Maria por toda a terra. Sua fama extraordinária por toda a parte se espalhou antes que sua magnificência fosse elevada acima dos céus. Pois convinha que a Virgem Mãe, em honra de seu Filho, primeiro reinasse na terra e, em seguida, fosse recebida gloriosa nos céus. Fosse amplamente conhecida na terra, antes de entrar na santa plenitude. Levada de virtude em virtude, fosse assim exaltada de claridade em claridade pelo Espírito do Senhor.

Presente na carne, Maria antegozava as primícias do reino futuro, ora subindo até Deus com inefável sublimidade, ora descendo até os irmãos com inenarrável caridade. Lá recebia os obséquios dos anjos, aqui era venerada pela submissão dos homens. Servia-lhe Gabriel com os anjos; ao lado dos apóstolos servia-lhe João, feliz por lhe ter sido confiada a Virgem Mãe a ele, virgem. Alegravam-se aqueles por vê-la rainha; estes por sabê-la senhora. Todos a obedeciam de coração.

E ela, assentada no mais alto cume das virtudes, repleta do oceano dos carismas divinos, do abismo das graças, ultrapassando a todos, derramava largas torrentes ao povo fiel e sedento. Concedia a saúde aos corpos e às almas, podendo ressuscitar da morte da carne e da alma. Quem jamais partiu de junto dela doente ou triste ou ignorante dos mistérios celestes? Quem não voltou para casa contente e jubiloso, tendo impetrado de Maria, a Mãe do Senhor, o que queria?

Ela é esposa repleta de tão grandes bens, mãe do único esposo, suave e preciosa nas delícias. Ela é como fonte dos jardins inteligíveis, poço de águas vivas e vivificantes, que correm impetuosas do Líbano divino, fazendo descer do monte Sião até às nações estrangeiras vizinhas rios de paz e mananciais de graças vindas do céu. E assim, ao ser elevada a Virgem das Virgens por Deus e seu Filho, o rei dos reis, no meio da exultação dos anjos, da alegria dos arcanjos e das aclamações de todo o céu, cumpriu-se a profecia do Salmista que diz ao Senhor: *Está à tua destra a rainha recoberta de bordados a ouro, em vestes variadas* (Sl 44,10).

Responsório Cf. Ap 12,1; cf. Sl 44(45),10b
R. Houve um **gran**de si**nal** no **céu**, a sa**ber**,
   viu-se **u**ma mu**lher** vestida de **sol**
   e **ten**do a **lua** de**bai**xo dos **pés**.
 * Na cabeça uma co**roa** de **do**ze estre**las**.
V. À **vos**sa di**rei**ta se en**con**tra a rainha,
   em **ves**te esplen**den**te de **ou**ro de Ofir. * Na cabeça.

Oração como nas Laudes.

Laudes

Hino

Filha de reis, estirpe de Davi,
como é gloriosa a luz em que fulguras!
Sobre as regiões celestes elevada,
Virgem Maria, habitas nas alturas.

No coração, ó Virgem, preparaste,
para o Senhor dos céus, habitação.
E no sagrado templo do teu seio
Deus toma um corpo e faz-se nosso irmão,

perante quem o mundo se ajoelha
a quem a terra adora, reverente,
a quem pedimos venha em nosso auxílio,
radiosa luz, que as trevas afugente.

Tal nos conceda o Pai de toda a luz
e o Filho que por nós de ti nasceu,
com o Espírito, Sopro que dá vida,
reinando pelos séculos, no céu.

Cântico evangélico, ant.

Exce**lsa Rainha do mun**do**, Maria, ó Virgem perpé**tua**,
ge**ras**tes o **Cristo**, **Senhor**, de **todos** o **Deus** Salva**dor**.

Oração

Ó Deus, que fizestes a Mãe do vosso Filho nossa Mãe e Rainha, dai-nos, por sua intercessão, alcançar o Reino do céu e a glória prometida aos vossos filhos e filhas. Por nosso Senhor Jesus Cristo, vosso Filho, na unidade do Espírito Santo.

Vésperas

Hino

Sob o peso dos pecados,
oprimidos, te invocamos.
Junto a ti, do céu Rainha,
um refúgio procuramos.

Tu, da vida eterna porta,
ouve o povo em seu clamor.
Restitui a esperança
que a mãe Eva nos tirou.

Ó Princesa e mãe do Príncipe,
pela tua intercessão,
dá-nos ter a vida eterna,
e no tempo a conversão.

Quando oras, ó santíssima,
os eleitos também oram.
O Senhor, por tuas preces,
dá a graça aos que lhe imploram.

Ó Rainha e Mãe de todos,
dos teus filhos ouve a voz,
e, depois da vida frágil,
a paz reine sobre nós.

Honra e glória ao Pai, ao Filho
e ao Espírito também,
que de glória te vestiram
no esplendor dos céus. Amém.

Cântico evangélico, ant.
Sois feliz porque crestes, Maria,
na palavra que Deus vos falou:
para sempre com Cristo reinais.
Oração como nas Laudes.

No fim das Completas convém dizer a antífona Ave, Rainha do céu, p. 565.

23 de agosto
SANTA ROSA DE LIMA, VIRGEM
Padroeira da América Latina

Festa

Nasceu em Lima (Peru) no ano 1586; já durante o tempo que viveu em sua casa, dedicou-se de modo invulgar à prática das virtudes cristãs; mas quando tomou o hábito da Ordem Terceira de São Domingos, fez os maiores progressos no caminho da penitência e da contemplação mística. Morreu no dia 24 de agosto de 1617.

Do Comum das virgens, p. 1669, ou, das santas mulheres: para religiosas, p. 1743, exceto o seguinte:

Ofício das Leituras
Hino

Ó anjos do céu,
cantai esta Rosa,
brotada na terra,
tão bela e formosa!

Foi ela que a América
ao céu ofertou,
mas que a todo o mundo
de amor perfumou.

Aos mudos e cegos
dá voz e visão,
e a todos socorre
com sua oração.

Com Rosa a Trindade,
na terra, louvemos;
com ela no céu,
um dia cantemos.

Segunda leitura
Dos Escritos de Santa Rosa de Lima, virgem
(Ad medicum Castillo: edit. L. Getino, La Patrona de América, Madrid 1928, pp. 54-55)   (Séc. XVII)

*Conheçamos a supereminente caridade
da ciência de Cristo*

O Senhor Salvador levantou a voz e com incomparável majestade disse: "Saibam todos que depois da tribulação se seguirá a graça; reconheçam que sem o peso das aflições não se pode chegar ao cimo da graça; entendam que a medida dos carismas aumenta em proporção da intensificação dos trabalhos. Acautelem-se os homens contra o erro e o engano; é esta a única verdadeira escada do paraíso e sem a cruz não há caminho que leve ao céu".

Ouvindo estas palavras, penetrou-me um forte ímpeto como de me colocar no meio da praça e bradar a todos, de qualquer idade, sexo e condição: "Ouvi, povos; ouvi, gentes. A mandado de Cristo, repetindo as palavras saídas de seus lábios, quero vos exortar: Não podemos obter a graça, se não sofrermos aflições; cumpre acumular trabalhos sobre trabalhos, para alcançar a íntima participação da natureza divina, a glória dos filhos de Deus e a perfeita felicidade da alma".

O mesmo aguilhão me impelia a publicar a beleza da graça divina; isto me oprimia de angústia e me fazia transpirar e ansiar. Parecia-me não poder mais conter a alma na prisão do corpo, sem que, quebradas as cadeias, livre, só e com a maior agilidade fosse pelo mundo, dizendo: "Quem dera que os mortais conhecessem o valor da graça divina, como é bela, nobre, preciosa; quantas riquezas esconde em si, quantos tesouros, quanto júbilo e delícia! Sem dúvida, então, eles empregariam todo o empenho e cuidado para encontrar penas e aflições! Iriam todos pela terra a procurar, em vez de fortunas, os embaraços, moléstias e tormentos, a fim de possuir o inestimável tesouro da graça. É esta a compra e o lucro final da paciência. Ninguém se queixaria da cruz nem dos sofrimentos que lhe adviriam talvez, se conhecesse a balança, onde são pesados para serem distribuídos aos homens".

Responsório   1Cor 1,27a.28b-29; Sl 137(138),6

R. Deus escolheu o que é loucura para o mundo,
   a fim de confundir os que são sábios;
   Deus escolheu aquelas coisas que não são,
   a fim de destruir todas que são.
   * Assim ninguém se vanglorie diante dele.
V. Altíssimo é o Senhor, mas olha os pobres
   e de longe reconhece os orgulhosos. *Assim ninguém.

HINO Te Deum, p. 543.

Oração como nas Laudes.

Laudes

Hino

Quando, Senhor, no horizonte
fazes despontar o dia,
reacende as lembranças
daquele que em ti confia.

Por nossas mãos sofredoras
vão passar as ilusões;
acolhe tu nossas preces,
dons dos nossos corações.

Ó Santa Rosa de Lima,
dá-nos viver para o Amado
que, quando estavas na terra,
já te havia desposado.

Não esqueças quem caminha
seguindo as tuas pegadas;
possamos chegar um dia
do céu às muitas moradas.

Louvem ao Pai nossos lábios,
e ao Filho e ao Espírito Santo;
que a Trindade nos abrigue
e nos cubra com seu manto.

Oração

Ó Deus, que inspirastes Santa Rosa de Lima, inflamada de amor, a deixar o mundo, a servir os pobres e a viver em austera penitência, concedei-nos, por sua intercessão, seguir na terra os vossos caminhos e gozar no céu as vossas delícias. Por nosso Senhor Jesus Cristo, vosso Filho, na unidade do Espírito Santo.

Hora Média

Antífonas e salmos do dia de semana. Leitura breve e versículo do Comum das virgens, p. 1682, ou, das santas mulheres: para religiosas, p. 1735. Oração como acima.

Vésperas

Hino

As rosas da terra
aplaudam esta Rosa;
o sol e as estrelas
a chamam formosa.

Pois Rosa de graça,
florindo entre dores,
cilícios usavas
pelos pecadores.

Ó Rosa vermelha,
ó Rosa de Lima,
chorar nossas faltas
a todos ensina.

Sobre toda a América,
Trindade divina,
derrame-se o orvalho
de Rosa de Lima.

24 de agosto
SÃO BARTOLOMEU, APÓSTOLO

Festa

Nasceu em Caná. O apóstolo Filipe conduziu-o a Jesus. Diz uma tradição que depois da Ascensão do Senhor pregou o Evangelho na Índia e aí recebeu a coroa do martírio.

Do Comum dos apóstolos, p. 1561, exceto o seguinte:

Ofício das Leituras

Segunda leitura

Das Homilias sobre a Primeira Carta aos Coríntios, de São João Crisóstomo, bispo

(Hom. 4,3.4: PG 61,34-36) (Séc. IV)

A fraqueza de Deus é mais forte que os homens

Por meio de homens ignorantes a cruz persuadiu, e mais, persuadiu a terra inteira. Não falava de coisas sem importância, mas de Deus, da verdadeira religião, do modo de viver o Evangelho e do futuro juízo. De incultos e ignorantes fez amigos da sabedoria. Vê como a loucura de Deus é mais sábia que os homens e a fraqueza, mais forte.

De que modo mais forte? Cobriu toda a terra, cativou a todos por seu poder. Sucedeu exatamente o contrário do que pretendiam aqueles que tentavam apagar o nome do Crucificado. Este nome floresceu e cresceu enormemente. Mas seus inimigos pereceram em ruína total. Sendo vivos, lutando contra o morto, nada conseguiram. Por isso, quando o grego me chama de morto, mostra-se totalmente insensato, pois eu, que a seus olhos passo por ignorante, me revelo mais sábio que os sábios. Ele, tratando-me de fraco, dá provas de ser o mais fraco. Tudo o que, pela graça de Deus, souberam realizar aqueles publicanos e pescadores, os filósofos, os reis, numa palavra, todo o mundo perscrutando inúmeras coisas, nem mesmo puderam imaginar.

Pensando nisto, Paulo dizia: *O que é fraqueza de Deus é mais forte que todos os homens* (1Cor 1,25). Com isso se prova a pregação divina. Quando é que se pensou: doze homens, sem instrução, morando em lagos, rios e desertos, que se lançam a tão grande empresa? Quando se pensou que pessoas que talvez nunca houvessem pisado em uma cidade e, em sua praça pública, atacassem o mundo inteiro? Quem sobre eles escreveu, mostrou claramente que eles eram medrosos e pusilânimes, sem querer negar ou esconder os defeitos deles. Ora, este é o maior argumento em favor de sua veracidade. Que diz então a respeito deles? Que, preso o Cristo depois de tantos milagres feitos, uns fugiram, o principal deles o negou.

Donde lhes veio que, durante a vida de Cristo, não resistiram à fúria dos judeus, mas, uma vez ele morto e sepultado – visto que, como dizeis, Cristo não ressuscitou, nem lhes falou, nem os encorajou – entraram em luta contra o mundo inteiro? Não teriam dito, ao contrário: "Que é isto? não pôde salvar-se, vai proteger-nos agora? Ainda vivo, não socorreu a si mesmo, e morto, nos estenderá a mão? Vivo, não sujeitou povo algum, e nós iremos convencer o mundo inteiro, só com dizer seu nome? Como não será insensato não só fazer, mas até pensar tal coisa?"

Por este motivo é evidente que, se não o tivessem visto ressuscitado e recebido assim a grande prova de seu poder, jamais se teriam lançado em tamanha aventura.

Responsório   1Cor 1,23-24; 2Cor 4,8a; Rm 8,37

R. É **Cris**to que **a**nunci**a**mos, Jesus **Cris**to, o **Cru**cifi**ca**do, es**cân**dalo **pa**ra os ju**deus** e **pa**ra os gen**ti**os, lou**cu**ra; mas, para **a**que**les** que **fo**ram cha**ma**dos,
* É **Cris**to a **for**ça de **Deus** e a sabedo**ri**a de **Deus**.

V. Somos em **tu**do atribu**la**dos; mas em **to**das essas **coi**sas somos **mais** que vence**do**res por Je**sus** que nos a**mou**.
* É **Cris**to.

HINO Te Deum, p. 543.

Oração como nas Laudes.

Laudes

Hino

Brilhando entre os apóstolos,
do céu nos esplendores,
Bartolomeu, atende
pedidos e louvores!

Ao ver-te o Nazareno,
te amou com grande afeto,
sentido num relance
teu coração tão reto.

Messias esboçado
no Antigo Testamento,
a ti se manifesta
na luz desse momento.

E tanto a ti se une
em íntima aliança,
que a ti manda o martírio,
a cruz que o céu alcança.

Tu pregas o Evangelho,
proclamas o homem novo:
se o Mestre é tua vida,
dás vida a todo o povo.

Ao Cristo celebremos,
por toda a nossa vida,
pois leva-nos à Pátria,
à Terra Prometida.

Oração

Ó Deus, fortalecei em nós aquela fé que levou São Bartolomeu a seguir de coração o vosso Filho, e fazei que, pelas preces do Apóstolo, a vossa Igreja se torne sacramento da salvação para todos os povos. Por nosso Senhor Jesus Cristo, vosso Filho, na unidade do Espírito Santo.

Hora Média

Antífonas e salmos do dia de semana. Leitura breve do Comum dos apóstolos, p. 1568-1569. Oração como acima.

25 de agosto

SÃO LUÍS DE FRANÇA

Nasceu em 1214 e subiu ao trono de França aos vinte e dois anos de idade. Contraiu matrimônio e teve onze filhos, a quem ele próprio deu uma excelente educação. Distinguiu-se pelo seu espírito de penitência e oração e pelo seu amor aos pobres. Na administração do reino foi notável o seu zelo pela paz entre os povos, e mostrou-se tão diligente na promoção material dos seus súditos como na sua promoção espiritual. Empreendeu duas cruzadas para libertar o sepulcro de Cristo e morreu perto de Cartago no ano 1270.

Do Comum dos santos homens, p. 1694.

Ofício das Leituras

Segunda leitura
Do Testamento Espiritual de São Luís a seu filho
(Acta Sanctorum Augusti 5[1868],546) (Séc. XIII)

O rei justo faz prosperar o país

Filho dileto, começo por querer ensinar-te a amar ao Senhor, teu Deus, com todo o teu coração, com todas as forças; pois sem isto não há salvação.

Filho, deves evitar tudo quanto sabes desagradar a Deus, quer dizer, todo pecado mortal, de tal forma que prefiras ser atormentado por toda sorte de martírios a cometer um pecado mortal.

Ademais, se o Senhor permitir que te advenha alguma tribulação, deves suportá-la com serenidade e ação de graças. Considera suceder tal coisa em teu proveito e que talvez a tenhas merecido. Além disto, se o Senhor te conceder a prosperidade, tens de agradecer-lhe humildemente, tomando cuidado para que nesta circunstância não te tornes pior, por vanglória ou outro modo qualquer, porque não deves ir contra Deus ou ofendê-lo valendo-te de seus dons.

Ouve com boa disposição e piedade o ofício da Igreja e, enquanto estiveres no templo, cuida de não vaguear os olhos ao redor, de não falar sem necessidade; mas roga ao Senhor devotamente quer pelos lábios quer pela meditação do coração.

Guarda o coração compassivo para com os pobres, infelizes e aflitos, e quanto puderes, auxilia-os e consola-os. Por todos os benefícios que te foram dados por Deus, rende-lhe graças para te tornares digno de receber maiores. Em relação a teus súditos, sê justo até ao extremo da justiça, sem te desviares nem para a direita nem para a esquerda; e põe-te sempre de preferência da parte do pobre mais do que do rico, até estares bem certo da verdade. Procura com empenho que todos os teus súditos sejam protegidos pela justiça e pela paz, principalmente as pessoas eclesiásticas e religiosas.

Sê dedicado e obediente a nossa mãe, a Igreja Romana, ao Sumo Pontífice, como pai espiritual. Esforça-te por remover de teu país todo pecado, sobretudo o de blasfêmia e a heresia.

Ó filho muito amado, dou-te enfim toda bênção que um pai pode dar ao filho; e toda a Trindade e todos os santos te guardem do mal. Que o Senhor te conceda a graça de fazer sua vontade de forma a ser servido e honrado por ti. E assim, depois desta vida, iremos juntos vê-lo, amá-lo e louvá-lo sem fim. Amém.

Responsório
2Rs 18,3a.5b.6a.7b

R. Ele **fez** o que é **bom** aos **o**lhos do S**e**nhor;
nenhum **rei** o sup**e**rou, nem **an**tes nem de**pois**.
* Op**tou** pelo S**e**nhor e nunca **de**le se afas**tou**.
V. Guar**dou** os mandam**en**tos e o S**e**nhor com ele est**ava**.
* Op**tou**.

Oração

Ó Deus, que transferistes São Luís dos cuidados de um reino terrestre à glória do Reino do Céu, concedei-nos, por sua intercessão, desempenhar nossas tarefas de cada dia, e trabalhar para a vinda do vosso Reino. Por nosso Senhor Jesus Cristo, vosso Filho, na unidade do Espírito Santo.

No mesmo dia 25 de agosto

SÃO JOSÉ DE CALASANZ, PRESBÍTERO

Nasceu em Aragão (Espanha) no ano 1557 e recebeu uma excelente formação cultural. Foi ordenado sacerdote e, depois de ter exercido o ministério na sua pátria, partiu para Roma, onde se dedicou à educação das crianças pobres e fundou uma Congregação (Escolas Pias) cujos membros (Escolápios) deviam dedicar-se a esta nobre missão. Teve de sofrer duras provações e foi nomeadamente vítima de invejas e calúnias. Morreu em Roma no ano 1648.

Do Comum dos santos homens: para educadores, p. 1753, ou, dos pastores: para presbíteros, p. 1623.

Ofício das Leituras

Segunda leitura

Dos Escritos de São José de Calasanz, presbítero
(Memoriale al Card. M. A. Tonti, 1621: Ephem. Calas. 36,9-10: Romae 1967, pp. 473-474; L. Picanyol, Epistolaria di S. Giuseppe Calasanzio, 9 vol., ediz. Calas., Romae 1951-1956, passim

(Séc. XVII)

Esforcemo-nos por aderir a Cristo e só a ele agradar

Ninguém absolutamente ignora de quanta dignidade e de quantos méritos se reveste o santo ministério de educar as crianças, especialmente pobres, para que, bem instruídas, possam alcançar a vida eterna. Pois ao dar-lhes a instrução e principalmente ao formá-las na piedade e na doutrina cristã, cuida-se ao mesmo tempo da saúde das almas e dos corpos. Assim exerce-se de certo modo o mesmo encargo que seus anjos da guarda.

Além disso, dá-se-lhes a oportunidade de excelente ajuda: não apenas se afastam os adolescentes do mal, mas com maior facilidade e doçura são atraídos e estimulados a fazerem todo bem, seja de que espécie for. Vê-se que, por meio deste auxílio, os jovens mudam para melhor, a ponto de não se distinguirem os que ainda estudam dos já formados. À semelhança de jovens plantas, são os jovens mais facilmente levados para a direção que alguém lhes deseja imprimir; mas, se se deixa endurecerem, sabemos que a possibilidade de moldá-los diminui muito ou mesmo se perde totalmente.

Dar uma educação adequada aos meninos, sobretudo aos pobres, concorre para aumentar-lhes a dignidade humana. E também alguma coisa que todos aprovam na sociedade humana: sejam os pais, os primeiros a se alegrarem ao verem os filhos bem encaminhados, sejam os governantes, que adquirem bons servidores e cidadãos, e, de modo todo especial, a Igreja que, nos múltiplos estados de vida, os vê entrar mais maduros e preparados, como dedicados a Cristo e testemunhas do Evangelho.

Na verdade, é preciso terem muita caridade, a máxima paciência, e, sobretudo, profunda humildade aqueles que assumem este ofício que exige cuidado contínuo. Serão assim dignos de que o Senhor, invocado humildemente, os torne idôneos cooperadores da verdade, conforte-os no cumprimento da nobre missão e os enriqueça com o dom celeste, conforme foi dito: *Aqueles que instruem a muitos na justiça, serão como estrelas na perpétua eternidade* (Dn 12,3).

Vocês realizarão tudo isto mais facilmente se, pelo voto de perpétua servidão, procurarem aderir a Cristo e só agradar àquele que disse: *O que fizestes a um dos meus pequeninos, a mim o fizestes* (Mt 25,40).

Responsório   1Ts 2,8; Gl 4,19

R. É tão **gran**de o a**fe**to que **te**nho por **vós**,
que te**ri**a vos **da**do, não **só** o Evangelho,
mas a**té** minha **vi**da,
* Pois é **tan**to o a**fe**to que eu **te**nho por **vós**.
V. Meus fi**lhi**nhos, de **no**vo por **vós**
eu **so**fro as **do**res do **par**to,
até **Cris**to for**mar**-se em **vós**. * Pois é **tan**to.

Oração

Ó Deus, que ornastes de bondade e paciência o presbítero São José Calasanz, inspirando-lhe consagrar toda a sua vida à instrução e formação da juventude, concedei-nos, ao venerá-lo como mestre da sabedoria cristã, imitá-lo no serviço da verdade. Por nosso Senhor Jesus Cristo, vosso Filho, na unidade do Espírito Santo.

27 de agosto

SANTA MÔNICA
Memória

Nasceu em Tagaste (África) no ano 331, de uma família cristã. Ainda muito jovem foi dada em matrimônio a um homem chamado Patrício. Teve vários filhos, entre os quais Agostinho, por cuja conversão derramou muitas lágrimas e orou insistentemente a Deus. Exemplo de mãe verdadeiramente santa, alimentou a sua fé com uma vida de intensa oração e enriqueceu-a com suas virtudes. Morreu em Óstia no ano 387.

Do Comum das santas mulheres, p. 1722.

Ofício das Leituras

Segunda leitura

Dos Livros das Confissões, de Santo Agostinho, bispo
(Lib. 9,10-11: CSEL 33,215-219) (Séc. V)

Procuremos alcançar a sabedoria eterna

Estando bem perto o dia em que ela deixaria esta vida – dia que conhecias e que ignorávamos – aconteceu por oculta disposição tua, como penso, que eu e ela estivéssemos sentados sozinhos perto da janela que dava para o jardim da casa onde nos tínhamos hospedado, lá junto de Óstia Tiberina. Ali, longe do povo, antes de embarcarmos, nos refazíamos da longa viagem. Falávamos a sós, com muita doçura e, *esquecendo-nos do passado, com os olhos no futuro,* indagávamos entre nós sobre a verdade presente, quem és tu, como seria a futura vida eterna dos santos, que *olhos não viram, nem ouvidos ouviram nem subiu ao co-*

ração do homem (cf. 1Cor 2,9). Mas ansiávamos com os lábios do coração pelas águas celestes de tua fonte, fonte da vida que está junto de ti.

Eu dizia estas coisas, não deste modo nem com estas palavras. No entanto, Senhor, tu sabes que naquele dia, enquanto falávamos, este mundo foi perdendo o valor, junto com todos os seus deleites. Então disse ela: "Filho, quanto a mim, nada mais me agrada nesta vida. Que faço ainda e por que ainda aqui estou, não sei. Toda a esperança terrena já desapareceu. Uma só coisa fazia-me desejar permanecer por algum tempo nesta vida: ver-te cristão católico, antes de morrer. Deus me atendeu com a maior generosidade, porque te vejo até como seu servo, desprezando a felicidade terrena. Que faço aqui?"

O que lhe respondi, não me lembro bem. Cinco dias depois, talvez, ou não muito mais, caiu com febre. Doente, um dia desmaiou, sem conhecer os presentes. Corremos para junto dela, mas, recobrando logo os sentidos, viu-me a mim e a meu irmão e disse-nos, como que procurando algo semelhante: "Onde estava eu?"

Em seguida, olhando-nos, opressos pela tristeza, disse: "Sepultai vossa mãe". Eu me calava e retinha as lágrimas. Mas meu irmão falou qualquer coisa assim que seria melhor não morrer em terra estranha, mas na pátria. Ouvindo isto, ansiosa, censurando-o com o olhar por pensar assim, voltou-se para mim: "Vê o que diz". Depois falou a ambos: "Ponde este corpo em qualquer lugar. Não vos preocupeis com ele. Só vos peço que vos lembreis de mim no altar de Deus, onde quer que estiverdes". Terminando como pôde de falar, calou-se e continuou a sofrer com o agravamento da doença. Finalmente, no nono dia da sua doença, aos cinquenta e seis anos de idade e no trigésimo terceiro da minha vida, aquela alma piedosa e santa libertou-se do corpo.

Responsório
1Cor 7,29a.30b.31; 2,12a

R. Meus irmãos, o tempo é breve.
Os que se alegram sejam, pois,
como se não se alegrassem;
os que usam deste mundo,
como se dele não usassem,
* Porque passa a aparência perecível deste mundo.
V. Nós, porém, não recebemos o espírito do mundo.
* Porque passa.

Laudes

Cântico evangélico, ant.
Vós a ouvistes, ó Senhor, e aceitastes suas lágrimas
que, de tantas derramadas em contínua oração,
regariam toda a terra.

Oração
Ó Deus, consolação dos que choram, que acolhestes misericordioso as lágrimas de santa Mônica pela conversão de seu filho Agostinho, dai-nos, pela intercessão de ambos, chorar os nossos pecados e alcançar o vosso perdão. Por nosso Senhor Jesus Cristo, vosso Filho, na unidade do Espírito Santo.

Vésperas

Cântico evangélico, ant.
Santa Mônica, mãe de Agostinho,
de tal modo vivia no Cristo,
que, estando ainda no mundo,
sua vida e sua fé se tornaram
o louvor mais perfeito de Deus.

28 de agosto

SANTO AGOSTINHO, BISPO E DOUTOR DA IGREJA
Memória

Nasceu em Tagaste (África) no ano 354. Depois de uma juventude perturbada, quer intelectualmente quer moralmente, converteu-se à fé e foi batizado em Milão por Santo Ambrósio no ano 387. Voltou à sua terra e aí levou uma vida de grande ascetismo. Eleito bispo de Hipona, durante trinta e quatro anos foi perfeito modelo do seu rebanho e deu-lhe uma sólida formação cristã por meio de numerosos sermões e escritos, com os quais combateu fortemente os erros do seu tempo e ilustrou sabiamente a fé católica. Morreu no ano 430.

Do Comum dos pastores: para bispos, p. 1623, e dos doutores da Igreja, p. 1656, exceto o seguinte:

Ofício das Leituras

Segunda leitura

Dos Livros das Confissões, de Santo Agostinho, bispo
(Lib. 7,10.18; 10,27: CSEL 33,157-163.255) (Séc. V)

*Ó eterna verdade e verdadeira caridade
e cara eternidade!*

Instigado a voltar a mim mesmo, entrei em meu íntimo, sob tua guia e o consegui, *porque tu te fizeste meu auxílio* (cf. Sl 29,11). Entrei e com certo olhar da alma, acima do olhar comum da alma, acima de minha mente, vi a luz imutável. Não era como a luz terrena e evidente para todo ser humano. Diria muito pouco se afirmasse que era apenas uma luz muito, muito mais brilhante do que a comum, ou tão intensa que penetrava todas as coisas. Não era assim, mas outra coisa, inteiramente diferente de tudo isto. Também não estava acima de minha mente como óleo sobre a água nem como o céu sobre a terra, mas mais alta, porque ela me fez, e eu, mais baixo, porque feito por ela. Quem conhece a verdade, conhece esta luz.

Ó eterna verdade e verdadeira caridade e cara eternidade! Tu és o meu Deus, por ti suspiro dia e noite. Desde que te conheci, tu me elevaste para ver que quem eu via, era, e eu, que via, ainda não era. E reverberaste sobre a mesquinhez de minha pessoa, irradiando sobre mim com toda a força. E eu tremia de amor e de horror. Vi-me longe de ti, no país da dessemelhança, como que ouvindo tua voz lá do alto: "Eu sou o alimento dos grandes. Cresce e me comerás. Não me mudarás em ti como o alimento de teu corpo, mas tu te mudarás em mim".

E eu procurava o meio de obter forças, para tornar-me idôneo a te degustar e não o encontrava até que abracei o *mediador entre Deus e os homens, o homem Cristo Jesus* (1Tm 2,5), *que é Deus acima de tudo, bendito pelos séculos* (Rm 9,5). Ele me chamava e dizia: *Eu sou o caminho, a verdade e a vida* (Jo 14,6). E o alimento que eu não era capaz de tomar se uniu à minha carne, pois *o Verbo se fez carne* (Jo 1,14), para dar à nossa infância o leite de tua sabedoria, pela qual tudo criaste.

Tarde te amei, ó beleza tão antiga e tão nova, tarde te amei! Eis que estavas dentro e eu, fora. E aí te procurava e lançava-me nada belo ante a beleza que tu criaste. Estavas comigo e eu não contigo. Seguravam-me longe de ti as coisas que não existiriam, se não existissem em ti. Chamaste, clamaste e rompeste minha surdez, brilhaste, resplandeceste e afugentaste minha cegueira. Exalaste perfume e respirei. Agora anelo por ti. Provei-te, e tenho fome e sede. Tocaste-me e ardi por tua paz.

Responsório

R. Ó **luz** e ver**da**de do **meu** cora**ção**,
   que as **tre**vas em **mim** não **gri**tem mais **al**to!
 * Er**rei**, mas vol**tei**, lem**brei**-me de **vós**.
   Eis que **vol**to à **fon**te, cansa**do** e se**den**to.
V. Não sou **eu** minha **vi**da, pois por **mim** vivi **mal**;
   mas em **vós** eu re**nas**ço. * Er**rei**.

Oração como nas Laudes.

Laudes

Hino

Fulge nos céus o grande sacerdote,
brilha e corusca a estrela dos doutores,
e do Universo em todos os quadrantes
da luz da fé espalha os esplendores.

Sião feliz, por filho tão notável
bendize a Deus, Senhor da salvação,
que o une a si de modo admirável
e o faz brilhar na luz do seu clarão.

Firmou a fé e, sempre vigilante,
venceu do erro as armas com destreza.
Purificou costumes degradantes
pela doutrina exposta com clareza.

A todo o clero brilhas como exemplo,
da grei de Cristo, ó guarda vigilante.
Por tua prece, torna-nos benigna
do Deus supremo a face fascinante.

Glória e louvor aos Três, de quem na terra
sondar quiseste a grande profundeza.
Seu esplendor, agora, eternamente
bebes, na fonte eterna da beleza.

Cântico evangélico, ant.

De vós **mes**mo nos prov**ém** esta atra**ção**,
que lou**var**-vos, ó Se**nhor**, nos dê pra**zer**,
pois, Se**nhor**, vós nos fizes**tes** para **vós**;
e inquieto está o **nos**so cora**ção**,
en**quan**to não re**pou**se em vós, Se**nhor**.

Oração

Renovai, ó Deus, na vossa Igreja aquele espírito com o qual
cumulastes o bispo Santo Agostinho para que, repletos do

mesmo espírito, só de vós tenhamos sede, fonte da verdadeira sabedoria, e só a vós busquemos, autor do amor eterno. Por nosso Senhor Jesus Cristo, vosso Filho, na unidade do Espírito Santo.

Vésperas

HINO Fulge nos céus, como nas Laudes.

Cântico evangélico, ant.

Muito **tar**de vos a**mei**, ó Be**le**za sempre an**ti**ga,
ó Be**le**za sempre **no**va, muito **tar**de vos a**mei**!
Vós cha**mas**tes e gri**tas**tes, e rom**pes**tes-me a sur**dez**!

29 de agosto

MARTÍRIO DE SÃO JOÃO BATISTA

Memória

Invitatório

R. O Cor**dei**ro de **Deus** ado**re**mos,
a quem Jo**ão** prece**deu** na pai**xão**.

Salmo invitatório como no Ordinário, p. 537.

Ofício das Leituras

HINO Predecessor fiel, como nas Vésperas, p. 1242.

Segunda leitura
Das Homilias de São Beda Venerável, presbítero

(Hom. 23: CCL 122,354.356-357) (Séc. VIII)

Precursor de Cristo no nascimento e na morte

O santo precursor do nascimento, da pregação e da morte do Senhor mostrou o vigor de seu combate, digno dos olhos divinos, como diz a Escritura: *E se diante dos homens sofreu tormentos, sua esperança está repleta de imortalidade* (cf. Sb 3,4). Temos razão de celebrar a festa do dia do nascimento daquele que o tornou solene para nós por sua morte, e o ornou com o róseo fulgor de seu sangue. É justo venerarmos com alegria espiritual a memória de quem selou com o martírio o testemunho que deu em favor do Senhor.

Não há que duvidar, se São João suportou o cárcere e as cadeias, foi por nosso Redentor, de quem dera testemunho como precursor. Também por ele deu a vida. O perseguidor não lhe disse que negasse a Cristo, mas que calasse a verdade. No entanto morreu por Cristo.

Porque Cristo mesmo disse: *Eu sou a verdade* (Jo 14,6); por conseguinte, morreu por Cristo, já que derramou o sangue pela verdade. Antes, quando nasceu, pregou e batizou, dava testemunho de quem iria nascer, pregar, ser batizado. Também apontou para aquele que iria sofrer, sofrendo primeiro.

Um homem de tanto valor terminou a vida terrena pela efusão do sangue, depois do longo sofrimento da prisão. Aquele que proclamava o Evangelho da liberdade da paz celeste, foi lançado por ímpios às cadeias; foi fechado na escuridão do cárcere quem veio dar testemunho da luz e por esta mesma luz, que é Cristo, tinha merecido ser chamado de lâmpada ardente e luminosa. Foi batizado no próprio sangue aquele a quem tinha sido dado batizar o Redentor do mundo, ouvir sobre ele a voz do Pai, ver descer a graça do Espírito Santo. Contudo, para quem tinha conhecimento de que seria recompensado pelas alegrias perpétuas não era insuportável sofrer tais tormentos pela verdade, mas, pelo contrário, fácil e desejável.

Considerava desejável aceitar a morte, impossível de evitar por força da natureza, junto com a palma da vida perene, por ter confessado o nome de Cristo. Assim disse bem o Apóstolo: *Porque vos foi dado por Cristo não apenas crer nele, mas ainda sofrer por ele* (Fl 1,29). Diz ser dom de Cristo que os eleitos sofram por ele, conforme diz também: *Os sofrimentos desta vida não se comparam à futura glória que se revelará em nós* (Rm 8,18).

Responsório Mc 6,17.27

R. Herodes ordenara prender a João Batista
e acorrentá-lo na prisão
* Por causa de Herodíades, mulher de seu irmão,
que tomara por esposa.
V. Ele mandou o executor decapitá-lo na prisão.
* Por causa.

Oração como nas Laudes.

Laudes

Hino

Logo ao nasceres não trazes mancha,
João Batista, severo asceta,
mártir potente, do ermo amigo,
grande Profeta.

De trinta frutos uns se coroam.
A fronte de outros o dobro cinge;
Tua coroa, dando três voltas,
os cem atinge.

Assim cingido de tanto mérito,
retira as pedras do nosso peito,
torto caminho, chão de alto e baixo,
torna direito.

Faze que um dia, purificados,
vindo a visita do Redentor,
possa em noss'alma, que preparaste,
seus passos pôr.

A vós, Deus Único, o céu celebra,
Trino em pessoas canta também.
Mas nós na terra, impuros, pedimos
perdão. Amém.

Ant. 1 O **Senhor** esten**deu** sua **mão**
e to**cou** minha **bo**ca e meus **lá**bios;
fez de **mim** o profeta dos **po**vos.

Salmos e cântico do domingo da I Semana, p. 580.

Ant. 2 He**ro**des tinha **me**do de Jo**ão**
e o guar**da**va sob a **su**a prote**ção**,
pois sa**bi**a que **e**le **e**ra justo e **san**to.

Ant. 3 He**ro**des gos**ta**va de ou**vir** João Batista,
e em **mui**to se**gui**a o que **e**le di**zi**a.

Leitura breve
Is 49,1b-2

O Senhor chamou-me antes de eu nascer, desde o ventre de minha mãe ele tinha na mente o meu nome; fez de minha palavra uma espada afiada, protegeu-me à sombra de sua mão e fez de mim uma flecha aguçada, escondida em sua aljava.

Responsório breve

R. Envi**as**tes mensa**gei**ros a Jo**ão**,
 * E ele **deu** teste**mu**nho da ver**da**de. R. Envi**as**tes.
V. Foi um **fa**cho que **ar**de e ilu**mi**na. * E ele **deu**.
 Glória ao **Pai**. R. Envi**as**tes.

Cântico evangélico, ant.

O **a**migo do Es**po**so, que es**pe**ra para ou**vi**-lo,
é tomado de alegria ao ou**vir** a voz do Es**po**so:
eis a **mi**nha ale**gri**a, ale**gri**a sem li**mi**tes.

Preces

Invoquemos a Cristo, que enviou João Batista como precursor, para preparar os seus caminhos; e digamos com toda a confiança:

R. **Cristo, sol nascente, iluminai os nossos caminhos!**

Vós fizestes João Batista exultar de alegria no seio de Isabel;
– fazei que sempre nos alegremos com a vossa vinda a este mundo. R.

Vós nos indicastes o caminho da penitência pela palavra e pela vida de João Batista;
– convertei os nossos corações aos mandamentos do vosso reino. R.

Vós quisestes ser anunciado pela voz de um homem;
– enviai pelo mundo inteiro mensageiros do vosso evangelho. R.

Vós quisestes ser batizado por João no rio Jordão, para que se cumprisse toda a justiça;
– fazei-nos trabalhar com empenho para estabelecer a justiça do vosso reino. R.

(intenções livres)

Pai nosso...

Oração

Ó Deus, quisestes que São João Batista fosse o precursor do nascimento e da morte do vosso Filho; como ele tombou na luta pela justiça e a verdade, fazei-nos também lutar corajosamente para testemunhar a vossa palavra. Por nosso Senhor Jesus Cristo, vosso Filho, na unidade do Espírito Santo.

Vésperas

Hino

Predecessor fiel da graça,
bondoso anjo da verdade,
clarão de Cristo, ele anuncia
a Luz da eterna claridade.

Das profecias o precônio
que ele cantara, austero e forte,
com vida e atos confirmou
pelo sinal da santa morte.

Quem para o mundo ia nascer
ele precede, ao vir primeiro,
mostrando Aquele que viria
dar o batismo verdadeiro.

E cuja morte inocente,
que a vida ao mundo conquistou,
fora predita pelo sangue
que João Batista derramou.

Ó Pai clemente, concedei-nos
seguir os passos de São João,
para fruirmos para sempre
o dom de Cristo, em profusão.

Ant. 1 Não **te**mas diante **de**les, pois con**ti**go eu es**tou**,
 as**sim** diz o Se**nhor**.

Salmos e cântico do Comum de um mártir, p. 1618.

Ant. 2 He**ro**des man**dou** um car**ras**co
 decapi**tar** a Jo**ão** na pri**são**.

Ant. 3 Os dis**cí**pulos de Jo**ão** le**va**ram o seu **cor**po
 e o pu**se**ram no se**pul**cro.

Leitura breve   At 13,23-25

Conforme prometera, da descendência de Davi Deus fez surgir para Israel um Salvador, que é Jesus. Antes que ele chegasse, João pregou um batismo de conversão para todo o povo de Israel. Estando para terminar sua missão, João declarou: Eu não sou aquele que pensais que eu seja! Mas vede: depois de mim vem aquele, do qual nem mereço desamarrar as sandálias.

Responsório breve

R. O **amigo** do **Esp**oso se **alegra**,
 * **Ouvin**do a **voz** do Es**po**so. R. O a**mi**go.
V. Eis **mi**nha per**fei**ta ale**gri**a! * **Ouvin**do.
 Glória ao **Pai**. R. O a**mi**go.

Cântico evangélico, ant.

O Me**ssi**as não sou **eu**, fui man**da**do à sua **fren**te; é pre**ci**so que ele **cres**ça; eu, po**rém**, que dimi**nu**a.

Preces

João Batista foi escolhido por Deus para anunciar à humanidade a chegada do reino de Cristo. Por isso, oremos com alegria, dizendo:

R. **Dirigi, Senhor, os nossos passos no caminho da paz!**

Vós, que chamastes João Batista desde o ventre materno para preparar os caminhos de vosso Filho,
– chamai-nos para seguir o Senhor com a mesma fidelidade com que João o precedeu. R.

Assim como destes a João Batista a graça de reconhecer o Cordeiro de Deus, fazei que vossa Igreja também o anuncie,
– e que os homens e as mulheres do nosso tempo o reconheçam. R.

Vós, que inspirastes a vosso profeta ser necessário ele diminuir para que Cristo crescesse,
– ensinai-nos a ceder lugar aos outros, para que vossa presença se manifeste em cada um de nós. R.

Vós, que quisestes proclamar a justiça mediante o martírio de João,
—tornai-nos testemunhas incansáveis da vossa verdade.
R. Dirigi, Senhor, os nossos passos no caminho da paz!

(intenções livres)

Lembrai-vos de todos aqueles que já partiram desta vida,
—recebei-os no reino da luz e da paz. R.
Pai nosso...

Oração

Ó Deus, quisestes que São João Batista fosse o precursor do nascimento e da morte do vosso Filho; como ele tombou na luta pela justiça e a verdade, fazei-nos também lutar corajosamente para testemunhar a vossa palavra. Por nosso Senhor Jesus Cristo, vosso Filho, na unidade do Espírito Santo.

SETEMBRO

3 de setembro

SÃO GREGÓRIO MAGNO, PAPA E DOUTOR DA IGREJA

Memória

Nasceu em Roma por volta do ano 540. Tendo tomado a carreira política, chegou a ser nomeado prefeito de Roma. Abraçou depois a vida monástica, foi ordenado diácono e desempenhou o cargo de legado pontifício em Constantinopla. No dia 3 de setembro do ano 590 foi elevado à Cátedra de Pedro, cargo que exerceu como verdadeiro bom pastor no governo da Igreja, no cuidado dos pobres, na propagação e consolidação da fé. Escreveu muitas obras de Moral e Teologia. Morreu a 12 de março do ano 604.

Do Comum dos pastores: para papas, p. 1623, e dos doutores da Igreja, p. 1656, exceto o seguinte:

Ofício das Leituras

Segunda leitura

Das Homilias sobre Ezequiel, de São Gregório Magno, papa

(Lib. 1,11,4-6: CCL 142,170-172)   (Séc. VI)

Por amor de Cristo, me consagro totalmente à sua palavra

Filho do homem, eu te coloquei como sentinela da casa de Israel (Ez 3,16). É de se notar que o Senhor chama de sentinela aquele a quem envia a pregar. A sentinela, de fato, está sempre no alto para enxergar de longe quem vem. E quem quer que seja sentinela do povo deve manter-se no alto por sua vida, para ser útil por sua providência.

Como é duro para mim isto que digo! Ao falar, firo-me a mim mesmo, pois minha língua não mantém, como seria justo, a pregação e, mesmo que consiga mantê-la, a vida não concorda com a língua.

Eu não nego ser culpado, conheço minha inércia e negligência. Talvez haja diante do juiz bondoso um pedido de perdão no reconhecimento da culpa. Na verdade, quando no mosteiro podia não só reter a língua de palavras ociosas, mas quase continuamente manter o espírito atento à oração. Mas depois que pus aos ombros do coração o cargo pastoral, meu espírito não consegue recolher-se sempre, porque está dividido entre muitas coisas.

Sou obrigado a decidir ora questões das Igrejas, ora dos mosteiros; com frequência ponderar a vida e as ações de outrem; ora auxiliar em certos negócios dos cidadãos, ora gemer sob as espadas dos bárbaros invasores e temer os lobos que rondam o rebanho sob minha guarda. Por vezes, devo encarregar-me da administração, para que não venha a faltar o necessário aos submetidos à disciplina da regra. Às vezes devo tolerar com igualdade de ânimo certos ladrões, ora opor-me a eles pelo desejo de conservar a caridade.

Estando assim dispersa e dilacerada a mente, quando voltará a recolher-se toda na pregação, e não se afastar do ministério da proclamação da Palavra? Por obrigação do cargo, muitas vezes tenho de encontrar-me com seculares; por isso sempre relaxo a guarda da língua. Pois, se constantemente me mantenho sob o rigor de minha censura, sei que sou evitado pelos mais fracos e nunca os atraio para onde desejo. Por esta razão, muitas vezes tenho de ouvi-los pacientemente em questões ociosas. Mas, sendo eu mesmo fraco, arrastado aos poucos pelas palavras vãs, começo a dizer sem dificuldade aquilo que a princípio tinha ouvido com má vontade; e ali onde me aborrecia cair, agrada-me permanecer.

Que, pois, ou que espécie de sentinela sou eu, que não estou de pé no monte da ação, mas ainda deitado no vale da fraqueza? Poderoso é, porém, o criador e redentor do gênero humano para conceder-me, a mim, indigno, a elevação da vida e a eficácia da palavra. Por seu amor, me consagro totalmente à sua palavra.

Responsório

R. Fez brotar das escrituras a moral e a mística;
como a água da fonte,
fez correr para os povos os rios do Evangelho.
* E, estando ausente, ainda nos fala.
V. Como a águia no alto, sobre o mundo voando,
com amor sem fronteiras, ele cuida de todos:
dos pequenos e grandes. * E estando.

Oração como nas Laudes.

Laudes

Hino

Dos Anglos outrora apóstolo,
dos anjos agora irmão,
à grei que a Igreja congrega
estende, Gregório, a mão.

Calcando riqueza e glória,
do mundo o falso esplendor,
tu, pobre, seguiste o Pobre
de toda a terra Senhor.

Supremo Pastor, o Cristo,
confia-te a sua grei:
de Pedro recebe o cargo
quem segue de Pedro a lei.

Da Bíblia com seus mistérios
descobres a solução:
a própria Verdade te ergue
à luz da contemplação.

De todos os servos servo,
da Igreja papa e doutor,
não deixes os que te seguem
nas garras do tentador.

Por ti os mais belos cânticos
puderam vir até nós;
em honra ao Deus uno e trino,
ergamos juntos a voz.

Cântico evangélico, ant.
Pastor exímio, São Gregório,
nos deixou um grande exemplo
de uma vida de pastor
e uma regra a seus irmãos.

Oração

Ó Deus, que cuidais do vosso povo com indulgência e o governais com amor, dai, pela intercessão de São Gregório Magno, o espírito de sabedoria àqueles a quem confiastes o governo da vossa Igreja, a fim de que o progresso das ovelhas contribua para a alegria dos pastores. Por nosso Senhor Jesus Cristo, vosso Filho, na unidade do Espírito Santo.

Vésperas

HINO Dos Anglos outrora, como nas Laudes, p. 1247.

Cântico evangélico, ant.
São Gregório praticava tudo aquilo que pregava
e se fez exemplo vivo dos mistérios que ensinava.

8 de setembro

NATIVIDADE DE NOSSA SENHORA

Festa

Invitatório

R. Adoremos Jesus Cristo,
celebrando o nascimento de Maria, sua Mãe.

Salmo invitatório como no Ordinário, p. 537.

Ofício das Leituras

HINO Ó florão, como nas Vésperas, p. 1255.

Antífonas, salmos e versículo do Comum de Nossa Senhora, p. 1520.

Primeira leitura
Do Livro do Gênesis   3,9-20

Sentença contra o pecador e promessa de salvação

Naqueles dias: ⁹O Senhor Deus chamou Adão, dizendo: "Onde estás?" ¹⁰E ele respondeu: "Ouvi tua voz no jardim, e fiquei com medo porque estava nu; e me escondi". ¹¹Disse-lhe o Senhor Deus: "E quem te disse que estavas nu? Então comeste da árvore, de cujo fruto te proibi comer?" ¹²Adão disse: "A mulher que tu me deste por companheira, foi ela que me deu do fruto da árvore, e eu comi". ¹³Disse o Senhor Deus à mulher: "Por que fizeste isso?" E a mulher respondeu: "A serpente enganou-me e eu comi".
¹⁴Então o Senhor Deus disse à serpente:
"Porque fizeste isso, serás maldita
entre todos os animais domésticos
e todos os animais selvagens!
Rastejarás sobre o ventre
e comerás pó todos os dias da tua vida!
¹⁵Porei inimizade entre ti e a mulher,
entre a tua descendência e a dela.

Esta te ferirá a cabeça
e tu lhe ferirás o calcanhar".
¹⁶À mulher ele disse:
"Multiplicarei os sofrimentos da tua gravidez:
entre dores darás à luz os filhos;
teus desejos te arrastarão para o teu marido,
e ele te dominará".
¹⁷E disse em seguida a Adão:
"Porque ouviste a voz da tua mulher e comeste da árvore,
de cujo fruto te proibi comer,
amaldiçoado será o solo por tua causa!
Com sofrimento tirarás dele o alimento
todos os dias da tua vida.
¹⁸Ele produzirá para ti espinhos e cardos
e comerás as ervas da terra;
¹⁹comerás o pão com o suor do teu rosto
até voltares à terra de que foste tirado,
porque és pó e ao pó hás de voltar".
²⁰E Adão chamou à sua mulher "Eva",
porque ela é a mãe de todos os viventes.

Responsório

R. É **ho**je o nas**ci**mento de Ma**ri**a, a Virgem **santa**,
   descen**den**te de Da**vi**.
  * Por **el**a apare**ceu** aos fi**éis** a salva**ção**;
    sua **vi**da gloriosa trouxe a **luz** ao mundo in**teiro**.
V. Celebremos com carinho o natal da Virgem santa.
  * Por ela.

Segunda leitura

Dos Sermões de Santo André de Creta, bispo
(Oratio 1: PG 97,806-810)   (Séc. VIII)

O que era antigo passou, eis que tudo se fez novo

O fim da lei é Cristo (Rm 10,4), que ao mesmo tempo separa da lei e eleva para o espírito. Nele está a consumação, pois o próprio legislador – tendo cumprido e terminado tudo – transfere a letra para o espírito. Assim tudo recapitula em si mesmo, vivendo a graça depois da lei. A lei, porém, submetida; a graça, harmoniosamente adaptada e unida. Não misturadas e confundidas as características de uma com as da outra, mas mudado de modo divino o que era pesado, servil e escravo, em leve e liberto, para que não mais estejamos *reduzidos à servidão dos elementos do mundo* (Gl 4,3), como diz o Apóstolo, nem sujeitos ao jugo da escravidão da letra da lei.

É este o resumo dos benefícios de Cristo para nós; é esta a manifestação do mistério; é o aniquilamento da natureza; é Deus e homem; é a deificação do homem assumido. Todavia era absolutamente necessário ao esplendor e à evidência da vinda de Deus aos homens uma introdução jubilosa, antecipando para nós o grande dom da salvação. Este é o sentido da solenidade de hoje que tem início na natividade da Mãe de Deus, cuja conclusão perfeita é a predestinada união do Verbo com a carne. Agora a Virgem nasce, é alimentada com leite, plasmada e preparada como mãe para o Deus e rei de todos os séculos.

Neste momento, foi-nos dado duplo proveito: um, a elevação à verdade; outro, a rejeição da servidão e da vida sob a letra da lei. De que modo, com que fim? Pelo desaparecimento da sombra com a chegada da luz; em lugar da letra, a graça que dá a liberdade. Nossa solenidade está na fronteira entre a letra e a graça, unindo a realidade que chega aos símbolos que a figuravam, substituindo o antigo pelo novo.

Portanto cante e exulte toda a criação e contribua com algo digno para a alegria deste dia. É um só o júbilo dos céus e da terra; juntos festejem tudo quanto está unido no mundo e acima do mundo. Pois hoje se construiu o templo criado do Criador de tudo, e pela criatura, de forma nova e bela, preparou-se nova morada para o seu Autor.

Responsório

R. Celebremos com carinho o natal da Mãe de Deus;
 * Sua vida gloriosa ilumina toda a Igreja.
V. Com alegre coração para Cristo entoemos
   nosso canto de louvor nesta festa de Maria,
   a Mãe de Deus altíssima. * Sua vida.

HINO Te Deum, p. 543.

Oração como nas Laudes.

Laudes

Hino

Dona e Senhora da terra,
do céu Rainha sem par,
Virgem Mãe que um Deus encerra,
suave Estrela do mar!

Tua beleza fulgura,
cingida embora de véus,
pois nos trouxeste, tão pura,
o próprio Filho de Deus.

Hoje é o teu dia: nasceste;
vieste sem mancha à luz:
com teu natal tu nos deste
o do teu Filho Jesus.

Em ti celeste e terrena,
o nosso olhar se compraz,
Rainha santa é serena,
que a todos trazes a paz.

Louvado o Deus trino seja,
suba ao céu nosso louvor,
pois quis tornar Mãe da Igreja
a própria Mãe do Senhor.

Ant. 1 É hoje o nascimento da Virgem gloriosa,
descendente de Abraão e da tribo de Judá,
nobre Filha de Davi.

Salmos e cântico do domingo da I Semana, p. 580.

Ant. 2 Ao nascer a santa Virgem,
iluminou-se o mundo inteiro:
feliz estirpe, raiz santa, e bendito é o seu Fruto.

Ant. 3 Com alegria celebremos o nascimento de Maria,
para que ela interceda por nós todos junto ao Cristo.

Leitura breve   Is 11,1-3a

Nascerá uma haste do tronco de Jessé e, a partir da raiz, surgirá o rebento de uma flor; sobre ele repousará o espírito do Senhor: espírito de sabedoria e discernimento, espírito de conselho e fortaleza, espírito de ciência e temor de Deus; no temor do Senhor encontra ele seu prazer.

Responsório breve

R. O Senhor a escolheu,
  * Entre todas preferida. R. O Senhor a escolheu.
V. O Senhor a fez morar em sua santa habitação.
  * Entre todas. Glória ao Pai. R. O Senhor a escolheu.

Cântico evangélico, ant.

Vosso natal, ó Mãe de Deus, alegrou o mundo inteiro:
de vós nasceu o Sol da justiça, Jesus Cristo, nosso Deus,
que nos trouxe a grande bênção; dissolvendo a maldição
e humilhando a própria morte, deu-nos vida sempiterna.

PRECES, do Comum, p. 1532.

Oração

Abri, ó Deus, para os vossos servos e servas os tesouros da vossa graça: e assim como a maternidade de Maria foi a aurora da salvação, a festa do seu nascimento aumente em nós a vossa paz. Por nosso Senhor Jesus Cristo, vosso Filho, na unidade do Espírito Santo.

Hora Média

Salmos do dia de semana corrente.

Oração das Nove Horas

Ant. É **ho**je o nasci**men**to de Ma**ri**a, a Virgem **san**ta;
    sua **vi**da glori**o**sa ilu**mi**na toda a I**gre**ja.

Leitura breve   Ct 6,10

Quem é essa que desponta como a aurora, bela como a lua, brilhante como o sol, terrível como os exércitos preparados para a batalha?

V. Felizes os que **ou**vem a **Pa**lavra do Se**nhor**.
R. Felizes os que a **vi**vem e a **pra**ticam cada **di**a.

Oração das Doze Horas

Ant. Nas**ci**da de **reis**, re**ful**ge Ma**ri**a;
    pe**ça**mos, devotos, com **to**do o fer**vor**,
    que a**ju**de a nós **to**dos com **ro**gos e **pre**ces.

Leitura breve   Jt 13,18b-19

Bendito é o Senhor Deus, que criou o céu e a terra, e te levou a decepar a cabeça do chefe de nossos inimigos! Porque nunca o teu louvor se afastará do coração dos homens, que se lembrarão do poder de Deus para sempre.

V. Felizes as en**tra**nhas da **Vir**gem Ma**ri**a:
R. Trouxeram o **Fi**lho de **Deus**, Pai e**ter**no.

Oração das Quinze Horas

Ant. Cantemos alegres a **gló**ria de **Cris**to
    na **fes**ta da **Vir**gem, a **Mãe** do Se**nhor**.

Leitura breve   Ap 21,3

Esta é a morada de Deus entre os homens. Deus vai morar no meio deles. Eles serão o seu povo, e o próprio Deus estará com eles.

V. És bendita entre todas as mulheres da terra.
R. E bendito é o Fruto que nasceu do teu ventre!
Oração como nas Laudes.

Vésperas

Hino

Ó florão da humana raça,
virginal Mãe de Jesus,
tu, aos filhos da desgraça,
vens fazer filhos da luz.

Já trazendo a realeza
ao nascer do rei Davi,
vês crescer tua nobreza,
quando Deus nasce de ti.

Tua luz venceu a treva
do pecado original,
transformando os filhos de Eva
em nação sacerdotal.

Tua prece nos consiga
de Deus Pai pleno perdão,
e, calcada a culpa antiga,
a divina comunhão.

Ao Deus trino, Virgem pura,
erga o homem seu louvor;
restauraste a criatura,
dando à luz o Criador.

Ant. 1 A **Vir**gem Ma**ri**a nas**ceu**,
   bro**tou** da **raiz** de Jes**sé**;
   pelo Es**pí**rito **San**to de **Deus**
   tor**nou**-se a **Mãe** do Se**nhor**.

Salmos e cântico do Comum de Nossa Senhora, p. 1537.

Ant. 2 É **ho**je o nasci**men**to de Ma**ri**a, a Virgem **san**ta.
   Deus o**lhou** sua be**le**za e visi**tou** sua humil**da**de.

Ant. 3 Santa Maria, Mãe de Deus, sois bendita e venerável; ao celebrarmos vossa festa, intercedei por todos nós junto ao Cristo, vosso Filho.

Leitura breve — Rm 9,4-5

Eles são israelitas. A eles pertencem a filiação adotiva, a glória, as alianças, as leis, o culto, as promessas e também os patriarcas. Deles é que descende, quanto à sua humanidade, Cristo, o qual está acima de todos – Deus bendito para sempre! – Amém!

Responsório breve

R. **Maria, alegra-te, ó cheia de graça;**
 * **O Senhor é contigo!** R. **Maria.**
V. **És bendita entre todas as mulheres,**
 e bendito é o fruto do teu ventre. * **O Senhor.**
 Glória ao Pai. R. **Maria.**

Cântico evangélico, ant.

Celebremos o natal glorioso de Maria!
Deus olhou sua humildade, quando o anjo lhe falou,
e ela concebeu o Redentor da humanidade.

PRECES, do Comum, p. 1540.

Oração

Abri, ó Deus, para os vossos servos e servas os tesouros da vossa graça: e, assim como a maternidade de Maria foi a aurora da salvação, a festa do seu nascimento aumente em nós a vossa paz. Por nosso Senhor Jesus Cristo, vosso Filho, na unidade do Espírito Santo.

13 de setembro

SÃO JOÃO CRISÓSTOMO, BISPO E DOUTOR DA IGREJA

Memória

Nasceu em Antioquia, cerca do ano 349. Depois de ter recebido uma excelente educação, dedicou-se à vida ascética; e, tendo sido ordenado sacerdote, consagrou-se com grande fruto ao ministério da pregação. Eleito bispo de Constantinopla no ano 397, revelou grande zelo e competência nesse cargo pastoral, atendendo em particular à reforma dos costumes, tanto do clero como dos fiéis. A oposição da corte imperial e de outros inimigos pessoais levou-o por duas vezes ao exílio. Perseguido por tantas tribulações, morreu em Comana (Ponto, Ásia Menor) no dia 14 de setembro do ano 407. A sua notável diligência e competência na arte de falar e escrever, para expor a doutrina católica e formar os fiéis na vida cristã, mereceu-lhe o apelativo de Crisóstomo, "boca de ouro".

Do Comum dos pastores: para bispos, p. 1623, e dos doutores da Igreja, p. 1656.

Ofício das Leituras

Segunda leitura
Das Homilias de São João Crisóstomo, bispo
(Ante exsilium, nn. 1-3: PG 52,427*-430)   (Séc. IV)

Para mim, viver é Cristo e morrer é lucro

Sobrevêm muitas ondas e fortes tempestades, mas não tememos afogar, pois estamos firmados sobre a pedra. Enfureça-se o mar, não tem forças para destruir a pedra. Ergam-se as vagas, não podem submergir o navio de Cristo. Pergunto eu: que temeremos? A morte? *Para mim, viver é Cristo, e morrer é lucro* (Fl 1,21). O exílio talvez, dizes-me? *Do Senhor é a terra e tudo quanto contém* (Sl 23,1). A confiscação dos bens? *Nada trouxemos para o mundo e, é certo, nada daqui poderemos levar* (1Tm 6,7); os pavores deste mundo são desprezíveis, e seus bens, merecedores de riso. Não tenho medo da pobreza, não ambiciono riquezas; não temo a morte, nem prefiro viver a não ser para vosso proveito. Por isto recordo os acontecimentos atuais e rogo à vossa caridade que tenhais confiança.

Não escutas o Senhor dizer: *Onde dois ou três estiverem reunidos em meu nome, estarei ali no meio deles?* (Mt 18,20). E onde há tanta gente ligada pelos laços da caridade, não estará ele presente? Tenho seu penhor. Será que confio em minhas próprias forças? Seguro seu testamento. Este é o meu bordão, a minha segurança, o meu porto tranquilo. Abale-se embora o universo, tenho sua resposta, leio os seus escritos: aí está a muralha para mim, a fortaleza. Que escritos? *Eu estou convosco todos os dias até a consumação do mundo* (Mt 28,20).

Cristo está comigo, a quem temerei? Mesmo que as ondas, os mares, o furor dos príncipes se agitem contra mim, tudo isto não me impressiona mais do que uma aranha. E, se vossa caridade não me retivesse, não recusaria partir ainda hoje mesmo para outro lugar. Repito sempre: *Senhor, faça se a tua vontade* (Mt 26,42); não o que quer este ou aquele, mas o que tu queres. Esta é a minha torre, minha pedra imóvel; este, o meu báculo firme. Se Deus quer isto, faça-se. Se quiser que permaneça aqui, agradecerei. Onde quer que me queira, darei graças.

E, onde estou eu, aí estais vós; onde estais, aí eu também: somos um só corpo e não se separa o corpo da cabeça nem a cabeça do corpo. Estamos em lugares distantes, mas unidos na caridade, que nem a morte poderá separar. Porque, embora morra meu corpo, viverá a alma que se lembrará do povo.

Vós sois meus cidadãos, vós, meus pais, vós, meus irmãos, vós, filhos, vós, membros, vós, corpo. Para mim sois a luz, ou melhor, mais deliciosos que esta luz. O que poderá enviar-me um raio igual à vossa caridade? O raio de sol para mim é vida, porém vossa caridade tece-me a coroa para o futuro.

Responsório 2Tm 2,9-10a; Sl 26(27),1a

R. Pelo Evangelho estou sofrendo até algemas
como se eu fosse malfeitor;
contudo, a palavra do Senhor não se deixa algemar;
 * Este é o motivo por que eu suporto tudo,
por causa dos eleitos.
V. O Senhor é minha luz e salvação;
de quem eu terei medo?
 * Este é.

Oração como nas Laudes.

Laudes e Vésperas

Hino

"Boca de Ouro", dos teus lábios fluem
as torrentes que os vícios eliminam,
rico e nobre verberam, e a todo o povo
as verdades ensinam.

Egrégio arauto, êmulo de Paulo,
que por amor a todos se fez tudo,
espelho de virtudes, resplandeces,
jamais calado e mudo.

Nem mesmo o imperador pôde dobrar-te:
iras não temes nem desejas glória;
ganhas no exílio a púrpura de mártir,
a palma da vitória.

Na terra o sacerdócio engrandeceste,
este poder que aos anjos não foi dado:
eis-te agora nos céus, no meio deles,
e por eles louvado.

Venham em nosso auxílio as tuas preces,
e que ao Reino do céu chegar possamos,
enquanto unindo à tua as nossas vozes,
ao Deus trino louvamos.

Oração

Ó Deus, força dos que em vós esperam, que fizestes brilhar na vossa Igreja o bispo São João Crisóstomo por admirável eloquência e grande coragem nas provações, dai-nos seguir os seus ensinamentos, e robustecer-nos com sua invencível fortaleza. Por nosso Senhor Jesus Cristo, vosso Filho, na unidade do Espírito Santo.

14 de setembro

EXALTAÇÃO DA SANTA CRUZ

Festa

I Vésperas

(Quando a festa cai no domingo)

HINO Do Rei avança o estandarte, como nas II Vésperas, p. 1275.

Salmodia

Ant. 1 O **Se**nhor crucifi**ca**do dentre os **mor**tos ressur**giu**, e a **to**dos nos re**miu**. Ale**lui**a.

Salmo 146(147A)

= ¹ Lou**vai** o Senhor **Deus**, porque ele é **bom**, †
 can**tai** ao nosso Deus, porque é suave: *
 ele é **di**gno de louvor, ele o merece!
– ² O **Se**nhor reconstruiu Jerusalém, *
 e os dis**per**sos de Israel juntou de novo;
– ³ ele con**for**ta os corações despedaçados, *
 ele en**fai**xa suas feridas e as cura;
– ⁴ fixa o **nú**mero de todas as estrelas *
 e **cha**ma a cada uma por seu nome.

– ⁵ É **gran**de e onipotente o nosso Deus, *
 seu sa**ber** não tem medidas nem limites.
– ⁶ O Senhor **Deus** é o amparo dos humildes, *
 mas **do**bra até o chão os que são ímpios.

– ⁷Ento**ai**, cantai a Deus ação de graças, *
to**cai** para o Senhor em vossas harpas!
– ⁸Ele re**ves**te todo o céu com densas nuvens, *
e a **chu**va para a terra ele prepara;
– faz cres**cer** a verde relva sobre os montes *
e as **plan**tas que são úteis para o homem;
– ⁹ele **dá** aos animais seu alimento, *
e ao **cor**vo e aos seus filhotes que o invocam.
– ¹⁰Não é a **for**ça do cavalo que lhe agrada, *
nem se de**lei**ta com os músculos do homem,
– ¹¹mas **agra**dam ao Senhor os que o respeitam, *
os que con**fi**am, esperando em seu amor!

Ant. O Se**nhor** crucificado dentre os **mor**tos ressur**giu**,
e a **to**dos nos re**miu**. Ale**lui**a.

Ant. 2 No **mei**o da cidade de Sião eleva-se a **ár**vore da **vi**da;
suas **fo**lhas dão sa**ú**de para os **po**vos. Ale**lui**a.

Salmo 147(147B)

– ¹²Glorifica o Se**nhor**, Jerusa**lém**! *
Ó Si**ão**, canta louvores ao teu Deus!
– ¹³Pois refor**çou** com segurança as tuas portas, *
e os teus **fi**lhos em teu seio abençoou;
– ¹⁴a **paz** em teus limites garantiu *
e te **dá** como alimento a flor do trigo.
– ¹⁵Ele en**vi**a suas ordens para a terra, *
e a pa**la**vra que ele diz corre veloz;
– ¹⁶ele **faz** cair a neve como lã *
e espa**lha** a geada como cinza.
– ¹⁷Como de **pão** lança as migalhas do granizo, *
a seu **fri**o as águas ficam congeladas.
– ¹⁸Ele en**vi**a sua palavra e as derrete, *
sopra o **ven**to e de novo as águas correm. –

— ¹⁹ Anuncia a Jacó sua palavra, *
seus preceitos e suas leis a Israel.
— ²⁰ Nenhum povo recebeu tanto carinho, *
a nenhum outro revelou os seus preceitos.

Ant. No meio da cidade de Sião eleva-se a árvore da vida; suas folhas dão saúde para os povos. Aleluia.

Ant. 3 Nós devemos gloriar-nos na Cruz de Jesus Cristo.

Cântico — Fl 2,6-11

= ⁶ Embora fosse de divina condição, †
Cristo Jesus não se apegou ciosamente *
a ser igual em natureza a Deus Pai.

(R. Jesus Cristo é Senhor para a glória de Deus Pai!)

= ⁷ Porém esvaziou-se de sua glória †
e assumiu a condição de um escravo, *
fazendo-se aos homens semelhante. (R.)

= ⁸ Reconhecido exteriormente como homem, †
humilhou-se, obedecendo até à morte, *
até à morte humilhante numa cruz. (R.)

= ⁹ Por isso Deus o exaltou sobremaneira †
e deu-lhe o nome mais excelso, mais sublime, *
e elevado muito acima de outro nome. (R.)

= ¹⁰ Para que perante o nome de Jesus †
se dobre reverente todo joelho, *
seja nos céus, seja na terra ou nos abismos. (R.)

= ¹¹ E toda língua reconheça, confessando, †
para a glória de Deus Pai e seu louvor: *
"Na verdade Jesus Cristo é o Senhor!" (R.)

Ant. Nós devemos gloriar-nos na Cruz de Jesus Cristo.

Leitura breve — 1Cor 1,23-24

Nós pregamos Cristo crucificado, escândalo para os judeus e insensatez para os pagãos. Mas para os que são chamados, tanto judeus como gregos, esse Cristo é poder de Deus e sabedoria de Deus.

Responsório breve

R. O si**nal** da santa **Cruz** 'stará no **céu**,
  * Quando o Se**nhor** Jesus vi**er** para jul**gar**. R. O si**nal**.
V. Levan**tai** vossa ca**be**ça e ol**hai**,
  pois a **vos**sa reden**ção** se aproxima. * Quando o Se**nhor**.
  Glória ao **Pai**. R. O si**nal**.

Cântico evangélico, ant.

Era pre**ci**so que o **Cris**to so**fres**se
e **res**suscitasse dos **mor**tos,
para en**trar** em sua **gló**ria, ale**lui**a.

Preces

Oremos ao nosso Redentor que nos remiu pela sua Cruz; e digamos com toda a confiança:

R. **Elevai-nos pela cruz até o vosso Reino!**

Cristo, que vos humilhastes, assumindo a condição de um escravo e fazendo-vos semelhante à nossa condição humana,
– dai aos membros da Igreja a graça de imitarem a vossa humildade. R.

Cristo, que fostes obediente até à morte e morte humilhante numa cruz,
– concedei a vossos servos e servas a força de vos imitar na obediência e na paciência. R.

Cristo, que fostes exaltado por Deus e recebestes um nome que está acima de todo nome,
concedei aos vossos fiéis o dom da perseverança até o fim. R.

Cristo, a cujo nome todo joelho se dobra no céu, na terra e nos abismos,
– derramai sobre a humanidade o vosso espírito de caridade, para que todos vos adorem na paz. R.

(intenções livres)

Cristo, a quem toda língua proclama Senhor para a glória de Deus Pai,
– recebei no reino da felicidade eterna os nossos irmãos e irmãs que morreram.

R. Elevai-nos pela cruz até o vosso Reino!

Pai nosso...

Oração

Ó Deus, que para salvar a todos dispusestes que o vosso Filho morresse na cruz, a nós, que conhecemos na terra este mistério, dai-nos colher no céu os frutos da redenção. Por nosso Senhor Jesus Cristo, vosso Filho, na unidade do Espírito Santo.

Invitatório

R. **Adoremos Cristo Rei exaltado em sua Cruz!**
Salmo invitatório como no Ordinário, p. 537.

Ofício das Leituras

Hino

    Salve, salve Cruz santa,
    salve, glória do mundo,
    verdadeira esperança,
    nosso gozo profundo.

    Salvação nos perigos,
    és da graça o sinal.
    Dás a todos a vida,
    doce lenho vital.

    Santa Cruz adorável,
    de onde a vida brotou,
    nós, por ti redimidos,
    te cantamos louvor.

    Doce glória do mundo,
    nos teus braços abertos

os escravos do lenho
são, no lenho, libertos.

Honra e glória a Deus Pai
pela Cruz de seu Filho,
que, no lenho elevado,
a vestiu com seu brilho.

Honra e glória ao Espírito,
da Trindade na luz.
E nos céus e na terra
brilhe a glória da Cruz.

Salmodia

Ant. 1 Eis a **Cruz** do **Senhor**: ini**mi**gos, fu**gi**!
Triun**fou** e ven**ceu** o Le**ão** de Ju**dá**,
a **Raiz** de **Da**vi! Ale**lu**ia.

Salmo 2

— ¹ Por que os **po**vos agi**ta**dos se re**vol**tam? *
 por que **tra**mam as nações projetos vãos?
= ² Por que os **reis** de toda a terra se reúnem, †
 e cons**pi**ram os governos todos juntos *
 contra o **Deus** onipotente e o seu Ungido?
— ³ "Vamos que**brar** suas correntes", dizem eles, *
 "e lan**çar** longe de nós o seu domínio!"
— ⁴ Ri-se **de**les o que mora lá nos **céus**; *
 zomba **de**les o Senhor onipotente.
— ⁵ Ele, en**tão**, em sua ira os ameaça, *
 e em seu fu**ror** os faz tremer, quando lhes diz:
— ⁶ "Fui eu **mes**mo que escolhi este meu Rei, *
 e em Si**ão**, meu monte santo, o consagrei!"
= ⁷ O de**cre**to do Senhor promulgarei, †
 foi as**sim** que me falou o Senhor Deus: *
 "Tu és meu **Fi**lho, e eu hoje te gerei!—

= ⁸Podes pedir-me, e em resposta eu te darei †
  por tua herança os povos todos e as nações, *
  e há de **ser** a terra inteira o teu domínio.
− ⁹Com cetro **fér**reo haverás de dominá-los, *
  e quebrá-los como um vaso de argila!"
− ¹⁰E a**go**ra, poderosos, entendei; *
  sobe**ra**nos, aprendei esta lição:
− ¹¹Com te**mor** servi a Deus, rendei-lhe glória *
  e pres**tai**-lhe homenagem com respeito!
− ¹²Se o irri**tais**, perecereis pelo caminho, *
  pois de**pres**sa se acende a sua ira!
− Fe**li**zes hão de ser todos aqueles *
  que **põem** sua esperança no Senhor!

Ant. Eis a **Cruz** do Se**nhor**: ini**mi**gos, fu**gi**!
     Triun**fou** e ven**ceu** o Leão de Ju**dá**,
     a Raiz de Davi! Aleluia.

Ant. 2 O santo **no**me do Senhor foi exal**ta**do em sua **Cruz**,
      sobre o **céu** e sobre a **ter**ra. Ale**lui**a.

Salmo 8

− ²Ó Se**nhor**, nosso **Deus**, como é **gran**de *
  vosso **no**me por todo o universo!
− Desdo**bras**tes nos céus vossa glória *
  com gran**de**za, esplendor, majestade.
= ³O per**fei**to louvor vos é dado †
  pelos **lá**bios dos mais pequeninos, *
  de crianças que a mãe amamenta.
− Eis a **for**ça que opondes aos maus, *
  redu**zin**do o inimigo ao silêncio.
− ⁴Contem**plan**do estes céus que plasmastes *
  e for**mas**tes com dedos de artista;
− vendo a **lua** e estrelas brilhantes, *
  ⁵pergun**ta**mos: "Senhor, que é o homem,

– para dele assim vos lembrardes *
e o tratardes com tanto carinho?"
– ⁶ Pouco abaixo de um deus o fizestes, *
coroando-o de glória e esplendor;
– ⁷ vós lhe destes poder sobre tudo, *
vossas obras aos pés lhe pusestes:
– ⁸ as ovelhas, os bois, os rebanhos, *
todo o gado e as feras da mata;
– ⁹ passarinhos e peixes dos mares, *
todo ser que se move nas águas.
–¹⁰ Ó Senhor, nosso Deus, como é grande *
vosso nome por todo o universo!

Ant. O santo nome do Senhor foi exaltado em sua Cruz,
sobre o céu e sobre a terra. Aleluia.

Ant. 3 Ó Cruz tão bendita, só tu mereceste
trazer o Senhor, Rei dos céus, aleluia.

Salmo 95(96)

= ¹ Cantai ao Senhor Deus um canto novo, †
cantai ao Senhor Deus, ó terra inteira! *
² Cantai e bendizei seu santo nome!

= Dia após dia anunciai sua salvação, †
³ manifestai a sua glória entre as nações, *
e entre os povos do universo seus prodígios!

= ⁴ Pois Deus é grande e muito digno de louvor, †
é mais terrível e maior que os outros deuses, *
⁵ porque um nada são os deuses dos pagãos.

= Foi o Senhor e nosso Deus quem fez os céus: †
⁶ diante dele vão a glória e a majestade, *
e o seu templo, que beleza e esplendor!

= ⁷ Ó família das nações, dai ao Senhor, †
ó nações, dai ao Senhor poder e glória, *
⁸ dai-lhe a glória que é devida ao seu nome! –

= Oferece**cei** um sacrifício nos seus átrios, †
  ⁹ado**rai**-o no esplendor da santidade, *
  terra in**tei**ra, estremecei diante dele!

= ¹⁰Publi**cai** entre as nações: "Reina o Senhor!" †
  Ele fir**mou** o universo inabalável, *
  e os **po**vos ele julga com justiça.

– ¹¹O **céu** se rejubile e exulte a terra, *
  aplauda o **mar** com o que vive em suas águas;

– ¹²os **cam**pos com seus frutos rejubilem *
  e e**xul**tem as florestas e as matas

– ¹³na pre**sen**ça do Senhor, pois ele vem, *
  porque **vem** para julgar a terra inteira.

– Governa**rá** o mundo todo com justiça, *
  e os **po**vos julgará com lealdade.

Ant. Ó **Cruz** tão ben**di**ta, só **tu** mere**ces**te
trazer o Senhor, Rei dos **céus**, ale**lui**a.

V. Como Moi**sés** ergueu na **has**te a serpe**nte** no de**ser**to,
R. O Filho do **Ho**mem há de **ser** levan**ta**do numa **cruz**.

Primeira leitura

Da Carta de São Paulo aos Gálatas   2,19-3,7.13-14;
                                                  6,14-16

A glória da cruz

Irmãos: ²,¹⁹Foi em virtude da Lei que eu Paulo morri para a Lei, a fim de viver para Deus. Com Cristo, eu fui pregado na cruz. ²⁰Eu vivo, mas não eu, é Cristo que vive em mim. Esta minha vida presente, na carne, eu a vivo na fé, crendo no Filho de Deus, que me amou e por mim se entregou. ²¹Eu não desprezo a graça de Deus. Ora, se a justiça vem pela Lei, então Cristo morreu inutilmente.

³,Ó gálatas insensatos, quem é que vos fascinou? Diante de vossos olhos, não foi acaso representado, como que ao vivo, Jesus Cristo crucificado? ⁷Só isto quero saber de vós:

Recebestes o Espírito pela prática da Lei ou pela fé através da pregação? ³Sois assim tão insensatos? A ponto de, depois de terdes começado pelo espírito, quererdes terminar pela carne? ⁴Foi acaso em vão que sofrestes tanto? Se é que foi mesmo em vão! ⁵Aquele que vos dá generosamente o Espírito e realiza milagres entre vós, faz isso porque praticais a Lei ou porque crestes, através da pregação?

⁶Como Abraão creu em Deus, e isto lhe valeu ser declarado justo, ⁷ficai pois cientes que os que creem é que são verdadeiros filhos de Abraão.

¹³Cristo resgatou-nos da maldição da Lei, fazendo-se maldição por nós, pois está escrito: Maldito todo aquele que é suspenso no madeiro. ¹⁴Assim a bênção de Abraão se estendeu aos pagãos em Cristo Jesus e pela fé recebemos a promessa do Espírito.

⁶,¹⁴Quanto a mim, que eu me glorie somente da cruz do Senhor nosso, Jesus Cristo. Por ele, o mundo está crucificado para mim, como eu estou crucificado para o mundo.

¹⁵Pois nem a circuncisão, nem a incircuncisão têm valor, o que conta é a criação nova. ¹⁶E para todos os que seguirem esta norma, como para o Israel de Deus: paz e misericórdia.

Responsório   Cf. Gl 6,14a; cf. Hb 2,9b
R. Nós devemos gloriar-nos na Cruz de Jesus Cristo;
    nele está a salvação, ressurreição e nossa vida,
 * Pelo qual nós fomos salvos, pelo qual fomos libertos.
V. Por ter sofrido a morte,
    Jesus foi coroado de glória e de honra.* Pelo qual.

Segunda leitura
Dos Sermões de Santo André de Creta, bispo

(Oratio 10 in Exaltatione sanctae crucis: PG 97,1018-1019)
(Séc. VIII)

A glória e a exaltação de Cristo é a cruz

Celebramos a festa da cruz; por ela as trevas são repelidas e volta a luz. Celebramos a festa da cruz e junto com o Crucificado somos levados para o alto para que, abandonando a terra com o pecado, obtenhamos os céus. A posse da cruz é tão grande e de tão imenso valor que seu possuidor possui um tesouro. Chamo com razão tesouro aquilo que há de mais belo entre todos os bens pelo conteúdo e pela fama. Nele, por ele e para ele reside toda a nossa salvação, e é restituída ao seu estado original.

Se não houvesse a cruz, Cristo não seria crucificado. Se não houvesse a cruz, a vida não seria pregada ao lenho com cravos. Se a vida não tivesse sido cravada, não brotariam do lado as fontes da imortalidade, o sangue e a água, que lavam o mundo. Não teria sido rasgado o documento do pecado, não teríamos sido declarados livres, não teríamos provado da árvore da vida, não se teria aberto o paraíso. Se não houvesse a cruz, a morte não teria sido vencida e não teria sido derrotado o inferno.

É, portanto, grande e preciosa a cruz. Grande sim, porque por ela grandes bens se tornaram realidade; e tanto maiores quanto, pelos milagres e sofrimentos de Cristo, mais excelentes quinhões serão distribuídos. Preciosa também porque a cruz é paixão e vitória de Deus: paixão, pela morte voluntária nesta mesma paixão; e vitória porque o diabo é ferido e com ele a morte é vencida. Assim, arrebentadas as prisões dos infernos, a cruz também se tornou a comum salvação de todo o mundo.

É chamada ainda de glória de Cristo, é dita a exaltação de Cristo. Vemo-la como o cálice desejável e o termo dos sofrimentos que Cristo suportou por nós. Que a cruz seja a glória de Cristo, escuta-o a dizer: *Agora, o filho do homem é glorificado e nele Deus é glorificado e logo o glorificará* (Jo 13,31-32). E de novo: *Glorifica-me tu, Pai, com a glória que tinha junto de ti antes que o mundo existisse* (Jo 17,5). E repete: *Pai, glorifica teu nome. Desceu então do céu uma voz: Glorifiquei-o e tornarei a glorificar* (Jo 12,28), indicando aquela glória que então alcançou na cruz.

Que ainda a cruz seja a exaltação de Cristo, escuta o que ele próprio diz: *Quando eu for exaltado, atrairei então todos a mim* (cf. Jo 12,32). Bem vês que a cruz é a glória e a exaltação de Cristo.

Responsório

R. Ó **Cruz** gloriosa! De teus **bra**ços pen**deu**
   o te**sou**ro preci**o**so e a reden**ção** dos cativos.
   * Por **ti** foi o **mun**do re**mi**do no **san**gue de **seu** Reden**tor**.
V. Salve, ó **Cruz**, consa**gra**da pelo **cor**po de **Cris**to,
   por seus **mem**bros or**na**da, quais **pe**dras preci**o**sas.
   * Por **ti**.

HINO Te Deum, p. 543.

Oração como nas Laudes.

Laudes

Hino

Por toda a terra fulgura
a silhueta da Cruz,
de onde pendeu inocente
o próprio Cristo Jesus.

Mais altaneira que os cedros,
ergue-se a Cruz triunfal:
não traz um fruto de morte,
dá vida a todo mortal.

Que o Rei da vida nos guarde
sob o estandarte da cruz,
broquel que a todos protege,
farol que a todos conduz.

De coração celebremos
a Cruz de nosso Senhor:
Moisés de braços abertos,
orando em nosso favor.

A Cruz de Cristo abraçando,
reinar possamos nos céus,
com o Pai, o Espírito e o Filho,
Trindade Santa, um só Deus.

Ant. 1 Sujeitou-se à santa **Cruz**
quem venceu a própria morte,
e, vestido de poder, ressurgiu após três dias.

Salmos e cântico do domingo da I Semana, p. 580.

Ant. 2 Como brilha a Cruz bendita do Senhor!
De seus braços o corpo está pendente;
ele lava com seu sangue nossas chagas.

Ant. 3 Fulgurante resplandece a santa **Cruz**:
por ela o mundo recupera a salvação,
reina a cruz, triunfa a cruz, vence ao pecado.
Aleluia.

Leitura breve — Hb 2,9b-10

Nós vemos a Jesus coroado de glória e honra, por ter sofrido a morte. Sim, pela graça de Deus em favor de todos, ele provou a morte. Convinha de fato que aquele, por quem e para quem todas as coisas existem, e que desejou conduzir muitos filhos à glória, levasse o iniciador da salvação deles à consumação, por meio de sofrimentos.

Responsório breve

R. Nós vos bendizemos e adoramos,
 * Ó Jesus, nosso Senhor. **R.** Nós vos.
V. Por vossa cruz vós redimistes este mundo. * Ó Jesus.
 Glória ao Pai. **R.** Nós vos.

Cântico evangélico, ant.

Adoramos, Senhor, vosso Madeiro;
vossa ressurreição nós celebramos.
A alegria chegou ao mundo inteiro
pela Cruz que nós hoje veneramos.

Preces

Oremos ao nosso Redentor, que nos remiu pela sua Cruz; e digamos com toda a confiança:

R. **Salvai-nos, Senhor, pela vossa Santa Cruz!**

Filho de Deus, que pela imagem da serpente de bronze curastes o povo de Israel,
– protegei-nos neste dia contra o veneno do pecado. R.

Filho do homem, que fostes erguido na cruz como a serpente foi levantada por Moisés no deserto,
– elevai-nos até à felicidade do vosso Reino. R.

Filho unigênito do Pai, que fostes entregue à morte para que todo aquele que acredita em vós não pereça,
– dai a vida eterna aos que procuram a vossa face. R.

Filho bem-amado do Pai, que fostes enviado ao mundo não para condená-lo mas para salvá-lo,
– concedei o dom da fé aos nossos familiares e amigos para que sejam salvos. R.

Filho do Pai eterno, que viestes trazer o fogo à terra e quisestes vê-lo aceso,
– fazei que, praticando a verdade, nos aproximemos da luz. R.

Pai nosso...

Oração

Ó Deus, que para salvar a todos dispusestes que o vosso Filho morresse na cruz, a nós, que conhecemos na terra este mistério, dai-nos colher no céu os frutos da redenção. Por nosso Senhor Jesus Cristo, vosso Filho, na unidade do Espírito Santo.

Hora Média

Salmos do dia da semana corrente.

Oração das Nove Horas

Ant. Sal**vai**-nos por **vos**sa santa **Cruz**!
Sal**vai**-nos, ó **Cris**to Salva**dor**,
que sal**vas**tes São **Pe**dro sobre o **mar**!

Leitura breve   Hb 5,7-9

Cristo, nos dias de sua vida terrestre, dirigiu preces e súplicas, com forte clamor e lágrimas, àquele que era capaz de salvá-lo da morte. E foi atendido, por causa de sua entrega a Deus. Mesmo sendo Filho, aprendeu o que significa a obediência a Deus por aquilo que ele sofreu. Mas, na consumação de sua vida, tornou-se causa de salvação eterna para todos os que lhe obedecem.

V. **Nós** vos ado**ra**mos, Jesus **Cris**to, e vos bendi**ze**mos,
R. Pois re**mis**tes todo o **mun**do pela **vos**sa santa **Cruz**!

Oração das Doze Horas

Ant. Sal**vai**-nos, Salva**dor** do mundo in**tei**ro,
que nos re**mis**tes pelo **San**gue e pela **Cruz**!
Aju**dai**-nos, vos pe**di**mos, nosso **Deus**!

Leitura breve   Ef 1,7-8a

Em Cristo, pelo seu sangue, nós somos libertados. Nele, as nossas faltas são perdoadas, segundo a riqueza da sua graça, que Deus derramou profusamente sobre nós.

V. Toda a **ter**ra vos a**do**re com res**pei**to,
R. E pro**cla**me o lou**vor** de vosso **no**me.

Oração das Quinze Horas

Ant. Por vossa **Cruz**, salvai-nos, **Cris**to Reden**tor**,
pois mor**ren**do destru**ís**tes nossa **mor**te,
e ressur**gin**do restau**ras**tes nossa **vi**da!

Leitura breve 1Pd 1,18-19

Fostes resgatados da vida fútil herdada de vossos pais, não por meio de coisas perecíveis, como a prata ou o ouro, mas pelo precioso sangue de Cristo, como de um cordeiro sem mancha nem defeito.

V. O si**nal** da santa **Cruz** 'stará no **céu**,
R. Quando o Se**nhor** Jesus vi**er** para jul**gar**.

Oração como nas Laudes.

II Vésperas

Hino

Do Rei avança o estandarte,
fulge o mistério da Cruz,
onde por nós foi suspenso
o autor da vida, Jesus.

Do lado morto de Cristo,
ao golpe que lhe vibraram,
para lavar meu pecado
o sangue e água jorraram.

Árvore esplêndida e bela,
de rubra púrpura ornada,
de os santos membros tocar
digna, só tu foste achada.

Ó Cruz feliz, dos teus braços
do mundo o preço pendeu;
balança foste do corpo
que ao duro inferno venceu.

Salve, ó altar, salve vítima,
eis que a vitória reluz:
a vida em ti fere a morte,
morte que à vida conduz.

Salve, ó cruz, doce esperança,
concede aos réus remissão;

dá-nos o fruto da graça,
que floresceu na Paixão.

Louvor a vós, ó Trindade,
fonte de todo perdão,
aos que na Cruz foram salvos,
dai a celeste mansão.

Salmodia
Ant. 1 Grande **o**bra de bonda**d**e:
   a **mor**te foi ven**ci**da quando a **Cruz** matou a **Vi**da.

Salmo 109(110),1-5.7

— ¹**P**alavra do Se**nhor** ao meu Se**nhor**: *
   "As**sen**ta-te ao lado meu direito,
— a**té** que eu ponha os inimigos teus *
   como esca**be**lo por debaixo de teus pés!"
= ²O Se**nhor** estenderá desde Sião †
   vosso **ce**tro de poder, pois ele diz: *
   "Do**mi**na com vigor teus inimigos;
= ³tu és **prín**cipe desde o dia em que nasceste; †
   na **gló**ria e esplendor da santidade, *
   como o or**va**lho, antes da aurora, eu te gerei!"
= ⁴Jurou o Se**nhor** e manterá sua palavra: †
   "Tu **és** sacerdote eternamente, *
   segundo a **or**dem do rei Melquisedec!"
— ⁵À vossa **des**tra está o Senhor, Ele vos diz: *
   "No dia da **i**ra esmagarás os reis da terra!
— ⁷Bebe**rás** água corrente no caminho, *
   por **is**so seguirás de fronte erguida!"

Ant. Grande **o**bra de bonda**d**e:
   a **mor**te foi ven**ci**da quando a **Cruz** matou a **Vi**da.

Ant. 2 Adoramos, Se**nhor**, a vossa **Cruz**,
   e a pai**xão** gloriosa recor**da**mos.
   Vós, que so**fres**tes por **nós**, tende pie**da**de!

Salmo 115(116B)

—¹⁰ Guardei a minha fé, mesmo dizendo: *
"É demais o sofrimento em minha vida!"
—¹¹ Confiei, quando dizia na aflição: *
"Todo homem é mentiroso! Todo homem!"
—¹² Que poderei retribuir ao Senhor Deus *
por tudo aquilo que ele fez em meu favor?
—¹³ Elevo o cálice da minha salvação, *
invocando o nome santo do Senhor.
—¹⁴ Vou cumprir minhas promessas ao Senhor *
na presença de seu povo reunido.
—¹⁵ É sentida por demais pelo Senhor *
a morte de seus santos, seus amigos.
=¹⁶ Eis que sou o vosso servo, ó Senhor, †
vosso servo que nasceu de vossa serva; *
mas me quebrastes os grilhões da escravidão!
—¹⁷ Por isso oferto um sacrifício de louvor, *
invocando o nome santo do Senhor.
—¹⁸ Vou cumprir minhas promessas ao Senhor *
na presença de seu povo reunido;
—¹⁹ nos átrios da casa do Senhor, *
em teu meio, ó cidade de Sião!

Ant. Adoramos, Senhor, a vossa Cruz,
e a paixão gloriosa recordamos.
Vós, que sofrestes por nós, tende piedade!

Ant. 3 Nós vos adoramos, Jesus Cristo, e vos bendizemos,
pois remistes todo o mundo pela vossa santa Cruz!

Cântico   Ap 4,11; 5,9.10.12

—⁴,¹¹ Vós sois digno, Senhor, nosso Deus, *
de receber honra, glória e poder!
(R. Poder, honra e glória ao Cordeiro de Deus!)

= ⁵,⁹Porque **to**das as coisas criastes, †
é por **vos**sa vontade que existem, *
e sub**sis**tem porque vós mandais. (R.)

= Vós sois **dig**no, Senhor, nosso Deus, †
de o **li**vro nas mãos receber *
e de a**brir** suas folhas lacradas! (R.)

— Porque **fos**tes por nós imolado; *
para **Deus** nos remiu vosso sangue
— dentre **to**das as tribos e línguas, *
dentre os **po**vos da terra e nações. (R.)

= ¹⁰Pois fi**zes**tes de nós, para Deus, †
sacer**do**tes e povo de reis, *
e i**re**mos reinar sobre a terra. (R.)

= ¹²O Cor**dei**ro imolado é digno †
de rece**ber** honra, glória e poder, *
sabedo**ri**a, louvor, divindade! (R.)

Ant. **Nós** vos ado**ra**mos, Jesus **Cris**to, e vos ben**di**zemos,
pois re**mis**tes todo o **mun**do pela **vos**sa santa **Cruz**!

Leitura breve   1Cor 1,23-24
Nós pregamos Cristo crucificado, escândalo para os judeus
e insensatez para os pagãos. Mas para os que são chamados, tanto judeus como gregos, esse Cristo é poder de Deus
e sabedoria de Deus.

Responsório breve
R. **Ó Cruz** gloriosa,
 * Em **ti** triun**fou** o Se**nhor**, Rei dos **an**jos. R. **Ó Cruz**.
V. E la**vou** nossas **cha**gas em seu **san**gue precioso. * Em **ti**.
   Glória ao **Pai**. R. **Ó Cruz**.

Cântico evangélico, ant.
Ó **Cruz** de vitória, si**nal** admi**rá**vel,
fazei-nos che**gar** ao triun**fo** da **gló**ria!

Preces

Oremos ao nosso Redentor que nos remiu pela sua Cruz; e digamos com toda a confiança:

R. **Elevai-nos pela cruz até o vosso Reino!**

Cristo, que vos humilhastes, assumindo a condição de um escravo e fazendo-vos semelhante à nossa condição humana.
– dai aos membros da Igreja a graça de imitarem a vossa humildade. R.

Cristo, que fostes obediente até à morte e morte humilhante numa cruz,
– concedei a vossos servos e servas a força de vos imitar na obediência e na paciência. R.

Cristo, que fostes exaltado por Deus e recebestes um nome que está acima de todo nome,
– concedei aos vossos fiéis o dom da perseverança até o fim.
R.

Cristo, a cujo nome todo joelho se dobra no céu, na terra e nos abismos,
– derramai sobre a humanidade o vosso espírito de caridade, para que todos vos adorem na paz. R.

(intenções livres)

Cristo, a quem toda língua proclama Senhor para a glória de Deus Pai,
– recebei no reino da felicidade eterna os nossos irmãos e irmãs que morreram. R.

Pai nosso...

Oração

Ó Deus, que para salvar a todos dispusestes que o vosso Filho morresse na cruz, a nós, que conhecemos na terra este mistério, dai-nos colher no céu os frutos da redenção. Por nosso Senhor Jesus Cristo, vosso Filho, na unidade do Espírito Santo.

15 de setembro

NOSSA SENHORA DAS DORES

Memória

Do Comum de Nossa Senhora, p. 1519, exceto o seguinte:

Invitatório

R. **Ador**emos o **Cristo** Je**sus** Salva**dor**,
que à **sua** pai**xão** quis u**nir** sua **Mãe**.

Salmo invitatório como no Ordinário, p. 537.

Ofício das Leituras

Hino

De pé a Mãe dolorosa,
junto da cruz, lacrimosa,
via Jesus que pendia.

No coração transpassado
sentia o gládio enterrado
de uma cruel profecia.

Mãe entre todas bendita,
do Filho único, aflita,
à imensa dor assistia.

E, suspirando, chorava,
e da cruz não se afastava,
ao ver que o Filho morria.

Pobre mãe, tão desolada,
ao vê-la assim transpassada,
quem de dor não choraria?

Quem na terra há que resista,
se a mãe assim se contrista
ante uma tal agonia?

Para salvar sua gente,
eis que seu Filho inocente
suor e sangue vertia.

Na cruz por seu Pai chamando,
vai a cabeça inclinando,
enquanto escurece o dia.

Quando chegar minha hora,
dai-me, Jesus, sem demora,
a intercessão de Maria.

Segunda leitura
Dos Sermões de São Bernardo, abade
(Sermo in dom. infra oct. Assumptionis, 14-15: Opera omnia, Edit. Cisterc. 5[1968],273-274)   (Séc. XII)

Estava sua mãe junto à cruz

O martírio da Virgem é mencionado tanto na profecia de Simeão quanto no relato da paixão do Senhor. *Este foi posto,* diz o santo ancião sobre o menino, *como um sinal de contradição,* e a Maria: *e uma espada traspassará tua alma* (cf. Lc 2,34-35).

Verdadeiramente, ó santa Mãe, uma espada traspassou tua alma. Aliás, somente traspassando-a, penetraria na carne do Filho. De fato, visto que o teu Jesus – de todos certamente, mas especialmente teu – a lança cruel, abrindo-lhe o lado sem poupar um morto, não atingiu a alma dele, mas ela traspassou a tua alma. A alma dele já ali não estava, a tua, porém, não podia ser arrancada dali. Por isto a violência da dor penetrou em tua alma e nós te proclamamos, com justiça, mais do que mártir, porque a compaixão ultrapassou a dor da paixão corporal.

E pior que a espada, traspassando a alma, não foi aquela palavra que atingiu até a divisão entre a alma e o espírito: *Mulher, eis aí teu filho?* (Jo 19,26). Oh! que troca incrível! João, Mãe, te é entregue em vez de Jesus, o servo em lugar do Senhor, o discípulo pelo Mestre, o filho de Zebedeu pelo Filho de Deus, o puro homem, em vez do Deus verdadeiro. Como ouvir isto deixaria de traspassar tua alma tão afetuosa, se até a sua lembrança nos corta os corações, tão de pedra, tão de ferro?

Não vos admireis, irmãos, que se diga ter Maria sido mártir na alma. Poderia espantar-se quem não se recordasse do que Paulo afirmou que entre os maiores crimes dos gentios estava o de serem sem afeição. Muito longe do coração de Maria tudo isto; esteja também longe de seus servos.

Talvez haja quem pergunte: "Mas não sabia ela de antemão que iria ele morrer?" Sem dúvida alguma. "E não esperava que logo ressuscitaria?" Com toda a confiança. "E mesmo assim sofreu com o Crucificado?" Com toda a veemência. Aliás, tu quem és ou donde tua sabedoria, para te admirares mais de Maria que compadecia, do que do Filho de Maria a padecer? Ele pôde morrer no corpo; não podia ela morrer juntamente no coração? É obra da caridade: ninguém a teve maior! Obra de caridade também isto: depois dela nunca houve igual.

Responsório   Lc 23,33; cf. Jo 19,25; cf. Lc 2,35
R. Após chegar ao lugar que é chamado Calvário,
   crucificaram Jesus.
 * Junto à Cruz de Jesus estava, em pé, sua Mãe.
V. Uma espada de dor, então, transpassou o seu coração.
 * Junto à cruz.

Oração como nas Laudes.

Laudes

Hino

Faze, ó Mãe, fonte de amor,
que eu sinta em mim tua dor,
para contigo chorar.

Faze arder meu coração,
partilhar tua paixão
e teu Jesus consolar.

Ó santa Mãe, por favor,
faze que as chagas do amor
em mim se venham gravar.

O que Jesus padeceu
venha a sofrer também eu,
causa de tanto penar.

Ó dá-me, enquanto viver,
com Jesus Cristo sofrer,
contigo sempre chorar!

Quero ficar junto à cruz,
velar contigo a Jesus,
e o teu pranto enxugar.

Quando eu da terra partir,
para o céu possa subir,
e então contigo reinar.

Ant. 1 Minha **al**ma se a**gar**ra em **vós,** ó Se**nhor**!

Salmos e cântico do domingo da I Semana, p. 580.

Ant. 2 Ale**grai**-vos na me**di**da em que **sois** partici**pan**tes da Pai**xão** de Jesus **Cris**to.

Ant. 3 Aprouve ao **Pai** reconcili**ar** consigo **mes**mo todas as **coi**sas pelo **san**gue de Je**sus**.

Leitura breve
Cl 1,24-25

Alegro-me, agora, de tudo o que já sofri por vós e procuro completar na minha própria carne o que falta das tribulações de Cristo, em solidariedade com o seu corpo, isto é, a Igreja. A ela eu sirvo, exercendo o cargo que Deus me confiou de vos transmitir a palavra de Deus em sua plenitude.

Responsório breve

R. Por **vós**, Virgem Ma**ri**a,
 * Consi**ga**mos a salva**ção**. R. Por **vós**.
V. Pelas **cha**gas de Je**sus**. * Consi**ga**mos.
 Gló**ri**a ao **Pai**. R. Por **vós**.

Cântico evangélico, ant.

Mãe das **Do**res, ale**grai**-vos, que de**pois** de tantas **lu**tas estais na **gló**ria junto ao **Fi**lho e sois **Rai**nha do uni**ver**so.

PRECES, do Comum, p. 1532.

Oração

Ó Deus, quando o vosso Filho foi exaltado, quisestes que sua Mãe estivesse de pé junto à cruz, sofrendo com ele. Dai à vossa Igreja, unida a Maria na paixão de Cristo, participar da ressurreição do Senhor. Que convosco vive e reina, na unidade do Espírito Santo.

Vésperas

Hino

Virgem Mãe tão santa e pura,
vendo eu a tua amargura,
possa contigo chorar.

Que do Cristo eu traga a morte,
sua paixão me conforte,
sua cruz possa abraçar!

Em sangue as chagas me lavem
e no meu peito se gravem,
para não mais se apagar.

No julgamento consegue
que às chamas não seja entregue
quem soube em ti se abrigar.

Que a santa cruz me proteja,
que eu vença a dura peleja,
possa do mal triunfar!

Vindo, ó Jesus, minha hora,
por essas dores de agora,
no céu mereça um lugar.

Ant. 1 É **Cris**to a nossa **paz** pois nos **trou**xe pela **cruz**
a **paz** com nosso **Deus**.

Salmos e cântico do Comum de Nossa Senhora, p. 1537.

Ant. 2 Aproxi**me**mo-nos, ir**mãos**, da Ci**da**de do Deus **vi**vo,
e de Je**sus**, o media**dor** de uma **no**va Ali**an**ça.

Ant. 3 É em **Cris**to que nós **te**mos reden**ção**,
dos pe**ca**dos remis**são** pelo seu **san**gue.

Leitura breve　　　　　　　　　　　　　　　　2Tm 2,10-12a

Suporto qualquer coisa pelos eleitos, para que eles também alcancem a salvação, que está em Cristo Jesus, com a glória eterna. Merece fé esta palavra: se com ele morremos, com ele viveremos. Se com ele ficamos firmes, com ele reinaremos.

Responsório breve

R. Estava Maria, a Rainha do **céu** e a Se**nho**ra do **mun**do,
　* Junto à **Cruz** do Se**nhor**. R. Estava.
V. Quão fe**liz** é a**que**la que, **sem** ter mor**ri**do,
　mere**ceu** do mar**tí**rio a **pal**ma da **gló**ria.
　　* Junto à **Cruz**. Glória ao **Pai**. R. Estava.

Cântico evangélico, ant.
Jesus, vendo sua Mãe em pé junto à cruz
e o discípulo amado, falou à sua Mãe:
Mulher, eis teu filho!
E disse ao discípulo: Eis aqui tua Mãe!

PRECES, do Comum, p. 1540.

Oração

Ó Deus, quando o vosso Filho foi exaltado, quisestes que sua Mãe estivesse de pé junto à cruz, sofrendo com ele. Dai à vossa Igreja, unida a Maria na paixão de Cristo, participar da ressurreição do Senhor. Que convosco vive e reina, na unidade do Espírito Santo.

16 de setembro
SÃO CORNÉLIO, PAPA, E SÃO CIPRIANO, BISPO, MÁRTIRES

Memória

Cornélio foi ordenado bispo da Igreja de Roma no ano 251. Teve de combater o cisma dos Novacianos e, com a ajuda de São Cipriano, conseguiu consolidar a sua autoridade. Foi desterrado pelo imperador Galo e morreu no exílio, perto de Civitavecchia, no ano 253. O seu corpo foi trasladado para Roma e sepultado no cemitério de Calisto.

Cipriano nasceu em Cartago cerca do ano 210, de uma família pagã. Tendo-se convertido à fé e, ordenado sacerdote, foi eleito bispo daquela cidade no ano 249. Em tempos muito difíceis, governou sabiamente, com suas obras e escritos, a Igreja que lhe foi confiada. Na perseguição de Valeriano, sofreu primeiramente o exílio, e depois o martírio no dia 14 de setembro do ano 258.

Do Comum de vários mártires, p. 1580, ou, dos pastores, p. 1623.

Ofício das Leituras

Segunda leitura
Pode-se optar por uma das leituras seguintes:
Das Cartas de São Cipriano, bispo e mártir
(Epist. 60,1-2.5: CSEL 3,691-692.694-695) (Séc. III)

Fé generosa e firme

Cipriano a Cornélio, seu irmão. Tive notícias, irmão caríssimo, dos gloriosos testemunhos de vossa fé e fortaleza.

Recebemos com tanta exultação a honra de vossa confissão que também nos julgamos participantes e companheiros de vossos merecidos louvores. Pois se em nós e na Igreja só há um modo de pensar e indivisa concórdia, qual o sacerdote que não se rejubilaria como próprios com os louvores dados a seu irmão no sacerdócio? Ou que fraternidade não se alegraria com o júbilo de todos os irmãos?

Impossível expressar como foi grande esta exultação e alegria, quando fui informado de vossas vitórias e atos de coragem. Nisto foste o primeiro, durante o interrogatório dos irmãos. O testemunho do chefe ainda foi acrescido pela confissão dos irmãos. Enquanto vais à frente na glória, fazes muitos companheiros nesta glória e estimulas o povo a dar testemunho por estares preparado, primeiro que todos, a confessar em nome de todos. Não sabemos o que primeiro elogiar em vós: se vossa fé decidida e estável, se o indefectível amor fraterno. Aí se provou de público a virtude do bispo indo à frente, e se revelou a união da fraternidade que o seguia. Já que em vós só há um coração e uma só voz, foi toda a Igreja Romana que testemunhou.

Tornou-se evidente, irmão caríssimo, a fé que o Apóstolo já tinha louvado em vós. Já então ele previa a virtude louvável e a firmeza da coragem, atestando com isso vossos méritos futuros. O elogio aos pais era estímulo aos filhos. Por serdes assim unânimes, assim fortes, destes exemplo de unanimidade e de fortaleza aos outros irmãos. Sinais da providência do Senhor nos avisam, e palavras salutares da divina misericórdia nos advertem de que já se aproxima o dia de nossa grande luta.

Por isto, como podemos irmão caríssimo, pela mútua caridade que nos une, nós vos exortamos a não esmorecer. Nos jejuns, nas vigílias e orações com todo o povo. São estas armas celestes que fazem ficar de pé e perseverar com denodo; são estas as defesas espirituais, as lanças, que protegem.

Lembremo-nos um do outro, concordes e unânimes, mutuamente oremos sempre por nós, suavizando as tribulações e angústias pela caridade recíproca.

Das Atas Proconsulares sobre o martírio de São Cipriano, bispo

(Acta, 3-6: CSEL 3,112-114) (Séc. III)

Em causa tão justa, não há que discutir

No dia décimo oitavo das calendas de outubro pela manhã, grande multidão se reuniu no campo de Sexto, conforme a determinação do procônsul Galério Máximo. Este, presidindo no átrio Saucíolo, no mesmo dia ordenou que lhe trouxessem Cipriano. Chegado este, o procônsul interrogou-o: "És tu Tásio Cipriano?" O bispo Cipriano respondeu: "Sou".

O procônsul Galério Máximo: "Tu te apresentaste aos homens como papa do sacrílego intento?" Respondeu o bispo Cipriano: "Sim".

O procônsul Galério Máximo disse: "Os augustíssimos imperadores te ordenaram que te sujeites às cerimônias". Cipriano respondeu: "Não faço".

Galério Máximo disse: "Pensa bem!" O bispo Cipriano respondeu: "Cumpre o que te foi mandado; em causa tão justa, não há que discutir".

Galério Máximo deliberou com o seu conselho e, com muita dificuldade, pronunciou a sentença, com estas palavras: "Viveste por muito tempo nesta sacrílega ideia e agregaste muitos homens nesta ímpia conspiração. Tu te fizeste inimigo dos deuses romanos e das sacras religiões, e nem os piedosos e sagrados augustos príncipes Valeriano e Galieno, nem Valeriano, o nobilíssimo César, puderam te reconduzir à prática de seus ritos religiosos. Por esta razão, por seres acusado de autor e guia de crimes execráveis, tu te tornarás uma advertência para aqueles que agregaste a ti em teu crime: com teu sangue ficará salva a disciplina". Dito isto, leu a sentença: "Apraz que Táscio Cipriano seja degolado à espada". O bispo Cipriano respondeu: "Graças a Deus"!

Após a sentença, o grupo dos irmãos dizia: "Sejamos também nós degolados com ele". Por isto houve tumulto entre os irmãos e grande multidão o acompanhou. E assim Cipriano foi conduzido ao campo de Sexto. Ali tirou o manto e o capuz, dobrou os joelhos e prostrou-se em oração ao Senhor. Retirou depois a dalmática, entregando-a aos diáconos e ficou de alva de linho e aguardou o carrasco, a quem, quando chegou, mandou que os seus lhe dessem vinte e cinco moedas de ouro. Os irmãos estenderam diante de Cipriano pano de linho e toalha. O bem-aventurado quis vedar os olhos com as próprias mãos. Não conseguindo amarrar as pontas, o presbítero Juliano e o subdiácono Juliano o fizeram.

Deste modo morreu o bem-aventurado Cipriano. Seu corpo, por causa da curiosidade dos pagãos, foi colocado ali perto, de onde, à noite, foi retirado e, com círios e tochas, hinos e em grande triunfo, levado ao cemitério de Macróbio Candidiano, administrador, existente na via Mapaliense, junto das piscinas. Poucos dias depois, morreu o procônsul Galério Máximo.

O mártir santíssimo Cipriano foi morto, no dia décimo oitavo das calendas de outubro, sob Valeriano e Galieno imperadores, reinando, porém, nosso Senhor Jesus Cristo, a quem a honra e a glória pelos séculos dos séculos. Amém.

Responsório

R. Ao lutarmos pela fé, Deus nos vê, os anjos olham
e o Cristo nos contempla.
* Quanta honra e alegria combater, vendo-nos Deus,
e a coroa receber do Juiz, que é Jesus Cristo.
V. Concentremos nossas forças, para a luta preparemo-nos
com a mente pura e forte, doação, fé e coragem.
*Quanta honra.

Laudes

Cântico evangélico, ant.
Oh! **mor**te preciosa que com**prou** a eterni**da**de
pelo **preço** de seu **sangue**!

Oração

Ó Deus, que em São Cornélio e São Cipriano destes ao vosso povo pastores dedicados e mártires invencíveis, fortificai, por suas preces, nossa fé e coragem, para que possamos trabalhar incansavelmente pela unidade da Igreja. Por nosso Senhor Jesus Cristo, vosso Filho, na unidade do Espírito Santo.

Vésperas

Cântico evangélico, ant.
Quão fe**liz** é nossa **I**greja, ilustra**da** pelo **sangue**,
pelo **sangue** glorioso destes **mártires** de **Cristo**!

17 de setembro

SÃO ROBERTO BELARMINO, BISPO E DOUTOR DA IGREJA

Nasceu no ano de 1542 em Montepulciano, na Toscana (Itália). Entrou na Companhia de Jesus em Roma e foi ordenado sacerdote. Sustentou célebres disputas em defesa da fé católica e ensinou Teologia no Colégio Romano. Eleito cardeal e nomeado bispo de Cápua, contribuiu com a sua atividade junto das Congregações Romanas para a resolução de numerosos problemas. Morreu em Roma no ano 1621.

Do Comum dos pastores: para bispos, p. 1623, e dos doutores da Igreja, p. 1656.

Ofício das Leituras

Segunda leitura

Do Tratado sobre a elevação da mente a Deus, de São Roberto Belarmino
(Grad. l: Opera omnia 6, edit. 1862,214)   (Séc. XVII)

Inclina o meu coração para os teus mandamentos

Ó Senhor, suave e manso e de grande misericórdia (Sl 85,5), quem não te servirá de todo o coração, se provar, por um pouco que seja, a doçura do teu domínio paterno? Que ordenas, Senhor, a teus servos? *Tomai meu jugo sobre vós* (Mt 11,29). E como é o teu jugo? Dizes: *Meu jugo é suave, e o meu peso, leve* (Mt 11,30). Quem não carregará contente o jugo que não oprime, mas suaviza, e o peso que não esmaga, mas refaz? Com razão acrescentaste: *e encontrareis descanso para vossas almas* (Mt 11,29). E qual é o teu jugo que não fatiga, mas descansa? Não é outro senão o mandamento, o primeiro e o maior: *Amarás o Senhor, teu Deus, com todo o teu coração* (Mt 22,37). Que de mais fácil, suave, agradável do que amar a bondade, à beleza, o amor, que tudo isto és tu, ó Senhor, meu Deus?

Porventura também prometes aos que guardam os mandamentos um prêmio, coisas mais desejáveis que ouro em abundância e mais doces que o favo de mel? Sim, um prêmio e prêmio imenso prometes, nas palavras de teu apóstolo Tiago: *O Senhor preparou a coroa da vida para os que o amam* (Tg 1,12). E que é a coroa da vida? E o maior bem que nem podemos imaginar ou desejar. Com efeito, assim fala São Paulo, citando Isaías: *Os olhos não viram, os ouvidos não ouviram nem subiu ao coração do homem o que Deus preparou para os que o amam* (1Cor 2,9; cf. Is 64,1-3; 65,17).

Verdadeiramente, há grande recompensa em guardar teus mandamentos. E não apenas o primeiro e máximo mandamento é de proveito para quem obedece, e não para Deus que ordena; mas também todos os outros mandamentos de Deus aperfeiçoam, ornam, instruem, ilustram aquele que obedece, e por fim o tornam bom e feliz. Se és sensato, entende que foste criado para a glória de Deus e tua salvação eterna. É este o teu fim, este o centro de tua alma, este o tesouro de teu coração. Se chegares a este fim, serás feliz; se nele falhares, serás infeliz.

Por conseguinte, tem por verdadeiro bem aquilo que te leva a teu fim; e por mal, o que te separa deste fim. Prosperidade e adversidade, riqueza e indigência, saúde e doença, honras e vexames, vida e morte, nem uma delas o sábio procura por si mesma nem delas foge. Mas, se concorrem para a glória de Deus, e tua eterna felicidade, são boas e desejáveis; se as impedem, são más; deve-se fugir delas.

Responsório   Ml 2,7; Tt 1,7a.9b
R. Os **lábios** do le**vi**ta a ciência guarda**rão**
   de sua **bo**ca nós devemos procu**rar** a instru**ção**.
  * Porque **é** o mensa**gei**ro do Se**nhor** onipo**ten**te.
V. O **bis**po deve **ser** o despenseiro do Se**nhor**,
   capaz de exor**tar** e ensi**nar** a sã dou**tri**na.
  * Porque é:

Oração

Ó Deus, que, para sustentar a fé católica da vossa Igreja, destes ao bispo São Roberto Belarmino ciência e força admirável, concedei, por sua intercessão, que o vosso povo se alegre de conservá-la sempre integralmente. Por nosso Senhor Jesus Cristo, vosso Filho, na unidade do Espírito Santo.

19 de setembro

SÃO JANUÁRIO, BISPO E MÁRTIR

Foi bispo de Benevento. Durante a perseguição de Diocleciano, sofreu o martírio juntamente com outros companheiros, em Nápoles, onde é especialmente venerado.

Do Comum de um mártir, p. 1603, ou, dos pastores: para bispos, p. 1623.

Ofício das Leituras

Segunda leitura

Dos Sermões de Santo Agostinho, bispo
(Sermo 340,1: PL 38,1483-1484) (Séc. V)

Para vós sou bispo, convosco, sou cristão

Desde que este encargo, do qual tenho de dar tão apertadas contas, me foi posto sobre os ombros, sempre me perturba a preocupação com esta dignidade. Que se há de temer neste cargo, a não ser que mais nos agrade aquilo que é arriscado para nossa honra do que aquilo que é frutuoso para vossa salvação? Aterroriza-me o que sou para vós; consola-me o que sou convosco. Pois para vós sou bispo; convosco, sou cristão. Aquele é nome do ofício recebido; este, da graça; aquele, do perigo; este, da salvação.

Enfim, somos sacudidos, como por mar encapelado, na tempestade das decisões a tomar; mas, recordando-nos daquele por cujo sangue fomos remidos, entramos no porto da tranquila segurança deste pensamento; e, trabalhando sozinhos neste ofício, descansamos no comum benefício. Se, portanto, mais me alegra ter sido remido convosco do que ser vosso prelado, então, como o Senhor ordenou, serei ainda mais vosso servo, para não me mostrar ingrato diante do preço pelo qual mereci ser vosso companheiro de serviço. Tenho de amar o Redentor e sei o que disse a Pedro: *Pedro, tu me amas? Apascenta minhas ovelhas* (Jo 21,17). E isto uma vez, duas vezes, três vezes. Questionava-se o amor e impunha-se o trabalho, porque onde é maior o amor, menor o trabalho.

Que retribuirei ao Senhor por tudo quanto me concedeu? (Sl 115,12). Se eu disser que retribuo por apascentar suas ovelhas, também isto faço, *não eu, mas a graça de Deus comigo* (1Cor 15,10). Onde então serei retribuidor, se em toda parte me antecipam? No entanto, porque amamos gratuitamente, porque pastoreamos as ovelhas, queremos a paga. Como se fará isto? Como podem combinar-se? Amo gratuitamente para apascentar, e peço a recompensa porque apascento? De modo nenhum! De modo nenhum pediria o pagamento daquele que é amado gratuitamente, a não ser porque o pagamento é aquele mesmo que é amado. Se retribuímos a quem nos remiu, apascentando suas ovelhas, que retribuição lhe daremos por nos ter tornado pastores? Pois maus pastores, livre-nos Deus, infelizmente o somos; bons, valha-nos Deus, só o podemos com a sua graça. Por isto também a vós, meus irmãos, *prevenimos e rogamos a que não recebais em vão a graça de Deus* (2Cor 6,1). Tornai frutuoso nosso ministério. *Sois plantação de Deus* (1Cor 3,9). Recebei de fora quem planta e quem rega; por dentro, aquele que dá o incremento. Ajudai-nos não só rezando, mas obedecendo; para que nos maravilhe não tanto estar à vossa frente quanto o vos ser útil.

Responsório
Sb 10,10a

R. Eis o **már**tir verda**dei**ro, que seu **san**gue derra**mou**
   por **a**mor de Jesus **Cris**to.
 * Não te**meu** as ameaças dos juízes deste **mun**do
   nem bus**cou** as digni**da**des e as **gló**rias pere**cí**veis,
   mas che**gou** ao reino e**ter**no.
V. O Se**nhor** guiou o **jus**to por ca**mi**nhos se**gu**ros
   e mos**trou**-lhe o seu **rei**no. * Não te**meu**.

Oração
Ó Deus, que nos concedeis celebrar a memória do vosso mártir São Januário, dai que nos alegremos com ele na eterna bem-aventurança. Por nosso Senhor Jesus Cristo, vosso Filho, na unidade do Espírito Santo.

20 de setembro

SANTO ANDRÉ KIM TAEGÓN, PRESBÍTERO, E PAULO CHÓNG HASANG, E SEUS COMPANHEIROS, MÁRTIRES

Memória

No início do século XVII, a fé cristã entrou pela primeira vez em terras da Coreia, por iniciativa de alguns leigos, de cujo esforço, sem pastores, surgiu uma comunidade forte e fervorosa. Só em 1836 os primeiros missionários, vindos da França, entraram furtivamente no país. Nesta comunidade, floresceram, com as perseguições de 1839, 1846 e 1866, cento e três mártires, entre os quais sobressaem o primeiro sacerdote e ardoroso pastor de almas André Kim Taegón e o insigne apóstolo leigo Paulo Chóng Hasang, a que se juntaram muitos leigos, homens e mulheres, casados e solteiros, velhos, jovens e crianças. Todos eles consagraram com seu testemunho e sangue as primícias da Igreja coreana.

Do Comum de vários mártires, p. 1580.

Ofício das Leituras

Segunda leitura

Da última Exortação de Santo André Kim Taegón, presbítero e mártir
(Pro Corea. Documenta., ed. Mission Catholique Séoul, Séoul-Paris 1938, Vol. I, 74-75)   (Séc. XIX)

A fé é coroada pelo amor e a perseverança

Meus caríssimos irmãos e amigos, considerai como Deus no princípio dos tempos dispôs os céus, a terra e todas as coisas; meditai também com que especial intenção criou o ser humano à sua imagem e semelhança.

Se, pois, nesta vida de perigos e miséria, não reconhecermos o Criador, de nada nos servirá termos nascido e continuar vivendo. Já neste mundo pela graça divina, pela mesma graça recebemos o batismo, entrando no seio da

Igreja e tornando-nos discípulos do Senhor. Mas, trazendo assim o precioso nome de cristãos, de que nos servirá tão grande nome, se na realidade não o formos? Seria inútil termos nascido e ingressado na Igreja se traíssemos o Senhor e a sua graça; melhor seria não termos nascido do que, recebendo a sua graça, pecarmos contra ele.

Considerai o agricultor ao lançar a semente no campo: primeiro, prepara a terra com o suor do seu rosto e depois joga a preciosa semente; chegando o tempo da colheita, alegra-se de coração com as espigas cheias, esquecendo seu trabalho e suor, e dançando de alegria; se porém as espigas permanecem vazias não sendo mais que palha e casca, o agricultor deplora o duro labor com que suou, sentindo-se tanto mais desesperado quanto mais trabalhou.

De modo semelhante, cultiva o Senhor a terra como seu campo, sendo nós os grãos de arroz; rega-nos com o seu sangue na sua Encarnação e Redenção para que possamos crescer e amadurecer; quando, no dia do juízo, vier o tempo da colheita, quem pela graça for achado maduro gozará o reino dos céus como filho adotivo de Deus. Quanto aos outros, que não amadureceram, tornar-se-ão inimigos, punidos para sempre, embora também tenham se tornado filhos adotivos de Deus pelo batismo.

Irmãos caríssimos, lembrai-vos de que nosso Senhor Jesus, descendo a este mundo, sofreu inúmeras dores, e tendo fundado a Igreja por sua paixão, ele a faz crescer pelos sofrimentos dos fiéis. Apesar de todas as pressões e perseguições, os poderes terrenos não poderão prevalecer: da Ascensão de Cristo e do tempo dos apóstolos até hoje, a santa Igreja continua crescendo no meio das tribulações.

Também nesta nossa terra da Coreia, durante os cinquenta ou sessenta anos em que a santa Igreja se estabeleceu aqui, os fiéis sempre sofreram perseguições. Hoje acendeu-se de novo a perseguição; muitos amigos são, como eu, lançados nos cárceres, enquanto também sofreis tribulações.

Unidos num só corpo, como não ficarão tristes os nossos corações? Como, humanamente, não experimentarmos a dor da separação?

Deus, porém, como diz a Escritura, cuida de cada cabelo de nossa cabeça, e o faz com toda a sabedoria; portanto, como não considerar esta perseguição senão como permitida pelo Senhor, ou mesmo, seu prêmio ou, até, sua pena?

Abraçai, pois, a vontade de Deus, combatendo de todo o coração pelo vosso chefe Jesus e vencendo o demônio, já vencido por ele.

Eu vos peço: não deixeis de lado o amor fraterno, mas ajudai-vos uns aos outros, perseverando até que o Senhor tenha piedade de nós e afaste a tribulação.

Aqui somos vinte e, pela graça de Deus, todos ainda estão bem. Caso algum de nós venha a morrer, peço não negligenciardes a sua família. Muitas coisas teria ainda a dizer-vos, mas como posso exprimi-las em tinta e papel? Por isso vou terminar minha carta. Aproximando-se para nós a luta, peço-vos finalmente que caminheis com fidelidade, de modo que no céu nos possamos congratular. Deixo-vos aqui meu ósculo de amor.

Responsório
Cf. 2Cor 6,9-10

R. Estes **ho**mens e mul**h**eres são os **már**tires,
   que **de**ram teste**mu**nho de Je**sus**,
   deram lou**vor** ao seu Se**nhor**, com fé e co**ragem**.
 * Sangue de **már**tires: se**men**te de cris**tãos**!
V. Conside**ra**dos cida**dãos** descon**h**ecidos,
   em**bora** fossem **mui**to co**n**hecidos
   como **mor**tos, e con**tu**do, eis que **vi**vem,
   nada **ten**do, embora **tu**do possu**in**do.
 * Sangue de **már**tires.

Oração
Ó Deus, criador e salvador de todas as raças, por vossa bondade, chamastes à fé a muitos irmãos na região da Coreia

e os fizestes crescer pelo testemunho glorioso dos mártires André, Paulo e seus companheiros. Concedei que, pelo exemplo e intercessão deles, possamos perseverar até a morte na observância de vossos mandamentos. Por nosso Senhor Jesus Cristo, vosso Filho, na unidade do Espírito Santo.

21 de setembro
SÃO MATEUS, APÓSTOLO E EVANGELISTA
Festa

Nasceu em Cafarnaum, e exercia a profissão de cobrador de impostos quando Jesus o chamou. Escreveu o Evangelho em língua hebraica e, segundo uma tradição, pregou no Oriente.

Do Comum dos apóstolos, p. 1561, exceto o seguinte:

Ofício das Leituras

Primeira leitura
Da Carta de São Paulo aos Efésios 4,1-16
Diversificação dos dons em um único corpo

Irmãos: ¹Eu, prisioneiro no Senhor, vos exorto a caminhardes de acordo com a vocação que recebestes: ²Com toda a humildade e mansidão, suportai-vos uns aos outros com paciência, no amor. ³Aplicai-vos a guardar a unidade do espírito pelo vínculo da paz. ⁴Há um só Corpo e um só Espírito, como também é uma só a esperança à qual fostes chamados. ⁵Há um só Senhor; uma só fé, um só batismo, ⁶um só Deus e Pai de todos, que reina sobre todos, age por meio de todos e permanece em todos.

⁷Cada um de nós recebeu a graça na medida em que Cristo lha deu. ⁸Daí esta palavra:
"Tendo subido às alturas, ele capturou prisioneiros,
e distribuiu dons aos homens".

⁹"Ele subiu"! Que significa isso, senão que ele desceu também às profundezas da terra? ¹⁰Aquele que desceu é o mesmo que subiu mais alto do que todos os céus, a fim de encher o universo.

¹¹E foi ele quem instituiu alguns como apóstolos, outros como profetas, outros ainda como evangelistas, outros, enfim, como pastores e mestres. ¹²Assim, ele capacitou os santos para o ministério, para edificar o corpo de Cristo, ¹³até que cheguemos todos juntos à unidade da fé e do conhecimento do Filho de Deus, ao estado do homem perfeito e à estatura de Cristo em sua plenitude. ¹⁴Assim, não seremos mais crianças ao sabor das ondas, arrastados por todo vento de doutrina, ludibriados pelos homens e induzidos por sua astúcia ao erro. ¹⁵Motivados pelo amor queremos ater-nos à verdade e crescer em tudo até atingirmos aquele que é a Cabeça, Cristo. ¹⁶Graças a ele, o corpo, coordenado e bem unido, por meio de todas as articulações que o servem, realiza o seu crescimento, segundo uma atividade à medida de cada membro, para a sua edificação no amor.

Responsório   Cf. 2Pd 1,21; Pr 2,6

R. Profecia alguma existiu pela mente humana inspirada;
* Pois os homens de Deus nos falaram
  pelo Espírito Santo inspirados.
V. É o Senhor quem dá a sabedoria,
  de sua boca procede a prudência. * Pois os homens.

Segunda leitura

Das Homilias de São Beda Venerável, presbítero

(Hom. 21: CCL, 122,149-151)   (Séc. VIII)

Jesus viu-o, compadeceu-se dele e o chamou

Jesus viu um homem chamado Mateus, assentado à banca de impostos, e disse-lhe: Segue-me (Mt 9,9). Viu-o não tanto com os olhos corporais quanto com a vista da íntima compaixão. Viu o publicano, dele se compadeceu e o escolheu. Disse-lhe então: *Segue-me*. Segue, quis dizer, imita; segue, quis dizer, não tanto pelo andar dos pés, quanto pela realização dos atos. Pois *quem diz que permanece em Cristo, deve andar como ele andou* (1Jo 2,6).

E levantando-se, o seguiu (Mt 9,9). Não é de admirar que o publicano, ao primeiro chamado do Senhor, tenha abandonado os lucros terrenos de que cuidava e, desprezando a opulência, aderisse aos seguidores daquele que via não possuir riqueza alguma. Pois o próprio Senhor que o chamara exteriormente com a palavra, interiormente lhe ensinou por instinto invisível a segui-lo, infundindo em seu espírito a luz da graça espiritual. Com esta compreenderia que quem o afastava dos tesouros temporais podia dar-lhe nos céus os tesouros incorruptíveis.

E aconteceu que, estando ele em casa, muitos publicanos e pecadores vieram e puseram-se à mesa com Jesus e seus discípulos (Mt 9,10). A conversão de um publicano deu a muitos publicanos e pecadores o exemplo da penitência e do perdão. Belo e verdadeiro prenúncio! Aquele que seria apóstolo e doutor dos povos, logo no primeiro encontro arrasta após si para a salvação um grupo de pecadores. Assim inicia o ofício de evangelizar desde os primeiros começos de sua fé aquele que viria a realizar este ofício plenamente com o merecido progresso das virtudes. Contudo se quisermos indagar pelo sentido mais profundo deste acontecimento nós o entenderemos: a Mateus foi muito mais grato o banquete na casa do seu coração, preparado pela fé e pelo amor do que o banquete terreno que ele ofereceu ao Senhor. Atesta-o aquele mesmo que diz: *Eis que estou à porta e bato; se alguém ouvir minha voz e abrir a porta, entrarei e cearei com ele e ele comigo* (Ap 3,20).

Ouvindo a sua voz, abrimos a porta para recebê-lo, ao aceitarmos de bom grado suas advertências secretas ou evidentes e nos pormos a realizar aquilo que compreendemos como o nosso dever. Ele entra para que ceemos, ele conosco e nós com ele, porque, pela graça de seu amor, habita nos corações dos eleitos para alimentá-los sempre com a luz de sua presença. Possam assim os eleitos cada vez mais progredir no desejo do alto, e ele mesmo se alimente com os desejos deles como com pratos deliciosos.

Responsório

R. Habili**do**so escri**tor** e instru**í**do na **lei**
do seu **Deus**, no alto **céu**,
* De **cor**po e **al**ma dedi**cou**-se ao es**tu**do,
à obser**vân**cia e ao en**si**no dos pre**cei**tos de **Cris**to,
condu**zi**do e ampa**ra**do pela **mão** de seu **Deus**.
V. O Evan**ge**lho da **gló**ria do Deus i**men**so e **san**to
lhe **foi** confiado.* De **cor**po e **al**ma.

HINO Te Deum, p. 543.

Oração como nas Laudes.

Laudes

Hino

Tu, que hoje reinas na glória,
cumprida a tua missão,
lembras um Deus que ainda chama,
que nos convida ao perdão.

Levi, da banca do imposto,
chama-te o Cristo que passa:
reserva-te outras riquezas,
infensas ao fogo e à traça.

Por seu apelo movido,
a tudo dizes adeus;
serás apóstolo agora,
terás por nome Mateus.

Entesourando as palavras
e as ações do teu Senhor,
seu testemunho rediges:
a Boa-nova do amor.

Mas, ao pregar Jesus Cristo
sobretudo entre o teu povo,
em odre antigo colocas
vinho melhor, vinho novo.

Ó evangelista e apóstolo,
agora mártir Mateus,
dá que possamos contigo
reinar na glória de Deus.

Cântico evangélico, ant.

Jesus viu um homem chamado Mateus,
sentado à banca cobrando imposto,
e o chamou: Vem comigo! E ele o seguiu.

Oração

Ó Deus, que na vossa inesgotável misericórdia escolhestes o publicano Mateus para torná-lo Apóstolo, dai-nos, por sua oração e exemplo, a graça de vos seguir e permanecer sempre convosco. Por nosso Senhor Jesus Cristo, vosso Filho, na unidade do Espírito Santo.

Hora Média

Antífonas e salmos do dia de semana corrente. Leitura breve do Comum dos apóstolos, p. 1568-1569. Oração como acima.

Vésperas

Cântico evangélico, ant.

Misericórdia é que eu quero; eu não quero sacrifício;
eu não vim chamar os justos, vim chamar os pecadores.

26 de setembro
SÃO COSME E SÃO DAMIÃO, MÁRTIRES

Segundo uma tradição imemorial, confirmada por referências literárias muito antigas, sabemos que o seu sepulcro se encontra em Cirro na Síria, onde foi erigida em sua honra uma basílica. Daí o seu culto passou a Roma e propagou-se por toda a Igreja.

Do Comum de vários mártires, p. 1580.

Ofício das Leituras

Segunda leitura

Dos Sermões de Santo Agostinho, bispo
(Sermo 329,1-2: PL 38,1454-1455)   (Séc. V)

A preciosa morte dos mártires
cujo preço foi a morte de Cristo

Pelos feitos tão gloriosos dos mártires, que fazem a Igreja florescer por toda parte, provamos com nossos próprios olhos como é verdadeiro o que cantamos: *É preciosa aos olhos do Senhor a morte de seus santos* (Sl 115,15). Portanto, é preciosa não só aos nossos olhos, mas aos olhos daquele por cujo nome se sofreu. Contudo o preço destas mortes é a morte de um só. Quantas mortes comprou um só com a sua morte? Se ele não morresse, o grão de trigo não se multiplicaria. Ouvistes suas palavras, estando próxima a paixão, quer dizer, quando se aproximava nossa redenção: *Se o grão de trigo, caindo em terra, não morrer, ficará sozinho; morrendo, porém, produzirá muito fruto* (Jo 12,24).

Houve na cruz um grande comércio: abriu-se ali a bolsa para pagar nosso custo; quando seu lado foi aberto pela lança do que feria, dali correu o preço do mundo inteiro. Foram comprados fiéis e mártires; mas a fé dos mártires suportou a prova: o sangue é testemunha. Retribuíram o que tinha sido pago por eles e realizaram as palavras de São João: *Assim como Cristo entregou sua vida por nós, também nós devemos entregar nossas vidas pelos irmãos* (cf. 1Jo 3,16). E em outro lugar se disse: *Sentaste à grande mesa, observa com cuidado o que te oferecem porque deves preparar o mesmo* (Pr 23,1-2). A grande mesa é aquela em que as iguarias são o próprio Senhor da mesa. Ninguém alimenta os convivas com sua pessoa, mas assim procede o Cristo Senhor: ele é que convida, ele é o pão e a bebida. Portanto, os mártires reconheceram o que comeram e o que beberam, para retribuírem o mesmo.

Mas como retribuir, a não ser que lhes desse com que retribuir aquele que primeiro pagou? *Que retribuirei ao Senhor por tudo quanto me deu? Tomarei o cálice da salvação* (Sl 115,12-13). Que cálice é este? O cálice da paixão, amargo e salutar; cálice que, se dele não bebesse antes o médico, o doente temeria tocá-lo.

É ele este cálice. Nós o reconhecemos nos lábios de Cristo, que dizia: *Pai, se possível for afaste-se de mim este cálice* (Mt 26,39). Deste mesmo cálice disseram os mártires: *Tomarei o cálice da salvação e invocarei o nome do Senhor* (Sl 115,13).

Não temos então medo de fraquejar? Por quê? *Porque invocaremos o nome do Senhor.* Como venceriam os mártires, se neles não vencesse aquele que disse: *Alegrai-vos porque eu venci o mundo?* (Jo 16,33). O soberano dos céus governava-lhes a mente e a língua e, através deles, derrotava o diabo na terra e coroava os mártires no céu. Felizes os que assim beberam deste cálice: terminaram as dores, receberam as honras!

Responsório
Cf. Ef 4,4.5

R. Estes **mártires san**tos derramaram
o seu **sangue** he**roico** por **Deus**;
amaram o **Cris**to na **vi**da, imitaram o **Cris**to na **morte**;
*Mereceram coroas de glória.
V. Viviam unidos na **fé**, no **amor** e no **mes**mo Espírito.
*Mereceram.

Oração

Ó Deus, a comemoração dos mártires Cosme e Damião proclame a vossa grandeza, pois na vossa admirável providência lhes destes a glória eterna, e os fizestes nossos protetores. Por nosso Senhor Jesus Cristo, vosso Filho, na unidade do Espírito Santo.

27 de setembro
SÃO VICENTE DE PAULO, PRESBÍTERO

Memória

Nasceu na Aquitânia em 1581. Completados os estudos e ordenado sacerdote, exerceu o ministério paroquial em Paris. Fundou a Congregação da Missão (Lazaristas), destinada à formação do clero e ao serviço dos pobres. Com a ajuda de Santa Luísa de Marillac instituiu também a Congregação das Filhas da Caridade. Morreu em Paris no ano 1660.

Do Comum dos pastores: para presbíteros, p. 1623, ou, dos santos homens: para os que se dedicaram às obras de caridade, p. 1749, exceto o seguinte:

Ofício das Leituras

Segunda leitura

Dos Escritos de São Vicente de Paulo, presbítero

(Cf. Correspondance, Entretiens, Documents, ed. P. Coste, Paris 1920-1925, passim)   (Séc. XVII)

Deve-se preferir o serviço dos pobres acima de tudo

Não temos de avaliar os pobres por suas roupas e aspecto, nem pelos dotes de espírito que pareçam ter. Com frequência são ignorantes e curtos de inteligência. Mas muito pelo contrário, se considerardes os pobres à luz da fé, então percebereis que estão no lugar do Filho de Deus que escolheu ser pobre. De fato, em seu sofrimento, embora quase perdesse a aparência humana – loucura para os gentios, escândalo para os judeus –, apresentou-se, no entanto, como o evangelizador dos pobres: *Enviou-me para evangelizar os pobres* (Lc 4,18). Devemos ter os mesmos sentimentos de Cristo e imitar aquilo que ele fez: ter cuidado pelos indigentes, consolá-los, auxiliá-los, dar-lhes valor.

Com efeito, Cristo quis nascer pobre, escolheu pobres para seus discípulos, fez-se servo dos pobres e de tal forma quis participar da condição deles, que declarou ser feito ou dito a ele mesmo tudo quanto de bom ou de mau se fizesse ou dissesse aos pobres. Deus ama os pobres, também ama aqueles que os amam. Quando alguém tem um amigo, inclui na mesma estima aqueles que demonstram amizade ou prestam obséquio ao amigo. Por isto esperamos que, graças aos pobres, sejamos amados por Deus. Visitando-os, pois, esforcemo-nos por *entender os pobres* e os indigentes e, compadecendo-nos deles, cheguemos ao ponto de poder dizer com o Apóstolo: *Fiz-me tudo para todos* (1Cor 9,22). Por este motivo, se é nossa intenção termos o coração sensível às necessidades e misérias do próximo, supliquemos a Deus que derrame em nós o sentimento de misericórdia e de compaixão, cumulando com ele nossos corações e guardando-os repletos.

Deve-se preferir o serviço dos pobres a tudo o mais e prestá-lo sem demora. Se na hora da oração for necessário dar remédios ou auxílio a algum pobre, ide tranquilos, oferecendo a Deus esta ação como se estivésseis em oração. Não vos perturbeis com angústia ou medo de estar pecando por causa de abandono da oração em favor do serviço dos pobres. Deus não é desprezado, se por causa de Deus dele nos afastarmos, quer dizer, interrompermos a obra de Deus, para realizá-la de outro modo.

Portanto, ao abandonardes a oração, a fim de socorrer a algum pobre, isto mesmo vos lembrará que o serviço é prestado a Deus. Pois a caridade é maior do que quaisquer regras, que, além do mais, devem todas tender a ela. E como a caridade é uma grande dama, faz-se necessário cumprir o que ordena. Por conseguinte, prestemos com renovado ardor nosso serviço aos pobres; de modo particular aos abandonados, indo mesmo à sua procura, pois nos foram dados como senhores e protetores.

Responsório

1Cor 9,19a.22; Jó 29,15-16a

R. Embora eu fosse livre,
de todos fiz-me servo, fiz-me fraco com os fracos,
 * Fiz-me tudo para todos, para todos serem salvos.
V. Fiz-me olhos para os cegos, para os coxos, fiz-me pés, para os pobres, fiz-me pai. * Fiz-me tudo.

Laudes

Cântico evangélico, ant.

São Vicente se tornou o consolo dos que sofrem,
dos órfãos defensor e apoio das viúvas.

Oração

Ó Deus, que, para socorro dos pobres e formação do clero, enriquecestes o presbítero São Vicente de Paulo com as virtudes apostólicas, fazei-nos, animados pelo mesmo espírito, amar o que ele amou e praticar o que ensinou. Por nosso Senhor Jesus Cristo, vosso Filho, na unidade do Espírito Santo.

Vésperas

Cântico evangélico, ant.

O que fizestes ao menor dos meus irmãos,
foi a mim mesmo que o fizestes, diz Jesus.

28 de setembro
SÃO VENCESLAU, MÁRTIR

Nasceu na Boêmia, cerca do ano 907; de uma sua tia paterna recebeu uma sólida formação cristã e assumiu o governo do seu ducado por volta de 925. Suportou muitas dificuldades no governo e na formação cristã de seus súditos. Traído por seu irmão Boleslau, foi morto por uns sicários no ano 935. Foi logo venerado como mártir e escolhido pela Boêmia como seu patrono principal.

Do Comum de um mártir, p. 1603.

Ofício das Leituras

Segunda leitura
Da Primeira Legenda Paleoeslava
(Edit. M. Weingart, Pragae 1934, 974-983)   (Séc. X)

O trono do rei, que julga os pobres na verdade, permanecerá firme eternamente

Pela morte de seu pai Bratislau, os habitantes da Boêmia constituíram Venceslau seu príncipe. E pela graça de Deus ele era perfeito. Pois fazia o bem a todos os pobres, vestia os nus, alimentava os famintos, acolhia os peregrinos consoante a palavra evangélica. Não admitia que se causasse dano às viúvas, amava a todos, pobres e ricos, servia os servos de Deus, adornava muitas igrejas.

Mas alguns homens da Boêmia tornaram-se soberbos e persuadiram a Boleslau, seu irmão mais moço, dizendo: 'Teu irmão Venceslau, conspirando com a mãe e seus homens, vai te matar".

Celebrando-se festas da dedicação das igrejas em todas as cidades, Venceslau visitava-as todas. Entrou na cidade de Boleslávia, num domingo, festa de Cosme e Damião. Terminada a missa, quis voltar a Praga. Mas Boleslau, com más intenções, reteve-o dizendo: "Por que te vais embora, irmão?" De manhã, soaram os sinos para o ofício matutino.

Ouvindo o som dos sinos, Venceslau disse: "Louvor a ti, Senhor, que me deste viver até esta manhã". Levantou-se e foi ao ofício matutino.

Boleslau logo o alcançou à porta. Venceslau olhou-o e disse: "Irmão, ontem nos serviste bem". O demônio inclinou-se ao ouvido de Boleslau e perverteu seu coração; desembainhando a espada, respondeu-lhe: "Vou, agora, servir-te melhor". Dito isto, feriu-lhe a cabeça com a espada.

Venceslau, voltando-se para ele, disse: "Qual é a tua intenção, irmão?" E, agarrando-o, lançou-o por terra. Mas acorreu um dos conselheiros de Boleslau e feriu a mão de Venceslau. Este, com a mão ferida, largou o irmão e refugiou-se na igreja. Contudo dois malfeitores o mataram à porta da igreja. Veio um terceiro e traspassou-lhe o lado com a espada. Venceslau expirou logo com estas palavras: *Em tuas mãos, Senhor, entrego o meu espírito* (cf. Sl 30,6).

Responsório Cf. Os 14,6; cf. Sl 91(92),13a.14

R. O **jus**to como o **lí**rio brota**rá**
 * E flori**rá** ante o Se**nhor** eterna**men**te.
V. Na **ca**sa do Se**nhor** está plan**ta**do,
 nos **á**trios do Se**nhor** floresce**rá**.* E flori**rá**.

Oração

Ó Deus, que inspirastes ao rei e mártir São Venceslau preferir o Reino do céu ao da terra, dai que, por suas preces, saibamos renunciar a nós mesmos e seguir-vos de todo o coração. Por nosso Senhor Jesus Cristo, vosso Filho, na unidade do Espírito Santo.

No mesmo dia 28 de setembro

SÃO LOURENÇO RUIZ E SEUS COMPANHEIROS, MÁRTIRES

No século XVII, entre os anos de 1633, e 1637, dezesseis mártires, Lourenço Ruiz e seus Companheiros, derramaram seu sangue por amor de Cristo, em Nagasaki, no Japão. Todos pertenciam à Ordem de São Domingos ou a ela estavam ligados. Dentre esses mártires, nove eram presbíteros, dois religiosos, duas virgens e três leigos, sendo um deles Lourenço Ruiz, pai de família, natural das Ilhas Filipinas. Em época e condições diversas, pregaram a fé cristã nas Ilhas Filipinas, em Formosa e no Japão. Manifestaram de modo admirável a universalidade do cristianismo e, como infatigáveis missionários, espalharam copiosamente, pelo exemplo da vida e pela morte, a semente da futura cristandade.

Do Comum de vários mártires, p. 1580.

Ofício das Leituras

Segunda leitura

Da Homilia do Papa João Paulo II na Missa solene de Beatificação dos Servos de Deus Lourenço Ruiz e seus Companheiros, celebrada em Manila

(AAS 73,1981,340-342) (Séc. XX)

Manifestaram o maior ato de adoração e amor para com Deus no sacrifício do próprio sangue

Segundo a promessa do Evangelho, Cristo reconhece verdadeiramente, em presença do seu Pai no céu, aqueles mártires fiéis que deram testemunho dele perante os homens.

O hino de glória a Deus, que foi agora cantado por tantas vozes, é um eco daquele "Te Deum" cantado na igreja de São Domingos, na tarde de 27 de dezembro de 1637, quando chegou a notícia do martírio de um grupo de seis cristãos em Nagasaki. Entre eles estava o superior da missão, Frei Antônio González, dominicano espanhol originário de León, e Lourenço Ruiz, pai de família, nascido em Manila, no subúrbio de Binondo. Estas testemunhas cantaram, por sua vez, salmos ao Senhor de misericórdia e poder, não só quando estavam na prisão, mas também quando caminhavam para o martírio, que durou três dias.

A fé vence o mundo. A pregação desta fé ilumina, como o sol, todos aqueles que desejam chegar ao conhecimento da verdade. E, realmente, embora haja diferentes línguas no mundo, a tradição cristã é uma só.

O Senhor Jesus, com o próprio sangue, remiu verdadeiramente os seus servos, reunidos de todas as raças, línguas e nações, a fim de fazer deles um sacerdócio real para o nosso Deus.

Os dezesseis bem-aventurados mártires, exercendo o seu sacerdócio – o do Batismo ou o da Sagrada Ordem –, manifestaram o maior ato de adoração e amor para com Deus no sacrifício do próprio sangue unido ao sacrifício de Cristo, no altar da Cruz.

Assim, imitaram Cristo, sacerdote e vítima, do modo mais perfeito possível para as criaturas humanas. Ao mesmo tempo, foi o maior ato de amor que se possa fazer pelos irmãos, por amor dos quais somos chamados a sacrificar-nos, seguindo o exemplo do Filho de Deus, que deu a sua vida por nós.

Foi isto o que fez Lourenço Ruiz. Guiado pelo Espírito Santo a caminho de um termo inesperado, depois de uma vida cheia de perigos, disse aos juízes que era cristão e que morreria por Deus: "Se tivesse muitos milhares de vidas ofereceria todas por ele. Nunca o renegarei. Podeis matar-me, se é isto que desejais. Morrer por Deus é a minha vontade".

Nestas palavras contemplamos uma síntese da sua personalidade, uma descrição da sua fé e a razão de sua morte. Foi neste momento que este jovem pai de família testemunhou e pôs em prática a catequese cristã que recebera na escola dos Frades dominicanos de Binondo: catequese que não podia deixar de ser cristocêntrica quer pelo mistério que encerra, quer por nos ensinar Cristo pelos lábios de seu mensageiro.

O exemplo de Lourenço Ruiz, filho de pai chinês e mãe filipina, recorda-nos que a vida de cada um, a vida inteira, deve estar à disposição de Cristo.

Ser cristão significa doar-se cada dia, em resposta ao dom de Cristo, que vem ao mundo para que todos tenham a vida e a tenham plenamente.

Responsório   Cf. Ef 4,4.5
R. Estes **mártires sant**os derramaram
   o seu **sangue** her**oi**co por **Deus**;
   am**a**ram o **Cri**sto na vida, imit**a**ram o **Cri**sto na **mor**te;
   *Mereceram co**ro**as de gl**ó**ria.
V. Viviam u**ni**dos na **fé**, no **amor** e no **mes**mo Esp**í**rito.
   *Mereceram.

Oração

Concedei-nos, Senhor Deus, a paciência dos vossos mártires Lourenço e companheiros em vosso serviço e na ajuda ao próximo, porque são felizes em vosso reino os que sofrem perseguição por amor à justiça. Por nosso Senhor Jesus Cristo, vosso Filho, na unidade do Espírito Santo.

29 de setembro

SÃO MIGUEL, SÃO GABRIEL E SÃO RAFAEL, ARCANJOS

Festa

Invitatório

R. Na presença de seus **anjos**, adoremos o Se**nhor**.
Salmo invitatório como no Ordinário, p. 537.

Ofício das Leituras

Hino

> Arcanjos, para vós
> um canto de vitória,
> porque no céu reinais,
> imensa é a vossa glória.

Miguel, invicto príncipe
da corte celestial,
firmai-nos, com mão fúlgida,
na graça divinal.

Do máximo mistério
arauto, ó Gabriel,
guiai-nos nos caminhos
da luz que vem do céu.

Conosco, ó Rafael,
à pátria caminhai.
Aos corpos dai saúde,
as mentes libertai.

Vós, anjos, ajudai-nos
nas sendas que trilhamos.
De vosso eterno gozo
consortes nós sejamos.

Ao Pai Supremo, ao Filho,
e ao Consolador
a honra eternamente
num hino de louvor.

Salmodia

Ant. 1 Agi**tou**-se o **mar** e a **ter**ra tre**meu**,
quando o ar**can**jo **Mi**guel des**ceu** das al**turas**.

Salmo 96(97)

– ¹Deus é **Rei**! Exulte a **ter**ra de ale**gria**, *
 e as **i**lhas numerosas rejubilem!
– ²Treva e **nu**vem o rodeiam no seu trono, *
 que se a**poia** na justiça e no direito.
– ³Vai um **fo**go caminhando à sua frente *
 e de**vo**ra ao redor seus inimigos.
– ⁴Seus re**lâm**pagos clareiam toda a terra; *
 toda a **terra**, ao contemplá-los, estremece.

— ⁵As montanhas se derretem como cera *
  ante a face do Senhor de toda a terra;
— ⁶e assim proclama o céu sua justiça, *
  todos os povos podem ver a sua glória.
= ⁷"Os que adoram as estátuas se envergonhem †
  e os que põem a sua glória nos seus ídolos; *
  aos pés de Deus vêm se prostrar todos os deuses!"
= ⁸Sião escuta transbordante de alegria, †
  e exultam as cidades de Judá, *
  porque são justos, ó Senhor, vossos juízos!
= ⁹Porque vós sois o Altíssimo, Senhor, †
  muito acima do universo que criastes, *
  e de muito superais todos os deuses.
=¹⁰O Senhor ama os que detestam a maldade, †
  ele protege seus fiéis e suas vidas, *
  e da mão dos pecadores os liberta.
—¹¹Uma luz já se levanta para os justos, *
  e a alegria, para os retos corações.
—¹²Homens justos, alegrai-vos no Senhor, *
  celebrai e bendizei seu santo nome!

Ant. Agitou-se o mar e a terra tremeu,
  quando o arcanjo Miguel desceu das alturas.

Ant. 2 O anjo Gabriel
  apareceu a Zacarias no templo e lhe disse:
  Tua esposa Isabel dará à luz um filho,
  a quem tu chamarás com o nome de João.

Salmo 102(103)

I

— ¹Bendize, ó minha alma, ao Senhor, *
  e todo o meu ser, seu santo nome!
— ²Bendize, ó minha alma, ao Senhor, *
  não te esqueças de nenhum de seus favores!

– ³Pois **e**le te perdoa toda culpa, *
   e **cu**ra toda a tua enfermidade;
– ⁴da sepul**tu**ra ele salva a tua vida *
   e te **cer**ca de carinho e compaixão;
– ⁵de **bens** ele sacia tua vida, *
   e te **tor**nas sempre jovem como a águia!
– ⁶O Se**nhor** realiza obras de justiça *
   e ga**ran**te o direito aos oprimidos;
– ⁷reve**lou** os seus caminhos a Moisés, *
   e aos **fi**lhos de Israel, seus grandes feitos.
– ⁸O Se**nhor** é indulgente, é favorável, *
   é pacien**te**, é bondoso e compassivo.
– ⁹Não fica **sem**pre repetindo as suas queixas, *
   nem **guar**da eternamente o seu rancor.
– ¹⁰Não nos **tra**ta como exigem nossas faltas, *
   nem nos **pu**ne em proporção às nossas culpas.
– ¹¹Quanto os **céus** por sobre a terra se elevam, *
   tanto é **gran**de o seu amor aos que o temem;
– ¹²quanto **dis**ta o nascente do poente, *
   tanto a**fas**ta para longe nossos crimes.
= ¹³Como um **pai** se compadece de seus filhos, *
   o Se**nhor** tem compaixão dos que o temem.

Ant. O **an**jo Gabriel
   apare**ceu** a Zaca**ri**as no **tem**plo e lhe **dis**se:
   Tua es**po**sa Isabel da**rá** à luz um **fi**lho,
   a **quem** tu chama**rás** com o **no**me de João.

Ant. 3 Sou o **an**jo Rafael, que es**tou** ante o Se**nhor**.
   Bendi**zei** ao Senhor **Deus**
   e nar**rai** seus grandes **fei**tos.

II

– ¹⁴porque **sa**be de que **bar**ro somos **fei**tos, *
   e se **lem**bra que apenas somos pó.

—¹⁵ Os dias do homem se parecem com a erva, *
ela floresce como a flor dos verdes campos;
—¹⁶ mas apenas sopra o vento ela se esvai, *
já nem sabemos onde era o seu lugar.
—¹⁷ Mas o amor do Senhor Deus por quem o teme *
é de sempre e perdura para sempre;
— e também sua justiça se estende *
por gerações até os filhos de seus filhos,
—¹⁸ aos que guardam fielmente sua Aliança *
e se lembram de cumprir os seus preceitos.
—¹⁹ O Senhor pôs o seu trono lá nos céus, *
e abrange o mundo inteiro seu reinado.
=²⁰ Bendizei ao Senhor Deus, seus anjos todos, †
valorosos que cumpris as suas ordens, *
sempre prontos para ouvir a sua voz!
—²¹ Bendizei ao Senhor Deus, os seus poderes, *
seus ministros, que fazeis sua vontade!
=²² Bendizei-o, obras todas do Senhor †
em toda parte onde se estende o seu reinado! *
Bendize, ó minha alma, ao Senhor!

Ant. Sou o anjo Rafael, que estou ante o Senhor.
Bendizei ao Senhor Deus e narrai seus grandes feitos.

V. Bendizei ao Senhor Deus, seus anjos todos,
R. Valorosos que cumpris as suas ordens.

Primeira leitura

Do Livro do Apocalipse de São João   12,1-17

O combate de Miguel com o Dragão

¹Apareceu no céu um grande sinal: uma mulher vestida de sol, tendo a lua debaixo dos pés e sobre a cabeça uma coroa de doze estrelas. ²Estava grávida e gritava em dores de parto, atormentada para dar à luz. ³Então apareceu outro sinal no céu: um grande Dragão, cor de fogo. Tinha sete cabeças e dez chifres e, sobre as cabeças, sete coroas. ⁴Com

a cauda, varria a terça parte das estrelas do céu, atirando-as sobre a terra. O Dragão parou diante da Mulher que estava para dar à luz, pronto para devorar o seu Filho, logo que nascesse. ⁵E ela deu à luz um filho homem, que veio para governar todas as nações com cetro de ferro. Mas o Filho foi levado para junto de Deus e do seu trono. ⁶A mulher fugiu para o deserto, onde Deus lhe tinha preparado um lugar, para que aí fosse alimentada durante mil e duzentos e sessenta dias.

⁷Houve então uma batalha no céu: Miguel e seus anjos guerrearam contra o Dragão. O Dragão lutou juntamente com os seus anjos, ⁸mas foi derrotado, e não se encontrou mais o seu lugar no céu. ⁹E foi expulso o grande Dragão, a antiga Serpente, que é chamado Diabo e Satanás, o sedutor do mundo inteiro. Ele foi expulso para a terra, e os seus anjos foram expulsos com ele. ¹⁰Ouvi então uma voz forte no céu, proclamando:

"Agora realizou-se a salvação, a força e a realeza do nosso Deus, e o poder do seu Cristo.

Porque foi expulso o acusador dos nossos irmãos, aquele que os acusava dia e noite diante do nosso Deus.

¹¹Eles venceram o Dragão pelo sangue do Cordeiro e pela palavra do seu próprio testemunho,
pois não se apegaram à vida,
mesmo diante da morte.

¹²por isso, alegra-te, ó céu,
e todos os que viveis nele.

Mas ai da terra e do mar, porque o Diabo desceu para o meio de vós e está cheio de grande furor; pois sabe que lhe resta pouco tempo".

¹³Quando viu que tinha sido expulso para a terra, o Dragão começou a perseguir a Mulher que tinha dado à luz o menino. ¹⁴A Mulher recebeu as duas asas da grande águia e voou para o deserto, para o lugar onde é alimentada, por um tempo, dois tempos e meio tempo, bem longe da Serpente. ¹⁵A Serpente, então, vomitou como um rio de água atrás da Mulher, a fim de a submergir. ¹⁶A terra, porém, veio em

socorro da Mulher: abriu a boca e engoliu o rio que o Dragão tinha vomitado.

¹⁷Cheio de raiva por causa da Mulher, o Dragão começou a combater o resto dos filhos dela, os que observam os mandamentos de Deus e guardam o testemunho de Jesus.

Responsório   Ap 12,7.10

R. Houve um **gran**de com**ba**te no **céu**,
   en**quan**to o **dra**gão comba**ti**a
   o ar**can**jo Mi**guel** e seus **an**jos.
   * **Ou**viu-se uma **voz** procla**man**do:
   a salva**ção**, o po**der** e a **hon**ra
   per**ten**cem ao **Deus** pode**ro**so.
V. **Che**gou a salva**ção**, o po**der** e a rea**le**za
   do **Se**nhor e nosso **Deus** e a autori**da**de do seu **Cris**to.
   * **Ou**viu-se.

Segunda leitura

Das Homilias sobre os Evangelhos, de São Gregório Magno, papa

(Hom. 34,8-9: PL 76,1250-1251)   (Séc. VI)

A palavra anjo indica o ofício, não a natureza

É preciso saber que a palavra anjo indica o ofício, não a natureza. Pois estes santos espíritos da pátria celeste são sempre espíritos, mas nem sempre podem ser chamados anjos, porque somente são anjos quando por eles é feito algum anúncio. Aqueles que anunciam fatos menores são ditos anjos; os que levam as maiores notícias, arcanjos.

Foi por isto que à Virgem Maria não foi enviado um anjo qualquer, mas o arcanjo Gabriel; para esta missão, era justo que viesse o máximo anjo para anunciar a máxima notícia. Por este motivo também a eles são dados nomes especiais para designar, pelo vocábulo, seu poder na ação. Naquela santa cidade, onde há plenitude da ciência pela visão do Deus onipotente, não precisam de nomes próprios para se distinguirem uns dos outros. Mas, quando vêm até nós para cumprir uma missão, trazem também entre nós um nome derivado desta missão. Assim Miguel significa: "Quem como Deus?"; Gabriel, "Força de Deus"; e Rafael, "Deus cura".

Todas as vezes que se trata de grandes feitos, diz-se que Miguel é enviado, porque pelo próprio nome e ação dá-se a entender que ninguém pode por si mesmo fazer o que Deus quer destacar. Por isto, o antigo inimigo, que por soberba cobiçou ser igual a Deus, dizendo: *Subirei ao céu, acima dos astros do céu erguerei meu trono, serei semelhante ao Altíssimo* (cf. Is 14,13-14), no fim do mundo, quando será abandonado às próprias forças para ser destruído no extremo suplício, pelejará com o arcanjo Miguel, como diz João: *Houve uma luta com Miguel arcanjo* (Ap 12,7).

A Maria é enviado Gabriel, que significa "Força de Deus". Vinha anunciar aquele que se dignou aparecer humilde para combater as potestades do ar. Portanto devia ser anunciado pela força de Deus o Senhor dos exércitos que vinha poderoso no combate.

Rafael, como dissemos, significa "Deus cura", porque, ao tocar nos olhos de Tobias como que num ato de cura, lavou as trevas de sua cegueira. Quem foi enviado a curar, com justiça se chamou "Deus cura".

Responsório   Cf. Ap 8,3.4; Dn 7,10b

R. Aparecendo um outro anjo, ficou de pé junto ao altar,
  segurando em suas mãos um turíbulo de ouro,
  foi-lhe dado muito incenso, para ser oferecido.
 * Da mão do anjo subiu a fumaça do incenso,
  à presença de Deus.
V. Milhares e milhares o serviam,
  dezenas de milhares o assistiam. * Da mão do anjo.

HINO Te Deum, p. 543.

Oração como nas Laudes.

Laudes

Hino

Ó Cristo, Luz de Deus Pai,
vida e vigor que buscamos
dos vossos anjos, adiante,
de coração vos louvamos.
Doce cantar alternando,
nosso louvor elevamos.

À celestial legião
também cantamos louvor,
e destacamos seu Chefe
com sua força e vigor:
Miguel, invicto pisando
o vil dragão tentador.

Ó Cristo, Rei compassivo,
de nós lançai todo mal.
Em corpo e alma guardados
por Guardião sem igual,
em vosso amor concedei-nos
o Reino celestial.

Glória cantamos ao Pai,
ao Filho glória também.
Ao que procede dos dois
a mesma glória convém,
pois são os três um só Deus
por todo o sempre. Amém.

Ant. 1 Louvemos o Senhor, a quem os anjos louvam,
os querubins e os serafins
cantam: Santo, Santo, Santo.

Salmos e cântico do domingo da I Semana, p. 580.

Ant. 2 Vós, anjos do Senhor, bendizei-o para sempre.

Ant. 3 Deus santo, Senhor, os anjos vos louvam
nas alturas, dizendo a uma só voz:
A vós, Deus, o louvor.

Leitura breve — Gn 28,12-13a

Jacó viu em sonho uma escada apoiada no chão, com a outra ponta tocando o céu e os anjos de Deus subindo e descendo por ela. No alto da escada estava o Senhor, que lhe dizia: Eu sou o Senhor, Deus de Abraão, teu pai, e Deus de Isaac.

Responsório breve

R. Aparecendo um outro anjo,
  * Ficou de pé junto ao altar. R. Aparecendo.
V. Segurando em suas mãos um turíbulo de ouro.
  * Ficou de pé. Glória ao Pai. R. Aparecendo.

Cântico evangélico, ant.

Em verdade eu vos digo:
Vereis o céu aberto e os anjos do Senhor
subirem e descerem servindo ao Filho do Homem.

Preces

Irmãos e irmãs, louvemos o Senhor, em cuja presença estão multidões de anjos que o servem dia e noite, cantando a uma só voz; aclamemos com alegria, dizendo:

R. **Bendizei ao Senhor, todos os seus anjos!**

Deus santo, que mandastes vossos anjos para nos protegerem em todos os caminhos,
–conduzi-nos hoje pelos vossos caminhos sem mancha de pecado. R.

Pai de bondade, cuja face os anjos contemplam dia e noite no céu,
–fazei que procuremos sem cessar a vossa face. R.

Deus eterno, cujos filhos serão como anjos no céu,
–dai-nos a pureza de coração e de corpo. R.

Deus todo-poderoso, enviai o grande príncipe Miguel para ajudar o vosso povo,
– a fim de defendê-lo na luta contra Satanás e seus anjos.
R. Bendizei ao Senhor, todos os seus anjos!

(intenções livres)

Pai nosso...

Oração

Ó Deus, que organizais de modo admirável o serviço dos Anjos e dos homens, fazei que sejamos protegidos na terra por aqueles que vos servem no céu. Por nosso Senhor Jesus Cristo, vosso Filho, na unidade do Espírito Santo.

Hora Média

Salmos do dia de semana corrente.

Oração das Nove Horas

Ant. São Miguel, um dos que estão mais próximos de Deus, acudiu em meu socorro.

Leitura breve   Dn 12,1

Naquele tempo, se levantará Miguel, o grande príncipe, defensor dos filhos de teu povo; e será um tempo de angústia, como nunca houve até então, desde que começaram a existir nações. Mas, nesse tempo, teu povo será salvo, todos os que se acharem inscritos no livro.

V. Deus mandará os anjos seus com trombeta e voz possante,
R. E reunirão os seus eleitos dos confins de toda a terra.

Oração das Doze Horas

Ant. São Gabriel, a quem eu vi numa visão,
 veio depressa, me tocou e me instruiu.

Leitura breve   Dn 9,22-23

O anjo Gabriel falou comigo nestes termos: Daniel, eu vim para te esclarecer. Quando começavas a rezar, foi proclamada uma palavra, e eu estou aqui para comunicá-la, porque és um predileto. Portanto, presta atenção à palavra e procura compreender a visão.

V. Bendizei ao Senhor **Deus** os seus poderes,
R. Seus ministros que fazeis sua vontade.

Oração das Quinze Horas

Ant. O **an**jo Rafa**el** foi enviado a To**bi**as e a **Sa**ra, e os cu**rou**.

Leitura breve   Tb 12,15.18.20b

Eu sou Rafael, um dos sete anjos que permanecem diante da glória do Senhor e têm acesso à sua presença. Quando eu estava convosco, não era por benevolência minha que vos assistia mas pela vontade de Deus. Bendizei-o todos os dias e cantai os seus louvores. Eis que subo para junto de quem me enviou. Escrevei tudo o que vos aconteceu.

V. O Se**nhor** deu uma **or**dem a seus **an**jos,
R. Para em **to**dos os ca**mi**nhos te guar**da**rem.

Oração como nas Laudes.

Vésperas

Hino

    Lá do alto enviai-nos, ó Cristo,
    vosso anjo da paz, São Miguel.
    Sua ajuda fará vosso povo
    crescer mais, prosperando, fiel.

    Gabriel, o anjo forte na luta,
    nosso tempo sagrado visite,
    lance fora o antigo inimigo
    e, propício, conosco habite.

    Enviai-nos dos céus Rafael,
    o bom anjo que cura os doentes,
    para a todos os males sarar
    e guiar nossos atos e as mentes.

Cristo, glória dos coros celestes,
vossos anjos nos venham guiar,
para, unidos a eles um dia,
glória eterna ao Deus Trino cantar.

Salmodia

Ant. 1 Rei dos **anjos**, desdo**brastes**
vossa **glória** além dos **céus**.

Salmo 8

– ² Ó Se**nhor**, nosso **Deus**, como é **gran**de *
vosso **no**me por todo o universo!
– Desdo**bras**tes nos céus vossa glória *
com gran**de**za, esplendor, majestade.
= ³ O per**fei**to louvor vos é dado †
pelos **lá**bios dos mais pequeninos, *
de cri**an**ças que a mãe amamenta.
– Eis a **for**ça que opondes aos maus, *
redu**zin**do o inimigo ao silêncio.
– ⁴ Contem**plan**do estes céus que plasmastes *
e for**mas**tes com dedos de artista;
– vendo a **lu**a e estrelas brilhantes, *
⁵ per**gun**tamos: "Senhor, que é o homem,
– para **de**le assim vos lembrardes *
e o tra**tar**des com tanto carinho?"
– ⁶ Pouco a**bai**xo de um deus o fizestes, *
coro**an**do-o de glória e esplendor;
– ⁷ vós lhe **des**tes poder sobre tudo, *
vossas obras aos pés lhe pusestes:
– ⁸ as o**ve**lhas, os bois, os rebanhos, *
todo o **ga**do e as feras da mata;
– ⁹ passa**ri**nhos e peixes dos mares, *
todo **ser** que se move nas águas. –

—¹⁰Ó Se**nhor**, nosso Deus, como é grande *
vosso **no**me por todo o universo!

Ant. Rei dos **an**jos, desdo**bras**tes
vossa **gló**ria além dos **céus**.

Ant. 2 Pe**ran**te os vossos **an**jos vou can**tar**-vos, ó meu **Deus**.

Salmo 137(138)

— ¹Ó Se**nhor**, de cora**ção** eu vos dou **gra**ças, *
porque ou**vis**tes as palavras dos meus lábios!
— Pe**ran**te os vossos anjos vou cantar-vos *
²e **an**te o vosso templo vou prostrar-me.
—   Eu agra**de**ço vosso amor, vossa verdade, *
porque fi**zes**tes muito mais que prometestes;
— ³naquele **di**a em que gritei, vós me escutastes *
e aumen**tas**tes o vigor da minha alma.
— ⁴Os **reis** de toda a terra hão de louvar-vos, *
quando ou**vi**rem, ó Senhor, vossa promessa.
— ⁵Hão de can**tar** vossos caminhos e dirão: *
"Como a **gló**ria do Senhor é grandiosa!"
— ⁶Al**tís**simo é o Senhor, mas olha os pobres, *
e de **lon**ge reconhece os orgulhosos.
— ⁷Se no **mei**o da desgraça eu caminhar, *
vós me fa**zeis** tornar à vida novamente;
— quando os **meus** perseguidores me atacarem *
e com **i**ra investirem contra mim,
— estende**reis** o vosso braço em meu auxílio *
e have**reis** de me salvar com vossa destra.
— ⁸Comple**tai** em mim a obra começada; *
ó Se**nhor**, vossa bondade é para sempre!
— Eu vos **pe**ço: não deixeis inacabada *
esta **o**bra que fizeram vossas mãos!

Ant. Pe**ran**te os vossos **an**jos vou can**tar**-vos, ó meu **Deus**.

Ant. 3 Vi diante do **tro**no de **Deus**
um Cor**dei**ro de **pé** imo**la**do,
e ou**vi** o can**tar** de mi**lha**res
de **an**jos que esta**vam** em **vol**ta.

Cântico
Cf. Cl 1,12-20

= ¹²**De**mos **gra**ças a Deus **Pai** onipo**ten**te, †
que nos **cha**ma a partilhar, na sua luz, *
da he**ran**ça a seus santos reservada!

(R. Glória a **vós**, Primogênito dentre os **mor**tos!)

= ¹³Do im**pé**rio das trevas arrancou-nos †
e transpor**tou**-nos para o reino de seu Filho, *
para o **rei**no de seu Filho bem-amado,

– ¹⁴no **qual** nós encontramos redenção, *
dos pe**ca**dos remissão pelo seu sangue. (R.)

– ¹⁵Do **Deus**, o Invisível, é a imagem, *
o Primo**gê**nito de toda criatura;

= ¹⁶porque **ne**le é que tudo foi criado: †
o que há nos **céus** e o que existe sobre a terra, *
o vi**sí**vel e também o invisível. (R.)

= Sejam **Tro**nos e Poderes que há nos céus, †
sejam eles Principados, Potestades: *
por ele e para ele foram feitos;

– ¹⁷antes de **to**da criatura ele existe, *
e é por ele que subsiste o universo. (R.)

= ¹⁸Ele é a Ca**be**ça da Igreja, que é seu Corpo, †
é o prin**cí**pio, o Primogênito dentre os mortos, *
a **fim** de ter em tudo a primazia.

– ¹⁹Pois foi do a**gra**do de Deus Pai que a plenitude *
habi**tas**se no seu Cristo inteiramente. (R.)

– ²⁰Aprou**ve**-lhe também, por meio dele, *
reconcili**ar** consigo mesmo as criaturas,

= pacifi**can**do pelo sangue de sua cruz †
tudo a**qui**lo que por ele foi criado, *
o que há nos **céus** e o que existe sobre a terra. (R.)

Ant. Vi diante do trono de Deus
um Cordeiro de pé imolado,
e ouvi o cantar de milhares
de anjos que estavam em volta.

Leitura breve
Ap 1,4b-5.6b

A vós, graça e paz, da parte daquele que é, que era e que vem; da parte dos sete espíritos que estão diante do trono de Deus; e da parte de Jesus Cristo, a testemunha fiel, o primeiro a ressuscitar dentre os mortos, o soberano dos reis da terra. A ele, que nos ama, que por seu sangue nos libertou dos nossos pecados, a glória e o poder.

Responsório breve

R. Subiu a fumaça do incenso
 * À presença de Deus. R. Subiu a fumaça.
V. Com as preces dos santos. * À presença.
 Glória ao Pai. R. Subiu a fumaça.

Cântico evangélico, ant.

O anjo Gabriel a Maria anunciou:
Haverás de conceber um Menino e dar à luz
e a ele chamarás com o nome de Jesus.

Preces

Peçamos ao Senhor que nos torne cada vez mais atentos em ouvir a sua palavra, como os anjos que fazem a sua vontade; e digamos:

R. **Nós vos rogamos, Senhor, ouvi-nos!**

Que as nossas orações, como suave perfume,
– subam à vossa presença pelas mãos dos anjos. R.

Que as nossas oferendas sejam levadas ao vosso altar celeste,
– pelas mãos do vosso santo anjo. R.

Que, junto com a multidão dos anjos, possamos anunciar:
– glória a Deus nas alturas e paz na terra aos seres humanos por ele amados.

R. **Nós vos rogamos, Senhor, ouvi-nos!**

Que no fim da nossa peregrinação terrestre os anjos nos recebam,
– e nos conduzam à pátria celeste. R.

(intenções livres)

Que o arcanjo São Miguel conduza para a luz santa em que habitais,
– as almas de todos os fiéis defuntos. R.
Pai nosso...

Oração

Ó Deus, que organizais de modo admirável o serviço dos Anjos e dos homens, fazei que sejamos protegidos na terra por aqueles que vos servem no céu. Por nosso Senhor Jesus Cristo, vosso Filho, na unidade do Espírito Santo.

30 de setembro

SÃO JERÔNIMO, PRESBÍTERO E DOUTOR DA IGREJA

Memória

Nasceu em Estridão (Dalmácia) cerca do ano 340. Estudou em Roma e aí foi batizado. Tendo abraçado a vida ascética, partiu para o Oriente e foi ordenado sacerdote. Regressou a Roma e foi secretário do papa Dâmaso. Nesta época começou a revisão das traduções latinas da Sagrada Escritura e promoveu a vida monástica. Mais tarde estabeleceu-se em Belém, onde continuou a tomar parte muito ativa nos problemas e necessidades da Igreja. Escreveu muitas obras, principalmente comentários à Sagrada Escritura. Morreu em Belém no ano 420.

Do Comum dos doutores da Igreja, p. 1656, exceto o seguinte:

Ofício das Leituras

Segunda leitura

Do Prólogo ao Comentário sobre o Profeta Isaías, de São Jerônimo, presbítero

(Nn. 1,2: CCL 73,1-3) (Séc. V)

Ignorar as Escrituras é ignorar a Cristo

Pago o que devo, obediente aos preceitos de Cristo, que diz: *Perscrutai as Escrituras* (Jo 5,39); e: *Buscai e achareis* (Mt 7,7). Assim, que não me aconteça ouvir com os judeus: *Errais, sem conhecer as Escrituras nem o poder de Deus* (Mt 22,29). Se, conforme o Apóstolo Paulo, Cristo é o poder de Deus e a sabedoria de Deus, e quem ignora as Escrituras ignora o poder de Deus e sua sabedoria, ignorar as Escrituras é ignorar Cristo.

Daí que eu imite o pai de família que de seu tesouro tira coisas novas e antigas. E a esposa, no Cântico dos Cânticos, que diz: *Coisas novas e antigas, irmãozinho meu, guardei para ti* (cf. Ct 7,14 Vulg.). E explicarei Isaías ensinando a vê-lo não só como profeta, mas ainda como evangelista e apóstolo. Ele próprio falou de si e dos outros evangelistas: *Como são belos os pés daqueles que evangelizam boas novas, que evangelizam a paz* (Is 52,7). E também Deus lhe fala como a um apóstolo: *Quem enviarei, e quem irá a este povo?* E ele respondeu: *Eis-me aqui, envia-me* (cf. Is 6,8).

Ninguém pense que desejo resumir em breves palavras o conteúdo deste livro, pois esta escritura contém todos os mistérios do Senhor, falando do Emanuel, o nascido da Virgem, o realizador de obras e sinais estupendos, o morto e sepultado, o ressurgido dos infernos e o salvador de todos os povos. Que direi de física, ética e lógica? Tudo o que há nas santas Escrituras, tudo o que a língua humana pode proferir e uma inteligência mortal receber, está contido neste livro. Atesta esses mistérios quem escreveu: *Será para vós a visão de todas as coisas como as palavras de um livro selado; se é dado a alguém que saiba ler, dizendo-lhe: Lê isto, ele responderá: Não posso, está selado. E, se for dado a quem não sabe ler e se lhe disser: Lê, responderá: Não sei ler* (Is 29,11-12).

E, se alguém parecer fraco, ouça as palavras do mesmo Apóstolo: *Dois ou três profetas falem e os outros julguem; mas, se a outro que está sentado algo for revelado, que se cale o primeiro* (1Cor 14,32). Como podem guardar silêncio, se está ao arbítrio do Espírito, que fala pelos profetas, o calar-se e o falar? Se na verdade compreendiam aquilo que diziam, tudo está repleto de sabedoria e de inteligência. Não era apenas o ar movido pela voz que chegava a seus ouvidos, mas Deus falava no íntimo dos profetas, segundo outro Profeta diz: *O anjo que falava a mim* (cf. Zc, 1,9), e: *Clamando em nossos corações, Abba, Pai* (Gl 4,6), e: *Ouvirei o que o Senhor Deus disser em mim* (Sl 84,9).

Responsório   2Tm 3,16-17; Pr 28,7a

R. Toda a Escritura é inspirada por **Deus**
   e útil, a **fim** de ensinar, corrigir e educar na justiça.
 * A **fim** de que o homem de **Deus** se torne perfeito e capaz
   de toda obra boa fazer.
V. Aquele que observa a lei, é filho sensato e prudente.
 * A fim.

Laudes e Vésperas

Hino

   Tradutor e exegeta da Bíblia,
   foste um sol que a Escritura ilumina;
   nossas vozes, Jerônimo, escuta:
   nós louvamos-te a vida e a doutrina.

   Relegando os autores profanos,
   o mistério divino abraçaste,
   qual leão, derrubando os hereges,
   as mensagens da fé preservaste.

Estudaste a palavra divina
nos lugares da própria Escritura,
e, bebendo nas fontes o Cristo,
deste a todos do mel a doçura.

Aspirando ao silêncio e à pobreza,
no presépio encontraste um abrigo;
deste o véu a viúvas e virgens,
Paula e Eustáquia levaste contigo.
Pelo grande doutor instruídos,
proclamamos, fiéis, o Deus trino;
e ressoem por todos os tempos
as mensagens do livro divino.

Oração

Ó Deus, que destes ao presbítero São Jerônimo profundo amor pela Sagrada Escritura, concedei ao vosso povo alimentar-se cada vez mais da vossa palavra e nela encontrar a fonte da vida. Por nosso Senhor Jesus Cristo, vosso Filho, na unidade do Espírito Santo.

OUTUBRO

1º de outubro

SANTA TERESINHA DO MENINO JESUS, VIRGEM

Memória

Nasceu em Alençon (França) no ano 1873. Entrou ainda muito jovem no mosteiro das Carmelitas de Lisieux e exercitou-se de modo singular na humildade, na simplicidade evangélica e na confiança em Deus, virtudes que também procurou inculcar especialmente nas noviças do seu mosteiro. Morreu a 30 de setembro de 1897, oferecendo a sua vida pela salvação das almas e pela Igreja.

Do Comum das virgens, p. 1669, exceto o seguinte:

Ofício das Leituras

Segunda leitura

Da Autobiografia de Santa Teresa do Menino Jesus, virgem

(Manuscrits autobiographiques, Lisieux 1957,227-229)

(Séc. XIX)

No coração da Igreja serei o amor

Meus imensos desejos me eram um autêntico martírio. Fui, então, às cartas de São Paulo a ver se encontrava uma resposta. Meus olhos caíram por acaso nos capítulos doze e treze da Primeira Carta aos Coríntios. No primeiro destes, li que todos não podem ser ao mesmo tempo apóstolos, profetas, doutores, e que a Igreja consta de vários membros; os olhos não podem ser mãos ao mesmo tempo. Resposta clara, sem dúvida, mas não capaz de satisfazer meu desejo e dar-me a paz.

Perseverei na leitura sem desanimar e encontrei esta frase sublime: *Aspirai aos melhores carismas. E vos indico um caminho ainda mais excelente* (1Cor 12,31). O Apóstolo esclarece que os melhores carismas nada são sem a caridade, e esta caridade é o caminho mais excelente que leva com segurança a Deus. Achara enfim o repouso.

Ao considerar o Corpo místico da Igreja, não me encontrara em nenhum dos membros enumerados por São Paulo, mas, ao contrário, desejava ver-me em todos eles. A caridade deu-me o eixo de minha vocação. Compreendi que a Igreja tem um corpo formado de vários membros e neste corpo não pode faltar o membro necessário e o mais nobre: entendi que a Igreja tem um coração e este coração está inflamado de amor. Compreendi que os membros da Igreja são impelidos a agir por um único amor, de forma que, extinto este, os apóstolos não mais anunciariam o Evangelho, os mártires não mais derramariam o sangue. Percebi e reconheci que o amor encerra em si todas as vocações, que o amor é tudo, abraça todos os tempos e lugares, numa palavra, o amor é eterno.

Então, delirante de alegria, exclamei: Ó Jesus, meu amor, encontrei afinal minha vocação: minha vocação é o amor. Sim, encontrei o meu lugar na Igreja, tu me deste este lugar, meu Deus. No coração da Igreja, minha mãe, eu serei o amor e desse modo serei tudo, e meu desejo se realizará.

Responsório Cf. Sl 20(21),4; cf. Jó 31,18; cf. Ef 3,18; Sl 30(31),20

R. Vosso **a**mor de ter**nu**ra, Se**nhor**,
   com que **sem**pre envol**ves**tes minha **vi**da,
   co**mi**go cres**ceu** desde a in**fân**cia;
 * Nem a**go**ra eu con**si**go enten**der**,
   de vosso **a**mor, o pro**fun**do mis**tér**io.
V. Como é **gran**de, ó Se**nhor**, vossa bon**da**de,
   que reser**vas**tes para a**que**les que vos **te**mem!
 * Nem a**go**ra.

Laudes

Cântico evangélico, ant.
Em ver**da**de eu vos **di**go: Se **não** vos mu**dar**des
e **não** vos tor**nar**des i**guais** a crianças,
no **Rei**no dos **Céus** não ha**veis** de en**trar**.

Oração

Ó Deus, que preparais o vosso Reino para os pequenos e humildes, dai-nos seguir confiantes o caminho de Santa Teresinha, para que, por sua intercessão, nos seja revelada a vossa glória. Por nosso Senhor Jesus Cristo, vosso Filho, na unidade do Espírito Santo.

Vésperas

Cântico evangélico, ant.
Alegrai-vos e exultai, diz o Senhor,
pois no céu estão escritos vossos nomes.

2 de outubro
SANTOS ANJOS DA GUARDA

Memória

Invitatório

R. Adoremos o Senhor, a quem os anjos servem.
Salmo invitatório como no Ordinário, p. 537.

Ofício das Leituras

Hino

Eterno Autor do mundo,
que o céu e o mar guiais,
segundo as nossas obras,
Rei justo, nos pagais.

O espírito soberbo
às trevas condenastes
com muitos companheiros,
e aos anjos bons firmastes.

Tais anjos enviai-nos,
e dai-lhes por missão
guiar os nossos passos
até à salvação.

Que venham consolar-nos,
mostrar-nos vosso amor,
guiar-nos para o bem,
vencendo o tentador.

Guiai-nos pelos Anjos,
ó Deus, durante a vida.
Por sua mão nos levem
à glória prometida.

A vós, Deus Uno e Trino,
louvor e todo o bem.
Possamos, com os Anjos,
nos céus vos ver. Amém.

Segunda leitura
Dos Sermões de São Bernardo, abade
(Sermo 12 in psalmum Qui habitat, 3.6-8: Opera omnia, Edit. Cisterc. 4[1966]458-462)   (Séc. XII)

Eles te guardem em todos os teus caminhos

A teu respeito ordenou a seus anjos que te guardem em todos os teus caminhos (Sl 90,11). Louvem o Senhor por sua misericórdia e suas maravilhas para com os filhos dos homens. Louvem e proclamem às nações que o Senhor agiu de modo magnífico a favor deles. Senhor, que é o homem para que assim o conheças? Ou por que inclinas para ele teu coração? Aproximas dele teu coração, enches-te de solicitude por sua causa, cuidas dele. Enfim, a ele envias o teu Unigênito, infundes o teu Espírito, prometes até a visão de tua face. E para que nas alturas nada falte no serviço a nosso favor, envias os teus santos espíritos a servir-nos, confias-lhes nossa guarda, ordenas que se tornem nossos pedagogos.

A teu respeito, ordenou a seus anjos que te guardem em todos os teus caminhos. Esta palavra quanta reverência deve despertar em ti, aumentar a gratidão, dar confiança. Reverência pela presença, gratidão pela benevolência, confiança pela proteção. Estão aqui, portanto, e estão junto de ti, não apenas contigo, mas em teu favor. Estão aqui para proteger, para te serem úteis. Na verdade, embora enviados por Deus, não nos é lícito ser ingratos para com eles, que com tanto amor lhe obedecem e em tamanhas necessidades nos auxiliam.

Sejamos-lhes fiéis, sejamos gratos a tão grandes protetores; paguemos-lhes com amor; honremo-los tanto quanto pudermos, quanto devemos. Prestemos, no entanto, todo o nosso amor e nossa honra àquele que é tudo para nós e para eles; de quem recebemos poder amar e honrar, de quem merecemos ser amados e honrados.

Assim, irmãos, nele amemos com ternura seus anjos como futuros coerdeiros nossos, e enquanto esperamos nossos intendentes e tutores dados pelo Pai como nossos guias. Porque agora somos filhos de Deus, embora não se veja, pois ainda estamos sob tutela quais meninos que em nada diferem dos servos.

Aliás, mesmo assim tão pequeninos e restando-nos ainda uma tão longa, e não só tão longa, mas ainda tão perigosa caminhada, que temos a temer com tão poderosos protetores? Eles não podem ser vencidos, nem seduzidos, e ainda menos seduzir, aqueles que nos guardam em todos os nossos caminhos. São fiéis, são prudentes, são fortes; por que trememos de medo? Basta que os sigamos, unamo-nos a eles e habitaremos sob a proteção do Deus do céu.

Responsório   Sl 90(91),11-12.10

R. O Se**nhor** deu uma **or**dem a seus **an**jos,
   para em **to**dos os ca**mi**nhos te guar**da**rem.
*Have**rão** de te le**var** em suas **mãos**
   para o teu **pé** não se fe**rir** nalguma **pe**dra.

V. Nenhum **mal** há de che**gar** perto de **ti**,
nem a des**gra**ça baterá à tua **por**ta. * Haver**ão**.

Oração como nas Laudes.

Laudes

Hino

Ó Deus, criando o mundo,
poder manifestais;
porém, ao governá-lo,
o vosso amor mostrais.

Aos que hoje vos suplicam
estai sempre presente:
que a luz da nova aurora
renove a nossa mente.

O mesmo anjo que um dia
por guarda nos foi dado
consiga a vida toda
livrar-nos do pecado.

Em nós ele extermine
as forças do inimigo;
que a fraude em nosso peito
jamais encontre abrigo.

Mandai para bem longe
a peste, a fome, a guerra:
haja entre nós justiça,
a paz brote da terra.

Salvai por vosso Filho
a nós, no amor ungidos,
sejamos pelos anjos
Deus trino, protegidos!

Ant. 1 O Se**nhor** enviar**á** o seu **an**jo junto a **ti**,
para gui**ar** o teu ca**mi**nho.

Salmos e cântico do domingo da I Semana, p. 580.

Ant. 2 Bendito seja **Deus**, que seu **an**jo envi**ou**
e liber**tou** seus servi**do**res, que **ne**le confiaram.

Ant. 3 Louvai-o, anjos **seus**, todos lou**vai**-o,
lou**vai**-o, legi**ões** celesti**ais**!

Leitura breve
Ex 23,20-21a

Vou enviar um anjo que vá à tua frente, que te guarde pelo caminho e te conduza ao lugar que te preparei. Respeita-o e ouve a sua voz.

Responsório breve

R. Pe**ran**te vossos **an**jos
  *Vou louvar-vos, ó Se**nhor**! R. **Peran**te.
V. E can**tar** o vosso **no**me. * Vou lou**var**-vos.
  Glória ao **Pai**. R. **Peran**te.

Cântico evangélico, ant.

Todos **e**les são es**pí**ritos servi**do**res,
envi**a**dos ao ser**vi**ço e prote**ção**
da**que**les que herda**rão** a salva**ção**.

Preces

Irmãos e irmãs, louvemos o Senhor em cuja presença estão multidões de anjos que o servem dia e noite, cantando a uma só voz; aclamemos com alegria, dizendo:

R. **Bendizei ao Senhor, todos os seus anjos!**

Deus santo, que mandastes vossos anjos para nos protegerem em todos os caminhos,
—conduzi-nos hoje pelos vossos caminhos sem mancha de pecado. R.

Pai de bondade, cuja face os anjos contemplam dia e noite no céu,
—fazei que procuremos sem cessar a vossa face. R.

Deus eterno, cujos filhos serão como anjos no céu,
—dai-nos a pureza de coração e de corpo. R.

Deus todo-poderoso, enviai o grande príncipe Miguel para ajudar o vosso povo,
– a fim de defendê-lo na luta contra Satanás e seus anjos.

R. (intenções livres)

Pai nosso...

Oração

Ó Deus, que na vossa misteriosa providência mandais os vossos Anjos para guardar-nos, concedei que nos defendam de todos os perigos e gozemos eternamente do seu convívio. Por nosso Senhor Jesus Cristo, vosso Filho, na unidade do Espírito Santo.

Hora Média

Oração das Nove Horas

Leitura breve   At 5,17-20

Levantaram-se o sumo sacerdote e todos os do seu partido – isto é, o partido dos saduceus – cheios de raiva e mandaram prender os apóstolos e lançá-los na cadeia pública. Porém, durante a noite, o anjo do Senhor abriu as portas da prisão e os fez sair, dizendo: Ide falar ao povo, no Templo, sobre tudo o que se refere a este modo de viver.

V. Perante os vossos anjos vou cantar-vos.
R. E ante o vosso templo vou prostrar-me.

Oração das Doze Horas

Leitura breve   At 12,7

Eis que apareceu o anjo do Senhor e uma luz iluminou a cela. O anjo tocou o ombro de Pedro, acordou-o e disse: Levanta-te depressa! As correntes caíram-lhe das mãos.

V. O Senhor enviou o seu anjo,
R. E livrou-me das mãos de Herodes.

Oração das Quinze Horas

Leitura breve — At 10,3-5

Por volta das três horas, Cornélio teve uma visão: viu claramente um anjo de Deus entrar em sua casa e dizer-lhe: Cornélio. Cornélio olhou atentamente para ele e, cheio de temor, disse: O que há, Senhor? O anjo respondeu: Tuas preces e tuas orações subiram até Deus, em teu favor. E, agora, envia alguns homens a Jope e manda chamar um certo Simão, conhecido como Pedro.

V. Da mão do **anj**o su**biu** à pre**sen**ça de **Deus**
R. A fu**ma**ça do in**cen**so com as **pre**ces dos **san**tos.

Oração como nas Laudes.

Vésperas

Hino

Aos anjos cantemos, que guardem a todos,
que aos homens, tão frágeis, Deus Pai quis juntar;
e assim assistidos, na terra lutando,
no rude combate não venham tombar.

Pois eis que um dos anjos, roído de orgulho,
os planos divinos não quis aceitar:
e aos homens, chamados à pátria celeste,
na mesma revolta deseja arrastar.

Ó Anjo da Guarda, vem logo assistir-nos,
cumprir, vigilante, tão grande missão:
afasta da terra pecados, doenças,
conserva nos lares a paz e a união!

Louvor seja dado ao Deus uno e trino,
à suma Trindade, por mando de quem
os anjos governam, dirigem o mundo,
e à pátria onde vivem nos levam também.

Salmodia

Ant. 1 O **an**jo do Se**nhor** vem acam**par**
ao re**dor** dos que o **te**mem, e os **sal**va.

Salmo 33(34)

I

— ² Bendi**rei** o Senhor **Deus** em todo **tem**po, *
  seu lou**vor** estará sempre em minha boca,
— ³ Minha **al**ma se gloria no Senhor, *
  que **ou**çam os humildes e se alegrem!
— ⁴ Co**mi**go engrandecei ao Senhor Deus, *
  exal**te**mos todos juntos o seu nome!
— ⁵ Todas as **ve**zes que o busquei; ele me ouviu, *
  e de **to**dos os temores me livrou.
— ⁶ Contem**plai** a sua face e alegrai-vos, *
  e vosso **ros**to não se cubra de vergonha!
— ⁷ Este infe**liz** gritou a Deus, e foi ouvido, *
  e o Se**nhor** o libertou de toda angústia.
— ⁸ O **an**jo do Senhor vem acampar *
  ao re**dor** dos que o temem, e os salva.
— ⁹ Provai e **ve**de quão suave é o Senhor! *
  Feliz o **ho**mem que tem nele o seu refúgio!
—¹⁰ Respei**tai** o Senhor Deus, seus santos todos, *
  porque **na**da faltará aos que o temem.
—¹¹ Os **ri**cos empobrecem, passam fome, *
  mas aos que **bus**cam o Senhor não falta nada.

Ant. O **an**jo do Se**nhor** vem acam**par**
ao re**dor** dos que o **te**mem, e os **sal**va.

Ant. 2 Que **vi**va o Se**nhor**, pois seu **an**jo me guar**dou**!

II

—¹² Meus **fi**lhos, vinde a**go**ra e escu**tai**-me: *
  vou ensi**nar**-vos o temor do Senhor Deus.
—¹³ Qual o **ho**mem que não ama sua vida, *
  procu**ran**do ser feliz todos os dias?

— ¹⁴**A**fas**ta** a tua língua da maldade, *
  e teus **lá**bios, de palavras mentirosas.
— ¹⁵**A**fas**ta**-te do mal e faze o bem, *
  procura a **paz** e vai com ela em seu caminho.
— ¹⁶O Se**nhor** pousa seus olhos sobre os justos, *
  e seu ou**vi**do está atento ao seu chamado;
— ¹⁷mas ele **vol**ta a sua face contra os maus, *
  para da **ter**ra apagar sua lembrança.
— ¹⁸Clamam os **jus**tos, e o Senhor bondoso escuta *
  e de **to**das as angústias os liberta.
— ¹⁹Do cora**ção** atribulado ele está perto *
  e con**for**ta os de espírito abatido.
— ²⁰Muitos **ma**les se abatem sobre os justos, *
  mas o Se**nhor** de todos eles os liberta.
— ²¹Mesmo os seus **os**sos ele os guarda e os protege, *
  e nenhum **de**les haverá de se quebrar.
— ²²A ma**lí**cia do iníquo leva à morte, *
  e **quem** odeia o justo é castigado.
— ²³Mas o Se**nhor** liberta a vida dos seus servos, *
  e casti**ga**do não será quem nele espera.

Ant. Que **vi**va o Se**nhor**, pois seu **an**jo me guar**dou**!

Ant. 3 Bendi**zei** o Deus do **céu** e dai-lhe **gló**ria
  na presença de **to**do ser vi**ven**te,
  porque mos**trou** o seu **amor** para convosco.

Cântico Ap 11,17-18; 12,10b-12a

— ¹¹·¹⁷Graças vos **da**mos, Senhor **Deus** onipo**ten**te, *
  a vós que **sois**, a vós que éreis e sereis,
— porque assumistes o poder que vos pertence, *
  e en**fim** tomastes posse como rei!

(R. **Nós** vos damos **gra**ças, nosso **Deus**!)

= ¹⁸As na**ções** se enfureceram revoltadas, †
  mas che**gou** a vossa ira contra elas *
  e o **tem**po de julgar vivos e mortos,

= e de **dar** a recompensa aos vossos servos, †
aos pro**fe**tas e aos que temem vosso nome, *
aos **san**tos, aos pequenos e aos grandes. (R.)

=¹²·¹⁰ Chegou a**go**ra a salvação e o poder †
e a rea**le**za do Senhor e nosso Deus, *
e o do**mí**nio de seu Cristo, seu Ungido.
– Pois foi ex**pul**so o delator que acusava *
nossos ir**mãos**, dia e noite, junto a Deus. (R.)

= ¹¹ Mas o ven**ce**ram pelo sangue do Cordeiro †
e o teste**mu**nho que eles deram da Palavra, *
pois despreza**ra**m sua vida até à morte.
– ¹² Por isso, ó **céus**, cantai alegres e exultai *
e vós **to**dos os que neles habitais! (R.)

Ant. Bendi**zei** o Deus do **céu** e dai-lhe **glória**
na pre**sen**ça de **to**do ser vi**ven**te,
porque mos**trou** o seu a**mor** para con**vos**co.

Leitura breve   Ap 8,3-4

Veio um anjo que se colocou perto do altar, com um turíbulo de ouro. Ele recebeu uma grande quantidade de incenso, para oferecê-lo com as orações de todos os santos, no altar de ouro que está diante do trono. E da mão do anjo subia até Deus a fumaça do incenso com as orações dos santos.

Responsório breve

R. O Se**nhor** deu uma **or**dem a seus **an**jos
 * Para em **to**dos os ca**mi**nhos te guar**da**rem. R. O Se**nhor**.
V. Eles **hão** de te le**var** em suas **mãos**. * Para em **to**dos.
 Glória ao **Pai**. R. O Se**nhor**.

Cântico evangélico, ant.

Os **an**jos das crian**ças** sempre **ve**em
a **fa**ce do meu **Pai**, que está nos **céus**.

Preces

Peçamos ao Senhor que, juntamente com os anjos, que fazem a sua vontade, nos disponha cada vez melhor a ouvir a sua palavra; e lhe demos graças, dizendo:

R. Com os anjos cantamos o hino da vossa glória!

Senhor, que fizestes dos anjos mensageiros das vossas maravilhas,
— fazei de nós, com a sua ajuda, testemunhas da vossa grandeza diante de todos. R.

Senhor altíssimo, a quem os anjos proclamam santo sem cessar,
— fazei que na Igreja ressoe continuamente o vosso louvor. R.

Senhor, que mandastes os anjos para guardarem os vossos servos em todos os seus caminhos,
— dai a todos os que viajam um feliz regresso aos seus lares. R.

Vós, que enviastes os anjos a anunciar a paz aos seres humanos,
— fazei que eles inspirem sentimentos de paz a todos os governantes e seus povos. R.

(intenções livres)

Quando enviardes os anjos no último dia para convocar os eleitos, de todos os pontos da terra,
— fazei que todos os vossos filhos e filhas sejam contados entre os eleitos. R.

Pai nosso...

Oração

Ó Deus, que na vossa misteriosa providência mandais os vossos Anjos para guardar-nos, concedei que nos defendam de todos os perigos e gozemos eternamente do seu convívio.

Por nosso Senhor Jesus Cristo, vosso Filho, na unidade do Espírito Santo.

4 de outubro
SÃO FRANCISCO DE ASSIS
Memória

Nasceu em Assis (Itália), no ano 1182. Depois de uma juventude leviana, converteu-se a Cristo, renunciou a todos os bens paternos e entregou-se inteiramente a Deus. Abraçou a pobreza para seguir mais perfeitamente o exemplo de Cristo, e pregava a todos o amor de Deus. Formou os seus companheiros com normas excelentes, inspiradas no Evangelho, que foram aprovadas pela Sé Apostólica. Fundou também uma Ordem de religiosas (Clarissas) e uma Ordem de Penitentes Seculares; e promoveu a pregação da fé entre os infiéis. Morreu em 1226.

Do Comum dos santos homens: para religiosos, p. 1743, exceto o seguinte:

Ofício das Leituras

Segunda leitura

Da Carta a todos os fiéis, de São Francisco de Assis

(Opuscula, edit. Quaracchi 1949,87-94) (Séc. XIII)

Devemos ser simples, humildes e puros

O Pai Altíssimo anunciou a vinda do céu do tão digno, tão santo e glorioso Verbo do Pai, através de seu santo, Gabriel, à santa e gloriosa Virgem Maria, em cujo seio recebeu a verdadeira carne de nossa humanidade e fragilidade. Ele quis, no entanto, sendo incomparavelmente mais rico, escolher a pobreza junto com a sua santíssima mãe. Nas vésperas de sua paixão, celebrou a Páscoa com os discípulos. Depois, orou ao Pai dizendo: *Pai, se for possível, afaste-se de mim este cálice* (Mt 26,39).

Pôs, contudo, sua vontade na vontade do Pai. E a vontade do Pai era que seu Filho bendito e glorioso, dado a nós e nascido para nós, se oferecesse em sacrifício e vítima no altar da cruz, pelo seu próprio sangue. Sacrifício não para si, por quem tudo foi feito, mas por nossos pecados, deixando-nos o exemplo para lhe seguirmos as pegadas (cf. 1Pd 2,21). E quer que todos nos salvemos por ele e o acolhamos com coração puro e corpo casto.

Ó como são felizes e benditos aqueles que amam o Senhor e fazem o que o mesmo Senhor diz no evangelho: *Amarás o Senhor, teu Deus, de todo o teu coração, de toda a tua alma e ao próximo como a ti mesmo!* (Lc 10,27). Amemos, portanto, a Deus e adoremo-lo com coração puro e mente pura porque, acima de tudo, disto está ele à procura e diz: *Os verdadeiros adoradores adorarão o Pai em espírito e em verdade* (Jo 4,23). É necessário que todos que o adoram, o adorem no espírito da verdade. E dia e noite elevemos para ele louvores e orações, dizendo: *Pai nosso que estás nos céus* (Mt 6,9); porque *é preciso orar sempre e não desfalecer* (cf. Lc 18,1).

Além disto, *produzamos dignos frutos de penitência* (cf. Mt 3,8). E amemos os próximos como a nós mesmos. Tenhamos caridade e humildade e façamos esmolas, já que estas lavam as almas das nódoas dos pecados. Os homens perdem tudo o que deixam neste mundo. Levam consigo somente a paga da caridade e as esmolas que fizeram: delas receberão do Senhor o prêmio e a justa recompensa.

Não nos convém sermos sábios e prudentes segundo a carne, mas temos antes de ser simples, humildes e puros. Jamais desejemos ficar acima dos outros, mas prefiramos ser servos e submissos a toda criatura humana, por causa de Deus. Sobre todos os que assim agirem e perseverarem até o fim repousará o Espírito do Senhor e fará neles sua casa e mansão. Serão filhos do Pai celeste, pois fazem suas obras, e são esposos, irmãos e mães de nosso Senhor Jesus Cristo.

Responsório
Mt 5,3.5.6

R. Felizes os pobres em espírito,
porque deles é o Reino dos Céus.
 * Felizes os mansos, pois a terra herdarão.
V. Felizes os famintos e sedentos de justiça:
serão todos saciados. * Felizes.

Laudes

Hino

No céu Francisco fulgura,
cheio de glória e de luz,
trazendo em seu corpo as chagas,
sinais de Cristo e da Cruz.

Seguindo o Cristo na terra,
pobre de Cristo se faz,
na cruz com Cristo pregado,
torna-se arauto da paz.

Pelo martírio ansiando,
tomou a cruz do Senhor:
do que beijou no leproso
contempla agora o esplendor.

Despindo as vestes na praça,
seu pai na terra esqueceu;
reza melhor o Pai-nosso,
junta tesouros no céu.

Tendo de Cristo a pureza,
mais do que o sol reluzia,
e, como o sol à irmã lua,
Clara em seu rastro atraía.

Ao Pai e ao Espírito glória
e ao que nasceu em Belém.
Deus trino a todos conceda
os dons da cruz: Paz e Bem.

Cântico evangélico, ant.

Francisco, o pobre e humilde,
entra rico no Reino dos Céus,
aclamado com hinos celestes.

Oração

Ó Deus, que fizestes São Francisco de Assis assemelhar-se ao Cristo por uma vida de humildade e pobreza, concedei que, trilhando o mesmo caminho, sigamos fielmente o vosso Filho, unindo-nos convosco na perfeita alegria. Por nosso Senhor Jesus Cristo, vosso Filho, na unidade do Espírito Santo.

Vésperas

HINO No céu Francisco fulgura, como nas Laudes, p. 1347.

Cântico evangélico, ant.

Bem longe de mim gloriar-me
senão na Cruz do Senhor Jesus Cristo,
pois trago em meu corpo suas chagas.

5 de outubro

SÃO BENEDITO, O NEGRO, RELIGIOSO

Benedito, cognominado o Mouro, ou "o Negro" no Brasil, nasceu na Sicília. Filho de escravos vindos da Etiópia para San Fratello, na Sicília, vendeu seus bens e fez-se eremita franciscano nas vizinhanças de Palermo. Mais tarde, obedecendo a uma determinação do Papa Pio VI, obrigando todos os seguidores da Regra de São Francisco a viverem em conventos de sua Ordem, abandonou o eremitério. No convento, dedicou-se a trabalhos humildes. Chegou a exercer o cargo de Superior, mesmo não sendo sacerdote e, mais tarde, vemo-lo novamente trabalhando na cozinha. Morreu em 1589. Seu culto logo se espalhou pela Itália, Espanha, Portugal, Brasil e México. O papa Pio VIII inscreveu-o no rol dos santos.

Do Comum dos santos homens: para religiosos, p. 1743.

Ofício das Leituras

Segunda leitura
Da Regra não bulada, de São Francisco de Assis
(Escritos e Biografias de São Francisco de Assis, Ed. Vozes-CE FEPAL, Petrópolis 1982, p. 146-147) (Séc. XIII)

Do modo de servir e de trabalhar

Os irmãos que forem capazes de trabalhar, trabalhem; e exerçam a profissão que aprenderam, enquanto não prejudicar o bem de sua alma e eles puderem exercê-la honestamente. Porquanto diz o profeta: *Viverás do trabalho de tuas mãos: serás feliz e terás bem-estar* (Sl 127,2); e o Apóstolo: *Quem não quer trabalhar não coma* (2Ts 3,10). *Cada qual permaneça naquele ofício e cargo para o qual foi chamado* (1Cor 7,24). E como retribuição pelo trabalho podem aceitar todas as coisas de que precisam, exceto dinheiro. E, se for necessário, podem pedir esmolas como outros pobres. E podem ter as ferramentas necessárias ao seu ofício.

Todos os irmãos se esforcem seriamente em praticar boas obras, pois está escrito: "Vê se estás sempre empenhado em praticar alguma boa obra, para que o diabo te encontre ocupado"; e ainda: "A ociosidade é inimiga da alma". Por isso os servos de Deus devem estar sempre entregues à oração ou a qualquer outra boa obra.

Cuidem os irmãos, onde quer que estejam, nos eremitérios ou em outros lugares, de não apropriar-se de qualquer lugar nem disputá-lo a outrem. E todo aquele que deles se acercar, seja amigo ou adversário, ladrão ou bandido, recebam-no com bondade. E onde quer que estejam os irmãos, e sempre que se encontrarem em algum lugar, devem respeitar-se e honrar-se espiritual e diligentemente *uns aos outros, sem murmuração* (1Pd 4,9). E guardem-se os irmãos de se mostrarem em seu exterior como tristes e sombrios hipócritas. Mas antes comportem-se como gente que se alegra no Senhor, satisfeitos e amáveis, como convém.

Responsório   Fl 2,2-3; Cl 3,12

R. Cultivai o amor fraterno
considerando os demais superiores a vós mesmos;
  * Tenha em vista cada qual não seus próprios interesses
  e, sim, o bem dos outros.
V. Revesti-vos, como eleitos do Senhor,
de amor, misericórdia e compaixão,
humildade, mansidão e paciência.* Tenha em vista.

Laudes

Cântico evangélico, ant.

Eu te louvo e bendigo, meu Pai,
dos céus e da terra Senhor,
porque revelaste aos pequenos
os mistérios ocultos do Reino!

Oração

Ó Deus, que em São Benedito, o Negro, manifestais as vossas maravilhas, chamando à vossa Igreja homens de todos os povos, raças e nações, concedei, por sua intercessão, que todos, feitos vossos filhos e filhas pelo batismo, convivam como verdadeiros irmãos. Por nosso Senhor Jesus Cristo, vosso Filho, na unidade do Espírito Santo.

Vésperas

Cântico evangélico, ant.

Servo bom e fiel, vem entrar na alegria
de Jesus, teu Senhor!

6 de outubro
SÃO BRUNO, PRESBÍTERO

Nasceu em Colônia (Alemanha), cerca do ano 1035. Educado em Paris e ordenado sacerdote, ensinou Teologia; mas, aspirando à vida solitária, retirou-se e fundou o mosteiro dos Cartuxos. Chamado a Roma pelo Papa Urbano II, ajudou-o nos difíceis problemas da Igreja. Morreu em Esquilace (Calábria) no ano 1101.

Do Comum dos pastores: para presbíteros, p. 1623, ou, dos santos homens: para religiosos, p. 1743.

Ofício das Leituras

Segunda leitura
Da Carta a seus filhos Cartuxos, de São Bruno, presbítero
(Nn, 1-3: SCh 88,82-84)   (Séc. XI)

Meu espírito exulte no Senhor

Tomei conhecimento do inflexível rigor de vossa ponderada e louvável disciplina, pelos frequentes e agradáveis relatos de nosso caríssimo irmão Landovino. Ouvindo também falar de vosso santo amor e incessante empenho por tudo quanto é íntegro e honesto, exulta meu espírito no Senhor. Verdadeiramente exulto e sou levado a transportes de louvor e de ação de graças ao Senhor, mas ao mesmo tempo suspiro amargamente. Exulto, sim, como é justo, pelo incremento dos frutos de vossas virtudes; tenho tristeza e vergonha de jazer incapaz e covarde na lama de meus pecados.

Alegrai-vos, então, irmãos meus caríssimos, pelo quinhão de vossa felicidade e pela liberalidade da graça de Deus em vós. Alegrai-vos por terdes fugido dos múltiplos perigos e naufrágios deste mundo agitado. Alegrai-vos porque alcançastes o tranquilo e seguro repouso do porto mais profundo. Muitos desejam aí chegar, muitos empregaram ingentes esforços e não o conseguem. E muitos, depois de obtê-lo, foram afastados, porque a nenhum deles foi dado perseverar.

Por isso, irmãos meus, tende por certo e provado que quem possuiu este bem desejável e o perdeu de qualquer modo que seja, sentirá tristeza até o fim, se de fato sentir preocupação e cuidado pela salvação de sua alma.

A vosso respeito, diletíssimos irmãos leigos, digo: *Minha alma engrandece o Senhor* (Lc 1,46), porque vejo a magnificência de sua misericórdia sobre vós, através da exposição feita por vosso prior e pai amantíssimo, que muito se gloria e se alegra por vossa causa.

Alegremo-nos também nós, porque, mesmo desprovidos de instrução, poderoso é Deus, para com seu dedo escrever em vossos corações não apenas o amor, mas também o conhecimento de sua santa lei. Na ação manifestais o que amais e o que sabeis. Pois, quando observais com toda a cautela e empenho a verdadeira obediência, torna-se evidente que também vós sabiamente recolheis o fruto suavíssimo e vital da Escritura divina.

Responsório   Sl 54(55),7-8; 1Jo 2,17

R. Quem me dera ter asas de pomba
e voar para achar um descanso!
* Fugiria, então, para longe
e me iria esconder no deserto.
V. O mundo passa e, também, seus desejos;
mas os que fazem a vontade de Deus,
para sempre eles hão de viver. * Fugiria.

Oração

Ó Deus, que chamastes São Bruno a vos servir na solidão, dai que, por suas preces, estejamos sempre voltados para vós, em meio à agitação do mundo. Por nosso Senhor Jesus Cristo, vosso Filho, na unidade do Espírito Santo.

7 de outubro
NOSSA SENHORA DO ROSÁRIO

Memória

Esta comemoração foi instituída pelo Papa São Pio V no aniversário da vitória obtida pelos cristãos na batalha naval de Lepanto e atribuída ao auxílio da Santa Mãe de Deus, invocada com a oração do Rosário (1571). A celebração deste dia é um convite a todos os fiéis para que meditem os mistérios de Cristo, em companhia da Virgem Maria, que foi associada de modo muito especial à Encarnação, à Paixão e à Ressurreição do Filho de Deus.

Do Comum de Nossa Senhora, p. 1519, exceto o seguinte:

Ofício das Leituras

Segunda leitura

Dos Sermões de São Bernardo, abade
(Sermo de Aquaeductu: Opera omnia, Edit. Cisterc. 5[1968],282-283) (Séc. XII)

É preciso meditar sobre os mistérios da salvação

O santo, que nascer de ti, será chamado Filho de Deus (cf. Lc 1,35), fonte de sabedoria, o Verbo do Pai nas alturas! Este Verbo, através de ti, Virgem santa, se fará carne, de modo que aquele que diz: *Eu no Pai e o Pai em mim* (Jo 10,38), dirá também: *Eu saí do Pai e vim* (Jo 16,28).

No princípio, diz João, *era o Verbo.* Já borbulha a fonte, mas por enquanto apenas em si mesma. Depois, *e o Verbo era com Deus* (Jo 1,1), habitando na luz inacessível. O Senhor dizia anteriormente: *Eu tenho pensamentos de paz e não de aflição* (cf. Jr 29,11). Mas teu pensamento está dentro de ti, ó Deus, e não sabemos o que pensas; pois *quem conheceu a mente do Senhor ou quem foi seu conselheiro?* (cf. Rm 11,34).

Desceu, por isto, o pensamento da paz para a obra da paz: *O Verbo se fez carne e já habita em nós* (Jo 1,14). Habita totalmente pela fé em nossos corações, habita em nossa memória, habita no pensamento e chega a descer até a imaginação. Que poderia antes o homem pensar sobre Deus, a não ser talvez fabricando um ídolo no coração? Era incompreensível e inacessível, invisível e inteiramente impensável; agora, porém, quis ser compreendido, quis ser visto, quis ser pensado.

De que modo, perguntas? Por certo, reclinado no presépio, deitado ao colo da Virgem, pregando no monte, pernoitando em oração; ou pendente da cruz, pálido na morte, livre entre os mortos e dominando o inferno; ou ainda ressurgindo ao terceiro dia, mostrando aos apóstolos as marcas dos cravos, sinais da vitória, e, por último, diante deles subindo ao mais alto do céu.

O que não se poderá pensar verdadeira, piedosa e santamente disto tudo? Se penso algo destas realidades, penso em Deus, e em tudo ele é o meu Deus. Meditar assim considero sabedoria, e tenho por prudência renovar a lembrança da suavidade que, em essência tão preciosa, a descendência sacerdotal produziu copiosamente, e que, haurindo do alto, Maria trouxe para nós em profusão.

Responsório Lc 1,28

R. Não há quem **seja** seme**lhan**te a **vós**, Virgem Ma**ri**a,
   entre as **fi**lhas de Si**ão**. Sois a **Mãe** do Rei dos **reis**,
   sois dos **an**jos a Se**nho**ra e dos **céus** sois a Ra**i**nha.
 * Sois ben**di**ta entre **to**das as mu**lhe**res desta **ter**ra
   e ben**di**to é o **fru**to que nas**ceu** de vosso **ven**tre!
V. Ma**ri**a, ale**grai**-vos, ó **chei**a de **gra**ça,
   o Se**nhor** é con**vos**co. * Sois ben**di**ta.

Oração como nas Laudes.

Laudes

Hino

Na terra recordamos
teu gozo e tua dor,
ó Mãe, que contemplamos
em glória e resplendor.

Ave, quando concebes,
visitas, dás à luz,
e levas e recebes
no templo o teu Jesus.

Ave, pela agonia,
flagelo, espinho e cruz:
a dor da profecia
à glória te conduz.

Ave, sobre o teu Filho,
o Espírito nos vem;
deixando o nosso exílio,
ao céu sobes também.

Cento e cinquenta rosas,
nações, vinde colher;
coroas luminosas
à Virgem Mãe tecer.

Louvor ao Pai e ao Filho
e ao Espírito também;
dos três, divino auxílio
ao nosso encontro vem.

Ant. 1 De Maria nasceu Jesus,
que é chamado também o Cristo.

Salmos e cântico do domingo da I Semana, p. 580.

Ant. 2 Ó Mãe, junto convosco bendizemos o Senhor,
que ao morrer vos confiou a nós todos como filhos.

Ant. 3 Sobre os **an**jos se e**le**va a **Vir**gem Ma**ri**a,
no **céu** coro**a**da com **do**ze estre**la**s.

Leitura breve
Cf. Is 61,10
Exulto de alegria no Senhor e minh'alma regozija-se em meu Deus; ele me vestiu com as vestes da salvação, envolveu-me com o manto da justiça e adornou-me qual noiva com suas joias.

Responsório breve
R. Ma**ri**a, alegra-te, ó **chei**a de **gra**ça;
 * O Se**nhor** é con**ti**go! R. Ma**ri**a.
V. És ben**di**ta entre **to**das as mu**lhe**res,
e ben**di**to é o **fru**to do teu **ven**tre. * O Se**nhor**.
Glória ao **Pai**. R. Ma**ri**a.

Cântico evangélico, ant.
Mãe fe**liz**, Virgem **pu**ra e in**tac**ta,
glori**o**sa Rainha do **mun**do
cele**bran**do a can**tar** vossa **fes**ta,
todos **nós** vosso au**xí**lio sin**ta**mos.

PRECES do Comum de Nossa Senhora, p. 1532.

Oração
Derramai, ó Deus, a vossa graça em nossos corações, para que, conhecendo pela mensagem do Anjo a encarnação do Cristo vosso Filho, cheguemos, por sua paixão e cruz, à glória da ressurreição. Por nosso Senhor Jesus Cristo, vosso Filho, na unidade do Espírito Santo.

Vésperas

HINO Na terra recordamos, como nas Laudes, p. 1355.

Ant. 1 O **an**jo Gabriel anunci**ou** a Ma**ri**a.
E ela conce**beu** do Espírito **San**to.

Salmos e cântico do Comum de Nossa Senhora. p. 1537.

Ant. 2 Junto à **cruz** de Je**sus** estava em **pé** sua **Mãe**.

Ant. 3 A**legrai**-vos, Virgem **Mãe**,
   Jesus **Cris**to ressur**giu** do se**pul**cro, ale**lui**a.

Leitura breve
Gl 4,4-5

Quando se completou o tempo previsto, Deus enviou o seu Filho, nascido de uma mulher, nascido sujeito à Lei, a fim de resgatar os que eram sujeitos à Lei e para que todos recebêssemos a filiação adotiva.

Responsório breve
R. **Maria, alegra-te, ó cheia de graça;**
   * O **Senhor** é contigo! R. **Maria.**
V. És ben**di**ta entre **to**das as mulheres,
   e ben**di**to é o **fru**to do teu **ven**tre. * O **Senhor.**
   Glória ao **Pai.** R. **Maria.**

Cântico evangélico, ant.
Maria guarda**va** no **seu** cora**ção**
as **pa**lavras e os **fa**tos, e **n**eles pensa**va**.

PRECES do Comum de Nossa Senhora, p. 1540.

Oração como nas Laudes.

9 de outubro
SÃO DIONÍSIO, BISPO, E SEUS COMPANHEIROS, MÁRTIRES

Segundo uma tradição referida por São Gregório de Tours, Dionísio veio de Roma para a Gália (França) nos meados do século III. Foi o primeiro bispo de Paris e morreu mártir perto desta cidade, juntamente com dois membros do seu clero.

Do Comum de vários mártires, p. 1580.

Ofício das Leituras

Segunda leitura

Do Comentário sobre o Salmo cento e dezoito, de Santo Ambrósio, bispo

(Sermo 20,47-50: CSEL 62,467-469)   (Séc. IV)

Sê testemunha forte e fiel

És testemunha de Cristo em muitas perseguições, muitos martírios a cada dia. És tentado pelo espírito da luxúria, mas, temendo o futuro juízo de Cristo, julgaste não dever profanar a pureza da mente e do corpo: És mártir de Cristo. És tentado pelo espírito de avareza a invadir a propriedade do pequeno, a violar o direito da viúva indefesa; no entanto, pela contemplação dos preceitos celestes, preferiste prestar auxílio em vez de praticar a injustiça: És testemunha de Cristo. Enfim, Cristo quer assistir tais testemunhas, segundo está escrito: *Julgai a causa do órfão e fazei justiça à viúva, e vinde, discutamos, diz o Senhor* (Is 1,17-18). És tentado pelo espírito de soberba, mas, ao ver o desamparado e o indigente, com bom coração te compadeceste, amaste mais a humildade do que a arrogância: És testemunha de Cristo. E, o que é ainda maior, não deste testemunho só com palavras, mas com atos.

Que testemunha será mais digna de crédito do que *quem confessa ter o Senhor Jesus vindo na carne* (1Jo 4,2), e guarda os preceitos do Evangelho? Pois quem ouve e não faz, nega a Cristo: embora afirme pela palavra, nega com os atos. A quantos disserem: *Senhor, Senhor, acaso não profetizamos em teu nome e expulsamos demônios e fizemos muitos milagres?* naquele dia responderá: *Afastai-vos de mim todos os que praticastes a iniquidade* (Mt 7,22-23). É, por conseguinte, testemunha quem dá testemunho dos preceitos do Senhor Jesus com a garantia dos atos.

Quantos, então, são diariamente, em segredo, mártires de Cristo e confessam Jesus como Senhor! Conheça este martírio e testemunho fiel de Cristo o Apóstolo, que disse: *É esta a nossa glória e o testemunho de nossa consciência* (2Cor 1,12). Quantos por fora atestaram e por dentro negaram! *Não confieis em espírito qualquer* (1Jo 4,1), *mas por seus frutos* (cf. Mt 7,16) reconhecei em quem deveis confiar. Portanto, nas perseguições interiores, sê fiel e forte para seres aprovado também nas perseguições públicas. Com efeito, nas íntimas perseguições, há reis, governantes e juízes terríveis pelo poder. Tens um exemplo na tentação sofrida pelo Senhor.

E lê-se em outro lugar: *Que o pecado não reine em vosso corpo mortal* (Rm 6,12). Vês diante de que reis és levado, então, ó homem, ante que senhores dos pecados, quando reina em ti a culpa? Quantos pecados, quantos vícios, outros tantos reis. E somos conduzidos à sua presença, estamos diante deles. Têm também estes reis um tribunal nas mentes de muitos. Todavia se alguém confessa a Cristo, imediatamente faz prisioneiro aquele rei, derruba-o do trono de seu espírito. Como poderia manter-se o tribunal do demônio naquele em que se levanta o tribunal de Cristo?

Responsório

R. Os **san**tos susten**t**aram uma **l**uta vio**len**ta,
água e **fo**go enfren**t**aram, entre**tan**to se sal**v**aram;
* Eles **f**oram coro**a**dos pelo **Deus** onipo**ten**te.
V. Entregaram os seus **corp**os, para em **tu**do ser fi**éis**
à Ali**an**ça de seu **Deus**. * Eles **f**oram.

Oração

Ó Deus, que mandastes São Dionísio e seus companheiros anunciar aos gentios a vossa glória e os fortalecestes no martírio, concedei que, seguindo seu exemplo, saibamos nos desprender das glórias do mundo, sem temer as suas ciladas. Por nosso Senhor Jesus Cristo, vosso Filho, na unidade do Espírito Santo.

No mesmo dia 9 de outubro

SÃO JOÃO LEONARDI, PRESBÍTERO

Nasceu em Luca (Toscana) no ano 1541. Estudou Farmácia, mas abandonou esta profissão e ordenou-se sacerdote. Dedicou-se à pregação, instruindo em especial as crianças na doutrina cristã. Em 1574 fundou a Ordem dos Clérigos Regulares da Mãe de Deus, pela qual teve de sofrer muitas tribulações. Instituiu também uma associação de sacerdotes para a propagação da fé que lhe valeu ser merecidamente o criador do Instituto que, ampliado pelos Sumos Pontífices, recebeu o nome "De Propaganda Fide". Com a sua caridade e prudência restaurou a disciplina em várias Congregações religiosas. Morreu em Roma no ano 1609.

Do Comum dos pastores: para presbíteros, p. 1623, ou, dos santos homens: para aqueles que se dedicaram às obras de caridade, p. 1749.

Ofício das Leituras

Segunda leitura

Das Cartas ao Papa Paulo V, de São João Leonardi, presbítero,

(Epist. Pro universali totius Ecclesiae reformatione: in archivo Ordinis Clericorum Regularium Matris Dei)

(Séc. XVI)

Indicar-te-ei, ó homem, o que Deus pede de ti

Quando se deseja reformar os costumes das pessoas, faz-se necessário em primeiro lugar que, procurando antes de mais a glória do Senhor, se peça e se espere o auxílio daquele de quem procede todo o bem nesta difícil e tão salutar matéria. Em seguida, ponham-se os reformadores ante os olhos daqueles a serem reformados, como espelhos de virtudes, e como lâmpadas colocadas sobre o candelabro, para que pela integridade da vida e esplendor do comportamento brilhem para todos que estão na casa de Deus. Deste modo os atraiam suavemente para a reforma em lugar de obrigá-los, e não se exija do corpo o que não se encontra na cabeça, conforme diz o Concílio de Trento, pois assim seria ameaçada a estabilidade e a ordem de toda a família de Deus. Além disto, procurarão com diligência, à semelhança de um bom médico, conhecer todos os males que afligem a Igreja e quais exatamente os remédios requeridos, a fim de ministrar o tratamento oportuno a cada um deles.

Agora, quanto aos remédios que a Igreja deve empregar, são para todos, porque a reforma tem de começar do alto e de baixo ao mesmo tempo, isto é, dos chefes e dos pequeninos. Em primeiro lugar deve-se voltar os olhos para todos os prelados, de modo a iniciar-se a reforma donde poderá fluir para os outros.

Cardeais, patriarcas, arcebispos, bispos e párocos, aos quais foi entregue sem intermediários a cura das almas, a respeito de todos estes, cumpre empregar todos os esforços para que sejam pessoas capazes, a quem se confie com tranquilidade o governo do rebanho do Senhor. Mas desçamos também do alto até embaixo, quero dizer, dos chefes aos pequeninos, pois não devem ser desprezados aqueles por quem se começará a emenda dos costumes eclesiásticos. Não convém deixar sem se experimentar absolutamente nada que possa formar as crianças, desde os tenros anos, na fé cristã sincera e nos bons costumes. Para conseguir este objetivo nada mais adequado do que a santa prática de ensinar a doutrina cristã e de somente entregar os meninos a pessoas boas e tementes a Deus para serem instruídos.

Foi isto, beatíssimo Pai, o que neste gravíssimo assunto atual o Senhor se dignou sugerir-me. Se isto à primeira vista parece dificílimo, quando comparado à enormidade da em presa, irá ser considerado até como facílimo: coisas grandes não se fazem sem grandes meios, e convém aos grandes grandes coisas.

Responsório

℟. Este **homem** cumpriu **tudo** o que o **Senhor** falou a **ele**; e ou**viu** Deus lhe **falar**:
*Vem en**trar** no meu re**pou**so,
pois em **meio** aos povos **todos**,
foste **justo** em minha presença.
℣. Eis al**guém** que desprezou os prazeres deste **mundo**
e che**gou** ao reino eterno. *Vem en**trar**.

Oração

Ó Deus, fonte de todos os bens, que anunciastes o Evangelho aos povos por meio do presbítero São João Leonardi, fazei que, por suas preces, a verdadeira fé se propague sempre e por toda parte. Por nosso Senhor Jesus Cristo, vosso Filho, na unidade do Espírito Santo.

12 de outubro

NOSSA SENHORA DA CONCEIÇÃO APARECIDA, PADROEIRA DO BRASIL

Solenidade

Na segunda quinzena de outubro de 1717, três pescadores, Filipe Pedroso, Domingos Garcia e João Alves, ao lançarem sua rede para pescar nas águas do Rio Paraíba, colheram a Imagem de Nossa Senhora da Conceição, no lugar denominado Porto do Itaguassu. Filipe Pedroso levou-a para sua casa conservando-a consigo até 1732, quando a entregou a seu filho Atanásio Pedroso. Este construiu um pequeno oratório, onde colocou a Imagem da Virgem, que ali permaneceu até 1743. Todos os sábados, a vizinhança reunia-se no pequeno oratório, para rezar o terço. Devido à ocorrência de milagres, a devoção a Nossa Senhora começou a se divulgar, com o nome dado pelo povo de Nossa Senhora Aparecida. A 26 de julho de 1745 foi inaugurada a primeira Capela. Como esta, com o passar dos anos, não comportasse mais o número de devotos, iniciou-se em 1842 a construção de um novo templo inaugurado a 8 de dezembro de 1888. Em 1893, o Bispo diocesano de São Paulo, Dom Lino Deodato Rodrigues de Carvalho, elevou-o à dignidade de "Episcopal Santuário de Nossa Senhora da Conceição Aparecida". A 8 de setembro de 1904, por ordem do Papa Pio X, a Imagem milagrosa foi solenemente coroada, e a 29 de abril de 1908 foi concedido ao Santuário o título de Basílica menor. O Papa Pio XI declarou e proclamou Nossa Senhora Aparecida Padroeira do Brasil a 16 de julho de 1930, "para promover o bem espiritual dos fiéis e aumentar cada vez mais a devoção à Imaculada Mãe de Deus". A 5 de março de 1967 o Papa Paulo VI ofereceu a "Rosa de Ouro" à Basílica de Aparecida. Em 1952 iniciou-se a construção da nova Basílica Nacional de Nossa Senhora Aparecida, solenemente dedicada pelo Papa João Paulo II a 4 de julho de 1980.

I Vésperas

Hino

Maria, Mãe dos mortais,
as nossas preces acolhes;
escuta, pois, nossos ais,
e sempre, sempre nos olhes.

Vem socorrer, se do crime
o laço vil nos envolve.
Com tua mão que redime
a nossa culpa dissolve.

Vem socorrer, se do mundo
o brilho vão nos seduz,
a abandonar num segundo
a estrada que ao céu conduz.

Vem socorrer, quando a alma
e o corpo a doença prostrar.
Vejamos com doce calma
a eternidade chegar.

Tenham teus filhos, na morte,
tua assistência materna.
E seja assim nossa sorte,
o prêmio da Vida eterna.

Jesus, ao Pai seja glória.
Seja ao Espírito também.
E a vós, ó Rei da vitória,
Filho da Virgem. Amém.

Ant. 1 **Bendita se**jais, ó **Virgem Maria:**
 trouxestes no **ventre** o que **fez** o univer**so!**

Salmos e cântico do Comum de Nossa Senhora, p. 1514.

Ant. 2 Vós destes a vida a **Quem** vos cri**ou,**
 e **Virgem se**reis para **sem**pre, ó Ma**ria.**

Ant. 3 Sois ben**dita** por **Deus** entre **to**das, Ma**rì**a,
 pois de **vós** rece**be**mos o **Fru**to da **Vi**da.

Leitura breve
Gl 4,4-5

Quando se completou o tempo previsto, Deus enviou o seu Filho, nascido de uma mulher, nascido sujeito à Lei, a fim de resgatar os que eram sujeitos à Lei e para que todos recebêssemos a filiação adotiva.

Responsório breve
R. Maria, alegra-te, ó **cheia** de **graça**;
* O **Senhor** é contigo. R. Maria.
V. És ben**di**ta entre **to**das as mul**her**es da **terra** e ben**di**to é o **fru**to que nas**ceu** do teu **ventre**! * O **Senhor**.
Glória ao **Pai**. R. Maria.

Cântico evangélico, ant.
Sou morena, tão **bela** e formo**sa**, **fi**lhas de **Jerusalém**!
Por **isso** o **Rei** me a**mou** e fez-me en**trar** em **sua** mora**da**.

Preces
Proclamemos a grandeza de Deus Pai todo-poderoso! Ele quis que Maria, Mãe de seu Filho, fosse celebrada por todas as gerações. Peçamos humildemente:
R. **Nossa Senhora Aparecida, rogai a Deus por nós!**

Deus, autor de tantas maravilhas, que fizestes a Imaculada Virgem Maria participar em corpo e alma da glória celeste de Cristo,
– conduzi para a mesma glória os corações dos vossos filhos e filhas. R.

Vós, que nos destes Maria por Mãe,
– concedei, por sua intercessão, saúde aos doentes, consolo aos tristes, perdão aos pecadores. R.

Vós, que fizestes de Maria a cheia de graça,
– concedei a todos a abundância da vossa graça. R.

Fazei, Senhor, que a vossa Igreja seja, na caridade, um só coração e uma só alma,
— e que todos os fiéis perseverem unânimes na oração com Maria, Mãe de Jesus.
R. **Nossa Senhora Aparecida, rogai a Deus por nós!**

(intenções livres)

Vós, que coroastes Maria como rainha do céu,
— fazei que nossos irmãos e irmãs falecidos se alegrem eternamente no vosso reino, na companhia dos santos. R.
Pai nosso...

Oração

Ó Deus todo-poderoso, ao rendermos culto à Imaculada Conceição de Maria, Mãe de Deus e Senhora nossa, concedei que o povo brasileiro, fiel à sua vocação e vivendo na paz e na justiça, possa chegar um dia à pátria definitiva. Por nosso Senhor Jesus Cristo, vosso Filho, na unidade do Espírito Santo.

Invitatório

R. Vinde adoremos a Cristo Jesus,
Filho bendito da Virgem Maria!

Salmo invitatório como no Ordinário, p. 537.

Ofício das Leituras

Hino

    Ó mãe da nossa pátria,
    escuta a nossa voz:
    teus olhos compassivos
    se voltam para nós.

    Do teu amor materno
    já temos a certeza,
    porque te trouxe a nós
    do rio a correnteza.

E todo o povo acorre,
de joelhos te venera:
sob o teu manto azul
ninguém se desespera.

Tu és nosso socorro
em nossas aflições;
guarda junto do teu
os nossos corações.

Ó Virgem sempre bela,
ó luz do céu descida,
sempre a guiar teus filhos,
Senhora Aparecida.

Louvor e honra ao Filho
que pela Virgem vem;
no Espírito és o brilho
do Pai eterno. Amém.

Ant. 1 Desceu a **bên**ção do S**e**nhor sobre Ma**ri**a,
e a recom**pen**sa de **Deus**, seu Salva**dor**.

Salmos do Comum de Nossa Senhora, p. 1520.

Ant. 2 Já bem **an**tes da au**ro**ra o S**e**nhor veio aju**dá**-la
e prepa**rou**, em santi**da**de, uma mo**ra**da para **si**.

Ant. 3 Dizem **coi**sas glori**o**sas sobre **vós**, Virgem Ma**ri**a.

V. Fe**li**zes os que **ou**vem a Pa**la**vra do S**e**nhor.
R. Fe**li**zes os que a **vi**vem e a praticam cada **di**a.

Primeira leitura

Do Livro do Eclesiástico   4,1-7.12-16.24-31

Maria, sede da sabedoria

¹A Sabedoria faz o seu próprio elogio,
e em Deus será honrada
e no meio do seu povo, glorificada.
²Abre a boca na assembleia do Altíssimo
e se exalta diante do Poderoso.

³É glorificada no meio do seu povo,
é admirada na grande reunião dos santos.
⁴É louvada entre a multidão dos escolhidos,
é abençoada com os abençoados de Deus.
Ela disse:
⁵"Saí da boca do Altíssimo,
a primogênita entre todas as criaturas.
⁶E fiz levantar no céu uma luz indefectível
e cobri toda a terra como que de uma nuvem.
⁷Habitava nas alturas do céu
e meu trono estava numa coluna de nuvens.
¹²Então o Criador do universo me deu suas ordens.
Aquele que me criou marcou o lugar da minha casa,
¹³e me disse: 'Arma tua tenda em Jacó,
toma posse da tua herança em Israel
e no meio do meu povo finca raízes'.
¹⁴Desde o princípio, antes de todos os séculos,
Ele me criou, e nunca mais vou deixar de existir;
¹⁵na morada santa ofereci culto em sua presença,
assim coloquei minha casa em Sião,
repousei na Cidade santa,
e em Jerusalém está a sede do meu poder.
¹⁶Lancei raízes num povo glorioso,
no domínio do Senhor, na sua herança,
e fixei minha morada na assembleia dos santos.
²⁴Sou a mãe do belo amor e do temor,
do conhecimento e da santa esperança.
²⁵Em mim se acha toda a graça do caminho e da verdade,
em mim toda a esperança da vida e da virtude.
²⁶Vinde até mim, vós que me desejais
e saciai-vos com meus frutos!
²⁷Minha doutrina é mais doce que o mel,
e minha posse mais suave que o favo.
²⁸A memória de meu nome durará por todas as gerações.
²⁹Aqueles que comem de mim, terão ainda fome;

e aqueles que bebem de mim, terão ainda sede.
³⁰Quem me obedece não terá de que se envergonhar,
e os que trabalham comigo, não pecarão.
³¹Aqueles que me tornam conhecida,
terão a vida eterna".

Responsório   Eclo 24,12-13
R. O Criador do universo me ordenou:
 * Em Jacó tu haverás de instalar-te,
   terás em Israel a tua herança;
   faze crescer entre os eleitos tuas raízes.
V. Quem me criou, armou-me a tenda e me disse:
 * Em Jacó.

Segunda leitura
Da Homilia na Dedicação da Basílica Nacional de Aparecida, do papa João Paulo II

(Pronunciamentos do Papa no Brasil, Edit. Vozes, Petrópolis 1980;125.128.129.130) (Séc. XX)

A devoção a Maria é fonte de vida cristã profunda

"Viva a Mãe de Deus e nossa, sem pecado concebida! Viva a Virgem Imaculada, a Senhora Aparecida!"

Desde que pus os pés em terra brasileira, nos vários pontos por onde passei, ouvi este cântico. Ele é, na ingenuidade e singeleza de suas palavras, um grito da alma, uma saudação, uma invocação cheia de filial devoção e confiança para com aquela que, sendo verdadeira Mãe de Deus, nos foi dada por seu Filho Jesus no momento extremo da sua vida para ser nossa Mãe.

Sim, amados irmãos e filhos, Maria, a Mãe de Deus, é modelo para a Igreja, é Mãe para os remidos. Por sua adesão pronta e incondicional à vontade divina que lhe foi revelada, torna-se Mãe do Redentor, com uma participação íntima e toda especial na história da salvação. Pelos méritos de seu Filho, é Imaculada em sua Conceição, concebida sem a mancha original, preservada do pecado e cheia de graça.

Ao confessar-se *serva do Senhor* (Lc 1,38) e ao pronunciar o seu *sim,* acolhendo "em seu coração e em seu seio" o mistério de Cristo Redentor, Maria não foi instrumento meramente passivo nas mãos de Deus, mas cooperou na salvação dos homens com fé livre e inteira obediência. Sem nada tirar ou diminuir e nada acrescentar à ação daquele que é o único Mediador entre Deus e os homens, Jesus Cristo, Maria nos aponta as vias da salvação, vias que convergem todas para Cristo, seu Filho, e para a sua obra redentora.

Maria nos leva a Cristo, como afirma com precisão o Concílio Vaticano II: "A função maternal de Maria, em relação aos homens, de modo algum ofusca ou diminui esta única mediação de Cristo; antes, manifesta a sua eficácia. E de nenhum modo impede o contato imediato dos fiéis com Cristo, antes o favorece".

Mãe da Igreja, a Virgem Santíssima tem uma presença singular na vida e na ação desta mesma Igreja. Por isso mesmo, a Igreja tem os olhos sempre voltados para aquela que, permanecendo virgem, gerou, por obra do Espírito Santo, o Verbo feito carne. Qual é a missão da Igreja senão a de fazer nascer o Cristo no coração dos fiéis, pela ação do mesmo Espírito Santo, através da evangelização? Assim, a "Estrela da Evangelização", como a chamou o meu Predecessor Paulo VI, aponta e ilumina os caminhos do anúncio do Evangelho. Este anúncio de Cristo Redentor, de sua mensagem de salvação, não pode ser reduzido a um mero projeto humano de bem-estar e felicidade temporal. Tem certamente incidências na história humana coletiva e individual, mas é fundamentalmente um anúncio de libertação do pecado para a comunhão com Deus, em Jesus Cristo. De resto, esta comunhão com Deus não prescinde de uma comunhão dos homens uns com os outros, pois os que se convertem a Cristo, autor da salvação e princípio de unidade, são chamados a congregar-se em Igreja, sacramento visível desta unidade humana salvífica.

Por tudo isto, nós todos, os que formamos a geração hodierna dos discípulos de Cristo, com total aderência à tradição antiga e com pleno respeito e amor pelos membros de todas as comunidades cristãs, desejamos unir-nos a Maria, impelidos por uma profunda necessidade da fé, da esperança e da caridade. Discípulos de Jesus Cristo neste momento crucial da história humana, em plena adesão à ininterrupta Tradição e ao sentimento constante da Igreja, impelidos por um íntimo imperativo de fé, esperança e caridade, nós desejamos unir-nos a Maria. E queremos fazê-lo através das expressões da piedade mariana da Igreja de todos os tempos.

A devoção a Maria é fonte de vida cristã profunda, é fonte de compromisso com Deus e com os irmãos. Permanecei na escola de Maria, escutai a sua voz, segui os seus exemplos. Como ouvimos no Evangelho, ela nos orienta para Jesus: *Fazei o que ele vos disser* (Jo 2,5). E, como outrora em Caná da Galileia, encaminha ao Filho as dificuldades dos homens, obtendo dele as graças desejadas. Rezemos com Maria e por Maria: ela é sempre a "Mãe de Deus e nossa".

Responsório Cf. Lc 1,48.49

R. És feliz, Virgem Maria; e mereces toda honra;
  * Pois de ti se levantou o Sol brilhante da justiça,
    que é o Cristo, nosso Deus, pelo qual nós fomos salvos.
V. O Poderoso contemplou a humildade de sua serva,
    e em meu favor fez grandes coisas. * Pois de ti.

HINO Te Deum, p. 543.

Oração como nas Laudes.

Laudes

Hino

Ó Virgem a quem veneramos
com piedade enternecida
e a quem alegres chamamos
Aparecida!

Quem poderia narrar
o teu amor sempre novo
e as graças que concedeste
ao nosso povo?

Por tantas e tantas graças
bem mereces a coroa
com que a fronte te cingimos,
ó Mãe tão boa!

As agruras desta vida
sofrendo com paciência.
possamos gozar no céu
tua clemência.

Ao Deus uno e trino glória
e todo louvor convém;
só ele governa o mundo
e o céu. Amém.

Ant. 1 Disse o **anjo** à **Virg**em:
Maria, alegra-te, ó **chei**a de **graça**,
o **Se**nhor é con**tigo**,
és ben**dit**a entre **to**das as **mul**heres da **terra**!

Salmos e cântico do domingo da I Semana, p. 580.

Ant. 2 Não **temas**, ó Maria, por **Deus** agraciada;
haverás de conce**ber** um Menino e dar à **luz**;
seu **n**ome há de **ser**: o **Filho** do Al**tíssimo**.

Ant. 3 A Santa **Virgem** conce**beu**,
dando o **seu** consenti**mento**;
perma**necen**do sempre **virg**em,
deu à **luz** o Salva**dor**.

Leitura breve   Is 61,10-11

Exulto de alegria no Senhor e minh'alma regozija-se em meu Deus; ele me vestiu com as vestes da salvação, envolveu-me com o manto da justiça e adornou-me como um noivo com sua coroa, ou uma noiva com suas joias. Assim como a terra faz brotar a planta e o jardim faz germinar a semente, assim o Senhor Deus fará germinar a justiça e a sua glória diante de todas as nações.

Responsório breve

R. O Senhor a escolheu,
   * Entre todas preferida. R. O Senhor.
V. O Senhor a fez morar em sua santa habitação.
   * Entre todas. Glória ao Pai. R. O Senhor a escolheu.

Cântico evangélico, ant.

Bendita sejais, ó Virgem Maria,
por vós veio ao mundo o Deus Salvador!
Da glória feliz do Senhor onde estais,
rogai ao Filho por nós, vossos filhos!

Preces

Celebremos nosso Salvador, que se dignou nascer da Virgem Maria; e peçamos:

R. **Senhor, que a vossa Mãe interceda por nós!**

Sol de justiça, a quem a Virgem Imaculada precedeu como aurora resplandecente,
– concedei que caminhemos sempre à luz da vossa presença
R.

Salvador do mundo, que pelos méritos da redenção preservastes a vossa Mãe de toda mancha de pecado,
– livrai-nos também de todo pecado. R.

Redentor nosso, que fizestes da Imaculada Virgem Maria o tabernáculo puríssimo da vossa presença e o sacrário do Espírito Santo,
– fazei de nós templos vivos do vosso Espírito. R.

Rei dos reis, que quisestes ter vossa Mãe convosco no céu em corpo e alma,
– fazei que aspiremos sempre aos bens do alto.

R. **Senhor, que a vossa Mãe interceda por nós!**

Pai nosso...

Oração

Ó Deus todo-poderoso, ao rendermos culto à Imaculada Conceição de Maria, Mãe de Deus e Senhora nossa, concedei que o povo brasileiro, fiel à sua vocação e vivendo na paz e na justiça, possa chegar um dia à pátria definitiva. Por nosso Senhor Jesus Cristo, vosso Filho, na unidade do Espírito Santo.

Hora Média

Salmos graduais. Sendo domingo, os salmos do domingo da I Semana, p. 584.

Em lugar do Salmo 121(122), pode-se dizer o Salmo 128(129), p. 1074 e, em lugar do Salmo 126(127), o Salmo 130(131), p. 902.

Oração das Nove Horas

Ant. Eu sou a **mãe** do belo **amor**,
do te**mor** e da ciência e da **santa esperança**.

Leitura breve — Pr 8,34-35

Feliz o homem que me escuta, velando em minhas portas cada dia, guardando a minha entrada! Quem me achar, encontrará a vida e gozará das delícias do Senhor.

V. O Se**nhor** me reves**tiu** de salva**ção**.
R. E com o **man**to de justi**ça** me co**briu**.

Oração das Doze Horas

Ant. Sois a **gló**ria de Si**ão**, a alegria de Isra**el**
e a **flor** da humani**da**de.

Leitura breve
Jt 13,18-19

Ó filha, tu és bendita pelo Deus Altíssimo, mais que todas as mulheres da terra! E bendito é o Senhor Deus, que criou o céu e a terra, e te levou a decepar a cabeça do chefe de nossos inimigos! Porque nunca o teu louvor se afastará do coração dos homens, que se lembrarão do poder de Deus para sempre.

V. Virgem Maria, gloriosa Rainha do mundo,
R. Rogai por nós todos ao Cristo Senhor!

Oração das Quinze Horas

Ant. Vossa veste resplandece de pureza,
vossa face, como o sol nos ilumina.

Leitura breve
Ap 11,19–12,1

Abriu-se o Templo de Deus que está no céu e apareceu no Templo a arca da Aliança. Houve relâmpagos, vozes, trovões, terremotos e uma grande tempestade de granizo. Então apareceu no céu um grande sinal: uma mulher vestida de sol, tendo a lua debaixo dos pés e sobre a cabeça uma coroa de doze estrelas.

V. Como é grande a glória da Mãe,
R. Que nos trouxe o Rei do universo!

Oração como nas Laudes.

II Vésperas

Hino

Ave, do mar Estrela,
bendita Mãe de Deus,
fecunda e sempre Virgem,
portal feliz dos céus.

Ouvindo aquele Ave
do anjo Gabriel,
mudando de Eva o nome,
trazei-nos paz do céu.

Ao cego iluminai,
ao réu livrai também;
de todo mal guardai-nos
e dai-nos todo o bem.

Mostrai ser nossa Mãe,
levando a nossa voz
a Quem, por nós nascido,
dignou-se vir de vós.

Suave mais que todas,
ó Virgem sem igual,
fazei-nos mansos, puros,
guardai-nos contra o mal.

Oh! dai-nos vida pura,
guiai-nos para a luz,
e um dia, ao vosso lado,
possamos ver Jesus.

Louvor a Deus, o Pai,
e ao Filho, Sumo Bem,
com seu Divino Espírito
agora e sempre. Amém.

Ant. 1 És fe**liz** porque cres**te**, **Maria**,
pois em **ti** a **Palavra** de **Deus**
vai cum**prir**-se confor**me** ele **disse**.

Salmos e cântico do Comum de Nossa Senhora, p. 1537.

Ant. 2 És ben**di**ta entre **to**das as mu**lhe**res da **ter**ra,
e ben**di**to é o **fru**to que nas**ceu** de teu **ven**tre!

Ant. 3 Toda **san**ta e sem **man**cha de peca**do**,
mere**ces**te ser a **Mãe** do Salva**dor**.

Leitura breve   Ap 21,2-3

Vi a cidade santa, a nova Jerusalém, que descia do céu, de junto de Deus, vestida qual esposa enfeitada para o seu marido. Então, ouvi uma voz forte que saía do trono e dizia: Esta é a morada de Deus entre os homens. Deus vai morar no meio deles. Eles serão o seu povo, e o próprio Deus estará com eles.

Responsório breve

R. Sois feliz, Virgem Maria,
  * E mereceis todo louvor! R. Sois feliz.
V. Pois de vós se levantou o Sol brilhante da justiça
  que é Cristo, nosso Deus. * E mereceis.
  Glória ao Pai. R. Sois feliz.

Cântico evangélico, ant.

Porque eu escolhi e santifiquei este lugar,
para que nele o meu nome permaneça eternamente,
meu coração e os meus olhos nele sempre fixarei.

Preces

Proclamemos a grandeza de Deus Pai todo-poderoso: Ele quis que Maria, Mãe de seu Filho, fosse celebrada por todas as gerações. Peçamos humildemente:

R. **Nossa Senhora Aparecida, rogai a Deus por nós!**

Vós, que fizestes de Maria a Mãe da misericórdia,
– concedei a todos os que estão em perigo sentirem o seu amor materno. R.

Vós, que confiastes a Maria a missão de mãe de família no lar de Jesus e José,
– fazei que, por sua intercessão, todas as mães vivam em família o amor e a santidade. R.

Vós, que destes a Maria a força para ficar de pé junto à cruz, e a enchestes de alegria com a ressurreição de vosso Filho,
– socorrei os atribulados e confortai-os na esperança. R.

Vós, que fizestes de Maria a serva fiel e atenta à vossa Palavra,
– fazei de nós, por sua intercessão, servos e discípulos de vosso Filho. R.

(intenções livres)

Vós, que coroastes Maria como rainha do céu,
– fazei que nossos irmãos e irmãs falecidos se alegrem eternamente em vosso reino na companhia dos santos.

R. **Nossa Senhora Aparecida, rogai a Deus por nós!**

Pai nosso...

Oração

Ó Deus todo-poderoso, ao rendermos culto à Imaculada Conceição de Maria, Mãe de Deus e Senhora nossa, concedei que o povo brasileiro, fiel à sua vocação e vivendo na paz e na justiça, possa chegar um dia à pátria definitiva. Por nosso Senhor Jesus Cristo, vosso Filho, na unidade do Espírito Santo.

14 de outubro

SÃO CALISTO I, PAPA E MÁRTIR

Diz-se que foi escravo; tendo alcançado a liberdade, foi ordenado diácono pelo papa Zeferino, a quem sucedeu na Cátedra de Pedro. Combateu contra os hereges adocionistas e modalistas. Recebeu a coroa do martírio no ano 222, e foi sepultado na Via Aurélia.

Do Comum de um mártir, p. 1603, ou, dos pastores: para papas, p. 1623.

Ofício das Leituras

Segunda leitura

Do Tratado a Fortunato, de São Cipriano, bispo e mártir
(Cap. 13: CSEL 3,346-347)   (Séc. III)

Na paz, a consciência é coroada

Não se comparam os sofrimentos deste mundo com a glória futura, que se revelará em nós (Rm 8, 18). Quem não se empenhará de todos os modos para chegar a tão grande glória, para tornar-se amigo de Deus, alegrar-se sem mediações com Cristo, receber os prêmios divinos depois dos tormentos e suplícios terrenos? Se é glorioso para os soldados da terra voltarem, vencido o inimigo, triunfantes para a pátria, quanto melhor e maior glória não será voltar triunfantes ao paraíso, vencido o demônio? E donde Adão pecador fora expulso, para lá arrastar abatido qual troféu de vitória, aquele que o enganara no princípio? E oferecer a Deus, como dádiva agradável, a fé incorrupta, o vigor da mente íntegra, o louvor da dedicação? E estar em sua companhia quando vier fazer justiça aos inimigos, assentar-se a seu lado no julgamento; ser coerdeiro de Cristo, igualado aos anjos; junto aos patriarcas, apóstolos e profetas rejubilar-se com a posse do reino celeste? Que perseguição poderá vencer estes pensamentos, que tormentos poderão sobrepujá-los?

Permanece firme e estável a mente apoiada em meditações santas, e conserva-se imóvel contra todos os terrores do diabo e ameaças do mundo aquele que a segura e sólida confiança nas coisas futuras robustece. Nas perseguições da terra são aprisionados, mas o céu se abre; o anticristo ameaça, mas Cristo protege; a morte sobrevém, mas a imortalidade se segue. Que honra, quanta segurança sair daqui contente, sair glorioso entre angústias indizíveis, fechar por um momento os olhos que viam os homens e o mundo, e abri-los logo para verem a Deus e a Cristo. Contudo, felizmente, quanta rapidez nesta passagem. De repente, és tirado da terra, para seres recolocado nos reinos celestes.

É necessário pensar e meditar nisto, dia e noite, no interior de nossa alma. Se a perseguição vier a encontrar um tal soldado, a virtude pronta para o combate não poderá ser vencida. Mas, se o chamado de Deus vier antes, a fé já preparada para o martírio não ficará sem o prêmio: sem prejuízo de tempo, o Deus Juiz dará a recompensa. Na perseguição, o combate; na paz, a consciência é coroada.

Responsório At 20,28; 1Cor 4,2

R. Vigiai todo o rebanho,
  que o Espírito Divino confiou-vos como bispos,
* Para cuidar, como pastores, da Igreja do Senhor,
  que ele adquiriu pelo sangue de seu Filho.
V. Aquilo que se espera de um administrador
  é que seja fiel. * Para cuidar.

Oração

Ó Deus, ouvi com bondade as preces do vosso povo e dai-nos o auxílio do papa São Calisto, cujo martírio hoje celebramos. Por nosso Senhor Jesus Cristo, vosso Filho, na unidade do Espírito Santo.

15 de outubro
SANTA TERESA DE JESUS, VIRGEM E DOUTORA DA IGREJA

Memória

Nasceu em Ávila (Espanha) no ano 1515. Tendo entrado na Ordem das Carmelitas, fez grandes progressos no caminho da perfeição e teve revelações místicas. Ao empreender a reforma da Ordem teve de sofrer muitas tribulações, mas tudo suportou com coragem invencível. A doutrina profunda que escreveu nos seus livros é fruto das suas experiências místicas. Morreu em Alba de Tormes (Salamanca) no ano 1582.

Do Comum das virgens, p. 1669, exceto o seguinte:

Ofício das Leituras

Segunda leitura
Das Obras de Santa Teresa de Jesus, virgem
(Opusc. De libro vitae, cap. 22,6-7.14) (Séc. XVI)

Lembremo-nos sempre do amor de Cristo

Com tão bom amigo presente, com tão esforçado chefe, tudo se pode sofrer. Serve de ajuda e dá reforço; a ninguém falta. É amigo verdadeiro. Sempre tenho visto claramente que, para contentarmos a Deus e para que nos faça ele mercês, quer que seja por intermédio desta humanidade sacratíssima, na qual declarou Sua Majestade ter posto suas complacências.

É o que muitíssimas vezes e muito bem tenho visto por experiência, e também mo disse o Senhor. Tenho compreendido claramente que por esta porta havemos de entrar, se quisermos que nos mostre grandes segredos a soberana Majestade. De modo que não se queira outro caminho, ainda que se esteja no cume da contemplação. Por aqui se vai seguro. É por meio deste Senhor nosso que nos vêm todos os bens. Ele ensinará o caminho: contemplemos sua vida, porque não há modelo melhor.

O que mais queremos, do que ter a nosso lado tão bom amigo, que não nos deixará nos trabalhos e nas tribulações, como fazem os amigos deste mundo? Bem-aventurado quem o amar de verdade e sempre o trouxer junto de si. Olhemos o glorioso São Paulo de cujos lábios, por assim dizer, não saía senão o nome de Jesus, tão bem gravado o tinha no coração. Desde que entendi isto, tenho considerado atentamente alguns santos, grandes contemplativos, tais como São Francisco, Santo Antônio de Pádua, São Bernardo, Santa Catarina de Sena. Com liberdade havemos de andar neste caminho, entregues às mãos de Deus. Se Sua Majestade quiser elevar-nos à categoria de seus íntimos e confidentes dos seus segredos, vamos de boa vontade.

Quando pensarmos em Cristo, sempre nos lembremos do amor com que nos concedeu tantas graças e da grande ternura que nos testemunhou em nos dar tal penhor do muito que nos ama, pois amor pede amor. Procuremos sempre ir considerando estas verdades e estimulando-nos a amar. Por que, uma vez que nos conceda o Senhor a graça de que este amor nos seja impresso no coração, tudo nos será mais fácil: faremos grandes coisas muito depressa e com pouco trabalho.

Responsório Sl 72(73),27a.28a; 1Cor 6,17
R. Eis que haver**ão** de pere**cer** os que vos **deix**am;
 * Mas para **mim** só há um **bem**: E estar com **Deus**,
 é colo**car** o meu ref**ú**gio no Se**nhor**.
V. **Aque**le que se **u**ne ao Se**nhor**,
 com **e**le consti**tui** um só es**pí**rito.* Mas para **mim**.

Oração como nas Laudes.

Laudes

Hino

Deixando teus pais, Teresa,
quiseste aos mouros pregar,
trazê-los todos ao Cristo,
ou teu sangue derramar.

Pena porém mais suave
o Esposo a ti reservou:
tombares de amor ferida,
ao dardo que te enviou.

Acende, pois, nossas almas,
na chama do eterno amor:
jamais vejamos do inferno
o fogo devorador.

Louvamos contigo ao Filho,
que ao trino Deus nos conduz;
ele é o Jesus de Teresa,
Tu, Teresa de Jesus!

Oração

Ó Deus, que pelo Espírito Santo fizestes surgir Santa Teresa para recordar à Igreja o caminho da perfeição, dai-nos encontrar sempre alimento em sua doutrina celeste e sentir em nós o desejo da verdadeira santidade. Por nosso Senhor Jesus Cristo, vosso Filho, na unidade do Espírito Santo.

Vésperas

Hino

Este é o dia em que Teresa,
qual pomba de branca alvura,
à terra tão pouco presa,
o templo do céu procura.

As falas do Espírito escuta:
Amada, vem do Carmelo!
Esquece, irmã, tua gruta,
que o meu amor é mais belo.

Cantemos o Esposo amado,
que vem desposar Teresa
com seu anel de noivado
e a lâmpada sempre acesa.

16 de outubro
SANTA EDVIGES, RELIGIOSA

Nasceu na Baviera (Alemanha), cerca do ano 1174; foi dada por esposa ao príncipe da Silésia e teve sete filhos. Levou uma vida de fervorosa piedade e dedicou-se generosamente à assistência aos pobres e doentes, para os quais fundou vários albergues. Quando morreu seu marido, entrou no mosteiro de Trebniz (Polônia) e aí morreu em 1243.

Do Comum das santas mulheres: para as que se dedicaram às obras de caridade, p. 1749, ou, para religiosas, p. 1743.

Ofício das Leituras

Segunda leitura
Da Vida de Santa Edviges, escrita por um contemporâneo
(Acta Sanctorum Octobris 8[1853],201-202)
(Séc. XIII)

Tendia sempre para Deus

A serva de Deus sabia que as pedras vivas, empregadas na construção da celeste Jerusalém, devem ser polidas neste mundo pelos golpes e aflições e que as muitas tribulações são necessárias para se passar para a suprema glória e a pátria esplêndida. Expôs-se com total generosidade a muitos padecimentos e, sem piedade, maltratou o corpo por muitas e frequentes flagelações. Macerava-se com jejuns e abstinências diárias tão severas que muitos se admiravam como uma mulher tão fraca e delicada pudesse aguentar tais tormentos.

Quanto mais atentamente se entregava à assídua mortificação da carne, feita, porém, com discernimento, tanto mais crescia no vigor do espírito e no desabrochar da graça, e nela se alimentava mais fortemente o incêndio da devoção e do amor divino. Não poucas vezes era arrastada ao alto e levada a Deus por tão ardente desejo, que ficava insensível e sem se dar conta do que se passava ao redor.

Da mesma forma como a devoção do espírito tendia sempre para Deus, sua piedade benfazeja inclinava-se para o próximo, distribuindo com liberalidade esmolas aos indigentes, aos conventos e religiosos, que moravam dentro ou fora dos mosteiros, às viúvas e aos órfãos, aos doentes e fracos, aos leprosos, aos presos nas cadeias ou nos cárceres, aos peregrinos, às mulheres pobres que amamentavam os filhinhos. Assim a todos socorria com seus benefícios; e absolutamente a ninguém que viesse em busca de auxílio permitia sair sem conforto.

E, porque esta serva de Deus nunca descuidou de exercer todas as boas obras a seu alcance, Deus lhe concedeu também esta graça: mesmo humanamente impossibilitada de agir, sem nada poder fazer com as próprias forças, por virtude divina da paixão de Cristo, conseguia realizar aquilo que as súplicas do próximo em necessidade lhe pediam. Por isto, aos que a ela recorriam tanto nas dificuldades do corpo quanto do espírito, teve o poder de ajudar, segundo a vontade do bem-querer divino.

Responsório   Cf. Pr 31,17.18
R. Eis **aqui** a **mulher** que é perfeita,
   revestida da **força de Deus**.
 * Sua **luz** não se apaga de **noite**.
V. Percebeu satisfeita a vantagem da **sabedoria de Deus**.
   * Sua **luz**.

Oração

Nós vos pedimos, ó Deus onipotente, que a intercessão de Santa Edviges nos obtenha a graça de imitar o que nela admiramos, pois a humildade da sua vida serve de exemplo para todos. Por nosso Senhor Jesus Cristo, vosso Filho, na unidade do Espírito Santo.

No mesmo dia 16 de outubro

SANTA MARGARIDA MARIA ALACOQUE, VIRGEM

Nasceu em 1647 na diocese de Autun (França). Acolhida entre as Irmãs da Visitação de Paray-le-Monial, progredia de modo admirável no caminho da perfeição. Teve revelações místicas, particularmente sobre a devoção ao Coração de Jesus, e contribuiu muito para introduzir o seu culto na Igreja. Morreu a 17 de outubro de 1690.

Do Comum das virgens, p. 1669, ou, das santas mulheres: para religiosas, p. 1743.

Ofício das Leituras

Segunda leitura

Das Cartas de Santa Margarida Maria Alacoque, virgem
(Vie et Oeuvres 2, Paris 1915,321.336.493.554)

(Séc. XVII)

Devemos conhecer a maravilhosa caridade
da ciência de Cristo

A mim me parece que o grande desejo de nosso Senhor, de que se tribute honra especial a seu Sagrado Coração, tem por finalidade renovar em nós os frutos da redenção. Pois o Sagrado Coração é fonte inexaurível, que somente quer difundir-se pelos corações humildes, a fim de que estejam livres e prontos a viver sua vida em conformidade com seu beneplácito.

Deste divino Coração correm sem parar três rios: o primeiro é de misericórdia pelos pecadores, derramando neles o espírito de contrição e de penitência. O segundo é de caridade, para auxílio de todos os sofredores, em particular dos que aspiram à perfeição, para que encontrem os meios de superar as dificuldades. Do terceiro, enfim, manam o amor e a luz para seus amigos perfeitos, que ele deseja unir à sua ciência e à participação de seus preceitos, para que, cada um a seu modo, se dedique totalmente à expansão de sua glória.

Este Coração divino é oceano de todos os bens. Nele precisam os pobres mergulhar todas as suas necessidades. É oceano de alegria, onde temos de mergulhar todas as nossas tristezas. É abismo de humildade contra nossa loucura, abismo de misericórdia para os miseráveis, abismo de amor para as nossas indigências.

Tendes, por isto, de unir-vos ao Coração de nosso Senhor Jesus Cristo, no princípio da vida nova, para vos preparardes bem; no fim, para consumardes. Vossa oração é vazia? Então, basta que ofereçais a Deus as preces que o Salvador eleva por nós no sacramento do altar, entregando seu fervor em reparação de vossa tibieza. Sempre que ides fazer algo, rezai assim: "Meu Deus, faço ou suporto isto no Coração de teu Filho e, conforme a seus santos desígnios, ofereço-te em reparação de tudo quanto há de falho ou de imperfeito em minhas obras". E deste modo, em todas as circunstâncias. E em tudo que vos acontecer de penoso, aflitivo ou injurioso, dizei a vós mesmos: " Recebe o que o Sagrado Coração de Jesus Cristo te envia a fim de unir-te a ele".

Acima de tudo, porém, guardai a paz do coração que supera todos os tesouros. Para guardá-la, nada de melhor que renunciar à própria vontade e colocar a vontade do divino Coração em lugar da nossa, de modo que ela realize em nosso nome o que redunda em sua glória. E nós, felizes, nos submetamos a ele, com absoluta confiança.

Responsório
Mt 11,25-26; Sl 72(73),26b

R. Graças te **dou**, ó Pai, Se**nhor** do céu e da **ter**ra
porque escon**des**te estas **coi**sas aos dou**to**res,
po**rém**, as reve**las**te aos peque**ni**nos.
* Sim, **Pai**, pois foi as**sim** do teu a**gra**do.
V. Deus é o a**poi**o e o funda**men**to da minh'**al**ma,
é minha **par**te e minha he**ran**ça para **sem**pre. *Sim, **Pai**.

Oração

Ó Deus, derramai em nós o espírito com que enriquecestes Santa Margarida Maria, para que, conhecendo o amor de Cristo, que supera todo conhecimento, possamos gozar a vossa plenitude. Por nosso Senhor Jesus Cristo, vosso Filho, na unidade do Espírito Santo.

17 de outubro
SANTO INÁCIO DE ANTIOQUIA, BISPO E MÁRTIR
Memória

Inácio foi o sucessor de Pedro no governo da Igreja de Antioquia. Condenado às feras, foi conduzido a Roma e aí, no tempo do imperador Trajano, recebeu a gloriosa coroa do martírio, no ano 107. Durante a viagem escreveu sete cartas a várias Igrejas, nas quais se refere, com profunda sabedoria e erudição, a Cristo, à organização da Igreja e aos princípios fundamentais da vida cristã. A sua memória era celebrada neste dia, já no século IV, em Antioquia.

Do Comum de um mártir, p. 1603, ou, dos pastores, p. 1623, exceto o seguinte:

Ofício das Leituras
Segunda leitura
Da Carta aos romanos, de Santo Inácio, bispo e mártir

(Cap. 4,1-2; 6,1-8,3: Funk 1,217-223)   (Séc. I)

Sou trigo de Deus e serei moído pelos dentes das feras

Tenho escrito a todas as Igrejas e a todas elas faço saber que morro por Deus com alegria, desde que vós não me impeçais. Suplico-vos: não demonstreis por mim uma benevolência inoportuna. Deixai-me ser alimento das feras; por elas pode-se alcançar a Deus. Sou trigo de Deus, serei triturado pelos dentes das feras para tornar-me o puro pão de Cristo. Rogai a Cristo por mim, para que por este meio me torne sacrifício para Deus.

Nem as delícias do mundo nem os reinos terrestres são vantagens para mim. Mais me aproveita morrer em Cristo Jesus do que imperar até os confins da terra. Procuro-o, a ele que morreu por nós; quero-o, a ele que por nossa causa ressuscitou. Meu nascimento está iminente. Perdoai-me, irmãos! Não me impeçais de viver, não desejeis que eu morra, eu, que tanto desejo ser de Deus. Não me entregueis ao mundo nem me fascineis com o que é material. Deixai-me contemplar a luz pura; quando lá chegar, serei homem. Concedei-me ser imitador da paixão de meu Deus. Se alguém o possui no coração, entenderá o que quero e terá compaixão de mim, sabendo quais os meus impedimentos.

O príncipe deste mundo deseja arrebatar-me e corromper meu amor para com Deus. Nenhum de vós, aí presentes, o ajude! Ponde-vos de meu lado, ou melhor, do lado de Deus. Não podeis dizer o nome de Jesus Cristo, enquanto cobiçais o mundo. Que a inveja não more em vós! Mesmo que eu em pessoa vos rogue, não me acrediteis; crede antes no que vos escrevo, desejando morrer. Meu amor está crucificado, a matéria não me inflama, porque uma água viva e murmurante dentro de mim me diz em segredo: "Vem para o Pai". Não sinto prazer com o alimento corruptível nem com os prazeres deste mundo. Quero o pão de Deus, a carne de Jesus Cristo, que nasceu da linhagem de Davi; e quero a bebida, o seu sangue, que é a caridade incorruptível.

Não quero mais viver segundo os homens. Isto acontecerá se vós quiserdes. Rogo-vos que o queirais para alcançardes também vós a misericórdia. Com poucas palavras dirijo-me a vós; acreditai em mim! Jesus Cristo vos manifestará que digo a verdade; ele, a boca verdadeira pela qual o Pai verdadeiramente falou. Pedi vós por mim, para que o consiga. Não por motivos carnais, mas segundo a vontade de Deus vos escrevi. Se for martirizado, vós me quisestes bem; se rejeitado, vós me odiastes.

Responsório

R. Não há **na**da que vos **fal**te se ti**ver**des fé e a**mor**
em Je**sus**, nosso Se**nhor**, pois são eles o prin**cí**pio
e o **fim** de nossa **vi**da.
* O prin**cí**pio é a **fé** e o **fim** é a carida**de**.
V. Assu**min**do a mansi**dão**, reno**vai**-vos pela **fé**
que é a **car**ne do Se**nhor** e a cari**da**de que é seu **san**gue.
* O prin**cí**pio.

Laudes

Cântico evangélico, ant.
Eu pro**cu**ro A**que**le que por **nós** deu a **vi**da,
e de**se**jo A**que**le que por **nós** res**sur**giu.

Oração

Deus eterno e todo-poderoso, que ornais a vossa Igreja com o testemunho dos mártires, fazei que a gloriosa paixão que hoje celebramos, dando a Santo Inácio de Antioquia a glória eterna, nos conceda contínua proteção. Por nosso Senhor Jesus Cristo, vosso Filho, na unidade do Espírito Santo.

Vésperas

Cântico evangélico, ant.
Eu de**se**jo o Pão de **Deus**,
que é a **car**ne de Je**sus** descen**den**te de Da**vi**;
eu de**se**jo esta be**bi**da
que é o **san**gue de Je**sus**, cari**da**de incorrup**tí**vel.

18 de outubro
SÃO LUCAS, EVANGELISTA

Festa

Nascido numa família pagã e convertido à fé, acompanhou o Apóstolo Paulo de cuja pregação é reflexo o Evangelho que escreveu. Transmitiu noutro livro, intitulado *Atos dos Apóstolos,* os primeiros passos da vida da Igreja até à primeira estadia de Paulo em Roma.

Invitatório

R. Adoremos o **Senhor** que nos **fala** no Evangelho!
Salmo invitatório como no Ordinário, p. 537.

Ofício das Leituras

Hino

> Do Apóstolo companheiro,
> grande auxílio em seu labor,
> sobe a ti, do mundo inteiro,
> nossa súplica e louvor.

> Boa-nova anunciaram
> os arautos do Senhor:
> pela terra ressoaram
> a verdade, a paz, o amor.

> Pelo céu foste escolhido,
> Deus te deu igual missão:
> eis-te aos Doze reunido,
> tendo Marcos por irmão.

> Que as palavras esparzidas,
> dando seus frutos de luz,
> sejam todas recolhidas
> nos celeiros de Jesus.

Com os Apóstolos sentado,
julgarás todo-mortal;
cubra então nosso pecado
teu clarão celestial.

À Trindade celebremos,
e peçamos que nos céus
com os Apóstolos cantemos
o louvor do único Deus.

Antífonas e salmos do Comum dos Apóstolos, p. 1562.

V. Ao ouvirem os gentios, muito alegres,
R. Glorificavam a Palavra do Senhor.

Primeira leitura

Dos Atos dos Apóstolos   9,27-31; 11,19-26

A Igreja, assistida com a consolação do Espírito Santo

Naqueles dias: ⁹,²⁷Barnabé tomou Saulo consigo, levou-o aos apóstolos e contou-lhes como Saulo tinha visto o Senhor no caminho, como o Senhor lhe havia falado e como Saulo havia pregado, em nome de Jesus, publicamente, na cidade de Damasco. ²⁸Daí em diante, Saulo permaneceu com eles em Jerusalém e pregava com firmeza em nome do Senhor. ²⁹Falava também e discutia com os judeus de língua grega, mas eles procuravam matá-lo. ³⁰Quando ficaram sabendo disso, os irmãos levaram Saulo para Cesareia, e dali o mandaram para Tarso.

³¹A Igreja, porém, vivia em paz em toda a Judeia, Galileia e Samaria. Ela consolidava-se e progredia no temor do Senhor e crescia em número com a ajuda do Espírito Santo.

¹¹,¹⁹Aqueles que se haviam espalhado por causa da perseguição que se seguiu à morte de Estêvão chegaram à Fenícia, à ilha de Chipre e à cidade de Antioquia, embora não pregassem a Palavra a ninguém que não fosse judeu. ²⁰Contudo, alguns deles, habitantes de Chipre e da cidade de

Cirene, chegaram a Antioquia e começaram a pregar também aos gregos, anunciando-lhes a Boa-nova do Senhor Jesus. ²¹E a mão do Senhor estava com eles. Muitas pessoas acreditaram no Evangelho e se converteram ao Senhor.

²²A notícia chegou aos ouvidos da Igreja que estava em Jerusalém. Então enviaram Barnabé até Antioquia. ²³Quando Barnabé chegou e viu a graça que Deus havia concedido, ficou muito alegre e exortou a todos para que permaneces sem fiéis ao Senhor, com firmeza de coração. ²⁴É que ele era um homem bom, cheio do Espírito Santo e de fé. E uma grande multidão aderiu ao Senhor. ²⁵Então Barnabé partiu para Tarso, à procura de Saulo. ²⁶Tendo encontrado Saulo, levou-o a Antioquia. Passaram um ano inteiro trabalhando juntos naquela Igreja, e instruíram uma numerosa multidão. Em Antioquia os discípulos foram, pela primeira vez, chamados com o nome de cristãos.

Responsório
At 12,24; 13,48b.52

R. A palavra do Senhor crescia e se espalhava.
* E creram todos quantos estavam destinados
  a entrar na vida eterna.
V. Os discípulos também eram cheios de alegria
  e do Espírito do Senhor. * E creram.

Segunda leitura
Das Homilias sobre os Evangelhos, de São Gregório Magno, papa

(Hom. 17,1-3: PL 76,1139) (Séc. VI)

O Senhor acompanha seus pregadores

Nosso Senhor e Salvador, caríssimos irmãos, ora por palavras, ora por fatos nos adverte. Com efeito, até mesmo suas ações são preceitos, porque, ao fazer alguma coisa em silêncio, dá-nos a conhecer aquilo que devemos realizar. Eis que envia dois a dois seus discípulos a pregar, já que são dois os preceitos da caridade, o amor de Deus e do próximo.

O Senhor envia a pregar os discípulos dois a dois, indicando-nos com isso, sem palavras, que quem não tem caridade para com o próximo de modo algum deverá receber o ofício da pregação.

Muito bem se diz que *os enviou diante de sua face a toda cidade e local aonde ele iria* (Lc 10,1). O Senhor vai atrás de seus pregadores, porque a pregação vai à frente e depois chega o Senhor à morada de nosso espírito, quando as palavras de exortação o precedem e, por elas, o espírito acolhe a verdade. Por este motivo Isaías fala a esses pregadores: *Preparai o caminho do Senhor, aplanai as veredas de nosso Deus* (Is 40,3). E o Salmista: *Abri caminho para aquele que sobe do ocaso* (Sl 67,5 Vulg.). Sobe do ocaso o Senhor porque onde morreu na paixão, ali mesmo, ao ressurgir, manifestou sua maior glória. Sobe do ocaso, porque a morte que aceitou, ressurgindo, calcou-a aos pés. Portanto abrimos caminho ao que sobe do ocaso, quando nós vos pregamos sua glória para que, vindo ele próprio depois, vos ilumine com a presença de seu amor.

Ouçamos o que ele diz quando envia pregadores: *A messe é grande, são poucos os operários. Rogai, pois, ao Senhor da messe que envie operários a seu campo* (Mt 9,37-38). Para grande messe, poucos operários, coisa que não sem imensa tristeza podemos repetir; pois embora haja quem escute as palavras boas, falta quem as diga. Eis que o mundo está cheio de sacerdotes, todavia, raramente se vê um operário na messe de Deus; porque aceitamos, sim, o ofício sacerdotal, mas não cumprimos o dever do ofício.

Mas pensai, irmãos caríssimos, pensai no que foi dito: *Rogai ao Senhor da messe que envie operários a seu campo*. Pedi vós por nós, para que possamos fazer coisas dignas de vós; que a língua não se entorpeça por não querer exortar; tendo recebido o encargo de pregar, não vá nosso silêncio condenar-nos diante do justo Juiz.

Responsório   Cf. Lc 1,3.4; At 1,1

R. Investi**guei** desde o co**meço**
   as coisas **todas**, com cui**da**do,
   e escre**vi** o Evangelho de um **mo**do orde**nado**,
 * A **fim** de conhe**cer**mos a ver**da**de das pa**la**vras
   dos **que** nos instru**í**ram.
V. Rela**tei** todas as **coi**sas, que Je**sus** fez e ensi**nou**.
   * A **fim** de.

HINO Te Deum, p. 543.

Oração como nas Laudes.

Laudes

Hino

Cantamos, hoje, Lucas, teu martírio,
teu sangue derramado por Jesus,
os dois livros que trazes nos teus braços
e o teu halo de luz.

Levado pelo Espírito, escreveste
tudo o que disse e fez o Bom Pastor,
pois aos sermões de Cristo acrescentaste
os seus gestos de amor.

De Pedro e Paulo registraste os atos,
e do povo fiel a comunhão,
quando unidos em preces pelas casas,
iam partindo o pão.

De Paulo foste o amigo e companheiro,
ouviste de seu peito as pulsações;
faze vibrar no mesmo amor de Cristo
os nossos corações.

Médico santo, cura os nossos males,
leva ao aprisco o pobre pecador;
dá que no céu sejamos acolhidos
pelo próprio Senhor.

Ant. 1 O santo Evangelista investigou
o saber dos grandes homens do passado
e confirmou o que os profetas predisseram.

Salmos e cântico do domingo da I Semana, p. 580.

Ant. 2 Deus chamou-nos à fé na Verdade,
pelo anúncio do santo Evangelho,
para obtermos a glória de Cristo.

Ant. 3 Muitos louvaram seu saber, que jamais perecerá.

Leitura breve   1Cor 15,1-2a.3-4

Irmãos, quero lembrar-vos o evangelho que vos preguei e que recebestes, e no qual estais firmes. Por ele sois salvos, se o estais guardando tal qual ele vos foi pregado por mim. Com efeito, transmiti-vos, em primeiro lugar, aquilo que eu mesmo tinha recebido, a saber: que Cristo morreu por nossos pecados, segundo as Escrituras; que foi sepultado; que, ao terceiro dia, ressuscitou, segundo as Escrituras.

Responsório breve

R. Eles contaram as grandezas
 * Do Senhor e seu poder. R. Eles contaram.
V. E as suas maravilhas que por nós realizou. * Do Senhor.
 Glória ao Pai. R. Eles contaram.

Cântico evangélico, ant.

São Lucas transmitiu-nos o Evangelho do Senhor,
e anunciou-nos Jesus Cristo, Sol nascente lá do alto.

Preces

Invoquemos nosso Salvador, que, destruindo a morte, iluminou a vida por meio do Evangelho; e peçamos humildemente:

R. **Confirmai a vossa Igreja na fé e na caridade!**

Fizestes resplandecer admiravelmente a vossa Igreja por meio de santos e insignes doutores;
– que os cristãos se alegrem sempre com o mesmo esplendor.
R.

Quando os santos pastores vos suplicavam, a exemplo de Moisés, perdoastes os pecados do povo;
—por intercessão deles, santificai a vossa Igreja mediante uma contínua purificação.

R. **Confirmai a vossa Igreja na fé e na caridade!**

Tendo-os escolhido entre seus irmãos, consagrastes vossos santos enviando sobre eles o vosso Espírito;
—que o mesmo Espírito Santo inspire aqueles que governam vosso povo. R.

Sois vós a herança dos santos pastores;
—concedei que nenhum daqueles que foram resgatados pelo vosso sangue fique longe de vós. R.

(intenções livres)

Pai nosso...

Oração

Ó Deus, que escolhestes São Lucas para revelar em suas palavras e escritos o mistério do vosso amor para com os pobres, concedei aos que já se gloriam do vosso nome perseverar num só coração e numa só alma, e a todos os povos do mundo ver a vossa salvação. Por nosso Senhor Jesus Cristo, vosso Filho, na unidade do Espírito Santo.

Hora Média

Antífonas e salmos do dia de semana corrente.

Oração das Nove Horas

Leitura breve — Rm 1,16-17

Eu não me envergonho do Evangelho, pois ele é uma força salvadora de Deus para todo aquele que crê, primeiro para o judeu, mas também para o grego. Nele, com efeito, a justiça de Deus se revela da fé para a fé, como está escrito: O justo viverá pela fé.

V. Em toda a terra se espalha o seu anúncio.
R. E sua voz, pelos confins do universo.

Oração das Doze Horas

Leitura breve   1Ts 2,2b-4

Encontramos em Deus a coragem de vos anunciar o evangelho, em meio a grandes lutas. A nossa exortação não se baseia no erro, na ambiguidade ou no desejo de enganar. Ao contrário, uma vez que Deus nos achou dignos para que nos confiasse o evangelho, falamos não para agradar aos homens, mas a Deus, que examina os nossos corações.

V. Eles guardavam os preceitos,
R. E as ordens do Senhor.

Oração das Quinze Horas

Nos salmos graduais, em lugar do Salmo 125(126) pode-se dizer o Salmo 128(129), p. 1074.

Leitura breve   2Tm 1,8b-9

Sofre comigo pelo Evangelho, fortificado pelo poder de Deus. Deus nos salvou e nos chamou com uma vocação santa, não devido às nossas obras, mas em virtude do seu desígnio e da sua graça, que nos foi dada em Cristo Jesus.

V. Alegrai-vos e exultai, diz o Senhor,
R. Pois no céu estão inscritos vossos nomes!

Oração como nas Laudes.

Vésperas

HINO Cantamos hoje, como nas Laudes, p. 1394.

Ant. 1 O Senhor constituiu-me ministro do Evangelho,
       pelo dom da sua graça.

Salmos e cântico do Comum dos apóstolos, p. 1570.

Ant. 2 Tudo faço por causa do Evangelho,
       para dele receber a minha parte.

Ant. 3 A mim foi concedida esta graça:
aos pagãos anunciar a Boa-nova
das riquezas insondáveis de Jesus.

Leitura breve   Cl 1,3-6a

Damos graças a Deus, Pai de nosso Senhor Jesus Cristo, sempre rezando por vós, pois ouvimos acerca da vossa fé em Cristo Jesus e do amor que mostrais para com todos os santos, animados pela esperança na posse do céu. Disso já ouvistes falar no Evangelho, cuja palavra de verdade chegou até vós. E, como no mundo inteiro, assim também entre vós ela está produzindo frutos e se desenvolve.

Responsório breve

R. Anunciai, entre as nações,
 * A glória do Senhor. R. Anunciai.
V. E entre os povos do universo, as suas maravilhas.
 * A glória. Glória ao Pai. R. Anunciai.

Cântico evangélico, ant.

Este santo Evangelista,
que de Cristo a mansidão descreveu-nos no Evangelho,
com justiça hoje recebe os louvores da Igreja.

Preces

Oremos a Deus Pai, fonte de toda luz, que nos chamou à verdadeira fé por meio do Evangelho de seu Filho; e peçamos em favor do seu povo santo, dizendo:

R. **Lembrai-vos, Senhor, da vossa Igreja!**

Deus Pai, que ressuscitastes dos mortos vosso Filho, o grande Pastor das ovelhas,
— fazei de nós testemunhas do vosso Filho até os confins da terra. R.

Vós, que enviastes vosso Filho ao mundo para evangelizar os pobres,

– fazei que o Evangelho seja pregado a toda criatura.   R.

Vós, que enviastes vosso Filho para semear a palavra do reino,
– concedei-nos colher na alegria os frutos da palavra semeada com o nosso trabalho.   R.

Vós, que enviastes vosso Filho para reconciliar o mundo convosco pelo seu sangue,
– fazei que todos nós colaboremos na obra de reconciliação de toda a humanidade.   R.

(intenções livres)

Vós, que glorificastes vosso Filho à vossa direita nos céus,
– recebei no reino da felicidade eterna os nossos irmãos e irmãs falecidos.   R.

Pai nosso...

Oração

Ó Deus, que escolhestes São Lucas para revelar em suas palavras e escritos o mistério do vosso amor para com os pobres, concedei aos que já se gloriam do vosso nome perseverar num só coração e numa só alma, e a todos os povos do mundo ver a vossa salvação. Por nosso Senhor Jesus Cristo, vosso Filho, na unidade do Espírito Santo.

19 de outubro
SÃO JOÃO DE BRÉBEUF E SANTO ISAAC JOGUES, PRESBÍTEROS, E SEUS COMPANHEIROS, MÁRTIRES

Entre os anos 1642 e 1649, oito membros da Companhia de Jesus (seis sacerdotes e dois irmãos coadjutores), que evangelizavam a parte setentrional da América, foram mortos, depois de terríveis tormentos, pelos indígenas hurões e iroqueses. Isaac Jogues foi martirizado no dia 18 de outubro de 1647; e João de Brébeuf no dia 16 de março de 1648.

Do Comum de vários mártires, p. 1580, ou, dos pastores, p. 1623.

Ofício das Leituras

Segunda leitura

Dos Escritos Espirituais de São João de Brébeuf, presbítero e mártir
(The Jesuit Relations and Allied Documents, The Burrow Brothers Cº, Cleveland 1898,164.166) (Séc. XVII)

Que eu morra somente por ti, Jesus, que te dignaste morrer por mim.

Por dois dias senti continuamente grande desejo de martírio e ambicionei suportar todos os tormentos que os mártires sofreram.

Senhor meu e Jesus, meu Salvador, como poderei retribuir-te por todos os benefícios que já me deste? *Tomarei* de tua mão o *cálice* de tuas dores e *invocarei teu nome* (cf. Sl 115,13). Prometo diante de teu eterno Pai e do Espírito Santo, diante de tua Mãe santíssima com seu castíssimo esposo, diante dos anjos, apóstolos e mártires, de meu santo pai Inácio e de São Francisco Xavier, sim prometo a ti, meu Salvador Jesus, que nunca deixarei, enquanto estiver em minhas mãos, de aceitar a graça do martírio se, a mim, teu mais indigno servo, tu ma ofereceres em tua infinita misericórdia.

Deste modo, obrigo-me a que, por todo o tempo que me resta de vida, não me seja lícito ou livre fugir da ocasião de morrer e de derramar o sangue por ti, a não ser que julgue convir melhor à tua glória nessa ocasião proceder de outra forma. Também me comprometo, no instante em que for dado o golpe mortal, a recebê-lo de tuas mãos com a maior alegria e gozo. Meu amável Jesus, por estar repleto de imenso júbilo, desde agora vos ofereço meu sangue, meu corpo, minha vida. Que eu não morra a não ser por ti, se me deres esta graça, pois tu aceitaste morrer por mim. Faze que eu viva de forma que me concedas o dom de morrer de modo tão feliz. Assim, meu Deus e meu Salvador, *tomarei* de tua mão o cálice de teus sofrimentos *e invocarei teu nome:* Jesus, Jesus, Jesus!

Meu Deus, como me entristeço por não seres conhecido, porque este país bárbaro ainda não se converteu todo a ti, porque o pecado ainda não foi extirpado daqui! Sim, meu Deus, se sobre mim se desencadearem todos os tormentos que devem nesta região suportar os cativos, com toda a ferocidade dos suplícios, de coração me abro a eles. Somente eu os padeça!

Responsório   Hb 11,33a.34b.39; Sb 3,5b
R. Os **san**tos, pela **fé**, triun**fa**ram sobre **rei**nos,
   praticaram a justiça, alcançaram as promessas,
   foram **for**tes no com**ba**te;
 * Todos **e**les confir**ma**dos pela **fé** testemu**nha**da.
V. O **Se**nhor os pôs à **pro**va e os **achou** dignos de **si**.
 * Todos **e**les.

Oração

Ó Deus, que consagrastes os primórdios da Igreja na América do Norte, com a pregação e o sangue dos vossos mártires João, Isaac e seus companheiros, concedei que, por sua intercessão, floresçam sempre e por toda a parte as comunidades cristãs. Por nosso Senhor Jesus Cristo, vosso Filho, na unidade do Espírito Santo.

No mesmo dia 19 de outubro

SÃO PAULO DA CRUZ, PRESBÍTERO

Nasceu em Ovada, na Ligúria (Itália), no ano 1694; durante a juventude ajudou a seu pai no comércio. Aspirando à vida de perfeição, renunciou a tudo e dedicou-se ao serviço dos pobres e dos enfermos e associou a si para o mesmo fim vários colaboradores. Ordenado sacerdote, trabalhou cada vez mais intensamente pela salvação das almas, estabelecendo casas da Congregação que tinha fundado (Passionistas), exercendo a atividade apostólica e mortificando-se com duras penitências. Morreu em Roma no dia 18 de outubro de 1775.

Do Comum dos pastores: para presbíteros, p.1623, ou, dos santos homens: para religiosos, p. 1743.

Ofício das Leituras

Segunda leitura
Das Cartas de São Paulo da Cruz, presbítero
(Epist. 1,43; 2,440.825) (Séc. XVIII)
Anunciamos Cristo crucificado

Coisa excelente e muito santa é pensar e meditar sobre a Paixão do Senhor, pois por este caminho chegamos à união com Deus. Nesta escola tão santa aprende-se a verdadeira sabedoria. Foi aí que todos os santos a estudaram. Quando, pois, a cruz de nosso bom Jesus lançar raízes mais profundas em vosso coração, então cantareis: seja "Sofrer e não morrer"; seja "Ou sofrer ou morrer", seja, ainda melhor, "Nem sofrer nem morrer, apenas a perfeita conversão à vontade de Deus".

O amor é força de união e faz seus os tormentos do Bem muito amado. Este fogo vai até à medula, converte o que ama no amado. De modo mais profundo, o amor se mistura à dor, e a dor, ao amor. Há, então, uma mistura de amor e de dor tão estreita que não se pode separar o amor da dor, nem a dor, do amor. Por isto, quem ama se alegra com sua dor, e exulta em seu amor sofredor.

Sede, portanto, constantes na prática de todas as virtudes, imitando, de modo particular, o suave Jesus padecente, porque é isto o cume do puro amor. Procedei de modo que todos reconheçam que trazeis não só interior, mas ainda exteriormente, a imagem de Cristo crucificado, modelo de toda doçura e mansidão. Quem está interiormente unido ao Filho do Deus vivo, revela no exterior sua imagem pelo contínuo exercício da virtude heroica, principalmente pela paciência cheia de força que nem em segredo nem em público se queixa. Portanto, escondei-vos em Jesus crucificado, sem desejar coisa alguma a não ser que todos em tudo aceitem sua vontade.

Verdadeiros amigos do Crucificado, celebrareis sempre no templo interior a festa da cruz, suportando em silêncio, sem vos apoiar em criatura alguma. Uma festa deve ser celebrada na alegria; por isso os que amam o Crucificado irão à festa da cruz com rosto jovial e sereno, suportando calados, de forma que permaneça oculta aos homens, só conhecida pelo sumo Bem. Numa festa há sempre banquete; as iguarias são a vontade divina, a exemplo de nosso Amor crucificado.

Responsório Gl 6,14; Hb 3,18

R. Minha **gló**ria é a **Cruz** do Se**nhor**, Cristo Je**sus**;
 * Por **quem** o mundo es**tá** crucifi**ca**do para **mim**
 e **eu** também es**tou** crucifi**ca**do para o **mun**do.
V. Eu me a**le**gro no Se**nhor**
 e exulto em **Deus**, meu Salva**dor**. * Por **quem**.

Oração

Ó Deus, o presbítero São Paulo, que fez da cruz o seu único amor, nos obtenha a vossa graça para que, estimulados pelo seu exemplo, abracemos com coragem a nossa cruz. Por nosso Senhor Jesus Cristo, vosso Filho, na unidade do Espírito Santo.

23 de outubro

SÃO JOÃO DE CAPISTRANO, PRESBÍTERO

Nasceu em Capistrano, nos Abruzos (Itália), no ano 1386. Estudou Direito em Perúgia e exerceu durante algum tempo a profissão de juiz. Entrou na Ordem dos Frades Menores e foi ordenado sacerdote. Desenvolveu uma incansável atividade apostólica em toda a Europa, trabalhando na reforma dos costumes entre os cristãos e na luta contra as heresias. Morreu em Vilach (Áustria) no ano 1456.

Do Comum dos pastores: para presbíteros, p. 1623.

Ofício das Leituras

Segunda leitura

Do Tratado do Espelho dos Clérigos, de São João de Capistrano, presbítero

(Pars I, Venetiae 1580,2) (Séc. XV)

A vida do clero bom ilumina e serena

Quem foi chamado à mesa do Senhor deve brilhar pelo exemplo de uma vida louvável e correta, longe de toda imundície dos vícios. Vivendo dignamente como sal da terra para si mesmos e para os outros; e como luz do mundo, brilhante de discernimento, iluminando a todos. Aprendam da excelsa doutrina de Cristo Jesus, que diz, não só aos apóstolos e discípulos, mas também a todos os seus sucessores, presbíteros e clérigos: *Vós sois o sal da terra; se o sal perder o sabor, com que se salgará? Para nada mais presta, senão para ser lançado fora e pisado pelos homens* (Mt 5,13).

É verdadeiramente pisado pelos homens, qual lodo vil, o clero imundo e sórdido, atolado na sujeira dos vícios e preso nas cadeias das ações criminosas, tido como imprestável tanto para si quanto para os outros. Gregório diz: "Sua vida é desprezível, resta ser rejeitada sua pregação".

Os presbíteros que presidem bem serão considerados dignos de dupla honra, sobretudo os que trabalham pela palavra e pela doutrina (1Tm 5,17). De fato, os bons presbíteros exercem dupla dignidade, quer dizer, material e pessoal, ou temporal e espiritual, ou transitória junto com a eterna. Porque, embora por natureza habitem na terra sob o mesmo jugo das criaturas mortais, desejam ansiosamente conviver com os anjos nos céus, como aceitos pelo rei, servos inteligentes. Por esta razão, como o sol, que surge para o mundo nas alturas de Deus, assim *brilhe a luz* do clero *diante dos homens para que,* vendo suas *boas obras, glorifiquem o Pai, que está nos céus* (cf. Mt 5,16).

Vós sois a luz do mundo (Mt 5,14). A luz não se ilumina a si mesma, mas lança seus raios a tudo que a rodeia. Semelhante a ela, a vida luminosa dos bons e justos clérigos, com o fulgor da santidade, ilumina e serena os que a veem. Por conseguinte, quem foi reservado para o cuidado dos outros, deve mostrar em si próprio de que modo devem eles viver na casa do Senhor.

Responsório　　　　　　　　　　　　Eclo 4,28-29; 2Tm 4,2

R. Não **deix**es de fa**lar** no **tem**po opor**tu**no,
　　nem **quei**ras escon**der** a **tua** sabedo**ria**
　　por mo**dés**tia en**ga**nosa.
　* Pela **fa**la se co**nhe**ce a **re**al sabedo**ria**;
　　e o sa**ber**, pela pala**vra**, que pro**fe**re o homem **sá**bio.
V. Pro**cla**ma, em todo o **tem**po, a Pa**la**vra do Se**nhor**,
　　persu**a**de, repre**en**de e ex**or**ta com co**ra**gem,
　　com sa**ber** e paci**ên**cia. * Pela **fa**la.

Oração

Ó Deus, que suscitastes o presbítero São João de Capistrano para confortar o povo cristão aflito, colocai-nos sob a vossa proteção e guardai a vossa Igreja em constante paz. Por nosso Senhor Jesus Cristo, vosso Filho, na unidade do Espírito Santo.

24 de outubro
SANTO ANTÔNIO MARIA CLARET, BISPO

Nasceu em Sallent (Espanha) no ano 1807. Ordenado sacerdote, percorreu a Catalunha pregando ao povo durante vários anos. Fundou a Congregação dos Missionários Filhos do Coração Imaculado de Maria (Claretianos). Nomeado bispo para a ilha de Cuba, aí alcançou singulares méritos, trabalhando pela salvação das almas. Depois de regressar à Espanha, ainda teve de suportar muitos trabalhos em favor da Igreja. Morreu em Fontfroide (França) no ano 1870.

Do Comum dos pastores: para bispos, p. 1623.

Ofício das Leituras

Segunda leitura

Das Obras de Santo Antônio Maria Claret, bispo
(L'Egoismo vinto, Romae 1869,60) (Séc. XIX)

O amor de Cristo nos impele

Impelidos pelo fogo do Espírito Santo, os apóstolos percorreram o orbe da terra. Incendiados do mesmo fogo, os missionários apostólicos chegaram, chegam e chegarão até o fim do mundo, de um extremo da terra a outro, para anunciar a palavra de Deus, podendo, assim, com justiça dizer de si mesmos as palavras do apóstolo Paulo: *O amor de Cristo nos impele* (2Cor 5,14).

A caridade de Cristo estimula, incita-nos a correr e voar com as asas do santo zelo. Quem ama a Deus de verdade, também ama o próximo. O verdadeiro zeloso é o mesmo que ama, mas em grau maior, conforme o grau de amor: quanto mais arde de amor, tanto mais é impelido pelo zelo. Se alguém não tem zelo, testemunha por isto que em seu coração o amor, a caridade se extinguiu. Quem tem zelo, deseja e faz as maiores coisas e se esforça para que Deus seja sempre mais conhecido, amado e servido nesta e na outra vida, já que este amor sagrado não tem fim. O mesmo faz com o próximo: sua ambição e esforço são para que na terra todos estejam contentes, e na pátria celeste felizes e ditosos; que todos se salvem, nenhum pereça eternamente nem ofenda a Deus, nem permaneça mesmo por breve instante no pecado. É isto que vemos nos santos apóstolos e em todos os que são movidos pelo espírito apostólico.

A mim mesmo eu digo: Um filho do Imaculado Coração de Maria é aquele que arde de caridade e, por onde quer que passe, incendeia; que deseja eficazmente, por todos os meios, que todos os homens se inflamem com o fogo do amor divino. Não se amedronta com coisa alguma; goza com as privações; vai ao encontro dos trabalhos; abraça as tristezas; nas calúnias está contente; alegra-se nos tormentos; pensa unicamente em como seguir e imitar Jesus Cristo, rezando, trabalhando, sofrendo sempre e unicamente preocupado com a glória e a salvação dos homens.

Responsório 1Ts 2,8; Gl 4,19

R. É tão **gran**de o a**fe**to que **te**nho por **vós**,
que te**ri**a vos **da**do, não **só** o Evangelho,
mas a**té** minha **vi**da,
 * Pois é **tan**to o a**fe**to que eu **te**nho por **vós**.
V. Meus fi**lhi**nhos, de **no**vo por **vós**
eu **so**fro as **do**res do **par**to,
até **Cris**to for**mar**-se em **vós**. * Pois é **tan**to.

Oração

Ó Deus, que fortalecestes o bispo Santo Antônio Maria Claret com caridade e paciência admiráveis para propagar o Evangelho entre os povos, dai que por sua intercessão busquemos o que é vosso, e nos apliquemos com todo o empenho em conquistar nossos irmãos para Cristo. Que convosco vive e reina, na unidade do Espírito Santo.

28 de outubro
SÃO SIMÃO E SÃO JUDAS, APÓSTOLOS

Festa

O nome de Simão figura em undécimo lugar na lista dos Apóstolos. Dele se sabe apenas que nasceu em Caná e que tinha o denominativo de "Zelotes".

Judas, de sobrenome Tadeu, é o Apóstolo que na Última Ceia perguntou ao Senhor por que razão se manifestava aos seus discípulos e não ao mundo (Jo 14,22).

Do Comum dos apóstolos, p. 1561, exceto o seguinte:

Ofício das Leituras

Segunda leitura

Do Comentário sobre o Evangelho de João, de São Cirilo de Alexandria, bispo

(Lib. 12,1: PG 74,707-710) (Séc. V)

Como o Pai me enviou, também eu vos envio

Nosso Senhor Jesus Cristo designou guias e doutores do mundo e dispensadores de seus divinos mistérios. Semelhantes a lâmpadas, ordenou-lhes que esclarecessem e iluminassem não apenas o país dos judeus, mas todos os que existem sob o sol e em todo o universo, os homens e habitantes da terra. É verdadeiro aquele que disse: *Ninguém se arroga esta honra, mas quem foi chamado por Deus* (Hb 5,4). Pois nosso Senhor Jesus Cristo chamou ao nobilíssimo apostolado, antes de todos os outros, os seus discípulos.

Os santos Apóstolos foram colunas e firmamento da verdade. A eles diz que os envia da mesma forma como foi enviado pelo Pai. Mostrou assim, ao mesmo tempo, a dignidade do apóstolo e a glória incomparável do poder que lhe foi dado; como também, parece-me, sugerindo a meta da vida apostólica.

Pois, se julgava que devia enviar seus discípulos do mesmo modo como o Pai o enviara, como não se seguiria necessariamente que seus futuros imitadores iriam conhecer a que fim o Pai enviara o Filho? Por isto, declarando em vários lugares a finalidade de sua missão, dizia: *Não vim chamar os justos, mas os pecadores para a conversão* (cf. Mt 9,13). E também: *Desci do céu não para fazer minha vontade, mas a vontade daquele que me enviou. Deus não enviou seu Filho ao mundo para julgar o mundo, mas para que o mundo seja salvo por ele* (Jo 3,17).

Resumindo assim, em poucas palavras, o objetivo do apostolado, diz que foram enviados por ele, como ele o fora pelo Pai e soubessem ter recebido a missão de chamar os pecadores à conversão; de curar os doentes de corpo e de espírito; de não procurar, no ministério, sua vontade, mas a daquele por quem foram enviados; e de salvar o mundo por sua doutrina. Não será difícil saber quanto os santos apóstolos se esforçaram por bem realizar todas estas tarefas, se leres os escritos dos Atos dos Apóstolos e de São Paulo.

Responsório
Jo 15,16.8

R. Não fostes **vós** que me esco**lhestes**,
   mas sim **eu** vos esco**lhi**
   e vos **dei** esta mis**são** de produ**zir**des muito **fruto**
   * E o vosso **fru**to perma**neça**.
V. O meu **Pai** recebe **glória**, ao produ**zir**des muito **fruto**.
   * E o vosso **fru**to.

HINO Te Deum, p. 543.

Oração como nas Laudes.

Laudes

Hino

Um hino a vós, apóstolos,
de júbilo e vitória.
Unidos pela graça,
também o sois na glória.

Simão, ardente impulso
levou-te a palmilhar
os passos de Jesus,
e o nome seu pregar.

De Cristo em carne e espírito
irmão e servo, ó Judas,
pregando e escrevendo
aos teus irmãos ajudas.

Sois vítima e testemunha
da fé que proclamastes.
Provando-lhe a verdade,
o sangue derramastes.

Ó astros luminosos,
ao céu todos guiai;
por ásperos caminhos,
inteira a fé guardai.

Ao Pai, ao Filho, ao Espírito
a honra e o louvor.
Possamos para sempre
gozar do seu amor.

Oração

Ó Deus, que, pela pregação dos Apóstolos, nos fizestes chegar ao conhecimento do vosso Evangelho, concedei, pelas preces de São Simão e São Judas, que a vossa Igreja não cesse de crescer, acolhendo com amor novos fiéis. Por nosso Senhor Jesus Cristo, vosso Filho, na unidade do Espírito Santo.

Hora Média

Antífonas e salmos do dia de semana corrente. Leitura breve, do Comum dos apóstolos, p. 1568-1569. Oração como acima.

Vésperas

Tudo como nas II Vésperas do Comum dos Apóstolos, p. 1569, exceto: Oração como nas Laudes.

NOVEMBRO

1º de novembro
TODOS OS SANTOS

Solenidade

(No Brasil esta solenidade é celebrada no domingo seguinte, caso o dia 1º não caia em domingo. Quando, porém, o dia 2 de novembro cair em domingo, celebra-se a solenidade de Todos os Santos dia 1º de novembro).

I Vésperas

Hino

Redentor de todos, Cristo,
vossos servos conservai,
abrandado pela Virgem
com suas preces maternais.

Multidões celestiais
dos espíritos amigos,
ontem, hoje e no futuro
defendei-nos do inimigo.

Do eternal Juiz profetas
e apóstolos do Senhor,
nos salvai com vossos rogos,
escutai nosso clamor.

Santos mártires de Deus,
confessores luminosos,
vossas preces nos conduzam
para o céu, vitoriosos.

Santos monges e eremitas,
santos coros virginais,
dai-nos sermos os convivas
do Senhor, com quem reinais.

Nossa voz à vossa unimos,
dando graças ao Senhor.
E paguemos, na alegria,
nossa dívida em louvor.

Salmodia

Ant. 1 A luz eterna brilhará aos vossos santos,
e a vida para sempre, aleluia.

Salmo 112(113)

– ¹Louvai, louvai, ó servos do Senhor, *
louvai, louvai o nome do Senhor!
– ²Bendito seja o nome do Senhor, *
agora e por toda a eternidade!
– ³Do nascer do sol até o seu ocaso, *
louvado seja o nome do Senhor!
– ⁴O Senhor está acima das nações, *
sua glória vai além dos altos céus.
= ⁵Quem pode comparar-se ao nosso Deus, †
ao Senhor, que no alto céu tem o seu trono *
⁶e se inclina para olhar o céu e a terra?
– ⁷Levanta da poeira o indigente *
e do lixo ele retira o pobrezinho,
– ⁸para fazê-lo assentar-se com os nobres, *
assentar-se com os nobres do seu povo.
– ⁹Faz a estéril, mãe feliz em sua casa, *
vivendo rodeada de seus filhos.

Ant. A luz eterna brilhará aos vossos santos,
e a vida para sempre, aleluia.

Ant. 2 Jerusalém, cidade santa, exultarás pelos teus filhos,
pois serão abençoados reunidos no Senhor.
Aleluia.

Salmo 147(147B)

– ¹²Glorifica o Senhor, Jerusalém! *
Ó Sião, canta louvores ao teu Deus!

– ¹³Pois reforçou com segurança as tuas portas, *
e os teus filhos em teu seio abençoou;

– ¹⁴a paz em teus limites garantiu *
e te dá como alimento a flor do trigo.

– ¹⁵Ele envia suas ordens para a terra, *
e a palavra que ele diz corre veloz;

– ¹⁶ele faz cair a neve como lã *
e espalha a geada como cinza.

– ¹⁷Como de pão lança as migalhas do granizo, *
a seu frio as águas ficam congeladas.

– ¹⁸Ele envia sua palavra e as derrete, *
sopra o vento e de novo as águas correm.

– ¹⁹Anuncia a Jacó sua palavra, *
seus preceitos e suas leis a Israel.

– ²⁰Nenhum povo recebeu tanto carinho, *
a nenhum outro revelou os seus preceitos.

Ant. Jerusalém, cidade santa, exultarás pelos teus filhos,
pois serão abençoados reunidos no Senhor. Aleluia.

Ant. 3 Os santos cantavam um cântico novo
Àquele que está em seu trono e ao Cordeiro;
na terra inteira ressoavam suas vozes. Aleluia.

No cântico seguinte dizem-se os Aleluias entre parênteses somente quando se canta; na recitação, basta dizer os Aleluias no começo, entre as estrofes e no fim.

Cântico
Cf. Ap 19,1-7

= Aleluia, (Aleluia!).
¹Ao nosso **Deus** a salvação, *
honra, glória e poder! (Aleluia!).

— ²Pois são verdade e justiça *
  os juízos do Senhor.
R. Aleluia, (Aleluia!).
= Aleluia, (Aleluia!).
  ⁵Celebrai o nosso Deus, *
  servidores do Senhor! (Aleluia!).
— E vós todos que o temeis, *
  vós os grandes e os pequenos!
R. Aleluia, (Aleluia!).
= Aleluia, (Aleluia!).
  ⁶De seu reino tomou posse *
  nosso Deus onipotente! (Aleluia!).
— ⁷Exultemos de alegria, *
  demos glória ao nosso Deus!
R. Aleluia, (Aleluia!).
= Aleluia, (Aleluia!).
  Eis que as núpcias do Cordeiro *
  redivivo se aproximam! (Aleluia!).
— Sua Esposa se enfeitou, *
  se vestiu de linho puro.
R. Aleluia, (Aleluia!).

Ant. Os santos cantavam um cântico novo
  Àquele que está em seu trono e ao Cordeiro;
  na terra inteira ressoavam suas vozes. Aleluia.

Leitura breve   Hb 12,22-24
Vós vos aproximastes do monte Sião e da cidade do Deus vivo, a Jerusalém celeste; da reunião festiva de milhões de anjos; da assembleia dos primogênitos, cujos nomes estão escritos nos céus; de Deus, o Juiz de todos; dos espíritos dos justos, que chegaram à perfeição; de Jesus, mediador da nova aliança, e da aspersão do sangue mais eloquente que o de Abel.

Responsório breve

R. Os **jus**tos se a**le**gram
 * Na pre**sen**ça do **Se**nhor. R. Os **jus**tos.
V. Reju**bi**lam satis**fei**tos, e e**xul**tam de ale**gri**a.
 * Na pre**sen**ça. Glória ao **Pai**. R. Os **jus**tos.

Cântico evangélico, ant.

A vós, Se**nhor**, louva o **co**ro glori**o**so dos A**pós**tolos,
a vós pro**cla**ma a multi**dão** ilumi**na**da dos Pro**fe**tas,
de **vós** dá teste**mu**nho o e**xér**cito dos **már**tires,
e u**nâ**nimes con**fes**sam os **san**tos e os e**lei**tos,
ó San**tís**sima Trin**da**de, um só **Deus** em três pes**so**as!

Preces

Repletos de alegria, invoquemos a Deus, recompensa e glória de todos os santos e santas; e digamos:

R. **Salvai-nos, Senhor, por intercessão de vossos santos!**

Deus de infinita sabedoria, que, por Cristo, constituístes os apóstolos como fundamentos da fé da Igreja,
– conservai-nos fiéis à fé que eles nos ensinaram.   R.

Vós, que destes aos mártires a coragem do testemunho até derramarem o próprio sangue,
– tornai os cristãos testemunhas fiéis do vosso Filho.   R.

Vós que concedestes às santas Virgens o dom inestimável de imitar a Cristo virgem,
– fazei que todos reconheçam a virgindade consagrada a vós como autêntico sinal do reino dos céus.   R.

Vós, que manifestais em todos os santos e santas a vossa presença, o vosso rosto e a vossa palavra,
– dai-nos a graça de nos sentirmos mais próximos de vós quando os honramos.   R.

(intenções livres)

Concedei aos que morreram viver eternamente no céu com a Virgem Maria, São José e todos os santos e santas,

– e, por intercessão deles, fazei-nos participar da sua companhia.
R. **Salvai-nos, Senhor, por intercessão de vossos santos!**
Pai nosso...

Oração

Deus eterno e todo-poderoso, que nos dais celebrar numa só festa os méritos de todos os Santos, concedei-nos, por intercessores tão numerosos, a plenitude da vossa misericórdia. Por nosso Senhor Jesus Cristo, vosso Filho, na unidade do Espírito Santo.

Invitatório

R. Ao S**enhor** glorifica**d**o na assem**blei**a de seus **sant**os, vinde **to**dos, ado**remos**!

Salmo invitatório como no Ordinário, p. 537.

Ofício das Leituras
Hino

Dos santos todos fostes caminho,
vida, esperança, Mestre e Senhor:
ouvi agora nossos louvores,
ó Redentor.

No céu, aos coros dos anjos todos
juntam os santos a sua voz:
todos unidos, a bendizer-vos,
pedem por nós.

Ouvindo as preces da Virgem Santa,
dos santos todos a intercessão,
afaste as penas, que merecemos,
vosso perdão.

Com o Pai e o Espírito, aqui na terra,
dai-nos louvar-vos, único Deus,
e auxiliados por tantos santos
subir aos céus.

Salmodia

Ant. 1 Como é **gran**de o vosso **no**me, ó **Se**nhor!
De honra e **gló**ria coro**as**tes vossos **san**tos,
vossas **o**bras colo**cas**tes a seus **pés**.

Salmo 8

– ²Ó Se**nhor**, nosso **Deus**, como é **gran**de *
 vosso **no**me por todo o universo!
– Desdo**bras**tes nos céus vossa glória *
 com gran**de**za, esplendor, majestade.
= ³O per**fei**to louvor vos é dado †
 pelos **lá**bios dos mais pequeninos, *
 de crianças que a mãe amamenta.
– Eis a **for**ça que opondes aos maus, *
 redu**zin**do o inimigo ao silêncio.
– ⁴Contem**plan**do estes céus que plasmastes *
 e for**mas**tes com dedos de artista;
– vendo a **lua** e estrelas brilhantes, *
 ⁵pergun**ta**mos: "Senhor, que é o homem,
– para **de**le assim vos lembrardes *
 e o tra**tar**des com tanto carinho?"
– ⁶Pouco a**bai**xo de um deus o fizestes, *
 coro**an**do-o de glória e esplendor;
– ⁷vós lhe **des**tes poder sobre tudo, *
 vossas obras aos pés lhe pusestes:
– ⁸as ovelhas, os bois, os rebanhos, *
 todo o **ga**do e as feras da mata;
– ⁹passarinhos e peixes dos mares, *
 todo **ser** que se move nas águas.
– ¹⁰Ó Se**nhor**, nosso Deus, como é grande *
 vosso **no**me por todo o universo!

Ant. Como é **gran**de o vosso **no**me, ó Se**nhor**!
De honra e **gló**ria coroastes vossos **san**tos,
vossas obras colocastes a seus **pés**.

Ant. 2 Felizes os **pu**ros em **seu** cora**ção**,
porque eles ve**rão** o seu **Deus** face a **face**!

Salmo 14(15)

– ¹"Se**nhor**, quem mora**rá** em vossa **ca**sa *
e em **vos**so Monte santo habitará?"

– ²É **a**quele que caminha sem pecado *
e pratica a justiça fielmente;

– que **pen**sa a verdade no seu íntimo *
³e não **sol**ta em calúnias sua língua;

– que em **na**da prejudica o seu irmão, *
nem **co**bre de insultos seu vizinho;

– ⁴que não **dá** valor algum ao homem ímpio, *
mas **hon**ra os que respeitam o Senhor;

– que sus**ten**ta o que jurou, mesmo com dano; *
⁵não em**pres**ta o seu dinheiro com usura,

– nem se **dei**xa subornar contra o inocente. *
Ja**mais** vacilará quem vive assim!

Ant. Felizes os **pu**ros em **seu** cora**ção**,
porque **e**les ve**rão** o seu **Deus** face a **face**!

Ant. 3 Aos vossos **san**tos ensinastes o caminho para a **vi**da,
junto a **vós** delícia eterna e alegria ao vosso **la**do.

Salmo 15(16)

= ¹Guardai-me, ó **Deus**, porque em **vós** me refugio! †
²Digo ao Se**nhor**: "Somente vós sois meu Senhor: *
nenhum **bem** eu posso achar fora de vós!"

– ³Deus me inspi**rou** uma admirável afeição *
pelos **san**tos que habitam sua terra.

– ⁴Multi**pli**cam, no entanto, suas dores *
os que **cor**rem para deuses estrangeiros;

— seus sacrifícios sanguinários não partilho, *
   nem seus **no**mes passarão pelos meus lábios.
— ⁵Ó Se**nhor**, sois minha herança e minha taça, *
   meu des**ti**no está seguro em vossas mãos!
— ⁶Foi demar**ca**da para mim a melhor terra, *
   e eu e**xul**to de alegria em minha herança!
— ⁷Eu ben**di**go o Senhor que me aconselha, *
   e até de **noi**te me adverte o coração.
— ⁸Tenho **sem**pre o Senhor ante meus olhos, *
   pois se o **te**nho a meu lado, não vacilo.
= ⁹Eis por **que** meu coração está em festa, †
   minha **al**ma rejubila de alegria, *
   e até meu **cor**po no repouso está tranquilo;
— ¹⁰pois não ha**veis** de me deixar entregue à morte, *
   nem vosso **a**migo conhecer a corrupção.
= ¹¹Vós me ensi**nais** vosso caminho para a vida; †
   junto a **vós**, felicidade sem limites, *
   delícia e**ter**na e alegria ao vosso lado!

Ant. Aos vossos **san**tos ensi**nas**tes o ca**mi**nho para a **vi**da,
    junto a **vós** delícia e**ter**na e a**le**gria ao vosso **la**do.

V. Contem**plai** a sua **fa**ce e ale**grai**-vos.
R. E vosso **ros**to não se **cu**bra de vergonha.

Primeira leitura

Do Livro do Apocalipse de São João   5,1-14

*Resgatastes para Deus homens
de toda tribo, língua e nação*

Eu, João, ¹vi um livro na mão direita daquele que estava sentado no trono. Era um rolo escrito por dentro e por fora, e estava lacrado com sete selos. ²Vi então um anjo forte, que proclamava em voz alta: "Quem é digno de romper os selos e abrir o livro?" ³Ninguém no céu nem na terra nem debaixo da terra era digno de abrir o livro ou de ler o que nele estava escrito. ⁴Eu chorava muito, porque ninguém foi considerado digno de abrir ou de ler o livro. ⁵Um dos anciãos me consolou: "Não chores! Eis que o Leão da tribo de Judá, o Rebento de Davi, saiu vencedor. Ele pode romper os selos e abrir o livro".

⁶De fato, vi um Cordeiro. Estava no centro do trono e dos quatro Seres vivos, no meio dos Anciãos. Estava de pé como que imolado. O Cordeiro tinha sete chifres e sete olhos, que são os sete Espíritos de Deus, enviados por toda a terra. ⁷Então, o Cordeiro veio receber o livro da mão direita daquele que está sentado no trono. ⁸Quando ele recebeu o livro, os quatro Seres vivos e os vinte e quatro Anciãos prostraram-se diante do Cordeiro. Todos tinham harpas e taças de ouro cheias de incenso, que são as orações dos santos.
⁹E entoaram um cântico novo:
'Tu és digno de receber o livro
e abrir seus selos,
porque foste imolado,
e com teu sangue adquiriste para Deus
homens de toda tribo, língua, povo e nação.
¹⁰Deles fizeste para o nosso Deus um reino de sacerdotes.
E eles reinarão sobre a terra".

¹¹Na minha visão, ouvi a voz de numerosos anjos, que estavam em volta do trono, e dos Seres vivos e dos Anciãos. Eram milhares de milhares, milhões de milhões,
¹²e proclamavam em alta voz:
"O Cordeiro imolado é digno de receber
o poder, a riqueza, a sabedoria e a força,
a honra, a glória e o louvor".

¹³Ouvi também todas as criaturas que estão no céu, na terra, debaixo da terra e no mar, e tudo o que neles existe, e diziam: "Ao que está sentado no trono e ao Cordeiro, o louvor e a honra, a glória e o poder para sempre".

¹⁴Os quatro Seres vivos respondiam: "Amém", e os Anciãos se prostraram em adoração daquele que vive para sempre.

Responsório Ap 11,17; 1,4; cf. 11,18; Sl 144(145),10

R. Graças vos **damos**, Senhor **Deus** onipotente,
   a vós que **sois**, a vós que éreis e se**reis**,
   * Porque assu**mistes** o po**der** que vos pertence
   e veio o **tempo** de jul**gar** vivos e **mortos**
   e de **dar** a recompensa aos vossos **servos**.
V. Que vossas **obras**, ó Se**nhor**, vos glorifi**quem**
   e os vossos **santos** com louvores vos bendi**gam**!
   *Porque.

Segunda leitura

Dos Sermões de São Bernardo, abade
  (Sermo 2: Opera omnia, Edit. Cisterc. 5[1968],364-368)
                                                    (Séc. XII)

Apressemo-nos ao encontro dos irmãos que nos esperam

Para que louvar os santos, para que glorificá-los? Para que, enfim, esta solenidade? Que lhes importam as honras terrenas, a eles que, segundo a promessa do Filho, o mesmo Pai celeste glorifica? De que lhes servem nossos elogios? Os santos não precisam de nossas homenagens, nem lhes vale nossa devoção. Se veneramos os Santos, sem dúvida nenhuma, o interesse é nosso, não deles. Eu por mim, confesso, ao recordar-me deles, sinto acender-se um desejo veemente.

Em primeiro lugar, o desejo que sua lembrança mais estimula e incita é o de gozarmos de sua tão amável companhia e de merecermos ser concidadãos e comensais dos espíritos bem-aventurados, de unir-nos ao grupo dos patriarcas, às fileiras dos profetas, ao senado dos apóstolos, ao numeroso exército dos mártires, ao grêmio dos confessores, aos coros das virgens, de associar-nos, enfim, à comunhão de todos os santos e com todos nos alegrarmos. A assembleia dos primogênitos aguarda-nos e nós parecemos indiferentes! Os santos desejam-nos e não fazemos caso; os justos esperam-nos e esquivamo-nos.

Animemo-nos, enfim, irmãos. Ressuscitemos com Cristo. Busquemos as realidades celestes. Tenhamos gosto pelas coisas do alto. Desejemos aqueles que nos desejam. Apressemo-nos ao encontro dos que nos aguardam. Antecipemo-nos pelos votos do coração aos que nos esperam. Seja-nos um incentivo não só a companhia dos santos, mas também a sua felicidade. Cobicemos com fervoroso empenho também a glória daqueles cuja presença desejamos. Não é má esta ambição nem de nenhum modo é perigosa a paixão pela glória deles.

O segundo desejo que brota em nós pela comemoração dos santos consiste em que Cristo, nossa vida, tal como a eles, também apareça a nós e nós juntamente com ele apareçamos na glória. Enquanto isto não sucede, nossa Cabeça não como é, mas como se fez por nós, se nos apresenta. Isto é, não coroada de glória, mas com os espinhos de nossos pecados. É uma vergonha fazer-se de membro regalado, sob uma cabeça coroada de espinhos. Por enquanto a púrpura não lhe é sinal de honra, mas de zombaria. Será sinal de honra quando Cristo vier e não mais se proclamará sua morte, e saberemos que nós estamos mortos com ele, e com ele escondida nossa vida. Aparecerá a Cabeça gloriosa e com ela refulgirão os membros glorificados, quando transformar nosso corpo humilhado, configurando-o à glória da Cabeça, que é ele mesmo.

Com inteira e segura ambição cobicemos esta glória. Contudo para que nos seja lícito esperá-la e aspirar a tão grande felicidade, cumpre-nos desejar com muito empenho a intercessão dos santos. Assim, aquilo que não podemos obter por nós mesmos, seja-nos dado por sua intercessão.

Responsório   Ap 19,5b.6b; Sl 32(33),1
R. **Celebrai** o nosso **Deus**, servi**dores** do **Senhor**
    e vós **todos** que o te**meis**, vós, os **gran**des e os **peque**nos:
* De seu **Reino** tomou **pos**se nosso **Deus** oni**poten**te.

V. Ó **jus**tos, a**legrai**-vos no Se**nhor**!
    aos **re**tos fica **bem** glorificá-lo. * De seu **Rei**no.

HINO Te Deum, p. 543.

Oração como nas Laudes.

Laudes

Hino

Jesus, que o mundo salvastes,
dos que remistes cuidai.
E vós, Mãe santa de Deus,
por nós a Deus suplicai.

Os coros todos dos Anjos,
patriarcal legião,
Profetas de tantos méritos,
pedi por nós o perdão.

Ó Precursor do Messias,
ó Ostiário dos céus,
com os Apóstolos todos,
quebrai os laços dos réus.

Santa Assembleia dos Mártires;
vós, Confessores, Pastores,
Virgens prudentes e castas,
rogai por nós pecadores.

Que os monges peçam por nós
e todos que o céu habitam:
a vida eterna consigam
os que na terra militam.

Honra e louvor tributemos
ao Pai e ao Filho também,
com seu Amor, um só Deus,
por todo o sempre. Amém.

Ant. 1 O **Rei**no ce**les**te é a mo**ra**da dos **san**tos,
    sua **paz** para **sem**pre. Ale**lui**a.

Salmos e cântico do domingo da I Semana, p. 580.

Ant. 2 Vós, santos do Senhor, bendizei-o para sempre!

Ant. 3 É motivo de louvor para os seus santos,
é um hino para os filhos de Israel,
este povo que ele ama e lhe pertence.

Leitura breve   Ef 1,17-18

Que o Deus de nosso Senhor Jesus Cristo, o Pai a quem pertence a glória, vos dê um espírito de sabedoria que vo--lo revele e faça verdadeiramente conhecer. Que ele abra o vosso coração à sua luz, para que saibais qual a esperança que o seu chamamento vos dá, qual a riqueza da glória que está na vossa herança com os santos.

Responsório breve

R. Os justos se alegram
  * Na presença do Senhor. R. Os justos.
V. Rejubilam satisfeitos e exultam de alegria.
  * Na presença. Glória ao Pai. R. Os justos.

Cântico evangélico, ant.

Os justos brilharão como o sol
no Reino de seu Pai, aleluia.

Preces

Repletos de alegria, invoquemos a Deus, recompensa e glória de todos os santos e santas; e digamos:

R. **Salvai-nos, Senhor, por intercessão de vossos santos!**

Deus, fonte de santidade, que fizestes brilhar nos vossos santos e santas as maravilhas da vossa graça multiforme,
– concedei-nos celebrar neles a vossa bondade infinita. R.

Deus eterno e misericordioso, que mostrastes nos vossos santos e santas as imagens mais perfeitas do vosso Filho,
– fazei que, por eles, sejamos conduzidos a uma vida de maior união com Cristo.   R.

Rei dos céus, que por meio dos fiéis seguidores de Cristo nos estimulais a buscar a cidade futura,
– ensinai-nos a seguir, com os vossos santos e santas, o melhor caminho para chegar à pátria eterna. R.

Deus eterno, que pelo sacrifício eucarístico de vosso Filho nos unis mais intimamente aos habitantes do céu,
– fazei que os celebremos devotamente em espírito e verdade. R.

Pai nosso...

Oração

Deus eterno e todo-poderoso, que nos dais celebrar numa só festa os méritos de todos os Santos, concedei-nos, por intercessores tão numerosos, a plenitude da vossa misericórdia. Por nosso Senhor Jesus Cristo, vosso Filho, na unidade do Espírito Santo.

Hora Média

Salmos graduais, p. 1132. Se for domingo, salmos do domingo da I Semana, p. 584.

Oração das Nove Horas

Ant. O Senhor reconforta Sião e haverá alegria e gozo, gratidão e canções de louvor.

Leitura breve   Is 65,18-19

Haverá alegria e exultação sem fim em razão das coisas que eu vou criar; farei de Jerusalém a cidade da exultação e um povo cheio de alegria. Eu também exulto com Jerusalém e alegro-me com o meu povo; ali nunca mais se ouvirá a voz do pranto e o grito de dor.

V. Alegrai-vos e exultai, santos todos do Senhor,
R. Pois a vossa recompensa nos céus é muito grande!

Oração das Doze Horas

Ant. Os **po**vos ensinam, nar**ran**do a sabe**do**ria dos **san**tos; seu louvor toda a Igreja proclama.

Leitura breve   1Pd 1,15-16

Como é santo aquele que vos chamou, tornai-vos santos, também vós, em todo o vosso proceder. Pois está na Escritura: Sede santos, porque eu sou santo.

V. Ó **jus**tos, alegrai-vos no Se**nhor**.
R. Cele**brai** e bendi**zei** seu santo **no**me!

Oração das Quinze Horas

Ant. Os **san**tos, pela **fé**, triun**fa**ram sobre os **rei**nos, praticaram a justiça e alcançaram as promessas.

Leitura breve   Ap 21,10-11a; 22,3b-4

O anjo levou-me em espírito a uma montanha grande e alta. Mostrou-me a cidade santa, Jerusalém, descendo do céu, de junto de Deus, brilhando com a glória de Deus. Na cidade estará o trono de Deus e do Cordeiro e seus servos poderão prestar-lhe culto. Verão a sua face e o seu nome estará sobre suas frontes.

V. Os **jus**tos louva**rão** o vosso **no**me.
R. E junto a **vós** habita**rão** os que são **re**tos.
Oração como nas Laudes.

II Vésperas

HINO Redentor de todos, como nas I Vésperas, p. 1411.

Ant. 1 Vi uma **gran**de multi**dão**, que nin**guém** pode con**tar**, de **to**das as na**ções**, de **pé** em frente ao **tro**no.

Salmo 109(110),1-5.7

— ¹**Pa**lavra do Se**nhor** ao meu Se**nhor**: *
  "As**sen**ta-te ao lado meu direito,

– até que eu ponha os inimigos teus *
   como escabelo por debaixo de teus pés!"
= ²O Senhor estenderá desde Sião †
   vosso cetro de poder, pois ele diz: *
   "Domina com vigor teus inimigos;
= ³Tu és príncipe desde o dia em que nasceste; †
   na glória e esplendor da santidade, *
   como o orvalho, antes da aurora, eu te gerei!"
= ⁴Jurou o Senhor e manterá sua palavra: †
   "Tu és sacerdote eternamente, *
   segundo a ordem do rei Melquisedec!"
– ⁵À vossa destra está o Senhor, Ele vos diz: *
   "No dia da ira esmagarás os reis da terra!
– ⁷Beberás água corrente no caminho, *
   por isso seguirás de fronte erguida!"

Ant. Vi uma grande multidão, que ninguém pode contar,
   de todas as nações, de pé em frente ao trono.

Ant. 2 Deus provou os seus eleitos e os achou dignos de si;
   por isso obterão da mão do Senhor Deus
   um reino glorioso.

Salmo 115(116)

–¹⁰Guardei a minha fé, mesmo dizendo: *
   "É demais o sofrimento em minha vida!"
–¹¹Confiei, quando dizia na aflição: *
   "Todo homem é mentiroso! Todo homem!"
–¹²Que poderei retribuir ao Senhor Deus *
   por tudo aquilo que ele fez em meu favor?
–¹³Elevo o cálice da minha salvação, *
   invocando o nome santo do Senhor.
–¹⁴Vou cumprir minhas promessas ao Senhor *
   na presença de seu povo reunido.
–¹⁵É sentida por demais pelo Senhor *
   a morte de seus santos, seus amigos.

= ¹⁶Eis que **sou** o vosso servo, ó Senhor, †
vosso **ser**vo que nasceu de vossa serva; *
mas me que**bras**tes os grilhões da escravidão!
– ¹⁷Por isso o**fer**to um sacrifício de louvor, *
invo**can**do o nome santo do Senhor.
– ¹⁸Vou cum**prir** minhas promessas ao Senhor *
na pre**sen**ça de seu povo reunido;
– ¹⁹nos **átrios** da casa do Senhor, *
em teu **mei**o, ó cidade de Sião!

Ant. Deus pro**vou** os seus **eleitos** e os **achou** dignos de **si**;
por **isso** obte**rão** da **mão** do Senhor **Deus**
um **rei**no glori**oso**.

Ant. 3 Para **Deus** nos re**miu** vosso **sangue**
dentre **to**das as **tribos** e **línguas**,
dentre os **povos** da **terra** e na**ções**,
e fizestes de **nós** para **Deus**
sacer**do**tes e povo de **reis**.

Cântico   Ap 4,11; 5,9.10.12

– ⁴'¹¹Vós sois **digno**, Se**nhor**, nosso **Deus**, *
de rece**ber** honra, glória e poder!

(R. **Poder**, honra e **glória** ao Cor**dei**ro de **Deus!**)

= ⁵'⁹Porque **to**das as coisas criastes, †
é por **vos**sa vontade que existem, *
e sub**sis**tem porque vós mandais.   (R.)

= Vós sois **digno**, Senhor, nosso Deus, †
de o **livro** nas mãos receber *
e de a**brir** suas folhas lacradas!   (R.)

– Porque **fos**tes por nós imolado; *
para **Deus** nos remiu vosso sangue
– dentre **to**das as tribos e línguas, *
dentre os **po**vos da terra e nações.   (R.)

II Vésperas

= 10 Pois fizestes de nós, para Deus, †
  sacerdotes e povo de reis, *
  e iremos reinar sobre a terra. (R.)

= 12 O Cordeiro imolado é digno †
  de receber honra, glória e poder, *
  sabedoria, louvor, divindade! (R.)

Ant. Para Deus nos remiu vosso sangue
  dentre todas as tribos e línguas,
  dentre os povos da terra e nações,
  e fizestes de nós para Deus
  sacerdotes e povo de reis.

Leitura breve 2Cor 6,16b; 7,1

Vós sois templo de Deus vivo, como disse o próprio Deus: Eu habitarei no meio deles e andarei entre eles. Serei o seu Deus e eles serão o meu povo. Caríssimos, nós, que recebemos essas promessas, purifiquemo-nos de toda mancha da carne e do espírito, completando a nossa santificação, no temor de Deus.

Responsório breve

R. Vós santos e eleitos,
  * Alegrai-vos no Senhor! **R.** Vós santos.
V. Porque Deus vos escolheu para serdes sua herança.
  * Alegrai-vos. Glória ao Pai. **R.** Vós santos.

Cântico evangélico, ant.

Oh, quão glorioso é o Reino
onde gozam os santos com Cristo.
Vestidos de brancas roupagens,
seguem sempre o Cordeiro onde for.

Preces

Repletos de alegria, invoquemos a Deus, recompensa e glória de todos os santos e santas; e digamos:

R. Salvai-nos, Senhor, por intercessão de vossos santos!

Deus de infinita sabedoria que, por Cristo, constituístes os apóstolos como fundamentos da fé da Igreja,
 –conservai-nos fiéis à fé que eles nos ensinaram.

R. Salvai-nos, Senhor, por intercessão de vossos santos!

Vós, que destes aos mártires a coragem do testemunho até derramarem o próprio sangue,
 –tornai os cristãos testemunhas fiéis do vosso Filho. R.

Vós, que concedestes às santas Virgens o dom inestimável de imitar a Cristo virgem,
 –fazei que todos reconheçam a virgindade consagrada a vós como autêntico sinal do reino dos céus. R.

Vós, que manifestais em todos os santos e santas a vossa presença, o vosso rosto e a vossa palavra,
 –dai-nos a graça de nos sentirmos mais próximos de vós quando os honramos. R.

(intenções livres)

Concedei aos que morreram viver eternamente no céu com a Virgem Maria, São José e todos os santos e santas,
 –e, por intercessão deles, fazei-nos participar da sua companhia. R.

Pai nosso...

Oração

Deus eterno e todo-poderoso, que nos dais celebrar numa só festa os méritos de todos os Santos, concedei-nos, por intercessores tão numerosos, a plenitude da vossa misericórdia. Por nosso Senhor Jesus Cristo, vosso Filho, na unidade do Espírito Santo.

2 de novembro

COMEMORAÇÃO DE TODOS OS FIÉIS DEFUNTOS

Mesmo quando o dia 2 de novembro for domingo, celebra-se a Comemoração de todos os fiéis defuntos.

Como no Ofício dos defuntos, p. 1767, exceto o seguinte:

Ofício das Leituras

Primeira leitura

Lê-se uma das leituras que se encontram no Ofício dos defuntos, p. 1772, com seu responsório.

Segunda leitura

Do Livro sobre a morte de seu irmão Sátiro, de Santo Ambrósio, bispo

(Lib. 2,40.41.46.47.132.133: CSEL 73,270-274.323-324)

(Séc. IV)

Morramos com Cristo, para vivermos com ele

Percebemos que a morte é lucro, e a vida, castigo. Por isso Paulo diz: *Para mim, viver é Cristo, e morrer é lucro* (Fl 1,21). Como unir-se a Cristo, espírito da vida, senão pela morte do corpo? Morramos então com ele, para com ele vivermos. Morramos diariamente no desejo e em ato, para que, por esta segregação, nossa alma aprenda a se subtrair das concupiscências corporais. Que ela, como se já estivesse nas alturas, onde não a alcançam os desejos terrenos, aceite a imagem da morte para não incorrer no castigo da morte. Pois a lei da carne luta contra a lei do espírito e apoia-se na lei do erro. Mas qual o remédio? *Quem me libertará deste corpo de morte?* (Rm 7,24). *A graça de Deus, por Jesus Cristo, nosso Senhor* (cf. Rm 7,25s).

Temos o médico, usemos o remédio. Nosso remédio é a graça de Cristo, e corpo de morte é o nosso corpo. Portanto afastemo-nos do corpo e não se afaste de nós o Cristo! Embora ainda no corpo não lhe obedeçamos, não abandonemos as leis naturais, mas prefiramos os dons da graça.

E que mais? Pela morte de um só, o mundo foi remido. Cristo, se quisesse, poderia não ter morrido. Não julgou, porém, dever fugir da morte como coisa inútil nem que nos salvaria melhor, evitando a morte. Com efeito, sua morte é a vida de todos. Somos marcados com sua morte, ao orar anunciamos sua morte, ao oferecer o sacrifício pregamos sua morte. Sua morte é vitória, é sacramento, é a solenidade anual do mundo.

Não diremos ainda mais sobre a sua morte, se provarmos pelo exemplo divino que dela resultou a imortalidade, e que a morte se redimiu a si mesma? Não se deve lastimar a morte, que é causa da salvação do povo. Não se deve fugir da morte, que o Filho de Deus não rejeitou, e da qual não fugiu.

Na verdade, a morte não era da natureza, mas converteu-se em natureza. No princípio, Deus não fez a morte, mas deu-a como remédio. Pela prevaricação, condenada ao trabalho de cada dia e ao gemido intolerável, a vida dos homens começou a ser miserável. Era preciso dar fim aos males, para que a morte restituísse o que a vida perdera. Pois a imortalidade seria mais penosa que benéfica, se não fosse promovida pela graça.

Por isso, tem o espírito de afastar-se logo da vida tortuosa e das nódoas do corpo terreno, e lançar-se para a celeste assembleia, embora pertença só aos santos lá chegar, e cantar a Deus o louvor, descrito no livro profético, que os citaristas cantam: *Grandes e maravilhosas tuas obras, Senhor Deus onipotente; justos e verdadeiros teus caminhos, ó Rei das nações! Quem não temeria e não glorificaria teu nome? Porque só tu és santo; todos os povos irão e se prostrarão diante de ti* (Ap 15,3-4). Contemplar também, ó Jesus, tuas núpcias, nas quais a esposa, ao canto jubiloso de todos, é conduzida da terra ao céu – *a ti virá toda carne* (Sl 64,3) – já não mais manchada pelo mundo, mas unida ao espírito.

Era isto que o santo Davi desejava, acima de tudo, contemplar e admirar, quando dizia: *Uma só coisa pedi ao Senhor, a ela busco: habitar na casa do Senhor todos os dias de minha vida e ver as delícias do Senhor* (Sl 26,4).

Responsório
Cf. 2Mc 12,45b; Mt 13,43a

R. Para aqueles que adormecem na piedade,
  * Está reservada excelente recompensa.
V. Como o **sol**, então, os **jus**tos brilha**rão**
  no **Rei**no do seu **Pai** onipoten**te**. * Está reservada.

Oração

Ó Deus, escutai com bondade as nossas preces e aumentai a nossa fé no Cristo ressuscitado, para que seja mais viva a nossa esperança na ressurreição dos vossos filhos e filhas. Por nosso Senhor Jesus Cristo, vosso Filho, na unidade do Espírito Santo.

3 de novembro
SÃO MARTINHO DE LIMA, RELIGIOSO

Nasceu em Lima (Peru) de pai espanhol e mãe negra, no ano 1579. Aprendeu desde muito jovem o ofício de barbeiro e enfermeiro; e, quando entrou na Ordem dos Pregadores, dedicou-se de modo singular à enfermagem em favor dos pobres. Levou uma vida de constante mortificação e profunda humildade, e cultivou uma especialíssima devoção à Eucaristia. Morreu em 1639.

Do Comum dos santos homens: para religiosos, p. 1743, exceto o seguinte:

Ofício das Leituras

Segunda leitura
Da homilia na canonização de São Martinho de Lima, do papa João XXIII

(Die 6 maii 196 2: AAS 54[1962],306-309) (Séc. XX)

"Martinho da caridade"

Martinho, pelo exemplo de sua vida, prova-nos que podemos alcançar a salvação e a santidade pelo caminho que Cristo Jesus mostrou: quer dizer, em primeiro lugar, o amor a Deus *de todo o nosso coração, de toda a nossa alma e com todo o nosso espírito;* e em segundo lugar, *o amor ao próximo como a nós mesmos* (Mt 22,37-39).

Convicto de que *Cristo Jesus morreu por nós e tomou sobre si nossos pecados em seu corpo no lenho* (cf. 1Pd 2,24), concebeu extremado amor pelo Crucificado. Ao contemplar seus atrozes sofrimentos, não podia impedir-se de chorar copiosamente. Amava igualmente com singular caridade o augusto sacramento da Eucaristia. Com frequência passava horas oculto em adoração diante do tabernáculo e desejava recebê-lo sempre que se lhe oferecia a oportunidade.

Por fim, São Martinho, obediente ao máximo à exortação do divino Mestre, alimentava a maior caridade para com os irmãos, brotada da fé inquebrantável e da humildade de coração. Amava também os homens aos quais sinceramente estimava como filhos de Deus e seus irmãos. Ou melhor, amava-os mais do que a si mesmo, uma vez que, em sua humildade, a todos julgava mais justos e melhores do que ele.

Desculpava os defeitos alheios. Perdoava até mesmo as mais duras injúrias, persuadido como estava de ser digno de muito maior castigo por seus pecados. Com a maior diligência tentava levar os desviados ao bom caminho; benigno, assistia os doentes; dava aos indigentes alimento, roupa, medicamentos; auxiliava com toda a ajuda e solicitude a seu alcance os lavradores, bem como os negros e mestiços, que naquele tempo eram desprezados como escravos, de tal forma que começou a ser chamado pelo povo de "Martinho da caridade".

Este santo homem, que, por palavras, exemplo e virtude, atraiu tantos para a religião, também hoje tem poder de elevar maravilhosamente nossos espíritos às realidades celestes. Nem todos, infelizmente, entendem, como seria de desejar, estes bens superiores, nem todos os respeitam; bem, ao contrário, muitos, propensos aos prazeres do vício, desdenham ou aborrecem-nos, ou mesmo desprezam-nos totalmente. Queira o exemplo de Martinho a muitos ensinar com segurança como é bom e suave seguir as pegadas de Jesus Cristo e obedecer a seus divinos mandamentos.

Responsório
Cf. Eclo 31,8.11a.9

R. Feliz aquele homem que sem mancha foi achado,
que não foi atrás de ouro e não pôs sua esperança
no dinheiro e nos tesouros.
* Por isso, estão seus bens apoiados no Senhor.
V. Quem é este para que lhe demos glória?
Porque fez maravilhas entre o povo. * Por isso.

Laudes

Cântico evangélico, ant.
Bendito seja o Senhor Deus, que libertou todos os povos, e das trevas chamou para sua luz maravilhosa.

Oração
Ó Deus, que conduzistes São Martinho de Lima à glória do céu pelos caminhos da humanidade, dai-nos seguir de tal modo seus exemplos na terra, que sejamos com ele exaltados no céu. Por nosso Senhor Jesus Cristo, vosso Filho, na unidade do Espírito Santo.

Vésperas

Cântico evangélico, ant.
Glorifiquemos o Senhor, que exaltou com dons celestes seu servo humilde São Martinho.

4 de novembro

SÃO CARLOS BORROMEU, BISPO

Memória

Nasceu em Arona (Lombardia) no ano 1538; depois de ter conseguido o doutoramento *In utroque iure,* foi nomeado cardeal por

Pio IV, seu tio, e eleito bispo de Milão. Foi um verdadeiro pastor da Igreja no exercício desta missão: visitou várias vezes toda a diocese, convocou sínodos e desenvolveu a mais intensa atividade, em todos os setores, para a salvação das almas, promovendo por todos os meios a renovação da vida cristã. Morreu no dia 3 de novembro de 1584.

Do Comum dos pastores: para bispos, p. 1623.

Ofício das Leituras

Segunda leitura

Do Sermão proferido no último sínodo por São Carlos, bispo

(Acta Ecclesiae Mediolanensis, Mediolani 1599,1177-1178)
(Séc. XVI)

Não sejas como quem diz uma coisa e faz outra

Somos todos fracos, confesso, mas o Senhor Deus nos entregou meios com que, se quisermos, poderemos ser fortalecidos com facilidade. Tal sacerdote desejaria possuir uma vida íntegra, que dele é exigida, ser continente e ter um comportamento angélico, como convém, mas não se resolve a empregar estes meios: jejuar, orar, fugir das más conversas e de nocivas e perigosas familiaridades.

Queixa-se de que, ao entrar no coro para a salmodia, ao dirigir-se para celebrar a missa, logo mil pensamentos lhe assaltam a mente e o distraem de Deus. Mas, antes de ir ao coro ou à missa, que fez na sacristia, como se preparou, que meios escolheu e empregou para fixar a atenção?

Queres que te ensine a caminhar de virtude em virtude e como seres mais atento ao ofício, ficando assim teu louvor mais aceito de Deus? Escuta o que digo. Se ao menos uma fagulha do amor divino já se acendeu em ti, não a mostres logo, não a exponhas ao vento! Mantém encoberta a lâmpada, para não se esfriar e perder o calor; isto é, foge, tanto quanto possível, das distrações; fica recolhido junto de Deus, evita as conversas vãs.

Tua missão é pregar e ensinar? Estuda e entrega-te ao necessário para bem exerceres este encargo. Faze, primeiro, por pregar com a vida e o comportamento. Não aconteça que, vendo-te dizer uma coisa e fazer outra, zombem de tuas palavras, abanando a cabeça.

Exerces cura de almas? Não negligencies por isso o cuidado de ti mesmo, nem dês com tanta liberalidade aos outros que nada sobre para ti. Com efeito, é preciso te lembrares das almas que diriges, sem que isto te faça esquecer da tua.

Entendei, irmãos, nada mais necessário aos eclesiásticos do que a oração mental que precede, acompanha e segue todos os nossos atos: *Salmodiarei,* diz o Profeta, *e entende rei* (cf. Sl 100,1 Vulg.). Se administras os sacramentos, ó irmão, medita no que fazes; se celebras a missa, medita no que ofereces; se salmodias no coro, medita a quem e no que falas; se diriges as almas, medita no sangue que as lavou e, assim, *tudo o que é vosso se faça na caridade* (1Cor 16,14). Deste modo, as dificuldades que encontramos todos os dias, inúmeras e necessárias (para isto estamos aqui), serão vencidas com facilidade. Teremos, assim, a força de gerar Cristo em nós e nos outros.

Responsório
1Tm 6,11b; 4,11.12b.6a

R. Segue a justiça, a pie**da**de e a **fé**,
a cari**da**de, a paci**ên**cia, a mansi**dão**.
* **Or**dena e en**si**na essas **coi**sas
e, tu **mes**mo, sê e**xem**plo aos fi**éis**.
V. Ex**pon**do tudo **is**so aos ir**mãos**,
se**rás** bom ser**vi**dor de Jesus **Cris**to. * **Or**dena.

Oração

Ó Deus, conservai no vosso povo o espírito que animava São Carlos Borromeu, para que a vossa Igreja, continuamente renovada e sempre fiel ao Evangelho, possa mostrar ao mundo a verdadeira face do Cristo. Que convosco vive e reina, na unidade do Espírito Santo.

9 de novembro

DEDICAÇÃO DA BASÍLICA DO LATRÃO

Festa

Segundo uma tradição que remonta ao século XII, celebra-se neste dia o aniversário da dedicação da basílica do Latrão, construída pelo imperador Constantino. Inicialmente foi uma festa exclusivamente da cidade de Roma; mais tarde, estendeu-se à Igreja de Rito romano, com o fim de honrar a basílica que é chamada "mãe e cabeça de todas as igrejas da Urbe e do Orbe" e como sinal de amor e unidade para com a Cátedra de Pedro, que, como escreveu Santo Inácio de Antioquia, "preside a assembleia universal da caridade".

Do Comum da dedicação de uma igreja, p. 1493, exceto o seguinte:

Ofício das Leituras

Segunda leitura
Dos Sermões de São Cesário de Arles, bispo
(Sermo 229,1-3: CCL 104,905-908)   (Séc. VI)

Pelo batismo fomos todos feitos templos de Deus

Celebramos hoje, irmãos diletos, com exultação jubilosa e com a bênção de Cristo, o natalício deste templo. Nós, porém, é que temos de ser o verdadeiro templo vivo de Deus. Todavia é com muita razão que os povos cristãos observam com fé a solenidade da Igreja-mãe, por quem reconhecem ter nascido espiritualmente. Pois pelo primeiro nascimento éramos vasos da ira de Deus; pelo segundo, foi-nos dado ser vasos da sua misericórdia. O primeiro nascimento lançou-nos na morte; e o segundo, chamou-nos de novo à vida.

Todos nós, caríssimos, antes do batismo fomos templos do demônio; depois do batismo, obtivemos ser templos de Cristo. E, se meditarmos com atenção sobre a salvação de nossa alma, reconheceremos que somos o verdadeiro templo vivo de Deus. Deus *não habita* somente *em construções de mão de homem* (At 17,24) nem em casa feita de pedras e madeira; mas principalmente na alma feita à imagem de Deus e edificada por mãos deste artífice. Desse modo pôde São Paulo dizer: *O templo de Deus, que sois vós, é santo* (1Cor 3,17).

E já que Cristo, quando veio, expulsou o diabo de nossos corações para preparar um templo para si, quanto pudermos, esforcemo-nos com seu auxílio para que em nós não sofra injúria por nossas más obras. Pois quem proceder mal, faz injúria a Cristo. Como disse acima, antes que Cristo nos redimisse, éramos casa do diabo; depois foi-nos dado ser casa de Deus. Deus se dignou fazer de nós sua casa.

Por isso, diletos, se queremos celebrar na alegria o natalício do templo, não devemos destruir em nós, pelas obras más, os templos vivos de Deus. E falarei de modo que todos compreendam: cada vez que entramos na igreja, queremos encontrá-la tal como devemos dispor nossas almas.

Queres ver bem limpa a basílica? Não manches tua alma com as nódoas do pecado. Se desejas que a basílica seja luminosa, também Deus quer que tua alma não esteja em trevas, mas que em nós brilhe a luz das boas obras, como disse o Senhor, e seja glorificado aquele que está nos céus. Do mesmo modo como tu entras nesta igreja, assim quer Deus entrar em tua alma, conforme prometeu: *E habitarei e andarei entre eles* (cf. Lv 26,11.12).

Responsório　　　　　　　　　　　　　　Cf. Ez 47,1.9
R. Vi água saindo da porta do templo, do lado direito.
  * E todos aos quais esta água chegou,
    tornaram-se salvos, cantando em voz alta:
    Aleluia, aleluia.
V. Na dedicação do templo, o povo entoava louvores,
  e em todos os lábios vibrava suave um canto festivo.
  * E todos.
HINO Te Deum, p. 543.
Oração do Comum, p. 1505.

Hora Média

Antífonas e salmos do dia de semana corrente. O restante do Comum, p. 1505-1507.

10 de novembro
SÃO LEÃO MAGNO, PAPA E DOUTOR DA IGREJA
Memória

Nasceu na Toscana (Itália) e no ano 440 foi elevado à Cátedra de Pedro, cargo que exerceu como verdadeiro pastor e pai. Trabalhou intensamente pela integridade da fé, defendeu com ardor a unidade da Igreja, empenhou-se por todos os meios possíveis em evitar as incursões dos bárbaros ou mitigar a seus efeitos. Por toda esta atividade extraordinária mereceu com toda a justiça ser apelidado "Magno". Morreu no ano 461.

Do Comum dos pastores: para papas, p. 1623, e dos doutores da Igreja, p. 1656, exceto o seguinte:

Ofício das Leituras

Segunda leitura
Dos Sermões de São Leão Magno, papa
　　　(Sermo 4,1-2: PL 54,148-149)　　　　　(Séc. V)

O serviço especial do nosso ministério

Embora seja a Igreja de Deus toda ela ordenada em distintos graus, de forma a subsistir a integridade nos diversos membros do Corpo sagrado, *todos,* no entanto, no dizer do Apóstolo, *em Cristo, somos um* (cf. Gl 3,28). Ninguém está tão separado do outro pelo ofício, que até a mínima porção não pertença à conexão da cabeça. De fato, na unidade da fé e do batismo, nossa sociedade não conhece discriminações e é geral a dignidade, segundo a palavra do santo apóstolo Pedro: *Quais pedras vivas deixai-vos edificar como casas espirituais, um sacerdócio santo, para oferecer sacrifícios espirituais aceitos de Deus por Jesus Cristo* (1Pd 2,5); e depois: *Vós, porém, raça eleita e sacerdócio real, nação santa, povo adquirido* (1Pd 2,9).

A todos os renascidos em Cristo o sinal da cruz tomareis, a unção do Espírito Santo consagra sacerdotes. Por isso, afora o especial serviço de nosso ministério, saibam todos os cristãos espirituais e racionais serem consortes da raça real e do ofício sacerdotal. Que de mais régio do que ser o espírito submisso a Deus, senhor de seu corpo? E que de mais sacerdotal do que entregar ao Senhor a consciência pura e oferecer as hóstias imaculadas da piedade no altar do coração? Sendo obra, pela graça de Deus, comum a todos, contudo, é piedoso e louvável de vossa parte alegrar-vos, como honra vossa, pelo dia de nossa elevação. Que se celebre no Corpo todo da Igreja o único sacramento do sacerdócio. Ao derramar-se o unguento da consagração, este sacramento derramou-se certamente com mais abundância nos membros superiores, mas não com menor liberalidade nos inferiores.

Havendo assim, diletíssimos, pela participação neste dom, grande motivo de alegria em comum, haverá mais verdadeira e mais excelente causa de júbilo, se não pararmos na consideração de nossa pequenez. Com efeito muito mais vantajoso e mais digno será erguermos a força do espírito para contemplar a glória do santíssimo apóstolo Pedro; e, de preferência, neste dia venerar aquele que foi abundantemente regado pela fonte mesma dos carismas, para que, tendo recebido sozinho, nada seja transmitido a alguém sem sua participação. O Verbo feito carne já habitava entre nós. Cristo já se tinha entregado totalmente para restaurar o gênero humano.

Responsório — Mt 16,18; Sl 47(48),9d

R. Jesus **disse**, em se**gui**da, a Si**mão**:
Tu és **Pedro** e **so**bre esta **pedra**
eu **irei** constru**ir** minha I**gre**ja.
* E as **por**tas do in**fer**no não i**rão** derro**tá**-la.
V. Deus fun**dou** sua ci**da**de e se**rá** para **sem**pre.
* E as **por**tas.

Laudes

Cântico evangélico, ant.
São **Pedro**, persis**tin**do na fir**me**za de uma **ro**cha,
que de **Cris**to rece**beu**, não solta o **le**me desta **bar**ca
que é a I**gre**ja do Se**nhor**.

Oração

Ó Deus, que jamais permitis que as potências do mal prevaleçam contra a vossa Igreja, fundada sobre a rocha inabalável dos Apóstolos, dai-lhe, pelos méritos do papa São Leão, permanecer firme na verdade e gozar paz para sempre. Por nosso Senhor Jesus Cristo, vosso Filho, na unidade do Espírito Santo.

Vésperas

Cântico evangélico, ant.
Pedro a**fir**ma cada **dia** na I**gre**ja univer**sal**:
Tu és o **Cris**to, o **Mes**sias, és o **Fi**lho do Deus **vi**vo.

11 de novembro

SÃO MARTINHO, BISPO

Memória

Nasceu na Panônia cerca do ano 316, de pais pagãos. Depois de receber o batismo e de renunciar à carreira militar, fundou um mosteiro em Ligugé (França), onde levou vida monástica sob a direção de Santo Hilário. Foi depois ordenado sacerdote e, mais tarde, eleito bispo de Tours. Foi modelo insigne de bom pastor. Fundou outros mosteiros, dedicou-se à formação do clero e à evangelização dos pobres. Morreu no ano 397.

Do Comum dos pastores: para bispos, p. 1623.

Invitatório

R. Louvemos nosso **Deus** feste**jan**do São Mar**ti**nho.
Salmo invitatório como no Ordinário, p. 537.

Ofício das Leituras

HINO Ao fiel confessor, como nas Vésperas, p. 1446.

Segunda leitura
Das Cartas de Sulpício Severo
 (Epist. 3,6.9- 10. 11.14-17. 21; SCh 133,336-344) (Séc. V)

Martinho, pobre e humilde

Martinho soube com muita antecedência o dia da sua morte e comunicou aos irmãos estar iminente a dissolução de seu corpo. Entretanto, surgiu a necessidade de ir à diocese de Candax, pois os eclesiásticos desta Igreja estavam em discórdia. Desejando restabelecer a paz, embora não ignorasse o fim de seus dias, não recusou partir, julgando que seria um excelente fecho de suas obras deixar a Igreja em paz.

Demorou-se por algum tempo na aldeia e na Igreja aonde fora, e a paz voltou para os clérigos. Quando já pensava em regressar ao mosteiro, começaram de repente a faltar-lhe as forças e, chamando os irmãos, disse-lhes que ia morrer. Diante disto todos se entristeceram grandemente, chorando e dizendo, a uma só voz: "Por que, pai, nos abandonas? A quem nos entregas, desolados? Lobos vorazes invadem teu rebanho; quem, ferido o pastor, nos livrará de seus dentes? Sabemos que desejas a Cristo, mas teus prêmios já estão seguros e não diminuirão com o adiamento! Tem compaixão de nós, a quem desamparas!"

Comovido com estas lágrimas, ele que sempre possuíra entranhas de misericórdia, também chorou, segundo contam. Voltando-se então para o Senhor, respondeu aos queixosos somente com estas palavras: "Senhor, se ainda sou necessário a teu povo, não recuso o trabalho. Que se faça tua vontade".

Que homem incomparável! O trabalho não o vence, a morte não o vencerá! Ele, que não se inclinava para nenhum dos lados, não temeria morrer e nem recusaria viver! No entanto, olhos e mãos sempre erguidos para o céu, não abandonava a oração o espírito invicto; e quando os presbíteros, que se haviam reunido junto dele, lhe pediram aliviar o frágil corpo, virando-o para o lado, disse: "Deixai-me, deixai-me, irmãos, olhar para o céu de preferência à terra, para que o espírito já se dirija ao caminho que o levará ao Senhor". Dito isto, viu o demônio ali perto. "Por que estás aqui, fera nefasta? Nada em mim, ó cruel, encontrarás! O seio de Abraão me acolhe".

Com estas palavras entregou o espírito ao céu. Martinho, feliz, é recebido no seio de Abraão; Martinho, pobre e humilde, entra rico no céu.

Responsório
R. Ó **bispo** São Martinho, real**men**te homem fe**liz**!
   Jamais foi encon**tra**da, em seus **lábios**, a men**tira**;
   a nin**guém** ele julgava e **nun**ca conde**nava**.
 * Não ha**via** em sua **bo**ca outra **coi**sa a não **ser**
   Jesus **Cristo**, a paz, o a**mor**.
V. Homem **digno** de lou**vor**!
   Nem tra**ba**lho o derro**tou**, nem a **mor**te o ven**ceria**,
   nem mor**rer** o apavo**rou** e a vi**ver** não recu**sou**.
 * Não ha**via**.

Oração como nas Laudes.

Laudes

Hino

Teus monges todos choravam:
ias, Martinho, morrer:
"Se ao povo sou necessário,
já não recuso viver!"

Aos nossos bispos concede
toda a união, toda a paz;
aumenta a glória da Igreja,
calcando aos pés Satanás.

Ressuscitaste três mortos,
do caos venceste o terror;
partindo ao meio o teu manto,
vestiste o próprio Senhor.

Enfrentarias a luta,
armado apenas da cruz,
mas de ti foge o demônio:
todo o teu ser era luz.

Tu proclamaste o Deus trino,
e a Jesus, Filho de Deus.
A mesma fé professando,
cantar possamos nos céus.

Ant. 1 Sacer**do**te de **Deus**, São Mar**ti**nho,
para **vós** se a**bri**ram os **céus** e o **Rei**no ce**les**te do **Pai**.

Salmos e cântico do domingo da I Semana, p. 580.

Ant. 2 Com os **o**lhos e as **mãos** vol**ta**dos para os **céus**,
seu es**pí**rito incan**sá**vel não ces**sa**va de re**zar**.

Ant. 3 Martinho é rece**bi**do alegre**men**te
no **sei**o de Abra**ão**, o nosso **pai**;
Martinho, que era **po**bre e hu**mil**de,
carrega**do** de rique**za** entra nos **céus**.

Leitura breve
Hb 13,7-8

Lembrai-vos de vossos dirigentes, que vos pregaram a palavra de Deus, e, considerando o fim de sua vida, imitai-lhes a fé. Jesus Cristo é o mesmo ontem e hoje e por toda a eternidade.

Responsório breve

R. Colocastes sentinelas
  * Vigiando vosso povo. R. Colocastes.
V. Anunciam, dia e noite, vosso nome, ó Senhor.
  * Vigiando. Glória ao Pai. R. Colocastes.

Cântico evangélico, ant.

Ó feliz e santo homem, vossa alma está no céu.
Os anjos se alegram, rejubilam os arcanjos;
os santos vos aclamam e as virgens vos convidam:
Ficai conosco para sempre!

Oração

Ó Deus, que fostes glorificado pela vida e a morte do bispo São Martinho, renovai em nossos corações as maravilhas da vossa graça, de modo que nem a morte nem a vida nos possam separar do vosso amor. Por nosso Senhor Jesus Cristo, vosso Filho, na unidade do Espírito Santo.

Vésperas

Hino

Ao fiel confessor do Senhor
canta a terra com grande alegria.
Mereceu penetrar, glorioso,
nas alturas do céu, neste dia.

Piedoso, prudente e humilde,
casto e sóbrio, constante na paz,
foi até o momento supremo,
que do corpo a morada desfaz.

Vão, por isso, ao sepulcro do santo
implorar a saúde os doentes
e, invocando o Senhor em seu nome,
são curados e voltam contentes.

Nós, agora, cantamos um hino
ao seu nome, em alegre coral.
Seu convívio possamos um dia
partilhar no festim eternal.

Salvação e poder à Trindade
que as alturas celestes habita,
e governa e dirige este mundo
com ciência e bondade infinita.

Ant. 1 Homem **digno** de lou**vor**:
Nem tra**ba**lho o derro**tou** nem a **tum**ba o fez tre**mer**;
nem mor**rer** o apavo**rou** e a vi**ver** não recu**sou**.

Salmos e cântico do Comum dos pastores, p. 1651.

Ant. 2 Ó Se**nhor**, se ao vosso **po**vo sou a**in**da neces**sá**rio,
não re**cu**so o tra**ba**lho: vossa von**ta**de seja **fei**ta.

Ant. 3 O **bis**po Martinho, a **gló**ria do **cle**ro,
par**tiu** deste **mun**do e **vi**ve com **Cris**to.

Leitura breve   1Pd 5,1-4

Exorto aos presbíteros que estão entre vós, eu, presbítero como eles, testemunha dos sofrimentos de Cristo e participante da glória que será revelada: Sede pastores do rebanho de Deus, confiado a vós; cuidai dele, não por coação, mas de coração generoso; não por torpe ganância, mas livremente; não como dominadores daqueles que vos foram confiados, mas antes como modelos do rebanho. Assim, quando aparecer o pastor supremo, recebereis a coroa permanente da glória.

Responsório breve

R. Eis o **a**mi**go** dos ir**mãos**,
 * Que inter**ce**de pelo **po**vo. R. Eis o **a**mi**go**.
V. Dedi**cou** a sua **vi**da em fa**vor** de seus ir**mãos**.
 * Que inter**ce**de. Glória ao **Pai**. R. Eis o **a**mi**go**.

Cântico evangélico, ant.

Ó **bis**po fe**liz**, que a**ma**va o **Cris**to com **to**das as **for**ças,
sem te**mer** os se**nho**res e os **gran**des do **mun**do!
Ó **al**ma san**tís**sima, que **sem** ter so**fri**do da es**pa**da a tor**tu**ra,
mere**ceu** plena**men**te a **pal**ma do **már**tir!

Oração como nas Laudes.

12 de novembro

SÃO JOSAFÁ, BISPO E MÁRTIR

Memória

Nasceu na Ucrânia, cerca do ano 1580, de pais ortodoxos. Abraçou a fé católica e entrou na Ordem de São Basílio. Ordenado sacerdote e eleito bispo de Polock, dedicou-se com grande empenho à causa da unidade da Igreja, pelo que foi perseguido pelos seus inimigos e morreu mártir em 1623.

Do Comum de um mártir, p. 1603, ou, dos pastores: para bispos, p. 1623.

Ofício das Leituras

Segunda leitura

Da Encíclica *Ecclesiam Dei,* de Pio XI, papa
(AAS 15[1923],573.576-577) (Séc. XX)

Derramou o seu sangue pela unidade da Igreja

A Igreja de Deus por admirável desígnio foi constituída de forma a ser, na plenitude dos tempos, semelhante a imensa família, abraçando a totalidade do gênero humano;

e, por dom de Deus, sabemos ser ela visível não só por suas notas principais, como também pela unidade universal.

De fato, Cristo Senhor não apenas confiou somente aos apóstolos o dom que ele próprio recebera do Pai, ao dizer: *Todo o poder me foi dado no céu e na terra; ide, pois, ensinai a todos os povos* (Mt 28,18-19); mas também quis que o grupo dos apóstolos fosse em sumo grau um colégio só, duplamente ligado por estreito vínculo: intrinsecamente pela mesma fé e caridade, *infundida em nossos corações pelo Espírito Santo* (cf. Rm 5,5); extrinsecamente, pelo governo de um só sobre todos, ao entregar o principado a Pedro qual perpétuo princípio e visível fundamento da unidade.

Para que se mantivesse para sempre esta unidade e concórdia, Deus de suma providência consagrou-a com o sinete da santidade e do martírio.

Este grande louvor obteve-o o arcebispo de Polock, Josafá, de rito eslavônio oriental; com toda a razão o saudamos como honra insigne e coluna dos eslavos orientais. Com efeito, mal se encontra quem tenha mais ilustrado o nome deles ou servido melhor a sua salvação, que este pastor e apóstolo, mormente ao derramar o sangue pela unidade da santa Igreja. Além disto, sentindo-se divinamente impelido à reintegração universal na unidade santa, compreendeu que a melhor contribuição a dar seria guardar o rito oriental eslavônio e o monaquismo basiliano na unidade da Igreja universal.

Entrementes, solícito em primeiro lugar pela união de seus concidadãos com a cátedra de Pedro, buscava por toda a parte com empenho todos os argumentos que pudessem promovê-la ou confirmá-la. De modo especial, folheava assiduamente os livros litúrgicos usados pelos orientais e pelos dissidentes, segundo as ordenações dos santos padres. Preparado tão diligentemente, iniciou o trabalho de refazer a unidade, com tanto vigor e suavidade e com tanto êxito, que pelos próprios adversários foi chamado de "raptor de almas".

Responsório Jo 17,11b.23.22a

R. Jesus disse: Ó Pai **san**to, em teu **no**me, guarda a**que**les
que me **des**te e que são **teus**,
* Para que eles sejam **um**,
e as**sim** o mundo **crei**a que **tu** me enviaste.
V. Eu lhes **dei** aquela **gló**ria, que de **ti** rece**bi**.
* Para que eles.

Oração

Suscitai, ó Deus, na vossa Igreja o Espírito que impeliu o bispo São Josafá a dar a vida por suas ovelhas, e concedei que, por sua intercessão, fortificados pelo mesmo Espírito, estejamos prontos a dar a nossa vida pelos nossos irmãos. Por nosso Senhor Jesus Cristo, vosso Filho, na unidade do Espírito Santo.

15 de novembro

SANTO ALBERTO MAGNO, BISPO E DOUTOR DA IGREJA

Nasceu em Lauingen, junto ao Danúbio na Baviera (Alemanha), cerca do ano 1206. Fez os seus estudos em Pádua e em Paris. Entrou na Ordem dos Pregadores e exerceu o magistério em vários lugares com grande competência. Ordenado bispo de Ratisbona, pôs todo o seu empenho em estabelecer a paz entre povos e cidades. É autor de muitas e importantes obras, tanto de ciências sagradas como naturais. Morreu em Colônia no ano 1280.

Do Comum dos pastores: para bispos, p. 1623, e dos doutores da Igreja, p. 1656, exceto o seguinte:

Ofício das Leituras

Segunda leitura

Do Comentário sobre o Evangelho de Lucas, de Santo Alberto Magno, bispo

(22,19: Opera omnia, Parisiis 1890-1899,23,672-674)

(Séc. XIII)

15 de novembro

Pastor e doutor para a edificação do Corpo de Cristo

Fazei isto em minha memória (Lc 22,19): há duas coisas a notar aqui. Primeiro, a ordem de realizar este sacramento com as palavras: *Fazei isto.* Segundo, que é um memorial do Senhor, quando se encaminhava para a morte por nós.

Ele diz, portanto: *Fazei isto.* Nada mais útil, nada mais suave, mais salutar, amável, mais semelhante à vida eterna poderia ele ordenar. Vamos mostrar um por um estes predicados.

Útil para a remissão dos pecados, e utilíssimo na vida para a plenitude da graça. O Pai dos espíritos nos guia ao que é útil para receber sua santificação. Porque a santificação está em seu sacrifício, isto é, quando se ofereceu no mistério, tanto ao Pai em nosso favor, quanto a nós, para nossa união. *Por eles, santifico-me a mim mesmo* (Jo 17,19). *Cristo, que se ofereceu imaculado a Deus pelo Espírito Santo, purificará nossa consciência das obras mortas para que sirvamos ao Deus vivo* (cf. Hb 9,14).

Nada igualmente mais suave. Nada se pode imaginar mais suave do que aquilo onde Deus mostra toda a sua doçura: *Concedeste-lhes o pão do céu preparado sem esforço, tendo em si todo o deleite e todo o sabor. Este alimento manifestava tua doçura para com teus filhos, acomodando se ao gosto de cada um, convertia-se no que cada qual desejava* (Sb 16,20-21).

Não poderia também ordenar nada mais salutar. Este sacramento é o fruto da Árvore da vida. Quem o tomar com fé sincera e devota, não provará para sempre a morte. *É árvore da vida para quem a alcançar; e feliz quem a possuir* (Pr 3,18). *Quem me come, viverá por mim* (Jo 6,57).

Não pôde ordenar nada mais digno de amor. Pois este sacramento é realização do amor e da união. A maior prova de amor é dar-se a si mesmo como alimento. *Diziam os companheiros de minha tenda: Quem nos dará de suas carnes para saciar nossa fome?* (Jó 31,31), como se dissesse: tanto os amei e eles a mim, que eu desejava estar em seus corações e eles queriam comer-me para se tornarem membros meus, a mim incorporados. Eles não teriam podido unir-se a mim mais íntima e naturalmente.

Não poderiam, também, determinar nada mais semelhante à vida eterna, pois a continuidade da vida eterna se origina de Deus, que em sua doçura se infunde nos que vivem a felicidade.

Responsório   Lc 22,29-30a; Jo 15,16a

R. Assim **como** meu **Pai** confi**ou**-me o **Rei**no,
vo-lo confio tam**bém**.
* Para co**mer**des e be**ber**des à **me**sa do meu **Rei**no.
V. Não fostes **vós** que me esco**lhes**tes,
mas sim **eu** vos esco**lhi**,
e, de**pois**, vos desig**nei** para que **va**des e deis fru**tos**.
* Para co**mer**des.

Oração

Ó Deus, quisestes que o bispo Santo Alberto fosse grande, porque soube conciliar a sabedoria humana e a verdadeira fé; dai-nos, na escola de tão grande mestre, conhecer-vos e amar-vos mais profundamente, na medida em que progredimos nas ciências. Por nosso Senhor Jesus Cristo, vosso Filho, na unidade do Espírito Santo.

16 de novembro

SANTA MARGARIDA DA ESCÓCIA

Nasceu na Hungria cerca do ano 1046, quando seu pai aí vivia exilado. Foi dada em matrimônio a Malcom III, rei da Escócia, e teve oito filhos. Foi exemplo admirável de mãe e de rainha. Morreu em Edimburgo no ano 1093.

Do Comum das santas mulheres: para as que se dedicaram às obras de caridade, p. 1749.

Ofício das Leituras

Segunda leitura
Da Constituição Pastoral *Gaudium et spes,* sobre a Igreja no mundo de hoje, do Concílio Vaticano II
(N. 48) (Séc. XX)

Santidade do matrimônio e da família

O homem e a mulher, que pelo pacto conjugal *já não são dois, mas uma só carne* (Mt 19,6), prestam-se mutuamente serviço e auxílio, experimentam e realizam cada dia mais plenamente o senso de sua unidade pela união íntima das pessoas e das atividades. Essa união íntima, doação recíproca de duas pessoas, bem como o bem dos filhos exigem a perfeita fidelidade dos cônjuges e sua indissolúvel unidade.

O autêntico amor conjugal é assumido no amor divino. É guiado e enriquecido pelo poder redentor de Cristo e pela ação salvífica da Igreja, para que os esposos sejam conduzidos eficazmente a Deus e ajudados e confortados na sublime missão de pai e mãe. Por isso os esposos cristãos são robustecidos – e como que consagrados – por um sacramento especial para os deveres e dignidades de seu encargo. Exercendo o dever conjugal e familiar em virtude desse sacramento, imbuídos do Espírito de Cristo, que lhes impregna toda a vida com a fé, a esperança e a caridade, aproximam-se cada vez mais da própria perfeição e mútua santificação e, assim unidos, contribuem para a glorificação de Deus.

Em consequência, tendo à frente os próprios pais com o exemplo e a oração familiar, os filhos e todos os que convivem no círculo da família encontrarão mais facilmente o caminho de humanidade, salvação e santidade. Mas os cônjuges, providos com a dignidade e o dever da paternidade e maternidade, cumprirão diligentemente o ofício da educação, sobretudo religiosa, que, em primeiro lugar, compete a eles.

Como membros vivos da família, a seu modo colaboram os filhos para a santificação dos pais. Retribuirão, com efeito, os benefícios dos pais de alma agradecida, com piedade e confiança e os assistirão nas adversidades e na solidão da velhice como convém a filhos. Seja honrada por todos a viuvez, assumida com fortaleza de ânimo em continuidade com a vocação conjugal. Assim a família comunicará generosamente suas riquezas espirituais também às outras famílias. E a família cristã patenteará a todos a presença viva do Salvador no mundo e a autêntica natureza da Igreja pelo amor dos cônjuges, pela fecundidade generosa, pela unidade e fidelidade, e pela amável cooperação de todos os membros, porque se origina do matrimônio, imagem e participação no pacto de amor entre Cristo e a Igreja

Responsório   Pr 31,30b.25a.31

R. A mulher que a Deus teme, esta sim, é louvável.
 * Fortaleza e graça são os seus ornamentos.
V. Dai a ela o fruto do trabalho que fez,
   suas obras a louvem, publicando seus méritos.
 * Fortaleza.

Oração

Ó Deus, que tornastes Santa Margarida da Escócia admirável por sua imensa caridade para com os pobres, dai-nos ser, por sua intercessão e exemplo, um reflexo da vossa bondade. Por nosso Senhor Jesus Cristo, vosso Filho, na unidade do Espírito Santo.

No mesmo dia 16 de novembro
SANTA GERTRUDES, VIRGEM

Nasceu em Eisleben (Turíngia) no ano 1256. Era muito jovem ainda quando foi acolhida no mosteiro cisterciense de Helfta, onde se entregou com grande diligência ao estudo, dedicando-se especialmente à literatura e à filosofia. Mais tarde, consagrou-se exclusivamente a Deus e progrediu de modo admirável no caminho da perfeição, levando uma vida extraordinária de oração e contemplação. Morreu a 17 de novembro de 1301.

Do Comum das virgens, p. 1669, ou, das santas mulheres: para religiosas, p. 1743.

Ofício das Leituras

Segunda leitura

Dos livros das Revelações do amor divino, de Santa Gertrudes, virgem

(Lib. 2,23,1.3.5.8.10: SCh 139,330-340) (Séc. XIII)

Tiveste sobre mim pensamentos de paz

Que minha alma te bendiga, Senhor Deus, meu criador, e, do mais íntimo de meu ser, louvem-te as tuas misericórdias com que tão gratuitamente me envolveu tua imensa piedade! Dou graças, onde e sempre que posso, à tua infinita misericórdia. Com ela louvo e glorifico tua generosa paciência com que encobriste todos os anos de minha infância e meninice, adolescência e juventude, até perto dos vinte e cinco anos. Anos vividos com tão cega insensatez que, por pensamentos, palavras e atos, fazia sem remorsos, assim me parece agora, tudo o que queria, onde quer que podia. Se não me prevenisses pelo inato horror ao mal e gosto pelo bem, pela exortação exterior das pessoas circunstantes, teria vivido como pagã entre pagãos. Nunca teria, então, entendido que tu, meu Deus, recompensas o bem e castigas o mal. No entanto, desde a infância, isto é, os cinco anos, tu me tinhas escolhido para me admitir entre os mais fiéis dos teus amigos na prática da santa religião.

Por isto, Pai amantíssimo, como reparação, eu te ofereço a paixão de teu dileto Filho, desde a hora em que deu o primeiro vagido, deitado nas palhas da manjedoura, e, em seguida, suportou as fraquezas da infância, os limites da meninice, as adversidades da adolescência e os sofrimentos juvenis, até a hora em que, inclinando a cabeça na cruz, entregou o espírito com um forte grito. Da mesma forma, em satisfação de todas as minhas negligências, ofereço-te, Pai amantíssimo, a mais santa das vidas, perfeitíssima em todos os pensamentos, palavras e atos, a vida de teu Unigênito, desde o instante em que, enviado das alturas do teu trono, entrou em nosso mundo, até depois daquela hora em que apresentou a teus paternos olhos a glória da carne vencedora.

Em ação de graças, mergulhando no profundo abismo da humildade, cubro de louvores tua mais que excelente misericórdia. Ao mesmo tempo adoro a suavíssima benignidade com que tu, Pai das misericórdias, pensaste pensamentos de paz e não de aflição sobre mim que vivia tão desorientada, e com que me exaltarias com a multidão e grandeza de teus benefícios. Acrescentaste ainda para mim o dom da familiaridade inestimável da amizade. De diversos modos me abriste a nobilíssima arca da divindade, quero dizer, teu coração divinizado, para a satisfação de todos os meus desejos.

Além de tudo isto, atraíste minha alma com as promessas tão firmes de benefícios com que queres me cumular na morte e depois da morte. Com toda a razão, se não recebesse de ti nenhum outro dom, só por elas o meu coração com viva esperança ansiaria sem cessar por ti.

Responsório   Cf. Jr 31,3b; cf. Os 2,16b.21

R. Com eterna caridade, o Senhor amou Gertrudes
    e por isso, compassivo, desde a infância, a atraiu,
    a levou para o deserto
  * E falou-lhe ao coração.
V. Desposou-a para sempre, num amor-fidelidade.
  * E falou-lhe.

Oração

Ó Deus, que preparastes para vós uma agradável morada no coração da virgem Santa Gertrudes, iluminai, por suas preces as trevas do nosso coração, para que experimentemos em nós a alegria da vossa presença e a força da vossa graça. Por nosso Senhor Jesus Cristo, vosso Filho, na unidade do Espírito Santo.

17 de novembro
SANTA ISABEL DA HUNGRIA

Memória

Era filha de André II, rei da Hungria, tendo nascido no ano 1207. Ainda muito jovem foi dada em matrimônio a Luís IV, landgrave da Turíngia, e teve três filhos. Dedicou-se a uma vida de intensa meditação das realidades celestes e de caridade para com o próximo. Depois da morte de seu marido, renunciou aos seus títulos e bens e construiu um hospital, onde ela mesma servia os enfermos. Morreu em Marburgo no ano 1231.

Do Comum das santas mulheres: para as que se dedicaram às obras de caridade, p. 1749.

Ofício das Leituras

Segunda leitura

Da Carta escrita por Conrado de Marburgo, diretor espiritual de Santa Isabel

(Ad pontificem anno 1232: A. Wyss, Hessisches Urkundenbuch I, Leipzig 1879,31-35)   (Séc. XIII)

Isabel conheceu e amou Cristo nos pobres

Muito cedo começou Isabel a possuir grandes virtudes. Do mesmo modo como a vida inteira foi a consoladora dos pobres, era também desde então a providência dos famintos. Determinou a construção de um hospital, perto de um castelo de sua propriedade, onde recolheu muitos enfermos e enfraquecidos. A todos que ali iam pedir esmola, distribuiu liberalmente suas dádivas; e não só ali, mas em todo o território sob a jurisdição de seu marido. Destinou para isto a renda de quatro dos principados do esposo, e foi ao ponto de mandar vender seus adornos e vestes preciosas em benefício dos pobres.

Tinha o costume de, duas vezes ao dia, pela manhã e à tarde, visitar pessoalmente seus doentes, e chegava mesmo a tratar com as próprias mãos os mais repelentes. A alguns deles alimentava, a outros preparava o leito, a outros até carregava nos ombros. Assim realizava muitas obras de bondade. Em tudo isto seu marido, de feliz memória, não se mostrava contrariado. Contudo, após a morte deste, tendendo para a máxima perfeição, rogou-me com lágrimas que lhe permitisse ir mendigar de porta em porta.

Numa Sexta-feira Santa, desnudados todos os altares, em uma capela de seu castelo onde acolhera os frades franciscanos, colocou as mãos sobre o altar e, na presença de umas poucas pessoas, renunciou à própria vontade e a todas as pompas mundanas e a tudo quanto o Salvador no evangelho aconselhara abandonar. Feito isto, vendo que poderia deixar-se absorver pelo tumulto do século e glória mundana, naquela terra onde vivera com esplendor em vida do esposo, seguiu-me contra minha vontade a Marburgo. Nesta cidade construiu um hospital para doentes e necessitados, chamando à sua mesa os mais miseráveis e desprezados.

Além desta atuação operosa, digo-o diante de Deus, raramente vi mulher mais contemplativa. Algumas pessoas e mesmo religiosos, na hora de sua oração particular, viram muitas vezes seu rosto brilhar maravilhosamente e como que raios de sol jorrarem de seus olhos.

Antes da morte ouvi-a em confissão. Indagando-lhe, então, qual o seu desejo em relação ao que possuía e a seus móveis, respondeu que tudo quanto parecia possuir já pertencia aos pobres e pediu-me distribuir-lhes tudo, reservando apenas a túnica vulgar que vestia e com a qual queria ser sepultada. Depois, recebeu o corpo do Senhor e, em seguida, até à hora de Vésperas falou bastante sobre as ótimas coisas que ouvira no sermão. Finalmente, com toda devoção, recomendando a Deus todos os presentes, expirou como se adormecesse suavemente.

Responsório Jt 15,11(Vg); At 10,4

R. **Agi**ste com co**ra**gem, teu cora**ção** não se aba**lou**,
pois **amas**te a castida**de**.
* Por **is**so hás de **ser** ben**di**ta eterna**men**te.
V. Tuas **pre**ces e es**mo**las se elevaram até **Deus**
como o**fer**ta de in**cen**so. * Por **is**so.

Oração

Ó Deus, que destes a Santa Isabel da Hungria reconhecer e venerar o Cristo nos pobres, concedei-nos, por sua intercessão, servir os pobres e aflitos com incansável caridade. Por nosso Senhor Jesus Cristo, vosso Filho, na unidade do Espírito Santo.

18 de novembro

DEDICAÇÃO DAS BASÍLICAS DE SÃO PEDRO E DE SÃO PAULO, APÓSTOLOS

Já no século XII se celebrava, na basílica vaticana de São Pedro e na de São Paulo na Via Ostiense, o aniversário das respectivas dedicações, feitas pelos papas Silvestre e Siríaco no século IV. Esta comemoração estendeu-se posteriormente a todas as igrejas do Rito romano. Assim como no aniversário da basílica de Santa Maria Maior (5 de agosto) se celebra a Maternidade da Santíssima Virgem Mãe de Deus, assim neste dia se veneram os dois príncipes dos Apóstolos de Cristo.

Do Comum dos apóstolos, p. 1561, exceto o seguinte:

Ofício das Leituras

Segunda leitura
Dos Sermões de São Leão Magno, papa
(Sermo 82, in natali apostolorum Petri et Pauli 1,6-7:
PL 54,426-428) (Séc. V)

Pedro e Paulo, germes da semente divina

É preciosa aos olhos do Senhor a morte de seus santos (Sl 115,15), e nenhuma crueldade pode destruir a religião fundada no mistério da cruz de Cristo. A Igreja não diminui pelas perseguições; pelo contrário, cresce. O campo do Senhor se reveste de messes sempre mais ricas, porque os grãos, que caem um a um, nascem multiplicados.

Em quantos rebentos estes dois excelentes germes da divina semente brotaram são testemunhas os milhares de santos mártires que, rivais das vitórias apostólicas, envolveram com uma multidão coberta de púrpura nossa Urbe e a coroaram com um diadema de glória, cravejado de muitas pedras preciosas.

Temos de alegrar-nos sumamente, caríssimos, com a comemoração de todos os santos por esta proteção, preparada por Deus, para exemplo e confirmação da fé. Mas, em vista da excelência destes patronos, é justo que os glorifiquemos com ainda maior exultação, porque a graça de Deus, dentre todos os membros da Igreja, os elevou ao cume. Por isso, no corpo, cuja cabeça é Cristo, constituem como que os dois olhos.

Não devemos pensar que os seus méritos e virtudes acima de toda a expressão sejam diferentes de algum modo ou tenham algo de peculiar, pois a eleição divina os tornou pares, o trabalho assemelhou-os e o fim da vida os igualou.

Por experiência pessoal e pela afirmação de nossos antepassados, cremos e confiamos que, nas lutas da vida, temos sempre a intercessão destes especiais padroeiros para obter a misericórdia de Deus; e, por mais abatidos que estejamos pelos próprios pecados, somos reerguidos pelos méritos apostólicos.

Responsório

R. Os **a**pós**t**olos São **Pe**dro e São **Pau**lo,
ser**vin**do a Jesus **Cris**to com ar**dor**,
plan**ta**ram a **I**gre**j**a com seu **san**gue.
* O **cá**lice de **Cris**to eles be**be**ram
e a**mi**gos se tor**na**ram do **Se**nhor.
V. Como em **vi**da os u**niu** um grande a**fe**to,
assim, na **mor**te, não fi**ca**ram sepa**ra**dos. * O **cá**lice.

Laudes

Hino

Ó Pedro, pastor piedoso,
desfaze o grilhão dos réus:
com tua palavra podes
abrir e fechar os céus.

Ó Paulo, mestre dos povos,
ensina-nos teu amor:
Correr em busca do prêmio,
chegar ao Cristo Senhor.

A vós, ó Trindade, glória,
poder e louvor também;
que sois eterna unidade
nos séculos, sempre. Amém.

Cântico evangélico, ant.

Senhor, o a**pós**tolo **Pe**dro, e **Pau**lo, o dou**tor** das na**ções**, transmi**ti**ram a **nós** vossa **lei**.

Oração

Ó Deus, guardai sob a proteção dos apóstolos Pedro e Paulo a vossa Igreja, que deles recebeu a primeira semente do Evangelho, e concedei que por eles receba até o fim dos tempos a graça que a faz crescer. Por nosso Senhor Jesus Cristo, vosso Filho, na unidade do Espírito Santo.

Vésperas

HINO Ó Pedro, pastor piedoso, como nas Laudes, p. 1461.

Cântico evangélico, ant.
Os **cor**pos dos **san**tos re**pou**sam na **paz**;
vive**rão** para sem**pre** seus **no**mes na **gló**ria.

19 de novembro
SÃO ROQUE GONZÁLEZ, SANTO AFONSO RODRÍGUEZ E SÃO JOÃO DEL CASTILLO, PRESBÍTEROS E MÁRTIRES

Memória

Roque González de Santa Cruz nasceu em 1576 na cidade de Assunção (Paraguai). Era já sacerdote quando entrou na Companhia de Jesus em 1609, e durante quase vinte anos procurou civilizar os índios que habitavam nas florestas daquelas regiões, agrupando-os nas "Reduções" e instruindo-os na fé e nos costumes cristãos. Foi morto traiçoeiramente pela fé, a 15 de novembro de 1628, juntamente com Afonso Rodríguez, espanhol. Dois dias mais tarde, em outra "Redução", sofreu cruel martírio João del Castillo, também espanhol, que tinha sido ardente defensor dos índios contra os seus opressores. Estes três sacerdotes jesuítas, martirizados na região do Rio da Prata, foram canonizados pelo Papa João Paulo II em 1988.

Do Comum de vários mártires, p. 1580, ou, dos pastores, p. 1628.

Ofício das Leituras

Segunda leitura

Das Cartas de São Roque González, presbítero

(Litt. Annuae P. Rochi González pro anno 1615 [s.d.] datae ad P. Provincialem Petrum Oñate. Ed. [in lingua hispanica] in: Documentos para la Historia Argentina, vol. 20, Buenos Aires 1920, pp. 24-25) (Séc. XVII)

Espero que esta cruz seja o princípio para se levantarem muitas outras

Voltando pouco depois para lá encontrei um local onde podia ficar: uma pequena choupana perto do rio; e, passado algum tempo, ofereceram-me uma palhoça maior. Dois meses mais tarde, o Padre Reitor enviou o Padre Diogo de Boroa. Este chegou finalmente na segunda-feira de Pentecostes. Com muita consolação considerávamos como o amor de Deus nos juntava naquelas terras tão longínquas. Dividimos entre nós o limitado espaço da nossa morada, com um tabique feito de canas. Ao lado tínhamos uma capela, pouco maior que o próprio altar em que celebrávamos a Missa. Por eficácia deste supremo e divino sacrifício, em que Cristo se ofereceu ao Pai na Cruz, começou ele a triunfar ali, pois os demônios que antes costumavam aparecer a estes índios não se atreveram a aparecer mais, como testemunhou algum deles. Resolvemos continuar na mesma palhoça, embora tudo nos faltasse. O frio era tanto que nos custava adormecer. O alimento também não era melhor: milho ou farinha de mandioca, que é a comida dos índios; e, porque começamos a buscar pelos bosques umas ervas de que se alimentam os papagaios, com este apelido nos chamavam.

Prosseguindo as coisas deste modo, e temendo os demônios que, se a Companhia de Jesus entrasse nestas regiões, eles perderiam em breve o que por tanto tempo tinham possuído, começaram a espalhar por todo o Paraná que nós éramos espiões e falsos sacerdotes, e que trazíamos a morte em nossos livros e imagens. Divulgou-se isto a tal ponto que, estando o Padre Boroa a explicar aos índios os mistérios da nossa fé, eles temiam aproximar-se das sagradas imagens, com receio de algum contágio mortífero. Mas estas ideias foram-se desfazendo pouco a pouco, sobretudo quando viram com os próprios olhos que os nossos eram para eles como verdadeiros pais, dando-lhes de bom grado quanto tinham em casa e assistindo-os nos seus trabalhos e enfermidades, de dia e de noite, auxiliando-os não só em proveito das suas almas, o que é certamente mais importante, mas também dos seus corpos.

E assim, quando vimos consolidar-se o amor dos índios para conosco, pensamos em construir uma igreja, que, embora pequena e modesta e coberta com palha, apareceu a esta gente miserável como um palácio real, e ficam atônitos quando levantam os olhos para o teto. Ambos tivemos de trabalhar com barro para fazer o reboco e para ensinar os indígenas a fazer tijolos. Deste modo conseguimos ter a igreja pronta para o dia de Santo Inácio do ano passado de 1615. Neste dia celebramos lá a primeira missa e renovamos os nossos votos. Houve ainda outros ritos festivos, quanto era possível segundo a pobreza do lugar. Também quisemos organizar umas danças, mas estes rapazes são tão rudes que não conseguiram aprendê-las. Levantamos depois uma torre de madeira e pusemos nela um sino que a todos encheu de admiração, pois nunca tinham visto nem ouvido semelhante coisa. Também foi ocasião de grande devoção uma cruz que os próprios indígenas levantaram: tendo-lhes nós explicado por que razão os cristãos adoram a cruz, eles se ajoelharam conosco para adorá-la. Desconhecida até agora nestas terras, espero em nosso Senhor que esta cruz seja o princípio para se levantarem muitas outras.

Responsório   Jo 10,15.18; Jr 12,7

R. Do meu **pai** eu rece**bi** uma mis**são** para sal**var**.
* Eu **dou** minha **v**ida por **m**inhas ovelhas.

V. Deixei a minha casa, rejeitei a minha herança;
minha vida muito amada coloquei-a livremente
na mão dos inimigos. * Eu dou.

Oração

Senhor, que a vossa palavra cresça nas terras onde os vossos mártires a semearam e seja multiplicada em frutos de justiça e de paz. Por nosso Senhor Jesus Cristo, vosso Filho, na unidade do Espírito Santo.

21 de novembro
APRESENTAÇÃO DE NOSSA SENHORA

Memória

Neste dia da dedicação (ano 543) da igreja de Santa Maria a Nova, construída perto do templo de Jerusalém, celebramos, juntamente com os cristãos da Igreja Oriental, a "dedicação" que Maria fez de si mesma a Deus, já desde a infância, movida pelo Espírito Santo, que a encheu de graça desde a sua imaculada conceição.

Do Comum de Nossa Senhora, p. 1519, exceto o seguinte:

Ofício das Leituras

Hino

Salve, ó Mãe da esperança,
da piedade e do perdão;
ó Mãe de Deus e Mãe da graça,
plena de santa exultação.

Vale florindo a flor da graça,
toda a delícia flui de vós.
De nossa dor compadecida,
ó Santa Mãe, rogai por nós.

O Pai supremo vos criou,
em vós o Filho se encarnou.
Fostes fecunda pelo Espírito.
Aos Três, a glória e o louvor.

Segunda leitura

Dos Sermões de Santo Agostinho, bispo
(Sermo 25,7-8: PL 46.937-938)   (Séc. V)

Aquela que acreditou em virtude da fé,
também pela fé concebeu

Prestai atenção, rogo-vos, naquilo que Cristo Senhor diz, estendendo a mão para seus discípulos: *Eis minha mãe e meus irmãos. Quem faz a vontade de meu Pai que me enviou, este é meu irmão, irmã e mãe* (Mt 12,49-50). Acaso não fez a vontade do Pai a Virgem Maria, que creu pela fé, pela fé concebeu, foi escolhida dentre os homens para que dela nos nascesse a salvação e que foi criada por Cristo antes que Cristo nela fosse criado? Sim! Ela o fez! Santa Maria fez totalmente a vontade do Pai e por isto mais valeu para ela ser discípula de Cristo do que mãe de Cristo; maior felicidade gozou em ser discípula do que mãe de Cristo. Assim Maria era feliz porque, já antes de dar à luz o Mestre, trazia-o na mente.

Vede se não é assim como digo. O Senhor passava acompanhado pelas turbas, fazendo milagres divinos, quando certa mulher exclamou: *Bem-aventurado o seio que te trouxe. Feliz o ventre que te trouxe!* (Lc 11,27). O Senhor, para que não se buscasse a felicidade na carne, que respondeu então? *Muito mais felizes os que ouvem a palavra de Deus e a guardam* (Lc 11,28). Por conseguinte, também aqui é Maria feliz, porque ouviu a palavra de Deus e a guardou. Guardou a verdade na mente mais do que a carne no seio. Verdade, Cristo; carne, Cristo; a verdade-Cristo na mente de Maria; a carne-Cristo no seio de Maria. É maior o que está na mente do que o trazido no seio.

Santa Maria, feliz Maria! Contudo, a Igreja é maior que a Virgem Maria. Por quê? Porque Maria é porção da Igreja, membro santo, membro excelente, membro supereminente, mas membro do corpo total. Se ela pertence ao corpo total, logo é maior o corpo que o membro. A cabeça é o Senhor; e o Cristo total é a cabeça e o corpo. Que direi? Temos cabeça divina, temos Deus por cabeça!

Portanto, irmãos, dai atenção a vós mesmos. Também vós sois membros de Cristo, também vós sois corpo de Cristo. Vede de que modo o sois. Diz: *Eis minha mãe e meus irmãos* (Mt 12,49). Como sereis mãe de Cristo? *Todo aquele que ouve e faz a vontade de meu Pai, que está nos céus, este é meu irmão e irmã e mãe* (cf. Mt 12,50). Pensai: entendo *irmão,* entendo *irmã;* é uma só a herança, e é essa a misericórdia de Cristo que, sendo único, não quis ficar sozinho; quis que fôssemos herdeiros do Pai, coerdeiros seus.

Responsório
Is 61,10; Lc 1,46-47

R. Eu exulto de alegria no Senhor
e minh'alma rejubila no meu Deus,
 * Pois me envolveu de salvação qual uma veste,
qual uma noiva que se enfeita com suas joias.
V. A minh'alma engrandece o Senhor
e exulta meu espírito em Deus, meu Salvador.
 * Pois me envolveu.

Laudes

Hino

Do Rei Esposa e Filha,
real Virgem Maria,
eleita desde sempre
por Deus, que tudo cria.

Donzela imaculada,
morada do Senhor,
o Espírito, enviado
do céu, vos consagrou.

Sinal de caridade,
que espelha todo o bem,
aurora da luz nova,
como arca, Deus contém.

Delícias vos envolvem
na Casa do Senhor,
ó ramo de Jessé,
da graça dando a flor.

Ó pedra preciosa,
estrela reluzente,
do Espírito os templos vivos,
fazei-nos transparentes.

Ó Virgem singular,
louvor ao Deus Trindade,
que a vós deu os tesouros
de sua santidade.

Cântico evangélico, ant.

És fe**liz** porque **cres**te, Ma**ri**a,
pois em **ti** a pa**la**vra de **Deus**
vai se cum**prir**, qual foi **di**to, ale**lui**a.

Oração

Ao celebrarmos, ó Deus, a gloriosa memória da Santa Virgem Maria, concedei-nos, por sua intercessão, participar da plenitude da vossa graça. Por nosso Senhor Jesus Cristo, vosso Filho, na unidade do Espírito Santo.

Vésperas

Cântico evangélico, ant

Santa Ma**ri**a, sempre **Vir**gem, Mãe de **Deus**, Senhora **nos**sa;
sois o **tem**plo do Se**nhor**, santu**á**rio do Es**pí**rito!
Mais que **to**das agra**das**tes a Je**sus**, nosso Se**nhor**.

22 de novembro

SANTA CECÍLIA, VIRGEM E MÁRTIR

Memória

O culto de Santa Cecília, que deu o nome a uma basílica construída em Roma no século V, difundiu-se amplamente a partir da narração do seu Martírio, em que ela é exaltada como exemplo perfeitíssimo de mulher cristã, que abraçou a virgindade e sofreu o martírio por amor de Cristo.

Do Comum de uma mártir, p. 1603, ou, das virgens, p. 1669, exceto o seguinte:

Ofício das Leituras

Segunda leitura

Dos Comentário sobre os Salmos, de Santo Agostinho, bispo

(Ps 32, sermo 1,7-8: CCL 38,253-254)　(Séc. V)

Cantai a Deus com arte e com júbilo

Louvai o Senhor com a cítara, na harpa de dez cordas Salmodiai! Cantai-lhe um cântico novo! (Sl 32,23). Despojai-vos da velhice; conhecestes um cântico novo! Novo homem, nova aliança, novo cântico. O cântico novo não pertence aos homens velhos. Somente o aprendem os homens novos, renovados da velhice pela graça e já pertencentes à nova aliança, que é o reino dos céus. Por ele anseia todo o nosso amor e canta um cântico novo. Cante o cântico novo não a língua mas a vida.

Cantai-lhe um cântico novo, cantai bem para ele! Alguém pergunta como cantar para Deus. Canta para ele, mas não cantes mal. Ele não quer que seus ouvidos sejam molestados. Cantai bem, irmãos. Diante de um musicista de bom ouvido, dizem-te para cantar de modo que lhe agrade. Ora se não foste instruído na arte musical, temes cantar para não desagradar ao artista. Não sabendo que és ignorante, ele te repreenderá. Quem se oferecerá para cantar bem a Deus, a ele que de tal modo julga o cantor, de tal modo examina tudo, de tal modo sabe escutar? Quando poderás apresentar um canto com tanta arte que absolutamente em nada desagrades aos ouvidos perfeitos?

Eis que ele te dá um modo de cantar: não procures palavras, como se pudesses explicar aquilo com que Deus se deleita. Canta na jubilação. É isto cantar bem para Deus, cantar na jubilação. O que é cantar no júbilo? Escuta, não se pode expressar por palavras aquilo que se canta no coração. De fato, aqueles que cantam seja na ceifa, seja na vinha, seja em qualquer outro trabalho cheio de ardor, começam com palavras de cantigas a exultar com alegria; depois, a alegria é tanta que já não podem dizê-la, então abandonam as sílabas das palavras e deixam-se levar pelo som do júbilo.

Júbilo é um som a significar que do coração brota algo impossível de se expressar. E quem merece esta jubilação, a não ser o Deus inefável? É inefável o que não podes falar. E, se não o podes falar e não deves calar-te, o que te resta senão jubilar? Alegre-se o coração sem palavras, e a imensidão das alegrias não conheça o limite das sílabas. *Cantai para ele com arte e com júbilo* (cf. Sl 32,3).

Responsório   Sl 70(71),8.23a; 9,3

R. Vosso lou**vor** é transbor**dan**te de meus **lá**bios,
    cantam eles vossa **gló**ria o dia in**tei**ro.
* A ale**gria** cantará sobre meus **lá**bios
    e minha **al**ma libertada exultará.
V. Em **vós** exulta**rei** de ale**gria**,
    canta**rei** ao vosso **no**me, Deus Al**tís**simo.
    * A ale**gria**.

Laudes
Cântico evangélico, ant.
Bem **ce**do, ao rom**per** da au**ro**ra,
Ce**cí**lia fa**lou** em voz **al**ta:
Ó sol**da**dos de **Cris**to Je**sus**,
despo**jai**-vos das **o**bras das **tre**vas,
reves**ti**-vos das **ar**mas da **luz**!

Oração
Ó Deus, sede favorável às nossas súplicas e dignai-vos atender às nossas preces pela intercessão de Santa Cecília. Por nosso Senhor Jesus Cristo, vosso Filho, na unidade do Espírito Santo.

Vésperas
Cântico evangélico, ant.
A **vir**gem Santa Ce**cí**lia sempre tra**zi**a
o Evan**ge**lho de Jesus **Cris**to no cora**ção**;
sempre o**ra**va, dia e **noi**te, e com Deus fa**la**va.

23 de novembro
SÃO CLEMENTE I, PAPA E MÁRTIR

Depois de Pedro, Clemente foi o terceiro a governar a Igreja de Roma, em fins do século I. Escreveu uma importante carta aos coríntios para restabelecer entre eles a paz e a concórdia.

Do Comum de um mártir, p. 1603, ou, dos pastores: para papas, p. 1623.

Ofício das Leituras
Segunda leitura
Da Carta aos coríntios, de São Clemente I, papa
(Cap. 35,l-5; 36,1-2; 37,1.4-5; 38,1-2.4: Funk 1,105-109) (Séc. I)

Os dons de Deus são admiráveis

Caríssimos, como são maravilhosos, como são preciosos os dons de Deus! Vida imortal, esplêndida justiça, verdade liberta, fé intrépida, temperança santa: tudo isto nossa inteligência concebe. O que será então que se prepara para aqueles que o aguardam? O santíssimo Artífice e Pai dos séculos é o único a conhecer a sua santidade e beleza. Portanto, a fim de participarmos dos dons prometidos, empreguemos todo empenho em ser contados no número dos que o esperam.

E como se fará isto, diletos? Estabilizando o nosso pensamento em Deus pela fé; procurando com diligência tudo o que lhe é agradável e aceito; fazendo tudo o que se relaciona com a sua vontade irrepreensível; seguindo o caminho da verdade e rejeitando para longe de nós toda injustiça, iniquidade, cobiça, contestações, maldades e fraudes.

É este, queridos, o caminho onde encontramos a salvação: Jesus Cristo, o pontífice de nossas oblações, o defensor e o auxílio em nossa fraqueza. Por ele, vemos as profundezas dos céus; por ele contemplamos seu excelso rosto imaculado; por ele foram abertos os olhos do coração; por ele nossa mente, insensata e obscurecida, desabrocha na luz; por ele, o Senhor quis que provássemos da ciência imortal; *por ele que é o esplendor da majestade de Deus, e está tão mais alto que os anjos, quanto o nome que recebeu é mais excelente* (cf. Hb 1,3-4).

Combatamos, portanto, irmãos, com todo o vigor, sob seus preceitos irrepreensíveis. Não podem manter-se os grandes sem os pequenos, nem os pequenos sem os grandes: estão misturados e daí sua vantagem. Sirva-nos de exemplo nosso corpo. A cabeça nada é sem os pés como também os pés sem a cabeça; os menores membros são necessários e úteis a nosso corpo todo; ou melhor, todos estão bem entrosados e se sujeitam unanimemente, para que todo o corpo se salve.

Com efeito, nosso corpo todo se salvará em Cristo Jesus. Assim, cada qual se submeta a seu próximo em conformidade com o dom que por graça lhe foi concedido: o forte proteja o fraco, o fraco respeite o forte; o rico dê ao pobre, o pobre agradeça a Deus por ter-lhe concedido quem o ajude em sua indigência; o sábio, não por palavras, mas pelas boas obras, manifeste sua sabedoria; o humilde não se elogie a si mesmo, mas deixe que outros o façam. Recebamos, assim, todas as coisas de suas mãos. Por tudo devemos dar graças a ele, a quem a glória pelos séculos dos séculos. Amém.

Responsório Cf. Mt 7,24; cf. 1Pd 2,22; cf. 1Sm 2,28; cf. Eclo 44,16.17

R. Eis um **ho**mem previden**te**:
construiu a sua casa sobre a rocha inabalável;
em sua boca não havia falsidade ou mentira,
 * Porque **Deus** o escolheu sacerdote para si.
V. Eis o grande sacerdote, que nos dias de sua vida,
ao Senhor foi agradável, como justo foi achado.
 * Porque **Deus**.

Oração

Deus eterno e todo-poderoso, admirável na força dos vossos santos, dai-nos comemorar com alegria a festa do papa São Clemente, sacerdote e mártir do vosso Filho, que testemunhou com o seu sangue o mistério que celebrava e confirmou suas palavras com o exemplo de sua vida. Por nosso Senhor Jesus Cristo, vosso Filho, na unidade do Espírito Santo.

No mesmo dia 23 de novembro

SÃO COLUMBANO, ABADE

Nasceu na Irlanda na primeira metade do século VI, e estudou ciências sagradas e humanas. Tendo abraçado a vida monástica, partiu para a França, onde fundou muitos mosteiros, que governou com austera disciplina. Obrigado a exilar-se, foi para a Itália, onde fundou o mosteiro de Bobbio. Depois de ter exercido tão intensa atividade para promover a vida cristã e religiosa do seu tempo, morreu no ano 615.

Do Comum dos pastores, p. 1623, ou, dos santos homens: para religiosos, p. 1743.

Ofício das Leituras

Segunda leitura
Das Instruções de São Columbano, abade
    (Instr. 11,1-2: Opera, Dublin 1957,106-107) (Séc. VII)

*A grande dignidade do homem está
na semelhança com Deus, se bem guardada*

Moisés escreveu na lei: *Deus fez o homem à sua imagem e semelhança* (cf. Gn 1,27.26). Considerai, peço-vos, a dignidade destas palavras! O Deus onipotente, invisível, incompreensível, inefável, insuperável; ao formar do barro o homem, enobreceu-o com a beleza de sua imagem. Que é o homem comparado a Deus? E a terra comparada ao espírito? Pois *Deus é espírito* (Jo 4,24). Grande condescendência: Deus concedeu ao homem a imagem de sua eternidade e a semelhança de seu agir. Grande dignidade: a semelhança de Deus, se bem guardada.

Por conseguinte, se usar corretamente das virtudes infundidas na alma, então será semelhante a Deus. Todas as virtudes que Deus, na primeira criação, semeou em nós, ensinou-nos a fazê-las, por nossa vez, voltar para ele através dos mandamentos. O primeiro destes é: *Amarás de todo o coração a nosso Senhor, porque ele nos amou primeiro*, desde o início, antes que existíssemos. O amor de Deus é a renovação da imagem. Ama a Deus quem guarda seus mandamentos; assim disse: *Se me amais, guardai meus mandamentos* (Jo 14,15). É seu mandamento, o mútuo amor: *Meu mandamento é que vos ameis uns aos outros, como também eu vos amei* (Jo 15,12).

O verdadeiro amor, porém, *não* está na *palavra,* mas *no gesto e na verdade* (1Jo 3,18). Restituamos, portanto, a nosso Deus, a nosso Pai, sua imagem inviolada na santidade, porque ele é santo: *Sede santos, porque eu sou santo* (Lv 11,44); na caridade, pois ele é caridade, segundo João: *Deus é caridade* (1Jo 4,18); na piedade e na verdade, porque ele é pio e veraz. Não sejamos pintores de imagem alheia; é pintor de imagem roubada quem é feroz, quem é colérico, quem é soberbo.

Não aconteça introduzirmos em nós imagens roubadas, pinte em nós Cristo sua imagem, ao dizer: *Eu vos dou a minha paz, deixo-vos a minha paz* (Jo 14,27). Mas que nos adianta saber que a paz é boa, se não a conservamos bem? O ótimo costuma ser fragilíssimo e as coisas preciosas exigem maior cautela e guarda mais solícita; muitíssimo frágil é aquilo que se perde com a menor palavra e se desfaz com a menor ofensa ao irmão. Nada mais agradável para o homem do que proferir a todo momento palavras ociosas e falar mal dos ausentes. Por isto quem não pode dizer: *O Senhor deu-me uma língua erudita para poder sustentar com a palavra o abatido* (Is 50,4), cale-se e, se disser algo, que seja de paz.

Responsório   Lc 6,47-48a; Eclo 25,15(Vg.)
R. Todo aquele que de **mim** se aproxima,
   escuta minhas palavras e as vive,
   vou dizer-vos a quem ele se assemelha:
 * É igual a um homem que constrói a sua casa,
   cava fundo e põe a base sobre a rocha.
V. Feliz o homem que a graça recebeu
   de respeitar o seu Senhor e Criador;
   a quem se assemelha quem faz isso? * É igual.

Oração
Ó Deus, que reunistes admiravelmente em São Columbano a solicitude pela pregação do Evangelho e o zelo pela vida

monástica, concedei que, por sua intercessão e exemplo, vos procuremos acima de tudo e nos empenhemos no crescimento do vosso povo. Por nosso Senhor Jesus Cristo, vosso Filho, na unidade do Espírito Santo.

24 de novembro
SANTO ANDRÉ DUNG-LAC, PRESBÍTERO, E SEUS COMPANHEIROS, MÁRTIRES

No extremo oriente da Ásia, nas regiões do Vietnã de hoje, o Evangelho já vinha sendo anunciado desde o século XVI. Contudo, de 1625 a 1886, excetuados breves períodos de paz, os governantes dessas regiões tudo fizeram para despertar o ódio contra a religião cristã e os discípulos de Cristo. Quanto mais perseguidos, maior o fervor cristão, tendo como resultado um elevadíssimo número de mártires. O Papa João Paulo II, no dia 19 de junho de 1988, inscreveu 117 deles no rol dos santos mártires. Entre eles, contam-se 11 missionários dominicanos espanhóis, 10 franceses e 96 mártires vietnamitas. Oito são bispos, 50 sacerdotes e 59 leigos, de diversas idades e condições sociais, na maioria pais e mães de família e, alguns, catequistas, seminaristas e militares.

Do Comum de vários mártires, p. 1580.

Ofício das Leituras

Segunda leitura
Da Carta de Paulo Le Bao-Tinh aos alunos do Seminário de Ke-Vinh, de 1843
(Launay, A., Le clergé tonkiois et se prêtres martyrs, MEP, Paris, 1925, pp. 80-83) (Séc. XIX)

A participação dos mártires na vitória de Cristo Rei

Eu, Paulo, preso pelo nome de Cristo, quero levar ao vosso conhecimento as minhas tribulações cotidianas que me assaltam de todos os lados, para que, inflamados pelo amor de Deus, possais louvá-lo, *porque a sua misericórdia é eterna* (Sl 117,1).

24 de novembro

O meu cárcere é verdadeiramente uma imagem do fogo eterno. Aos cruéis suplícios de todo gênero, como grilhões, algemas e ferros, juntam-se ódio, vingança, calúnias, palavrões, acusações, maldades, falsos testemunhos, maldições e, finalmente, angústia e tristeza. Mas Deus, que outrora libertou os três jovens da fornalha acesa, sempre me assiste e libertou-me dessas tribulações, que se tornaram suaves, *porque a sua misericórdia é eterna!*

Graças a Deus, no meio desses tormentos que continuam a apavorar os outros, sinto-me alegre e contente, pois não me julgo só, mas com Cristo. Nosso Mestre suporta todo o peso da cruz, deixando-me apenas uma pequena e ínfima parte: não é só testemunha do meu combate, mas combatente, vencedor e consumador de toda luta. Assim, sobre sua cabeça é que foi colocada a coroa da vitória, de cujo triunfo participam também os seus membros.

Como, porém, Senhor, suportar tal espetáculo, ao ver diariamente os imperadores, os mandarins e seus soldados blasfemarem vosso santo nome, quando *estais acima dos querubins e serafins?* (cf. Sl 79,3). Eis que a vossa cruz é calcada pelos pagãos! Onde está a vossa glória? Ao ver tudo isso, me inflamo por vós, preferindo morrer com os membros amputados, em testemunho do vosso amor!

Mostrai, Senhor, o vosso poder, salvando-me e protegendo-me. Que a força se manifeste na minha fraqueza e seja glorificada ante os gentios, pois, se eu vacilar no caminho, vossos inimigos, cheios de orgulho, poderão levantar as cabeças.

Caríssimos irmãos, ao ouvirdes tudo isto, dai alegremente graças imortais a Deus, do qual procedem todos os bens. Bendizei comigo o Senhor, *porque a sua misericórdia é eterna! Minha alma engrandeça o Senhor e meu espírito exulte de alegria em Deus, meu Salvador; porque olhou para a humildade de seu servo* (cf. Lc 1,46-48), todas as gerações me proclamarão bendito, *porque a sua misericórdia é eterna!*

Cantai louvores ao Senhor, todas as gentes, povos todos, festejai-o (Sl 116,1), porque Deus *escolheu o que é fraco no mundo para confundir os fortes, e o que é vil e desprezível* (1Cor 1,27-28), para confundir os nobres. Pelos meus lábios e inteligência, Deus confunde os filósofos, os discípulos dos sábios deste mundo, *porque a sua misericórdia é eterna!*

Tudo isto vos escrevo, para unirdes à minha a vossa fé. No meio desta tempestade lanço a âncora, a viva esperança que trago no coração, até ao trono de Deus.

Caríssimos irmãos, *correi de tal modo que possais alcançar a coroa: revesti-vos com a couraça da fé* (1Ts 5,8), *tomai as armas de Cristo, à direita e à esquerda,* segundo os ensinamentos de São Paulo, meu patrono. *É melhor para vós entrar na posse da vida com um só olho ou privados de algum membro* (cf. Mt 5,29), do que serdes lançados fora com todos eles.

Vinde em meu auxílio com vossas preces, para que possa combater, segundo a lei, o bom combate, e combater até o fim, encerrando gloriosamente a minha carreira. Se já não nos podemos ver nesta vida, tal felicidade nos está reservada para o futuro, quando, junto ao trono do Cordeiro imaculado, exultantes com a alegria da vitória, cantaremos em uníssono eternamente os seus louvores. Assim seja.

Responsório   Hb 12,1-3

R. Corramos persistentes ao combate a nós proposto,
  * De olhos fixos em Jesus, o autor de nossa fé,
    e que a leve à perfeição.
V. Olhai para aquele que quis suportar tal contradição
   para que não chegueis a desistir por desânimo.
  * De olhos fixos.

Oração

Ó Deus, fonte e origem de toda paternidade, que destes aos santos mártires André e seus companheiros serem fiéis à cruz do vosso Filho até a efusão do sangue, concedei, por sua intercessão, que, propagando o vosso amor entre os irmãos, possamos ser chamados vossos filhos e filhas e realmente o sejamos. Por nosso Senhor Jesus Cristo, vosso Filho, na unidade do Espírito Santo.

30 de novembro
SANTO ANDRÉ, APÓSTOLO

Festa

André, nascido em Betsaida, foi primeiramente discípulo de João Batista; seguiu a Cristo e levou à presença deste Pedro. Junto com Filipe, apresentou a Cristo os pagãos e indicou o rapaz que levava pães e peixes. Narra-se que, depois de Pentecostes, pregou o Evangelho em muitas regiões e foi crucificado na Acaia.

Do Comum dos apóstolos, p. 1561, exceto o seguinte:

Ofício das Leituras

Primeira leitura
Da Primeira Carta de São Paulo aos Coríntios 1,18–2,5

Os apóstolos anunciam a cruz

Irmãos: [1,18]A pregação a respeito da cruz é uma insensatez para os que se perdem, mas para os que se salvam, para nós, ela é poder de Deus. [19]Com efeito, está escrito: "Destruirei a sabedoria dos sábios e frustrarei a perspicácia dos inteligentes".

[20]Onde está o sábio? Onde o mestre da Lei? Onde o questionador deste mundo? Acaso Deus não mostrou a insensatez da sabedoria do mundo? [21]De fato, na manifestação da sabedoria de Deus, o mundo não chegou a conhecer

Deus por meio da sabedoria; por isso, Deus houve por bem salvar os que creem por meio da insensatez da pregação. ²²Os judeus pedem sinais milagrosos, os gregos procuram sabedoria; ²³nós, porém, pregamos Cristo crucificado, escândalo para os judeus e insensatez para os pagãos. ²⁴Mas para os que são chamados, tanto judeus como gregos, esse Cristo é poder de Deus e sabedoria de Deus. ²⁵Pois o que é dito insensatez de Deus é mais sábio do que os homens, e o que é dito fraqueza de Deus é mais forte do que os homens.

²⁶Irmãos, considerai vós mesmos, como fostes chamados por Deus. Pois entre vós não há muitos sábios de sabedoria humana nem muitos poderosos nem muitos nobres. ²⁷Na verdade, Deus escolheu o que o mundo considera como estúpido, para assim confundir os sábios; Deus escolheu o que o mundo considera como fraco, para assim confundir o que é forte; ²⁸Deus escolheu o que para o mundo é sem importância e desprezado, o que não tem nenhuma serventia, para assim mostrar a inutilidade do que é considerado importante, ²⁹para que ninguém possa gloriar-se diante dele. ³⁰É graças a ele que vós estais em Cristo Jesus, o qual se tornou para nós, da parte de Deus: sabedoria, justiça, santificação e libertação, ³¹para que, como está escrito, "quem se gloria, glorie-se no Senhor".

²,¹Irmãos, quando fui à vossa cidade anunciar-vos o mistério de Deus, não recorri a uma linguagem elevada ou ao prestígio da sabedoria humana. ²Pois, entre vós, não julguei saber coisa alguma, a não ser Jesus Cristo, e este, crucificado. ³Aliás, eu estive junto de vós, com fraqueza e receio, e muito tremor. ⁴Também a minha palavra e a minha pregação não tinham nada dos discursos persuasivos da sabedoria, mas eram uma demonstração do poder do Espírito, ⁵para que a vossa fé se baseasse no poder de Deus e não na sabedoria dos homens.

Responsório   Mt 4,18.19

R. Junto ao **mar** da Galil**ei**a, Jesus **viu** André e **P**edro
a lan**çar** a rede ao **mar**; cha**mou**-os e lhes **dis**se:
* Vinde co**m**igo e, pesca**d**ores de **h**omens, vos fa**rei**.
V. Eles eram pesca**d**ores e lhes **dis**se o Sen**hor**:
*Vinde co**m**igo.

Segunda leitura

Das Homilias sobre o Evangelho de João, de São João
Crisóstomo, bispo

(Hom. 19,1: PG 59,120-121)   (Séc. IV)

Encontramos o Messias

André, tendo permanecido com Jesus e aprendido com ele muitas coisas, não escondeu o tesouro só para si, mas correu depressa à procura de seu irmão, para fazê-lo participar da sua descoberta. Repara o que lhe disse: *Encontramos o Messias (que quer dizer Cristo)* (Jo 1,41). Vede como logo revela o que aprendera em pouco tempo! Demonstra assim o valor do Mestre que o persuadira, bem como a aplicação e o zelo daqueles que, desde o princípio, já estavam atentos. Esta expressão, com efeito, é de quem deseja intensamente a sua vinda, espera aquele que deveria vir do céu, exulta de alegria quando ele se manifestou, e se apressa em comunicar aos outros a grande notícia.

Repara também a docilidade e a prontidão de espírito de Pedro. Acorre imediatamente. *E conduziu-o a Jesus* (Jo 1,42), afirma o Evangelho. Mas ninguém condene a facilidade com que, não sem muita reflexão, aceitou a notícia. É provável que o irmão lhe tenha falado pormenorizadamente mais coisas. Na verdade, os evangelistas sempre narram muitas coisas resumidamente, por razões de brevidade. Aliás, não afirma que acreditou logo, mas: *E conduziu-o a Jesus* (Jo 1,42), e a ele o confiou para que aprendesse com Jesus todas as coisas. Estava ali, também, outro discípulo que viera com os mesmos sentimentos.

Se João Batista, quando afirma: *Eis o Cordeiro e batiza no Espírito Santo* (cf. Jo 1,29.33), deixou mais clara, sobre esta questão, a doutrina que seria dada pelo Cristo, muito mais fez André. Pois, não se julgando capaz de explicar tudo, conduziu o irmão à própria fonte da luz, tão contente e pressuroso, que não duvidou sequer um momento.

Responsório

R. Ao chamado do Senhor, Santo André deixou as redes,
   com as quais ganhava a vida.
 * E seguiu a quem nos dá de presente a vida eterna.
V. Foi ele que aceitou o martírio
   por amor do Senhor e do Evangelho. * E seguiu.

HINO Te Deum, p. 543.

Oração como nas Laudes.

Laudes

Hino

Pescavas outrora peixes,
aos homens pescas agora:
das ondas do mal, André,
retira-nos sem demora.

Irmão de Pedro no sangue,
também o foste na morte:
morrendo ambos na cruz,
tivestes o céu por sorte.

A iguais coroas chegastes,
seguindo idênticos trilhos:
a Igreja vos tem por pais,
a Cruz vos tem como filhos.

Primeiro a escutar o apelo,
ao Mestre, Pedro conduzes;
possamos ao céu chegar,
guiados por tuas luzes!

Do teu irmão companheiro,
mereces iguais louvores,
mas desse segues a voz,
pois é o pastor dos pastores.

Amigo de Cristo, dá-nos
correr contigo à vitória,
e um dia, chegando ao céu,
cantarmos de Deus a glória.

Ant. 1 André, que era irmão de Simão Pedro,
foi dos primeiros a seguir nosso Senhor.

Salmos e cântico do domingo da I Semana, p. 580.

Ant. 2 André era amigo de Cristo e doou sua vida por ele.

Ant. 3 Disse André a seu irmão: encontramos o Messias!
E a Jesus o conduziu.

Leitura breve   Ef 2,19-22
Já não sois mais estrangeiros nem migrantes, mas concidadãos dos santos. Sois da família de Deus. Vós fostes integrados no edifício que tem como fundamento os apóstolos e os profetas, e o próprio Jesus Cristo como pedra principal. É nele que toda a construção se ajusta e se eleva para formar um templo santo no Senhor. E vós também sois integrados nesta construção, para vos tornardes morada de Deus pelo Espírito.

Responsório breve
R. Fareis deles os chefes
  * Por toda a terra. R. Fareis.
V. Lembrarão vosso nome, Senhor, para sempre.
  * Por toda. Glória ao Pai. R. Fareis.

Cântico evangélico, ant.

Salve cruz tão preciosa! Recebei este discípulo
de Quem foi em ti suspenso: o meu Mestre Jesus Cristo!

Preces

Irmãos caríssimos, tendo recebido dos apóstolos a herança celeste, agradeçamos a Deus, nosso Pai, por todos os seus dons; e aclamemos:

R. **O coro dos apóstolos vos louva, Senhor!**

Louvor a vós, Senhor, pela mesa do vosso Corpo e Sangue que recebemos por intermédio dos apóstolos;
– por ela somos alimentados e vivemos. R.

Louvor a vós, Senhor, pela mesa de vossa Palavra, preparada para nós pelos apóstolos;
– por ela recebemos luz e alegria. R.

Louvor a vós, Senhor, por vossa santa Igreja, edificada sobre o fundamento dos apóstolos;
– com ela formamos um só Corpo. R.

Louvor a vós, Senhor, pelos sacramentos do Batismo e da Penitência que confiastes aos apóstolos;
– por eles somos lavados de todo pecado. R.

(intenções livres)

Pai nosso...

Oração

Nós vos suplicamos, ó Deus onipotente, que o apóstolo Santo André, pregador do Evangelho e pastor da vossa Igreja, não cesse no céu de interceder por nós. Por nosso Senhor Jesus Cristo, vosso Filho, na unidade do Espírito Santo.

Hora Média

Antífonas e salmos do dia de semana corrente. Leitura breve do Comum dos apóstolos, p. 1568-1569. Oração como nas Laudes.

Vésperas

HINO Exulte o céu, do Comum dos apóstolos, p. 1569.

Ant. 1 **Je**sus viu a **Pe**dro e An**dré**
e os cha**mou** para **jun**to de **si**.

Salmos e cântico do Comum dos apóstolos, p. 1570.

Ant. 2 Disse a **e**les o Se**nhor**: Vinde co**mi**go,
e pesca**do**res de **ho**mens vos fa**rei**.

Ant. 3 Deixaram suas **re**des e a **bar**ca,
e **lo**go eles se**gui**ram a Je**sus**.

Leitura breve
Ef 4,11-13

Foi Cristo quem instituiu alguns como apóstolos, outros como profetas, outros ainda como evangelistas, outros, enfim, como pastores e mestres. Assim, ele capacitou os santos para o ministério, para edificar o corpo de Cristo, até que cheguemos todos juntos à unidade da fé e do conhecimento do Filho de Deus, ao estado do homem perfeito e à estatura de Cristo em sua plenitude.

Responsório breve

R. Anunci**ai** entre as na**ções**
  * A **gló**ria do Se**nhor**. R. Anunci**ai**.
V. E as **su**as maravilhas entre os **po**vos do univer**so**.
  * A **gló**ria. Glória ao **Pai**. R. Anunci**ai**.

Cântico evangélico, ant.

Santo An**dré**, servo de **Cris**to, digno A**pós**tolo de **Deus**,
de São **Pe**dro sois ir**mão**, compan**hei**ro em seu mar**tí**rio.

Preces

Irmãos, edificados sobre o fundamento dos apóstolos, roguemos a Deus Pai todo-poderoso em favor de seu povo santo; e digamos:

R. **Lembrai-vos, Senhor, da vossa Igreja!**

Vós quisestes, ó Pai, que o vosso Filho, ressuscitado dos mortos, se manifestasse primeiramente aos apóstolos;
– fazei de nós testemunhas do vosso Filho até os confins da terra.

R. **Lembrai-vos, Senhor, da vossa Igreja!**

Vós, que enviastes vosso Filho ao mundo para evangelizar os pobres,
– fazei que o Evangelho seja pregado a toda criatura. R.

Vós, que enviastes vosso Filho para semear a palavra do reino,
– concedei-nos colher na alegria os frutos da palavra semeada com o nosso trabalho. R.

Vós, que enviastes vosso Filho para reconciliar o mundo convosco pelo seu sangue,
– fazei que todos nós colaboremos na obra da reconciliação de toda a humanidade. R.

(intenções livres)

Vós, que glorificastes vosso Filho à vossa direita nos céus,
– recebei no reino da felicidade eterna os nossos irmãos e irmãs falecidos. R.

Pai nosso...

Oração

Nós vos suplicamos, ó Deus onipotente, que o apóstolo Santo André, pregador do Evangelho e pastor da vossa Igreja, não cesse no céu de interceder por nós. Por nosso Senhor Jesus Cristo, vosso Filho, na unidade do Espírito Santo.

COMUNS

COMUM DA DEDICAÇÃO DE UMA IGREJA

I Vésperas

HINO, Jerusalém gloriosa, como nas II Vésperas, p. 1507.

Salmodia

Ant. 1 Jerusalém está em festa:
ruas e praças rejubilam de alegria, aleluia.

Salmo 146(147A)

= ¹ Louvai o Senhor Deus, porque ele é bom, †
cantai ao nosso Deus, porque é suave: *
ele é digno de louvor, ele o merece!
– ² O Senhor reconstruiu Jerusalém, *
e os dispersos de Israel juntou de novo;
– ³ ele conforta os corações despedaçados, *
ele enfaixa suas feridas e as cura;
– ⁴ fixa o número de todas as estrelas *
e chama a cada uma por seu nome.
– ⁵ É grande e onipotente o nosso Deus, *
seu saber não tem medidas nem limites.
– ⁶ O Senhor Deus é o amparo dos humildes, *
mas dobra até o chão os que são ímpios.
– ⁷ Entoai, cantai a Deus ação de graças, *
tocai para o Senhor em vossas harpas!
– ⁸ Ele reveste todo o céu com densas nuvens, *
e a chuva para a terra ele prepara;
– faz crescer a verde relva sobre os montes *
e as plantas que são úteis para o homem;
– ⁹ ele dá aos animais seu alimento, *
e ao corvo e aos seus filhotes que o invocam.
– ¹⁰ Não é a força do cavalo que lhe agrada, *
nem se deleita com os músculos do homem,

– ¹¹mas **agra**dam ao Senhor os que o respeitam, *
  os que con**fiam**, esperando em seu amor!

Ant. Jerusa**lém** está em **festa**:
  ruas e **praças** reju**bi**lam de ale**gria**, ale**luia**.

Ant. 2 O Se**nhor** refor**çou** as tuas **por**tas
  e os teus **fi**lhos em teu **seio** abençoou.

Salmo 147(147B)

– ¹²Glorifica o Se**nhor**, Jerusa**lém**! *
  Ó Sião, canta louvores ao teu Deus!
– ¹³Pois refor**çou** com segurança as tuas portas, *
  e os teus **fi**lhos em teu seio abençoou;
– ¹⁴a **paz** em teus limites garantiu *
  e te **dá** como alimento a flor do trigo.
– ¹⁵Ele en**via** suas ordens para a terra, *
  e a pa**la**vra que ele diz corre veloz;
– ¹⁶ele **faz** cair a neve como lã *
  e es**pa**lha a geada como cinza.
– ¹⁷Como de **pão** lança as migalhas do granizo, *
  a seu **frio** as águas ficam congeladas.
– ¹⁸Ele en**via** sua palavra e as derrete, *
  sopra o **ven**to e de novo as águas correm.
– ¹⁹Anuncia a Jacó sua palavra, *
  seus prece**itos** e suas leis a Israel.
– ²⁰Nenhum **po**vo recebeu tanto carinho, *
  a nenhum **ou**tro revelou os seus preceitos.

Ant. O Se**nhor** refor**çou** as tuas **por**tas
  e os teus **fi**lhos em teu **seio** abençoou.

Ant. 3 Os **san**tos se alegram na Ci**da**de do Se**nhor**;
  os **an**jos cantam **hi**nos de lou**vor** ante seu **tro**no.
  Ale**luia**.

No cântico seguinte dizem-se os Aleluias entre parênteses somente quando se canta; na recitação, basta dizer os Aleluias no começo, entre as estrofes e no fim.

Cântico — Cf. Ap 19,1-2.5-7

= Ale**lu**ia, (Ale**lu**ia!).
¹ Ao nosso **Deus** a salva**ção**, *
honra, **gló**ria e poder! (Ale**lu**ia!).
– ² Pois são ver**da**de e jus**ti**ça *
os ju**í**zos do Senhor.
R. Ale**lu**ia, (Ale**lu**ia!).

= Ale**lu**ia, (Ale**lu**ia!).
⁵ Cele**brai** o nosso Deus, *
servi**do**res do Senhor! (Ale**lu**ia!).
– E vós **to**dos que o temeis, *
vós os **gran**des e os pequenos!
R. Ale**lu**ia, (Ale**lu**ia!).

= Ale**lu**ia, (Ale**lu**ia!).
⁶ De seu **rei**no tomou posse *
nosso **Deus** onipotente! (Ale**lu**ia!).
– ⁷ Exul**te**mos de alegria, *
demos **gló**ria ao nosso Deus!
R. Ale**lu**ia, (Ale**lu**ia!).

= Ale**lu**ia, (Ale**lu**ia!).
Eis que as **núp**cias do Cordeiro *
redi**vi**vo se aproximam! (Ale**lu**ia!).
– Sua Es**po**sa se enfeitou, *
se ves**tiu** de linho puro.
R. Ale**lu**ia, (Ale**lu**ia!).

Ant. Os **san**tos se alegram na Ci**da**de do Se**nhor**;
os **an**jos cantam **hi**nos de lou**vor** ante seu **tro**no.
Ale**lu**ia.

Leitura breve
Ef 2,19-22

Já não sois mais estrangeiros nem migrantes, mas concidadãos dos santos. Sois da família de Deus. Vós fostes integrados no edifício que tem como fundamento os apóstolos e os profetas, e o próprio Jesus Cristo como pedra principal. É nele que toda a construção se ajusta e se eleva para formar um templo santo no Senhor. E vós também sois integrados nesta construção, para vos tornardes morada de Deus pelo Espírito.

Responsório breve

R. **Refulge**, ó **Senhor**, *A san**tida**de em **vossa casa**.
  R. **Refulge**.
V. Pelos **séculos** dos **séculos**. *A san**tida**de.
  Glória ao **Pai**. R. **Refulge**.

Cântico evangélico, ant.

Ale**grai**-vos com Si**ão** e exul**tai** por sua **cau**sa,
todos **vós** que a a**mais**.

Preces

Oremos a nosso Salvador, que entregou a vida para reunir num só povo os filhos de Deus dispersos; e digamos:

R. **Lembrai-vos, Senhor, da vossa Igreja!**

Senhor Jesus, que edificastes a vossa casa sobre a rocha firme,
—consolidai e robustecei a fé e a esperança de vossa Igreja.
R.

Senhor Jesus, de cujo lado aberto jorraram sangue e água,
—renovai a vossa Igreja pelos sacramentos da nova e eterna aliança.
R.

Senhor Jesus, que estais no meio daqueles que se reúnem em vosso nome,
—escutai a oração de toda a vossa Igreja.
R.

Senhor Jesus, que vindes com o Pai morar naqueles que vos amam,
– tornai a vossa Igreja perfeita na caridade. R.
(intenções livres)

Senhor Jesus, que nunca rejeitais quem se aproxima de vós,
– fazei entrar na casa do Pai todos os que já morreram. R.
Pai nosso...

Oração
Na própria igreja dedicada:
Ó Deus, que nos fazeis reviver cada ano a dedicação desta igreja, ouvi as preces do vosso povo, e concedei que celebremos neste lugar um culto perfeito e alcancemos a plena salvação. Por nosso Senhor Jesus Cristo, vosso Filho, na unidade do Espírito Santo.

Em outra igreja:
Ó Deus, que edificais o vosso templo eterno com pedras vivas e escolhidas, difundi na vossa Igreja o Espírito que lhe destes, para que o vosso povo cresça sempre mais construindo a Jerusalém celeste. Por nosso Senhor Jesus Cristo, vosso Filho, na unidade do Espírito Santo.

Ou:
Ó Deus, que chamastes Igreja o vosso povo, concedei aos que se reúnem em vosso nome temer-vos, amar-vos e seguir-vos, até alcançar, guiados por vós, as promessas eternas. Por nosso Senhor Jesus Cristo, vosso Filho, na unidade do Espírito Santo.

Invitatório
R. **Igre**ja, Es**po**sa de **Cris**to, a**cla**ma e **lou**va o Se**nhor**.
Ou:
R. Ado**re**mos Jesus **Cristo**, que **a**ma a sua **Igre**ja.
Salmo invitatório como no Ordinário, p. 537.

Ofício das Leituras

Hino

Senhor Jesus, a quem tudo pertence,
mas aceitais dos homens os presentes:
um lugar santo hoje vos dedicaram,
por isso nós exultamos contentes.

Salve o lugar, Senhor, que foi chamado
Casa do Rei, porta de umbrais celestes,
por onde sobe a Deus todo o seu povo,
como a Escada que a Jacó vós destes!

Eis o lugar, Senhor, onde os fiéis
cantando acorrem neste vosso dia,
para buscar na fonte a vida eterna
e oferecer no altar a Eucaristia!

Ó Deus, volvei a nós um rosto amigo
e com carinho guardai vosso povo,
que hoje celebra o templo consagrado,
cantando em vossa honra um canto novo.

Louvor a vós, ó Pai, e glória ao Filho,
que foi na terra o templo verdadeiro,
e nos mandou o Espírito divino
que faz um templo vivo ao povo inteiro.

Salmodia

Ant. 1 Ó **por**tas, levan**tai** vossos front**ões**!
Ele**vai**-vos bem mais **al**to, antigas **por**tas!

Quando o salmo seguinte é usado no Invitatório, diz-se, em seu lugar, o Salmo 94(95), à p. 537.

Salmo 23(24)

— ¹Ao **Se**nhor pertence a **ter**ra e o que ela en**cer**ra, *
   o mundo in**tei**ro com os seres que o povoam;
— ²porque **e**le a tornou firme sobre os mares, *
   e sobre as **á**guas a mantém inabalável. —

— ³"Quem sub**irá** até o monte do Senhor, *
quem fic**ará** em sua santa habitação?"
= ⁴"Quem tem mãos **pu**ras e inocente coração, †
quem não di**ri**ge sua mente para o crime, *
nem jura **fal**so para o dano de seu próximo.
— ⁵Sobre **es**te desce a bênção do Senhor *
e a recom**pen**sa de seu Deus e Salvador".
— ⁶"É as**sim** a geração dos que o procuram, *
e do **Deus** de Israel buscam a face".
= ⁷"Ó **por**tas, levantai vossos frontões! †
Ele**vai**-vos bem mais alto, antigas portas, *
a fim de **que** o Rei da glória possa entrar!"
= ⁸Dizei-nos: "Quem é este Rei da glória?" †
"É o Se**nhor**, o valoroso, o onipotente, *
o Se**nhor**, o poderoso nas batalhas!"
= ⁹"Ó **por**tas, levantai vossos frontões! †
Ele**vai**-vos bem mais alto, antigas portas, *
a fim de **que** o Rei da glória possa entrar!"
= ¹⁰Dizei-nos: "Quem é este Rei da glória?" †
"O Rei da **gló**ria é o Senhor onipotente, *
o Rei da **gló**ria é o Senhor Deus do universo!"

Ant. Ó **por**tas, levan**tai** vossos fron**tões**!
Ele**vai**-vos bem mais **al**to, antigas **por**tas!

Ant. 2 Quão a**má**vel, ó Se**nhor**, é vossa **ca**sa! †

Salmo 83(84)

— ²Quão a**má**vel, ó Se**nhor**, é vossa **ca**sa, *
  † quanto a **a**mo, Senhor Deus do universo!
— ³Minha **al**ma desfalece de saudades *
  e an**sei**a pelos átrios do Senhor!
— Meu cora**ção** e minha carne rejubilam *
  e e**xul**tam de alegria no Deus vivo! —

= ⁴Mesmo o par**dal** encontra abrigo em vossa casa, †
  e a ando**ri**nha aí prepara o seu ninho, *
  para **n**ele seus filhotes colocar:
— Vossos al**ta**res, ó Senhor Deus do universo! *
  vossos al**ta**res, ó meu Rei e meu Senhor!
— ⁵Fe**li**zes os que habitam vossa casa; *
  para **sem**pre haverão de vos louvar!
— ⁶Fe**li**zes os que em vós têm sua força, *
  e se de**ci**dem a partir quais peregrinos!
= ⁷Quando **pas**sam pelo vale da aridez, †
  o trans**for**mam numa fonte borbulhante, *
  pois a **chu**va o vestirá com suas bênçãos.
— ⁸Caminha**rão** com ardor sempre crescente *
  e hão de **ver** o Deus dos deuses em Sião.
— ⁹Deus do uni**ver**so, escutai minha oração! *
  Incli**nai**, Deus de Jacó, o vosso ouvido!
— ¹⁰Olhai, ó **Deus**, que sois a nossa proteção, *
  vede a face do eleito, vosso Ungido!
— ¹¹Na ver**da**de, um só dia em vosso templo *
  vale **mais** do que milhares fora dele!
— Prefiro es**tar** no limiar de vossa casa, *
  a hospe**dar**-me na mansão dos pecadores!
— ¹²O Senhor **Deus** é como um sol, é um escudo, *
  e largam**en**te distribui a graça e a glória.
— O Se**nhor** nunca recusa bem algum *
  à**que**les que caminham na justiça.
— ¹³Ó Se**nhor**, Deus poderoso do universo, *
  fe**liz** quem põe em vós sua esperança!

Ant. Quão am**á**vel, ó Se**nhor**, é vossa **ca**sa!

Ant. 3 Dizem **coi**sas gloriosas da Cidade do Se**nhor**.

Salmo 86(87)

— ¹O Senhor ama a cidade *
que fundou no Monte santo;
— ²ama as portas de Sião *
mais que as casas de Jacó.
— ³Dizem coisas gloriosas *
da Cidade do Senhor:
— ⁴"Lembro o Egito e a Babilônia *
entre os meus veneradores.
= Na Filisteia ou em Tiro †
ou no país da Etiópia,
este ou aquele ali nasceu".
= ⁵De Sião, porém, se diz: †
"Nasceu nela todo homem; *
Deus é sua segurança".
= ⁶Deus anota no seu livro, †
onde inscreve os povos todos: *
"Foi ali que estes nasceram".
— ⁷E por isso todos juntos *
a cantar se alegrarão;
— e, dançando, exclamarão: *
"Estão em ti as nossas fontes!"

Ant. Dizem coisas gloriosas da Cidade do Senhor.
V. Eu me volto reverente ao vosso templo.
R. E adoro com respeito o vosso nome.

Primeira leitura
Da Primeira Carta de São Pedro 2,1-17

Como pedras vivas, entrai na edificação

Caríssimos: ¹Despojai-vos de toda maldade, mentira e hipocrisia, e de toda inveja e calúnia. ²Como criancinhas recém-nascidas, desejai o leite legítimo e puro, que vos vai

fazer crescer na salvação. ³Pois já provastes que o Senhor é bom. ⁴Aproximai-vos do Senhor, pedra viva, rejeitada pelos homens, mas escolhida e honrosa aos olhos de Deus. ⁵Do mesmo modo, também vós, como pedras vivas, formai um edifício espiritual, um sacerdócio santo, a fim de oferecerdes sacrifícios espirituais, agradáveis a Deus, por Jesus Cristo. ⁶Com efeito, nas Escrituras se lê:
"Eis que ponho em Sião uma pedra angular,
escolhida e magnífica;
quem nela confiar, não será confundido".

⁷A vós, portanto, que tendes fé, cabe a honra. Mas, para os que não creem,
"a pedra que os construtores rejeitaram
tornou-se a pedra angular,
⁸pedra de tropeço e rocha que faz cair". Nela tropeçam os que não acolhem a Palavra; esse é o destino deles.

⁹Mas vós sois a raça escolhida, o sacerdócio do Reino, a nação santa, o povo que ele conquistou para proclamar as obras admiráveis daquele que vos chamou das trevas para a sua luz maravilhosa. ¹⁰vós sois aqueles que "antes não eram povo, agora porém são povo de Deus; os que não eram objeto de misericórdia, agora porém alcançaram misericórdia".

¹¹Amados, eu vos exorto como a estrangeiros e migrantes: afastai-vos das humanas paixões, que fazem guerra contra vós mesmos. ¹²Tende bom procedimento no meio dos gentios. Deste modo, mesmo caluniando-vos, como se fôsseis malfeitores, eles poderão observar a vossa boa atuação e glorificar a Deus, no dia de sua visitação.

¹³Sede submissos a toda autoridade humana, por amor ao Senhor, quer ao imperador, como soberano, ¹⁴quer aos governadores, que por ordem de Deus castigam os malfeitores e premiam os que fazem o bem. ¹⁵Pois a vontade de Deus é precisamente esta: que, fazendo o bem, caleis a ignorância dos insensatos. ¹⁶Conduzi-vos como pessoas livres, mas sem usar a liberdade como pretexto para o mal. Pelo contrário, sede servidores de Deus.

¹⁷Honrai a todos, e amai os irmãos. Tende temor de Deus, e honrai o rei.

Responsório   Cf. Tb 13,16; Ap 21,19-21
R. Todas **tu**as mu**ral**has são de **pe**dras preci**o**sas.
 * E as **tor**res de Si**ão** serão **re**construídas
   com **ge**mas reluz**en**tes.
V. As **por**tas de Sião serão **re**constru**í**das
   com sa**fi**ras e esme**ral**das
   e todas **su**as mu**ral**has, com **pe**dras preci**o**sas.
 * E as **tor**res.

Segunda leitura
Das Homilias sobre o Livro de Josué, de Orígenes, presbítero

(Homilia 9,1-2: PG 12,871-872)   (Séc. III)

Como pedras vivas, constituímos a casa e o altar de Deus

Todos nós, que cremos no Cristo Jesus, somos chamados *pedras vivas,* segundo as palavras das Escrituras: *Também vós, como pedras vivas, formai um edifício espiritual, um sacerdócio santo, a fim de oferecerdes sacrifícios espirituais, agradáveis a Deus, por Jesus Cristo* (1Pd 2,5).

Ora, quando se trata de pedras de construção, sabemos que primeiro são colocadas nos alicerces as mais sólidas e resistentes, para que possamos com segurança colocar-lhes em cima todo o peso do edifício; do mesmo modo, também entre as pedras vivas algumas são colocadas nos alicerces do edifício espiritual. Quais são essas pedras vivas colocadas nos alicerces? *São os apóstolos e os profetas,* como ensina São Paulo: *Vós fostes integrados no edifício que tem como fundamento os apóstolos e os profetas, e o próprio Jesus Cristo, nosso Senhor, como pedra principal* (Ef 2,20).

Tu que me ouves, para melhor participares da construção deste edifício e seres uma das pedras mais próximas do alicerce, fica sabendo ser o próprio Cristo o alicerce do edifício que estamos descrevendo. Assim se exprime o apóstolo Paulo: *Ninguém pode colocar outro alicerce diferente do que aí está, já colocado: Jesus Cristo* (1Cor 3,11). Felizes, pois, aqueles que vão se tornando edifícios religiosos e santos sobre tão nobre alicerce!

Todavia, neste edifício que é a Igreja, também é necessário um altar. Por isso julgo que todos dentre vós, *pedras vivas,* preparados e dispostos para se dedicarem à oração, a fim de oferecer a Deus dia e noite o sacrifício de suas preces e súplicas, sois as pedras com que Jesus edifica o altar.

Considera, portanto, a nobreza dessas pedras do altar: *Como prescreveu o legislador Moisés,* diz a Escritura, *que se construa o altar com pedras inteiras, não talhadas pelo ferro.* Que pedras inteiras e intocadas são estas? Talvez os santos Apóstolos, formando em conjunto um só altar por sua unanimidade e concórdia. De fato, narra-se que *todos eles perseveravam na oração em comum* (At 1,14), e, tomando a palavra, disseram: *Senhor, tu conheces os corações de todos* (At 1,24).

Os que assim podiam orar, num só coração, numa só voz e num só espírito, são realmente dignos de construir um só altar, sobre o qual Jesus ofereça seu sacrifício ao Pai.

Também devemos nos esforçar por ter a mesma linguagem e os mesmos sentimentos, nada fazendo por espírito de contenda ou vanglória. Permanecendo unidos no mesmo modo de sentir e pensar, certamente nos tornaremos pedras dignas do altar.

Responsório   Cf. Is 2,2.3; Sl 125(126),6

R. A **casa** do **Senhor** foi construída
no mais **alto**, sobre o **cu**me das mon**ta**nhas
e ele**va**da muito a**ci**ma das colinas.
* Para ela acorre**rão** todas as **gen**tes,
di**zen**do: Honra e **gló**ria a vós, Se**nhor**!

℣. Cantando de alegria voltarão, carregando os seus feixes.
* Para ela.

Ou:

Dos Sermões de Santo Agostinho, bispo
Sermão 336, 1. 6: PL 38 [edit. 1861], 1471-1472.1475)
(Séc. V)

Edificação e dedicação da casa de Deus em nós

A solenidade que nos reúne é a dedicação de uma casa de oração. Realmente, esta é a casa de nossas orações; mas a casa de Deus somos nós. Se nós é que somos a casa de Deus, continuemos construindo neste mundo, para sermos consagrados no fim dos tempos. O edifício, ou melhor, a construção exige trabalho, mas a consagração realiza-se com alegria.

O que acontecia aqui, enquanto esta casa estava sendo erguida, é o que acontece agora quando se reúnem os que creem em Cristo. Com efeito, ao abraçarem a fé, foram como a madeira cortada na floresta e as pedras talhadas nos montes; ao serem catequizados, batizados e instruídos, foram lavrados, acertados e aplainados pelas mãos dos carpinteiros e construtores.

Contudo, esses materiais não constroem a casa do Senhor senão quando são unidos pela caridade. Se estas madeiras e pedras não se encaixassem ordenadamente, não se entrelaçassem pacificamente e, por assim dizer, não se amassem mutuamente, ninguém poderia entrar aqui. Mas, quando vês em qualquer construção pedras e madeiras formando um todo bem ajustado, então podes entrar nela sem temer que desabe.

Querendo, pois, o Cristo Senhor entrar e habitar em nós, dizia como se estivesse construindo: *Eu vos dou um novo mandamento: que vos ameis uns aos outros* (Jo 13,34). Disse: *Eu vos dou um novo mandamento*. Vós éreis velhos, deitados em vossas ruínas, sem condições de serdes uma casa para mim. Portanto, para vos levantardes da velhice de vossas ruínas, *amai-vos uns aos outros.*

Considere vossa caridade que esta casa ainda está sendo construída no mundo inteiro, como foi predito e prometido. Depois do cativeiro, quando se edificava o Templo, dizia-se num salmo: *Cantai ao Senhor Deus um canto novo, cantai ao senhor Deus, ó terra inteira* (Sl 95,1). Ao canto novo do salmo corresponde o *mandamento novo* do Senhor. Que há, em verdade, num canto novo senão um amor novo? Cantar é próprio de quem ama! A voz deste cantor é a paixão de um amor sagrado.

O que vemos aqui, materialmente, nas paredes, sucede espiritualmente em vosso íntimo; e o que vemos realizado com perfeição na pedra e madeira, também se realize em vossos corpos, pela graça de Deus.

Acima de tudo, portanto, demos graças ao Senhor, nosso Deus, de quem procedem toda boa dádiva e todo dom perfeito, e louvemos sua bondade com toda a alegria do coração. Para que esta casa de oração fosse construída, ele iluminou o espírito dos fiéis, despertou-lhes o afeto, deu-lhes a sua ajuda, inspirou os que ainda não a queriam a querê-la, levando a termo os esforços de sua boa vontade. E deste modo Deus, *que realiza* nos seus *tanto o querer como o fazer, conforme o seu desígnio benevolente* (Fl 2,13), começou e concluiu tudo isto.

Responsório   Sl 83(84),2-3.5

R. Quão a**má**vel, ó **S**e**nhor**, é **vo**ssa **ca**sa,
   Quanto a **a**mo, Senhor **Deus** do uni**ver**so!
* **Mi**nha **a**lma des**fa**lece de sau**da**des
   e an**sei**a pelos **á**trios do **Se**n**hor**!
V. Felizes os que ha**bi**tam vossa **ca**sa,
   para **sem**pre have**rão** de vos lou**var**. * **Mi**nha **a**lma.

HINO Te Deum, p. 543.

Oração como nas Laudes.

Laudes

Hino

Do Pai eterno talhado,
Jesus, à terra baixado
tornou-se pedra angular;
na qual o povo escolhido
e o das nações convertido
vão afinal se encontrar.

Eis que a Deus é consagrada
para ser sua morada
triunfal Jerusalém,
onde em louvor ao Deus trino
sobem dos homens o hino,
os Aleluias e o Amém.

No vosso altar reluzente
permanecei Deus, presente,
sempre a escutar nossa voz;
acolhei todo pedido,
acalmai todo gemido
dos que recorrem a vós.

Sejamos nós pedras vivas,
umas das outras cativas,
que ninguém possa abalar;
com vossos santos um dia,
a exultar de alegria
no céu possamos reinar.

Ant. 1 Minha **ca**sa é **ca**sa de o**ra**ção.

Salmos e cântico do domingo da I Semana, p. 580.

Ant. 2 Sede ben**di**to, Senhor **Deus** de nossos **pais**,
no templo **san**to onde re**ful**ge a vossa **gló**ria!

Ant. 3 Lou**vai** o Se**nhor** na assem**blei**a dos **san**tos!

Leitura breve
Is 56,7

Eu os conduzirei ao meu santo monte e os alegrarei em minha casa de oração; aceitarei com agrado em meu altar seus holocaustos e vítimas, pois minha casa será chamada casa de oração para todos os povos.

Responsório breve

R. **Gran**de é o Se**nhor**, *E muito **digno** de lou**vor**.
R. **Gran**de.
V. No Monte **san**to, na ci**da**de onde ele **mo**ra.
*E muito **digno**. Glória ao **Pai**. R. **Gran**de.

Cântico evangélico, ant.

Za**queu**, desce depres**sa**,
porque **hoje** vou ficar em tua **ca**sa!
Ele des**ceu** rapida**men**te
e o rece**beu** com ale**gri**a em sua **ca**sa.
Hoje en**trou** a salva**ção** nesta **ca**sa.

Preces

Como pedras vivas, edificadas sobre Cristo, pedra angular, peçamos cheios de fé a Deus Pai todo-poderoso em favor de sua amada Igreja; e digamos:

R. **Esta é a casa de Deus e a porta do céu!**

Pai do céu, que sois o agricultor da vinha que Cristo plantou na terra, purificai, guardai e fazei crescer a vossa Igreja,
—para que, sob o vosso olhar, ela se espalhe por toda a terra. R.

Pastor eterno, protegei e aumentai o vosso rebanho,
—para que todas as ovelhas se congreguem na unidade, sob um só pastor, Jesus Cristo, vosso Filho. R.

Semeador providente, semeai a palavra em vosso campo,
—para que dê frutos abundantes para a vida eterna. R.

Sábio construtor, santificai a Igreja, vossa casa e vossa família,
— para que ela apareça no mundo como cidade celeste, Jerusalém nova e Esposa sem mancha. R.

(intenções livres)

Pai nosso...

Oração

Na própria igreja dedicada:

Ó Deus, que nos fazeis reviver cada ano a dedicação desta igreja, ouvi as preces do vosso povo, e concedei que celebremos neste lugar um culto perfeito e alcancemos a plena salvação. Por nosso Senhor Jesus Cristo, vosso Filho, na unidade do Espírito Santo.

Em outra igreja:

Ó Deus, que edificais o vosso templo eterno com pedras vivas e escolhidas, infundi na vossa Igreja o Espírito que lhe destes, para que o vosso povo cresça sempre mais construindo a Jerusalém celeste. Por nosso Senhor Jesus Cristo, vosso Filho, na unidade do Espírito Santo.

Ou:

Ó Deus, que chamastes Igreja o vosso povo, concedei aos que se reúnem em vosso nome temer-vos, amar-vos e seguir-vos, até alcançar, guiados por vós, as promessas eternas. Por nosso Senhor Jesus Cristo, vosso Filho, na unidade do Espírito Santo.

Hora Média

Oração das Nove Horas

Ant. A santa Igreja é o templo do Senhor,
   é a construção, é a plantação que Deus cultiva.

Nos salmos graduais da Salmodia complementar, em lugar do Salmo 121(122), pode-se dizer o Salmo 128(129), à p. 1074.

Comum da dedicação de uma igreja

Leitura breve   1Cor 3,16-17

Acaso não sabeis que sois santuário de Deus e que o Espírito de Deus mora em vós? Se alguém destruir o santuário de Deus, Deus o destruirá, pois o santuário de Deus é santo, e vós sois esse santuário.

V. Senhor, eu amo a casa onde habitais.
R. E o lugar em que reside a vossa glória.

Oração das Doze Horas

Ant. Refulge a santidade em vossa casa
       pelos séculos dos séculos, Senhor!

Leitura breve   2Cor 6,16

Vós sois templo do Deus vivo, como disse o próprio Deus: Eu habitarei no meio deles e andarei entre eles. Serei o seu Deus e eles serão o meu povo.

V. Rogai que viva em paz Jerusalém.
R. E em segurança os que te amam.

Oração das Quinze Horas

Ant. Eis a Casa do Senhor solidamente edificada,
       construída sobre a rocha.

Leitura breve   Jr 7,2b.4-5a.7a

Ouvi a palavra do Senhor, todos vós, que entrais por estas portas para adorar o Senhor. Não ponhais vossa confiança em palavras mentirosas, dizendo: – 'É o templo do Senhor, o templo do Senhor, o templo do Senhor!' Mas, se melhorardes vossa conduta e vossas obras, então eu vos farei habitar neste lugar.

Ou: Ag 6a.7.9

Isto diz o Senhor dos exércitos: Sacudirei todos os povos, e começarão a chegar tesouros de todas as nações, hei de encher de esplendor esta casa, diz o Senhor dos exércitos. O esplendor desta nova casa será maior que o da primeira, diz o Senhor dos exércitos; e, neste lugar, estabelecerei a paz, diz o Senhor dos exércitos.

V. **Entrai** por suas **por**tas dando **gra**ças.
R. E em seus **á**trios com **hi**nos de lou**vor**!

Oração como nas Laudes.

II Vésperas

Hino

Jerusalém gloriosa,
visão bendita de paz,
de pedras vivas erguida,
por entre os astros brilhais
qual noiva, de anjos cingida,
que seu caminho perfaz.

Já vem do céu preparada
para o festim nupcial,
e ao Senhor será dada
no esplendor virginal.
As suas praças e muros
são do mais puro metal.

Pérolas brilham nas portas
desta cidade sem par,
e pela força dos méritos
vem no seu seio habitar
quem pelo nome de Cristo
soube sofrer e lutar.

Ásperas pedras, talhadas
por um perito no ofício,
com marteladas polidas,
constroem todo o edifício,
umas às outras unidas,
sem qualquer fenda ou orifício.

Ao Pai louvor seja dado,
ao Filho glória também,
com o Espírito sagrado
que dum e doutro provém.
Honra e poder são devidos
aos Três nos séculos. Amém.

Salmodia

Ant. 1 O Senhor tornou santa a sua morada:
Quem a pode abalar? Ele habita em seu meio.

Salmo 45(46)

– ²O Senhor para nós é refúgio e vigor, *
sempre pronto, mostrou-se um socorro na angústia;
– ³Assim não temos, se a terra estremece, *
se os montes desabam, caindo nos mares,
– ⁴se as águas trovejam e as ondas se agitam, *
se, em feroz tempestade, as montanhas se abalam:
– ⁵Os braços de um rio vêm trazer alegria *
à Cidade de Deus, à morada do Altíssimo.
– ⁶Quem a pode abalar? Deus está no seu meio! *
Já bem antes da aurora, ele vem ajudá-la.
– ⁷Os povos se agitam, os reinos desabam; *
troveja sua voz e a terra estremece.
– ⁸Conosco está o Senhor do universo! *
O nosso refúgio é o Deus de Jacó!
– ⁹Vinde ver, contemplai os prodígios de Deus *
e a obra estupenda que fez no universo:
=¹⁰reprime as guerras na face da terra, †
ele quebra os arcos, as lanças destrói *
e queima no fogo os escudos e as armas:
– ¹¹"Parai e sabei, conhecei que eu sou Deus, *
que domino as nações, que domino a terra!"

– ¹²Conosco está o Senhor do universo! *
  O nosso refúgio é o Deus de Jacó!

Ant. O Senhor tornou santa a sua morada:
  Quem a pode abalar? Ele habita em seu meio.

Ant. 2 Alegres iremos à casa de Deus!

Salmo 121(122)

– ¹Que alegria, quando ouvi que me disseram: *
  "Vamos à casa do Senhor!"
– ²E agora nossos pés já se detêm, *
  Jerusalém, em tuas portas.
– ³Jerusalém, cidade bem edificada *
  num conjunto harmonioso;
– ⁴para lá sobem as tribos de Israel, *
  as tribos do Senhor.
– Para louvar, segundo a lei de Israel, *
  o nome do Senhor.
– ⁵A sede da justiça lá está *
  e o trono de Davi.
– ⁶Rogai que viva em paz Jerusalém, *
  e em segurança os que te amam!
– ⁷Que a paz habite dentro de teus muros, *
  tranquilidade em teus palácios!
– ⁸Por amor a meus irmãos e meus amigos, *
  peço: "A paz esteja em ti!"
– ⁹Pelo amor que tenho à casa do Senhor, *
  eu te desejo todo bem!

Ant. Alegres iremos à casa de Deus!

Ant. 3 Santos todos de Deus, entoai seu louvor!

No cântico seguinte dizem-se os Aleluias entre parênteses somente quando se canta; na recitação, basta dizer os Aleluias no começo, entre as estrofes e no fim.

Cântico　　　　　　Cf. Ap 19,1-7

= Aleluia, (Aleluia!).
¹Ao nosso **Deus** a salva**ção**, *
honra, **gló**ria e poder! (Aleluia!).
– ²Pois são ver**da**de e justiça *
os juízos do Senhor.
R. Aleluia, (Aleluia!).

= Aleluia, (Aleluia!).
⁵Cele**brai** o nosso Deus, *
servi**do**res do Senhor! (Aleluia!).
– E vós **to**dos que o temeis, *
vós os **gran**des e os pequenos!
R. Aleluia, (Aleluia!).

= Aleluia, (Aleluia!).
⁶De seu **rei**no tomou posse *
nosso **Deus** onipotente! (Aleluia!).
– ⁷Exul**te**mos de alegria, *
demos **gló**ria ao nosso Deus!
R. Aleluia, (Aleluia!).

= Aleluia, (Aleluia!).
Eis que as **núp**cias do Cordeiro *
redivivo se aproximam! (Aleluia!).
– Sua Es**po**sa se enfeitou, *
se ves**tiu** de linho puro.
R. Aleluia, (Aleluia!).

Ant. Santos **to**dos de **Deus**, entoai seu louvor!

Leitura breve　　　　　　Ap 21,1 a.2-3.27

Vi a cidade santa, a nova Jerusalém, que descia do céu, de junto de Deus, vestida qual esposa enfeitada para o seu marido. Então, ouvi uma voz forte que saía do trono e dizia: Esta é a morada de Deus entre os homens. Deus vai morar no meio deles. Eles serão o seu povo, e o próprio Deus estará com eles. Não vi templo na cidade, pois o seu Templo é o próprio Senhor, o Deus todo-poderoso, e o Cordeiro. Nunca mais entrará nela o que é impuro, nem alguém que pratica a abominação e a mentira. Entrarão nela somente os que estão inscritos no livro da vida do Cordeiro.

Responsório breve
R. Felizes, ó Senhor, * Os que habitam vossa casa!
   R. Felizes.
V. Para sempre haverão de vos louvar. * Os que habitam.
   Glória ao Pai. R. Felizes.

Cântico evangélico, ant.
O Senhor santificou sua morada;
pois aqui o seu nome é invocado,
e Deus se faz presente em nosso meio.

Preces
Oremos a nosso Salvador, que entregou sua vida para reunir num só povo os filhos de Deus dispersos; e digamos:

R. **Lembrai-vos, Senhor, da vossa Igreja!**

Senhor Jesus, que edificastes a vossa casa sobre a rocha firme,
— consolidai e robustecei a fé e a esperança de vossa Igreja. R.

Senhor Jesus, de cujo lado aberto jorraram sangue e água,
— renovai a vossa Igreja pelos sacramentos da nova e eterna aliança. R.

Senhor Jesus, que estais no meio daqueles que se reúnem em vosso nome,
— escutai a oração de toda a vossa Igreja. R.

Senhor Jesus, que vindes com o Pai morar naqueles que vos amam,
— tornai a vossa Igreja perfeita na caridade. R.

(intenções livres)

Senhor Jesus, que nunca rejeitais quem se aproxima de vós, fazei entrar na casa do Pai todos os que já morreram.
R. **Lembrai-vos, Senhor, da vossa Igreja!**
Pai nosso...

Oração

Na própria igreja dedicada:

Ó Deus, que nos fazeis reviver cada ano a dedicação desta igreja, ouvi as preces do vosso povo, e concedei que celebremos neste lugar um culto perfeito e alcancemos a plena salvação. Por nosso Senhor Jesus Cristo, vosso Filho, na unidade do Espírito Santo.

Em outra igreja:

Ó Deus, que edificais o vosso templo eterno com pedras vivas e escolhidas, difundi na vossa Igreja o Espírito que lhe destes, para que o vosso povo cresça sempre mais construindo a Jerusalém celeste. Por nosso Senhor Jesus Cristo, vosso Filho, na unidade do Espírito Santo.

Ou:

Ó Deus, que chamastes Igreja o vosso povo, concedei aos que se reúnem em vosso nome temer-vos, amar-vos e seguir-vos, até alcançar, guiados por vós, as promessas eternas. Por nosso Senhor Jesus Cristo, vosso Filho, na unidade do Espírito Santo.

COMUM DE NOSSA SENHORA

I Vésperas

Hino

Maria, Mãe dos mortais,
as nossas preces acolhes;
escuta, pois, nossos ais,
e sempre, sempre nos olhes.

Vem socorrer, se do crime
o laço vil nos envolve.
Com tua mão que redime
a nossa culpa dissolve.

Vem socorrer, se do mundo
o brilho vão nos seduz
a abandonar num segundo
a estrada que ao céu conduz.

Vem socorrer, quando a alma
e o corpo a doença prostrar.
Vejamos com doce calma
a eternidade chegar.

Tenham teus filhos, na morte,
tua assistência materna.
E seja assim nossa sorte,
o prêmio da Vida eterna.

Jesus, ao Pai seja glória.
Seja ao Espírito também.
E a Vós, ó Rei da vitória,
Filho da Virgem. Amém.

Salmodia

Ant. 1 Ben**dita** se**jais**, ó **Virgem Maria**; trou**xes**tes no **ven**tre a Quem **fez** o univer**so**!

Salmo 112(113)

– ¹Louvai, louvai, ó servos do Senhor, *
  louvai, louvai o nome do Senhor!
– ²Bendito seja o nome do Senhor, *
  agora e por toda a eternidade!
– ³Do nascer do sol até o seu ocaso, *
  louvado seja o nome do Senhor!
– ⁴O Senhor está acima das nações, *
  sua glória vai além dos altos céus.
= ⁵Quem pode comparar-se ao nosso Deus, †
  ao Senhor, que no alto céu tem o seu trono *
  ⁶e se inclina para olhar o céu e a terra?
– ⁷Levanta da poeira o indigente *
  e do lixo ele retira o pobrezinho,
– ⁸para fazê-lo assentar-se com os nobres, *
  assentar-se com os nobres do seu povo.
– ⁹Faz a estéril, mãe feliz em sua casa, *
  vivendo rodeada de seus filhos.

Ant. Bendita sejais, ó Virgem Maria;
  trouxestes no ventre a Quem fez o universo!

Ant. 2 Vós destes a vida a Quem vos criou,
  e Virgem sereis para sempre, ó Maria.

Salmo 147(147B)

– ¹²Glorifica o Senhor, Jerusalém! *
  Ó Sião, canta louvores ao teu Deus!
– ¹³Pois reforçou com segurança as tuas portas, *
  e os teus filhos em teu seio abençoou;
– ¹⁴a paz em teus limites garantiu *
  e te dá como alimento a flor do trigo.
– ¹⁵Ele envia suas ordens para a terra, *
  e a palavra que ele diz corre veloz;

– ⁱ⁶ele **faz** cair a neve como lã *
  e es**pa**lha a geada como cinza.
– ¹⁷Como de **pão** lança as migalhas do granizo, *
  a seu **fri**o as águas ficam congeladas.
– ¹⁸Ele en**vi**a sua palavra e as derrete, *
  sopra o **ven**to e de novo as águas correm.
– ¹⁹Anun**ci**a a Jacó sua palavra, *
  seus pre**cei**tos e suas leis a Israel.
– ²⁰Nenhum **po**vo recebeu tanto carinho, *
  a nenhum **ou**tro revelou os seus preceitos.

Ant. Vós **des**tes a **vi**da a **Quem** vos cri**ou**,
  e **Vir**gem se**reis** para **sem**pre, ó Ma**ri**a.

Ant. 3 Sois ben**di**ta por **Deus** entre **to**das, Ma**ri**a,
  pois de **vós** rece**be**mos o **Fru**to da Vida.

Cântico   Ef 1,3-10

– ³Ben**di**to e louva**do** seja **Deus**, *
  o **Pai** de Jesus Cristo, Senhor nosso,
– que do alto **céu** nos abençoou em Jesus Cristo *
  com **bên**ção espiritual de toda sorte!

(R. Ben**di**to sejais **vós**, nosso **Pai**,
  que **nos** abenço**as**tes em **Cris**to!)

– ⁴Foi em **Cris**to que Deus Pai nos escolheu, *
  já bem **an**tes de o mundo ser criado,
– para que **fôs**semos, perante a sua face, *
  sem **má**cula e santos pelo amor.   (R.)

= ⁵Por **li**vre decisão de sua vontade, †
  predesti**nou**-nos, através de Jesus Cristo, *
  a sermos **ne**le os seus filhos adotivos,
– ⁶para o lou**vor** e para a glória de sua graça, *
  que em seu **Fi**lho bem-amado nos doou.   (R.)

– ⁷É **ne**le que nós temos redenção, *
  dos pe**ca**dos remissão pelo seu sangue.

= Sua **graça** transbordante e inesgotável †
   ⁸Deus der**ra**ma sobre nós com abundância, *
   de sa**ber** e inteligência nos dotando.   (R.)
– ⁹E, as**sim**, ele nos deu a conhecer *
   o mis**té**rio de seu plano e sua vontade,
– que propu**se**ra em seu querer benevolente, *
   ¹⁰na pleni**tu**de dos tempos realizar:
– o de**sí**gnio de, em Cris**to**, reunir *
   todas as **coi**sas: as da terra e as do céu.   (R)

Ant. Sois ben**di**ta por **Deus** entre **to**das, Ma**ri**a,
pois de **vós** rece**be**mos o **Fru**to da **Vi**da.

Leitura breve   Gl 4,4-5
Quando se completou o tempo previsto, Deus enviou o seu Filho, nascido de uma mulher, nascido sujeito à Lei, a fim de resgatar os que eram sujeitos à Lei e para que todos recebêssemos a filiação adotiva.

Responsório breve
R. Depois do **par**to, ó Ma**ri**a, * Virgem permane**ces**tes.
   R. Depois do **par**to.
V. Rogai por **nós**, Mãe de **Deus**! * Virgem.
   Glória ao **Pai**. R. Depois do **par**to.

Cântico evangélico, ant.
O Pode**ro**so fez em **mim** maravilhas
e **olhou** para a humil**da**de de sua **ser**va.

Ou:
Dora**van**te as gera**ções** hão de chamar-me de ben**di**ta, porque o **Senhor** voltou os **olhos** para a humil**da**de de sua **ser**va.

Preces
Proclamemos a grandeza de Deus Pai todo-poderoso: Ele quis que Maria, Mãe de seu Filho, fosse celebrada por todas as gerações. Peçamos humildemente:

R. Cheia de graça, intercedei por nós!

Deus, autor de tantas maravilhas, que fizestes a Imaculada Virgem Maria participar em corpo e alma da glória celeste de Cristo,
– conduzi para a mesma glória os corações de vossos filhos. R.

Vós, que nos destes Maria por Mãe, concedei, por sua intercessão, saúde aos doentes, consolo aos tristes, perdão aos pecadores,
– e a todos a salvação e a paz. R.

Vós, que fizestes de Maria a cheia de graça,
– concedei a todos a abundância da vossa graça. R.

Fazei, Senhor, que a vossa Igreja seja, na caridade, um só coração e uma só alma,
– e que todos os fiéis perseverem unânimes na oração com Maria, Mãe de Jesus. R.

(intenções livres)

Vós, que coroastes Maria como rainha do céu,
– fazei que nossos irmãos falecidos se alegrem eternamente em vosso reino, na companhia dos santos. R.

Ou:

Proclamemos a grandeza de Deus Pai todo-poderoso! Ele quis que Maria, Mãe de seu Filho, fosse celebrada por todas as gerações. Peçamos humildemente:

R. Cheia de graça, intercedei por nós!

Vós, que fizestes de Maria a Mãe da misericórdia,
– concedei a todos os que estão em perigo sentirem o seu amor materno. R.

Vós, que confiastes a Maria a missão de mãe de família no lar de Jesus e José,
– fazei que, por sua intercessão, todas as mães vivam em família o amor e a santidade. R.

Vós, que destes a Maria força para ficar de pé junto à cruz, e a enchestes de alegria com a ressurreição de vosso Filho,
– socorrei os atribulados e confortai-os na esperança.
R. **Cheia de graça, intercedei por nós!**

Vós, que fizestes de Maria a serva fiel e atenta à vossa palavra,
– fazei de nós, por sua intercessão, servos e discípulos de vosso Filho. R.

(intenções livres)

Vós, que coroastes Maria como rainha do céu,
– fazei que nossos irmãos falecidos se alegrem eternamente em vosso reino, na companhia dos santos. R.

Pai nosso...

Oração

Não havendo oração própria, diz-se uma das seguintes:

Senhor, nosso Deus, concedei-nos sempre saúde de alma e corpo, e fazei que, pela intercessão da Virgem Maria, libertos das tristezas presentes, gozemos as alegrias eternas. Por nosso Senhor Jesus Cristo, vosso Filho, na unidade do Espírito Santo.

Ou:

Perdoai, ó Deus, os pecados dos vossos filhos e filhas, e salvai-nos pela intercessão da Virgem Maria, uma vez que não podemos agradar-vos apenas com os nossos méritos. Por nosso Senhor Jesus Cristo, vosso Filho, na unidade do Espírito Santo.

Ou:

Ó Deus de misericórdia, socorrei a nossa fraqueza e concedei-nos ressurgir dos nossos pecados pela intercessão da Mãe de Jesus Cristo, cuja memória hoje celebramos. Por nosso Senhor Jesus Cristo, vosso Filho, na unidade do Espírito Santo.

Ou:

Valha-nos, ó Deus, a intercessão da sempre Virgem Maria, para que, livres de todos os perigos, vivamos em vossa paz. Por nosso Senhor Jesus Cristo, vosso Filho, na unidade do Espírito Santo.

Ou:

Fazei, ó Deus, que, ao celebrarmos a memória da Virgem Maria, possamos também, por sua intercessão, participar da plenitude da vossa graça. Por nosso Senhor Jesus Cristo, vosso Filho, na unidade do Espírito Santo.

Ou:

Ó Deus todo-poderoso, pela intercessão de Maria, nossa Mãe, socorrei os fiéis que se alegram com a sua proteção, livrando-os de todo mal neste mundo e dando-lhes a alegria do céu. Por nosso Senhor Jesus Cristo, vosso Filho, na unidade do Espírito Santo.

Invitatório

R. Vinde, adoremos o Cristo Jesus,
Filho bendito da Virgem Maria!

Ou:

R. Louvemos a nosso Senhor,
festejemos a Virgem Maria!

Salmo invitatório como no Ordinário, p. 537.

Ofício das Leituras

Hino

Aquele a quem adoram
o céu, a terra, o mar,
o que governa o mundo,
na Virgem vem morar.

A lua, o sol e os astros
o servem, sem cessar.

Mas ele vem no seio
da Virgem se ocultar.

Feliz, ó Mãe, que abrigas
na arca do teu seio
o Autor de toda a vida,
que vive em nosso meio.

Feliz chamou-te o Anjo,
o Espírito em ti gerou
dos povos o Esperado,
que o mundo transformou.

Louvor a vós, Jesus,
nascido de Maria,
ao Pai e ao Espírito
agora e todo o dia.

Salmodia

Ant. 1 Desceu a **bênção** do S**e**nhor sobre Maria,
e a recom**pen**sa de **Deus**, seu Salvador.

Quando o salmo seguinte é usado no Invitatório, diz-se, em seu lugar, o Salmo 94(95), à p. 537.

Salmo 23(24)

– ¹ Ao S**e**nhor pertence a **te**rra e o que ela en**ce**rra, *
o mundo in**tei**ro com os seres que o povoam;
– ² porque **e**le a tornou firme sobre os mares, *
e sobre as **á**guas a mantém inabalável.
– ³ "Quem subi**rá** até o monte do Senhor, *
quem fica**rá** em sua santa habitação?"
= ⁴ "Quem tem mãos **pu**ras e inocente coração, †
quem não di**ri**ge sua mente para o crime, *
nem jura **fal**so para o dano de seu próximo.
– ⁵ Sobre **e**ste desce a bênção do Senhor *
e a recom**pen**sa de seu Deus e Salvador".

– ⁶ "É assim a geração dos que o procuram, *
   e do **Deus** de Israel buscam a face".
= ⁷ "Ó **por**tas, levantai vossos frontões! †
   Ele**vai**-vos bem mais alto, antigas portas, *
   a fim de **que** o Rei da glória possa entrar!"
= ⁸ **Dizei**-nos: "Quem é este Rei da glória?" †
   "É o S**e**nhor, o valoroso, o onipotente, *
   o S**e**nhor, o poderoso nas batalhas!"
= ⁹ "Ó **por**tas, levantai vossos frontões! †
   Ele**vai**-vos bem mais alto, antigas portas, *
   a fim de **que** o Rei da glória possa entrar!"
= ¹⁰ **Dizei**-nos: "Quem é este Rei da glória?" †
   "O Rei da **gló**ria é o Senhor onipotente, *
   o Rei da **gló**ria é o Senhor Deus do universo!"

Ant. Desceu a **bên**ção do S**e**nhor sobre Maria,
 e a recompe**n**sa de **Deus**, seu Salva**dor**.

Ant. 2 O S**e**nhor santificou sua mo**ra**da.

Salmo 45(46)

– ² O S**e**nhor para **nós** é re**fú**gio e vi**gor**, *
   sempre **pron**to, mostrou-se um so**cor**ro na angústia;
– ³ As**sim** não tememos, se a **ter**ra estremece, *
   se os **mon**tes desabam, caindo nos mares,
– ⁴ se as **á**guas trovejam e as **on**das se agitam, *
   se, em fe**roz** tempestade, as mon**ta**nhas se abalam:
– ⁵ Os **bra**ços de um rio vêm tra**zer** alegria *
   à Ci**da**de de Deus, à mo**ra**da do Altíssimo.
– ⁶ Quem a **po**de abalar? Deus es**tá** no seu meio! *
   Já bem **an**tes da aurora, ele **vem** ajudá-la.
– ⁷ Os **po**vos se agitam, os **rei**nos desabam; *
   troveja sua voz e a **ter**ra estremece. –

– ⁸**Conos**co está o **Senhor** do universo! *
  O **nos**so refúgio é o **Deus** de Jacó!
– ⁹Vinde **ver**, contemplai os prod**í**gios de Deus *
  e a **o**bra estupenda que **fez** no universo:
= re**pri**me as guerras na **face** da terra, †
  ¹⁰ele **que**bra os arcos, as **lan**ças destrói *
  e **quei**ma no fogo os escudos e as armas:
– ¹¹"**Parai** e sabei, conhe**cei** que eu sou Deus, *
  que do**mi**no as nações, que do**mi**no a terra!"
– ¹²**Conos**co está o **Senhor** do universo! *
  O **nos**so refúgio é o **Deus** de Jacó!

Ant. O Se**nhor** santifi**cou** sua mo**ra**da.

Ant. 3 Dizem **coi**sas gloriosas sobre **vós**, Virgem Maria.

Salmo 86(87)

– ¹O Se**nhor** ama a ci**da**de *
  que fun**dou** no Monte santo;
– ²ama as **por**tas de Sião *
  mais que as **ca**sas de Jacó.
– ³Dizem **coi**sas gloriosas *
  da Ci**da**de do Senhor:
– ⁴"Lembro o Egito e a Babilônia *
  entre os **meus** veneradores.
= Na Filis**tei**a ou em Tiro †
  ou no país da Etiópia, *
  este ou a**que**le ali nasceu.
= ⁵De Sião, porém, se diz: †
  "Nasceu **ne**la todo homem; *
  Deus é **sua** segurança".
= ⁶Deus a**no**ta no seu livro, †
  onde ins**cre**ve os povos todos: *
  "Foi a**li** que estes nasceram". –

– ⁷E por **is**so todos juntos *
a can**tar** se alegrarão;
– e, dan**çan**do, exclamarão: *
"Estão em **ti** as nossas fontes!"

Ant. Dizem **coi**sas gloriosas sobre **vós**, Virgem **Ma**ria.

V. Ma**ri**a guar**da**va no **seu** cora**ção**.
R. As pa**la**vras e os **fa**tos, e **ne**les pen**sa**va.

Primeira leitura
Do Livro do Profeta Isaías   7,10-14; 8,10c; 11,1-9

Emanuel, o rei pacífico

Naqueles dias: ⁷,¹⁰O Senhor falou com Acaz, dizendo: ¹¹"Pede ao Senhor, teu Deus, que te faça ver um sinal, quer provenha da profundeza da terra, quer venha das alturas do céu". ¹²Mas Acaz respondeu: "Não pedirei nem tentarei o Senhor".¹³Disse o profeta: "Ouvi então, vós, casa de Davi será que achais pouco incomodar os homens e passais a incomodar até o meu Deus? ¹⁴Pois bem, o próprio Senhor vos dará um sinal. Eis que uma virgem conceberá e dará à luz um filho, e lhe porá o nome de Emanuel;
⁸,¹⁰porque Deus esta conosco.
¹¹,¹Nascerá uma haste do tronco de Jessé
e, a partir da raiz, surgirá o rebento de uma flor;
²sobre ele repousará o espírito do Senhor:
espírito de sabedoria e discernimento,
espírito de conselho e fortaleza,
espírito de ciência e temor de Deus;
³no temor do Senhor encontra ele seu prazer.
Ele não julgará pelas aparências que vê
nem decidirá somente por ouvir dizer;
⁴mas trará justiça para os humildes
e uma ordem justa para os homens pacíficos;
fustigará a terra com a força da sua palavra
e destruirá o mau com o sopro dos lábios.

⁵Cingirá a cintura com a correia da justiça
e as costas com a faixa da fidelidade.
⁶O lobo e o cordeiro viverão juntos
e o leopardo deitar-se-á ao lado do cabrito;
o bezerro e o leão comerão juntos
e até mesmo uma criança poderá tangê-los.
⁷A vaca e o urso pastarão lado a lado,
enquanto suas crias descansam juntas;
o leão comerá palha como o boi;
⁸a criança de peito vai brincar
em cima do buraco da cobra venenosa;
e o menino desmamado
não temerá pôr a mão na toca da serpente.
⁹Não haverá danos nem mortes
por todo o meu santo monte:
a terra estará tão repleta do saber do Senhor
quanto as águas que cobrem o mar.

Responsório   Cf. Is 7,14; 9,6.7

R. Eis que a **Vir**gem conceber**á** e dar**á** à luz um **fi**lho;
  * O seu **no**me há de **ser**: Maravil**ho**so e Deus **for**te.
V. Sobre o **tro**no de Da**vi** e **so**bre o seu **rei**no
  a **paz** não terá **fim**. * O seu **no**me.

Ou:

Da Carta de São Paulo aos Gálatas   3,22–4,7

Pela fé somos filhos e herdeiros de Deus

Irmãos: ³,²²A Escritura pôs todos e tudo sob o jugo do pecado, a fim de que, pela fé em Jesus Cristo, se cumprisse a promessa em favor dos que creem.

²³Antes que se inaugurasse o regime da fé, nós éramos guardados, como prisioneiros, sob o jugo da Lei. Éramos guardados para o regime da fé, que estava para ser revelado. ²⁴Assim, a Lei foi como um pedagogo que nos conduziu até Cristo, para que fôssemos justificados pela fé. ²⁵Mas, uma

vez inaugurado o regime da fé, já não estamos na dependência desse pedagogo. ²⁶ Com efeito, vós todos sois filhos de Deus pela fé em Jesus Cristo. ²⁷ Vós todos que fostes batizados em Cristo vos revestistes de Cristo. ²⁸ O que vale não é mais ser judeu nem grego, nem escravo nem livre, nem homem nem mulher, pois todos vós sois um só, em Jesus Cristo. ²⁹ Sendo de Cristo, sois então descendência de Abraão, herdeiros segundo a promessa.

⁴,¹ Enquanto o herdeiro é menor de idade, ele não se diferencia em nada de um escravo, embora já seja dono de todos os bens. ² É que ele depende de tutores e curadores até à data marcada pelo pai. ³ Assim, nós também, quando éramos menores, estávamos escravizados aos elementos do mundo. ⁴ Quando se completou o tempo previsto, Deus enviou o seu Filho, nascido de uma mulher, nascido sujeito à Lei, ⁵ a fim de resgatar os que eram sujeitos à Lei e para que todos recebêssemos a filiação adotiva. ⁶ E, porque sois filhos, Deus enviou aos nossos corações o Espírito do seu Filho, que clama: Abá – ó Pai! ⁷ Assim já não és mais escravo, mas filho; e se és filho, és também herdeiro: tudo isso, por graça de Deus.

Responsório
Cf. Gl 4,4-5; Ef 2,4; Rm 8,3

R. A plenitude dos tempos já chegou:
   Deus enviou o seu Filho à nossa terra,
   duma Virgem nascido sob a lei;
 * Para salvar os que estavam sob a lei.
V. Pelo amor infinito, com que Deus nos amou,
   enviou-nos seu Filho numa carne semelhante
   à carne do pecado. * Para salvar.

Segunda leitura
Dos Sermões de São Sofrônio, bispo
(Oratio 2, In sanctissimae Deiparae Annuntiatione, 21-22.26:
PG 87,3. 3250)   (Séc. VII)

Por meio de Maria, a bênção do Pai iluminou os homens

Ave, cheia de graça, o Senhor é convosco (Lc 1,28). Que pode haver de mais sublime que esta alegria, ó Virgem Mãe? Que pode haver de mais excelente que esta graça com a qual somente vós fostes por Deus cumulada? Que de mais jubiloso e esplêndido se pode imaginar? Tudo está longe do milagre que em vós se contempla, muito aquém de vossa graça. As maiores perfeições, comparadas convosco, ocupam um plano secundário, possuem um brilho bem inferior.

O Senhor é contigo. Quem ousará competir convosco? Deus nasceu de vós. Haverá alguém que não se reconheça inferior a vós, e, ainda mais, não vos conceda alegremente a primazia e a superioridade? Por isso, contemplando vossas eminentes prerrogativas, que superam as de todas as criaturas, aclamo-vos com o maior entusiasmo: *Ave, cheia de graça, o Senhor é convosco.* Sois, portanto, a fonte da alegria dos homens, até dos anjos!

Na verdade, *bendita sois vós entre as mulheres* (Lc 1,42), pois transformastes em bênção a maldição de Eva, fazendo com que Adão, abatido pela maldição, fosse por vós erguido e abençoado.

Na verdade, bendita sois vós entre as mulheres, porque a bênção do Pai iluminou os homens por meio de vós, livrando-os da antiga maldição.

Na verdade, bendita sois vós entre as mulheres, porque até os teus antepassados encontraram em vós a salvação, pois destes à luz o Salvador que obteve para eles a salvação eterna.

Na verdade, bendita sois vós entre as mulheres, pois, sem contribuição do homem, produzistes o fruto que trouxe a bênção para toda a terra, redimindo-a da maldição que só produzia espinhos.

Na verdade, bendita sois vós entre as mulheres, porque, embora simples mulher, vos tornastes verdadeiramente Mãe de Deus. Se aquele que nasceu de vós é realmente Deus feito homem, sereis com razão chamada Mãe de Deus, dando verdadeiramente à luz aquele que é Deus.

Vós guardais o próprio Deus no claustro do vosso seio; ele habita em vós segundo a natureza humana e sai de vós como um esposo, trazendo para todos os homens a alegria e a luz divina.

Em vós, ó Virgem, como um céu puríssimo e resplandecente, Deus *armou a sua tenda, de ti sairá como um esposo do quarto nupcial* (cf. Sl 18,5.6.). Imitando a corrida do atleta, ele percorrerá o caminho da sua vida trazendo a salvação para todos os viventes; indo de um extremo a outro do céu, tudo encherá com o calor divino e sua luz vivificante.

Responsório

R. Bendita, na verdade, sois **vós** entre as mulheres,
   pois de Eva a maldição em bênção transformastes:
 * Por **vós** brilhou aos homens a bênção de Deus Pai.
V. Por **vós** a salvação chegou a vossos pais.
 * Por **vós** brilhou.

Ou:

Dos Sermões de Santo Elredo, abade

(Sermo 20, In Nativitate beatae Mariae: PL 195,322-324)

(Séc. XII)

Maria, nossa Mãe

Aproximemo-nos da esposa do Senhor, aproximemo-nos de sua Mãe, aproximemo-nos de sua ótima serva. Tudo isto é Maria!

Mas que faremos? Que presentes lhe ofereceremos? E se pudéssemos, ao menos, dar-lhe de volta o que por justiça lhe devemos! Nós lhe devemos honra, nós lhe devemos serviço, nós lhe devemos amor, nós lhe devemos louvor. Honra, porque é a Mãe de nosso Senhor. Quem não honra a mãe, sem dúvida alguma, despreza o filho. E a Escritura diz: *Honra teu pai e tua mãe* (Dt 5,16).

Então, irmãos, que diremos? Não é ela nossa mãe? Sim, ela é verdadeiramente nossa mãe. Por ela nascemos, não para o mundo mas para Deus.

Como credes e sabeis, estávamos todos mergulhados na morte, na velhice, nas trevas, na miséria. Na morte, porque perdêramos o Senhor; na velhice, porque estávamos submetidos à corrupção; nas trevas, porque desprezávamos a luz da sabedoria. Deste modo, a morte nos surpreendeu de cheio.

Todavia, como Cristo nasceu de Maria, a vida que por ela nos vem supera de muito a que nos veio por Eva. Em lugar da velhice, recuperamos a juventude; em vez da corrupção, a incorruptibilidade; a luz, em lugar das trevas.

Ela é nossa mãe, mãe da nossa vida, mãe da nossa incorruptibilidade, mãe da nossa luz. O Apóstolo diz, a respeito de nosso Senhor: *ele se tornou para nós, da parte de Deus: sabedoria, justiça, santificação e libertação* (1Cor 1,30).

Sendo mãe de Cristo, ela é, portanto, mãe de nossa sabedoria, de nossa justiça, de nossa santificação, de nossa libertação. Assim é mais nossa mãe do que a mãe do nosso corpo. Dela provindo, é nobre o nosso nascimento; porque vem dela nossa santificação, nossa sabedoria, nossa justiça, santificação e libertação.

Diz a Escritura: *Louvai o Senhor em seus santos* (Sl 150,1). Se nosso Senhor deve ser louvado nos santos, por meio dos quais realiza prodígios e milagres, quanto mais não deve ser louvado em Maria, na qual se fez homem, aquele que é admirável acima de todas as maravilhas!

Responsório

R. Sois feliz, Virgem Maria; e mereceis todo louvor;
* Pois de vós se levantou o Sol brilhante da justiça, que é o Cristo, nosso Deus, pelo qual nós fomos salvos.
V. Celebremos com muita alegria vossa festa, ó Virgem Maria. * Pois de vós.

Ou:

Da Constituição dogmática *Lumen gentium,* sobre a Igreja, do Concílio Vaticano II

(N. 61-62) (Séc. XX)

A maternidade de Maria na economia da graça

A Santíssima Virgem, predestinada desde toda a eternidade por disposição da divina Providência a ser Mãe de Deus com a encarnação do Verbo divino, foi nesta terra a sublime mãe do Redentor, mais do que ninguém sua generosa companheira e humilde serva do Senhor. Ela concebeu, gerou, alimentou a Cristo, apresentou-o ao Pai no templo, sofreu com seu Filho que morria na cruz. Assim, cooperou de modo absolutamente singular – pela obediência, pela fé, pela esperança e pela caridade ardente – na obra do Salvador para restaurar a vida sobrenatural das almas. Por tudo isto, ela se tornou nossa mãe na ordem da graça.

A maternidade de Maria, na economia da graça, perdura sem cessar, a partir do consentimento que prestou fielmente na Anunciação, que manteve sem vacilar ao pé da cruz, até à consumação final de todos os eleitos. De fato, depois de elevada ao céu, não abandonou esta missão salvífica, mas por sua múltipla intercessão continua a obter-nos os dons da salvação eterna.

Com seu amor de mãe, cuida dos irmãos de seu Filho, que ainda peregrinam rodeados de perigos e dificuldades, até que sejam conduzidos à pátria feliz. Por isso, a bem-

-aventurada Virgem Maria é invocada na Igreja, com os títulos de Advogada, Auxiliadora, Amparo, Medianeira. Isto, porém, deve ser entendido de tal modo que nada tire nem acrescente à dignidade e eficácia de Cristo, o único Mediador.

Com efeito, nenhuma criatura jamais pode ser colocada no mesmo plano que o Verbo Encarnado e Redentor. Mas, assim como o sacerdócio de Cristo é participado de vários modos, seja pelos ministros, seja pelo povo fiel, e como a bondade de Deus, única, se difunde realmente em medida diversa nas suas criaturas, assim também a única mediação do Redentor não exclui mas suscita nas criaturas uma cooperação múltipla que participa de uma única fonte.

A Igreja não hesita em atribuir a Maria uma função assim subordinada. Pois sempre a experimenta de novo e a recomenda ao coração dos fiéis para que, apoiados nesta proteção materna, se unam mais intimamente ao Mediador e Salvador.

Responsório
Cf. Lc 1,42

R. Virgem **sant**a e imacula**da**,
eu não **sei** com que lou**vo**res pode**rei** engrande**cer**-vos!
 * Pois A**que**le a quem os **céus** não puderam abran**ger**,
repou**sou** em vosso **sei**o.
V. Sois ben**di**ta entre as mu**lhe**res
e ben**di**to é o **Fru**to, que nas**ceu** de vosso **ven**tre.
 * Pois A**que**le.

Nas solenidades e festas se diz o HINO Te Deum, p. 543.

Oração como nas Laudes.

Laudes

Hino

Senhora gloriosa,
bem mais que o sol brilhais.
O Deus que vos criou
ao seio amamentais.

O que Eva destruiu,
no Filho recriais;
do céu abris a porta
e os tristes abrigais.

Da luz brilhante porta,
sois pórtico do Rei.
Da Virgem veio a vida.
Remidos, bendizei!

Ao Pai e ao Espírito,
poder, louvor, vitória,
e ao Filho, que gerastes
e vos vestiu de glória.

Ant. 1 Bendita sejais, ó Virgem Maria,
por vós veio ao mundo o Deus Salvador!
Da glória feliz do Senhor onde estais
rogai junto ao Filho por nós, vossos filhos!

Salmos e cântico do domingo da I Semana, p. 580.

Ant. 2 Sois a glória de Sião, a alegria de Israel
e a flor da humanidade!

Ant. 3 Exultai e alegrai-vos, ó Virgem Maria,
pois trouxestes o Cristo Jesus Salvador!

Leitura breve   Cf. Is 61,10

Exulto de alegria no Senhor e minh'alma regozija-se em meu Deus; ele me vestiu com as vestes da salvação, envolveu-me com o manto da justiça e adornou-me qual noiva com suas joias.

Responsório breve

R. O Senhor a escolheu,
 * Entre todas preferida. R. O Senhor.
V. O Senhor a fez morar em sua santa habitação.
 * Entre todas. Glória ao Pai. R. O Senhor.

Cântico evangélico, ant.

A porta do céu foi fechada por Eva;
por Maria ela abriu-se aos homens de novo

Preces

Celebremos nosso Salvador, que se dignou nascer da Virgem Maria; e peçamos:

R. **Senhor, que a vossa Mãe interceda por nós!**

Sol de justiça, a quem a Virgem Imaculada precedeu como aurora resplandecente,
—concedei que caminhemos sempre à luz da vossa presença. R.

Palavra eterna do Pai, que escolhestes Maria como arca incorruptível para vossa morada,
—livrai-nos da corrupção do pecado. R.

Salvador do mundo, que tivestes vossa Mãe junto à cruz,
—concedei-nos, por sua intercessão, a graça de participar generosamente nos vossos sofrimentos. R.

Jesus de bondade, que, pregado na cruz, destes Maria por Mãe a João,
—fazei que vivamos também como seus filhos. R.

(intenções livres)

Ou:

Celebremos nosso Salvador, que se dignou nascer da Virgem Maria; e peçamos:

R. **Senhor, que a vossa Mãe interceda por nós!**

Salvador do mundo, que pelos méritos da redenção preservastes a vossa Mãe de toda a mancha de pecado,
– livrai-nos também de todo pecado. R.

Redentor nosso, que fizestes da Imaculada Virgem Maria o tabernáculo puríssimo da vossa presença e o sacrário do Espírito Santo,
– fazei de nós templos vivos do vosso Espírito. R.

Palavra eterna, que ensinastes vossa Mãe a escolher a melhor parte,
– ajudai-nos a imitá-la buscando o alimento da vida eterna. R.

Rei dos reis, que quisestes ter vossa Mãe convosco no céu em corpo e alma,
– fazei que aspiremos sempre aos bens do alto. R.

Senhor do céu e da terra, que colocastes Maria como rainha à vossa direita,
– dai-nos a alegria de participar um dia com ela da mesma glória. R.

(intenções livres)

Pai nosso...

Oração

Não havendo oração própria, diz-se uma das seguintes:

Senhor, nosso Deus, concedei-nos sempre saúde de alma e corpo, e fazei que, pela intercessão da Virgem Maria, libertos das tristezas presentes, gozemos as alegrias eternas. Por nosso Senhor Jesus Cristo, vosso Filho, na unidade do Espírito Santo.

Ou:

Perdoai, ó Deus, os pecados dos vossos filhos e filhas, e salvai-nos pela intercessão da Virgem Maria, uma vez que não podemos agradar-vos apenas com os nossos méritos. Por nosso Senhor Jesus Cristo, vosso Filho, na unidade do Espírito Santo.

Ou:
Ó Deus de misericórdia, socorrei a nossa fraqueza e concedei-nos ressurgir dos nossos pecados pela intercessão da Mãe de Jesus Cristo, cuja memória hoje celebramos. Por nosso Senhor Jesus Cristo, vosso Filho, na unidade do Espírito Santo.

Ou:
Valha-nos, ó Deus, a intercessão da sempre Virgem Maria, para que, livres de todos os perigos, vivamos em vossa paz. Por nosso Senhor Jesus Cristo, vosso Filho, na unidade do Espírito Santo.

Ou:
Fazei, ó Deus, que, ao celebrarmos a memória da Virgem Maria, possamos também, por sua intercessão, participar da plenitude da vossa graça. Por nosso Senhor Jesus Cristo, vosso Filho, na unidade do Espírito Santo.

Ou:
Ó Deus todo-poderoso, pela intercessão de Maria, nossa Mãe, socorrei os fiéis que se alegram com a sua proteção, livrando-os de todo mal neste mundo e dando-lhes a alegria do céu. Por nosso Senhor Jesus Cristo, vosso Filho, na unidade do Espírito Santo.

Hora Média

Tomam-se os salmos graduais da Salmodia complementar, em lugar do Salmo 121(122), pode-se dizer o Salmo 128(129), à p. 1074, e em lugar do Salmo 126(127), o Salmo 130(131), à p. 902.

Oração das Nove Horas

Ant. Todos eles estavam unidos,
perseverando em comum oração
com Maria, a Mãe de Jesus

Hora Média

Leitura breve — Sf 3,14.15b

Canta de alegria, cidade de Sião; rejubila, povo de Israel! Alegra-te e exulta de todo o coração, cidade de Jerusalém! O rei de Israel é o Senhor, ele está no meio de ti.

V. Felizes os que **ou**vem a pa**la**vra do **Se**nhor
R. Felizes os que a **vi**vem e a praticam cada **di**a.

Oração das Doze Horas

Ant. A **Mãe** de Je**sus** disse a **e**les:
  Fazei **tu**do o que **e**le dis**ser**

Leitura breve — Zc 9,9

Exulta, cidade de Sião! Rejubila, cidade de Jerusalém. Eis que vem teu rei ao teu encontro; ele é justo, ele salva.

V. Felizes as en**tra**nhas da **Vir**gem Ma**ri**a,
R. Que trou**xe**ram o **Fi**lho de **Deus**, Pai e**ter**no!

Oração das Quinze Horas

Ant. Na **Cruz**, o **Se**nhor disse à **Mãe**:
  Mu**lher**, eis a**qui** o teu **fi**lho!
  E a Jo**ão**: Eis a**qui** tua **Mãe**!

Leitura breve — Jt 13,18-19

Ó filha, tu és bendita pelo Deus Altíssimo, mais que todas as mulheres da terra! E bendito é o Senhor Deus, que criou o céu e a terra, e te levou a decepar a cabeça do chefe de nossos inimigos! Porque nunca o teu louvor se afastará do coração dos homens, que se lembrarão do poder de Deus para sempre.

V. És ben**di**ta entre **to**das as mu**lhe**res da **ter**ra
R. E ben**di**to é o **fru**to que nas**ceu** do teu **ven**tre.

Oração como nas Laudes.

II Vésperas

Hino

Ave, do mar Estrela,
bendita Mãe de Deus,
fecunda e sempre Virgem,
portal feliz dos céus.

Ouvindo aquele Ave
do anjo Gabriel
mudando de Eva o nome,
trazei-nos paz do céu.

Ao cego iluminai,
ao réu livrai também;
de todo mal guardai-nos
e dai-nos todo o bem.

Mostrai ser nossa Mãe,
levando a nossa voz
a Quem, por nós nascido,
dignou-se vir de vós.

Suave mais que todas,
ó Virgem sem igual,
fazei-nos mansos, puros,
guardai-nos contra o mal.

Oh! dai-nos vida pura,
guiai-nos para a luz,
e um dia, ao vosso lado,
possamos ver Jesus.

Louvor a Deus, o Pai,
e ao Filho, Sumo Bem,
com seu Divino Espírito
agora e sempre. Amém.

Salmodia

Ant. 1 **Maria**, alegra-te, ó **cheia** de **graça**,
o Se**nhor** é con**ti**go!

Salmo 121(122)

– ¹Que alegria, quando ouvi que me disseram: *
"Vamos à casa do Senhor!"
– ²E agora nossos pés já se detêm, *
Jerusalém, em tuas portas.
– ³Jerusalém, cidade bem edificada *
num conjunto harmonioso;
– ⁴para lá sobem as tribos de Israel, *
as tribos do Senhor.
– Para louvar, segundo a lei de Israel, *
o nome do Senhor.
– ⁵A sede da justiça lá está *
e o trono de Davi.
– ⁶Rogai que viva em paz Jerusalém, *
e em segurança os que te amam!
– ⁷Que a paz habite dentro de teus muros, *
tranquilidade em teus palácios!
– ⁸Por amor a meus irmãos e meus amigos, *
peço: "A paz esteja em ti!"
– ⁹Pelo amor que tenho à casa do Senhor, *
eu te desejo todo bem!

Ant. 1 Maria, alegra-te, ó cheia de graça,
o Senhor é contigo!

Ant. 2 Eis a serva do Senhor:
realize-se em mim a Palavra do Senhor.

Salmo 126(127)

– ¹Se o Senhor não construir a nossa casa, *
em vão trabalharão seus construtores;
– se o Senhor não vigiar nossa cidade, *
em vão vigiarão as sentinelas! –

– ²É **inútil** levantar de madrugada, *
  ou à **noi**te retardar vosso repouso,
– para ga**nhar** o pão sofrido do trabalho, *
  que a seus a**ma**dos Deus concede enquanto dormem.
– ³Os **fi**lhos são a bênção do Senhor, *
  o **fru**to das entranhas, sua dádiva.
– ⁴Como **fle**chas que um guerreiro tem na mão, *
  são os **fi**lhos de um casal de esposos jovens.
– ⁵Fe**liz** aquele pai que com tais flechas *
  consegue abastecer a sua aljava!
– Não se**rá** envergonhado ao enfrentar *
  seus ini**mi**gos junto às portas da cidade.

Ant. Eis a **ser**va do **Se**nhor:
  realize-se em **mim** a **Pa**lavra do **Se**nhor.

Ant. 3 És ben**di**ta entre **to**das as mulheres da **ter**ra,
  e ben**di**to é o **fru**to que nas**ceu** do teu **ven**tre!

Cântico   Ef 1,3-10

– ³Ben**di**to e lou**va**do seja **Deus**, *
  o **Pai** de Jesus Cristo, Senhor nosso,
– que do alto **céu** nos abençoou em Jesus Cristo *
  com **bên**ção espiritual de toda sorte!
(R. Ben**di**to sejais **vós**, nosso Pai,
  que **nos** abençoastes em **Cris**to!)
– ⁴Foi em **Cris**to que Deus Pai nos escolheu, *
  já bem **an**tes de o mundo ser criado,
– para que **fôs**semos, perante a sua face, *
  sem **má**cula e santos pelo amor.   (R.)
= ⁵Por **li**vre decisão de sua vontade, †
  predesti**nou**-nos, através de Jesus Cristo, *
  a sermos **ne**le os seus filhos adotivos,
– ⁶para o lou**vor** e para a glória de sua graça, *
  que em seu **Fi**lho bem-amado nos doou.   (R.)

– ⁷É **ne**le que nós temos redenção, *
  dos pe**ca**dos remissão pelo seu sangue.
= Sua **gra**ça transbordante e inesgotável †
  ⁸Deus de**rra**ma sobre nós com abundância, *
  de sa**ber** e inteligência nos dotando. (R.)

– ⁹E as**sim**, ele nos deu a conhecer *
  o mis**té**rio de seu plano e sua vontade,
– que propu**se**ra em seu querer benevolente, *
  ¹⁰na pleni**tu**de dos tempos realizar:
– o de**síg**nio de, em Cristo, reunir *
  todas as **coi**sas: as da terra e as do céu. (R.)

Ant. És ben**di**ta entre **to**das as mul**he**res da **te**rra,
e ben**di**to é o **fru**to que nas**ceu** do teu **ven**tre!

Leitura breve
Gl 4,4-5

Quando se completou o tempo previsto, Deus enviou o seu Filho, nascido de uma mulher, nascido sujeito à Lei, a fim de resgatar os que eram sujeitos à Lei e para que todos recebêssemos a filiação adotiva.

Responsório breve

R. Ma**ri**a, alegra-te, ó **chei**a de **gra**ça;
  * O Se**nhor** é contigo! R. Ma**ri**a.
V. És ben**di**ta entre **to**das as mul**he**res da **te**rra
  e ben**di**to é o **fru**to que nas**ceu** do teu **ven**tre!
  * O Se**nhor**. Glória ao **Pai**. R. Ma**ri**a.

Cântico evangélico, ant.

És fe**liz** porque **cres**te, Maria,
pois em **ti** a Palavra de **Deus**
vai cum**prir**-se con**for**me ele **dis**se.

Preces

Proclamemos a grandeza de Deus Pai todo-poderoso: Ele quis que Maria, Mãe de seu Filho, fosse celebrada por todas as gerações. Peçamos humildemente:

R. **Cheia de graça, intercedei por nós!**

Deus, autor de tantas maravilhas, que fizestes a Imaculada Virgem Maria participar em corpo e alma da glória celeste de Cristo,
– conduzi para a mesma glória os corações de vossos filhos e filhas. R.

Vós, que nos destes Maria por Mãe, concedei, por sua intercessão, saúde aos doentes, consolo aos tristes, perdão aos pecadores,
– e a todos a salvação e a paz. R.

Vós, que fizestes de Maria a cheia de graça,
– concedei a todos a abundância da vossa graça. R.

Fazei, Senhor, que a vossa Igreja seja, na caridade, um só coração e uma só alma,
– e que todos os fiéis perseverem unânimes na oração com Maria, Mãe de Jesus. R.

(intenções livres)

Vós, que coroastes Maria como rainha do céu,
– fazei que nossos irmãos e irmãs falecidos se alegrem eternamente em vosso reino, na companhia dos santos. R.

Ou:

Proclamemos a grandeza de Deus Pai todo-poderoso! Ele quis que Maria, Mãe de seu Filho, fosse celebrada por todas as gerações. Peçamos humildemente:

R. **Cheia de graça, intercedei por nós!**

Vós, que fizestes de Maria a Mãe da misericórdia,
– concedei a todos os que estão em perigo sentirem o seu amor materno. R.

Vós, que confiastes a Maria a missão de mãe de família no lar de Jesus e José,
— fazei que, por sua intercessão, todas as mães vivam em família o amor e a santidade. R.

Vós, que destes a Maria força para ficar de pé junto à cruz, e a enchestes de alegria com a ressurreição de vosso Filho,
— socorrei os atribulados e confortai-os na esperança. R.

Vós, que fizestes de Maria a serva fiel e atenta à vossa palavra,
— fazei de nós, por sua intercessão, servos e discípulos de vosso Filho. R.

(intenções livres)

Vós, que coroastes Maria como rainha do céu,
— fazei que nossos irmãos e irmãs falecidos se alegrem eternamente em vosso reino, na companhia dos santos. R.

Pai nosso...

Oração

Não havendo oração própria, diz-se uma das seguintes:

Senhor, nosso Deus, concedei-nos sempre saúde de alma e corpo, e fazei que, pela intercessão da Virgem Maria, libertos das tristezas presentes, gozemos as alegrias eternas. Por nosso Senhor Jesus Cristo, vosso Filho, na unidade do Espírito Santo.

Ou:

Perdoai, ó Deus, os pecados dos vossos filhos e filhas, e salvai-nos pela intercessão da Virgem Maria, uma vez que não podemos agradar-vos apenas com os nossos méritos. Por nosso Senhor Jesus Cristo, vosso Filho, na unidade do Espírito Santo.

Ou:

Ó Deus de misericórdia, socorrei a nossa fraqueza e concedei-nos ressurgir dos nossos pecados pela intercessão da Mãe de Jesus Cristo, cuja memória hoje celebramos. Por nosso Senhor Jesus Cristo, vosso Filho, na unidade do Espírito Santo.

Ou:

Valha-nos, ó Deus, a intercessão da sempre Virgem Maria, para que, livres de todos os perigos, vivamos em vossa paz. Por nosso Senhor Jesus Cristo, vosso Filho, na unidade do Espírito Santo.

Ou:

Fazei, ó Deus, que, ao celebrarmos a memória da Virgem Maria, possamos também, por sua intercessão, participar da plenitude da vossa graça. Por nosso Senhor Jesus Cristo, vosso Filho, na unidade do Espírito Santo.

Ou:

Ó Deus todo-poderoso, pela intercessão de Maria, nossa Mãe, socorrei os fiéis que se alegram com a sua proteção, livrando-os de todo mal neste mundo e dando-lhes a alegria do céu. Por nosso Senhor Jesus Cristo, vosso Filho, na unidade do Espírito Santo.

MEMÓRIA DE SANTA MARIA NO SÁBADO

Nos sábados do Tempo Comum, sendo permitida a celebração de memória facultativa, pode-se fazer, com o mesmo rito, a memória de Santa Maria no Sábado.

Invitatório

R. Vinde, adoremos o **Cristo Jesus**,
   Filho bendito da **Virgem Maria**!
Ou:

R. Louvemos a **nosso Senhor**,
   saudemos a **Virgem Maria**!

Salmo invitatório como no Ordinário, p. 537.

Ofício das Leituras

Hino

Aquele a quem adoram
o céu, a terra, o mar,
o que governa o mundo,
na Virgem vem morar.

A lua, o sol e os astros
o servem, sem cessar.
Mas ele vem no seio
da Virgem se ocultar.

Feliz, ó Mãe, que abrigas
na arca do teu seio
Autor de toda a vida,
que vive em nosso meio.

Feliz chamou-te o Anjo,
Espírito em ti gerou
dos povos o Esperado,
que o mundo transformou.

Louvor a vós, Jesus,
nascido de Maria,
ao Pai e ao Espírito
agora e todo o dia.

Ou:

Do vosso Filho, ó filha,
ó Mãe e Virgem pura,
sublime e mais humilde
que toda criatura!

Em seu conselho eterno,
Deus viu vossa beleza,
ó glória e esplendor
da nossa natureza,

a qual se fez tão nobre
que o seu supremo Autor,
de modo admirável,
um corpo em vós tomou.

No seio duma Virgem
revive, em fogo, o Amor.
Na terra a flor celeste
germina ao seu calor.

Ao Pai louvor, e ao Filho
da vossa virgindade,
que vos vestiu, no Espírito,
de graça e santidade.

Ou ainda: Maria, Mãe dos mortais, como nas I Vésperas do Comum de Nossa Senhora, p. 1513.

Antífonas, salmos, versículo e primeira leitura com seu responsório, do sábado corrente.

Segunda leitura

A segunda leitura se toma, à escolha, do Comum de Nossa Senhora, p. 1526, das que seguem, ou do sábado corrente, com seus respectivos responsórios.

Dos Sermões de São Proclo, bispo de Constantinopla

(De Nativitate Domini, 1-2: PG 65,843-846) (Séc. V)

O Amigo do homem, fez-se homem nascendo da Virgem

Alegrem-se os céus nas alturas, e que as nuvens façam chover a justiça, porque o Senhor se compadeceu de seu povo (cf. Is 45,8). *Alegrem-se os céus nas alturas* porque, quando eles foram criados no princípio, Adão foi igualmente formado da terra virgem pelo Criador. Tornou-se assim amigo e familiar de Deus. *Alegrem-se os céus nas alturas* porque agora, pela encarnação de Nosso Senhor, a terra foi santificada, e o gênero humano libertado dos sacrifícios idolátricos.

Que as nuvens façam chover a justiça, porque hoje o pecado de Eva foi apagado e perdoado pela pureza da Virgem Maria e pelo Deus e homem que dela nasceu. Hoje Adão, passada a antiga condenação, foi libertado daquela horrível e tenebrosa sentença.

Cristo nasceu da Virgem, dela recebendo a natureza humana, conforme a livre disposição da Providência divina: *A Palavra se fez carne e habitou entre nós* (Jo 1,14); deste modo, a Virgem se tornou Mãe de Deus. Ela é Virgem e Mãe porque gerou a Palavra encarnada sem participação de homem. Conservou, porém, a virgindade, a fim de pôr em relevo o nascimento miraculoso daquele que assim determinara que fosse. Ela é mãe da Palavra divina segundo a substância da natureza humana. Nela, a Palavra se fez homem, nela, realizou a união das duas naturezas e, por ela, foi dada ao mundo, segundo a sabedoria e a vontade daquele que opera prodígios. Como diz São Paulo: *Dos israelitas é que Cristo descende, quanto à sua humanidade* (cf. Rm 9,5).

Com efeito, ele foi, é e será sempre o mesmo. Todavia, se fez homem por causa de nós. Aquele que ama o homem, se fez homem, o que antes não era. Mas se fez homem, permanecendo ao mesmo tempo Deus, sem mudança de espécie alguma. Fez-se, portanto, semelhante a mim por causa de mim. Fez-se o que não era, conservando, no entanto, o que era. Finalmente, se fez homem para que, tornando seus os nossos sofrimentos, nos tornasse capazes da adoção de filhos, e nos concedesse o reino. Que sejamos dignos desse reino pela graça e a misericórdia do Senhor Jesus Cristo. A ele, juntamente com o Pai e o Espírito Santo, sejam dados glória, honra e poder, agora e sempre e pelos séculos dos séculos. Amém.

Responsório   Cf. Sl 71(72),6.19; Ap 21,3

R. Virá do **al**to, como o or**val**ho sobre a **rel**va.
 * Toda a **ter**ra se enche**rá** de sua **gló**ria.
V. Eis **aqui** a habita**ção** de **Deus**, em meio aos **ho**mens, e com **eles** mora**rá**, e o próprio **Deus** será seu **Deus**.
 *Toda a **ter**ra.

Ou:

Dos Sermões de São Guerrico, abade

(Sermo 1 in Assumptione beatae Mariae: PL 185,187-189)

(Séc. XII)

Maria, Mãe de Cristo e Mãe dos cristãos

Maria deu à luz um Filho único. Assim como ele é Filho único de seu Pai nos céus, é também Filho único de sua mãe na terra. Ora, essa única Virgem Mãe, que possui a glória de ter dado à luz o Filho único de Deus Pai, abraça este mesmo Filho em todos os seus membros. Não se envergonha de ser chamada mãe de todos aqueles nos quais vê a Cristo já formado ou em formação.

A antiga Eva, que deixou aos filhos a sentença de morte ainda antes de verem a luz do dia, foi mais madrasta do que mãe. Chamam-na *mãe de todos os viventes;* mas verifica-se, com mais verdade, que ela foi a origem da morte para os que vivem, a mãe dos que morrem, pois o seu ato de gerar não foi outra coisa senão propagar a morte. E já que Eva não correspondeu fielmente ao significado do seu nome, Maria realizou este mistério. Como a Igreja, da qual é figura, Maria é a Mãe de todos os que renascem para a vida. Ela é verdadeiramente a mãe da Vida pela qual todos vivem; ao gerar a Vida, de certo modo ela regenerou todos os que hão de viver por ela.

A santa mãe de Cristo, que se reconhece mãe dos cristãos em virtude desse mistério, mostra-se também sua mãe pelo cuidado e amor que tem por eles. Não é insensível para com os filhos, como se não fossem seus; suas entranhas, fecundadas uma só vez mas nunca estéreis, jamais se cansam de dar à luz frutos de piedade.

Se o Apóstolo, servo de Cristo, uma e outra vez dá à luz filhos pelos seus cuidados e ardente piedade, *até Cristo ser formado neles* (cf. Gl 4,19), quanto mais a própria mãe de Cristo! E Paulo, de fato, os gerou, pregando-lhes a palavra da verdade pela qual foram regenerados; Maria, porém, gerou-os de modo muito mais divino e santo, ao dar à luz a própria Palavra. Louvo realmente em São Paulo o ministério da pregação; porém admiro e venero muito mais em Maria o mistério da geração.

Observa, agora, se os filhos também não parecem reconhecer a sua mãe. Impelidos como que por um certo natural afeto de piedade, recorrem imediatamente à invocação do seu nome em todas as necessidades e perigos, como crianças no colo da mãe. Por isso, julgo, não sem motivo, que é destes filhos que o Profeta fala quando faz esta promessa: *Os teus filhos habitarão em ti* (cf. Sl 101,29). Ressalve-se, no entanto, a interpretação que atribui principalmente à Igreja esta profecia.

Agora vivemos, na verdade, sob o amparo da mãe do Altíssimo, habitamos sob a sua proteção e como que à sombra de suas asas. Mais tarde, seremos acalentados no seu regaço com a participação na sua glória. Então ressoará, numa só voz, a aclamação dos filhos que se "alegram e se congratulam com sua mãe: *Todos juntos a cantar nos alegramos, pois em ti está a nossa morada* (cf. Sl 86,7), santa mãe de Deus!

Responsório   Mt 1,20.21; Mq 5,4-5
R. O que em Maria foi gerado é do Espírito Santo.
* Pois ele salvará o seu povo dos pecados.
V. Será grande em toda a terra, será ele a nossa paz.
* Pois ele.

Ou:

Das Homilias de São João Crisóstomo, bispo
(De coemeterio et de cruce, 2: PG 49,396)   (Séc. IV)

Adão e Cristo, Eva e Maria

Viste que vitória admirável? Viste os magníficos prodígios da cruz? Posso dizer-te alguma coisa ainda mais admirável? Ouve o modo como se deu a vitória e então ficarás sumamente maravilhado. Cristo venceu o diabo valendo-se dos mesmos meios com que este tinha vencido: e, tomando as mesmas armas que ele tinha usado, derrotou-o. Ouve como o fez.

A virgem, o lenho e a morte foram os sinais de nossa derrota. A virgem era Eva, pois ainda não conhecera homem; o lenho era a árvore; a morte, o castigo de Adão. E eis que de novo a virgem, o lenho e a morte, que foram sinais da nossa derrota, se tornaram sinais de nossa vitória. Com efeito, em vez de Eva está Maria; em vez da árvore da ciência do bem e do mal, o lenho da cruz; em vez da morte de Adão, a morte de Cristo.

Vês como o demônio foi vencido pelos mesmos meios com que vencera? Na árvore, ele fez Adão cair; na árvore, Cristo derrotou o demônio. A primeira árvore conduzia à região dos mortos; mas a segunda fez voltar até mesmo os que haviam descido para lá. O primeiro homem, já vencido e nu, se escondera entre as árvores; Cristo, porém, vitorioso, se mostra a todos, também nu, do alto de um lenho. A primeira morte condenou os que nasceram depois dela; mas esta morte ressuscitou até mesmo aqueles que nasceram antes dela. *Quem contará os grandes feitos do Senhor?* (Sl 105,2). Por uma morte, nos tornamos imortais: são estes os magníficos prodígios da cruz.

Compreendeste a vitória? Compreendeste o modo da vitória? Ouve agora como esta vitória foi alcançada, sem o nosso trabalho e suor. Nós não ensanguentamos as armas, não estivemos no combate, não fomos feridos nem vimos a luta; no entanto, alcançamos a vitória. O combate foi do Senhor e a coroa foi nossa. Ora, como a vitória também é nossa, imitemos os soldados e cantemos hoje, com vozes alegres, os louvores e cânticos da vitória. Digamos, louvando o Senhor: *A morte foi tragada pela vitória. Ó morte, onde está a tua vitória? onde está o teu aguilhão?* (1Cor 15,54-55).

Todas estas coisas maravilhosas nos foram obtidas pela cruz. A cruz é um troféu erguido contra os demônios, uma espada levantada contra o pecado, espada com a qual Cristo traspassou a serpente; a cruz é a vontade do Pai, a glória do seu Filho unigênito, a exultação do Espírito Santo, a honra dos anjos, a segurança da Igreja, o regozijo de Paulo, a fortaleza dos santos, a luz da terra inteira.

Responsório

R. Por vontade do Senhor,
   que nos renova na antiga honra,
 * Como o espinho gera a rosa, assim nasceu Maria de Eva.
V. Para a falta por virtude ser coberta inteiramente
   e a culpa pela graça. * Como o espinho.

Ou:

Da Constituição dogmática *Lumen gentium,* sobre a Igreja, do Concílio Vaticano II

(N. 63-65) (Séc. XX)

Maria, figura da Igreja

A Santíssima Virgem Maria está intimamente relacionada com a Igreja, em virtude da graça da divina maternidade e da missão pela qual está unida a seu Filho redentor. E ainda em virtude de suas singulares graças e prerrogativas. A Mãe de Deus é figura da Igreja, como já ensinava Santo Ambrósio, quer dizer, na ordem da fé, da caridade e da perfeita união com Cristo.

No mistério da Igreja, também chamada com razão mãe e virgem, a Santíssima Virgem Maria ocupa um lugar eminente e singular como modelo de virgem e de mãe. Por sua fé e obediência, ela gerou na terra o próprio Filho de Deus Pai, sem conhecer homem, mas pelo poder do Espírito Santo. Como nova Eva, acreditou sem hesitar, não na antiga serpente, mas na mensagem de Deus. Por isso, deu à luz o Filho a quem Deus constituiu *primogênito numa multidão de irmãos* (cf. Rm 8,29), isto é, entre os fiéis em cuja geração e formação ela coopera com amor de mãe.

A Igreja, contemplando a santidade misteriosa de Maria, imitando a sua caridade e cumprindo fielmente a vontade do Pai, torna-se também mãe, mediante a palavra de Deus recebida na fé. Na verdade, pela pregação e pelo batismo gera, para a vida nova e imortal, os filhos concebidos do Espírito Santo e nascidos de Deus. Ela é também a virgem que, com integridade e pureza, guarda a palavra dada ao Esposo. Imitando a mãe do seu Senhor, pela virtude do Espírito Santo, conserva virginalmente íntegra a fé, sólida a esperança, sincera a caridade.

Enquanto na Santíssima Virgem a Igreja já alcançou essa perfeição que a torna *sem mancha nem ruga* (Ef 5,27), os cristãos ainda se esforçam por crescer em santidade, vencendo o pecado. Por isso elevam seus olhos a Maria que refulge para toda a comunidade dos eleitos como modelo de virtudes. Meditando piedosamente sobre Maria e contemplando-a à luz da Palavra que se fez homem, a Igreja vai penetrando, com reverência e mais profundamente, no sublime mistério da encarnação, assemelhando-se cada vez mais ao seu Esposo.

Maria, cooperando intimamente na história da salvação, reúne em si e reflete, de certo modo, as maiores exigências da fé. Quando proclamada e cultuada, ela conduz os fiéis para o seu Filho, para o sacrifício do Filho e para o amor do Pai. E a Igreja, por sua vez, buscando a glória de Cristo, torna-se sempre mais semelhante à Excelsa Figura que a representa, progredindo continuamente na fé, na esperança e na caridade, procurando e cumprindo em tudo a vontade divina.

Por isso, também na sua atividade apostólica, a Igreja se volta para aquela que gerou a Cristo, concebido do Espírito Santo e nascido da Virgem, a fim de que, por meio da Igreja, ele também nasça e cresça nos corações dos fiéis. A Virgem, durante a vida, foi modelo daquele amor materno do qual devem estar animados todos que colaboram na missão apostólica da Igreja para a redenção dos homens.

Responsório

R. A salvação apareceu para todos os que creem
por Maria, sempre virgem,
* cuja vida é uma luz para todas as Igrejas.
V. Celebremos com fervor a memória de Maria,
a Virgem venturosa. * Cuja vida.

Pode-se tomar também, à escolha, a segunda leitura do dia 22 de agosto, p. 1216, do dia 7 de outubro, p. 1353, ou do dia 21 de novembro, p. 1466.

Oração como nas Laudes, p. 1556 -1557.

Laudes

Hino

Senhora gloriosa,
bem mais que o sol brilhais.
O Deus que vos criou
ao seio amamentais.

O que Eva destruiu,
no Filho recriais;
do céu abris a porta
e os tristes abrigais.

Da luz brilhante porta,
sois pórtico do Rei.
Da Virgem veio a vida.
Remidos, bendizei!

Ao Pai e ao Espírito,
poder, louvor, vitória,
e ao Filho, que gerastes
e vos vestiu de glória.

Ou:

Da caridade Estrela fúlgida
para os celestes habitantes,
para os mortais és da esperança
a fonte de águas borbulhantes.

Nobre Senhora, és poderosa
do Filho sobre o coração;
por ti, quem ora, confiante,
dele consegue a salvação.

Tua bondade não apenas
atende à voz dos suplicantes,
mas se antecipa, carinhosa,
aos seus desejos hesitantes.

Misericórdia é o teu nome,
suma grandeza em ti fulgura.

Com água viva de bondade,
sacias toda criatura.

Glória a Deus Pai e ao Santo Espírito,
glória ao teu Filho Redentor,
que te envolveram com o manto
da sua graça e seu amor.

Ou ainda: Ave, do mar Estrela, como nas II Vésperas do Comum de Nossa Senhora, p. 1536.

Antífonas e salmos do sábado corrente.

Pode-se escolher uma das seguintes leituras breves com seu responsório breve.

Leitura breve
Gl 4,4-5

Quando se completou o tempo previsto, Deus enviou o seu Filho, nascido de uma mulher, nascido sujeito à Lei, a fim de resgatar os que eram sujeitos à Lei e para que todos recebêssemos a filiação adotiva.

Responsório breve

R. Depois do **parto**, ó **Maria**, * Virgem **permanecestes**.
 R. Depois do **par**to.
V. Rogai por **nós**, Mãe de **Deus**! * Virgem.
 Glória ao **Pai**. R. Depois do **par**to.

___

Ou:
Cf. Is 61,10

Exulto de alegria no Senhor e minh'alma regozija-se em meu Deus; ele me vestiu com as vestes da salvação, envolveu-me com o manto da justiça, qual noiva com suas joias.

Responsório breve

R. O Se**nhor** a esco**lheu**,
 * Entre **to**das preferida. R. O Se**nhor**.
V. O Se**nhor** a fez mo**rar** em sua **san**ta habita**ção**.
 * Entre **to**das. Glória ao **Pai**. R. O Se**nhor**.

Ou: Ap 12,1

Apareceu no céu um grande sinal: uma mulher vestida de sol, tendo a lua debaixo dos pés e sobre a cabeça uma coroa de doze estrelas.

Responsório breve

R. Maria, alegra-te, ó cheia de graça;
 * O Senhor é contigo! R. Maria.
V. És bendita entre todas as mulheres da terra
 e bendito é o fruto que nasceu do teu ventre!
 * O Senhor. Glória ao Pai. R. Maria.

Cântico evangélico, ant.

Pode-se escolher uma das seguintes antífonas:

1 Celebremos devotamente a memória da Virgem Santa,
para que ela rogue por nós junto ao Cristo Senhor Jesus.

2 Ó Maria, sempre virgem, Mãe de Deus,
sois bendita do Senhor, o Deus Altíssimo,
entre todas as mulheres sobre a terra!

3 Nossa vida perdida por vós nos é dada,
ó Virgem sem mancha!
Pois do céu concebestes o Filho de Deus,
e destes ao mundo Jesus Salvador.

4 Maria, alegra-te, ó cheia de graça.
O Senhor é contigo,
és bendita entre todas as mulheres da terra!

5 Virgem santa e imaculada,
eu não sei com que louvores poderei engrandecer-vos!
Pois de vós nós recebemos Jesus Cristo, o Redentor.

6 Sois a glória de Sião, a alegria de Israel
e a flor da humanidade!

Laudes

Preces

Celebremos nosso Salvador, que se dignou nascer da Virgem Maria; e peçamos:

R. **Senhor, que a vossa Mãe interceda por nós!**

Sol de justiça, a quem a Virgem Imaculada precedeu como aurora resplandecente,
— concedei que caminhemos sempre à luz da vossa presença. R.

Palavra eterna do Pai, que escolhestes Maria como arca incorruptível para vossa morada,
— livrai-nos da corrupção do pecado. R.

Salvador do mundo, que tivestes vossa Mãe junto à cruz,
— concedei-nos, por sua intercessão, a graça de participar generosamente nos vossos sofrimentos. R.

Jesus de bondade, que, pregado na cruz, destes Maria por Mãe a João,
— fazei que vivamos também como seus filhos. R.

(intenções livres)

Ou:

Celebremos nosso Salvador, que se dignou nascer da Virgem Maria; e peçamos:

R. **Senhor, que a vossa Mãe interceda por nós!**

Salvador do mundo, que pelos méritos da redenção preservastes a vossa Mãe de toda a mancha de pecado,
— livrai-nos também de todo pecado. R.

Redentor nosso, que fizestes da Imaculada Virgem Maria o tabernáculo puríssimo da vossa presença e o sacrário do Espírito Santo,
— fazei de nós templos vivos do vosso Espírito. R.

Palavra eterna, que ensinastes vossa Mãe a escolher a melhor parte,

—ajudai-nos a imitá-la buscando o alimento da vida eterna.
R. Senhor, que a vossa Mãe interceda por nós!

Rei dos reis, que quisestes ter vossa Mãe convosco no céu em corpo e alma,
—fazei que aspiremos sempre aos bens do alto. **R.**

Senhor do céu e da terra, que colocastes Maria como rainha à vossa direita,
—dai-nos a alegria de participar um dia com ela da mesma glória. **R.**

(intenções livres)

Pai nosso...

Oração

Diz-se, à escolha, uma das orações seguintes:

¹ Senhor, nosso Deus, concedei-nos sempre saúde de alma e corpo, e fazei que, pela intercessão da Virgem Maria, libertos das tristezas presentes, gozemos as alegrias eternas. Por nosso Senhor Jesus Cristo, vosso Filho, na unidade do Espírito Santo.

² Perdoai, ó Deus, os pecados dos vossos filhos e filhas, e salvai-nos pela intercessão da Virgem Maria, uma vez que não podemos agradar-vos apenas com os nossos méritos. Por nosso Senhor Jesus Cristo, vosso Filho, na unidade do Espírito Santo.

³ Ó Deus de misericórdia, socorrei a nossa fraqueza e concedei-nos ressurgir dos nossos pecados pela intercessão da Mãe de Jesus Cristo, cuja memória hoje celebramos. Por nosso Senhor Jesus Cristo, vosso Filho, na unidade do Espírito Santo.

⁴ Valha-nos, ó Deus, a intercessão da sempre Virgem Maria, para que, livres de todos os perigos, vivamos em vossa paz. Por nosso Senhor Jesus Cristo, vosso Filho, na unidade do Espírito Santo.

5 Fazei, ó Deus, que, ao celebrarmos a memória da Virgem Maria, possamos também, por sua intercessão, participar da plenitude da vossa graça. Por nosso Senhor Jesus Cristo, vosso Filho, na unidade do Espírito Santo.

6 Ó Deus todo-poderoso, pela intercessão de Maria, nossa Mãe, socorrei os fiéis que se alegram com a sua proteção, livrando-os de todo mal neste mundo e dando-lhes a alegria do céu. Por nosso Senhor Jesus Cristo, vosso Filho, na unidade do Espírito Santo.

COMUM DOS APÓStOLOS

I Vésperas

HINO Exulte o céu, como nas II Vésperas, p. 1569.

Salmodia

Ant. 1 Jesus chamou os seus discípulos,
  escolheu doze dentre eles
  e lhes deu o nome de Apóstolos.

Salmo 116(117)

— ¹Cantai louvores ao Senhor, todas as gentes, *
  povos todos, festejai-o!
— ²Pois comprovado é seu amor para conosco, *
  para sempre ele é fiel!

Ant. Jesus chamou os seus discípulos,
  escolheu doze dentre eles
  e lhes deu o nome de Apóstolos.

Ant. 2 Deixando suas redes, seguiram o Senhor.

Salmo 147(147B)

— ¹²Glorifica o Senhor, Jerusalém! *
  Ó Sião, canta louvores ao teu Deus!
— ¹³Pois reforçou com segurança as tuas portas, *
  e os teus filhos em teu seio abençoou;
— ¹⁴a paz em teus limites garantiu *
  e te dá como alimento a flor do trigo.
— ¹⁵Ele envia suas ordens para a terra, *
  e a palavra que ele diz corre veloz;
— ¹⁶ele faz cair a neve como lã *
  e espalha a geada como cinza.
— ¹⁷Como de pão lança as migalhas do granizo, *
  a seu frio as águas ficam congeladas.

— ¹⁸ Ele envia sua palavra e as derrete, *
   sopra o vento e de novo as águas correm.
— ¹⁹ Anuncia a Jacó sua palavra, *
   seus preceitos e suas leis a Israel.
— ²⁰ Nenhum povo recebeu tanto carinho, *
   a nenhum outro revelou os seus preceitos.

Ant. Deixando suas redes, seguiram o Senhor.

Ant. 3 Vós sois os meus amigos, pois guardastes meu amor.

Cântico — Ef 1,3-10

— ³ Bendito e louvado seja Deus, *
   o Pai de Jesus Cristo, Senhor nosso,
— que do alto céu nos abençoou em Jesus Cristo *
   com bênção espiritual de toda sorte!

(R. Bendito sejais vós, nosso Pai,
   que nos abençoastes em Cristo!)

— ⁴ Foi em Cristo que Deus Pai nos escolheu, *
   já bem antes de o mundo ser criado,
— para que fôssemos, perante a sua face, *
   sem mácula e santos pelo amor. (R.)

= ⁵ Por livre decisão de sua vontade, †
   predestinou-nos, através de Jesus Cristo, *
   a sermos nele os seus filhos adotivos,
— ⁶ para o louvor e para a glória de sua graça, *
   que em seu Filho bem-amado nos doou. (R.)

— ⁷ É nele que nós temos redenção, *
   dos pecados remissão pelo seu sangue.
= Sua graça transbordante e inesgotável †
   ⁸ Deus derrama sobre nós com abundância, *
   de saber e inteligência nos dotando. (R.)

— ⁹ E assim, ele nos deu a conhecer *
   o mistério de seu plano e sua vontade,

— que propusera em seu querer benevolente, *
¹⁰na plenitude dos tempos realizar:
— o desígnio de, em Cristo, reunir *
    todas as coisas: as da terra e as do céu.   (R.)

Ant. Vós sois os meus amigos, pois guardastes meu amor.

Leitura breve   At 2,42-45
Todos eram perseverantes em ouvir o ensinamento dos apóstolos, na comunhão fraterna, na fração do pão e nas orações. E todos estavam cheios de temor por causa dos numerosos prodígios e sinais que os apóstolos realizavam. Todos os que abraçavam a fé viviam unidos e colocavam tudo em comum; vendiam suas propriedades e seus bens e repartiam o dinheiro entre todos, conforme a necessidade de cada um.

Responsório breve   Jo 13,35
R. Nisto todos saberão
 * Que vós sois os meus discípulos. R. Nisto todos.
V. Se uns aos outros vos amardes. * Que vós sois.
   Glória ao Pai. R. Nisto todos.

Cântico evangélico, ant.
Não fostes vós que me escolhestes,
mas, sim, eu vos escolhi e vos dei esta missão:
de produzirdes muito fruto e o vosso fruto permaneça.

Preces
Irmãos, edificados sobre o fundamento dos apóstolos, roguemos a Deus Pai todo-poderoso em favor de seu povo santo; e digamos:

R. **Lembrai-vos, Senhor, da vossa Igreja!**

Vós quisestes, ó Pai, que o vosso Filho, ressuscitado dos mortos, aparecesse em primeiro lugar aos apóstolos;
— fazei de nós testemunhas do vosso Filho até os confins da terra.   R.

Vós, que enviastes vosso Filho ao mundo para evangelizar os pobres,
– fazei que o Evangelho seja pregado a toda criatura. R.

Vós, que enviastes vosso Filho para semear a palavra do reino,
– concedei-nos colher na alegria os frutos da palavra semeada com o nosso trabalho. R.

Vós, que enviastes vosso Filho para reconciliar o mundo convosco pelo seu sangue,
– fazei que todos nós colaboremos na obra da reconciliação de toda a humanidade. R.

(intenções livres)

Vós, que glorificastes vosso Filho à vossa direita nos céus,
– recebei no reino da felicidade eterna os nossos irmãos e irmãs falecidos. R.

Pai nosso...

Oração como no Próprio dos Santos.

Invitatório

R. Ao S**enhor**, Rei dos A**pós**tolos, **vin**de, ado**re**mos.
Salmo invitatório como no Ordinário, p. 537.

Ofício das Leituras

Hino

Do supremo Rei na corte
sois ministros, que Jesus
instruiu e fez Apóstolos,
sal da terra e sua luz.

A feliz Jerusalém,
cuja lâmpada é o Cordeiro,
vos possui, quais joias raras,
fundamento verdadeiro.

A Igreja vos celebra
como esposa do Senhor.
Vossa voz a trouxe à vida,
vosso sangue a consagrou.

Quando os tempos terminarem
e o Juiz vier julgar,
sobre tronos gloriosos
havereis de vos sentar.

Sem cessar, a vossa prece
nos dê força e proteção.
Das sementes que espalhastes
brote a flor e nasça o grão.

Glória a Cristo, que de vós
fez do Pai os enviados,
e vos deu o seu Espírito,
por quem fostes consagrados.

Salmodia
Ant. 1 Em toda a **ter**ra se es**pal**ha o seu a**nún**cio, e sua **voz** pelos con**fins** do uni**ver**so.

Salmo 18(19)A

– ²Os céus pro**cla**mam a **gló**ria do Se**nhor**, *
  e o firma**men**to, a obra de suas mãos;
– ³o dia ao **dia** transmite esta mensagem, *
  a noite à **noi**te publica esta notícia.
– ⁴Não são dis**cur**sos nem frases ou palavras, *
  nem são **vo**zes que possam ser ouvidas;
– ⁵seu som res**so**a e se espalha em toda a terra, *
  chega aos con**fins** do universo a sua voz.
– ⁶Armou no **al**to uma tenda para o sol; *
  ele des**pon**ta no céu e se levanta
– como um es**po**so do quarto nupcial, *
  como um he**rói** exultante em seu caminho.

– ⁷De um extremo do céu põe-se a correr *
 e vai traçando o seu rastro luminoso,
– até que possa chegar ao outro extremo, *
 e nada pode fugir ao seu calor.

Ant. Em toda a terra se espalha o seu anúncio,
 e sua voz pelos confins do universo.

Ant. 2 Proclamaram as obras de Deus
 e entenderam seus grandes prodígios.

Salmo 63(64)

– ²Ó Deus, ouvi a minha voz, o meu lamento! *
 Salvai-me a vida do inimigo aterrador!
– ³Protegei-me das intrigas dos perversos *
 e do tumulto dos obreiros da maldade!
– ⁴Eles afiam suas línguas como espadas, *
 lançam palavras venenosas como flechas,
– ⁵para ferir os inocentes às ocultas *
 e atingi-los de repente, sem temor.
– ⁶Uns aos outros se encorajam para o mal *
 e combinam às ocultas, traiçoeiros,
– onde pôr as armadilhas preparadas, *
 comentando entre si: "Quem nos verá?"
– ⁷Eles tramam e disfarçam os seus crimes. *
 É um abismo o coração de cada homem!
– ⁸Deus, porém, os ferirá com suas flechas, *
 e cairão todos feridos, de repente.
– ⁹Sua língua os levará à perdição, *
 e quem os vir meneará sua cabeça;
– ¹⁰com temor proclamará a ação de Deus, *
 e tirará uma lição de sua obra.
= ¹¹O homem justo há de alegrar-se no Senhor †
 e junto dele encontrará o seu refúgio, *
 e os de reto coração triunfarão.

Ant. Proclamaram as obras de **Deus**
e entenderam seus **gran**des prodígios.

Ant. 3 Anunciaram a justiça do Senhor,
todos os **po**vos podem **ver** a sua **gló**ria.

Salmo 96(97)

– ¹Deus é **Rei**! Exulte a **terra** de a**le**gria, *
e as **i**lhas numerosas rejubilem!
– ²Treva e **nu**vem o rodeiam no seu trono, *
que se a**po**ia na justiça e no direito.
– ³Vai um **fo**go caminhando à sua frente *
e de**vo**ra ao redor seus inimigos.
– ⁴Seus re**lâm**pagos clareiam toda a terra; *
toda a **terra**, ao contemplá-los, e**s**tremece.
– ⁵As mon**ta**nhas se derretem como cera *
ante a **face** do Senhor de toda a terra;
– ⁶e as**sim** proclama o céu sua justiça, *
todos os **po**vos podem ver a sua glória.
= ⁷"Os que a**do**ram as e**s**tátuas se envergonhem †
e os que **põem** a sua glória nos seus ídolos; *
aos pés de **Deus** vêm se prostrar todos os deuses!"
= ⁸Sião es**cu**ta transbordante de alegria, †
e e**xul**tam as cidades de Judá, *
porque são **jus**tos, ó Senhor, vossos juízos!
= ⁹Porque **vós** sois o Altíssimo, Senhor, †
muito a**ci**ma do universo que cria**s**tes, *
e de **mui**to superais todos os deuses.
= ¹⁰O Senhor **ama** os que detestam a maldade, †
ele pro**te**ge seus fiéis e suas vidas, *
e da **mão** dos pecadores os liberta.
– ¹¹Uma **luz** já se levanta para os justos, *
e a a**le**gria, para os retos corações.

—¹² Homens **jus**tos, alegrai-vos no Senhor, *
celeb**rai** e bendizei seu santo nome!

Ant. Anunciaram a justiça do Se**nh**or,
todos os **po**vos podem **ver** a sua **gló**ria.

V. Eles con**ta**ram as gran**de**zas do Se**nh**or e seu po**der**.
E as **su**as maravi**lh**as que por **nós** reali**zou**.

Primeira leitura

Da Primeira Carta de São Paulo aos Coríntios 4,1-16

Sejamos imitadores do Apóstolo, como ele o foi de Cristo

Irmãos: ¹ Que todo o mundo nos considere como servidores de Cristo e administradores dos mistérios de Deus. ² A este respeito, o que se exige dos administradores é que sejam fiéis. ³ Quanto a mim, pouco me importa ser julgado por vós ou por algum tribunal humano. Nem eu me julgo a mim mesmo. ⁴ É verdade que a minha consciência não me acusa de nada. Mas não é por isso que eu posso ser considerado justo. ⁵ Quem me julga é o Senhor. Portanto, não queirais julgar antes do tempo. Aguardai que o Senhor venha. Ele iluminará o que estiver escondido nas trevas e manifestará os projetos dos corações. Então, cada um receberá de Deus o louvor que tiver merecido.

⁶ Irmãos, apliquei essa doutrina a mim e a Apolo, por causa de vós, para que o nosso exemplo vos ensine a não vos inchar de orgulho, tomando o partido de um contra outro, e a "não ir além daquilo que está escrito". ⁷ Com efeito, quem é que te faz melhor que os outros? O que tens que não tenhas recebido? Mas, se recebeste tudo que tens, por que, então, te glorias, como se não o tivesses recebido?

⁸ Vós já estais saciados! Já vos enriquecestes! Sem nós, já começastes a reinar! Oxalá estivésseis mesmo reinando, para nós também reinarmos convosco! ⁹ Na verdade, parece-me que Deus nos apresentou, a nós apóstolos, em último lugar, como pessoas condenadas à morte. Tornamo-nos um

espetáculo para o mundo, para os anjos e os homens. ¹⁰Nós somos os tolos por causa de Cristo, vós, porém, os sábios nas coisas de Cristo. Nós somos os fracos; vós, os fortes. Vós sois tratados com toda a estima e atenção, e nós, com todo o desprezo. ¹¹Até à presente hora, padecemos fome, sede e nudez; somos esbofeteados e vivemos errantes; ¹²fadigamo-nos, trabalhando com as nossas mãos; somos injuriados, e abençoamos; somos perseguidos, e suportamos; ¹³somos caluniados, e exortamos. Tornamo-nos como que o lixo do mundo, a escória do universo, até ao presente.

¹⁴Escrevo-vos tudo isto, não com a intenção de vos envergonhar, mas para vos admoestar como meus filhos queridos. ¹⁵De fato, mesmo que tivésseis dez mil educadores na vida em Cristo, não tendes muitos pais. Pois fui eu que, pelo anúncio do Evangelho, vos gerei em Jesus Cristo. ¹⁶Portanto, eu vos peço, sede meus imitadores.

Responsório   Jo 15,15; Mt 13,11.16

R. Não vos **cha**mo mais meus **ser**vos,
   mas vos **cha**mo meus **ami**gos,
 *Pois vos **dei** a conhe**cer** tudo **quan**to ouvi do **Pai**.
V. A **vós** foi conce**di**do conhe**cer**
   os mis**té**rios do **Rei**no dos **Céus**;
   fe**li**zes vossos **o**lhos porque **ve**em,
   fe**li**zes os ou**vi**dos porque **ou**vem. *Pois vos **dei**.

SEGUNDA LEITURA: como no Próprio dos Santos.

Nas solenidades e festas se diz o HINO Te Deum, p. 543.

Oração como no Próprio dos Santos.

Laudes

HINO como no Próprio dos Santos.

Ant. 1 O **meu** manda**men**to é **es**te:
       a**mai**-vos como **eu** vos a**mei**!

Salmos e cântico do domingo da I Semana, p. 580.

Ant. 2 Não há maior prova de amor,
que dar a vida pelo amigo.

Ant. 3 Vós sereis os meus amigos,
se seguirdes meus preceitos.

Leitura breve
Ef 2,19-22

Já não sois mais estrangeiros nem migrantes, mas concidadãos dos santos. Sois da família de Deus. Vós fostes integrados no edifício que tem como fundamento os apóstolos e os profetas, e o próprio Jesus Cristo como pedra principal. É nele que toda a construção se ajusta e se eleva para formar um templo santo no Senhor. E vós também sois integrados nesta construção, para vos tornardes morada de Deus pelo Espírito.

Responsório breve
R. Fareis deles os chefes
 * Por toda a terra R. Fareis.
V. Lembrarão vosso nome, Senhor, para sempre.
 * Por toda. Glória ao Pai. R. Fareis deles.

Cântico evangélico, ant.
Jerusalém, ó cidade celeste,
teus alicerces são os doze Apóstolos,
tua luz, teu fulgor é o Cordeiro!

Preces
Irmãos caríssimos, tendo recebido dos apóstolos a herança celeste, agradeçamos a Deus, nosso Pai, todos os seus dons; e aclamemos:

R. O coro dos apóstolos vos louva, Senhor!

Louvor a vós, Senhor, pela mesa do vosso Corpo e Sangue que recebemos por intermédio dos apóstolos;
– por ela somos alimentados e vivemos. R.

Louvor a vós, Senhor, pela mesa de vossa Palavra, preparada para nós pelos apóstolos;
– por ela recebemos luz e alegria. R.

R. **O coro dos apóstolos vos louva, Senhor!**

Louvor a vós, Senhor, por vossa santa Igreja, edificada sobre o fundamento dos apóstolos;
– com ela formamos um só Corpo. R.

Louvor a vós, Senhor, pelos sacramentos do Batismo e da Penitência que confiastes aos apóstolos;
– por eles somos lavados de todo pecado. R.

(intenções livres)

Pai nosso...

Oração como no Próprio dos Santos.

Hora Média

Oração das Nove Horas

Ant. O Evangelho do **Rei**no anunci**ai**!
Dai de **gra**ça o que de **gra**ça rece**bes**tes.

Leitura breve 2Cor 5,19b-20

Deus colocou em nós a palavra da reconciliação. Somos, pois, embaixadores de Cristo, e é Deus mesmo que exorta através de nós. Em nome de Cristo, nós vos suplicamos: deixai-vos reconciliar com Deus.

V. Em toda a **ter**ra se es**pa**lha o seu a**nún**cio.
V. E sua **voz** pelos con**fins** do uni**ver**so

Oração das Doze Horas

Ant. Eis que **eu** estou con**vos**co em **to**dos os **di**as
até o fim do **mun**do, é o que **diz** o Se**nhor**,

Leitura breve At 5,12a.14

Muitos sinais e maravilhas eram realizados entre o povo pelas mãos dos apóstolos. Crescia sempre mais o número dos que aderiam ao Senhor pela fé; era uma multidão de homens e mulheres.

V. Eles guar**da**vam os pre**cei**tos.
R. E as **or**dens do Se**nhor**.

Oração das Quinze Horas

Ant. É na **vos**sa cons**tân**cia que salva**reis** vossas **vi**das

Nos salmos graduais, em lugar do Salmo 125(126), pode-se dizer o Salmo 128(129), à p. 1074.

Leitura breve At 5,41-42

Os apóstolos saíram do Conselho, muito contentes, por terem sido considerados dignos de injúrias, por causa do nome de Jesus. E cada dia, no Templo e pelas casas, não cessavam de ensinar e anunciar o evangelho de Jesus Cristo.

V. Ale**grai**-vos e exul**tai**, diz o Se**nhor**.
R. Pois no **céu** estão ins**cri**tos vossos **no**mes!

Oração como no Próprio dos Santos.

II Vésperas

Hino

Exulte o céu com louvores,
e a terra cante vitória:
Dos enviados de Cristo
os astros narram a glória.

Ó vós, juízes dos tempos,
luz verdadeira do mundo,
dos corações que suplicam
ouvi o grito profundo.

Dizendo só uma palavra,
os céus fechais ou abris.
Mandai que sejam desfeitos
de nossa culpa os ardis.

À vossa voz obedecem
enfermidade e saúde.
Sarai nossa alma tão frágil
e dai-nos paz e virtude.

E quando o Cristo vier
no fim dos tempos julgar,
das alegrias eternas
possamos nós partilhar.

Louvor e glória ao Deus vivo,
que em vós nos deu sua luz,
o Evangelho da vida
que para o céu nos conduz.

Salmodia
Ant. 1 Vós ficastes a meu lado quando veio a provação.

Salmo 115(116B)

—¹⁰ Guardei a minha fé, mesmo dizendo: *
"É demais o sofrimento em minha vida!"
—¹¹ Confiei, quando dizia na aflição: *
"Todo homem é mentiroso! Todo homem!"
—¹² Que poderei retribuir ao Senhor Deus *
por tudo aquilo que ele fez em meu favor?
—¹³ Elevo o cálice da minha salvação, *
invocando o nome santo do Senhor.
—¹⁴ Vou cumprir minhas promessas ao Senhor *
na presença de seu povo reunido.
—¹⁵ É sentida por demais pelo Senhor *
a morte de seus santos, seus amigos.
=¹⁶ Eis que sou o vosso servo, ó Senhor, †
vosso servo que nasceu de vossa serva; *
mas me quebrastes os grilhões da escravidão!

– ¹⁷Por isso oferto um sacrifício de louvor, *
   invocando o nome santo do Senhor.
– ¹⁸Vou cumprir minhas promessas ao Senhor *
   na presença de seu povo reunido;
– ¹⁹nos átrios da casa do Senhor, *
   em teu meio, ó cidade de Sião!

Ant. Vós ficastes a meu lado quando veio a provação.

Ant. 2 Eu estou em vosso meio como aquele que vos serve.

Salmo 125(126)

– ¹Quando o Senhor reconduziu nossos cativos, *
   parecíamos sonhar;
– ²encheu-se de sorriso nossa boca, *
   nossos lábios, de canções.
– Entre os gentios se dizia: "Maravilhas *
   fez com eles o Senhor!"
– ³Sim, maravilhas fez conosco o Senhor, *
   exultemos de alegria!
– ⁴Mudai a nossa sorte, ó Senhor, *
   como torrentes no deserto.
– ⁵Os que lançam as sementes entre lágrimas, *
   ceifarão com alegria.
– ⁶Chorando de tristeza sairão, *
   espalhando suas sementes;
– cantando de alegria voltarão, *
   carregando os seus feixes!

Ant. Eu estou em vosso meio como aquele que vos serve.

Ant. 3 Não vos chamo mais meus servos,
   mas vos chamo meus amigos,
   pois vos dei a conhecer
   o que o Pai me revelou.

Cântico　　　　　　　　Ef 1,3-10

– ³ **Ben**dito e lou**va**do seja **Deus**, *
　o **Pai** de Jesus Cristo, Senhor nosso,
– que do alto **céu** nos abençoou em Jesus Cristo *
　com **bên**ção espiritual de toda sorte!

(R. **Ben**dito sejais **vós**, nosso **Pai**,
　　que **nos** abençoastes em **Cris**to!)

– ⁴ Foi em **Cris**to que Deus Pai nos escolheu, *
　já bem **an**tes de o mundo ser criado,
– para que **fôs**semos, perante a sua face, *
　sem **má**cula e santos pelo amor.　　　　(R.)

= ⁵ Por **li**vre decisão de sua vontade, †
　predesti**nou**-nos, através de Jesus Cristo, *
　a sermos **ne**le os seus filhos adotivos,
– ⁶ para o lou**vor** e para a glória de sua graça, *
　que em seu **Fi**lho bem-amado nos doou.　(R.)

– ⁷ É **ne**le que nós temos redenção, *
　dos pe**ca**dos remissão pelo seu sangue.
= Sua **gra**ça transbordante e inesgotável †
　⁸ Deus der**ra**ma sobre nós com abundância, *
　de sa**ber** e inteligência nos dotando.　　(R.)

– ⁹ E as**sim**, ele nos deu a conhecer *
　o mis**té**rio de seu plano e sua vontade,
– que propu**se**ra em seu querer benevolente, *
　¹⁰ na pleni**tu**de dos tempos realizar:
– o de**síg**nio de, em Cristo, reunir *
　todas as **coi**sas: as da terra e as do céu.　(R)

Ant. Não vos **cha**mo mais meus **ser**vos,
　　mas vos **cha**mo meus a**mi**gos,
　　pois vos **dei** a conhe**cer**
　　o que o **Pai** me reve**lou**.

II Vésperas

Leitura breve — Ef 4,11-13

Cristo instituiu alguns como apóstolos, outros como profetas, outros ainda como evangelistas, outros, enfim, como pastores e mestres. Assim, ele capacitou os santos para o ministério, para edificar o corpo de Cristo, até que cheguemos todos juntos à unidade da fé e do conhecimento do Filho de Deus, ao estado do homem perfeito e à estatura de Cristo em sua plenitude.

Responsório breve

R. Anunciai entre as nações
* A glória do Senhor. R. Anunciai.
V. E as suas maravilhas entre os povos do universo.
* A glória. Glória ao Pai. R. Anunciai.

Cântico evangélico, ant.

Quando o Filho do Homem, na nova criação,
vier em sua glória, com ele reinareis
e em vossos tronos julgareis as doze tribos de Israel.

Preces

Irmãos, edificados sobre o fundamento dos apóstolos, roguemos a Deus Pai todo-poderoso em favor de seu povo santo; e digamos:

R. **Lembrai-vos, Senhor, da vossa Igreja!**

Vós quisestes, ó Pai, que o vosso Filho, ressuscitado dos mortos, aparecesse em primeiro lugar aos apóstolos;
– fazei de nós testemunhas do vosso Filho até os confins da terra. R.

Vós, que enviastes vosso Filho ao mundo para evangelizar os pobres,
– fazei que o Evangelho seja pregado a toda criatura. R.

Vós, que enviastes vosso Filho para semear a palavra do reino,
– concedei-nos colher na alegria os frutos da palavra semeada com o nosso trabalho.

R. **Lembrai-vos, Senhor, da vossa Igreja!**

Vós, que enviastes vosso Filho para reconciliar o mundo convosco pelo seu sangue,
– fazei que todos nós colaboremos na obra da reconciliação de toda a humanidade. R.

(intenções livres)

Vós, que glorificastes vosso Filho à vossa direita nos céus,
– recebei no reino da felicidade eterna os nossos irmãos e irmãs falecidos. R.

Pai nosso...

Oração como no Próprio dos Santos.

COMUM DOS MÁRTIRES

PARA VÁRIOS MÁRTIRES

I Vésperas

HINO Dos que partilham a glória, como nas II Vésperas, p. 1592.

Salmodia

Ant. 1 Violência e tortura sofreram os mártires:
testemunhas de Cristo até a vitória.

Salmo 117(118)

I

– ¹ Dai graças ao Senhor, porque ele é bom! *
"Eterna é a sua misericórdia!"
– ² A casa de Israel agora o diga: *
"Eterna é a sua misericórdia!"
– ³ A casa de Aarão agora o diga: *
"Eterna é a sua misericórdia!"
– ⁴ Os que temem o Senhor agora o digam: *
"Eterna é a sua misericórdia!"
– ⁵ Na minha angústia eu clamei pelo Senhor, *
e o Senhor me atendeu e libertou!
– ⁶ O Senhor está comigo, nada temo; *
o que pode contra mim um ser humano?
– ⁷ O Senhor está comigo, é o meu auxílio, *
hei de ver meus inimigos humilhados.
– ⁸ "É melhor buscar refúgio no Senhor *
do que pôr no ser humano a esperança;
– ⁹ é melhor buscar refúgio no Senhor *
do que contar com os poderosos deste mundo!"
– ¹⁰ Povos pagãos me rodearam todos eles, *
mas em nome do Senhor os derrotei;

— ¹¹ de todo **la**do todos eles me cercaram, *
mas em **no**me do Senhor os derrotei;
= ¹²como um en**xa**me de abelhas me atacaram, †
como um **fo**go de espinhos me queimaram, *
mas em **no**me do Senhor os derrotei.
— ¹³ Empur**ra**ram-me, tentando derrubar-me, *
mas **veio** o Senhor em meu socorro.
— ¹⁴ O Se**nhor** é minha força e o meu canto, *
e tor**nou**-se para mim o Salvador.
— ¹⁵ "Cla**mo**res de alegria e de vitória *
res**so**em pelas tendas dos fiéis.
= ¹⁶A mão di**rei**ta do Senhor fez maravilhas, †
a mão di**rei**ta do Senhor me levantou, *
a mão di**rei**ta do Senhor fez maravilhas!"
— ¹⁷Não morre**rei**, mas, ao contrário, viverei *
para can**tar** as grandes obras do Senhor!
— ¹⁸ O Se**nhor** severamente me provou, *
mas **não** me abandonou às mãos da morte.

Ant. Violência e tor**tu**ra so**fre**ram os **már**tires:
testem**u**nhas de **Cris**to até a vitória.

Ant. 2 Triun**fa**ram os **san**tos e en**tra**ram no **Rei**no;
rece**be**ram de **Deus** a co**ro**a de **gló**ria

II

— ¹⁹ Abri-me **vós**, abri-me as portas da justiça; *
quero en**trar** para dar graças ao Senhor!
— ²⁰ "Sim, **es**ta é a porta do Senhor, *
por **e**la só os justos entrarão!"
— ²¹ Dou-vos **gra**ças, ó Senhor, porque me ouvistes *
e vos tor**nas**tes para mim o Salvador!
— ²² "A **pe**dra que os pedreiros rejeitaram *
tor**nou**-se agora a pedra angular.

— ²³Pelo Se**nhor** é que foi feito tudo isso: *
Que maravilhas ele fez a nossos olhos!
— ²⁴Este é o **dia** que o Senhor fez para nós, *
ale**gre**mo-nos e nele exultemos!
— ²⁵Ó Se**nhor**, dai-nos a vossa salvação, *
ó Se**nhor**, dai-nos também prosperidade!"
— ²⁶Ben**di**to seja, em nome do Senhor, *
a**que**le que em seus átrios vai entrando!
— Desta **ca**sa do Senhor vos bendizemos. *
²⁷Que o Se**nhor** e nosso Deus nos ilumine!
— Empu**nhai** ramos nas mãos, formai cortejo, *
aproxi**mai**-vos do altar, até bem perto!
— ²⁸Vós sois meu **Deus**, eu vos bendigo e agradeço! *
Vós sois meu **Deus**, eu vos exalto com louvores!
— ²⁹Dai **graças** ao Senhor, porque ele é bom! *
"Eterna é a sua misericórdia!"

Ant. Triun**fa**ram os **san**tos e en**tra**ram no **Rei**no;
rece**be**ram de **Deus** a co**ro**a de **gló**ria.

Ant. 3 Os **már**tires, **mor**tos por **Cris**to,
vivem **sem**pre com ele nos **céus**.

Cântico   1Pd 2,21-24

= ²¹O **Cris**to por **nós** pade**ceu**, †
dei**xou**-nos o exemplo a seguir. *
Si**ga**mos, portanto, seus passos!
— ²²Pe**ca**do nenhum cometeu, *
nem **hou**ve engano em seus lábios.

(R. Por suas **cha**gas nós **fo**mos cu**ra**dos.)

= ²³Insul**ta**do, ele não insultava; †
ao so**frer** e ao ser maltratado, *
ele **não** ameaçava vingança;
— entre**ga**va, porém, sua causa *.
Àque**le** que é justo juiz.

(R.)

— ²⁴**Carre**gou sobre si nossas culpas *
em seu **cor**po, no lenho da cruz,
= para que, **mor**tos aos nossos pecados, †
na jus**ti**ça de **Deus** nós vivamos. *
Por suas **cha**gas nós fomos curados. (R.)

Ant. Os **már**tires, **mor**tos por **Cris**to,
vivem **sem**pre com ele nos **céus**

Leitura breve   Rm 8,35.37-39

Quem nos separará do amor de Cristo? Tribulação? Angústia? Perseguição? Fome? Nudez? Perigo? Espada? Mas, em tudo isso, somos mais que vencedores, graças àquele que nos amou! Tenho a certeza de que nem a morte, nem a vida, nem os anjos, nem os poderes celestiais, nem o presente nem o futuro, nem as forças cósmicas, nem a altura, nem a profundeza, nem outra criatura qualquer será capaz de nos separar do amor de Deus por nós, manifestado em Cristo Jesus, nosso Senhor.

Responsório breve

R. As **al**mas dos **jus**tos
  * Es**tão** protegidas nas **mãos** do Se**nhor**. R. As **al**mas.
V. O tor**men**to da **mor**te não **há** de to**cá**-las.
  * Es**tão** protegidas. Glória ao **Pai**. R. As **al**mas.

Cântico evangélico, ant.

O **Rei**no dos **Céus** vos per**ten**ce,
pois **des**tes a **vi**da por **Cris**to;
la**vas**tes as **ves**tes no **san**gue
e che**gas**tes ao **prê**mio da **gló**ria.

Preces

Nesta hora em que o Rei dos mártires ofereceu sua vida na última Ceia e a entregou na cruz, demos-lhe graças, dizendo:

R. **Nós vos louvamos e bendizemos, Senhor!**

I Vésperas

Nós vos agradecemos, ó Salvador, fonte e exemplo de todo martírio, porque nos amastes até o fim: R.

Porque viestes chamar os pecadores arrependidos para o prêmio da vida eterna: R.

Porque destes à vossa Igreja, como sacrifício para a remissão dos pecados, o Sangue da nova e eterna Aliança: R.

Porque a vossa graça nos mantém até hoje perseverantes na fé: R.

(intenções livres)

Porque associastes à vossa morte, neste dia, muitos de nossos irmãos e irmãs: R.

Pai nosso...

Oração

Não havendo oração própria, diz-se uma das seguintes:

Deus todo-poderoso, que destes aos santos N. e N. a graça de sofrer pelo Cristo, ajudai também a nossa fraqueza, para que possamos viver firmes em nossa fé, como eles não hesitaram em morrer por vosso amor. Por nosso Senhor Jesus Cristo, vosso Filho, na unidade do Espírito Santo.

Ou:

Ó Deus, ao comemorarmos todos os anos a paixão dos mártires N. e N., dai-nos a alegria de ver atendidas as nossas preces, para imitarmos sua firmeza na fé. Por nosso Senhor Jesus Cristo, vosso Filho, na unidade do Espírito Santo.

Para virgens mártires:

Ó Deus, que hoje nos alegrais com a comemoração de vossas santas N. e N., concedei que sejamos ajudados pelos seus méritos e iluminados pelos seus exemplos de castidade e fortaleza. Por nosso Senhor Jesus Cristo, vosso Filho, na unidade do Espírito Santo.

Comum de vários mártires

Para santas mulheres:

Ó Deus, cuja força se manifesta na fraqueza, fazei que, ao celebrarmos a glória das santas N. e N., que de vós receberam a força para vencer, obtenhamos, por sua intercessão, a graça da vitória. Por nosso Senhor Jesus Cristo, vosso Filho, na unidade do Espírito Santo.

Invitatório

R. Ao Senhor, Rei dos mártires, vinde adoremos!

Salmo invitatório como no Ordinário, p. 537.

Ofício das Leituras

Hino

Rei glorioso do mártir,
sois a coroa e o troféu,
pois, desprezando esta terra,
procura apenas o céu.

Que o coração inclinando,
possais ouvir nossa voz;
vossos heróis celebrando,
supliquem eles por nós!

Se pela morte venceram,
mostrando tão grande amor,
vençamos nós pela vida
de santidade e louvor.

A vós, Deus uno, Deus trino,
sobe hoje nosso louvor,
pelos heróis que imitaram
a própria cruz do Senhor.

Salmodia

Ant. 1 Até à morte fiéis ao Senhor,
derramaram seu sangue por Cristo
e alcançaram o prêmio eterno

Salmo 2

– ¹Por que os **po**vos agi**ta**dos se re**vol**tam? *
  por que **tra**mam as nações projetos vãos?
= ²Por que os **reis** de toda a terra se reúnem, †
  e cons**pi**ram os governos todos juntos *
  contra o **Deus** onipotente e o seu Ungido?
– ³"Vamos que**brar** suas correntes", dizem eles, *
  "e lan**çar** longe de nós o seu domínio!"
– ⁴Ri-se **de**les o que mora lá nos céus; *
  zomba **de**les o Senhor onipotente.
– ⁵Ele, en**tão**, em sua ira os ameaça, *
  e em seu fu**ror** os faz tremer, quando lhes diz:
– ⁶"Fui eu **mes**mo que escolhi este meu Rei, *
  e em Sião, meu monte santo, o consagrei!"
= ⁷O de**cre**to do Senhor promulgarei, †
  foi as**sim** que me falou o Senhor Deus: *
  "Tu és meu **Fi**lho, e eu hoje te gerei!
= ⁸Podes pe**dir**-me, e em resposta eu te darei †
  por tua he**ran**ça os povos todos e as nações, *
  e há de **ser** a terra inteira o teu domínio.
– ⁹Com cetro **fér**reo haverás de dominá-los, *
  e quebrá-los como um vaso de argila!"
– ¹⁰E a**go**ra, poderosos, entendei; *
  sobe**ra**nos, aprendei esta lição:
– ¹¹Com te**mor** servi a Deus, rendei-lhe glória *
  e pres**tai**-lhe homenagem com respeito!
– ¹²Se o irri**tais**, perecereis pelo caminho, *
  pois de**pres**sa se acende a sua ira!
– Felizes hão de ser todos aqueles *
  que **põem** sua esperança no Senhor!

Ant. Até à **mor**te fi**éis** ao Se**nhor**,
  derra**ma**ram seu **san**gue por **Cris**to
  e alcan**ça**ram o **prê**mio eterno

Ant. 2 Os justos viverão eternamente,
e a sua recompensa é o Senhor.

Salmo 32(33)

I

– ¹ Ó justos, alegrai-vos no Senhor! *
Aos retos fica bem glorificá-lo.
– ² Dai graças ao Senhor ao som da harpa, *
na lira de dez cordas celebrai-o!
– ³ Cantai para o Senhor um canto novo, *
com arte sustentai a louvação!
– ⁴ Pois reta é a palavra do Senhor, *
e tudo o que ele faz merece fé.
– ⁵ Deus ama o direito e a justiça, *
transborda em toda a terra a sua graça.
– ⁶ A palavra do Senhor criou os céus, *
e o sopro de seus lábios, as estrelas.
– ⁷ Como num odre junta as águas do oceano, *
e mantém no seu limite as grandes águas.
– ⁸ Adore ao Senhor a terra inteira, *
e o respeitem os que habitam o universo!
– ⁹ Ele falou e toda a terra foi criada, *
ele ordenou e as coisas todas existiram.
– ¹⁰ O Senhor desfaz os planos das nações *
e os projetos que os povos se propõem.
= ¹¹ Mas os desígnios do Senhor são para sempre, †
e os pensamentos que ele traz no coração, *
de geração em geração, vão perdurar.

Ant. Os justos viverão eternamente,
e a sua recompensa é o Senhor.

Ant. 3 Vós lutastes por **mim** sobre a **ter**ra:
recebei, meus amigos, o **prêmio**!

II

- ¹²Feliz o povo cujo **Deus** é o **Senhor**, *
  e a nação que escolheu por sua herança!
- ¹³Dos altos **céus** o Senhor olha e observa; *
  ele se inclina para olhar todos os homens.
- ¹⁴Ele contempla do lugar onde reside *
  e vê a todos os que habitam sobre a terra.
- ¹⁵Ele formou o coração de cada um *
  e por todos os seus atos se interessa.
- ¹⁶Um rei não **ven**ce pela força do exército, *
  nem o guerreiro escapará por seu vigor.
- ¹⁷Não são cavalos que garantem a vitória; *
  ninguém se salvará por sua força.
- ¹⁸Mas o Senhor pousa o olhar sobre os que o temem, *
  e que confiam esperando em seu amor,
- ¹⁹para da morte libertar as suas vidas *
  e alimentá-los quando é tempo de penúria.
- ²⁰No Senhor nós esperamos confiantes, *
  porque ele é nosso auxílio e proteção!
- ²¹Por isso o **nos**so coração se alegra nele, *
  seu santo **no**me é nossa única esperança.
- ²²Sobre **nós** venha, Senhor, a vossa graça, *
  da mesma forma que em vós nós esperamos!

Ant. Vós lutastes por **mim** sobre a **ter**ra:
recebei, meus amigos, o **prêmio**!

V. No Senhor nós esperamos confiantes.
R. Porque ele é nosso auxílio e proteção.

Primeira leitura
Da Carta de São Paulo aos Romanos 8,18-39

*Nada nos pode separar do amor de Deus,
que está em Cristo Jesus*

Irmãos: ¹⁸Eu entendo que os sofrimentos do tempo presente nem merecem ser comparados com a glória que deve ser revelada em nós.

¹⁹De fato, toda a criação está esperando ansiosamente o momento de se revelarem os filhos de Deus. ²⁰Pois a criação ficou sujeita à vaidade, não por sua livre vontade, mas por sua dependência daquele que a sujeitou; ²¹também ela espera ser libertada da escravidão da corrupção e, assim, participar da liberdade e da glória dos filhos de Deus. ²²Com efeito, sabemos que toda a criação, até ao tempo presente, está gemendo como que em dores de parto. ²³E não somente ela, mas nós também, que temos os primeiros frutos do Espírito, estamos interiormente gemendo, aguardando a adoção filial e a libertação para o nosso corpo. ²⁴Pois já fomos salvos, mas na esperança. Ora, o objeto da esperança não é aquilo que a gente está vendo; como pode alguém esperar o que já vê? ²⁵Mas se esperamos o que não vemos, é porque o estamos aguardando mediante a perseverança.

²⁶Também o Espírito vem em socorro da nossa fraqueza. Pois nós não sabemos o que pedir, nem como pedir; é o próprio Espírito que intercede em nosso favor, com gemidos inefáveis. ²⁷E aquele que penetra o íntimo dos corações sabe qual é a intenção do Espírito. Pois é sempre segundo Deus que o Espírito intercede em favor dos santos.

²⁸Sabemos que tudo contribui para o bem daqueles que amam a Deus, daqueles que são chamados para a salvação, de acordo com o projeto de Deus. ²⁹Pois aqueles que Deus contemplou com seu amor desde sempre, a esses ele predestinou a serem conformes à imagem de seu Filho, para que este seja o primogênito numa multidão de irmãos. ³⁰E aqueles que Deus predestinou, também os chamou. E aos que

chamou, também os tornou justos; e aos que tornou justos, também os glorificou.

³¹Depois disto, que vos resta dizer? Se Deus é por nós, quem será contra nós? ³²Deus, que não poupou seu próprio filho, mas o entregou por todos nós, como não nos daria tudo junto com ele? ³³Quem acusará os escolhidos de Deus? Deus, que os declara justos? ³⁴Quem condenará? Jesus Cristo, que morreu, mais ainda, que ressuscitou, e está, à direita de Deus, intercedendo por nós?

³⁵Quem nos separará do amor de Cristo? Tribulação? Angústia? Perseguição? Fome? Nudez? Perigo? Espada? ³⁶Pois é assim que está escrito:
"Por tua causa somos entregues à morte, o dia todo; fomos tidos como ovelhas destinadas ao matadouro".

³⁷Mas, em tudo isso, somos mais que vencedores, graças àquele que nos amou! ³⁸Tenho a certeza de que nem a morte, nem a vida, nem os anjos, nem os poderes celestiais, nem o presente nem o futuro, nem as forças cósmicas, ³⁹nem a altura, nem a profundeza, nem outra criatura qualquer será capaz de nos separar do amor de Deus por nós, manifestado em Cristo Jesus, nosso Senhor.

Responsório   Mt 5,44-45.48; Lc 6,17
R. Amai os **vos**sos ini**mi**gos, diz Je**sus**,
   orai por **quem** vos calu**ni**a e per**se**gue,
 * E sereis **fi**lhos do **vos**so Pai ce**les**te.
V. Sede per**fei**tos como o **vos**so Pai ce**les**te é per**fei**to.
 * E sereis.

Segunda leitura
Das Cartas de São Cipriano, bispo e mártir

(Ep. 6, 1-2: CSEL 3, 480-482)   (Séc. III)

Todos os que desejamos alcançar as promessas do Senhor, devemos imitá-lo em tudo

Eu vos saúdo, irmãos caríssimos, ansioso por gozar da vossa presença, se o lugar onde estou me permitisse ir até vós. Que me poderia acontecer de mais desejável e alegre que estar junto a vós neste momento, para apertar essas mãos, puras e inocentes, que, por fidelidade ao Senhor, recusaram os sacrifícios sacrílegos?

Que haveria para mim de mais agradável e sublime que beijar agora os vossos lábios que proclamaram glória do Senhor, como também ser visto por vossos olhos que, desprezando o mundo, se tornaram dignos de contemplar a Deus?

Mas, como não me é dada essa alegria, eu vos envio esta carta, que me substituirá ante os vossos olhos e ouvidos. Por ela vos felicito e ao mesmo tempo exorto a perseverardes fortes e inabaláveis na proclamação da glória celeste. Uma vez no caminho da graça do Senhor, deveis prosseguir com espírito forte até conquistardes a coroa, tendo o Senhor como protetor e guia, pois ele disse: *Eis que eu estou convosco todos os dias até o fim do mundo* (Mt 28,20).

Ó cárcere feliz, iluminado pela vossa presença! Ó cárcere feliz, que leva para o céu os homens de Deus! Ó trevas mais luminosas que o próprio sol e mais brilhantes que a luz deste mundo, onde estão agora colocados os templos de Deus, que são os vossos corpos santificados pela proclamação da fé!

Nada mais ocupe agora vossas mentes e corações, senão os preceitos divinos e os mandamentos celestes, pelos quais o Espírito Santo sempre vos animou a suportar os sofrimentos. Ninguém pense na morte mas na imortalidade, nem no sofrimento passageiro, mas na glória eterna. Pois está escrito: *É preciosa aos olhos do Senhor a morte dos seus justos* (Sl 115,15). E também: *É um sacrifício agradável a Deus um espírito que sofre; Deus não desprezará um coração contrito e humilhado* (Sl 50,19).

E ainda em outro lugar fala a Escritura divina dos tormentos que consagram os mártires de Deus e os santificam pelas provações dos sofrimentos: *Embora tenham su-*

portado tormentos diante dos homens, sua esperança está cheia de imortalidade. Julgarão as nações e dominarão os povos, e o Senhor reinará sobre eles para sempre (Sb 3,4.8).

Assim, quando vos lembrais de que ides julgar e reinar com o Cristo Senhor, a alegria é que deve prevalecer em vós, superando os suplícios presentes pela exultação futura. Bem sabeis que, desde o princípio, a justiça está em luta com o mundo: logo na origem da humanidade, o justo Abel foi assassinado, como depois dele todos os justos, profetas e apóstolos enviados por Deus.

A todos eles o Senhor quis dar a si mesmo como exemplo, ensinando que só aqueles que seguissem o seu caminho poderiam entrar em seu reino: *Quem ama a sua vida neste mundo, perdê-la-á. E quem odeia a sua vida neste mundo, conservá-la-á para a vida eterna* (Jo 12,25). E ainda: *Não temais os que matam os corpos, não podem, contudo, matar a alma; temei antes aquele que pode matar na geena a alma e o corpo* (Mt 10,28).

São Paulo também nos exorta a imitar em tudo o Senhor, se desejamos alcançar as suas recompensas. Diz ele: *Somos filhos de Deus. E, se somos filhos, somos também herdeiros – herdeiros de Deus e coerdeiros de Cristo; se realmente sofremos com ele, é para sermos também glorificados com ele* (Rm 8,17).

Responsório

R. Ao lutarmos pela **fé**, Deus nos **vê**, os anjos **o**lham
  e o **Cris**to nos con**tem**pla.
 * Quanta **hon**ra e ale**gria** comba**ter**, vendo-nos **Deus**,
  e a co**ro**a rece**ber** do **Ju**iz, que é Jesus **Cris**to
V. Concen**tre**mos nossas **for**ças, para a **lu**ta pra**re**mo-nos
  com a **men**te pura e **for**te, doa**ção**, fé e co**ra**gem.
 * Quanta **hon**ra.

Nas solenidades e festas se diz o HINO Te Deum, p. 543.

Oração como nas Laudes.

Laudes

Hino

De Cristo o dom eterno,
dos mártires vitória,
alegres celebremos
com cânticos de glória.

São príncipes da Igreja,
na luta triunfaram.
Do mundo sendo luzes,
à glória já chegaram.

Venceram os terrores,
as penas desprezaram.
Na morte coroados,
à luz feliz chegaram.

Por ímpios torturados,
seu sangue derramaram.
Mas, firmes pela fé,
na vida eterna entraram.

Invictos na esperança,
guardando a fé constantes,
no pleno amor de Cristo
já reinam triunfantes.

Já têm no Pai a glória,
no Espírito a energia,
e exultam pelo Filho,
repletos de alegria.

Pedimos, Redentor,
unidos ser também
dos mártires à glória
no vosso Reino. Amém.

Ant. 1 Os **már**tires de **Cris**to, em seus tor**men**tos,
contem**pla**vam os **céus** e supli**ca**vam:
Ó **Senhor**, dai-nos a **for**ça nesta **ho**ra!

Salmos e cântico do domingo da I Semana, p. 580.

Ant. 2 Espíritos celestes e santos do Senhor,
cantai com alegria um hino ao nosso Deus. Aleluia.

Ant. 3 Vós mártires todos em coro,
louvai o Senhor nas alturas!

Leitura breve
2Cor 1,3-5

Bendito seja o Deus e Pai de nosso Senhor Jesus Cristo, o Pai das misericórdias e Deus de toda consolação. Ele nos consola em todas as nossas aflições, para que, com a consolação que nós mesmos recebemos de Deus, possamos consolar os que se acham em toda e qualquer aflição. Pois, à medida que os sofrimentos de Cristo crescem para nós, cresce também a nossa consolação por Cristo.

Responsório breve

R. Os santos e os justos
 * Viverão eternamente. R. Os santos.
V. E a sua recompensa é o Senhor. * Viverão.
 Glória ao Pai. R. Os santos.

Cântico evangélico, ant.

Felizes de vós, os perseguidos
por causa da justiça do Senhor,
porque o Reino dos Céus há de ser vosso!

Preces

Irmãos e irmãs, celebremos nosso Salvador, a Testemunha fiel, nos mártires que deram a vida pela palavra de Deus; e digamos:

R. Com vosso sangue nos remistes, Senhor!

Por intercessão de vossos mártires que abraçaram livremente a morte para testemunharem a sua fé,
– dai-nos, Senhor, a verdadeira liberdade de espírito. R.

Por intercessão de vossos mártires, que proclamaram a fé derramando o próprio sangue,
—dai-nos, Senhor, pureza e constância na fé.

R. **Com vosso sangue nos remistes, Senhor!**

Por intercessão de vossos mártires que, carregando a cruz, seguiram vossos passos,
—dai-nos, Senhor, suportar com coragem as dificuldades da vida. R.

Por intercessão de vossos mártires, que lavaram suas vestes no sangue do Cordeiro,
—dai-nos, Senhor, vencer todas as ciladas da carne e do mundo. R.

(intenções livres)

Pai nosso...

Oração

Não havendo oração própria, diz-se uma das seguintes:

Deus todo-poderoso, que destes aos santos N. e N. a graça de sofrer pelo Cristo, ajudai também a nossa fraqueza, para que possamos viver firmes em nossa fé, como eles não hesitaram em morrer por vosso amor. Por nosso Senhor Jesus Cristo, vosso Filho, na unidade do Espírito Santo.

Ou:

Ó Deus, ao comemorarmos todos os anos a paixão dos mártires N. e N, dai-nos a alegria de ver atendidas as nossas preces, para imitarmos sua firmeza na fé. Por nosso Senhor Jesus Cristo, vosso Filho, na unidade do Espírito Santo.

Para virgens mártires:

Ó Deus, que hoje nos alegrais com a comemoração de vossas santas N. e N, concedei que sejamos ajudados pelos seus méritos e iluminados pelos seus exemplos de castidade e fortaleza. Por nosso Senhor Jesus Cristo, vosso Filho, na unidade do Espírito Santo.

Para santas mulheres:

Ó Deus, cuja força se manifesta na fraqueza, fazei que, ao celebrarmos a glória das santas N. e N., que de vós receberam a força para vencer, obtenhamos, por sua intercessão, a graça da vitória. Por nosso Senhor Jesus Cristo, vosso Filho, na unidade do Espírito Santo.

Hora Média

Oração das Nove Horas

Ant. Na dureza do combate, o Senhor lhes deu vitória, pois, mais forte do que tudo, é a força do amor.

Leitura breve — 1Pd 5,10-11

Depois de terdes sofrido um pouco, o Deus de toda a graça, que vos chamou para a sua glória eterna, em Cristo, vos restabelecerá e vos tornará firmes, fortes e seguros. A ele pertence o poder, pelos séculos dos séculos. Amém.

V. Os santos que esperaram no Senhor,
R. Encontraram sua força no seu Deus.

Oração das Doze Horas

Ant. Vós lhes destes, ó Senhor, um nome santo e glorioso e a coroa de justiça.

Leitura breve — Cf. Hb 11,33

Os santos, pela fé, conquistaram reinos, praticaram a justiça, foram contemplados com promessas em Cristo Jesus nosso Senhor.

V. Vossa tristeza brevemente
R. Vai mudar-se em alegria.

Oração das Quinze Horas

Ant. Chorando de tristeza sairão, espalhando suas sementes.

Leitura breve
Sb 3,1-2a.3b

A vida dos justos está nas mãos de Deus, e nenhum tormento os atingirá. Aos olhos dos insensatos parecem ter morrido; mas eles estão em paz.

V. Cantando de alegria, voltarão,
R. Carregando os seus feixes.

Oração como nas Laudes.

II Vésperas

Hino

Dos que partilham a glória dos santos,
queremos juntos cantar os louvores
e celebrar as ações gloriosas
da nobre estirpe de tais vencedores.

Temeu o mundo e os (as) lançou na prisão,
por desprezarem os seus atrativos
como de terra sem água e sem flores,
e vos seguiram, Jesus, Rei dos vivos.

Por vós, contenda feroz enfrentaram
sem murmurar, nem queixar-se de ofensa,
de coração silencioso e espírito
bem consciente, em fiel paciência.

Que verbo ou voz poderá descrever
o prêmio eterno que aos mártires dais?
Louros vermelhos, brilhantes de sangue,
são seus ornatos, troféus imortais.

A vós, ó Deus Uno e Trino, pedimos:
dai-nos a paz, a ventura e o bem,
lavai a culpa, afastai todo o mal.
Vós que reinais pelos séculos. Amém.

II Vésperas

Salmodia

Ant. 1 Os **cor**pos dos **san**tos re**pou**sam na **paz**;
vive**rão** para **sem**pre seus **no**mes na **gló**ria.

Salmo 114(116A)

– ¹ Eu **a**mo o Se**nhor**, porque **ou**ve *
   o **gri**to da minha oração.
– ² Incli**nou** para mim seu ouvido, *
   no **di**a em que eu o invoquei.
– ³ Pren**di**am-me as cordas da morte, *
   aper**ta**vam-me os laços do abismo;
= inva**di**am-me angústia e tristeza: †
   ⁴ eu en**tão** invoquei o Senhor: *
   "Sal**vai**, ó Senhor, minha vida!"
– ⁵ O Se**nhor** é justiça e bondade, *
   nosso **Deus** é amor-compaixão.
– ⁶ É o Se**nhor** quem defende os humildes: *
   eu es**ta**va oprimido, e salvou-me.
– ⁷ Ó minh'**al**ma, retorna à tua paz, *
   o Se**nhor** é quem cuida de ti!
= ⁸ Liber**tou** minha vida da morte, †
   enxu**gou** de meus olhos o pranto *
   e li**vrou** os meus pés do tropeço.
– ⁹ Anda**rei** na presença de Deus, *
   junto a **e**le na terra dos vivos.

Ant. Os **cor**pos dos **san**tos re**pou**sam na **paz**;
vive**rão** para **sem**pre seus **no**mes na **gló**ria

Ant. 2 Fi**éis** teste**mu**nhas são **es**tes
pois **de**ram por **Deus** suas **vi**das

Salmo 115(116B)

– ¹⁰ Guar**dei** a minha **fé**, mesmo di**zen**do: *
   "É de**mais** o sofrimento em minha vida!"

– ¹¹Confiei, quando dizia na aflição: *
"Todo homem é mentiroso! Todo homem!"
– ¹²Que poderei retribuir ao Senhor Deus *
por tudo aquilo que ele fez em meu favor?
– ¹³Elevo o cálice da minha salvação, *
invocando o nome santo do Senhor.
– ¹⁴Vou cumprir minhas promessas ao Senhor *
na presença de seu povo reunido.
– ¹⁵É sentida por demais pelo Senhor *
a morte de seus santos, seus amigos.
= ¹⁶Eis que sou o vosso servo, ó Senhor, †
vosso servo que nasceu de vossa serva; *
mas me quebrastes os grilhões da escravidão!
– ¹⁷Por isso oferto um sacrifício de louvor, *
invocando o nome santo do Senhor.
– ¹⁸Vou cumprir minhas promessas ao Senhor *
na presença de seu povo reunido;
– ¹⁹nos átrios da casa do Senhor, *
em teu meio, ó cidade de Sião!

Ant. Fiéis testemunhas são estes
pois deram por Deus suas vidas.

Ant. 3 Eis os mártires fortes e fiéis;
pela Aliança do Senhor deram a vida,
lavando as vestes no sangue do Cordeiro.

Cântico   Ap 4,11; 5,9.10.12

– ⁴,¹¹Vós sois digno, Senhor, nosso Deus, *
de receber honra, glória e poder!

(R. Poder, honra e glória ao Cordeiro de Deus!)

= ⁵,⁹Porque todas as coisas criastes, †
é por vossa vontade que existem, *
e subsistem porque vós mandais.   (R.)

= Vós sois **dig**no, Senhor, nosso Deus, †
de o **li**vro nas mãos receber *
e de a**brir** suas folhas lacradas! (R.)

— Porque **fos**tes por nós imolado; *
para **Deus** nos remiu vosso sangue

— dentre **to**das as tribos e línguas, *
dentre os **po**vos da terra e nações. (R.)

= ^{10} Pois fi**zes**tes de nós, para Deus, †
sacer**do**tes e povo de reis, *
e i**re**mos reinar sobre a terra. (R.)

= ^{12} O Cor**dei**ro imolado é digno †
de rece**ber** honra, glória e poder, *
sabedo**ri**a, louvor, divindade! (R.)

Ant. Eis os **már**tires **for**tes e fi**éis**;
pela Ali**an**ça do Se**nhor** deram a **vi**da,
lavando as **ves**tes no **san**gue do Cor**dei**ro.

Leitura breve 1Pd 4,13-14

Alegrai-vos por participar dos sofrimentos de Cristo, para que possais também exultar de alegria na revelação da sua glória. Se sofreis injúrias por causa do nome de Cristo, sois felizes, pois o Espírito da glória, o Espírito de Deus, repousa sobre vós.

Responsório breve

R. Regozi**jai**-vos no Se**nhor**,
* Ó **jus**tos, exul**tai**! R. Regozi**jai**-vos.
V. Corações **re**tos, alegrai-vos! * Ó **jus**tos.
Glória ao **Pai**. R. Regozi**jai**-vos.

Cântico evangélico, ant.

Alegrem-se nos **céus** os a**mi**gos do Se**nhor**,
que seguiram os seus **pas**sos;
derra**ma**ram o seu **san**gue por a**mor** a Jesus **Cris**to,
e com ele reina**rão**.

Preces

Nesta hora em que o Rei dos mártires ofereceu sua vida na última Ceia e a entregou na cruz, demos-lhe graças, dizendo:

R. **Nós vos louvamos e bendizemos, Senhor!**

Nós vos agradecemos, ó Salvador, fonte e exemplo de todo martírio, porque nos amastes até o fim: R.

Porque viestes chamar os pecadores arrependidos para o prêmio da vida eterna: R.

Porque destes à vossa Igreja, como sacrifício para a remissão dos pecados, o Sangue da nova e eterna Aliança: R.

Porque a vossa graça nos mantém até hoje perseverantes na fé: R.

(intenções livres)

Porque associastes à vossa morte, neste dia, muitos de nossos irmãos e irmãs: R.

Pai nosso...

Oração

Não havendo oração própria, diz-se uma das seguintes:

Deus todo-poderoso, que destes aos santos N. e N. a graça de sofrer pelo Cristo, ajudai também a nossa fraqueza, para que possamos viver firmes em nossa fé, como eles não hesitaram em morrer por vosso amor. Por nosso Senhor Jesus Cristo, vosso Filho, na unidade do Espírito Santo.

Ou:

Ó Deus, ao comemorarmos todos os anos a paixão dos mártires N. e N., dai-nos a alegria de ver atendidas as nossas preces, para imitarmos sua firmeza na fé. Por nosso Senhor Jesus Cristo, vosso Filho, na unidade do Espírito Santo.

Para virgens mártires:

Ó Deus, que hoje nos alegrais com a comemoração de vossas santas N. e N., concedei que sejamos ajudados pelos seus méritos e iluminados pelos seus exemplos de castidade e fortaleza. Por nosso Senhor Jesus Cristo, vosso Filho, na unidade do Espírito Santo.

Para santas mulheres:

Ó Deus, cuja força se manifesta na fraqueza, fazei que, ao celebrarmos a glória das santas N. e N., que de vós receberam a força para vencer, obtenhamos, por sua intercessão, a graça da vitória. Por nosso Senhor Jesus Cristo, vosso Filho, na unidade do Espírito Santo.

PARA UM(A) MÁRTIR

I Vésperas

HINO Ó Deus, dos vossos heróis, p.1617, ou Da Mãe Autor, p. 1618, como nas II Vésperas.

Salmodia

Ant. 1 Quem de **mim** der teste**mu**nho ante os **ho**mens, darei **de**le o testemunho ante meu **Pai**.

Salmo 117(118)

I

— ¹Dai **gra**ças ao Se**nhor**, porque ele é **bom**! *
"E**ter**na é a sua misericórdia!"
— ²A **ca**sa de Israel agora o diga: *
"E**ter**na é a sua misericórdia!"
— ³A **ca**sa de Aarão agora o diga: *
"E**ter**na é a sua misericórdia!"
— ⁴Os que **te**mem o Senhor agora o digam: *
"E**ter**na é a sua misericórdia!"
— ⁵Na minha an**gús**tia eu clamei pelo Senhor, *
e o Se**nhor** me atendeu e libertou!
— ⁶O Se**nhor** está comigo, nada temo; *
o que **po**de contra mim um ser humano?
— ⁷O Se**nhor** está comigo, é o meu auxílio, *
hei de **ver** meus inimigos humilhados.
— ⁸É me**lhor** buscar refúgio no Senhor *
do que **pôr** no ser humano a esperança;
— ⁹é me**lhor** buscar refúgio no Senhor *
do que con**tar** com os poderosos deste mundo!"
— ¹⁰Povos pa**gãos** me rodearam todos eles, *
mas em **no**me do Senhor os derrotei;
— ¹¹de todo **la**do todos eles me cercaram, *
mas em **no**me do Senhor os derrotei;–

=¹² como um enxame de abelhas me atacaram, †
   como um **fogo** de espinhos me queimaram, *
   mas em **no**me do Senhor os derrotei.
– ¹³ Empur**r**aram-me, tentando derrubar-me, *
   mas **vei**o o Senhor em meu socorro.
– ¹⁴ O Se**nhor** é minha força e o meu canto, *
   e tor**nou**-se para mim o Salvador.
– ¹⁵ "Cla**mo**res de alegria e de vitória *
   res**so**em pelas tendas dos fiéis.
= ¹⁶ A mão di**rei**ta do Senhor fez maravilhas, †
   a mão di**rei**ta do Senhor me levantou, *
   a mão di**rei**ta do Senhor fez maravilhas!"
– ¹⁷ Não morre**rei**, mas, ao contrário, viverei *
   para can**tar** as grandes obras do Senhor!
– ¹⁸ O Se**nhor** severamente me provou, *
   mas **não** me abandonou às mãos da morte.

Ant. Quem de **mim** der teste**mu**nho ante os **ho**mens,
   darei **de**le o testemunho ante meu **Pai**.

Ant. 2 Quem me **se**gue não ca**mi**nha em meio às **tre**vas,
   mas te**rá** a luz da **vi**da, diz **Je**sus.

II

– ¹⁹ Abri-me **vós**, abri-me as **por**tas da jus**ti**ça; *
   quero en**trar** para dar graças ao Senhor!
– ²⁰ "Sim, **es**ta é a porta do Senhor, *
   por **e**la só os justos entrarão!"
– ²¹ Dou-vos **gra**ças, ó Senhor, porque me ouvistes *
   e vos tor**nas**tes para mim o Salvador!
– ²² "A **pe**dra que os pedreiros rejeitaram *
   tor**nou**-se agora a pedra angular.
– ²³ Pelo Se**nhor** é que foi feito tudo isso: *
   Que mara**vi**lhas ele fez a nossos olhos!
– ²⁴ Este é o **di**a que o Senhor fez para nós, *
   ale**gre**mo-nos e nele exultemos!–

— ²⁵Ó Senhor, dai-nos a vossa salvação, *
  ó Senhor, dai-nos também prosperidade!"
— ²⁶Bendito seja, em nome do Senhor, *
  aquele que em seus átrios vai entrando!
— Desta casa do Senhor vos bendizemos. *
  ²⁷Que o Senhor e nosso Deus nos ilumine!
— Empunhai ramos nas mãos, formai cortejo, *
  aproximai-vos do altar, até bem perto!
— ²⁸Vós sois meu Deus, eu vos bendigo e agradeço! *
  Vós sois meu Deus, eu vos exalto com louvores!
— ²⁹Dai graças ao Senhor, porque ele é bom! *
  "Eterna é a sua misericórdia!"

Ant. Quem me segue não caminha em meio às trevas,
  mas terá a luz da vida, diz Jesus.

Ant. 3 Como são grandes em nós os sofrimentos de Cristo,
  assim, por ele, é grande o consolo que temos.

Cântico   1Pd 2,21-24

= ²¹O Cristo por nós padeceu, †
  deixou-nos o exemplo a seguir. *
  Sigamos, portanto, seus passos!
— ²²Pecado nenhum cometeu, *
  nem houve engano em seus lábios.

(R. Por suas chagas nós fomos curados.)

= ²³Insultado, ele não insultava; †
  ao sofrer e ao ser maltratado, *
  ele não ameaçava vingança;
— entregava, porém, sua causa *.
  Àquele que é justo juiz.   (R.)

— ²⁴Carregou sobre si nossas culpas *
  em seu corpo, no lenho da cruz,

= para que, **mor**tos aos nossos pecados, †
  na jus**ti**ça de Deus nós vi**va**mos. *
  Por suas **cha**gas nós fomos curados. (R.)

Ant. Como são **gran**des em **nós** os sofri**men**tos de **Cris**to,
assim, por **ele**, é **gran**de o con**so**lo que **te**mos.

Leitura breve   Rm 8,35.37-39

Quem nos separará do amor de Cristo? Tribulação? Angústia? Perseguição? Fome? Nudez? Perigo? Espada? Mas, em tudo isso, somos mais que vencedores, graças àquele que nos amou! Tenho certeza de que nem a morte, nem a vida, nem os anjos, nem os poderes celestiais, nem o presente nem o futuro, nem as forças cósmicas, nem a altura, nem a profundeza, nem outra criatura qualquer será capaz de nos separar do amor de Deus por nós, manifestado em Cristo Jesus, nosso Senhor.

Responsório breve

Para um santo mártir:

R. De esplen**dor** e de **gló**ria,
  * Ó Se**nhor**, o coro**as**tes. R. De esplen**dor**.
V. Vossas **o**bras aos **pés** lhe pu**ses**tes, Senhor.
  * Ó Se**nhor**. Glória ao **Pai**. R. De esplendor.

Para uma santa mártir:

R. O Se**nhor** a esco**lheu**,
  * Entre **to**das prefe**ri**da. R. O Se**nhor**.
V. O Se**nhor** a fez mo**rar** em sua **san**ta habita**ção**.
  * Entre **to**das. Glória ao **Pai**. R. O Se**nhor**.

Cântico evangélico, ant.

Para um santo mártir:

Por seu **Deus**, são (sto) N. lu**tou** até à **mor**te;
superou as prova**ções**, pois Jesus foi sua **for**ça.

Para uma santa mártir:
Santa N. foi **for**te no **Se**nhor;
ja**mais** a sua **luz** haver**á** de se apa**gar**.

Preces

Nesta hora em que o Rei dos mártires ofereceu sua vida na última Ceia e a entregou na cruz, demos-lhe graças, dizendo:

R. Nós vos louvamos e bendizemos, Senhor!

Nós vos agradecemos, ó Salvador, fonte e exemplo de todo martírio, porque nos amastes até o fim: R.

Porque viestes chamar os pecadores arrependidos para o prêmio da vida eterna: R.

Porque destes à vossa Igreja, como sacrifício para a remissão dos pecados, o Sangue da nova e eterna Aliança: R.

Porque a vossa graça nos mantém até hoje perseverantes na fé: R.

(intenções livres)

Porque associastes à vossa morte, neste dia, muitos de nossos irmãos: R.

Pai nosso...

Oração

Não havendo oração própria, diz-se uma das seguintes:

Deus onipotente e misericordioso, destes a são (sto.) N. superar as torturas do martírio. Concedei que, celebrando o dia do seu triunfo, passemos invictos por entre as ciladas do inimigo, graças à vossa proteção. Por nosso Senhor Jesus Cristo, vosso Filho, na unidade do Espírito Santo.

Ou:

Deus eterno e todo-poderoso, que destes a são (sto.) N. a graça de lutar pela justiça até a morte, concedei-nos, por sua intercessão, suportar por vosso amor as adversidades, e correr ao encontro de vós que sois a nossa vida. Por nosso

Senhor Jesus Cristo, vosso Filho, na unidade do Espírito Santo.

Para uma virgem mártir:

Ó Deus, que hoje nos alegrais com a comemoração dê santa N., concedei que sejamos ajudados pelos seus méritos e iluminados pelos seus exemplos de castidade e fortaleza. Por nosso Senhor Jesus Cristo, vosso Filho, na unidade do Espírito Santo.

Para uma santa mulher:

Ó Deus, cuja força se manifesta na fraqueza, fazei que, ao celebrarmos a glória de santa N., que de vós recebeu a força para vencer, obtenhamos, por sua intercessão, a graça da vitória. Por nosso Senhor Jesus Cristo, vosso Filho, na unidade do Espírito Santo.

Invitatório

R. Ao Se**nhor**, Rei dos **már**tires, **vin**de, adoremos

Salmo invitatório como no Ordinário, p. 537.

Ofício das Leituras

Hino

Santo(a) mártir, sê propício(a)
no teu dia de esplendor,
em que cinges a coroa,
o troféu de vencedor(a).

Este dia sobre as trevas
deste mundo te elevou,
e, juiz e algoz vencendo,
todo(a) a Cristo te entregou.

Entre os anjos ora brilhas,
testemunha inquebrantável,
com as vestes que lavaste
no teu sangue venerável.

Junto a Cristo, sê agora
poderoso(a) intercessor(a);
ouça ele as nossas Preces
e perdoe ao pecador.

Desce a nós por um momento,
de Jesus traze o perdão,
e os que gemem sob o fardo
grande alívio sentirão.

A Deus Pai, ao Filho Único
e ao Espírito, a vitória.
Deus te orna com coroa
na mansão da sua glória.

Para uma virgem mártir:
Ó Cristo, flor dos vales,
de todo bem origem,
com palmas de martírio
ornastes vossa virgem.

Prudente, forte, sábia,
professa a fé em vós
por quem aceita, impávida,
a pena mais atroz.

O príncipe do mundo
por vós, Senhor, venceu.
Vencendo o bom combate,
ganhou os bens do céu.

Bondoso Redentor,
por sua intercessão,
uni-nos, de alma pura,
à virgem, como irmãos.

Jesus, da Virgem Filho,
louvor a vós convém,
ao Pai e ao Santo Espírito
agora e sempre. Amém.

Salmodia

Ant. 1 Vós sereis odiados por meu nome; quem for fiel até o fim há de ser salvo.

Salmo 2

– ¹Por que os povos agitados se revoltam? *
 por que tramam as nações projetos vãos?
= ²Por que os reis de toda a terra se reúnem, †
 e conspiram os governos todos juntos *
 contra o Deus onipotente e o seu Ungido?
– ³"Vamos quebrar suas correntes", dizem eles, *
 "e lançar longe de nós o seu domínio!"
– ⁴Ri-se deles o que mora lá nos céus; *
 zomba deles o Senhor onipotente.
– ⁵Ele, então, em sua ira os ameaça, *
 e em seu furor os faz tremer, quando lhes diz:
– ⁶"Fui eu mesmo que escolhi este meu Rei, *
 e em Sião, meu monte santo, o consagrei!"
= ⁷O decreto do Senhor promulgarei, †
 foi assim que me falou o Senhor Deus: *
 "Tu és meu Filho, e eu hoje te gerei!
= ⁸Podes pedir-me, e em resposta eu te darei †
 por tua herança os povos todos e as nações, *
 e há de ser a terra inteira o teu domínio.
– ⁹Com cetro férreo haverás de dominá-los, *
 e quebrá-los como um vaso de argila!"
– ¹⁰E agora, poderosos, entendei; *
 soberanos, aprendei esta lição:
– ¹¹Com temor servi a Deus, rendei-lhe glória *
 e prestai-lhe homenagem com respeito!
– ¹²Se o irritais, perecereis pelo caminho, *
 pois depressa se acende a sua ira!

— Felizes hão de ser todos aqueles *
   que **põem** sua esperança no Senhor!

Ant. Vós se**reis** odiados por meu **nome**;
   quem for fi**el** até o **fim** há de ser **sal**vo.

Ant. 2 Os sofri**men**tos desta **vi**da aqui na **ter**ra
   não se com**param** com a **gló**ria que te**re**mos.

Salmo 10(11)

= ¹ No Se**nhor** encontro **abri**go; †
   como, en**tão**, podeis dizer-me: *
   "Voa aos **mon**tes, passarinho!

— ² Eis os **ím**pios de arcos tensos, *
   pondo as **fle**chas sobre as cordas,

— e alve**jan**do em meio à noite *
   os de **re**to coração!

= ³ Quando os **pró**prios fundamentos †
   do univer**so** se abalaram, *
   o que **po**de ainda o justo?"

— ⁴ Deus es**tá** no templo santo, *
   e no **céu** tem o seu trono;

— volta os **o**lhos para o mundo, *
   seu o**lhar** penetra os homens.

— ⁵ Exami**na** o justo e o ímpio, *
   e de**tes**ta o que ama o mal.

= ⁶ Sobre os **maus** fará chover †
   fogo, enxofre e vento ardente, *
   como **par**te de seu cálice.

— ⁷ Porque **jus**to é nosso Deus, *
   o Se**nhor** ama a justiça.

— Quem tem **re**to coração *
   há de **ver** a sua face.

Ant. Os sofri**men**tos desta **vi**da aqui na **ter**ra
   não se com**param** com a **gló**ria que te**re**mos.

Ant. 3 Deus provou os seus eleitos como o ouro no crisol, e aceitou seu sacrifício

Salmo 16(17)

– ¹Ó Senhor, ouvi a minha justa causa, *
  escutai-me e atendei ao meu clamor!
– Inclinai o vosso ouvido à minha prece, *
  pois não existe falsidade nos meus lábios!
– ²De vossa face é que me venha o julgamento, *
  pois vossos olhos sabem ver o que é justo.
= ³Provai meu coração durante a noite, †
  visitai-o, examinai-o pelo fogo, *
  mas em mim não achareis iniquidade.
– ⁴Não cometi nenhum pecado por palavras, *
  como é costume acontecer em meio aos homens.
– Seguindo as palavras que dissestes, *
  andei sempre nos caminhos da Aliança.
– ⁵Os meus passos eu firmei na vossa estrada, *
  e por isso os meus pés não vacilaram.
– ⁶Eu vos chamo, ó meu Deus, porque me ouvis, *
  inclinai o vosso ouvido e escutai-me!
= ⁷Mostrai-me vosso amor maravilhoso, †
  vós que salvais e libertais do inimigo *
  quem procura a proteção junto de vós.
– ⁸Protegei-me qual dos olhos a pupila *
  e guardai-me, à proteção de vossas asas,
– ⁹longe dos ímpios violentos que me oprimem, *
  dos inimigos furiosos que me cercam.
– ¹⁰A abundância lhes fechou o coração, *
  em sua boca há só palavras orgulhosas.
– ¹¹Os seus passos me perseguem, já me cercam, *
  voltam seus olhos contra mim: vão derrubar-me,
– ¹²como um leão impaciente pela presa, *
  um leãozinho espreitando de emboscada.

– ¹³ Levantai-vos, ó Senhor, contra o malvado, *
com vossa espada abatei-o e libertai-me!
– ¹⁴ Com vosso **braço** defendei-me desses homens, *
que já encontram nesta vida a recompensa.
= Saciais com vossos bens o ventre deles, †
e seus filhos também hão de saciar-se *
e ainda as sobras deixarão aos descendentes.
– ¹⁵ Mas eu verei, justificado, a vossa face *
e ao despertar me saciará vossa presença.

Ant. Deus provou os seus eleitos como o ouro no crisol, e aceitou seu sacrifício.

V. Tribulação e sofrimento me assaltaram.
R. Minhas delícias são os vossos mandamentos

Primeira leitura

Da Segunda Carta de São Paulo aos Coríntios 4,7–5,8

Nas tribulações manifesta-se a força de Cristo

Irmãos: ⁴,²Trazemos esse tesouro em vasos de barro, para que todos reconheçam que este poder extraordinário vem de Deus e não de nós. ⁸Somos afligidos de todos os lados, mas não vencidos pela angústia; postos entre os maiores apuros, mas sem perder a esperança; ⁹perseguidos, mas não desamparados; derrubados, mas não aniquilados; ¹⁰por toda parte e sempre levamos em nós mesmos os sofrimentos mortais de Jesus, para que também a vida de Jesus seja manifestada em nossos corpos. ¹¹De fato, nós, os vivos, somos continuamente entregues à morte, por causa de Jesus, para que também a vida de Jesus seja manifestada em nossa natureza mortal. ¹²Assim, a morte age em nós, enquanto a vida age em vós.

¹³Mas, sustentados pelo mesmo espírito de fé, conforme o que está escrito: ''Eu creio e, por isso, falei'', nós também cremos e, por isso, falamos, ¹⁴certos de que aquele que ressuscitou o Senhor Jesus nos ressuscitará também com

Jesus e nos colocará ao seu lado, juntamente convosco. ¹⁵E tudo isso é por causa de vós, para que a abundância da graça em um número maior de pessoas faça crescer a ação de graças para a glória de Deus. ¹⁶Por isso, não desanimamos. Mesmo se o nosso homem exterior se vai arruinando, o nosso homem interior, pelo contrário, vai-se renovando, dia a dia. ¹⁷Com efeito, o volume insignificante de uma tribulação momentânea acarreta para nós uma glória eterna e incomensurável. ¹⁸E isso acontece porque voltamos os nossos olhares para as coisas invisíveis e não para as coisas visíveis. Pois o que é visível é passageiro, mas o que é invisível é eterno.

⁵,¹De fato, sabemos que, se a tenda em que moramos neste mundo for destruída, Deus nos dá uma outra moradia no céu que não é obra de mãos humanas, mas que é eterna. ²Aliás, é por isso que nós gememos, suspirando por ser revestidos com a nossa habitação celeste; ³revestidos, digo, se, naturalmente, formos encontrados ainda vestidos e não despidos. ⁴Sim, nós que moramos na tenda do corpo estamos oprimidos e gememos, porque, na verdade, não queremos ser despojados, mas queremos ser revestidos, de modo que o que é mortal, em nós, seja absorvido pela vida. ⁵E aquele que nos fez para esse fim é Deus, que nos deu o Espírito como penhor.

⁶Estamos sempre cheios de confiança e bem lembrados de que, enquanto moramos no corpo, somos peregrinos longe do Senhor; ⁷pois caminhamos na fé e não na visão clara. ⁸Mas estamos cheios de confiança e preferimos deixar a moradia do nosso corpo, para ir morar junto do Senhor.

Responsório   Mt 5,11.12a.10

R. Felizes quando a **vós** insultarem, perseguirem
e, ca**lú**nias profe**r**indo, dis**s**erem todo **mal**
contra **vós** por minha **cau**sa.

Alegrai-vos e exultai,
  pois a vossa recompensa no céu é muito grande.
V. Felizes os que são perseguidos
  por causa da justiça do Senhor,
  porque o Reino dos Céus há de ser deles. * Alegrai-vos.

Segunda leitura

Dos Sermões de Santo Agostinho, bispo

(Sermo 329, In natali martyrum: PL 38, 1454-1456)

(Séc. V)

*A preciosa morte dos mártires
comprada com o preço da morte de Cristo*

Pelos feitos tão gloriosos dos mártires, que fazem a Igreja florescer por toda parte, constatamos com nossos próprios olhos quanto é verdadeiro o que cantamos: *É preciosa aos olhos do Senhor a morte de seus santos* (Sl 115,15); preciosa a nossos olhos, como aos olhos daquele por cujo nome se sofreu. Mas o preço destas mortes foi a morte de um só. Quantas mortes não terá comprado a morte de um só? Se não morresse, seria como o grão de trigo que não frutifica. Ouvistes suas palavras quando se aproximava da paixão, isto é, quando se aproximava da nossa redenção: *Se o grão de trigo, caindo em terra, não morrer, ficará sozinho; se, porém, morrer, produzirá muito fruto* (Jo 12,24).

Ele fez realmente na cruz um grande negócio. Aí foi aberta a bolsa do nosso preço: quando seu lado foi aberto pela lança do perseguidor, derramou-se o preço do mundo inteiro.

Foram comprados fiéis e mártires; mas a fé dos mártires suportou uma prova: testemunho disso é o sangue derramado. Retribuíram o que lhes fora pago e realizaram as palavras de São João: *Assim como Cristo deu a sua vida por nós, também nós devemos dar a vida pelos irmãos* (1Jo 3,16).

E noutro lugar se diz: *Se te sentas a uma grande mesa, observa com atenção o que te servem, porque também tu deves preparar coisa igual* (cf. Pr 23,1-4 –Vulg.). A grande mesa é aquela em que as iguarias são o próprio Senhor da mesa! Ninguém alimenta os convivas com a própria pessoa; isto faz o Cristo Senhor. Ele é quem convida, ele é o alimento e a bebida. Os mártires, pois, reconheceram o que comeram e beberam, para retribuírem coisa igual.

Mas como retribuiriam, se aquele que foi o primeiro a pagar não lhes desse com que retribuir? Que nos sugere, então, o salmo que cantamos? *É preciosa aos olhos do Senhor a morte de seus santos.*

Nele, o homem refletiu quanto recebeu de Deus; ponderou os numerosos benefícios da graça do Onipotente que o criou; que o procurou quando estava perdido; que o perdoou quando o encontrou; que o ajudou quando lutava com poucas forças; que não se afastou dele quando estava em perigo; que o coroou quando venceu; e que se lhe deu, ele mesmo, como prêmio. Considerou tudo isto e exclamou: *Que pode rei retribuir ao Senhor por tudo aquilo que fez em meu favor? Elevarei o cálice da minha salvação* (Sl 115,12-13).

Que cálice é este? O cálice da paixão, amargo mas salutar; cálice que, se o médico não o bebesse antes, o doente recearia tocar. Ele próprio é este cálice; reconhecemo-lo nos lábios de Cristo ao dizer: *Pai, se for possível, afaste-se de mim este cálice* (Mt 26,39).

Deste mesmo cálice disseram os mártires: *Elevarei o cálice da salvação e invocarei o nome do Senhor.* Não tens medo que para isso te faltem as forças? Não, respondes. Por quê? Porque *invocarei o nome do Senhor*. Como poderiam os mártires vencer, se não vencesse neles aquele que disse: *Alegrai-vos, porque eu venci o mundo?* (Jo 16,33). O soberano dos céus dirigia-lhes o espírito e a palavra; através deles, derrotava o demônio na terra e coroava os mártires no céu. Ó ditosos os que assim beberam deste cálice! Terminaram as dores e receberam as honras.

Portanto, prestai atenção, caríssimos: o que não podeis ver com os olhos, meditai-o com a mente e o coração, e vede como *é preciosa aos olhos do Senhor a morte de seus santos*.

Responsório 2Tm 4,7-8; Fl 3,8-10

R. Combati o bom combate, terminei minha carreira,
   conservei a minha fé;
 * Só me resta receber a coroa da justiça.
V. Quis perder todas as coisas, para o Cristo conquistar
   e partilhar seus sofrimentos, sendo igual na morte a ele.
 * Só me resta.

Nas solenidades e festas se diz o HINO Te Deum, p. 543.

Oração como nas Laudes.

Laudes

Hino

Ó mártir de Deus, que seguindo
o Filho divino, com amor,
venceste o poder inimigo
e gozas no céu, vencedor:

Na graça da tua oração,
das culpas apaga o sinal,
afasta o desgosto da vida,
afasta o contágio do mal.

Desfeitos os laços do corpo,
triunfas com Cristo nos céus:
Dos laços do mundo nos livra
por causa do Filho de Deus.

Louvor a Deus Pai com o Filho,
e ao Sopro de vida também.
Os Três, com coroa de glória,
no céu te cingiram. Amém.

Para uma virgem mártir:

Do casto sois modelo,
do mártir, fortaleza;
a ambos dais o prêmio:
ouvi-nos com presteza.

Louvamos esta virgem
tão grande e de alma forte,
por duas palmas nobre,
feliz por dupla sorte.

Fiel no testemunho,
do algoz o braço armou,
e a vós, na confiança,
o espírito entregou.

Vencendo assim as chagas
e o seu perseguidor,
e o mundo lisonjeiro,
a fé nos ensinou.

Por sua intercessão,
as culpas perdoai.
E, livres do pecado,
na graça nos guardai.

Jesus, da Virgem Filho,
louvor a vós convém,
ao Pai e ao Espírito
nos séculos. Amém.

Ant. 1 Vosso **amor** vale **mais** do que a **vida**,
e por **isso** meus **lábios** vos **lou**vam.

Salmos e cântico do domingo da I Semana, p. 580.

Ant. 2 Vós, **már**tires de **Deus**, bendi**zei**-o para **sem**pre!

Ant. 3 Eu fa**rei** do vence**dor** uma co**lu**na no meu **tem**plo.

Leitura breve
2Cor 1,3-5

Bendito seja o Deus e Pai de nosso Senhor Jesus Cristo, o Pai das misericórdias e Deus de toda consolação. Ele nos consola em todas as nossas aflições, para que, com a consolação que nós mesmos recebemos de Deus, possamos consolar os que se acham em toda e qualquer aflição. Pois, à medida que os sofrimentos de Cristo crescem para nós, cresce também a nossa consolação por Cristo.

Responsório breve

R. O Se**nhor** é minha **força**,
 * Ele **é** o meu **can**to. R. O Se**nhor**.
V. E tor**nou**-se para **mim** o Salva**dor**. * Ele **é**.
 Glória ao **Pai**. R. O Se**nhor**.

Cântico evangélico, ant.

Quem per**der** a sua **vi**da neste **mun**do,
vai guar**dá**-la eterna**men**te para os **céus**.

Preces

Irmãos, celebremos nosso Salvador, a Testemunha fiel, nos mártires que deram a vida pela palavra de Deus; e digamos:
R. Com vosso sangue nos remistes, Senhor!

Por intercessão de vossos mártires que abraçaram livremente a morte para testemunharem a sua fé,
– dai-nos, Senhor, a verdadeira liberdade de espírito. R.

Por intercessão de vossos mártires, que proclamaram a fé, derramando o próprio sangue,
– dai-nos, Senhor, pureza e constância na fé. R.

Por intercessão de vossos mártires que, carregando a cruz, seguiram vossos passos,
– dai-nos, Senhor, suportar com coragem as dificuldades da vida. R.

Por intercessão de vossos mártires, que lavaram suas vestes no sangue do Cordeiro,
— dai-nos, Senhor, vencer todas as ciladas da carne e do mundo. R.

(intenções livres)

Pai nosso...

Oração

Não havendo oração própria, diz-se uma das seguintes:

Deus onipotente e misericordioso, destes a são (sto.) N. superar as torturas do martírio. Concedei que, celebrando o dia do seu triunfo, passemos invictos por entre as ciladas do inimigo, graças à vossa proteção. Por nosso Senhor Jesus Cristo, vosso Filho, na unidade do Espírito Santo.

Ou:

Deus eterno e todo-poderoso, que destes a são (sto.) N. a graça de lutar pela justiça até a morte, concedei-nos, por sua intercessão, suportar por vosso amor as adversidades, e correr ao encontro de vós que sois a nossa vida. Por nosso Senhor Jesus Cristo, vosso Filho, na unidade do Espírito Santo.

Para uma virgem mártir:

Ó Deus, que hoje nos alegrais com a comemoração de santa N., concedei que sejamos ajudados pelos seus méritos e iluminados pelos seus exemplos de castidade e fortaleza. Por nosso Senhor Jesus Cristo, vosso Filho, na unidade do Espírito Santo.

Para uma santa mulher:

Ó Deus, cuja força se manifesta na fraqueza, fazei que, ao celebrarmos a glória de santa N., que de vós recebeu a força para vencer, obtenhamos, por sua intercessão, a graça da vitória. Por nosso Senhor Jesus Cristo, vosso Filho, na unidade do Espírito Santo.

Hora Média

Oração das Nove Horas

Ant. Na dureza do combate, o Senhor lhe deu vitória, pois mais forte do que tudo é a força do amor.

Leitura breve — 1Pd 5,10-11

Depois de terdes sofrido um pouco, o Deus de toda a graça, que vos chamou para a sua glória eterna, em Cristo, vos restabelecerá e vos tornará firmes, fortes e seguros. A ele pertence o poder, pelos séculos dos séculos. Amém.

V. O Senhor o(a) revestiu de alegria.
R. E lhe deu uma coroa de triunfo.

Oração das Doze Horas

Ant. Vós lhe destes, ó Senhor, um nome santo e glorioso, e a coroa da justiça.

Leitura breve — Tg 1,12

Feliz o homem que suporta a provação. Porque, uma vez provado, receberá a coroa da vida, que o Senhor prometeu àqueles que o amam.

V. O Senhor está comigo, nada temo.
R. Que poderia contra mim um ser mortal?

Oração das Quinze Horas

Ant. Chorando de tristeza, sairão espalhando suas sementes.

Leitura breve — Sb 3,1-2a.3b

A vida dos justos está nas mãos de Deus, e nenhum tormento os atingirá. Aos olhos dos insensatos parecem ter morrido; mas eles estão em paz.

V. Cantando de alegria, voltarão,
R. Carregando os seus feixes.

Oração como nas Laudes

II Vésperas

Hino

Ó Deus, dos vossos heróis
coroa, prêmio e destino,
livrai do peso da culpa
quem canta ao (à) mártir um hino.

Seus lábios deram a prova
da fé do seu coração.
Seguindo a Cristo, o encontra
do sangue pela efusão.

Do mundo a vã alegria
julgou fugaz, transitória,
chegando assim, jubiloso (a),
ao gozo eterno da glória.

Passou por duros tormentos
com força e muito valor.
Por vós vertendo seu sangue,
possui os dons do Senhor.

Ó Deus dos fortes, rogamos:
por essa imensa vitória,
livrai da culpa os cativos,
mostrando em nós vossa glória,

para podermos, no céu,
com ele (ela) o prêmio gozar
e, para sempre felizes,
vossos louvores cantar.

Louvor e glória a Deus Pai,
com o seu Filho também,
e o Divino Paráclito
agora e sempre. Amém.

Para uma virgem mártir:

Da Mãe Autor, da Virgem Filho,
que a Virgem trouxe e deu à luz,
ouvi os cantos da vitória
de outra virgem, ó Jesus.

Por dupla sorte contemplada,
sua fraqueza superou:
na virgindade vos seguindo,
por vós seu sangue derramou.

Sem temer a morte nem suplícios,
em duras penas mereceu,
pelo seu sangue derramado,
subir radiante para o céu.

Ó Deus santíssimo, atendei-nos
pôr sua prece e intercessão.
E os corações purificados
glória sem fim vos cantarão.

Salmodia

Ant. 1 Quem qui**ser** me se**guir** renun**cie** a si **mes**mo,
e, to**man**do sua **cruz**, acom**pa**nhe meus **pas**sos.

Salmo 114(116A)

— ¹Eu **a**mo o Se**nhor**, porque **ou**ve *
o **gri**to da minha oração.

— ²Incli**nou** para mim seu ouvido, *
no **di**a em que eu o invoquei.

— ³Pren**di**am-me as cordas da morte, *
aper**ta**vam-me os laços do abismo;

= inva**di**am-me angústia e tristeza: †
⁴eu en**tão** invoquei o Senhor: *
"Sal**vai**, ó Senhor, minha vida!"

— ⁵O Se**nhor** é justiça e bondade, *
nosso **Deus** é amor-compaixão.

– ⁶ É o Senhor quem defende os humildes: *
eu estava oprimido, e salvou-me.
– ⁷ Ó minh'alma, retorna à tua paz, *
o Senhor é quem cuida de ti!
= ⁸ Libertou minha vida da morte, †
enxugou de meus olhos o pranto *
e livrou os meus pés do tropeço.
– ⁹ Andarei na presença de Deus, *
junto a ele na terra dos vivos.

Ant. Quem quiser me seguir renuncie a si mesmo,
e, tomando sua cruz, acompanhe meus passos

Ant. 2 Se alguém me servir, o meu Pai o honrará.

Salmo 115(116B)

– ¹⁰ Guardei a minha fé, mesmo dizendo: *
"É demais o sofrimento em minha vida!"
– ¹¹ Confiei, quando dizia na aflição: *
"Todo homem é mentiroso! Todo homem!"
– ¹² Que poderei retribuir ao Senhor Deus *
por tudo aquilo que ele fez em meu favor?
– ¹³ Elevo o cálice da minha salvação, *
invocando o nome santo do Senhor.
– ¹⁴ Vou cumprir minhas promessas ao Senhor *
na presença de seu povo reunido.
– ¹⁵ É sentida por demais pelo Senhor *
a morte de seus santos, seus amigos.
= ¹⁶ Eis que sou o vosso servo, ó Senhor, †
vosso servo que nasceu de vossa serva; *
mas me quebrastes os grilhões da escravidão!
– ¹⁷ Por isso oferto um sacrifício de louvor, *
invocando o nome santo do Senhor.
– ¹⁸ Vou cumprir minhas promessas ao Senhor *
na presença de seu povo reunido;

– ¹⁹nos **átrios** da casa do Senhor, *
em teu **meio**, ó cidade de Sião!

Ant. Se al**guém** me ser**vir**, o meu **Pai** o honra**rá**

Ant. 3 Quem per**der** sua **vida** por **mim**
vai guar**dá**-la para **sempre**

Cântico   Ap 4,11; 5,9.10.12

– ⁴,¹¹**Vós** sois **digno**, Se**nhor**, nosso **Deus**, *
de rece**ber** honra, glória e poder!

(R. **Poder**, honra e **glória** ao Cor**deiro** de **Deus**!)

= ⁵,⁹Porque **todas** as coisas criastes, †
é por **vossa** vontade que existem, *
e sub**sistem** porque vós mandais. (R.)

= Vós sois **digno**, Senhor, nosso Deus, †
de o **livro** nas mãos receber *
e de **abrir** suas folhas lacradas! (R.)

– Porque **fostes** por nós imolado; *
para **Deus** nos remiu vosso sangue

– dentre **todas** as tribos e línguas, *
dentre os **povos** da terra e nações. (R.)

= ¹⁰Pois fi**zestes** de nós, para Deus, †
sacer**dotes** e povo de reis, *
e i**remos** reinar sobre a terra. (R.)

= ¹²O Cor**deiro** imolado é digno †
de rece**ber** honra, glória e poder, *
sabedo**ria**, louvor, divindade! (R.)

Ant. Quem per**der** sua **vida** por **mim**
vai guar**dá**-la nos **céus** para **sempre**

Leitura breve
1Pd 4,13-14

Alegrai-vos, por participar dos sofrimentos de Cristo, para que possais também exultar de alegria na revelação da sua glória. Se sofreis injúrias por causa do nome de Cristo, sois felizes, pois o Espírito da glória, o Espírito de Deus repousa sobre vós.

Responsório breve
R. Na verdade, ó Senhor, vós nos provastes,
* Mas finalmente vós nos destes um alívio. R. Na verdade.
V. Depurastes-nos no fogo como a prata.* Mas finalmente.
Glória ao Pai. R. Na verdade.

Cântico evangélico, ant.
O **Rei**no ce**les**te é a mo**ra**da dos **san**tos,
sua **paz** para **sem**pre.

Preces
Nesta hora em que o Rei dos mártires ofereceu sua vida na última Ceia e a entregou na cruz, demos-lhe graças, dizendo:

R. **Nós vos louvamos e bendizemos, Senhor!**

Nós vos agradecemos, ó Salvador, fonte e exemplo de todo martírio, porque nos amastes até o fim: R.

Porque viestes chamar os pecadores arrependidos para o prêmio da vida eterna: R.

Porque destes à vossa Igreja, como sacrifício para a remissão dos pecados, o Sangue da nova e eterna Aliança: R.

Porque a vossa graça nos mantém até hoje perseverantes na fé: R.

(intenções livres)

Porque associastes à vossa morte, neste dia, muitos de nossos irmãos e irmãs: R.

Pai nosso...

Oração

Não havendo oração própria, diz-se uma das seguintes:

Deus onipotente e misericordioso, destes a são (sto.) N. superar as torturas do martírio. Concedei que, celebrando o dia do seu triunfo, passemos invictos por entre as ciladas do inimigo, graças à vossa proteção. Por nosso Senhor Jesus Cristo, vosso Filho, na unidade do Espírito Santo.

Ou:

Deus eterno e todo-poderoso, que destes a são (sto.) N. a graça de lutar pela justiça até a morte, concedei-nos, por sua intercessão, suportar por vosso amor as adversidades, e correr ao encontro de vós que sois a nossa vida. Por nosso Senhor Jesus Cristo, vosso Filho, na unidade do Espírito Santo.

Para uma virgem mártir:

Ó Deus, que hoje nos alegrais com a comemoração de santa N., concedei que sejamos ajudados pelos seus méritos e iluminados pelos seus exemplos de castidade e fortaleza. Por nosso Senhor Jesus Cristo, vosso Filho, na unidade do Espírito Santo.

Para uma santa mulher:

Ó Deus, cuja força se manifesta na fraqueza, fazei que, ao celebrarmos a glória de santa N., que de vós recebeu a força para vencer, obtenhamos, por sua intercessão, a graça da vitória. Por nosso Senhor Jesus Cristo, vosso Filho, na unidade do Espírito Santo.

COMUM DOS PAStORES

I Vésperas

HINO Claro espelho, p. 1649, ou Trouxe o ano, p. 1650, como nas II Vésperas.

Salmodia

Ant. 1 Hei de **dar**-vos pas**to**res que **se**jam se**gun**do o **meu** cora**ção**; sabia**men**te have**rão** de guiar-vos.

Salmo 112(113)

– ¹Lou**vai**, louvai, ó **ser**vos do Se**nhor**, *
  lou**vai**, louvai o nome do Senhor!
– ²Ben**di**to seja o nome do Senhor, *
  a**go**ra e por toda a eternidade!
– ³Do nas**cer** do sol até o seu ocaso, *
  lou**va**do seja o nome do Senhor!
– ⁴O Se**nhor** está acima das nações, *
  sua **gló**ria vai além dos altos céus.
= ⁵Quem **po**de comparar-se ao nosso Deus, †
  ao Se**nhor**, que no alto céu tem o seu trono *
  ⁶e se in**cli**na para olhar o céu e a terra?
– ⁷Le**van**ta da poeira o indigente *
  e do **li**xo ele retira o pobrezinho,
– ⁸para fa**zê**-lo assentar-se com os nobres, *
  assen**tar**-se com os nobres do seu povo.
– ⁹Faz a es**té**ril, mãe feliz em sua casa, *
  vi**ven**do rodeada de seus filhos.

Ant. Hei de **dar**-vos pas**to**res que **se**jam se**gun**do o **meu** cora**ção**; sabia**men**te have**rão** de guiar-vos.

Ant. 2 Eu se**rei** o Bom **Pas**t**or** de meu re**ba**nho:
procura**rei** a o**ve**lha extravi**a**da,
trarei de **vol**ta a per**di**da e afas**ta**da

Salmo 145(146)

= ¹**Ben**dize, minh'**al**ma, ao Se**nhor**! †
²Bendi**rei** ao Senhor toda a vida, *
cantarei ao meu Deus sem cessar!

– ³Não po**nhais** vossa fé nos que mandam, *
não há **ho**mem que possa salvar.

= ⁴Ao fal**tar**-lhe o respiro ele volta †
para a **ter**ra de onde saiu; *
nesse **di**a seus planos perecem.

= ⁵É fe**liz** todo homem que busca †
seu au**xí**lio no Deus de Jacó, *
e que **põe** no Senhor a esperança.

– ⁶O Se**nhor** fez o céu e a terra, *
fez o **mar** e o que neles existe.

– O Se**nhor** é fiel para sempre, *
⁷faz justiça aos que são oprimidos;

– ele **dá** alimento aos famintos, *
é o Se**nhor** quem liberta os cativos.

= ⁸O Se**nhor** abre os olhos aos cegos, †
o Se**nhor** faz erguer-se o caído, *
o Se**nhor** ama aquele que é justo.

= ⁹É o Se**nhor** quem protege o estrangeiro, †
quem am**pa**ra a viúva e o órfão, *
mas con**fun**de os caminhos dos maus.

= ¹⁰O Se**nhor** reinará para sempre! †
Ó Si**ão**, o teu Deus reinará *
para **sem**pre e por todos os séculos!

Ant. Eu serei o Bom Pastor de meu rebanho:
procurarei a ovelha extraviada,
trarei de volta a perdida e afastada.

Ant. 3 O Bom Pastor deu a vida pelas suas ovelhas.

Cântico — Ef 1,3-10

– ³ Bendito e louvado seja **Deus**, *
o **Pai** de Jesus Cristo, Senhor nosso;
– que do alto **céu** nos abençoou em Jesus Cristo *
com **bên**ção espiritual de toda sorte!

(R. Bendito sejais **vós**, nosso **Pai**,
que **nos** abençoastes em Cristo!)

– ⁴ Foi em **Cris**to que Deus Pai nos escolheu, *
já bem **an**tes de o mundo ser criado,
– para que **fôs**semos, perante a sua face, *
sem **má**cula e santos pelo amor. (R.)

= ⁵ Por **li**vre decisão de sua vontade, †
predesti**nou**-nos, através de Jesus Cristo, *
a sermos **ne**le os seus filhos adotivos,
– ⁶ para o lou**vor** e para a glória de sua graça, *
que em seu **Fi**lho bem-amado nos doou. (R.)

– ⁷ É **ne**le que nós temos redenção, *
dos pe**ca**dos remissão pelo seu sangue.
= Sua **gra**ça transbordante e inesgotável †
⁸ Deus der**ra**ma sobre nós com abundância, *
de sa**ber** e inteligência nos dotando. (R.)

– ⁹ E as**sim**, ele nos deu a conhecer *
o mis**té**rio de seu plano e sua vontade,
– que propusera em seu querer benevolente, *
¹⁰ na pleni**tu**de dos tempos realizar:
– o de**síg**nio de, em Cristo, reunir *
todas as **coi**sas: as da terra e as do céu. (R)

Ant. O Bom Pastor deu a vida pelas suas ovelhas

Leitura breve
1Pd 5,1-4

Exorto aos presbíteros que estão entre vós, eu, presbítero como eles, testemunha dos sofrimentos de Cristo e participante da glória que será revelada: Sede pastores do rebanho de Deus, confiado a vós; cuidai dele, não por coação, mas de coração generoso; não por torpe ganância, mas livremente; não como dominadores daqueles que vos foram confiados, mas, antes, como modelos do rebanho. Assim, quando aparecer o pastor supremo, recebereis a coroa permanente da glória.

Responsório breve
R. Sacerdotes do Senhor,
  * Bendizei o Senhor. R. Sacerdotes.
V. Vós, santos e humildes de coração, louvai a Deus.
  * Bendizei. Glória ao Pai. R. Sacerdotes.

Cântico evangélico, ant.
Para um papa ou bispo:
Sacerdote do Altíssimo, exemplo de virtude,
bom pastor do povo santo, agradastes ao Senhor.

Para um presbítero:
Fiz-me tudo para todos, para serem todos salvos.

Preces
Rendamos a devida glória a Cristo, constituído Pontífice em favor dos homens nas suas relações com Deus; e lhe peçamos humildemente:

R. Senhor, salvai o vosso povo!

Fizestes resplandecer admiravelmente a vossa Igreja por meio de santos e insignes Pastores;
 — que os cristãos se alegrem sempre com o mesmo esplendor.

R.

I Vésperas

Quando os santos Pastores vos suplicavam, a exemplo de Moisés, perdoastes os pecados do povo;
— por intercessão deles, santificai a vossa Igreja mediante uma contínua purificação. R.

Tendo-os escolhido entre seus irmãos, consagrastes vossos santos, enviando sobre eles o vosso Espírito;
— que o mesmo Espírito Santo inspire aqueles que governam vosso povo. R.

Sois vós a herança dos santos Pastores;
— concedei que nenhum daqueles que foram resgatados pelo vosso sangue fique longe de vós. R.

(intenções livres)

Por meio dos Pastores da Igreja, dais a vida eterna a vossas ovelhas, e não permitis que ninguém as arrebate de vossas mãos;
— salvai os que adormeceram em vós, pelos quais destes a vida. R.

Pai nosso...

Oração

Não havendo oração própria, diz-se uma das seguintes:

Para um papa:

Deus eterno e todo-poderoso, quisestes que são (sto.) N. governasse todo o vosso povo, servindo-o pela palavra e pelo exemplo. Guardai, por suas preces, os pastores de vossa Igreja e as ovelhas a eles confiadas, guiando-os no caminho da salvação eterna. Por nosso Senhor Jesus Cristo, vosso Filho, na unidade do Espírito Santo.

Para um bispo:

Ó Deus, que aos vossos pastores associastes são (sto.) N., animado de ardente caridade e da fé que vence o mundo, dai-nos, por sua intercessão, perseverar na caridade e na fé, para participarmos de sua glória. Por nosso Senhor Jesus Cristo, vosso Filho, na unidade do Espírito Santo.

Para um fundador de Igreja:

Ó Deus, que pela pregação de são (sto.) N. chamastes os nossos pais à luz do Evangelho, fazei-nos, por sua intercessão, crescer continuamente na graça e no conhecimento de nosso Senhor Jesus Cristo. Que convosco vive e reina, na unidade do Espírito Santo.

Para um pastor:

Ó Deus, luz dos que creem e pastor de nossas almas, que colocastes são (sto.) N. à frente da vossa Igreja, para formar os fiéis pela palavra e pelo exemplo, concedei-nos, por sua intercessão, guardar a fé que ensinou pela palavra e seguir o caminho que mostrou com sua vida. Por nosso Senhor Jesus Cristo, vosso Filho, na unidade do Espírito Santo.

Ou:

Ó Deus, que enriquecestes são (sto.) N. com o espírito de verdade e de amor para apascentar o vosso povo, concedei-nos, celebrando sua festa, seguir sempre mais o seu exemplo, sustentados por sua intercessão. Por nosso Senhor Jesus Cristo, vosso Filho, na unidade do Espírito Santo.

Para um missionário:

Ó Pai, pela vossa misericórdia, são (sto.) N. anunciou as insondáveis riquezas de Cristo. Concedei-nos, por sua intercessão, crescer no vosso conhecimento e viver na vossa presença segundo o Evangelho, frutificando em boas obras. Por nosso Senhor Jesus Cristo, vosso Filho, na unidade do Espírito Santo.

Invitatório

R. A Jesus **Cris**to, o Bom Pas**tor**,
oh! vinde, **to**dos, ado**re**mos.

Salmo invitatório como no Ordinário p. 537.

Ofício das Leituras

Hino

Para um pastor:

Cristo Pastor, modelo dos pastores,
comemorando a festa deste Santo,
a multidão fiel e jubilosa,
vosso louvor celebra neste canto.

Para um papa:

Vossas ovelhas, que a são Pedro destes
para guardar, formando um só rebanho,
ele as regeu, por vossa escolha ungido,
e as protegeu contra qualquer estranho.

Para um bispo:

O vosso Espírito ungiu o forte atleta
pelo dom íntimo duma unção de amor;
tornando-o apto para a dura luta,
do povo santo o fez fiel pastor.

Para um presbítero:

Feito por Deus ministro e sacerdote,
associado ao vosso dom perfeito,
bom despenseiro, foi por vós chamado
a presidir o vosso povo eleito.

Do seu rebanho foi pastor e exemplo,
ao pobre alívio e para os cegos luz,
pai carinhoso, tudo para todos,
seguindo em tudo o Bom Pastor Jesus.

Cristo, que aos santos dais nos céus o prêmio,
com vossa glória os coroando assim,
dai-nos seguir os passos deste mestre
e ter um dia um semelhante fim.

Justo louvor ao Sumo Pai cantemos,
e a vós, Jesus, Eterno Rei, também.
Honra e poder ao vosso Santo Espírito
no mundo inteiro, agora e sempre. Amém.

Para diversos pastores:

Ao celebrarmos, fiéis, este culto,
dos sacerdotes na festa solene,
em vossa honra os louvores ressoem,
Cristo Jesus, sacerdote supremo!

Por vosso dom, nossos padres puderam
guiar os povos nas sendas da luz
e lhes mostrar os caminhos da vida,
como um pastor que o rebanho conduz.

Nem a desgraça logrou demovê-los
de se manterem constantes na fé.
A esperança dos prêmios futuros
dava-lhes força a lutarem de pé.

Após os frágeis trabalhos da vida,
tendo fielmente cumprido a missão,
têm os seus tronos na pátria celeste,
e paz profunda sem fim fruirão.

Honra suprema, louvores e glória
a vós, ó Deus, Rei dos reis, sejam dadas.
Que vos celebrem, por todos os séculos,
todas as coisas que foram criadas.

Salmodia

Ant. 1 Quem qui**ser** ser o pri**meiro**,
seja o **ser**vo, seja o **úl**timo.

Salmo 20(21),2-8.14

— ² Ó Se**nhor**, em vossa **for**ça o rei se a**le**gra; *
 quanto e**xul**ta de alegria em vosso au**xí**lio!
— ³ O que so**nhou** seu coração, lhe concedestes; *
 não recu**sas**tes os pedidos de seus lábios.
— ⁴ Com **bên**ção generosa o preparastes; *
 de ouro **pu**ro coro**as**tes sua fronte.
— ⁵ A **vi**da ele pediu e vós lhe destes *
 longos **di**as, vida longa pelos séculos.

– ⁶ É **gran**de a sua glória em vosso auxílio; *
de esplen**dor** e majestade o revestistes.
– ⁷ Transfor**mas**tes o seu nome numa bênção, *
e o co**bris**tes de alegria em vossa face.
– ⁸ Por **is**so o rei confia no Senhor, *
e por **seu** amor fiel não cairá.
– ¹⁴ Levan**tai**-vos com poder, ó Senhor Deus, *
e canta**re**mos celebrando a vossa força!

Ant. Quem qui**ser** ser o pri**mei**ro,
seja o **ser**vo, seja o **úl**timo.

Ant. 2 Quando vi**er** o su**pre**mo **Pas**tor de nossas **al**mas,
rece**be**reis a co**ro**a de **gló**ria imperecível.

Salmo 91(92)

I

– ² Como é **bom** agrade**cer**mos ao Se**nhor** *
e cantar **sal**mos de louvor ao Deus Altíssimo!
– ³ Anunci**ar** pela manhã vossa bondade, *
e o **vos**so amor fiel, a noite inteira,
– ⁴ ao som da **li**ra de dez cordas e da harpa, *
com **can**to acompanhado ao som da cítara.

– ⁵ Pois me ale**gras**tes, ó Senhor, com vossos feitos, *
e reju**bi**lo de alegria em vossas obras.
– ⁶ Quão i**men**sas, ó Senhor, são vossas obras, *
quão pro**fun**dos são os vossos pensamentos!

– ⁷ Só o **ho**mem insensato não entende, *
só o es**tul**to não percebe nada disso!
– ⁸ Mesmo que os **ím**pios floresçam como a erva, *
ou pros**pe**rem igualmente os malfeitores,
– são des**ti**nados a perder-se para sempre. *
⁹ Vós, po**rém**, sois o Excelso eternamente!

Ant. Quando vi**er** o su**pre**mo **Pas**tor de nossas **al**mas,
rece**be**reis a co**ro**a de **gló**ria imperecível

Ant. 3 Servo **bom** e **fi**el,
vem en**trar** na ale**gri**a de **Je**sus, teu Se**nhor**.

II

= ¹⁰Eis que os **vos**sos ini**mi**gos, ó Se**nhor**, †
eis que os **vos**sos inimigos vão perder-se, *
e os malfei**to**res serão todos dispersados.

– ¹¹Vós me **des**tes toda a força de um touro, *
e sobre **mim** um óleo puro derramastes;

– ¹²triun**fan**te, posso olhar meus inimigos, *
vito**rio**so, escuto a voz de seus gemidos.

– ¹³O **jus**to crescerá como a palmeira, *
flori**rá** igual ao cedro que há no Líbano;

– ¹⁴na **ca**sa do Senhor estão plantados, *
nos **á**trios de meu Deus florescerão.

– ¹⁵Mesmo no **tem**po da velhice darão frutos, *
cheios de **sei**va e de folhas verdejantes;

– ¹⁶e di**rão**: "É justo mesmo o Senhor Deus: *
meu Ro**che**do, não existe nele o mal!"

Ant. Servo **bom** e **fi**el,
vem en**trar** na ale**gri**a de **Je**sus, teu Se**nhor**.

V. Ouvi**rás** uma palavra de meus **lá**bios.
R. E have**rás** de transmi**tir**-lhes em meu **no**me.

Primeira leitura

Para um papa ou um bispo:

Da Carta de São Paulo a Tito 1,7-11; 2,1-8

*Doutrina do apóstolo sobre as qualidades
e deveres dos bispos*

Caríssimo: ¹,⁷É preciso que o bispo seja irrepreensível, como administrador posto por Deus. Não seja arrogante nem irascível nem dado ao vinho nem turbulento nem cobiçoso de lucros desonestos, ⁸mas hospitaleiro, amigo do bem, ponderado, justo, piedoso, continente, ⁹firmemente empenhado no ensino fiel da doutrina, de sorte que seja capaz de exortar com sã doutrina e refutar os contraditores.

¹⁰Há ainda muitos insubordinados, faladores e enganadores, principalmente entre os circuncidados. ¹¹É preciso calar-lhes a boca, porque transtornam famílias inteiras, ensinando o que não convém, movidos por ganância vergonhosa.

²,¹O teu ensino, porém, seja conforme à sã doutrina.

²Os mais velhos sejam sóbrios, ponderados, prudentes, fortes na fé, na caridade, na paciência.

³Assim também as mulheres idosas observem uma conduta santa, não sejam caluniadoras nem escravas do vinho, mas mestras do bem. ⁴Saibam ensinar as jovens a amarem seus maridos, a cuidarem dos filhos, ⁵a serem prudentes, castas, boas donas-de-casa, dóceis para os maridos, bondosas, para que a palavra de Deus não seja difamada.

⁶Exorta igualmente os jovens a serem moderados ⁷e mostra-te em tudo exemplo de boas obras, de integridade na doutrina, de ponderação, ⁸de palavra sã e irrepreensível, para que os adversários se confundam, não tendo nada de mal para dizer de nós.

Responsório   At 20,28; 1Cor 4,2

R. Vigi**ai** todo o re**ba**nho,
   que o Es**pí**rito Di**vi**no confi**ou**-vos como **bis**pos
 * Para cui**dar**, como pas**to**res, da Igreja do Se**nhor**,
   que ele adqui**riu** pelo **san**gue de seu **Fi**lho.
V. A**qui**lo que se es**pe**ra de um ad**mi**nistra**dor**,
   é que **se**ja ele fi**el**. * Para cui**dar**.

Para um presbítero:

Da Primeira Carta de São Pedro   5,1-11

Deveres dos pastores e dos fiéis

¹Exorto aos presbíteros que estão entre vós, eu, presbítero como eles, testemunha dos sofrimentos de Cristo e

participante da glória que será revelada: ²Sede pastores do rebanho de Deus, confiado a vós; cuidai dele, não por coação, mas de coração generoso; não por torpe ganância, mas livremente; ³não como dominadores daqueles que vos foram confiados, mas antes, como modelos do rebanho. ⁴Assim, quando aparecer o pastor supremo, recebereis a coroa permanente da glória.

⁵Igualmente vós, jovens, sede submissos aos mais velhos. Revesti-vos todos de humildade no relacionamento mútuo, porque
Deus resiste aos soberbos,
mas dá a sua graça aos humildes.
⁶Rebaixai-vos, pois, humildemente, sob a poderosa mão de Deus, para que, na hora oportuna, ele vos exalte. ⁷Lançai sobre ele toda a vossa preocupação, pois é ele quem cuida de vós. ⁸Sede sóbrios e vigilantes. O vosso adversário, o diabo, rodeia como um leão a rugir, procurando a quem devorar. ⁹Resisti-lhe, firmes na fé, certos de que iguais sofrimentos atingem também os vossos irmãos pelo mundo afora.

¹⁰Depois de terdes sofrido um pouco, o Deus de toda a graça, que vos chamou para a sua glória eterna, em Cristo, vos restabelecerá e vos tornará firmes, fortes e seguros. ¹¹A ele pertence o poder, pelos séculos dos séculos. Amém.

Responsório   1Cor 4,1-2; Pr 20,6

R. Consi**de**rem-nos os **ho**mens servi**do**res do Se**nhor**
   e a**d**minis**tra**do**res dos mis**té**rios de **Deus**.
  * **A**qui**l**o que se es**pe**ra de um a**d**minis**tra**dor
    é que **se**ja ele fi**el**.
V. Muitos se **di**zem "homens de **bem**";
   mas onde está o homem fi**el**? * **A**qui**l**o.

Segunda leitura
Para um papa:

Dos Sermões de São Leão Magno, papa
(Sermo 3 de natali ipsius, 2-3: PL 54, 145-146) (Séc. V)

Permanece o que Cristo instituiu na pessoa de Pedro

Se nos sentimos, caros fiéis, fracos e lentos no cumprimento das obrigações do nosso cargo, quando desejamos proceder com entusiasmo e coragem, somos impedidos pela fragilidade de nossa condição. Gozamos, porém, da incessante proteção do onipotente e eterno Sacerdote que, semelhante a nós e igual ao Pai, fez a divindade descer até à condição humana, elevando o homem à condição divina. Alegramo-nos, então, com justiça e santidade pelo que ele estabeleceu: pois, embora tendo delegado a muitos pastores o cuidado de suas ovelhas, nunca abandonou ele próprio a guarda do seu rebanho.

Desta principal e eterna vigilância, vem-nos também a proteção do Apóstolo Pedro. De modo algum ele abandona a sua obra, como igualmente a solidez do alicerce sobre o qual se ergue o edifício de toda a Igreja, jamais abalado pelo peso do tempo que sobre ele repousa.

Perene é a solidez daquela fé que foi louvada no Príncipe dos Apóstolos. E, assim como permanece o que Pedro acreditou acerca de Cristo, igualmente permanece o que Cristo instituiu na pessoa de Pedro. Permanece, portanto, o que a verdade dispôs: Pedro, fiel à fortaleza da pedra que recebeu, não abandona o leme da Igreja a ele confiado.

Realmente, ele foi de tal modo colocado acima dos demais que, pelos nomes simbólicos que recebeu, podemos avaliar a sua união com Cristo. Com efeito, é chamado pedra, é declarado fundamento, é constituído porteiro do reino celeste, é designado juiz do que se deve ligar e desligar, permanecendo até nos céus a decisão de seus julgamentos.

Ele desempenha agora com maior plenitude e poder as funções que lhe foram confiadas, realizando tudo o que lhe compete naquele e com aquele por quem é glorificado.

Se, por conseguinte, fazemos e discernimos algo corretamente, se alguma coisa obtemos da misericórdia de Deus em nossas súplicas diárias, é graças às obras e aos méritos daquele cujo poder continua vivo e cuja autoridade fulgura nesta cátedra que é sua.

Eis o que foi obtido, irmãos caríssimos, mediante aquela profissão de fé, inspirada por Deus Pai ao coração do Apóstolo. Ultrapassando todas as incertezas das opiniões humanas, obteve a solidez da pedra que força alguma jamais poderá abalar.

Em verdade, na Igreja inteira, Pedro proclama todos os dias; *Tu és o Cristo, o Filho do Deus vivo* (Mt 16,16). E toda língua que glorifica o Senhor é movida pelo ensinamento desta palavra.

Responsório   Mt 16,18; Sl 47(48),9

R. Jesus **disse**, em se**guida**, a **Simão**:
 Tu és **Pedro** e **so**bre esta **pedra**
 eu **i**rei constru**ir** minha **I**gre**ja**.
 * E as **por**tas do **I**nferno não i**rão** derrotá-la.
V. Deus fun**dou** sua ci**da**de e se**rá** para **sem**pre.
 * E as **por**tas.

Para um fundador de Igreja:

Do Tratado de Santo Hilário, bispo, sobre o Salmo 126
    (Nn. 7-10; PL 696-697)   (Séc. IV)

Deus constrói e vigia sua cidade

Se o Senhor não construir a casa, em vão trabalharão seus construtores (Sl 126,1). *Vós sois o templo de Deus e o Espírito de Deus mora em vós* (cf. 1Cor 3,16). A casa a que se refere o salmo é o templo de Deus, repleto dos seus ensinamentos e do seu poder, digno de ser habitado pela santidade do seu coração. Sobre este templo assim testemunhava o profeta: *Santo é o vosso templo, admirável pela sua justiça* (cf. Sl 64,5-6). A santidade, a justiça e o equilíbrio humano são um templo para Deus.

Esta casa, portanto, deve ser construída por Deus. Se for construída pelo trabalho dos homens, não resistirá, nem se manterá seguindo as doutrinas do mundo, nem lhe bastarão os cuidados de nossa vigilância e solicitude.

Deve ser construída de outro modo, guardada de maneira diferente, não alicerçada sobre a terra fofa ou sobre a areia movediça, mas sobre os profetas e os apóstolos.

Crescerá com pedras vivas, apoiadas na pedra angular, edificada pela progressiva comunhão dos seus membros até atingir a estatura do homem perfeito e a medida do Corpo de Cristo. Seu adorno serão o esplendor e a beleza das graças espirituais.

Edificada assim por Deus, isto é, pelos seus ensinamentos, não sofrerá ruína. Mas se multiplicará em muitas outras, segundo as diversas construções realizadas em nós, seus fiéis, para ornato e crescimento da cidade santa.

O Senhor já era o guarda vigilante desta cidade ao proteger Abrão peregrino, ao preservar Isaque da imolação, ao enriquecer seu servo Jacó, ao exaltar José vendido como escravo, ao fortalecer Moisés contra o Faraó, ao escolher Josué para a conquista da terra, ao livrar Davi de todos os perigos, ao conceder a Salomão o dom da sabedoria, ao inspirar os profetas, ao arrebatar Elias, ao escolher Eliseu, ao alimentar Daniel, ao salvar os três jovens da fornalha ardente juntando-se a eles. Como, também, quando por um anjo revela a José que iria nascer da Virgem, quando protege Maria, quando envia João como precursor, quando escolhe os apóstolos, quando ora por eles, dizendo: *Pai santo, guarda-os; quando eu estava com eles, guardava-os em teu nome* (Jo 17,11.12). Enfim, é ainda o guarda vigilante quando, depois da Paixão, nos promete a sua eterna proteção, nestes termos: *Eis que estarei convosco todos os dias, até o fim do mundo* (Mt 28,20).

É ele quem guarda eternamente aquela bem-aventurada e santa cidade que, formada por muitos e presente em cada um, constitui a cidade de Deus. Esta cidade deve ser construída pelo Senhor, para que cresça até à perfeição. Pois o começo de um edifício não é ainda o seu término, mas pela contínua construção atinge-se a perfeição final.

Responsório   1Pd 2,4-5; Sl 117(118),22

R. Aproximai-vos do Senhor, a Pedra viva.
   * E quais outras pedras vivas, também vós,
   construí-vos como casa espiritual;
   dedicai-vos a um santo sacerdócio,
   oferecendo sacrifícios espirituais,
   agradáveis a Deus Pai, por Jesus Cristo.
V. A pedra, que os pedreiros rejeitaram,
   tornou-se agora a pedra angular. * E quais outras.

Ou, especialmente para um bispo:

Dos Sermões de São Fulgêncio de Ruspe, bispo
(Sermo 1, 2-3: CCL 91 A, 889-890)   (Séc. VI)

O administrador fiel e prudente

Pergunta o Senhor, querendo determinar melhor o papel dos servos que colocou à frente do seu povo: *Quem é o administrador fiel e prudente que o senhor vai colocar à frente de sua família para dar a medida de trigo a todos na hora certa? Feliz o servo que o senhor, ao chegar, encontrar agindo assim!* (Lc 12,42-43).

Irmãos, quem é este senhor? Sem dúvida, o Cristo, que disse aos seus discípulos: *Vós me chamais Mestre e Senhor, e dizeis bem, pois eu o sou* (Jo 13,13).

E qual a família deste senhor? Evidentemente aquela que o Senhor resgatou das mãos do inimigo e colocou sob o seu poder. Esta família é a santa Igreja católica, que se faz presente por toda a terra com extraordinária fecundidade, gloriando-se de ter sido resgatada pelo sangue precioso do seu Senhor. *O Filho do Homem,* como ele disse, *não veio para ser servido, mas para servir e dar a sua vida como resgate em favor de muitos* (Mt 20,28).

Ele é também o bom pastor que deu a vida por suas ovelhas. O rebanho do bom pastor é, portanto, a própria família do Redentor.

Mas quem é o administrador que deve ser fiel e ao mesmo tempo prudente? Mostra-nos o Apóstolo Paulo, quando diz, falando de si e de seus companheiros: *Que todo o mundo nos considere como servidores de Cristo e administradores dos mistérios de Deus. A este respeito, o que se exige dos administradores é que sejam fiéis* (1Cor 4,1-2).

Para que nenhum de nós julgue que somente os Apóstolos foram constituídos administradores, e, negligenciando o dever da milícia espiritual, venha a adormecer como servo preguiçoso, infiel e imprudente, o mesmo Apóstolo afirma que os bispos também são administradores: *É preciso que o bispo, como administrador da casa de Deus, seja irrepreensível!* (Tt 1,7).

Somos, pois, servos do pai de família, somos administradores da casa do Senhor; e recebemos a medida de trigo que havemos de dar-vos.

Se queremos saber qual é essa medida de trigo, também o santo Apóstolo Paulo no-lo indica, dizendo: *Conforme a medida da fé que Deus repartiu a cada um* (Rm 12,3).

Ao que Cristo chama medida de trigo, Paulo chama medida da fé, para reconhecermos que não há outro trigo espiritual senão o venerável mistério da fé cristã. Esta medida de trigo é que vos damos em nome do Senhor todas as vezes que, iluminados pelo dom da graça espiritual, ensinamos de acordo com a regra da verdadeira fé. E vós recebeis dos administradores da casa do Senhor essa medida de trigo sempre que ouvis dos servos de Deus a palavra da verdade.

Responsório Mt 25,21.20

R. Muito **bem**, servo **bom** e fi**el**,
porque **fos**te fi**el** sobre o **pou**co,
sobre o **mui**to te colo**carei**:
* Vem en**trar** na alegria de **Deus**!
V. Confi**as**tes-me **cin**co ta**len**tos;
eis **aqui,** eu lu**crei** outros **cin**co. * Vem en**trar**.

Para um presbítero:

Do Decreto *Presbyterorum ordinis,* sobre o ministério e a vida dos presbíteros, do Concílio Vaticano II

(N. 12) (Séc. XX)

A vocação dos presbíteros à perfeição

Pelo sacramento da Ordem, os presbíteros são configurados com Cristo sacerdote, na qualidade de ministros da Cabeça, para construir e edificar todo o seu corpo, que é a Igreja; como cooperadores da ordem episcopal. De fato, já pela consagração do batismo receberam, como todos os cristãos, o sinal e o dom de tão grande vocação e graça para que, apesar da fraqueza humana, possam e devam procurar a perfeição, segundo a palavra do Senhor: *Sede perfeitos como o vosso Pai celeste é perfeito* (Mt 5,48).

Os sacerdotes, porém, estão obrigados por especial motivo a atingir tal perfeição, uma vez que, consagrados a Deus de modo novo pela recepção do sacramento da Ordem, se transformaram em instrumentos vivos de Cristo, eterno Sacerdote, a fim de poderem continuar através dos tempos sua obra admirável que reuniu com suma eficiência toda a família humana.

Como, pois, cada sacerdote, a seu modo, faz as vezes da própria pessoa de Cristo, é também enriquecido por uma graça especial, para que, no serviço dos homens a ele confiados e de todo o povo de Deus, possa alcançar melhor a perfeição daquele a quem representa, e para que veja a fraqueza do homem carnal curada pela santidade daquele que por nós se fez Pontífice *santo, inocente, sem mancha, separado dos pecadores* (Hb 7,26).

Cristo, a quem o Pai santificou, ou melhor, consagrou e enviou ao mundo, *se entregou por nós, para nos resgatar de toda a maldade e purificar para si um povo que lhe pertença e que se dedique a praticar o bem* (Tt 2,1), e assim, pela Paixão, entrou na sua glória. De modo semelhante, os presbíteros, consagrados pela unção do Espírito Santo e enviados por Cristo, mortificam em si mesmos as obras da carne e dedicam-se totalmente ao serviço dos homens, e assim podem progredir na santidade pela qual foram enriquecidos em Cristo, até atingirem a estatura do homem perfeito.

Deste modo, exercendo o ministério do Espírito e da justiça, se forem dóceis ao Espírito de Cristo que os vivifica e dirige, firmam-se na vida espiritual. Pelas próprias ações sagradas de cada dia, como também por todo o seu ministério, exercido em comunhão com o bispo e com os outros presbíteros, eles mesmos se orientam para a perfeição da vida.

A santidade dos presbíteros, por sua vez, contribui muitíssimo para o desempenho frutuoso do próprio ministério; pois, embora a graça divina possa realizar a obra da salvação também por meio de ministros indignos, contudo Deus prefere, segundo a lei ordinária, manifestar as suas maravilhas através daqueles que, dóceis ao impulso e direção do Espírito Santo, pela sua íntima união com Cristo e santidade de vida, podem dizer com o Apóstolo: *Eu vivo, mas não eu, é Cristo que vive em mim* (Gl 2,20).

Responsório 1Ts 2,8; Gl 4,19

R. É tão **gran**de o a**fe**to que **te**nho por **vós**,
que te**ria** vos **da**do não **só** o Evangelho,
mas a**té** minha **vi**da,

* Pois é **tan**to o a**fe**to que eu **te**nho por **vós**.
Meus fil**hi**nhos, de **no**vo por **vós**
eu **so**fro as **do**res do **par**to,
até **Cris**to for**mar**-se em **vós**. * Pois é **tan**to.

Para um missionário:

Do Decreto *Ad gentes,* sobre a atividade missionária da Igreja, do Concílio Vaticano II

(N. 4-5) (Séc. XX)

Ide e fazei discípulos meus todos os povos

O Senhor Jesus, antes de entregar livremente a sua vida pelo mundo, dispôs de tal forma o ministério apostólico e prometeu o Espírito Santo, que ambos ficaram associados na obra da salvação, a se realizar sempre e em toda parte.

É o Espírito Santo que, no decurso dos tempos, unifica a Igreja inteira, na comunhão e no ministério, dotando-a com diversos dons hierárquicos e carismáticos, vivificando as instituições eclesiásticas, como alma delas, e infundindo nos corações dos fiéis o mesmo espírito da missão que movia o próprio Cristo. Por vezes, chega a antecipar visivelmente a ação apostólica; e a acompanha e dirige incessantemente e de vários modos.

O Senhor Jesus, desde o início, *chamou a si os que ele quis e designou Doze, para que ficassem com ele e para enviá-los a pregar* (Mc 3,13-14). Desta maneira, os apóstolos foram as sementes do novo Israel e ao mesmo tempo a origem da hierarquia sagrada.

Depois de ter, por sua morte e ressurreição, realizado de uma vez por todas em si mesmo os mistérios da nossa salvação e da renovação de todas as coisas, o Senhor recebeu todo o poder no céu e na terra; e, antes de subir ao céu, fundou a sua Igreja como sacramento da salvação, e enviou os apóstolos pelo mundo inteiro tal como ele havia sido enviado pelo Pai, ordenando-lhes: *Ide e fazei discípulos meus todos os povos, batizando-os em nome do Pai e do Filho e do Espírito Santo, e ensinando-os a observar tudo o que vos ordenei!* (Mt 28,19-20).

A partir de então, compete à Igreja o dever de propagar a fé e a salvação trazidas por Cristo, seja em virtude do mandamento expresso, transmitido pelos apóstolos ao colégio dos bispos, assistidos pelos presbíteros, em união com o sucessor de Pedro e supremo Pastor da Igreja; seja em virtude da vida que Cristo infunde em seus membros.

Portanto, a missão da Igreja se realiza quando, obediente ao preceito de Cristo e movida pela graça e pela caridade do Espírito Santo, ela se torna plenamente presente a todos os homens e povos; sua finalidade é de conduzi-los, pelo exemplo da vida e pela pregação, pelos sacramentos e outros meios da graça, à fé, à liberdade e à paz de Cristo. Deste modo, abre-se diante deles o caminho firme e seguro para participarem totalmente no mistério de Cristo.

Responsório

Mc 16,15-16; Jo 3,5

R. **I**de por **to**do o **mun**do, a **to**dos pre**gai** o Evangelho;
  * Quem **crer** e acei**tar** o ba**tis**mo de **Cris**to,
    este **há** de ser **sal**vo.
V. Quem **não** renas**cer** da **á**gua e do Es**pí**rito,
    não **po**de en**trar** no **Rei**no de **Deus**. * Quem **crer**.

Nas solenidades e festas diz-se o HINO Te Deum, p. 543.

Oração como nas Laudes.

Laudes

Hino

Para um pastor:

> Hoje cantamos o triunfo
> do guia sábio e bom pastor;
> que já reina entre os eleitos
> a testemunha do Senhor.

Para um papa:
   Sentado à cátedra de Pedro,
   de imensa grei mestre e pastor,
   abriu do Reino eterno a porta,
   guardando as chaves do Senhor.

Para um bispo:
   Foi sacerdote, guia e mestre
   do povo santo do Senhor.
   Como prelado e como sábio,
   da vida o dom lhe preparou.

Para um presbítero:
   Foi guia e mestre mui brilhante,
   da vida santa deu lição;
   buscou a Deus ser agradável,
   mantendo puro o coração.

   Oremos para que, bondoso,
   peça perdão para os faltosos,
   e sua prece nos conduza
   do céu aos cumes luminosos.

   Poder, louvor, honra e glória
   ao Deus eterno e verdadeiro,
   que, em suas leis, rege e sustenta,
   governa e guia o mundo inteiro.

Para vários pastores:
   Estes felizes sacerdotes
   e consagrados ao Senhor, a
   Deus o povo consagraram,
   pastoreando-o com amor.

   Guardando as bênçãos recebidas,
   cingindo os rins de fortaleza,
   sempre constantes, mantiveram
   nas mãos as lâmpadas acesas.

Quando o Senhor bateu à porta,
eles, de pé e vigilantes,
foram correndo ao seu encontro,
e o receberam exultantes.

A vós, louvor e glória eterna,
sumo esplendor da Divindade
e Rei dos reis, agora e sempre,
hoje e por toda a eternidade.

Ant. 1 Vós sois a luz do mundo.
Não se pode esconder uma cidade situada
sobre o cimo da montanha.

Salmos e cântico do domingo da I Semana p. 580.

Ant. 2 Brilhe aos homens vossa luz;
vendo eles vossas obras,
deem glória ao Pai celeste.

Ant. 3 A palavra do Senhor é viva e eficaz;
é cortante e penetrante como espada de dois gumes

Leitura breve   Hb 13,7-9a
Lembrai-vos de vossos dirigentes, que vos pregaram a palavra de Deus, e, considerando o fim de sua vida, imitai-lhes a fé. Jesus Cristo é o mesmo, ontem e hoje e por toda a eternidade. Não vos deixeis enganar por qualquer espécie de doutrina estranha.

Responsório breve
R. Colocastes sentinelas
  * Vigiando vosso povo. R. Colocastes.
V. Anunciam, dia e noite, vosso nome, ó Senhor.
    * Vigiando. Glória ao Pai. R. Colocastes.

Cântico evangélico, ant.
Não sois vós que falareis,
é o Espírito do Pai que em vós há de falar.

Preces

Agradeçamos a Cristo, o bom Pastor que deu a vida por suas ovelhas; e lhe peçamos:

R. **Apascentai, Senhor, o vosso rebanho!**

Cristo, quisestes mostrar vosso amor e misericórdia nos santos pastores;
– por meio deles, sede sempre misericordioso para conosco. R.

Através dos vossos representantes na terra, continuais a ser o Pastor das nossas almas;
– não vos canseis de nos dirigir por intermédio de nossos pastores. R.

Em vossos santos, que guiam os povos, sois o médico dos corpos e das almas;
– não cesseis de exercer para conosco o ministério da vida e da santidade. R.

Pela sabedoria e caridade dos santos, instruístes o vosso rebanho;
– guiados pelos nossos pastores, fazei-nos crescer na santidade. R.

(intenções livres)

Pai nosso...

Oração

Não havendo oração própria, diz-se uma das seguintes:

Para um papa:

Deus eterno e todo-poderoso, quisestes que são (sto.) N. governasse todo o vosso povo, servindo-o pela palavra e pelo exemplo. Guardai, por suas preces, os pastores de vossa Igreja e as ovelhas a eles confiadas, guiando-os no caminho da salvação eterna. Por nosso Senhor Jesus Cristo, vosso Filho, na unidade do Espírito Santo.

Para um bispo:

Ó Deus, que aos vossos pastores associastes são (sto.) N., animado de ardente caridade e da fé que vence o mundo, dai-nos, por sua intercessão, perseverar na caridade e na fé, para participarmos de sua glória. Por nosso Senhor Jesus Cristo, vosso Filho, na unidade do Espírito Santo.

Para um fundador de Igreja:

Ó Deus, que pela pregação de são (sto.) N. chamastes os nossos pais à luz do Evangelho, fazei-nos, por sua intercessão, crescer continuamente na graça e no conhecimento de nosso Senhor Jesus Cristo. Que convosco vive e reina, na unidade do Espírito Santo.

Para um pastor:

Ó Deus, luz dos que creem e pastor de nossas almas, que colocastes são (sto.) N. à frente da vossa Igreja, para formar os fiéis pela palavra e pelo exemplo, concedei-nos, por sua intercessão, guardar a fé que ensinou pela palavra e seguir o caminho que mostrou com sua vida. Por nosso Senhor Jesus Cristo, vosso Filho, na unidade do Espírito Santo.

Ou:

Ó Deus, que enriquecestes são (sto) N. com o espírito de verdade e de amor para apascentar o vosso povo, concedei nos, celebrando sua festa, seguir sempre mais o seu exemplo, sustentados por sua intercessão. Por nosso Senhor Jesus Cristo, vosso Filho, na unidade do Espírito Santo.

Para um missionário:

Ó Pai, pela vossa misericórdia, são (sto) N. anunciou as insondáveis riquezas de Cristo. Concedei-nos, por sua intercessão, crescer no vosso conhecimento e viver na vossa presença segundo o Evangelho, frutificando em boas obras. Por nosso Senhor Jesus Cristo, vosso Filho, na unidade do Espírito Santo.

Hora Média

Oração das Nove Horas

Ant. Como **tu** me enviaste ao **mundo**,
também **eu** os envio, ó **Pai**.

Leitura breve   1Tm 4,16

Cuida de ti mesmo e daquilo que ensinas. Mostra-te perseverante. Assim te salvarás a ti mesmo e também àqueles que te escutam.

V. O Se**nhor** escolheu o seu **servo**.
R. Para **ser** o pastor de seu **povo**.

Oração das Doze Horas

Ant. Quem vos recebe, a mim recebe;
quem me recebe, ao Pai recebe.

Leitura breve   1Tm 1,12

Agradeço àquele que me deu força, Cristo Jesus, nosso Senhor, a confiança que teve em mim ao designar-me para o seu serviço.

V. Eu **não** me envergonho do Evangelho.
R. É a **força** de **Deus** para sal**var**-nos.

Oração das Quinze Horas

Ant. Nós **somos** aju**dan**tes do Se**nhor** na sua I**gre**ja;
vós **sois** a construção e a plantação que Deus cul**ti**va

Leitura breve   1Tm 3,13

Os que exercem bem o ministério, recebem uma posição de estima e muita liberdade para falar da fé em Cristo Jesus.

V. Se o Se**nhor** não constru**ir** a nossa **ca**sa,
R. Em **vão** trabalha**rão** seus construtores.

Oração como nas Laudes.

II Vésperas

Hino

Para um pastor:

Claro espelho de virtude,
homem santo, bom pastor,
ouve o hino que, em ti, louva
os prodígios do Senhor,

que, Pontífice perpétuo,
os mortais a Deus uniu,
e, por nova Aliança,
nova paz nos garantiu.

Previdente, ele te fez
do seu dom o servidor,
para dar ao Pai a glória
e a seu povo vida e amor.

Para um papa:

Tendo em mãos do céu as chaves,
governastes com amor
o rebanho de São Pedro
nos caminhos do Senhor.

Para um bispo:

Consagrado pelo Espírito,
que de força te vestiu,
deste o pão da salvação
às ovelhas do redil.

Para um presbítero:

Atingindo alto cume
por palavras e por vida,
doutor foste e sacerdote,
hóstia a Deus oferecida.

Não te esqueças, pede a Deus,
tu que ao céu foste elevado:
que as ovelhas busquem todas
do Pastor o verde prado.

Glória à Trina Divindade,
que, num servo tão fiel,
recompensa os ministérios
com o júbilo do céu.

Para vários pastores:

Trouxe o ano novamente,
uma data de alegria.
Os pastores das ovelhas
celebramos neste dia.

No cuidado do rebanho
não se poupam ao labor
e às pastagens verdejantes
o conduzem com amor.

Para longe os lobos tangem,
lançam fora o ladrão vil,
alimentam as ovelhas,
nunca deixam o redil.

Ó pastores dos rebanhos,
hoje em glória triunfal,
para nós pedi a graça
ante o justo tribunal.

Cristo, eterno Rei Pastor,
glória a vós e ao Pai também,
com o Espírito Paráclito
pelos séculos. Amém.

Salmodia

Ant. 1 Sou ministro do Evangelho pela graça do Senhor.

Salmo 14(15)

– ¹ "Senhor, quem morará em vossa casa *
  e em vosso Monte santo habitará?"
– ² É aquele que caminha sem pecado *
  e pratica a justiça fielmente;
– ³ que pensa a verdade no seu íntimo *
  e não solta em calúnias sua língua;
– que em nada prejudica o seu irmão, *
  nem cobre de insultos seu vizinho;
– ⁴ que não dá valor algum ao homem ímpio, *
  mas honra os que respeitam o Senhor;
– que sustenta o que jurou, mesmo com dano; *
  ⁵ não empresta o seu dinheiro com usura,
– nem se deixa subornar contra o inocente. *
  Jamais vacilará quem vive assim!

Ant. Sou ministro do Evangelho pela graça do Senhor.

Ant. 2 Eis o servo fiel e prudente,
       a quem Deus confiou sua família.

Salmo 111(112)

– ¹ Feliz o homem que respeita o Senhor *
  e que ama com carinho a sua lei!
– ² Sua descendência será forte sobre a terra, *
  abençoada a geração dos homens retos!
– ³ Haverá glória e riqueza em sua casa, *
  e permanece para sempre o bem que fez.
– ⁴ Ele é correto, generoso e compassivo, *
  como luz brilha nas trevas para os justos.
– ⁵ Feliz o homem caridoso e prestativo, *
  que resolve seus negócios com justiça.
– ⁶ Porque jamais vacilará o homem reto, *
  sua lembrança permanece eternamente!

— ⁷Ele não **te**me receber notícias más: *
confiando em **Deus**, seu coração está seguro.
— ⁸Seu cora**ção** está tranquilo e nada teme, *
e con**fu**sos há de ver seus inimigos.
= ⁹Ele re**par**te com os pobres os seus bens, †
perma**ne**ce para sempre o bem que fez, *
e cresce**rão** a sua glória e seu poder.
= ¹⁰O **ím**pio, vendo isso, se enfurece, †
range os **den**tes e de inveja se consome; *
mas os de**se**jos do malvado dão em nada.

Ant. Eis o **ser**vo fiel e pruden**te**,
a quem **Deus** confiou sua fa**mí**lia.

Ant. 3 Minhas ove**lhas** ouvi**rão** a minha **voz**,
e have**rá** um só re**ba**nho e um só pas**tor**.

Cântico   Ap 15,3-4

— ³Como são **gran**des e admi**rá**veis vossas **obras**, *
ó Se**nhor** e nosso Deus onipotente!
— Vossos ca**mi**nhos são verdade, são justiça, *
ó **Rei** dos povos todos do universo!

(R. São **gran**des vossas **obras**, ó Se**nhor**!)

= ⁴Quem, Se**nhor**, não haveria de temer-vos, †
e **quem** não honraria o vosso nome? *
Pois so**men**te vós, Senhor, é que sois santo! (R.)

= As nações **to**das hão de vir perante vós †
e pros**tra**das, haverão de adorar-vos, *
pois vossas **jus**tas decisões são manifestas. (R.)

Ant. Minhas ove**lhas** ouvi**rão** a minha **voz**,
e have**rá** um só re**ba**nho e um só pas**tor**.

Leitura breve   1Pd 5,1-4

Exorto aos presbíteros que estão entre vós, eu, presbítero
como eles, testemunha dos sofrimentos de Cristo e partici-

pante da glória que será revelada: Sede pastores do rebanho de Deus, confiado a vós; cuidai dele, não por coação, mas decoração generoso; não por torpe ganância, mas livremente; não como dominadores daqueles que vos foram confiados, mas, antes, como modelos do rebanho. Assim, quando aparecer o pastor supremo, recebereis a coroa permanente da glória.

Responsório breve
R. Eis o **amigo** dos ir**mãos**,
 * Que inter**ce**de pelo **po**vo. R. Eis o a**mi**go.
V. Dedi**cou** a sua **vi**da em fa**vor** de seus ir**mãos**.
 * Que inter**ce**de. Glória ao **Pai**. R. Eis o a**mi**go.

Cântico evangélico, ant.
Eis o **ser**vo fi**el** e pru**den**te,
a quem **Deus** confi**ou** sua fa**mí**lia,
para **dar**-lhes o **pão** a seu **tem**po.

ou:
Eu te dou **gra**ças, ó **Cris**to, Bom Pas**tor**,
que me gui**as**te à **gló**ria do teu **Rei**no!
O re**ba**nho que a **mim** confi**as**te
esteja a**qui** onde es**tou** na tua **gló**ria!

Preces
Rendamos a devida glória a Cristo, constituído Pontífice em favor dos homens nas suas relações com Deus; e lhe peçamos humildemente:

R. **Senhor, salvai o vosso povo!**

Fizestes resplandecer admiravelmente a vossa Igreja por meio de santos e insignes Pastores;
— que os cristãos se alegrem sempre com o mesmo esplendor.
 R.
Quando os santos Pastores vos suplicavam, a exemplo de Moisés, perdoastes os pecados do povo;

– por intercessão deles, santificai a vossa Igreja mediante uma contínua purificação.
R. **Senhor, salvai o vosso povo!**

Tendo-os escolhido entre seus irmãos, consagrastes vossos santos, enviando sobre eles o vosso Espírito;
– que o mesmo Espírito Santo inspire aqueles que governam vosso povo. R.

Sois vós a herança dos santos Pastores;
– concedei que nenhum daqueles que foram resgatados pelo vosso sangue fique longe de vós. R.

(intenções livres)

Por meio dos Pastores da Igreja, dais a vida eterna a vossas ovelhas, e não permitis que ninguém as arrebate de vossas mãos;
– salvai os que adormeceram em vós, pelos quais destes a vida. R.

Pai nosso...

Oração

Não havendo oração própria, diz-se uma das seguintes:

Para um papa:

Deus eterno e todo-poderoso, quisestes que são (sto.) N. governasse todo o vosso povo, servindo-o pela palavra e pelo exemplo. Guardai, por suas preces, os pastores de vossa Igreja e as ovelhas a eles confiadas, guiando-os no caminho da salvação eterna. Por nosso Senhor Jesus Cristo, vosso Filho, na unidade do Espírito Santo.

Para um bispo:

Ó Deus, que aos vossos pastores associastes são (sto.) N., animado de ardente caridade e da fé que vence o mundo, dai-nos, por sua intercessão, perseverar na caridade e na fé, para participarmos de sua glória. Por nosso Senhor Jesus Cristo, vosso Filho, na unidade do Espírito Santo.

Para um fundador de Igreja:

Ó Deus, que pela pregação de são (sto.) N. chamastes os nossos pais à luz do Evangelho, fazei-nos, por sua intercessão, crescer continuamente na graça e no conhecimento de nosso Senhor Jesus Cristo. Que convosco vive e reina, na unidade do Espírito Santo.

Para um pastor:

Ó Deus, luz dos que creem e pastor de nossas almas, que colocastes são (sto.) N. à frente da vossa Igreja, para formar os fiéis pela palavra e pelo exemplo, concedei-nos, por sua intercessão, guardar a fé que ensinou pela palavra e seguir o caminho que mostrou com sua vida. Por nosso Senhor Jesus Cristo, vosso Filho, na unidade do Espírito Santo.

Ou:

Ó Deus, que enriquecestes são (sto.) N. com o espírito de verdade e de amor para apascentar o vosso povo, concedei-nos, celebrando sua festa, seguir sempre mais o seu exemplo, sustentados por sua intercessão. Por nosso Senhor Jesus Cristo, vosso Filho, na unidade do Espírito Santo.

Para um missionário:

Ó Pai, pela vossa misericórdia, são (sto) N. anunciou as insondáveis riquezas de Cristo. Concedei-nos, por sua intercessão, crescer no vosso conhecimento e viver na vossa presença segundo o Evangelho, frutificando em boas obras. Por nosso Senhor Jesus Cristo, vosso Filho, na unidade do Espírito Santo.

COMUM DOS DOUTORES DA IGREJA

Como no Comum dos pastores, p. 1623, exceto o seguinte:

I Vésperas

HINO Eterno Sol, como nas II Vésperas, p. 1663.

Leitura breve — Tg 3,17-18

A sabedoria que vem do alto é, antes de tudo, pura, depois pacífica, modesta, conciliadora, cheia de misericórdia e de bons frutos, sem parcialidade e sem fingimento. O fruto da justiça é semeado na paz, para aqueles que promovem a paz.

Responsório breve

R. O justo * Tem nos lábios o que é sábio. R. O justo.
V. Sua língua tem palavras de justiça. * Tem nos lábios.
  Glória ao Pai. R. O justo.

Cântico evangélico, ant.

Quem viver e ensinar o Evangelho,
será grande no meu Reino, diz Jesus.

Oração

Não havendo oração própria, diz-se a seguinte:

Ó Deus, que marcastes pela vossa doutrina a vida de são (sto.) N., concedei-nos, por sua intercessão, que sejamos fiéis à mesma doutrina, e a proclamemos em nossas ações. Por nosso Senhor Jesus Cristo, vosso Filho, na unidade do Espírito Santo.

Invitatório

R. A Sabedoria eterna, oh vinde, adoremos.
Salmo invitatório como no Ordinário p. 537.

Ofício das Leituras

HINO Eterno Sol, como nas II Vésperas p. 1663.

Primeira leitura

Do Livro do Eclesiástico 39,1b-14

O sábio, versado nas Escrituras

¹ᵇ O sábio busca a sabedoria de todos os antigos
e dedica o seu tempo às profecias.
² Conserva as narrações dos homens célebres,
penetra na sutileza das parábolas.
³ Investiga o sentido oculto dos provérbios,
deleita-se com os segredos das parábolas.
⁴ Presta serviços no meio dos grandes
e apresenta-se diante dos que governam.
⁵ Percorre as terras dos povos estrangeiros,
experimentando o que é bom e mal entre os homens.
⁶ Empenha bem cedo o coração,
a dirigir-se ao Senhor que o criou,
elevando suas orações ao Altíssimo.
⁷ Abre a sua boca para rezar
e pede perdão pelos próprios pecados.
⁸ E se o Senhor, em sua grandeza, quiser,
ele será repleto do espírito de inteligência.
⁹ Fará chover as palavras da sua sabedoria,
e em sua oração dará graças ao Senhor.
¹⁰ Conservará retos o seu conselho e a sua ciência,
e aprofundará os segredos divinos.
¹¹ Ensinará publicamente a instrução recebida
e se gloriará na Lei da Aliança do Senhor.
¹² Muitos louvarão a sua sabedoria,
a qual jamais será esquecida.
¹³ Sua lembrança nunca se apagará,
e seu nome vai ser recordado de geração em geração.
¹⁴ As nações hão de proclamar a sua sabedoria
e a assembleia celebrará o seu louvor.

Responsório   Cf. Eclo 15,5-6

R. No **meio** da assem**bleia** fa**lou** palavras **sá**bias.
  *Deus o en**cheu** com seu Es**pí**rito de sa**ber** e inteli**gên**cia.
V. Guardou te**sou**ros para **e**le de ale**gri**a e de **jú**bilo.
  *Deus o en**cheu**.

Segunda leitura

Do "Espelho da Fé", de Guilherme, Abade do Mosteiro de Saint-Thierry
              (PL 180,384)   (Séc. XII)

*No Espírito Santo é que devemos procurar
a compreensão das verdades da fé*

Tu, alma fiel, quando as verdades da fé te apresentarem mistérios demasiado profundos para a tua natureza vacilante, dize, depois de ouvi-los, não por espírito de contradição, mas com desejo de obedecer: Como podem acontecer tais coisas?

Que a tua pergunta se transforme em oração, em amor, em piedade, em humilde propósito. Que ela não perscrute a majestade de Deus no que tem de mais elevado, mas procure a salvação pelos meios que ele estabeleceu para nos salvar. Então te responderá o Anjo do Grande Conselho: *Quando vier o Paráclito, que eu vos enviarei da parte do Pai, ele vos ensinará tudo e vos conduzirá à plena verdade* (cf. Jo 14,26; 16,13). Porque *ninguém conhece o que se passa no coração do homem senão o espírito do homem que está nele, assim também, ninguém conhece o que existe em Deus, a não ser o Espírito de Deus* (1Cor 2,11).

Apressa-te, pois, em te tornares participante do Espírito Santo. Ao ser invocado, torna-se presente; e, se já estivesse presente, não seria invocado. Quando é invocado, vem e traz consigo a abundância das bênçãos divinas. É a corrente impetuosa do rio que alegra a cidade de Deus.

Quando ele chegar, se te encontrar humilde e tranquilo, cheio de reverência perante as palavras de Deus, repousará em ti e te revelará o que Deus Pai oculta aos sábios e prudentes deste mundo. Começará a brilhar para ti aquilo tudo que a Sabedoria pôde ensinar na terra aos seus discípulos, mas que eles não puderam compreender, enquanto não veio o Espírito da verdade, que lhes ensinaria toda a verdade.

Para se receber e aprender esta verdade, é inútil esperar da boca de um homem o que só se pode receber e aprender da boca da própria Verdade. Pois é ela mesma que afirma: *Deus é Espírito* (Jo 4,24).

Assim como é necessário que seus adoradores o adorem em espírito e verdade, também os que desejam compreendê-lo ou conhecê-lo devem procurar somente no Espírito Santo a compreensão da fé e o sentido daquela verdade pura e simples.

Em meio às trevas e à ignorância desta vida, o Espírito Santo é luz que ilumina os que têm espírito de pobreza, é caridade que os atrai, é suavidade que os conforta, é caminho do homem para Deus; é o amor de quem ama, é devoção, é piedade.

É o Espírito Santo que, ao fazer os fiéis crescerem na fé, lhes revela a justiça de Deus, lhes dá graça sobre graça e comunica-lhes a iluminação interior da fé que receberam pela pregação.

Responsório   Mt 13,52; cf. Pr 14,33
R. Todo mestre da lei que se torna discípulo
   do Reino dos Céus,
* É como um pai de família:
   do seu tesouro ele tira o novo e o velho.
V. No coração do prudente está a sabedoria
   e ela há de ensinar àqueles que a ignoram. * É como.

Ou:

Da Constituição dogmática *Dei Verbum*, sobre a Revelação divina, do Concílio Vaticano II

(N. 7-8) (Séc. XX)

A transmissão da revelação divina

Cristo Senhor, em quem se consuma toda a revelação do Deus altíssimo, ordenou aos apóstolos que o Evangelho, prometido antes pelos profetas, cumprido por ele e promulgado por sua própria boca, fosse pregado por eles a todos os homens como fonte de toda a verdade salvadora e de toda regra moral, comunicando-lhes assim os dons divinos.

Esta determinação foi fielmente cumprida, tanto pelos apóstolos que, pela pregação oral, pelo exemplo de suas vidas e pelas instituições por eles criadas, transmitiram aquelas realidades que tinham recebido por inspiração do Espírito Santo; como também por aqueles apóstolos ou pessoas da comunidade apostólica que, sob a inspiração do mesmo Espírito Santo, escreveram a mensagem da salvação.

Mas, para que o Evangelho se conservasse sempre inalterado e vivo na Igreja, os apóstolos deixaram como seus sucessores os bispos, transmitindo-lhes sua própria função de ensinar. Ora, aquilo que os apóstolos transmitiram, compreende tudo quanto é necessário para que o povo de Deus viva santamente e aumente a sua fé; e assim a Igreja, em sua doutrina, vida e culto, perpetua e transmite a todas as gerações tudo o que ela é, tudo o que ela crê.

Esta Tradição, oriunda dos apóstolos, progride na Igreja sob a assistência do Espírito Santo: com efeito, cresce o conhecimento tanto das realidades como das palavras transmitidas, seja pela contemplação e estudo dos que creem, que as meditam em seu coração, seja pela íntima compreensão que experimentam das coisas espirituais, seja pela pregação daqueles que, com a sucessão do episcopado, receberam o carisma seguro da verdade. A Igreja, pois, no decorrer dos séculos, tende continuamente para a plenitude da verdade divina, até que nela se cumpram as palavras de Deus.

O ensinamento dos santos Padres testemunha a presença vivificante desta Tradição cujas riquezas passam para a prática da Igreja que crê e ora.

Por esta mesma Tradição, a Igreja conhece o Cânon completo dos Livros Sagrados, compreende ainda mais pro fundamente as próprias Sagradas Escrituras e as faz sem cessar atuantes; desta forma, o Deus que falou outrora mantém um permanente diálogo com a Esposa do seu amado Filho; e o Espírito Santo, pelo qual a voz viva do Evangelho ressoa na Igreja e, através dela, no mundo, conduz os que creem à verdade plena e faz com que a palavra de Cristo habite neles em toda a sua riqueza.

Responsório   1Pd 1,25; Lc 1,2

R. A palavra do Senhor permanece eternamente;
  * E esta é a palavra que vos foi anunciada.
V. Assim como transmitiram as primeiras testemunhas
  e em seguida se tornaram os ministros da palavra.
  * E esta.

Nas solenidades e festas diz-se o HINO Te Deum, p. 543.

Oração como nas Laudes.

Laudes

Hino

Doutor eterno, vos louvamos, Cristo
que revelais a salvação aos povos.
Só vós, Senhor, tendes palavras vivas
que nos dão vida e geram homens novos.

Nós proclamamos, Bom pastor do orbe,
que vós, do alto, confirmais a Esposa

e suas palavras, pelas quais, constante,
está no mundo como luz radiosa.

Também nos destes refulgentes servos,
que resplandecem como estrelas de ouro,
e nos explicam a doutrina santa
da vida eterna, singular tesouro.

Por isso, ó Mestre, a vossa glória soa,
pois dos doutores pela voz nos dais
maravilhosos bens do Santo Espírito,
mostrando a luz com que no céu brilhais.

Implore o justo, celebrado agora,
que o vosso povo possa andar também
pelos caminhos de uma luz crescente,
até vos ver na plena luz. Amém.

Leitura breve — Sb 7,13-14
Aprendi a Sabedoria sem maldade e reparto-a sem inveja; não escondo a sua riqueza. É um tesouro inesgotável para os homens; os que a adquirem atraem a amizade de Deus, porque recomendados pelos dons da instrução.

Responsório breve
R. Que os **po**vos da **ter**ra pro**cla**mem
* A **sa**be**do**ria dos **san**tos. R. Que os **po**vos.
V. E a **I**gre**ja** anun**ci**e, can**tan**do,
  os lou**vo**res que **e**les me**re**cem. * A **sa**be**do**ria.
  Glória ao **Pai**. R. Que os **po**vos.

Cântico evangélico, ant.
Quem é **sá**bio brilha**rá** como **luz** no firma**men**to;
quem en**si**na à multi**dão** os ca**mi**nhos da jus**ti**ça,
fulgi**rá** como as es**tre**las pelos **sé**culos e**ter**nos.

Oração
Não havendo oração própria, diz-se a seguinte:
Ó Deus que marcastes pela vossa doutrina a vida de são (sto.) N., concedei-nos, por sua intercessão, que sejamos

fiéis à mesma doutrina, e a proclamemos em nossas ações. Por nosso Senhor Jesus Cristo, vosso Filho, na unidade do Espírito Santo.

II Vésperas

Hino

Eterno Sol, que envolveis
a criação de esplendor,
a vós, Luz pura das mentes,
dos corações o louvor.

Pelo poder do Espírito,
lâmpadas vivas brilharam.
Da salvação os caminhos
a todo o mundo apontaram.

Por estes servos da graça
fulgiu com novo esplendor
o que a palavra proclama
e que a razão demonstrou.

Tem parte em suas coroas,
pela doutrina mais pura,
este varão que louvamos
e como estrela fulgura.

Por seu auxílio pedimos:
dai-nos, ó Deus, caminhar
na direção da verdade
e assim a vós alcançar.

Ouvi-nos, Pai piedoso,
e vós, ó Filho, também,
com o Espírito Santo,
Rei para sempre. Amém.

Leitura breve
Tg 3,17-18

A sabedoria que vem do alto é, antes de tudo, pura, depois pacífica, modesta, conciliadora, cheia de misericórdia e de bons frutos, sem parcialidade e sem fingimento. O fruto da justiça é semeado na paz, para aqueles que promovem a paz.

Responsório breve

R. No **mei**o da assem**blei**a
   * **Fa**l**ou** palavras **sá**bias. R. No **mei**o.
V. Deus o en**cheu** com seu Es**pí**rito de sa**ber** e inteli**gên**cia.
   * **Fa**l**ou**. Glória ao **Pai**. R. No **mei**o.

Cântico evangélico, ant.

Ó **mes**tre da Ver**da**de! Ó **luz** da santa **I**greja!
São (sto.) N., cumpri**dor** da lei di**vi**na,
ro**gai** por nós a **Cris**to.

Oração

Não havendo oração própria, diz-se a seguinte:

Ó Deus que marcastes pela vossa doutrina a vida de são (sto.) N., concedei-nos, por sua intercessão, que sejamos fiéis à mesma doutrina, e a proclamemos em nossas ações. Por nosso Senhor Jesus Cristo, vosso Filho, na unidade do Espírito Santo.

COMUM DAS VIRGENS

I Vésperas

HINO Jesus, coroa das virgens, como nas II Vésperas p. 1683.

Salmodia

Ant. 1 Vinde, filhas, ao encontro do Senhor,
e sobre vós há de brilhar a sua luz.

Salmo 112(113)

— [1] Louvai, louvai, ó servos do Senhor, *
 louvai, louvai o nome do Senhor!
— [2] Bendito seja o nome do Senhor, *
 agora e por toda a eternidade!
— [3] Do nascer do sol até o seu ocaso, *
 louvado seja o nome do Senhor!
— [4] O Senhor está acima das nações, *
 sua glória vai além dos altos céus.
= [5] Quem pode comparar-se ao nosso Deus, †
 ao Senhor, que no alto céu tem o seu trono *
 [6] e se inclina para olhar o céu e a terra?
— [7] Levanta da poeira o indigente *
 e do lixo ele retira o pobrezinho,
— [8] para fazê-lo assentar-se com os nobres, *
 assentar-se com os nobres do seu povo.
— [9] Faz a estéril, mãe feliz em sua casa, *
 vivendo rodeada de seus filhos.

Ant. Vinde, filhas, ao encontro do Senhor,
e sobre vós há de brilhar a sua luz.

Ant. 2 De todo o coração vos seguiremos,
 com respeito procurando a vossa face;
 ó Senhor, não seja vã nossa esperança!

Salmo 147(147B)

– ¹²Glorifica o **Senhor**, Jerusa**lém**! *
  Ó Sião, canta louvores ao teu Deus!
– ¹³Pois refor**çou** com segurança as tuas portas, *
  e os teus **fi**lhos em teu seio abençoou;
– ¹⁴a **paz** em teus limites garantiu *
  e te **dá** como alimento a flor do trigo.
– ¹⁵Ele en**vi**a suas ordens para a terra, *
  e a pa**la**vra que ele diz corre veloz;
– ¹⁶ele **faz** cair a neve como lã *
  e es**pa**lha a geada como cinza.
– ¹⁷Como de **pão** lança as migalhas do granizo, *
  a seu **fri**o as águas ficam congeladas.
– ¹⁸Ele en**vi**a sua palavra e as derrete, *
  sopra o **ven**to e de novo as águas correm.
– ¹⁹A**nun**cia a Jacó sua palavra, *
  seus pre**cei**tos e suas leis a Israel.
– ²⁰Nenhum **po**vo recebeu tanto carinho, *
  a nenhum **ou**tro revelou os seus preceitos.

Ant. De **to**do o cora**ção** vos segui**re**mos,
  com respei**to** procu**ran**do a vossa **fa**ce;
  ó Se**nhor,** não seja **vã** nossa esperança!

Ant. 3 Ale**grai**-vos, ó **vir**gens de **Cris**to,
  no **go**zo das **bo**das eternas!

Cântico   Ef 1,3-10

– ³Bendito e lou**va**do seja **Deus**, *
  o **Pai** de Jesus Cristo, Senhor nosso,
– que do alto **céu** nos abençoou em Jesus Cris**to** *
  com **bên**ção espiritual de toda sorte!

(R. Bendi**to** sejais **vós**, nosso **Pai**,
  que **nos** abençoastes em Cristo!)

– ⁴Foi em **Cris**to que Deus Pai nos escolheu, *
  já bem **an**tes de o mundo ser criado,
– para que **fôs**semos, perante a sua face, *
  sem **má**cula e santos pelo amor.   (R.)

= ⁵Por **li**vre decisão de sua vontade, †
  predesti**nou**-nos, através de Jesus Cristo, *
  a sermos **ne**le os seus filhos adotivos,
– ⁶para o lou**vor** e para a glória de sua graça, *
  que em seu **Fi**lho bem-amado nos doou.   (R.)

– ⁷É **ne**le que nós temos redenção, *
  dos pe**ca**dos remissão pelo seu sangue.
= Sua **gra**ça transbordante e inesgotável †
  ⁸Deus der**ra**ma sobre nós com abundância, *
  de sa**ber** e inteligência nos dotando.   (R.)

– ⁹E as**sim**, ele nos deu a conhecer *
  o mis**té**rio de seu plano e sua vontade,
– que propu**se**ra em seu querer benevolente, *
  ¹⁰na pleni**tu**de dos tempos realizar:
– o de**síg**nio de, em Cristo, reunir *
  todas as **coi**sas: as da terra e as do céu.   (R)

Ant. Alegrai-vos, ó **vir**gens de **Cris**to,
  no **go**zo das **bo**das e**ter**nas!

Leitura breve   1Cor 7,32b.34a
O homem não casado é solícito pelas coisas do Senhor e procura agradar ao Senhor. Do mesmo modo, a mulher não casada e a jovem solteira têm zelo pelas coisas do Senhor e procuram ser santas de corpo e espírito.

Responsório breve
R. O Se**nhor** é minha he**ran**ça,
  * É a **par**te que escol**hi**. R. O Se**nhor**.
V. O Se**nhor** é muito **bom** para **quem** confia **ne**le.
  * É a **par**te. Glória ao **Pai**. R. O Se**nhor**.

Cântico evangélico, ant.

Para uma virgem e mártir:
A virgem fiel, hóstia pura ofertada,
já segue o Cordeiro por nós imolado.

Para uma virgem:
A virgem prudente que estava aguardando,
com lâmpada acesa, o Esposo chegar,
com ele entrou para as bodas eternas.

Para várias virgens:
Virgens prudentes, vigilantes,
preparai as vossas lâmpadas;
o Esposo está chegando: ide logo ao seu encontro!

Preces

Com alegria, celebremos a Cristo, que louvou quem guarda a virgindade por causa do reino dos céus; e lhe peçamos:

R. **Jesus, rei das virgens, ouvi-nos!**

Cristo, que chamastes à vossa presença de único Esposo a Igreja como virgem casta,
– tornai-a santa e imaculada. R.

Cristo, ao vosso encontro as santas virgens saíram com lâmpadas acesas;
– não permitais que venha a faltar o óleo da fidelidade nas lâmpadas de vossas servas consagradas. R.

Senhor, em vós a Igreja virgem guardou sempre uma fé íntegra e pura;
– concedei a todos os cristãos a integridade e a pureza da fé.
R.

Dais ao vosso povo regozijar-se com a festa da santa virgem N.;
– que ele possa alegrar-se com a sua intercessão. R.

(intenções livres)

Recebestes as santas virgens para a ceia de vossas núpcias eternas;
– admiti com bondade no banquete celeste os nossos irmãos e irmãs falecidos. R.
Pai nosso...

Oração

Não havendo oração própria, diz-se uma das seguintes:

Ó Deus, que prometestes habitar nos corações puros, dai-nos, pela intercessão da virgem santa N., viver de tal modo, que possais fazer em nós vossa morada. Por nosso Senhor Jesus Cristo, vosso Filho, na unidade do Espírito Santo.

Ou:

Atendei, ó Deus, à nossa oração para que, recordando as virtudes da virgem santa N., mereçamos permanecer e crescer sempre mais no vosso amor. Por nosso Senhor Jesus Cristo, vosso Filho, na unidade do Espírito Santo.

Para várias virgens:

Ó Deus, mostrai-nos sempre mais a vossa misericórdia, e, ao celebrarmos com alegria a festa das virgens santa N. e santa N., concedei-nos também o seu eterno convívio. Por nosso Senhor Jesus Cristo, vosso Filho, na unidade do Espírito Santo.

Invitatório

R. Ao Se**nhor**, Rei das **vir**gens, oh **vin**de ado**re**mos.
Ou:
R. Ado**re**mos o Cor**dei**ro,
   a quem as **vir**gens sempre **se**guem.

Salmo invitatório como no Ordinário, p. 537.

Ofício das Leituras

Hino

Para uma virgem:

O mais suave dos hinos
entoe o povo de Deus,
pois eis que hoje uma virgem
subiu à glória dos céus.

No exílio ainda da terra,
já se entregava ao louvor;
agora, junta-se aos santos
nos mesmos hinos de amor.

A frágil carne domando,
rosa entre espinhos floriu;
calcando as pompas do mundo,
do Cristo os passos seguiu.

As suas preces ouvindo,
Jesus nos dê sua mão,
sempre a guiar nossos passos
para a celeste mansão.

Ao Pai e ao Espírito unido,
nós te adoramos, Jesus:
caminho estreito e seguro
que à vida eterna conduz.

Para várias virgens:

Das santas virgens de Cristo
cantemos hoje o louvor;
de coração puro e casto
seguiram sempre o Senhor.

Da castidade sois lírio,
ó Rei das virgens, Jesus;
afastai longe o inimigo
que para o mal nos seduz.

Nos corações que são castos
reinais, Cordeiro de Deus;
dai o perdão do pecado,
livrai das culpas os réus.

Orando, graças vos damos.
Em sendas retas guiai-nos
dai-nos a graça que salva,
sede indulgente, escutai-nos.

A vós, nascido da Virgem,
glória e louvor, Sumo Bem,
com vosso Pai e o Espírito
agora e sempre. Amém.

Salmodia

Ant. 1 Virgem **sá**bia e vigi**lan**te, já bril**hais** na eterna **gló**ria com Je**sus**, o eterno **Ver**bo, vosso Es**po**so imacu**la**do.

Salmo 18(19A)

— ²Os céus pro**cla**mam a **gló**ria do Se**nhor**, *
  e o firma**men**to, a obra de suas mãos;
— ³o dia ao **dia** transmite esta mensagem, *
  a noite à **noi**te publica esta notícia.
— ⁴Não são dis**cur**sos nem frases ou palavras, *
  nem são **vo**zes que possam ser ouvidas;
— ⁵seu som res**so**a e se espalha em toda a terra, *
  chega aos con**fins** do universo a sua voz.
— ⁶Armou no **al**to uma tenda para o sol; *
  ele des**pon**ta no céu e se levanta
— como um es**po**so do quarto nupcial, *
  como um he**rói** exultante em seu caminho.
— ⁷De um ex**tre**mo do céu põe-se a correr *
  e vai tra**çan**do o seu rastro luminoso,
— até que **pos**sa chegar ao outro extremo, *
  e nada **po**de fugir ao seu calor.

Ant. Virgem **sá**bia e vigi**lan**te, já bri**lhais** na eterna **gló**ria com **Je**sus, o eterno **Ver**bo, vosso Es**po**so imaculado.

Ant. 2 Todo o **a**mor eu consa**grei**
a Jesus **Cris**to, meu Se**nhor**;
e o prefe**ri** aos bens do **mun**do e à **gló**ria desta **ter**ra.

Salmo 44(45)

I

= ² Trans**bor**da um poema do **meu** cora**ção**; †
vou can**tar**-vos, ó Rei, esta **mi**nha can**ção**; *
minha **lín**gua é qual pena de um **á**gil escriba.

= ³ Sois tão **be**lo, o mais belo entre os **fi**lhos dos homens! †
Vossos **lá**bios espalham a **gra**ça, o encanto, *
porque **Deus**, para sempre, vos **deu** sua bênção.

– ⁴ Le**vai** vossa espada de **gló**ria no flanco, *
he**rói** valoroso, no **vos**so esplendor;

– ⁵ saí para a luta no **car**ro de guerra *
em de**fe**sa da fé, da justiça e verdade!

= Vossa **mão** vos ensine va**len**tes proezas, †
⁶ vossas **fle**chas agudas a**ba**tam os povos *
e **fi**ram no seu cora**ção** o inimigo!

= ⁷ Vosso **tro**no, ó Deus, é e**ter**no, é sem fim; †
vosso **ce**tro real é si**nal** de justiça: *
⁸ Vós a**mais** a justiça e odi**ais** a maldade.

= É por **is**so que Deus vos un**giu** com seu óleo, †
deu-vos **mais** alegria que aos **vos**sos amigos. *
⁹ Vossas **ves**tes exalam preciosos perfumes.

– De e**búr**neos palácios os **sons** vos deleitam. *
¹⁰ As **fi**lhas de reis vêm ao **vos**so encontro,

– e à **vos**sa direita se en**con**tra a rainha *
com **ves**te esplendente de **ou**ro de Ofir.

Ant. Todo o **a**mor eu consa**grei** a Jesus **Cris**to, meu Se**nhor**;
e o prefe**ri** aos bens do **mun**do e à **gló**ria desta **ter**ra.

Ant. 3 O **Rei** se encan**tou** com a **vos**sa be**le**za;
prest**ai**-lhe home**na**gem: é o **vos**so Se**nhor**!

II

– ¹¹Escu**tai**, minha **fi**lha, o**lhai**, ouvi **is**to: *
"Esque**cei** vosso povo e a **ca**sa paterna!
– ¹²Que o **Rei** se encante com **vos**sa beleza! *
Prest**ai**-lhe homenagem: é **vos**so Senhor!
– ¹³O **po**vo de Tiro vos **traz** seus presentes, *
os **gran**des do povo vos **pe**dem favores.
– ¹⁴Majes**to**sa, a princesa re**al** vem chegando, *
ves**ti**da de ricos broca**dos** de ouro.
– ¹⁵Em **ves**tes vis**to**sas ao **Rei** se dirige, *
e as **vir**gens amigas lhe **for**mam cortejo;
– ¹⁶entre **can**tos de festa e com **gran**de alegria, *
ingres**sam**, então, no pa**lá**cio real".
– ¹⁷Deixa**reis** vossos pais, mas te**reis** muitos filhos; *
fareis **de**les os reis sobe**ra**nos da terra.
– ¹⁸Canta**rei** vosso nome de i**da**de em idade, *
para **sem**pre haverão de lou**var**-vos os povos!

Ant. O **Rei** se encan**tou** com a **vos**sa be**le**za;
prest**ai**-lhe home**na**gem: é o **vos**so Se**nhor**!

V. O caminho da **vi**da me ensi**nais**.
R. De**lí**cia e**ter**na e ale**gri**a ao vosso **la**do

Primeira leitura
Da Primeira Carta de São Paulo aos Coríntios   7,25-40

A virgindade cristã

Irmãos: ²⁵A respeito das pessoas solteiras, não tenho nenhum mandamento do Senhor. Mas, como alguém que, por misericórdia de Deus, merece confiança, dou uma opinião: ²⁶Penso que, em razão das angústias presentes, é vantajoso não se casar, é bom cada qual estar assim. ²⁷Estás ligado a uma mulher? Não procures desligar-te. Não estás ligado a nenhuma mulher? Não procures ligar-te. ²⁸Se, porém, casares, não pecas. Mas as pessoas casadas terão as tribulações da vida matrimonial; e eu gostaria de poupar-vos isso. ²⁹Eu digo, irmãos: o tempo está abreviado. Então, que, doravante, os que têm mulher vivam como se não tivessem mulher; ³⁰e os que choram, como se não chorassem, e os que estão alegres, como se não estivessem alegres, e os que fazem compras, como se não estivessem adquirindo coisa alguma; ³¹e os que usam do mundo, como se dele não estivessem gozando. Pois a figura deste mundo passa. ³²Eu gostaria que estivésseis livres de preocupações. O homem não casado é solícito pelas coisas do Senhor e procura agradar ao Senhor. ³³O casado preocupa-se com as coisas do mundo e procura agradar à sua mulher ³⁴e, assim, está dividido. Do mesmo modo, a mulher não casada e a jovem solteira têm zelo pelas coisas do Senhor e procuram ser santas de corpo e espírito. Mas a que se casou preocupa-se com as coisas do mundo e procura agradar ao seu marido. ³⁵Digo isto para o vosso próprio bem e não para vos armar um laço. O que eu desejo é levar-vos ao que é melhor, permanecendo junto ao Senhor, sem outras preocupações.

³⁶Se alguém, transbordando de paixão, acha que não vai poder respeitar sua noiva, e que as coisas devem seguir o seu curso, faça o que quiser; não peca; que se casem. ³⁷Quem, ao contrário, por uma firme convicção, sem constrangimento, mas por livre vontade, resolve respeitar a sua noiva, fará bem. ³⁸Portanto, quem se casa com sua noiva faz bem, e quem não se casa procede melhor.

³⁹A mulher está ligada ao marido enquanto ele vive; uma vez que o marido faleça, ela fica livre de casar com quem quiser, mas só no Senhor. ⁴⁰Mais feliz será ela se permanecer assim, conforme meu conselho. Pois também creio ter o Espírito de Deus.

Responsório

R. O **Rei** se encan**tou** com a **tua** be**leza**, que ele cri**ou**;
 *É teu **Deus**, é teu **Rei,** teu Se**nhor**, teu Es**po**so.
V. Rece**beste** o **dote** de **Deus**, teu Es**po**so:
 reden**ção**, santi**da**de, en**fei**tes e **joi**as. * É teu **Deus**.

Segunda leitura

Do Tratado sobre a conduta das virgens, de São Cipriano, bispo e mártir

(Nn. 3-4. 22.23: CSEL 3, 189-190. 202-204) (Séc. III)

*Quanto mais a virgindade cresce em número,
mais aumenta a alegria da mãe-Igreja*

Dirijo agora minha palavra às virgens, com tanto mais solicitude quanto maior é a sua glória. Elas são a flor da árvore da Igreja, beleza e ornamento da graça espiritual, fonte de alegria, obra perfeita e incorruptível de louvor e de honra, refletindo em santidade a imagem de Deus, a mais ilustre porção do rebanho de Cristo.

Por causa das virgens se alegra a mãe-Igreja, que nelas manifesta sua gloriosa fecundidade, crescendo com o número delas sua alegria materna.

É a elas que dirigimos a palavra, exortando-as mais com o afeto que nos inspiram do que com a autoridade do nosso cargo. Conscientes da nossa pequenez e humildade, não pretendemos arvorar-nos em censor, mas demonstrar a solicitude de pastor, prevenindo-vos contra as possíveis ciladas do demônio.

Não é inútil esta precaução nem vão o temor que visam o caminho da salvação, garantindo as orientações de vida que vêm do Senhor; a fim de que aquelas que se consagraram a Cristo e renunciaram aos desejos carnais se entreguem a Deus de corpo e alma, levando a bom termo seu propósito, merecedor de uma grande recompensa. E não queiram enfeitar-se ou agradar a ninguém que não seja o Senhor, de quem esperam o prêmio da virgindade.

Conservai, ó virgens, conservai o que começastes a ser. Conservai o que sereis. Grande recompensa é a vossa, magnífico o prêmio da virtude, máximo o galardão da castidade. Já começastes a ser o que seremos um dia. Já adquiristes neste mundo a glória da ressurreição; passais pelo mundo sem contagiar-vos por ele; perseverando castas e virgens, sois como os anjos de Deus. Guardai firme e fielmente a vossa virgindade, sem quebrar os vossos propósitos, não buscando adornar-vos com joias ou vestes, mas com os enfeites da virtude.

Ouvi a voz do Apóstolo, chamado pelo Senhor vaso de eleição, que ele enviou a proclamar os mandamentos divinos: *O primeiro homem, disse ele, tirado da terra, é terrestre; o segundo homem vem do céu. Como foi o homem terrestre, assim também são as pessoas terrestres; e como é o homem celeste, assim também vão ser as pessoas celestes. E, como já refletimos a imagem do homem terrestre, assim também refletiremos a imagem do homem celeste* (1Cor 15,47-49). É esta a imagem que a virgindade revela: a integridade, a santidade e a verdade.

Responsório
1Cor 7,34; Sl 72(73),26

R. A **mulher**, tanto a vi**ú**va como a **vir**gem,
 * Cuida das **coi**sas do Se**nhor**, para ser **san**ta,
 assim no **cor**po **co**mo no es**pí**rito.
V. O Se**nhor** é minha he**ran**ça, é a **par**te que esco**lhi**.
 * Cuida.

Ou:

Do Decreto *Perfectae caritatis*, sobre a renovação da vida religiosa, do Concílio Vaticano II

(N. 1.5.6.12) (Séc. XX)

A Igreja segue seu único esposo

Desde os primórdios da Igreja, existiram homens e mulheres que pela prática dos conselhos evangélicos se propuseram seguir a Cristo com maior liberdade e imitá-lo mais de perto, levando, cada qual a seu modo, uma vida consagrada a Deus. Muitos dentre eles, movidos pelo Espírito Santo, ou passaram a vida na solidão ou fundaram famílias religiosas, que a Igreja de boa vontade acolheu e aprovou com sua autoridade. Assim surgiu, por desígnio de Deus, uma admirável variedade de comunidades religiosas, que muito contribuiu para que a Igreja não apenas esteja *qualificada para toda boa obra* (cf. 2Tm 3,17) e preparada para o exercício do seu ministério, *para edificar o Corpo de Cristo* (cf. Ef 4,12), mas também, enriquecida com os vários dons de seus filhos, se apresente *qual esposa enfeitada para o seu marido* (Ap 21,2) e, através dela, se manifeste *a multiforme sabedoria de Deus* (Ef 3,10).

Em tão grande variedade de dons, todos os que são chamados à prática dos conselhos evangélicos, e os professam com fidelidade, consagram-se de maneira especial ao Senhor, seguindo a Cristo que, sendo virgem e pobre, redimiu e santificou os homens pela obediência *até a morte de cruz* (cf. Fl 2,8). Movidos assim pela caridade que o Espírito Santo derramou em seus corações, vivem cada vez mais para Cristo e para *o seu corpo, isto é, a Igreja* (Cl 1,24). Por conseguinte, quanto mais fervorosamente se unem a Cristo, por essa doação de si mesmos que abrange a vida toda, tanto mais se enriquece a vida da Igreja e mais vigorosamente fecundo se torna seu apostolado.

Os membros de cada instituto recordem antes de mais nada que, pela profissão dos conselhos evangélicos, responderam a um chamado divino, de forma que não apenas morrendo para o pecado, mas também renunciando ao mundo, vivam exclusivamente para Deus. Colocaram toda a sua vida ao serviço de Deus, o que constitui uma consagração especial, que está intimamente radicada na consagração do batismo e a exprime mais plenamente.

Os que professam os conselhos evangélicos, acima de tudo, busquem e amem a Deus, que primeiro nos amou; e procurem em todas as circunstâncias cultivar a vida escondida com Cristo em Deus, da qual deriva e recebe estímulo o amor do próximo para a salvação do mundo e a edificação da Igreja. É também esta caridade que anima e dirige a própria prática dos conselhos evangélicos.

A caridade que os religiosos professam *por causa do Reino dos Céus* (Mt 19,12) deve ser considerada como um precioso dom da graça. Liberta de modo singular o coração do homem para que se inflame mais na caridade para com Deus e para com todos os homens; por isso ela é um sinal peculiar dos bens celestes e um meio eficacíssimo para levar os religiosos a se dedicarem generosamente ao serviço de Deus e às obras de apostolado. Assim, eles dão testemunho, perante todos os fiéis cristãos, daquela admirável união estabelecida por Deus e que há de manifestar-se plenamente na vida futura, pela qual a Igreja tem a Cristo como seu único Esposo.

Responsório
R. Virgem de **Cris**to, como é **gran**de a tua be**le**za!
 * Do **Se**nhor tu mere**ces**te rece**ber**
   a co**ro**a da per**pé**tua virgin**da**de.
V. Nada **po**de arreba**tar**-te a grande **gló**ria
   da **tua** virgin**da**de consa**gra**da,
   nem sepa**rar**-te do a**mor** de Jesus **Cris**to. * Do **Se**nhor.

Nas solenidades e festas diz-se o HINO Te Deum, p. 543.

Oração como nas Laudes.

Laudes

Hino

Para uma virgem:

Com tua lâmpada acesa,
viste chegar o Senhor:
do Esposo sentas-te à mesa,
cheia de graça e esplendor.

Para uma eterna aliança,
põe-te no dedo um anel;
cessam a fé e a esperança:
Belém se torna Betel.

Dá que aprendamos contigo
ter sempre os olhos nos céus:
calcar o mundo inimigo,
buscar a glória de Deus.

Jesus nos dê, por Maria,
que como Mãe te acolheu,
tê-lo na terra por guia,
ao caminhar para o céu.

Ao Pai e ao Espírito glória,
ao Filho o mesmo louvor,
pois virginal é a vitória
da que desposa o Senhor.

Para várias virgens: HINO Jesus, coroa das virgens, como nas II Vésperas p. 1683.

Ant. 1 Eu me decido livremente pelo Cristo
com ardente coração eu quero amá-lo
e desejo estar com ele para sempre.

Salmos e cântico do domingo da I Semana, p. 580.

Ant. 2 Bendizei o Senhor, santas virgens,
que vos chama ao amor indiviso
e coroa em vós os seus dons!

Ant. 3 Exultem os fiéis em sua glória,
pois a carne e o sangue superaram
e alcançaram a vitória sobre o mundo.

Leitura breve
Ct 8,7

Águas torrenciais jamais apagarão o amor, nem rios poderão afogá-lo. Se alguém oferecesse todas as riquezas de sua casa para comprar o amor, seria tratado com desprezo.

Responsório breve

R. Senhor, é vossa face que eu procuro.
 * Meu coração fala convosco confiante. R. Senhor.
V. Senhor, não me escondais a vossa face! * Meu coração.
Glória ao Pai. R. Senhor.

Cântico evangélico, ant.
Para uma virgem e mártir:
Tomastes vossa cruz como o Cristo, ó santa virgem.
Na virgindade e no martírio imitastes vosso Esposo.

Para uma virgem:
A virgem prudente entrou para as bodas
e vive com Cristo na glória celeste.
Como o sol, ela brilha entre os coros das virgens.

Para várias virgens:
Santas virgens do Senhor, bendizei-o para sempre!

Preces

Glorifiquemos a Cristo, esposo e prêmio das virgens; e lhe supliquemos com fé:

R. **Jesus, prêmio das virgens, ouvi-nos!**

Cristo, amado pelas santas virgens como único Esposo,
– concedei que nada nos separe do vosso amor.   R.

Coroastes Maria, vossa Mãe, como Rainha das virgens;
– concedei-nos, por sua intercessão, que vos sirvamos sempre de coração puro.   R.

Por intercessão de vossas servas, que a vós se consagraram de todo o coração para serem santas de corpo e de alma,
– concedei que jamais a instável figura deste mundo nos afaste de vós. **R.**

Senhor Jesus, esposo por cuja vinda as virgens prudentes esperaram sem desanimar,
– concedei que vos aguardemos vigilantes na esperança. **R.**

Por intercessão de santa N., uma das virgens sábias e prudentes,
– concedei-nos sabedoria e uma vida sem mancha. **R.**

(intenções livres)

Pai nosso...

Oração

Não havendo oração própria, diz-se uma das seguintes:

Ó Deus, que prometestes habitar nos corações puros, dai-nos, pela intercessão da virgem santa N., viver de tal modo, que possais fazer em nós vossa morada. Por nosso Senhor Jesus Cristo, vosso Filho, na unidade do Espírito Santo.

Ou:

Atendei, ó Deus, à nossa oração para que, recordando as virtudes da virgem santa N., mereçamos permanecer e crescer sempre mais no vosso amor. Por nosso Senhor Jesus Cristo, vosso Filho, na unidade do Espírito Santo.

Para várias virgens:

Ó Deus, mostrai-nos sempre mais a vossa misericórdia, e, ao celebrarmos com alegria a festa das virgens santa N. e santa N., concedei-nos também o seu eterno convívio. Por nosso Senhor Jesus Cristo, vosso Filho, na unidade do Espírito Santo.

Hora Média

Nos salmos graduais, em lugar do Salmo 121(122) pode-se dizer o Salmo 128(129), à p.1074; e, em lugar do Salmo 126(127), o Salmo 130(131), à p. 902.

Oração das Nove Horas

Ant. Para **mim**, só há um **bem**: é estar com **Deus**,
   é colo**car** o meu re**fú**gio no **Se**nhor.

Leitura breve — Sb 8,21a

Compreendi que só poderia obter a Sabedoria, se Deus me concedesse; e já era sinal de inteligência saber a origem desta graça.

V. Eis a **vir**gem previ**den**te e vigi**lan**te em alta **noi**te.
R. O Se**nhor** a encon**trou** com sua **lâm**pada a**ce**sa.

Oração das Doze Horas

Ant. Susten**tai**-me e vive**rei**, como dis**ses**tes;
   não po**deis** decepcio**nar** minha espe**ran**ça!

Leitura breve — 1Cor 7,25

A respeito das pessoas solteiras, não tenho nenhum mandamento do Senhor. Mas, como alguém que, por misericórdia de Deus, merece confiança, dou uma opinião.

V. Eis a **vir**gem previ**den**te e vigi**lan**te em alta **noi**te.
R. Vai, com **su**as compa**nhei**ras, ao en**con**tro do Se**nhor**.

Oração das Quinze Horas

Ant. Como é **be**la em seu ful**gor** uma **cas**ta gera**ção**!

Leitura breve — Ap 19,6 b.7

O Senhor, nosso Deus, o Todo-poderoso passou a reinar. Fiquemos alegres e contentes, e demos glória a Deus, porque chegou o tempo das núpcias do Cordeiro. Sua esposa já se preparou.

V. Encon**trei** o grande a**mor** da minha **vi**da
R. Vou guar**dá**-lo para **sem**pre junto a **mim**!

Oração como nas Laudes

II Vésperas

Hino

Jesus, coroa das virgens,
por Virgem Mãe concebido,
perdoai os nossos pecados,
atendei ao nosso pedido!

Por entre as virgens passando,
entre alvos lírios pousais,
e a todas elas saudando
o prêmio eterno entregais.

Por toda a parte onde fordes,
as virgens seguem cantando,
e os mais suaves louvores
vão pelo céu ressoando.

Nós vos pedimos a graça
de um coração sem pecado,
qual diamante sem jaça,
por vosso amor transformado.

Ao Pai e ao Espírito unido,
vos adoramos, ó Filho:
por Virgem Mãe concebido,
das virgens todas auxílio.

Salmodia

Ant. 1 Consa**grei**-me total**men**te
a vós, Se**nhor** divino Es**poso**!
Agora **vou** ao vosso en**con**tro,
tendo a**ce**sa a minha **lâm**pada

Salmo 121(122)

– ¹ Que ale**gri**a, quando ou**vi** que me disseram: *
"Vamos à **ca**sa do Se**nhor**!"
– ² E **ago**ra nossos pés já se detêm, *
Jerusa**lém**, em tuas portas. –

– ³Jerusalém, cidade bem edificada *
  num conjunto harmonioso;
– ⁴para **lá** sobem as tribos de Israel, *
  as **tri**bos do Senhor.
– Para louvar, segundo a lei de Israel, *
  o **no**me do Senhor.
– ⁵A **se**de da justiça lá está *
  e o **tro**no de Davi.
– ⁶Rogai que viva em paz Jerusalém, *
  e em segurança os que te amam!
– ⁷Que a **paz** habite dentro de teus muros, *
  tranquilidade em teus palácios!
– ⁸Por amor a meus irmãos e meus amigos, *
  peço: "A **paz** esteja em ti!"
– ⁹Pelo amor que tenho à casa do Senhor, *
  eu te desejo todo bem!

Ant. Consagrei-me totalmente
  a vós, Senhor divino Esposo!
  Agora **vou** ao vosso encontro,
  tendo acesa a minha lâmpada.

Ant. 2 Felizes os puros em seu coração,
  porque eles verão o seu Deus face a face.

Salmo 126(127)

– ¹Se o Senhor não construir a nossa casa, *
  em **vão** trabalharão seus construtores;
– se o Senhor não vigiar nossa cidade, *
  em **vão** vigiarão as sentinelas!
– ²É inútil levantar de madrugada, *
  ou à **noi**te retardar vosso repouso,
– para ganhar o pão sofrido do trabalho, *
  que a seus amados Deus concede enquanto dormem.–

—³ Os **fi**lhos são a bênção do Senhor, *
  o **fru**to das entranhas, sua dádiva.
—⁴ Como **fl**echas que um guerreiro tem na mão, *
  são os **fi**lhos de um casal de esposos jovens.
—⁵ Feliz aquele pai que com tais flechas *
  consegue abastecer a sua aljava!
— Não se**rá** envergonhado ao enfrentar *
  seus ini**mi**gos junto às portas da cidade.

Ant. Felizes os **pu**ros em **seu** cora**ção**,
  porque **eles** ve**rão** o seu **Deus** face a **face**.

Ant. 3 A **mi**nha firmeza é a **for**ça de **Cristo**;
  o **meu** fundamen**to** é a **Pe**dra angu**lar**.

Cântico   Ef 1,3-10

—³ Ben**di**to e louva**do** seja **Deus**, *
  o **Pai** de Jesus Cristo, Senhor nosso,
— que do alto **céu** nos abençoou em Jesus Cristo *
  com **bên**ção espiritual de toda sorte!

(R. Ben**di**to sejais **vós**, nosso **Pai**,
  que **nos** abençoastes em Cristo!)

—⁴ Foi em **Cris**to que Deus Pai nos escolheu, *
  já bem **an**tes de o mundo ser criado,
— para que **fôs**semos, perante a sua face, *
  sem **má**cula e santos pelo amor.   (R.)

=⁵ Por **li**vre decisão de sua vontade, †
  predesti**nou**-nos, através de Jesus Cristo, *
  a sermos **ne**le os seus filhos adotivos,
—⁶ para o lou**vor** e para a glória de sua graça, *
  que em seu **Fi**lho bem-amado nos doou.   (R.)

—⁷ É **ne**le que nós temos redenção, *
  dos pe**ca**dos remissão pelo seu sangue.

= Sua **graça** transbordante e inesgotável †
  ⁸Deus de**rra**ma sobre nós com abundância, *
  de sa**ber** e inteligência nos dotando.   (R.)

– ⁹E, as**sim**, ele nos deu a conhecer *
  o mis**té**rio de seu plano e sua vontade,

– que propusera em seu querer benevolente, *
  ¹⁰na pleni**tu**de dos tempos realizar:

– o de**sí**gnio de, em Cristo, reunir *
  todas as **coi**sas: as da terra e as do céu.   (R)

Ant. A **mi**nha firme**za** é a **força** de **Cris**to;
     o **meu** funda**men**to é a **Pe**dra angu**lar**.

Leitura breve   1Cor 7,32b.34a

O homem não casado é solícito pelas coisas do Senhor e procura agradar ao Senhor. Do mesmo modo, a mulher não casada e a jovem solteira têm zelo pelas coisas do Senhor e procuram ser santas de corpo e espírito.

Responsório breve

R. As **vir**gens a**mi**gas ao **Rei** se di**ri**gem,
  * Entre **can**tos de **fes**ta e com **gran**de ale**gria**.
  R. As **vir**gens.
V. Ingressam, en**tão**, no palácio do **Rei**. * Entre **can**tos.
  Glória ao **Pai**. R. As **vir**gens.

Cântico evangélico, ant.

Para uma virgem mártir:
Duas vi**tó**rias celeb**re**mos neste **mes**mo sacrifício:
a virgin**da**de consag**ra**da e a **gló**ria do martírio

Para uma virgem:
Oh! **vin**de, esposa de **Cris**to, rece**bei** a co**ro**a da **gló**ria
que o Se**nhor** prepa**rou** para **sem**pre.

Para várias virgens:
E **es**ta a gera**ção** dos que pro**cu**ram o Se**nhor**;
dos que **bus**cam vossa **face**, nosso **Deus** onipo**ten**te.

Preces

Com alegria, celebremos a Cristo, que louvou quem guarda a virgindade por causa do reino dos céus; e lhe peçamos:

R. **Jesus, rei das virgens, ouvi-nos!**

Cristo, que chamastes à vossa presença de único Esposo a Igreja como virgem casta,
— tornai-a santa e imaculada. R.

Cristo, ao vosso encontro as santas virgens saíram com lâmpadas acesas;
— não permitais que venha a faltar o óleo da fidelidade nas lâmpadas de vossas servas consagradas. R.

Senhor, em vós a Igreja virgem guardou sempre uma fé íntegra e pura;
— concedei a todos os cristãos a integridade e a pureza da fé. R.

Dais ao vosso povo regozijar-se com a festa da santa virgem N.;
— que ele possa alegrar-se com a sua intercessão. R.

(intenções livres)

Recebestes as santas virgens para a ceia de vossas núpcias eternas;
— admiti com bondade no banquete celeste os nossos irmãos e irmãs falecidos. R.

Pai nosso...

Oração

Não havendo oração própria, diz-se uma das seguintes:

Ó Deus, que prometestes habitar nos corações puros, dai--nos, pela intercessão da virgem santa N., viver de tal modo, que possais fazer em nós vossa morada. Por nosso Senhor Jesus Cristo, vosso Filho, na unidade do Espírito Santo.

Ou:

Atendei, ó Deus, à nossa oração para que, recordando as virtudes da virgem santa N., mereçamos permanecer e crescer sempre mais no vosso amor. Por nosso Senhor Jesus Cristo, vosso Filho, na unidade do Espírito Santo.

Para várias virgens:

Ó Deus, mostrai-nos sempre mais a vossa misericórdia, e, ao celebrarmos com alegria a festa das virgens santa N. e santa N., concedei-nos também o seu eterno convívio. Por nosso Senhor Jesus Cristo, vosso Filho, na unidade do Espírito Santo.

COMUM DOS SANTOS HOMENS

I Vésperas

HINO Ó Jesus, Redentor nosso, ou Celebremos os servos de Cristo, como nas II Vésperas, p. 1710-1711.

Salmodia

Ant. 1 Santos todos do Senhor,
cantai um hino ao nosso Deus!

Salmo 112(113)

−¹ Louvai, louvai, ó servos do Senhor, *
  louvai, louvai o nome do Senhor!
−² Bendito seja o nome do Senhor, *
  agora e por toda a eternidade!
−³ Do nascer do sol até o seu ocaso, *
  louvado seja o nome do Senhor!
−⁴ O Senhor está acima das nações, *
  sua glória vai além dos altos céus.
=⁵ Quem pode comparar-se ao nosso Deus, †
  ao Senhor, que no alto céu tem o seu trono *
  e se inclina para olhar o céu e a terra?
−⁷ Levanta da poeira o indigente *
  e do lixo ele retira o pobrezinho,
−⁸ para fazê-lo assentar-se com os nobres, *
  assentar-se com os nobres do seu povo.
−⁹ Faz a estéril, mãe feliz em sua casa, *
  vivendo rodeada de seus filhos.

Ant. Santos todos do Senhor,
cantai um hino ao nosso Deus!

Ant. 2 Felizes os famintos e sedentos de justiça:
serão todos saciados

Salmo 145(146)

= Bendize, minh'alma, ao Senhor! †
Bendirei ao Senhor toda a vida, *
cantarei ao meu Deus sem cessar!

– Não ponhais vossa fé nos que mandam, *
não há homem que possa salvar.

= ⁴Ao faltar-lhe o respiro ele volta †
para a terra de onde saiu; *
nesse dia seus planos perecem.

= É feliz todo homem que busca †
seu auxílio no Deus de Jacó, *
e que põe no Senhor a esperança.

– O Senhor fez o céu e a terra, *
fez o mar e o que neles existe.

– O Senhor é fiel para sempre, *
faz justiça aos que são oprimidos;

– ele dá alimento aos famintos, *
é o Senhor quem liberta os cativos.

= O Senhor abre os olhos aos cegos, †
o Senhor faz erguer-se o caído, *
o Senhor ama aquele que é justo.

= É o Senhor quem protege o estrangeiro, †
quem ampara a viúva e o órfão, *
mas confunde os caminhos dos maus.

= ¹⁰O Senhor reinará para sempre! †
Ó Sião, o teu Deus reinará *
para sempre e por todos os séculos!

Ant. Felizes os famintos e sedentos de justiça:
serão todos saciados.

Ant. 3 Bendito seja Deus, que nos chamou a sermos santos
e sem mancha pelo amor!

Cântico — Ef 1,3-10

—³ Bendito e louvado seja **Deus**, *
o **Pai** de Jesus Cristo, Senhor nosso,
— que do alto **céu** nos abençoou em Jesus Cristo *
com **bên**ção espiritual de toda sorte!

(R. Bendito sejais **vós**, nosso **Pai**,
que **nos** abençoastes em Cristo!)

—⁴ Foi em **Cris**to que Deus Pai nos escolheu, *
já bem **an**tes de o mundo ser criado,
— para que **fôs**semos, perante a sua face, *
sem **má**cula e santos pelo amor.   (R.)

=⁵ Por **li**vre decisão de sua vontade, †
predesti**nou**-nos, através de Jesus Cristo, *
a sermos **ne**le os seus filhos adotivos,
—⁶ para o lou**vor** e para a glória de sua graça, *
que em seu **Fi**lho bem-amado nos doou.   (R.)

—⁷ É **ne**le que nós temos redenção, *
dos pe**ca**dos remissão pelo seu sangue.
= Sua **gra**ça transbordante e inesgotável †
⁸ Deus der**ra**ma sobre nós com abundância, *
de sa**ber** e inteligência nos dotando.   (R.)

—⁹ E as**sim**, ele nos deu a conhecer *
o mis**té**rio de seu plano e sua vontade,
— que propu**se**ra em seu querer benevolente, *
¹⁰ na pleni**tu**de dos tempos realizar:
— o de**síg**nio de, em Cristo, reunir *
todas as **coi**sas: as da terra e as do céu.   (R)

Ant. Bendito seja **Deus**, que nos cha**mou** a sermos **santos**
e sem **man**cha pelo **amor**!

Leitura breve — Fl 3,7-8

As coisas que eram vantagens para mim, considerei-as
como perda, por causa de Cristo. Na verdade, considero tudo

como perda diante da vantagem suprema que consiste em conhecer a Cristo Jesus, meu Senhor. Por causa dele eu perdi tudo, considero tudo como lixo, para ganhar Cristo e ser encontrado unido a ele.

Responsório breve

R. O Senhor amou seu santo.
 * E o ornou com sua glória. R. O Senhor.
V. O Senhor o revestiu com o manto da vitória.
 * E o ornou. Glória ao Pai. R. O Senhor.

Cântico evangélico, ant.

Para um santo:

O homem sábio e previdente
construiu a sua casa sobre a rocha inabalável.

Para vários santos:

Os olhos do Senhor estão voltados
aos que esperam confiando em seu amor.

Preces

Peçamos a Deus Pai, fonte de toda a santidade, que, pela intercessão e exemplo dos santos, nos conduza a uma vida mais perfeita; e digamos:

R. **Fazei-nos santos, porque vós sois santo!**

Pai santo, que nos destes a graça de nos chamarmos e sermos realmente vossos filhos,
—fazei que a santa Igreja proclame as vossas maravilhas por toda a terra. R.

Pai santo, inspirai os vossos servos a viver dignamente, segundo a vossa vontade,
—e ajudai-nos a dar abundantes frutos de boas obras. R.

Pai santo, que nos reconciliastes convosco por meio de Cristo,
—conservai-nos na unidade por amor de vosso nome. R.

Pai santo, que nos convidastes para tomar parte no banquete celeste,
– pela comunhão do pão descido do céu, dai-nos alcançar a perfeição da caridade. R.

(intenções livres)

Pai santo, perdoai as faltas de todos os pecadores,
– e acolhei na luz da vossa face todos os que morreram. R.

Pai nosso...

Oração

Não havendo oração própria, diz-se uma das seguintes:

Ó Deus, só vós sois santo e sem vós ninguém pode ser bom. Pela intercessão de são (sto.) N., dai-nos viver de tal modo, que não sejamos despojados da vossa glória. Por nosso Senhor Jesus Cristo, vosso Filho, na unidade do Espírito Santo.

Ou:

Ó Deus, que o exemplo de vossos santos nos leve a uma vida mais perfeita e, celebrando a memória de são (sto.) N., imitemos constantemente suas ações. Por nosso Senhor Jesus Cristo, vosso Filho, na unidade do Espírito Santo.

Para vários santos:

Deus eterno e todo-poderoso, que pela glorificação dos santos continuais manifestando o vosso amor por nós, concedei que sejamos ajudados por sua intercessão e animados pelo seu exemplo, na imitação fiel do vosso Filho. Que convosco vive e reina, na unidade do Espírito Santo.

Para um santo religioso:

Ó Deus, concedei-nos, pelas preces de são (sto.) N., a quem destes perseverar na imitação de Cristo pobre e humilde, seguir a nossa vocação com fidelidade e chegar àquela perfeição que nos propusestes em vosso Filho. Que convosco vive e reina, na unidade do Espírito Santo.

Para um santo que se dedicou às obras de caridade:
Ó Pai, como ensinastes à vossa Igreja que todos os mandamentos se resumem em amar a Deus e ao próximo, concedei-nos, a exemplo de são (sto.) N., praticar obras de caridade, para sermos contados entre os benditos do vosso Reino. Por nosso Senhor Jesus Cristo, na unidade do Espírito Santo.

Para um santo educador:
Ó Deus, que suscitastes são (sto.) N. na vossa Igreja, para mostrar ao próximo o caminho da salvação, concedei-nos seguir também o Cristo, nosso Mestre, e chegar até vós com nossos irmãos. Por nosso Senhor Jesus Cristo, vosso Filho, na unidade do Espírito Santo.

Invitatório

R. Adoremos o Senhor, admirável nos seus santos.

Ou:

R. Na festa de são (sto.) N., celebremos o Senhor.

Salmo invitatório como no Ordinário, p. 537.

Ofício das Leituras

Hino

Para um santo:

Ó Jesus, Redentor nosso,
coroais os vossos santos;
ouvi hoje, compassivo,
nossas preces, nossos cantos.

Hoje, o santo confessor
vosso nome fez brilhar,
e a Igreja, anualmente,
vem seus feitos celebrar.

Caminhou com passo firme
pela vida transitória,

e seguiu a vossa estrada
que nos leva para a glória.

Desprendendo o coração
de alegrias passageiras,
frui agora, junto aos anjos,
as delícias verdadeiras.

O perdão de nossas culpas
nos alcance a sua prece.
Nos seus passos conduzi-nos
para a luz que não perece.

Glória a Cristo, Rei clemente,
e a Deus Pai louvor também.
Honra e graças ao Espírito
pelos séculos. Amém.

Para vários santos: HINO Celebremos os servos de Cristo, p. 1711.

Salmodia

Ant. 1 A **vi**da ele pe**diu**, e vós lhe **des**tes;
de esplen**dor** e majes**ta**de o reves**tis**tes.

Salmo 20(21),2-8.14

— ²Ó Se**nhor**, em vossa **for**ça o rei se a**le**gra; *
quanto e**xul**ta de alegria em vosso auxílio!
— ³O que so**nhou** seu coração, lhe concedestes; *
não recu**sas**tes os pedidos de seus lábios.
— ⁴Com **bên**ção generosa o preparastes; *
de ouro **pu**ro coroastes sua fronte.
— ⁵A **vi**da ele pediu e vós lhe destes *
longos **di**as, vida longa pelos séculos.
— ⁶É **gran**de a sua glória em vosso auxílio; *
de esplen**dor** e majestade o revestistes.
— ⁷Transfor**mas**tes o seu nome numa bênção, *
e o co**bris**tes de alegria em vossa face. –

— ⁸Por isso o rei confia no Senhor, *
  e por seu amor fiel não cairá.
— ¹⁴Levantai-vos com poder, ó Senhor Deus, *
  e cantaremos celebrando a vossa força!

Ant. A vida ele pediu, e vós lhe destes;
  de esplendor e majestade o revestistes

Ant. 2 O caminho do justo é uma luz a brilhar:
  vai crescendo da aurora até o dia mais pleno.

Salmo 91(92)
I

— ²Como é bom agradecermos ao Senhor *
  e cantar salmos de louvor ao Deus Altíssimo!
— ³Anunciar pela manhã vossa bondade, *
  e o vosso amor fiel, a noite inteira,
— ⁴ao som da lira de dez cordas e da harpa, *
  com canto acompanhado ao som da cítara.
— ⁵Pois me alegrastes, ó Senhor, com vossos feitos, *
  e rejubilo de alegria em vossas obras.
— ⁶Quão imensas, ó Senhor, são vossas obras, *
  quão profundos são os vossos pensamentos!
— ⁷Só o homem insensato não entende, *
  só o estulto não percebe nada disso!
— ⁸Mesmo que os ímpios floresçam como a erva, *
  ou prosperem igualmente os malfeitores,
— são destinados a perder-se para sempre. *
  ⁹Vós, porém, sois o Excelso eternamente!

Ant. O caminho do justo é uma luz a brilhar:
  vai crescendo da aurora até o dia mais pleno.

Ant. 3 O homem justo crescerá como a palmeira,
  florirá igual ao cedro que há no Líbano.

II

=¹⁰ Eis que os **vos**sos ini**mi**gos, ó **Senhor**, †
  eis que os **vos**sos inimigos vão perder-se, *
  e os malfei**to**res serão todos dispersados.

–¹¹ Vós me **des**tes toda a força de um touro, *
  e sobre **mim** um óleo puro derramastes;

–¹² triun**fan**te, posso olhar meus inimigos, *
  vito**rio**so, escuto a voz de seus gemidos.

–¹³ O **jus**to crescerá como a palmeira, *
  flori**rá** igual ao cedro que há no Líbano;

–¹⁴ na **ca**sa do Senhor estão plantados, *
  nos **á**trios de meu Deus florescerão.

–¹⁵ Mesmo no **tem**po da velhice darão frutos, *
  cheios de **sei**va e de folhas verdejantes;

–¹⁶ e di**rão**: "É justo mesmo o Senhor Deus: *
  meu Ro**che**do, não existe nele o mal!"

Ant. O homem **jus**to cresce**rá** como a pal**mei**ra,
  flori**rá** igual ao **ce**dro que há no **Lí**bano.

V. O Se**nhor** conduz o **jus**to em seu ca**mi**nho.
R. E lhe revela os se**gre**dos do seu **rei**no.

Primeira leitura
Da Carta de São Paulo aos Colossenses   3,1-17

A vossa vida está escondida, com Cristo, em Deus

Irmãos: ¹ Se ressuscitastes com Cristo, esforçai-vos por alcançar as coisas do alto, onde está Cristo, sentado à direita de Deus; ² aspirai às coisas celestes e não às coisas terrestres. ³ Pois vós morrestes, e a vossa vida está escondida, com Cristo, em Deus. ⁴ Quando Cristo, vossa vida, aparecer em seu triunfo, então vós aparecereis também com ele, revestidos de glória.

⁵ Portanto, fazei morrer o que em vós pertence à terra: imoralidade, impureza, paixão, maus desejos e a cobiça, que

é idolatria. ⁶Tais coisas provocam a ira de Deus contra os que lhe resistem. ⁷Antigamente vós estáveis enredados por estas coisas e vos deixastes dominar por elas. ⁸Agora, porém, abandonai tudo isso: ira, irritação, maldade, blasfêmia, palavras indecentes, que saem dos vossos lábios. ⁹Não mintais uns aos outros. Já vos despojastes do homem velho e da sua maneira de agir ¹⁰e vos revestistes do homem novo, que se renova segundo a imagem do seu Criador, em ordem ao conhecimento. ¹¹Aí não se faz distinção entre grego e judeu, circunciso e incircunciso, inculto, selvagem, escravo e livre, mas Cristo é tudo em todos.

¹²Vós sois amados por Deus, sois os seus santos eleitos. Por isso, revesti-vos de sincera misericórdia, bondade, humildade, mansidão e paciência, ¹³suportando-vos uns aos outros e perdoando-vos mutuamente, se um tiver queixa contra o outro. Como o Senhor vos perdoou, assim perdoai vós também. ¹⁴Mas, sobretudo, amai-vos uns aos outros, pois o amor é o vínculo da perfeição. ¹⁵Que a paz de Cristo reine em vossos corações, à qual fostes chamados como membros de um só corpo. E sede agradecidos.

¹⁶Que a palavra de Cristo, com toda a sua riqueza, habite em vós. Ensinai e admoestai-vos uns aos outros com toda a sabedoria. Do fundo dos vossos corações, cantai a Deus salmos, hinos e cânticos espirituais, em ação de graças. ¹⁷Tudo o que fizerdes, em palavras ou obras, seja feito em nome do Senhor Jesus Cristo. Por meio dele dai graças a Deus, o Pai.

Responsório　　　　　　　　　　　　　Gl 3,27-28; Ef 4,24

R. No **Cris**to bati**za**dos, reves**ti**mo-nos de **Cris**to.
　　Já não **há** judeu nem **gre**go,
　*Todos **nós** somos um **só** em Jesus **Cris**to, Senhor **nos**so.
V. Revesti-vos do homem novo que, à imagem do Senhor,
　　foi criado na justiça e santidade verdadeira. *Todos **nós**.

Ou:

Da Carta de São Paulo aos Romanos 12,1-21

A vida cristã é culto espiritual

¹Pela misericórdia de Deus, eu vos exorto, irmãos, a vos oferecerdes em sacrifício vivo, santo e agradável a Deus: Este é o vosso culto espiritual. ²Não vos conformeis com o mundo, mas transformai-vos, renovando vossa maneira de pensar e de julgar, para que possais distinguir o que é da vontade de Deus, isto é, o que é bom, o que lhe agrada o que é perfeito.

³Pela graça que me foi dada, recomendo a cada um de vós: Ninguém faça de si uma ideia muito elevada, mas tenha de si uma justa estima ditada pela sabedoria, conforme a medida da fé que Deus repartiu a cada um. ⁴Como, num só corpo, temos muitos membros, cada qual com uma função diferente, ⁵assim nós, embora muitos, somos em Cristo um só corpo e todos membros uns dos outros. ⁶Temos dons diferentes, de acordo com a graça dada a cada um de nós: se é a profecia, exerçamo-la em harmonia com a fé; ⁷se é o serviço, pratiquemos o serviço; ⁸se é o dom de ensinar, consagremo-nos ao ensino; se é o dom de exortar, exortemos. Quem distribui donativos, faça-o com simplicidade; quem preside, presida com solicitude; quem se dedica a obras de misericórdia, faça-o com alegria.

⁹O amor seja sincero. Detestai o mal, apegai-vos ao bem. ¹⁰Que o amor fraterno vos una uns aos outros com terna afeição, prevenindo-vos com atenções recíprocas. ¹¹Sede zelosos e diligentes, fervorosos de espírito, servindo sempre ao Senhor, ¹²alegres por causa da esperança, fortes nas tribulações, perseverantes na oração. ¹³Socorrei os santos em suas necessidades, persisti na prática da hospitalidade. ¹⁴Abençoai os que vos perseguem, abençoai e não amaldiçoeis. ¹⁵Alegrai-vos com os que se alegram, chorai com os que choram. ¹⁶Mantende um bom entendimento uns com os

outros; não vos deixeis levar pelo gosto de grandeza, mas acomodai-vos às coisas humildes. Não presumais de vossa sabedoria.

¹⁷Não pagueis a ninguém o mal com o mal. Antecipai-vos na prática do bem perante todos. ¹⁸Na medida do possível e enquanto depender de vós, vivei em paz com todo o mundo. ¹⁹Caríssimos, não vos vingueis de ninguém. Porém, confiai vossas questões à justiça divina. Pois está escrito: "É a mim que pertence fazer justiça; darei a cada um o que merecer – diz o Senhor –". ²⁰Mas, se teu inimigo estiver com fome, dá-lhe de comer; se estiver com sede, dá-lhe de beber. Procedendo assim, estarás amontoando brasas em cima de sua cabeça. ²¹Não te deixes vencer pelo mal, mas vence o mal com o bem.

Responsório   Rm 12,2; Ef 4,23-24

R. Reno**vai** a vossa **men**te,
 * A **fim** de discer**nir**des a von**ta**de do **Senhor**,
   a**qui**lo que é **bom**, agra**dá**vel e per**fei**to.
V. Reno**vai**-vos, transfor**man**do
   vossa **men**te e vosso es**pí**rito;
   reves**ti**-vos do homem **no**vo. * A **fim**.

Para um santo que viveu no Matrimônio:

Da Carta de São Paulo aos Efésios   5,21-32

Santidade do Matrimônio cristão

Irmãos: ²¹Vós que temeis a Cristo, sede solícitos uns para com os outros.
²²As mulheres sejam submissas aos seus maridos como ao Senhor. ²³Pois o marido é a cabeça da mulher, do mesmo modo que Cristo é a cabeça da Igreja, ele, o Salvador do seu Corpo. ²⁴Mas, como a Igreja é solícita por Cristo, sejam as mulheres solícitas em tudo pelos seus maridos.

²⁵Maridos, amai as vossas mulheres, como o Cristo amou a Igreja e se entregou por ela. ²⁶Ele quis assim torná-la santa, purificando-a com o banho da água unida à Palavra. ²⁷Ele quis apresentá-la a si mesmo esplêndida, sem mancha nem ruga, nem defeito algum, mas santa e irrepreensível. ²⁸Assim é que o marido deve amar a sua mulher, como ao seu próprio corpo. Aquele que ama a sua mulher ama-se a si mesmo. ²⁹Ninguém jamais odiou a sua própria carne. Ao contrário, alimenta-a e cerca-a de cuidados, como o Cristo faz com a sua Igreja; ³⁰e nós somos membros do seu corpo! ³¹Por isso o homem deixará seu pai e sua mãe e se unirá à sua mulher, e os dois serão uma só carne. ³²Este mistério é grande, e eu o interpreto em relação a Cristo e à Igreja.

Responsório   1Pd 1,13.15; Lv 11,44

R. Meus amados, assumi a disciplina interior,
   à imagem do Deus santo, que em Cristo vos chamou:
   * Sede santos também vós em todo o vosso proceder.
V. Sou o Senhor e vosso Deus: Sede santos, pois sou santo.
   * Sede.

Segunda leitura

Das Homilias sobre os Atos dos Apóstolos, de São João Crisóstomo, bispo

(Homilia 20,4: PG 60, 162-164)   (Séc. IV)

A luz do cristão não pode permanecer escondida

Nada mais frio do que um cristão que não se preocupa com a salvação dos outros.

Não podes, aqui, alegar tua pobreza, pois aquela viúva que deu ao templo as duas pequenas moedas te acusaria. Também Pedro dizia: *Não tenho ouro nem prata* (At 3,6). E Paulo era tão pobre que muitas vezes passou fome e lhe faltava o alimento necessário.

Não podes justificar-te por tua condição humilde, pois esses dois apóstolos também eram humildes, de origem modesta. Não podes pretextar ignorância, pois eles também não eram letrados. Não podes objetar ser doente; também Timóteo poderia fazer o mesmo, pois sofria de frequentes enfermidades.

Cada um de nós tem a possibilidade de ajudar ao próximo, se quiser cumprir os seus deveres.

Não vedes como as árvores que não produzem frutos são vigorosas, bonitas, copadas, esbeltas e altas? No entanto, se tivéssemos um pomar, preferíamos, em vez delas, romãzeiras e oliveiras carregadas. Aquelas árvores estão no jardim para ornamento, não para alimento; e se rendem alguma coisa, é pouco.

Assim são as pessoas que só se interessam pelo que é seu. Nem sequer podem comparar-se com estas últimas árvores, mas só merecem censura; ao passo que as árvores sem fruto servem para a construção e o reparo das coisas. Semelhantes a elas eram as virgens imprudentes da parábola: castas, belas e disciplinadas; mas não eram úteis a ninguém e foram lançadas ao fogo. Assim acontece também aos que não alimentam o Corpo de Cristo.

Repara que nenhum deles é acusado de pecado como impureza, juramento falso ou qualquer culpa, mas só de não ter ajudado ninguém. Tal era aquele que enterrou o talento recebido: levou vida irrepreensível, mas não foi útil aos outros.

Como, pergunto eu, pode ser cristão um homem desses? Se o fermento misturado à farinha não fizer crescer a massa, terá sido fermento verdadeiro? Se o perfume não espalhar sua fragrância, ainda o chamaremos perfume?

Não digas que és incapaz de influenciar os outros. Se fores cristão, é impossível que não o faças! Se não há contradições na natureza, também é certo o que afirmamos: é natural que o cristão exerça influência sobre seus semelhantes.

Não ofendas a Deus. Se disseres que o sol não é capaz de brilhar, injurias; se disseres que um cristão não pode ser útil a ninguém, é a Deus que ofendes e o chamas mentiroso. Pois é mais fácil o sol deixar de aquecer ou brilhar que um cristão não irradiar a sua luz; ou a luz se transformar em trevas.

Não digas ser impossível o que é possível. Não ofendas a Deus. Se orientarmos bem a nossa vida, tudo o que dissemos acontecerá normalmente. A luz do cristão não pode permanecer escondida. Não pode ocultar-se lâmpada tão luminosa.

Responsório   Ef 5,8-9; Mt 5,14.16

R. Vós agora sois **luz** no Se**nhor**;
   cami**nhai** como **fi**lhos da **luz**.
   *São **fru**tos da **luz** toda es**pé**cie de bon**da**de,
   jus**ti**ça e ver**da**de.
V. Vós **sois** a luz do **mun**do: brilhe aos **ho**mens vossa **luz**.
   *São **fru**tos.

Ou:

Dos Sermões de Santo Agostinho, bispo

(Sermo 96,1.4.9: PL 38, 584.586.588)   (Séc. V)

A vocação universal à santidade

Se alguém quer me seguir, renuncie a si mesmo, tome a sua cruz e me siga (Mt 16,24). Parece dura e pesada a ordem do Senhor; quem quiser segui-lo, tem de renunciar a si mesmo. Mas não é duro nem pesado o que ordena, pois ele próprio nos ajuda a cumprir seu preceito.

Como é verdade o que lhe dizem no salmo: *Seguindo as palavras de vossos lábios, percorri duros caminhos* (Sl 16,4), também é verdade o que ele nos disse: *O meu jugo é suave e o meu fardo leve* (Mt 11,30). A caridade torna leve tudo quanto é duro no preceito.

Que significa: *Tome a sua cruz?* Quer dizer: suporte tudo o que custa, e então me siga. Na verdade, quem começar a seguir meus exemplos e preceitos, encontrará muitos que o critiquem, que o impeçam, que tentem dissuadi-lo, mesmo entre os que parecem discípulos de Cristo. Andavam com Cristo os que proibiam os cegos de clamar por ele. Tu, portanto, no meio de ameaças, de carinhos ou proibições, sejam quais forem, se quiseres seguir a Cristo, transforma tudo em cruz: suporta, carrega e não sucumbas!

Estamos num mundo santo, bom, reconciliado, salvo, ou melhor, em vias de salvação, mas desde já salvo em esperança – *pois já fomos salvos, mas na esperança* (Rm 8,24). Com efeito, neste mundo, que é a Igreja, seguidora fiel de Cristo, disse ele a todos: *Se alguém quer me seguir, renuncie a si mesmo* (Mt 16,24).

Esta palavra não deve ser ouvida como dirigida apenas às virgens e não às esposas; nem só para as viúvas e não para as casadas; nem só para os monges e não para os maridos; nem só para os clérigos e não para os leigos. Pois toda a Igreja, todo o corpo, todos os seus membros, diferentes e distribuídos segundo suas próprias tarefas, devem seguir o Cristo.

Siga-o toda a Igreja que é uma só, siga-o a pomba, siga-o a esposa, redimida e dotada pelo sangue do Esposo. Nela encontra lugar tanto a integridade das virgens como a castidade das viúvas e o pudor dos casais.

Estes membros, que nela encontram seu lugar, sigam o Cristo, cada um segundo a sua vocação, posição ou medida. Renunciem a si mesmos, isto é, não se vangloriem; tomem a sua cruz, quer dizer, suportem no mundo, por amor de Cristo, tudo o que lançarem contra eles. Amem o único que não ilude, o único que não é enganado nem engana; amem-no, porque é verdade aquilo que promete. Como suas promessas tardam, a fé vacila. Mas sê constante, perseverante, paciente, suporta a demora, e terás tomado a cruz.

Responsório

R. Este **san**to reali**zou gran**des pro**dí**gios
na pre**sen**ça do Se**nhor** e dos ir**mãos**
e de **to**do o coração louvou a **Deus**.
* Que ele **pe**ça junto a **Deus** por nossas **cul**pas
V. Tribu**tou** a Deus um **cul**to verda**dei**ro,
no **bem** perma**ne**ceu, fugiu do **mal**. * Que ele.

Nas solenidades e festas diz-se o HINO Te Deum, p. 543.
Oração como nas Laudes.

Laudes

Hino

Para um santo:

Jesus, coroa celeste,
Jesus, verdade sem véu,
ao servo que hoje cantamos
destes o prêmio do céu.

Dai que por nós interceda
em fraternal comunhão,
e nossas faltas consigam
misericórdia e perdão.

Bens e honrarias da terra
sem valor ele julgou;
vãs alegrias deixando,
só as do céu abraçou.

Que sois, Jesus, Rei supremo,
jamais cessou de afirmar;
com seu fiel testemunho
soube o demônio esmagar.

Cheio de fé e virtude,
os seus instintos domou.
e a recompensa divina,
servo fiel, conquistou.

A vós, Deus uno, Deus trino,
sobe hoje nosso louvor,
ao celebrarmos o servo
de quem Jesus é o Senhor.

Para vários santos:

Ó fiéis seguidores de Cristo,
a alegria da glória feliz,
como prêmio do vosso martírio,
para sempre no céu possuís.

Escutai, com ouvidos benignos,
os louvores que a vós entoamos.
Nós, ainda exilados da Pátria,
vossa glória, num hino, cantamos.

Pelo amor de Jesus impelidos,
dura cruz sobre os ombros levastes.
Pressurosos, ardentes de amor
e submissos, a fé preservastes.

Desprezastes o ardil do demônio
e os enganos do mundo também.
Testemunhas de Cristo na vida,
vós subistes dos astros além.

E agora, na glória celeste,
sede atentos à voz da oração
dos que querem seguir vossos passos
e vos clamam com seu coração.

Glória seja à Divina Trindade
para que nos conduza também
pela ajuda e as preces dos mártires
às moradas celestes. Amém.

Ant. 1 O Se**nhor** lhe deu a **gló**ria
e, em seu **Rei**no, um grande **no**me.

Salmos e cântico do domingo da I Semana, p. 580.

Ant. 2 Vós, **ser**vos do Se**nhor**, bendi**zei**-o para **sem**pre!

Ant. 3 Exultem os fiéis em sua **glória,**
e cantando se levantem de seus leitos.

Leitura breve   Rm 12,1-2

Pela misericórdia de Deus, eu vos exorto, irmãos, a vos oferecerdes em sacrifício vivo, santo e agradável a Deus: Este é o vosso culto espiritual. Não vos conformeis com o mundo, mas transformai-vos, renovando vossa maneira de pensar e de julgar, para que possais distinguir o que é da vontade de Deus, isto é, o que é bom, o que lhe agrada, o que é perfeito.

Responsório breve

R. Ele **tem** o cora**ção**
  * Na **lei** do seu Se**nhor.** R. Ele **tem.**
V. Os seus **passos** não vacilam. * Na **lei.**
  Glória ao **Pai.** R. Ele **tem.**

Para vários santos homens:

R. Os **jus**tos se a**le**gram
  * na pre**sen**ça do Se**nhor.** R. Os **jus**tos.
V. Reju**bi**lam satis**fei**tos, e e**xul**tam de ale**gri**a.
  * Na pre**sen**ça. Glória ao **Pai.** R. Os **jus**tos.

Cântico evangélico, ant.

Quem **pra**tica a ver**da**de, se **põe** junto à **luz;**
e suas **o**bras de **fi**lho de **Deus** se revelam

Para vários santos:

Fe**li**zes a**que**les que **bus**cam a **paz!**
Fe**li**zes os **pu**ros em **seu** cora**ção,**
porque **e**les ve**rão** o seu **Deus** face a **fa**ce.

Preces

Glorifiquemos, irmãos, a Cristo, nosso Deus, pedindo-lhe que nos ensine a servi-lo em santidade e justiça diante dele enquanto perdurarem nossos dias; e aclamemos:

R. **Senhor, só vós sois santo!**

Senhor Jesus, que quisestes ser igual a nós em tudo, menos no pecado,
– tende piedade de nós. R.

Senhor Jesus, que nos chamastes à perfeição da caridade,
– santificai-nos sempre mais. R.

Senhor Jesus, que nos mandastes ser sal da terra e luz do mundo,
– iluminai a nossa vida. R.

Senhor Jesus, que viestes ao mundo para servir e não para ser servido,
– ensinai-nos a vos servir humildemente em nossos irmãos. R.

Senhor Jesus, esplendor da glória do Pai e perfeita imagem do ser divino,
– dai-nos contemplar a vossa face na glória eterna. R.

(intenções livres)

Pai nosso...

Oração

Não havendo oração própria, diz-se uma das seguintes:

Ó Deus, só vós sois santo e sem vós ninguém pode ser bom. Pela intercessão de são (sto.) N., dai-nos viver de tal modo, que não sejamos despojados da vossa glória. Por nosso Senhor Jesus Cristo, vosso Filho, na unidade do Espírito Santo.

Ou:

Ó Deus, que o exemplo de vossos santos nos leve a uma vida mais perfeita e, celebrando a memória de são (sto.) N., imitemos constantemente suas ações. Por nosso Senhor Jesus Cristo, vosso Filho, na unidade do Espírito Santo.

Para vários santos:

Deus eterno e todo-poderoso, que pela glorificação dos santos continuais manifestando o vosso amor por nós, concedei que sejamos ajudados por sua intercessão e animados pelo seu exemplo, na imitação fiel do vosso Filho. Que convosco vive e reina, na unidade do Espírito Santo.

Para um santo religioso:

Ó Deus, concedei-nos, pelas preces de são (sto.) N., a quem destes perseverar na imitação de Cristo pobre e humilde, seguir a nossa vocação com fidelidade e chegar àquela perfeição que nos propusestes em vosso Filho. Que convosco vive e reina, na unidade do Espírito Santo.

Para um santo que se dedicou às obras de caridade:

Ó Pai, como ensinastes à vossa Igreja que todos os mandamentos se resumem em amar a Deus e ao próximo, concedei-nos, a exemplo de são (sto.) N., praticar obras de caridade, para sermos contados entre os benditos do vosso Reino. Por nosso Senhor Jesus Cristo, na unidade do Espírito Santo.

Para um santo educador:

Ó Deus, que suscitastes são (sto.) N. na vossa Igreja, para mostrar ao próximo o caminho da salvação, concedei-nos seguir também o Cristo, nosso Mestre, e chegar até vós com nossos irmãos. Por nosso Senhor Jesus Cristo, vosso Filho, na unidade do Espírito Santo.

Hora Média

Oração das Nove Horas

Ant. Quem observa a Lei de Cristo é perfeito em seu amor.

Leitura breve   Gl 6,7b-8

O que o homem tiver semeado, é isso que vai colher. Quem semeia na sua própria carne, da carne colherá corrupção. Quem semeia no espírito, do espírito colherá a vida eterna.

V. Deus dirige os humildes na justiça.
R. E aos pobres ele ensina o seu caminho.

Oração das Doze Horas

Ant. Quem fizer a vontade do **Pai**,
   no **Rei**no dos **Céus** entrará.

Leitura breve   1Cor 9,26-27b
Eu corro, mas não à toa. Eu luto, mas não como quem dá
murros no ar. Trato duramente o meu corpo e o subjugo,
para não acontecer que, depois de ter proclamado a boa-nova aos outros, eu mesmo seja reprovado.

V. É feliz, ó Senhor, quem for**mais**,
R. E edu**cais** nos caminhos da **Lei**.

Oração das Quinze Horas

Ant. Ninguém jamais viu, ó Senhor,
   o prêmio que vós preparastes
   para aqueles que esperam em vós.

Leitura breve   Fl 4,8.9b
Irmãos, ocupai-vos com tudo o que é verdadeiro, respeitável, justo, puro, amável, honroso, tudo o que é virtude ou
de qualquer modo mereça louvor. Assim o Deus da paz
estará convosco.

V. Exultem os que em vós se refugiam,
R. Pois convosco habitarão eternamente!

Oração como nas Laudes.

II Vésperas

Hino

Para um santo:
   Ó Jesus, Redentor nosso,
   coroais os vossos santos;
   ouvi hoje, compassivo,
   nossas preces, nossos cantos.

Hoje, o santo confessor
vosso nome fez brilhar,
e a Igreja, anualmente,
vem seus feitos celebrar.

Caminhou com passo firme
pela vida transitória,
e seguiu a vossa estrada
que nos leva para a glória.

Desprendendo o coração
de alegrias passageiras,
frui agora, junto aos anjos,
as delícias verdadeiras.

O perdão de nossas culpas
nos alcance a sua prece.
Nos seus passos conduzi-nos
para a luz que não perece.

Glória a Cristo, Rei clemente,
e a Deus Pai louvor também.
Honra e graças ao Espírito
pelos séculos. Amém.

Para vários santos:

Celebremos os servos de Cristo
de fé simples e santas ações;
hoje a terra, se unindo às alturas,
faz subir seu louvor em canções.

Caminharam isentos de culpa,
puros, mansos, humildes e castos;
suas almas, partindo da terra,
livres voam e sobem aos astros.

Rejubilam no céu, protegendo
o infeliz e seu pranto enxugando,
dão aos corpos doentes saúde,
as feridas das almas curando.

Nosso canto celebra os louvores
dos fiéis servidores de Deus;
queiram eles nos dar sua ajuda
e guiar-nos também para os céus.

Ao Deus Uno beleza e poder
e louvor nas alturas convém.
Glória Àquele que rege o Universo
e o conduz por leis sábias. Amém.

Salmodia

Ant. 1 Superou as provações e triunfou:
glória eterna seja a ele tributada.

Salmo 14(15)

— ¹"Senhor, quem morará em vossa casa *
e em vosso Monte santo habitará?"
— ²É aquele que caminha sem pecado *
e pratica a justiça fielmente;
— ³que pensa a verdade no seu íntimo *
e não solta em calúnias sua língua;
— que em nada prejudica o seu irmão, *
nem cobre de insultos seu vizinho;
— ⁴que não dá valor algum ao homem ímpio, *
mas honra os que respeitam o Senhor;
— que sustenta o que jurou, mesmo com dano; *
⁵não empresta o seu dinheiro com usura,
— nem se deixa subornar contra o inocente. *
Jamais vacilará quem vive assim!

Ant. Superou as provações e triunfou:
glória eterna seja a ele tributada.

Ant. 2 Deus manifesta em seus santos sua graça e seu amor,
e protege os seus eleitos

Salmo 111(112)

– ¹Feliz o homem que respeita o Senhor *
e que ama com carinho a sua lei!
– ²Sua descendência será forte sobre a terra, *
abençoada a geração dos homens retos!
– ³Haverá glória e riqueza em sua casa, *
e permanece para sempre o bem que fez.
– ⁴Ele é correto, generoso e compassivo, *
como luz brilha nas trevas para os justos.
– ⁵Feliz o homem caridoso e prestativo, *
que resolve seus negócios com justiça.
– ⁶Porque jamais vacilará o homem reto, *
sua lembrança permanece eternamente!
– ⁷Ele não teme receber notícias más: *
confiando em Deus, seu coração está seguro.
– ⁸Seu coração está tranquilo e nada teme, *
e confusos há de ver seus inimigos.
= ⁹Ele reparte com os pobres os seus bens, †
permanece para sempre o bem que fez, *
e crescerão a sua glória e seu poder.
= ¹⁰O ímpio, vendo isso, se enfurece, †
range os dentes e de inveja se consome; *
mas os desejos do malvado dão em nada.

Ant. Deus manifesta em seus santos sua graça e seu amor,
e protege os seus eleitos.

Ant. 3 Os santos cantavam um cântico novo
Àquele que está em seu trono, e ao Cordeiro;
na terra inteira ressoavam suas vozes

Cântico　　　　　　　　　　Ap 15,3-4

– ³Como são grandes e admiráveis vossas obras, *
ó Senhor e nosso Deus onipotente!

– Vossos caminhos são verdade, são justiça, *
  ó **Rei** dos povos todos do universo!
– (R. São **gran**des vossas **o**bras, ó Se**nhor**!)
= ⁴Quem, Se**nhor**, não haveria de temer-vos, †
  e **quem** não honraria o vosso nome? *
  Pois so**men**te vós, Senhor, é que sois santo! (R.)
= As nações **to**das hão de vir perante vós †
  e, prostra**das**, haverão de adorar-vos, *
  pois vossas **jus**tas decisões são manifestas. (R.)

Ant. Os **san**tos cantavam um **cân**tico **no**vo
  Àqu**e**le que es**tá** em seu **tro**no, e ao Cor**dei**ro;
  na **ter**ra in**tei**ra ressoavam suas **vo**zes

Leitura breve   Rm 8,28-30

Sabemos que tudo contribui para o bem daqueles que amam a Deus, daqueles que são chamados para a salvação, de acordo com o projeto de Deus. Pois aqueles que Deus contemplou com seu amor desde sempre, a esses ele predestinou a serem conformes à imagem de seu Filho, para que este seja o primogênito numa multidão de irmãos. E aqueles que Deus predestinou, também os chamou. E aos que chamou, também os tornou justos; e aos que tornou justos, também os glorificou.

Responsório breve

R. É **jus**to o nosso **Deus**, *Ele **a**ma a jus**ti**ça. R. É **jus**to.
V. Quem tem **re**to cora**ção** há de **ver** a sua **fa**ce. * Ele **a**ma.
  Glória ao **Pai**. R. É **jus**to.

Cântico evangélico, ant.

Servo **bom** e fi**el**,
vem en**trar** na ale**gri**a de Je**sus**, teu Se**nhor**!

Para vários santos:

Fi**éis** até à **mor**te,
rece**be**ram do Se**nhor** a co**ro**a da justiça.

Preces

Peçamos a Deus Pai, fonte de toda a santidade, que, pela intercessão e exemplo dos santos, nos conduza a uma vida mais perfeita; e digamos:

R. **Fazei-nos santos, porque vós sois santo!**

Pai santo, que nos destes a graça de nos chamarmos e sermos realmente vossos filhos,
– fazei que a santa Igreja proclame as vossas maravilhas por toda a terra. R.

Pai santo, inspirai os vossos servos a viver dignamente, segundo a vossa vontade,
– e ajudai-nos a dar abundantes frutos de boas obras. R.

Pai santo, que nos reconciliastes convosco por meio de Cristo,
– conservai-nos na unidade por amor de vosso nome. R.

Pai santo, que nos convidastes para tomar parte no banquete celeste,
– pela comunhão do pão descido do céu, dai-nos alcançar a perfeição da caridade. R.

(intenções livres)

Pai santo, perdoai as faltas de todos os pecadores,
– e acolhei na luz da vossa face todos os que morreram. R.

Pai nosso...

Oração

Não havendo oração própria, diz-se uma das seguintes:

Ó Deus, só vós sois santo e sem vós ninguém pode ser bom. Pela intercessão de são (sto.) N., dai-nos viver de tal modo, que não sejamos despojados da vossa glória. Por nosso Senhor Jesus Cristo, vosso Filho, na unidade do Espírito Santo.

Ou:

Ó Deus, que o exemplo de vossos santos nos leve a uma vida mais perfeita e, celebrando a memória de são (sto.) N., imitemos constantemente suas ações. Por nosso Senhor Jesus Cristo, vosso Filho, na unidade do Espírito Santo.

Para vários santos:

Deus eterno e todo-poderoso, que pela glorificação dos santos continuais manifestando o vosso amor por nós, concedei que sejamos ajudados por sua intercessão e animados pelo seu exemplo, na imitação fiel do vosso Filho. Que convosco vive e reina, na unidade do Espírito Santo.

Para um santo religioso:

Ó Deus, concedei-nos, pelas preces de são (sto.) N., a quem destes perseverar na imitação de Cristo pobre e humilde, seguir a nossa vocação com fidelidade e chegar àquela perfeição que nos propusestes em vosso Filho. Que convosco vive e reina, na unidade do Espírito Santo.

Para um santo que se dedicou às obras de caridade:

Ó Pai, como ensinastes à vossa Igreja que todos os mandamentos se resumem em amar a Deus e ao próximo, concedei-nos, a exemplo de são (sto.) N., praticar obras de caridade, para sermos contados entre os benditos do vosso Reino. Por nosso Senhor Jesus Cristo, na unidade do Espírito Santo.

Para um santo educador:

Ó Deus, que suscitastes são (sto.) N. na vossa Igreja, para mostrar ao próximo o caminho da salvação, concedei-nos seguir também o Cristo, nosso Mestre, e chegar até vós com nossos irmãos. Por nosso Senhor Jesus Cristo, vosso Filho, na unidade do Espírito Santo.

COMUM DAS SANTAS MULHERES

I Vésperas

HINO, Louvor à mulher forte, ou Ó Cristo, autor dos seres, como nas II Vésperas, p. 1736.

Salmodia

Ant. 1 Ben**di**to seja o **no**me do Se**nhor**,
 que em suas **san**tas reve**lou** o seu a**mor**!

Salmo 112(113)

– ¹ Lou**vai**, louvai, ó **ser**vos do Se**nhor**, *
 lou**vai**, louvai o nome do Senhor!
– ² Ben**di**to seja o nome do Senhor, *
 a**go**ra e por toda a eternidade!
– ³ Do nas**cer** do sol até o seu ocaso, *
 louva**do** seja o nome do Senhor!
– ⁴ O Se**nhor** está acima das nações, *
 sua **gló**ria vai além dos altos céus.
= ⁵ Quem **po**de comparar-se ao nosso Deus, †
 ao Se**nhor**, que no alto céu tem o seu trono *
 ⁶ e se in**cli**na para olhar o céu e a terra?
– ⁷ Le**van**ta da poeira o indigente *
 e do **li**xo ele retira o pobrezinho,
– ⁸ para fa**zê**-lo assentar-se com os nobres, *
 assen**tar**-se com os nobres do seu povo.
– ⁹ Faz a es**té**ril, mãe feliz em sua casa, *
 vi**ven**do rodeada de seus filhos.

Ant. Ben**di**to seja o **no**me do Se**nhor**,
 que em suas **san**tas reve**lou** o **a**mor!

Ant. 2 Glorifica o Se**nhor**, Jerusa**lém**,
 que os teus **fi**lhos em teu **sei**o abenço**ou**.

Salmo 147(147B)

– ¹²Glorifica o Se**nhor**, Jerusa**lém**! *
Ó Sião, canta louvores ao teu Deus!
– ¹³Pois refor**çou** com segurança as tuas portas, *
e os teus **fi**lhos em teu seio aben**ço**ou;
– ¹⁴a **paz** em teus limites garantiu *
e te **dá** como alimento a flor do trigo.
– ¹⁵Ele en**vi**a suas ordens para a terra, *
e a pa**la**vra que ele diz corre veloz;
– ¹⁶ele **faz** cair a neve como lã *
e espa**lha** a geada como cinza.
– ¹⁷Como de **pão** lança as migalhas do granizo, *
a seu **fri**o as águas ficam congeladas.
– ¹⁸Ele en**vi**a sua palavra e as derrete, *
sopra o **ven**to e de novo as águas correm.
– ¹⁹Anun**ci**a a Jacó sua palavra, *
seus pre**cei**tos e suas leis a Israel.
– ²⁰Nenhum **po**vo recebeu tanto carinho, *
a nenhum **ou**tro revelou os seus preceitos.

Ant. Glorifica o Se**nhor**, Jerusa**lém**,
que os teus **fi**lhos em teu **sei**o aben**ço**ou.

Ant. 3 O Se**nhor** se agra**dou** muito de **ti**,
e se**rás** a ale**gri**a do teu **Deus**.

Cântico   Ef 1,3-10

– ³Ben**di**to e lou**va**do seja **Deus**, *
o **Pai** de Jesus Cristo, Senhor nosso,
– que do alto **céu** nos abençoou em Jesus Cristo *
com **bên**ção espiritual de toda sorte!

(R. Ben**di**to sejais **vós**, nosso **Pai**,
que **nos** abençoastes em **Cris**to!)

– ⁴Foi em **Cris**to que Deus Pai nos escolheu, *
já bem **an**tes de o mundo ser criado,

– para que **fôs**semos, perante a sua face, *
  sem **má**cula e santos pelo amor. (R.)
= ⁵ Por **li**vre decisão de sua vontade, †
  predesti**nou**-nos, através de Jesus Cristo, *
  a sermos **ne**le os seus filhos adotivos,
– ⁶ para o lou**vor** e para a glória de sua graça, *
  que em seu **Fi**lho bem-amado nos doou. (R.)
– ⁷ É **ne**le que nós temos redenção, *
  dos pe**ca**dos remissão pelo seu sangue.
= Sua **gra**ça transbordante e inesgotável †
  ⁸ Deus der**ra**ma sobre nós com abundância, *
  de sa**ber** e inteligência nos dotando. (R.)
– ⁹ E as**sim**, ele nos deu a conhecer *
  o mis**té**rio de seu plano e sua vontade,
– que propu**se**ra em seu querer benevolente, *
  ¹⁰ na pleni**tu**de dos tempos realizar:
– o de**síg**nio de, em Cristo, reunir *
  todas as **coi**sas: as da terra e as do céu. (R)

Ant. O Se**nhor** se agra**dou** muito de **ti**,
 e se**rás** a ale**gri**a do teu **Deus**.

Leitura breve
Fl 3,7-8

Estas coisas, que eram vantagens para mim, considerei-as como perda, por causa de Cristo. Na verdade, considero tudo como perda diante da vantagem suprema que consiste em conhecer a Cristo Jesus, meu Senhor. Por causa dele eu perdi tudo. Considero tudo como lixo, para ganhar Cristo e ser encontrado unido a ele.

Responsório breve
R. **Exul**to de ale**gri**a
 * Em **vos**so grande a**mor**. R. **Exul**to.
V. Pois o**lhas**tes, ó Se**nhor**, para as **mi**nhas afli**ções**.
 * Em **vos**so. Glória ao **Pai**. R. **Exul**to.

Cântico evangélico, ant.

A vós o **fru**to e a co**lhei**ta que plan**tar**am vossas **mãos**!
E, nas **nos**sas assem**blei**as, o lou**vor** tão mere**ci**do!

Para várias santas:

Glori**ai**-vos em seu **no**me que é **san**to,
e**xul**te o cora**ção** que busca a **Deus**!

Preces

Por intercessão das santas mulheres, peçamos ao Senhor em favor da Igreja; e digamos:

R. Lembrai-vos, Senhor, da vossa Igreja!

Por intercessão das santas mártires, que venceram a morte do corpo com o vigor do espírito,
—concedei à vossa Igreja a fortaleza nas provações. R.

Por intercessão das santas casadas, que progrediram em graça na vida matrimonial,
—concedei à vossa Igreja a fecundidade apostólica. R.

Por intercessão das santas viúvas, que superaram e santificaram sua solidão mediante a oração e a hospitalidade,
—concedei à vossa Igreja que manifeste perante o mundo o mistério da vossa caridade. R.

Por intercessão das santas mães, que geraram filhos para o Reino de Deus e para a sociedade humana,
—concedei à vossa Igreja que transmita a vida divina e a salvação a toda a humanidade. R.

(intenções livres)

Por intercessão de todas as santas mulheres, que já mereceram contemplar a luz da vossa face,
—concedei aos irmãos e irmãs falecidos de vossa Igreja a eterna alegria da mesma visão. R.

Pai nosso...

Oração

Não havendo oração própria, diz-se uma das seguintes:

Ó Deus, que nos alegrais cada ano com a festa de santa N., fazei-nos, venerando sua memória, seguir o exemplo de sua vida. Por nosso Senhor Jesus Cristo, vosso Filho, na unidade do Espírito Santo.

Ou:

Concedei-nos, ó Deus, a sabedoria e o amor que inspirastes à vossa filha santa N., para que, seguindo seu exemplo de fidelidade, nos dediquemos ao vosso serviço, e vos agrademos pela fé e pelas obras. Por nosso Senhor Jesus Cristo, vosso Filho, na unidade do Espírito Santo.

Para várias santas mulheres:

Ó Deus todo-poderoso, pelas preces das santas N. e N., que nos deixaram em suas vidas um exemplo admirável, concedei-nos os auxílios celestes. Por nosso Senhor Jesus Cristo, vosso Filho, na unidade do Espírito Santo.

Para uma santa religiosa:

Ó Deus, concedei-nos, pelas preces de santa N., a quem destes perseverar na imitação do Cristo pobre e humilde, seguir a nossa vocação com fidelidade e chegar àquela perfeição que nos propusestes em vosso Filho. Que convosco vive e reina, na unidade do Espírito Santo.

Para uma santa que se dedicou às obras de caridade:

Ó Pai, como ensinastes à vossa Igreja que todos os mandamentos se resumem em amar a Deus e ao próximo, concedei-nos, a exemplo de santa N., praticar obras de caridade, para sermos contados entre os benditos do vosso Reino. Por nosso Senhor Jesus Cristo, vosso Filho, na unidade do Espírito Santo.

Para uma santa educadora:

Ó Deus, que suscitastes santa N. na vossa Igreja, para mostrar ao próximo o caminho da salvação, concedei-nos seguir também o Cristo, nosso Mestre, e chegar até vós com nossos irmãos. Por nosso Senhor Jesus Cristo, vosso Filho, na unidade do Espírito Santo.

Invitatório

R. Adoremos o Senhor, admirável nos seus santos.
Ou:

R. Na festa de santa N, celebremos o Senhor!

Salmo invitatório como no Ordinário, p.537.

Ofício das Leituras

Hino

Para uma santa mulher:

Esta louvável mulher,
por suas obras honrada,
já com os anjos triunfa
pelas virtudes ornada.

A Deus orava com lágrimas
e com fiel coração,
entre jejuns e vigílias,
fiel à santa oração.

Do mundo a glória pisou,
firmando a mente no bem.
E, na perfeita justiça,
dos céus subiu mais além.

Em sua casa ela fez
brilhar as santas ações.
Seu prêmio agora recebe
de Deus nas altas mansões.

Honra, poder, majestade
ao Uno e Trino Senhor.
Ouvindo as preces da santa,
nos una aos santos no Amor.

Para várias santas mulheres:
>
> Estas louváveis mulheres,
> por suas obras honradas,
> já com os anjos triunfam
> pelas virtudes ornadas.
>
> A Deus oravam com lágrimas
> e com fiel coração,
> entre jejuns e vigílias,
> fiéis à santa oração.
>
> Do mundo a glória pisaram,
> firmando a mente no bem.
> E, na perfeita justiça,
> dos céus subiram além.
>
> Em sua casa fizeram
> brilhar as santas ações.
> Seu prêmio agora recebem
> de Deus nas altas mansões.
>
> Honra, poder, majestade
> ao Uno e Trino Senhor.
> Ouvindo as preces das santas,
> nos una aos santos no Amor.

Salmodia

Ant. 1 Palavras **sábias** profe**ri**ram os seus **lá**bios, e sua **lín**gua obede**ceu** à lei do **a**mor.

Salmo 18(19A)

– ^{2} Os céus pro**cla**mam a **gló**ria do **Se**nhor, *
  e o firma**men**to, a obra de suas mãos;
– ^{3} o dia ao **dia** transmite esta mensagem, *
  a noite à **noi**te publica esta notícia.
– ^{4} Não são dis**cur**sos nem frases ou palavras, *
  nem são **vo**zes que possam ser ouvidas;
– ^{5} seu som res**so**a e se espalha em toda a terra, *
  chega aos con**fins** do universo a sua voz.–

— ⁶Armou no **al**to uma tenda para o sol; *
ele des**pon**ta no céu e se levanta
— como um es**po**so do quarto nupcial, *
como um he**rói** exultante em seu caminho.
— ⁷De um ex**tre**mo do céu põe-se a correr *
e vai tra**çan**do o seu rastro luminoso,
— até que **pos**sa chegar ao outro extremo, *
e nada **po**de fugir ao seu calor.

Ant. Palavras **sá**bias profe**ri**ram os seus **lá**bios,
e sua **lín**gua obede**ceu** à lei do **amor**.

Ant. 2 As **san**tas mu**lhe**res em **Deus** confi**a**ram
e a **e**le can**ta**ram em **seu** cora**ção**.

Salmo 44(45)

I

= ²Trans**bor**da um poema do **meu** cora**ção**; †
vou can**tar**-vos, ó Rei, esta **mi**nha canção; *
minha **lín**gua é qual pena de um ágil escriba.
= ³Sois tão **be**lo, o mais belo entre os **fi**lhos dos homens! †
Vossos **lá**bios espalham a **gra**ça, o encanto, *
porque **Deus**, para sempre, vos **deu** sua bênção.
— ⁴Le**vai** vossa espada de **gló**ria no flanco, *
he**rói** valoroso, no **vos**so esplendor;
— ⁵sa**í** para a luta no **car**ro de guerra *
em de**fe**sa da fé, da jus**ti**ça e verdade!
= Vossa **mão** vos ensine va**len**tes proezas, †
⁶vossas **fle**chas agudas a**ba**tam os povos *
e **fi**ram no seu cora**ção** o inimigo!
= ⁷Vosso **tro**no, ó Deus, é e**ter**no, é sem fim; †
vosso **ce**tro real é si**nal** de justiça: *
⁸Vós a**mais** a justiça e odi**ais** a maldade.

= É por isso que Deus vos ungiu com seu óleo, †
   deu-vos mais alegria que aos vossos amigos. *
   ⁹ Vossas vestes exalam preciosos perfumes.

— De ebúrneos palácios os sons vos deleitam. *
   ¹⁰ As filhas de reis vêm ao vosso encontro,
— e à vossa direita se encontra a rainha *
   com veste esplendente de ouro de Ofir.

Ant. As santas mulheres em Deus confiaram
   e a ele cantaram em seu coração.

Ant. 3 Na celeste mansão, do Senhor se aproximam
   entre cantos de festa e com grande alegria.

II

— ¹¹ Escutai, minha filha, olhai, ouvi isto: *
   "Esquecei vosso povo e a casa paterna!
— ¹² Que o Rei se encante com vossa beleza! *
   Prestai-lhe homenagem: é vosso Senhor!
— ¹³ O povo de Tiro vos traz seus presentes, *
   os grandes do povo vos pedem favores.
— ¹⁴ Majestosa, a princesa real vem chegando, *
   vestida de ricos brocados de ouro.
— ¹⁵ Em vestes vistosas ao Rei se dirige, *
   e as virgens amigas lhe formam cortejo;
— ¹⁶ entre cantos de festa e com grande alegria, *
   ingressam, então, no palácio real".
— ¹⁷ Deixareis vossos pais, mas tereis muitos filhos; *
   fareis deles os reis soberanos da terra.
— ¹⁸ Cantarei vosso nome de idade em idade, *
   para sempre haverão de louvar-vos os povos!

Ant. Na celeste mansão, do Senhor se aproximam
   entre cantos de festa e com grande alegria.

V. Que vos agrade o cantar dos meus lábios.
R. Que ele chegue até vós, meu Rochedo e meu Redentor!

Primeira leitura

Toma-se a leitura mais apropriada dentre as que se encontram no Comum dos santos homens, p. 1697-1701.

Ou, para uma santa que viveu no Matrimônio:

Do Livro dos Provérbios   31,10-31

A mulher que teme a Deus

¹⁰Uma mulher forte, quem a encontrará?
Ela vale muito mais do que as joias.
¹¹Seu marido confia nela plenamente,
e não terá falta de recursos.
¹²Ela lhe dá só alegria e nenhum desgosto,
todos os dias de sua vida.
¹³Procura lã e linho,
e com habilidade trabalham as suas mãos.
¹⁴É semelhante ao navio do mercador
que importa de longe a provisão.
¹⁵Ela se levanta, anda de noite,
para alimentar a família e dar ordens às empregadas.
¹⁶Examina a um terreno e o compra,
e com o ganho das suas mãos planta uma vinha.
¹⁷Cinge a cintura com firmeza,
e redobra a força dos seus braços.
¹⁸Sabe que os negócios vão bem,
e de noite sua lâmpada não se apaga.
¹⁹Estende a mão para a roca
e seus dedos seguram o fuso.
²⁰Abre suas mãos ao necessitado
e estende suas mãos ao pobre.
²¹Se neva, não teme pela casa,
porque todos os criados vestem roupas forradas.
²² Tece roupas para o seu uso,
e veste-se de linho e púrpura.
²³Seu marido é respeitado, no tribunal,

quando se assenta entre os anciãos da cidade.
²⁴Fabrica tecidos para vender,
e fornece cinturões ao comerciante.
²⁵Fortaleza e dignidade são seus adornos
e sorri diante do futuro.
²⁶Abre a boca com sabedoria,
e sua língua ensina com bondade.
²⁷Supervisiona o andamento da sua casa,
e não come o pão na ociosidade.
²⁸Seus filhos levantam-se para felicitá-la,
seu marido, para fazer-lhe elogios:
²⁹"Muitas mulheres são fortes,
tu, porém, a todas ultrapassas!"
³⁰O encanto é enganador e a beleza é passageira;
a mulher que teme ao Senhor, essa, sim, merece louvor.
³¹Proclamem o êxito de suas mãos,
e na praça louvem-na as suas obras!

Responsório Cf. Pr 31,17.18; cf. Sl 45(46),6

R. Eis aqui a mulher que é perfeita,
revestida da força de Deus.
* Sua luz não se apaga de noite.
V. O Senhor a sustenta com a luz de sua face.
Quem a pode abalar? Deus está junto a ela.
* Sua luz.

Ou outra para uma santa que viveu no matrimônio:

Da Primeira Carta de São Pedro 3,1-6.8-17

Santificai em vossos corações o Senhor Jesus Cristo

¹Esposas, submetei-vos aos vossos maridos. Assim, os que ainda não obedecem à Palavra poderão ser conquistados, mesmo sem discursos, pelo comportamento de suas esposas, ²ao observarem a sua conduta casta e respeitosa. ³O vosso adorno não consista em coisas externas, tais como

cabelos trançados, joias de ouro, vestidos luxuosos, ⁴mas na personalidade que se esconde no vosso coração, marcada pela estabilidade de um espírito suave e sereno, coisa preciosa diante de Deus. ⁵Era assim que se adornavam, outrora, as santas mulheres que colocavam sua esperança em Deus: eram submissas aos seus maridos. ⁶Deste modo, Sara obedeceu a Abraão chamando-o seu senhor. Vós vos tornareis filhas de Sara, se praticardes o bem, sem vos deixardes intimidar por ninguém.

⁸Finalmente, sede todos unânimes, compassivos, fraternos, misericordiosos e humildes. ⁹Não pagueis o mal com o mal, nem ofensa com ofensa. Ao contrário, abençoai, porque para isto fostes chamados: para serdes herdeiros da bênção. ¹⁰De fato, "quem quer amar a vida
e ver dias felizes,
guarde a sua língua do mal
e seus lábios de falar mentiras.
¹¹Afaste-se do mal e faça o bem,
busque a paz e procure segui-la.
¹²Pois os olhos do Senhor repousam nos justos
e seus ouvidos estão atentos à sua prece,
mas o rosto do Senhor volta-se contra os malfeitores".

¹³Ora quem é que vos fará mal, se vos esforçais para fazer o bem? ¹⁴Mas também, se tiverdes que sofrer por causa da justiça, sereis felizes. Não tenhais medo de suas intimidações, nem vos deixeis perturbar. ¹⁵Antes, santificai em vossos corações o Senhor Jesus Cristo, e estai sempre prontos a dar razão da vossa esperança a todo aquele que vo-la pedir. ¹⁶Fazei-o, porém, com mansidão e respeito e com boa consciência. Então, se em alguma coisa fordes difamados, ficarão com vergonha aqueles que ultrajam o vosso bom procedimento em Cristo. ¹⁷Pois será melhor sofrer praticando o bem, se esta for a vontade de Deus, do que praticando o mal.

Responsório   Fl 2,2.3.4; 1Ts 5,14-15

R. Rende amor, considerando cada um
aos outros superiores a si mesmo.
* Não cuidando cada um só daquilo que é seu,
mas também do que é dos outros.
V. Amparai os que são fracos, sede com todos pacientes,
buscai constantemente o bem dos outros e de todos.
* Não cuidando.

Segunda leitura

Toma-se a leitura mais apropriada dentre as que se encontram no Comum dos santos homens, p. 1701-1704.

Ou, para uma santa que viveu no Matrimônio:

Da Alocução do papa Pio XII a um grupo de recém-casados

(Discorsi e Radiomessaggi, 11 mart. 1942: 3,385-390)

(Séc. XX)

A esposa, o sol da família

A família tem o brilho de um sol que lhe é próprio: a esposa. Ouvi o que a Sagrada Escritura afirma e sente a respeito dela: *A graça da mulher dedicada é a delícia do marido. Mulher santa e pudica é graça primorosa. Como o sol que se levanta nas alturas do Senhor, assim o encanto da boa esposa na casa bem-ordenada* (Eclo 26,16.19.21).

Realmente, a esposa e mãe é o sol da família. É sol por sua generosidade e dedicação, pela disponibilidade constante e pela delicadeza e atenção em relação a tudo quanto possa tornar agradável a vida do marido e dos filhos. Irradia luz e calor do espírito. Costuma-se dizer que a vida de um casal será harmoniosa quando cada cônjuge, desde o começo, procura não a sua felicidade, mas a do outro. Todavia, este nobre sentimento e propósito, embora pertença a ambos, constitui principalmente uma virtude da mulher. Por natureza, ela é dotada de sentimentos maternos e de uma sabedoria e prudência de coração que a faz responder com alegria às contrariedades; quando ofendida, inspira dignidade e respeito, à semelhança do sol que ao raiar alegra a manhã coberta pelo nevoeiro e, quando se põe, tinge as nuvens com seus raios dourados.

A esposa é o sol da família pela limpidez do seu olhar e o calor da sua palavra. Com seu olhar e sua palavra penetra suavemente nas almas, acalmando-as e conseguindo afastá-las do tumulto das paixões. Traz o marido de volta à alegria do convívio familiar e lhe restitui a boa disposição, depois de um dia de trabalho ininterrupto e muitas vezes esgotante, seja nos escritórios ou no campo, ou ainda nas absorventes atividades do comércio ou da indústria.

A esposa é o sol da família por sua natural e serena sinceridade, sua digna simplicidade, seu distinto porte cristão; e ainda pela retidão do espírito, sem dissipação, e pela fina compostura com que se apresenta, veste e adorna, mostrando-se ao mesmo tempo reservada e amável. Sentimentos delicados, agradáveis expressões do rosto, silêncio e sorriso sem malícia e um condescendente sinal de cabeça: tudo isso lhe dá a beleza de uma flor rara mas simples que, ao desabrochar, se abre para receber e refletir as cores do sol.

Ah, se pudésseis compreender como são profundos os sentimentos de amor e de gratidão que desperta e grava no coração do pai e dos filhos semelhante perfil de esposa e de mãe!

Responsório Eclo 26,16.19.21

R. A **graça** da **mu**lher, que **é** dedi**ca**da, a**le**gra o seu ma**ri**do.

 * **Gra**ça sobre **gra**ça é a **mu**l**her**, que é sen**sa**ta e virtu**o**sa.

V. Como o **sol** que se le**van**ta no hori**zon**te
e re**ful**ge nas al**tu**ras,
as**sim** são as vir**tu**des da mu**lher**,
orna**men**to de sua **ca**sa. * **Graça.**

Nas solenidades e festas diz-se o HINO Te Deum, p. 543.
Oração como nas Laudes.

Laudes

Hino
Para uma santa mulher:
>Na nobre serva de Cristo
com grande esplendor brilhou
da mulher forte a beleza,
que a Santa Bíblia cantou.

>Viveu a fé, a esperança
e a caridade integral,
raiz das obras perfeitas
de puro amor fraternal.

>Por suas preces movido,
Jesus, salvai os culpados,
e assim a vós louvaremos
de corações renovados.

>Glória e poder a Deus Pai,
do qual o mundo provém,
a vós, ó Cristo, e ao Espírito,
agora e sempre. Amém.

Para várias santas mulheres:
>Nas nobres servas de Cristo
com grande esplendor brilhou
da mulher forte a beleza,
que a Santa Bíblia cantou.

>Não teve o mundo em seus laços
as que só Deus procuraram,

e o odor de Jesus Cristo
por toda parte espalharam.

A alma e o corpo domando
pelo jejum e a oração,
os bens que passam deixaram
por uma eterna mansão.

Louvor e poder a Deus Pai,
que o mundo inteiro governa
e reserva para os seus
a glória da vida eterna.

Ant. 1 Minh'**alma** se a**garra** em **vós**,
com po**der** vossa **mão** me sus**ten**ta.

Salmos e cântico do domingo da I Semana, p. 580.

Ant. 2 A **mão** do Se**nhor** vos dá **força**,
vós se**reis** para **sem**pre ben**dita**!

Ant. 3 E**xul**to de ale**gria** pelo **vosso** grande a**mor**!

Leitura breve
Rm 12,1-2

Pela misericórdia de Deus, eu vos exorto, irmãos, a vos oferecerdes em sacrifício vivo, santo e agradável a Deus: Este é o vosso culto espiritual. Não vos conformeis com o mundo, mas transformai-vos, renovando vossa maneira de pensar e de julgar, para que possais distinguir o que é da vontade de Deus, isto é, o que é bom, o que lhe agrada, o que é perfeito.

Responsório breve

R. O Se**nhor** a sus**ten**ta
   * Com a **luz** de sua **face**. R. O Se**nhor**.
V. Quem a **po**de aba**lar**? Deus es**tá** junto a **ela**.
   * Com a **luz**. Glória ao **Pai**. R. O Se**nhor**.

Para várias santas mulheres:

R. Os **jus**tos se a**le**gram
   * na pre**sen**ça do Se**nhor**. R. Os **jus**tos.

℣. Rejubilam satisfeitos, e exultam de alegria.
   * Na presença. Glória ao **Pai**. ℟. Os **jus**tos.

Cântico evangélico, ant.

O **Rei**no dos **Céus** é semelhante
ao comprador de raras pérolas preciosas;
quando encontra a mais bela entre todas,
vende tudo o que possui para comprá-la.

Preces

Juntamente com todas as santas mulheres, louvemos, irmãos, nosso Salvador; e peçamos:
℟. **Vinde, Senhor Jesus!**

Senhor Jesus, que perdoastes à mulher pecadora todos os seus pecados porque ela muito amou,
– perdoai-nos também os nossos muitos pecados. ℟.

Senhor Jesus, a quem as santas mulheres serviam em vossas jornadas,
– concedei-nos seguir fielmente os vossos passos. ℟.

Senhor Jesus, Mestre a quem Maria escutava, enquanto Marta vos servia,
– concedei-nos também vos servirmos na fé e na caridade. ℟.

Senhor Jesus, que chamastes irmão, irmã e mãe a todos aqueles que cumprem a vontade do Pai,
– fazei que sempre vos agrademos em palavras e ações. ℟.

(intenções livres)

Pai nosso...

Oração

Não havendo oração própria, diz-se uma das seguintes:

Ó Deus, que nos alegrais cada ano com a festa de santa N., fazei-nos, venerando sua memória, seguir o exemplo de sua vida. Por nosso Senhor Jesus Cristo, vosso Filho, na unidade do Espírito Santo.

Ou:

Concedei-nos, ó Deus, a sabedoria e o amor que inspirastes à vossa filha santa N., para que, seguindo seu exemplo de fidelidade, nos dediquemos ao vosso serviço, e vos agrademos pela fé e pelas obras. Por nosso Senhor Jesus Cristo, vosso Filho, na unidade do Espírito Santo.

Para várias santas mulheres:

Ó Deus todo-poderoso, pelas preces das santas N. e N., que nos deixaram em suas vidas um exemplo admirável, concedei-nos os auxílios celestes. Por nosso Senhor Jesus Cristo, vosso Filho, na unidade do Espírito Santo.

Para uma santa religiosa:

Ó Deus, concedei-nos, pelas preces de santa N., a quem destes perseverar na imitação do Cristo pobre e humilde, seguir a nossa vocação com fidelidade e chegar àquela perfeição que nos propusestes em vosso Filho. Que convosco vive e reina, na unidade do Espírito Santo.

Para uma santa que se dedicou às obras de caridade:

Ó Pai, como ensinastes à vossa Igreja que todos os mandamentos se resumem em amar a Deus e ao próximo, concedei-nos, a exemplo de santa N., praticar obras de caridade, para sermos contados entre os benditos do vosso Reino. Por nosso Senhor Jesus Cristo, vosso Filho, na unidade do Espírito Santo.

Para uma santa educadora:

Ó Deus, que suscitastes santa N. na vossa Igreja, para mostrar ao próximo o caminho da salvação, concedei-nos seguir também o Cristo, nosso Mestre, e chegar até vós com nossos irmãos. Por nosso Senhor Jesus Cristo, vosso Filho, na unidade do Espírito Santo.

Hora Média

Nos Salmos graduais, em lugar do Salmo 121(122), pode-se dizer o Salmo 128(129), à p. 1074, e, em lugar do Salmo 126(127), o Salmo 130(131), à p. 902.

Oração das Nove Horas

Ant. Derramarei meu Espírito sobre meus servos e servas.

Leitura breve **Gl 6,7b-8**

O que o homem tiver semeado, é isso que vai colher. Quem semeia na sua própria carne colherá corrupção; Quem semeia no espírito, do espírito colherá a vida eterna.

V. Feliz o homem sem pecado em seu caminho.
R. Que na Lei do Senhor Deus vai progredindo.

Oração das Doze Horas

Ant. Meu coração e minha carne rejubilam
e exultam de alegria no Deus vivo.

Leitura breve **1Cor 9,26-27a**

Por isso, eu corro, mas não à toa. Eu luto, mas não como quem dá murros no ar. Trato duramente o meu corpo e o subjugo.

V. Encontrei o grande amor da minha vida.
Vou guardá-lo para sempre junto a mim.

Oração das Quinze Horas

Ant. Eu sou toda do Senhor, e o Senhor é todo meu.

Leitura breve **Fl 4,8.9b**

Quanto ao mais, irmãos, ocupai-vos com tudo o que é verdadeiro, respeitável, justo, puro, amável, honroso, tudo o que é virtude ou de qualquer modo mereça louvor. Assim o Deus da paz estará convosco.

V. Eu quero cantar os meus hinos a Deus.
R. Desejo trilhar o caminho do bem.

Oração como nas Laudes.

II Vésperas

Hino

Para uma santa mulher:

Louvor à mulher forte,
firme de coração.
Em glória e santidade
refulge o seu clarão.

Calcando aos pés o mundo
das coisas transitórias,
por santo amor ferida,
caminha para a glória.

Domina por jejuns
da carne a rebeldia.
O pão da prece nutre
sua alma de alegria.

Só vós fazeis prodígios,
ó Cristo, Rei dos fortes.
A prece desta santa
na luta nos conforte.

Jesus, a vós a glória!
A nós guiai também,
com vossa humilde serva,
à vida eterna. Amém.

Para várias santas mulheres:

Ó Cristo, autor dos seres,
que a tudo governais,
daqueles que vos louvam
as culpas apagais.

Guardais em vasos frágeis
as pedras preciosas.
Mulheres muito fracas
tornastes valorosas.

Sensíveis, delicadas,
mas fortes pelo amor,
recebem a coroa
no Reino do Senhor.

Ao Pai e ao Filho glória,
e ao seu Amor também,
poder, louvor, vitória
agora e sempre. Amém.

Salmodia

Ant. 1 Vossa **serva**, ó Se**nhor**,
exul**tou** de ale**gria** pela **vos**sa salva**ção**.

Salmo 121(122)

– ¹Que ale**gria**, quando ou**vi** que me dis**ser**am: *
"Vamos à **ca**sa do Se**nhor**!"
– ²E a**go**ra nossos pés já se detêm, *
Jerusa**lém**, em tuas portas.
– ³Jerusa**lém**, cidade bem edificada *
num con**jun**to harmonioso;
– ⁴para **lá** sobem as tribos de Israel, *
as **tri**bos do Senhor.
– Para lou**var**, segundo a lei de Israel, *
o **no**me do Senhor.
– ⁵A **se**de da justiça lá está *
e o **tro**no de Davi.
– ⁶Ro**gai** que viva em paz Jerusalém, *
e em segu**ran**ça os que te amam!
– ⁷Que a **paz** habite dentro de teus muros, *
tranquili**da**de em teus palácios!
– ⁸Por a**mor** a meus irmãos e meus amigos, *
peço: "A **paz** esteja em ti!"
– ⁹Pelo a**mor** que tenho à casa do Senhor, *
eu te de**se**jo todo bem!

Ant. Vossa **ser**va, ó Se**nhor**,
 exul**tou** de ale**gri**a pela **vos**sa salva**ção**.

Ant. 2 Como ali**cer**ce sobre a **ro**cha inaba**lá**vel,
 foi a pa**la**vra do Se**nhor** em sua **vi**da.

Salmo 126(127)

– ¹ Se o Se**nhor** não constru**ir** a nossa **ca**sa, *
 em **vão** trabalharão seus construtores;
– se o Se**nhor** não vigiar nossa cidade, *
 em **vão** vigiarão as sentinelas!
– ² É in**ú**til levantar de madrugada, *
 ou à **noi**te retardar vosso repouso,
– para ga**nhar** o pão sofrido do trabalho, *
 que a seus a**ma**dos Deus concede enquanto dormem.
– ³ Os **fi**lhos são a bênção do Senhor, *
 o **fru**to das entranhas, sua dádiva.
– ⁴ Como **fle**chas que um guerreiro tem na mão, *
 são os **fi**lhos de um casal de esposos jovens.
– ⁵ **Fe**liz aquele pai que com tais flechas *
 con**se**gue abastecer a sua aljava!
– Não se**rá** envergonhado ao enfrentar *
 seus ini**mi**gos junto às portas da cidade.

Ant. Como ali**cer**ce sobre a **ro**cha inaba**lá**vel,
 foi a pa**la**vra do Se**nhor** em sua **vi**da.

Ant. 3 A **mão** do Se**nhor** vos dá **for**ça.
 vós se**reis** para **sem**pre ben**di**ta!

Cântico   Ef 1,3-10

– ³ Bendito e louv**a**do seja **Deus**, *
 o **Pai** de Jesus Cristo, Senhor nosso,
– que do alto **céu** nos abençoou em Jesus Cristo *
 com **bên**ção espiritual de toda sorte!

(R. Bendito sejais **vós**, nosso **Pai**,
   que **nos** abençoastes em **Cristo**!)
– ⁴Foi em **Cris**to que Deus Pai nos escolheu, *
   já bem **an**tes de o mundo ser criado,
– para que **fôs**semos, perante a sua face, *
   sem **má**cula e santos pelo amor. (R.)
= ⁵Por **li**vre decisão de sua vontade, †
   predesti**nou**-nos, através de Jesus Cristo, *
   a sermos **ne**le os seus filhos adotivos,
– ⁶para o lou**vor** e para a glória de sua graça, *
   que em seu **Fi**lho bem-amado nos doou. (R.)
– ⁷É **ne**le que nós temos redenção, *
   dos pe**ca**dos remissão pelo seu sangue.
= Sua **gra**ça transbordante e inesgotável †
   ⁸Deus der**ra**ma sobre nós com abundância, *
   de sa**ber** e inteligência nos dotando. (R.)
– ⁹E as**sim**, ele nos deu a conhecer *
   o mis**té**rio de seu plano e sua vontade,
– que propu**se**ra em seu querer benevolente, *
   ¹⁰na pleni**tu**de dos tempos realizar:
– o de**síg**nio de, em Cristo, reunir *
   todas as **coi**sas: as da terra e as do céu. (R)

Ant. A **mão** do Se**nhor** vos dá **for**ça.
   vós se**reis** para **sem**pre ben**di**ta!

Leitura breve   Rm 8,28-30

Sabemos que tudo contribui para o bem daqueles que amam a Deus, daqueles que são chamados para a salvação, de acordo com o projeto de Deus. Pois aqueles que Deus contemplou com seu amor desde sempre, a esses ele predestinou a serem conformes à imagem de seu Filho, para que este seja o primogênito numa multidão de irmãos. E aqueles que Deus predestinou, também os chamou. E aos que chamou, também os tornou justos; e aos que tornou justos, também os glorificou.

Responsório breve
R. O Se**nhor** a esco**lheu**,
 * Entre **to**das prefe**ri**da. R. O Se**nhor**.
V. O Se**nhor** a fez mo**rar** em sua **santa** habita**ção**.
 * Entre **to**das. Glória ao **Pai**. R. O Se**nhor**.

Cântico evangélico, ant.
Exulta no Se**nhor** meu cora**ção**
e minh'**al**ma se eleva para **Deus**,
porque me a**le**gro com a **vos**sa salva**ção**.

Preces
Por intercessão das santas mulheres, peçamos ao Senhor em favor da Igreja; e digamos:

R. **Lembrai-vos, Senhor, da vossa Igreja!**

Por intercessão das santas mártires, que venceram a morte do corpo com o vigor do espírito,
– concedei à vossa Igreja a fortaleza nas provações. R.

Por intercessão das santas casadas, que progrediram em graça na vida matrimonial,
– concedei à vossa Igreja a fecundidade apostólica. R.

Por intercessão das santas viúvas, que superaram e santificaram sua solidão mediante a oração e a hospitalidade,
– concedei à vossa Igreja que manifeste perante o mundo o mistério da vossa caridade. R.

Por intercessão das santas mães, que geraram filhos para o Reino de Deus e para a sociedade humana,
– concedei à vossa Igreja que transmita a vida divina e a salvação a toda a humanidade. R.

(intenções livres)

Por intercessão de todas as santas mulheres, que já mereceram contemplar a luz da vossa face,
– concedei aos irmãos e irmãs falecidos de vossa Igreja a eterna alegria da mesma visão. R.
Pai nosso...

Oração

Não havendo oração própria, diz-se uma das seguintes:

Ó Deus, que nos alegrais cada ano com a festa de santa N., fazei-nos, venerando sua memória, seguir o exemplo de sua vida. Por nosso Senhor Jesus Cristo, vosso Filho, na unidade do Espírito Santo.

Ou:

Concedei-nos, ó Deus, a sabedoria e o amor que inspirastes à vossa filha santa N., para que, seguindo seu exemplo de fidelidade, nos dediquemos ao vosso serviço, e vos agrademos pela fé e pelas obras. Por nosso Senhor Jesus Cristo, vosso Filho, na unidade do Espírito Santo.

Para várias santas mulheres:

Ó Deus todo-poderoso, pelas preces das santas N. e N., que nos deixaram em suas vidas um exemplo admirável, concedei-nos os auxílios celestes. Por nosso Senhor Jesus Cristo, vosso Filho, na unidade do Espírito Santo.

Para uma santa religiosa:

Ó Deus, concedei-nos, pelas preces de santa N., a quem destes perseverar na imitação do Cristo pobre e humilde, seguir a nossa vocação com fidelidade e chegar àquela perfeição que nos propusestes em vosso Filho. Que convosco vive e reina, na unidade do Espírito Santo.

Para uma santa que se dedicou às obras de caridade:

O Pai, como ensinastes à vossa Igreja que todos os mandamentos se resumem em amar a Deus e ao próximo, concedei-nos, a exemplo de santa N., praticar obras de caridade, para sermos contados entre os benditos do vosso Reino. Por

nosso Senhor Jesus Cristo, vosso Filho, na unidade do Espírito Santo.

Para uma santa educadora:
Ó Deus, que suscitastes santa N. na vossa Igreja, para mostrar ao próximo o caminho da salvação, concedei-nos seguir também o Cristo, nosso Mestre, e chegar até vós com nossos irmãos. Por nosso Senhor Jesus Cristo, vosso Filho, na unidade do Espírito Santo.

PARA SANTOS RELIGIOSOS E SANTAS RELIGIOSAS

Do Comum dos santos homens, p. 1689, ou das santas mulheres, 1717, exceto:

I Vésperas

HINO, Senhor, a vós cantamos, como nas II Vésperas, p. 1748.
Cântico evangélico, ant.
Quem **não** renunciar a tudo a**qui**lo que pos**sui**,
não pode **ser** o meu dis**cí**pulo.
Para um santo religioso:
Sobre **este** desce a **bên**ção do **Se**nhor
e a recom**pen**sa de seu **Deus** e Salva**dor**;
porque **esta** é a ge**ra**ção dos que o pro**curam**.
uma santa religiosa:
O **Se**nhor a despo**sou** com seu a**mor** sempre f**iel**.

Oração

Não havendo oração própria, diz-se uma das seguintes:
Ó Deus, concedei-nos, pelas preces de são (santa) N., a quem destes perseverar na imitação do Cristo pobre e humilde, seguir a nossa vocação com fidelidade e chegar àquela perfeição que nos propusestes em vosso Filho. Que convosco vive e reina, na unidade do Espírito Santo.

Para um santo abade:

Ó Deus, que nos destes no santo abade N., um testemunho de perfeição evangélica, fazei-nos, em meio às agitações deste mundo, fixar os corações nos bens eternos. Por nosso Senhor Jesus Cristo, vosso Filho, na unidade do Espírito Santo.

Invitatório

R. Adoremos o Senhor, admirável nos seus santos.

Ou:

R. Na festa de são (sto. sta.) N., celebremos o Senhor.

Salmo invitatório como no Ordinário, p. 537.

Ofício das Leituras

HINO Senhor, a vós cantamos, como nas II Vésperas, p. 1748.

Primeira leitura
Da Carta de São Paulo aos Filipenses 3,7–4,1.4-9

Alegrai-vos sempre no Senhor

Irmãos: ³⁻⁷Essas coisas, que eram vantagens para mim, considerei-as como perda, por causa de Cristo. ⁸Na verdade, considero tudo como perda diante da vantagem suprema que consiste em conhecer a Cristo Jesus, meu Senhor. Por causa dele eu perdi tudo. Considero tudo como lixo, para ganhar Cristo e ser encontrado unido a ele, ⁹não com minha justiça provinda da Lei, mas com a justiça por meio da fé em Cristo, a justiça que vem de Deus, na base da fé. ¹⁰Esta consiste em conhecer a Cristo, experimentar a força da sua ressurreição, ficar em comunhão com os seus sofrimentos, tornando-me semelhante a ele na sua morte, ¹¹para ver se alcanço a ressurreição dentre os mortos. ¹²Não que já tenha recebido tudo isso, ou que já seja perfeito. Mas corro para alcançá-lo, visto que já fui alcançado por Cristo Jesus.

¹³Irmãos, eu não julgo já tê-lo alcançado. Uma coisa, porém, eu faço: esquecendo o que fica para trás, eu me lanço para o que está na frente. ¹⁴Corro direto para a meta, rumo ao prêmio, que, do alto, Deus me chama a receber em Cristo Jesus.

¹⁵É assim que, enquanto perfeitos, devemos sentir e pensar. E se tiverdes um outro modo de sentir, Deus vos revelará o seu pensamento a esse respeito. ¹⁶Entretanto, onde quer que já tenhamos chegado, caminhemos na mesma direção.

¹⁷Sede meus imitadores, irmãos, e observai os que vivem de acordo com o exemplo que nós damos. ¹⁸Já vos disse muitas vezes, e agora o repito, chorando: há muitos por aí que se comportam como inimigos da cruz de Cristo. ¹⁹O fim deles é a perdição, o deus deles é o estômago, a glória deles está no que é vergonhoso e só pensam nas coisas terrenas. ²⁰Nós, porém, somos cidadãos do céu. De lá aguardamos o nosso Salvador, o Senhor, Jesus Cristo. ²¹Ele transformará o nosso corpo humilhado e o tornará semelhante ao seu corpo glorioso, com o poder que tem de sujeitar a si todas as coisas.

⁴,¹Assim, meus irmãos, a quem quero bem e dos quais sinto saudade, minha alegria, minha coroa, meus amigos, continuai firmes no Senhor.

⁴Alegrai-vos sempre no Senhor; eu repito, alegrai-vos. ⁵Que a vossa bondade seja conhecida de todos os homens! O Senhor está próximo! ⁶Não vos inquieteis com coisa alguma, mas apresentai as vossas necessidades a Deus, em orações e súplicas, acompanhadas de ação de graças. ⁷E a paz de Deus, que ultrapassa todo o entendimento, guardará os vossos corações e pensamentos em Cristo Jesus.

⁸Quanto ao mais, irmãos, ocupai-vos com tudo o que é verdadeiro, respeitável, justo, puro, amável, honroso, tudo o que é virtude ou de qualquer modo mereça louvor. ⁹Praticai o que aprendestes e recebestes de mim, ou que de mim vistes e ouvistes. Assim o Deus da paz estará convosco.

Responsório
Lc 12,35-36a; Mt 24,42

R. Estai de prontidão, cingi os vossos rins
e trazei em vossas mãos as lâmpadas acesas.
* E sede semelhantes a empregados, que esperam
voltar o seu senhor das festas nupciais.
V. Portanto, vigiai, pois não sabeis o dia
em que o Senhor há de chegar. * E sede.

Para uma monja:

Responsório
Sl 44(45),2

R. Desprezei o poder terrestre e toda pompa deste mundo,
por causa do amor por Jesus, o meu Senhor,
* A quem eu vi, a quem amei e em quem acreditei.
V. Transborda um poema do meu coração:
vou cantar-vos, ó Rei, esta minha canção.
* A quem eu vi.

Segunda leitura

Das Homilias sobre os Evangelhos, de São Gregório Magno, papa

(Lib. 2, hom. 36, 11-13: PL 76, 1272-1274)   (Séc. V)

No mundo, mas não do mundo

Desejaria exortar-vos a deixar tudo, mas não me atrevo. Se não podeis deixar as coisas do mundo, fazei uso delas de tal; modo que não vos prendam a ele, possuindo os bens terrenos sem deixar que vos possuam. Tudo o que possuís esteja sob o domínio do vosso espírito, para que não fiqueis presos pelo amor das coisas terrenas, sendo por elas dominados.

Usemos as coisas temporais, mas desejemos as eternas. As coisas temporais sejam simples ajuda para a caminhada, mas as eternas, o termo do vosso peregrinar. Tudo o que se passa neste mundo seja considerado como acessório. Que o olhar do nosso espírito se volte para frente, fixando-nos firmemente nos bens futuros que esperamos alcançar.

Extirpemos radicalmente os vícios, não só das nossas ações mas também dos pensamentos. Que o prazer da carne, o ardor da cobiça e o fogo da ambição não nos afastem da Ceia do Senhor! Até as coisas boas que realizamos no mundo, não nos apeguemos a elas, de modo que as coisas agradáveis sirvam ao nosso corpo sem prejudicar o nosso coração.

Por isso, irmãos, não ousamos dizer-vos que deixeis tudo. Entretanto, se o quiserdes, mesmo possuindo-as, deixareis todas as coisas se tiverdes o coração voltado para o alto. Pois quem põe a serviço da vida todas as coisas necessárias, sem ser por elas dominado, usa do mundo como se dele não usasse. Tais coisas estão ao seu serviço, mas sem perturbar o propósito de quem aspira às do alto. Os que assim procedem têm à sua disposição tudo o que é terreno, não como objeto de sua ambição, mas de sua utilidade. Por conseguinte, nada detenha o desejo do vosso espírito, nenhuma afeição vos prenda a este mundo.

Se amarmos o que é bom, deleite-se o nosso espírito com bens ainda melhores, isto é, os bens celestes. Se tememos o mal, ponhamos diante dos olhos os males eternos. Desse modo, contemplando na eternidade o que mais devemos amar e o que mais devemos temer, não nos deixaremos prender ao que existe na terra.

Para assim procedermos, contamos com o auxílio do Mediador entre Deus e os homens. Por meio dele logo obteremos tudo, se amarmos realmente aquele que, sendo Deus, vive e reina com o Pai e o Espírito Santo, pelos séculos dos séculos. Amém.

Responsório   1Cor 7,29.30.31; 2,12
R. Meus ir**mãos**, o tempo é **bre**ve.
   Os que se **a**legram sejam, **pois**,
   como se **não** se alegra**ss**em;
   os que **u**sam deste **mun**do, como se **de**le não u**s**assem,
 * Porque **pas**sa a apar**ên**cia perec**í**vel deste **mun**do.
V. Nós, por**ém**, não rece**b**emos o es**pí**rito do **mun**do.
   * Porque **pas**sa.

Nas solenidades e festas diz-se o HINO Te Deum p. 543.
Oração como nas Laudes.

Laudes

Hino

Jesus Cristo, ternura de Deus,
por quem somos votados ao Pai,
pelos ternos acenos do Espírito,
nossas almas na graça guiai.

Aos nascidos do Deus verdadeiro,
pela água na fonte lavados,
quereis ver darem frutos de graça,
pelo amor com que foram amados.

Vós chamais, e os chamados acorrem,
deixam tudo, ao fulgor desta luz,
e vos seguem, em busca do Pai,
pelos régios caminhos da cruz.

Este(a) santo(a), com todas as forças,
quis a vós se unir pelo amor.
Da virtude as mais altas montanhas
procurou escalar com ardor.

A Deus Pai, e a Jesus, Cristo Rei,
e ao Espírito, perene louvor.
Cem por um dais, ó Deus, para o pobre
que deu pouco, porém, com amor.

Cântico evangélico, ant.

Quem **faz** a von**ta**de do meu **Pai**,
é meu ir**mão**, minha ir**mã** e minha **mãe**.
Ou:

O Se**nhor** é a minha he**ran**ça,
ele é **bom** pra quem o **bus**ca.

Oração

Não havendo oração própria, diz-se uma das seguintes:

Ó Deus, concedei-nos, pelas preces de são (santa) N., a quem destes perseverar na imitação do Cristo pobre e humilde, seguir a nossa vocação com fidelidade e chegar àquela perfeição que nos propusestes em vosso Filho. Que convosco vive e reina, na unidade do Espírito Santo.

Para um santo abade:

Ó Deus, que nos destes no santo abade N. um testemunho de perfeição evangélica, fazei-nos, em meio às agitações deste mundo, fixar os corações nos bens eternos. Por nosso Senhor Jesus Cristo, vosso Filho, na unidade do Espírito Santo.

II Vésperas

Hino

>Senhor, a vós cantamos
>um hino de louvor,
>louvando o(a) vosso(a) santo(a)
>perfeito(a) servidor(a).
>
>Fiel seguiu a Cristo,
>deixando as alegrias,
>riquezas e prazeres
>que o mundo oferecia.
>
>Humilde, obediente,
>a vós se consagrou;
>do corpo a castidade
>por Cristo conservou.
>
>Buscou a vossa glória,
>unido(a) a vós somente,
>com todo o ser entregue
>do amor ao fogo ardente.
>
>A vós na terra preso(a)
>por grande caridade,

no céu, feliz, triunfa
por toda a eternidade.

Seguindo o seu exemplo,
possamos caminhar
e um dia, a vós, Trindade,
louvor sem fim cantar.

Cântico evangélico, ant.
Vós que **tu**do abando**nas**tes e me se**guis**tes,
recebe**reis** cem vezes **mais** e a vida e**ter**na.
Ou:

Onde, unidos os ir**mãos**, louvam a **Deus**,
ali tam**bém**, o **Se**nhor dá sua **bên**ção.
Oração como nas Laudes.

PARA OS SANTOS E AS SANTAS QUE SE DEDICARAM ÀS OBRAS DE CARIDADE

Do Comum dos santos homens p. 1689, ou das santas mulheres p. 1717, exceto:

I Vésperas

Cântico evangélico, ant.
Será fe**liz** quem ama o **po**bre:
quem crê em **Deus**, ama seu **pró**ximo.
Oração como nas Laudes.

Ofício das Leituras

Primeira leitura
Da Primeira Carta de São Paulo aos Coríntios 12,31–13,13

A excelência da caridade

Irmãos:[12,31] Aspirai aos dons mais elevados. Eu vou ainda mostrar-vos um caminho incomparavelmente superior.

¹³·¹ Se eu falasse todas as línguas, as dos homens e as dos anjos, mas não tivesse caridade, eu seria como um bronze que soa ou um címbalo que retine. ² Se eu tivesse o dom da profecia, se conhecesse todos os mistérios e toda a ciência, se tivesse toda a fé, a ponto de transportar montanhas, mas, se não tivesse caridade, eu não seria nada.

Se eu gastasse todos os meus bens para sustento dos pobres, se entregasse o meu corpo às chamas, mas não tivesse caridade, isso de nada me serviria.

⁴ A caridade é paciente, é benigna; não é invejosa, não é vaidosa, não se ensoberbece; ⁵ não faz nada de inconveniente, não é interesseira, não se encoleriza, não guarda rancor; ⁶ não se alegra com a iniquidade, mas regozija-se com a verdade. ⁷ Suporta tudo, crê tudo, espera tudo, desculpa tudo.

⁸ A caridade não acabará nunca. As profecias desaparecerão, as línguas cessarão, a ciência desaparecerá. Com efeito, o nosso conhecimento é limitado e a nossa profecia é imperfeita. ¹⁰ Mas, quando vier o que é perfeito, desaparecerá o que é imperfeito. ¹¹ Quando eu era criança, falava como criança, pensava como criança, raciocinava como criança. Quando me tornei adulto, rejeitei o que era próprio de criança. ¹² Agora nós vemos num espelho, confusamente, mas, então, veremos face a face. Agora, conheço apenas de modo imperfeito, mas, então, conhecerei como sou conhecido.

¹³ Atualmente permanecem estas três coisas: fé, esperança, caridade. Mas a maior delas é a caridade.

Responsório   1Jo 4,16.7

R. Conhecemos e cremos no amor,
   que Deus manifesta por nós.
 *Pois quem permanece no amor,
   em Deus permanece e Deus nele.
V. Amemo-nos, pois, uns aos outros,
   porque o amor vem de Deus. *Pois quem.

Segunda leitura

Das Homilias sobre a Carta aos Romanos, de São João Crisóstomo, bispo

(Homilia 15, 6: PG 60, 547-548) (Séc. IV)

Cristo quer a misericórdia

Deus entregou o seu Filho, e tu nem sequer dás pão àquele que por ti foi entregue e morto.

O Pai, por teu amor, não poupou seu verdadeiro Filho; tu, ao contrário, vendo-o desfalecer de fome, não o socorres, mas te aproprias do que é dele só para teu próprio benefício.

Haverá maior iniquidade? Por tua causa foi entregue, por tua causa morreu, por tua causa anda faminto. O que tu deres é dele e para teu lucro, mas nem assim lhe dás nada.

Não serão mais insensíveis que as pedras aqueles que, apossando-se de tantas coisas, permanecem na sua diabólica desumanidade? Não bastou a Cristo sofrer a cruz e a morte, mas quis também ser pobre e peregrino, errante e nu, ser lançado na prisão e suportar o cansaço, tudo isso para te chamar.

Se não me rebribuis o que sofri por ti, compadece-te ao menos da minha pobreza. Se não queres compadecer-te da pobreza, comovam-te ao menos meus sofrimentos ou a prisão. Se nem estas coisas te inspiram sentimentos de humanidade, atende à insignificância do meu pedido. Não te peço nada de suntuoso, mas pão, teto e uma palavra de conforto.

Se depois disto permaneces ainda inflexível, decide tornar-te melhor ao menos por causa do reino dos céus, ao menos por causa do que prometi. Mas nenhuma destas coisas te convence?

Se te comoves naturalmente ao ver um nu, lembra-te da nudez que sofri na cruz por tua causa. Se não aceitares aquele motivo, aceita ao menos este: ainda estou pobre e nu.

Estive outrora preso por tua causa, e agora de novo, para que, movido por aqueles e estes grilhões, tenhas por mim algum sentimento de compaixão. Jejuei por causa de ti e ainda passo fome por tua causa: tive sede quando estava suspenso na cruz e ainda tenho sede na pessoa dos pobres; a fim de que esta ou aquela razão possam atrair-te a mim e tornar-te misericordioso para tua salvação.

Rogo-te, pois, cumulado que foste por mil benefícios, que por tua vez me pagues. Não o exijo como de um devedor, mas quero recompensar-te como a um doador. Pelo pouco que me deres, dar-te-ei o reino.

Não te digo: "Põe fim à minha pobreza"; nem: "Cumula-me de riquezas, embora por ti esteja pobre". Só te peço pão, roupa e esmola.

Se fui lançado na prisão, não te obrigo a me libertares e a retirar-me as algemas. Peço somente que venhas visitar o que está preso por tua causa. Isto será bastante para que eu te dê o céu. Embora eu te haja libertado de pesadíssimos grilhões, dar-me-ei por satisfeito se vieres visitar-me em minha prisão.

Na realidade eu poderia, mesmo sem nada disso, dar-te o prêmio; mas quero ser teu devedor para que, com a coroa, te seja dado também o meu afeto.

Responsório   Mt 25,35.40; Pr 19,17

R. Eu tive **fome** e me **destes** de co**mer**;
   eu tive **sede** e me **destes** de be**ber**;
   eu não **tinha** onde mo**rar** e me aco**lhestes**.
   *Em ver**dade**, o que fi**zestes** ao me**nor** dos meus ir**mãos**,
   foi a **mim** que o fi**zestes**.

V. Quem dá ao **pobre** empresta a **Deus**. *Em ver**da**de.

Nas solenidades e festas diz-se o HINO Te Deum, p. 543.

Oração como nas Laudes.

Laudes

Cântico evangélico, ant.

Nisto **to**dos sabe**rão** que vós **sois** os meus dis**cí**pulos:
se uns aos **ou**tros vos a**mar**des.

Oração

Não havendo oração própria, diz-se a seguinte:

Ó Pai, como ensinastes à vossa Igreja que todos os mandamentos se resumem em amar a Deus e ao próximo, concedei-nos, a exemplo de são (santa) N., praticar obras de caridade, para sermos contados entre os benditos do vosso Reino. Por nosso Senhor Jesus Cristo, vosso Filho, na unidade do Espírito Santo.

II Vésperas

Cântico evangélico, ant.

O que fi**zes**tes ao me**nor** dos meus ir**mãos**
foi a mim **mes**mo que o fi**zes**tes, diz Je**sus**.
Vinde, ben**di**tos do meu **Pai**, e rece**bei** o Reino e**ter**no
prepa**ra**do para **vós** desde o i**ní**cio do univer**so**!

PARA SANTOS E SANTAS EDUCADORES

Do Comum dos santos homens p. 1689, ou das santas mulheres p. 1717, exceto:

I Vésperas

Cântico evangélico, ant.

Escuta, **fi**lho, as pa**la**vras de teu **pai**,
e não es**que**ças os conselhos de tua **mãe**;
sempre **tra**ze-os bem **jun**to ao cora**ção**.

Oração como nas Laudes.

Ofício das Leituras

Segunda leitura
Das Homilias sobre o Evangelho de São Mateus, de São João Crisóstomo, bispo
(Hom. 59: PG 58,580.584) (Séc. IV)

Devemos visar o verdadeiro bem das crianças

Quando o Senhor disse: *Os seus anjos veem a face do meu Pai* (Mt 18,12); *Para isso eu vim* (cf. Jo 12,27) e: *Esta é a vontade de meu Pai* (Jo 6,40), pretendia estimular o zelo dos responsáveis pela educação das crianças.

Notemos com que baluartes as cercou, ameaçando com terríveis castigos aqueles que as escandalizam, prometendo grandes recompensas aos que a elas se dedicam, e confirmando estes ensinamentos com o próprio exemplo de seu Pai. Imitemo-lo também nós, não poupando nenhum esforço, por mais leve ou pesado que seja, em favor de nossos irmãos. Pois, quando se trata de servir pequenos e pobres, por muito que nos custe ajudá-los, devemos suportar tudo pela sua salvação, mesmo que seja necessário transpor montanhas e precipícios. Na verdade, o interesse de Deus por uma alma é tão grande, que *nem sequer poupou seu próprio Filho* (Rm 8,36). Por isso, peço-vos que, ao sair bem cedo de casa, tenhais como objetivo e preocupação dominante salvar o irmão que esteja em perigo.

Nada há de mais precioso que uma alma! Pois, *de que adianta ao homem ganhar o mundo inteiro, se perde a própria alma?* (cf. Mc 8,36). Mas o amor ao dinheiro, pervertendo e corrompendo tudo, extingue o temor de Deus e apodera-se de nós como o tirano que invade uma fortaleza. É o que nos leva a descuidarmos da salvação dos nossos filhos e da nossa, preocupando-nos apenas em amontoar riquezas que deixaremos a outros, estes a seus descendentes e assim por diante, tornando-nos então transmissores e não possuidores de dinheiro e bens. Que loucura! Será que os filhos valem menos que os escravos? Corrigimos os escravos, embora não seja por amor mas por conveniência própria; os filhos, porém, veem-se privados desta providência: são tidos por nós em menor apreço que os escravos.

E por que falo de escravos? Cuidamos menos dos filhos que dos próprios animais, demonstrando mais solicitude pelos jumentos e cavalos. Se alguém possui um animal, terá todo cuidado em arranjar-lhe um excelente tratador, que não seja desonesto nem ladrão, beberrão ou ignorante do seu ofício. No entanto, tratando-se de dar ao filho um educador, aceitamos o primeiro que apareça, sem critério algum. E, no entanto, não existe arte mais importante do que a educação!

Qual é a arte que se pode comparar com a que tem por finalidade dirigir a alma e formar o espírito e o caráter de um jovem? Quem possui qualidades para isso, deve consagrar-se a essa missão com maior empenho do que qualquer pintor ou escultor. Mas isso não nos preocupa: só queremos que aprenda a falar bem e seja capaz de adquirir riquezas. Se queremos que aprenda a língua, não é tanto para que saiba exprimir-se bem, mas para que possa ganhar dinheiro. Se fosse possível enriquecer sem a necessidade deste aprendizado, não nos importaríamos com ele...

Estais vendo como é grande a tirania do dinheiro? Como invade e arrasta os homens para onde quer, como escravos algemados? Mas que proveito tiraremos nós com tantas recriminações? Ataco com palavras a tirania do dinheiro, mas, na prática, é ele que domina. Apesar disso, não cessaremos de persegui-la com palavras. Se conseguir alguma coisa com este sermão, sairemos ganhando eu e vós. Mas, se vos obstinardes em vossos propósitos, ao menos terei cumprido o meu dever.

Deus vos livre desse mal e me conceda a graça de poder um dia gloriar-me por vossa causa. A ele a glória e o império pelos séculos dos séculos. Amém.

Para santos e santas educadores

Responsório Cf. Pr 23,26; 1,9; 5,1

R. Meu **fi**lho, entrega a **mim** teu cora**ção**
e teus **o**lhos ob**ser**vem meus ca**mi**nhos,
  * Porque **is**to servi**rá** para o teu **bem**.
V. Meu **fi**lho, ouve **bem** os meus con**se**lhos
e es**cu**ta este **ho**mem experi**en**te. * Porque is**to**.

Nas solenidades e festas diz-se o HINO Te Deum, p. 543.

Laudes

Cântico evangélico, ant.

Quem tem **a**mor no cora**ção** para os pe**que**nos,
sabe gui**ar** e ensi**nar** como um pas**tor**.

Oração

Não havendo oração própria, diz-se a seguinte:

Ó Deus, que suscitastes são (sto. sta.) N. na vossa Igreja, para mostrar ao próximo o caminho da salvação, concedei--nos seguir também o Cristo, nosso Mestre, e chegar até vós com nossos irmãos. Por nosso Senhor Jesus Cristo, vosso Filho, na unidade do Espírito Santo.

II Vésperas

Cântico evangélico, ant.

Dei**xai** vir a **mim** as crian**ci**nhas,
pois **de**las é o **Rei**no do meu **Pai**.

ANTÍFONAS
PARA O BENEDICTUS E O MAGNÍFICAT

As antífonas do Cântico evangélico indicadas para as I Vésperas das solenidades, podem também ser ditas nas Vésperas das memórias dos santos.

Comum da Dedicação de uma igreja

I Vésperas:

Alegrai-vos com Sião e exultai por sua causa
todos vós que a amais.

Laudes:

Zaqueu, desce depressa, porque hoje vou ficar em tua casa!
Ele desceu rapidamente
e o recebeu com alegria em sua casa.
Hoje entrou a salvação nesta casa.

II Vésperas:

O Senhor santificou sua morada:
pois aqui o seu nome é invocado,
e Deus se faz presente em nosso meio.

Comum de Nossa Senhora

I Vésperas:

O Poderoso fez em mim maravilhas
e olhou para a humildade de sua serva.

Ou:

Doravante as gerações hão de chamar-me de bendita,
porque o Senhor voltou os olhos
para a humildade de sua serva.

Laudes:

A porta do céu foi fechada por Eva;
por Maria ela abriu-se aos homens de novo.

II Vésperas:
És feliz porque creste, Maria,
pois em ti a Palavra de Deus
vai cumprir-se conforme ele disse

Comum dos Apóstolos

I Vésperas:
Não fostes vós que me escolhestes,
mas, sim, eu vos escolhi e vos dei esta missão:
de produzirdes muito fruto e o vosso fruto permaneça

Laudes:
Jerusalém, ó cidade celeste,
teus alicerces são os doze Apóstolos,
tua luz, teu fulgor é o Cordeiro!

II Vésperas:
Quando o Filho do Homem, na nova criação,
vier em sua glória, com ele reinareis
e em vossos tronos julgareis as doze tribos de Israel

Comum de vários Mártires

I Vésperas:
O Reino dos Céus vos pertence,
pois destes a vida por Cristo;
lavastes as vestes no sangue
e chegastes ao prêmio da glória.

Laudes:
Felizes de vós, os perseguidos
por causa da justiça do Senhor,
porque o Reino dos Céus há de ser vosso!

II Vésperas:
Alegrem-se nos **céus** os **amigos** do **Senhor**,
que seguiram os seus **passos**;
derramaram o seu **sangue** por **amor** a Jesus **Cristo**,
e com ele reinarão.

Comum de um(a) Mártir

I Vésperas:
Para um santo mártir:

Por seu **Deus**, são (sto.) N. lu**tou** até à **morte**;
supe**rou** as prova**ções**, pois Jesus foi sua **força**.

Para uma santa mártir:
Santa N. foi **forte** no **Senhor**;
ja**mais** a sua **luz** have**rá** de se apa**gar**.

Laudes:
Quem per**der** a sua **vida** neste **mun**do,
vai guar**dá**-la eterna**men**te para os **céus**.

II Vésperas:
O **Reino** ce**les**te é a mo**ra**da dos **santos**,
sua **paz** para **sempre**.

Comum dos Pastores

I Vésperas:
Para um papa ou bispo:

Sacer**dote** do Al**tís**simo, e**xem**plo de vir**tu**de,
bom pas**tor** do povo **santo**, agra**das**te ao **Senhor**.

Para um presbítero:
Fiz-me **tu**do para **to**dos, para **serem** todos **salvos**.

Laudes:
Não sois **vós** que fala**reis**,
é o Es**pí**rito do **Pai** que em **vós** há de fa**lar**.

II Vésperas:

Eis o servo fiel e prudente,
a quem Deus confiou sua família,
para dar-lhe o pão a seu tempo.

Ou:

Eu te dou graças, ó Cristo, Bom Pastor,
que me guiaste à glória do teu Reino!
O Rebanho que a mim tu confiaste
esteja aqui onde estou na tua glória!

Comum dos Doutores da Igreja

I Vésperas:

Quem viver e ensinar o Evangelho,
será grande no meu Reino, diz Jesus.

Laudes:

Quem é sábio brilhará como luz no firmamento;
quem ensina à multidão os caminhos da justiça,
fulgirá como as estrelas pelos séculos eternos

II Vésperas:

Ó mestre da Verdade! Ó luz da santa Igreja!
São (sto.) N., cumpridor da lei divina,
rogai por nós a Cristo

Comum das Virgens

I Vésperas:

Para uma virgem e mártir:

A virgem fiel, hóstia pura ofertada,
já segue o Cordeiro por nós imolado.

Para uma virgem:

A virgem prudente que estava aguardando,
com lâmpada acesa, o Esposo chegar,
com ele entrou para as bodas eternas.

Para várias virgens:

Virgens prudentes, vigilantes,
preparai as vossas lâmpadas;
o Esposo está chegando; ide logo ao seu encontro!

Laudes:

Para uma virgem e mártir:

Tomastes vossa cruz como o Cristo, ó santa virgem.
Na virgindade e no martírio imitastes vosso Esposo.

Para uma virgem:

A virgem prudente entrou para as bodas
e vive com Cristo na glória celeste.
Como o sol, ela brilha entre os coros das virgens.

Para várias virgens:

Santas virgens do Senhor, bendizei-o para sempre.

II Vésperas:

Para uma virgem e mártir:

Duas vitórias celebramos neste mesmo sacrifício:
a virgindade consagrada e a glória do martírio.

Para uma virgem:

Oh vinde, esposa de Cristo,
recebei a coroa da glória
que o Senhor preparou para sempre.

Para várias virgens:

É esta a geração dos que procuram o Senhor;
dos que buscam vossa face, nosso Deus onipotente.

Comum dos Santos Homens

I Vésperas:

Para um santo:

O homem sábio e previdente
construiu a sua casa sobre a rocha inabalável.

Para vários santos:
Os olhos do Senhor estão voltados
aos que esperam confiando em seu amor.

Laudes:
Para um santo:
Quem pratica a verdade, se põe junto à luz;
e suas obras de filho de Deus se revelam.

Para vários santos:
Felizes aqueles que buscam a paz!
Felizes os puros em seu coração,
porque eles verão o seu Deus face a face.

II Vésperas:
Para um santo:
Servo bom e fiel,
vem entrar na alegria de Jesus, teu Senhor!

Para vários santos:
Fiéis até à morte,
receberam do Senhor a coroa da justiça

Comum das Santas Mulheres

I Vésperas:
Para uma santa:
A vós o fruto e a colheita, que plantaram vossas mãos!
E, nas nossas assembleias, o louvor tão merecido!

Para várias santas:
Gloriai-vos em seu nome que é santo,
exulte o coração que busca a Deus!

Laudes:
O Reino dos Céus é semelhante
ao comprador de raras pérolas preciosas;
quando encontra a mais bela entre todas,
vende tudo o que possui para comprá-la.

II Vésperas:

Exulta no Senhor meu coração
e minh'alma se eleva para Deus,
porque me alegro com a vossa salvação

Para Santos e Santas Religiosos

I Vésperas:
Quem **não** renunciar a tudo aquilo que possui,
não pode ser o meu discípulo.

Ou, para um religioso:
Sobre este desce a bênção do Senhor
e a recompensa de seu Deus e Salvador;
porque esta é a geração dos que o procuram.

Para uma religiosa:
O Senhor a desposou, com seu amor sempre fiel.

Laudes:
Quem faz a vontade do meu Pai,
é meu irmão, minha irmã e minha mãe.

Ou:
O Senhor é a minha herança,
ele é bom para quem o busca.

II Vésperas:
Vós que tudo abandonastes e me seguistes,
recebereis cem vezes mais e a vida eterna.

Ou:
Onde, unidos, os irmãos louvam a Deus,
ali também o Senhor dá sua bênção

Para os Santos e as Santas que se dedicaram às obras de caridade

I Vésperas:
Será feliz quem ama o pobre;
quem crê em Deus, ama seu próximo.

Laudes:
Nisto todos saberão que vós sois meus discípulos:
se uns aos outros vos amardes.

II Vésperas:
O que fizestes ao menor dos meus irmãos
foi a mim mesmo que o fizestes, diz Jesus.
Vinde, benditos do meu Pai, e recebei o Reino eterno
preparado para vós desde o início do universo!

Para os Santos e Santas educadores

I Vésperas:
Escuta, filho, as palavras de teu pai,
e não esqueças os conselhos de tua mãe:
sempre traze os bem junto ao coração!

Laudes:
Quem tem amor no coração para os pequenos,
sabe guiar e ensinar como um pastor.

II Vésperas:
Deixai vir a mim as criancinhas,
pois delas é o Reino do meu Pai.

OFÍCIO DOS FIÉIS DEFUNTOS

As Orações devem ser adaptadas de acordo com o gênero e número.

OFÍCIO DOS FIÉIS DEFUNTOS

OFÍCIO DOS FIÉIS DEFUNTOS

Invitatório

R. Adoremos o Senhor: para ele todos vivem.
Salmo invitatório como no Ordinário, p. 537.

Ofício das Leituras

Hino

Fonte única da vida,
que nos séculos viveis,
aos mortais e réus da culpa
vosso olhar, ó Deus, volvei.

Pai, ao homem pecador
dais a morte em punição,
para o pó voltar ao pó,
submetendo-o à expiação.

Mas a vida, que inspirastes
por um sopro, permanece
como germe imperecível
dum viver que não fenece.

A esperança nos consola:
nossa vida brotará.
O primeiro a ressurgir,
Cristo, a vós nos levará.

Tenha(m) vida em vosso Reino
vosso(a,s) servo(a,s), que Jesus,
consagrou no Santo Espírito
e o(a,s) guiou da fé à luz.

Ó Princípio e Fim de tudo,
ao chegar a nossa hora,
conduzi-nos para o Reino
onde brilha a eterna aurora.

Salmodia

Ant. 1 Do pó da **terra** me for**mastes**
e de **car**ne me ves**tis**tes:
no fim dos **dias**, ó Se**nhor**,
meu Reden**tor**, ressusci**tai** me!

Salmo 39(40),2-14.17-18

I

– ²Espe**ran**do, esperei no Se**nhor**, *
e incli**nan**do-se, ouviu meu clamor.
– ³Reti**rou**-me da cova da morte*
e de um **char**co de lodo e de lama.
– Colo**cou** os meus pés sobre a rocha, *
devol**veu** a firmeza a meus passos.
– ⁴Canto **no**vo ele pôs em meus lábios, *
um poema em louvor ao Senhor.
– Muitos **ve**jam, respeitem, adorem *
e es**pe**rem em Deus, confiantes.
= ⁵É fe**liz** quem a Deus se confia; †
quem não **se**gue os que adoram os ídolos *
e se **per**dem por falsos caminhos.
– ⁶Quão i**men**sos, Senhor, vossos feitos!*
Maravilhas fizestes por nós!
– Quem a **vós** poderá comparar-se *
nos de**síg**nios a nosso respeito?
– Eu quisera, Senhor, publicá-los, *
mas são **tan**tos! Quem pode contá-los?
– ⁷Sacrifício e ablação não quisestes, *
mas a**bris**tes, Senhor, meus ouvidos;
= não pe**dis**tes ofertas nem vítimas, †
holo**caus**tos por nossos pecados. *
⁸E então eu vos disse: "Eis que venho!"–

= Sobre **mim** está escrito no livro: †
⁹"Com praz**er** faço a vossa vontade, *
guardo em **meu** coração vossa lei!"

– Glória ao **Pai** e ao **Filho** e ao Espírito **Santo**. *
Como **e**ra no princ**í**pio, ag**o**ra e sempre. **Amém**.
Diz-se o Glória ao Pai no fim de todos os salmos e cânticos.

Ant. Do pó da **ter**ra me form**as**tes e de **car**ne me vest**is**tes:
no fim dos **di**as, ó Se**nhor**,
meu Reden**tor**, ressusci**tai**-me!

Ant. 2 Dig**nai**-vos, Se**nhor**, liber**tar**-me,
vinde **logo**, Se**nhor**, soco**rrer**-me!

II

= Boas-**no**vas de **vos**sa Justi**ça** †
anunci**ei** numa grande assembleia; *
vós sa**beis**: não fechei os meus lábios!

= ¹⁰Procla**mei** toda a vossa justiça, †
sem retê-la no meu coração; *
vosso aux**í**lio e lealdade narrei.

– ¹¹Não ca**lei** vossa graça e verdade *
na pre**sen**ça da grande assembleia.

– ¹²Não ne**gueis** para mim vosso amor! *
Vossa **graça** e verdade me guardem!

= ¹³Pois des**gra**ças sem conta me cercam, †
minhas **cul**pas me agarram, me prendem, *
e as**sim** já nem posso enxergar.

= Meus peca**dos** são mais numerosos †
que os cabe**los** da minha cabeça; *
desfale**ço** e me foge o alento!

– ¹⁴Dig**nai**-vos, Senhor, libertar-me, *
vinde **logo**, Senhor, socorrer-me!

– ¹⁷Mas se a**legre** e em vós rejubile *
todo **ser** que vos busca, Senhor!

— Digam **sem**pre: "É grande o Senhor!" *
  os que **bus**cam em vós seu auxílio.
= ¹⁸Eu sou **po**bre, infeliz, desvalido, †
  porém, **guar**da o Senhor minha vida, *
  e por **mim** se desdobra em carinho.
— Vós me **sois** salvação e auxílio: *
  vinde **lo**go, Senhor, não tardeis!

Ant. Dig**nai**-vos, Se**nhor**, liber**tar**-me,
  vinde **lo**go, Se**nhor**, socor**rer**-me!

Ant. 3 Do Deus **vi**vo tem **se**de a minh'**al**ma.
  Quando i**rei** contem**plar** sua **fa**ce?

Salmo 41(42)

— ²As**sim** como a **cor**ça suspira *
  pelas **á**guas cor**ren**tes,
— sus**pi**ra igualmente minh'alma *
  por **vós**, ó meu Deus!
— ³Minha **al**ma tem sede de Deus, *
  e de**se**ja o Deus vivo.
— Quando te**rei** a alegria de ver *
  a **fa**ce de Deus?
— ⁴O meu **pran**to é o meu alimento *
  de **di**a e de noite,
— en**quan**to insistentes repetem: *
  "Onde está o teu Deus?"
— ⁵Re**cor**do saudoso o tempo *
  em que **ia** com o povo.
— Pere**gri**no e feliz caminhando *
  para a **ca**sa de Deus,
— entre **gri**tos, louvor e alegria *
  da multi**dão** jubilosa.
— ⁶Por **que** te entristeces, minh'alma, *
  a ge**mer** no meu peito?

— Espera em **Deus**! Louvarei novamente *
o meu **Deus** Salvador!
— ⁷Minh'**al**ma está agora abatida, *
e en**tão** penso em vós,
— do Jor**dão** e das terras do Hermon *
e do **mon**te Misar.
— ⁸Como o a**bis**mo atrai outro abismo *
ao fra**gor** das cascatas,
— vossas **on**das e vossas torrentes *
sobre **mim** se lançaram.
— ⁹Que o Se**nhor** me conceda de dia *
sua **gra**ça benigna
— e de **noi**te, cantando, eu bendigo *
ao meu **Deus**, minha vida.
— ¹⁰Digo a **Deus**: "Vós que sois meu amparo, *
por **que** me esqueceis?
— Por que **an**do tão triste e abatido *
pela opres**são** do inimigo?"
— ¹¹Os meus **os**sos se quebram de dor, *
ao insul**tar**-me o inimigo;
— ao di**zer** cada dia de novo: *
"Onde está o teu Deus?"
— ¹²Por **que** te entristeces, minh'alma, *
a ge**mer** no meu peito?
— Espera em **Deus**! Louvarei novamente *
o meu **Deus** Salvador!

Ant. Do Deus **vi**vo tem sede a minh'**al**ma.
   Quando i**rei** contem**plar** sua **fa**ce?

V. Como é **gran**de, ó Se**nhor**, o vosso a**mor**!
R. Vossa Pa**la**vra me de**vol**va a minha **vi**da!

Primeira leitura
Da Primeira Carta de São Paulo aos Coríntios 15,12-34

A ressurreição de Cristo, esperança dos fiéis

Irmãos: ¹² Se se prega que Cristo ressuscitou dos mortos, como podem alguns dizer entre vós que não há ressurreição dos mortos? ¹³ Se não há ressurreição dos mortos, então Cristo não ressuscitou. ¹⁴ E, se Cristo não ressuscitou, a nossa pregação é vã e a vossa fé é vã também. ¹⁵ Nesse caso, nós seríamos testemunhas mentirosas de Deus, porque teríamos atestado – contra Deus – que ele ressuscitou Cristo, quando, de fato, ele não o teria ressuscitado – se é verdade que os mortos não ressuscitam. ¹⁶ Pois, se os mortos não ressuscitam, então Cristo também não ressuscitou. ¹⁷ E, se Cristo não ressuscitou, a vossa fé não tem nenhum valor e ainda estais nos vossos pecados. ¹⁸ Então, também os que morreram em Cristo pereceram. ¹⁹ Se é para esta vida que pusemos a nossa esperança em Cristo, nós somos – de todos os homens – os mais dignos de compaixão.

²⁰ Mas, na realidade, Cristo ressuscitou dos mortos como primícias dos que morreram. ²¹ Com efeito, por um homem veio a morte e é também por um homem que vem a ressurreição dos mortos. ²² Como em Adão todos morrem, assim também em Cristo todos reviverão. ²³ Porém, cada qual segundo uma ordem determinada: em primeiro lugar, Cristo, como primícias; depois, os que pertencem a Cristo, por ocasião da sua vinda. ²⁴ A seguir, será o fim, quando ele entregar a realeza a Deus-Pai, depois de destruir todo o principado e todo o poder e força. ²⁵ Pois é preciso que ele reine até que todos os seus inimigos estejam debaixo de seus pés. ²⁶ O último inimigo a ser destruído é a morte. ²⁷ Com efeito, "Deus pôs tudo debaixo de seus pés". Mas, quando ele disser: "Tudo está submetido", é claro que estará excluído dessa submissão aquele que submeteu tudo a Cristo. ²⁸ E, quando todas as coisas estiverem submetidas a ele, então o

próprio Filho se submeterá àquele que lhe submeteu todas as coisas, para que Deus seja tudo em todos.

²⁹De outro modo, o que pretendem aqueles que batizam em favor dos mortos? Se os mortos realmente não ressuscitam, por que se batizam por eles? ³⁰E nós, por que nos expomos a perigos a toda hora? ³¹Cada dia, irmãos, me exponho à morte, tão certo como sois a minha glória em Jesus Cristo, nosso Senhor. ³²Se foi por intenção humana que combati com feras em Éfeso, o que me aproveita isso? Se os mortos não ressuscitam, comamos e bebamos porque amanhã morreremos. ³³Não vos enganeis: "As más companhias corrompem os bons costumes". ³⁴Caí em vós, como é justo, e não pequeis porque alguns vivem na ignorância de Deus. Para vossa vergonha é que digo.

Responsório 1Cor 15,25-26; cf. Ap 20,13.14

R. É preciso que ele reine até que tenha colocado
debaixo de seus pés seus inimigos, todos eles,
* A morte há de ser o seu último inimigo,
a ser exterminado.
V. A morte e o seu reino devolverão todos os mortos
e a morte e o seu reino serão precipitados
no lago incandescente. * A morte.

Ou:

Da Primeira Carta de São Paulo aos Coríntios 15,35-57

Ressurreição dos mortos e vinda do Senhor

Irmãos: ³⁵Alguém perguntará: como ressuscitam os mortos? ³⁶Insensato! O que semeias, não nasce sem antes morrer. ³⁷E, quando semeias, não semeias o corpo da planta, que há de nascer, mas o simples grão, como o trigo, ou de alguma outra planta. ³⁸E Deus lhe dá o corpo segundo quis, a cada uma das sementes o próprio corpo. ³⁹Não é toda carne a mesma carne, senão que uma é a carne dos homens, outra a do gado, outra a das aves e outra a dos peixes. ⁴⁰E há corpos celestes e corpos terrestres, e um é o resplendor dos corpos celestes e outro o dos terrestres. ⁴¹Um é o resplendor do sol, outro o da lua e outro o das estrelas, e uma estrela difere da outra no brilho. ⁴²Pois assim será também a ressurreição dos mortos. ⁴³Semeia-se em ignomínia, e ressuscita-se em glória. Semeia-se em fraqueza, e ressuscita-se em vigor. ⁴⁴Semeia-se um corpo animal, e ressuscita-se um corpo espiritual.

Se há um corpo animal, há também um espiritual. ⁴⁵Por isso está escrito: o primeiro homem, Adão, "foi um ser vivo". O segundo Adão é um espírito vivificante. ⁴⁶Veio primeiro não o homem espiritual, mas o homem natural; depois é que veio o homem espiritual. ⁴⁷O primeiro homem, tirado da terra, é terrestre; o segundo homem vem do céu. ⁴⁸Como foi o homem terrestre, assim também são as pessoas terrestres; e como é o homem celeste, assim também vão ser as pessoas celestes. ⁴⁹Como já refletimos a imagem do homem terrestre, assim também refletiremos a imagem do homem celeste.

⁵⁰Mas isto vos digo, irmãos: a carne e o sangue não podem possuir o reino de Deus, nem a corrupção herdará a incorrupção. ⁵¹Eu vos comunico um mistério: Nem todos nós morreremos, mas todos nós seremos transformados. ⁵²Num instante, num abrir e fechar de olhos, ao soar da trombeta final – pois a trombeta soará – não só os mortos ressuscitarão incorruptíveis, mas nós também seremos transformados. ⁵³Pois é preciso que este ser corruptível se vista de incorruptibilidade; é preciso que este ser mortal se vista de imortalidade. ⁵⁴E, quando este ser corruptível estiver vestido de incorruptibilidade e este ser mortal estiver vestido de imortalidade, então estará cumprida a palavra da Escritura: "A morte foi tragada pela vitória. ⁵⁵Ó morte, onde está a tua vitória? Onde está o teu aguilhão? ⁵⁶O aguilhão da morte é o pecado, e a força do pecado é a Lei. ⁵⁷Graças sejam dadas a Deus que nos dá a vitória pelo Senhor nosso, Jesus Cristo.

Responsório   Cf. Jó 19,25.26.27

R. Eu **creio** que **vi**ve o meu Reden**tor**
e no **último dia** do **pó** me ergue**rei**,
* Em minha **car**ne eu ve**rei** o meu **Deus**, meu Salva**dor**.
V. Eu **mesmo** o ve**rei**, ve**rei** o S**e**nhor,
com **meus** próprios **o**lhos. * Em minha.

Ou:

Da Segunda Carta de São Paulo aos Coríntios   4,16–5,10

Quando for destruída esta nossa morada terrestre, receberemos no céu uma habitação eterna

Irmãos: ⁴,¹⁶Mesmo se o nosso homem exterior se vai arruinando, o nosso homem interior, pelo contrário, vai-se renovando, dia a dia. ¹⁷Com efeito, o volume insignificante de uma tribulação momentânea acarreta para nós uma glória eterna e incomensurável. ¹⁸E isso acontece porque voltamos os nossos olhares para as coisas invisíveis e não para as coisas visíveis. Pois o que é visível é passageiro, mas o que é invisível é eterno.

⁵,¹De fato, sabemos que, se a tenda em que moramos neste mundo for destruída, Deus nos dá uma outra morada no céu que não é obra de mãos humanas, mas que é eterna. ²Aliás, é por isso que nós gememos, suspirando por ser revestidos com a nossa habitação celeste; ³revestidos, digo, se, naturalmente, formos encontrados ainda vestidos e não despidos. ⁴Sim, nós que moramos na tenda do corpo estamos oprimidos e gememos, porque, na verdade, não queremos ser despojados, mas queremos ser revestidos, de modo que o que é mortal, em nós, seja absorvido pela vida. ⁵E aquele que nos fez para esse fim é Deus, que nos deu o Espírito como penhor.

⁶Estamos sempre cheios de confiança e bem lembrados de que, enquanto moramos no corpo, somos peregrinos longe do Senhor;⁷pois caminhamos na fé e não na visão

clara. ⁸Mas estamos cheios de confiança e preferimos deixar a moradia do nosso corpo, para ir morar junto do Senhor. ⁹Por isso, também nos empenhamos em ser agradáveis a ele, quer estejamos no corpo, quer já tenhamos deixado essa morada. ¹⁰Aliás, todos nós temos de comparecer às claras perante o tribunal de Cristo, para cada um receber a devida recompensa – prêmio ou castigo – do que tiver feito ao longo de sua vida corporal.

Responsório   Cf. Sl 50(51),5

R. **Senhor**, não me jul**gueis** por minhas **obras**;
   não **fiz** nada de **bom** perante **vós**;
   por isso **peço** à **vos**sa Majes**ta**de:
* Apa**gai** o meu pe**ca**do, ó meu **Deus**!
V. Do meu pe**ca**do todo in**tei**ro, me la**vai**,
   e apa**gai** completa**men**te a minha **cul**pa. * Apa**gai**.

Segunda leitura

Dos Sermões de Santo Anastácio de Antioquia, bispo
(Oratio 5, de Resurrectione Christi, 6-7.9:
PG 89, 1358-1359. 1361-1362)   (Séc. VI)

Cristo transformará o nosso corpo corruptível

Cristo morreu e ressuscitou para ser o Senhor dos mortos e dos vivos (Rm 14,9). *Deus, porém, não é Deus dos mortos, mas dos vivos* (Mt 22,32). Por isso, os mortos, que têm por Senhor aquele que vive, já não são mortos, mas vivos; a vida se apossou deles para que vivam sem nenhum temor da morte, à semelhança de *Cristo* que, *ressuscitado dos mortos, não morre mais* (Rm 6,9).

Assim, ressuscitados e libertos da corrupção, não mais sofrerão a morte, mas participarão da ressurreição de Cristo, como Cristo participou da morte que sofreram.

Se ele desceu à terra, até então uma prisão perpétua, foi para *arrombar as portas de bronze e quebrar as trancas de ferro* (cf. Is 45,2; Sl 106,16), a fim de atrair-nos a si, livrando da corrupção a nossa vida e convertendo em liberdade a nossa escravidão.

Se este plano da salvação ainda não se realizou – pois os homens continuam a morrer e os corpos a decompor-se –, ninguém veja nisso um obstáculo para a fé. Com efeito, já recebemos o penhor de todos os bens prometidos, quando Cristo levou consigo para o alto as primícias de nossa natureza e já estamos sentados com ele nas alturas, como afirma São Paulo: *Ressuscitou-nos com Cristo e nos fez sentar com ele nos céus* (Ef 2,6).

Alcançaremos a consumação quando vier o tempo marcado pelo Pai; então deixaremos de ser crianças e atingiremos *o estado do homem perfeito* (Ef 4,13). Pois o Pai dos séculos quer que o dom que nos foi outorgado seja mantido firmemente e não abolido pela infantilidade do nosso coração.

Não é necessário demonstrar a ressurreição espiritual do Corpo do Senhor, uma vez que São Paulo, falando da ressurreição dos corpos, afirma claramente: *Semeia-se um corpo animal e ressuscita um corpo espiritual* (1Cor 15,44); quer dizer, ele ressuscita transfigurado como o de Cristo, que nos precedeu com sua gloriosa transfiguração.

O Apóstolo bem sabia o que dizia, ao explicar a sorte que espera toda a humanidade, graças à ação de Cristo, que *transformará o nosso corpo humilhado e o tornará semelhante ao seu corpo glorioso* (Fl 3,21).

Se portanto a transfiguração consiste em que o corpo se torne espiritual, isso significa que ele se tornará semelhante ao corpo glorioso de Cristo, que ressuscitou com um corpo espiritual; este não é senão o corpo que foi *semeado na ignomínia* (1Cor 15,43), mas transformado depois em corpo glorioso.

Por este motivo, tendo Cristo elevado para junto do Pai as primícias da nossa natureza, leva também consigo todo o universo. Foi o que prometeu ao dizer: *Quando eu for elevado da terra, atrairei todos a mim* (Jo 12,32).

Responsório Jo 5,28-29; 1Cor 15,52

R. Os que **dor**mem nos se**pul**cros ouvi**rão** a mi**n**ha **voz;**
  * E os que ti**ve**rem feito o **mal,** ressurgi**rão** para o juízo;
  os que tiverem feito o **bem,** para a **vi**da imor**tal**.
V. Num ins**tan**te, num **abrir** e fechar **d'o**lhos,
  ao **to**que da trom**be**ta derra**dei**ra. * E os que tiverem.

Ou:

Das Cartas de São Bráulio de Saragoça, bispo
  (Epist. 19: PL 80, 665-666) (Séc. VII)

Cristo ressuscitado é a esperança de todos os que creem

Cristo, esperança de todos os que creem, ao dizer: *O nosso amigo Lázaro dorme* (Jo 11,11), chama adormecidos e não mortos os que partem deste mundo.

Também o santo Apóstolo Paulo não quer que nos entristeçamos a respeito dos que já adormeceram, porque a fé nos assegura que todos os que creem no Cristo, segundo a palavra do Evangelho, não morrerão para sempre. Sabemos, pela fé, que ele não está morto e nós também não morreremos. Com efeito, o *Senhor mesmo, quando for dada a ordem, à voz do arcanjo e ao som da trombeta divina, descerá do céu e os que nele tiverem morrido ressuscitarão* (cf. 1Ts 4,16).

Que a esperança da ressurreição nos anime, pois os que perdemos neste mundo tornaremos a vê-los no outro; basta para isso crermos no Senhor com verdadeira fé, obedecendo aos seus mandamentos. Para ele, todo-poderoso, é mais fácil despertar os mortos que acordarmos nós os que dormem. Dizemos estas coisas e, no entanto, levados não sei por que sentimento, desfazemo-nos em lágrimas e a saudade nos perturba a fé. Como é miserável a condição humana e nossa vida sem Cristo torna-se sem sentido!

Ó morte, que separas os casados e, tão dura e cruelmente, separas também os amigos! Mas teu poder já está esmagado! Teu domínio impiedoso foi aniquilado por aquele que te ameaçou com o brado de Oseias: *Ó morte, eu serei a tua morte!* (Os 13,14 Vulg.). Nós também podemos desafiar-te com as palavras do Apóstolo: *Ó morte, onde está a tua vitória? Onde está o teu aguilhão?* (1Cor 15,55).

Quem te venceu nos resgatou, ele que entregou sua amada vida às mãos dos ímpios, para fazer dos ímpios seus amigos. São inúmeras e várias as expressões da Sagrada Escritura que nos podem consolar a todos. Basta-nos, porém, a esperança da ressurreição e termos os olhos fixos na glória de nosso Redentor. Pela fé já nos consideramos ressuscitados com ele, conforme diz o Apóstolo: *Se morremos com Cristo, cremos que também viveremos com ele* (Rm 6,8).

Já não nos pertencemos, mas somos daquele que nos redimiu. Nossa vontade deve sempre depender da sua. Por isso dizemos ao rezar: *Seja feita a vossa vontade* (Mt 6,10). Pela mesma razão, devemos dizer como Jó, quando choramos alguém que morreu: *O Senhor deu, o Senhor tirou; bendito seja o nome do Senhor* (Jó 1,21). Façamos nossas estas palavras dele, a fim de que, aceitando como ele a vontade do Senhor, alcancemos um dia semelhante recompensa.

Responsório
1Ts 4,13-14; Jr 22,10

R. Irmãos, não fiqueis **tris**tes por a**que**les que mor**re**ram como **fa**zem os de**mais**, que não **têm** esperança.
  * Se **cre**mos que Je**sus** mor**reu** e ressur**giu**,
    também **cre**mos que a**que**les que morreram em Je**sus**,
    Deus **há** de condu**zi**-los para a **su**a compa**nhia**.
V. Não cho**reis** por quem mor**reu**, nem fa**çais**, como os pa**gãos**, lamenta**ções** desespe**ra**das. * Se **cre**mos.

Oração como nas Laudes.

Laudes

Hino

Ressurreição e vida nossa,
Cristo, esperança do perdão,
quando nos fere a dor da morte,
a vós se volta o coração.

Também na cruz a grande angústia
da morte humana vós provastes
quando, inclinando a vossa fronte,
ao Pai o espírito entregastes.

Ó Bom Pastor, em vossos ombros
vós carregastes nossa dor.
Destes a nós morrer convosco
do Pai no seio acolhedor.

Braços abertos, vós pendestes,
e vosso peito transpassado
atrai a si os que carregam
da morte o fardo tão pesado.

Quebrando as portas dos infernos,
do céu o Reino nos abris;
dai força agora aos sofredores,
dai-lhes enfim vida feliz.

O(a,s) nosso(a,s) irmão(ã,s), que no(s) seu(s) corpo(s)
dorme(m) na paz do vosso amor,
por vós esteja(m) vigilante(s)
para entoar vosso louvor.

Salmodia
Ant. 1 Os **ossos** humi**lha**dos, no **Senhor** exulta**rão**.

Salmo 50(51)

— ³Tende pie**da**de, ó meu **Deus**, miseri**cór**dia! *
Na imensi**dão** de vosso amor, purificai-me!

– ⁴ La**vai**-me todo inteiro do pecado, *
e apa**gai** completamente a minha culpa!
– ⁵ Eu reco**nhe**ço toda a minha iniquidade, *
o meu pe**ca**do está sempre à minha frente.
– ⁶ Foi contra **vós**, só contra vós, que eu pequei, *
e prati**quei** o que é mau aos vossos olhos!
– Mostrais as**sim** quanto sois justo na sentença, *
e quanto é **re**to o julgamento que fazeis.
– ⁷ Vede, Se**nhor**, que eu nasci na iniquidade *
e peca**dor** já minha mãe me concebeu.
– ⁸ Mas vós a**mais** os corações que são sinceros, *
na intimi**da**de me ensinais sabedoria.
– ⁹ Asper**gi**-me e serei puro do pecado, *
e mais **bran**co do que a neve ficarei.
– ¹⁰ Fazei-me ou**vir** cantos de festa e de alegria, *
e exulta**rão** estes meus ossos que esmagastes.
– ¹¹ Desvi**ai** o vosso olhar dos meus pecados *
e apa**gai** todas as minhas transgressões!
– ¹² Criai em **mim** um coração que seja puro, *
dai-me de **no**vo um espírito decidido.
– ¹³ Ó Se**nhor**, não me afasteis de vossa face, *
nem reti**reis** de mim o vosso Santo Espírito!
– ¹⁴ Dai-me de **no**vo a alegria de ser salvo *
e confir**mai**-me com espírito generoso!
– ¹⁵ Ensina**rei** vosso caminho aos pecadores, *
e para **vós** se voltarão os transviados.
– ¹⁶ Da **mor**te como pena, libertai-me, *
e minha **lín**gua exaltará vossa justiça!
– ¹⁷ Abri meus **lá**bios, ó Senhor, para cantar, *
e minha **bo**ca anunciará vosso louvor!
– ¹⁸ Pois não **são** de vosso agrado os sacrifícios, *
e, se o**fer**to um holocausto, o rejeitais.

— ¹⁹Meu sacrifício é minha alma penitente, *
  não desprezeis um coração arrependido!
— ²⁰Sede benigno com Sião, por vossa graça, *
  reconstruí Jerusalém e os seus muros!
— ²¹E aceitareis o verdadeiro sacrifício, *
  os holocaustos e oblações em vosso altar!

Ant. Os ossos humilhados, no Senhor exultarão.

Ant. 2 Das portas do abismo, livrai-me, Senhor!

Cântico　　Is 38,10-14.17-20

— ¹⁰Eu dizia: "É necessário que eu me vá *
  no apogeu de minha vida e de meus dias;
— para a mansão triste dos mortos descerei, *
  sem viver o que me resta dos meus anos".
= ¹Eu dizia: "Não verei o Senhor Deus †
  sobre a terra dos viventes nunca mais; *
  nunca mais verei um homem neste mundo!"
— ¹²Minha morada foi à força arrebatada, *
  desarmada como a tenda de um pastor.
— Qual tecelão, eu ia tecendo a minha vida, *
  mas agora foi cortada a sua trama.
— ¹³Vou me acabando de manhã até à tarde, *
  passo a noite a gemer até a aurora.
— Como um leão que me tritura os ossos todos, *
  assim eu vou me consumindo dia e noite.
— ¹⁴O meu grito é semelhante ao da andorinha, *
  o meu gemido se parece ao da rolinha.
— Os meus olhos já se cansam de elevar-se, *
  de pedir-vos: "Socorrei-me, Senhor Deus!"
— ¹⁷Mas vós livrastes minha vida do sepulcro, *
  e lançastes para trás os meus pecados.

—¹⁸ Pois a man**são** triste dos mortos não vos louva, *
  nem a **mor**te poderá agradecer-vos;
— para quem **des**ce à sepultura é terminada *
  a espe**ran**ça em vosso amor sempre fiel.
—¹⁹ Só os **vi**vos é que podem vos louvar, *
  como **ho**je eu vos louvo agradecido.
— O **pai** há de contar para seus filhos *
  vossa ver**da**de e vosso amor sempre fiel.
=²⁰ Senhor, sal**vai**-me! Vinde logo em meu auxílio, †
  e a vida in**tei**ra cantaremos nossos salmos, *
  agrade**cen**do ao Senhor em sua casa.

Ant. Das **por**tas do a**bis**mo, li**vrai**-me, Se**nhor**!
Ant. 3 Bendi**rei** o Se**nhor** toda a **vi**da.

Salmo 145(146)

=¹ Ben**di**ze, minh'**al**ma, ao Se**nhor**! †
  ² Bendi**rei** ao Senhor toda a vida, *
  canta**rei** ao meu Deus sem cessar!
—³ Não po**nhais** vossa fé nos que mandam, *
  não há **ho**mem que possa salvar.
=⁴ Ao fal**tar**-lhe o respiro ele volta †
  para a **ter**ra de onde saiu; *
  nesse **di**a seus planos perecem.
=⁵ É fe**liz** todo homem que busca †
  seu auxílio no Deus de Jacó, *
  e que **põe** no Senhor a esperança.
—⁶ O Se**nhor** fez o céu e a terra, *
  fez o **mar** e o que neles existe.
— O Se**nhor** é fiel para sempre, *
  ⁷ faz jus**ti**ça aos que são oprimidos;
— ele **dá** alimento aos famintos, *
  é o Se**nhor** quem liberta os cativos. —

= ⁸O Senhor abre os olhos aos cegos, †
 o Senhor faz erguer-se o caído, *
 o Senhor ama aquele que é justo.

= ⁹É o Senhor quem protege o estrangeiro, †
 quem ampara a viúva e o órfão, *
 mas confunde os caminhos dos maus.

= ¹⁰O Senhor reinará para sempre! †
 Ó Sião, o teu Deus reinará *
 para sempre e por todos os séculos!

Ant. Bendirei o Senhor toda a vida.

Ou:

Ant. 3 Tudo o que vive e respira, louve a Deus!

Salmo 150

— ¹Louvai o Senhor Deus no santuário, *
 louvai-o no alto céu de seu poder!
— ²Louvai-o por seus feitos grandiosos, *
 louvai-o em sua grandeza majestosa!
— ³Louvai-o com o toque da trombeta, *
 louvai-o com a harpa e com a cítara!
— ⁴Louvai-o com a dança e o tambor, *
 louvai-o com as cordas e as flautas!
— ⁵Louvai-o com os címbalos sonoros, *
 louvai-o com os címbalos de júbilo!
— Louve a Deus tudo o que vive e que respira, *
 tudo cante os louvores do Senhor!

Ant. Tudo o que vive e respira, louve a Deus!

Leitura breve   1Ts 4,14

Se Jesus morreu e ressuscitou — e esta é a nossa fé —, de modo semelhante Deus trará de volta, com Cristo, os que através dele entraram no sono da morte.

Responsório breve

R. Eu vos exalto,
   * Ó Senhor, pois me livrastes! R. Eu vos exalto.
V. Transformastes o meu pranto em uma festa. * Ó Senhor.
   Glória ao Pai. R. Eu vos exalto.

Cântico evangélico, ant.

Eu **sou** a ressurrei**ção**, eu sou a vida, diz Jesus.
Quem crê em **mim**, mesmo depois de ter morrido, viverá;
e quem vive e crê em **mim**, não morrerá eternamente.

Preces

Oremos a Deus Pai todo-poderoso, que ressuscitou Jesus Cristo dentre os mortos e dará vida também aos nossos corpos mortais; e aclamemos:

R. **Dai-nos, Senhor, a vida em Cristo!**

Pai santo, fazei que nós, sepultados pelo Batismo na morte com vosso Filho e com ele ressuscitados, vivamos uma vida nova;
— para que, depois da nossa morte, vivamos para sempre em Cristo. R.

Pai de bondade, que nos destes o pão vivo descido do céu, como alimento das almas,
— fazei-nos alcançar a vida eterna e ressuscitar no último dia. R.

Senhor, que enviastes um anjo para confortar vosso Filho em sua agonia,
— fazei-nos sentir o conforto da esperança na hora de nossa morte. R.

Vós, que salvastes os três jovens da fornalha ardente,
— libertai as almas do castigo que sofrem por seus pecados. R.

Deus dos vivos e dos mortos, que ressuscitastes Jesus Cristo do sepulcro,

—ressuscitai também os defuntos e dai-nos um lugar junto deles na vossa glória.

R. **Dai-nos, Senhor, a vida em Cristo!**

(intenções livres)

Pai nosso...

Oração

Pode-se dizer uma das seguintes orações:
Ouvi, ó Pai, as nossas preces para que, ao afirmarmos nossa fé na ressurreição do vosso Filho, se confirme também nossa esperança na ressurreição de vosso servo N. Por nosso Senhor Jesus Cristo, vosso Filho, na unidade do Espírito Santo.

Ou:
Ó Deus, glória dos fiéis e vida dos justos, que nos remistes pela morte e ressurreição do vosso Filho, concedei a vosso servo N. que, tendo professado o mistério da nossa ressurreição, mereça alegrar-se na eterna felicidade. Por nosso Senhor Jesus Cristo, vosso Filho, na unidade do Espírito Santo.

Ou:
Ó Deus, inclinai vosso ouvido às nossas preces, ao implorarmos vossa misericórdia para com vosso filho N. Vós, que o unistes na terra ao vosso povo, colocai-o no reino da luz e da paz e concedei-lhe o convívio dos vossos santos. Por nosso Senhor Jesus Cristo, vosso Filho, na unidade do Espírito Santo.

Para vários defuntos:
Ó Deus, fizestes o vosso Filho único vencer a morte e subir ao céu. Concedei a vossos Filhos N. e N. superar a mortalidade desta vida e contemplar eternamente a vós, Criador e Redentor de todos. Por nosso Senhor Jesus Cristo, vosso Filho, na unidade do Espírito Santo.

Pelos irmãos, parentes e benfeitores:

Ó Deus, que perdoais os homens e desejais salvá-los, concedei aos irmãos, parentes e benfeitores de nossa comunidade que partiram deste mundo, participar da vida eterna por intercessão da Virgem Maria e de todos os Santos. Por nosso Senhor Jesus Cristo, vosso Filho, na unidade do Espírito Santo.
Ou à escolha, no Missal Romano.

Hora Média
Hino

Quando se rezam as três Horas menores, pode-se distribuir o hino em 3 partes: na Oração das Nove: primeira, quarta e quinta estrofes; na Oração das Doze: segunda, quarta e quinta estrofes; na Oração das Quinzes: terceira, quarta e quinta estrofes.

1. Vós que por Lázaro chorastes
   junto às irmãs, e compassivo,
   Onipotente, o devolvestes
   aos seus cuidados, redivivo.

2. Pelos culpados implorastes,
   compadecido, a indulgência,
   e ao companheiro de suplício
   destes palavras da clemência,

3. Agonizante, ao discípulo
   por sua mãe destes Maria,
   para os fiéis terem tal mãe
   presente à última agonia.

4. Cristo Senhor, à vossa herança,
   por vosso sangue redimida,
   concedei ver a dor da morte
   mudar-se em gozo e nova vida.

5. Chamai o(a,s) servo(a,s) que partiu (partiram)
para onde a morte foi vencida.
Um hino eterno ele(a,s) vos cante(m),
Cristo Jesus, Senhor da vida.

Salmodia

Oração das Nove Horas

Ant. Vol**tai**-vos, Se**nhor**, para **mim**,
e **vin**de sal**var** minha **vi**da!

Oração das Doze Horas

Ant. Cu**rai**-me, Se**nhor**, pois pe**quei** contra **vós**!

Oração das Quinze Horas

Ant. Por vosso **no**me, sal**vai**-me, Se**nhor**!
Por vossa **for**ça, meu **Deus**, liber**tai**-me!

Salmo 69(70)

– ²Vinde, ó **Deus**, em meu au**xí**lio, sem de**mo**ra, *
 apres**sai**-vos, ó Se**nhor**, em socorrer-me!

– ³Que **se**jam confundidos e humi**lha**dos *
 os que pro**cu**ram acabar com minha **vi**da!

– Que **vol**tem para trás envergo**nha**dos *
 os que se a**le**gram com os males que eu pa**de**ço!

– ⁴Que se re**ti**rem, humilhados, para **lon**ge, *
 todos a**que**les que me dizem: "É bem **fei**to!"

– ⁵Mas se a**le**grem e em vós se reju**bi**lem *
 todos a**que**les que procuram encon**trar**-vos;

– e re**pi**tam todo dia: "Deus é **gran**de!" *
 os que **bus**cam vosso auxílio e sal**va**ção.

– ⁶Quanto a **mim**, eu sou um pobre e infe**liz**: *
 socor**rei**-me sem demora, ó meu **Deus**!

– Sois meu **Deus** libertador e meu au**xí**lio: *
 não tar**deis** em socorrer-me, ó Se**nhor**!

Salmo 84(85)

– ² Favorecestes, ó Senhor, a vossa terra, *
 libertastes os cativos de Jacó.
– ³ Perdoastes o pecado ao vosso povo, *
 encobristes toda a falta cometida;
– ⁴ retirastes a ameaça que fizestes, *
 acalmastes o furor de vossa ira.
– ⁵ Renovai-nos, nosso Deus e Salvador, *
 esquecei a vossa mágoa contra nós!
– ⁶ Ficareis eternamente irritado? *
 Guardareis a vossa ira pelos séculos?
– ⁷ Não vireis restituir a nossa vida, *
 para que em vós se rejubile o vosso povo?
– ⁸ Mostrai-nos, ó Senhor, vossa bondade, *
 concedei-nos também vossa salvação!
– ⁹ Quero ouvir o que o Senhor irá falar: *
 é a paz que ele vai anunciar;
– a paz para seu povo e seus amigos, *
 para os que voltam ao Senhor seu coração.
– ¹⁰ Está perto a salvação dos que o temem, *
 e a glória habitará em nossa terra.
– ¹¹ A verdade e o amor se encontrarão, *
 a justiça e a paz se abraçarão;
– ¹² da terra brotará a fidelidade, *
 e a justiça olhará dos altos céus.
– ¹³ O Senhor nos dará tudo o que é bom, *
 e a nossa terra nos dará suas colheitas;
– ¹⁴ a justiça andará na sua frente *
 e a salvação há de seguir os passos seus.

Salmo 85(86)

– ¹ Inclinai, ó Senhor, vosso ouvido, *
 escutai, pois sou pobre e infeliz!

= Protegei-me, que sou vosso amigo, †
  e salvai vosso servo, meu Deus, *
  que espera e confia em vós!
— Piedade de mim, ó Senhor, *
  porque clamo por vós todo o dia!
— Animai e alegrai vosso servo, *
  pois a vós eu elevo a minh'alma.
— Ó Senhor, vós sois bom e clemente, *
  sois perdão para quem vos invoca.
— Escutai, ó Senhor, minha prece, *
  o lamento da minha oração!
— No meu dia de angústia eu vos chamo, *
  porque sei que me haveis de escutar.
— Não existe entre os deuses nenhum *
  que convosco se possa igualar;
— não existe outra obra no mundo *
  comparável às vossas, Senhor!
— As nações que criastes virão *
  adorar e louvar vosso nome.
— Sois tão grande e fazeis maravilhas. *
  vós somente sois Deus e Senhor!
— Ensinai-me os vossos caminhos, *
  e na vossa verdade andarei;
— meu coração orientai para vós: *
  que respeite, Senhor, vosso nome!
— Dou-vos graças com toda a minh'alma, *
  sem cessar louvarei vosso nome!
— Vosso amor para mim foi imenso, *
  retirai-me do abismo da morte!
= Contra mim se levantam soberbos, †
  e malvados me querem matar; *
  não vos levam em conta, Senhor!

—¹⁵ Vós, porém, sois clemente e fiel, *
   sois **amor**, paciência e perdão.
=¹⁶ Tende **pena** e olhai para mim! †
   Confir**mai** com vigor vosso servo, *
   de vossa **ser**va o filho salvai.
—¹⁷ Conce**dei**-me um sinal que me prove *
   a ver**da**de do vosso amor.
— O ini**mi**go humilhado verá *
   que me **des**tes ajuda e consolo.

Nas outras Horas se diz a Salmodia complementar das séries II e III p. 1134.

Oração das Nove Horas

Ant. Vol**tai**-vos, Se**nhor**, para **mim**,
   e **vin**de sal**var** minha **vi**da!

Leitura breve   Jó 19,25-26
Eu sei que o meu redentor está vivo e que, por último, se levantará sobre o pó; e, depois que tiverem destruído esta minha pele, na minha carne verei a Deus.

Ou: 2Mc 7,9b
O Rei do universo nos ressuscitará para uma vida eterna, a nós que morremos por suas leis.

V. Por **que** te entristeces, minh'**al**ma, a cho**rar**?
R. Espera em **Deus**: ainda **hei** de louvá-lo!

Oração das Doze Horas

Ant. Cu**rai**-me, Se**nhor**, pois pe**quei** contra **vós**!

Leitura breve   Sb 1,13-14a.15
Deus não fez a morte, nem tem prazer com a destruição dos vivos. Ele criou todas as coisas para existirem. Pois a justiça é imortal.

V. No **vale** tene**broso** nenhum **mal** eu teme**rei**,
R. Porque **vós**, ó meu Se**nhor**, Bom **Pastor**, estais co**migo**!

Oração das Quinze Horas

Ant. Por vosso **nome**, sal**vai**-me, Se**nhor**!
Por vossa **força**, meu **Deus**, liber**tai**-me!

Leitura breve   Is 25,8

O Senhor Deus eliminará para sempre a morte e enxugará as lágrimas de todas as faces e acabará com a desonra do seu povo em toda a terra, o Senhor o disse.

V. Escu**tai**, ó Senhor **Deus**, minha ora**ção**!
R. Toda **carne** há de vol**tar** para o Se**nhor**.

Oração como nas Laudes.

Vésperas

Hino

    Cristo, Rei de poder infinito,
    para dar toda a glória a Deus Pai,
    e honra a nós, os perdidos outrora,
    as cadeias da morte quebrais.

    Assumindo dos homens as dores,
    enfrentastes a dor derradeira
    e, morrendo, vencestes a morte,
    pela qual a serpente vencera.

    Do sepulcro surgindo mais forte
    no fulgor do mistério pascal,
    para a vida chamais novamente
    quem morreu para a culpa fatal.

    Concedei-nos a vida da graça,
    para que, ao voltar como Esposo,
    nos acheis com a lâmpada acesa,
    prontos para o festim glorioso.

Recebei-nos, sereno Juiz,
no descanso e na luz da verdade,
nós, que a fé, o amor, a esperança
sempre uniram à Santa Trindade.

Este(a,s) servo(a,s), liberto(a,s) do corpo,
que suspira(m) por vós, Sumo Bem,
recebei nas celestes moradas
para sempre a louvar-vos. Amém.

Salmodia

Ant. 1 O Senhor te guardará de todo o mal:
Ele mesmo vai cuidar da tua vida!

Salmo 120(121)

– ¹Eu levanto os meus olhos para os montes: *
de onde pode vir o meu socorro?
– ²"Do Senhor é que me vem o meu socorro, *
do Senhor que fez o céu e fez a terra!"
– ³Ele não deixa tropeçarem os meus pés, *
e não dorme quem te guarda e te vigia.
– ⁴Oh! não! ele não dorme nem cochila, *
aquele que é o guarda de Israel!
– ⁵O Senhor é o teu guarda, o teu vigia, *
é uma sombra protetora à tua direita.
– ⁶Não vai ferir-te o sol durante o dia, *
nem a lua através de toda a noite.
– ⁷O Senhor te guardará de todo o mal, *
ele mesmo vai cuidar da tua vida!
– ⁸Deus te guarda na partida e na chegada. *
Ele te guarda desde agora e para sempre!

Ant. O Senhor te guardará de todo o mal:
Ele mesmo vai cuidar da tua vida!

Ant. 2 Se levardes em conta nossas faltas,
ó Senhor, quem poderia se salvar?

Salmo 129(130)

– ¹ Das profun**de**zas eu **cla**mo a vós, Se**nhor**, *
    ² escu**tai** a minha **voz**!
– Vossos ou**vi**dos estejam bem atentos *
    ao cla**mor** da minha prece!
– ³ Se le**var**des em conta nossas faltas, *
    quem have**rá** de subsistir?
– ⁴ Mas em **vós** se encontra o perdão, *
    eu vos **te**mo e em vós espero.
– ⁵ No Se**nhor** ponho a minha esperança, *
    es**pe**ro em sua palavra.
– ⁶ A minh'**al**ma espera no Senhor *
    mais que o vi**gi**a pela aurora.
– ⁷ Es**pe**re Israel pelo Senhor *
    mais que o vi**gi**a pela aurora!
– Pois no Se**nhor** se encontra toda graça *
    e copi**o**sa redenção.
– ⁸ Ele **vem** libertar a Israel *
    de **to**da a sua culpa.

Ant. Se le**var**des em **con**ta nossas **fal**tas,
    ó Se**nhor**, quem pode**ri**a se sal**var**?

Ant. 3 Como o **Pai** ressus**ci**ta e dá a vida,
    assim o **Fi**lho dá a **vi**da aos que o **a**mam.

Cântico   Fl 2,6-11

= ⁶ Embora **fos**se de di**vi**na condi**ção**, †
    Cristo Je**sus** não se apegou ciosamente *
    a ser i**gual** em natureza a Deus Pai.

(R. Jesus **Cris**to é Se**nhor** para a **gló**ria de Deus **Pai**!)

= ⁷ Po**rém** esvaziou-se de sua glória †
    e assu**miu** a condição de um escravo, *
    fazendo-se aos homens semelhante.   (R.)

Vésperas

= Reconhecido exteriormente como homem, †
  ⁸humilhou-se, obedecendo até à morte, *
  até à **mor**te humilhante numa cruz. (R.)

= ⁹Por isso **Deus** o exaltou sobremaneira †
  e deu-lhe o **no**me mais excelso, mais sublime, *
  e eleva**do** muito acima de outro nome. (R.)

= ¹⁰Para **que** perante o nome de Jesus †
  se **do**bre reverente todo joelho, *
  seja nos **céus**, seja na terra ou nos abismos. (R.)

= ¹¹E toda **lín**gua reconheça, confessando, †
  para a **gló**ria de Deus Pai e seu louvor: *
  "Na ver**da**de Jesus Cristo é o Senhor!" (R.)

Ant. Como o **Pai** ressus**ci**ta e dá a **vi**da,
  assim o **Fi**lho dá a **vi**da aos que o **a**mam.

Leitura breve   1Cor 15,55-57

Ó morte, onde está a tua vitória? Onde está o teu aguilhão? O aguilhão da morte é o pecado, e a força do pecado é a Lei. Graças sejam dadas a Deus que nos dá a vitória pelo Senhor nosso, Jesus Cristo.

Responsório breve

R. **Se**nhor, eu ponho em **vós** minha espe**ran**ça:
  * Que eu não **fi**que envergo**nha**do eterna**men**te!
R. **Se**nhor.
V. Vosso a**mor** me faz sal**tar** de ale**gri**a. * Que eu não **fi**que.
Glória ao **Pai**. R. **Se**nhor.

Ou:

R. Ó **Se**nhor, em vosso **a**mor,
  * Dai a **e**les vossa **luz**! R. Ó **Se**nhor.
V. Vós vi**reis** para julgar os **vi**vos e os **mor**tos.
  * Dai a eles. Glória ao **Pai**. R. Ó **Se**nhor.

Cântico evangélico, ant.

Todo a**que**le que o **Pai** me entre**gou**,
há de **vir** até **mim**, diz Jesus;
e a quem **vem** até **mim**, nunca **i**rei rejeitar.

Preces

Oremos a Cristo nosso Senhor, que nos deu a esperança de transformar o nosso pobre corpo à semelhança do seu corpo glorioso; e o aclamemos:

R. **Senhor, sois nossa vida e ressurreição!**

Cristo, Filho do Deus vivo, que ressuscitastes vosso amigo Lázaro dentre os mortos,
– ressuscitai para a vida e para a glória os defuntos remidos com o vosso sangue. R.

Cristo, consolador dos aflitos, que na morte de Lázaro, do jovem de Naim e da filha de Jairo, acorrestes compassivo a enxugar as lágrimas de seus parentes e amigos,
– consolai também agora os que choram a morte dos seus entes queridos. R.

Cristo, Salvador dos homens, destruí em nosso corpo mortal o domínio do pecado, pelo qual merecemos a morte;
– para que em vós alcancemos a vida eterna. R.

Cristo, Redentor do mundo, olhai com bondade para aqueles que não vos conhecem e vivem sem esperança;
– para que também eles acreditem na ressurreição dos mortos e na vida futura. R.

Vós, que, ao curar o cego de nascença, lhe destes a alegria de poder ver o vosso rosto,
– revelai o esplendor da vossa face aos defuntos que ainda não chegaram à luz da glória. R.

(intenções livres)

Vós, que permitis a destruição da nossa morada terrestre,
– concedei-nos a eterna morada no reino dos céus R.

Pai nosso...

Oração

Pode-se dizer uma das seguintes orações:

Ouvi, ó Pai, as nossas preces para que, ao afirmarmos nossa fé na ressurreição do vosso Filho, se confirme também nossa esperança na ressurreição de vosso servo N. Por nosso Senhor Jesus Cristo, vosso Filho, na unidade do Espírito Santo.

Ou:

Ó Deus, glória dos fiéis e vida dos justos, que nos remistes pela morte e ressurreição do vosso Filho, concedei a vosso servo N. que, tendo professado o mistério da nossa ressurreição, mereça alegrar-se na eterna felicidade. Por nosso Senhor Jesus Cristo, vosso Filho, na unidade do Espírito Santo.

Ou:

Ó Deus, inclinai vosso ouvido às nossas preces, ao implorarmos vossa misericórdia para com vosso filho N. Vós, que o unistes na terra ao vosso povo, colocai-o no reino da luz e da paz e concedei-lhe o convívio dos vossos santos. Por nosso Senhor Jesus Cristo, vosso Filho, na unidade do Espírito Santo.

Para vários defuntos:

Ó Deus, fizestes o vosso Filho único vencer a morte e subir ao céu. Concedei a vossos Filhos N. e N. superar a mortalidade desta vida e contemplar eternamente a vós, Criador e Redentor de todos. Por nosso Senhor Jesus Cristo, vosso Filho, na unidade do Espírito Santo.

Pelos irmãos, parentes e benfeitores:

Ó Deus, que perdoais os homens e desejais salvá-los, concedei aos irmãos, parentes e benfeitores de nossa comunidade que partiram deste mundo, participar da vida eterna por intercessão da Virgem Maria e de todos os Santos. Por nosso Senhor Jesus Cristo, vosso Filho, na unidade do Espírito Santo.

Ou à escolha, no Missal Romano

Completas

Tudo como no Domingo, p. 1116.

APÊNDICE

APÉNDICE

I

CÂNTICOS E EVANGELHOS PARA AS VIGÍLIAS

Aqueles que, segundo a tradição, desejarem prolongar a celebração da Vigília dos domingos, solenidades e festas, celebrem primeiramente o Ofício das Leituras; depois das duas leituras acrescentem os cânticos e o Evangelho indicados adiante. Nas festas do Senhor que ocorrem no domingo, pode-se dizer o Evangelho do domingo corrente, como adiante se indica, ou da festa; neste caso toma-se o Evangelho do Lecionário da Missa.

Se parecer oportuno, pode-se fazer uma homilia sobre o Evangelho. Depois, canta-se o A vós, ó Deus (Te Deum), diz-se a oração e conclui-se a Hora como no Ordinário.

PRÓPRIO DO TEMPO

TEMPO COMUM

Cânticos

Ant. Sede o **nos**so braço **for**te, ó **Se**nhor, cada ma**nhã**,
e no **tem**po da afli**ção** sede a **nos**sa salva**ção**!

Cântico I — Is 33,2-10

Oração confiante na infelicidade

Em Cristo todos os tesouros da sabedoria e do conhecimento estão ocultos (Cl 2,3).

= ²Senhor, **ten**de pie**da**de, pois em **vós** nós espe**ra**mos! †
Sede o **nos**so braço forte em **to**das as manhãs, *
e no **tem**po da aflição, sede a **nos**sa salvação!

– ³Ao ou**vir** vosso trovão, os povos **to**dos põem-se em fuga *
e **quan**do vos ergueis, se dis**per**sam as nações:

– ⁴Vosso des**po**jo é amontoado, como se a**jun**tam as lagartas; *
todos se **a**tiram sobre ele, feito vo**ra**zes gafanhotos. –

– ⁵ Sublime é o Senhor, pois, habita nas alturas; *
assegura a Sião o direito e a justiça.
= ⁶ Haverá, Jerusalém, segurança nos teus dias, †
abundante salvação, sabedoria e ciência; *
respeitar o Senhor Deus será a glória do teu povo!
– ⁷ Eis, de Sião, "Lareira de Deus", seus heróis a lamentar*
e da paz os mensageiros a chorar amargamente.
= ⁸ Estão desertos os caminhos, ninguém passa pelas ruas, †
a aliança foi rompida, as cidades desprezadas *
e não mais se considera o respeito pelo homem.
– ⁹ A terra está de luto e abatida desfalece; *
o Líbano esmorece e definha de vergonha.
– Sarom já se tornou semelhante a um deserto, *
e Basã e o Carmelo já perderam seu verdor!
–¹⁰ Mas, agora, eu me erguerei, é o que fala o Senhor, *
vou levantar-me, neste instante, serei, agora, exaltado.

Cântico   Is 33,13-16
Deus julgará com justiça

A promessa é para vós, para vossos filhos e para todos aqueles que estão longe (At 2,39).

–¹³ Vós que estais longe, escutai o que eu fiz! *
Vós que estais perto, conhecei o meu poder!
–¹⁴ Os pecadores em Sião se apavoraram, *
e abateu-se sobre os ímpios o terror:
– "Quem ficará junto do fogo que devora? *
Ou quem de vós suportará a eterna chama?"
–¹⁵ É aquele que caminha na justiça, *
diz a verdade e não engana o semelhante;
– o que despreza um benefício extorquido *
e recusa um presente que suborna;
– o que fecha o seu ouvido à voz do crime *
e cerra os olhos para o mal não contemplar. –

– ¹⁶Esse **ho**mem morará sobre as alturas, *
 e seu re**fú**gio há de ser a rocha firme.
– O seu **pão** não haverá de lhe faltar, *
 e a **á**gua lhe será assegurada.

Cântico III   Eclo 36,14-19

Oração pelo povo de Deus

A vida eterna é esta: que te conheçam a ti, o único Deus verdadeiro, e a Jesus Cristo, a quem enviaste (Jo 17,3)

= ¹⁴Tende **pe**na e compai**xão** do vosso **po**vo, †
 de Israel a quem fizestes primogênito *
 e a quem cha**mas**tes com o vosso próprio nome!
– ¹⁵Apie**dai**-vos de Sião, vossa cidade, *
 o lu**gar** santificado onde habitais!
– ¹⁶En**chei** Jerusalém com vossos feitos, *
 e o vosso **po**vo, com a luz de vossa glória!
– ¹⁷Dai teste**mu**nho em favor dos que são vossos, *
 que são **vos**sas criaturas desde o início!
– ¹⁸Fa**zei** que se realizem as palavras, *
 que em vosso **no**me os profetas proferiram.
– Dai recom**pen**sa aos que a vós se confiaram, *
 para os pro**fe**tas serem tidos verdadeiros.
= Ou**vi** as orações dos vossos servos, †
 ¹⁹conforme a **bên**ção de Aarão ao vosso povo *
 e condu**zi**-nos no caminho da justiça,
– para que **sai**bam os que habitam toda a terra, *
 que sois o **Deus**, que contemplais todos os séculos.

Ant. Sede o **nos**so braço **for**te, ó Se**nhor**, cada man**hã**,
 e no **tem**po da afli**ção** sede a **nos**sa salva**ção**!

Evangelhos

Em seguida, lê-se o Evangelho da Ressurreição, de acordo com a série dominical seguinte:

I	Dom. 1, 9, 17, 25, 33	Mt 28,10.16-20	p. 1813.
II	Dom. 2, 10, 18, 26	Mc 16,1-20	p. 1804.
III	Dom. 3, 11, 19, 27	Lc 24,1-12	p. 1805.
IV	Dom. 4, 12, 20, 28	Lc 24,13-35	p. 1806.
V	Dom. 5, 13, 21, 29	Lc 24,35-53	p. 1808.
VI	Dom. 6, 14, 22, 30	Jo 20,1-18	p. 1809.
VII	Dom. 7, 15, 23, 31	Jo 20,19-31	p. 1810.
VIII	Dom. 8, 16, 24, 32	Jo 21,1-14	p. 1812.

18º e 26º DOMINGOS DO TEMPO COMUM

Leitura do Evangelho de Jesus Cristo segundo Marcos

16,1-20

Jesus de Nazaré, que foi crucificado, ressuscitou

¹ Quando passou o sábado, Maria Madalena e Maria, a mãe de Tiago, e Salomé, compraram perfumes para ungir o corpo de Jesus. ² E bem cedo, no primeiro dia da semana, ao nascer do sol, elas foram ao túmulo. ³ E diziam entre si: "Quem rolará para nós a pedra da entrada do túmulo?" ⁴ Era uma pedra muito grande. Mas, quando olharam, viram que a pedra já tinha sido retirada. ⁵ Entraram, então, no túmulo e viram um jovem, sentado do lado direito, vestido de branco. E ficaram muito assustadas. ⁶ Mas o jovem lhes disse: "Não vos assusteis! Vós procurais Jesus de Nazaré, que foi crucificado? Ele ressuscitou. Não está aqui. Vede o lugar onde o puseram. ⁷ Ide, dizei a seus discípulos e a Pedro que ele irá à vossa frente, na Galileia. Lá vós o vereis, como ele mesmo tinha dito". ⁸ Elas saíram do túmulo e fugiram, pois estavam tomadas de temor e espanto. E não disseram nada a ninguém, porque tinham medo.

⁹ Depois de ressuscitar, na madrugada do primeiro dia após o sábado, Jesus apareceu primeiro a Maria Madalena,

da qual havia expulsado sete demônios. ¹⁰Ela foi anunciar isso aos seguidores de Jesus, que estavam de luto e chorando. ¹¹Quando ouviram que ele estava vivo e fora visto por ela, não quiseram acreditar. ¹²Em seguida, Jesus apareceu a dois deles, com outra aparência, enquanto estavam indo para o campo. ¹³Eles também voltaram e anunciaram isso aos outros. Também a estes não deram crédito.

¹⁴Por fim, Jesus apareceu aos onze discípulos enquanto estavam comendo, repreendeu-os por causa da falta de fé e pela dureza de coração, porque não tinham acreditado naqueles que o tinham visto ressuscitado. ¹⁵E disse-lhes: "Ide pelo mundo inteiro e anunciai o Evangelho a toda criatura! ¹⁶Quem crer e for batizado será salvo. Quem não crer será condenado. ¹⁷Os sinais que acompanharão aqueles que crerem serão estes: expulsarão demônios em meu nome, falarão novas línguas; ¹⁸se pegarem em serpentes ou beberem algum veneno mortal não lhes fará mal algum; quando impuserem as mãos sobre os doentes, eles ficarão curados".

¹⁹Depois de falar com os discípulos, o Senhor Jesus foi levado ao céu, e sentou-se à direita de Deus.

²⁰Os discípulos então saíram e pregaram por toda parte. O Senhor os ajudava e confirmava sua palavra por meio dos sinais que a acompanhavam.

HINO Te Deum, p. 543. Oração como no Próprio: no 18º Domingo, p. 40; no 26º Domingo, p. 270.

Conclusão da Hora como no Ordinário.

19º e 27º DOMINGOS DO TEMPO COMUM

Leitura do Evangelho de Jesus Cristo segundo Lucas

24,1-12

Por que estais procurando entre os mortos aquele que está vivo?

¹No primeiro dia da semana, bem de madrugada, as mulheres foram ao túmulo de Jesus, levando os perfumes

que haviam preparado. ²Elas encontraram a pedra do túmulo removida. ³Mas, ao entrar, não encontraram o corpo do Senhor Jesus ⁴e ficaram sem saber o que estava acontecendo. Nisso, dois homens com roupas brilhantes pararam perto delas. ⁵Tomadas de medo, elas olhavam para o chão, mas os dois homens disseram: "Por que estais procurando entre os mortos aquele que está vivo? ⁶Ele não está aqui. Ressuscitou! Lembrai-vos do que ele vos falou, quando ainda estava na Galileia: ⁷'O Filho do Homem deve ser entregue nas mãos dos pecadores, ser crucificado e ressuscitar ao terceiro dia'". ⁸Então as mulheres se lembraram das palavras de Jesus. ⁹Voltaram do túmulo e anunciaram tudo isso aos Onze e a todos os outros. ¹⁰Eram Maria Madalena, Joana e Maria, mãe de Tiago. Também as outras mulheres que estavam com elas contaram essas coisas aos apóstolos. ¹¹Mas eles acharam que tudo isso era desvario, e não acreditaram. ¹²Pedro, no entanto, levantou-se e correu ao túmulo. Olhou para dentro e viu apenas os lençóis. Então voltou para casa, admirado com o que havia acontecido.

HINO Te Deum, p. 543. Oração como no Próprio: no 19º Domingo, p. 71; no 27º Domingo, p. 294.

Conclusão da Hora como no Ordinário.

20º e 28º DOMINGOS DO TEMPO COMUM

Leitura do Evangelho de Jesus Cristo segundo Lucas

24,13-35

Fica conosco, pois já é tarde

¹³Naquele mesmo dia, o primeiro da semana, dois dos discípulos de Jesus iam para um povoado, chamado Emaús, distante onze quilômetros de Jerusalém. ¹⁴Conversavam sobre todas as coisas que tinham acontecido. ¹⁵Enquanto conversavam e discutiam, o próprio Jesus se aproximou e começou a caminhar com eles. ¹⁶Os discípulos, porém, esta-

vam como que cegos, e não o reconheceram. ¹⁷Então Jesus perguntou: "O que ides conversando pelo caminho?" Eles pararam, com o rosto triste, ¹⁸e um deles, chamado Cléofas, lhe disse: "Tu és o único peregrino em Jerusalém que não sabe o que lá aconteceu nestes últimos dias?" ¹⁹Ele perguntou: "O que foi?" Os discípulos responderam: "O que aconteceu com Jesus, o Nazareno, que foi um profeta poderoso em obras e palavras, diante de Deus e diante de todo o povo. ²⁰Nossos sumos sacerdotes e nossos chefes o entregaram para ser condenado à morte e o crucificaram. ²¹Nós esperávamos que ele fosse libertar Israel, mas, apesar de tudo isso, já faz três dias que todas essas coisas aconteceram! ²²É verdade que algumas mulheres do nosso grupo nos deram um susto. Elas foram de madrugada ao túmulo ²³e não encontraram o corpo dele. Então voltaram, dizendo que tinham visto anjos e que estes afirmaram que Jesus está vivo. ²⁴Alguns dos nossos foram ao túmulo e encontraram as coisas como as mulheres tinham dito. A ele, porém, ninguém o viu".

²⁵Então Jesus lhes disse: "Como sois sem inteligência e lentos para crer em tudo o que os profetas falaram! ²⁶Será que o Cristo não devia sofrer tudo isso para entrar na sua glória?" ²⁷E, começando por Moisés e passando pelos Profetas, explicava aos discípulos todas as passagens da Escritura que falavam a respeito dele. ²⁸Quando chegaram perto do povoado para onde iam, Jesus fez de conta que ia mais adiante. ²⁹Eles, porém, insistiram com Jesus, dizendo: "Fica conosco, pois já é tarde e a noite vem chegando!" Jesus entrou para ficar com eles. ³⁰Quando se sentou à mesa com eles, tomou o pão, rezou a bênção, partiu-o e lhes distribuía. ³¹Nisso os olhos dos discípulos se abriram e ele reconheceram Jesus. Jesus, porém, desapareceu da frente deles. ³²Então um disse ao outro: "Não estava ardendo o nosso coração quando ele nos falava pelo caminho, e nos explicava as Escrituras?" ³³Naquela mesma hora, eles se levantaram

e voltaram para Jerusalém onde encontraram os Onze reunidos com os outros. ³⁴E estes confirmaram: "Realmente, o Senhor ressuscitou e apareceu a Simão!"

HINO Te Deum, p. 543. Oração como no Próprio: no 20º Domingo, p. 98; no 28º Domingo, p. 320.

Conclusão da Hora como no Ordinário.

21º e 29º DOMINGOS DO TEMPO COMUM
Leitura do Evangelho de Jesus Cristo segundo Lucas

24,35-53

Era preciso que o Cristo sofresse e ressurgisse dos mortos

Naquele tempo: ³⁵os discípulos contaram o que tinha acontecido no caminho, e como tinham reconhecido Jesus ao partir o pão.

³⁶Ainda estavam falando, quando o próprio Jesus apareceu no meio deles e lhes disse: "A paz esteja convosco!" ³⁷Eles ficaram assustados e cheios de medo, pensando que estavam vendo um fantasma. ³⁸Mas Jesus disse: "Por que estais preocupados, e por que tendes dúvidas no coração? ³⁹Vede minhas mãos e meus pés: sou eu mesmo! Tocai em mim e vede! Um fantasma não tem carne, nem ossos, como estais vendo que eu tenho". ⁴⁰E, dizendo isso, Jesus mostrou-lhes as mãos e os pés. ⁴¹Mas eles ainda não podiam acreditar, porque estavam muito alegres e surpresos. Então Jesus disse: "Tendes aqui alguma coisa para comer?" ⁴²Deram-lhe um pedaço de peixe assado. ⁴³Ele o tomou e comeu diante deles.

⁴⁴Depois disse-lhes: "São estas as coisas que vos falei quando ainda estava convosco: era preciso que se cumprisse tudo o que está escrito sobre mim na Lei de Moisés, nos Profetas e nos Salmos". ⁴⁵Então Jesus abriu a inteligência dos discípulos para entenderem as Escrituras, ⁴⁶e lhes disse: "Assim está escrito: O Cristo sofrerá e ressuscitará dos

mortos ao terceiro dia ⁴⁷e, no seu nome, serão anunciados a conversão e o perdão dos pecados a todas as nações, começando por Jerusalém. ⁴⁸Vós sereis testemunhas de tudo isso. ⁴⁹Eu enviarei sobre vós aquele que meu Pai prometeu. Por isso, permanecei na cidade, até que sejais revestidos da força do alto".

⁵⁰Então Jesus levou-os para fora, até perto de Betânia. Ali ergueu as mãos e abençoou-os ⁵¹Enquanto os abençoava, afastou-se deles e foi levado para o céu. ⁵²Eles o adoraram. Em seguida voltaram para Jerusalém, com grande alegria. ⁵³E estavam sempre no Templo, bendizendo a Deus.

HINO Te Deum, p. 543. Oração como no Próprio: no 21º Domingo, p. 127; no 29º Domingo, p. 350.

Conclusão da Hora como no Ordinário.

22º e 30º DOMINGOS DO TEMPO COMUM

Leitura do Evangelho de Jesus Cristo segundo João

20,1-18

Ele devia ressuscitar dos mortos

¹No primeiro dia da semana, Maria Madalena foi ao túmulo de Jesus, bem de madrugada, quando ainda estava escuro, e viu que a pedra tinha sido retirada do túmulo. ²Então ela saiu correndo e foi encontrar Simão Pedro e o outro discípulo, aquele que Jesus amava, e lhes disse: "Tiraram o Senhor do túmulo, e não sabemos onde o colocaram". ³Saíram, então, Pedro e o outro discípulo e foram ao túmulo. ⁴Os dois corriam juntos, mas o outro discípulo correu mais depressa que Pedro e chegou primeiro ao túmulo. ⁵Olhando para dentro, viu as faixas de linho no chão, mas não entrou. ⁶Chegou também Simão Pedro, que vinha correndo atrás, e entrou no túmulo. Viu as faixas de linho deitadas no chão ⁷e o pano que tinha estado sobre a cabeça de Jesus, não posto com as faixas, mas enrolado num lugar à parte. ⁸Então entrou também o outro discípulo, que tinha

chegado primeiro ao túmulo. Ele viu, e acreditou. De fato, eles ainda não tinham compreendido a Escritura, segundo a qual ele devia ressuscitar dos mortos. ¹⁰Os discípulos voltaram então para casa.

¹¹Entretanto, Maria estava do lado de fora do túmulo, chorando. Enquanto chorava, inclinou-se e olhou para dentro do túmulo. ¹²Viu, então, dois anjos vestidos de branco, sentados onde tinha sido posto o corpo de Jesus, um à cabeceira e outro aos pés. ¹³Os anjos perguntaram: "Mulher, por que choras?" Ela respondeu: "Levaram o meu Senhor e não sei onde o colocaram". ¹⁴Tendo dito isto, Maria voltou-se para trás e viu Jesus, de pé. Mas não sabia que era Jesus. ¹⁵Jesus perguntou-lhe: "Mulher, por que choras? A quem procuras?" Pensando que era o jardineiro, Maria disse: "Senhor, se foste tu que o levaste, dize-me onde o colocaste, e eu o irei buscar". ¹⁶Então Jesus disse: "Maria!" Ela voltou-se e exclamou, em hebraico: "Rabuni" (que quer dizer: Mestre). ¹⁷Jesus disse: "Não me segures. Ainda não subi para junto do Pai. Mas vai dizer aos meus irmãos: subo para junto do meu Pai e vosso Pai, meu Deus e vosso Deus". ¹⁸Então Maria Madalena foi anunciar aos discípulos: "Eu vi o Senhor!", e contou o que Jesus lhe tinha dito.

HINO Te Deum, p. 543. Oração como no Próprio: no 22º Domingo, p. 158; no 30º Domingo, p. 378.

Conclusão da Hora como no Ordinário.

23º e 31º DOMINGOS DO TEMPO COMUM

Leitura do Evangelho de Jesus Cristo segundo João

20,19-31

Oito dias depois Jesus entrou

¹⁹Ao anoitecer daquele dia, o primeiro da semana, estando fechadas, por medo dos judeus, as portas do lugar onde os discípulos se encontravam, Jesus entrou e, pondo-se no meio deles, disse: "A paz esteja convosco". ²⁰Depois destas

palavras, mostrou-lhes as mãos e o lado. Então os discípulos se alegraram por verem o Senhor. [21]Novamente, Jesus disse: "A paz esteja convosco. Como o Pai me enviou, também eu vos envio". [22]E, depois de ter dito isto, soprou sobre eles e disse: "Recebei o Espírito Santo. [23]A quem perdoardes os pecados, eles lhes serão perdoados; a quem os não perdoardes, eles lhes serão retidos".

[24]Tomé, chamado Dídimo, que era um dos doze, não estava com eles quando Jesus veio. [25]Os outros discípulos contaram-lhe depois: "Vimos o Senhor!" Mas Tomé disse-lhes: "Se eu não vir a marca dos pregos em suas mãos, se eu não puser o dedo nas marcas dos pregos e não puser a mão no seu lado, não acreditarei".

[26]Oito dias depois, encontravam-se os discípulos novamente reunidos em casa, e Tomé estava com eles. Estando fechadas as portas, Jesus entrou, pôs-se no meio deles e disse: "A paz esteja convosco". [27]Depois disse a Tomé: "Põe o teu dedo aqui e olha as minhas mãos. Estende a tua mão e coloca-a no meu lado. E não sejas incrédulo, mas fiel". [28]Tomé respondeu: "Meu Senhor e meu Deus!" [29]Jesus lhe disse: "Acreditaste porque me viste? Bem-aventurados os que creram sem terem visto!"

[30]Jesus realizou muitos outros sinais diante dos discípulos, que não estão escritos neste livro. [31]Mas estes foram escritos para que acrediteis que Jesus é o Cristo, o Filho de Deus, e para que, crendo, tenhais a vida em seu nome.

HINO Te Deum, p. 543. Oração como no Próprio: no 23º Domingo, p. 186; no 31º Domingo, p. 405.

Conclusão da Hora como no Ordinário.

24º e 32º DOMINGOS DO TEMPO COMUM

Leitura do Evangelho de Jesus Cristo segundo João

21,1-14

Jesus aproximou-se, tomou o pão e distribuiu-o por eles. E fez a mesma coisa com o peixe

Naquele tempo, ¹Jesus apareceu de novo aos discípulos, à beira do mar de Tiberíades. A aparição foi assim: ²Estavam juntos Simão Pedro, Tomé, chamado Dídimo, Natanael de Caná da Galileia, os filhos de Zebedeu e outros dois discípulos de Jesus. ³Simão Pedro disse a eles: "Eu vou pescar". Eles disseram: "Também vamos contigo". Saíram e entraram na barca, mas não pescaram nada naquela noite.

⁴Já tinha amanhecido, e Jesus estava de pé na margem. Mas os discípulos não sabiam que era Jesus. ⁵Então Jesus disse: "Moços, tendes alguma coisa para comer?" Responderam: "Não". ⁶Jesus disse-lhes: "Lançai a rede à direita da barca, e achareis". Lançaram, pois, a rede e não conseguiam puxá-la para fora, por causa da quantidade de peixes. ⁷Então, o discípulo a quem Jesus amava disse a Pedro: "É o Senhor!" Simão Pedro, ouvindo dizer que era o Senhor, vestiu sua roupa, pois estava nu, e atirou-se ao mar. ⁸Os outros discípulos vieram com a barca, arrastando a rede com os peixes. Na verdade, não estavam longe da terra, mas somente a cerca de cem metros.

⁹Logo que pisaram a terra, viram brasas acesas, com peixe em cima, e pão. ¹⁰Jesus disse-lhes: "Trazei alguns dos peixes que apanhastes". ¹¹Então Simão Pedro subiu ao barco e arrastou a rede para a terra. Estava cheia de cento e cinquenta e três grandes peixes; e, apesar de tantos peixes, a rede não se rompeu. ¹²Jesus disse-lhes: "Vinde comer". Nenhum dos discípulos se atrevia a perguntar quem era ele, pois sabiam que era o Senhor.

¹³Jesus aproximou-se, tomou o pão e distribuiu-o por eles. E fez a mesma coisa com o peixe. ¹⁴Esta foi a terceira

vez que Jesus, ressuscitado dos mortos, apareceu aos discípulos.

HINO Te Deum, p. 543. Oração como no Próprio: no 24º Domingo, p. 216; no 32º Domingo, p. 433.

Conclusão da Hora como no Ordinário.

25º e 33º DOMINGOS DO TEMPO COMUM

Leitura do Evangelho de Jesus Cristo segundo Mateus

28,1-10.16-20

Ele ressuscitou dos mortos e vai à vossa frente para a Galileia

¹ Depois do sábado, ao amanhecer do primeiro dia da semana, Maria Madalena e a outra Maria foram ver o sepulcro. ² De repente, houve um grande tremor de terra: o anjo do Senhor desceu do céu e, aproximando-se, retirou a pedra e sentou-se nela. ³ Sua aparência era como um relâmpago, e suas vestes eram brancas como a neve. ⁴ Os guardas ficaram com tanto medo do anjo, que tremeram, e ficaram como mortos. ⁵ Então o anjo disse às mulheres: "Não tenhais medo! Sei que procurais Jesus, que foi crucificado. ⁶ Ele não está aqui! Ressuscitou, como havia dito! Vinde ver o lugar em que ele estava. ⁷ Ide depressa contar aos discípulos que ele ressuscitou dos mortos, e que vai à vossa frente para a Galileia. Lá vós o vereis. É o que tenho a dizer-vos".

⁸ As mulheres partiram depressa do sepulcro. Estavam com medo, mas correram com grande alegria, para dar a notícia aos discípulos. ⁹ De repente, Jesus foi ao encontro delas, e disse: "Alegrai-vos!" As mulheres aproximaram-se, e prostraram-se diante de Jesus, abraçando seus pés. ¹⁰ Então Jesus disse a elas: "Não tenhais medo. Ide anunciar aos meus irmãos que se dirijam para a Galileia. Lá eles me verão".

¹⁶ Os onze discípulos foram para a Galileia, ao monte que Jesus lhes tinha indicado. ¹⁷ Quando viram Jesus, prostraram-

se diante dele. Ainda assim alguns duvidaram. ¹⁸Então Jesus aproximou-se e falou: "Toda a autoridade me foi dada no céu e sobre a terra. ¹⁹Portanto, ide e fazei discípulos meus todos os povos, batizando-os em nome do Pai e do Filho e do Espírito Santo, ²⁰e ensinando-os a observar tudo o que vos ordenei! Eis que eu estarei convosco todos os dias, até ao fim do mundo".

HINO Te Deum, p. 543. Oração como no Próprio: no 25º Domingo, p. 244; no 33º Domingo, p. 461.

Conclusão da Hora como no Ordinário.

34º Domingo do Tempo Comum

NOSSO SENHOR JESUS CRISTO, REI DO UNIVERSO

Ant. É **vos**so o **rei**na**do** e o **poder**,
  estais a**ci**ma dos **po**vos, Se**nhor**,
  em nossos **di**as nos **dai** vossa **paz**!

Cântico   1Cr 29,10-13

Honra e glória, só a Deus,

De agora em diante vereis o Filho do Homem sentado à direita do Todo-poderoso (Mt 26,64).

= ¹⁰Bendito sejais **vós**, ó Senhor **Deus**, †
  Senhor **Deus** de Israel, o nosso Pai, *
  desde **sem**pre e por toda a eternidade!

= ¹¹A vós perten**cem** a grandeza e o poder †
  toda a **gló**ria, esplendor e majestade, *
  pois tudo é **vos**so: o que há no céu e sobre a terra!

= A vós, Se**nhor**, também pertence a realeza, †
  pois sobre a **terra**, como rei, vos elevais! *
  ¹²Toda **gló**ria e riqueza vêm de vós! −

= Sois o Se**nhor** e dominais o universo, †
   em vossa **mão** se encontra a força e o poder, *
   em vossa **mão** tudo se afirma e tudo cresce!

=¹³ Agora, **pois**, ó nosso Deus, eis-nos aqui! †
   e, agrade**ci**dos, nós queremos vos louvar *
   e cele**brar** o vosso nome glorioso!

Cântico   Is 12,1-6

Exultação do povo redimido

O anjo mostrou-me um rio de água viva, o qual brilhava como cristal. O rio brotava do trono de Deus e do Cordeiro (Ap 22,1)

— ¹ Dou-vos **gra**ças, ó Se**nhor**, porque es**tan**do irri**ta**do, *
   acal**mou**-se a vossa ira e en**fim** me consolastes.

— ² Eis o **Deus,** meu Salvador, eu con**fio** e nada temo; *
   o Se**nhor** é minha força, meu lou**vor** e salvação.

— ³ Com ale**gria** bebereis no mananci**al** da salvação, *
   ⁴ e di**reis** naquele dia: "Dai louvores ao Senhor,

— invo**cai** seu santo nome, anunci**ai** suas maravilhas, *
   entre os **po**vos proclamai que seu **no**me é o mais sublime.

— ⁵ Louvai can**tan**do ao nosso Deus, que fez pro**dí**gios e portentos, *
   publi**cai** em toda a terra suas **gran**des maravilhas!

— ⁶ Exul**tai** cantando alegres, habi**tan**tes de Sião, *
   porque é **gran**de em vosso meio o Deus **San**to de Israel!

Cântico   Is 61,10–62,5

A alegria do profeta sobre a nova Jerusalém

As suas roupas ficaram brancas como a luz... e eis que uma nuvem luminosa os cobriu com sua sombra (Mt 17,2.5).

—⁶¹,¹⁰ Eu e**xul**to de ale**gria** no Se**nhor**, *
   e minh'**al**ma rejubila no meu Deus.

— Pois me envol**veu** de salvação, qual uma veste, *
   e com o **man**to da justiça me cobriu,

– como o **noi**vo que coloca o diadema, *
   como a **noi**va que se enfeita com suas joias.
– ¹¹ Como a **terr**a faz brotar os seus rebentos *
   e o jar**dim** faz germinar suas sementes,
– o Senhor **Deus** fará brotar sua justiça *
   e o louv**or** perante todas as nações.
– ⁶²,¹ Por ti, Si**ão**, não haverei de me calar, *
   nem por **ti**, Jerusalém, terei sossego,
– até que **bri**lhe a tua justiça como aurora *
   e a **tua** salvação como um farol.
– ² Então os **po**vos hão de ver tua justiça, *
   e os **reis** de toda a terra, a tua glória;
– todos **eles** te darão um nome novo: *
   enunci**a**do pelos lábios do Senhor.
– ³ Serás cor**oa** esplendorosa em sua mão, *
   diadema **ré**gio entre as mãos do teu Senhor.
– ⁴ E não **mais** te chamarão "Desamparada", *
   nem se dir**á** de tua terra "Abandonada";
– mas haver**ão** de te chamar "Minha querida", *
   e se dir**á** de tua terra "Desposada".
– Porque o Se**nhor** se agradou muito de ti, *
   e tua **terr**a há de ter o seu esposo.
– ⁵ Como um jo**vem** que desposa a bem-amada, *
   teu Constru**tor**, assim também, vai desposar-te;
– como a es**po**sa é a alegria do marido, *
   serás as**sim**, a alegria do teu Deus.

Ant. É **vosso** o rein**a**do e o po**der**,
   estais **acima** dos **po**vos, Se**nhor**,
   em nossos **dias** nos **dai** vossa **paz**!

Evangelho da solenidade, não proclamado neste ano na Missa.

HINO Te Deum, p. 543. Oração como no Próprio, p. 504.

Conclusão da Hora como no Ordinário.

PRÓPRIO DOS SANTOS

6 de agosto

TRANSFIGURAÇÃO DO SENHOR

Ant. Jesus aproximou-se dos seus discípulos,
prostrados sobre a terra e amedrontados,
assustados pela voz que vem do céu;
tocando-os, disse: Levantai-vos, não temais!

Cânticos, como acima, na solenidade de Nosso Senhor Jesus Cristo, Rei do Universo, p. 1814.

Evangelho da festa, não proclamado neste ano na Missa. Se a festa ocorrer em domingo, pode-se proclamar o Evangelho do domingo, como acima, p. 1804.

HINO Te Deum, p. 543. Oração como no Próprio, p. 1164.
Conclusão da Hora como no Ordinário.

15 de agosto

ASSUNÇÃO DE NOSSA SENHORA

Ant. Vencida a própria morte,
a santa Mãe de Deus em corpo e alma foi levada
à glória celestial, nas alturas, aleluia.

Cânticos como no Comum de Nossa Senhora, p. 1825.
Evangelho como na Missa da vigília: Lc 11,27-28.
HINO Te Deum, p. 543. Oração como no Próprio, p. 1194, ou p. 1201.
Conclusão da Hora como no Ordinário.

14 de setembro

EXALTAÇÃO DA SANTA CRUZ

Ant. Ó cruz gloriosa, ó cruz venerável,
madeiro precioso, sinal admirável,
vencendo o demônio, remiste este mundo
pelo sangue de Cristo. Aleluia.

Cânticos, como acima, na solenidade de Nosso Senhor Jesus Cristo, Rei do Universo, p. 1814.

Evangelho como na Missa votiva do mistério da santa Cruz, n. 4: Jo 12,31-36a. Se a festa ocorrer em domingo, pode-se proclamar o Evangelho do domingo, como acima, p. 1812.

HINO Te Deum, p. 543. Oração como no Próprio, p. 1273.
Conclusão da Hora como no Ordinário.

29 de setembro

SÃO MIGUEL, SÃO GABRIEL E SÃO RAFAEL

Ant. **Chegastes a Sião**, à ci**da**de do Deus **vivo**,
à Jerusa**lém** cel**este**, habita**ção** de muitos **anjos**.

Cânticos, como abaixo, na solenidade de Todos os Santos, p. 1819.

Evangelho, como na solenidade da Anunciação do Senhor: Lc 1,26-38.

HINO Te Deum, p. 543. Oração como no Próprio, p. 1322.
Conclusão da Hora como no Ordinário.

12 de outubro

NOSSA SENHORA DA CONCEIÇÃO APARECIDA

Como no Comum de Nossa Senhora, p. 1824.

HINO Te Deum, p. 543. Oração como no Próprio, p. 1374.
Conclusão da Hora como no Ordinário.

1º de novembro

TODOS OS SANTOS

Ant. **Bendizei** o **Senhor**, seus **eleitos**,
fazei **festas** e, alegres, louvai-o!

Cântico   Tb 13,2-8.9-11.13-18

Deus exalta seus eleitos

Vi a cidade santa, a nova Jerusalém, que descia do céu, de junto de Deus (Ap 21,2).

I

– ²Vós sois **gran**de, S**e**nhor, para **sem**pre, *
   e vosso **rei**no se estende nos séculos!
– Porque **vós** castigais e salvais, *
   fazeis des**cer** aos abismos da terra,
– e de **lá** nos trazeis novamente: *
   de vossa **mão** nada pode escapar.
– ³ Vós que **sois** de Israel, dai-lhe graças *
   e por entre as nações celebrai-o!
– O S**e**nhor dispersou-vos na terra *
   ⁴para na**rrar**des sua glória entre os povos,
– e fa**zê**-los saber, para sempre, *
   que não **há** outro Deus além dele.
– ⁵Casti**gou**-nos por nossos pecados, *
   seu **a**mor haverá de salvar-nos.
– Compreen**dei** o que fez para nós, *
   dai-lhe graças, com todo o respeito!
– ⁶Vossas **o**bras celebrem a Deus*
   e ex**al**tem o Rei sempiterno!
– Nesta **te**rra do meu cativeiro, *
   have**rei** de honrá-lo e louvá-lo,
– pois mos**trou** o seu grande poder, *
   sua **gló**ria à nação pecadora!
– Conver**tei**-vos, enfim, pecadores, *
   diante **de**le vivei na justiça;
– e s**a**bei que, se ele vos ama, *
   tam**bém** vos dará seu perdão!

– ⁷Eu desejo, de toda a minh'alma *
   alegrar-me em Deus, Rei dos céus.
– ⁸Bendizei o Senhor, seus eleitos, *
   fazei festa e alegres louvai-o!

II

= ⁹Jerusalém, cidade santa, †
   o Senhor te castigou *
   pelo mal que praticaste.
= ¹⁰Mas dá graças a teu Deus †
   pelos bens que recebeste. *
   e bendize ao Rei dos séculos,
– para que ele reconstrua *
   em teu meio a sua casa,
– repatrie os exilados, *
   e te alegres, para sempre.
– ¹¹Brilharás, qual luz fulgente, *
   e hão de honrar-te os povos todos;
– com presentes adorar, *
   em teu meio, ao Senhor Deus.
– Em ti se alegrarão *
   as gerações das gerações
– e o nome da Eleita *
   durará por todo o sempre.

III

= ¹³Exultarás pelos teus filhos, †
   pois serão abençoados *
   e reunidos no Senhor.
– ¹⁴Quão feliz é quem te ama *
   e se alegra em tua paz!
– ¹⁵Ao Senhor louva, minh'alma, *
   porque ele é nosso Deus:
– ¹⁶libertou Jerusalém *
   das angústias e aflições! –

– Serei fe**liz**, se há de res**tar** *
  al**guém** de minha raça,
– para **ver** o teu fulgor *
  e lou**var** o Rei dos céus.
= Jerusa**lém**, as tuas portas †
  hão de **ser** reconstruídas, *
  com sa**fi**ras e esmeraldas;
= e **to**dos os teus muros, †
  com **pe**dras preciosas, *
  com **ou**ro as tuas torres;
–[17] e as **tu**as fortalezas, *
  com **ou**ro refinado;
– tuas **pra**ças com brilhantes *
  e com **pe**dras de Ofir.
–[18] Tuas **por**tas cantarão *
  as can**ções** de regozijo,
= canta**rão** as tuas casas: †
  "Ale**lui**a, Aleluia! *
  Bendito o **Deus** de Israel!"
= Bendito **se**ja quem bendiz †
  o nome **san**to do Senhor *
  pelos **sé**culos, sem fim!

Ant. Bendi**zei** o Se**nhor**, seus e**lei**tos,
  fazei **fes**tas e, a**le**gres, louvai-o!

Evangelho como no Comum dos Santos e Santas, n. 2: Mt 5,13-16; ou n. 20: Jo 15,1-8; ou n. 21: Jo 15,9-17.

HINO Te Deum, p. 543. Oração como no Próprio, p. 1425.

Conclusão da Hora como no Ordinário.

COMUNS

Na Dedicação de uma igreja ou nos Comuns dos Santos, toma-se o Evangelho dentre os que não são proclamados na Missa.

COMUM DA DEDICAÇÃO DE UMA IGREJA

Cânticos

Ant. Sois ben**di**to, ó Se**nhor**, no vosso **tem**plo glorioso, construído para a **gló**ria e o lou**vor** do vosso **no**me. Ale**lu**ia.

Cântico I   Tb 13,8-11.13-14ab.15-16ab

A glória futura de Jerusalém

Vós vos aproximastes do monte Sião e da cidade do Deus vivo (Hb 12,22)

— ⁸Dai **gra**ças ao Se**nhor**, vós **to**dos, seus e**lei**tos; *
  cele**brai** dias de festa e ren**dei**-lhe homenagem.

— ⁹Jerusalém, cidade santa, o Se**nhor** te castigou, *
  por teu **mau** procedimento, pelo **mal** que praticaste.

— ¹⁰Dá lou**vor** ao teu Senhor, pelas **tu**as boas obras, *
  para que ele, novamente, arme, em **ti**, a sua tenda.

— Reúna em **ti** os deportados, ale**gran**do-os sem fim! *
  ame em **ti** todo infeliz pelos **sé**culos sem fim!

= ¹Resplende**rás**, qual luz brilhante, até os ex**tre**mos desta terra; †
  virão a **ti** nações de longe, dos lugares mais distantes, *
  invo**can**do o santo n**o**me, trazendo **don**s ao Rei do céu.

— Em **ti** se alegrarão as ge**ra**ções das gerações *
  e o n**o**me da Eleita dura**rá** por todo o sempre.

— ¹³En**tão,** te alegrarás pelos **fi**lhos dos teus justos, *
  todos u**ni**dos, bendizendo ao Se**nhor**, o Rei eterno.

—¹⁴ Haverão de ser ditosos todos quantos que te amam, *
encontrando em tua paz sua grande alegria.
=¹⁵ Ó minh'alma, vem bendizer ao Senhor, o grande Rei, †
¹⁶ pois será reconstruída sua casa em Sião, *
que para sempre há de ficar pelos séculos, sem fim.

Cântico II   Is 2,2-3
Todos os povos virão à casa do Senhor

Os reis da terra levarão sua glória e a honra à cidade santa de Jerusalém (Ap 21,24)

—² Eis que vai acontecer no fim dos tempos, *
que o monte onde está a casa do Senhor
— será erguido muito acima de outros montes, *
e elevado bem mais alto que as colinas.
— Para ele acorrerão todas as gentes, *
³ muitos povos chegarão ali dizendo:
— "Vinde, subamos a montanha do Senhor, *
vamos à casa do Senhor Deus de Israel,
— para que ele nos ensine seus caminhos, *
e trilhemos todos nós suas veredas.
— Pois de Sião a sua Lei há de sair, *
Jerusalém espalhará sua Palavra".

Cântico III   Jr 7,2-7
**Corrigi vossa conduta
e vos farei habitar neste lugar**

Vai primeiro reconciliar-te com teu irmão. Só então vai apresentar a tua oferta (Mt 5,24).

—² Escutai a palavra do Senhor, *
todos vós, de Judá, que aqui entrais
— por estas portas, a fim de adorar *
ao Senhor e prostrar-vos diante dele.—

= ³Assim **fala** o Senhor, Deus do universo: †
  "Cor**ri**gi vossa vida e con**du**ta, *
  e **aqui** vos farei sempre morar!
= ⁴Não confi**eis** em palavras mentirosas, †
  repe**tin**do: É o templo do Senhor! *
  É o **tem**plo, é o templo do Senhor!'
— ⁵Se, po**rém**, corrigirdes vossa vida *
  e emen**dar**des o vosso proceder,
— se entre **vós** praticardes a justiça, *
  se o estran**gei**ro, igualmente, respeitardes,
— ⁶não opri**mir**des o órfão e a vi**ú**va, *
  nem dis**ser**des calúnia contra o próximo,
= nem o **san**gue inocente derramardes, †
  nem cor**rer**des atrás de falsos deuses, *
  para a **vos**sa desgraça e perdição,
= ⁷neste lu**gar**, vos farei sempre morar, †
  na **ter**ra que dei a vossos pais, *
  desde **sem**pre e por toda a eternidade!"

Ant. Sois ben**di**to, ó Se**nhor,** no vosso **tem**plo glorioso,
   construído para a **gló**ria e lou**vor** do vosso **no**me!
   Aleluia.

Evangelho do Comum, tirado do Lecionário da Missa.

HINO Te Deum, p.543. Oração, p.1493.

Conclusão da Hora como no Ordinário.

COMUM DE NOSSA SENHORA

Cânticos

Ant. Alegra-te, ó **Vir**gem **Maria,**
   mere**ces**te tra**zer** o Messias,
   Cria**dor** do alto **céu** e da **terra,**
   pois **des**te à **luz** Jesus **Cris**to,
   a**que**le que **sal**va o **mun**do! Aleluia.

Cântico I   Is 61,10–62,3
A alegria do profeta sobre a nova Jerusalém

Vi a cidade santa, a nova Jerusalém... vestida qual esposa enfeitada para o seu marido (Ap 21,2).

— ⁶¹,¹⁰ Eu exulto de alegria no Senhor, *
   e minh'alma rejubila no meu Deus.
— Pois me envolveu de salvação, qual uma veste, *
   e com o manto da justiça me cobriu,
— como o noivo que coloca o diadema, *
   como a noiva que se enfeita com suas joias.
— ¹¹ Como a terra faz brotar os seus rebentos *
   e o jardim faz germinar suas sementes,
— o Senhor Deus fará brotar sua justiça *
   e o louvor perante todas as nações.
— ⁶²,¹ Por ti, Sião, não haverei de me calar, *
   nem por ti, Jerusalém, terei sossego,
— até que brilhe a tua justiça como aurora *
   e a tua salvação como um farol.
— ² Então os povos hão de ver tua justiça, *
   e os reis de toda a terra, a tua glória;
— todos eles te darão um nome novo: *
   enunciado pelos lábios do Senhor.
— ³ Serás coroa esplendorosa em sua mão, *
   diadema régio entre as mãos do teu Senhor.

Cântico II   Is 62,4-7
A glória da nova Jerusalém

Esta é a morada de Deus entre os homens! Deus vai morar no meio deles (Ap 21,3).

— ⁴ Nunca mais te chamarão "Desamparada", *
   nem se dirá de tua terra "Abandonada";
— mas haverão de te chamar "Minha querida", *
   e se dirá de tua terra "Desposada".

– Porque o **Se**nh**or** se agradou muito de ti, *
  e tua **ter**ra há de ter o seu esposo.
– ⁵ Como um **jo**vem que desposa a bem-amada, *
  assim tam**bém**, teu Construtor vai desposar-te;
– como a es**po**sa é a alegria do esposo, *
  serás, as**sim**, a alegria de teu Deus.
– ⁶ Jerusa**lém**, sobre teus muros postei guardas; *
  nem de **di**a, nem de noite, hão de calar-se.
– Não vos ca**leis**, vós que ao Senhor fazeis lembrar-se, *
  ⁷ não descan**seis** nem deis a ele algum descanso,
– até que **te**nha restaurado a Sião, *
  e, na **ter**ra, a tenha feito afamada!

Cântico III Eclo 39,17-21

Como são admiráveis as vossas obras, ó Senhor!

Graças sejam dadas a Deus, que por meio de nós vai espalhando o odor do seu conhecimento (2Cor 2,14).

– ¹⁷ Ouvi-me e escu**tai**, rebentos **san**tos, *
  desabro**chai** como a roseira, junto ao rio!
– ¹⁸ Como in**cen**so, exalai suave aroma, *
  ¹⁹ como o **lí**rio, florescei e perfumai!
– Ento**ai** os vossos cantos de Louvor, *
  bendi**zei** por vossas obras ao Senhor!
– ²⁰ O **no**me do Senhor engrandecei, *
  glorifi**cai**-o com a voz dos vossos lábios!
= Com a **mú**sica e ao som de vossas harpas, †
  e, à **gui**sa de louvor, assim dizei; *
  ²¹ "Todas as **o**bras do Senhor são excelentes!"

Ant. Alegra-te, ó **Vir**gem **Ma**ria,
  mere**ces**te trazer o Messias,
  Criador do alto **céu** e da **ter**ra,
  pois **des**te à **luz** Jesus **Cris**to,
  Salva**dor** deste **mun**do, aleluia.

Evangelho do Comum, do Lecionário da Missa.

HINO Te Deum, p.543. Oração como no Próprio.

Conclusão da Hora como no Ordinário.

COMUM DOS APÓStOLOS

Cânticos

Ant. **Alegrai**-vos pri**mei**ro,
porque vossos **nomes** no **céu** estão escritos.

Cântico I   Is 61,6-9
Aliança do Senhor com seus servos

Deus nos tornou capazes de exercer o ministério de uma aliança nova (2Cor 3,6)

– ⁶Sacer**do**tes do Se**nhor** sereis cha**ma**dos, *
de Deus mi**nis**tros há de ser o vosso nome.
– As ri**que**zas das nações desfrutareis, *
have**reis** de gloriar-vos em sua glória.
– ⁷Por vossa **du**pla humilhação e ignomínia *
recebe**reis**, com alegria, dupla honra.
– Em vossa **terra** havereis de possuir *
o **do**bro e a alegria, para sempre!
– ⁸Porque **eu**, vosso Senhor, amo a justiça *
e de**tes**to a iniquidade que há no roubo;
– eu lhes da**rei** a recompensa, fielmente, *
farei com **e**les uma eterna Aliança.
– ⁹Entre as na**ções**, a sua raça será célebre, *
os seus **fi**lhos, conhecidos entre os povos.
– Ao **vê**-los, todos reconhecerão, *
que são a **ra**ça abençoada do Senhor.

Cânticos e evangelhos para as vigílias

Cântico II Sb 3,7-9
A glória futura dos justos

Os justos brilharão como o sol no Reino de seu Pai (Mt 13,43).

—⁷ Os **jus**tos bri**lha**rão e se**rão** como cen**te**lhas *
que se a**las**tram veloz**men**te atra**vés** da palha **se**ca.
—⁸ Aos **po**vos julga**rão** e às na**ções** domina**rão**, *
o Se**nhor** há de rei**nar** sobre **e**les, para **sem**pre.
=⁹ Os que **ne**le confi**a**rem, a ver**da**de entende**rão** †
e com **e**le, no a**mor**, vive**rão** os seus fi**éis**, *
pois me**re**cem seus eleitos sua **gra**ça e compai**xão**.

Cântico III Sb 10,17-21
Deus, Guia do seu povo à salvação

Todos aqueles que saíram vitoriosos do confronto com a besta, entoam o cântico de Moisés, o servo de Deus, e o cântico do Cordeiro (Ap 15,2.3).

¹⁷ O Se**nhor** deu a seus **san**tos o **prê**mio dos tra**ba**lhos †
na sua **vi**da condu**ziu**-os por ca**mi**nhos admi**rá**veis, *
pois de **di**a lhes foi **som**bra e, de **noi**te, luz dos **as**tros.
—¹⁸ O Se**nhor** os fez pas**sar** atra**vés** do mar Ver**me**lho *
e os **fez** atravessar águas **mui**to vio**len**tas;
—¹⁹ po**rém**, seus ini**mi**gos no **mar**, os afo**gou** *
e do **fun**do dos a**bis**mos para a **prai**a os lan**çou**.
=²⁰ Sendo os **ím**pios despo**ja**dos, os **jus**tos cele**bra**ram, †
com lou**vo**res, **vos**so nome que é **san**to, ó Se**nhor** *
e lou**va**ram, todos **jun**tos, vossa **mão** que os prote**ge**ra.
—²¹ Pois **a**briu a sabedoria a **bo**ca do que é **mu**do *
e sol**tou**, em elo**quên**cia, a **lín**gua dos pe**que**nos.

Ant. Ale**grai**-vos pri**mei**ro,
por**que** vossos **no**mes no **céu** estão es**cri**tos.

Evangelho do Comum dos Pastores ou, à escolha, da Missa da Sexta-feira da 2ª Semana do Tempo Comum: Mc 3,13-19.

HINO Te Deum, p. 543. Oração como no Próprio.

Conclusão da Hora como no Ordinário.

COMUM DOS MÁRTIRES

I. Para vários mártires

Cânticos

Ant. O Senhor enxugará toda lágrima dos santos;
nunca mais haverá morte,
nem clamor nem luto ou dor,
pois passou o tempo antigo.

Cântico I   Sb 3,1-6

As almas dos justos estão na mão de Deus

Felizes os mortos, os que desde agora morrem unidos ao Senhor. Que eles descansem de suas fadigas (Ap 14,13).

– ¹ As almas dos justos 'stão na mão do Senhor *
    e o tormento da morte não há de atingi-los.
– ² Aos olhos dos tolos são tidos por mortos, *
    e o seu desenlace parece desgraça.
= A sua partida do nosso convívio †
    ³ é tida, igualmente, por destruição, *
    porém, na verdade, na paz estão eles.
– ⁴ Se aos olhos dos homens sofreram tormentos, *
    sua esperança era plena de vida imortal.
– ⁵ Provados em pouco, terão muitos bens, *
    pois Deus os provou e achou dignos de si.
= ⁶ Como ouro os provou no calor da fornalha, †
    como grande holocausto junto a si os acolheu: *
    no dia da Vinda terão vida nova.

Cântico II
Sb 3,7-9

A glória futura dos justos

Os justos brilharão como o sol no Reino de seu Pai (Mt 13,43).

– ⁷Os **jus**tos brilha**rão** e se**rão** como cen**tel**has *
  que se a**las**tram veloz**men**te atra**vés** da palha **se**ca.
– ⁸Aos **po**vos julga**rão** e às na**ções** domina**rão**, *
  o Se**nhor** há de rei**nar** sobre **e**les, para sem**pre**.
= ⁹Os que **ne**le confi**ar**em, a ver**da**de enten**de**rão †
  e com **e**le, no a**mor**, vive**rão** os seus fi**éis**, *
  pois me**re**cem seus elei**tos** sua **gra**ça e com**pai**xão.

Cântico III
Sb 10,17-21

Deus, Guia do seu povo à salvação

Todos aqueles que saíram vitoriosos do confronto com a besta, entoavam o cântico de Moisés, o servo de Deus e o cântico do Cordeiro (Ap 15,2.3).

– ¹⁷O Se**nhor** deu a seus **san**tos o **prê**mio dos tra**ba**lhos †
  na sua **vi**da conduziu-os por ca**mi**nhos admi**rá**veis, *
  pois de **di**a lhes foi **som**bra e, de **noi**te, luz dos **as**tros.
– ¹⁸O Se**nhor** os fez passar atra**vés** do mar Ver**me**lho *
  e os **fez** atravessar **á**guas **mui**to vio**len**tas;
– ¹⁹po**rém**, seus ini**mi**gos no **mar**, os afo**gou** *
  e do **fun**do dos abis**mos** para a **prai**a os lan**çou**.
= ²⁰Sendo os **ím**pios despoja**dos**, os **jus**tos cele**bra**ram, †
  com lou**vo**res, vosso **no**me que é **san**to, ó Se**nhor** *
  e louva**ram** todos **jun**tos, **vos**sa **mão** que os prote**ge**ra.
– ²¹Pois **abri**u a sabedo**ri**a a **bo**ca do que é **mu**do *
  e sol**tou**, em eloquên**cia**, a **lín**gua dos pe**que**nos.

Ant. O Se**nhor** enxuga**rá** toda **lá**grima dos **san**tos;
  nunca **mais** haverá **mor**te,
  nem cla**mor**, nem luto ou **dor**,
  pois pas**sou** o tempo an**ti**go.

Evangelho do Comum, do Lecionário da Missa.

HINO Te Deum, p. 543. Oração como no Próprio.

Conclusão da Hora como no Ordinário.

II Para um(a) mártir

Ant. Completo em minha carne o que falta aos sofrimentos de Cristo por seu Corpo, por seu Corpo que é a Igreja.

Cânticos como adiante, do Comum de um(a) Santo(a).
Evangelho do Comum, do Lecionário da Missa.
HINO Te Deum, p. 543. Oração como no Próprio.
Conclusão da Hora como no Ordinário.

COMUM DE UM SANTO OU DE UMA SANTA OU DE VÁRIOS SANTOS OU SANTAS

Cânticos

Para um santo, uma santa ou vários santos ou santas:

Ant. Vossas cinturas estejam cingidas,
tende acesas nas mãos vossas lâmpadas!

Para uma santa virgem:

Ant. No meio da noite ouviu-se um clamor:
Vem chegando o esposo, saí-lhe ao encontro!

Cântico I — Jr 17,7-8
Feliz quem confia no Senhor

Felizes são aqueles que ouvem a palavra de Deus e a põem em prática (Lc 11,28).

– ⁷ Bendito quem confia no Senhor *
e nele deposita a esperança!
– ⁸ É como a árvore plantada junto às águas, *
que estende suas raízes ao ribeiro.
– Não teme, quando chega o tempo quente: *
suas folhas continuam verdejantes.

- Não se inquieta com a seca de um ano, *
  nem deixa de dar fruto em tempo algum.

Cântico II Eclo 14,22; 15,3.4.6b
Felicidade do Sábio

A sabedoria foi justificada por todos os seus filhos (Lc 7,35)

= ²²Feliz é quem se aplica à sabedoria, †
  quem no coração medita nos seus segredos e caminhos *
  e que com inteligência reflete e raciocina.

– ¹⁵,³Com o pão da prudência ela há de nutri-lo *
  e o saciará com a água do conhecimento.

– Ela o sustentará, para ele não vacilar, *
  ⁴nela confiará e não será envergonhado.

– Ela o exaltará entre todos os outros *
  ⁶ᵇe um nome indelével do Senhor herdará.

Cântico III Eclo 31,8-11
Feliz quem não correu atrás de ouro

Fazei bolsas que não se estraguem no céu (Lc 12,33).

– ⁸Feliz é todo aquele, *
  que sem mancha foi achado,
= que não correu atrás de ouro, †
  nem colocou sua esperança *
  no dinheiro e nas riquezas!

– ⁹Quem é ele? E o louvaremos, *
  pois fez prodígios em sua vida!

= ¹⁰Quem foi tentado pelo ouro †
– e perfeito foi achado, *
  glória eterna há de alcançar.

– Ele podia transgredir *
  a lei, mas não o fez;

– fazer o **mal** ele podia, *
  mas **não** o praticou;
= ¹¹seus bens serão consolidados †
  e a assem**bleia** dos eleitos *
  louv**ará** seus benefícios.

Para um santo, uma santa ou vários santos ou santas:

Ant. Vossas cin**tu**ras es**te**jam cin**gi**das,
  tende a**ce**sas nas **mãos** vossas **lâm**padas

Para uma santa virgem:

Ant. No **mei**o da **noi**te ou**viu**-se um cla**mor**:
  Vem che**gan**do o es**po**so, saí-lhe ao en**con**tro!

Evangelho do Comum, do Lecionário da Missa.
HINO Te Deum, p. 543. Oração como no Próprio.
Conclusão da Hora como no Ordinário.

II

FÓRMULAS MAIS BREVES
PARA AS PRECES NAS VÉSPERAS

Estas preces mais breves podem ser usadas em lugar daquelas indicadas. Se oportuno, pode citar-se o nome da(s) pessoa(s) por quem se quer rezar.

Domingo

Rezemos a Deus, que cuida de todas as suas criaturas, e digamos com sincera humildade:
R. **Senhor, tende piedade do vosso povo!**
Guardai a Igreja.
Protegei nosso Papa N.
Sede o apoio de nosso Bispo N.
Salvai vosso povo.
Defendei a paz.
Esclarecei aqueles que não têm fé.
Dirigi os governantes dos povos.
Socorrei os pobres.
Consolai os atribulados.
Apiedai-vos dos órfãos.
Acolhei com bondade os falecidos.

Segunda-feira

Rezemos a Deus, que cuida de todas as suas criaturas, e digamos com sincera humildade:
R. **Visitai vosso povo, Senhor!**
Congregai na unidade a vossa Igreja.
Conservai o nosso Papa N.
Protegei o nosso Bispo N.
Dirigi os missionários.
Revesti de justiça os sacerdotes.

Santificai os religiosos.
Destruí as inimizades.
Fortalecei as crianças com vossa graça.
Dai aos jovens progredir na sabedoria.
Sustentai e consolai os anciãos.
Cumulai de dons nossos amigos.
Reuni aos santos os nossos falecidos.

Terça-feira

Rezemos a Deus, que cuida de todas as suas criaturas, e digamos com sincera humildade:
R. **Atendei-nos, Senhor!**
Lembrai-vos de vossa Igreja.
Defendei nosso Papa N.
Auxiliai nosso Bispo N.
Dai progresso verdadeiro à nossa cidade.
Retribuí aos nossos benfeitores com as vossas graças.
Conservai na concórdia os casados.
Dai discernimento aos noivos.
Concedei trabalho aos desempregados.
Sede o apoio aos necessitados.
Defendei aqueles que sofrem perseguição.
Reconduzi ao bom caminho todos os que erram.
Levai os falecidos para a glória eterna.

Quarta-feira

Rezemos a Deus, que cuida de todas as suas criaturas, e digamos com sincera humildade:
R. **Salvai vosso povo, Senhor!**
Concedei à vossa Igreja uma eterna juventude.
Cumulai nosso Papa N. com vossos dons.
Auxiliai o nosso Bispo N.
Conservai as nações na paz.
Habitai em cada moradia.

Lembrai-vos de nossa comunidade.
Incentivai a justiça.
Concedei aos lavradores boas colheitas.
Acompanhai os viajantes.
Favorecei os artesãos.
Ajudai as viúvas.
Concedei aos falecidos a vida eterna.

Quinta-feira

Rezemos a Deus, que cuida de todas as suas criaturas, e digamos com sincera humildade:
R. **Esperamos em vós, Senhor!**
Concedei que a vossa Igreja cresça sempre na unidade.
Dai vigor ao nosso Papa N.
Iluminai o nosso Bispo N.
Chamai operários para a vossa messe.
Cumulai de bênçãos nossos parentes e amigos.
Curai os enfermos.
Visitai os agonizantes.
Fazei os exilados voltarem à pátria.
Afastai de nós as calamidades.
Concedei-nos clima propício.
Moderai as chuvas.
Dai o repouso eterno aos falecidos.

Sexta-feira

Rezemos a Deus, que cuida de todas as suas criaturas, e digamos com sincera humildade:
R. **Confiamos em vós, Senhor!**
Levai a vossa Igreja à perfeição.
Protegei o nosso Papa N.
Confortai o nosso Bispo N.
Assisti os Bispos do mundo inteiro.
Ajudai os que não têm casa.

Reconfortai os famintos.
Iluminai os cegos.
Consolai os idosos.
Fortalecei as virgens consagradas.
Chamai os judeus à nova aliança.
Enchei de prudência os legisladores.
Dai coragem aos que são tentados.
Concedei aos falecidos a luz eterna.

Sábado

Rezemos a Deus, que cuida de todas as suas criaturas, e digamos com sincera humildade:

R. **Socorrei vosso povo, Senhor!**

Que o gênero humano chegue à unidade por meio de vossa Igreja.
Protegei o nosso Papa N.
Auxiliai com a vossa bênção o nosso Bispo N.
Guiai pela vossa mão os sacerdotes.
Santificai os leigos.
Cuidai dos operários.
Fazei que os ricos usem suas riquezas com retidão.
Guardai os fracos.
Libertai os prisioneiros.
Afastai de nós os terremotos.
Preservai-nos da morte repentina.
Concedei aos falecidos verem a vossa face.

III
FÓRMULAS FACULTATIVAS INTRODUTÓRIAS AO PAI-NOSSO

1. E agora digamos juntos a oração que o Cristo Senhor nos ensinou: *Pai nosso...*

2. Nossa prece prossigamos, implorando a vinda do Reino de Deus: *Pai nosso...*

3. Recolhamos agora nossos louvores e pedidos com as palavras do próprio Cristo, e digamos: *Pai nosso...*

4. Confirmemos agora nossos louvores e pedidos pela oração do Senhor: *Pai nosso...*

5. Mais uma vez louvemos a Deus e roguemos com as mesmas palavras de Cristo: *Pai nosso...*

(Invocações dirigidas a Cristo)

6. Lembrai-vos de nós, Senhor, quando vierdes em vosso Reino e ensinai-nos a dizer: *Pai nosso...*

7. E agora, obedientes à vontade de nosso Senhor, Jesus Cristo, ousamos dizer: *Pai nosso...*

8. E agora, cumprindo a ordem do Senhor, digamos: *Pai nosso...*

9. Atentos ao modelo de oração dado por Cristo, nosso Senhor, digamos: *Pai nosso...*

10. Digamos agora, todos juntos, a oração que Cristo nos entregou como modelo de toda oração: *Pai nosso...*

IV
FÓRMULAS DE BÊNÇÃO PARA LAUDES E VÉSPERAS

O diácono ou, na falta dele, o próprio sacerdote diz o convite com estas ou outras palavras: Inclinai-vos para receber a bênção. Em seguida, o sacerdote estende as mãos sobre o povo, profere as bênçãos, e, ao terminar, todos aclamam: Amém.

I. Nas celebrações do tempo

1. Tempo Comum, I
(Bênção de Aarão: Nm 6,24-26)

Deus vos abençoe e vos guarde.
R. Amém.

Ele vos mostre a sua face
e se compadeça de vós.
R. Amém

Volva para vós o seu olhar
e vos dê a sua paz.
R. Amém.

* Abençoe-vos Deus todo-poderoso,
Pai e Filho † e Espírito Santo.
R. Amém.

---

* Em vez desta fórmula final, pode-se usar o texto seguinte:

E a bênção de Deus todo-poderoso,
Pai e Filho † e Espírito Santo,
desça sobre vós
e permaneça para sempre.
R. Amém.

---

2. Tempo Comum, II (Fl 4,7)

A paz de Deus, que supera todo entendimento,
guarde vossos corações e vossas mentes
no conhecimento e no amor de Deus,
e de seu Filho, nosso Senhor Jesus Cristo.
R. Amém.

Abençoe-vos Deus todo-poderoso,
Pai e Filho † e Espírito Santo.
R. Amém.

3. Tempo Comum, III

Deus todo-poderoso vos abençoe na sua bondade
e infunda em vós a sabedoria da salvação.
R. Amém.

Sempre vos alimente com os ensinamentos da fé
e vos faça perseverar nas boas obras.
R. Amém.

Oriente para ele os vossos passos,
e vos mostre o caminho da caridade e da paz.
R. Amém.

Abençoe-vos Deus todo-poderoso,
Pai e Filho † e Espírito Santo.
R. Amém.

4. Tempo Comum, IV

Que o Deus de toda consolação
disponha na sua paz os vossos dias
e vos conceda as suas bênçãos.
R. Amém.

Sempre vos liberte de todos os perigos
e confirme os vossos corações em seu amor.
R. Amém.

E assim, ricos em esperança, fé e caridade,
possais viver praticando o bem
e chegar felizes à vida eterna.
R. Amém.

Abençoe-vos Deus todo-poderoso,
Pai e Filho ☨ e Espírito Santo.
R. Amém.

5. Tempo Comum, V

Que Deus todo-poderoso
vos livre sempre de toda adversidade
e derrame sobre vós as suas bênçãos.
R. Amém.

Torne os vossos corações atentos à sua palavra,
a fim de que transbordeis de alegria divina.
R. Amém.

Assim, abraçando o bem e a justiça,
possais correr sempre
pelo caminho dos mandamentos divinos
e tornar-vos coerdeiros dos santos.
R. Amém.

Abençoe-vos Deus todo-poderoso,
Pai e Filho ☨ e Espírito Santo.
R. Amém.

II Nas celebrações dos santos

6. Nossa Senhora

O Deus de bondade,
que pelo Filho da Virgem Maria
quis salvar a todos,
vos enriqueça com sua bênção.
R. Amém.

Seja-vos dado sentir sempre e por toda parte
a proteção da Virgem,
por quem recebestes o autor da vida.
R. Amém.

E vós, que vos reunistes hoje para celebrar sua solenidade,
possais colher a alegria espiritual e o prêmio eterno.
R. Amém.

Abençoe-vos Deus todo-poderoso,
Pai e Filho † e Espírito Santo.
R. Amém.

7. Santos Apóstolos

Deus, que vos firmou na fé apostólica,
vos abençoe pelos méritos e a intercessão
dos santos Apóstolos N. e N. (do santo Apóstolo N.).
R. Amém.

Aquele que vos quis instruir
pela doutrina e exemplo dos Apóstolos
vos torne, por sua proteção,
testemunhas da verdade para todos.
R. Amém.

Pela intercessão dos Apóstolos,
que vos deram por sua doutrina a firmeza da fé,
possais chegar à pátria eterna.
R. Amém.

Abençoe-vos Deus todo-poderoso,
Pai e Filho † e Espírito Santo.
R. Amém.

8. Todos os Santos

Deus, glória e exultação dos Santos
que hoje celebrais solenemente,
vos abençoe para sempre.
R. Amém.

Livres por sua intercessão dos males presentes,
e inspirados pelo exemplo de suas vidas,
possais colocar-vos constantemente
a serviço de Deus e dos irmãos.
R. Amém.

E assim, com todos eles,
vos seja dado gozar a alegria da verdadeira pátria,
onde a Igreja reúne os seus filhos e filhas aos santos
para a paz eterna.
R. Amém.

Abençoe-vos Deus todo-poderoso,
Pai e Filho † e Espírito Santo.
R. Amém.

III. Outras bênçãos

9. Dedicação de uma igreja

Que Deus, o Senhor do céu e da terra,
reunindo-vos hoje
para a dedicação (o aniversário da dedicação)
de sua casa,
vos cubra com as bênçãos do céu.
R. Amém.

Reunindo em Cristo os filhos dispersos,
faça de vós os seus templos
e morada do Espírito Santo.
R. Amém.

E assim, plenamente purificados,
possais ser habitação de Deus
e herdar, com todos os santos,
a felicidade eterna.
R. Amém.

E a bênção de Deus todo-poderoso,
Pai e Filho † e Espírito Santo,
R. Amém.

10. No Ofício dos fiéis defuntos

O Deus de toda consolação vos dê a sua bênção,
ele que na sua bondade criou o ser humano
e deu aos que creem em seu Filho ressuscitado
a esperança da ressurreição.
R. Amém.

Deus nos conceda o perdão dos pecados,
e a todos os que morreram, a paz e a luz eterna.
R. Amém.

E a todos nós, crendo que Cristo
ressuscitou dentre os mortos,
vivamos eternamente com ele.
R. Amém.

E a bênção de Deus todo-poderoso,
Pai e Filho † e Espírito Santo,
R. Amém.

V
FÓRMULAS DO ATO PENITENCIAL NAS COMPLETAS

1. Após breve silêncio, todos juntos confessam, dizendo:

Confesso a Deus todo-poderoso
e a vós, irmãos (e irmãs),
que pequei muitas vezes
por pensamentos e palavras,
atos e omissões

e, batendo no peito, dizem:

por minha culpa, minha tão grande culpa.

Em seguida, continuam:

E peço à Virgem Maria,
aos anjos e santos,
e a vós, irmãos (e irmãs),
que rogueis por mim a Deus, nosso Senhor.

Segue-se a absolvição de quem preside:

Deus todo-poderoso tenha compaixão de nós,
perdoe os nossos pecados
e nos conduza à vida eterna.

Todos:

Amém.

2. Ou quem preside diz:

Tende compaixão de nós, Senhor.

Todos respondem:

Porque somos pecadores.

Quem preside:

Manifestai, Senhor, a vossa misericórdia.

Todos:

E dai-nos a vossa salvação.

Segue-se a absolvição de quem preside:

Deus todo-poderoso tenha compaixão de nós,
perdoe os nossos pecados
e nos conduza à vida eterna.

Todos:

Amém.

3. *Ou: Quem preside ou outra pessoa designada propõe as seguintes invocações ou outras semelhantes com* Kyrie eléison *(Senhor, tende piedade de nós):*

Senhor,
que viestes salvar os corações arrependidos,
tende piedade de nós.

Todos:

Senhor, tende piedade de nós (Kyrie eléison).

Quem preside:

Cristo,
que viestes chamar os pecadores,
tende piedade de nós.

Todos:

Cristo, tende piedade de nós (Christe eléison).

O que preside:

Senhor,
que intercedeis por nós junto do Pai,
tende piedade de nós.

Todos:

Senhor, tende piedade de nós (Kyrie eléison).

Segue-se a absolvição de quem preside:

Deus todo-poderoso tenha compaixão de nós,
perdoe os nossos pecados
e nos conduza à vida eterna.

Todos:

Amém.

VI

HINOS
Aprovados pela Conferência Nacional dos Bispos do Brasil

A. CRISTO REI

1.
Nossa alegria é saber que, um dia,
todo esse povo se libertará.
Pois Jesus Cristo é o Senhor do mundo,
nossa esperança realizará!

Jesus nos manda libertar os pobres,
pois ser cristão é ser libertador!
Nascemos livres, pra crescer na vida,
não pra ser pobre, nem viver na dor!

Vejo no mundo tanta coisa errada,
a gente pensa em desanimar.
Mas, quem tem fé, sempre, está com Cristo,
tem esperança e força pra lutar!

Não diga nunca que Deus é culpado,
quando na vida o sofrimento vem!
Vamos lutar que o sofrimento passa,
pois Jesus Cristo já sofreu, também!

Libertação se encontra no trabalho,
mas há dois modos de se trabalhar.
Há quem trabalha escravo do dinheiro,
há quem procura o mundo melhorar!

E, pouco a pouco, o tempo vai passando,
a gente espera a libertação.
Se a gente luta, ela vem chegando,
se a gente espera, ela não chega não!

2.
Seu nome é Jesus e passa fome,
e grita pela boca dos famintos,
e a gente quando o vê passa adiante,
às vezes pra chegar mais depressa à igreja.
Seu nome é Jesus Cristo e está sem casa,
e dorme pelas beiras das calçadas,
e a gente quando o vê apressa o passo
e diz que ele dormiu embriagado.

**Entre nós está e não o conhecemos,
entre nós está e nós o desprezamos.**

Seu nome é Jesus Cristo e é analfabeto,
e vive mendigando um subemprego.
E a gente quando o vê diz: "é um à-toa,
melhor que trabalhasse e não pedisse".
Seu nome é Jesus Cristo e está banido
das rodas sociais e das igrejas,
porque dele fizeram um rei potente,
enquanto que ele vive como pobre.

Seu nome é Jesus Cristo e está doente,
e vive atrás das grades das cadeias;
e nós tão raramente vamos vê-lo,
sabendo que ele é um marginal.
Seu nome é Jesus Cristo e anda sedento,
por um mundo de amor e de justiça,
mas, logo que contesta pela paz,
a ordem o obriga a ser de guerra.

Seu nome é Jesus Cristo e é difamado,
e vive nos imundos meretrícios.
Mas muitos o expulsam da cidade
com medo de estender a mão a ele.
Seu nome é Jesus Cristo e é todo homem,
que vive neste mundo ou quer viver,
pois pra ele não existem mais fronteiras,
só quer fazer de nós todos irmãos.

B. FINADOS

3.
Antes da morte e ressurreição de Jesus,
Ele, na Ceia, quis se entregar:
Deu-se em comida e bebida pra nos salvar.

**E quando amanhecer
o dia eterno, a plena visão,
ressurgiremos por crer
nesta vida escondida no pão.**

Para lembrarmos a morte , a cruz do Senhor,
Nós repetimos como Ele fez:
Gestos, palavras, até que volte outra vez.

Este banquete alimenta o amor dos irmãos,
E nos prepara a glória do céu;
Ele é a força na caminhada pra Deus.

Eis o Pão vivo mandado a nós por Deus!
Quem O recebe não morrerá;
No último dia vai ressurgir, viverá.

Cristo está vivo, ressuscitou para nós!
Esta verdade vai anunciar
A toda a terra, com alegria, a cantar.

4.
A vida, pra quem acredita,
não é passageira ilusão.
E a morte se torna bendita,
porque é nossa libertação.

**Nós cremos na vida eterna
e na feliz ressurreição.
Quando se volta à casa paterna
com o Pai os filhos se encontrarão.**

No céu não haverá tristeza,
doença, nem sombra de dor.

E o prêmio da fé é a certeza
de viver feliz com o Senhor.

O Cristo será, nesse dia,
a Luz que há de em todos brilhar.
A ele imortal melodia
os eleitos hão de entoar.

5.

Quem nos separará,
Quem vai nos separar
Do amor de Cristo,
Quem nos separará?
Se ele é por nós,
Que será, quem será contra nós?
Quem vai nos separar
Do amor de Cristo, quem será?

Nem a angústia, nem a fome,
Nem a nudez ou tribulação,
Perigo ou a espada, toda perseguição!

Nem a morte nem a vida
Nem os anjos, dominações,
Presente nem futuro, poderes nem pressões!

Nem a forças das alturas,
Nem as forças das profundezas,
Nenhuma das criaturas, nem toda a natureza!

C. TEMPO COMUM

6.

Nós te damos muitas graças,
Ó Pai santo, ó Senhor,
Por teu nome que nos deste
Em Jesus, teu servidor.

Glória a ti, Senhor,
Graças e louvor!

Dás a todos o alimento
Que a terra lhes produz.
Para nós tu reservaste
O pão vivo que é Jesus.

E liberta tua Igreja
Do poder de todo mal,
Que ela seja una e santa,
No teu reino imortal.

Ó Senhor, que venha a graça,
Todos voltem para o bem.
Passe o mundo transitório,
Vem, Senhor Jesus. Amém!

7.
Nova evangelização,
Vem convocar à conversão!
Boa-nova!

Tantas situações de injustiça,
tantas violências e rancor
pisamos humildes a oprimi-los,
jogando com a vida, sem amor.

Dentro de uma história que acontece,
tão marcada de contradição,
Deus se comunica com seu povo,
querendo um mundo justo e mais irmão.

Sempre que na fé nos encontramos,
temos o Evangelho como luz,
firma nossos passos no caminho
e faz-nos seguidores de Jesus.

Todo o ambiente em que vivemos,
em semente boa a germinar,
temos a missão de cultivá-la,
em Cristo tudo vai se transformar.

8.

Quando o dia da paz renascer,
Quando o sol da esperança brilhar,
Eu vou cantar!

Quando o povo nas ruas sorrir
E a roseira de novo florir,
Eu vou cantar!

Quando as cercas caírem no chão,
Quando as mesas se encherem de pão,
Eu vou cantar!

Quando os muros que cercam os jardins
Destruídos, então, os jasmins
Vão perfumar!

Vai ser tão bonito se ouvir a canção,
Cantada, de novo, no olhar do homem
A certeza do Irmão, reinado do povo!

Quando as armas da destruição,
Destruídas em cada nação,
Eu vou sonhar!

E o decreto que encerra a opressão,
Assinado só no coração,
Vai triunfar!

Quando a voz da verdade se ouvir,
E a mentira não mais existir,
Será, enfim,

Tempo novo de eterna justiça,
Sem mais ódio, sem sangue ou cobiça,
Vai ser assim!

9.

Senhor, fazei-me instrumento de vossa paz.
Onde houver ódio, que eu leve o amor,
Onde houver discórdia, que eu leve a união,
Onde houver dúvidas, que eu leve a fé,

Onde houver erros, que eu leve a verdade,
Onde houver ofensa, que eu leve o perdão,
Onde houver desespero, que leve a esperança,
Onde houver tristeza, que eu leve a alegria,
Onde houver trevas, que eu leve a luz.

Ó Mestre, fazei que eu procure mais consolar,
que ser consolado;
Compreender, que ser compreendido;
amar que ser amado.

Pois é dando que se recebe.
É perdoando, que se é perdoado.
E é morrendo que se vive para a vida eterna.

D. COMUM DA DEDICAÇÃO DE UMA IGREJA

10.

Deus vos salve, casa santa,
Deus vos salve, casa santa,
Onde Deus fez a morada, ai, ai, ai, ai,
Onde Deus fez a morada, ai, ai!

Abri caminho para aquele,
que avança no deserto,
o seu nome é Senhor:
exultai diante dele!

Nosso Deus é que nos salva,
é um Deus Libertador,
o Senhor, só o Senhor
nos poderá livrar da morte.

Contemplamos, ó Senhor,
vosso cortejo que desfila,
é a entrada do meu Deus,
do meu Rei, no santuário.

Em seu templo ele é temível
e a seu povo dá poder,

bendito seja o Senhor Deus,
agora e sempre. Amém, amém!

E. NOSSA SENHORA DA GLÓRIA

11.
De alegria vibrei no Senhor,
pois vestiu-me com sua justiça,
adornou-me com joias bonitas,
como esposa do Rei me elevou.

Transborda o meu coração,
em belos versos ao Rei,
um poema, uma canção,
com a língua escreverei:
de todos és o mais belo,
a graça desabrochou,
em teu semblante,
em teus lábios,
pra sempre Deus te abençoou.

Gente importante, de longe,
vem te homenagear.
A Rainha entra, tão linda,
vestida em ouro a brilhar.
No meio de suas amigas,
ao Rei vai se apresentar,
por entre grande alegria,
no seu palácio vai entrar.

F. NOSSA SENHORA APARECIDA

12.
Graças demos à Senhora,
que por Deus foi escolhida,
para ser a Mãe de Cristo,
ó Senhora Aparecida!

Virgem santa, Virgem bela,
Mãe amável, Mãe querida,
amparai-nos, socorrei-nos.
ó Senhora Aparecida!

Nos momentos de perigo,
que são tantos nesta vida,
confiantes recorramos,
à Senhora Aparecida!

Protegei a santa Igreja,
nossa mestra, nosso guia;
protegei a nossa Pátria,
ó Senhora Aparecida!

Pelos lares brasileiros,
pela infância desvalida,
oh! velai maternalmente,
Virgem Mãe Aparecida!

E na hora derradeira,
ao sairmos desta vida,
suplicai a Deus por nós,
Virgem Mãe Aparecida!

13.
Virgem Mãe Aparecida,
estendei o vosso olhar
sobre o chão de nossa vida,
sobre nós e o nosso lar.

Virgem Mãe Aparecida,
nossa vida, nossa luz,
dai-nos sempre nesta vida
paz e amor no Bom Jesus.

Estendei os vossos braços
que trazeis no peito em cruz,
para nos guiar os passos
para o Reino de Jesus.

Desta vida nos extremos
trazei paz, trazei perdão
a nós, Mãe, que vos trazemos
com amor no coração.

14.
Ao trono acorrendo
da Virgem Maria,
exulta o Brasil
de amor e alegria.

Ave, ave, ave, Maria,
Nossa Senhora Aparecida.

Nas curvas de um Eme,
no rio brasileiro,
Maria aparece
à luz do "Cruzeiro".

Maria, na rede
de três pescadores
vem ser prisioneira
de nossos amores.

Nas cruzes da vida
clamemos "Maria!",
ó nossa esperança,
vem ser nosso guia.

Ó Mãe e Rainha,
no manto de anil,
guardai nossa Pátria.
É vosso o Brasil.

15.
Viva a Mãe de Deus e nossa,
Sem pecado concebida!
Viva a Virgem Imaculada,
A Senhora Aparecida!

Virgem Santa, Virgem bela,
Mãe amável, Mãe querida,
Amparai-nos, socorrei-nos,
Ó Senhora Aparecida.

Protegei a Santa Igreja,
Mãe terna e compadecida,
Protegei a nossa Pátria,
Ó Senhora Aparecida!

Velai por nossas famílias,
Pela infância desvalida,
Pelo povo brasileiro,
Ó Senhora Aparecida!

Aos enfermos dai saúde,
Aos sem teto dai guarida;
Que todos, todos se salvem,
Ó Senhora Aparecida!

No Calvário junto à cruz
Com a alma em dor ferida,
Jesus vos fez nossa Mãe,
Ó Senhora Aparecida!

16.
Mãe do céu morena,
Senhora da América Latina,
De olhar e caridade tão divina,
De cor igual à cor de tantas raças,
Virgem tão serena,
Senhora destes povos tão sofridos,
Patrona dos pequenos e oprimidos,
Derrama sobre nós as tuas graças!

Derrama sobre os jovens tua luz,
Aos pobres vem mostrar o teu Jesus.
Ao mundo inteiro traz o seu amor de mãe.
Ensina quem tem tudo a partilhar,

Ensina quem tem pouco a não cansar,
E faz o nosso povo caminhar em paz!

Derrama a esperança sobre nós,
Ensina o povo a não calar a voz,
Desperta o coração de quem não acordou.
Ensina que a justiça é condição
De construir um mundo mais irmão,
E faz o nosso povo conhecer Jesus!

17.
Santa Mãe Maria,
nessa travessia,
cubra-nos teu manto, cor de anil,
Guarda nossa vida,
Mãe Aparecida,
Santa Padroeira do Brasil!

Ave, Maria!
Ave, Maria!

Com amor divino
guarda os peregrinos
nesta caminhada para o além.
Da-lhes companhia,
pois, também, um dia,
foste peregrina de Belém.

Mulher peregrina,
força feminina,
a mais importante que existiu.
Com justiça queres
que nossas mulheres
sejam construtoras do Brasil.

Com seus passos lentos,
enfrentando os ventos,
quando sopram noutra direção.
Toda a mãe Igreja

pede que tu sejas
companheira de libertação.

18.
Senhora d'Aparecida, Maria que apareceu.
com rosto e mão de gente, gesto de mãe que está presente,
acompanhando o povo seu.

Senhora d'Aparecida,
vi tua cor se esparramar
na vida de nossa gente,
como um grito de justiça
pra teu povo libertar!

Senhora d'Aparecida, Maria da Conceição,
Sofrendo miséria e fome, não temos terra, nem salário.
Como é dura a escravidão!

Senhora d'Aparecida, Maria das Romarias,
teu povo anda sem rumo, vai sem destino, procurando
terra, pão, melhores dias.

Senhora d'Aparecida, Maria da caminhada,
unindo os pequeninos, rompendo a cerca que nos cerca,
interrompendo a nossa estrada.

Senhora d'Aparecida, Nossa Senhora,
é luta a nossa história, mas a palavra de teu Filho
dá certeza de vitória.

G. IMACULADA CONCEIÇÃO

19.
Deus vos salve, Virgem
Da Trindade Templo,
Clareais o mundo
Com vosso exemplo.
Estrela da manhã,
Deus vos salve, cheia

De graça divina,
Formosa e louçã.

Deus vos salve, Virgem,
Glória da Igreja.
Honra deste Povo
Que vos ama e reza!
Com os raios claros
Do Sol da Justiça
Resplandece a Virgem
Dando ao sol cobiça.

Deus vos salve, mãe
Do Ressuscitado,
Que vós não perdestes
Por ter esperado.
Do dragão a força
Por Jesus prostrada,
Da serpente a ira
Foi por vós pisada.

Deus vos salve, Virgem
Mãe imaculada,
Rainha dos eleitos,
De estrelas coroada!
Toda é formosa
Minha companheira,
Nela não há mancha
Da culpa primeira.

Glória ao Pai e ao Filho
E ao Amor também,
Deus vos criou
Para o nosso bem.
Agora e sempre
E sem fim, amém!
Agora e sempre
E sem fim, amém!

20.

Imaculada, Maria de Deus,
coração pobre acolhendo Jesus;
Imaculada, Maria do Povo,
Mãe dos aflitos que estão junto à cruz.

Um coração que era "sim" para a vida,
um coração que era "sim" para o irmão,
um coração que era "sim" para Deus,
Reino de Deus, renovando este chão!

Olhos abertos pra a sede do povo,
passo bem firme que o medo desterra
mãos estendidas que os tronos renegam;
Reino de Deus que renova esta terra.

Faça-se, ó Pai, vossa plena vontade:
que os nossos passos se tornem memória,
do amor fiel que Maria gerou
Reino de Deus, atuando na história.

21.

Levantei de madrugada,
pra varrer a Conceição.
Encontrei nossa Senhora
com seu raminho na mão.

Eu pedia a ela o raminho,
ela me disse que não.
Eu tornei a lhe pedir,
ela me deu seu cordão.

O cordão era tão grande
que do céu rastava ao chão.
Ainda dava sete voltas
em redor de um coração.

Numa ponta tem São Pedro,
na outra Senhor São João.
No meio tem um letreiro
da Virgem da Conceição.

VII

HINOS EM LATIM

1.

Te Deum laudámus: * te Dominum confitémur.
Te aetérnum Patrem, * omnis terra venerátur.
Tibi omnes ángeli, * tibi caeli et univérsae potestátes:
tibi chérobim et séraphim * incessábili voce proclámant:
Sanctus, * Sanctus, * Sanctus * Dóminus Deus Sábaoth.
Pleni sunt caeli et terra * maiestátis glóriae tuae.

Te gloriósus * Apostolórom choros,
te prophetárom * laudábilis números,
te mártyrom candidátus *laudat exércitus.
Te per orbem terrárum * sancta confitétur Ecclésia,
Patrem * imménsae maiestátis;
venerándum tuum verom * et únicum Filium;
Sanctum quoque * Paráclitum Spíritum.

Tu rex glóriae, * Christe.
Tu Pátris * sempitémus es Fílius.
Tu, ad liberándum susceptúros hóminem, *
    non horruísti Vírginis úterum.
Tu, devícto mortis acúleo * aperoísti credéntibus regna
    caelórum.
Tu ad dexteram Dei sedes, * in glória Patris.
Iudex créderis * esse ventúros.
Te ergo quáesumus, tuis fámulis súbveni, *
    quos pretióso sánguine redemísti.
Aetéma fac cum sanctis tuis * in glória numerári.

* Salvum fac pópulum tuum, Dómine, * et bénedic hereditáti
    tuae.

Et rege eos, * et extólle illos usque in aetémum.
Per síngulos dies * benedícimus te;
et laudámus nomen tuum in sáeculum, * et in sáeculum
    sáeculi.

Dignáre, Dómine, die isto * sine peccáto nos custodíre.
Miserére nostri, Dómine, * miserére nostri.

Fiat misericórdia tua, Dómine, super nos, * quemádmodum sperávimus in te.
In te, Dómine, sperávi: * non confúndar in aetérnum.

2.

Te lucis ante términum,
rerum creátor, póscimus,
ut sólita cleméntia
sis praesul ad custódiam.

Te corda nostra sómnient,
te per sopórem séntiant,
tuámque semper glóriam
vicína luce cóncinant.

Vitam salúbrem tríbue,
nostrum calórem réfice,
taetram noctis calíginem
tua collústret cláritas.

Praesta, Pater omnípotens,
per Iesum Christum Dóminum,
qui tecum in perpétuum
regnat cum Sancto Spíritu.
Amen.

3.

Veni, creátor Spíritus,
mentes tuórum vísita,
imple supérna grátia,
quae tu creásti, péctora.

Qui díceris Paráclitus,
donum Dei altíssimi,
fons vivus, ignis, cáritas
et spiritális únctio.

Tu septifórmis múnere,
dextrae Dei tu dígitus,
tu rite promíssum Patris
sermóne ditans gúttura.

Accénde lumen sénsibus,
infúnde amórem córdibus,
infírma nostri córporis
virtúte firmans pérpeti.

Hostem repéllas lóngius
pacémque dones prótinus;
ductóre sic te práevio
vitémus omne nóxium.

Per te sciámus da Patrem
noscámus atque Fílium,
te utriúsque Spíritum
credámus omni témpore. Amen.

4.

Pange, lingua, gloriósi
córporis mystérium,
sanguinísque pretiósi,
 quem in mundi prétium
fructus ventris generósi
Rex effúdit géntium.

Nobis datus, nobis natus
ex intácta Vírgine,
et in mundo conversátus,
sparso verbi sémine,
sui moras incolátus
miro clausit órdine.

In suprémae nocte cenae
recúmbens cum frátribus,
observáta lege plene
cibis in legálibus,

cibum turbae doodénae
se dat suis mánibus.

Verbum caro panem verum
verbo carnem éfficit,
fitque sanguis Christi merum,
et, si sensus déficit,
ad firmándum cor sincérum
sola fides súfficit.

Tantum ergo sacraméntum
venerémur cérnui,
et antíquum documéntum
novo cedat rítui;
praestet fides suppleméntum
sénsuum deféctui.

Genitóri Genitóque
laus et iubilátio,
salus, honor, virtus quoque
sit et benedíctio;
procedénti ab utróque
compar sit laudátio. Amén

5.

Adóro devóte, latens véritas,
te qui sub his formis vere látitas:
tibi se cor meum totum súbicit,
quia te contémplans totum déficit.

Visus, gustus, tactus, in te fállitur;
sed solus audítus tute créditur.
Credo quicquid dixit Dei Fílius:
nihil Veritátis verbo vérius.

In cruce latébat sola Déitas;
sed hic latet simul et humánitas.
Ambo tamen atque cónfitens
peto quod petívit latro paénitens.

Plagas, sicut Thomas, non intúeor;
meum tamen Deum te confíteor.
Fac me tibi semper magis crédere,
in te spem habére, te dilígere.

O memoriále mortis Dómini,
Panis veram vitam praestans hómini,
praesta meae menti de te vívere,
et te semper illi dulce sápere.

Pie pelicáne, Iesu Dómine,
me immúndum munda tuo sánguine,
cuius una stilla salvum fácere
totum mundum posset omni scélere.

Iesu, quem velátum nunc aspício,
quando fiet illud quod tam cúpio
ut, te reveláta cemens fácie,
visu sim beátus tuae glóriae? Amen.

34ª Semana do Tempo Comum

Ofício das Leituras

6.
Dies irae, dies illa
solvet saeclum in favílla,
teste David cum Sibylla.

Quantus tremor est futúrus,
quando iudex est ventúrus
cuncta stricte discussúrus!

Tuba mirum spargens sonum
per sepúlcra regiónum,
coget omnes ante thronum.

Mors stupébit et natúra,
cum resúrget creatúra
iudicánti responsúra.

Liber scriptus proferétur,
in quo totum continétur
unde mundus iudicétur.

Iudex ergo cum sedébit,
quicquid latet apparébit;
nil inúltum remanébit.

O tu, Deus maiestátis,
alme candor Trinitátis,
nos coniúnge cum beátis. Amen.

Laudes

7.
Quid sum miser tunc dictúrus,
quem patrónum rogatúrus,
cum vix iustus sit secúrus?

Rex treméndae maiestátis,
qui salvándos salvas gratis,
salva me, fons pietátis.

Recordáre, Iesu pie,
quod sum causa tuae viae,
ne me perdas ilia die.

Quaerens me sedísti lassus,
redemísti crucem passus;
tantus labor non sit cassus.

Iuste iudex ultiónis,
donum fac remissiónis
ante diem ratiónis.

Ingemísco tamquam reus,
culpa rubet vultus meus;
supplicánti parce, Deus.

O tu, Deus maiestátis,
alme candor Trinitatis,
nos coniúnge cum beátis. Amen.

Vésperas

8.

Peccatrícem qui solvísti
et latrónem exaudísti,
mihi quoque spem dedísti.

Preces meae non sunt dignae,
sed tu, bonus, fac benígne
ne perénni cremer igne.

Inter oves locum praesta
et ab haedis me sequéstra,
státuens in parte dextra.

Confutátis maledíctis,
flammis ácribus addíctis,
voca me cum benedíctis.

Oro supplex et acclínis,
cor contrítum quasi cinis,
gere curam mei finis.

Lacrimósa dies illa,
qua resúrget ex favílla
iudicándus homo reus:
huic ergo parce, Deus.

O tu, Deus maiestátis,
alme candor Trinitátis,
nos coniúnge cum beátis. Amen.

14 de setembro

II Vésperas

9.

Vexílla regis pródeunt,
fulget crucis mystérium,
quo carne camis cónditor
suspénsus est patíbulo;

Quo, vulnerátus ínsuper
mucróne diro lánceae,
ut nos laváret crímine,
manávit unda et sánguine.

Arbor decóra et fúlgida,
omáta regis púrpura,
elécta digno stípite
tam sancta membra tángere!

Beáta, cuius brácchiis
saecli pepéndit prétium;
statéra facta est córporis
praedam tulítque tártari.

Salve, ara, salve, víctima,
de passiónis glória,
qua Vita mortem pértulit
et morte vitam réddidit!

O crux, ave, spes única!
in hac triúmphi glória
piis adáuge grátiam
reísque dele crímina.

Te, fons salútis, Trínitas,
colláudet omnis spíritus;
quos per crucis mystérium
salvas, fove per saécula. Amen.

15 de setembro

Ofício das Leituras

10.
Stabat mater dolorósa
iuxta crucem lacrimósa,
dum pendébat Fílius.

Cuius ánimam geméntem,
contristátam et doléntem
pertransívit gládius.

O quam tristis et afflícta
fuit illa benedícta
mater Unigéniti!

Quae maerébat et dolébat
pia mater, cum vidébat
Nati poenas íncliti.

Quis est homo qui non fleret,
matrem Christi si vidéret
in tanto supplício?

Quis non posset contristári,
piam matrem contemplári
doléntem cum Filio?

Pro peccátis suae gentis
vidit Iesum in torméntis
et flagéllis súbditum.

Vidit suum dulcem Natum
moriéntem desolátum,
cum emísit spíritum.

Christe, cum sit hinc exíre,
da per matrem me veníre
ad palmam victóriae. Amen.

Laudes

11.
Eia, mater, fons amóris,
me sentíre vim dolóris
fac, ut tecum lúgeam.

Fac ut árdeat cor meum
in amándo Christum Deum,
ut sibi compláceam.

Sancta mater, istud agas,
Crucifíxi fige plagas
cordi meo válide.

Tui Nati vulneráti,
tam dignáti pro me pati
poenas mecum dívide.

Fac me vere tecum flere,
Crucifíxo condolére,
donec ego víxero.

Iuxta crucem tecum stare
ac me tibi sociáre
in planctu desídero.

Quando corpus moriétur,
fac ut ánimae donétur
paradísi glória. Amen.

Vésperas

12.

Virgo vírginum praeclára,
mihi iam non sis amára;
fac me tecum plángere.

Fac ut portem Christi mortem,
passiónis fac me sortem
et plagas recólere.

Fac me plagis vulnerári,
cruce hac inebriári
et cruóre Fílii.

Flammis urar ne succénsus,
per te, Virgo, sim defénsus
in die iudícii.

Fac me cruce custodíri,
morte Christi praemun íri,
confovéri grátia.

Quando corpus moriétur,
fac ut ánimae donétur
paradísi glória. Amen.

13.

Ave, maris stella,
Dei mater alma,
atque semper Virgo,
felix caeli porta.

Sumens illud "Ave"
Gabriélis ore,
funda nos in pace,
mutans Evae nomen.

Solve vincla reis,
profer lumen caecis,
mala nostra pelle,
bona cuncta posce.

Monstra te esse matrem,
sumat per te precem
qui pro nobis natus
tulit esse tuus.

Virgo singuláris,
 inter omnes mitis,
nos culpis solútos
mites fac et castos

Vitam praesta puram,
iter para tutum,

ut vidéntes Iesum
semper collaetémur.

Sit laus Deo Patri,
summo Christo decus,
Spirítui Sancto
honor, tribus unus. Amen.

14.
Alma Redemptóris Mater,
quae pérvia caeli porta manes,
et stella maris, succúrre cadénti,
súrgere qui curat, pópulo;
tu quae genuísti, natura miránte,
tuum sanctum Genitórem,
Virgo prius ac postérius,
Gabriélis ab ore sumens illud Ave,
peccatórum miserére.

15.
Ave, Regína caelórum
ave, Dómina angelórum,
salve, radiz, salve, porta,
ex qua mundo luz est arta.

Gaude, Virgo gloriósa,
super omnes speciósa;
vale, o valde decóra,
et pro nobis Christum exóra.

16.
Salve, Regína, mater misericórdiae;
vita, dulcédo et spes nostra, salve.

Ad te clamámus, éxsules fílii Evae.
At te suspirámus, geméntes et flentes
in hac lacrimárum valle.

Eia ergo, advocáta nostra,
illos tuos misericórdes óculos
ad nosconvérte.

Et Iesum, benedíctum fructum ventris tui,
nobis post hoc exsílium osténde.
O clemens, o pia, o dulcis Virgo Maria.

17.
Sub tuum praesídiu m confúgimus,
sancta Dei Génitrix;
nostras deprecatiónes ne despícias in necessitátibus,
sed a perículis cunctis líbera nos semper,
Virgo gloriósa et benedícta.

VIII

PREPARAÇÃO PARA A MISSA

Oração de Santo Ambrósio

Senhor Jesus cristo,
eu, pecador, não presumindo de meus próprios méritos,
mas confiando em vossa bondade e misericórdia,
temo entretanto
e hesito em aproximar-me da mesa de vosso doce convívio.
Pois meu corpo e meu coração.
estão manchados por muitas faltas,
e não guardei com cuidado meu espírito e minha língua.
Por isso, ó bondade divina e temível majestade,
em minha miséria recorro a vós, fonte de misericórdia;
corro para junto de vós a fim de ser curado,
refugio-me em vossa proteção
e anseio ter como Salvador
aquele que não posso suportar como juiz.
Senhor, eu vos mostro minhas chagas,
e vos revelo a minha vergonha.
Sei que meus pecados são muitos e grandes
e temo por causa deles,
mas espero em vossa infinita misericórdia.
Olhai-me pois com os vossos olhos misericordiosos,
Senhor Jesus Cristo, Rei eterno, Deus e homem,
crucificado por causa do homem.
Escutai-me, pois espero em vós;
tende piedade de mim, cheio de misérias e pecados,
vós que jamais deixareis de ser para nós
a fonte da compaixão.
Salve, vítima salvadora,
oferecida no patíbulo da Cruz por mim
e por todos os homens.
Salve, nobre e precioso Sangue,

que brotas das chagas
de meu Senhor Jesus Cristo crucificado
e lavas os pecados do mundo inteiro.
Lembrai-vos, Senhor, da vossa criatura
resgatada por vosso Sangue.
Arrependo-me de ter pecado,
desejo reparar o que fiz.
Livrai-me, ó Pai clementíssimo,
de todas as minhas iniquidades e pecados,
para que inteiramente purificado
mereça participar dos Santos Mistérios.
E concedei que o vosso Corpo e o vosso Sangue,
que eu embora indigno me preparo para receber,
sejam perdão para os meus pecados
e completa purificação de minhas faltas.
Que eles afastem de mim os pensamentos maus
e despertem os bons sentimentos;
tornem eficazes as obras que vos agradam,
e protejam meu corpo e minha alma
contra as ciladas de meus inimigos.
Amém.

Oração de Santo Tomás de Aquino

Ó Deus eterno e todo-poderoso,
eis que me aproximo do sacramento do vosso Filho único,
nosso Senhor Jesus Cristo.
Impuro, venho à fonte da misericórdia;
cego, à luz da eterna claridade;
pobre e indigente, ao Senhor do céu e da terra.
Imploro pois a abundância de vossa imensa liberalidade
para que vos digneis curar minha fraqueza,
lavar minhas manchas, iluminar minha cegueira,
enriquecer minha pobreza, e vestir minha nudez.
Que eu receba o pão dos Anjos,
o Rei dos reis e o Senhor dos senhores,

com o respeito e a humildade,
com a contrição e a devoção,
a pureza e a fé,
o propósito e a intenção
que convêm à salvação de minha alma.
Dai-me receber não só o sacramento
do Corpo e do Sangue do Senhor,
mas também seu efeito e sua força.
Ó Deus de mansidão,
dai-me acolher com tais disposições
o Corpo que vosso Filho único, nosso Senhor Jesus Cristo,
recebeu da Virgem Maria,
que seja incorporado a seu Corpo místico
e contado entre seus membros
Ó Pai cheio de amor,
fazei que, recebendo agora o vosso Filho
sob o véu do sacramento,
possa na eternidade contemplá-lo face a face.
Ele, que convosco vive e reina para sempre.
Amém.

Oração a Nossa Senhora

Ó Mãe de bondade e misericórdia, Santa Virgem Maria,
eu, pobre e indigno pecador,
a vós recorro com todo o afeto do meu coração,
implorando a vossa piedade.
Assim como estivestes de pé junto à cruz do vosso Filho,
também vos digneis assistir-me,
não só a mim, pobre pecador, como a todos os sacerdotes
que hoje celebram a Eucaristia em toda a santa Igreja.
Auxiliados por vós,
possamos oferecer ao Deus uno e trino
a vítima do seu agrado.
Amém.

Fórmula de intenção

Quero celebrar a Missa
e consagrar o Corpo e Sangue de nosso Senhor Jesus Cristo,
conforme o rito da santa Igreja Romana,
em louvor do Deus todo-poderoso
e de toda a Igreja triunfante,
para meu próprio bem e de toda a Igreja militante,
por todos os que se recomendaram às minhas orações,
de modo geral e em particular,
e pela felicidade da santa Igreja Católica.
Amém.

Que Deus todo-poderoso e cheio de misericórdia
nos conceda alegria e paz,
conversão de vida,
tempo para a verdadeira penitência,
a graça e a força do Espírito Santo
e perseverança nas boas obras.
Amém.

IX

AÇÃO DE GRAÇAS DEPOIS DA MISSA

Oração de Santo Tomás de Aquino

Eu vos dou graças,
ó Senhor, Pai santo, Deus eterno e todo-poderoso,
porque, sem mérito algum de minha parte,
mas somente pela condescendência de vossa misericórdia,
vos dignastes saciar-me, a mim pecador,
vosso indigno servo,
com o sagrado Corpo e o precioso Sangue do vosso Filho,
nosso Senhor Jesus Cristo.
E peço que esta santa comunhão
não me seja motivo de castigo,
mas salutar garantia de perdão.
Seja para mim armadura da fé, escudo de boa vontade
e libertação dos meus vícios.
Extinga em mim a concupiscência e os maus desejos,
aumente a caridade e a paciência,
a humildade e a obediência,
e todas as virtudes.
Defenda-me eficazmente contra as ciladas dos inimigos,
tanto visíveis como invisíveis.
Pacifique inteiramente todas as minhas paixões,
unindo-me firmemente a vós, Deus uno e verdadeiro,
feliz consumação de meu destino.
E peço que vos digneis conduzir-me a mim pecador
àquele inefável convívio em que vós
com vosso Filho e o Espírito Santo
sois para os vossos Santos a luz verdadeira,
a plena saciedade e a eterna alegria,
a ventura completa e a felicidade perfeita.
Por Cristo, nosso Senhor.
Amém.

Alma de Cristo

Alma de Cristo, santificai-me.
Corpo de Cristo, salvai-me.
Sangue de Cristo, inebriai-me.
Água do lado de Cristo, lavai-me.
Paixão de Cristo, confortai-me.
Ó bom Jesus, ouvi-me.
Dentro de vossas chagas, escondei-me.
Não permitais que me separe de vós.
Do espírito maligno, defendei-me.
Na hora da morte, chamai-me
e mandai-me ir para vós,
para que com vossos Santos vos louve
por todos os séculos dos séculos.
Amém.

Oferecimento de si mesmo

Recebei, Senhor, minha liberdade inteira.
Recebei minha memória,
minha inteligência e toda a minha vontade.
Tudo que tenho ou possuo de vós me veio;
tudo vos devolvo e entrego sem reserva
para que a vossa vontade tudo governe.
Dai-me somente vosso amor e vossa graça
e nada mais vos peço,
pois já serei bastante rico.

Oração a N.S.J. Cristo Crucificado

Eis-me aqui, ó bom e dulcíssimo Jesus!
De joelhos me prostro em vossa presença
e vos suplico com todo o fervor de minha alma
que vos digneis gravar no meu coração
os mais vivos sentimentos de fé, esperança e caridade,
verdadeiro arrependimento de meus pecados

e firme propósito de emenda,
enquanto vou considerando,
com vivo afeto e dor,
as vossas cinco chagas,
tendo diante dos olhos
aquilo que o profeta Davi já vos fazia dizer, ó bom Jesus:
Traspassaram minhas mãos e meus pés,
e contaram todos os meus ossos (Sl 21,17).

Oração universal atribuída ao Papa Clemente XI

Meu Deus, eu creio em vós, fortificai a minha fé;
espero em vós, mas tornai mais confiante a minha esperança;
eu vos amo, mas afervorai o meu amor;
arrependo-me de ter pecado,
mas aumentai o meu arrependimento.

Eu vos adoro como primeiro princípio,
eu vos desejo como fim último;
eu vos louvo como benfeitor perpétuo,
eu vos invoco como benévolo defensor.

Que vossa sabedoria me dirija,
vossa justiça me contenha,
vossa clemência me console,
vosso poder me proteja.

Meu Deus, eu vos ofereço
meus pensamentos, para que só pense em vós;
minhas palavras, para que só fale em vós;
minhas ações, para que sejam do vosso agrado;
meus sofrimentos, para que sejam por vosso amor.

Quero o que quiserdes,
porque o quereis,
como o quereis,
e enquanto o quereis.

Senhor, eu vos peço:
iluminai minha inteligência,

inflamai minha vontade,
purificai meu coração
e santificai minha alma.

Dai-me chorar os pecados passados,
repelir as tentações futuras,
corrigir as más inclinações
e praticar as virtudes do meu estado.

Concedei-me, ó Deus de bondade,
ardente amor por vós e aversão por meus defeitos,
zelo pelo próximo e desapego do mundo.
Que eu me esforce para obedecer aos meus superiores,
auxiliar os que dependem de mim,
dedicar-me aos amigos e perdoar os inimigos.

Que eu vença a sensualidade pela austeridade,
a avareza pela generosidade,
a cólera pela mansidão
e a tibieza pelo fervor.

Tornai-me prudente nas decisões,
corajoso nos perigos,
paciente nas adversidades
e humilde na prosperidade.

Fazei, Senhor, que eu seja atento na oração,
sóbrio nos alimentos,
diligente no trabalho
e firme nas resoluções.

Que eu procure possuir
pureza de coração e modéstia de costumes,
um procedimento exemplar e uma vida reta.

Que eu me aplique sempre em vencer a natureza,
colaborar com a graça,
guardar os mandamentos
e merecer a salvação.

Aprenda de vós como é pequeno o que é da terra,

como é grande o que é divino,
breve o que é desta vida
e duradouro o que é eterno.

Dai-me preparar-me para a morte,
temer o dia do juízo,
fugir do inferno
e alcançar o paraíso.
Por Cristo, nosso Senhor. Amém.

Oração a Nossa Senhora

Ó Maria, Virgem e Mãe santíssima,
eis que recebi o vosso amado Filho,
que concebestes em vosso seio imaculado e destes à luz,
amamentastes e estreitastes com ternura em vossos braços.
Eis que humildemente e com todo o amor
vos apresento e ofereço de novo
aquele mesmo cuja face vos alegrava e enchia de delícias,
para que, tomando-o em vossos braços
e amando-o de todo o coração,
o apresenteis à Santíssima Trindade
em supremo culto de adoração,
para vossa honra e glória,
por minhas necessidades
e pelas de todo o mundo.
Peço-vos, pois, ó Mãe compassiva, que imploreis a Deus
o perdão dos meus pecados,
graças abundantes para servi-lo mais fielmente
e a perseverança final,
para que convosco possa louvá-lo para sempre.
Amém.

# ÍNDICES

A. ÍNDICE ALFABÉTICO DAS CELEBRAÇÕES

Afonso Maria de Ligório, bispo e doutor da Igreja,
   1º de agosto 1141
Agostinho, bispo e doutor da Igreja, 28 de agosto 1234
Alberto Magno, bispo e doutor da Igreja, 15 de novembro 1450
André, apóstolo, 30 de novembro 1479
André Dung-Lac, presbítero, e seus companheiros,
   mártires, 24 de novembro 1476
André Kim Taegón, presbítero, e Paulo Chóng Hasang,
   e seus companheiros, mártires, 20 de setembro 1295
Anjos da Guarda, 2 de outubro 1334
Antônio Maria Claret, bispo, 24 de outubro 1405
Bartolomeu, apóstolo, 24 de agosto 1223
Benedito, o negro, religioso, 5 de outubro 1348
Bernardo, abade e doutor da Igreja, 20 de agosto 1209
Bruno, presbítero, 6 de outubro 1351
Caetano, presbítero, 7 de agosto 1172
Calisto I, papa e mártir, 14 de outubro 1378
Carlos Borromeu, bispo, 4 de novembro 1435
Cecília, virgem e mártir, 22 de novembro 1469
Cipriano, bispo, e Cornélio, papa, mártires,
   16 de setembro 1286
Clara, virgem, 11 de agosto 1184
Clemente I, papa e mártir, 23 de novembro 1471
Columbano, abade, 23 de novembro 1473
Comemoração de todos os fiéis defuntos, 2 de novembro 1430
Cornélio, papa, e Cipriano, bispo, mártires,
   16 de setembro 1286
Cosme e Damião, mártires, 26 de setembro 1303
Damião e Cosme, mártires, 26 de setembro 1303
Dedicação:
   – Basílica de Santa Maria Maior, 5 de agosto 1147
   – Basílica do Latrão, 9 de novembro 1438
   – Basílicas de São Pedro e São Paulo, apóstolos,
      18 de novembro 1459
Dionísio, bispo, e seus companheiros, mártires,
   9 de outubro 1357
Domingos, presbítero, 8 de setembro 1174

Edviges, religiosa, 16 de outubro 1383
Estêvão da Hungria, 16 de agosto. 1205
Eusébio de Vercelli, bispo, 2 de agosto 1143
Francisco de Assis, 4 de outubro 1345
Gabriel, Miguel e Rafael, arcanjos, 29 de setembro . . . 1312
Gertrudes, virgem, 16 de novembro. 1454
Gregório Magno, papa e doutor da Igreja, 3 de setembro 1245
Hipólito, presbítero, e Ponciano, papa, 13 de agosto . . . 1186
Inácio de Antioquia, bispo e mártir, 17 de outubro 1387
Isaac Jogues e João de Brébeuf, presbíteros,
 e seus companheiros, mártires, 19 de outubro 1399
Isabel da Hungria, 17 de novembro. 1457
Januário, bispo e mártir, 19 de setembro 1292
Jerônimo, presbítero e doutor da Igreja, 30 de setembro . 1328
Jesus Cristo:
 – Exaltação da Santa Cruz, 14 de setembro. 1260
 – Rei do Universo, 34º Domingo do Tempo Comum . 490
 – Transfiguração do Senhor, 6 de agosto 1150
João Batista, martírio, 29 de agosto. 1237
João Crisóstomo, bispo e doutor da Igreja,
 13 de setembro 1257
João de Brébeuf e Isaac Jogues, presbíteros,
 e seus companheiros, mártires, 19 de outubro 1399
João de Capistrano, presbítero, 23 de outubro 1403
João Eudes, presbítero, 19 de agosto 1207
João Leonardo, presbítero, 9 de outubro 1360
João Maria Vianney, presbítero, 4 de agosto 1145
Josafá, bispo e mártir, 12 de novembro 1448
José de Calasanz, presbítero, 25 de agosto 1228
Judas e Simão, apóstolos, 28 de outubro 1407
Leão Magno, papa e doutor da Igreja, 10 de novembro . 1440
Lourenço, diácono e mártir, 10 de agosto. 1177
Lourenço Ruiz e seus companheiros, mártires,
 28 de setembro 1309
Lucas, evangelista, 18 de outubro. 1390
Luís de França, 25 de agosto 1226

Índice alfabético das celebrações

Margarida da Escócia, 16 de novembro 1452
Margarida Maria Alacoque, virgem, 16 de outubro . . . 1385
Martinho, bispo, 11 de novembro 1442
Martinho de Lima, religioso, 3 de novembro 1433
Mateus, apóstolo e evangelista, 21 de setembro 1298
Maximiliano Maria Kolbe, presbítero e mártir,
   14 de agosto 1188
Miguel, Gabriel e Rafael, arcanjos, 29 de setembro . . . 1312
Mônica, 27 de agosto 1231
Nossa Senhora:
   – Aparecida, 12 de outubro 1363
   – Apresentação, 21 de novembro 1465
   – Assunção, 15 de agosto 1192
   – Dores, 15 de setembro 1280
   – Natividade, 8 de setembro 1249
   – Rainha, 22 de agosto 1215
   – Rosário, 7 de outubro 1353
Paulo Chóng Hasang e André Kim Taegón, presbítero,
   e seus companheiros, mártires, 20 de setembro . . . 1295
Paulo da Cruz, presbítero, 19 de outubro 1401
Pio X, papa, 21 de agosto 1212
Ponciano, papa, e Hipólito, presbítero, 13 de agosto . . . 1186
Rafael, Miguel e Gabriel, arcanjos, 29 de setembro . . . 1312
Roberto Belarmino, bispo e doutor da Igreja,
   17 de setembro 1290
Roque González, Afonso Rodríguez e João dei Castillo,
   presbíteros e mártires, 19 de novembro 1462
Rosa de Lima, virgem, 23 de agosto 1219
Simão e Judas, apóstolos, 28 de outubro 1407
Sisto II, papa, e seus companheiros, mártires, 7 de agosto . 1170
Teresa de Jesus, virgem e doutora da Igreja,
   15 de outubro 1380
Teresinha do Menino Jesus, virgem, 1º de outubro . . . 1332
Todos os Santos, 1º de novembro 1411
Venceslau, mártir, 28 de setembro 1308
Vicente de Paulo, presbítero, 27 de setembro 1305

B. ÍNDICE DOS HINOS

A beleza da glória celeste	1154
A Maria perdoando	512
A noite escura apaga	651, 926
A vida, pra quem acredita	1849
A vós, honra e glória	633, 907
A vós, ó Deus, louvamos	543
Adóro devóte, latens véritas	1865
Agora que o clarão da luz se apaga	561
Alma Redemptóris Mater	1873
Antes da morte e ressurreição de Jesus	1849
Ao celebrarmos fiéis este culto	1630
Ao fiel confessor do Senhor	1446
Ao som da voz do galo	810, 1081
Ao trono acorrendo	1856
Aos anjos cantemos, que guardem a todos	1340
Aquele a quem adoram	1519, 1543
Arauto do Evangelho	1176
Arcanjos, para nós	1312
As rosas da terra	1222
Autor da glória eterna	691, 968
Autor dos seres, Redentor dos tempos	768, 1043
Autor e origem do tempo	762, 1038
Ave, do mar Estrela	1536
Ave, maris stella	1872
Ave, Regína caelórum	1873
Bernardo, luz celeste	1211
Boca de Ouro, dos teus lábios fluem	1259
Brilhando entre os apóstolos	1225
Cantamos, hoje, Lucas, teu martírio	1394
Cantemos todos este dia	574, 849
Celebremos os servos de Cristo	1711
Chegamos ao meio da noite	708, 986
Chegou o tempo para nós	728, 1005
Clarão da glória do Pai	598, 871
Claro espelho de virtude	1649
Com tua lâmpada acesa	1679
Com uma graça toda sua	1194

Índice dos hinos

Criador das alturas celestes 772, 1046
Criador do Uni verso 810, 1081
Criador generoso da luz 588, 862
Criastes céu e terra 632, 906
Cristo Pastor, modelo dos pastores 1629
Cristo Rei, sois dos séculos Príncipe 490
Cristo, aos servos suplicantes 652, 927
Cristo, em nossos corações 672, 948
Cristo, Rei de poder infinito 1792
Cumprindo o ciclo tríplice das horas 554
Da caridade Estrela fúlgida 1552
Da luz Criador 752, 1028
Da luz do Pai nascido 613, 887
Da Mãe Autor, da Virgem Filho 1618
Das santas virgens de Cristo 1670
De alegria vibrei no Senhor 1854
De Cristo o dom eterno 1588
De pé a Mãe dolorosa 1280
De sol, ó Virgem, vestida 1199
Deixando teus pais, Teresa 1382
Despertados no meio da noite 747, 1024
Deus bondoso, inclinai o vosso ouvido 747, 1024
Deus de supremo poder 664, 941
Deus que não tendes princípio 830, 1100
Deus vos salve, casa santa 1853
Deus vos salve, Virgem 1859
Deus, escultor do homem 685, 962
Deus, que criastes a luz 813, 1085
Devagar, vai o sol se escondendo 783, 1056
Dia de ira, aquele dia 511
Dies irae, dies illa 1866
Divindade, luz eterna 594, 868
Do Apóstolo companheiro 1390
Do casto sois modelo 1613
Do dia o núncio alado 790, 1062
Do Pai eterno talhado 1503
Do Rei avança o estandarte 1275
Do Rei Esposa e Filha 1467
Do supremo Rei na corte 1561

Do vosso Filho, ó Filha 1544
Doador da luz esplêndida 732, 1009
Dona e Senhora da terra 1252
Dos Anglos outrora apóstolo 1247
Dos que partilham a glória dos santos 1592
Dos santos todos foste caminho 1416
Dos santos vida e esperança 729, 1006
Doutor eterno, vos louvamos, Cristo 1661

Eia, mater, fons amóris 1870
Eis que da noite já foge a sombra 713, 991
Esta louvável mulher 1722
Estas louváveis mulheres 1723
Este é o dia em que Teresa 1382
Estes felizes sacerdotes 1644
Eterna imagem do Altíssimo 502
Eterno Autor do mundo 1334
Eterno Sol, que envolveis 1663
Eu, tão pobre, que farei? 512
Exulte o céu com louvores 1569

Faze, ó Mãe, fonte de amor 1282
Filha de reis, estirpe de Davi 1217
Fonte da luz, da luz origem 742, 1019
Fonte única da vida 1767
Fulge nos céus o grande sacerdote 1236

Graças damos à Senhora 1854

Hoje cantamos o triunfo 1643

Imaculada, Maria de Deus 1861

Já o dia nasceu novamente 794, 1066
Já surge a luz dourada 655, 931
Já vem brilhante aurora 617, 891
Jerusalém gloriosa 1507
Jesus Cristo, ternura de Deus 1747
Jesus, coroa celeste 1705
Jesus, coroa das virgens 1683
Jesus, que o mundo salvastes 1423
Jesus, Rei tão admirável 495
Jesus, suave lembrança 1161

Índice dos hinos

Lá do alto enviai-nos, ó Cristo 1323
Levantei de madrugada...................... 1861
Logo ao nasceres não trazes mancha 1239
Louvemos a glória 1182
Louvor à mulher forte 1736
Luz eterna, luz potente 829, 1099
Luz verdadeira, amor, piedade 769, 1044

Mãe do céu morena 1857
Mantendo a ordem certa...................... 552
Maria, Mãe dos mortais 1513

Na nobre serva de Cristo 1731
Na terra recordamos 1355
Nas nobres servas de Cristo................... 1731
No alto cume dos seres 1215
No céu Francisco fulgura...................... 1347
No céu refulge a aurora 694, 972
No mártir São Lourenço 1180
Nós te damos muitas graças................... 1850
Nossa alegria é saber que, um dia.............. 1847
Nova estrela do céu, gáudio da terra 1192
Nova evangelização 1851

Ó anjos do céu 1219
Ó Criador do universo 579, 852
Ó Cristo, autor dos seres 1736
Ó Cristo, dia e esplendor 562
Ó Cristo, flor dos vales 1604
Ó Cristo, luz de Deus Pai 1320
Ó Deus, autor da luz..................... 804, 1076
Ó Deus, autor de tudo 569, 844
Ó Deus, criando o mundo 1337
Ó Deus, dos vossos heróis 1617
Ó Deus, fonte de todas as coisas 703, 981
Ó Deus, organizando 607, 881
Ó Deus, verdade e força 553
Ó fiéis seguidores de Cristo 1706
Ó florão da humana raça 1255
Ó grande Autor da terra 627, 901
Ó Jesus, Redentor nosso 1694, 1710

Índice dos hinos

O louvor de Deus cantemos	553
Ó Luz da Luz nascida	1165
Ó luz, ó Deus Trindade	722, 999
Ó mãe da nossa pátria	1366
O mais suave dos hinos	1670
Ó mártir de Deus, que seguindo	1612
Ó noite, ó treva, ó nuvem	636, 911
Onze horas havendo passado	824, 1094
Ó Pedro, pastor piedoso	1461
Ó Trindade Sacrossanta	613, 888
Ó Virgem a quem veneramos	1371
Pange, lingua gloriósi	1864
Para vós, doador do perdão	791, 1063
Peccatrícem qui solvísti	1868
Pescavas outrora peixes	1482
Por toda a terra fulgura	1271
Predecessor fiel da graça	1242
Quando o dia da paz renascer	1852
Quando, Senhor, no horizonte	1221
Quem nos separará	1850
Quid sum miser tunc dictúrus	1867
Raiando o novo dia	833, 1103
Redentor de todos, Cristo	1411
Refeitos pelo sono	593, 867
Rei glorioso do mártir	1580
Reinais no mundo inteiro	671, 947
Ressurreição e vida nossa	1780
Salve o dia que é glória dos dias	709, 987
Salve, ó Mãe da esperança	1465
Salve, Regína, mater misericórdiae	1873
Salve, salve Cruz santa	1264
Santa Mãe Maria	1858
Santíssimo Deus do céu	645, 920
Santo entre todos, já fulgura	575, 849
Santo(a) mártir sê propício(a)	1603
Senhor Jesus, a quem tudo pertence	1494
Senhor, a vós cantamos	1748
Senhor, fazei-me instrumento de vossa paz	1852

Senhora d' Aparecida 1859
Senhora gloriosa 1531, 1552
Seu nome é Jesus e passa fome 1848
Sob o peso dos pecados 1218
Sois do céu a glória eterna 674, 952
Stabat mater dolorósa 1869
Sub tuum praesídium confúgimus 1874

Te Deum laudámus 1862
Te lucis ante términum 1863
Teus monges todos choravam 1445
Tradutor e exegeta da Bíblia 1330
Trouxe o ano novamente 1650
Tu, que hoje reinas na glória 1301

Um Deus em três pessoas 690, 967
Um hino a vós, apóstolos 1409

Veni, creátor Spíritus 1863
Vexílla regis pródeunt 1868
Vinde, Espírito de Deus 552
Virgem Mãe Aparecida 1855
Virgem Mãe tão santa e pura 1284
Virgo vírginum praeclára 1871
Viva a Mãe de Deus e nossa 1856
Vós, que sois o Imutável 554
Vós, que por Lázaro chorastes 1787

C. ÍNDICE DOS SALMOS

1	Feliz é todo aquele que não anda conforme os conselhos dos perversos	576
2	Por que os povos agitados se revoltam . . . 577, 1565, 1581,	496, 1605
3	Quão numerosos, ó Senhor, os que me atacam.	578
4	Quando eu chamo, respondei-me, ó meu Deus, minha justiça	1113
5,2-10.12-13	Escutai, ó Senhor Deus minhas palavras . .	599
6	Repreendei-me, Senhor, mas sem ira	595
7	Senhor, meu Deus, em vós procuro o meu refúgio.	604
8	Ó Senhor, nosso Deus, como é grande . . . 1106, 1266, 1324,	836, 1417
9A (9)	Senhor, de coração vos darei graças	996
9B (10)	Ó Senhor, por que ficais assim tão longe . .	614
10 (11)	No Senhor encontro abrigo 608,	1606
11 (12)	Senhor, salvai-nos! Já não há um homem bom	616
12 (13)	Até quando, ó Senhor, me esquecereis? . . .	624
13 (14)	Diz o insensato em seu próprio coração . . .	625
14 (15)	Senhor, quem morará em vossa casa 1418, 1651,	609, 1712
15 (16)	Guardai-me, ó Deus, porque em vós me refugio! 704, 1127,	1418
16 (17)	Ó Senhor, ouvi a minha justa causa . . 643,	1607
17 (18),2-30	Eu vos amo, ó Senhor! Sois minha força . .	634
17 (18),31-51	São Perfeitos os caminhos do Senhor	653
18 (19)A	Os céus proclamam a glória do Senhor 1562, 1671,	735 1723
18 B (19 B)	A lei do Senhor Deus é perfeita	603
19(20)	Que o Senhor te escute no dia da aflição . .	628
20(21),2-8.14	Ó Senhor, em vossa força o rei se alegra . . 1630,	629, 1695
21(22)	Meu Deus, meu Deus, por que me abandonastes?	957

Índice dos salmos

22 (23)	O Senhor é o pastor que me conduz	719, 996
23 (24)	Ao Senhor pertence a terra e o que ela encerra	539, 618, 988, 1494, 1520
24 (25)	Senhor, meu Deus, a vós elevo a minha alma	661
25 (26)	Fazei justiça, ó Senhor: sou inocente	681
26 (27)	O Senhor é minha luz e salvação	646
27 (28),1-3.6-9	A vós eu clamo, ó Senhor, ó meu rochedo	682
28 (29)	Filhos de Deus, tributai ao Senhor	601
29 (30)	Eu vos exalto, ó Senhor, pois me livrastes	665
30 (31),2-17.17.20-25	Senhor, eu ponho em vós minha esperança	729
30 (31),2-6	Senhor, eu ponho em vós minha esperança	1124
31 (32)	Feliz o homem que foi perdoado	666
32 (33)	Ó justos, alegrai-vos no Senhor!	620, 1582
33 (34)	Bendirei o Senhor Deus em todo o tempo	699, 977, 1341
34 (35),1-2.3c.9-19.22-23.27-28	Acusai os que me acusam, ó Senhor	672
35 (36)	O pecado sussurra ao ímpio	637
36 (37)	Não te irrites com as obras dos malvados	748
37 (38)	Repreendei-me, Senhor, mas sem ira	811
38 (39)	Disse comigo: "Vigiarei minhas palavras"	769
39 (40),2-14.17-18	Esperando, esperei no Senhor	738, 1768
40 (41)	Feliz de quem pensa no pobre e no fraco	686
41 (42)	Assim como a corça suspira	733, 1770
42 (43)	Fazei justiça, meu Deus, e defendei-me	753
43 (44)	Ó Deus, nossos ouvidos escutaram	792, 1064
44 (45)	Transborda um poema do meu coração	743, 1109, 1672, 1724
45 (46)	O Senhor para nós é refúgio e vigor	687, 1508, 1521
46 (47)	Povos todos do universo, batei palmas	639
47 (48)	Grande é o Senhor e muito digno de louvores	658
48 (49)	Ouvi isto, povos todos do universo	763
49 (50)	Falou o Senhor Deus, chamou a terra	869, 1101

50 (51)	Tende piedade, ó meu Deus, misericórdia . .	675, 814, 953,1086, 1780
51 (52)	Por que é que te glorias da maldade	.771
52 (53)	Diz o insensato em seu próprio coração	.759
53 (54),3-6.8-9	Por vosso nome, salvai-me, Senhor	760
54 (55),2-15.17-24	Ó meu Deus, escutai minha prece . . .	779, 1082,
55 (56),2-7b.9-14	Tende pena e compaixão de mim, ó Deus	.801
56 (57)	Piedade, Senhor, piedade	656, 802
58 (59),2-5.10-11.17-18	Libertai-me do inimigo, ó meu Deus	821
59 (60)	Rejeitastes, ó Deus, vosso povo	822
60 (61)	Escutai, ó Senhor Deus, minha oração . . .	.840
61 (62)	Só em Deus a minha alma tem repouso . . .	.784
62 (63),2-9	Sois vós, ó Senhor, o meu Deus	580
63 (64)	Ó Deus, ouvi a minha voz, o meu lamento .	841, 1563
64 (65)	Ó Senhor, convém cantar vosso louvor	.755
65 (66)	Aclamai o Senhor Deus, ó terra inteira . . .	.989
66 (67)	Que Deus nos dê a sua graça e sua bênção .	540, 786, 895
67 (68)	Eis que Deus se põe de pé, e os inimigos se dispersam!	888
68 (69),2-22.30-37	Salvai-me, ó Deus, porque as águas . . .	.948
69 (70)	Vinde, ó Deus, em meu auxílio, sem demora.	917, 1788
70 (71)	Eu procuro meu refúgio em vós, Senhor . . .	.878
71 (72)	Dai ao Rei vossos poderes, Senhor Deus	497, 805
72 (73)	Como Deus é tão bondoso para os justos . .	1006
73 (74)	Ó Senhor, por que razão nos rejeitastes para sempre	.898
74 (75)	Nós vos louvamos, dando graças, ó Senhor .	.918
75 (76)	Em Judá o Senhor Deus é conhecido . .	720, 997
76 (77)	Quero clamar ao Senhor em alta voz	.773
78 (79),1-5.8-11.13	Invadiram vossa herança os infiéis . . .	.937
79 (80)	Ó Pastor de Israel, prestai ouvidos . . .	795, 938

Índice dos salmos

80 (81)	Exultai no Senhor, nossa força	797
81 (82)	Deus se levanta no conselho dos juízes . . .	1016
83 (84)	Quão amável, ó Senhor, é vossa casa	872, 1155, 1495
84 (85)	Favorecestes, ó Senhor, a vossa terra .	892, 1789
85 (86)	Inclinai, ó Senhor, vosso ouvido.	912, 1119, 1789
86 (87)	O Senhor ama a cidade . . .	931, 1497, 15222
87 (88)	A vós clamo, Senhor, sem cessar, todo o dia	1034, 1129
88 (89),2-38	Ó Senhor, eu cantarei eternamente o vosso amor	908
88 (89),39-53	E no entanto vós, Senhor, repudiastes vosso Ungido	927
89 (90)	Vós fostes um refúgio para nós	929, 1010
90 (91)	Quem habita ao abrigo do Altíssimo . . .	1116
91 (92)	Como é bom agradecermos ao Senhor . . .	834, 1104, 1631, 1696
92 (93)	Deus é Rei e se vestiu de majestade	853
93 (94)	Senhor Deus justiceiro, brilhai	1053
94 (95)	Vinde, exultemos de alegria no Senhor . . .	537
95 (96)	Cantai ao Senhor Deus um canto novo	874, 1218
96 (97)	Deus é Rei! Exulte a terra de alegria .	776, 1156, 1313, 1564
97 (98)	Cantai ao Senhor Deus um canto novo . . .	914
98 (99)	Deus é Rei: diante dele estremeçam os povos	934, 1157
99 (100)	Aclamai o Senhor, ó terra inteira .	541, 678, 955
100 (101)	Eu quero cantar o amor e a justiça	1029
101 (102)	Ouvi, Senhor, e escutai minha oração . . .	1025
102 (103)	Bendize, ó minha alma, ao Senhor .	1044, 1314
103 (104)	Bendize, ó minha alma, ao Senhor	710
106 (107)	Dai graças ao Senhor, porque ele é bom . . .	969
107 (108)	Meu coração está pronto, meu Deus	1047
109 (110),1-5.7	Palavra do Senhor ao meu Senhor .	506, 589, 722, 862, 1000, 1166, 1276, 1426
110 (111)	Eu agradeço a Deus de todo o coração . . .	863

111 (112)	Feliz o homem que respeita o Senhor	1001, 1651, 1713
112 (113)	Louvai, louvai, ó servos do Senhor	491, 845, 1150, 1412, 1514, 1623 1665, 1689, 1717
113A (114)	Quando o povo de Israel saiu do Egito	590
113B (115)	Não a nós, ó Senhor, não a nós	723
114 (116A)	Eu amo o Senhor, porque ouve	825, 1593, 1618
115 (116B)	Guardei a minha fé, mesmo dizendo:	846, 1277, 1427, 1570, 1593, 1619
116 (117)	Cantai louvores ao Senhor, todas as gentes	491, 697, 974, 1151, 1558
117 (118)	Dai graças ao Senhor, porque ele é bom	584, 714, 858, 992, 1575, 1598
118 I (119),1-8	Feliz o homem sem pecado em seu caminho	623
118 II (119),9-16	Como um jovem poderá ter vida pura?	642
118 III (119),17-24	Sede bom com vosso servo, e viverei	661
118 IV (119),25-32	A minha alma está prostrada não poeira	681
118 V (119),33-40	Ensinai-me a viver vossos preceitos	699
118 VI (119),41-48	Senhor, que desça sobre mim a vossa graça	738
118 VII (119),49-56	Lembrai-vos da promessa ao vosso servo	758
118 VIII (119),57-64	É esta a parte que escolhi por minha herança	779
118 IX (119),65-72	Tratastes com bondade o vosso servo	800
118 X (119),73-80	Vossas mãos me modelaram, me fizeram	820
118 XI (119),81-88	Desfaleço pela vossa salvação	839
118 XII (119),89-96	É eterna, ó Senhor, vossa palavra	877
118 XIII (119),97-104	Quanto eu amo, ó Senhor, a vossa lei	897
118 XIV (119),105-112	Vossa palavra é uma luz para os meus passos	704, 916
118 XV (119),113-120	Eu detesto os corações que são fingidos	936
118 XVI (119),121-128	Pratiquei a equidade e a justiça	976
118 XVII (119),129-136	Maravilhosos são os vossos testemunhos	1015

Índice dos hinos

118 XVIII (119),137-144 Vós sois justo, na verdade,
ó Senhor 1034
118 XIX (119),145-152 Clamo de todo coração: Senhor,
ouvi-me 695, 973, 1052
118 XX (119),153-160 Vede, Senhor, minha miséria, e
livrai-me 1072
118 XXI (119),161-168 Os poderosos me perseguem sem
motivo 1090
118 XXII (119),169-176 Que o meu grito, ó Senhor,
chegue até vós 1108
119 (120) Clamei pelo Senhor na minha angústia . . 1017, 1132
120 (121) Eu levanto os meus olhos para os montes . . 826, 1133, 1167, 1793
121 (122) Que alegria, quando ouvi que me disseram . 982, 1133, 1509, 1537, 1683, 1737
122 (123) Eu levanto os meus olhos para vós . . 882, 1134
123 (124) Se o Senhor não estivesse ao nosso lado .883, 1135
124 (125) Quem confia no Senhor é como o monte
de Sião 902, 1136
125 (126) Quando o Senhor reconduziu nossos cativos 921, 1136, 1571
126 (127) Se o Senhor não construir a nossa casa . . . 922, 1137, 1537, 1684, 1738
127 (128) Feliz és tu se temes o Senhor 1073, 1138
128 (129) Quanto eu fui perseguido desde jovem . . . 1074
129 (130) Das profundezas eu clamo a vós, Senhor . . 982, 1125, 1794
130 (131) Senhor, meu coração não é orgulhoso . . 692, 902
131 (132) Recordai-vos, ó Senhor, do rei Davi . . . 692, 902
132 (133) Vinde e vede como é bom, como é suave . . 1091
133 (134) Vinde, agora, bendizei ao Senhor Deus . . . 1114
134 (135) Louvai o Senhor, bendizei-o 963
134 (135),1-12 Louvai o Senhor, bendizei-o 1012
135 (136) Demos graças ao Senhor, porque ele é bom . 831, 1019
136 (137),1-6 Junto aos rios da Babilônia 1038

137 (138)	Ó Senhor, de coração eu vos dou graças	1039, 1325
138 (139),1-18.23-24	Senhor, vós me sondais e conheceis	1057
139 (140),2-9.13-14	Livrai-me, ó Senhor, dos homens maus	1092
140 (141),1-9	Senhor, eu clamo por vós, socorrei-me	570
141 (142)	Em voz alta ao Senhor eu imploro	571
142 (143),1-11	Ó Senhor, escutai minha prece	1067, 1121
143 (144)	Bendito seja o Senhor, meu rochedo	1077
143 (144),1-10	Bendito seja o Senhor	1031
144 (145)	Ó meu Deus, quero exaltar-vos, ó meu Rei	506, 850 1095
145 (146)	Bendize, minh'alma, ao Senhor!	1050, 1624, 1690, 1783
146 (147A)	Louvai o Senhor Deus, porque ele é bom	1069, 1260, 1489
147 (147B)	Glorifica o Senhor, Jerusalém	817, 1088, 1261, 1413, 1490, 1514, 1558, 1666, 1718
148	Louvai o Senhor Deus nos altos céus	856
149	Cantai ao Senhor Deus um canto novo	582
150	Louvai o Senhor Deus no santuário	717, 994, 1784

D. ÍNDICE DOS CÂNTICOS

Antigo Testamento

Ex 15,1-4b.8-13.17-l8	Ao Senhor quero cantar, ...	696
Dt 32,1-12	Ó céus, vinde , escutai: eu vou falar . .	835
1Sm 2,1-10	Exulta no Senhor meu coração	775
1Cr 29,10-13	Bendito sejais vós, ó Senhor Deus	600, 1814
Tb 13,2-8	Vós sois grande, Senhor, para sempre .	619
Tb 13,2-8.9-11.13-18	Vós sois grande, Senhor para sempre	1819
Tb 13,8- 11.1 3-14ab.15-16ab	Dai graças ao Senhor, vós todos, seus eleitos	1087, 1822
Jt 16,1-2.13-15	Cantai ao Senhor com pandeiros	638
Sb 3,1-6	As almas dos justos'stão na mão do Senhor.	1829
Sb 3,7-9	Os justos brilharão e serão como centelhas.	1828, 1830
Sb 9,1-6.9-11	Deus de meus pais, Senhor bondoso e compassivo	973
Sb 10,17-21	O Senhor deu a seus santos o prêmio dos trabalhos	1828, 1830
Eclo 14,22; 15,3.4.6b	Feliz é quem se aplica à sabedoria	1832
Eclo 31,8-11	Feliz é todo aquele	1832
Eclo 36,1-7.13-16	Tende piedade e compaixão, Deus do universo	734
Eclo 36,14-19	Tende pena e compaixão do vosso povo	1803
Eclo 39,17-21	Ouvi-me e escutai, rebentos santos . .	1826
Is 2,2-5	Eis que vai acontecer no fim dos tempos	.873
Is 2,2-3	Eis que vai acontecer no fim dos tempos.	1823
Is 12,1-6	Dou-vos graças, ó Senhor, porque estando irritado	796, 1815
Is 26,1-4.7-9.12	Nossa cidade invencível é Sião	894
Is 33,2-10	Senhor, tende piedade, pois em vós nós esperamos.	1801
Is 33,13-16	Vós que estais longe, escutai o que eu fiz!	913, 1802

Is 38,10-14.17-20	Eu dizia: É necessário que eu me vá	754, 1782
Is 40,10-17	Olhai e vede: o nosso Deus vem com poder	932
Is 42,10-16	Cantai ao Senhor Deus um canto novo	1011
Is 45,15-25	Senhor Deus de Israel, ó Salvador	677
Is 61,6-9	Sacerdotes do Senhor sereis chamados	1827
Is 61,10–62,5	Eu exulto de alegria no Senhor	1049
Is 61,10–62,3	Eu exulto de alegria no Senhor	1815, 1825
Is 62,4-7	Nunca mais te chamarão "Desamparada"	1825
Is 66,10-14a	Alegrai-vos com Sião	1068
Jr 7,2-7	Escutai a palavra do Senhor	1823
Jr 14,17-21	Os meus olhos, noite e dia	954
Jr 17,7-8	Bendito quem confia no Senhor	1831
Jr 31,10-14	Ouvi, nações, a palavra do Senhor	657
Ez 36,24-28	Haverei de retirar-vos do meio das nações	1105
Dn 3,26.27.29.34-41	Sede bendito, Senhor Deus de nossos pais	716, 1030
Dn 3,52-57	Sede bendito, Senhor Deus de nossos pais	944
Dn 3,57-88.56	Obras do Senhor, bendizei o Senhor	581, 854
Hab 3,2-4.13a.15-19	Eu ouvi vossa mensagem, ó Senhor	816

Novo Testamento

Lc 1,46-55	A minha alma engrandece ao Senhor	558
Lc 1,68-79	Bendito seja o Senhor Deus de Israel	547
Lc 2,29-32	Deixai, agora, vosso servo ir em paz	563, 1115, 1118, 1121, 1123, 1126, 1128, 1131
Ef 1,3-10	Bendito e louvado seja Deus	610, 744, 884, 1021, 1515, 1538, 1559, 1572, 1625, 1666, 1685, 1691, 1718, 1738
Fl 2,6-11	Embora fosse de divina condição	572, 705, 846, 983, 1262, 1794
Cl 1,12-20 (cf.)	Demos graças a Deus Pai onipotente	648, 786, 923, 1059, 1326

1Tm 3,16	O Senhor manifestado em nossa carne	1168
1Pd 2,21-24	O Cristo por nós padeceu	1577, 1600
Ap 4,11; 5,9.10.12	Vós sois digno, Senhor, nosso Deus	492, 629, 765, 903, 1040, 1277, 1428, 1594, 1620
Ap 11,17-18; 12,10b-12a	Graças vos damos, Senhor Deus onipotente	668, 807, 944, 1078, 1342
Ap 15,3-4	Como são grandes e admiráveis vossas obras	688, 827, 964, 1097, 1652, 1713
Ap 19,1-2.5-7 (cf.)	Aleluia, Ao nosso Deus a salvação	508, 590, 725, 864, 1002, 1151, 1413, 1491, 1510

E. ÍNDICE DAS LEITURAS BÍBLICAS *

I.

Antigo Testamento:

Gn	3,9-20	1249
Est	1,1-3.9-13.15-16.19–2,5-10.16-17	350
	3,1-15	355
	4,1-8.8a.9-17	358
	4,17m-17kk	362
	5,1-5; 7,1-10	366
Pr	31,10-31	1726
Eclo	4,1-7.12-16.24-31	1367
	39,1b-14	1657
Sb	1,1-15	378
	1,16–2,1a.10-24	382
	3,1-19	386
	6,1-25	389
	7,15-30	393
	8,1-21	397
	11,20b–12,2.11b-19	401
Is	3,1-15	103
	6,1-13	98
	7,1-17	107
	7,10-14; 8,10c; 11,1-9	1523
	9,7–10,4	110
	11,1-16	114
	30,1-18	118
	37,21-35	123
Jr	1,1-19	136
	2,1-13.20-25	140
	3,1-5.19–4,4	145
	4,5-8.13-28	149
	7,1-20	154

*No primeiro elenco (I), o índice apresenta as leituras longas e no segundo (II), as leituras breves.

Índice das leituras bíblicas

	11,18-20; 12,1-13	158
	19,1-5.10–20,6	164
	20,7-18	167
	26,1-15	171
	29,1-14	174
	30,18–31,9	178
	31,15-22.27-34	182
	37,21; 38,14-28	186
	42,1-16; 43,4-7	191
Lm	1,1-12.18-20	202
	3,1-33	207
	5,1-22	212
Br	1,14-2,5; 3,1-8	370
	3,9-15.24–4,4	374
Ez	1,3-14.22-28	216
	2,8–3,11.16-21	220
	8,1-6.16–9,11	224
	10,18-22; 11,14-25	228
	12,1-16	232
	16,3.5b-7a.8-15.35.37a.40-43.59-63	235
	18,1-13.20-32	239
	24,15-27	244
	34,1-6.11-16.23-31	248
	36,16-36	252
	37,1-14	256
	37,15-28	259
	40,1-4; 43,1-12; 44,6-9	262
	47,1-12	266
Dn	1,1-21	433
	2,26-47	438
	3,8-12.19-24.91-97	442
	5,1-2.5-9.13-17.25-6,1	446
	9,1-4a.18-27	449
	10,1-21	453
	12,1-13	457
Jl	2,21–3,5	461

Índice das leituras bíblicas

	4,1-3.9-21	466
Am	1,1–2,3	40
	2,4-16	46
	7,1-17	50
	9,1-15	54
Os	1,1-9; 3,1-5	58
	2,4.8-26	62
	5,14–7,2	66
	11,1-11	71
	14,2-10	75
Mq	3,1-12	79
	4,1-7	82
	4,14–5,7	86
	6,1-15	89
	7,7-20	93
Ag	1,1–2,9	320
	2,10-23	325
Sf	1,1-7.14–2,3	127
	3,8-20	132
Hab	1,1–2,4	194
	2,5-20	198
Ml	1,1-14; 2,13-16	341
	3,1-24	345
Zc	1,1–2,4	328
	3,1–4,14	332
	8,1-17.20-23	336
	9,1–10,2	470
	10,3–11,3	475
	11,4–12,8	479
	12,9-12a; 13,1-9	483
	14,1-21	486
	1,1-24	405
1Mc	1,41-64	410
	2,1.15-28.42-50.65-70	413
	3,1-26	417

	4,36-59	421
	9,1-22	429
2Mc	12,32-46	425

Novo Testamento

Mt	28,1-11.16-20	1813
Mc	16,1-20	1804
Lc	24,1-12	1805
	24,13-35	1806
	24,35-53	1808
Jo	20,1-18	1809
	20,19-31	1810
	21,1-14	1812
At	6,1-6; 8,1.4-8	1177
	9,27-31; 11,19-26	1391
Rm	8,18-39	1584
	12,1-21	1699
1Cor	1,18–2,5	1479
	4,1-16	1565
	7,25-40	1673
	12,3–13,13	1749
	15,12-34	1772
	15,35-57	1773
2Cor	3,7–4,6	1158
	4,7–5,8	1608
	4,16–5,10	1775
Gl	2,19–3,7.13-14; 6,14-16	1268
	3,22–4,7	1524
Ef	1,16–2,10	1195
	4,1-16	1298
	5,21-32	1700
Fl	1,1-11	270
	1,12-26	274
	1,27–2,11	277

	2,12-30	280
	3,1-16	284
	3,7–4,1.4-9	1743
	3,17–4,9	287
	4,10-23	290
Cl	3,1-17	1697
1Tm	1,1-20	294
	2,1-15	299
	3,1-16	302
	4,1–5,2	306
	5,3-25	309
	6,1-10	313
	6,11-21	316
Tt	1,7-11; 2,1-8	1632
Jd	1-8.12-13.17-25	530
1Pd	2,1-17	1497
	3,1-6.8-17	1727
	5,1-11	1633
2Pd	1,1-11	513
	1,12-21	516
	2,1-9	520
	2,9-22	523
	3,1-18	526
Ap	1,4-6.10.12-18; 2,26.28; 3,5b.12.20-21	498
	5,1-14	1419
	12,1-17	1316

II

Antigo Testamento

Gn	28,12-13a	1321
Ex	19,8b-9	1164
	23,20-21a	1338
	33,9.11a	1165
Lv	20,26	1017

Índice das leituras bíblicas

Dt	1,16-17a	782
	1,31b	823
	4,7	940
	4,39-40a	1051
	6,4-7	1114
	8,5b-6	842
	10,12	999
	15,7-8	900
	30,11.14	1036
1Sm	15,22	979
	16,7b	783
1Rs	2,2b-3	842
	8,60-61	701
Tb	4,14b-15a.16ab.19a	640
	12,15.18.20b	1323
Jt	8,25-26a.27	1013
	13,17-18	1202
	13,18-19	1254,1375,1535
Est	10,3f	941
Jó	1,21; 2,10b	915
	5,17-18	627
	19,25-26	1791
Pr	3,13-15	626
	8,34-35	1374
	22,22-23	900
Ct	6,10	1254
	8,6b-7a	999
	8,7	1680
Sb	1,1-2	1075
	1,13-14a.15	1791
	1,13-15	824
	3,1-2a.3b	1592,1616
	7,13-14	1662
	7,27a; 8,1	702

	Referência	Página
	8,21a	1682
	15,1.3	1018
	19,22	940
Is	11,1-3a	1253
	25,8	1792
	49,1b-2	1240
	55,1	1032
	55,8-9	782
	55,10-11	1037
	56,7	1504
	61,10 (cf.)	1200, 1356, 1531, 1553
	61,10-11	1372
	65,18-19	1425
	66,1-2	659
Jr	6,16	843
	7,2b.4-5a.7a	1506
	14,9 (cf.)	1130
	15,16	736
	17,7-8	626
	17,9-10	702
	22,3	899
	31,33	740
	32,40	741
Br	4,21b-22	1018
	4,28-29	823
Ez	34,31	741
	36,25-27	717
	37,12b-14	857
Dn	6,27b-28	1111
	9,22-23	1322
	12,1	1322
Am	4,13	663
	5,8	663
	9,6	664

Índice das leituras bíblicas

Mq	6,8	980
Sf	3,14.15b	1535
Ag	2,6a.7.9.	1506
Zc	9,9	1535
2Mc	7,9b	1791

Novo Testamento

At	2,42-45	1560
	5,12a.14	1568
	5,17-20	1339
	5,41-42	1569
	10,3-5	1340
	12,7	1339
	13,23-25	1242
Rm	1,16-17	1396
	1,16b-17	960
	3,21-22a	961
	3,23-25a	765
	5,1-2.5	721
	6,22	880
	8,1-2	1097
	8,15-16	861
	8,16-17	1168
	8,18-21	1070
	8,22-23	861
	8,26	721
	8,28-30	1714, 1739
	8,30	1193
	8,35.37	777
	8,35.37-39	1578, 1601
	9,4-5	1256
	11,33-36	573
	12,1-2	1707, 1732
	12,9-12	904
	12,14-16a	837

	12,17a.19b-20a.21	1093
	13,8.10	606
	13,11b.12-13a	622
	14,17-19	798
	15,1-3	688
	15,5-7	1111
1Cor	1,23-24	1262, 1278
	2,7-10a	827
	3,16-17	1506
	6,19-20	998
	7,25	1682
	7,32b.34a	1667, 1686
	9,26-27b	1710, 1735
	10,24.31	1055
	12,4-6	761
	12,12-13	761
	12,24b.25-26	762
	13,4-7	919
	13,8-9.13	919
	15,1-2a.3-4	1395
	15,22-23	1203
	15,25-28	508
	15,55-57	1795
2Cor	1,3-4	591
	1,3-5	1181, 1589, 1614
	1,21-22	721
	3,18	1165
	5,1	1203
	5,19b-20	1568
	6,16	1506
	6,16b; 7,1	1429
	12,9b-10	956
	13,4	684
	13,11	880
Gl	2,19b-20	1089

	4,4-5	1357, 1365, 1516, 1539, 1553
	5,13-14	803
	5,16-17	803
	5,22.23a.25	804
	5,26; 6,2	979
	6,7b-8	587, 1709, 1735
	6,9-10 (cf.)	587
Ef	1,7-8a	1274
	1,17-18	1424
	1,20-23 (cf.)	493
	2,8-9	961
	2,13-16	818
	2,19-22	1483, 1492, 1567
	3,20-21	924
	4,11-13	1485, 1573
	4,15-16	503
	4,26-27	1125
	4,29-32	679
Fl	2,2b-4	683
	2,14-15	975
	3,7-8	1691, 1719
	3,20-21	1152
	4,8.9b	1112, 1710, 1735
Cl	1,2b-6a	706
	1,3-6a	1398
	1,9b-11	611
	1,12-13 (cf.)	505
	1,16b-18	505
	1,19-20	505
	1,21-22	881
	1,23 (cf.)	1079
	1,24-25	1283
	3,12-13	684
	3,14-15	920
	3,16	1041

	3,17	1055
	3,23-24	1056
1Ts	2,2b-4a	1397
	2,13	745
	3,12-13	1022
	4,14	1784
	5,4-5	757
	5,9-10	1120
	5,23	1128
2Ts	2,13-14	726
	3,10b-13	602
1Tm	1,12	1648
	3,13	1648
	4,16	1648
2Tm	1,8b-9	1397
	1,9	861
	2,8.11-13	995
	2,10-12a	1285
Hb	2,9b-10	1272
	5,7-9	1274
	11,33 (cf.)	1591
	12,1b-2	1075
	12,22-24	1003, 1414
	13,7-8	1446
	13,7-9a	1645
	13,20-21	847
Tg	1,2-4	965
	1,12	1616
	1,19b-20.26	606
	1,22.25	649
	2,12-13	875
	3,17-18	1656, 1663
	4,7-8a.10	645
	4,11-12	885
1Pd	1,3-5	865

	1,6-9	669
	1,13-14	644
	1,15-16	645, 1426
	1,17b.18a.19	607
	1,18-19	1275
	1,22-23	808
	3,8-9	945
	4,10-11	935
	4,13-14	1183, 1595, 1621
	5,1-4	1447, 1626, 1652
	5,5b-7	787
	5,8-9a	1123
	5,10-11	1591, 16 16
2Pd	1,10-11	697
	1,19-21	984
	3,13-15a	1107
1Jo	2,3-6	1060
	3,1a.2	630
	3,16	1093
	3,17-18	1036
	3,23-24	1074
	4,9-11	1094
	4,14-15	895
	4,16	587
Ap	1,4b-5.6b	1327
	7,10b.12	583
	8,3-4	1343
	11,19–12,1	1375
	12,1	1202, 1554
	19,6b.7	1682
	21,1a.2-3.27	1510
	21,2-3	1376
	21,3	1254
	21,10.23	1163
	21,10-11a; 22,3b-4	1426
	22,4-5	1117

F. ÍNDICE DOS TEXTOS DA SEGUNDA LEITURA

Afonso Maria de Ligório
    Tratado sobre a arte de amar a Jesus Cristo, 9-14 . 1141

Agostinho
    Carta a Proba 130,8,15.17-9,18 352
    Carta a Proba 130,9,18-10,20 357
    Carta a Proba 130,11,21-12,22 360
    Carta a Proba 130,12,22-13,24 364
    Carta a Proba 130,14,25-26 368
    Carta a Proba 130,14,27-15,28 372
    Cidade de Deus, liv. 10,6 343
    Comentário sobre o Salmo 32,1,7-8 1469
    Comentário sobre o Salmo 47,7 84
    Comentário sobre o Salmo 95,14.15 463
    Confissões, liv. 7,10.18; 10,27 1234
    Confissões, liv. 9,10-11 1231
    Sermão 21,1-4 477
    Sermão 23A,1-4 161
    Sermão 25,7-8 1466
    Sermão 46,1-2 218
    Sermão 46,3-4 222
    Sermão 46,4-5 226
    Sermão 46,6-7 230
    Sermão 46,9 233
    Sermão 46,10-11 237
    Sermão 46,11-12 241
    Sermão 46,13 245
    Sermão 46,14-15 250
    Sermão 46,18-19 254
    Sermão 46,20-21 257
    Sermão 46,24-25.27 260
    Sermão 46,29-30 264
    Sermão 96,1.4.9 1703
    Sermão 256,1.2.3 532
    Sermão 304,1-4 1178

Sermão 329,1-2; 1303, 1610
Sermão 336,1.6 1501
Sermão 340, 1 1293
Sermão Caillau-Saint-Yves 2,92. 113
Tratado sobre João 26,4-6. 339
Tratado sobre João 35,8-9. 518

Alberto Magno
Comentário sobre o Evangelho de Lucas, 22,19 . . 1450

Amadeu de Lausana
Homilia sobre a B. V. Maria 7. 1216

Ambrósio de Milão
Comentário sobre o Salmo 48,13-14 121
Comentário sobre o Salmo 48,14-15 125
Comentário sobre o Salmo 118,20,47-50 1358
Livro sobre a morte de seu irmão 2,40.41.46.47.
132.133 1431
Tratado sobre o benefício da morte 3,9; 4,15 . . . 431
Tratado sobre Caim e Abel 1,9.34.38-39 300

Pseudo-Ambrósio
Tratado sobre a Carta aos Filipenses 288

Anastácio de Antioquia
Sermão 5, sobre a Ressurreição de Cristo, 6-7.9 . . 1776

Anastásio Sinaíta
Sermão sobre a Transfiguração do Senhor, 6-10 . . 1159

André de Creta
Sermão 1 1250
Sermão 9, sobre os ramos de palmas 473
Sermão 10, na Exaltação da Santa Cruz. 1269

André Kim Taegón
Última exortação 1295

Antônio Maria Claret
Obra L'Egoismo vinto 1406

Atanásio de Alexandria
Sermão sobre a Encarnação do Verbo 10 213
Sermão contra os arianos, 2,78.79. 395

Índice dos textos da segunda leitura

Atas dos Mártires
    cf. abaixo, Cipriano
Balduíno de Cantuária
    Tratado 6 399
    Tratado 7 116
    Tratado 10 60
Pseudo-Barnabé
    Carta 1,1-8; 2,1-5 41
    Carta 2,6-10; 3,1.3; 4,10-14 48
    Carta 5,1-8; 6,11-16 51
    Carta 19,1-3.5-7.8-12 56
Beda Venerável
    Homilia 21 1299
    Homilia 23 1237
Bernardo
    Homilia em louvor da Virgem Mãe 2,1-2.4 109
    Sermão no domingo dentro da oitava da
    Assunção, 14-15 1281
    Sermão 2 1421
    Sermão sobre diversos temas 5,1-4 197
    Sermão sobre diversos temas 5,4-5 200
    Sermão sobre o Aqueduto 1353
    Sermão 12, sobre o Salmo Qui habitat, 3.6-8 . . . 1335
    Sermão 83, sobre o Cântico dos Cânticos, 4-6 . . 1209
Bráulio de Saragoça
    Carta 19 1778
Bruno o Cartuxo
    Carta aos filhos, 1-3 1351
    Comentário sobre o Salmo 83 205
Caetano
    Carta a Elisabeth Porto 1172
Carlos Borromeu
    Sermão no último Sínodo 1436

Catarina de Sena
Diálogo sobre a Providência divina 4,13 73
Diálogo sobre a Providência divina 134 403

Cesário de Arles
Sermão 229,1-3 1438

Cipriano
Atas Proconsulares sobre o martírio de São
Cipriano, 3-6 1288
Carta 6,1-2 1585
Carta 10,2-3.5 1186
Carta 60,1-2.5 1286
Carta 80 1170
Tratado a Fortunato, 13 1378
Tratado sobre a conduta das virgens, 2-4.22.23 . . 1675
Tratado sobre a morte 18.24.26 528

Cirilo de Alexandria
Comentário sobre Ageu, 14 322
Comentário sobre o Evangelho de João, 12,1 . . 1408
Homilia 4, pronunciada no Concílio de Éfeso . . 1148

Cirilo de Jerusalém
Catequese 5,10-11 419
Catequese 5,12-13 423

Clara de Assis
Carta a Santa Inês de Praga 1184

Clemente Romano
Carta aos coríntios 19,2-20,12 380
Carta aos coríntios 21,1-22,5; 23,1-2 384
Carta aos coríntios 24,1-5; 27,1-29,1 388
Carta aos coríntios 30,3-4; 34,2-35,5 392
Carta aos coríntios 35,1-5; 36,1-2; 37,1.4-5; 38,1-2.4 1471

Columbano Abade
Instrução 11,1-2 1474
Instrução 12, sobre a compunção, 2-3 330
Instrução 13, sobre Cristo, fonte da vida, 1-2 . . 143
Instrução 13, sobre Cristo, fonte da vida, 2-3 . . 147

Índice dos textos da segunda leitura

Concílio Vaticano II
    Ad gentes 4-5 1642
    Dei Verbum 7-8 1660
    Gaudium et spes 39 129
    Gaudium et spes 40.45 348
    Gaudium et spes 48 1453
    Gaudium et spes 78 407
    Gaudium et spes 82-83 411
    Gaudium et spes 89-90 415
    Lumen gentium 61-62 1529
    Lumen gentium 63-65 1550
    Perfectae caritatis 1.5.6.12.25 1676
    Presbyterorum ordinis 12 1640

Conrado de Marburgo
    Carta ao Papa, de 1232 1457

Domingos
    Escritos diversos da História da O. P. 1174

Edviges
    Vida da Santa escrita por um Autor contemporâneo 1383

Elredo, Abade
    Sermão 20, no Nascimento de Santa Maria 1527

Estêvão da Hungria
    Conselhos a seu filho, 1.2.10 1205

Eusébio de Vercelli
    Carta 2,1,3-2,3; 10,1-11,1 1143

Francisco de Assis
    Carta a todos os fiéis 1345
    Regra não bulada 1349

Fulgêncio de Ruspe
    Sermão 1,2-3 1638
    Tratado contra Fabiano 28,16-19 326
    Tratado sobre o perdão 2,11,2-12,1.3-4 469

Gertrudes
    Revelações do amor divino, liv. 2,23,1.3.5.8.10 .. 1455

Gregório de Nazianzo
    Sermão 7, em homenagem ao irmão Cesário, 23-24   427

Gregório de Nissa
    Comentário sobre o Cântico dos Cânticos, 2 481
    Livro sobre a vida cristã 291
    Tratado sobre a verdadeira imagem do cristão 87

Gregório Magno
    Homilia sobre Ezequiel, liv. 1,11,4-6 1245
    Homilia sobre os Evangelhos 2,36, 11-13. 1745
    Homilia sobre os Evangelhos 17,1-3 1392
    Homilia sobre os Evangelhos 17,3,14 317
    Homilia sobre os Evangelhos 34,8-9 1318
    Moralia sobre Jó, liv. 3,39-40 105
    Regra pastoral, liv. 2,4 296

Guerrico, Abade
    Sermão 1, na Assunção de Nossa Senhora 1546

Guilherme, Abade do Mosteiro de Saint-Thierry
    Espelho da Fé 1658

Hilário de Poitiers
    Tratado sobre o Salmo 64,14-15 268
    Tratado sobre o Salmo 126,7-10 1636

História da Ordem dos Pregadores
    Opúsculos sobre os inícios. Ata da Canonização
    de São Domingos 1174

Homilia de um Autor do séc. II
    1,1-2,7 435
    3,1-4,5; 7,1-6 440
    8,1-9,11 444
    10,1-12,1; 13,1 448
    13,2-14,5 451
    15,1-17,2 455
    18,1-20,5 458

Imitação de Cristo
    Liv. 3,3 166
    Liv. 3,14 169

Inácio de Antioquia
Carta aos filadélfios, Proêmio, 1,1-2,1; 3,2-5 311
Carta aos romanos, 4,1-2; 6,1-8,3 1387
Carta aos tralianos, Proêmio, 1,1-3,2; 4,1-2; 6,1;
7,1-8,1 303
Carta aos tralianos, 8,1-9,2;11,1-13,3 307

Irineu de Lião
Tratado contra as heresias, liv. 4,17,4-6 68

Isaac, Abade do Mosteiro de Stella
Sermão 11 210

Jerônimo
Comentário sobre Isaías, Pról. 1.2 1329
Comentário sobre Joel 152

João Crisóstomo
Homilia antes do exílio, 1-3 1257
Homilia sobre Mateus 15,6.7 100
Homilia sobre Mateus 33, 1.2 524
Homilia sobre Mateus 50,3-4 155
Homilia sobre Mateus 59 1754
Homilia sobre João 19,1 1481
Homilia sobre os Atos dos Apóstolos 20,4 1701
Homilia sobre a Carta aos Romanos 15,6 1751
Homilia sobre a Primeira Carta aos Coríntios 4,3.4 1223
Homilia 2 sobre o cemitério e a cruz 1548
Homilia sobre o diabo tentador 2,6 138

João da Cruz
Cântico espiritual Red. A, estr. 38 64

João de Brébeuf
Escritos Espirituais 1400

João de Capistrano
Tratado do Espelho dos Clérigos, I 1404

João Eudes
Tratado sobre o admirável Coração de Jesus, 1,5 . . 1207
Tratado sobre o Reino de Jesus, 3,4 484

Índice dos textos da segunda leitura

João Leonardi
    Carta ao Papa Paulo V 1360
João Maria Vianney
    Catecismo 1145
João Paulo II
    Homilia na beatificação dos Servos de Deus
    Lourenço Ruiz, e Companheiros 1310
    Homilia na Dedicação da Basílica Nacional
    de Nossa Senhora Aparecida 1369
João XXIII
    Homilia na canonização de S. Martinho de Lima .. 1433
José de Calasanz
    Escritos, em parte 1229
Leão Magno
    Sermão no aniversário da própria ordenação, 3,2-3 1635
    Sermão no aniversário da própria ordenação, 4,1-2 1440
    Sermão 82, na festa dos Apóstolos Pedro e Paulo,
    1,6-7 1460
    Sermão 92,1.2.3 514
    Sermão 95 sobre as Bem-aventuranças, 1-2 176
    Sermão 95 sobre as Bem-aventuranças, 2-3 180
    Sermão 95 sobre as Bem-aventuranças, 4-6 184
    Sermão 95 sobre as Bem-aventuranças, 6-8 188
    Sermão 95 sobre as Bem-aventuranças, 8-9 193
Luís de França
    Testamento espiritual a seu filho 1227
Pseudo-Macário
    Homilia 28 521
Margarida Maria Alacoque
    Cartas 1385
Maximiliano Maria Kolbe
    Cartas 1189
Máximo Confessor
    Respostas a Talássio, 63 334

Orígenes
- Comentário sobre o Evangelho de João 10,20 172
- Homilia sobre Josué 9,1-2 1499
- Obra sobre a Oração 25 500

Paciano
- Sermão sobre o batismo, n. 5-6 91
- Sermão sobre o batismo, n. 6-7 95

Paulo da Cruz
- Cartas 1402

Paulo Le Bao-Tinh
- Carta aos alunos do Seminário de Ke-Vinh 1476

Pedro Crisólogo
- Sermão 117 376

Pio X
- Constituição Apostólica Divino afflatu 1213

Pio XI
- Carta encíclica Ecclesiam Dei 1448

Pio XII
- Alocução a um grupo de recém-casados 1729
- Constituição Apostólica Munificentissimus Deus . 1197

Policarpo de Esmirna
- Carta aos filipenses, Proêmio, 1,1-2,3 271
- Carta aos filipenses, 3,1-5,2 275
- Carta aos filipenses, 6,1-8,2 279
- Carta aos filipenses, 9,1-11,4 282
- Carta aos filipenses, 12,1-14 285

Proclo de Constantinopla
- Sermão no Natal do Senhor, 1-2 1545

Roberto Belarmino
- Tratado sobre a elevação da mente a Deus, grad. 1 . 1291

Roque Gonzalez
- Cartas 1463

Rosa de Lima
- Carta ao médico Castillo 1220

Índice dos textos da segunda leitura

Sofrônio
    Sermão 2, na Anunciação de Nossa Senhora,
    21-22.26 1526

Sulpício Severo
    Carta 3,6.9-10.11.14-17.21 1443

Teodoreto de Ciro
    Tratado sobre a Encarnação do Senhor, n. 26-27 ... 77
    Tratado sobre a Encarnação do Senhor, n. 28 81

Teresa de Jesus
    Opúsculo sobre o livro da vida, 22,6-7.14 1380

Teresinha do Menino Jesus
    Autobiografia 1332

Tomás de Aquino
    Comentário sobre o Evangelho de João 10,3 134
    Conferência sobre o Creio 488

Venceslau
    Primeira Legenda Paleoeslava 1308

Vicente de Lerins
    Primeira Exortação, 23 314

Vicente de Paulo
    Escritos, em parte 1305

G. ÍNDICE DE SIGLAS
I. Siglas dos livros da Bíblia

Ab	Livro do Profeta Abdias
Ag	Livro do Profeta Ageu
Am	Livro do Profeta Amós
Ap	Apocalipse de São João
At	Atos dos Apóstolos
Br	Livro do Profeta Baruc
Cl	Epístola de São Paulo aos Colossenses
1Cor	Primeira Carta de São Paulo aos Coríntios
2Cor	Segunda Carta de São Paulo aos Coríntios
1Cr	Primeiro Livro das Crônicas
2Cr	Segundo Livro das Crônicas
Ct	Cântico dos Cânticos
Dn	Livro do Profeta Daniel
Dt	Livro do Deuteronômio
Ecl	Livro do Eclesiastes (Qohelet)
Eclo	Livro do Eclesiástico (Sirácida)
Ef	Carta de São Paulo aos Efésios
Esd	Livro de Esdras
Est	Livro de Ester
Ex	Livro do Êxodo
Ez	Livro do Profeta Ezequiel
Fl	Carta de São Paulo aos Filipenses
Fm	Carta de São Paulo a Filêmon
Gl	Carta de São Paulo aos Gálatas
Gn	Livro do Gênesis
Hab	Livro do Profeta Habacuc
Hb	Carta aos Hebreus
Is	Livro do Profeta Isaías
Jd	Carta de São Judas
Jl	Livro do Profeta Joel
Jn	Livro do Profeta Jonas
Jó	Livro de Jó
Jo	Evangelho segundo João
1Jo	Primeira Carta de São João
2Jo	Segunda Carta de São João

Índice de siglas

3Jo	Terceira Carta de São João
Jr	Livro do Profeta Jeremias
Js	Livro de Josué
Jt	Livro de Judite
Jz	Livro dos Juízes
Lc	Evangelho segundo Lucas
Lm	Lamentações
Lv	Livro Levítico
Mc	Evangelho segundo Marcos
1Mc	Primeiro Livro dos Macabeus
2Mc	Segundo Livro dos Macabeus
Ml	Livro do Profeta Malaquias
Mq	Livro do Profeta Miqueias
Mt	Evangelho segundo Mateus
Na	Livro do Profeta Naum
Ne	Livro de Neemias
Nm	Livro dos Números
Os	Livro do Profeta Oseias
1Pd	Primeira Carta de São Pedro
2Pd	Segunda Carta de São Pedro
Pr	Livro dos Provérbios
Rm	Carta de São Paulo aos Romanos
1Rs	Primeiro Livro dos Reis
2Rs	Segundo Livro dos Reis
Rt	Livro de Rute
Sb	Livro da Sabedoria
Sf	Livro do Profeta Sofonias
Sl	Livro dos Salmos
1Sm	Primeiro Livro de Samuel
2Sm	Segundo Livro de Samuel
Tb	Livro de Tobias
Tg	Carta de São Tiago
1Tm	Primeira Carta de São Paulo a Timóteo
2Tm	Segunda Carta de São Paulo a Timóteo
1Ts	Primeira Carta de São Paulo aos Tessalonicenses
2Ts	Segunda Carta de São Paulo aos Tessalonicenses
Tt	Carta de São Paulo a Tito
Zc	Livro do Profeta Zacarias

II. Escritos dos Padres da Igreja

AAS	Acta Apostolicae Sedis
B.A.C.	Biblioteca de Autores Cristianos (Barcelona)
CCL	Corpus Christianorum Latinorum (Brespols, Turnhout)
CSEL	Corpus Scriptorum Ecclesiasticorum Latinorum (Viena)
MGH	Monumenta Germaniae Historica (Hannover)
PG	Patrologia Grega
PL	Patrologia Latina
PLS	Patrologia Latina Supplementum
PS	Patrologia Syriaca
SCh	Sources chrétiennes (Le Cerf, Paris)

H. ÍNDICE GERAL

Decreto da Sagrada Congregação para o Culto Divino
(11 de abril de 1971) 9
Decreto da Congregação para o Culto Divino
(7 de abril de 1985) 10
Tabela dos Dias Litúrgicos 13
Tabela Temporária das Celebrações móveis 16
Calendário Romano Geral 19

Próprio do Tempo

Orações dominicais e cotidianas 33
18ª Semana do Tempo Comum 40
19ª Semana do Tempo Comum 71
20ª Semana do Tempo Comum 98
21ª Semana do Tempo Comum 127
22ª Semana do Tempo Comum 158
23ª Semana do Tempo Comum 186
24ª Semana do Tempo Comum 216
25ª Semana do Tempo Comum 244
26ª Semana do Tempo Comum 270
27ª Semana do Tempo Comum 294
28ª Semana do Tempo Comum 320
29ª Semana do Tempo Comum 350
30ª Semana do Tempo Comum 378
31ª Semana do Tempo Comum 405
32ª Semana do Tempo Comum 433
33ª Semana do Tempo Comum 461
34ª Semana do Tempo Comum 511

Solenidades do Senhor durante o Tempo Comum

34º Domingo do Tempo Comum: Nosso Senhor Jesus
Cristo, Rei do Universo 490

Ordinário 535

Saltério

I Semana 569
II Semana 703
III Semana 844
IV Semana 981

Índice geral

- Completas 1113
- Salmodia complementar 1132

Próprio dos Santos
- Agosto 1141
- Setembro 1245
- Outubro 1332
- Novembro 1411

Comuns
- Comum da Dedicação de uma igreja 1489
- Comum de Nossa Senhora 1513
- Comum dos Apóstolos 1558
- Comum dos Mártires
  - Para vários mártires 1575
  - Para um(a) mártir 1598
- Comum dos Pastores 1623
- Comum dos Doutores da Igreja 1656
- Comum das Virgens 1665
- Comum dos Santos Homens 1689
- Comum das Santas Mulheres 1717
  - Para Santos e Santas Religiosos 1742
  - Para os Santos e as Santas que se dedicaram às obras de misericórdia 1749
  - Para Santos e Santas educadores 1753
- Antífonas para o Benedictus e o Magníficat ... 1757

Ofício dos Fiéis Defuntos 1765

Apêndice
- I. Cânticos e Evangelhos para as Vigílias 1801
  - Próprio do Tempo
    - Tempo Comum 1801
  - Próprio do Santos 1817
  - Comuns 1822
- II. Fórmulas mais breves para as Preces nas Vésperas 1834
- III. Fórmulas facultativas introdutórias ao Pai-nosso 1838

IV. Fórmulas de bênção para Laudes
e Vésperas 1839

V. Fórmulas do Ato penitencial nas
Completas 1845

VI. Hinos aprovados pela CNBB para a L.H.
  A. Cristo Rei 1847
  B. Finados 1849
  C. Tempo Comum 1850
  D. Comum da dedicação de uma igreja 1853
  E. Nossa Senhora da Glória 1854
  F. Nossa Senhora Aparecida 1854
  G. Imaculada Conceição 1859

VII. Hinos em Latim 1862

VIII. Preparação para a Missa 1875

IX. Ação de graças depois da Missa 1879

Índices:

A. Índice alfabético das Celebrações 1887
B. Índice dos Hinos 1890
C. Índice dos Salmos 1896
D. Índice dos Cânticos 1903
E. Índice das Leituras bíblicas
   I. Leituras longas 1906
   II. Leituras breves 1910
F. Índice dos Textos da segunda leitura 1918
G. Índice de Siglas
   I. Siglas dos Livros da Bíblia 1928
   II. Escritos dos Padres da Igreja 1930
H. Índice Geral 1931

V. Fórmulas de bênção para Laudes e Vésperas	1829
VI. Fórmulas do Açu (santuários) nas Completas	1835
VII. Hinos apropriados pelo CNBB para o H. A. Ordo Rel.	1840
B. Finados	1849
C. Tempo comum	1850
D. Comum da dedicação de uma igreja	1853
E. Nossa Senhora da Glória	1854
F. Nossa Senhora Aparecida	1864
G. Imaculada Conceição	1870
VII. Hinos em Latim	1882
VIII. Preparação para a Missa	1895
IX. Ação de graças depois da Missa	1899

Índices

A. Índice alfabético das Celebrações	1837
B. Índice dos Hinos	800
C. Índice dos Salmos	1850
D. Índice dos Cânticos	1903
E. Índice das Leituras bíblicas	
I. Leituras longas	1909
II. Leituras breves	1910
F. Índice dos Textos da segunda leitura	1918
G. Índice de Siglas	
I. Siglas dos Livros da Bíblia	1928
II. Escritos dos Padres da Igreja	1930
H. Índice Geral	1931

Impressão e acabamento
Paulus Gráfica

PARA AS SOLENIDADES E FESTAS

Laudes

Salmos e cântico do domingo da I Semana

Salmo 62(63),2-9

Sede de Deus

– ² Sois **vós**, ó Se**nhor**, o meu **Deus**! *
 Desde a au**ro**ra, ansioso, vos busco!
= A minh'**al**ma tem sede de vós, †
 minha **car**ne também vos deseja, *
 como **ter**ra sedenta e sem água!
– ³ Venho, as**sim**, contemplar-vos no templo, *
 para **ver** vossa glória e poder.
– ⁴ Vosso a**mor** vale mais do que a vida: *
 e, por **is**so, meus lábios vos louvam.
– ⁵ Quero, **pois**, vos louvar pela vida, *
 e ele**var** para vós minhas mãos!
– ⁶ A minh'**al**ma será saciada, *
 como em **gran**de banquete de festa;
– cantá**rá** a alegria em meus lábios, *
 ao can**tar** para vós meu louvor!
= ⁷ Penso em **vós** no meu leito, de noite, *
 nas vi**gí**lias suspiro por vós!
– ⁸ Para **mim** fostes sempre um socorro; *
 de vossas **a**sas, à sombra, eu exulto!
– ⁹ Minha **al**ma se agarra em vós; *
 com po**der** vossa mão me sustenta.

Cântico   Dn 3,57-88.56

Louvor das criaturas ao Senhor

–⁵⁷ **Obras** do Senhor, bendi**zei** o Senhor, *
 lou**vai**-o e exaltai-o pelos **sé**culos sem fim!

—⁵⁸ **Céus** do Senhor, bendi**zei** o Senhor! *
⁵⁹ **An**jos do Senhor, bendi**zei** o Senhor!

(R. Lou**vai**-o e exal**tai**-o pelos **sé**culos sem **fim**!
Ou:
R. A Ele **gló**ria e louvor eterna**men**te!)

—⁶⁰ **Á**guas do alto céu, bendi**zei** o Senhor! *
⁶¹ Po**tên**cias do Senhor, bendi**zei** o Senhor!
—⁶² **Lu**a e sol, bendi**zei** o Senhor! *
⁶³ **As**tros e estrelas, bendi**zei** o Senhor! (R.)

—⁶⁴ **Chu**vas e orvalhos, bendi**zei** o Senhor! *
⁶⁵ **Bri**sas e ventos, bendi**zei** o Senhor!
—⁶⁶ **Fo**go e calor, bendi**zei** o Senhor! *
⁶⁷ **Frio** e ardor, bendi**zei** o Senhor! (R.)

—⁶⁸ Orvalhos e garoas, bendi**zei** o Senhor! *
⁶⁹ Geada e frio, bendi**zei** o Senhor!
—⁷⁰ **Ge**los e neves, bendi**zei** o Senhor! *
⁷¹ **Noi**tes e dias, bendi**zei** o Senhor! (R.)

—⁷² **Lu**zes e trevas, bendi**zei** o Senhor! *
⁷³ **Rai**os e nuvens, bendi**zei** o Senhor
—⁷⁴ Ilhas e terra, bendi**zei** o Senhor! *
Lou**vai**-o e exaltai-o pelos **sé**culos sem fim! (R.)

—⁷⁵ **Mon**tes e colinas, bendi**zei** o Senhor! *
⁷⁶ **Plan**tas da terra, bendi**zei** o Senhor!

—⁷⁷ **Ma**res e rios, bendi**zei** o Senhor! *
⁷⁸ **Fon**tes e nascentes, bendi**zei** o Senhor! (R.)

—⁷⁹ **Bale**ias e peixes, bendi**zei** o Senhor! *
⁸⁰ **Pás**saros do céu, bendi**zei** o Senhor!
—⁸¹ **Fe**ras e rebanhos, bendi**zei** o Senhor! *
⁸² **Fi**lhos dos homens, bendi**zei** o Senhor! (R.)

—⁸³ **Fi**lhos de Israel, bendi**zei** o Senhor! *
Lou**vai**-o e exaltai-o pelos **sé**culos sem fim!

– ⁸⁴ Sacer**do**tes do Senhor, bendi**zei** o Senhor! *
⁸⁵ **Ser**vos do Senhor, bendi**zei** o Senhor! (R.)
– ⁸⁶ **Al**mas dos justos, bendi**zei** o Senhor! *
⁸⁷ **San**tos e humildes, bendi**zei** o Senhor!
– ⁸⁸ **Jo**vens Misael, Ana**ni**as e Azarias, *
lou**vai**-o e exaltai-o pelos **sé**culos sem fim! (R.)
– Ao **Pai** e ao Filho e ao Es**pí**rito Santo *
lou**ve**mos e exaltemos pelos **sé**culos sem fim!
– ⁵⁶ Ben**di**to sois, Senhor, no firma**men**to dos céus! *
Sois **dig**no de louvor e de **gló**ria eternamente! (R.)

No fim desse cântico não se diz Glória ao Pai.

Salmo 149
A alegria e o louvor dos santos

– ¹ Can**tai** ao Senhor **Deus** um canto **no**vo, *
e o seu lou**vor** na assembleia dos fiéis!
– ² **A**legre-se Israel em Quem o fez, *
e Si**ão** se rejubile no seu Rei!
– ³ Com **dan**ças glorifiquem o seu nome, *
toquem **har**pa e tambor em sua honra!
– ⁴ Porque, de **fa**to, o Senhor ama seu povo *
e co**ro**a com vitória os seus humildes.
– ⁵ E**xul**tem os fiéis por sua glória, *
e can**tan**do se levantem de seus leitos,
– ⁶ com lou**vo**res do Senhor em sua boca *
e es**pa**das de dois gumes em sua mão,
– ⁷ para exer**cer** sua vingança entre as nações *
e infli**gir** o seu castigo entre os povos,
– ⁸ colo**can**do nas algemas os seus reis, *
e seus **no**bres entre ferros e correntes,
– ⁹ para apli**car**-lhes a sentença já escrita: *
Eis a **gló**ria para todos os seus santos.

Ofício das Leituras

Hino Te Deum (A vós, ó Deus)

A vós, ó Deus, louvamos;
a vós, Senhor, cantamos.
A vós, Eterno Pai,
adora toda a terra.

A vós cantam os anjos,
os céus e seus poderes:
Sois Santo, Santo, Santo,
Senhor, Deus do universo!

Proclamam céus e terra
a vossa imensa glória.
A vós celebra o coro
glorioso dos Apóstolos,
Vos louva dos Profetas
a nobre multidão
e o luminoso exército
dos vossos santos Mártires.

A vós, por toda a terra,
proclama a Santa Igreja,
ó Pai onipotente,
de imensa majestade,
e adora, juntamente,
o vosso Filho único,
Deus vivo e verdadeiro,
e ao vosso Santo Espírito.

Ó Cristo, Rei da glória,
do Pai eterno Filho,
nascestes duma Virgem,
a fim de nos salvar.
Sofrendo vós a morte,
da morte triunfastes,
abrindo aos que têm fé
dos céus o Reino eterno.

Sentastes à direita
de Deus, do Pai na glória.
Nós cremos que, de novo,
vireis como juiz.

Portanto, vos pedimos:
salvai os vossos servos,
que vós, Senhor, remistes
com sangue precioso.
Fazei-nos ser contados,
Senhor, vos suplicamos,
em meio a vossos santos
na vossa eterna glória.

(A parte que se segue pode ser omitida, se for oportuno).

Salvai o vosso povo,
Senhor, abençoai-o.
Regei-nos e guardai-nos
até a vida eterna.

Senhor, em cada dia,
fiéis, vos bendizemos,
louvamos vosso nome
agora e pelos séculos.
Dignai-vos, neste dia,
guardar-nos do pecado.
Senhor, tende piedade
de nós, que a vós clamamos.
Que desça sobre nós,
Senhor, a vossa graça,
porque em vós pusemos
a nossa confiança.
Fazei que eu, para sempre,
não seja envergonhado:
Em vós, Senhor, confio,
sois vós minha esperança!

TEXTOS COMUNS

II

Laudes

Cântico evangélico: Benedictus　　　　　　Lc 1,68-79

O Messias e seu Precursor

– ⁶⁸ Bendito **seja** o Senhor **Deus** de Is**ra**el, *
 porque a seu **po**vo visi**tou** e liber**tou**;
– ⁶⁹ e fez sur**gir** um pode**ro**so Salva**dor** *
 na **ca**sa de Da**vi**, seu servi**dor**,
– ⁷⁰ como fa**la**ra pela **bo**ca de seus **san**tos, *
 os pro**fe**tas desde os **tem**pos mais an**ti**gos,
– ⁷¹ para sal**var**-nos do po**der** dos ini**mi**gos *
 e da **mão** de todos **quan**tos nos o**dei**am.
– ⁷² Assim mos**trou** miseri**cór**dia a nossos **pais**, *
 recor**dan**do a sua **san**ta Ali**an**ça
– ⁷³ e o jura**men**to a Abra**ão**, o nosso **pai**, *
 de conce**der**-nos ⁷⁴que, li**ber**tos do ini**mi**go,
= a ele nós sir**va**mos, sem te**mor**, †
 em santi**da**de e em jus**ti**ça diante **de**le, *
 ⁷⁵ en**quan**to perdu**ra**rem nossos **di**as.
= ⁷⁶Serás pro**fe**ta do Al**tís**simo, ó me**ni**no, †
 pois i**rás** andando à **fren**te do Se**nhor** *
 para aplai**nar** e prepa**rar** os seus ca**mi**nhos,
– ⁷⁷ anunci**an**do ao seu **po**vo a salva**ção**, *
 que es**tá** na remis**são** de seus pe**ca**dos,
– ⁷⁸ pela bon**da**de e compai**xão** de nosso **Deus**, *
 que sobre **nós** fará bri**lhar** o Sol nas**cen**te,
– ⁷⁹ para ilumi**nar** a quantos **ja**zem entre as **tre**vas *
 e na **som**bra da **mor**te estão sen**ta**dos
– e **pa**ra diri**gir** os nossos **pas**sos, *
 gui**an**do-os no ca**mi**nho da **paz**.
– Glória ao **Pai** e ao **Fi**lho e ao Es**pí**rito **San**to. *
 Como era no prin**cí**pio, a**go**ra e sempre. A**mém**.

Vésperas

Cântico evangélico: Magníficat — Lc 1,46-55

A alegria da alma no Senhor

– ⁴⁶ A minha'**alma** engran**dec**e o Se**nhor** *
   ⁴⁷ e se ale**grou** o meu espírito em **Deus**, meu Salva**dor**,
– ⁴⁸ pois ele **viu** a peque**nez** de sua **ser**va, *
   desde agora as gera**ções** hão de chamar-me de ben**di**ta.
– ⁴⁹ O Pode**roso** fez em **mim** maravilhas *
   e **San**to é o seu **no**me!
– ⁵⁰ Seu a**mor**, de gera**ção** em gera**ção**,*
   chega a **to**dos que o res**pei**tam.
– ⁵¹ Demons**trou** o po**der** de seu **braço**,*
   disper**sou** os orgulho**sos**.
– ⁵² Derru**bou** os pode**ro**sos de seus **tro**nos *
   e os humil**des** exal**tou**.
– ⁵³ De **bens** saci**ou** os fa**min**tos *
   e despe**diu**, sem nada, os **ri**cos.
– ⁵⁴ A**co**lheu Israel, seu servi**dor**, *
   fiel ao seu a**mor**,
– ⁵⁵ como ha**via** prome**ti**do aos nossos **pais**, *
   em fa**vor** de Abra**ão** e de seus **fi**lhos para **sem**pre.
– Glória ao **Pai** e ao **Fi**lho e ao Espírito **San**to. *
   Como era no prin**cí**pio, a**go**ra e sempre. A**mém**.

Completas

Cântico evangélico: Nunc dimíttis — Lc 2,29-32

Cristo, luz das nações e glória de seu povo

– ²⁹ Deixai, a**go**ra, vosso **ser**vo ir em **paz**, *
   confor**me** prome**tes**tes, ó Se**nhor**.
– ³⁰ Pois meus **o**lhos viram **vos**sa salva**ção** *
   ³¹ que prepa**ras**tes ante a **fa**ce das na**ções**:
– ³² uma **Luz** que brilha**rá** para os gen**tios** *
   e para a gló**ria** de Israel, o vosso **po**vo.
– Glória ao **Pai** e ao **Fi**lho e ao Espírito **San**to, *
   Como era no prin**cí**pio, a**go**ra e sempre. A**mém**.